DSM-5의 새로운 내용

DSM-5에는 여러 가지 변화가 도입되었다. 새로운 진단범주가 추가되었고, 제외된 진단범주도 있다. 변화 내용 중 여럿이 논란의 대상이 되고 있다.

새로운 진단범주
저장장애
피부뜯기장애
지속성 우울장애
월경전불쾌감장애
파괴적 기분조절부전장애
신체증상장애
폭식장애
경도신경인지장애

명칭 변경	
옛 명칭	새 명칭
정신지체	지적 발달장애
치매	주요신경인지장애
건강염려증	질병불안장애
남성절정장애	지루증
성정체성장애	성별 불쾌감

삭제된 진단범주
해리성 둔주
아스퍼거장애
성협오장애
물질남용
물질의존

DSM-5의 개발 주체

DSM-5의 현장 연구

2010~2012년 기간에 DSM-5 연구자들은 새로운 진단기준 적용이 얼마나 용이한가를 알아보기 위하여 **현장 연구**를 하였다.

검증대상 장애 : 23개
임상 참여자 : 3,646명
임상가 : 879명

(APA, 2013; Clarke et al., 2013; Regier et al., 2013)

특별전문위원회
(감독위원회)
30명

연구집단
(병리군)
13개

160명

연구집단당
12명

 DSM-5 연구단 구성원의 3분의 2는 정신과 전문의, 3분의 1은 심리학자였다.

(APA, 2013)

DSM-5의 최대 쟁점

DSM-5의 변경 내용 중 다수가 논란을 일으켰다. 그중 몇 가지는 일부 임상가들 사이에서 특히 논쟁거리가 되고 있다.

자신의 의학적 문제에 대하여 지나치게 예민한 사람들이 **신체증상장애** 진단을 받을 수 있다.

찬성 임상가들이 의학적 증상과 히스테리 증상을 구분할 필요가 없어졌다.

반대 암 등 중증 의학적 질환이 있는 사람들이 정신과 진단을 받게 될 수 있다.

근래 가족(근친)을 사별한 사람들이 **주요우울장애** 진단을 받게 될 수 있다.

찬성 임상가들이 사별한 사람들의 임상적 우울을 보다 신속하게 찾아내서 치료할 수 있다.

반대 정상적 애도반응을 경험하고 있는 사람이 정신과 진단을 받게 될 수 있다.

기존의 **아스퍼거장애** 진단범주가 삭제되었다.

찬성 심각한 사회성 기능 장애가 있는 사람들에게 더 나은 대안적 진단을 내릴 수 있다.

반대 아스퍼거 명칭이 없어지면 특수교육 대상에서 제외되는 사람들이 생길 수 있다.

물질남용과 물질의존이 하나의 장애로 통합되어 **물질사용장애**라는 새로운 진단범주가 되었다.

찬성 물질남용과 물질의존의 양상은 구분하기 어려운 경우가 많다.

반대 물질남용과 물질의존은 전혀 다른 치료가 필요할 수 있다.

경쟁상대

 북아메리카와 전 세계에서 **DSM**은 국제질병분류(International Classification of Disorders, ICD)와 **연구영역기준**(Research Domain Criteria, RDoC)의 두 진단체계와 경쟁하고 있다.

	제작자	장애	기준
DSM	미국정신의학회	심리	상세
ICD	세계보건기구*	심리/의학	간결
RDoC	미국국립정신보건원**	심리	신경/스캐닝

* World Health Organization   ** National Institute of Mental Health

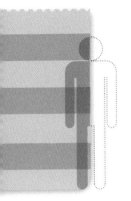

DSM-5과 이전 판 DSM의 비교 ∨

DSM 신판은 그 이전 판들에 비하여 크기도 더 커졌고 가격도 더 비싸다. 미국정신의학회가 DSM-5를 제작하는 데 소요된 비용은 2천5백만 달러로, 이 비용은 사전판매로 15만 부를 팔아서 즉시 회수되었다(Gorenstein, 2013).

side DSM-5

외부 전문가
300명

2013년 미국정신의학회는 북아메리카에서 가장 널리 사용되는 진단 분류체계인 **정신질환의 진단 및 통계편람**의 최신판, **DSM-5**를 출판하였다. DSM-5는 **541개 진단**을 담은 **947쪽**에 달하는 편람이다(Blashfield et al., 2014). DSM-5 제작은 12년이 소요된 기념비적 사업으로 많이 지연되었고 논란과 이의가 제기된 가운데 출판되었다.

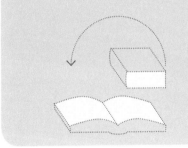

박장애가 중독으로 간주된다.

(성) 과도한 도박과 물질중독과 유사한 뇌기능장애를 보이는 경우가 다.

반대 성, 인터넷 사용, 쇼핑 등 행동의 과도한 추구는 궁극적으로 행동중독으로 볼 수 있다.

경도신경인지장애가 진단범주로 추가되었다.

찬성 이 진단은 임상가들이 알츠하이머병의 초기 증상을 찾아내는 데 도움이 된다.

반대 정상적 노화에 따른 건망증이 있는 사람들이 정신과 진단을 받을 수 있다.

적용	사용지역
임상실무/연구	북아메리카
임상실무/연구	전 세계
연구	미국

(Blashfield et al., 2014;
Gorenstein, 2013)

책 가격
199달러

541개 진단

DSM-5 — 2013

2010

책 가격
75달러

DSM-IV-TR — 2000

383개 진단

책 가격
49달러

DSM-IV — 1994

383개 진단

1990

책 가격
40달러

DSM-III-R — 1987

253개 진단

책 가격
32달러

DSM-III — 1980

228개 진단

1970

책 가격
3.5달러

DSM-II — 1968

193개 진단

1960

책 가격
3달러

DSM-I — 1952

128개 진단

1950

제8판 **이상심리학**

Ronald J. Comer 지음

오경자 · 정경미 · 송현주 · 양윤란 · 송원영 · 김현수 옮김

Σ 시그마프레스

이상심리학, 제8판

발행일 | 2017년 8월 10일 1쇄 발행

저　자 | Ronald J. Comer
역　자 | 오경자, 정경미, 송현주, 양윤란, 송원영, 김현수
발행인 | 강학경
발행처 | ㈜ 시그마프레스
디자인 | 우주연
편　집 | 이지선

등록번호 | 제10-2642호
주소 | 서울시 영등포구 양평로 22길 21 선유도코오롱디지털타워 A401~403호
전자우편 | sigma@spress.co.kr
홈페이지 | http://www.sigmapress.co.kr
전화 | (02)323-4845, (02)2062-5184~8
팩스 | (02)323-4197

ISBN | 978-89-6866-963-7

Fundamentals of Abnormal Psychology, Eighth Edition

이 도서의 국립중앙도서관 출판예정도서목록(CIP)은 서지정보유통지원시스템 홈페이지 (http://seoji.nl.go.kr)와 국가자료공동목록시스템(http://www.nl.go.kr/kolisnet)에서 이용하실 수 있습니다. (CIP제어번호: CIP2017018154)

역자 서문

이상심리학의 교재로 이미 여러 번역서와 저서가 나와 있으나 생생한 임상 사례 등 학생들의 흥미를 끄는 내용과 과학적 이해를 위한 다양한 이론과 연구가 적절한 균형을 이루고 있는 교재를 찾기는 쉽지 않다. Comer 교수가 저술한 이 책은 생생한 임상 사례 자료를 흥미로운 언론기사 등과 함께 소개하고 있어 이상심리 현상을 자신의 실제 경험과 연결시켜 생각해 볼 수 있는 기회를 제공하고 있다. 동시에 이 책에서는 다양한 이론적 접근과 최신 연구 결과를 적절하게 소개하여 이상심리 현상에 대한 폭넓은 시각과 깊이 있는 이해를 동시에 얻을 수 있게 구성되어 있다. 그리고 대부분의 이상심리학 교재가 주로 서구의 이론과 연구를 소개하는 데 그치는 것과는 달리 이 책에서는 다문화적 관점을 강조하고 다양한 문화로부터의 사례를 소개하여 사회문화적 맥락에 따라 이상심리의 양상이 달라질 가능성을 진지하게 생각해 보도록 이끌고 있다.

이 책의 우리말 번역은 제6판에서 시작되었다. 2013년 제6판의 국내 번역본이 출판된 후, 곧이어 2014년 Comer 교수가 DSM-5의 내용을 반영한 제7판을 펴내었고 같은 해인 2014년 8월에 제7판의 국내 번역본을 펴내게 되었다.

제7판이 나온 지 2년 만인 2016년에 Comer 교수가 새로운 개정판 제8판을 출판하였다. 제8판은 이전 판과 비교하였을 때 최신 이론과 연구의 추가, 새로운 자료의 추가와 보완 등 전체적으로 책의 내용이 더욱 충실해졌고, 빠르게 변화하고 있는 현대 사회와 이상심리학 분야의 학문적 흐름을 독자들에게 전달하고자 제8판의 번역을 결정하였고 이제 그 국내 번역판이 나오게 되었다.

제8판의 번역에는 제6판과 제7판의 번역에 참여한 6명이 다시 수고해 주었다. 이전과 같이 제1장과 제2장의 번역은 필자가 담당하였고, 제3장과 제16장은 정경미 교수, 제12장, 제13장, 제14장의 번역은 송현주 교수, 제4장, 제6장, 제7장은 양윤란 박사, 제10장, 제11장, 제15장은 송원영 교수, 그리고 제5장, 제6장, 제9장은 김현수 교수가 맡아서 번역하였다. 가급적 원문에 충실하게 옮기는 것을 원칙으로 하되, 독자가 이해를 위해서 필요한 경우에는 풀어서 기술하기로 하였다.

이 책의 출판을 맡아주신 (주)시그마프레스의 사장님과 수고를 아끼지 않은 편집부 여러분께 감사를 드리면서 이 책을 통해서 독자들이 이상심리학을 더 쉽고 즐겁게 배울 수 있게 되기를 기대한다.

2017년 7월
역자 대표 오경자

저자 소개

Ronald J. Comer 교수는 지난 41년간 프린스턴대학교 심리학과 교수로 재직하면서 임상심리학 프로그램의 주임을 역임하였다. 그의 이상심리학, 심리치료이론, 아동기 정신병리, 교육심리학, 실험 정신병리학, 임상심리학의 쟁점 강의는 프린스턴대학교에서 가장 인기가 높은 강의이다.

Comer 교수는 프린스턴대학교에서 뛰어난 강의로 총장상을 수상한 바 있다. 또한 그는 임상가로서 활동하면서 자폐장애자 시설인 Eden Autism Services 뉴저지 주 전역의 여러 병원과 가정의학전문의 수련 프로그램의 자문을 맡고 있다.

그가 저술한 책으로는 이 책 이외에도 현재 8판까지 나온 *Abnormal Psychology*가 있고, 공저로는 현재 2판까지 나온 심리학 개론서인 *Psychology Around Us*, *Case Studies in Abnormal Psychology*가 있다. 또한 *Higher Education Video Library Series*, *Video Anthology for Abnormal Psychology*, *Video Segments in Neuroscience*, *Introduction to Psychology Video Clipboard*, *Developmental Psychology Video Clipboard* 등 다양한 교육용 비디오를 제작하였고 임상심리학, 사회심리학, 그리고 가정의학 분야의 학술지에 연구논문을 발표한 바 있다.

Comer 교수는 펜실베이니아대학교에서 학부를, 클라크대학교에서 대학원 과정을 마쳤다. 현재 뉴저지주의 로렌스빌에서 아내 Marlene과 함께 살면서 어린 시절부터 같이 성장해 온 필라델피아 스포츠 팀들의 팬으로서 응원하고 있다.

저자 서문

19 81년 봄이었다. 앞선 8개월 동안 필라델피아 필리스 야구 팀은 월드 시리즈에서 우승했고 이글스, 식서스, 그리고 플라이어스 축구 팀은 수퍼볼에, NBA 결승전에, 그리고 스탠리컵 결승전에 각각 진출했다. 나는 세 살, 다섯 살짜리 사랑스러운 아이들이 있었고, 프린스턴대학교에서 종신 교수가 되었다. 내 삶은 부족함 없이 충만했다. 적어도 그렇게 생각했다.

그때 W.H. 프리먼 출판사와 워스 출판사의 편집자인 Linda Chaput가 내 연구실에 들어왔다. 활기찬 토론을 하면서 이상심리학 교재를 어떻게 만들어야 하는가에 대하여 Linda와 내가 비슷한 생각을 하고 있다는 것을 알게 되었다. 두 시간 후 Linda가 내 연구실에서 나갈 때에는 '이상적인' 이상심리학 교과서의 기반이 될 원칙들의 밑그림이 마련되었다. 사실상, 우리는 계약을 한 셈이었다. 이제 내가 그 책을 쓰는 일만이 남아 있었다. 10년 후 *Abnormal Psychology*의 초판(우리 가족이 '바로 그 책'이라고 부르는)이 출판되었고, 몇 년 후 이 책의 초판이 나왔다.

1981년 운명의 그날을 되돌아보면 그동안 여러 가지가 달라졌다는 사실에 깨닫게 된다. 몇 가지 예외는 있었지만 필라델피아의 스포츠 팀들은 컨디션을 회복하였고 해마다 고군분투해 왔다. 내 아들들은 이제 교양 있는 중년 남성이 되었고, 예전의 '사랑스럽다'는 명칭은 이제 두 살, 네 살짜리 손주인 Emmett와 Delia에게 넘겨주었다. Linda를 만났던 35년 전보다 나는 더 나이를 먹었고 겸허해졌으며 약간 더 피로를 느끼고 있다.

하지만 그때나 지금이나 달라지지 않은 멋진 일도 여러 가지 있다. 나는 여전히 프린스턴대학교에 재직하고 있다. 여전히 완벽에 가까운 Marlene Comer와 결혼생활을 하고 있다. 그리고 나는 이상심리학 교재인 이 책과 *Abnormal Psychology*를 저술하는 특권을 아직까지 누리고 있다. 이번 8판은 두 교재를 합산한다면 18번째 펴내는 책이다.

내가 교재를 쓰는 것은 좋아서 하는 일이었지만 각 개정판을 낼 때마다 엄청난 노력과 말도 안 되는 압박감, 그리고 수많은 불면의 밤을 겪어야 했다. 개정판에 투입된 노고를 굳이 언급하는 것은 내가 심하게 투덜거리는 사람인 탓이기도 하지만 개정판마다 그 이전 판들을 짜깁기하는 식으로 업데이트하지 않고 완전히 새로운 작업으로 접근했다는 것을 강조하기 위함이다. 나는 각 개정판마다 참신하게, 그리고 혁신적이며 깨우침을 주는 교수법이 포함되도록 열정적으로 노력한다.

이를 염두에 두고 나는 이번 8판에 엄청난 양의 새로운 자료와 흥미로운 읽을거리를 추가하였다. 그리고 이전 독자들의 반응이 아주 좋았던 주제, 자료, 기법은 그대로 유지하였다. 그 결과, 독자의 호기심을 돋우고, 독자와 시대에 직접 이야기를 건네는 책이 만들어졌다. 나는 다시 한 번 이상심리학 분야에 대한 내 열정을 전달하려고 노력하였다. 내 동료들 — 지난 세월 이 교재를 사용해 온 학생과 교수들 — 의 아낌없는 조언은 이 작업의 기반이 되었다.

새로 도입되고 확장된 특징

지난 수년간 이상심리학, 교육, 출판 분야, 그리고 이 세상에서 일어난 여러 변화를 감안하여 이번 판에는 다음과 같은 새로운 특징과 변화를 도입하였다.

• **새로 도입된 부분** • *DSM-5*   *DSM-5*의 출판과 함께 이상심리학 분야는 확실하게 변화하고 있다. 이 분야의 현황과 향후 방향을 학생들이 잘 알 수 있도록 이 책 전반에 걸쳐서 *DSM-5* 자료를 제시, 통합, 분석해 놓았다. 논란은 있지만 *DSM-5*가 이제 이 분야의 주된 분류–진단 체계이므로 예전의 독자들이 *DSM*의 이전 판들을 공부했듯이 *DSM-5*의 진단 범주와 기준을 이해하고 숙지하며 그 강점과 약점을 판단하고 그 가정과 시사점을 인식하는 것이 중요하다.

　*DSM-5*은 이 교재 전반에 걸쳐서 그 시사점 및 논란에 대한 논의와 함께 다양한 방식으로 제시되어 있다. 첫째, 새로운 진단범주들과 기준, 그리고 정보는 각 장의 내용에 매끄럽게 엮어서 기술되어 있다. 둘째, 학생들이 *DSM-5* 자료를 충분히 이해할 수 있도록 앞 표지 안쪽의 2쪽짜리 **도표**와 **진단 체크리스트**, 그리고 *DSM-5* 논쟁이라는 제목의 짧은 특집란 등 독자들에게 친숙한 교수방법을 책 전반에서 사용하였다. 셋째, 월경전불쾌감장애(225쪽), 대량학살 : 폭력은 어디에서 오는가(462쪽) 등의 특별주제 글상자들에서 *DSM-5* 관련 이슈와 논쟁들을 강조하였다.

• **새로 도입된 부분** • 과학기술과 '마음공학' 특집란   요즈음 세상의 엄청나게 빠르게 변하는 과학기술은 정신건강 분야에도 중요한 영향을 끼쳐 왔다. 이번 8판에서는 본문, 특집란, 사진 그리고 그림 등을 사용해서 과학기술의 영향을 폭넓게 다루었다. 예를 들어 이 책에서는 인터넷, 문자 보내기나 소셜 네트워크가 어떻게 남들을 괴롭히거나 소아성애 욕망을 채우는 데 아주 편리한 도구가 되고 있는지(399, 495, 496쪽), 소셜 네크워킹이 어떻게 사회불안의 새로운 근원이 될 수 있는지(137쪽), 오늘날의 과학기술이 어떻게 인터넷 중독과 같은 새로운 심리장애를 만들어 내는 데 일조하는지(367~368쪽) 등을 살펴본다. 또한 인터넷에 자신이 편집한 동영상을 올리는 것과 같은 위험한 새 유행을 알아보고(241쪽), 스카이프(Skype) 심리치료, 아바타 심리치료에서 가상현실 심리치료 등으로 계속 확장되고 있는 **사이버심리치료**의 다양한 형태도 독자들에게 알려 주고 있다(60, 71, 175, 438쪽).

　또한 이 책 전반에 **마음공학**이라는 새로운 특집란이 추가되었다. 각 장의 마음공학에서는 호기심을 끌면서 동시에 깨우침을 주는 방식으로 특히 도전적인 과학기술 동향을 각별한 주의를 기울여서 다루고 있다. **마음공학**에서 다루고 있는 최첨단 주제는 다음과 같다.

- 정신건강 앱에 대한 시장의 폭발적 반응(22쪽)
- 소셜 네트워킹 사이트는 연구자의 천국인가(25쪽)
- 네 아바타가 내 아바타에게 전화하게 하렴(71쪽)
- 심리학의 위키피디아가 새고 있다?(87쪽)
- 소셜 미디어 초조증(137쪽)
- 가상현실 치료 : 실제보다도 더 나은(175쪽)

• 새로 도입된 부분 • 정보마당 인터넷을 돌아다니거나 TV를 보고 잡지를 들쳐보면 꼭 인포그래픽, 즉 현재의 복잡한 자료를 빠르고 생각을 자극하면서 시각적으로 흥미롭게 제시하는 도표를 만나게 된다. 인포그래픽은 정보를 도표로 제시하여 흐름이나 양상을 쉽게 파악하고 관련 개념을 연관시킬 수 있도록 한다. 지난 10년간 새로운 디지털 기술의 발달과 함께 인포그래픽은 폭발적 인기를 누리고 있다. 인포그래픽은 읽는 사람들과 보는 사람들 모두가 좋아하고 그로부터 배운다.

따라서 8판에서는 **정보마당**이라는 특집란을 도입하여 이 분야의 중요한 주제에 대한 생생한 인포그래픽을 다수 실었다. 인포그래픽은 각 장의 핵심 주제 및 개념 관련 자료를 시각적으로 보여 주면서 독자들의 흥미를 자극하는 매력적인 정보들을 반복해서 제공한다. 독자들은 이 특별한 선물을 즐기면서 배울 것이라고 믿는다.

각 장마다 다음의 주제를 다루는 전면 **정보마당**이 나온다.

- 노령화 인구(536쪽)
- 개인적 및 전문적 문제(581쪽)

• **새로 도입된 부분** • **첨단 글상자 추가** 그 밖의 글상자들은 2개의 범주로 분류되어 있다. 심리전망대는 교재에 나온 주제들을 보다 심층적으로 알아보고, 문화가 심리장애와 그 치료에 미치는 영향을 강조하며 영화, 뉴스나 현실세계에서의 이상심리 사례들을 탐색한다. 언론보도에는 이상심리학의 최근 이슈들에 관한 뉴스, 잡지, 그리고 웹 작가들이나 블로거들의 흥미로운 기사가 제시되어 있다. 이전 판에 있었던 **심리전망대**와 **언론보도** 기사들은 최신 정보를 반영하여 개정되었고 새로운 글상자가 많이 추가되었다. 예를 들어 다음의 언론보도 글상자가 새롭게 추가되었다.

- 결함 있는 연구의 엄청난 파장(제1장)
- 영혼과 마음을 함께 구원하기(제2장)
- 공포 사업(제4장)
- 21세기의 이민과 우울(제6장)
- 의사들이 차별을 할 때(제8장)

• **새로 도입된 부분** • **본문 내용의 추가 및 확장** 지난 수년간 이상심리학 분야에서 특별한 관심을 끈 주제들이 있다. 개정판에는 그 주제들에 관해서 특집란이 새로 추가되었다. 대량학살의 심리학(462쪽), 적절한 의료서비스 시행령(ACA)의 영향(19, 578쪽), IRB의 증가하는 역할(33~34쪽), 차원적 진단(99, 485~488쪽), 분야의 새로운 치료 방법(31, 60, 438쪽), 영성과 정신건강(64~66쪽), 특정 진단의 과용(501, 522쪽), 유명인사의 심리학적 비용(215, 248쪽), 트랜스젠더 이슈(405, 407쪽), 성격장애에 대한 대안적 관점(484~488쪽), 자해(240~241, 465쪽), 프로아나 운동(315쪽), 정신질환자에 대한 빈약한 의학적 치료(289쪽), 심리학과 윤리(574~576쪽), 문화와 이상기능(75~76, 483쪽), 인종과 임상 분야(113~114쪽), 임상 분야에서의 성차별(225, 390쪽)의 기사가 추가되었다.

• **새로 도입된 부분** • **새 사례자료** 이론적·임상적 이슈를 생생하게 보여 주는 다양한 문화적 배경의 임상 사례는 이 교재의 두드러지는 특징의 하나이다. 독자들과 현재 세상의 관련성을 끊임없이 추구하기 위해서 새로운 개정판에서는 임상자료의 3분의 1 이상이 교체되거나 수정되었다. 새 임상 자료에는 주요우울장애-프랭코(81, 83~84쪽), 뮌하우젠증후군-탄야(270쪽), 주요우울장애-메리(197쪽), 편집정 성격장애-에두아르도(453쪽), 해리성 정체성장애-루이자(182쪽), 양극성장애-Kay(232쪽), 신경성 식욕부진증-샤니(299쪽), ADHD-리키(493쪽), 연극성 성격장애-루신다(470쪽), 분리불안장애-요나(497쪽) 등의 사례가 실려 있다.

• **새로 도입된 부분** • **비판적 사고 질문** 본문 서술 도중에 삽입되어서 학생들이 딱 맞는 지점에서 멈추고 방금 읽은 내용에 대해서 비판적 사고를 하게끔 이끄는 '비판적 사고 질문'은 이전 판에서도 매우 흥미를 끌고 인기가 있었다. 이번 개정판에서는 교수들과 독자

들의 열성적 호응을 반영해서 마음공학과 언론보도란을 포함해서 책 전반에 걸쳐서 다수의 새로운 비판적 사고 질문을 추가하였다.

• **새로 도입된 부분** • '숨은 뜻 읽어내기' 재미있으면서 독자들로 하여금 생각해 보도록 이끄는 '숨은 뜻 읽어내기'는 이번 개정판에서도 그대로 유지될 뿐 아니라 더 확장되었다. 독자들이 친근하게 느끼는 '숨은 뜻 읽어내기'는 본문 내용과 관련된 재미있는 토막 기사, 놀라운 사실, 최근 사건, 역사적 기록, 재미있는 추세, 즐길 만한 리스트, 흥미로운 인용문으로 구성되었다.

• **새로 도입된 부분** • **철저한 업데이트** 이 개정판에는 최첨단 이론과 연구, 사건이 제시되어 있다. 새롭게 추가된 부분에는 2013~2015년 기간의 2,000개 이상의 참고문헌과 사진, 표, 그림이 포함되어 있다.

• **확장된 내용** • **첨단 글상자 추가** 예방, 긍정심리학, 그리고 정신건강을 점점 강조하는 임상 분야의 추세에 따라 이 개정판에서는 이와 같은 중요한 접근을 더 비중 있게 다루고 있다(예 : 16~19, 554쪽)

• **확장된 내용** • **다문화적 이슈** 지난 30년간 임상이론가와 연구자들은 민족, 인종, 성별과 그 밖의 문화적 요인에 점점 더 관심을 많이 가지게 되었고, 당연히 이전 판에 이 중요한 요인들은 포함되었다. 근래 이 문화적 요인의 연구는 다문화적 관점이라는 보다 넓은 관점으로 확장되었다. 이러한 임상적 추세에 맞추어서 이번 개정판에는 책 전반에 걸쳐서 다문화적 자료와 연구가 추가되었다. 책을 훑어보기만 해도 이번 개정판에 우리 사회와 이상심리학 분야의 다양성이 잘 반영되어 있음을 알 수 있을 것이다.

• **확장된 내용** • **'새로운 흐름'의 인지 및 인지행동치료 이론과 치료** 이번 개정판에서는 새로운 흐름의 인지 및 인지행동치료 이론과 치료에 대한 내용을 보다 폭넓게 다루면서 마음챙김 인지치료, 수용전념치료(ACT)의 명제와 기법, 그리고 관련 연구를 교재 전반에 걸쳐서 소개하고 있다(예 : 60~61, 121, 122, 439쪽).

• **확장된 내용** • **신경과학** 임상 분야에서는 놀랄 만한 뇌영상기법, 유전학적 지도법 등 뇌의 이해를 넓히는 신경과학적 접근의 지속적 발달과 그 영향이 나타나고 있다. 따라서 이번 개정판에서는 생화학적 요인, 뇌구조, 뇌 기능, 그리고 유전적 요인이 이상행동에 기여하는 바에 대한 내용을 확장하였다(예 : 41, 123, 125, 421~422쪽).

새 개정판에서 유지되고 있는 강점

이번 개정판에서는 지금까지 성공적으로 사용되었고, 이전 독자들의 반응이 아주 좋았던 주제, 자료, 기법은 그대로 유지되었다.

폭넓은 내용과 균형 이 분야의 여러 이론, 연구, 장애, 치료법이 온전하게 그리고 정확하게 제시되어 있다. 심리학·생물학·사회문화적 관점의 주요 모델에 대해서는 하나의 접근에 치우치지 않고 객관적이며 균형을 취하며 최신 내용을 서술하였다.

모델의 통합 이 책의 전반에 걸친 논의, 특히 '종합' 부분의 논의에서는 다양한 모델이 어떻게 함께 활용될 수 있고 서로 다른 점은 무엇인지 학생들이 잘 이해할 수 있도록 구성되어 있다.

감정이입 이상심리학의 대상은 많은 경우 큰 고통을 겪고 있는 사람들이다. 따라서 책 전반에 걸쳐 감정이입을 하면서 글을 쓰려고 노력했고, 그러한 인식을 학생들에게 전달하고자 하였다.

통합적 치료 소개 이 책 전반에 걸쳐 치료법에 대한 논의가 기술되어 있다. 책의 앞부분에 치료법에 대한 전체적 개관이 제시되어 있고, 덧붙여 각 정신병리 장마다 관련 치료적 접근이 충분히 설명되어 있다.

풍부한 사례자료 이론적·임상적 이슈를 생생하게 제시하기 위하여 다양한 문화적 배경의 많은 임상사례를 담고 있는 것이 이 책의 특징이다. 이 개정판에 실린 임상자료의 25%는 새로운 사례이거나 대폭적 개편을 거쳤다.

페이지 여백의 용어풀이 수백 개의 핵심용어 정의가 해당 용어가 나오는 페이지의 여백에 제시되어 있다. 그 밖에 전통적 용어해설도 책의 끝에 실려 있다.

이동식 요약 요약 부분은 각 장의 제일 끝에 넣지 않고 학생들이 논의 내용을 보다 잘 기억할 수 있도록 각 장의 전반에 걸쳐서 주요한 부분이 마무리될 때마다 제시하였다.

각 장 끝의 핵심 개념과 속성퀴즈 핵심 개념과 속성퀴즈는 쉽게 찾아볼 수 있도록 해당 페이지가 표시되어 있으며 학생들이 그 장의 내용을 복습하고 테스트할 수 있도록 구성되어 있다.

'종합' 각 장의 끝 부분에 위치한 '종합'에서는 서로 경쟁관계에 있는 모델들을 보다 통합적 접근에서 함께 활용할 수 있는지 알아보고, 해당 분야의 현재 상황과 향후 방향이 요약되어 있다.

비판적 사고의 강조 이 교재에서는 이상심리학에 대한 비판적 사고를 가능하게 해 주는 도구가 제시되어 있다. 앞에 언급되어 있듯이 이 개정판에서는 '비판적 사고' 질문이 교재의 논의 속 신중하게 선정된 곳에 제시되어 독자가 잠시 멈추어서 방금 읽은 내용에 대하여 비판적으로 생각하도록 이끈다.

인상적인 사진과 흥미를 끄는 삽화 개념, 장애, 치료, 적용 사례는 멋진 사진, 도표, 그래프, 해부도를 통해서 독자들에게 생생하게 제시되어 있다. 그림, 그래프, 도표는 모두 이 개정판에 처음 사용되는 최신 자료이다. 역사적 사진, 오늘날의 세상, 그리고 팝 문화 등 다양한 사진이 제시되어 있다. 그 사진들은 단순히 주제를 보여 주는 것을 넘어서 독자들의 마음을 움직이고 감동시킨다.

융통성 이 책의 각 장은 하나하나가 독립적으로 구성되어 있어서, 교수의 의도에 따라 순서를 바꾸어 사용할 수 있다.

　마지막으로 이전 판의 서문에서도 말했지만 세월이 지나면서 내가 얼마나 행운아인가를 더욱 깨닫게 된다. 진부하게 들리겠지만 이제 나이가 먹어서 예전보다 더욱 예리해지고 넓어진 식견을 가지고 분명히 말한다. 내가 흥미롭고 지적 자극을 주는 많은 학생들과 함께 이들의 삶에서 중요하고 신나는 시기에 일할 수 있는 기회를 가졌다는 것에 진심으로 감사한다. 마찬가지로 대단한 우리 가족, 특히 멋진 내 아들 Greg과 Jon, 대단한 며느리 Emily와 Jami, 완벽한 손주 Delia와 Emmett, 그리고 정말 훌륭한 아내 Marlene에게 이루 말로 할 수 없을 만큼의 감사를 보낸다.

2016년 1월
프린스턴대학교
Ron Comer

요약 차례

차례

법, 사회, 그리고 정신건강 직종   16

Fundamentals of
Abnormal Psychology

제8판 이상심리학

Ed Fairburn

이상심리학 : 과거와 현재

조 안은 매일 밤 울다가 잠이 든다. 그녀는 미래에 불행밖에 없을 것이라고 확신하고 있다. 그녀가 확신하는 것은 바로 그 사실뿐이다. "내게는 앞으로 고통, 고통, 고통밖에는 없을 것이고 딸아이도 마찬가지로 고통을 받게 될 것이다. 우리는 이제 끝장이다. 이 세상은 지긋지긋하다. 내 인생의 매 순간이 모두 혐오스럽다." 그녀는 불면증이 정말 심하다. 눈을 감기가 두렵다. 눈을 감으면 자신의 절망스러운 삶이, 그리고 딸들에게 닥칠 끔찍한 미래가 더욱 뚜렷해진다. 어찌어찌 잠이 들면 시체, 부패, 죽음, 파멸의 끔찍한 이미지로 가득 찬 악몽을 꾼다.

어떤 날에는 아침에 침대에서 빠져나오는 것도 힘들다. 새로운 하루를 시작한다는 생각이 그녀를 질리게 한다. 그녀는 자신과 딸들 모두 죽어버리면 얼마나 좋을까 생각한다. '끝장내면 우리 모두에게 더 낫지 않을까?' 그녀는 우울감과 불안으로 무력해지고 절망감에 짓눌려 있다. 그리고 병에 걸릴 것 같은 두려움에 차 있고, 너무 지쳐서 움직이기도 힘들며, 무슨 일이든 시도해 보기에는 너무 소극적이다. 그런 날에 그녀는 딸들을 꼭 껴안고 트레일러 홈의 유리창 가리개를 내리고, 문을 잠그고는 어두운 방에 앉아 온종일 지낸다. 그녀는 사회에서 무참하게 폭행당한 채 세상으로부터 버려져서 시들어 말라버리도록 방치된 듯한 느낌이 든다. 그녀는 삶에 대해서 엄청나게 화가 나지만 동시에 삶이 두렵다.

지난해 동안 알베르토는 직장을 그만두고 가족을 떠나서 곧 다가올 침략에 대비하라는 이상한 목소리를 들었다. 이 때문에 그는 말할 수 없이 당황스러웠고 정서적으로 혼란스러웠다. 그는 그 목소리들이 어찌어찌해서 자기와 연결된 먼 우주의 존재들로부터 왔다고 믿고 있다. 그는 자신이 그 메시지를 전달받도록 선택되었다는 점에서 사명감과 특별한 존재감을 느꼈지만, 동시에 긴장되고 불안하기도 하다. 그는 다른 사람들에게 말세가 곧 다가올 것을 알려 주려고 최선을 다했다. 그는 목소리가 지시하는 대로 전조로 가득 찬 온라인 글들을 찾아내서 그 뒤에 숨겨진 메시지를 놓치지 말라는 코멘트를 붙여서 다른 사람들에게 보내고 임박한 침략을 중언부언 설명하는 긴 비디오를 유튜브에 올리기도 하는데, 돌아오는 온라인 코멘트나 답글은 대부분 비웃거나 조롱하는 내용이다. 시키는 대로 온라인 기사나 비디오를 올리지 않으면 그 목소리들은 그를 모욕하고 협박해서 하루하루가 악몽 같다.

알베르토는 적들이 음식을 오염시켰을 가능성에 대비해서 음식도 거의 안 먹는다. 그는 예전에 살던 곳에서 멀찍이 떨어진 조용한 아파트에 무기와 화약을 단단히 쟁여 놓고 있다. 그의 행동에서의 갑작스럽고 이상한 변화와 중언부언 떠드는 그의 비디오를 보고 가족과 친구들은 알베르토에게 연락해서 도대체 무슨 문제가 있는지 알아보기도 하고 그가 벌이려는 이상스러운 일을 못하게 하려고 하였다. 그러나 그는 날이 갈수록 이상한 목소리와 상상 속 위험의 세계로 점점 더 깊이 숨어버린다.

우리 대다수는 조안이나 알베르토의 정서, 사고, 행동이 심리적 비정상이라고 볼 것이다. 이러한 정서, 사고, 행동은 정신병리(psychopathology), 부적응(maladjustment), 정서장애(emotional disturbance) 혹은 정신질환(mental illness)이라고 하는 상태에서 비롯된 결과이다(심리전망대 참조). 이 용어는 인간의 뇌 혹은 정신과 밀접한 관련성이 있는 여러 가지 문제에 적용되어 왔다. 이상심리는 유명한 사람과 무명인, 부자와 가난한 사람을 가리지 않고 나타난다. 고금의 배우, 작가, 정치인 그리고 유명인들이 이상심리와 씨름을 해왔다. 심리적 문제는 크나큰 고통을 가져올 수 있으나 동시에 영감과 에너지의 원천이 되기도 한다.

심리적 문제는 매우 흔하고 또 인간적인 문제이기 때문에 큰 관심의 대상이 된다. 수많

용어의 첫 등장

우리는 '이상', '정신장애'라는 단어를 하도 자주 사용해서 이 용어들이 얼마 전까지는 존재하지도 않았다는 것을 잊기 쉽다. 이 단어들, 그리고 이와 비슷한 단어(속어를 포함해서)가 심리적 기능장애의 표현으로 출판물에 등장한 것은 언제부터일까? 옥스퍼드 영어사전에는 다음과 같이 나와 있다.

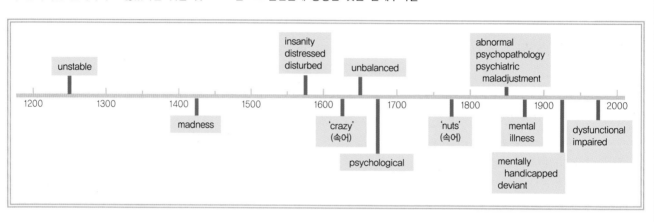

▶ **이상심리학** 기능의 비정상적 양상을 기술하고 예측하며 설명하고 변화시키기 위하여 이상행동을 과학적으로 연구하는 분야

은 소설, 희곡, 영화, 그리고 TV 프로그램이 인간 본성의 어두운 측면을 파헤쳐 왔고, 자가 치유법에 대한 책들이 시장에 넘친다. 정신건강 전문가들이 TV와 라디오에 인기 출연자로 나오고 있고, 심지어 자기 쇼나 웹사이트, 블로그를 가지고 있는 사람들도 있다.

이렇게 우리의 흥미를 사로잡는 문제들을 과학적으로 연구하는 분야가 **이상심리학**(abnormal psychology)이다. 모든 과학 분야에서와 같이 이 분야에서 일하는 사람들, 즉 임상과학자는 연구의 대상이 되는 현상을 묘사하고 예측하고 설명하기 위해서 정보를 체계적으로 수집한다. 임상실무가는 그렇게 얻은 지식을 비정상적·심리적 기능의 양상을 찾아내고 평가해서 치료하는 데 활동된다.

> 왜 심리장애가 있는 인물을 연기하는 배우들이 연기상을 많이 받을까?

이상심리란 무엇인가

임상과학자나 임상실무가의 일반적 목표가 다른 분야의 과학 전문가들과 다르지 않지만, 이들의 일을 특별히 어렵게 하는 문제가 있다. 가장 골치 아픈 문제 중 하나는 이상심리를 정의하기가 매우 어렵다는 것이다. 조안과 알베르토의 사례를 다시 한 번 생각해 보자. 무엇 때문에 그들의 반응을 '이상'이라고 바로 단정지을 수 있을까?

지금까지 '이상'의 정의는 수없이 많이 제시되었지만, 그중 모든 사람이 다 받아들이는 정의는 없었다(Bergner & Bunford, 2014). 그렇지만 이상심리에 대한 정의에는 대부분 일탈(deviance), 괴로움(distress), 기능장애(dysfunction), 위험(danger)의 '네 가지 D'가 공통적으로 포함되어 있다. 즉 이상심리는 보통 남다르고 극단적이며 유별나고 심지어는 기이하다는 의미에서 **일탈**되어 있고, 본인을 불쾌하고 불편하게 한다는 점에서 **고통**스러우며, 건설적인 방향으로 일상을 영위하기 어렵게 한다는 점에서 **역기능적**이고, **위험**이 따를 수 있다. 이 정의는 이상심리라는 현상을 탐색하는 데 유용한 출발점이 된다. 그러나 이제 곧 살펴보겠지만, 이 정의에도 중요한 제한점이 있다.

일탈

비정상적 심리적 기능이 일탈되었다고 할 때 무엇으로부터 일탈되어 있다는 의미일까? 조안과 알베르토의 행동, 사고, 정서는 우리가 사는 시대와 장소에서 정상이라고 보는 행동과는 다르다. 밤마다 울다가 잠이 든다든지, 세상을 증오하고 죽음을 소망한다든지, 다른 사람에게는 들리지 않는 목소리가 시키는 대로 하는 것은 일반적으로 예상할 수 있는 행동은 아니다.

요약하면 이상 행동, 사고, 그리고 정서는 사회가 적절하다고 보는 심리적 기능과는 현저하게 다르다. 사회마다 **규범**(norm), 즉 행위의 적절성을 판단하는 규칙(명시된 혹은 명시되지 않은)이 있다. 법으로 정해진 규범을 깨뜨리는 행동이 범죄라면 심리적 기능에 대한 규범을 깨뜨리는 행동, 사고, 정서는 '이상'이라고 부른다.

이상 여부의 판단은 사회마다 다를 수 있다. 한 사회의 규범은 그 사회 고유의 **문화**(culture), 즉 역사, 가치관, 제도, 습관, 기술, 과학기술, 예술로부터 만들어진다. 경쟁과 자기주장에 가치를 두는 사회에서는 공격적 행동이 용납될 수 있으나, 협동과 온순함을 강조하는 문화에서는 공격적 행동이 용납되지 않을 뿐 아니라 '이상'으로 간주될 수도 있다. 한 사회의 가치도 시대에 따라 변화할 수 있고, 그에 따라 이상심리가 무엇인지에 대한 견해도 달라질 수 있다. 예를 들어 100년 전의 서구사회에서는 여성이 대기업의 경영권이나 국가를 이끄는 권력을 추구하는 것이 부적절하고 심지어는 망상이라고 보는 시각이 보편적이었지만, 오늘날에는 동일한 행동이 높이 평가된다.

이상 여부의 판단은 문화적 규범뿐 아니라 구체적인 **상황**에 따라 달라진다. 예를 들어 만약 조안이 아이티의 국민이었고 그의 처절한 불행이 2010년 1월 12일, 서반구에서 가장 빈곤한 국가인 아이티에 대규모 지진이 발생한 후 며칠, 몇 주일, 몇 달만에 시작되었다면 어떠했을까? 세계 역사상 가장 끔찍한 자연재해였던 그 지진으로 인해 250,000명의 아이티 국민이 사망하였고 150만 명이 집을 잃었다. 아이티의 집과 건물의 절반이 즉시 무너져 내렸고, 전력을 비롯한 모든 동력은 사라졌다. 대부분 사람들은 집이 아닌 텐트에서 지내게 되었다(Granitz, 2014; Wilkinson, 2011).

조안은 지진이 일어나고 수 주일, 수개월 동안 자기가 필요로 하는 모든 도움을 받기 어려우리라는 것을 받아들였고 한때 자신의 삶에 중요한 의미를 주었던 친구와 이웃들을 이제 다시는 만날 수 없을 것이라는 것을 깨닫게 되었다. 그리고 그녀는 딸들과 함께 심각한 질병의 위험성을 안고 임시보호소를 전전하면서 점차 정상적인 삶으로 되돌아가리라는 희망을 모두 포기하게 되었다. 이렇게 보면 조안의 반응은 그렇게 부적절해 보이지 않는다. 여기에서 비정상적인 것이 있다면 바로 그녀가 처한 상황일 것이다. 사람이 겪는 경험 중에는 파산, 대규모 재해와 재난, 강간, 아동학대, 전쟁, 불치병, 만성 통증 등과 같이 우리에게 강력한 반응을 일으키는 것들이 많다(Janssen et al., 2015). 그런 경험들에 대한 '적절한' 반응이라는 것이 있을까? 그런 경험에 대한 반응을 비정상적이라고 해도 되는 것일까?

일탈 다루기

각 문화마다 일탈행동을 찾아내서 다루는 고유의 방법이 있다. 예컨대 2011년 인도네시아 수마트라 섬의 아체 지역 샤리아 경찰은 모호크식 머리, 문신, 코걸이, 꽉 끼는 청바지, 그리고 체인 등 못마땅한 차림새를 한 청소년 폭주족 60명을 체포해서 강제로 10일간 도덕재활캠프를 가도록 했다. 그 캠프에서는 이들의 머리를 밀고, 호수에서 목욕을 하게 한 후 전통복장을 입고 코걸이를 빼고 기도를 하게 하였다.

▶**규범** 사회적으로 적절한 품행을 규정하는 규칙

▶**문화** 민족이 공통적으로 가진 역사, 가치관, 제도, 관습, 기술, 과학기술과 예술

AP Photo/David Guttenfelder

맥락의 중요성
2011년 일본에서 처참한 지진과 쓰나미가 지나간 다음날 아침에 기쿠타 레이코(오른쪽)와 남편 타케시가 인부들이 자기 집을 밧줄에 연결시켜 끌어내리려고 하는 것을 바라보고 있다. 이 엄청난 재난이 지나간 뒤 불안과 우울은 뚜렷한 정신병리 증상이라기보다는 보편적이고 정상적인 반응인 듯하다.

괴로움

심리적 기능이 유별나다고 해서 반드시 이상심리로 볼 수 있는 것은 아니다. 일반적으로 많은 임상이론가들은 행동, 생각이나 정서가 **괴로움**을 일으키는 경우에 한하여 '이상'으로 규정한다. Ice Breaker라는 집단은 11월에서 2월까지 매 주말 미시간 주 전역에 있는 호수에서 수영을 한다. 이들은 날씨가 추울수록 더 좋아한다. 17년간 Ice Breaker의 멤버였던 한 남성은 인간이 자연에 도전한다는 것을 즐긴다고 말한다. 37세의 어느 여성 변호사는 매주 경험하는 그 충격이 건강에 좋다고 믿는다. "그 경험이 나를 정화시킨다. 생기가 나고 힘이 솟는다."라고 한다.

이들이 우리들 대부분과는 다르지만, 그들의 행동을 '이상'이라고 할 수 있을까? 그들은 고통을 경험하기는커녕 에너지가 충전되고 도전받는다고 느낀다. 그들이 긍정적인 기분을 경험하므로 그들의 기능을 '이상'으로 보기 어렵다.

그렇다면 이상심리라고 하려면 반드시 괴로움을 경험해야만 한다고 결론 내릴 수 있을까? 반드시 그렇지는 않다. 어떤 사람들은 정상적으로 기능하지 못하더라도 긍정적인 마음을 유지한다. 이상한 목소리가 들린다는 알베르토의 사례를 다시 생각해 보자. 알베르토는 다가오는 외계인의 침략과 그 때문에 자신의 생활을 어쩔 수 없이 바꾸어야 되는 것이 괴롭다. 그러나 만약 알베르토가 환청을 즐겼고 자신이 선택되었다는 것을 영광스럽게 생각했으며 인터넷으로 경고를 보내는 것을 좋아했고 세상을 구원하기를 고대하고 있었다면 어떨까? 그래도 그가 정상이 아니라고 봐야 할까?

기능장애

이상행동은 **기능장애**를 초래하는 경향이 있다. 즉 이상행동은 일상적 기능을 저해한다(Bergner & Bunford, 2014). 이상행동은 사람들을 당황하게 하고 주의를 분산시키며 혼란스럽게 만들어서 자신을 제대로 돌보고 다른 사람들과의 일상적인 상호작용이나 예전의 생산적인 활동을 어렵게 만든다. 예를 들어 알베르토는 직장은 그만두었고 가족과도 헤어졌으며 기존의 생산적인 삶에서 물러나게 되었다. 우리 사회에서는 일상생활에서의 활동을 효율적으로 영위하는 것을 중요시하므로 알베르토의 행동은 비정상이고 바람직하지 않은 것으로 간주될 가능성이 크다. 반면 직장에서 업무를 계속 잘해 나가고 만족스러운 인간 관계를 누리는 Ice breaker들의 행동은 그냥 특이할 뿐이라고 생각할 것이다.

위험

심리적 기능장애에서 궁극적으로 문제가 되는 것은 자신이나 타인에게 **위험**할 수 있는 행동이다. 일관적으로 무모하고 적대적, 혹은 혼란스러운 행동을 보이는 사람들은 자기 자신이나 주변 사람들을 위험에 처하게 할 수 있다. 예를 들어 알베르토는 식사를 제대로 하지 않음으로써 자신을, 그리고 무기와 탄약을 쌓아둠으로써 다른 사람들을 위험에 처하게 하는 듯하다.

이상심리의 특성 중 하나로 위험성이 자주 언급되기는 하지만, 사실 이상심리의 위험성은 일반적인 현상이라기보다는 극히 예외적인 일이라는 것이 연구 결과로 밝혀져 있다(Stuber et al., 2014). 불안과 우울에 시달리거나, 심지어는 기이한 생각을 하는 사람들도 대부분 자신이나 다른 사람들에게 직접적 위험이 되지는 않는다.

손에 잡히지 않는 이상심리의 속성

이상심리를 정의하려면 보통 답을 얻는 것만큼 새로운 의문이 꼬리를 물고 생긴다. 궁극적으로는 사회가 이상을 정의하는 일반적인 기준을 선택하고 그 기준을 적용해 특정 사례들을 판정하게 된다. Thomas Szasz(1920~2012)는 사회의 역할을 강조한 나머지, 정신질환을 일종의 가공된 신화라고 보고 그 개념 자체의 타당성을 부인했다(Szasz, 2011, 1963, 1960). Szasz에 의하면 사회가 비정상이라고 부르는 일탈은 '삶의 문제'일 뿐이고 그 사람 내부의 무엇이 잘못되었다는 표시는 아니라는 것이다.

> 일탈, 괴로움, 기능장애, 혹은 위험의 기준에 부합되지만 대다수 사람들이 이상행동이라고 보지 않는 행동에는 어떤 것이 있을까?

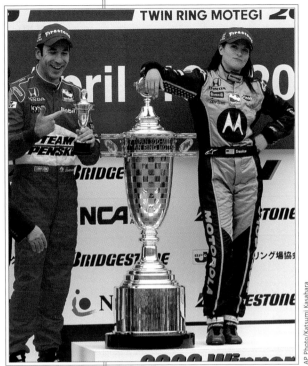

AP Photo/Katsumi Kasahara

달라진 세상
10년 전만 해도 여성이 경주용 차를 운전하는 것은 낯설다거나 심지어는 비정상으로 간주되었다. 다니카 패트릭(오른쪽)은 미국에서 일급 경주용 차를 모는 선수이다. Japan 300 자동차레이스에서 그녀가 받은 일등 트로피와 남성 운전자인 헬리오 카스트로네베스의 이등 트로피의 크기 차이는 이 스포츠에서 여성들이 얼마나 장족의 발전을 이루었는지를 상징적으로 보여 주고 있다.

이상심리가 타당한 개념이고 이를 정의할 수 있다고 가정해도 그 정의를 일관적으로 적용하기는 어려울 수 있다. 예를 들어 대학생들의 과다한 음주와 같이 우리에게 친숙한 행동의 경우 사회가 이것이 규범에서 일탈되었고 괴로움을 주며 역기능적이고 위험하다는 것을 인식하지 못할 수 있다. 미국 전역에서 수많은 대학생들이 알코올 의존 상태가 되어 개인 생활이나 학업에 지장이 있고, 심각한 괴로움을 겪으며 건강을 위협하고 자신과 주변 사람들을 위험에 처하게 하고 있다(Merrill et al., 2014). 그러나 그들의 문제는 눈에 띄지 않고 진단되지 않고 지나치는 경우가 많다. 술은 이미 대학문화의 한 부분이 되어 정상 범위를 넘어선 음주행동까지도 그냥 지나쳐 버리기 쉽다.

반대로 개입이 필요한 비정상과 타인이 간섭할 권리가 없는 기행(eccentricity)을 사회가 제대로 구분하지 못하는 경우도 있다. 간혹 우리가 보기에 이상한 행동을 하는 사람들을 보거나 이야기를 전해 듣게 된다. 예를 들어 혼자 살면서 고양이 수십 마리를 기르고 다른 사람들과 말을 섞는 일이 거의 없는 남자 같은 경우이다. 이들의 행동은 사회적 규범에서 벗어났다고 볼 수 있고 본인에게 괴롭고 역기능적일 가능성이 크지만, 다수의 전문가들은 이들의 행동을 비정상이라기보다는 괴짜라고 볼 것이다(심리전망대 참조).

요약하면 이상심리는 사회적 규범에서 벗어나며 괴롭고 역기능적이며 때로는 위험을 수반하는 심리 기능방식이라고 정의할 수 있다. 그러나 이러한 기준이 애매하고 주관적일 때가 많다는 점을 확실하게 할 필요가 있다. 그리고 이 책에서 다룰 이상심리 진단 범주들은 겉으로 보이는 것같이 명쾌한 경우는 거의 없고, 대다수가 임상가들 간에 지속적인 논란의 대상이 되고 있다.

▶ **요약**

이상심리란 무엇인가 이상행동을 과학적으로 연구하는 분야가 이상심리학이다. 비정상적 심리기능은 일반적으로 일탈되어 있고 괴로움과 기능장애가 내포되며 위험할 수 있다. 그러나 행동은 그 맥락 안에서 고려되어야 하며 '이상'의 개념은 그 사회의 규범과 가치에 따라서 달라진다.

치료란 무엇인가

일단 임상가들이 정말 이상심리를 보인다고 판정하면 이는 치료의 대상이 된다. 처치(therapy) 혹은 **치료**(treatment)란 이상행동을 정상적인 행동으로 바꾸도록 돕는 절차이다. 치료도 잘 정의할 필요가 있다. 임상과학자들에 의하면 치료의 정의는 이상심리의 정의와 밀접하게 관련되어 있다. 다음에 기술된 빌의 사례를 보자.

2월 : 빌은 집 밖으로 나갈 수가 없다. 그 사실은 정말 확실하게 알고 있다. 집에 있을 때에만 모욕, 위험, 심지어는 파멸을 피할 수 있다고 느낀다. 직장에 가면 동료들이 그에 대한 경멸감을 어떤 형태로든 표시할 것이다. 가시 돋친 말, 놀리는 듯한 표정만 보아도 그들의 마음을 다 알 수 있다. 쇼핑을 가면 가게에 있는 사람들 모두가 그를 빤히 쳐다볼 것이다. 틀림없이 다른 사람들도 그의 암울한 기분과 생각을 알아챌 것이다. 숨길 도리가 없다. 그는 혼자 숲속으로 산책을 나갈 엄두도 내지 못한다. 가슴이 벌렁거리기 시작해서 주저앉게 될 것이고, 숨이 턱에 차서 횡설수설하며 집으로 다시 돌아오지도 못할 것이다. 아니, 그로서는 방 안에 틀어박혀서 이 끔찍한 삶을 하루 저녁 더 견뎌내는 편이 훨씬 나을 것이다. 인터넷이 있어서 얼마나 다행인가! 온라인 뉴스를 읽고 블로그나 온라인 포럼에 글을 올리는 일이 없었다면 그는 아마도 세상과 완전히 단절되었을 것이다.

7월 : 빌의 생활은 친구들을 중심으로 돌아간다. 빌은 최근 고객 관리부의 책임자로 승진했고, 직장에서 알게 된 밥과 잭 그리고 주말에 같이 테니스를 치는 프랭크와 팀과 어울려 지낸다. 이 친구들과는 매주 돌아가면서 집에서 저녁을 같이 먹고 인생, 정치, 일에 대한 이야기를 나눈다. 빌의 삶에서 특별한 위치를 차지하는 사람은 재니스이다. 재니스와는 영화도 같이 보고, 레스토랑이나 쇼에도 같이 간다. 재니스는 빌이 참 멋지다고 생각하고, 빌도 그녀와 함께 있으면 환하게 미소 짓게 된다. 이제 빌은 매일 직장에 나가서 고객들과 상대하는 일을 고대하고 있다. 그는 다양한 활동에 참여하고 여러 사람과 관계를 맺으면서 인생을 보다 완벽하게 즐기고 있다.

2월에는 빌의 생각과 느낌, 행동은 삶의 모든 영역에서 그의 발목을 잡았다. 그러나 7월이 되면서 그의 증상 대부분이 사라졌다. 빌이 좋아진 것은 친구나 가족의 조언 덕분일 수도 있고, 새 직장이나 휴가를 갔었던 것, 어쩌면 식단이나 운동 프로그램을 확 바꾼 것이 도움이 되었을 수 있다. 그중 어떤 요인 하나가, 아니면 그 모든 요인이 도움이 되었을 수는 있지만, 이를 처치나 치료라고 보기는 어렵다. 처치나 치료란 보통 심리적 어려움의 극복을 돕기 위한 특별한 체계적 절차에 국한된 용어이다. 임상연구가인 Jerome Frank의 말을 빌리자면, 모든 형태의 치료는 다음 세 가지 핵심적 특징을 가지고 있다.

1. 치료자가 고통을 해소해 주기 원하는 **환자**

▶치료 이상행동을 보다 정상적 행동으로 변화시키는 체계적 절차

심리전망대

남들과 다른 북소리에 따라 행군하는 괴짜들

● 작가 **제임스 조이스**는 늘 작은 여성용 속바지를 가지고 다니다가 마음에 든다는 표시로 흔들었다.

● **벤저민 프랭클린**은 건강을 위해서 창문을 열어 놓고 발가벗은 채 그 앞에 앉아서 '풍욕'을 했다.

● **알렉산더 그레이엄 벨**은 보름달의 빛을 막으려고 자기 집 창문을 가렸다. 그는 또 개에게 말을 가르치려고 했다.

● **데이비드 허버트 로렌스**는 옷을 벗고 뽕나무 위에 올라가는 것을 좋아했다.

이들 유명인사들은 괴짜들로 알려져 있다. 사전적 정의에 의하면 괴짜란 보편적인 행동방식에서 벗어나거나 이상야릇하고 별난 행동을 하는 사람을 말한다. 그러나 심리적으로 건강하지만 색다른 습관을 가진 사람과 정신병리 증상으로 기이한 행동을 보이는 사람을 어떻게 구분할 수 있을까? 괴짜에 대한 연구는 많지 않지만 그중 몇몇 연구를 통해서 이에 대한 통찰을 얻을 수 있다(Stares, 2005; Pickover, 1999; Weeks & James, 1995).

괴짜 1,000명을 연구한 David Weeks는 5,000명 중 1명 정도가 '고전적인 의미의 진짜 괴짜'일 것이라고 추정했다. Weeks의 연구에서는 괴짜의 특징으로 다음의 15가지를 꼽았다. 일반사회 규범의 거부, 창의성, 강한 호기심, 이상주의, 극단적인 관심과 취미, 늘 자신이 남과 다르다는 인식, 높은 지능, 솔직함, 경쟁심

Lance Manion/Retna Ltd./Corbis

의 부재, 유별난 식사 및 생활 습관, 다른 사람의 의견이나 남과 사귀는 것에 대한 무관심, 장난기에 찬 유머감각, 미혼, 장남/장녀이거나 외아들/외딸, 철자법에 서투름 등이다.

Weeks는 괴짜들이 일반적으로 정신장애가 있는 것은 아니라고 했다. 정신장애자들의 유별난 행동은 본인의 의사와 관계없이 나타났고, 보통 그들에게 고통을 주지만 괴짜들의 기행은 자유의지로 선택된 것으로 이들에게 즐거움을 준다. "괴짜들은 스스로 남과 다르다는 것을 알고 있으며 이를 자랑스럽게 여긴다"(Weeks & James, 1995. p. 14). 마찬가지로 괴짜들의 사고 과정은 심각하게 와해되지도 않았고 역기능적이지도 않다. Weeks의 연구에 의하면 괴짜들은 일반 사람들에 비하여 도리어 정서 문제가 더 적었다. 아마도 '독창적'이라는 것이 정신건강에 유익한지도 모른다.

음악 괴짜 대중음악 슈퍼스타 레이디 가가는 기이한 행동, 기상천외한 패션 감각, 그리고 튀는 공연 방식으로 널리 알려져 있다. 수많은 그녀의 팬들은 그녀가 작사한 노래 가사나 음악 못지않게 그녀의 특이함 자체를 즐긴다.

---

2. 환자와 그가 속한 사회 집단에서 전문성을 인정받은 훈련된 **치료자**

3. 환자의 정서 상태, 태도 및 행동을 변화시키기 위한 치료자와 환자의 일련의 **접촉**

(Frank, 1973, pp. 2-3)

이와 같이 명쾌한 정의가 내려져 있음에도 불구하고 임상 치료는 갈등과 혼란에 싸여 있다. 제2장에 소개될 현대 임상 분야의 개척자 Carl Rogers는 다음과 같이 말했다. "치료자들이 지향하는 목표나 목적은 동일하지 않다. … 또한 치료자들은 무엇을 성공적 치료의 성과로 보는지에 대해서도 서로 생각이 다르다. 마찬가지로 무엇을 치료의 실패라고 볼 수 있는지에 대한 의견도 다르다. 이 분야는 완전히 혼란에 빠져서 의견도 제각각인 듯하다."

임상가 중 일부는 이상심리를 질병으로 보고 그 질병의 치유를 돕는 절차를 치료라고 본다. 다른 이들은 이상심리를 삶의 문제로 보고 보다 적응적인 행동과 사고를 가르치는 사람이 치료자라고 본다. 심지어는 치료를 받는 사람을 무엇이라고 부를 것인지에 대해서도 의견이 다르다. 이상심리를 질병으로 보는 사람들은 '환자'라는 용어를 쓰는가 하면 이상심리를 삶의 문제로 보는 임상가들은 '내담자'라는 용어를 쓴다. 이 두 가지 용어가 모두 보편적으로 사용되기 때문에, 이 책에서는 이들을 교환 가능한 용어로 사용할 것이다.

AP Photo/Paul White

심리치료는 … 아니다
얼마 전 스페인의 한 호텔이 대규모 수리를 앞
두고 시민들에게 그 호텔 한 층의 객실들을 때
려 부수면서 스트레스를 풀도록 하였다. 그 파
괴행위가 일부 사람들에게는 정말 치료적 효과
가 있었을지 모르지만 이를 심리치료라고 할 수
는 없다. '훈련받은 치료자'도 없었을 뿐 아니라
치료자와 환자가 여러 번에 걸쳐 체계적으로 접
촉하지도 않았다.

악령 몰아내기
고대로부터 발굴한 이 두개골에 있는 구멍 두
개는, 아마도 정신장애를 치료하고자 악령을
몰아내기 위한 천공술을 받았음을 시사한다.

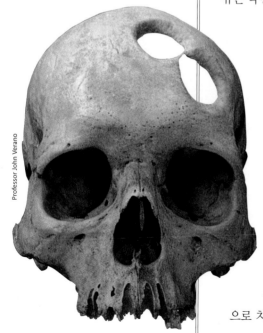

Professor John Verano

서로 견해의 차이는 있지만 대다수의 임상가들은 심리치료를 필요로 하는 사람들이 아
주 많다는 점에는 의견을 같이한다. 심리치료가 과연 도움이 되는지에 대한 증거는 나중
에 만나게 될 것이다.

▶ **요약**

치료란 무엇인가 치료는 심리적 어려움을 극복하는 과정을 돕기 위한 체계적 절차이다. 일반적으로
치료는 환자, 치료자, 그리고 일련의 치료적 접촉으로 구성된다.

과거에는 이상심리를 어떻게 이해하고 치료하였는가

매년 미국 성인의 30%, 아동과 청소년의 19%가 심각한 심리적 장애로 치료가 필요하다
(Merikangas et al., 2013; Kessler et al., 2012, 2009). 다른 나라에서의 비율도 비슷하게 높
다. 과학기술의 빠른 변화, 테러리즘 위협의 증가, 혹은 종교, 가족을 비롯한 지원체계의
약화 등 현대사회의 특징이 이와 같이 많은 정서적 문제의 원인이라고 결론 내리기 쉽다
(Paslakis et al., 2015; Gelkopf et al., 2013). 그러나 이상심리는 시대를 불문하고 모든 사회
에 존재해 왔다. 그렇다면 이상행동과 그 치료법은 과거로 거슬러 올라가서 조사를 시작
해야 할 것이다.

고대사회의 관점과 치료법

역사가들은 고대사회로부터 나온 유골, 예술품, 기타 유물들을 살펴보고 고대사회에서는
이상행동을 악령의 짓이라고 보았을 가능성이 크다는 결론을 내렸다. 선사시대 사람들은
주변이나 자신의 내부에서 일어나는 일들은 모두 이 세상을 통제하는 마술적 (때로는 사
악한) 존재의 행위에서 비롯된다고 믿었다. 특히 그들은 인간의 몸과 마음이 외부에 존재
하는 선과 악 세력의 싸움터라고 보았다. 이상행동은 보통 악령의 승리로, 이상행동의 치
유는 악령을 몸에서 몰아내는 것으로 해석되었다.

이상행동에 대한 이와 같은 견해의 시작은 50만 년 전 석기시대까지 거슬러
올라갈 수 있다. 유럽과 남아메리카에서 발굴된 석기시대의 유골 중 일부에서
는 트레피인(trephine)이라는 돌로 만든 도구로 두개골을 둥글게 절개하는 **천공술**
(trephination)을 받은 증거가 나타났다(Heeramun-Aubeeluck & Lu, 2013). 일부
역사가는 이러한 초기 수술이 실제 존재하지 않는 현상을 보거나 듣는 환각이나
극심한 슬픔에 빠져 꼼짝하지 못하는(immobility) 우울증과 같은 심각한 이상행
동의 치료를 위해서 시행되었을 것이라고 결론 지었다. 두개골을 여는 수술의 목
적은 그 문제의 원인으로 추정되는 악령을 몰아내는 것이었다(Selling, 1940).

그 이후의 사회에서도 이상행동을 악령에 들리는 것으로 설명했다. 이집트,
중국, 이스라엘의 문헌에서도 모두 이상심리를 그런 방식으로 설명하였고, 성
경에도 어떻게 사울 왕에게 악령이 들렸는지, 어떻게 다윗이 적들로 하여금 자
신에게 신령이 임하였다는 것을 믿게 하려고 미친 척하였는지 기록되어 있다.
위와 같은 초기 사회에서는 이상심리를 흔히 귀신을 몰아내는 **퇴마 의식**(exorcism)
으로 치료하였다. 그 의도는 악령을 달래서 떠나게 하거나 악령이 그 사람의 몸에 머무

르기 불편하게 만드는 것이었다. **샤먼** 혹은 신관은 기도문을 외우고, 악령에게 간청을 하거나 모욕을 주고, 마술을 시행하거나 큰 소리를 내고, 그 사람에게 쓴 약을 마시게 하기도 하였다. 만약 이런 방법들이 모두 통하지 않는 경우 신관은 더 극단적인 퇴마법으로 그 사람에게 매질을 하거나 굶기는 방법을 쓰기도 하였다.

> 악령으로 이상심리를 설명하거나 치료하는 방법으로 퇴마 의식 이외에 오늘날에도 남아 있는 것에는 어떤 것이 있는가? 이러한 것들은 왜 사라지지 않을까?

그리스와 로마시대의 관점과 치료법

대략 기원전 500년부터 서기 500년 사이에는 그리스와 로마 문명이 융성하였고, 철학자와 의사들은 이상행동을 다르게 설명하였다. 현대 의학의 아버지로 불리는 히포크라테스(기원전 460~377)는 질병은 자연적 원인에 의한 것이라고 가르쳤다. 그는 이상행동을 내부 신체적 문제로 인한 질병이라고 보았다. 구체적으로 그는 이상행동이 일종의 뇌질환으로, 다른 모든 질병과 마찬가지로 몸에 흐르는 네 가지 **체액**(humors, 황색담즙, 흑색담즙, 혈액, 점액)의 불균형에서 비롯된다고 믿었다(Wolters, 2013). 예를 들어 황색담즙의 과다는 격앙된 활동의 원인으로, 흑색담즙의 과다는 떨쳐버릴 수 없는 슬픔의 근원으로 보았다.

이상심리를 치료하기 위해서 히포크라테스는 근원적인 신체적 병리를 교정하려고 했다. 예를 들어 슬픔의 근원인 흑색담즙의 과다분비는 조용한 생활, 채소의 섭취, 운동, 금욕, 채혈로 호전될 수 있다고 믿었다. 위대한 그리스 철학자 플라톤(기원전 427~347)과 아리스토텔레스(기원전 384~322), 그리고 그리스와 로마의 영향력 있는 의사들도 히포크라테스와 마찬가지로 이상행동의 내적 원인을 강조하였다.

중세의 유럽 : 악마론의 복귀

그리스 · 로마시대의 의사와 학자들은 개화된 견해를 가지고 있었으나, 일반 사람들은 여전히 악마에 대한 믿음을 버리지 못했다. 그리고 로마의 멸망과 함께 악마론적 견해와 풍습은 다시 유행하게 되었고, 점차 과학에 대한 불신이 유럽 전역으로 확산되었다.

서기 500년부터 1350년 사이의 중세에는 유럽 전역에서 성직자의 세력이 크게 증가하였다. 그 시대에는 교회가 과학적 조사를 거부했고 모든 교육을 통제하였다. 매우 미신적이고 악마론적인 종교적 믿음이 삶의 모든 측면을 좌지우지했다. 일탈행동, 특히 심리적 장애는 사탄의 영향을 받았다는 증거로 간주되었다.

중세는 심각한 스트레스와 불안의 시대로, 전쟁과 도시 민란, 역병이 만연한 시대였다. 사람들은 그러한 문제를 악마의 탓으로 돌렸고, 악마가 들릴까 봐 겁을 냈다(Sluhovsky, 2011).

> 트위터, 페이스북, 문자, 인터넷, 케이블 TV와 그 밖의 기술들이 어떻게 현대형 집단광기를 부추기고 있을까?

이 시기에는 이상행동이 크게 증가하였다. 또한 다수의 사람들이 터무니없는 잘못된 믿음을 공유하면서 헛것을 봤거나 들었다고 상상하는 집단광기(mass madness)가 창궐하였다. 예를 들어 **무도병**(tarantism, 성 비투스 춤이라고 알려짐)에서는 사람들이 갑자기 펄쩍 뛰거나 춤추다가 발작을 일으켰다(Prochwicz & Sobczyk, 2011; Sigerist, 1943). 사람들은 모두 그 병이 타란툴라라는 늑대거미에 물려서 생긴 결과라고 믿었고, 타란텔라 춤을 추면 그 병을 고칠 수 있다고 믿었다. 또 다른 형태의 집단광기인 **낭광**(狼狂, lycanthropy)에서는, 자신이 늑대나 그 이외의 다른 동물에 들렸다고 생각하고 늑대처럼 행동하고 자기 몸에 털이 자란다고 상상했다.

▶**천공술** 이상행동의 치료를 위해 두개골을 둥글게 잘라낸 고대의 수술법

▶**체액** 그리스나 로마인들이 정신과 신체의 기능에 영향을 미친다고 본 신체의 화학물질

마법에 걸렸는가, 정신을 놓았었나
1300년대부터 '계몽' 르네상스 시대에 이르기까지 마법에 대한 두려움이 유럽에 만연했다. 많은 사람들(주로 여성)이 악마와 거래를 한 것으로 간주되었다. 그중 일부는 정신장애가 있어서 이상한 행동을 했을 것 같다(Zilboorg & Henry, 1941). 그림 속의 여성은 마법을 사용했다는 것을 자백할 때까지 물속에 반복적으로 처넣어졌다.

▶**수용소** 정신질환자를 돌보기 위한 시설의 일종으로 16세기에 처음 많아졌고, 이들 수용소의 대다수는 나중에 실질적인 감옥이 되었음

창살 침대
수용소에서는 그림 속의 창살 침대같이 터무니없는 장치와 기법이 사용되었다. 이들 장치는 19세기 개혁 중에도 계속 사용되었다.

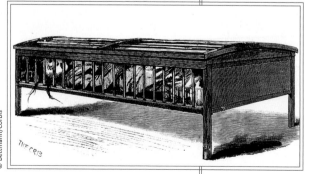

예상할 수 있듯이 이전의 악마론적 이상심리 치료법 중 일부가 중세에 다시 등장했다. 다시 한 번 치유의 열쇠는 악마가 들린 사람의 몸에서 악마를 몰아내는 것이 되었다. 퇴마 의식이 다시 살아났고 그 시대에 치료를 담당했던 성직자들은 악마나 악령에게 간청하거나 성가를 부르고 기도를 했다(Sluhovsky, 2011, 2007). 그러한 방법이 효과가 없으면 다른 방법들이 동원되었고 그중 일부는 고문이었다.

중세가 끝날 무렵이 되어서야 악마론과 악마론적 방법이 쇠퇴하기 시작했다. 유럽 전역에서 작은 마을들은 도시로 성장했고 정부 관료의 세력이 커지면서 이들이 종교 이외의 활동을 인계받았다. 이들은 여러 가지 업무의 일환으로 병원을 운영하고 정신질환자들을 돌보는 일을 관장하기 시작했다. 이상심리에 대한 의학적 견해가 지지를 얻게 되었고, 수많은 정신장애인들이 영국의 트리니티병원 등 병원에서 치료를 받았다(Allderidge, 1979).

르네상스와 수용소의 증가

문화적 · 과학적 활동이 융성했던 1400~1700년의 르네상스 시대의 초기에는 이상심리에 대한 악마론적 견해가 지속적으로 퇴조하였다. 최초의 정신질환 전문의인 독일 의사 Johann Weyer(1515~1588)는 몸과 마찬가지로 마음도 병에 걸릴 수 있다고 믿었다. 그는 이제 현대 정신병리학의 창시자로 간주되고 있다.

이러한 사회적 분위기 속에서 정신질환자를 돌보는 방식도 지속적으로 개선되었다. 영국에서는 지역 교구의 재정적 지원을 받으면서 가족이 정신질환자를 집에서 돌볼 수 있게 되었다. 유럽 전역에서 성당이 정신질환자들을 인도적으로 사랑으로 돌보는 데 헌신하였다. 아마도 그중 가장 잘 알려진 곳이 벨기에 겔에 있는 성당이다. 15세기부터 전 세계 사람들이 정신적 치유를 위하여 겔로 몰려 왔다. 겔 주민들은 이 순례자들을 자기 집에 받아들였고, 다수가 이곳에 남으면서 세계 최초의 정신질환자들의 집단부락이 형성되었다. 겔은 오늘날의 **지역사회 정신건강 프로그램**의 전신으로 정신질환자들을 사랑과 존중으로 돌보면 호전된다는 것을 실증해 주고 있다(Guarnieri, 2009; Aring, 1975, 1974). 그곳에는 아직도 많은 환자들이 회복될 때까지 다른 주민들과 교류하면서 수양가정(foster home)에서 살고 있다.

유감스럽게도 이같은 정신질환자 돌보는 방식의 개선은 16세기 중반에 들어서면서 쇠퇴하기 시작했다. 공무원들은 심각한 정신질환자 중 개인 가정이나 지역사회 주거시설이 받아들일 수 있는 경우는 극히 일부분에 지나지 않고 정신병원의 수효나 규모는 턱없이 부족하다는 것을 깨닫게 되었다. 점점 더 많은 병원과 수도원이 정신질환자들을 돌보기 위한 시설인 **수용소**(asylum)로 전환되었다. 이 시설들은 양질의 치료를 제공하겠다는 좋은 의도로 시작되었으나(Kazano, 2012), 환자가 넘쳐나면서 이들을 불결한 환경에 가두고 말할 수 없이 잔인하게 다루는 실질적인 감옥이 되었다.

예를 들어 베들레헴병원은 1547년에 헨리 8세가 오로지 정신질환자들을 가두기 위한 시설로 런던 시에 공여하였다. 쇠사슬에 묶여 있

는 정신질환자들이 비명을 질러대는 이 병원은 실제로 관광명소가 되었고, 사람들은 고함을 지르고 횡설수설하는 환자들을 보려고 기꺼이 입장료를 지불하였다. 그 지역 주민들이 'Bedlam'이라고 발음하는 그 병원의 이름은 '무질서한 소음'이라는 의미를 갖게 되었다(Selling, 1940).

19세기 : 개혁과 도덕치료

일반적으로 역사가들은 처음 개혁이 시작된 곳으로 파리 소재의 남성 환자들을 위한 라비세트로 정신병원을 지목한다. 프랑스혁명 중 1793년에 Philippe Pinel(1745~1826)은 그 병원의 진료 과장으로 임명되있다. 그는 환자는 쇠사슬과 매질의 대상이 아니라 동정심과 친절함으로 돌봐야 할 병든 사람이라고 주장하면서, 환자들이 병원 구내를 자유롭게 돌아다닐 수 있도록 허용했고, 어두운 토굴에 있던 환자들을 햇볕이 잘 들고 환기가 잘되는 병실로 옮겼으며 심리적 지지와 조언을 제공하였다(Yakushev & Sidorov, 2013). Pinel의 접근은 대단히 성공적이어서, 수십 년간 격리되어 갇혀 있던 많은 환자가 단기간에 크게 호전되어 퇴원하였다. 추후 Pinel은 파리 소재 여성 환자 병원인 라살페트리에르에서도 유사한 개혁을 시행하였다.

영국의 퀘이커교도 William Tuke(1732~1819)도 북부 영국에서 비슷한 개혁을 단행했다. 1796년에 그는 요크리트리트라는 전원단지를 세우고 30명 정도의 정신질환자가 조용한 시골집에서 투숙객으로 지내면서 휴식과 대화, 기도와 노동을 통해 치료를 받게 하였다(Kibria & Metcalfe, 2014).

도덕치료의 확산 도덕적 지도와 인도적이고 존중하는 기법을 사용하는 Pinel과 Tuke의 **도덕치료**(moral treatment)는 유럽과 미국 전역에 확산되었다. 심리적 문제가 있는 환자들은 생산적인 삶을 영위할 잠재력이 있는 사람들로 자신의 문제를 함께 이야기할 기회와 유익한 활동, 일, 친교, 그리고 조용한 시간 등 개인적 돌봄을 받을 권리가 있는 존재라는 인식이 확산되었다.

미국에서 도덕치료의 조기 확산에 가장 크게 기여한 사람은 Benjamin Rush(1745~1813)이다. 그는 펜실베이니아병원의 저명한 의사로 미국 정신의학의 아버지로 간주되고 있다. Rush는 정신질환자 치료에 전념하여 인도적 접근의 치료법을 개발하였다(Grossman, 2013; Rush, 2010). 예를 들어 그는 병원들이 지적으로 유능하고 민감한 간호사들을 고용해서 책을 읽어 주고 대화를 하며 정기적으로 산책에 데리고 나가는 등 환자들을 아주 긴밀하게 돌보도록 하였다. 또한 의사들이 간혹 작은 선물을 환자들에게 주면 치료에 도움이 될 것이라는 제안을 하기도 하였다.

Rush의 업적 영향도 있었지만, 미국에서 인도적 돌봄에 대한 사회적 관심을 끄는 데 기여한 사람은 보스턴의 교사 Dorothea Dix(1802~1887)였다. Dix는 1841년부터 1881년까지 주 의회와 하원을 돌면서 수용소의 끔찍한 실상을 알리고 개혁을 요구했다. Dix의 운동에 힘입어 정신질환자 치료의 개선을 위한 새로운 법안이 마련되고 정부의 재정

▶도덕치료 19세기에 사용된 정신장애에 대한 치료적 접근으로 도덕적 지도와 인도적이고 환자를 존중하는 치료를 강조

정신병원의 댄스파티
도덕치료에서 가장 인기가 있던 프로그램은 '정신병자 무도회'였다. 병원 직원들은 환자들이 함께 모여서 춤을 추고 즐기는 자리를 마련했다. 조지 벨로스의 '정신병원의 댄스파티'라는 그림은 그러한 무도회를 묘사한 것이다.

Dance in a Madhouse, 1917 (litho), Bellows, George Wesley (1882–1925)/ San Diego Museum of Art, USA/Museum Purchase/The Bridgeman Art Library

지원을 더 많이 끌어낼 수 있었다(Davidson et al., 2010). 미국의 각 주에는 도덕치료를 제공할 수 있는 공립정신병원이나 **주립병원**(state hospital)을 세울 책임이 부여되었고 유럽 전역에도 비슷한 병원들이 설립되었다.

도덕치료의 쇠퇴 1850년대에 이르러서는 유럽과 미국 전역에서 도덕적 접근을 사용해서 성공을 거두었다는 병원이 여러 개 생겼다. 그러나 19세기 말이 되면서 여러 요인으로 인하여 도덕치료 움직임이 퇴조하게 되었다(Kazano, 2012). 도덕치료의 지나치게 빠른 확산이 퇴조의 한 원인이 되었다. 정신병원의 수효가 급증하면서 자금과 인력의 부족이 심각해졌고 회복률도 낮아졌다. 또 다른 원인으로는 인도적이고 존엄성을 지켜 주는 치료로 모든 환자가 다 치유될 수 있다는 도덕치료의 가정을 들 수 있다. 일부 환자에게는 정말 도덕치료만으로 충분하였으나 어떤 환자들에게는 기존의 어떤 치료보다 더 강력한 효과가 있는 치료가 필요했다. 도덕치료의 쇠퇴에 기여한 또 다른 요인은 정신질환자에 대한 새로운 편견이 생기게 되었다는 것이다. 수많은 환자들이 지리적으로 떨어진 대형 정신병원에 입원해서 눈앞에서 멀어지면서 일반 대중들은 그들을 이상하고 위험한 존재로 보게 되었다. 그 결과, 기부를 하거나 정부 재원을 배정할 때 아무래도 인색해지게 되었다. 더구나 19세기 후반 미국의 정신병원에 들어가는 환자 대부분은 가난한 외국인, 이민자들로 일반 대중은 이들을 돕는 데 관심이 없었다.

20세기 초에 이르면서 도덕치료는 미국과 유럽에서 모두 중단되었다. 공립정신병원에서는 오로지 보호 관리와 효과 없는 약물치료만이 제공되었고, 해가 갈수록 점점 더 환자들로 넘쳐났다. 다시 한 번 장기 입원이 관행이 되었다.

20세기 초 : 체인적 관점과 심인적 관점

19세기 말에 도덕치료운동이 퇴조하면서 다음의 두 가지 대립적인 관점이 임상가들의 관심을 두고 경쟁하였다. 즉 이상심리 기능이 신체적인 원인에서 비롯된다는 **체인적 관점**(somatogenic perspective)과 이상 기능의 주요 원인이 심리적 요인이라는 **심인적 관점**(psychogenic perspective)이다. 이 두 관점은 20세기에 활짝 꽃피게 된다.

체인적 관점 이상행동이 뇌질환으로 일종의 체액의 불균형에서 생기는 병이라고 한 히포크라테스의 견해가 체인적 관점의 시작이라고 본다면 이는 2400년 전으로 거슬러 올라갈 수 있다. 그러나 체인적 관점은 19세기 말 이후에 이르러서야 비로소 개선장군처럼 의기양양 하게 돌아와 널리 받아들여지기 시작했다.

이와 같이 체인적 관점이 부활하게 된 데에는 두 가지 요인이 작용하였다. 하나는 독일의 저명한 연구자 Emil Kraepelin(1856~1926)이었다. 1883년 Kraepelin은 영향력 있는 교과서에서 피로와 같은 신체적 요인이 정신적 기능장애를 일으킬 수 있다고 주장했다. 제3장에서 나오지만 Kraepelin은 최초로 이상행동의 현대적 분류체계를 개발하고 그 신체적 원인과 경과를 논의하였다(Hoff, 2015; Jäger et al., 2013).

새로운 생물학적 연구 결과들 또한 체인적 관점이 떠오르는 데 기폭제 역할을 했다. 가장 중요한 발견 중 하나는 신체질환인 매독이 **진행성 마비**, 즉 마비와 과대망상 등의 신체적 · 정신적 증상을 보이는 퇴행성 장애를 일으킨다는 것이다. 1897년 독일의 신경학자인 Richard von Krafft-Ebing(1840~1902)은 매독 궤양에서 뽑은 물질을, 진행성 마비 증상을 보이는 환자들에게 주사한 결과, 한 사람도 매독 증상을 보이지 않았음을 발견하였다. 이 환자들이 매독에 면역성을 보인 것은 이미 매독에 걸렸던 일이 있었기 때문으로 해석될 수밖에 없었다. 진행성 마비 환자들은 모두 매독에 면역성이 있었으므로 Krafft-Ebing은 매독이 진행성 마비의 원인이었을 거라고 추정하였다. Kraepelin의 업적과 진행성 마비에 대한 새로운 이해에 힘입어 많은 연구자들과 임상가들은 신체적 요인이 여러 정신질환—어쩌면 모든 정신질환—의 원인일지도 모른다는 생각을 하게 되었다.

일반적인 낙관적 기대와는 달리 20세기 전반에 생물학적 접근이 거둔 성과는 대체로 실망스러웠다. 그 기간 동안 정신병원의 환자들을 위한 수많은 의학적 치료법이 개발되었으나 대다수는 효과가 없었다. 의사들은 발치, 편도선 절제, 온수와 냉수욕을 번갈아 하는 물요법, 뇌절제, 대뇌 특정 신경섬유의 외과적 절제 등을 시도하였다. 심지어 일부 사람들은 생물학적 견해와 주장을 근거로 의학적 혹은 다른 방법으로 환자들의 생식 능력을 제거하는 우생학적 단종(eugenic sterilization)과 같은 부도덕한 해결책을 제안하는 데까지 이르렀다(표 1-1 참조). 1950년대에 이르러 효과적인 약물들이 발견되고 나서야 비로소 체인적 관점이 환자들에게 도움이 되기 시작했다.

심인적 관점 19세기 후반에는 심인적 관점, 즉 이상 기능의 주요 원인이 심리적인 경우가 많다는 견해가 부상하였다. 심인적 관점 또한 긴 역사가 있지만, **최면**(hypnotism)연구를 통해서 그 잠재력이 증명되기 전에는 따르는 사람들이 별로 없었다.

최면은 피암시성이 극도로 높아지는 몽환 상태를 유도하는 절차로, 심리장애 치료에 사용되기 시작한 것은 오스트리아의 의사인 Friedrich Anton Mesmer(1734~1815)가 파리에 진료소를 설립한 1778년으로 거슬러 올라간다. Mesmer의 환자들은 신체적으로 이상이 없는데도 이상하게 몸이 아픈 히스테리장애를 앓고 있었다. Mesmer는 환자들을 음악 소리로 가득찬 어두컴컴한 방에 앉혀 놓고 화려한 의상을 입고 나타나서는 특별한 막대기

숨은 뜻 읽어내기

영화 속 유명한 심리학 대사

"울고 나면 천천히 심각한 문제들을 꼼꼼히 따져 볼 수 있게 되지요."
(인사이드아웃, 2015)

"당신이 얼마나 미쳐 있는지 알고나 있어요?"
(노인을 위한 나라는 없다, 2007)

"내게 말하고 있는 거예요?"
(택시드라이버, 1976)

"어머니가 오늘은 좀 이상하세요."
(사이코, 1960)

"데이브, 내가 정신줄을 놓치는 것 같네. 느낄 수 있다구."
(2001: 스페이스 오디세이, 1968)

"나는 무시당하고 가만히 있지는 않을 거야!"
(위험한 정사, 1987)

표 1-1

우생학과 정신장애	
연도	**사건**
1896	미국에서 최초로 코네티컷 주가 정신장애자들의 결혼을 금지하였다.
1896~1933	미국 내 모든 주에서 정신장애자들의 결혼을 금지하는 법이 통과되었다.
1907	인디애나 주는 미국에서 최초로 정신장애자, 범죄자, 그리고 기타 심신장애자들이 불임시술을 받도록 하는 법령을 통과시켰다.
1927	미국 대법원이 우생학적 불임시술에 대하여 합헌판결을 내렸다.
1907~1945	우생학적 불임시술법을 근거로 미국 국민 약 45,000명에게 불임시술이 시행되었는데 그중 21,000명은 정신병원 환자였다.
1929~1932	덴마크, 노르웨이, 스웨덴, 필란드, 아이슬란드에서 우생학적 불임시술법이 통과되었다.
1933	독일에서 우생학적 불임시술법이 통과되어 1940년까지 375,000명에게 불임시술이 시행되었다.
1940	나치 독일이 정신장애자들을 가스를 사용하여 죽이기 시작했고 2년이 채 안 되는 기간 중 70,000명 이상이 살해되었다.

출처 : Fischer, 2012; Whitaker, 2002.

AP Photo/Oscar Sosa

최면술에 관한 최신정보
심인적 관점의 출발점이 된 최면술은 심리치료, 연예, 그리고 법 집행 등 현대 생활의 여러 영역에 지속적인 영향을 미치고 있다. 여기에서는 법정 임상가가 증인의 범죄 세부 내용 회상을 돕기 위해서 최면을 사용하고 있다. 그러나 최면을 통해서 진짜 기억을 되살릴 수 있지만 가짜 기억을 만들 수도 있음이 최근 연구에서 밝혀졌다.

▶**정신분석** 무의식적 심리역동이 정신병리의 원인이라고 주장하는 이론 혹은 이상심리치료법

로 환자 몸의 아픈 곳을 건드렸다. 의외로 많은 환자들이 이 메스머리즘(mesmerism) 방법으로 치료되어 통증, 감각이나 운동 기능의 마비 증상이 사라졌다(Musikantow, 2011; Dingfelder, 2010). 과학자들은 Mesmer가 환자들에게 일종의 몽환 상태를 경험하도록 하여 증상이 사라지게 만들었다고 믿었다. 그러나 이 치료법에 대한 논란이 커져서 결국 Mesmer는 파리에서 추방당했다.

Mesmer 사후 수년이 지난 후에야 다수의 연구자들이 용기를 내서 후에 **최면요법**(hypnotism, 그리스어로 '잠'을 의미하는 *hypnos*로부터 유래)이라고 불리운 그의 치료법과 그것이 히스테리장애에 미치는 영향에 대한 연구를 하였다. Hippolyte-Marie Bernheim(1840~1919)과 Ambroise-Auguste Liébault(1823~1904)라는 프랑스 낭시의 두 의사는 실제로 정상인들에게 최면을 통해 히스테리장애를 유발할 수 있음을 보여 주었다. 즉 정상인들에게 최면 상태에서 암시를 줌으로써 귀가 안 들리게 하거나 운동마비, 실명, 무감각 등을 경험하게 할 수 있었고, 같은 방법으로 인위적으로 유발시킨 증상들을 없앨 수 있었다. 이들은 신체 기능의 이상을 동일한 절차(즉 최면 상태에서의 암시)를 통해 유발시키고 치료할 수 있음을 입증한 것이다. 유력한 과학자들이 히스테리장애는 그 원인이 주로 심리적이라는 결론을 내렸고 심인적 관점의 인기가 높아졌다.

최면이 히스테리장애에 미치는 영향을 연구한 연구자들 가운데 비엔나의 Josef Breuer (1842~1925)가 있었다. 의사인 Breuer는 자기 환자들이 간혹 최면 상태에서 힘들었던 과거 경험에 대해 솔직하게 이야기를 하고 깨어났을 때 증상이 없어지기도 한다는 것을 발견했다. 1890년대에는 비엔나의 의사 Sigmund Freud(1856~1939)가 Breuer의 연구에 동참하였다. 제2장에서 다루겠지만, Freud의 연구는 후에 여러 형태의 정상적ㆍ비정상적 심리 기능이 모두 심리적인 요인에 원인이 있다고 주장하는 **정신분석**(psychoanalysis)이론으로 발전하였다. 그는 특히 무의식적 심리 과정이 그러한 기능의 기저에 깔려 있다고 믿었다.

또한 Freud는 임상가들이 대화를 통해 심리적 문제가 있는 환자들이 무의식의 심리 과

Q. Sakamaki/Redux Pictures

더 많은 변화가…
방글라데시에 있는 현대식 정신병원의 환자들이 병동 바닥에 놓인 점심식사를 먹고 있다. 20세기에 들어와서도 한동안 미국 전역의 주립병원들에서 이와 비슷한 상황을 볼 수 있었다.

정에 대한 통찰력을 얻도록 돕는 정신분석 기법을 개발하였다. 그는 최면 절차 없이 통찰력만으로도 심리적 문제의 극복에 도움이 된다고 믿었다. Freud와 그의 추종자들은 주로 입원시킬 필요가 없는 불안이나 우울증 환자들을 대상으로 진료실에서 오늘날 외래 심리치료라고 하는 대략 한 시간 정도의 치료를 시행하였다. 20세기 초반에 이르자 정신분석이론과 정신분석치료는 서구사회 전역에서 널리 받아들여졌다(Messias, 2014).

▶ 요약

과거에는 이상심리를 어떻게 이해하고 치료하였는가 심리장애의 역사는 고대로 거슬러 올라간다. 선사시대 사회에서는 이상행동을 악령의 소행으로 보았다. 석기시대의 문화에 원시적 형태의 뇌 수술인 천공술이 사용되었다는 증거가 발견되었다. 또한 초기 사회의 사람들은 퇴마술을 통해 악령을 몰아내려고 시도하였다.

그리스와 로마 제국의 의사들은 정신질환에 대하여 좀 더 개화된 설명을 내어놓았다. 히포크라테스는 이상행동이 네 가지 체액의 불균형 때문에 나타난 것이라고 믿었다.

유감스럽게도 역사를 보면 심리기능에 대하여 개화된 사고를 하는 시대 다음에는 사고가 퇴행하는 시대가 뒤따랐다. 예를 들어 중세의 유럽 사람들은 다시 이상행동의 악마론 설명으로 되돌아갔다. 영향력이 큰 성직자들은 정신질환이 악마의 소행이라고 주장하였다. 중세가 끝나가면서 악마론에 근거한 설명과 치료는 쇠퇴하기 시작하였고, 르네상스 시대 초기에는 정신질환자의 치료가 개선되었다. 일부 성당은 인도적 치료를 제공하는 데 헌신하였다. 유감스럽게도 이와 같이 개화된 접근은 길게 유지되지 못하였고, 16세기 중반부터 정신질환자들은 수용소에 가두어지게 되었다.

19세기에 이르러서 다시 정신질환자의 치료가 개선되기 시작했다. 유럽에서 도덕치료가 시작되어 미국으로 전파되었고, Dorothea Dix의 전국적인 운동에 힘입어 주립병원들이 세워졌다. 유감스럽게도 도덕치료 운동도 19세기 말에는 와해되었고, 공립정신병원들은 다시 최소한의 돌봄만을 제공되는 '인간 창고'가 되었다.

20세기가 되면서 신체적 요인을 이상심리 기능의 주요 원인이라고 보는 체인적 관점이 다시 돌아왔다. 동일한 시기에 이상심리 기능의 주된 원인이 심리적이라는 심인적 관점도 부상하였다. 결국 Sigmund Freud의 심인적 접근인 정신분석이 널리 받아들여졌고 후세대 임상가들에게 영향을 미쳤다.

현재 동향

현 시대에 정신질환에 관한 이해가 크게 진전되었으며, 믿을 만한 치료법이 존재한다고 말하기는 어려울 것이다. 실제로 설문조사에 의하면, 정신질환이 전적으로 환자 자신의 탓이라고 믿는 사람들이 43%, 이상행동이 죄를 지은 결과라고 믿는 사람이 35%나 된다(Stuber et al., 2014; NMHA, 1999). 그러나 지난 50년 동안에 이상심리 기능을 이해하고 치료하는 방식에 중요한 변화가 있었다. 이상심리이론이나 치료법이 더 많아졌고, 새로운 연구와 정보도 많아지면서 과거 어느 때보다도 논란도 많아졌다.

심각한 정신장애인을 어떻게 돌보고 있는가

1950년대에 새로운 **향정신성 약물**(psychotropic medication), 즉 주로 뇌에 영향을 주어 다양한 정신장애의 증상을 치료하는 여러 가지 약물이 발견되었다. 그중에는 주로 극도로 혼란되고 왜곡된 사고를 치료하는 **항정신병 약물**, 우울한 사람들의 기분을 호전시켜 주는 항우울제, 긴장과 걱정을 감소시켜 주는 항불안제 등이 있었다.

오랜 기간 정신병원에 입원해 있었던 많은 환자들이 이 약물들을 투여받고 호전되었다. 병원 운영자들은 공립병원의 끔찍한 여건에 대한 시민들의 항의로 부담을 느끼던 차

▶**향정신성 약물** 일차적으로 뇌에 작용하여 다수의 정신기능장애의 증상을 감소시키는 약물

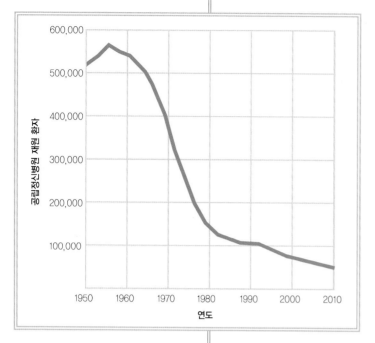

그림 1-1
탈원화의 영향
현재 미국의 공립정신병원에 입원되어 있는 환자의 수(40,000명 미만)는 1955년에 입원 환자 수의 극히 작은 일부분에 불과하다(출처 : Althouse, 2010; Torrey, 2001; Lang, 1999).

에 이러한 결과에 힘을 얻고 바로 환자들을 퇴원시키기 시작했다.

이들 약물이 발견되고 나서는 대부분 선진국가의 정신건강 분야 전문가들은 **탈원화**(deinstitutionalization) 정책에 동참하여 수많은 환자를 공립정신병원에서 퇴원시켰다. 1955년 미국 전역의 공립정신질환자 시설의 입원 환자 수효는 600,000명에 육박하였다(그림 1-1 참조). 현재 같은 형태의 병원의 입원 환자의 수효는 40,000명에도 못 미친다(Althouse, 2010).

요약하면 이제는 덜 심각한 문제를 보이는 사람뿐 아니라 심각한 정신장애 환자들에게도 통원치료가 일차적 치료 형태가 되었다. 요즘에는 정말 심각한 환자들의 경우 입원이 필요하면 통상 단기간 입원을 하게 된다. 이상적으로는 그 후에 지역사회 프로그램과 거주시설에 등록하여 외래로 심리치료와 약물치료를 받게 된다(Stein et al., 2015).

제2장과 제12장에서는 심각한 심리장애를 가진 사람들을 지역사회에서 돌보는 방안을 강조하는 근래의 **지역사회 정신건강 접근**을 조금 더 상세하게 살펴볼 것이다. 지역사회 정신건강 접근으로 수많은 환자가 혜택을 받았지만, 현재 미국에서 운영되고 있는 지역사회 프로그램의 수효는 필요한 수준에 크게 못 미치고 있다(Dixon & Schwarz, 2014). 따라서 다수의 심각한 심리장애 환자들이 장기적으로 회복되지 못하고 정신병원에서 지역사회로, 또다시 정신병원으로 왔다 갔다 하는 결과가 나타났다. 병원에서 퇴원한 환자들은 고작 최소 수준의 돌봄을 받고 낡은 셋방에서 살거나 길거리를 전전하게 되는 경우가 흔하다. 노숙자로 사는 심각한 정신장애인이 적어도 100,000명은 되고, 135,000명 이상이 유치장이나 교도소에 수감되어 있다(Kooyman & Walsh, 2011; Althouse, 2010). 이들이 이렇게 방치되어 있다는 것은 정말 국가적 수치이다.

장애 정도가 덜 심각한 사람은 어떤 치료를 받는가

중등도 심리장애를 가진 사람들을 위한 치료 현황은 심각한 장애 집단에 비해서는 나은 편이다. 1950년대 이래 이들은 통원치료를 선호하였고, 그 수요에 따라 통원치료를 제공하는 시설의 수효나 종류는 지속적으로 증가하였다.

1950년대 이전에 통원치료는 전적으로 **자기 부담 심리치료**(private psychotherapy), 즉 개인이 개업한 심리치료자를 구하여 상담서비스를 받는 형태였다. 1950년대 이후에는 대부분의 의료보험이 자기 부담 심리치료 비용을 포함하게 됨에 따라 소득수준과 관계없이 이를 널리 이용할 수 있게 되었다. 또한 이제는 지역사회 정신건강센터, 위기개입센터, 가족서비스센터와 기타 사회서비스기관 등 비교적 저렴한 비용으로 통원 심리치료를 제공하는 기관들도 생겼다. 설문조사들에 의하면, 미국 성인 6명 중 1명은 1년 기간 중 심리장애로 인하여 치료를 받은 경험이 있는 것으로 나타나 있다(NIMH, 2010).

통원치료로 치료받을 수 있는 문제의 유형도 점점 더 다양해졌다. Freud와 동료들이 처음 진료를 시작했을 때에는 불안 혹은 우울로 치료받는 환자가 대다수였다. 오늘날에도 내담자의 절반 정도는 그러한 문제들을 호소하지만, 다른 문제들로 치료를 받는 사람들도 있

▶**탈원화** 1960년대에 시작된 조치로 수많은 정신질환 환자들이 공립정신병원에서 풀려남
▶**자기 부담 심리치료** 상담 서비스에 대하여 직접 상담자/치료자에게 비용을 지불하는 형태의 심리치료

다. 또한 적어도 내담자들의 20%는 결혼, 가족, 직장, 친구, 학교, 혹은 공동체에서의 대인관계 등 삶의 문제로 인해 심리치료를 받는다(Ten Have et al., 2013; Druss & Bornemann, 2010).

1950년대 이후 통원치료에서 나타난 또 다른 변화는 한 가지 심리적 문제에 특화된 프로그램의 발달이다. 예를 들어 요즘에는 자살예방센터가 있고, 물질남용 프로그램, 섭식장애 프로그램, 공포증치료센터, 성기능장애 프로그램 등이 있다. 이 프로그램들을 담당하는 임상가들은 한 분야에 집중하여 얻은 전문성을 갖추고 있다.

장애 예방과 정신건강 증진의 강조

지역사회 정신건강 접근은 심각한 장애인들이 필요로 하는 것을 채워 주지 못하는 부분이 크지만 **예방**(prevention)이 정신건강 서비스의 중요한 원칙이라는 점을 부각시켰다(Grill & Monsell, 2014). 오늘날 여러 지역사회 프로그램에서는 심리장애가 생길 때까지 기다리기보다는 심리적 문제를 야기하는 빈곤·지속적인 폭력 등과 같은 사회적 상황을 변화시키고 10대 미혼모, 심각한 정신장애인의 자녀 등 정서적 문제가 발생할 위험성이 높은 사람들을 도우려고 한다. 나중에 언급하겠지만 지역사회 예방 프로그램은 제한된 재원으로 어려움을 겪는 경우가 많지만, 미국과 유럽 전역에서 점점 많아지고 있어 궁극적인 개입의 형태로서 큰 기대를 모으고 있다.

과거 수년간 **긍정심리학**(positive psychology)에 대한 심리학의 관심이 증가하면서 예방 프로그램은 더욱 탄력을 받고 있다(Ramirez et al., 2014; Seligman & Fowler, 2011). 긍정심리학은 낙관주의나 행복감 등의 긍정적인 느낌, 근면과 지혜 등의 긍정적 특질, 사회기술 같은 긍정적 능력, 관대함과 인내심 같은 집단 지향적 덕목을 연구하고 장려한다(정보마당 참조).

연구자들은 실험실 연구를 통해서 긍정심리학에 대한 이해를 증진시키고 있고, 긍정심리학을 지향하는 임상가들은 스트레스와 역경으로부터 보호해 줄 수 있는 대처기술을 가르치고 의미 있는 활동과 대인관계에 더 많이 참여하도록 하여 정신장애 예방을 추진한다(Sergeant & Mongrain, 2014).

> 왜 이제야 심리학자들이 긍정적 행동을 연구하기 시작했을까?

줄리어드에서 거리로
'솔로이스트'라는 제목의 책과 영화의 실제 인물인 나다니엘 에어스가 2005년 노숙자로 살면서 로스앤젤레스 거리에서 바이올린을 켜고 있다. 한때 뉴욕의 줄리어드 음악원의 촉망받는 학생이었던 에어스는 조현병이 발병해서 결국 치료도 받지 못하고 집도 없는 처지가 되었다.

▶**예방** 장애가 생기기 전에 막는 것을 목적으로 하는 개입
▶**긍정심리학** 긍정적 느낌과 특질, 능력의 연구와 증진

녹색공간과 정신건강
한 젊은 여성이 런던 배터시 공원의 녹색환경에 푹 빠져 있다. 최근 긍정심리학 연구에 의하면 도시에 거주하는 사람들 중 상대적으로 녹색공간이 더 많은 지역의 거주자들이 삶의 만족도가 더 높고 심리적 고통이 적다고 한다(White et al., 2013). 런던 시민 중 공원과 녹지대 근방 사람들이 그렇지 않은 사람들보다 삶의 질이 더 높다는 것은 놀랍지 않다.

행복

긍정심리학은 긍정적 느낌, 특성 그리고 능력을 연구하는 학문이다. 임상가들이 건설적 기능을 더 잘 이해할 수 있으면 심리건강의 증진도 더 효과적으로 추진할 수 있을 것이다. **행복**은 현재 가장 주목받고 있는 긍정심리학 주제이다. 행복한 사람들도 많지만 행복하지 못한 사람들도 존재한다. 사실 스스로 '매우 행복하다'고 하는 사람은 성인 중 **3분의 1**에 불과하다. 행복에 관한 주요 사실, 숫자, 그리고 개념을 살펴보자.

'매우 행복'한 사람은 누구인가?

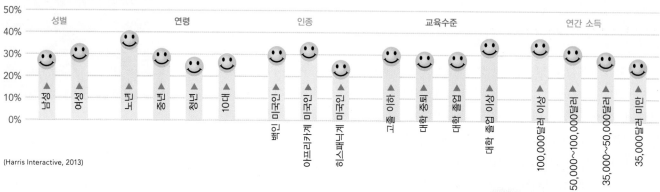

성별: 성인 남성, 성인 여성
연령: 노년, 중년, 청년, 10대
인종: 백인 미국인, 아프리카계 미국인, 히스패닉계 미국인
교육수준: 고졸 이하, 대학 중퇴, 대학 졸업, 대학원 이상
연간 소득: 연간 100,000달러 이상, 연간 50,000~100,000달러, 연간 35,000~50,000달러, 연간 35,000달러 미만

(Harris Interactive, 2013)

행복의 기본요소

행복한 기질은 타고나는 것인가? 아니면 환경과 삶의 여건이 사람들의 행복도를 좌우하는가? **유전–환경** 문제를 연구하는 학자들은 두 요인이 함께 **상호작용**하여 행복도를 결정한다는 것을 밝혀냈다. 그러나 두 요인이 미치는 영향력의 정도에는 차이가 있다.

생활사건 40%
가치(가족, 친구, 지역사회, 직장) 12%
유전자 48%

(Brooks, 2013)

누가 더 행복한가?

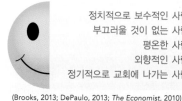

정치적으로 보수적인 사람	정치적으로 진보적인 사람
부끄러울 것이 없는 사람	죄책감이 많은 사람
평온한 사람	분노가 가득한 사람
외향적인 사람	내향적인 사람
정기적으로 교회에 나가는 사람	교회에 다니지 않는 사람

(Brooks, 2013; DePaulo, 2013; *The Economist*, 2010)

행복을 찾아서

사람들은 행복한 삶을 추구한다. 어떤 사람에게 이는 **쾌적한 삶**을 추구하는 것을 의미한다. 일에 대한 만족, 자녀 양육, 사랑, 그리고 여가가 있는 **매력적인 삶**을 추구하는 사람들도 있다. 그리고 자신의 강점을 인식하고 이를 다른 사람들을 위해서 사용하는 **의미 있는 삶**을 추구하는 사람들도 있다. (Seligman, 2002)

행복한 사람들은 어떤 일을 하는가?

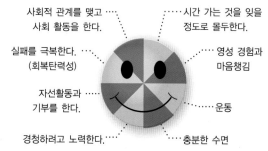

- 사회적 관계를 맺고 사회 활동을 한다.
- 시간 가는 것을 잊을 정도로 몰두한다.
- 실패를 극복한다. (회복탄력성)
- 영성 경험과 마음챙김
- 자선활동과 기부를 한다.
- 운동
- 경청하려고 노력한다.
- 충분한 수면

(Bratskeir, 2013)

일과 행복

특정 직업을 가진 사람들은 다른 직업군보다 행복한 사람들의 비율이 더 높다.

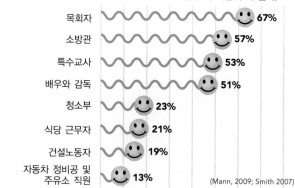

직업	비율
목회자	67%
소방관	57%
특수교사	53%
배우와 감독	51%
청소부	23%
식당 근무자	21%
건설노동자	19%
자동차 정비공 및 주유소 직원	13%

(Mann, 2009; Smith 2007)

사회적 접촉과 행복

사회적 접촉의 빈도가 높을수록 행복도가 높아진다. 어느 수준까지는!

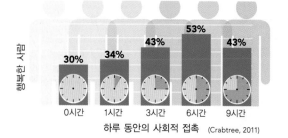

행복한 시간

0시간	1시간	3시간	6시간	9시간
30%	34%	43%	53%	43%

하루 동안의 사회적 접촉 (Crabtree, 2011)

결혼과 행복

기혼자들은 평균적으로 미혼/이혼/사별 범주에 속하는 사람들보다 약간 더 행복하다.

현재 기혼	미혼	현재 이혼 상태	현재 사별
3.4	3.2	2.9	2.9

(DePaulo, 2013)

다문화심리학

우리는 다문화, 다인종, 그리고 다언어 사회에 살고 있다. 현재 미국 내 소수인종, 소수민족을 모두 합치면 전 인구의 35%에 달하고, 앞으로 수십 년 내에 그 비율은 50%를 넘을 것으로 예상된다(Santa-Cruz, 2010; U.S. Census Bureau, 2010). 이러한 변화는 이민 동향의 변화와 미국 내 소수집단의 상대적으로 높은 출산율 때문이다(NVSR, 2010).

이와 같은 다양성의 증가와 함께 **다문화심리학**(multicultural psychology)이라는 새로운 분야가 부상하고 있다. 다문화심리학은 문화, 인종, 민족, 성별 등의 요인이 행동과 사고에 미치는 영향과 다양한 문화, 인종, 성별을 가진 사람들의 심리적 차이를 이해하고자 한다(Alegría et al., 2013, 2010). 이 책 전반에 걸쳐서 나오듯이 다문화심리학 분야는 이상행동의 이해와 치료에 강력한 영향을 미치기 시작했다.

의료보험 적용의 영향력 증가

심리치료를 원하는 사람들이 많아지면서 사보험회사들이 정신건강 환자들에 대한 보험 적용 범위를 바꾸었다. 오늘날 주류를 이루는 의료보험 형태는 보험회사가 치료자와 각 치료 회기의 비용, 비용 지불 최대 회기 수를 선택하여 결정하는 **관리의료 프로그램**(managed care program)이다(Domino, 2012; Glasser, 2010).

현재 미국에서 사보험에 가입된 사람 중 75% 이상은 관리의료 프로그램에 가입되어 있다(Deb et al., 2006). 관리의료 프로그램에서는 정신건강치료와 의학적 치료에 동일한 기본 원칙을 적용하여 환자들이 선택할 수 있는 치료자의 범위를 제한하고, 치료에 대하여 보험회사의 사전 승인을 받도록 하며, 어떤 문제, 그리고 어떤 치료가 보험회사의 비용 지불 대상의 범위에 속하는지를 엄격한 기준에 따라 판정하고 지속적으로 평가한다. 정신건강 분야에서는 대다수의 치료자와 환자들이 관리의료 프로그램을 좋아하지 않는다(Lustig et al., 2013). 관리의료 프로그램에서는 불가피하게 치료 기간이 단축될 것이고(흔히 불리한 방향으로), 약물치료와 같이 효과가 지속되지 않을 가능성이 있는 치료 방법을 부당하게 선호할 가능성이 있으며, 심각한 정신장애 환자들에게 특히 어려움을 겪게 하고, 치료자가 아닌 보험회사에 의해서 치료가 결정되는 결과를 초래할까 우려하고 있다(Turner, 2013).

관리의료 프로그램이건 다른 형태의 의료보험제도이건 의료보험을 적용할 때 생기는 핵심적인 문제는 다른 의학적 장애에 비하여 정신장애에 대한 보험수가가 상대적으로 낮다는 것이다. 이로 인하여 심리적 어려움을 경험하는 사람들은 분명 불리한 상황에 처해 있다(Sipe et al., 2015). 2008년에 보험회사로 하여금 심리적 문제와 신체적 문제에 균등한 보험 적용을 하도록 하는 **등가 법령**(parity law)이라는 연방법이 통과되었고 2014년에는 '오바마케어'라는 정신건강에 대한 적절한 비용 서비스 시행령이 발효되어 기존 법령의 적용 범위를 확장하였다. 적절한 의료 서비스 시행령(Affordable Care Act, ACA)에서는 모든 건강보험이 반드시 제공해야 하는 필수 의료 서비스 10가지 중 하나로 정신건강의료 혜택을 지정하고 있다(SAMHSA, 2014; Pear, 2013). 또한 모든 건강보험이 우울증의 무료 스크리닝 등 예방적 성격의 정신건강 서비스를 추가 비용없이 제공하고 정신장애 병력이 있는 사람도 가입할 수 있도록 규정하고 있다. 그러나 이러한 법령으로 심리적 문제가 있는 사람의 치료가 실제로 개선될 것인지 여부는 불확실하다.

▶**다문화심리학** 문화, 인종, 성, 그와 유사한 요인들이 우리의 행동에 미치는 영향을 조사하고, 그러한 요인들이 이상행동에 미치는 영향을 집중적으로 연구하는 분야

▶**관리의료 프로그램** 보험회사가 의료 서비스의 성격과 범위, 비용을 통제하는 의료보험 체계

긍정심리학의 실천

긍정심리학과 다문화심리학은 흔히 함께 간다. 예컨대 여기에 두 젊은 여성은 매릴랜드에서 400명이 참여한 '노예-화합' 걷기대회에서 함께했다. 그 걷기대회는 인종 간 이해를 증진하고 미국 국민들로 하여금 노예제도의 지속적인 심리적 영향을 극복할 수 있도록 지원하기 위한 것이었다.

AP Photo/Matthew S. Gunby

현재 주도적 이론과 전문직은 어떤 것인가

그동안 이상심리학 분야의 가장 중요한 발전은 다양한 이론적 관점이 제기되어 공존하고 있다는 점이다. 1950년대 이전에는 이상행동의 원인으로 무의식의 심리적 문제를 강조하는 정신분석적 접근이 지배적이었다. 그 후 그 밖의 생물학적·행동적·인지적·인본주의-실존주의적·사회문화적 관점 등 영향력 있는 관점들이 등장했다. 현재는 한때 정신분석적 관점이 누렸던 것과 같은 지배적인 위치의 이론적 관점은 없다. 사실상 이론적 관점들은 서로 갈등하고 경쟁하고 있다.

또한 이제는 다양한 전문직들이 심리적 문제를 가진 사람들을 돕는 일을 한다. 1950년대 이전에는 의과대학을 졸업한 후 3~4년간 이상심리 치료의 수련 과정(전문의 과정)을 마친 정신과 전문의만이 심리치료를 제공할 수 있었다. 그러나 제2차 세계대전 후 북아메리카 전역과 유럽에서 수백만의 제대군인이 귀향하면서 정신건강 서비스 수요가 급격히 증가하였고, 이를 감당하기 위하여 다른 전문인 집단이 동원되었다.

이 다른 전문인 집단 중에 대학원 과정에서 이상심리 기능과 그 치료법을 4~5년간에 걸쳐 배우고 정신건강 관련 기관에서 1년간의 인턴십을 마친 임상심리학 박사 학위 소지자인 임상심리학자도 포함되어 있다. 그 밖에 심리치료와 관련 서비스를 제공하는 집단으로는 상담심리학자, 교육 및 학교심리학자, 정신 간호사, 결혼상담사, 가족치료자, 그리고 그 가운데 가장 다수를 차지하는 정신사회복지사(표 1-2 참조)가 있다. 이론적으로 각 집단이 각기 서로 다른 고유한 방식의 심리치료를 할 것 같지만, 실제로는 여러 전문 분야의 임상가들이 사용하는 치료기법은 비슷하다.

제2차 세계대전 이후 정신장애의 연구와 치료에서의 연관된 발전은 효과적 연구의 필요성에 대한 인식의 확산이다. 임상연구자들은 어떤 개념들이 이상행동을 가장 잘 설명하고 예측하는지, 어떤 치료법이 가장 효과적인지, 어떠한 변화가 필수적인지를 알아내고자 노력해 왔다. 오늘날 잘 훈련된 임상연구자들이 세계 곳곳의 대학교, 의과대학, 실험실, 정신병원, 정신건강센터를 비롯한 임상 현장에서 연구를 진행하고 있고, 이러한 연구들을 통해서 이상심리 기능에 대한 우리의 생각이 변화되어 왔다.

과학기술과 정신건강

오늘날 세상의 빠른 과학기술 발전으로 인하여 정신건강 분야에도 상당한 긍정적·부정적 변화가 일어나기 시작했고 앞으로 그 영향은 더 커질 것이 확실하다. 그중 몇 가지 예를 생각해 보자.

표 1-2

미국의 정신건강 전문 인력의 모습					
	학위	업무 시작 시기	현재 인원	평균 연봉	여성 비율
정신과 의사	MD, DO	1840년대	50,000명	144,020달러	25%
심리학자	PhD, PsyD, EdD	1940년대 후반	174,000명	63,000달러	52%
사회복지사	MSW, DSW	1950년대 초반	607,000명	43,040달러	77%
상담가	다양함	1950년대 초반	475,000명	47,530달러	90%

출처 : Cherry, 2014; U.S. Bureau of Labor Statistics, 2014, 2011, 2002; AMA, 2011; Carey, 2011; Weissman, 2000.

우리의 디지털 세상은 이상행동을 일으키는 요인을 제공하고 있다. 예를 들어 제10장에 나오듯이 도박 문제가 있는 사람들 중 많은 수가 쉽게 접근 가능한 인터넷 도박의 유혹에 무너지고 있다. 마찬가지로 인터넷, 문자, 소셜미디어는 타인을 스토킹하거나 괴롭히는 데, 그리고 성적 노출증이나 소아성애 욕구를 표출하는 데 유용한 도구가 되고 있다(Aboujaoude et al., 2015). 일부 임상가들은 폭력적 비디오게임이 반사회적 행동의 발달에 한몫을 한다고 믿고 있다(Zhuo, 2010). 그리고 지속적인 문자메시지, 페이스북, 트위팅, 인터넷 브라우징은 주의집중 기간을 단축해서 주의집중 문제의 원인이 될 수 있다는 의견을 제시하는 임상가들도 많이 있다(Richtel, 2010).

어떤 경우에는 소셜 네트워킹이 심리장애의 원인이 될 수도 있다고 걱정하는 임상가들도 많다. 긍정적 측면으로, 소셜미디어 사용자들은 일반적으로 친밀한 인간관계를 유지하고, 사회적 지지를 받으며, 다른 사람들을 신뢰하고, 능동적인 삶을 영위할 가능성이 특히 높다는 연구가 있다(Hampton et al., 2011; Rainie et al., 2011). 그러나 부정적 측면으로 일부 청소년의 경우 소셜네트워킹 사이트로 인하여 또래 압력과 사회불안이 더 커질 수도 있다는 연구가 있다(Charles, 2011; Hampton et al., 2011). 예를 들어 네트워크 안의 타인들이 자신을 사회적으로 소외시킬지도 모른다는 두려움을 갖게 되는 사람도 있을 수 있다. 마찬가지로 수줍어하는 사람들이 페이스북 같은 사이트로 인하여 소중한 직접 대면 인간관계를 도리어 멀리하게 될 가능성이 있다는 우려도 제기되고 있다.

"우리는 심리치료 받으러 가지 않아요. 그냥 TV에서 보지요."

그 밖에도 빠르게 움직이는 디지털 세상에서 임상적 치료의 모습도 계속 달라지고 있다. 예컨대 선택할 수 있는 치료방안 중 한 가지인 **사이버심리치료**(cybertherapy)는 엄청나게 증가하고 있다(Blanken et al., 2015; Pope & Vasquez, 2011). 제2장에 나오듯이 사이버심리치료에는 내담자와 치료자가 스카이프를 이용하는 원격 치료, 컴퓨터 프로그램을 사용하는 치료, 아바타나 기타 가상현실 경험을 이용하는 비디오게임 치료, 그리고 인터넷 기반 심리지원집단 등 여러 형태가 있다. 그리고 정신건강 정보를 제공하는 웹사이트는 헤아릴 수 없을 정도로 많다. 또한 긴장완화를 위한 앱, 격려해 주는 앱, 혹은 심리 상태를 개선하기 위한 앱 등 수많은 응용 프로그램도 나와 있다(마음공학 참조).

이 책의 전반에 걸쳐서 보겠지만 아쉽게도 사이버심리치료 동향 또한 문제가 없지 않다. 현재 온라인 정신건강 정보에는 비전문가와 전문성 없는 사이트에서 제공되는 엄청난 양의 잘못된 심리적 문제/심리치료 정보가 섞여 있다. 유사한 맥락에서 인터넷 기반 심리치료, 지지집단 등에서도 질의 통제는 주요한 문제이다. 더구나 심리적 문제에 대한 치료를 받지 않도록 유도하는 반치료 웹사이트도 수없이 많다(Davey, 2010). 예를 들어 제3장, 제7장, 제9장에서 친거식증과 친자살 웹사이트가 증가하는 현상, 그리고 이러한 증가 추세가 취약한 사람들에게 위험한 영향을 미칠 수 있음을 보게 될 것이다. 분명히 과학기술의 변화는 임상가와 연구자 모두에게 엄청난 도전을 제시하고 있다.

▶사이버심리치료 스카이프나 아바타 등 컴퓨터 기술을 활용한 치료

Oleksiy Mark/Shutterstock

마음공학

정신건강 앱에 대한 시장의 폭발적 반응

십 년 전쯤 일부 임상가와 연구자들은 심리적 문제가 있는 내담자들의 행동, 사고, 정서의 추적에 문자메시지의 도움을 받기 시작했다(Bauer, 2003). 그 선구자적 업적은 소비자들의 정신건강을 지원하는 스마트폰 앱 산업이 급속하게 팽창하는 계기가 되었다(Sifferlin, 2013). 이미 시장에는 수많은 앱이 나와 있으며 그중 무료도 많고 유료라고 해도 낮은 비용으로 제공되고 있다(Saedi, 2012).

정신건강 교육과 자원을 제공하는 앱도 많이 있다. 자신의 변하는 기분과 생각, 그리고 신체적 반응(생체측정)의 모니터링을 지원하는 앱도 있다. 사용자가 필요한 것이나 입력한 내용에 따라 알림장, 조언, 연습문제를 제공해 주는 공동 치료자나 대리 치료자 역할의 상호작용 방식 앱도 있다. 현재 인기를 누리는 앱에는 My Mood Tracker, MindShift, PTSD Coach, Moody Me, Live Happy, Optimism, Moodscope, Mood 24/7 등이 있다(Kiume, 2013; Szalavitz, 2013; Landau, 2012; Saedi, 2012).

오늘날 전망이 밝은 앱도 많이 있고(Konrath, 2013), 심리치료자나 정신건강 연구자, 심지어는 미국정신보건원(NIH)도 이를 추천하는 추세도 증가하고 있다. 그러나 대부분의 정신건강

> 요즈음 정신건강 앱이 점점 많이 출시되어 사용되고 있다. 이로 인해 발생할 수 있는 문제에는 어떠한 것들이 있을까?

앱은 규제 밖에 있으므로 주의할 필요가 있다. 지난해에야 비로소 미국식품의약국(FDA)이 건강과 정신건강을 모니터링하는 스마트폰 앱을 체계적으로 규제하겠다고 공지했다(Alter, 2013). 규제와 적절한 연구가 없으므로 당분간은 소비자와 치료자가 함께 고려하고 있는 앱의 평판, 제작자, 내용, 그리고 치료 원리를 알아볼 필요가 있다(Sifferlin, 2013). 💬

▶ 요약

현재 동향 1950년대에 주로 뇌에 작용하여 정신장애의 증상을 감소시키는 새로운 향정신성 약물이 다수 발견되었다. 약물치료의 성공은 탈원화 정책으로 이어져 수많은 환자가 공립정신병원에서 나오게 되었다. 또한 대부분의 정신장애인이 증상의 심각도에 관계없이 주로 통원치료를 받게 되었다. 예방 프로그램이 많아졌고 그 영향력도 커졌으며, 다문화심리학이 임상가가 이상심리를 보는 관점과 치료방식에 영향을 미치기 시작했다. 의료보험의 적용은 치료방식에 중요한 영향력을 갖게 되었다.

또한 이상심리학 분야에서 다양한 관점과 전문인들이 활동하게 되었고, 이제는 잘 훈련된 임상연구자들이 이론과 치료법을 연구하고 있다. 그리고 끝으로 최근 과학기술의 획기적 발전은 정신건강 분야에도 영향을 미치고 있다.

임상연구자는 어떠한 일을 하는가

모든 학문 분야에서 연구는 올바른 길로 가는 확실한 방법이다. 이상심리학 분야에서는 그릇된 신념은 고통을 증가시킬 수 있기 때문에 연구가 특히 중요하다. 그러나 임상연구자(혹은 임상과학자)는 매우 어려운 문제들에 당면하고 있다. 예를 들어 임상연구자는 무의식의 동기, 사적인 사고, 기분의 변화, 인간의 잠재력 등 손에 잡히지 않는 개념을 어떻게 측정할지 생각해 내야 하고, 연구 대상자의 다양한 문화적 배경, 인종, 성별을 고려해야 한다. 또한 연구 대상(사람이건 동물이건 간에)의 권리를 침범하지 않도록 신경을 써야 한

다. 오늘날 연구자가 주로 사용하는 연구방법을 살펴보기로 하자.

임상연구자는 이상심리 기능의 일반적인 법칙이나 원칙을 찾아내려고 한다. 그들은 이 상심리의 본질, 원인, 치료 방법에 대한 일반적 혹은 **보편적** 이해를 추구한다. 임상연구 자는 임상실무가와는 달리 보통 개인 내담자의 평가, 진단 혹은 치료는 하지 않는다. 다 른 분야의 과학자와 마찬가지로 그들은 보편적 통찰을 얻기 위해서 **과학적 방법**(scientific method), 즉 주의 깊게 관찰하여 정보를 수집하고 평가하는 방법을 사용한다. 이렇게 관찰 한 내용을 토대로 임상연구자는 **변인 간의 관계**를 정확히 파악하고 설명하게 된다.

간단히 말해서 변인이란 시간, 장소, 사람에 따라 달라질 수 있는 특징이나 사건이다. 나이, 성별, 인종은 사람 관련 변인이다. 눈동자 색, 직업, 사회 지위도 마찬가지이다. 임상 연구자는 아동기의 혼란, 현재 삶의 경험, 기분, 사회적 기능, 치료에 대한 반응과 같은 변 인에 관심을 가진다. 그들은 둘 이상의 변인이 함께 변화하는지, 한 변인에서의 변화가 다 른 변인에서의 변화를 일으키는지를 알아내고자 한다. 부모의 죽음이 아동으로 하여금 우 울하게 만드는가? 그렇다면 특정 치료가 그 우울을 완화시키는가?

과학자도 사람이므로 사고의 오류를 범하는 일이 흔하므로 논리만으로는 그러한 문제 에 대한 답을 얻기 어렵다. 따라서 임상연구자가 주로 의존하는 연구방법은 개인에게 초 점을 두는 **사례연구**, 여러 사람의 정보를 수집하는 **상관관계법**과 **실험법**의 세 가지이다. 가 장 적합한 조사방법은 상황이나 연구 문제에 따라 달라진다. 과학자들은 이와 같은 연구방 법들을 동원해서 특정 변인들이 특정한 방식으로 관련되어 있을 것이라는 **가설**(hypothesis) 혹은 예감을 검증하고, 그 원인에 대한 전반적 결론을 이끌어 낸다. 가설이란 조사의 근거 를 제공하는 잠정적인 설명이라고 말할 수 있다.

사례연구

사례연구(case study)란 한 사람의 삶과 심리적 문제를 상세하게 기술하는 것이다. 사례연 구에서는 그 사람의 과거, 현재의 상황, 증상을 기술한다. 또한 왜 그러한 문제가 생겼는지 추정하기도 하고, 치료 과정을 기술할 수도 있다(Yin, 2013). 이 분야에서 가장 잘 알려진 사례연구인 이브의 세 얼굴(*The Three Faces of Eve*)은 해리성 정체성장애 혹은 다중성격장애 여성을 묘사하고 있다. 그 사례연구에서는 기억하는 것, 좋아하는 것, 그리고 개인적 습관 이 각각 다른 세 인격체의 여성을 집중적으로 기술하고 있다(Thigpen & Cleckley, 1957).

대다수의 임상가는 환자를 치료하면서 메모와 기록을 한다. 일부 임상가들은 자신이 작 성한 노트를 더 체계화하여 형식에 맞는 사례연구로 작성하여 다른 전문인들과 공유한다. 사례연구에서 얻은 단서는 연구 대상을 더 잘 이해하거나 치료하는 데 도움이 되기도 하고 (Yin, 2013), 사례연구가 개별 임상 사례를 훨씬 넘어 일반적 법칙을 밝히는 역할을 하기도 한다.

사례연구는 어떤 점에서 유용할까 사례연구는 행동에 대한 새로운 아이디어의 근원이 되어 '발견으로 가는 길'을 열어 줄 수 있다(Bolgar, 1965). Freud의 정신분석이론은 주로 그가 진 료한 환자들에 토대를 두고 있다. 또한 사례연구는 이론에 대한 **잠정적 지지**를 제공할 수도 있다. Freud도 자신의 생각이 옳다는 것을 보여 주는 증거로 사례연구를 활용하였다. 역으 로 사례연구는 **특정 이론의 가정에 도전**하는 데 활용되기도 한다(Yin, 2013).

사례연구는 새로운 **치료기법**의 유용성을 보여 주는 방법이 되기도 한다. 그리고 마지막

▶**과학적 방법** 현상을 잘 이해하기 위해서 세 심한 관찰을 통해 체계적으로 정보를 수집하 고 평가하는 과정

▶**가설** 특정 변인들 사이에 특정한 관련성이 있으리라는 예감 혹은 예측

▶**사례연구** 한 사람의 삶과 심리적 문제를 상 세하게 기술하는 연구

할리우드 스타일 사례연구
사례연구가 미디어예술에 들어와 대중의 관심 을 끄는 일은 흔하다. 영화 '이브의 세 얼굴' 포 스터에서 보듯이 사례연구들은 그 과정에서 하 찮게 취급될 수도 있고, 선정적으로 다루어지 기도 한다.

▶**상관관계** 사건이나 특성이 함께 변화하는 정도

▶**상관관계법** 사건이나 특성이 함께 변화하는 정도를 알아보기 위해 사용되는 연구 절차

으로 사례연구는 발생빈도가 낮아서 다수의 사례를 관찰하기 어려운 특이한 문제를 연구할 수 있는 기회를 제공한다(Goodwin & Goodwin, 2012). 성격장애 등의 문제를 조사하는 연구자들은 한때 전적으로 사례연구를 통해서 정보를 얻었다.

사례연구의 제한점 사례연구에는 제한점도 있다(Yin, 2013). 첫째, 사례연구는 편파적인 관찰자, 즉 개인적으로 자신의 치료가 성공적임을 보여 주고자 하는 치료자들이 보고한 것이다. 사례연구에 포함시킬 내용은 치료자들이 선택하게 되는데, 때로는 자신에게 유리한 방향으로 선택할 가능성이 있다. 둘째, 사례연구는 주관적 증거에 의존한다. 내담자의 문제가 정말 치료자나 내담자가 말한 사건이 원인이 되어서 생겼을까? 문제의 상황이 일어나는 데 여러 사건이 관여되었을 수 있는데, 언급된 사건들은 그중 극히 일부분에 지나지 않는다. 마지막으로 사례연구는 일반화시킬 수 있는 근거가 약하다. 한 사례에서 중요한 것처럼 보이는 사건이나 치료방법이 다른 사례의 이해나 치료에는 전혀 도움이 되지 않을 수 있다.

> 사례연구와 그 밖의 일화적 이야기들이 체계적 연구보다 더 큰 영향력을 가지는 이유는 무엇일까?

사례연구의 제한점은 대체로 상관관계법과 실험법을 통하여 보완될 수 있다. 상관관계법이나 실험법은 사례연구를 흥미롭게 하는 풍부한 세부적 내용은 없지만, 일반 집단의 이상심리에 대한 보편적 결론을 얻는 데 도움이 된다. 그 때문에 이제는 상관관계법이나 실험법이 임상연구에 널리 사용되고 있다.

상관관계법이나 실험법은 다음 세 가지 특징을 가지고 있어서 임상연구자가 일반적 통찰을 얻는 것이 가능하다. (1) 연구자들은 보통 다수의 사람을 관찰한다(마음공학 참조). (2) 연구자들은 동일한 절차를 적용하여 연구를 반복 혹은 복제할 수 있다. (3) 연구자들은 통계 검증을 사용하여 연구의 결과를 분석한다.

상관관계법

상관관계(correlation)는 사건이나 특성이 함께 변화하는 정도를 알려 준다. 상관관계법은 변인들이 서로 관련된 정도를 판정하는 데 사용되는 연구 절차이다. 예를 들어 **상관관계법**(correlational method)을 사용하여 "생활 스트레스 정도와 그 사람이 경험하는 우울의 정도는 상관관계가 있는가?"라는 질문에 대한 답을 얻을 수 있다. 즉 사람들이 스트레스를 주는 사건을 계속 경험하면 우울해질 가능성이 더 증가하는가?

이 문제를 검증하기 위해서 연구자들은 생활 스트레스 점수(예 : 일정 기간 위협을 주는 사건의 수효)와 우울 점수(예 : 우울 설문지 점수)를 사람들로부터 수집하고 이 두 점수 사이의 상관관계를 계산하였다. 연구에 참여하도록 선택된 사람들은 피험자 혹은 요즘 연구자들이 선호하는 용어로 연구 참여자이다. 연구에 의하면 보통 생활 스트레스와 우울변인은 함께 증가하거나 감소한다(Monroe et al., 2014). 즉 생활 스트레스가 많아질수록 그 사람의 우울 점수도 높아진다. 변인들이 같은 방향으로 변화한다면 그 두 변인은 정적 방향의 상관이 있다고 하고 정적 상관이라고 한다. 정적 상관관계 이외에 부적 상관관계도 있다. 부적 상관관계에서

쌍생아, 상관, 그리고 유전
이 건강한 쌍둥이 자매는 중국 베이징 훙린진 공원에서 열린 쌍둥이 문화축제에 참가하고 있다. 다수의 쌍생아들의 상관관계 연구는 유전적 요인과 특정 심리장애 간의 연결고리를 보여 준다. 동일한 유전자를 공유하는 일란성 쌍생아들은 유전자가 동일하지 않은 이란성 쌍생아들보다 몇몇 심리장애에 대한 상관관계가 더 높다.

마음공학

소셜 네트워킹 사이트는 연구자의 천국인가

연구자들의 가장 큰 애로사항은 충분한 수효자의 연구 참여자를 찾는 것, 그리고 연구 참여자의 다양성을 확보하는 것이다. 최근까지 대학생이 행동연구 — 임상연구까지 포함해서 — 의 가장 보편적인 연구 참여자였다(Gosling, 2011). 이는 주로 편이성 때문이었다. 대학생들은 지리적으로 가까운 데 있으며 돈이 필요한 경우가 많을 것이고 보통 연구 참여에 관심을 보인다. 심지어는 대학생들의 연구 참여를 의무화한 대학교도 많다.

반면 대학생들은 상당히 동질적 집단이며 그들의 행동과 정서가 반드시 사회의 다른 집단으로 일반화되지 않는다(Phillips, 2011). 따라서 연구대상 모집의 양상이 바뀌고 있는 것은 아마도 좋은 일이라고 볼 수 있다. 페이스북, 트위터, 텀블러, 인스타그램 등의 소셜네트워크 사이트에서 연구대상을 모집하는 연구자들이 점차 늘고 있다(Kosinski, Stillwell, & Graepel, 2013; Phillips, 2011). 이 사이트들은 잠재적 연구 참여자 공급원이 되고 있다. 예를 들어 매월 10억 명 이상이 페이스북을 방문하고 있고, 트위터 방문자는 월 5억 명이나 된다(eBizMBA, 2015). 그리고 사이트 방문자들의 인종, 연령, 소득, 교육 수준은 매우 다양하다(Pew Research, 2013).

Jan Haas/picture-alliance/dpa/AP Images

최근한 연구가 소셜미디어 참여자풀의 막강한 힘과 잠재력을 보여 주었다(Kosinski et al., 2013). 그 연구에서는 페이스북 회원 58,000명이 연구자들이 자신의 선호목록에 접근하는 데 동의했고 동시에 온라인 성격검사를 받았다. 그 결과 연구 참여자들이 무엇을 '선호'하는가를 통해서 성격 특질, 행복도, 중독물질사용, 그리고 지능 수준 등을 상당히 정확하게 예측할 수 있었다. 또한 다른 소셜미디어 사이트 연구에서도 '인간관계, 정체감, 자아존중감, 인기도, 집단행동, 인종, 그리고 정치적 참여'에 관한 여러 심리학 이론을 검증하였다(Rosenbloom, 2007).

엄청난 자원일까? 잠깐, 그렇게 쉽게 말할 일은 아니다. 위의 연구들에서는 소셜미디어 사용자들에게 참여 의사를 물었지만 그 밖의 연구에서는 사용자들이 자신이 올린 정보가 분석되고 검증되고 있다는 사실을 알지 못했다. 일부 연구자들은 이들 정보는 공개적으로 접근 가능하므로 사용자들에게 연구대상이 된다는 것을 알리지 않고 그 정보를 조사해도 연구윤리에 위배되지 않는다고 믿는다.

페이스북을 비롯한 대부분의 소셜미디어 사이트에는 연구자들이 연구 대상자의 동의 없이 사용자 프로파일을 연구하는 것을 금지하는 정책이 없다(Rosenbloom, 2007). 반면 다수의 연구기관들은 소셜네트워크 사이트에 올린 정보들은 사적인 정보로 간주되어야 하며 해당 기관의 연구자들이 네트워크 정보를 사용할 때에는 반드시 사용자들에게 명시적 동의를 받아야 한다는 결론을 내렸다. 과학기술에서 파생된 이 문제 — "무엇이 공적이고 무엇이 사적인가?" — 는 아직 논란의 대상이지만 온라인에 정보를 올리는 사람들은 아마도 신성불가침 소비자보호 원칙의 새 버전 — "정보를 올리는 사람들이 주의하라." — 을 따르는 것이 현명할 것이다. 💬

는 한 변인의 값이 증가하면 다른 변인의 값은 감소한다. 예를 들어 우울과 활동 수준은 부적 상관관계가 있다. 즉 우울이 심할수록 활동 수준은 감소한다.

상관연구의 결과에는 이 두 가지 가능성 이외에 제3의 가능성도 있다. 변인 간에 일관된 관계가 없는 경우이다. 한 변인의 측정치가 증가할 때 다른 변인들이 증가하기도 하고 감소하기도 하는 경우이다. 예를 들어 우울과 지능은 상관이 없다.

상관관계의 방향성 이외에 연구자들은 상관관계의 정도 혹은 강도를 알 필요가 있다. 즉

숨은 뜻 읽어내기

이 연구 참여 구매자들의 동시 구매 상품은…

아마존에 맡기세요. 연구자와 연구 참여 의사가 있는 사람들의 연결을 도와주는 아마존 사이트인 Amazon Mechanical Turk를 이용하여 연구 참여자를 구하는 연구자들이 늘고 있다. 연구자들이 이 인터넷 장터에 자기 연구를 올리면 연구 참여자들은 참가 신청을 할 연구를 선택한다. 온라인 연구를 마치면 연구 참여자는 아마존 선물상품권으로 참가비를 받고 아마존은 그 10%를 수령한다.

스트레스와 우울
조지아 주의 노크로스에서 주택저당물에 대한 권리상실처분을 당한 집(서브프라임 융자 위기와 경제 악화의 또 다른 희생자)에서 친구들과 일꾼들이 모든 소유물을 길가로 가지고 나오고 있다. 집을 잃을 때 경험하는 스트레스는 우울과 기타 심리 증상을 동반하는 경우가 많다는 연구 결과가 있다.

그 변인들은 어느 정도 밀접하게 상응하는가? 두 변인이 늘 함께 변화하는가, 아니면 두 변인 간의 관계가 그 정도로 일관되지는 않는가? 두 변인이 아주 긴밀하게 함께 변화하는 것을 여러 사람에게서 반복적으로 관찰할 수 있다면 상관관계가 높다 혹은 강하다고 할 수 있다.

상관관계의 방향이나 정도는 수리적으로 계산되어 상관계수라는 통계적 용어로 표시된다. 상관계수는 두 변인 사이에 완벽한 정적 관계를 의미하는 +1.00에서부터 완벽한 부적 관계를 의미하는 −1.00 사이의 값을 갖는다. 상관계수의 부호(+ 혹은 −)는 상관관계의 방향성을, 숫자는 강도를 표시한다. 상관계수가 .00에 가까울수록 상관관계의 정도가 약하거나 낮다. 따라서 상관계수 +.75와 −.75는 동일한 정도로 같은 수준의 강도이지만 +.25는 그보다 낮은 상관관계를 의미한다.

사람들의 행동은 변화 가능하고, 사람들의 반응은 대략적 측정만이 가능하다. 따라서 심리학 연구에서의 상관은 대부분 완벽한 정적 혹은 부적 상관관계에는 미치지 못한다. 예를 들어 성인 68명을 대상으로 생활 스트레스와 우울을 조사한 한 연구에서는 상관관계가 +.53임을 보고하였다(Miller, Ingham, & Davidson, 1976). 이 정도의 상관관계는 완벽한 수준은 아니지만 심리학 연구에서는 상당히 큰 편이라고 할 수 있다.

상관관계는 어떤 경우에 신뢰할 수 있는가 과학자들은 특정 참여자 집단에서 나타난 상관관계가 일반 전집에서의 진정한 상관을 정확하게 반영하고 있는지를 판단해야 한다. 관찰된 상관이 단순히 우연에 의한 것일 가능성이 있을까? 과학자들은 확률이론으로 자료를 **통계분석**하여 결론을 검증할 수 있다. 핵심은 연구의 특정한 결과가 우연에 의해서 나타났을 확률을 계산하는 것이다. 만약 통계분석 결과, 연구에서 발견된 상관관계가 우연으로 설명되기 어렵다면 연구자들은 연구 결과가 일반 전집에서의 진정한 상관관계를 반영한다고 결론을 내릴 수 있다.

상관관계법의 장점은 무엇일까 상관관계법은 사례연구에 비하여 유리한 점이 있다(표 1-3 참조). 연구자들은 직접 변인들을 측정하고 여러 참여자를 관찰하여 통계 분석하므로, 연구에서 발견된 상관관계는 직접 연구한 대상을 넘어 다른 사람들에게 일반화하기에 유리한 입장에 있다. 더욱이 상관연구는 선행연구 결과의 확인을 위해서 새로운 대상에게 쉽게 되풀이할 수 있다.

상관관계를 통해서 연구자들은 두 변인 간의 관계를 기술할 수는 있지만, 그 관계를 설명하지는 못한다(Jackson, 2012).

> 생활 속에서 인과관계로 잘못 해석되는 상관관계의 다른 예들을 생각해 보자.

여러 생활 스트레스 연구에서 발견된 정적 상관관계를 보면 근래 생활 스트레스가 증가했기 때문에 사람들이 더 우울해졌다고 결론 내리기 쉽다. 그러나 사실 두 변인 간의 상관관계는 다음 세 가지 이유 중 어느 것 하나로도 설명될 수 있다. 첫째, 생활 스트레스가 우울증을 일으킬 수 있다. 둘째, 우울증이 사람들로 하여금 더 많은 생활 스트레스를 경험하게

표 1-3

연구방법의 상대적 강점과 약점	개인정보 제공	일반정보 제공	인과관계 정보 제공	통계분석 가능	반복검증 가능
사례연구	O	X	X	X	X
상관관계법	X	O	X	O	O
실험법	X	O	O	O	O

한다. 예컨대 우울증적 방식으로 생활에 접근하여 재무 관리를 잘 못하거나 대인관계에서 문제가 생길 수 있다. 셋째, 우울증과 생활 스트레스는 각각 경제적 어려움과 같은 제3의 변인이 원인이 되어 생길 수 있다(Gutman & Nemeroff, 2011).

상관관계가 인과관계를 의미하지는 않지만 임상가에게는 매우 유용한 정보이다. 예를 들어 임상가들은 우울증이 심해지면 자살시도가 증가한다는 것을 알고 있다. 따라서 심각한 우울증을 보이는 내담자를 치료할 때에는 자살사고의 징후를 잘 살피게 된다. 우울증이 자살행동의 직접적 원인일 수도 있고 절망감 같은 제3의 변인이 우울증과 자살사고를 모두 유발할 수도 있지만 원인이 무엇이든지 상관관계가 있음을 알게 되면 임상가들은 입원 등 생명을 구할 수 있는 조치를 취할 수 있게 된다.

"경로 재탐색 중, 재탐색 중…."

특별한 형태의 상관연구 임상연구에서 널리 쓰이는 두 가지 형태의 상관연구는 역학연구와 종단연구이다. **역학연구**(epidemiological study)에서는 특정 집단에서 장애의 발병률과 유병률을 밝혀낸다. **발병률**은 일정한 기간에 발생하는 새로운 사례의 수효이다. **유병률**은 일정한 기간에 전집에서 관찰되는 사례의 총수효로 기존 사례들과 새롭게 추가된 사례들을 모두 포함하게 된다.

지난 40년간 미국 전역의 임상연구자들은 Epidemiologic Catchment Area Study라는 사상 최대 규모의 역학연구를 수행해 왔다(Ramsey et al., 2013). 이 연구에서는 5개 도시의 20,000명 이상을 면담하여 다양한 심리장애의 유병률과 사용된 치료 프로그램을 조사하였다. 그 밖에도 미국에서는 National Comorbidity Survey와 National Comorbidity Survey Replication이라는 2개의 대규모 역학연구에서 총 9,000명 이상을 조사하였다(Martin, Neighbors, & Griffith, 2013). 이들 역학연구는 집단별, 국가별로 정신장애의 비율과 치료 프로그램이 다른지 알아보기 위하여 이들 역학연구들은 히스패닉계 미국인, 아시아계 미국인 등 특정 집단의 역학연구 및 다른 나라의 역학연구와 비교되었다(Jimenez et al., 2010).

이러한 역학연구들을 통하여 연구자들은 특정 장애 위험도가 높은 집단을 밝혀낼 수 있었다. 여성은 남성에 비하여 불안장애와 우울장애의 비율이 높은 반면, 남성은 여성에 비하여 알코올중독의 비율이 높다. 히스패닉계 미국인은 미국 내 타 인종이나 민족에 비하여 외상후 스트레스장애의 비율이 높다. 그리고 어떤 나라의 국민들은 다른 나라 국민들에 비하여 특정 정신장애의 비율이 더 높은 것으로 드러났다. 예를 들어 신경성 식욕부진증 등

▶역학연구 특정 전집에서 장애의 발병률과 유병률을 측정하는 연구

의 섭식장애는 서구권 밖의 나라보다는 서구 국가들에서 더 높은 빈도로 나타난다.

상관연구의 또 다른 유형인 **종단연구**(longitudinal study)에서는 연구자들이 동일한 사람들을 장기간에 걸쳐 여러 번 관찰한다. 부모 중 한 사람이 조현병이지만 본인은 정상인 아동들의 발달을 다년간 관찰한 종단연구가 여럿 있었다(Rasic et al., 2014; Mednick, 1971). 그 결과 가장 심각한 정도의 중증 조현병 환자들의 자녀들이 나중에 심리장애를 보이거나 범죄를 저지를 가능성이 특히 큰 것으로 나타났다.

실험연구법

실험(experiment)은 변인 중 하나를 조작하고 그것이 다른 변인에 미치는 효과를 관찰하는 연구 절차이다. 조작된 변인은 **독립변인**(independent variable), 그리고 관찰되는 변인은 **종속변인**(dependent variable)이라고 한다.

실험연구법을 보다 잘 이해하기 위해서 임상가들이 흔히 제기하는 다음 질문을 생각해 보자(Toth et al., 2014). "특정 치료가 특정 장애의 증상을 완화시키는가?" 이 질문은 인과관계에 관한 것이므로 실험을 통해서만 답을 얻을 수 있다(표 1-4 참조). 즉 실험연구자가 환자에게 해당 치료를 하고 호전이 되는지를 관찰해야 한다. 여기서 치료는 독립변인, 심리적 증상의 완화는 종속변인이다.

상관연구에서와 마찬가지로 연구자들은 자료를 통계분석하여 관찰된 차이가 우연으로 인한 결과일 가능성이 얼마나 되는지를 알아내야 한다. 만약 그 가능성이 아주 낮다면 관찰된 차이는 통계적으로 유의한 것으로 보고 실험자는 어느 정도 자신 있게 그 차이가 독립변인들에 의해서 유발되었다는 결론을 내릴 수 있게 된다.

만약 종속변인에서의 차이를 일으킨 실제 원인과 그 밖의 다른 가능성을 분리할 수 없다면 실험을 통해서 얻는 정보는 별로 없다. 따라서 실험연구자들은 연구에서 모든 **오염변인**(confound)—독립변인 이외에 종속변인에 영향을 미칠 수 있는 변인—을 배제해야 한다. 실험에 오염변인이 존재한다면 관찰된 변화는 독립변인이 아닌 오염변인에 의한 것일 가능성이 있다.

예를 들어 치료실의 장소(예 : 조용한 시골)와 같은 상황적 변인이나 마음이 편안해지는 치료실 음악이 치료연구의 참여자들에게 치료적 효과를 발휘했을 수 있다. 혹은 연구 참여자들의 동기가 유난히 높았거나 치료 효과가 있으리라는 기대가 커서 이들이 좋아졌을 가능성이 있다. 이러한 오염변인의 영향을 배제하기 위해서 연구자들은 실험에 통제집단, 무선할당, 그리고 은폐설계의 세 가지 중요한 특성을 포함시켜야 한다(언론보도 참조).

통제집단 **통제집단**(control group)이란 연구의 독립변인에 노출되지는 않았지만 독립변인에 노출된 실험집단과 유사한 경험을 한 연구 참여자들을 말한다. 이 두 집단의 비교를 통하여 실험자는 독립변인의 효과를 더 잘 밝혀낼 수 있다.

예를 들어 특정 치료의 효과를 연구하려면 실험자들은 보통 두 집단으로 연구 참여자들을 나눈다. **실험집단**(experimental group)은

표 1-4

임상연구에서 가장 많이 조사한 문제

상관관계 관련 문제

스트레스와 정신장애의 발병은 관련이 있는가?

일반적으로 문화(혹은 성별이나 인종)는 정신장애와 연관이 있는가?

소득 정신장애는 관련이 있는가?

사회적 기술은 정신장애와 관련 있는가?

사회적 지지는 정신장애와 관련 있는가?

가족 간의 갈등과 정신장애는 관련이 있는가?

치료에 대한 반응성은 문화와 관련 있는가?

심리장애의 어떤 증상이 함께 나타나는가?

특정 집단에서 장애는 어느 정도의 빈도로 나타나는가?

인과관계 관련 문제

요인 X가 장애를 유발하는가?

원인 A가 원인 B보다 더 영향력이 큰가?

가족의 의사소통과 구조는 가족 구성원에 어떠한 영향을 미치는가?

장애는 삶의 질에 어떠한 영향을 미치는가?

치료 X가 장애의 증상을 완화시키는가?

치료 X를 받는 것이 치료를 받지 않는 것보다 더 나은가?

치료 A를 받는 것이 치료 B를 받는 것보다 나은가?

치료 X는 왜 효과가 있는가?

개입을 하면 이상 기능을 예방할 수 있을까?

상담실로 들어와 1시간 치료를 받고 통제집단은 그저 1시간 동안 상담실에 있도록 한다. 만약 나중에 실험집단이 통제집단에 비하여 더 많이 호전되었다는 결과가 나온다면 시간의 경과, 상담실이나 그 이외의 다른 오염변인의 영향을 배제하여도 치료의 효과가 있었다는 결론을 내릴 수 있다. 실험연구자들은 오염변인의 영향을 배제하기 위해서 실험집단과 통제집단이 독립변인을 제외하고는 모든 면에서 동일한 경험을 하게 하려고 노력한다.

10:00 AM　　　　75%

언론보도

결함 있는 연구가 가져온 엄청난 파장

David DiSalvo, 포브스, 2012년 5월 19일 게재

2001년, 컬럼비아대학교 정신과 명예교수 로버트 스피츠 박사는 미국정신의학회에서 동성애 남녀를 대상으로 하는 '배상치료(혹은 '전향치료'로 알려짐)'라는 논문을 발표했다. 그 논문에 따르면 배상치료를 받으면 동성애 남성과 여성의 성적 취향이 바뀔 수 있다는 것이다. 스피츠 박사는 과거 동성애 경향이 있었으나 성적 취향에서 다양한 정도의 변화를 보인 남녀 200명을 면담하였고 이들 모두에게서 치료 경험에 대한 자기보고서를 받았다.

현재 79세의 스피츠 박사는 이전에도 이 주제에 관련해서 논란에 휩싸인 적이 있었다. 스피츠 박사는 30년 전 정신의학회의 '정신질환의 진단 및 통계 편람'(DSM-III)의 정신장애 목록에서 동성애를 제외하는 데 앞장섰던 인물이다. 분명히 스피츠 박사는 동성애에 대한 관심은 단순한 일과성 학문적 호기심 이상이었다.

2012년에는 스피츠 박사의 생각이 전혀 달라졌다. 지난달 그는 아메리칸 프로스펙트 기자를 만나서 2001년 연구, 그리고 그 연구가 동성애자들에게 미친 영향에 대하여 유감을 표시하며 사과하고 싶다고 하였다. 그리고 이달에는 2003년 자신의 연구를 게재했던 *Archives of Sexual Behavior*에 편지를 보내서 그 논문의 철회를 요청하였다.

스피치 박사가 석판을 깨끗하게 지우려고 한 일은 훌륭하지만 그의 연구는 10년 전 세상을 떠들썩하게 한 이후 동성애 공동체에 상처를 주면서 휘저어 놓았다. 반동성애 활동가들과 치료자들은 그의 논문을 자신들이 동성애 환자들을 고쳐 줄 수 있다는 증거로 내세웠다.

스피츠 박사가 배상치료를 만들어

Mike Clarke/AFP/Getty Images

배상치료에 항의함 홍콩의 동성애 권리집단이 2011년 사회복지부 앞에서 배상치료 승인에 항의하는 깃발을 들고 있다.

낸 것은 아니었고 그 치료가 효과가 있다고 주장하는 연구자가 스피츠 박사 혼자만은 아니었다. 그러나 유명 대학교의 영향력 있는 정신과 의사인 그의 말은 영향력이 컸다.

스피츠 박사는 연구를 철회하면서 자신의 연구가 첫째, 설문 대상의 자기보고 내용이 사실인지 여부를 확인할 수 없었고 둘째, 치료를 받지 않은 남녀를 비교 통제집단으로 포함시키지 않았다는 점 등 최소한 두 가지 치명적 결함이 있다고 했다. 자기보고는 믿을 수 없는 것으로 악명이 높고 … 통제집단이 없었다는 것은 사회과학 연구에서 모두 기본적으로 해서는 안 되는 일이다. 스피츠의 연구는 두말할 것 없이 과학으로서 결함이 있는 불량 과학이었다는 것이 불가피한 결론이다.

이 이야기에서 얻을 수 있는 교훈은 이름 있는 전문가에 의한 불량 과학으로 인하여 오랜 세월 해로운 허위사실이 통제 불가능할 정도로 커질 수 있다는 것이다. 논문 발표 후 일어난 일이 스피츠 박사 혼자만의 책임이라고 할 수는 없지만 말이다. 이제는 아마 그도 그 연구가 애초부터 발표되지 말았어야 한다는 것에 동의하리라고 본다. 최소한 그의 사례는 앞으로 유사한 에피소드의 재발생을 예방할 수도 있을 것이다.

동물을 기르는 것을 심리치료의 한 형태로 볼 수 있는가
오른쪽의 환자와 왼쪽의 치료자가 월례 '정신과 동물의 날(psychiatric animal day)' 프로그램의 일환으로 독일 호덴하겐 근방 세렝게티 공원에서 여우원숭이에게 먹이를 주고 있다. 그 프로그램은 동물들이 사람들에게 안정감을 주고 치유적 효과가 있다는 가정에 기반을 두고 있다. 이 치료법(혹은 그 밖의 치료법)이 실제로 내담자가 호전된 원인임을 판단하기 위해서는 실험설계가 필요하다.

무선할당 실험집단과 통제집단의 **구성**에서 차이가 있으면 연구 결과가 오염될 수 있으므로, 실험연구자들은 두 집단이 구성에서 차이가 나지 않도록 조심해야 한다. 예를 들어 치료연구에서 실험자가 무심코 실험집단에는 상대적으로 부유한 사람들을, 통제집단에는 상대적으로 형편이 어려운 사람들을 배정할 수 있다. 이러한 경우 나중에 실험집단이 더 많이 호전되었다고 하더라도 치료 자체가 아닌 경제 사정의 차이가 원인일 가능성을 배제할 수 없다. 기존의 차이로 인한 효과를 줄이기 위해서 실험자들은 보통 무선할당을 사용한다. **무선할당**(random assignment)이란, 모든 연구 참여자가 각 집단에 속할 가능성이 동일하게 되도록 연구 참여자를 선정하는 절차를 일반적으로 이르는 용어이다. 예를 들어 연구자들은 동전을 던지거나 모자 속에서 이름을 적은 쪽지를 뽑는 방법을 사용할 수 있다.

은폐설계 마지막 오염변인은 편파이다. 실험 참여자들은 실험자를 기쁘게 하거나 돕기 위해 실험 결과를 왜곡할 수 있다. 예를 들어 치료연구에서 치료를 받게 된 연구 참여자들이 연구의 목적과 그들이 배정된 집단이 어떤 집단인지를 알게 되면 나아지려고 혹은 실험자의 기대를 충족시키려고 더 열심히 노력할 수 있다. 그렇다면 치료 자체보다는 **실험 참여자들의 편파**로 인해서 이들이 호전되었다는 결과가 나올 수 있다.

이러한 편파를 피하기 위해서 실험자들은 연구 참여자들로 하여금 자신이 배정된 집단이 어떤 집단인지 모르도록 한다. 사람들이 자신이 배정된 집단을 모르게 한다는 의미에서 이러한 실험전략을 **은폐설계**(blind design)라고 부른다. 예를 들어 실험연구에서는 통제집단의 참여자들에게 진짜 치료와 모양과 맛이 같지만 그 핵심성분은 없는 위약(placebo, 라틴어로 '만족시킨다'는 의미)을 줄 수 있다. 이와 같은 '모조' 치료를 위약치료라고 부른다. 만약 실험(진짜 치료)집단이 통제(위약치료)집단보다 더 좋아지면 실험자들은 진짜 치료로 인하여 증상이 호전되었음을 더 확신할 수 있게 된다.

> 사탕알약이나 그 밖의 위약치료 유형이 왜 일부 사람들이 나아졌다고 느끼는 데 도움을 줄 수 있을까?

실험자의 편파도 실험을 오염시킬 수 있다. 즉 실험자가 연구에 참여한 사람들에게 자신이 기대하고 있는 바를 자신도 의식하지 못하고 전달할 수 있다. 예를 들어 약물치료연구에서 연구자가 진짜 약을 실험집단에 줄 때에는 미소를 지으면서 자신 있게 행동하지만, 위약을 통제집단에 줄 때에는 인상을 찌푸리고 주저할 수 있다. 이러한 편파는 처음 그 현상을 지적한 심리학자의 이름을 따서 로젠탈 효과라고 부른다(Rosenthal, 1966). 실험자는 본인도 실험설계를 모르도록 하여 자신의 편파가 영향을 미칠 가능성을 배제한다. 예를 들어 약물치료연구에서는 연구보조원으로 하여금 진짜 약물과 위약을 똑같은 모양으로 만들도록 한다. 실험자는 누가 진짜 약물을 받고 누가 가짜 약물을 받는지 모르는 상태에서 치료를 시행한다. 실험에서 피험자들이 설계에 대해서 모르게 하거나 실험자가 모르게 할

▶**무선할당** 실험 참여자들이 통제집단이나 실험집단에 무선으로 할당되도록 하는 선발 절차

▶**은폐설계** 참여자들이 자신이 실험집단인지 통제집단인지를 모르도록 한 실험설계

수도 있지만, 피험자나 실험자가 모두 설계를 모르게 하는 **이중은폐설계**가 가장 좋을 것이다. 사실 현재 대부분의 약물실험에서는 좋은 효과가 기대되는 약물의 효과 검증에 이중은폐설계가 사용된다(Pratley, Fleck, & Wilson, 2014).

대안적 실험설계 임상연구자는 이상적 기준에 미치지 못하는 미흡한 실험설계에 만족해야 하는 경우가 많다(Manton et al., 2014). 이와 같은 이상적 실험의 변형된 형태로 가장 보편적으로 사용되는 것에는 준실험설계, 자연실험, 아날로그실험 그리고 단일피험자 실험설계가 있다.

　준실험(quasi-experiment) 혹은 **혼합설계**(mixed design)에서 연구자들은 피험자들을 실험집단과 통제집단에 무작위로 할당하지 않고 이미 존재하는 집단을 사용한다(Girden & Kabacoff, 2011). 예를 들어 아동학대 영향의 연구에서 연구자가 아동을 무작위로 선택하여 학대하는 연구는 비윤리적이므로, 학대를 경험한 아동과 학대를 경험한 일이 없는 아동을 비교할 수밖에 없다. 이러한 비교의 타당성을 최대한 확보하기 위해서 짝지은 통제 피험자들을 사용할 수 있다. 즉 실험집단의 피험자들과 연령, 성별, 인종, 사회경제 수준, 인근 지역의 유형 혹은 기타 특성에서 유사한 통제집단의 피험자들을 짝짓는다. 이와 같은 연구의 결과에서 학대 아동이 인구학적 특성 등에서 그와 비슷하지만 학대경험이 없는 통제집단보다 슬픈 기분을 더 많이 보고하고 자아존중감이 낮다면 연구자들은 어느 정도 확신을 가지고 그 차이가 학대경험의 결과라고 결론 지을 수 있다(Lindert et al., 2013).

　자연실험(natural experiment)에서는 자연 자체가 독립변인을 조작하고 실험자는 그 효과를 관찰하게 된다. 홍수, 지진, 비행기 추락, 화재 등 일상적으로 일어나는 일이 아니고 미리 예상할 수 없는 사건이 미치는 심리적 영향을 조사하려면 자연실험을 활용할 수밖에 없다. 이러한 연구에서는 연구자의 설계가 아니라 운명에 의한 돌발적 사고에 의해서 피험자들이 선택되므로 자연실험은 사실상 일종의 준실험이라고 할 수 있다.

　2004년 12월 26일에 인도양에 있는 인도네시아 수마트라 해안 아래에서 지진이 발생했다. 이 지진으로 대규모 쓰나미가 인도양 해안 마을들에 밀어닥쳐서 225,000명이 사망하였으며, 수백만 명이 다치고 집을 잃었다. 이 재난이 일어난 후 수개월 이내에 연구자들은 생존자 수백 명과 직접적으로 쓰나미 피해를 당하지는 않은 지역의 사람들로 구성된 통제집단을 대상으로 자료를 수집하는 자연실험을 수행하였다. 그 재난의 생존자들은 통제집단에 비하여 불안과 우울 점수(종속변인)가 유의하게 높았다. 또한 생존자들은 통제집단에 비하여 수면장애, 현실로부터 유리된 듯한 느낌, 주의집중 곤란, 죄책감을 더 많이 보고하였다(Musa et al., 2014; Heir et al., 2010). 그 외에도 2010년 아이티 지진의 생존자들, 2012년 미국 동북부 지역 초대형 태풍 샌디, 그리고 2013년 역대 최악의 오클라호마 토네이도 생존자, 2011년 일본의 대규모 지진과 쓰나미 피해자 등에 대한 자연실험이 시행되었다. 이 연구들에서도 재난의 생존자들이 장기간 지속되는 심리적 증

숨은 뜻 읽어내기

동물연구

매년 약 1억 1백만 동물이 생물의학 연구에 사용된다. 그중 개, 고양이나 영장류 동물은 1% 미만이다.

(U.S. Department of Agriculture, 2014; *Speaking of Research*, 2011)

▶**준실험** 연구자가 이미 세상에 존재하는 통제집단과 실험집단을 활용하는 실험. '혼합설계'라고도 함

▶**자연실험** 실험자가 아니라 자연이 독립변인을 조작한 실험

자연실험

유명한 이 사진에서 한 여성이 오클라호마 무어에서 엄청난 토네이도가 지나간 후 딸을 안고 안전한 곳으로 옮기고 있다. 이 토네이도는 그 지역을 폐허로 만들고 사망 27명, 부상 377명의 인명 피해를 냈다. 이러한 재난 이후 시행된 자연실험 연구에 따르면 생존자 중 많은 사람들이 불안과 우울에 시달렸다.

Sue Ogrocki/AP Photo

충분히 비슷한가

유명한 침팬지 치타(59세)가 친구이자 조련사와 함께 그림을 그리고 있다. 침팬지와 사람은 유전물질의 90%를 공유하고 있으나 두뇌와 신체, 지각과 경험은 매우 다르다. 그러므로 동물을 사용한 모의실험에서 유발된 이상행동은 조사하고 있는 인간 이상행동과는 다를 수 있다.

상을 경험한다는 것이 밝혀졌다(Iwadare et al., 2013).

아날로그실험(analogue experiment)도 연구에서 많이 사용된다. 아날로그실험에서는 이상행동의 이해를 위한 단서를 얻고자 실험 참가자로 하여금 실제 이상행동과 비슷하게 행동하도록 유도한 후 실험을 한다. 예를 들어 제6장에서 나오듯이 Martin Seligman은 실험실에서 동물과 인간 피험자들에게 통제할 수 없는 전기충격이나 큰 소음, 과제 실패 등의 부정적인 사건을 반복적으로 경험하게 함으로써 우울증과 유사한 증상을 유발하였다. 이와 같은 '학습된 무기력' 아날로그 실험연구에서 피험자들은 자포자기 상태가 되고 소심해지며 슬픔을 경험하는 것처럼 보였다. 이러한 결과를 보고 일부 임상가들은 사람의 우울증도 삶에서의 통제감 상실에 의해서 일어날 가능성이 있다고 생각하였다.

마지막으로 과학자들은 간혹 다수의 피험자를 대상으로 실험을 하기가 어려운 상황에 부딪히게 된다. 예를 들어 연구를 하려는 심리장애가 아주 드물게 나타나기 때문에 피험자를 구하기가 쉽지 않을 수 있다. 그런 경우에는 **단일피험자 실험설계**(single-subject experimental design)를 사용하면 실험이 가능하다. 단일피험자 실험설계에서는 피험자 한 사람을 독립변인 조작 이전과 이후에 관찰하게 된다(Richards, Taylor, & Ramasamy, 2014).

예를 들어 큰 소리로 떠들어서 특수교육 수업을 방해하는 10대 청소년의 습관을 체계적 보상을 통해 고칠 수 있는지를 알아보는 연구에 *ABAB* 혹은 반전설계라는 단일피험자 실험설계가 사용되었다(Deitz, 1977). 지적장애가 있는 그 소년에게 55분 동안 세 번 이상 특수교육 수업을 방해하지 않으면 교사와 추가적으로 시간을 같이 보낼 수 있는 것으로 보상해 주었다. 조건 A에서 아무 보상을 받기 전에 관찰한 결과 소년이 자주 떠들어서 수업을 방해하였다. 조건 B에서 그 소년에게 교사와 함께 시간을 보낼 수 있도록 하는 것으로 보상(독립변인의 도입)해 준 결과, 예상했던 대로 그 소년의 큰 소리로 떠드는 행동은 크게 감소하였다. 그다음 교사가 보상을 중단하자(조건 A의 재도입), 소년의 떠드는 행동은 다시 증가하였다. 분명히 독립변인이 상태를 호전시킨 원인으로 작용한 것이다. 이러한 결론을 더 확실하게 하기 위해서 교사가 보상회기를 재도입하도록 하였더니(조건 B의 재도입), 소년의 행동은 다시 호전되었다.

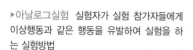

▶**아날로그실험** 실험자가 실험 참가자들에게 이상행동과 같은 행동을 유발하여 실험을 하는 실험방법

▶**단일피험자 실험설계** 실험 참가자 한 사람을 독립변인의 조작 전과 후에 관찰하고 측정하는 실험방법

임상연구의 한계점은 무엇인가

이 절의 앞부분에서 임상과학자들은 심리장애의 이해, 치료 그리고 예방에 도움이 되는 일반적인 법칙을 찾는다고 기술하였다. 그러나 앞에서 살펴본 바와 같이 여러 요인이 임상연구의 발전에 장애물이 되고 있다.

지금까지 살펴본 각 조사방법은 인간 행동 연구가 안고 있는 문제 중 일부를 해결할 수 있지만, 모든 문제를 다 해결할 수 있는 연구방법은 없다. 따라서 각 연구방법은 이상심리를 밝혀낼 수 있는 접근방법 팀의 한 부분으로 보아야 할 것이다. 하나 이상의 연구방법을 사용하여 장애를 연구하였다면, 모든 결과가 동일한 방향을 가리키고 있는지 알아보는 것이 중요하다. 만약 동일한 방향을 가리키고 있다면 아마도 그 장애의 이해와 치료를 향한 임상과학자들의 노력에 진전이 있었다고 말할 수 있다. 그러나 만약 다양한 방법으로 얻은 연구 결과들이 서로 상충된다면 그 분야의 지식이 아직 매우 제한되어 있음을 인정해야 할 것이다.

연구 참여자의 보호

연구 참여자들의 욕구와 인권은 존중되어야 한다. 연구자들의 일차적 책무는 피험자들이 연구에서 신체적 · 심리적 위해를 받지 않도록 하는 것이다.

대다수의 연구자들은 성실하게 이 책무를 수행한다. 그들은 안전하고 피험자들을 존중하는 방식으로 가설을 검증하고 과학적 지식을 증진시키는 연구를 하려고 노력한다. 그러나 잘 알려진 예외적 사례, 특히 20세기 중반에 있었던 악명 높았던 사례들이 있다. 부분적으로는 이러한 예외적 사례들 때문에 정부와 연구 수행 기관에서는 연구에 참여하는 피험자들의 안전과 권리를 보장하기 위한 세심한 조치들을 취하고 있다.

연구자들 외에 누가 피험자들의 인권과 안전을 직접 챙길 수 있을까? 지난 수십 년간 그 책임은 **기관심의위원회**(Institutional Review Boards, IRB)에 주어졌다. 각 연구기관에는 5명 이상의 위원으로 구성되어 해당 기관에서 수행되는 모든 연구를 최초 제안 시점부터 심의하고 감시하는 기관심의위원회(IRB)가 설치되어 있다. 연구기관으로는 대학교, 의과대학, 정신병원

> **동물연구든 인간 대상 연구든 외부의 제한 조치가 때로는 필요한 조사를 방해하여 인류에게 크게 이득이 될 잠재 가능성을 제한하는 결과가 되지 않을까?**

혹은 병원, 개인연구시설, 정신보건센터 등이 있다. 연구가 수행되는 기관은 IRB를 운영하여야 하고, IRB는 승인의 조건으로 제안된 연구에 수정을 요구할 수 있는 책임과 권한을 갖는다. 만약 연구자가 적절한 수정을 하지 않는다면 IRB는 그 연구 전체를 비승인할 수 있다. 마찬가지로 연구진행 과정에서 피험자의 안전과 권리가 위험에 처하게 되면 IRB가 개입해야 하며 필요하다면 연구를 중단시킬 수도 있다. 전 세계 국가들은 IRB(혹은 유사한 윤리위원회)에 이와 같은 권한을 부여하고 있다. 예컨대 미국의 경우 IRB는 인간 연구 보호국(Office of Human Research Protection)과 식품의약국(Food and Drug Administration, FDA)의 두 연방정부 기관으로부터 권한을 부여받는다.

인간 피험자 인권과 안전의 보호는 간단한 일이 아니다. 따라서 IRB는

> ▶**기관심의위원회(IRB)** 연구기관의 윤리위원회로 연구 참여자들의 인권과 안전을 보호하는 권한을 가짐

국가적 불명예

1997년 백악관 의식에서 빌 클린턴 대통령이 94세 허먼 쇼를 비롯한 흑인 피험자들에게 공식적으로 사과하고 있다. 기관심의위원회(IRB)가 생기기 전인 1932~1972년 기간에 수행된 터스키기 매독 연구에서 정부 의사들과 연구자들은 이들에게 매독치료를 제공하지 않았다. 악명 높은 이 연구에서 피험자 399명은 자신이 매독에 걸렸음을 몰랐고, 페니실린이 매독에 효과적인 치료라는 것이 밝혀진 후에도 치료를 받지 못하였다.

Stephen Jaffe/AFP/Getty Images

심의에서 일종의 위험-유익 분석을 하게 되는 경우가 많다. 예컨대 피험자에게 극미한 혹은 다소의 위험이 있다고 하더라도 그 '수용 가능한' 수준의 위험이 사회에 줄 수 있는 잠재적 이익을 상쇄한다면 IRB는 그 연구를 승인할 수도 있다. 일반적으로 IRB는 모든 연구에서 피험자들에게 다음 권리를 보장하도록 한다(NIJ, 2010).

- 피험자 모집은 자발적이어야 한다.
- 모집에 앞서 피험자들은 연구의 내용에 대하여 충분한 정보를 받는다(정보에 근거한 동의).
- 피험자는 언제든지 참여를 중단할 수 있다.
- 연구의 이익은 그에 대한 대가/위험보다 더 크다.
- 피험자는 신체적·심리적 위해로부터 보호받는다.
- 피험자들은 연구에 관한 정보를 받아볼 수 있다.
- 피험자들의 사적 영역은 비밀보장 혹은 익명 등의 원칙에 의해서 보호된다.

유감스럽게도 IRB가 운영되어도 이러한 권리가 침해될 수 있다. 예를 들어 충분히 한 정보가 제공된 상태에서 동의할 권리를 살펴보자. 연구에 참여하면 어떤 상황이 벌어지게 될지를 피험자가 이해할 수 있도록 IRB는 보통 사전에 피험자가 알아야 할 것을 모두 기술한 '정보근거 동의서'에 서명을 하도록 한다. 그러나 그 동의서가 얼마나 명확할까? 몇몇 조사에 의하면 별로 명확하지 못하다(Albala, Doyle, & Applebaum, 2010; Mathew & McGrath, 2002).

IRB가 적절하다고 판단한 문서 중 대다수는 대학교 고학년 수준에 맞추어서 작성된 것으로 상당수 피험자들은 이해하기 어렵다. 사실 자신이 서명하는 정보근거 동의서를 제대로 이해하는 사람은 피험자의 절반에도 미치지 못한다. 또 다른 연구들에 의하면 피험자의 10% 정도만이 서명하기 전에 정보근거 동의서를 주의 깊게 읽으며, 동의 단계에서 연구자들에게 관련 질문을 하는 사람들은 30%에 지나지 않는다(CISCRP, 2013).

요약하면 IRB체계가 감독하는 연구 과제들뿐 아니라 IRB체계 자체에도 결함이 있다. 그 이유는 다양하다. 우선 윤리 원칙은 미묘하고 손에 잡히지 않는 개념으로 단순한 규칙이나 지침으로 바꾸기가 쉽지 않다. 또한 윤리적 결정―IRB위원에 의한 결정이나 연구자들에 의한 결정이건 관계없이―은 관점, 해석, 의사결정방식 등에 따라 달라질 수 있다는 것이다. 이러한 문제나 제한점에도 불구하고 그동안 IRB의 구성과 운영이 피험자들의 인권과 안전의 향상에 도움이 되었다는 것이 대다수의 의견이다. 위원회는 불완전한 체계를 반영할 수도 있겠지만 연구의 질과 적절성을 감시하는 데 필요하고 중요한 역할을 하는 것은 분명하다.

▶ 요약

임상연구자는 어떠한 일을 하는가 임상연구자는 과학적 방법을 사용하여 이상심리 기능의 일반적 원칙을 연구한다. 과학자들이 주로 사용하는 연구방법은 사례연구, 상관관계법, 그리고 실험법이다. 사례연구는 한 사람의 삶과 심리적 문제를 상세하게 기술한다.

상관연구는 사건이나 특징이 함께 변화하는 정도를 체계적으로 관찰한다. 이 방법을 통하여 연구자는 일반 전집에서 나타나는 이상심리에 관하여 일반적인 결론을 얻을 수 있다. 역학연구와 종단연구는 널리 쓰이고 있는 상관관계법의 두 형태이다.

실험에서는 연구자가 가능성이 있다고 생각하는 원인을 조작하여 예상했던 결과가 나타나는지를 본다. 실험법을 통해 연구자는 여러 상황이나 사건이 일어나게 된 원인을 알아낼 수 있다. 임상실험에서는 흔히 준실험이나 자연실험, 아날로그실험, 단일피험자 실험설계 등 완벽한 수준에는 미치지 못하는 실험설계를 사용해야 하는 경우가 자주 있다.

각 연구기관은 기관심의위원회(IRB)를 두고 해당 기관에서 수행되는 모든 연구에서 인간 피험자의 권리와 안전을 보호할 권한과 책임을 부여하고 있다. IRB 위원들은 모든 연구를 계획 단계에서 심의하여 연구 수행을 승인하기 전에 필요한 수정을 요구할 수 있다. 만약 요구한 대로 수정되지 않으면 IRB는 연구의 승인을 거부할 권한이 있다. IRB가 보호하고자 하는 중요한 피험자의 권리에는 정보 기반 동의의 권리, 수용 가능한 위험-유익 균형, 사생활 보호(개인정보와 익명성)가 있다.

종합

진행 중인 작업

옛날부터 사람들은 이상행동을 설명하고 치료하고 연구하려는 노력을 기울여 왔다. 예전 사회에서 이상행동을 어떻게 다루었는지를 보면 이상행동에 대한 현재의 관점과 치료법의 뿌리를 더 잘 이해할 수 있을 것이다. 그리고 과거를 되돌아봄으로써 그동안 얼마나 많이 발전하였는지, 현재의 관점이 얼마나 인도적인지, 그리고 연구를 하는 것이 얼마나 중요한지를 더 잘 알게 된다.

동시에 우리는 오늘날의 이상심리학이 안고 있는 많은 문제점을 인식할 필요가 있다. 이상심리학 분야는 아직도 이상심리가 무엇인지 그 정의에 대하여 합의를 이루지 못하고 있다. 현재 이 분야에는 상충되는 이론과 치료법을 주장하면서 다른 편의 주장과 성과는 인정하지 않으려는 집단들이 존재한다. 서로 다른 훈련배경을 가진 다양한 전문인들이 임상실무를 하고 있다. 그리고 현재 사용되고 있는 연구방법은 각각 미흡한 점이 있어 우리의 지식과 임상정보의 활용에 제한점이 되고 있다.

이 책에서 다루고 있는 주제들을 하나씩 짚어 가면서 이상심리 기능의 본질과 치료, 연구를 살펴보고 현재 이 분야가 누리고 있는 강점과 약점, 그동안의 발전상, 그리고 앞으로 가야 할 길이 남아 있음을 마음에 새기자. 이 분야의 역사를 살펴보면서 현재 우리가 이상행동에 대하여 이해하고 있는 내용은 아직도 진행 중인 작업 반영하고 있다는 것을 배워야 할 것이다. 임상 분야는 앞으로 다가올 매우 중요한 통찰, 연구, 그리고 변화들을 기다리면서 교차로에 서 있는 중이다.

핵심용어

가설	문화	오염변인	종속변인
과학적 방법	발병률	위약치료	주립병원
관리의료 프로그램	사례연구	위험	준실험
괴로움	사이버심리치료	유병률	진행성 마비
규범	상관관계	은폐설계	천공술
긍정심리학	상관관계법	이상심리학	체액
기관심의위원회(IRB)	수용소	이중은폐 설계	체인적 관점
기능장애	실험	일탈	최면
다문화심리학	실험집단	자기 부담 심리치료	치료
단일피험자 실험설계	심인적 관점	자연실험	탈원화
도덕치료	아날로그실험	정신분석	통제집단
독립변인	역학연구	정보근거 동의	향정신성 약물
무선할당	예방	종단연구	

속성퀴즈

1. 이상심리 기능의 공통된 속성은 무엇인가?
2. 이상행동에 대한 악마론적 견해를 반영하는 치료방법 두 가지를 기술하라.
3. 히포크라테스에서부터 르네상스시대, 19세기, 그리고 근래까지 제시된 이상심리에 대한 체인적 관점의 예를 기술하라.
4. 심인적 관점의 발달에서 최면술과 히스테리 장애의 역할을 기술하라.
5. Sigmund Freud가 정신분석의 이론과 기법을 발전시키게 된 경위를 기술하라.
6. 1950년대 이후에 정신장애자의 치료에서 나타난 주요한 변화를 기술하라.
7. 사례연구, 상관관계법, 실험법의 장단점은 무엇인가?
8. 연구자들이 오염변인의 영향을 배제하기 위해 실험에 포함시키는 기법에는 어떤 것이 있는가?
9. 연구자들이 자주 사용하는 대안적 실험의 네 가지 유형을 기술하라.
10. 기관심의위원회(IRB)란 무엇이며 그 책임과 목표는 무엇인가?

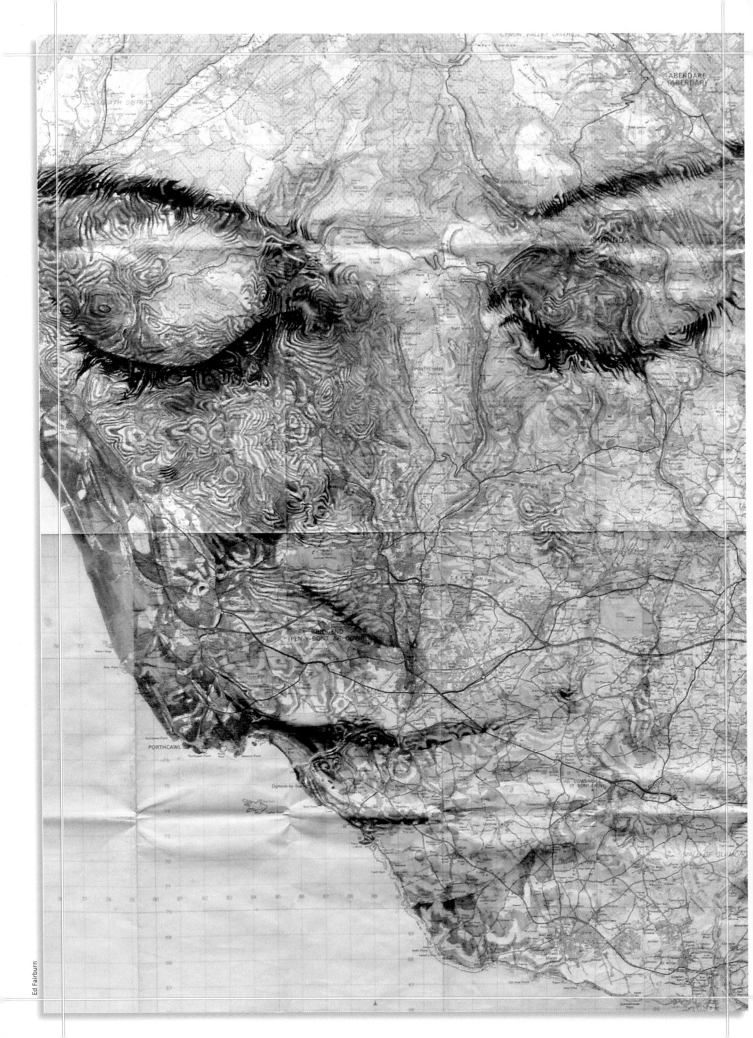

이상심리의 모형

25세 독신인 필립 버만은 대형출판사 편집부에서 일하다가 현재는 실직 상태로, 면도칼로 손목을 깊이 그어 자살기도를 한 후 입원하게 되었다. 그는 목욕탕 바닥에 앉아 피가 욕조 안으로 뚝뚝 떨어지는 것을 한동안 지켜본 후 직장에서 일하고 있는 아버지에게 도움을 청하는 전화를 걸었다고 설명했다. 아버지와 같이 병원 응급실로 가서 깊게 베인 상처를 꿰맸으나 입원은 필요하지 않다고 스스로를 그리고 의사를 설득했다. 다음 날 아버지가 도움이 필요한지 묻자 그는 저녁식사를 바닥에 팽개치고 화를 내면서 자기 방으로 들어갔다. 다시 진정이 되자 그는 아버지를 따라 병원으로 돌아갔다.

그의 자살기도를 직접적으로 촉발시킨 요인은 예전 여자친구의 새 남자친구를 우연히 만나게 된 일이었다. 그들과 함께 술을 마시면서 '이것들이 빨리 빠져나가 같이 자고 싶어서 안달하는구나' 하는 생각을 떨쳐버릴 수가 없었다고 했다. 그는 질투에 격분하여 벌떡 일어나 식당을 나왔다. 그는 그녀에게 어떻게 '갚아줄지' 궁리하기 시작했다.

지난 수년간 필립이 단기간 우울증을 경험한 적은 여러 번 있었다. 특히 그는 자신이 사람들과 어울리는 일이 별로 없고 지금까지 한 번도 여성과 성관계를 하지 못했다는 것에 대해서 한심해했다. 치료자에게 그 이야기를 하면서 그는 바닥만 내려다보던 눈길을 들고 비아냥거리는 듯한 억지 웃음을 웃으면서 "나는 스물다섯 살의 숫총각이지요. 자, 마음 놓고 비웃어서도 돼요."라고 했다. 그의 말에 의하면 매력적인 여성 여러 명과 데이트는 해 봤지만 모두들 그에게 관심이 없었다고 했다. 그러나 조금 더 물어보니 그가 얼마 안 가서 그 여성들의 흠을 잡으면서 내키지 않더라도 자기가 하고 싶은 것은 모두 들어달라고 요구했다는 것이 드러났다. 그러자 그 여성들은 필립과의 관계가 별로 득이 되지 않는다고 생각해서 곧 다른 사람을 찾게 된 것이었다.

지난 2년간 필립은 정신과 의사 3명에게 단기간 치료를 받았다. 그중 한 사람은 이름이 잘 생각나지 않는 약물을 주었는데, 그 약물에 대한 특이 반응 때문에 하룻밤을 병원에서 지냈었다고 하였다. 입원에 대해서는 '교도소'나 마찬가지라고 하면서 병원 직원들이 자기 말은 듣지도 않고 필요한 것을 해 주지도 않았으며 모든 환자를 괴롭히는 것을 즐기는 듯했다고 하였다. 의뢰한 의사도 필립이 특별대우를 요구하고 입원해 있는 동안 직원 대부분을 적대적으로 대하는 어려운 환자였다고 확인해 주었다. 그는 어느 간호보조사와 다툰 후에 (허락 없이) 병원을 나가서 임의퇴원을 하였다.

필립은 두 자녀를 둔 중산층 가정 출신이다. 그의 아버지는 55세로, 보험회사 관리직 사원이다. 그는 아버지가 거만하고 잔인한 어머니에게 완전히 눌려 사는, 유약하고 무능한 사람이라고 생각한다. 그는 어머니를 '참을 수 없을 정도로 심하게' 증오한다고 하였다. 그는 성장 과정에서 어머니가 자신에게 '변태', '계집애'라고 욕설을 퍼부었고 한번은 싸우다가 자기 '급소를 걷어찼다'고 했다. 그는 부모가 부유하고 권력도 있지만 이기적이며, 자신을 게으르고 책임감이 없으며 행동문제가 있는 것으로 본다고 생각했다. 부모는 아들의 치료를 상의하기 위하여 치료자에게 전화를 걸었을 때, 문제는 10세 때 동생 아놀드가 태어나면서부터 시작되었다고 말하였다. 아놀드가 태어나자 필립은 욕설을 자주 하고 훈육하기 어려운 (마음에 들지 않는) 아이가 되어버렸다. 그 시기에 대한 필립의 기억은 희미하다. 그는 어머니가 우울증으로 입원을 했던 적이 한 번 있었는데, 이제 어머니도 '정신의학을 신뢰하지 않는다'고 하였다.

필립은 평균 정도의 성적으로 대학을 졸업하였다. 대학 졸업 후에는 출판사 세 곳에서 일했었으나, 어디에서도 1년 이상 버티지 못하였다. 그는 항상 직장을 그만둘 만한 사유를 찾아냈다. 직장을 그만두면 부모가 재촉을 해서 새 직장을 얻을 때까지 보통 2~3개월은 집에서 빈둥대면서 지냈다. 그는 학교 교사들, 친구들, 고용주들과의 관계에서 기분이 상하고 부당한 대접을 받았다고 느꼈던 수많은 일에 대해서 늘어놓았다. 다투고 나면 씁쓸한 기분이 들어 대부분 시간을 혼자 '지루하게' 지냈다. 그는 어느 누구도 믿고 의지할 수가 없었고, 강한 신념도 없고 충성하고자 하는 집단도 없었다.

(계속)

▶모델 과학자들이 관찰한 바를 설명하고 해석할 수 있도록 돕는 가정 및 개념의 조합. '패러다임'이라고도 함

필립은 매우 여윈 체격에 턱수염을 기르고 안색이 창백한 청년이었다. 치료자와 거의 눈을 맞추지도 못하였고, 분노에 찬 씁쓸한 분위기를 풍겼다. 우울을 호소했으나 우울증후군의 다른 증상은 부인하였다. 부모에 대한 분노에 집착하고 있고, 특히 스스로 형편없는 존재로 보이려고 하는 것처럼 보였다.

(Spitzer et al., 1983, pp. 59-61)

필립 버만이 문제가 있는 것은 분명한데, 도대체 어쩌다 그렇게 되었을까? 그가 가지고 있는 수많은 문제를 어떻게 설명하고 고칠 수 있을까? 이 질문에 답하려면 우선 우리가 이해하려고 하는 여러 가지 문제, 즉 필립의 우울과 분노, 대인관계의 실패, 실직, 주변 사람들에 대한 불신, 그리고 가족 내 문제를 살펴보아야 한다. 그리고 나서 여러 가지 가능성, 즉 내적/외적, 생물학적/대인관계, 과거/현재의 원인을 가려내 정리를 해야 한다.

우리 모두는 스스로 의식하지는 못할지는 모르지만 필립의 사례를 읽으면서 이론적 틀을 적용한다. 우리는 살아가면서 각자 다른 사람들의 말과 행동을 이해하는 관점을 형성한다. 과학에서는 사건(events)을 설명하는 데 사용하는 관점을 **모델**(model) 혹은 **패러다임**(paradigm)이라고 한다. 각 모델은 과학자의 기본 가정이 무엇인지를 명확하게 제시해 주며 연구 분야에 질서를 부여하고 연구의 지침이 된다(Kuhn, 1962). 연구모델에 따라 연구자가 무엇을 관찰할 것인지, 무슨 질문을 할지, 어떤 정보를 찾아야 할지, 그 정보를 어떻게 해석할지가 달라진다. 필립이 호소하는 구체적 증상을 임상가가 어떻게 설명하고 치료할지를 이해하려면 그가 선호하는 이상 기능의 모델을 알아야 한다.

최근까지도 특정 시대와 지역의 임상가들은 그 문화의 신념에 크게 영향을 받은 하나의 이상심리 모델에 합의하는 경향이 있었다. 예를 들어 중세에서 이상심리 기능의 설명에 사용되었던 **악마론적 모델**은 종교, 미신, 전쟁에 대한 중세 사회의 관심에서 비롯되었다. 중세의 임상가들이라면 필립 버만의 자살기도, 우울한 기분, 분노, 질투, 증오에서 악마의 손길을 보았을 수도 있다. 마찬가지로 기도, 매질 등 그의 치료방법도 외부에서 온 악령을 그의 몸에서 몰아내는 것이 목적이었을 것이다.

오늘날에는 여러 모델이 이상심리 기능을 설명하는 데 동원되고 있다. 모델이 다양해진 것은 과거 50년 동안 가치나 신념에서의 큰 변화가 있었고, 임상연구가 크게 발전하였기 때문이다. 그 스펙트럼의 한쪽 끝에는 신체적 과정이 인간 행동의 핵심에 있다고 보는 **생물학적 모델**이 있다. 그 중간 부분에는 인간 기능의 심리적·개인적 측면에 더 초점을 두는 네 가지 모델이 있다. 즉 무의식 안의 내적 과정과 갈등을 보는 **정신역동모델**, 행동과 행동학습 과정을 강조하는 **행동모델**, 행동의 저변에 깔린 사고에 집중하는 **인지모델**, 가치와 선택의 역할을 강조하는 **인본주의-실존주의 모델**이다. 스펙트럼의 다른 쪽 끝에는 인간 기능의 열쇠가 사회적 그리고 문화적 힘에 있다고 보는 **사회문화적 모델**이 있다. 사회문화적 모델은 개인의 가족과 사회 상호작용에 초점을 두는 **가족-사회 관점**과 개인의 문화와 그 문화 속에서 공유되는 신념, 가치, 역사를 강조하는 **다문화적 관점**을 포함한다.

이 모델들은 각각 다른 가정과 원칙에 기반을 두고 있으므로 때로 서로 부딪치기도 한다. 한 관점을 따르는 사람들은 다른 이들의 '순진한' 해석과 연구, 치료 방안에 대해서 코웃음을 치는 일이 빈번하다. 그러나 어느 모델도 그 자체로 완벽하지는 못하다. 각 모델마다 사람의 기능 중 어느 한 측면에 주로 초점을 두고 있으므로 이상심리의 모든 측면을 설

숨은 뜻 읽어내기

명언

"정신질환은 인간이 고안해 낼 수 있는 어떤 약으로 치료하기에는 너무 복잡하다."

엘리자베스 워첼, 프로작 네이션

명하는 모델은 없다.

생물학적 모델

필립 버만은 생물학적 존재이다. 그의 생각과 정서는 뇌와 몸 전체에서 일어나는 생화학적 · 생물전기적 과정의 산물이다. **생물학적 모델**을 주장하는 사람들은 필립의 생각과 정서, 행동을 제대로 이해하려면 그 생물학적 기반을 이해해야만 한다고 믿는다. 그리고 그들은 필립의 문제에 대한 가장 효과적인 치료는 당연히 생물학적 치료라고 믿는다.

생물학적 이론은 이상행동을 어떻게 설명하는가

생물학적 이론가들은 의학적 관점을 취하여 이상행동을 유기체 일부에서의 기능장애로 인한 질병으로 본다. 생물학적 이론가들은 보통 뇌의 해부학적 구조나 화학 과정에서의 문제를 이상행동의 원인으로 지목한다.

뇌의 해부학적 구조와 이상행동 뇌는 **뉴런**(neuron)이라고 하는 대략 1,000억 개의 신경세포와 *glia*(교세포, 그리스어로 '접착제'라는 의미)라고 부르는 수조 개의 지원세포로 구성되어 있다. 뇌에는 큰 규모의 신경세포군들이 서로 구분되는 뇌 영역들을 형성하고 있다. 예를 들어 뇌의 위쪽에는 피질, 뇌량, 기저핵, 해마, 편도체를 포함하는 대뇌라고 부르는 영역군이 있다(그림 2-1 참조). 대뇌의 각 영역에 있는 신경세포들은 중요한 기능을 통제한다. 뇌의 표면에 있는 층은 대뇌 피질이며, 뇌량은 뇌의 두 반구를 연결해 준다. 기저핵은 운동을 계획하고 실행하는 데 중요한 역할을 하고, 해마는 정서와 기억의 통제를 지원하며, 편도체는 정서기억에서 핵심적 역할을 한다. 임상연구자들은 뇌 특정 부위의 문제와 특정 심리장애와의 관련성을 찾아냈다. 그한 예로 감정의 격발, 기억상실, 자살사고, 불수의적 몸의 움직임, 터무니없는 믿음 등의 증상이 나타나는 헌팅턴병은 기저핵과 대뇌 피질 세포의 소실이 원인인 것으로 밝혀졌다.

뇌 화학과 이상행동 생물학연구자들은 심리장애가 뉴런 간 신호 전달 문제와 관련이 있음을 알아냈다. 정보는 뉴런에서 뉴런으로 전달되는 전기 자극을 통해 뇌 전체에 전달된다. 자극은 일차적으로 뉴런 한쪽 끝에 안테나같이 길게 뻗어나간 수상돌기에서 수신된다. 거기에서 뉴런의 몸체에서 뻗어 나간 긴 신경섬유인 **축색**을 따라 내려간다. 마지막으로 자극은 축색의 끝에 있는 **신경종말**을 통해 다른 뉴런들의 수상돌기로 전달된다(그림 2-2 참조).

그런데 어떻게 한 뉴런의 세포종말에서 다른 뉴런의 수상돌기로 메시지가 전달될까? 뉴런끼리는 실제로 닿아 있지 않다. 신경세포 사이는 **시냅스**(synapse)라는 작은 공간으로 분리되어 있으므로 메시지는 그 공간을 건너뛰어야 한다. 전기 자극이 뉴런의 끝에 도달하면 신경종말을 자극하고 **신경전달물질**(neurotransmitter)이라는 화학물질이 분비되면서 시냅스 공간을 넘어 인근 뉴런들의 수상돌기에 있는 **수용기**(receptor)에 전달된다. 신경전달물질 중 일부는 자극을 전달받는 뉴런의 수용기에 달라붙어 수용뉴런에서 자체적 전기 자극이 유발되도록 한다. 억제메시지, 즉 자극 유발을 중단하도록 하는 신경전달물질도 있

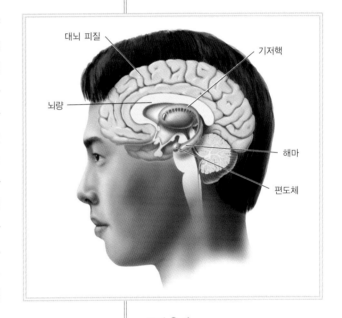

대뇌 피질
기저핵
뇌량
해마
편도체

그림 2-1
대뇌
몇몇 심리장애는 대뇌 신경세포들의 기능의 이상이 원인인 것으로 밝혀졌다. 대뇌는 대외 피질, 뇌량, 기저핵, 해마, 편도체 등의 뇌 구조물을 포함한다.

▶뉴런 신경세포
▶시냅스 하나의 신경세포와 또 다른 신경세포의 수상돌기 사이의 작은 공간
▶신경전달물질 신경세포에서 분비되어 시냅스 공간을 넘어 이웃 신경세포의 수상돌기에 위치한 수용체에서 흡수되는 화학물질
▶수용기 뉴런에서 신경전달물질을 수용하는 곳

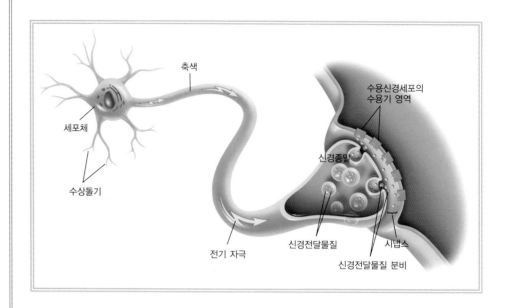

그림 2-2
신경세포의 정보 전달
전기 자극의 형태인 메시지가 정보를 보내는 신경세포의 축색을 타고 그 종말까지 내려가면 신경전달물질이 분비되어 메시지는 시냅스 공간을 넘어서 수용신경세포의 수상돌기에 전달된다.

다. 신경전달물질이 뇌에서의 정보 이동에 핵심적인 역할을 하는 것은 분명하다.

뇌에는 수십 가지의 신경전달물질이 있고, 개개 뉴런은 특정 신경전달물질만을 사용한다는 것이 연구에 의해서 밝혀졌다. 연구 결과에 의하면 특정 신경전달물질의 활동에서의 이상이 특정한 정신장애를 유발할 수 있다. 예를 들어 우울증은 세로토닌과 노르에피네프린의 활동 수준 저하와 관련이 있는 것으로 밝혀졌다. 아마도 필립 버만의 우울과 분노는 부분적으로 세로토닌 활동 수준의 저하가 원인일 수 있다.

뉴런과 신경전달물질의 관련성 이외에도 **내분비계** 화학작용의 이상이 정신장애와 관련 있다는 것이 연구를 통하여 밝혀졌다. 신체 전체에 자리한 내분비샘은 뉴런과 함께 성장, 생식, 성행위, 심장 박동, 체온, 에너지, 스트레스에 대한 반응 등 중요한 활동을 통제하고 있다. 내분비샘이 **호르몬**(hormones)이라고 하는 화학물질들을 혈관 속으로 분비하고, 이 화학물질들이 신체 기관을 움직인다. 예를 들어 스트레스를 받으면 신장 윗부분에 있는 부신이 코르티솔이라는 호르몬을 분비한다. 이 코르티솔 분비의 이상이 불안장애, 기분장애와 관련 있음이 밝혀졌다.

생물학적 이상의 원인 왜 어떤 사람들은 뇌 구조와 생화학적 활동이 일반 사람들과 다를까? 근래 유전, 진화, 바이러스 감염의 세 가지 요인이 특히 관심을 끌고 있다.

유전과 이상행동 뇌의 해부학적 구조나 화학작용의 이상은 간혹 유전적으로 물려받는 경우가 있다. 사람의 뇌와 신체의 세포에는 23쌍의 **염색체**가 있고, 각 쌍의 염색체는 각각 부모 중 한 사람에게 물려받은 것이다. 각 염색체에는 물려받을 특성이나 특질을 통제하는 수많은 **유전자**(gene)가 있다. 각 세포에는 대략 총 30,000개의 유전자가 있다(NIH, 2015; Emig et al., 2013). 머리카락의 색, 키, 시력 등의 신체적 특성이 유전자에 의해서 결정된다는 것은 오래전부터 과학자들에게 알려져 있었다. 심장병, 암, 당뇨병에 대한 취약성, 그리고 아마도 미술이나 음악적 재능도 유전에 의해 결정될 수 있다. 기분장애, 조현병, 그리고 다른 정신장애들에도 유전의 역할이 있음을 시사하는 연구가 있다. 대부분의 경우 여러 유전자가 결합하여 우리의 기능적·역기능적 반응을 만들어 내는 것으로 보인다.

2000년에 인간게놈 프로젝트가 완성되면서 근래 여러 유전자들이 정신장애 발생에서 정

▶**호르몬** 내분비샘에서 혈관으로 분비되는 화학물질
▶**유전자** 유전적으로 물려받은 특성 및 특질을 통제하는 염색체 부분

확히 어떤 역할을 하는지 점점 명확해지고 있다. 이 거대한 연구 과제에서 과학자들은 분자생물학의 도구를 사용하여 인체의 모든 유전자 지도를 상세하게 그려 냈다. 연구자들은 이 정보를 활용하여 궁극적으로 의학적 혹은 심리적 장애의 발병에 관여하는 유전자들을 사전에 막거나 변화시킬 수 있게 되기를 희망하고 있다.

진화와 이상행동 일반적으로 정신장애의 발병에 기여하는 유전자들은 유전자 전달 과정에서의 실수와 같은 유감스러운 사건으로 간주된다. 문제의 유전자는 적절한 유전자가 우연히 비정상적 형태를 가지게 된 **돌연변이**일 수 있다. 아니면 문제 유전자가 처음부터 돌연변이된 형태로 그 가계에 들어온 후 개인에게 유전되었을 수도 있다. 그러나 이상 기능의 원인이 되는 유전자 중 상당수가 실제로 정상적 진화의 원리에 따라 나타난 결과로 보는 이론가들도 있다(Sipahi et al., 2014; Fábrega, 2010).

일반적으로 진화이론가들은 인간의 반응과 이를 유발하는 유전자들은 번식과 적응에 도움이 되었기 때문에 오랜 세월 살아남을 수 있었다고 주장한다. 빨리 달리는 능력을 가졌거나 몸을 숨기는 간교함이 있었던 조상들은 적으로부터 도망쳐서 자녀를 생산할 수 있었다. 따라서 잘 걷거나 달릴 수 있는 능력, 혹은 문제해결 능력과 관련 있는 유전자들은 세대를 걸쳐 오늘날까지 전달되어 왔을 가능성이 특히 높았다는 것이다.

마찬가지로 진화이론가들은 두려움을 느낄 수 있는 능력이 과거에는 적응에 도움이 되었고 현재도 도움이 되는 경우가 많다고 한다. 두려움은 우리 선조에게 위험, 위협, 상실이 앞에 있음을 미리 경고하여 잠재적 문제를 피하거나 도망칠 수 있게 해 주었다. 위험에 특히 민감한 사람들—남보다 두려움에 더 강한 반응을 보이는 사람들—은 재난, 전쟁 등에서 살아남아 자녀를 생산하여 후세대에 두려움 유전자를 전달했을 가능성이 클 것이다. 물론 요즘 세상에는 심리적 압박을 주는 일이 과거보다 더 많을 뿐 아니라, 미묘하고 복합적이어서 그러한 유전자를 지닌 사람들은 끊임없는 두려움과 신경이 곤두선 상태 속에서 지내는 운명에 처하게 되었다. 다시 말해 조상들에게 살아남아 자녀 생산을 할 수 있게 해 준 바로 그 유전자로 인하여 오늘날에는 공포 반응, 불안장애, 혹은 관련 심리장애에의 취약성이 높아질 수 있다.

임상 분야에서는 진화의 관점이 특히 논란이 많고 이를 거부하는 이론가도 많다. 진화론적 설명은 정확성이 부족하고 연구가 불가능한 경우도 많아서 다수의 과학자들에게는 받아들이기 어려운 신념의 비약을 요구한다.

바이러스 감염과 이상행동 비정상적 뇌구조 혹은 생화학적 기능장애를 유발할 수 있는 또 다른 원인은 바이러스 감염이다. 예를 들어 제14장에 나오듯이 망상, 환각, 혹은 그 밖의 현실로부터의 이탈이 주요한 증상인 **조현병**이 아동기 혹은 태내에서 특정한 바이러스에 노출되는 것과 관련이 있을 가능성이 있다는 연구 결과가 있다(Liu et al., 2014; Arias et al., 2012). 조현병 환자 어머니 중 다수가 임신 중 유행성 감기나 관련 바이러스에 감염되었다는 연구 결과들이 있다. 이러한 결과와 관련된 정황적 증거를 볼 때 해로운 바이러스가 태

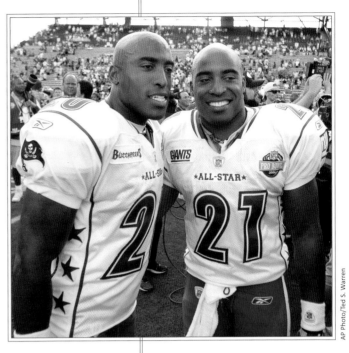

AP Photo/Ted S. Warren

우연이 아니라고?
일란성 쌍생아인 론드 바버(탬파베이 버커니어스 팀)와 티키 바버(뉴욕 자이언츠 팀)는 각각 전설적인 성공적 미식축구 선수로 활동하였다. 쌍생아 연구에 의하면 행동과 성격의 일부 측면들은 유전적 요인에 의해서 결정된다고 한다. 대부분의 일란성 쌍생아들은 바버 형제처럼 취향도 비슷하고 행동방식도 비슷하며, 삶의 선택도 비슷하다고 알려져 있다. 어떤 경우에는 심지어 비슷한 이상행동을 보이기도 한다.

숨은 뜻 읽어내기

명언
"내 두뇌? 내가 두 번째로 좋아하는 신체 기관이지."
우디 앨런

▶**향정신성 약물** 일차적으로 뇌에 작용하여 다수의 정신기능장애의 증상을 감소시키는 약물

▶**전기충격요법(ECT)** 주로 우울증 환자에게 사용되는 생물학적 치료의 한 형태로, 환자의 머리에 부착된 전극에 전류를 흐르도록 하여 뇌 발작을 유발함

아의 뇌에 침범하여 청소년기나 초기 성인기까지 잠복해 있다가 그 시점에서 조현병 증상을 일으킬 가능성이 있다. 지난 10년간 정신증뿐만 아니라 불안장애와 기분장애도 바이러스와 관련이 있다고 보고한 연구들이 보고된 바 있다(Liu et al., 2014).

생물학적 치료법

생물학적 관점을 취하는 임상실무가들은 이상행동을 이해하려 할 때 특정한 유형의 단서를 찾는다. 그 환자의 가족 중에서 그러한 행동을 보인 경우가 있다면 유전적 성향의 가능성을 고려할 수 있는 것이다. (필립 버만의 사례에는 그의 어머니가 우울증으로 입원했던 일이 있다는 것이 언급되어 있다.) 생리적 영향을 미칠 수 있는 일(event)로 인하여 그 행동이 유발되었을까? (식당에서 질투로 격분했을 때 필립은 술을 마시고 있었다.)

일단 기능장애의 신체적 원인이 정확하게 밝혀지면, 임상가들이 생물학적 치료를 선택하기가 수월해진다. 오늘날 쓰이고 있는 생물학적 치료에는 약물치료, 전기충격요법, 정신외과 수술의 세 가지가 있다. 이 중에서 압도적으로 널리 사용되는 것은 약물치료이다.

1950년대에 연구자들은 정서와 사고 과정에 주로 영향을 미치는 여러 가지 **향정신성 약물**(psychotropic medication)들을 발견하였다. 이 약물들로 인하여 여러 정신장애에 대한 견해가 크게 달라졌고, 오늘날에는 약물들이 단독으로 혹은 다른 치료법과 함께 널리 쓰이고 있다. 그러나 향정신성 약물에서 비롯된 혁명은 심각한 문제도 일으켰다. 예를 들어 그 약물이 과다하게 사용되고 있다고 믿는 사람들이 많다. 더군다나 약물이 효과적인 경우가 많기는 하지만, 모든 환자에게 약물치료가 효과적인 것은 아니다. 따라서 많은 사람들이 약물치료의 대안을 찾고 있다. 엄청난 인기를 누리고 있는 약초 보조제가 그 예이다(정보마당 참조).

치료에 사용되는 주요 향정신성 약물에는 항불안제, 항우울제, 항조울제, 항정신제의 네 가지가 있다. **항불안제**는 미소진정제(minor tranquilizer) 혹은 불안완화제라고도 불리

> 향정신성 약물의 인기가 우리 사회의 대처방식과 문제해결 기술에 대해서 시사하는 바는 무엇일까?

는데, 긴장과 불안을 경감시킨다. **항우울제**는 우울한 사람의 기분을 호전시키는 데 도움이 된다. **항조울제**는 기분 안정제로도 불리는데, 조증과 우울증을 오가는 양극성장애 환자의 기분을 안정시키는 데 도움이 된다. 그리고 **항정신제**는 조현병과 같이 현실 검증력이 저하된 정신병 환자의 혼란, 환각과 망상을 감소시키는 데 도움이 된다.

향정신성 약물은 다른 모든 약들과 마찬가지로 체계적 연구와 신중한 심의 과정을 거친 후 시장에 출시된다. 미국 제약회사들의 경우, 새로운 화학물질이 시장에 나오기까지 평균 12년의 기간과 수억 달러의 투자가 소요된다. 신약은 처음에는 동물을 대상으로 그리고 그다음 단계에서는 인간 피험자들을 대상으로 연구를 반복해서 그 효과성, 안전성, 용량과 부작용 등이 철저하게 검증된 후 미국 식품의약국의 승인을 받게 된다. 신약 화학물질 중 3%만이 동물실험 단계에 이르고 동물실험을 거친 신약 화학물질 중 2%만이 인간 피험자를 대상으로 하는 연구에, 그리고 인간 대상 연구를 거친 약물의 21%만이 최종적으로 승인을 받게 된다(FDA, 2014).

생물학적 치료의 또 다른 형태로 주로 우울증 환자에게 사용되는 **전기충격요법**(electroconvulsive therapy, ECT)이 있다. 환자의

최후의 두뇌

인간의 뇌에 대한 신경과학자들과 일반 대중의 관심은 점점 증가하고 있다. 아래 사진은 저명한 물리학자인 알버트 아인슈타인의 뇌 조직을 널리 사용되는 아이패드 앱으로 찍은 것이다.

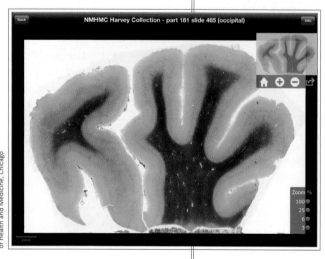

식품보조제 : 대체 치료

영양제라는 용어로도 알려진 **식품보조제**는 약이나 음식이 아닌 물질로 흔히 심리적 혹은 신체적 질병의 예방과 치료의 목적으로 식품을 보충하려고 섭취한다. 건강식품보조제가 가장 흔히 사용되는 심리적 문제는 우울증이다.

영양제는…

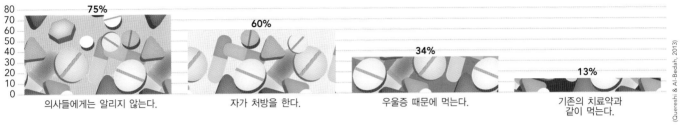

75% 의사들에게는 알리지 않는다.

60% 자가 처방을 한다.

34% 우울증 때문에 먹는다.

13% 기존의 치료약과 같이 먹는다.

(Qureshi & Al-Bedah, 2013)

우울증 치료에 흔히 사용되는 식품보조제

약초 보조제(식물에서 추출된 물질)

영양소(음식에 포함된 필수영양소)

천연 호르몬/아미노산(사람의 몸에서 만들어지는 호르몬이나 아미노산과 동일한 물질)

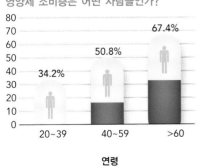

단극성 우울증에 대한 영양제의 효과

망종화
돌꽃
도움이 될 때가 많다.

영양제는 고도 우울증 환자에게는 도움이 되지 않는 듯 하지만 경미하거나 중등도 우울증에 도움이 되는 보충제가 여럿 있다는 연구 결과가 있다.

(Qureshi & Al-Bedah, 2013; Howland, 2012; Lakhan & Vieira, 2008)

오메가3 지방산
비타민 B
비타민 D
폴산염
가끔 도움이 되기도 한다.

캐나다, 독일, 중국 등 다른 많은 나라에서는 미국보다 보충제를 엄격하게 규제한다.

S-아데노실메티오닌(SAM-e)
L-트립토판
멜라토닌
거의 도움이 안된다.

우울한 사람들이 영양제를 먹는 이유는?

- 종래의 치료가 별로 도움이 되지 않아서
- 항우울제에 대한 심각한 부작용이 생겨서
- 현대 약물을 싫어해서
- 자연 치료를 선호해서

(Qureshi & Al-Bedah, 2013)

영양제와 종래의 약물

종래의 의약품을 승인받으려면 제조사는 수조 원의 비용이 소요되는 검증 단계를 통하여 그 안전성과 효과성을 입증해야 한다.

1994년의 식품보충 건강과 교육시행령은 식품보조제는 종래의 의약품들과 동일한 법적 의무조건을 지켜야 할 필요는 없다고 명시하고 있다. 그 이후 4천 개가 넘는 제조사들이 보통 연구도 없이 흔히들 그 치유력에 관한 엄청난 주장과 함께 식품보조제를 시장에 내놓았다.

- 영양제는 FDA가 해롭다고 입증하지 않는 한 안전하다고 가정한다.
- 영양제는 효능이 있을 수 있고 기존의 약물과 상호작용해서 위험한 결과를 가져올 가능성이 있다.(NIH, 2011; Magee, 2007)
- 환자들은 친구들이나 인터넷을 통해서 잘못된 정보를 받는 경우가 많고 보조제를 잘못된 방식으로 복용할 수 있다.
- 많은 환자들이 자신의 식품보조제 복용에 대해서 심리치료사나 의사들과 이야기하기를 꺼린다.(Niv et al., 2010; Kessler, 2002)

영양제 소비층은 어떤 사람들인가?

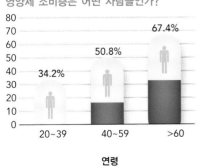

34.2% 20~39
50.8% 40~59
67.4% >60

연령

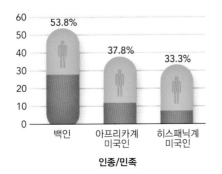

53.8% 백인
37.8% 아프리카계 미국인
33.3% 히스패닉계 미국인

인종/민족

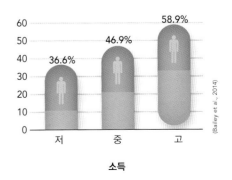

36.6% 저
46.9% 중
58.9% 고

소득

(Bailey et al., 2014)

이마에 전극 2개를 붙이고 65~140볼트의 전류를 짧은 순간 뇌에 흐르게 하면 전류는 수분 동안 지속되는 경련을 일으키게 된다. 2~3일 간격으로 7~9번의 전기충격치료를 하면 우울 증상이 훨씬 감소되는 환자가 많다. 매년 우울증 환자 수만 명, 특히 다른 치료에는 효과를 보지 못했던 환자들이 전기충격요법을 받고 있다(Dukart et al., 2014).

생물학적 치료의 세 번째 형태는 정신장애인들에 대한 뇌 수술, 즉 **정신외과 수술**(psychosurgery) 혹은 **신경외과 수술**(neurosurgery)이다. 그 기원은 이상행동을 보이는 사람의 두개골에 구멍을 뚫는 선사시대의 천공술로 거슬러 올라갈 수 있다. 현대적 수술은 1930년대 후반 포르투갈의 신경정신과 의사인 António Egas Moniz가 개발한 기법이 효시가 되었다. 엽 절제술이라고 불리는 그 수술에서는 뇌의 전두엽과 그 아래 뇌 영역 간의 연결 부분을 외과적으로 절제한다. 오늘날의 정신외과 수술은 과거의 엽 절제술보다 훨씬 더 정교해졌지만, 아직은 실험적이며 다른 치료법으로는 효과를 보지 못하고 심각한 장애가 수년간 지속된 이후에야 사용된다.

생물학적 모델의 평가

요즘에는 생물학적 모델이 상당한 대접을 받고 있다. 생물학적 연구들은 새로운 유익한 정보를 지속적으로 내놓고 있다. 그리고 다른 치료적 접근이 실패했을 때 생물학적 치료로 증상이 크게 호전되는 경우도 많다. 그러나 동시에 이 모델에도 단점이 있다. 생물학적 모델을 따르는 사람 중에는 모든 인간 행동이 생물학적 용어로 설명될 수 있고 생물학적 방법으로 치료될 수 있을 것이라고 기대하는 사람들도 있다. 이는 이상심리에 대한 이해를 증진시키기보다는 도리어 제한하는 결과로 이끌 수 있다. 우리의 정신생활은 생물학적 요인과 비생물학적 요인이 상호작용한 산물이므로, 생물학적 변인 자체에 초점을 맞추는 것보다 그 상호작용을 이해하는 것이 중요하다.

생물학적 모델의 또 다른 단점은 오늘날 사용되는 생물학적 치료 중 여러 가지가 심각한 부작용이 있다는 것이다. 예를 들어 일부 항정신성 약물은 심한 떨림이나, 얼굴과 몸이 수축되어 괴상하게 보이거나 극도의 안절부절못함과 같은 운동장애를 일으키기도 한다. 이와 같은 약물치료로 인한 부정적 문제는 분명히 다룰 필요가 있고 약물치료의 유익과 비교하여 평가되어야 할 것이다.

> ▶ **요약**
>
> **생물학적 모델** 생물학적 이론가들은 이상행동을 설명하기 위하여 인간 기능의 생물학적 과정, 즉 뇌와 신체의 해부학적 혹은 생화학적 문제들을 지목하여 조사한다. 이와 같은 비정상은 선천적 유전, 진화, 혹은 바이러스 감염 등이 원인이 되어서 발생하는 경우도 있다. 생물학적 접근의 치료자들은 물리적·화학적 방법을 써서 사람들이 심리적 문제를 극복하도록 돕는다. 주요한 치료방법으로는 약물치료, 전기충격요법, 그리고 아주 드물게 사용되는 방법으로 정신외과 수술을 들 수 있다.

정신역동모델

정신역동모델은 현대 심리학적 모델 중 가장 오래되었고 잘 알려진 것이다. 정신역동이론가들은 사람의 행동은 정상과 이상을 막론하고 주로 의식적으로 인식하지 못하는 저변의 심리적 에너지에 의해서 결정된다고 믿는다. 이러한 내적 에너지들은 서로 상호작용을 한다

▶정신외과 수술 정신장애의 치료를 위한 뇌수술로, '신경외과 수술'이라고도 함

는 의미에서 역동이라고 부르는데, 이 상호작용의 결과가 행동, 사고, 정서이다. 이상심리 증상은 이러한 에너지 간 갈등의 결과로 본다.

정신역동이론가들의 관점에서는 필립 버만은 갈등 속에 있는 사람이다. 그들은 심리적 갈등이 초기 관계 및 아동기 외상 경험과 밀접한 관련이 있다고 보기 때문에 필립의 과거 경험을 탐색하려고 할 것이다. 정신역동이론은 우연적으로 일어나는 증상이나 행동은 없다는 **결정론적** 가정을 기반으로 한다. 모든 행동은 과거 경험에 의해서 결정된다. 따라서 필립이 어머니에 대해 가지고 있는 증오, 잔인하고 오만한 어머니에 대한 기억, 유약한 아버지, 필립의 나이 10세 때의 동생의 출생은 모두 그가 현재 겪고 있는 문제들을 이해하는 데 중요한 사건이다.

정신역동모델은 20세기 초 비엔나의 신경과의사 Sigmund Freud(1856~1939)에 의해서 처음 체계를 갖추었다. 최면연구 후, Freud는 정상적·비정상적 심리 기능을 모두 설명하기 위해 정신역동이론을, 그리고 이에 대응되는 치료법으로 대화를 통한 **정신분석**을 발전시켰다. 20세기 초반에는 Freud와 Carl Gustav Jung(1875~1961) 등 비엔나 정신분석학회의 여러 동료들이 서구 세계에서 가장 영향력 있는 임상이론가들이 되었다.

Frued는 정상적 기능과 비정상적 기능을 어떻게 설명하는가

Freud는 본능의 욕구, 이성적 사고 그리고 윤리적 기준이 성격을 형성하는 세 가지 주요한 에너지라고 믿었다. 그는 이 모든 에너지가 즉각적 인식이 어려운 무의식 수준에서 작용한다고 믿었다. 그리고 그는 이 에너지들이 역동적으로 서로 영향을 주고받는다고 믿었다. Freud는 이 에너지들을 원초아, 자아, 초자아라고 불렀다.

원초아 Freud는 본능의 욕구, 추동, 그리고 충동을 나타내기 위해서 **원초아**(id)라는 용어를 사용했다. 원초아는 쾌락의 원칙에 따라 작동하므로 늘 쾌락의 충족을 추구한다. Freud는 또한 모든 원초아의 본능은 성적이며 일찍부터 아동은 수유, 배변, 자위 행위, 그 밖에 성적 연관이 있는 행위를 통해 쾌락을 느낀다고 하였다. 나아가 그는 사람의 리비도, 즉 성적 에너지가 원초아의 에너지원이라고 하였다.

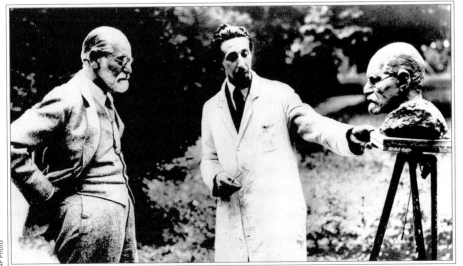

AP Photo

▶ **원초아** Freud에 의하면 본능의 욕구, 추동, 충동을 일으키는 심리적 힘

Freud가 Freud를 자세히 들여다보다
정신분석이론과 정신분석치료의 창시자인 Freud가 1931년 비엔나 근처의 자기 집에서 자신의 흉상을 조사하고 있다. Freud와 그 흉상이 얼굴을 마주하여 각자 상대방에 대해 어떤 결론을 내렸을지는 상상에 맡길 수밖에 없다.

"이제 부정 방어기제로 되돌아갔더니 예전보다 훨씬 잘 지내고 있어."

자아 어린 시절에 우리는 환경이 모든 본능적 욕구를 충족시켜 주지 못함을 깨닫게 된다. 예를 들어 어머니가 늘 옆에 있으면서 우리가 원하는 것을 해 줄 수는 없다. 원초아의 일부분이 떨어져 나와 **자아**(ego)가 된다. 원초아와 마찬가지로 자아는 무의식적으로 쾌락의 충족을 추구하지만, 원초아의 충동을 있는 그대로 표출해서는 곤란하다는 것을 경험을 통해 알게 되어 현실의 원칙에 따른다. 자아는 이성을 통하여 언제 충동을 표현해도 되는지, 언제 충동을 표현하면 안 되는지를 깨닫도록 이끌어 준다.

자아는 용납될 수 없는 원초아의 충동을 통제하고, 그로 인한 불안을 회피하거나 경감시키기 위하여 **자아방어기제**(ego defense mechanisms)라는 기본 전략을 발달시킨다. 가장 기본적 방어기제는 억압으로 수용 불가능한 충동이 의식 수준에 도달하는 것 자체를 막는다. 그 이외에 다른 자아의 방어기제도 많이 있고 개인마다 선호하는 방어기제가 다를 수 있다(표 2-1 참조).

초자아 자아가 원초아에서 자라나듯이, **초자아**(superego)는 자아로부터 자라난다. 이 성격 에너지는 도덕적 원칙, 즉 무엇이 옳고 무엇이 그른지에 대한 인식에 따라 작동한다. 원초아의 많은 충동이 용납될 수 없음을 부모로부터 배우면서 우리는 무의식적으로 부모의 가치관을 받아들이게 된다. 부모의 기준으로 자신을 판단하여 부모의 가치를 받들면 기분이 좋고 부모의 가치를 거스를 때에는 죄의식을 느낀다. 다시 말해 우리에게 양심이 생기게 된다.

Freud에 의하면 성격의 세 부분인 원초아, 자아, 초자아는 자주 일정 정도의 갈등 상태에 있게 된다. 건강한 성격이란 이 세 에너지 간에 서로 받아들일 만한 타협이 이루어져 효과적으로 일할 수 있는 관계가 만들어지는 것이다. 만약 원초아, 자아, 초자아 사이의 갈등

▶**자아** Freud에 의하면 이성을 사용하며 현실의 원칙에 따라 작동하는 심리적 힘

▶**자아방어기제** 정신분석이론에 의하면 수용할 수 없는 원초아의 충동을 통제하고 그로 인한 불안을 감소시키기 위한 자아의 전략

▶**초자아** Freud에 의하면 한 사람의 가치와 이상을 대표하는 심리적 힘

표 2-1

변명은 끝이 없다 : 방어기제가 구원하러 오다

방어기제	작동방식	예
억압	고통스럽고 위험한 생각이 의식 수준으로 올라오는 것을 단순히 차단해서 불안을 회피한다.	어느 중역이 이성을 잃고 이사회에서 상사와 동료들을 공격하고 싶은 욕구를 의식 수준에 미치지 못하게 한다.
부정	외부 불안 요인의 존재 자체를 인정하지 않는다.	내일 학기말 시험 준비를 못했는데, 별로 중요한 시험이 아니니까 오늘밤 영화를 보러 가지 못할 이유가 없다고 스스로에게 말한다.
투사	용납될 수 없는 충동, 동기 혹은 욕구를 다른 사람들에게 돌린다.	파괴적 욕망을 억압한 중역이 자신의 분노를 상사에게 투사해서 그 사람이 적대적이라고 주장한다.
합리화	실제로 용납될 수 없는 동기를 반영하는 행동에 대해서 사회적으로 수용될 수 있는 이유를 만들어 낸다.	학생이 대학에 다니는 총체적 경험이 중요함을 언급하고 학점에 지나치게 비중을 두면 균형 잡힌 교육에 방해가 될 수 있다 주장함으로써 나쁜 학점에 대해 변명한다.
치환	위험한 대상에서 안전한 대치물로 적대감의 대상을 바꾼다.	완벽한 주차공간을 새치기한 사람에게 빼앗긴 후 억눌린 분노를 같이 사는 방친구와의 싸움으로 푼다.
주지화	문제에 대한 정서적 반응을 억압하고 지나치게 논리적인 반응을 보인다.	폭행과 강간을 당한 여성이 그런 공격이 피해자에게 미칠 수 있는 영향을 초연하고 조리 정연하게 설명한다.
퇴행	괴로운 갈등을 피해서 성숙하고 책임 있는 행동을 기대할 수 없는 초기 발달 단계로 되돌아간다.	자기를 거부하는 어머니에 대한 분노를 감당할 수 없는 아이가 대소변을 못 가리고 기본적 신변관리도 못 하는 듯 유아기적 행동으로 퇴행한다.

이 지나치게 심해지면 그 사람의 행동에서 기능장애의 조짐이 나타나게 된다.

Freud 학파는 필립 버만의 경우, 성격의 에너지 간에 작업 관계가 제대로 형성되지 못한 것으로 본다. 그의 자아와 초자아가 원초아의 충동을 통제하지 못하여, 자살기도, 질투로 인한 분노, 직장에서의 사직, 분노 폭발, 잦은 말다툼 등 충동적이고 위험한 방식으로 표출되는 일이 반복된다는 것이다.

발달 단계 Freud는 영아기부터 성인기에 이르기까지 발달 단계마다 새로운 도전이 나타나며 원초아, 자아, 초자아는 이에 적응해야 한다고 하였다. 만약 성공적으로 적응하면 개인적으로서 성장하게 되고, 적응이 성공적이지 못하면 그 사람은 초기 발달 단계에 **고착**(fixation)된다. 그 경우 그 이후의 모든 발달에 문제가 생기며 그 사람은 이후의 심리 기능에서 이상을 보일 가능성이 커진다. 생애 초기에는 부모가 핵심 인물이므로 부모가 부적절한 발달의 원인으로 자주 거론된다.

Freud는 각 시점에서 아동에게 가장 중요한 신체 부위가 무엇인지에 따라 발달 단계에 이름을 붙였다. 예를 들어 생애 첫 18개월을 구강기라고 불렀는데, 이 단계에서 아동은 자신을 먹여 주고 위안을 주는 어머니가 없어질까 봐 두려워한다. 어머니가 늘 자신의 구강 욕구를 충족시켜 주지 못했던 아동은 구강기에 고착되어 평생 극도의 의존과 불신이 특징인 '구강기 성격'을 보일 가능성이 크다. 그런 사람들은 우울증에 취약하다. 이 책의 뒷부분에 다시 나오겠지만 Freud는 항문기(18개월~3세), 남근기(3~5세), 잠재기(5~12세), 성기기(12세~성인기)에서의 고착과 또 다른 심리적 기능장애의 관련성을 제안하였다.

Freud 이론과 그 이외의 정신역동적 이론은 어떤 면에서 차이가 있는가

20세기 초에 Freud와 그의 동료들은 개인적 · 전문적 측면에서의 의견 차이로 인하여 비엔나 정신분석학회에서 갈라졌다. Carl Jung 등은 새로운 이론을 발달시켰다. 비록 이들 새 이론들은 중요한 측면에서 Freud의 생각과 차이가 있었지만, 인간의 기능이 역동적으로 상호작용하는 심리적 에너지에 의해 조절된다는 Freud의 신념은 고수하였다. 따라서 Freud의 이론을 포함하여 이 이론 모두를 **정신역동이론**이라고 부른다.

오늘날의 정신역동이론 중 가장 영향력이 큰 것은 자아이론, 자기이론, 대상관계이론이다. 자아이론에서는 자아의 역할을 강조하는데, Freud보다 자아가 더 독립적이고 힘이 있는 것으로 본다(Sharf, 2015). 이와는 대조적으로 **자기이론**에서는 통합된 성격체로서의 자기의 역할에 가장 큰 관심을 둔다. 자기이론가들은 인간의 기본적 동기는 자기의 온전함을 강화하는 것이라고 믿는다(Dunn, 2013; Kohut, 2001, 1977). 대상관계이론에서는 사람들은 타인과 관계를 맺으려는 욕구에 의해서 동기화되며 아동과 보호자의 관계에서 심각한 문제가 생기면 비정상적 발달의 원인이 될 수 있다고 제안한다(Yun et al., 2013; Kernberg, 2005, 1997).

▶**고착** Freud에 의하면 원초아, 자아, 초자아가 적절하게 성숙되지 않고 초기 발달단계에 고정된 상태

"루크, 내가 네 아버지다."
영화 '스타워즈'의 루크 스카이워커와 다스 베이더 간의 광선검 싸움은 영화 사상 가장 유명한 대립적 부자관계를 보여 준다. 스타워즈 영화에서의 루크와 그 아버지가 받은 것과 같은 특별한 압력이 없는 경우에도 Freud에 의하면 모든 아버지와 아들은 함께 풀어야 할 상당한 긴장 상태와 갈등을 경험한다.

Lucas Film/20th Century Fox/The Kobal Collection

▶자유연상 환자가 아무 생각이나 느낌, 심상을 중요하지 않은 것 같아도 떠오르는 대로 묘사하도록 하는 것

▶저항 심리치료에 온전하게 참여하기를 무의식적으로 거부하는 것

정신역동치료

정신역동치료는 Freud식의 정신분석에서부터 자기이론이나 대상관계이론에 토대를 둔 현대의 치료법들까지 다양하다. 이 모든 정신역동치료에서는 과거의 외상 경험과 그로부터 파생된 내적 상처를 밝혀서 내담자로 하여금 그 갈등을 해소하거나 해결하여 성격 발달이 다시 시작되도록 지원하려고 한다.

현대 정신역동치료자들 대부분은 내담자가 자신의 근원적인 문제를 스스로 발견하도록 치료자가 치료 장면에서의 대화를 조심스럽게 이끌어야 한다고 말한다. 치료 과정을 돕기 위해서 치료자는 자유연상, 치료자의 해석, 정화, 훈습과 같은 기법을 사용한다.

자유연상 정신역동 치료에서는 대화를 시작하고 이끌어 갈 책임이 환자에게 있다. 치료자는 환자로 하여금 머리에 떠오르는 생각이나 감정, 이미지들을 사소한 것처럼 보이는 것까지 모두 묘사하도록 한다. 이를 **자유연상**(free association)이라고 한다. 한 뉴욕 여성이 자유연상을 통하여 자기 내면의 위협적인 충동과 갈등을 발견하는 과정이 아래에 제시되어 있다.

> 환자 : 그래서 저는 계속 걸으면서 박물관 뒤로 가서 센트럴파크를 가로질러 가기로 했지요. 뒤쪽의 광장을 가로질러 걸어가면서 아주 신이 나고 기분이 좋아졌어요. 덤불 옆에 공원 벤치가 보여서 앉았지요. 그런데 뒤쪽에서 부스럭거리는 소리가 나서 겁이 덜컥 났어요. 남자들이 덤불 속에 숨어 있을지도 모른다는 생각이 들었지요. 센트럴파크에 변태들이 있다는 이야기를 읽은 기억이 났고, 혹시 내 뒤에 어떤 남자가 성기를 드러내고 있을지도 모르겠다는 생각이 났지요. 그 생각이 역겨웠지만 한편으로는 흥분되기도 했어요. 지금 아버지를 생각하면 흥분이 돼요. 발기한 성기가 생각나요. 그게 우리 아버지와 연관이 있어요. 그 생각에는 무엇인지 내 마음으로 밀고 들어오는 것이 있어요. 내 기억의 언저리에 있는 것 같고 그게 무엇인지 잘 모르겠어요. (침묵)
>
> 치료자 : 아, 예. (침묵) 기억의 언저리라구요?
>
> 환자 : (환자의 호흡이 빨라지고 많이 긴장되는 듯하다.) 어렸을 때 아빠와 같이 잤거든요. 묘한 느낌이었지요. 온몸의 피부가 찌르르 하는 것 같은 묘한 느낌이지요. 눈이 머는 것 같은, 아무것도 안 보이는 것 같은 이상한 느낌이지요. 눈길이 가는 곳마다 내 마음이 또렷하지 않게 되고 그냥 펼쳐지는 것 같다고 할까요. 공원을 산책한 이후 그런 느낌이 가끔 들고는 했어요. 내 마음이 완전히 멍해져서 아무것도 생각할 수도, 이해할 수도 없는 것 같아요.
>
> (Wolberg, 2005, 1967, p. 662)

치료자의 해석 정신역동치료자들은 환자가 이야기하는 것을 잘 들으면서 단서를 찾고 잠정적 결론을 내리며 환자가 준비되었다고 생각되면 해석을 해 준다. 저항, 전이, 꿈의 해석이 특히 중요하다.

환자들이 갑자기 자유연상을 할 수 없다거나 고통스러운 이야기를 피하려고 화제를 바꾸면 **저항**(resistance), 즉 무의식적으로 치료에 본격적으로 참여하기를 거부하고 있는 것이다. 환자가 자신의 삶에서 중요한 사람들, 특히 부모, 형제, 배우자에게 과거에 했거나 혹

은 현재 하고 있는 대로 치료자에게 행동하거나 감정을 느낀다면 그는 **전이**(transference)를 보이고 있는 것이다. 센트럴파크에서 산책한 여성으로 돌아가 보자. 환자가 이야기를 계속하면서 치료자는 환자의 전이 탐색을 돕는다.

환자 : 치료시간에 일어나는 일들 때문에 정말 흥분이 되어요. 착하게 굴어야 한다는 것 때문에 스스로 앞으로 나가지 못하고 있는 느낌이거든요. 가끔 확 벗어나고 싶은데, 용기가 없어요.

치료자 : 내가 어떻게 반응할까 두려워서인가요?

환자 : 최악의 상황은 선생님이 저를 좋아하지 않게 되는 것이겠지요. 선생님이 제게 상냥하게 말을 걸어 주지 않고 웃지도 않으실 것 같아요. 제 치료를 맡아 주실 마음도 없어지고, 치료를 끝내버리시겠지요. 하지만 그렇지 않다는 것은 저도 알고 있어요. 알지요.

치료자 : 이런 태도가 어디에서 왔다고 생각해요?

환자 : 제가 아홉 살 때, 위인들 이야기를 많이 읽었어요. 인용도 하고 연극 흉내를 내기도 했지요. 옆구리에 칼을 차고 싶었고, 인디언 차림도 했어요. 엄마는 야단을 쳤지요. 얼굴을 찌푸리지 마라, 너무 말이 많다, 가만히 보고 있어라 등 귀에 못이 박힐 정도였지요. 저는 별짓을 다 했어요. 장난꾸러기였지요. 엄마는 제가 다칠 거라고 했지요. 그런데 열네 살 때 말에서 떨어져 척추골절로 침대에 누워 있어야만 했어요. 제가 말을 타러 가던 날, 엄마는 땅이 얼어서 다칠 수 있다고 가지 말라고 했거든요. 저는 제멋대로이고 고집쟁이였어요. 그래서 엄마 말을 안 듣고 제 인생을 바꾸어 놓은 사고를 당했고 척추가 부러졌어요. 엄마는 "내가 그럴 거라고 했었지!"라는 태도였지요. 저는 깁스를 하고 몇 달 동안이나 침대에 누워 있어야 했어요.

(Wolberg, 2005, 1967, p. 662)

끝으로 많은 정신역동치료자는 환자가 자기 **꿈**(dream)을 해석하도록 도우려고 한다 (Russo, 2014)(표 2-2 참조). Freud(1924)는 꿈이 '무의식으로 가는 왕도'라고 하였다. 그는 잠자는 동안에는 억압을 비롯한 방어기제들이 완벽하게 작동하지 않으므로 꿈을 제대로 해석하기만 하면 무의식의 본능, 욕구, 소망을 알아낼 수 있다고 믿었다. Freud는 꿈을 **표출된 내용**과 잠재된 내용의 두 가지로 나누었다. 표출된 내용은 의식 수준에서 기억하고 있는 꿈이고, 잠재된 내용은 기억한 꿈의 상징적인 의미이다. 꿈을 해석하려면 치료자는 그 표출된 내용을 잠재된 내용으로 바꾸어야 한다.

> 사람들이 대부분 자기 꿈을 해석해서 의미를 알아보려고 하는 이유가 무엇이라고 생각하는가?

정화 통찰은 인지적 과정이면서 동시에 정서적 과정이어야 한다. 정신역동치료자는 환자가 내적 갈등을 해결하고 문제를 극복하려면 **정화**(catharsis), 즉 과거의 억압된 감정을 재경험해야 한다고 믿는다.

훈습 해석과 정화를 한 번 경험한다고 사람이 기능하는 방식이 변화되지는 않는다. 환자와 치료자는 동일한 문제들을 여러 치료 회기에 걸쳐 반복해서 다루어서 점차 더 명료해지도록 해야 한다. **훈습**(working through)이라고 하는 이 과정은 보통 오랜 기간, 때로는 수년

▸**전이** 정신역동이론가에 의하면 환자가 현재 혹은 과거 자신의 삶에서 중요한 사람들에 대한 감정을 심리치료자에게 돌리는 것

▸**꿈** 수면 중에 형성되는 일련의 생각이나 심상

▸**정화** 내적 갈등을 정리하고 문제를 극복하기 위하여 과거의 억압되었던 감정을 재경험하는 것

▸**훈습** 갈등을 직면하고 감정을 재해석하여 문제를 극복한 정신분석 과정

표 2-2

흔한 꿈을 꾼 적이 있는 연구 참여자의 비율		
	남성	여성
누구에게 쫓기지만 다치지는 않는 꿈	78%	83%
성 경험	85%	73%
높은 데서 떨어지는 꿈	73%	74%
학교, 교사, 공부하는 꿈	57%	71%
지각하는(예 : 기차시간에 늦는) 꿈	55%	62%
어떤 일을 반복적으로 하려고 하는 꿈	55%	53%
공중을 날거나 솟아오르는 꿈	58%	44%
시험에 실패하는 꿈	37%	48%
신체적으로 공격당하는 꿈	40%	44%
공포에 질려서 꼼짝 못 하는 꿈	32%	44%

출처 : Robert & Zadra, 2014; Copley, 2008; Kantrowitz & Springen, 2004.

이 소요된다.

정신역동치료의 현재 동향 지난 40년간 정신역동적 심리치료자들의 치료 방식에 상당한 변화가 있었다. 집중적 단기 치료에 대한 수요가 많아지면서 정신역동적 심리치료의 효율성을 제고하려는 노력이 이어졌다. 이러한 정신역동적 접근의 새로운 경향을 보여 주는 것이 단기 정신역동치료와 관계적 정신분석치료이다.

단기 정신역동치료 정신역동치료의 단축된 형태에서는, 다른 사람과 잘 지내지 못하는 문제 등 치료에서 다룰 문제 한 가지—역동적 초점—를 환자들이 선택하도록 한다(Frederickson, 2013). 치료자와 환자는 치료 기간 내내 그 문제에 초점을 두고(예 : 해결되지 못한 구강기 욕구 등) 연관된 역동적 이슈만 다룬다. 이러한 단기 정신역동치료의 효과를 검증한 연구는 아직 극히 소수에 지나지 않지만, 이러한 접근이 크게 도움이 되는 경우들이 있다고 보고되어 있다(Knekt et al., 2015; Wolitzky, 2011).

관계적 정신분석치료 Freud는 정신역동치료자는 치료 회기에서는 중립적이고 거리를 두는 전문가의 역할을 해야 한다고 믿었다. 그러나 관계적 정신분석치료라는 현대 정신역동치료 학파에서는 치료자가 환자의 삶의 핵심적인 인물이므로 치료자의 반응과 믿음이 치료 과정의 한 부분이 되어야 한다고 주장한다(Ringstrom, 2014; Luborsky et al., 2011). 따라서 치료자도 자기 자신에 대한 사항, 특히 환자에 대한 자신의 반응을 밝혀 주어야 하며 환자와 보다 평등한 관계를 정립하도록 노력해야 한다는 것이 관계적 치료의 핵심 원리이다.

정신역동모델의 평가

Freud와 그를 따르는 학자들은 이상심리 기능을 이해하는 방식을 변화시키는 데 기여하였다. 그들의 업적에 크게 힘입어서 오늘날 생물학적 과정 밖에서 해답을 찾고자 하는 다양한 이론들이 나왔다. 또한 정신역동이론가들 덕분에 우리는 이상심리 기능이 정상심리 기능과 동일한 과정에 뿌리를 두고 있다는 것을 이해하게 되었다. 심리적 갈등은 보편적인 경험으로, 정도가 지나칠 경우에만 이상심리 기능으로 이어지게 된다.

Freud와 수많은 그의 추종자들은 치료에도 기념비적인 영향을 미쳤다. Freud의 정신분석 학파는 최초로 치료에 이론을 체계적으로 적용시켰다. 또한 이들은 최초로 생물학적 치료가 아닌 심리적 치료의 잠재 가능성을 보여 주었고, 이들의 생각은 수많은 다른 심리치료의 출발점이 되었다.

이와 동시에 정신역동모델은 단점도 있다. 정신역동모델의 그 개념들은 연구하기가 어렵다(Prochaska & Norcross, 2013; Levy et al., 2012). 원초아의 추동, 자아방어기제, 고착과 같은 과정은 추상적일 뿐 아니라 무의식의 수준에서 작동하는 것으로 되어 있기 때문에 과연 실제로 존재하는지조차 확인하기 어렵다. 따라서 그동안 정신역동적 설명이나 치료를 지지하는 연구가 별로 없었고 정신역동이론이 주로 개인 사례연구를 통한 증거에 의존하고 있다. 그래도 오래된 복합적 장애를 가진 많은 환자들에게는 장기 정신역동치료가 도

> Freud의 이론은 서구 사회의 문학, 영화와 TV, 철학, 자녀 양육과 교육에 어떠한 영향을 끼쳤을까?

숨은 뜻 읽어내기

명언

"다행스럽게도 정신분석이 내적 갈등을 해결하는 유일한 방법은 아니라 삶 그 자체가 매우 효과적인 치료자이다."

카렌 호나이, *Our Inner Conflicts*, 1945

움이 될 수 있음을 시사하는 근래의 연구 결과가 있다(Lorentzen et al., 2015; Kunst, 2014). 그리고 오늘날 임상심리학자의 18%가 자신이 정신역동치료자라고 밝히고 있다(Prochaska & Norcross, 2013, 2010).

▶ **요약**

정신역동모델 정신역동이론가들은 개인의 행동은 정상이든, 이상이든 저변의 심리적 에너지의 상호작용에 의한 결과라고 믿는다. 그들은 심리적 갈등은 초기의 부모–자녀 관계와 외상적 경험에 뿌리를 두고 있다고 본다. 그 모델은 원초아, 자아, 초자아의 세 가지 역동적 에너지가 상호작용하여 사고, 감정, 행동이 생겼다고 보는 Freud 이론이 출발점이 되었다. 그 외 정신역동이론으로는 자아이론, 자기이론, 대상관계이론이 있다. 정신역동치료자는 사람들이 과거의 외상이나 그로부터 비롯된 내적 갈등을 알아내도록 돕는다. 그들은 자유연상, 저항, 전이와 꿈의 해석 등의 기법을 사용한다. 오늘날의 선도적인 정신역동적 접근 두 가지를 꼽는다면 단기 정신역동치료와 관계적 정신분석치료이다.

행동모델

정신역동이론가들과 마찬가지로 행동이론가들도 우리의 행위는 주로 생활에서의 경험에 의해서 결정된다고 믿는다. 그러나 **행동모델**은 환경에 대한 유기체의 반응, 즉 **행동**에 집중한다. 행동은 외적(예 : 출근)일 수도 있고, 내적(예 : 느낌이나 생각)일 수 있다. 행동이론가들은 **학습**의 원리, 즉 환경에 대한 반응으로 행동이 변화하는 과정의 원리를 기반으로 행동을 설명하고 치료하려고 한다.

학습에 의해서 습득된 수많은 행동은 우리가 일상에서의 어려운 과제에 대처하고 행복하고 생산적인 삶을 이끌 수 있도록 돕는다. 그러나 이상행동 또한 학습될 수 있다. 행동주의자들은 필립 버만의 문제는 적절한 훈련을 받지 못했기 때문이라고 설명한다. 다른 사람들의 기분을 상하게 하고 자신에게 항상 불리하게 작용하였던 행동을 학습한 것이다.

정신역동모델이 의사들의 임상 업무에서 시작되었다면, 행동모델은 단순한 형태의 학습인 **조건형성**(conditioning) 실험이 시행되는 심리학자들의 실험실에서 시작되었다. 행동모델의 연구자들은 **자극과 보상**을 조작한 후 그 조작이 피험자의 반응에 미치는 영향을 관

Photos 12/Alamy

문화적 현상

정신분석의 역사와 실제 시행은 예술계에서 아주 빈번하게 다루어진 주제였다. 그 예로 비평가들의 절찬을 받은 2011년 영화, '데인저러스 메소드'에서는 Sigmund Freud와 그의 가장 가까운 동료이자 친구였던 Carl Jung의 관계가 깨지게 된 복잡한 개인적인 이유와 전문 직업인으로서의 이유를 묘사하고 있다.

▶**조건형성** 학습의 단순한 형태

© Corey Perrine/ZUMA Press/Corbis

흥행과 이익을 위한 조건형성

조건형성 원리를 이용해서 동물에게 다양한 재주를 가르칠 수 있다. 이 사진 속 아시아코끼리 수지는 조지아 주 애틀랜타 서커스에서 '살아있는 동상'이라는 재주를 부리고 관중들에게 인사하고 있다. 근래 동물복지집단에서 서커스의 코끼리의 조련 절차에 대하여 항의하자 주요한 서커스단에서는 아시아코끼리들을 모두 쇼에서 제외하였다.

▶조작적 조건형성 만족스러운 결과를 가져온 행동이 반복될 가능성이 큰 학습 과정

▶모델링 관찰과 모방을 통하여 반응을 배우는 학습 과정

▶고전적 조건형성 반복적으로 두 사건이 시간적으로 가깝게 일어나 사람의 마음속에 융합되어서 동일한 반응을 일으키게 되는 학습 과정

그림 2-3
Pavlov의 실험
Ivan Pavlov의 실험장치에서는 개의 침이 분비되면서 튜브에 모아지고, 그 양은 회전실린더 위에 기록된다. 실험자는 개를 일방경 창문을 통해서 관찰한다.

찰하였다.

1950년대에는 정신역동모델의 모호성과 느린 속도에 좌절감을 느끼는 임상가들이 많았다. 그중 일부는 학습의 원리를 심리적 문제의 연구와 치료에 적용하기 시작하였고, 그들의 노력에 힘입어 이상심리의 행동모델이 등장하게 되었다.

행동주의자는 이상 기능을 어떻게 설명하는가

학습이론가들에 의하면 조건형성에는 다양한 형태가 있는데, 각 형태의 조건형성이 모두 이상행동과 정상행동을 설명하는 데 적용될 수 있다. 예를 들어 **조작적 조건형성**(operant conditioning)에서는 사람과 동물이 매번 특정한 방식으로 행동할 때마다 만족스러운 결과, 즉 보상(행동의 결과 유형)이 주어지면 그 행동방식을 학습하게 된다. **모델링**(modeling)에서는 단순히 다른 사람들을 관찰하고 그들의 행동을 따라함으로써 그 반응을 학습한다.

학습의 세 번째 유형인 **고전적 조건형성**(classical conditioning)에서는 시간적 연합에 의해 학습이 일어난다. 2개의 사건이 시간적으로 가깝게 일어나면 그 사건들은 마음속에서 융합되어 두 사건에 동일하게 반응하게 된다. 하나의 사건이 기쁨 반응을 일으킨다면 나머지 하나도 기쁨 반응을 일으키게 된다. 하나의 사건이 안도 반응을 일으킨다면 다른 하나도 동일한 반응을 일으킨다. 이 조건형성 유형을 잘 살펴보면 행동모델이 이상 기능을 어떻게 설명할 수 있는지 알 수 있다.

유명한 러시아 생리학자인 Ivan Pavlov(1849~1936)는 동물 연구에서 고전적 조건형성을 처음 보여 주었다. 그는 개 앞에 고깃가루 그릇을 놓아 고기 앞에서 모든 개가 하는 자연적 반응, 즉 침을 흘리게 만들었다(그림 2-3 참조). 그다음 Pavlov는 한 단계를 추가하여 개 앞에 고깃가루를 제시하기 바로 전에 종을 울렸다. Pavlov는 종소리와 고깃가루 제시를 몇 번 짝지어 제시하자, 개가 종소리를 듣자마자 침을 흘리기 시작한다는 것을 발견하였다. 개는 소리에 대한 반응으로 침을 흘리는 것을 학습한 것이다.

고전적 조건형성의 용어로는 이 실험에서 고기는 무조건 자극(US)이다. 고기는 개가 선천적으로 타고난 자연적 반응인 침을 흘리는 행동, 즉 무조건 반응(UR)을 일으키게 한다. 종소리는 원래 중립적 자극으로 개의 마음속에 고기와 연관된 조건 자극(CS)이 됨으로써 침을 흘리는 반응을 일으키게 된 것이다. 무조건 자극이 아니라 조건 자극이 침 흘리는 반응을 일으키면, 이를 조건 반응(CR)이라고 한다.

조건형성 이전	조건형성 이후
조건 자극(CS) : 소리 → 무반응	조건 자극(CS) : 소리 → 조건 반응(CR) : 침 흘림
무조건 자극(US) : 고기 → 무조건 반응(UR) : 침 흘림	무조건 자극(US) : 고기 → 무조건 반응(UR) : 침 흘림

우리에게 친숙한 수많은 행동이 고전적 조건형성으로 설명될 수 있다. 예를 들어 젊은 남성이 여자친구의 향수 냄새를 맡을 때 경험하는 로맨틱한 느낌은 조건 반응이라고 할 수 있다. 처음에는 향수가 그 남성에게 별로 정서적 효과를 일으키지 않았겠지만, 여러 번의

A. Bandura, Stanford University

로맨틱한 만남에 그 향기가 함께 있었으므로 이제는 로맨틱한 반응을 일으키게 되었다.

이상행동도 고전적 조건형성을 통해 습득될 수 있다. 옆집의 큰 셰퍼드 개로 인해서 여러 번 겁에 질렸던 경험이 있는 어린 소년을 생각해 보자. 그 아이가 옆집 앞마당을 지날 때마다 그 개가 시끄럽게 짖었고 줄로 현관에 매어 놓지만 않았다면 돌진해 올 태세였다. 이 유감스러운 상황에서 그 아이가 개를 무서워하게 되었다고 해도 부모가 놀라지는 않을 것이다. 그러나 부모가 당황한 것은 그 아이가 모래에 대해서도 강한 공포를 보인다는 것이었다. 부모는 아이를 데리고 해변에 갈 때마다 울고 모래가 피부에 닿기만 해도 무서워서 비명을 지르는 이유를 이해할 수 없었다.

도대체 모래에 대한 공포는 어디에서 온 것일까? 고전적 조건형성이다. 개가 노는 이웃집 앞마당에는 큰 모래상자가 있었다. 매번 개가 짖으면서 아이에게 덤벼들 때마다 모래상자도 그 장소에 있었다. 모래상자와 개를 동시에 경험하는 일이 반복되면서 아이는 개를 무서워하는 것처럼 모래를 무서워하게 된 것이다.

행동치료

행동치료에서는 문제의 원인이 되는 행동을 밝혀서 고전적 조건형성, 조작적 조건형성, 모델링의 원리를 적용하여 좀 더 적절한 행동으로 변화시키고자 한다(Antony, 2014). 내담자에 대한 치료자의 태도는 치유자라기보다는 교육자에 가깝다.

예를 들어 고전적 조건형성 치료는 특정 자극에 대한 이상 반응을 바꾸는 데 사용될 수 있다. 그러한 방법 중 하나인 **체계적 둔감화**(systematic desensitization)는 특정 대상에 대하여 불합리한 두려움을 보이는 공포증 사례에 흔히 적용되는 방법이다. 이러한 단계적 절차를 통하여 내담자들은 두려워하던 대상이나 상황에 대하여 극심한 공포 반응 대신 차분하게 반응하는 것을 배운다(Tellez et al., 2015; Wolpe, 1997, 1995, 1990). 첫째, 내담자들은 여러 회기에 걸쳐서 긴장완화기술을 배운다. 둘째, 두려워하는 물체나 상황을 낮은 두려움 수준부터 가장 높은 두려움 수준까지 순차적으로 배열한 공포위계를 만들도록 한다. 개를 두려워하는 남자의 공포위계가 다음에 제시되어 있다.

1. 책에서 '개'라는 단어를 읽는다.
2. 이웃집 개가 짖는 소리를 듣는다.
3. 작은 개의 사진을 본다.

▶체계적 둔감화 공포증 환자가 두려워하던 물건이나 상황에 대해서 강한 두려움이 아니라, 차분하게 반응하는 것을 학습하는 행동치료

4. 큰 개의 사진을 본다.

5. 개가 주로 등장하는 영화를 본다.

6. 조용히 있는 작은 개와 같은 방에 있는다.

7. 작고 귀여운 개를 쓰다듬어 준다.

8. 큰 개와 같은 방에 있는다.

9. 뛰어다니는 큰 개를 쓰다듬어 준다.

10. 개와 딩굴면서 논다.

체계적 둔감화 치료자는 그다음 단계로 내담자로 하여금 긴장을 푼 상태에서 위계에 있는 항목을 하나씩 상상하거나 실제로 부딪쳐 보도록 한다. 내담자들은 한 단계씩 두려워하는 것과 긴장 완화 상태를 연합시키면서 가장 두려워하는 대상을 두려움 없이 직면할 수 있을 때까지 공포위계를 올라간다. 제4장에서 보겠지만 공포증의 치료에는 체계적 둔감화와 그 밖의 고전적 조건형성기법이 효과적임이 연구 결과를 통해서 밝혀졌다(Antony, 2014).

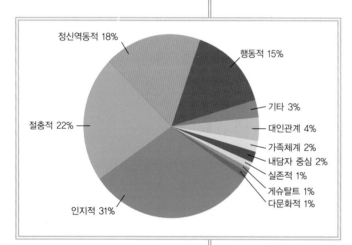

그림 2-4
오늘날 임상심리학자들의 이론적 오리엔테이션
한 설문조사에 의하면 임상심리학자들의 22%가 자신의 오리엔테이션이 '절충적'이라고 하였고, 31%는 인지적, 18%는 정신역동적이라고 하였다(출처 : Prochaska & Norcross, 2013).

행동모델의 평가

행동모델은 임상 현장에서 막강한 영향력을 갖게 되었다. 다양한 행동이론이 나왔고, 수많은 행동치료기법이 개발되었다. 그림 2-4를 보면 오늘날 임상심리학자의 대략 15%가 주로 행동적 접근을 취한다고 보고하고 있다(Prochaska & Norcross, 2013).

아마도 행동모델의 가장 큰 매력을 꼽는다면 정신역동이론들과 달리 행동모델은 실험실에서 검증할 수 있다는 점이다. 행동주의자의 기본 개념—자극, 반응, 보상—은 관찰과 측정이 가능하다. 실제로 실험에 참여한 피험자들에게 학습의 원리를 이용해서 임상 증상을 유발할 수 있었다는 것은, 심리장애가 그러한 과정을 통해 형성될 수 있음을 시사하고 있다. 또한 행동치료가 특정공포증, 강박행동, 사회기술 부족, 지적장애 등의 치료에 도움이 된다는 것이 연구를 통하여 밝혀져 있다(Antony, 2014).

동시에 연구를 통하여 행동모델의 약점도 밝혀졌다. 행동적 접근의 연구자들이 분명히 피험자들에게 특정 증상을 유발시킬 수 있었던 것은 사실이다. 그러나 과연 이 증상들은 보통 이런 방식으로 습득되는 것일까? 아직까지는 심리장애를 겪는 사람들 대부분이 잘못된 조건형성에 의해서 문제가 생겼다는 명백한 증거는 없다. 마찬가지로 행동치료 또한 제한점이 있다. 치료실에서의 증상 호전이 반드시 실제 생활로 이어지지는 않는다. 치료실에서는 증상이 호전되었더라도 치료를 계속하지 않으면 그 효과가 지속되지 않을 가능성이 있다.

마지막으로 행동적 관점은 지나치게 단순해서 그 개념들이 행동의 복합성을 제대로 설명하지 못한다는 지적도 있다. 유명한 행동주의자인 Albert Bandura는 1977년에 사람이 행복하고 효율적으로 기능하려면 긍정적 자기 효능감이 있어야 한다고 주장하였다. 즉 필요하다면 언제든지 필요한 행동을 수행할 수 있는 능력이 자신에게 있다는 것을 알아야 한다는 것이다. 1960~1970년대에 활동하던 다른 행동주의자들도 사람은 예상하거나 해석하는 등 인지적 행동을 한다는 것을 깨달았다. 이러한 인식은 그 이전의 행동이론과 행동치료에서는 대체로 간과되어 왔었다. 이들에 의해서 겉으로 드러나지 않는 인지적 행동에 좀더 많은 비중을 두는 **인지행동적 설명**과 내담자들의 비생산적 행동과 역기능적 사고의 두 가지를 모두 변화시키도록 지원하는 **인지행동치료**가 개발되었다(Redding, 2014; Meichenbaum, 1993; Goldiamond, 1965). 인지행동이론가들과 인지행동치료자들은 다음에 살펴볼 인지모델과 행동모델을 연결하는 다리가 되었다.

▶ 요약

행동모델 행동주의자들은 행동에 초점을 두고 행동은 학습의 원리에 따라 발달된다고 제안하였다. 그들은 고전적 조건형성, 조작적 조건형성, 모델링의 세 가지 조건형성이 정상행동과 부적응적 행동을 모두 설명한다고 주장한다. 행동치료는 내담자의 문제행동을 밝히고 학습의 원리에 기반을 둔 기법을 사용하여 이를 더 적절한 행동으로 바꾸는 것을 목표로 한다. 한 예로 고전적 조건형성 접근의 체계적 둔감화는 공포증 치료에 효과적이다.

인지모델

우리 모두와 마찬가지로 필립 버만은 사고하고 기억하고 예측할 수 있는 특별한 지적 능력, 즉 인지 능력을 가지고 있다. 이러한 능력은 그가 삶에서 많은 것을 성취하는 데 도움이 될 수 있다. 그러나 이러한 인지 능력이 도리어 그에게 해가 될 가능성도 있다. 필립은 자신의 경험을 잘못 해석함으로써 서투른 결정을 내리고, 부적응적 반응과 고통스러운 정서를 겪게 되었을 수 있다.

1960년대 초반 Albert Ellis(1962)와 Aaron Beck(1967)은 행동과 사고, 정서의 핵심에 인지 과정이 있고 인지를 살펴봄으로써 이상 기능을 가장 잘 이해할 수 있다는 견해, 즉 인지모델을 제안하였다. Ellis와 Beck에 의하면 임상가는 내담자의 지각에 영향을 미치는 가정과 태도, 그 사람의 마음속을 스쳐 가는 생각, 그리고 그들이 이끌어 내는 결론에 대해서 알아봐야 한다는 것이다. 이들의 생각은 다른 이론가들과 치료자들에게 받아들여져서 더욱 발전하게 되었다.

인지이론은 이상 기능을 어떻게 설명하는가

인지이론가들에 의하면 여러 가지 유형의 인지적 문제가 이상 기능의 원인이 될 수 있다. 어떤 사람들은 근거도 없이 마음을 불안하게 만드는 **가정과 태도**를 지니고 있을 수 있다 (Beck & Weishaar, 2014; Ellis, 2014). 예를 들어 필립 버만은 자신의 과거 때문에 현재 상황에서 벗어날 수 없다고 가정하는 듯하다. 그는 부모에게 괴롭힘을 당한 과거 때문에 영원히 이런 운명을 벗어날 수 없다고 믿는다. 새로운 경험과 관계에 대해서도 그는 늘 어차피 실패와 끔찍한 결과로 끝나리라는 기대를 가지고 접근한다.

인지이론가들에 의하면 **비논리적 사고 과정**은 이상 기능의 또 다른 원인이다. 예를 들어 Beck에 의하면 어떤 사람들은 일관적으로 비논리적 사고를 함으로써 계속 자기 패배적 결론에 도달한다(Beck & Weishaar, 2014). 제6장에서 보겠지만 Beck은 우울증에서 일관적으로 발견되는 여러 가지 비논리적 사고 과정들을 밝혀냈다. 사소한 사건 하나를 근거로 광범위한 부정적 결론을 끌어내는 **과잉일반화**는 그 예이다. 한 우울한 학생은 역사과목 수업

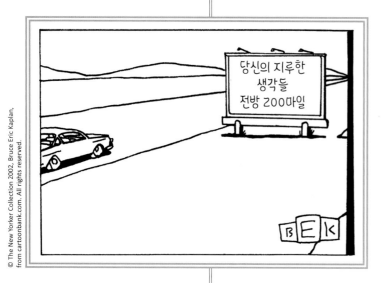

시간에 콜럼버스의 세 번째 아메리카주행 항해의 날짜를 기억해 낼 수 없었다. 그녀는 그 일을 지나치게 일반화하여 그날 하루 종일 자신의 총체적 무식함에 대한 절망 속에서 보냈다.

인지치료

인지이론가들에 의하면 심리장애가 있는 사람은 보다 더 기능적인 새로운 사고방식을 개발하여 자신의 문제를 극복할 수 있다. 이상심리의 형태에 따라 인지적 기능장애의 유형도 달라지므로 여러 가지 인지치료 전략이 개발되었다. 예를 들어 Beck은 특히 우울증에 널리 쓰이는 치료 접근을 개발하였다(Beck & Weishaar, 2014).

Beck의 **인지치료**(cognitive therapy)에서는 내담자가 자신의 생각을 지배하고 우울하게 만드는 부정적 생각, 왜곡된 해석, 논리의 오류를 인식하도록 치료자가 돕는다. 또한 치료자는 내담자가 자신의 역기능적 사고에 도전하고 새로운 해석을 시도하며 궁극적으로 새로운 사고방식을 일상생활에서 적용해 보도록 이끈다. 제6장에서 보겠지만, Beck의 접근으로 우울증 치료를 받은 사람들은 치료를 받지 않은 사람들보다 증상이 훨씬 더 많이 호전된다.

> 우울해하는 친구를 논리적으로 설득하려는 당신의 노력과 우울한 사람들을 치료하려는 Beck의 인지치료 전략은 어떻게 다를까?

다음 사례에서는 인지치료자가 26세의 우울한 대학원 학생으로 하여금 자신이 경험을 해석하는 방식이 자신의 정서 경험과 관련성이 있음을 깨닫고 자기 해석의 정확성에 의문을 갖기 시작하도록 이끌고 있다.

치료자 : 그 일을 어떻게 이해하고 있지요?
환자 : 저는 일이 잘못되면 우울해져요. 시험에 실패할 때처럼.
치료자 : 왜 시험에 실패하면 우울해지지요?
환자 : 시험에 실패하면 법학전문대학원에 갈 수가 없으니까요.
치료자 : 그럼, 시험에 실패하면 큰일이겠군요. 하지만 시험에 실패한다고 우울증에 걸린다면 시험에 떨어진 사람들은 모두 우울증에 걸리겠네요? … 시험에 실패한 사람들은 모두 치료받을 정도로 우울해지나요?
환자 : 아니요. 시험이 그 사람에게 얼마나 중요한지에 달려 있겠지요.
치료자 : 그렇죠. 그런데 시험이 얼마나 중요한지는 누가 정하지요?
환자 : 제가 정하지요.
치료자 : 그러니까 당신이 시험에 대해서 어떤 견해를 가지고 있는지(혹은 어떻게 생각하는지), 그리고 시험이 법학전문대학원 입학 가능성에 어떤 영향을 미칠지 살펴봐야겠군요.
환자 : 그렇지요.
치료자 : 실패한다는 것이 어떤 의미이죠?
환자 : (눈물을 글썽이면서) 제가 법학전문대학원을 못 간다는 말이지요.
치료자 : 법학전문대학원에 못 간다는 것은 당신에게 어떤 의미지요?

▶**인지치료** Aaron Beck이 개발한 치료 방안으로, 사람들이 자신의 잘못된 사고 과정을 인지하고 이를 변화하도록 이끄는 치료

환자 : 제가 똑똑하지 못하다는 것이지요.

치료자 : 그 밖에는?

환자 : 제가 절대로 행복해질 수 없다는 것.

치료자 : 그런 생각을 하면 어떤 기분이 듭니까?

환자 : 아주 불행하지요.

치료자 : 그러니까, 시험 실패의 의미가 당신을 아주 불행하게 하는 것이군요. 정말 다시는 행복해질 수 없다고 믿는다면 불행하게 느끼는 것은 당연하겠지요. 그러니까 스스로 자기 자신을 덫에 빠뜨린 셈이 되네요. 법학전문대학원에 못 들어가는 것이 바로 '나는 절대로 행복해질 수 없다'는 의미가 되는 것이니까.

(Beck et al., 1979, pp. 145-146)

인지모델의 평가

인지모델은 매우 광범위한 층의 흥미를 끌었다. 임상실무에서 인지와 학습의 원리를 모두 적용하는 인지행동적 접근의 임상가도 많았고, 내담자의 해석, 태도, 가정 등 인지 과정에만 초점을 두는 인지적 접근의 임상가도 많아졌다. 오늘날 임상심리학자의 31%는 자신이 인지적 접근을 취한다고 밝히고 있다(Prochaska & Norcross, 2013).

인지모델이 인기를 누리는 데에는 여러 가지 이유가 있다. 첫째, 인지모델은 인간 고유의 사고 과정에 초점을 맞추고 있다. 다양한 배경의 여러 이론가들이 정상과 이상행동의 주요 원인을 사고에서 찾고자 하는 인지모델에 끌렸다.

또한 인지이론은 연구하기에 적합하다. 인지이론에서 주장하는 바와 같은 가정을 하고 사고 오류를 범하는 일이 심리장애집단에서 자주 관찰된다는 것이 연구에서 밝혀졌다(Ingram et al., 2007). 인지모델이 인기를 누리는 또 하나의 이유는 인지치료와 인지행동치료가 개인치료, 집단치료, 사이버심리치료에서 뛰어난 성과를 보이기 때문이다(심리전망대 참조). 예컨대, 인지치료와 인지행동치료는 우울증, 공황장애, 사회공포증, 성기능장애의 치료에 매우 효과적이다(Barlow, 2014; Zu et al., 2014).

그러나 인지모델 역시 단점이 있다. 첫째, 인지 과정의 왜곡이 여러 형태의 이상행동에서 발견되었지만, 그 정확한 역할은 아직 밝혀져 있지 않다. 심리적 문제가 있는 사람들이 보이는 인지적 왜곡은 문제의 원인이 아니라 결과일 가능성이 있다. 둘째, 인지치료와 인지행동치료가 도움이 되는 사람들이 많은 것은 분명하지만, 누구에게나 다 도움이 되는 것은 아니다. 단순히 인지를 바꾸는 것으로 충분한가? 인지를 변화시켜서 사람들의 감정과 행동에서 전반적이고 지속적인 변화를 이끌어 낼 수 있는가? 더구나 Beck을 비롯한 인지치료자들이 말하는 바와 같은 인지적 변화를 이루는 것이 항상 가능하지는 않음을 보여 주는 연구 결과가 차츰 많아지고 있다(Sharf, 2015).

이와 같은 인지치료의 제한점에 대응하여 근래 인지

"엄마 마음의 평정을 깨뜨리면 어떻게 된다고 했지?"

심리전망대

사이버심리치료 : 도움을 찾아서 웹을 돌아다니다

제 1장에 나와 있듯이 지난 수십 년간 컴퓨터 기반 심리치료 혹은 '사이버심리치료'는 전통적 면대면 심리치료를 보완하거나 일부 대치하게 되었다(Ringwood, 2013). 임상 분야에서는 심리치료 프로그램을 '컴퓨터 프로그램화'한 형태로 디지털 세계에 첫발을 들여놓았다(Harklute, 2010; Tantam, 2006). 지속적 인기를 누리고 있는 이 프로그램들은 인간 '내담자'와 컴퓨터 치료자 간의 키보드를 통한 대화를 통해서 정서적 괴로움을 완화시키려고 하였다. 예컨대 한 프로그램에서는 인지치료에서 쓰이는 '만약~ 그러면' 기법과 비슷하게 가상의 조건에 따라 결과의 예상을 지원하도록 되어 있었다. 이 장의 후반부에서 나와 있듯이 사용자가 가상인물인 '아바타'와 상호작용하는 심리치료 프로그램도 다수 나와 있다(Reamer, 2013).

컴퓨터 프로그램 심리치료를 옹호하는 사람들은 민감한 개인정보를 치료자보다는 컴퓨터에 밝히는 것이 상대적으로 수월하다고 생각하는 사람들이 많다고 주장한다. 연구에 의하면 일부 프로그램들은 실제로 어느 정도 도움이 된다(Emmelkamp, 2011; Harklute, 2010).

사이버심리치료의 또 다른 형태인 '온라인 상담'은 지난 10년간 폭발적 인기를 누리고 있다. 수천의 심리치료자들이 온라인 서비스를 열고 문제를 겪고 있는 사람들에게 궁금증이나 걱정되는 문제가 있으면 이메일을 보내라고 촉구하고 있다(Murphy et al., 2011; Mulhauser, 2010). 이런 유형의 서비스는 치료의 질적 측면이나 비밀보장의 측면에서 우려가 된다(Fenichel, 2011). 온라인 상담을 하는 사람들 중 다수는 심층적 임상훈련을 받지도 않았다.

'시청각 e-치료'도 뜨고 있다(Khatri, 2014; Hoffman, 2011). 이 유형의 치료제공 방식은 전통적 심리치료와 더 가깝다. 내담자는 치료자와 약속을 잡고 카메라, 마이크, 그리고 적절한 컴퓨터 기자재의 도움을 받아서 직접 얼굴을 맞대는 대면 치료 회기를 진행한다. 그 장점은 무엇일까? 내담자는 집이나 사무실에서 편리한 시간에 상담을 받을 수 있고, 수천 마일 떨어진 곳에 있는 상담자와도 쉽게 접촉할 수 있다. 불리한 점은 무엇인가? 역시 질을 어떻게 통제할 수 있는지가 관건이 된다(Fenichel, 2011).

온라인 상담이나 시청각 e-치료보다도 더 보편적인 것은 인터넷 채팅집단과 '가상'의 지지집단이다. 현재 수만 개의 이러한 집단들이 우울에서부터 물질남용, 불안과 섭식장애에 이르기까지 온갖 문제에 대해서 24시간 운영되고 있다(Hucker & McCabe, 2014; Moskowitz, 2008, 2001). 실제 대면 자조집단들과 마찬가지로 온라인 채팅집단은 비슷한 문제를 가진 사람들이 서로 소통하고 정보, 조언, 공감을 자유롭게 교환할 수 있는 기회를 준다.

사이버심리치료는 아직 발전하는 과정에 있고 그 효과는 아직까지 충분히 입증되어 있지 못하다. 동시에 이러한 접근이 급격하게 성장하는 것은 디지털 기술이 정신건강 분야에 미치는 영향이 커지고 있다는 것을 상기시켜 준다.

당신이 있는 곳과 … 내가 있는 곳에서 만나기 콜로라도 주의 정신과 의사 Robert Chalfant와 행정 직원이 단순한 전자장치를 사용해서 매주 다수의 내담자를 치료할 수 있음을 보여 주고 있다.

치료의 새로운 흐름으로 불리는 새로운 인지치료와 인지행동치료가 등장하였다(Prochaska & Norcross, 2013). 이미 널리 사용되고 있는 **수용전념치료**(Acceptance and Commitment Therapy, ACT) 등의 새로운 접근법에서는 내담자가 문제가 되는 생각을 판단하거나 행동에 옮기거나, 아니면 이를 바꾸려는 헛된 노력 대신 이들을 그대로 받아들이도록 한다(Levin et al., 2015; Hayes & Lillis, 2012). 그 생각들이 말 그대로 생각일 뿐임을 내담자들이 인식하도록 하여 궁극적으로 그 생각들이 의식 속에 들어와도 특별히 고통스럽지 않게 되기를 기대하는 것이다. 초기 연구 결과, ACT 등의 새로운 인지치료법이 실제 불안과 우울의 치료에 효과적인 경우가 많다고 한다.

제4장에서 보듯이 ACT를 비롯한 새로운 흐름의 인지치료에서는 내담자들의 수용을 촉진하기 위해서 **마음챙김** 명상에 기반을 둔 기법이 흔히 사용된다. 마음챙김 명상에서는 명상을 하면서 마음속에 스쳐 가는 생각과 감정에 주의를 집중하고 이를 비판단적으로 수용하도록 가르친다. 초기 연구에 의하면 ACT를 비롯한 새로운 흐름의 인지치료가 불안과 우울의 치료에 효과적임을 시사하였다(A-Tjak et al., 2015; Swaine et al., 2013).

끝으로 인지모델은 지금까지의 다른 모델들과 마찬가지로 매우 편협한 측면도 있다는 단점이 있다. 비록 인지가 인간의 매우 특별한 차원이지만, 이 역시 인간 기능의 일부분에 지나지 않는다. 인간은 지니고 있는 생각, 정서, 행동의 총합을 뛰어넘는 그 이상의 존재가 아닐까? 인간의 기능을 설명하려면 삶에 어떻게 접근하는지, 삶에서 어떠한 가치를 이끌어 내는지, 삶의 의미에 대한 의문을 어떻게 다루는지 등 좀 더 넓은 문제들을 고려해야 하지 않을까? 바로 이것이 인본주의-실존주의적 모델이 취하는 입장이다.

▶ 요약

인지모델 인지모델에 의하면 인간의 행동을 이해하려면 그의 생각을 이해해야 한다. 인지이론가들은 사람들이 비정상적 기능 양식을 보이는 경우, 부적응적 가정이나 비합리적 사고 과정과 같은 인지적 문제에 원인이 있다고 본다. 인지치료자들은 사람들이 자신의 잘못된 생각과 사고 과정을 인식하고 변화시키도록 돕는다. Beck의 인지치료 등 전통적 인지치료 외에 근래에는 새로운 흐름의 인지 및 인지행동 치료가 부상하고 있다. 이러한 접근에서는 내담자가 자신의 문제적 사고를 행동에 옮기거나 변화시키려고 애쓰지 말고 그대로 수용하도록 가르친다.

인본주의 – 실존주의 모델

필립 버만은 그의 심리적 갈등, 학습된 행동이나 생각의 총합 이상의 존재이다. 그는 인간으로서 자기 인식, 강력한 가치, 삶의 의미, 선택의 자유 등과 같은 철학적 목표를 추구할 수 있는 능력을 갖추고 있다. 인본주의와 실존주의 이론에 의하면 필립의 문제는 그러한 복합적 목표를 고려해야 이해할 수 있다. 인본주의와 실존주의 이론들은 인간 존재의 넓은 차원에 초점을 둔다는 공통점을 가지고 있기 때문에 흔히 **인본주의-실존주의 모델**로 묶어서 제시되기도 하지만 중요한 차이점도 있다.

실존주의자보다 더 낙관적인 견해의 인본주의자는 인간이 선천적으로 우호적이고 협조적이며 건설적 성향을 가지고 태어났다고 믿는다. 이들은 사람들이 선함과 성장을 향한 잠재력의 실현, 즉 **자기실현**(self-actualization)을 위해서 노력한다고 제안한다. 그러나 이러한 자기실현은 자신의 강점뿐 아니라 약점까지도 솔직하게 인식하고 받아들여 만족스러운 개인적 삶의 가치를 세울 수 있어야 가능해진다. 나아가서 인본주의자들은 자기실현을 이루면 자연스럽게 다른 사람의 안녕을 염려하게 되며, 사랑이 넘치면서 용기 있고 자발적이고 독립적인 행동을 할 수 있게 된다고 보았다(Maslow, 1970).

실존주의자들도 심리적으로 잘 적응하려면 정확한 자기 인식을 가지고 의미 있는(그들의 용어를 빌린다면 '진솔한') 삶을 살아야 한다는 데 동의한다. 그러나 실존주의자들은 사람들이 본성적으로 긍정적인 삶을 지향한다고 믿지는 않는다. 그들은 사람은 태어날 때부터 자신의 존재에 직면하여 삶에 의미를 부여할 것인지, 아니면 그러한 책무를 피할 것인지를 선택할 수 있는 완벽한 자유가 주어진다고 믿는다. 책임과 선택으로부터 '숨기'를 선택하

▶**자기실현** 개인이 자신의 선함과 성장에 대한 잠재력을 달성하는 인본주의적 과정

자기실현 하기

인본주의자들은 자기실현을 이룬 사람들은 인류의 복지를 위한 관심을 갖는다고 한다. 예를 들어 매해 자원봉사를 하는 6,500만 미국인(CNCS, 2013) 중 한 사람인 이 89세의 사회사업 자원봉사자(오른편)는 지난 20년간 정신지체와 발달장애를 지닌 노인들의 동반자로 활동해 왔다.

AP Photo/Columbus Daily Dispatch, Eric Albrecht

는 사람들은 결과적으로 자신을 무력한 존재로 보게 되고, 공허하고 가식적이며 역기능적인 삶을 살게 된다.

이상심리에 대한 인본주의와 실존주의적 견해는 1940년대로 거슬러 올라간다. 그 당시 인본주의적 관점의 선구자인 Carl Rogers(1902~1987)는 당대의 정신역동적 기법과 뚜렷하게 대조되는 온정적이고 지지적 접근의 **내담자 중심 치료**(client-centered therapy)를 발전시켰다. 또한 그는 불합리한 본능과 갈등에 큰 의미를 두지 않는 성격이론을 제안했다.

동일한 시기에 성격과 이상심리에 관한 실존주의적 견해도 제기되었다. 실존주의적 견해 제시된 원리 중 상당 부분은 인간은 늘 행동을 통하여 자신의 존재를 정의하고 의미를 부여한다고 주장한 19세기 유럽 실존주의 철학자들의 사상에서 비롯되었다(Yalom, 2014).

인본주의 및 실존주의의 이론과 그에 함축되어 있는 희망적이고 고무적인 의미는 서구 사회가 상당한 자기분석과 사회적 격변을 겪었던 1960년대와 1970년대에 큰 인기를 누렸고, 이후 그 인기가 다소 수그러들었으나 아직도 많은 임상가의 생각과 일에 영향을 미치고 있다. 인본주의 원리는 제1장에 나오듯이 근래 크게 각광받고 있는 긍정심리학(긍정적 감정, 특성, 능력 및 이타적 덕성을 연구하고 함양하는 분야) 전반에 걸쳐서 특히 뚜렷하게 나타난다(17~18쪽 참조).

Rogers의 인본주의 이론과 치료

Carl Rogers에 의하면 부적응적 기능으로 가는 길은 아기 때부터 시작된다(Raskin, Rogers, & Witty, 2014; Rogers, 1987, 1951). 우리 모두는 삶에서 중요한 사람(일차적으로 부모)으로부터 긍정적 존중을 받고 싶은 기본 욕구를 지니고 있다. 어린 시절에 무조건적(무비판적) 긍정적 존중을 받은 사람들은 무조건적 자기존중이 발달될 가능성이 크다. 다시 말해서 이들은 자신이 완벽하지는 않지만 인간으로서 가치가 있음을 깨닫게 된다. 그러한 사람들은 자신의 긍정적 잠재력을 실현시키기에 유리한 입장에 있게 된다.

유감스럽게도 어떤 아이들은 반복적으로 자신이 긍정적 존중을 받을 가치가 없는 존재라고 느끼는 경험을 한다. 그 결과 이들은 사랑받고 수용될 수 있는 기준, 즉 가치의 조건을

▶**내담자 중심 치료** Carl Rogers가 개발한 인본주의적 치료법으로, 치료자는 내담자에게 수용, 정확한 공감, 진솔함을 전달함으로써 도움을 줌

무조건적인 긍정적 존중

Carl Rosers는 내담자가 자존감이 높아지고 문제를 극복하려면 무조건적인 긍정적 존중을 받아야 한다고 주장한다. 그 정신에 따라 온순하고 무비판적인 동물과 긴밀한 관계를 형성할 수 있도록 주선해 주는 조직이 여럿 생겼다. 이 사진에서는 사라예보 근처 카크린제 소재의 치료 및 여가센터에서 재활치료를 받고 있는 보스니아 아동이 말을 꺼안고 있다.

AP Photo/Amel Emric

학습하게 된다. 이들은 긍정적 자기존중을 유지하기 위해서 가치의 조건에 부합되지 않는 생각과 행위를 부인하거나 왜곡하는 등 매우 선택적으로 자신을 본다. 이런 과정을 통하여 이들은 자신과 자신의 경험에 대한 왜곡된 시각을 갖게 된다. 이들은 자신이 진정으로 어떻게 느끼는지, 정말 무엇을 필요로 하는 것인지, 자신에게 의미 있는 가치와 목표가 무엇인지 모르게 된다. 그렇게 되면 필연적으로 기능에 문제가 생기게 된다.

Rogers는 필립 버만을 길 잃은 사람이라고 할지 모른다. 자신이 지니고 있는 긍정적 잠재력 실현을 위하여 노력하지 않고, 직장에서도 대인관계에서도 이리저리 떠돌아다니고 있다. 그는 사람들과의 상호작용에서도 늘 자기 방어적으로, 모든 일을 자기에게 편한 방식으로 해석하고 자기 문제를 다른 사람의 탓으로 돌린다. 그럼에도 불구하고 그의 기본적 부정적 자기상은 끊임없이 모습을 드러낸다. Rogers는 이 문제가 아마도 그가 성장 과정에서 경험한 어머니의 비판적 태도와 관련 있다고 할 것이다.

Rogers의 내담자 중심 치료를 하는 임상가들은 내담자가 자신을 정직하게 그리고 수용적으로 볼 수 있는 지지적 분위기를 만들려고 노력한다(Raskin et al., 2014). 치료자는 치료가 진행되는 동안 무조건적인 **긍정적 존중**(내담자를 전적으로 따뜻하게 수용), **정확한 공감**(능숙한 경청과 재진술), **진솔함**(진지한 의사소통)의 세 가지 중요한 자질을 보여 주어야 한다. 다음의 대표적 사례에서 치료자는 세 가지 자질을 다 활용하여 내담자의 자기인식을 높이고 있다.

"아들아, 이기나 지나 아무 상관없어. 그러니까 네가 아빠의 사랑을 원치 않는다면 말이지."

내담자 : 예, 저도 그 걱정은 하지 말아야 한다는 것을 알면서도 걱정을 하게 돼요. 돈, 사람, 옷, 여러 가지가 걱정이 돼요. 수업시간에는 모두 내게 덤벼들 기회만 기다리는 것 같아요. … 누구를 만날 때에는 그 사람이 나를 어떻게 생각하는지 궁금해져요. 그러다가 나중에는 그 사람이 내게 기대하는 것만큼 해낼 수 있을까 걱정되구요.

치료자 : 당신은 늘 다른 사람들의 의견에 신경을 많이 써야 한다고 생각하는군요.

내담자 : 예, 하지만 그건 제가 걱정할 일이 아니겠지요.

치료자 : 그렇게 마음을 쓸 일이 아닌 일인데도 어쨌든 꽤 걱정이 많이 된다는 말이군요.

내담자 : 그중 일부에 대해서는 그래요. 그게 대부분은 사실이니까 걱정이 되지요. 그러니까 제가 선생님께 말씀드린 일들 말이지요. 그렇지만 사실이 아닌 사소한 일들도 많아요. 그냥 내 마음속에 그런 일들이 쌓여 가요. 꽉 차서 곧 터질 것 같아요.

치료자 : 좌절감이 쌓여서 억눌리는 느낌이 들고 감당이 안 된다는 말이지요.

내담자 : 어떤 면에서는 그래요. 하지만 어떤 일들은 그냥 말도 안 돼요. 제가 말로 명확하게 표현하지 못하는 것 같은데, 사실이 그래요.

치료자 : 괜찮습니다. 생각하는 대로 그대로 말하면 됩니다.

(Snyder, 1947, pp. 2–24)

이러한 분위기에서라면 내담자들은 치료자로부터 자신이 수용받고 있다는 느낌을 받을 것이다. 그렇게 되면 이들은 자기 자신을 있는 그대로 수용적 태도를 가지고 바라볼 수 있게 될 것이다. 이들은 자신의 감정과 생각 그리고 행동을 존중하게 되고 자기실현을 가로막았던 불안감과 불신이 사라질 것이다.

연구에서는 내담자 중심 치료는 그다지 좋은 성과를 얻지 못했다(Prochaska & Norcross, 2013). 치료집단이 통제집단보다 더 많이 호전되었음을 보고한 연구도 일부 있었지만, 내담자 중심 치료의 효과가 없었음을 보고한 연구들도 많다. 그럼에도 불구하고 Rogers의 치

▶게슈탈트치료 Fritz Perls가 개발한 인본주의 심리치료로, 임상가는 역할 연기와 자기 발견 연습 등의 기법을 활용하여 내담자의 자기 인식과 자기 수용을 적극적으로 증진시킴

료는 임상실무에 긍정적인 영향을 미쳤다(Raskin et al., 2014). 이는 정신역동적 심리치료에 대한 대안으로 제시된 주요 치료법 중 하나로, 새로운 접근들이 임상 분야에 들어오는 계기가 되었다. 또한 Rogers는 기존에 정신과 의사들의 독자적 영역으로 간주되었던 심리치료에 심리학자들도 참여할 수 있는 길을 여는 데 기여하였다. 그리고 임상연구에 대한 Rogers의 헌신적 노력에 힘입어 체계적인 심리치료 연구가 활성화되었다. 오늘날 임상심리학자의 약 2%, 사회복지사의 1%, 상담심리학자의 3%가 내담자 중심 접근을 사용한다고 보고하고 있다(Prochaska & Norcross, 2013).

게슈탈트이론과 치료

인본주의적 접근의 또 다른 예인 **게슈탈트치료**(gestalt therapy)는 1950년대에 카리스마적인 임상가 Frederick (Fritz) Perls(1893~1970)에 의하여 개발되었다. 내담자 중심 치료자와 마찬가지로 게슈탈트치료자도 내담자의 자기 인식과 자기 수용의 향상을 꾀한다(Yontef & Jacobs, 2014). 그러나 내담자 중심 치료자와는 달리 게슈탈트치료자는 내담자에게 도전하고 심지어는 좌절시킴으로써 그 목적을 달성하려고 한다. Perls가 자주 사용하는 기법에는 숙련된 좌절, 역할 연기, 그리고 다양한 규칙과 연습이 있다.

숙련된 좌절기법에서 게슈탈트치료자들은 내담자의 기대나 요구를 받아 주지 않는다. 여기에서 좌절은 내담자가 얼마나 자주 다른 사람들을 조종하여 자기 욕구를 충족시켜 왔는지를 인식하게 하기 위한 것이다. **역할 연기**에서는 치료자가 내담자에게 다양한 역할을 해 보도록 지시한다. 내담자는 다른 사람, 물체, 대안적 자아, 심지어는 신체의 한 부분이 되어 보라는 지시를 받을 수 있다. 내담자는 감정을 모두 표현하라는 부추김을 받으면서 역할 연기가 격렬해질 수 있다. 울부짖거나 비명을 지르고 걷어차거나 쾅쾅 두드리는 사람들도 많은데, 이러한 경험을 통해서 내담자는 이전에는 불편했던 감정을 받아들이게 될 수 있다.

Perls는 내담자가 자신을 보다 면밀하게 바라볼 수 있도록 하는 **규칙**의 목록을 만들었다. 예를 들어 일부 게슈탈트치료에서는 내담자가 '그것(it)'이라는 단어 대신에 '나(I)'라는 단어를 사용하도록 하기도 한다. 즉 "두려운 상황이다."라고 하는 대신에 "내가 두렵다."라고 말하도록 한다. 일반적 규칙의 또 다른 예는 내담자로 하여금 현재 여기(here and now)에 머무르도록 하는 것이다. 이들의 욕구도 현 시점에 있고, 자신의 욕구를 숨기고 있는 것도 현재이며, 그것을 주시해야 하는 것도 바로 현재이다.

임상심리학자들을 포함해서 임상가들의 약 1%가 스스로 게슈탈트치료자라고 밝히고 있다(Prochaska & Norcross, 2013). 주관적 경험과 자기 인식은 객관적으로 측정하기 어렵다고 생각하기 때문에 게슈탈트치료 옹호자들은 통제된 연구를 별로 많이 하지 않았다(Yontef & Jacobs, 2014; Leung, Leung, & Ng, 2013).

영적 관점과 개입

20세기 전반에 걸쳐서 임상과학자들은 종교는 정신건강의 부정적 (혹은 잘해 봐야 중립적) 요인이라고 보았다(Bonelli & Koenig, 2013; Van Praag, 2011). 예를 들어 1900년대 초반에 Freud는 종교적 신앙이 '자신의 무기력함을 견디려는 인간의 욕구에서 비롯된' 방어기제라고 하였다(1961, p. 23). 그러나 종교에 대한 이와 같은 부정적 견해는 이제 막을 내리는 것 같다. 지난 10년간 영적 문제와 임상적 치료를 연결시키는 수많은 학술논문

과 책이 나왔고, 심리학자, 정신과 의사, 상담가의 윤리강령에는 정신건강 전문가들이 반드시 존중해야 하는 다양성 중 하나로 종교가 명시되어 있다 (Peteet, Lu, & Narrow, 2011).

영성이 실제로 심리적 건강과 상관관계가 있음은 연구에서 밝혀졌다. 특히 독실한 신앙을 지니고 신이 온정적이고 염려해 주며 도움이 되고 의지할 수 있는 존재라고 생각하는 사람들은 종교적 신앙을 가지고 있지 않거나 신이 냉정하고 동정심이 없다고 보는 사람들보다 외로움을 덜 타고 덜 비관적이며 우울과 불안 수준도 낮다는 연구 결과들이 보고되어 있다(Koenig, 2015; Day, 2010; Loewenthal, 2007). 그런 사람들은 질병이나 전쟁 등 삶의 주요 스트레스에 더 잘 대처하며, 자살기도의 비율과 약물남용의 가능성 또한 낮은 것으로 나타나고 있다.

물론 그러한 상관관계 자료가 반드시 영성이 정신적으로 보다 건강하게 만든다는 것을 의미하지는 않는다. 제1장에서 보았듯이 상관관계가 곧 인과관계는 아니다. 예를 들어 낙관적인 태도가 더 높은 영성을 낳고, 그와 관계없이 낙관주의가 정신적으로 더 건강하게 만드는 데 기여할 수 있다. 어느 쪽이 옳은 해석인지와 무관하게 이제는 신앙심이 깊은 내담자를 치료할 때에는 영적인 문제를 반드시 포함시키는 심리치료자들이 많으며, 일부 치료자들은 더 나아가서 내담자들로 하여금 당면하고 있는 스트레스의 대처에 영적 자원을 활용하도록 격려하고 있다(Gonçalves et al., 2015; Koenig, 2015). 마찬가지로 많은 종교 기관이 교인들에게 상담 서비스를 제공하고 있다(언론보도 참조).

> 영성과 정신건강의 상관관계를 설명할 수 있는 방법들을 생각해 보자.

실존주의 이론과 치료

인본주의자와 마찬가지로 실존주의자도 심리적 기능장애는 자기 기만에 그 근원이 있다고 믿는다. 다만 실존주의자들이 말하는 자기 기만은 사람들이 자신의 삶에 대한 책임을 회피하고 삶에 의미를 부여하는 것이 자신에게 달려 있음을 인식하지 못한다는 의미이다. 실존주의자들에 따르면 많은 사람들이 현대사회의 스트레스를 감당하지 못하고 다른 사람들이 설명하고 안내하며 이끌어 주기를 기대한다. 그들은 자신에게 선택의 자유가 있다는 것을 간과하고 자신의 삶과 결정에 대한 책임을 회피하려고 한다(Yalom, 2014). 그런 사람들은 공허하고 진솔하지 못한 삶을 살게 된다. 그들이 경험하는 주된 정서는 불안, 좌절, 지루함, 소외, 우울이다.

실존주의자들은 필립 버만이 사회의 권력에 압도되었다고 느끼는 사람이라고 본다. 필립은 자기 부모는 '부와 권력을 가지고 있고 이기적인 사람'으로, 교사들, 지인들 그리고 고용주들은 자기를 억압하는 사람으로 본다. 그는 삶에서 자신이 선택할 수 있는 부분이 있고, 의미와 방향을 찾을 수 있는 능력이 있다는 것을 이해하지 못하고 있다. 직장을 그만두고, 연애관계를 끝내고 어려운 상황에서 도피하는 일을 반복하면서 그만두는 것이 그에게는 습관처럼 되어 버렸다.

실존치료(existential therapy)에서는 사람들이 자신의 삶과 문제에 대한 책임을 수용하도록 격려한다. 치료자는 내담자로 하여금 다른 길을 택하여 보다 더 의미 있는 삶을 영위할 자유가 있음을 인식하도록 돕는다(Yalom, 2014; van Deurzen, 2012; Schneider & Krug, 2010). 치료자에 따라 실존치료에서 사용되는 구체적 기법은 다르다. 그리고 대부분의 실존치료자는 치료자와 내담자 간의 관계에 큰 비중을 두며 솔직하고 열심히 노력하며 함께 배우고 성장하는 분위기를 만들려고 노력한다.

▶ **실존치료** 내담자로 하여금 자신의 삶에 대한 책임을 받아들여서 보다 큰 의미와 가치를 지닌 삶을 살도록 격려하는 치료

Lad Strayer/The Daily Telegram/AP Photo

울적함을 떨쳐버리기
게슈탈트치료자들은 내담자들에게 베개를 때리거나 소리를 지르고 물건을 걷어차거나 두드려서 자신의 감정을 마음껏 표현하도록 이끈다. 이러한 기법에 기반을 둔 새로운 접근인 '드럼 치료'에서는 사진 속의 여성과 같은 내담자들에게 드럼을 쳐서 외상적 기억을 풀어버리고 믿음을 바꾸고 더 자유롭게 느끼는 방법을 가르친다.

10:00 AM 75%

언론보도

영혼과 마음을 함께 구원하기

T.M. Luhrmann, 뉴욕타임스, 2014년 4월 18일 게재

미국에서 가장 큰 복음주의 교회 중 하나인 새들부룩교회의 설립자 릭 워렌 목사는 아들의 자살로 우울증으로 고통을 겪던 중 몇 주일 전 그 일주기를 맞아 중증 정신질환의 치료에 참여할 것을 새롭게 선언하는 행사를 가졌다. 이 행사에는 지역 가톨릭교회 주교 관구와 정신질환을 위한 전 미국 연맹이 함께하였다.

조현병, 조울증, 우울증 환자들에 대한 낙인을 줄이자는 것이 목표의 중요한 부분이었지만 그를 넘어서는 목표도 있었다. 워렌 목사는 "우리 모두가 낙담하고 있다. 모두들 조금씩 정신적으로 문제가 있다."라고 했다.

이들의 보다 큰 목표는 중증 정신질환자들을 돌보는 데 교회가 직접적으로 개입하도록 하는 것이다. 즉 교회관리자들과 목회자들을 훈련시켜서 정신의학적 위기를 다루고 교회 안에 중증 정신질환자 집단을 구성하며 이들에게 필요한 서비스들을 확립하자는 것이다….

… 공적 정신건강 시스템은 형편없이 재원이 부족할 뿐 아니라 여러 기관이 서로 연계도 제대로 되어 있지 않은 정신 없는 조각보 이불과 같다. 환청에 시달리지 않는 정상인들조차도 길 찾기가 끔찍하게 어렵다. 그리고 많은 정신질환자들은 강제 투약을 증오한다.

그러나 이들은 교회에 나간다. 본인은 오랜 기간 시카고 지역에서 정신증을 앓고 있는 노숙자 여성들을 연구해 왔는데 이들은 정신과치료를 거부하는 일이 잦았으나 그중 절반 정도는 교인이라고 했고 최소한 월 2회 이상 교회에 출석하며 80% 이상이 신이 최고의 친구 — 어떤 경우에는 유일한 친구 — 라고 했다.

교회 사무실에서 일하고 기도 모임을 갖는 보통 사람들로 하여금 정신건강 문제의 치료에 적극적으로 참여하게 하자는 워렌 목사의의 생각은 조금 걱정스럽게 들릴 수도 있다. 그러나 *Lancet*에 게재된 한 연구에 의하면, 조현병 환자들의 경우 이렇게 지역사회에서 돌보는 환자들이 정신과 시설의 환자들보다 경과가 더 좋다는 것이다.

… 정신과 의사들은 의사 중에서도 가장 종교적 성향이 낮은 집단이다. 워렌 목사가 주도한 새로운 선언이 이들의 마음을 움직이지는 못할 수 있다. 그러나 워렌 목사는 이전에도 사회적 반향을 일으켰던 경험이 있었다. 그가 주도한 HIV-AIDS 운동은 조지 부시 대통령으로 하여금 대통령 AIDS 구호 응급계획을 만들도록 하는 데 일조하

자기실현 몇 년 전 과학, 정신건강, 영성간의 연결을 연구하는 학술회의에서 티베트의 영적 지도자 달라이 라마(오른쪽)가 정신과 교수 진델 시걸(왼쪽)을 비롯한 정신건강 연구자들과 만났다.

AP Photo/John Amis

였다. 만약 이번에도 잘된다면 정신건강체계가 실제로 달라지는 계기가 될 수 있을 것이다.

우리는 실제로 영향을 미칠 수 있는 무엇인가가 절실하게 필요하다.

(T.M. Lurhmann은 스탠퍼드대학교의 문화인류학 교수이다.)

환자 : 내가 왜 자꾸 여기에 오는지 모르겠어요. 여기 와서는 그냥 같은 이야기만 자꾸 되풀이하는데. 도대체 진전이 없는 것 같아요.

치료자 : 나도 같은 이야기를 계속 듣는 것에 싫증이 나는군요.

환자 : 그럼 오지 말까요?

치료자 : 원하면 그렇게 할 수도 있겠지요.

환자 : 제가 어떻게 해야 할까요?

치료자 : 어떻게 하고 싶으신가요?

환자 : 저는 나아지고 싶어요.

치료자 : 당연히 그러시겠지요.

환자 : 선생님이 더 다니라고 하신다면, 좋아요, 계속 치료를 받지요.

치료자 : 제가 치료를 계속하라고 해 주기를 바라시나요?

환자 : 선생님이 잘 아실 것 아니에요? 선생님이 치료자시니까요.

치료자 : 제 행동이 치료자 같은가요?

(Keen, 1970, p. 200)

실존치료자들은 실험법으로는 실존치료의 효과성을 제대로 평가할 수 없다고 믿는다. 이들은 연구는 사람을 검사측정치로 취급하기 때문에 인간성을 빼앗는다고 생각한다. 따라서 실존치료의 효과성을 밝히는 통제연구가 거의 없는 것이 당연하다(Vos et al., 2015; Schneider & Krug, 2010). 그래도 오늘날 임상심리학자의 약 1%가 주로 실존적 접근을 사용한다고 보고하고 있다(Prochaska & Norcross, 2013).

인본주의-실존주의 모델의 평가

인본주의-실존주의 모델은 임상 분야 내외에서 많은 사람의 흥미를 끌었다. 인본주의와 실존주의 이론들은 인간 실존의 특별한 도전을 인식함으로써 다른 이론에서는 보통 볼 수 없는 심리적 삶의 측면을 건드린다(Watson et al., 2011). 더욱이 심리장애가 있는 사람들에게서는 실존주의자들이 효율적으로 기능하는 데 필수적이라고 보는 자기 수용, 개인적 가치, 개인적 의미, 개인적 선택을 찾아보기 어렵다.

인본주의-실존주의 모델의 낙관적 논조도 매력적이다. 그 낙관주의는 긍정심리학의 목표 및 원리와 잘 조화된다(Rashid & Seligman, 2014). 인본주의-실존주의 모델의 원리를 따르는 이론가들은 과거와 현재에 여러 가지 일이 있었음에도 불구하고 우리가 스스로 선택할 수 있고 미래를 결정할 수 있으며 많은 것을 성취할 수 있다고 주장함으로써 큰 희망을 주고 있다. 인본주의-실존주의 모델의 또 다른 매력은 건강을 강조한다는 점이다. 일부 다른 모델을 따르는 임상가들이 인간을 심리적 질환이 있는 환자로 보는 것과 달리, 인본주의나 실존주의 임상가들은 이들이 아직까지 잠재력을 성취하지 못하였을 뿐이라고 본다.

이와 동시에 인본주의-실존주의가 인성 실현이라는 추상적인 이슈에 초점을 두었기 때문에 과학적 관점에서는 중요한 문제를 야기한다. 인본주의-실존주의가 다루는 추상적 이슈는 연구하기가 어렵다. 사실 자신의 임상적 방법을 면밀하게 조사하려고 했던 Rogers를 제외하고는 인본주의 및 실존주의자들은 전통적으로 실증적 연구를 거부해 왔으나 연구에 대한 부정적 입장은 이제 바뀌기 시작하였다. 근래에는 인본주의와 실존주의 연구자들이 적절한 통제집단을 두고 통계분석도 한 연구들을 시행한 결과, 그들의 치료가 일부 사례들에는 유익하다는 것을 발견하였다(Vos et al., 2015; Schneider & Krug, 2010; Strumpfel, 2006).

▶ **요약**

인본주의-실존주의 모델 인본주의-실존주의 모델은 자기 인식, 가치, 의미, 선택과 같은 인간 고유의 문제들에 초점을 둔다.

인본주의자들은 사람은 자기실현을 하려는 본능적 욕구가 있다고 믿는다. 이러한 본능적 욕구가 방해를 받으면 이상행동이 나타난다. 인본주의 치료자의 한 가닥인 내담자 중심 치료자들은 내담자가 자신을 있는 그대로, 그리고 수용적으로 봄으로써 자기실현으로 통하는 길로 들어서게끔 지지적 치료 분위기를 조성하려고 노력한다. 또 다른 인본주의 치료자 집단인 게슈탈트치료자들은 더 적극적인 기법을 써서 사람들이 자신의 욕구를 인식하고 받아들이도록 돕는다. 최근에는 정신건강과 심리치료에서의 중요한 요인으로서 종교의 역할이 연구자들과 임상가들의 관심을 끌고 있다.

실존주의자들에 의하면 이상행동은 삶의 책임으로부터 숨기 때문에 나타나는 것이다. 실존주의 치료자들은 자기 삶에 대한 책임을 받아들이고 다른 길을 택할 자유가 있다는 것을 인식하고, 더 의미 있는 삶을 선택하도록 격려한다.

사회문화적 모델 : 가족-사회 및 다문화적 관점

필립 버만은 사회문화적 존재이기도 하다. 그는 사람들과 제도에 둘러싸여 있고, 가족과 문화집단의 구성원이며 사회적 관계에 참여하고 문화적 가치를 지니고 있다. 이러한 영향력은 규칙과 기대하는 바를 정해서 필립에게 지침을 주거나 압력을 가하고 필립의 행동과 생각, 그리고 감정을 조성하는 데 관여한다.

사회문화적 모델에서는 이상행동을 개인에게 영향을 미치는 주요한 영향력의 관점에서 볼 때 가장 잘 이해할 수 있다고 본다. 그 사람이 속한 사회나 문화의 규범은 어떠한가? 사회적 환경에서 그 사람은 어떤 역할을 하고 있는가? 그 사람은 어떤 형태의 가족 구조나 문화적 배경에 속하는가? 다른 사람들은 그 사람을 어떻게 보며 어떻게 대하는가? 사실 사회문화적 모델은 가족-사회적 관점과 다문화적 관점의 두 가지 주요 관점으로 나누어 볼 수 있다.

가족-사회 이론가는 이상 기능을 어떻게 설명하는가

가족-사회적 관점의 옹호자들은 임상이론은 가족관계, 사회적 상호작용, 지역사회에서 일어나는 일 등 개인의 삶에 **직접적**으로 영향을 주는 주요한 요인들에 관심을 가져야 한다고 주장한다. 그들은 그러한 영향력이 정상과 이상행동 모두를 설명하는 데 도움이 된다고 믿는다. 특히 **사회적 명칭과 역할**, 사회적 네트워크, 그리고 가족 구조와 의사소통의 세 가지 요인에 관심을 가지고 있다.

사회적 명칭과 역할 문제 있는 사람들에게 어떠한 명칭(label)과 역할이 부여되는지에 따라 비정상적 기능이 크게 달라질 수 있다(Rüsch et al., 2014; Yap et al., 2013). 사회의 규범에서 벗어나는 사람들을 사회에서는 '비정상' 혹은 많은 경우, '정신병자'라고 부른다. 그러한 명칭은 벗어나기가 어렵다. 더구나 사람들이 그들을 특정한 방식으로 보고 미친 사람으로 대하며 심지어 환자로서 행동하도록 부추기면, 그 사람은 점차 주어진 사회적 역할을 받아들여 그에 따라 행동하게 되어, 결국은 그 명칭에 맞는 사람이 된다.

임상연구자인 David Rosenhan(1973)의 유명한 연구('On Being Sane in Insane Places')는 그러한 견해를 뒷받침해 준다. 정상인 8명(사실은 Rosenhan의 동료 연구자들)이 여러 정신병원에 가서 'empty', 'hollow', 'thud'라고 하는 목소리가 들린다고 호소하였다. 그 호소만으로 이들은 조현병으로 진단받고 입원하였다.

사실 이 가짜 환자들은 일단 진단이 내려진 후에는 자신이 정상임을 다른 사람이 믿게 하기가 어려웠다. 일단 입원이 된 후에는 바로 정상적으로 행동하였고 증상 호소를 중단하였지만, 이들의 입원기간은 7~52일이나 되었다. 더구나 '조현병'이라는 진단은 병원 직원들이 이들을 어떻게 보고 다루는지에 지속적으로 영향을 미쳤다. 예를 들어 한 가짜 환자는 지루해서 복도를 서성댔더니 임상기록에는 불안한 것으로 기록되었다.

사회적 연결과 지지　가족-사회 이론가들은 사회적·직업적 관계 등 사람들이 활동하는 사회 환경에 관심을 가지고 있다. 다른 사람들과 얼마나 의사소통을 잘하는가? 다른 사람들과 어떠한 신호를 주고받는가? 연구자들은 사회연결망의 부족과 그 사람의 기능이 관련 있음을 발견하였다(Schwarzbach et al., 2013; Paykel, 2008, 2006, 2003). 예를 들어 소외되었거나 삶에서 사회적 지지나 친밀한 관계가 부족한 사람들은 지지적인 배우자나 온정적 친구가 있는 사람보다 스트레스를 받을 때 우울해질 가능성이 더 크고, 우울한 기간도 더 길어지는 것으로 나타났다.

일부 임상이론가들은 일상생활에서 의사소통과 관계형성을 꺼리거나 서투른 사람들이 페이스북과 같은 사회연결망 사이트를 통한 온라인 사회적 접촉은 별 문제가 없는 경우가 흔히 있다고 믿는다. 그러나 일부 그러한 경우도 있겠지만 연구에 의하면 온라인 관계는 오프라인에서의 관계와 유사한 모습을 보인다(Dolan, 2011). 대학생 172명을 설문조사한 결과에 의하면 페이스북에서 친구가 많은 학생들은 오프라인에서도 사교적이었고, 오프라인에서 다른 사람들과의 소통에 상대적으로 소극적이었던 학생들은 페이스북에서도 친구가 훨씬 적었다(Sheldon, 2008).

가족 구조와 의사소통　개인에게 가장 중요한 사회연결망 중 하나는 물론 가족이다. **가족체계이론**(family systems theory)에서는 가족을 구성원들이 일관적으로 서로 상호작용하며 가족 고유의 규칙에 따르는 체계라고 본다(Goldenberg, Goldenberg, & Pelavin, 2014). 가족체계이론가들은 어떤 가족들의 구조와 의사소통 양상은 그 가족 개개인들이 비정상적으로 행동하지 않을 수 없게끔 몰아간다고 믿는다. 그런 가족의 경우, 만약 구성원이 정상적으로 행동하면 가족의 통상적인 작동방식에 심각한 부담을 주어 실제로 본인과 가족 전체의 혼란을 가중시키게 된다.

가족체계이론에 따르면 어떤 가족체계는 구성원들에게 이상 기능을 야기할 가능성이 특히 크다. 예를 들어 어떤 가족은 구성원들이 서로의 활동, 생각, 감정에 지나치게 몰입하는 밀착된 구조를 가지고 있다. 이러한 유형의 가족의 자녀들은 독립적으로 되기가 어려울 수 있다(Santiseban et al., 2001). 어떤 가족은 상호 간의 경계가 매우 경직되어 유리된 양상을 보인다. 이러한 가족에서 성장한 자녀들은 집단 내에서 기능하는 데 어려움이 있

▶**가족체계이론**　가족을 하나의 체계로 보고, 그 안에서 구성원들이 무언의 규칙에 의해 일정한 방식으로 상호작용한다고 보는 이론

친척보다 친구의 영향력이 더 큰가?
Jerome Micheletta와 Bridget Waller의 연구에 의하면 사진의 짧은꼬리원숭이들은 친족보다는 친구에게 응답도 더 잘하고 흉내도 더 많이 내는 것으로 나타났다.

"불행한 가족들은 각각 저마다의 불행한 방식이 있다."는 레프 톨스토이의 유명한 문장에 대해서 가족치료사들은 어떻게 반응할까?

고, 남들에게 지지를 해 주거나 요구하는 것을 힘들어할 수 있다(Corey, 2012, 2004).

필립 버만의 분노에 찬 충동적 성격 방식은 가족 구조의 문제에서 비롯되었을 수 있다. 가족체계이론가들에 의하면 어머니, 아버지, 동생, 그리고 필립 본인까지 온 가족이 관계 맺는 방식이 그의 문제행동을 지속시키고 있다. 가족체계이론가들은 필립과 부모 사이의 갈등과 부모 역할에서의 불균형에 특별히 관심을 보일지도 모른다. 그들은 필립의 행동이 부모의 행동에 대한 반응이면서 동시에 부모의 행동을 유발하는 자극이 될 수 있다고 본다. 필립이 말썽꾸러기 아들, 혹은 희생양의 역할을 하면 부모는 자신들의 관계에 대한 문제의식을 가질 시간도, 필요성도 느끼지 못하게 될 수 있다.

가족체계이론가들은 필립과 부모의 관계가 정확하게 어떠한 성격인지를 밝히려고 할 것이다. 그가 어머니와 유착되어 있는지, 혹은 아버지로부터 유리되어 있는지, 가족 내의 형제관계, 부모와 동생의 관계 그리고 그 가족의 이전 세대의 부모-자녀 관계를 결정하는 규칙들을 알아보고자 할 것이다.

가족-사회 치료

가족-사회적 관점은 집단치료, 가족치료와 커플치료, 지역사회 치료 등 다양한 치료 접근의 성장을 촉진하였다. 치료자들은 자신의 이론적 지향과는 무관하게 이러한 다양한 치료 형태를 선택하여 각자가 선호하는 모델의 기법과 원리를 적용해서 내담자를 치료할 수 있게 되었다(마음공학 참조). 그러나 이러한 치료 형태를 취하는 임상들 가운데 심리적 문제는 가족과 사회 환경에서 비롯되므로 가족과 사회 환경에서 치료하는 것이 가장 좋다고 믿는 사람들이 점점 증가하고 있고, 이들은 특별한 사회문화적 전략을 치료에 도입하고 있다.

집단치료 유사한 문제를 가진 내담자들을 집단으로 만나는 **집단치료**(group therapy)를 전

▶집단치료 비슷한 문제를 가진 사람들이 함께 치료자와 만나 자신들의 문제에 대해서 작업하는 치료 형태

Danny Feld/ABC via Getty Images

오늘날의 TV 가족
'오지 앤드 해리엇'의 넬슨 가족과 '파더 노우스 베스트'의 앤더슨 가족같이 문제없는 가족들이 전파를 타던 1950년대의 시청자들과는 달리 오늘날의 시청자들은 보다 복잡하고 때로는 역기능적인 가족을 선호한다. ABA 방송의 인기 시트콤 '모던 패밀리'에서 시련과 역경을 보여 주고 있는 프리쳇 가족이 그 좋은 예이다.

문적으로 하는 치료자는 수없이 많다. 임상심리학자들을 설문조사한 결과에 의하면, 약 3분의 1이 임상 업무시간의 일부를 집단치료에 할애한다(Norcross & Goldfried, 2005). 일 반적으로 집단치료의 구성원들은 치료자와 함께 그 집단구성원 중 한 사람 이상이 지닌 문 제를 논의한다. 집단구성원들은 함께 중요한 통찰력도 얻고 사회기술을 쌓으며 자기 가치 감을 강화시키고 유용한 정보나 조언을 나눈다(Corey, 2016). 특정한 내담자 집단을 염두 에 두고 구성된 집단도 많다. 예를 들면, 알코올중독자, 신체장애인, 이혼자, 학대 피해자, 애도자들을 위한 집단이 있다.

연구 결과들에 의하면 집단치료를 통해 개인치료 못지않게 좋은 결과를 얻은 내담자가 많다(Green et al., 2015). 또한 '의식제고' 혹은 영적 영감을 고취하는 등 치료보다는 교육 을 위한 목적으로 집단치료 방식이 사용되기도 한다.

집단치료와 유사한 치료방식으로 **자조집단**(self-help group) 혹은 **상호조력집단**(mutual help group)이 있다. 자 조집단에서는 주도하는 전문적 임상가 없이 애도, 약물남 용, 질병, 실직, 이혼 등 비슷한 문제를 가진 사람들이 함 께 모여 서로 돕고 지지를 제공한다(Lake, 2014; Mueller et

> 심리적 문제가 있는 사람들 중 일부에게는 개인치료보다 집 단치료가 더 효과적일 수 있는 이유가 무엇일까?

▶**자조집단** 비슷한 문제를 가진 사람들이 모 여서 임상가의 직접적인 지도 없이 서로 돕고 지지하는 집단. '상호조력집단'이라고도 함

마음공학

네 아바타가 내 아바타에게 전화하게 하렴

사회문화적 모델은 이상행동을 사회적 맥락에서 이해하고 치료하는 것이 최선이라 고 주장한다. 그에 따라 사회문화적 관점의 지지자 중 일부는 사이버심리치료의 비 교적 새로운 기능으로 사용자 자신과 그의 삶의 중요 인물들을 3차원 사실적으로 구 현한 아바타의 사용에 특별한 관심을 가진다(Reamer, 2013; Pagliari et al., 2012; Carey, 2010). "자신의 어떤 점을 싫어하는지요?"와 같은 질문을 하고, 사용자들이 자신을 스스로 비판할 때 고개를 끄덕여서 공감을 표하고 특정한 말 을 하면 미소나 격려로 강화해 주는 스크린 속 가상 인물과 상호작용 하는 컴퓨터심리치료 프로그램이 늘어나고 있다.

아바타 이용의 또 다른 예로 내담자들이 컴퓨터에서 가상의 환경 속으로 들어가 가상의 몸을 취하고 매우 현실적이라고 느껴지는 상 황에서 부모, 직장 상사 혹은 친구들과 닮은 동영상 인물들과 상호작 용하도록 하는 치료자들도 실제로 있다. 이론적으로 이러한 가상현 실 경험은 내담자가 현실세계 반응을 바꾸도록 하는 데 도움이 될 수

> 아바타 치료에서 내담자들은 자신이 가상의 세계에 들어간 다는 것을 알고 있는데 많은 내담자들이 실제로 명백히 호 전되는 이유가 무엇일까?

있다(Reamer, 2013).

널리 알려진 사례로 광장공포증 —집을 떠나는 데 대한 공포—으 로 진단된 여성 환자가 치료자의 안내를 받아 아바타가 되어 다른 아바타들의 가상세계에 들어가는

경험을 통하여 궁극적으로 실제 바깥 세상으로 나올 수 있 게 되었다(Smith, 2008). 아바타 치료는 사회공포증, 트라우마 후유증, 물질남용, 그리고 심지 어는 환청을 보이는 환자들에게도 상당한 성과를 거두고 있다(Leff et al., 2014, 2013; Kedmey, 2013).

Guia Besana/Anzenberger/Redux

Zigy Kaluzny/Stone/Getty Images

함께 나누고 지지해 주기
내담자들은 집단치료나 자조집단에서 도움을 받는 경우가 많다. 그런 집단들은 애도집단, 배우자에게 학대받은 사람, 사회기술이 부족한 사람 등의 특정한 내담자들을 중점 대상으로 한다.

al., 2007). 현재 미국에는 50~300만에 이르는 자조집단이 있고, 매년 전체 인구의 3~4%가 이러한 자조집단에 참여하는 것으로 추정된다. 그에 더해서 인터넷에 수많은 자조집단이 생기고 있다.

가족치료 **가족치료**(family therapy)는 1950년대에 처음 소개되었다. 치료자는 모든 가족구성원들과 함께 만나서 문제가 되는 행동과 가족 간 상호작용을 지적하고, 가족 모두가 이를 바꿀 수 있도록 돕는다(Goldenberg et al., 2014). 가족치료에서는 가족 중 한 사람만이 임상 진단을 받는 경우에도 온 가족을 치료의 단위로 본다. 다음에는 가족구성원들과 치료자 간 상호작용의 전형적인 예가 제시되어 있다.

토미는 창문 밖을 내다보면서 의자에 꼼짝하지 않고 앉아 있다. 토미는 14세인데 나이에 비해 체구는 작은 편이다. 11세 씨씨(토미의 여동생)는 소파 위 엄마와 아빠 사이에 앉아서 웃고 있다. 건너편에는 가족치료자인 파고가 앉아 있다.
　파고가 말했다. "토미가 어떻게 달라졌는지 그리고 언제부터 달라졌는지 조금 더 구체적으로 말해 줄 수 있을까요?"
　토미의 어머니, 지니가 먼저 대답했다. "예, 아마 2년 전쯤인 것 같네요. 토미가 학교에서 싸움을 하기 시작했지요. 집에서 이야기를 좀 하려고 하면 토미는 간섭하지 말라고 했어요. 그 애 기분도 뚱해졌고 말도 안 들었고요. 우리가 하라고 하는 것은 절대 안 했지요. 동생에게도 못되게 굴기 시작했고 때리기까지 했어요."
　"학교에서의 싸움은 어떻게 된 일이지요?" 파고가 물었다.
　이번에는 토미의 아버지, 데이비스가 먼저 말했다. "그 문제에 대해서는 지니가 저보다 더 걱정을 많이 했어요. 저도 학교 다닐 때 싸움을 많이 한 편이었고, 그게 별일이 아니라고 생각합니다. 그렇지만 부모님께, 특히 아버지께는 공손했어요. 제가 조금이라도 주제넘게 굴면 얻어맞았지요."
　"토미를 때린 일이 있었나요?" 파고가 부드럽게 물었다.
　"그럼요, 두어 번 때렸지요. 그렇지만 소용이 없었어요."
　갑자기 토미가 관심을 보이면서 아버지를 노려보았다. "예, 아버지는 저를 많이 때렸어요.

▶**가족치료** 치료자가 가족의 모든 구성원과 만나서 치료적 방향으로 변화시키고자 하는 치료 형태

아무 이유도 없이 말이지요."

"토미, 그건 사실이 아니지." 지니가 꾸짖는 표정으로 말했다. "네가 좀 더 제대로 했으면 매를 맞을 일도 없었겠지. 파고 씨, 저도 아이를 때리는 것에 찬성하지는 않지만 남편이 얼마나 화가 났을지는 이해가 됩니다."

"당신은 내가 얼마나 화가 나는지 모를 거야." 데이비스는 화가 난 듯했다. "내가 온종일 사무실에서 일하고, 집에 와서 이따위 일로 싸워야 한다니! 어떤 때는 집에 오기도 싫다고."

토미의 어머니가 남편을 노려보았다. "집안일은 온종일 쉽기만 한 것 같아? 나도 당신이 좀 의지가 되어 주었으면 좋겠어. 당신은 돈만 벌면 되고 나머지는 다 내 일이라고 생각하겠지만, 이제는 나도 더는 그렇게 못해!"

토미의 어머니는 울기 시작했다. "나도 이제는 어떻게 해야 할지 모르겠어요. 희망이 없는 것 같아요. 왜 이 집안에서는 모두 점잖게 굴 수가 없지요? 내가 뭐 지나친 요구를 하고 있는 것은 아니라고 생각해요."

파고는 가족을 한 사람씩 바라보면서 시선을 맞췄다. "여러 가지 일이 일어나고 있는 것은 확실하네요. 제 생각에는 그렇게 된 이유를 알아내려면 앞으로 알아야 할 일들이 많은 것 같습니다."

(Sheras & Worchel, 1979, pp. 108-110)

가족치료자들은 주요한 이론적 모델 중 어느 것을 따라도 무관하지만, 가족체계이론의 원리를 채택하는 경우가 증가하고 있다(Riina & McHale, 2014). 오늘날 임상심리학자의 2%, 상담심리학자의 5%, 사회복지사의 14%가 가족체계치료자라고 밝히고 있다(Prochaska & Norcross, 2013).

앞에서 본 것처럼 가족체계이론에서는 가족마다 구성원들의 행동을 조성하는 규칙, 구조, 의사소통 방식이 있다고 주장한다. 가족체계 접근의 하나인 **구조적 가족치료**에서는 치료자들이 가족의 권력 구조와 각 구성원의 역할, 그리고 구성원 간의 관계를 바꾸려고 시도한다(Goldenberg et al., 2014; Minuchin, 2007, 1987, 1974). 가족체계 접근의 또 다른 예인 **결합가족치료**(conjoint family therapy)에서는 치료자들이 각 구성원들로 하여금 자신의 해로운 의사소통 방식을 인식하고 이를 바꾸도록 돕는다(Sharf, 2015; Satir, 1987, 1967, 1964).

다양한 형태의 가족치료로 도움을 받는 사람이 많다(Goldenberg et al., 2014; Nichols, 2013). 다만 아직까지 얼마나 도움이 되는지는 확실하게 연구되어 있지는 않다. 가족치료 접근을 통하여 치료받은 사람 중 65%가 호전되었다는 연구 결과도 있으나, 그보다 훨씬 더 낮은 성공률을 보고한 연구들도 있다. 그리고 여러 형태의 가족치료 중 어느 한 형태가 다른 유형보다 일관적으로 더 효과적인 것도 아니다(Bitter, 2013; Alexander et al., 2002).

커플치료 **커플치료**(couple therapy) 혹은 **부부치료**(marital therapy)에서 치료자는 서로 장기적 관계를 맺고 있는 두 사람을 치료한다. 부부인 경우가 많으나 두 사람이 반드시 결혼한 상태이거나 동거하지 않아도 관계없다. 가족치료와 같이 커플치료에서는 관계의 구조와 의사소통 양상을 강조한다(Baucom et al., 2015, 2010, 2009). 아이의 심리적 문제의 원인이 부모 간의 관계에 있는 경우에 커플치료 접근이 사용될 수도 있다.

장기적 관계에는 어느 정도의 갈등이 있게 마련이지만, 우리 사회의 성인 중 상당수는

▶**커플치료** 장기적 관계에 있는 두 사람을 대상으로 하는 치료 형태. '부부치료'라고도 함

숨은 뜻 읽어내기

가족 가치의 변화

59% 성인 중 현재 자기 가족이 함께 저녁 식사를 하는 빈도가 자신의 어린 시절보다 감소하였다고 보고한 사람들의 비율

10 오늘날 아버지들이 일주일에 집안일에 쓰는 평균시간. 반세기 전에는 평균 4시간을 썼음

18 오늘날 어머니들이 매주 집안일에 사용하는 평균시간. 반세기 전에는 평균 32시간을 썼음

(Harris Interactive, 2013;
Pew Research Center, 2013)

▶지역사회 정신보건치료 지역사회의 보호지원을 강조하는 치료적 접근

지역사회 방식

뉴욕 시의 프로그램으로 가톨릭 자선기금의 지원을 받는 퀸스 지역사회센터에서는 정신건강 문제나 발달장애가 있는 사람들에게 컴퓨터와 전반적인 생활기술을 가르치고 있다.

© Najlah Feanny/Corbis

심각한 수준의 부부갈등을 경험한다. 캐나다, 미국, 유럽의 이혼율은 이제 결혼율의 절반에 육박하고 있다. 결혼하지 않고 동거하는 남녀도 대부분 비슷한 수준의 어려움을 경험한다(Martins et al., 2014).

가족치료나 집단치료에서와 같이 커플치료에서도 주요한 치료 지향 중 어느 원리를 따라도 관계없다. 예를 들어 **인지행동적 커플치료**에서는 인지행동적 관점에서 비롯된 원리를 사용한다(Baucom & Boeding, 2013; Becvar & Becvar, 2012). 치료자는 주로 구체적 문제해결 기술이나 의사소통 기술을 가르침으로써 부부로 하여금 문제행동을 인식하고 바꾸도록 돕는다. 더 넓은 범위의 사회문화적 형태의 커플치료인 **통합적 커플치료**에서는 더 나아가 변화가 불가능한 상대방의 행동을 받아들이고 관계 전체를 수용하도록 돕는다(Christensen et al., 2014, 2010). 치료자는 커플에게 그러한 행동이 두 사람 사이의 기본적 차이에서 비롯된 자연스러운 결과라고 설득한다.

커플치료를 받은 부부는 유사한 문제가 있으나 치료를 받지 않는 부부보다 관계가 크게 호전되는 듯하지만, 커플치료의 특정한 유형이 다른 유형보다 우월한 치료효과를 보이는 것 같지는 않다(Christensen et al., 2014, 2010). 치료가 끝날 무렵에는 치료받은 부부의 3분의 2가 부부관계에서 호전을 보이기는 하지만, 치료 후에도 절반 이상의 부부가 문제가 없거나 행복한 관계에는 도달하지 못한다. 성공적으로 치료를 끝낸 부부 중 4분의 1은 결국 별거하거나 이혼한다.

지역사회 치료 지역사회 정신보건치료(community mental health treatment) 프로그램에서는 내담자들이 가까운 사회 환경에서 치료를 받고 회복할 수 있도록 한다. 지역사회 주간 프로그램, 주거 서비스 등 지역사회 기반 치료는 중증 정신질환자들에게 특별히 중요하다(Stein et al., 2015; Cuddeback et al., 2013). 지난 수십 년간 다른 나라에서도 유사한 지역사회 운동이 시작되었다.

제1장에서 읽었듯이 지역사회 치료의 핵심 원칙은 예방이다. 임상가들은 내담자들이 치료를 받으러 올 때까지 기다리지 않고 그들에게 적극적으로 손을 내민다. 그러한 노력이 매우 성공적임은 연구를 통해 밝혀졌다(Urben et al., 2015; Beardslee et al., 2013). 지역사회에서 일하는 사람들은 1차 예방, 2차 예방, 3차 예방의 세 가지 유형을 구분한다.

1차 예방은 지역사회의 태도와 정책을 개선하려는 노력으로 구성된다. 그 목표는 심리장애 자체를 예방하려는 것이다. 예를 들어 지역사회 사업가들이 지역 내 교육위원회에 자문을 하거나 일반 사람들을 위한 스트레스 완화 워크숍을 제공하고 효율적 대처를 알려주는 웹사이트를 구축할 수 있다.

2차 예방은 심리장애가 심각해지기 전 초기 단계에 발견하여 치료하는 것을 목표로 한다. 지역사회 사업가들은 학교 교사, 목회자, 혹은 경찰을 도와서 심리적 기능장애의 초기 징후를 인식하고 그들이 치료를 받을 수 있도록 지원하는 방안을 알려 준다. 또한 수많은 정신건강 웹사이트에서 동일한 정보를 가족, 교사 등에게 제공한다.

3차 예방의 목표는 중등도나 중증 장애가 장기화되지 않도록 치료가 필요할 때 신속하게 효과적 치료를 제공하는 것이다. 현재 미국 전역에 있는 지역사회기관에서는 수백만 명에 달하는 중등도의 심리적 문제를 가진 사람들에게 성공적으로 3차 서비스를 제공하고 있다. 그러나 제1장에서 이미 언급하였듯이 수십만의 심각한 정신장애자들이 필요로 하는 서비스를 제공하지 못하는 경우가 많다(Althouse, 2010). 재원의 부족이 그 원인 중 하나인데, 이 문제는 뒤에서 다시 다룰 것이다.

다문화적 이론가는 이상 기능을 어떻게 설명하는가

문화란 한 집단의 사람들이 공유하며 세대에서 다음 세대로 전달되는 가치, 태도, 신념, 역사, 행동을 말한다(Matsumoto & Hwang, 2012, 2011; Matsumoto, 2007, 2001). 우리는 의문의 여지없이 다문화 시대에 살고 있다. 앞으로 수십 년 안에 미국 내의 소수민족 집단을 모두 합치면 백인의 숫자를 넘어서게 된다(U.S. Census Bureau, 2014; Kaiser Family Foundation, 2010).

이와 같이 다양성이 증가함에 따라 **다문화적 관점**(multicultural perspective) 혹은 **문화적 다양성 관점**(culturally diverse perspective)이 등장하였다(Leong, 2014, 2013). 다문화심리학자들은 문화, 인종, 민족, 성별 등의 요인이 행동과 사고에 어떤 영향을 주는지, 서로 다른 문화·인종·성별 집단이 심리적으로 어떠한 차이가 있는지를 이해하려고 한다(Alegría et al., 2014, 2012, 2007). 오늘날의 다문화적 관점은 과거의 — 덜 계몽된 — 문화적 관점과는 다르다. 오늘날의 다문화적 관점에서는 인종과 민족, 그 외 측면에서의 소수집단 구성원들이 다수집단에 비하여 열등하거나 문화적 혜택을 덜 받은 집단이라고 보지 않는다. 다문화적 모델은 개인의 행동은 정상, 비정상을 불문하고 문화적 가치와 문화 특유의 외적 압박 등을 포괄하는 고유한 문화적 맥락에서 볼 때 가장 잘 이해된다고 주장한다.

미국 내에서 다문화적 연구가 가장 많이 이루어진 집단은 흑인, 히스패닉계 미국인, 아메리카 원주민, 아시아계 미국인 등 소수민족, 소수인종 집단과 빈곤집단, 동성애자, 여성(엄밀한 의미에서 소수집단은 아니지만)이다. 미국 사회에서 이 소수집단들은 스트레스를 유발하고 경우에 따라서는 이상 기능을 일으킬 수도 있는 특별한 어려움을 경험한다. 예를 들어 부유한 집단보다는 빈곤한 집단에서 이상심리, 특히 심각한 이상심리가 더 빈번하다는 것은 연구를 통하여 밝혀졌다(Wittayanukorn, 2013; Sareen et al., 2011)(그림 2-5 참조). 아마도 빈곤이 주는 압박이 그 이유가 될 수 있을 것이다.

물론 이 다양한 집단에의 소속은 서로 중복될 수 있다. 예를 들어 다수의 소수집단 구성원들은 빈곤한 환경에서 생활한다. 빈곤한 사람들이 보편적으로 경험하게 되는 높은 범죄율, 실직률, 과밀한 환경, 거주할 곳 없는 상태, 열악한 의료와 제한된 교육 기회는 이러한 소수집단 구성원들에게 심각한 스트레스가 될 수 있다(Alegria et al., 2014; Miller et al., 2011).

다문화연구자들은 소수집단들이 경험하는 편견과 차별도 특정한 이상심리의 유발에 기여할 수 있음을 지적한다(McDonald et al., 2014; Guimón, 2010). 서구사회 여성들의 불안과 우울장애의 진단 비율은 남성에 비하여

▶**다문화적 관점** 문화마다 구성원들의 행동을 설명하는 데 도움이 되는 가치와 신념 및 특별한 외적 압력이 있다는 견해. '문화적 다양성 관점'이라고도 함

그림 2-5
빈곤과 정신건강
최근 미국의 설문조사에 의하면 연소득수준이 낮은 사람들은 정신장애를 경험할 가능성이 예를 들어 지속적 불안 증상에 시달리는 사람의 비율이 고소득층에서는 6%인데 비하여 저소득층에서는 10%에 달한다. 연소득수준이 높은 사람들에 비하여 높다(출처 : Sareen et al., 2011).

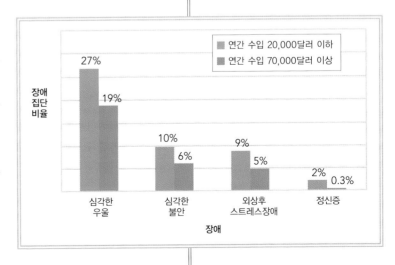

수용 가능하지 않은 차이
뉴멕시코 주 아파치 인디언 보호지역의 고등학생이 아메리카 원주민의 전통복장을 입고 미 의회에서 '예방이 가능한 유행병 : 인디언 지역의 정신건강 자원의 긴급한 필요성'에 대해서 증언하고 있다.

▶**문화−민감치료** 소수집단 구성원들이 경험하는 특유의 문제를 다루려는 접근
▶**성별−민감치료** 서구 사회의 여성이 경험하는 압력에 맞춘 치료 접근으로 '여성주의 치료'라고도 불림

<table>
<tr><td colspan="2" align="center">숨은 뜻 읽어내기</td></tr>
<tr><td colspan="2">**누가 차별을 당하는가?**</td></tr>
<tr><td>35%</td><td>지난해 인종으로 인하여 부당한 처우를 받은 일이 있다고 보고한 미국 흑인의 비율</td></tr>
<tr><td>20%</td><td>지난해 인종으로 인하여 부당한 처우를 받은 일이 있다고 보고한 히스패닉계 미국인 비율</td></tr>
<tr><td>10%</td><td>지난해 인종으로 인하여 부당한 처우를 받은 일이 있다고 보고한 미국 백인의 비율</td></tr>
<tr><td colspan="2" align="right">(Pew Research Center, 2013)</td></tr>
</table>

최소한 2배 이상 높다(NIMH, 2015). 마찬가지로 흑인, 히스패닉계 미국인, 아메리카 원주민들은 백인보다 심각한 심리적 고통과 극단적 슬픔을 경험할 가능성이 더 높다. 아메리카 원주민들은 유난히 높은 알코올중독률과 자살률을 보인다(Maza, 2015; Horwitz, 2014). 이러한 집단 차이에는 여러 요인이 관련되어 있겠지만, 인종과 성에 관한 편견과 이로 인한 문제가 긴장, 불행감, 낮은 자아존중감, 도피 등의 비정상적 양상으로 표출되는 데 기여할 수 있다(Guimón, 2010).

다문화적 치료

소수민족과 소수인종 집단의 사람들은 다수집단의 사람들에 비하여 임상치료를 받았을 때 호전되는 비율이 낮고, 정신건강 서비스의 이용률도 낮으며 치료를 더 빨리 중단하는 경향이 있다는 것이 세계 여러 곳에서 수행된 연구에서 밝혀져 있다(Cook et al., 2014; Comas-Diaz, 2012, 2011).

소수집단 내담자들을 보다 효과적으로 치료하기 위해서는 (1) 문화적 이슈에 대한 높은 민감성과, (2) 특히 아동과 청소년의 경우, 치료에 문화적 교훈과 모델을 포함시키는 것의 두 가지가 중요하다는 연구 결과들이 있다(Comas-Diaz, 2014; Inman & DeBoer, 2013). 이러한 연구 결과들을 감안하여 일부 임상가들은 문화적 소수집단 고유의 문제들을 다루는 **문화−민감치료**(culture-sensitive therapy)를 개발하였다. 여성으로서의 심리적 압박에 초점을 두는 **성별−민감치료**(gender-sensitive therapy) 혹은 **여성주의 치료**(feminist therapy)도 비슷한 원리를 따른다(Sharf, 2015).

문화적으로 민감한 접근에는 보통 다음과 같은 요소가 포함된다(Prochaska & Norcross, 2013; Wyatt & Parham, 2007).

1. 대학원 과정의 치료자를 대상으로 하는 특별한 문화교육
2. 내담자의 문화적 가치에 대한 치료자의 인식
3. 소수집단 내담자가 경험하는 스트레스, 편견, 고정관념에 대한 치료자의 인식
4. 이민자 자녀가 부딪치는 어려움에 대한 치료자의 인식
5. 내담자로 하여금 고유 문화와 주류 문화가 자신의 자기관과 행동에 미치는 영향을 자각하도록 지원
6. 내담자로 하여금 억압된 분노와 고통을 인지하고 표현하도록 지원
7. 내담자가 자신에게 편안한 두 문화 간의 균형을 얻도록 지원
8. 여러 세대에 걸친 부정적 메시지 때문에 손상된 내담자의 자기 가치감을 고양하도록 지원

사회문화적 모델의 평가

가족−사회와 다문화적 접근은 이상심리의 이해와 치료에 크게 기여하였다. 오늘날 대다수의 임상가들은 35년 전만 해도 간과되었던 가족적·문화적·사회적 그리고 사회의 이슈들을 고려한다. 그리고 임상적·사회적 역할의 영향에 대한 임상가들의 인식도 더 높아졌다. 끝으로 전통적 치료 접근들이 실패한 지점에서 사회문화적 모델의 치료방식이 좋은 성과를 거두기도 한다.

동시에 사회문화적 모델에도 문제는 있다. 우선 사회문화적 연구들의 결과는 해석이 어

근래 생물심리사회적 이론과 병합치료가 부상하고 있으므로 이 책에서는 이상행동을 두 가지 방향으로 살펴볼 것이다. 다양한 심리장애를 제시하면서 오늘날의 모델이 각 심리장애를 어떻게 설명하는지, 각 모델을 지지하는 임상가들이 그 심리장애로 진단된 사람들을 어떻게 치료하는지, 그러한 설명과 치료들이 얼마나 연구 결과들에 의해서 뒷받침되고 있는지 알아볼 것이다. 아울러 그러한 설명이나 치료 간의 상호의존성과 보완성을 살펴보고 이러한 모델들을 통합하기 위해서 현재 어떠한 노력들이 진행되고 있는지 알아볼 것이다.

핵심용어

가족체계이론	대상관계이론	원초아	정신외과 수술
가족치료	모델	유전자	정화
게슈탈트치료	모델링	인지치료	조건형성
고전적 조건형성	무의식	자기실현	조작적 조건형성
고착	문화-민감치료	자기효능감	지역사회 정신보건치료
관계적 정신분석치료	생물심리사회적 이론	자아	집단치료
꿈	성별-민감치료	자아방어기제	체계적 둔감화
내담자 중심 치료	소인-스트레스모델	자유연상	초자아
내분비계	수용기	자조집단	커플치료
뉴런	시냅스	저항	항정신성 약물
다문화적 관점	신경전달물질	전기충격요법(ECT)	호르몬
단기 정신역동치료	실존치료	전이	훈습

속성퀴즈

1. 뇌의 핵심 영역은 무엇이며, 어떻게 메시지가 뇌 안에서 오고 가는가? 심리장애에 대한 생물학적 치료를 기술하라.
2. 학습된 반응, 가치, 책임, 영성, 기저의 갈등, 부적응적 가정과 관련된 모델들은 무엇인가?
3. 무조건적인 긍정적 존중, 자유연상, 고전적 조건형성, 숙련된 좌절, 그리고 꿈의 해석을 사용하는 심리치료는 무엇인가?
4. 정신역동모델, 행동모델, 인지모델, 그리고 인본주의-실존주의 모델의 핵심 원리는 무엇인가?
5. 정신역동이론에서는 원초아, 자아, 초자아가 정상 및 이상 행동에서 하는 역할을 무엇이라고 보는가? 정신역동치료자들이 사용하는 핵심 기법은 무엇인가?
6. 행동주의자들은 어떤 형태의 조건형성에 의거하여 이상행동을 설명하고 치료하는가?
7. 이상행동을 일으키는 인지적 역기능의 형태에는 어떤 것들이 있는가?
8. 인본주의 이론과 치료는 실존주의 이론과 치료와 어떻게 다른가?
9. 사회적 명칭, 사회연결망, 가족요인, 그리고 문화는 심리적 기능과 어떤 관련이 있는가?
10. 문화-민감치료, 집단치료, 가족치료, 커플치료, 지역사회 치료의 핵심 특성은 무엇인가? 이와 같은 다양한 접근은 얼마나 효과적인가?

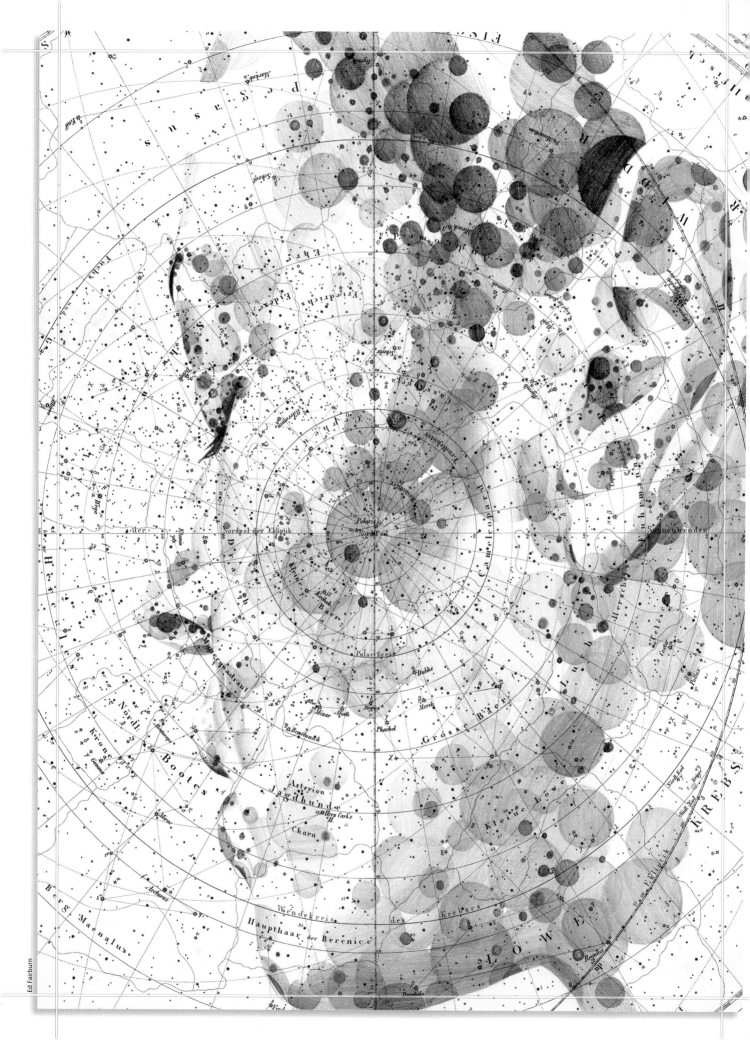

Ed Fairburn

임상, 평가, 진단 그리고 치료

프랭코는 친구 제시의 재촉에 의해 치료자를 만나기 시작했다. 프랭코는 여자 친구와 헤어진 지 네 달이 지났지만, 아직도 마음을 추스르지 못하는 듯 보였다. 그는 스포츠 활동과 콘서트 관람 등 규칙적으로 하던 모든 활동을 그만둔 상태였다. 어렵게 연결된 전화통화에서 그는 제시에게 직장에서 심각한 실수를 여러 번 했다고 말했지만, 별로 상관하지 않는 듯 보였다. 그는 피로감이 상당하여 음식을 먹기 어렵다고 고백했다. 제시는 프랭코가 임상적으로 우울하다고 추측했지만, 그녀는 전문가가 아니었다.

프랭코는 낙담감 때문에 지역 상담센터의 치료자와 약속을 잡았다. 치료자의 첫 단계는 프랭코와 그의 장해에 대해 최대한 많이 알아내는 것이다. 그는 누구이고, 인생은 어떻고, 증상은 무엇인가? 이에 대한 답은 프랭코가 현재 겪는 장해에 대한 원인과 경과를 파악하고, 어떤 전략이 가장 그를 도울 가능성이 클지 알아낼 수 있게 해 줄 것이다. 프랭코의 필요와 비정상적인 기능 패턴에 따라 치료를 수립할 수 있다.

제1장과 제2장에서는 이상심리학에서 연구자들이 비정상적 기능을 어떻게 이해하는지를 설명하였다. 임상가들은 이 정보를 임상현장에 적용하지만, 새로운 내담자를 만났을 때 임상가의 주요 초점은 내담자의 **개별**(idiographic) 또는 개인 정보를 모으는 데 있다(Zheng et al., 2015). 내담자가 직면한 문제를 극복할 수 있도록 도우려면, 치료자는 내담자와 내담자가 경험하는 어려움을 완전히 이해해야만 한다. 내담자 각 개인에 대한 정보를 근거로, 치료자는 평가와 진단을 하며 그 결과에 따라 치료를 결정한다.

임상 평가 : 내담자는 어떤 비정상적 행동을 하며, 왜 비정상적인 행동을 하는가

평가(assessment)는 결론에 도달하기 위해 관련된 정보를 모으는 과정이다. 우리는 매일매일 평가를 하면서 산다. 어떤 종류의 시리얼을 살지부터, 어떤 대통령 후보를 뽑을 것인지 결정하는 것까지 항상 평가를 한다. 대학 입학관리처에서는 그 대학에 지원한 학생 중 가장 '적합한' 학생들을 선택하기 위해 학업 성적, 추천서, 시험 성적, 면담, 지원서를 검토하고 결정을 내린다. 고용주는 회사에 적합한 인재를 뽑기 위해 이력서, 면담, 참고 자료, 그리고 근무 중 관찰 등의 정보를 수집한다.

개인이 어떤 비정상적인 행동을 보이며, 왜 비정상적으로 행동하는지 그리고 이들을 어떻게 도울 수 있는지를 결정하기 위해 **임상적 평가**를 한다. 또한 치료 중 내담자의 향상 정도를 평가하고, 치료법의 효과성을 판단하기 위해 임상적 평가를 한다. 이제까지 개발된 몇백 가지의 임상 평가법과 도구는 세 가지 범주, 즉 면담, 검사, 관찰에 속한다. 이러한 도구가 유용하게 사용되기 위해서는 표준화는 물론이고 명백한 신뢰도와 타당도를 갖춰야만 한다.

평가도구의 특징

모든 임상가는 특정 평가도구를 사용할 때 동일한 절차를 따라야 한다. **표준화**(standardize)는 일관된 단계에 따라 도구를 사용하는 것을 말한다. 또한 내담자 점수가 가진 의미를 해석하기 위해서는 평가 결과를 해석하는 방법을 표준화해야 한다. 검사 결과에 대한 표준화도 가능하다. 예를 들어 먼저 많은 사람에게 검사를 실시한 후, 그 점수를 표준으로 삼고 개인 점수를 해석할 수 있다. 표준검사 점수를 제공하는 집단은 대표성을 가져야 한다. 예를 들어, 일반 대중을 위한 공격성 검사를 해군집단을 대상으로 하여 표준화하면 '기준'에 큰 오류가 있게 된다(Hogan, 2014).

신뢰도(reliability)는 측정된 내용의 일관성을 말한다. 좋은 평가도구는 언제나 같은 상황에서 비슷한 결과를 낸다(Dehn, 2013). 평가도구가 같은 사람들에게 항상 비슷한 결과를 보여 줄 때 신뢰도의 한 종류인 검사-재검사 신뢰도(test-retest reliability)가 높다고 말한다. 어떤 검사에서 어떤 여성이 심각한 알코올중독자로 판명되었다면, 일주일 뒤에 그 검사를 다시 해도 같은 결과가 나와야 한다. 검사-재검사 신뢰도를 측정하기 위해 참가자들은 둘 이상의 검사 상황에서 검사를 받아야 하며, 두 점수는 상관관계가 있어야 한다(Holden & Bernstein, 2013). 상관관계가 높을수록(제1장 참조) 검사-재검사 신뢰도는 높다.

신뢰할 수 있는 평가
전 국가대표 농구선수였던 클라이드 드렉슬러, 제임스 워디, 브렌트 배리, 도미니크 윌킨스와 줄리어스 어빙은 2011년 올스타 슬램덩크 대회에 심사위원으로 활약했다. 매 덩크마다 점수를 들게 되어 있었는데, 이들의 점수 간 높은 신뢰도는 이들이 관찰만으로 어떤 덩크가 좋은 덩크인지 알고 있음을 보여 준다.

평가받는 사람들이 평가 항목에 대해 유사한 응답 패턴과 해석 양상을 보인다면, 이 평가도구는 신뢰도의 또 다른 종류인 관찰자 간(혹은 평가자 간) 일치도[interrater (interjudge) reliability]가 높다고 볼 수 있다. 참 · 거짓 그리고 객관식 문제는 평가하는 사람의 영향을 받지 않아 채점에 일관성이 보장되지만, 어떤 검사는 평가하는 사람의 판단에 의존한다. 그림을 복사하게 하고, 수검자의 반응 정확도를 평가하는 검사를 생각해 보자. 평가자에 따라 동일 그림에 다른 점수를 줄 수 있다.

마지막으로 평가도구는 **타당도**(validity)가 있어야 한다. 즉 평가 도구는 측정해야 하는 것을 정확하게 측정해야만 한다(Dehn, 2013). 4kg의 설탕 무게를 측정할 때마다 5kg을 가리키는 저울을 가정해 보자. 저울의 눈금이 일정한 값을 가리키기 때문에 저울의 신뢰도는 높다고 할 수 있으나, 측정값은 유효하지 않거나 정확하지 않다.

어떤 평가도구는 측정하고자 하는 것을 측정하는 것처럼 보이기 때문에 유용하게 보일 수 있다. 하지만 안면타당도(face validity)는 어떤 도구를 그럴 듯하게 보이게 할 뿐 이 도구가 타당함을 증명하지는 못한다. 예를 들어 우울증검사에 얼마나 자주 우는지에 대한 문항을 포함할 수 있다. 우울증을 앓고 있는 사람들이 우는 것은 당연하기 때문에 이 검사 문항은 안면타당도가 있다. 그러나 어떤 사람들은 우울증을 겪지 않아도 울며, 심각한 우울증을 앓고 있는 사람들은 전혀 울지 못한다. 이런 이유로 적절한 평가도구를 만들기 위해서는 예언타당도(predictive validity) 또는 공존타당도(concurrent validity)를 고려해야 한다(Dehn, 2013).

예언타당도는 도구가 미래의 특징 또는 행동을 예측하는 정도를 말한다. 초등학생을 대

▶**개별 기술적 이해** 특정 개인의 행동에 대한 이해

▶**평가** 내담자 또는 연구 참가자에 대한 관련 정보를 모으고 해석하는 과정

▶**표준화** 수많은 사람의 검사 결과를 근거로 기준을 만들어 개인의 점수를 평가할 수 있도록 만든 것

▶**신뢰도** 검사 또는 연구 결과의 일관성

▶**타당도** 검사 또는 연구 결과의 정확도, 즉 검사 또는 도구가 실제로 측정하거나 주장하는 것을 보여 주는 정도

상으로 이들이 고등학교에서 담배를 피울 것인지 아닌지를 예측하는 검사를 개발한다고 가정하자. 아동에 대한 정보—개인적 특징, 흡연 습관, 흡연에 대한 태도—를 모으고 이를 근거로 고위험 아동을 선별한다. 검사의 예언타당도를 위해 초등학생에게 검사를 시행하고, 이 학생들이 고등학교에 진학할 때까지 기다린 후, 어떤 학생이 실제로 흡연자가 되었는지 확인해 볼 수 있다.

공존타당도는 한 도구로부터 모인 측정치가 다른 도구를 이용해 모은 측정치와 일치하는 정도이다. 예를 들어 불안을 측정하는 검사에서 개인의 점수는 다른 불안검사에서의 점수 또는 임상 면담 시 그 사람의 행동과 높은 상관관계가 있어야 한다.

평가 방법을 사용하기 전에 표준화, 신뢰도, 타당도를 구축해야 한다. 방법이 아무리 통찰력 있어 보이고 그럴듯해 보여도, 해석이 불가능하고 비일관적이며 부정확하면 그 결과를 적절하게 사용할 수 없다. 불행히도 임상 평가도구는 매우 한정되어 있으며 일부 임상 평가는 이런 요구를 충족하지 못한다.

> 당신이 학교에서 치른 평가는 얼마나 신뢰할 수 있고 타당한가? 온라인이나 잡지에서 본 평가들은 어떠한가?

임상 면담

어떤 사람을 아는 가장 좋은 방법은 상대방을 직접 만나는 것이다. 이때 우리가 행동하고 말하는 것에 대해 상대방이 어떻게 반응하는지 관찰하고, 그들의 반응을 통해 상대방이 어떤 사람인지 파악한다. 임상 면담은 직접적인 대면이다(Miller, 2015; Goldfinger & Pomerantz, 2014). 임상 면담 동안 어떤 남성이 최근에 돌아가신 어머니에 대한 슬픔을 말하면서 행복한 표정을 보였다면, 치료자는 그 남성이 사실 어머니의 죽음에 대해 갈등을 겪고 있다고 생각해 볼 수 있다.

면담하기 면담은 치료자와 내담자의 첫 번째 접촉이다. 치료자는 어떤 사람의 문제와 기분, 생활주기, 관계, 개인의 역사에 대한 자세한 정보를 모으기 위해 면담을 진행한다. 치료자들은 또한 치료에 대한 기대와 동기에 대한 정보를 수집한다. 프랭코를 담당한 치료자는 면담을 기점으로 치료를 시작했다.

프랭코는 회색 체육복과 티셔츠를 입고 약속에 나타났다. 짧은 수염은 면도를 하지 않았음을, 티셔츠에 여기저기 묻은 음식찌꺼기는 오랫동안 세탁을 하지 않았음을 추측하게 했다. 프랭코는 감정 없이 말했다. 아무렇게 앉아 있는 그의 자세는 그가 치료받으러 오고 싶지 않았음을 짐작하게 만들었다

몇 차례 질문 끝에 프랭코는 자기보다 열세 살이나 어린 25세의 마리아와의 지난 2년간의 관계에 대해 말하기 시작했다. 프랭코는 아내 될 사람을 만났다고 믿었지만, 독선적인 마리아의 어머니는 나이 차에 대해 불만이었고, 끊임없이 마리아에게 프랭코보다 나은 사람을 만날 수 있다고 말했다. 프랭코는 마리아가 어머니로부터 독립해서 자신과 동거하기를 원했으나, 마리아에게는 쉽지 않은 일이었다. 마리아의 어머니가 마리아에게 너무 큰 영향을 주고 있다고 믿었고 마리아가 자신에게 더 몰입하지 않는 것이 불만이었던 그는 싸움 도중 마리아와 결별을 선언하였다. 프랭코는 곧바로 자신의 충동적인 행동을 깨달았지만, 마리아는 재결합을 거부하였다.

(계속)

프랭코에게 어린 시절에 대해 묻자, 프랭코는 12세 때 아버지가 축구 연습을 하던 자신을 데리러 오던 중 참담한 교통사고로 돌아가셨다고 말했다. 처음에 아버지는 데리러올 수 없다고 말했지만, 프랭코가 떼를 쓰자 스케줄을 조정했다. 프랭코는 자신이 아버지의 죽음에 책임이 있다고 믿고 있었다.

프랭코는 그 후 여러 해 동안 어머니가 혼자서 자신을 기르기 위해 그녀의 '인생을 포기'했어야 했다고 불평한 것이 자기비난의 감정을 더욱 부추겼다고 말했다. 어머니는 프랭코뿐 아니라 그와 만나는 여자 친구 모두를 악의로 대했다.

프랭코는 학창시절 내내 불행했었다고 기술했다. 학교가 싫었고 다른 학생들보다 자신이 멍청하다고 느꼈다. 한번은 교사가 격려의 뜻으로 한 비판 때문에 며칠이나 숙제를 할 수 없었고, 그로 인해 성적이 떨어졌다고 했다. 그는 자기가 멍청하다고 생각한다고 했다. 세월이 지난 지금 은행 매니저로 승진된 것은 전적으로 열심히 일했기 때문이라고 믿고 있다. "나는 다른 사람들만큼 똑똑하지 못합니다."

프랭코는 마리아와의 결별 이후 전보다 훨씬 불행하게 느낀다고 설명했다. 가끔 밤새도록 TV를 시청하지만, 자기가 보고 있는 것에 주의를 기울이지 못한다고 보고했다. 어떤 날은 먹는 것을 잊기도 한다고 했다. 친구를 보고 싶은 마음도 없고, 직장에서는 여러 가지 일을 헷갈려 상사로부터 꾸중이 늘어나고 있다고 했다. 그는 이게 모두 자신의 능력이 부족한 탓이라 해석하고 있다. 프랭코는 자신이 현재 직업에서 요구하는 능력을 갖지 못한 것을 상사가 알아차렸을 것이라고 했다.

이러한 유형의 기본적 배경 자료를 모으는 것 이상으로, 임상 면담 진행자는 자신이 중요하다고 생각하는 주제에 특별한 관심을 둔다(Miller, 2015; Segal, June, & Marty, 2010). 정신역동적 면담자는 내담자의 욕구, 과거 사건에 대한 기억, 그리고 관계에 대해 알고 싶어 한다. 행동주의 면담자는 반응을 유발하는 자극과 그 결과에 대한 정보를 찾아내기 위해 노력한다. 인지주의 면담자는 개인에게 영향을 끼치는 사고와 그 해석을 찾아내려 노력한다. 인본주의 면담자는 개인의 자기평가, 자아개념, 그리고 가치에 관해 묻는다. 생물학적 면담자는 생화학 또는 뇌의 역기능의 신호를 찾는다. 그리고 사회문화적인 면담자는 가족, 사회, 문화적 환경에 대해 질문한다.

면담은 비구조화되거나 구조화될 수 있다. 비구조화된 면담에서, 치료자는 "자신에 대해

군대의 고민
미국 육군들이 텍사스 주 포트후드의 군대준비 프로세스 센터에서 심리검사 평가순서를 기다리고 있다. 최근 군인들이 이라크와 아프가니스탄의 반복적인 파병의 결과로 심각한 심리 문제를 보임에 따라 군대에서는 어떤 군인이 특별히 취약한지 예측할 수 있는 평가를 실시하고 있다.

말해 줄 수 있나요?"와 같은 간단한 개방형 질문을 한다. 비구조화된 면담은 사전 계획 없이 면담 진행자에 따라 연관된 주제들을 탐색한다.

구조화된 면담에서는 치료자가 미리 준비된 질문을 한다. 때로 이미 출판된 면담양식—모든 면담 진행자를 위해 이미 만들어진 표준화된 질문지—을 이용한다. 대부분의 구조화된 면담은 시간, 장소, 주의 지속시간, 기억, 판단, 통찰력, 내용과 과정, 분위기 그리고 외모에 관한 질문과 관찰로 구성된 **정신 상태 검사**(mental status exam)를 포함한다(Sommers-Flanagan & Sommers-Flanagan, 2013). 구조화된 면담은 치료자가 모든 면담에서 같은 종류의 질문을 하고, 개인 간 서로 다른 반응을 비교할 수 있게 해 준다.

대부분의 임상 면담에 구조화된 양식과 비구조화된 양식이 있지만, 각 임상가는 그중 하나를 선호한다. 일반적으로 정신역동과 인본주의적 치료자는 비구조화된 면담을 선호하는 반면, 이상행동의 원인이 될 수 있는 행동·태도 또는 사고 과정을 찾아낼 필요가 있는 행동과 인지주의 치료자는 구조화된 면담을 주로 사용한다(Segal & Hersen, 2010).

"내가 단어를 말할 테니 그것을 듣고 머릿속에서 처음으로 떠오르는 나쁜 것들을 말해 보세요."

임상 면담의 한계는 무엇인가 면담을 통해 사람들에 대한 가치 있는 정보를 얻을 수는 있지만, 그 정보에는 한계가 있다. 한 가지는 타당성 또는 정확성이 부족하다는 것이다(Sommers-Flanagan & Sommers-Flanagan, 2013). 사람들은 자신을 긍정적으로 보이게 하기 위해 의도적으로 거짓을 말하거나 부끄러운 주제는 피한다(Gold & Castillo, 2010). 어떤 사람은 면담을 통해 정확한 정보를 주지 못할 수 있다. 예를 들어 우울증을 앓고 있는 사람은 자신에 대해 비관적이며, 사실이 그렇지 않을지라도 자신을 스스로 형편없는 노동자 또는 자격 없는 부모로 묘사할 수 있다.

면담 진행자 또한 자신이 수집한 정보를 편향되게 해석할 수 있다(Clinton, Fernandez, & Alicea, 2010). 예를 들어 일부 면담 진행자는 첫 인상이나 내담자에 대한 좋지 않은 정보에 너무 큰 비중을 두기도 한다(Wu & Schi, 2005). 면담 진행자의 성별, 인종, 연령에 대한 편견은 또한 내담자가 말하는 것에 대한 해석에 영향을 줄 수 있다(Ungar et al., 2006).

특히 비구조화된 면담은 신뢰도가 낮다(Sommers-Flanagan & Sommers-Flanagan, 2013). 사람들은 서로 다른 면담 진행자에게 각각 다르게 반응한다. 예를 들어 차가운 면담 진행자에게는 따뜻하고 지지적인 면담 진행자에게보다 적은 정보를 준다(Quas et al., 2007). 유사하게 치료자의 인종, 성별, 나이, 외모는 내담자의 반응에 영향을 줄 수 있다(Davis et al., 2010; Springman, Wherry, & Notaro, 2006).

서로 다른 치료자가 같은 사람에게 같은 질문을 하더라도 다른 답을 얻고 다른 결론을 낼 수 있기 때문에 어떤 연구자는 면담이 임상 평가도구로서 불필요하다고 믿는다. 하지만 다른 두 종류의 임상 평가 방법 또한 심각한 한계를 가진다.

임상 검사

임상 검사(clinical test)는 개인에 대해 더 많은 정보를 추론하기 위해 개인의 다양한 심리적

▶**정신 상태 검사** 내담자의 비정상적인 기능의 정도와 본질이 드러나도록 구성된 면담 질문과 관찰

▶**임상 검사** 개인에 대해 더 많은 정보를 추론하기 위해 개인의 다양한 심리적 기능에 대한 정보를 모으는 도구

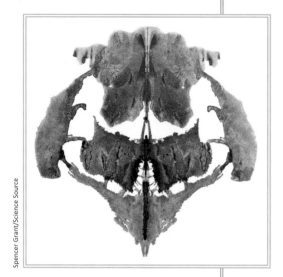

그림 3-1
로샤검사에 사용된 것과 유사한 잉크 얼룩
이 검사에서 내담자는 총 10개의 잉크 얼룩 이미지를 보고 반응한다.

기능에 대한 정보를 모으는 도구이다. 매월 여러 잡지와 웹사이트에서 성격, 관계, 성생활, 스트레스에 대한 반응, 또는 성공 능력에 대해 예측하는 새로운 검사를 발표한다. 이런 검사들은 그럴 듯하게 보이지만, 대부분은 신뢰도와 타당도가 부족하고, 표준화되어 있지 않다. 이런 검사들은 개인에 대해 정확한 정보를 제공하지 못하며, 다른 사람과 비교해서 개인이 어느 정도 위치에 있는지 말해 주지 못한다.

현재 미국에는 500개가 넘는 임상 검사가 사용되고 있다. 치료자는 다음의 여섯 가지 검사, 즉 투사검사, 인성검사, 반응 목록, 정신생리학적 검사, 신경학적 검사, 지능검사를 가장 많이 사용한다.

투사검사 투사검사(projective test)에서는 내담자가 잉크 얼룩 또는 애매모호한 사진과 같은 모호한 자극을 해석하게 하거나, "사람을 그리시오."와 같은 개방형 지시를 따르게 한다. 투사검사는 단서와 지시가 일반적인 경우 사람들은 주어진 과제에서 자신의 성격의 단면을 '투사할 것이다'라는 이론적 가정에 근거한다(Cherry, 2015; Hogan, 2014). 투사검사는 주로 정신역학치료자가 무의식에 접근하여 비정상의 근거가 된다고 믿는 갈등을 알아내기 위해 사용한다(Baer & Blais, 2010). 가장 널리 사용되는 투사검사는 로샤(Rorschach)검사, 주제통각검사, 문장완성검사, 그림검사(HTP)이다.

로샤검사 1911년 스위스 정신과 의사인 Hermann Rorschach는 임상 현장에서 잉크 얼룩의 유용성을 시험해 보았다. 그는 종이에 잉크를 떨어뜨리고 이를 반으로 접어 그림 3-1에 나타난 것처럼 서로 대칭인 수천 개의 얼룩을 만들었다. Rorschach는 모든 사람이 이 얼룩에서 어떤 이미지를 본다는 것을 발견했다. 게다가 사람들이 보고하는 이미지가 자신의 심리적 상태와 연관되어 있다고 보았다. 예를 들어 조현병으로 진단받은 사람은 우울증을 앓고 있는 사람과는 다른 이미지를 보고하는 것을 관찰하였다.

> 한계는 있으나 로샤검사는 매우 유명하다. 왜 그럴까?

1921년 Rorschach는 10개의 잉크 얼룩을 선택하여 사용지침서와 함께 출판했다. 이것을 로샤 정신역학 잉크얼룩검사라고 불렀다. Rorschach는 8개월 후 37세의 나이로 죽었지만, 다른 사람들이 그의 업적을 계승하였고, 그의 잉크 얼룩은 20세기에 가장 널리 사용된 투사검사의 하나가 되었다(마음공학 참조).

치료자는 잉크얼룩카드를 한 번에 하나씩 제시하고 내담자에게 무엇이 보이는지, 잉크 얼룩이 무엇처럼 보이는지, 또는 그것이 무엇을 연상하게 하는지 물어보며 로샤검사를 실행한다. 초기의 로샤검사자는 잉크 얼룩이 연상하게 하는 이미지와 주제에 특별한 관심을 두었다(Butcher, 2010). 검사자는 또한 디자인 전체를 보는가 아니면 특정 세부사항을 보는가, 얼룩을 보는가, 혹은 여백을 보는가 등 반응방식에 관심을 둔다.

주제통각검사 주제통각검사(TAT)는 그림을 이용한 투사검사이다(Aronow, Weiss, & Reznikoff, 2011; Morgan & Murray, 1935). 주제통각검사에서 내담자는 보통 30개의 모호한 상황 속에 있는 사람들의 흑백 사진을 보고 각 카드에 대한 극적인 이야기를 만들어야 한다. 내담자는 사진에서 일어나고 있는 일이 무엇인지, 어떻게 진행되고 있는지, 주인공들의 감정과 생각은 무엇인지, 그리고 그 상황의 결과는 어떠할 것인지를 말할 것을 요구받는다.

▶투사검사 애매모호한 자극으로 구성된 검사

TAT를 사용하는 치료자들은 사람들이 언제나 각 카드에서 인물들 중 한 사람과 자신을 동일시한다고 믿는다. 내담자의 환경, 필요, 그리고 감정이 이야기에 반영된다. 예를 들어 다음 여성 내담자는 그림 3-2에서 본 것과 비슷한 TAT 그림에 대해 이야기할 때 자신의 감정을 드러내는 듯 보인다.

이 여성은 자신이 증오하는 어머니에 대한 기억으로 고통받아 왔다. 그녀는 자신이 어머니를 대하는 태도에 슬픔을 느꼈고, 어머니에 대한 기억은 그녀를 괴롭혔다. 나이가 들고, 자신의 아이가 자신이 어머니를 대했던 방식으로 그녀를 대하고 있다는 것을 깨달으면서 이런 기분을 더 심하게 느끼고 있다.

(Aiken, 1985, p. 372)

그림 3-2
TAT에서 사용하는 것과 유사한 사진

마음공학

심리학의 위키피디아가 새고 있다?

2009년 응급실 의사가 로샤검사의 모든 이미지, 각 카드의 일반반응을 백과사전의 온라인판인 위키피디아에 올렸다. 그 도구의 출판사인 호그레페출판사는 즉각적으로 위키피디아를 고소한다고 위협하면서 백과사전에서 이미지를 올리는 것은 '믿기 어려울 정도로 분별력이 없는 일'이라고 비판하였다(Cohen, 2009). 그러나 법적 공방은 없었고, 아직도 10장의 카드는 전 세계인이 보도록 위키피디아에 올라가 있다.

심리학자들은 위키피디아의 포스팅을 비판하면서 위키피디아에서 로샤검사를 본 적이 있는 환자들의 로샤검사 반응은 신뢰할 수가 없음을 주장하였다. 이를 지지하듯 최근 연구는 위키피디아의 로샤 기사를 읽는 것이 그 검사에 대해 좀 더 긍정적으로 수행하게 도와줌을 발견했다(Schultz & Brabender, 2012). 이런 임상적인 우려는 심리테스트 답안의 비전문적 출판은 옳지 않으며 환자에게 해롭다는 미국, 캐나다와 영국 심리학회의 입장과 일치한다(CPA, 2009; BPS, 2007; APA, 1996).

다른 비판가들은 로샤카드의 온라인 유출은 로샤검사의 반응과 특정 심리장애의 관련성을 보여 주는 몇 천 개의 출판된 연구(Cohen, 2009)의 유용성을 파손시킨다고 주장한다. 이 연구들은 처음으로 잉크반점을 본

사람들을 대상으로 진행되었지, 온라인에서 카드를 본 적이 있는 사람들을 대상으로 하지 않았다.

한편 이 검사에 대해 회의적인 사람들은 온라인 포스팅이 로샤검사에 대한 대중의 기대와 임상적 유용성을 낮추기를 기대하면서 이를 반긴다(Radford, 2009). 실제 최근 한 연구는 로샤-위키피디아 논쟁으로

왜 로샤 논쟁이 심리검사의 확산을 증폭시켰을까?

인해 많은 사람들이 이 검사에 대한 반감을 일으켰음을 보여 준다(Schultz & Loving, 2012).

이 논쟁은 실제로 심리검사의 확산을 감소시키기보다는 증폭시켰다. 이 논쟁을 기사화한 여러 신문은 로샤카드의 사진을 보여 주었다(Simple, 2009; White, 2009). 이 장의 후반부에서 읽겠지만, 심리검사 중 가장 많이 사용되는 지능검사도 구입 의향이 있는 사람들을 위한 공간인 이베이에서 구입이 가능하다.

그림검사

그림검사는 보통 아동의 기능을 평가하는 데 사용된다. 아동에게 가장 많이 사용하는 검사는 가족 구성원들이 활동하는 모습을 그리게 하는 활동적 가족그림검사이다.

문장완성검사 1920년대에 처음 개발된 문장완성검사(Payne, 1928)는 사람들에게 "나는 …를 소망한다." 또는 "나의 아버지는 …."와 같은 미완성의 문장을 완성하도록 한다. 이 검사는 이야기를 시작하고, 탐색할 주제를 선정하기 위한 쉽고 빠른 방법이다.

그림 그림이 때로 화가에 관해 말해 준다는 가정하에 치료자는 내담자에게 사람을 그리고 그 인물에 대해 말해 보라고 요구한다(McGrath & Carroll, 2012). 그림은 세부사항과 그림의 형태, 연필선의 견고함, 종이 위 그림의 위치, 인물의 크기, 인물의 모습, 배경의 활용, 그리고 그리기 검사 동안 내담자가 한 말에 따라 평가한다. 사람 그리기(Draw-a-Person, DAP) 검사에서는, 먼저 '사람'을 그리라고 한 뒤, 반대 성별을 가진 또 다른 사람을 그리라고 지시한다.

투사검사는 어떤 가치가 있는가 1950년대까지 투사검사는 성격을 평가하는 데 가장 많이 사용되었다. 하지만 최근에 치료자와 연구자는 투사검사를 부수적인 정보를 수집하는 데 사용한다(McGrath & Carroll, 2012). 이런 변화는 새로운 이론적 모델을 따르는 치료자들이 투사검사를 잘 사용하지 않기 때문이다. 더 중요한 사실은 투사검사는 타당도와 신뢰도가 확립되지 않았다는 것이다(Hogan, 2014).

투사검사에 대한 신뢰도 연구는 치료자들이 같은 사람의 투사검사를 다르게 채점하는 경향이 있음을 보여 준다. 유사하게 타당도 연구에서 치료자들이 투사검사에 대한 반응을 근거로 내담자의 성격과 기분을 추론할 때, 투사검사의 결과가 내담자의 자기 보고, 정신과 의사의 관점 또는 과거의 방대한 사례로부터 얻은 정보와 일치하지 않음을 보여 준다(Cherry, 2015; Bornstein, 2007).

또 다른 타당도 문제는, 투사검사가 때로 소수민족에 대해 선입견을 갖게 한다는 것이다(Constantino et al., 2007)(표 3-1 참조). 예를 들어 TAT에서는 내담자가 만들어 내는 이야기를 통해 성격을 알아내는데, TAT 그림에는 소수민족 인물이 없다. 이에 대한 대책으로, 어떤 치료자는 흑인 또는 남아메리카 인물이 포함된 TAT와 유사한 검사를 개발했다(Costantino et al., 2007, 1992).

평가의 예술

투사검사 접근으로 보면, 초기 20세기 작가인 루이스 웨인이 그린 이상하게 생긴 고양이의 초상화는 그가 장기간 앓던 조현병의 반영이라고 해석된다.

표 3-1

평가와 진단에서 다문화 이슈

문화적 이슈	평가 또는 진단의 효과
● 이민 내담자	**● 주류 문화 평가자**
내담자의 모국 문화는 현재 살고 있는 나라의 문화와 다를 수 있다.	문화와 관련된 반응을 병으로 오인할 수 있다.
전쟁 또는 탄압 때문에 모국을 떠났을 수 있다.	외상후 스트레스에 대한 내담자의 취약성을 간과할 수 있다.
이민한 나라에서 지원 시스템이 취약할 수 있다.	내담자의 스트레스에 대한 취약성이 높아졌음을 간과할 수 있다.
이민한 나라에서의 생활수준(예 : 부와 직업)이 모국에서의 생활수준에 비해 낮을 수 있다.	내담자의 상실감 또는 좌절감을 간과할 수 있다.
언어를 배우는 것이 불가능하거나 이를 거부할 수 있다.	내담자의 평가 반응을 오해할 수 있고 내담자의 증상을 오진하거나 간과할 수 있다.
● 소수민족 내담자	**● 주류 문화 평가자**
평가자를 포함해 주류 문화의 구성원들을 거부하거나 신뢰하지 않을 수 있다.	내담자와 친밀감을 형성하지 못하거나 내담자의 불신을 병으로 잘못 해석할 수 있다.
주류 문화의 가치(예 : 자기주장, 대립)를 불편해하고 치료자의 권고를 잘 받아들이지 못한다.	내담자의 동기가 낮다고 판단할 수 있다.
주류 문화방식에 대해 스트레스(예 : 위통과 같은 신체 증상)를 보일 수 있다.	증상을 잘못 해석할 수 있다.
주요 문화에서는 이상하게 보일 수 있는 문화적 신념을 가지고 있다(예 : 죽은 사람과의 대화).	문화적 반응(예 : 망상)을 병으로 잘못 해석할 수 있다.
평가 동안 불편해할 수 있다.	내담자의 불편함을 간과하고 잘못 판단할 수 있다.
● 주류 문화 평가자	**● 소수민족 내담자**
소수민족에 대해 무지하거나 편견을 가질 수 있다.	문화적 차이를 병으로 오인받거나 증상이 무시될 수 있다.
문화적 차이를 병으로 오인하거나 증상을 무시할 수 있다.	긴장하고 걱정할 수 있다.

출처 : Rose et al., 2011; Bhattacharya et al., 2010; Dana, 2005, 2000; Westermeyer, 2004, 2001, 1993; López & Guarnaccia, 2005, 2000; Kirmayer, 2003, 2002, 2001; Sue & Sue, 2003; Tsai et al., 2001; Thakker & Ward, 1998.

성격검사 개인에 대한 정보를 모으는 또 다른 방법은 자신을 스스로 평가하게 하는 것이다. **성격검사**(personality inventory)는 대상자에게 행동, 신념, 기분에 대한 광범위한 질문을 한다. 전형적인 성격검사에서 개인은 각 항목이 자신에게 적용되는지를 표시한다. 그 후 치료자는 내담자의 반응을 그 사람의 성격과 심리적 기능에 대한 결론을 내리는 데 사용한다(Hogan, 2014; Watson, 2012).

지금까지 가장 널리 사용되는 성격검사는 미네소타 다면적 인성검사(Minnesota Multiphasic Personality Inventory, MMPI)이다(Butcher, 2011). 여기에는 1945년에 출판된 원본 검사와 1989년에 개정되고 2001년에 재개정된 *MMPI-2*의 두 가지 버전이 있다. 또한 MMPI-재구조화 형태라고 불리는 단축형 버전이 있다. 청소년을 위한 특별 버전인 *MMPI-A*가 있다(Williams & Butcher, 2011).

MMPI는 '사실', '거짓', 또는 '해당사항 없음'으로 분류된 약 500개의 항목으로 구성되어 있다. 각 항목은 신체적 문제부터 감정, 성생활, 그리고 사회적 활동까지 다양한 주제에 대해 기술한다. 이런 500여 개의 항목은 10개의 임상척도로 분류되며, 각 척도의 점수 범위는 0~120이다. 각 항목에서 70 이상의 점수를 받으면, '이상'으로 판단된다. 10개 척도를 동시에 비교하는 경우, 일반적 성격 특성을 보여 주는 **프로파일**을 얻을 수 있다. MMPI에서 10개 척도는 다음과 같은 특성을 측정한다.

▶**성격검사** 전반적인 성격 특성을 측정하도록 고안된 검사로, 행동, 믿음, 감정에 대한 기술을 포함함. 피검사자는 기술 문제에 대해 자신의 특성인지 아닌지를 평가함

"이제 몇 가지 검사를 할 겁니다.
채혈과 CAT 스캔과 S.A.T 검사입니다."

건강염려증 신체 기능에 대해 비정상적인 염려를 보이는 항목("나는 일주일에 몇 번씩 가슴의 통증을 느낀다.")

우울증 심각한 염세주의와 절망을 보이는 항목("나는 종종 미래가 절망적이라고 느낀다.")

히스테리 갈등과 책임을 무의식적으로 회피하기 위한 방법으로 신체적 또는 정신적 증상을 보일 수 있음을 시사하는 항목("내가 느낄 수 있을 정도로 심장이 매우 심하게 뛴다.")

반사회성 사회적 관습에 대한 총체적이고 반복적인 무관심과 공감 능력의 부족을 보여 주는 항목("다른 사람들은 내 활동과 관심을 비판한다.")

남성성－여성성 남성과 여성을 구분한다고 간주된 항목("나는 꽃꽂이를 좋아한다.")

편집증 비정상적인 의심과 과대망상 또는 피해망상을 보이는 항목("내 마음에 영향을 끼치려 하는 사악한 사람들이 있다.")

강박증 집착, 강박, 비정상적 두려움과 죄책감, 우유부단함을 보이는 항목("나는 불필요해도 내가 사는 거의 모든 물건을 보관하고 있다.")

조현병 비정상적이고 특이한 생각이나 행동을 보여 주는 항목("내 주변 것들은 진짜처럼 보이지 않는다.")

경조증 감정적 흥분, 지나친 활동, 사고의 비약을 보여 주는 항목("특별한 이유 없이 기분이 무척 좋아지거나 상당히 나빠진다.")

사회적 내향성 부끄러움, 사람들에 대해 관심이 적고 불안을 보여 주는 항목("나는 쉽게 부끄러움을 느낀다.")

　MMPI와 몇몇 성격검사는 투사검사에 비해 몇 가지 장점이 있다(Cherry, 2015; Hogan, 2014). 지필검사 또는 컴퓨터검사이기 때문에 시간이 적게 들고, 객관적 채점이 가능하다. 거의 모든 검사가 표준화되었기 때문에 개인의 점수를 다른 사람과 비교할 수 있다. 더나아가, 성격검사는 투사검사보다 검사－재검사 신뢰도가 높다. 예를 들어 최대 2주 안에 MMPI를 재검사하는 경우, 검사 점수의 유사성이 높다(Graham, 2014, 2006).

　성격검사는 또한 투사검사보다 신뢰도 또는 정확도가 높다(Cherry, 2015; Butcher, 2011, 2010). 그러나 성격검사 자체의 신뢰도는 높지 않다. 성격검사만 사용하는 경우, 내담자의 성격을 정확하게 판단하지 못한다(Braxton et al., 2007). 이는 검사가 측정하려고 하는 성격 특질이 직접적으로 평가될 수 없기 때문이다. 자기 보고만으로 개인의 성격, 감정, 욕구를 정확하게 파악하기는 어렵다.

　MMPI-2 개발자들이 이전보다 더 다양한 집단을 표준화에 포함했으나, MMPI와 성격검사는 비록 특정한 문화적 한계를 벗어날 수 없다는 것이 또 다른 한계점이다. 한 문화에서 정신장애를 시사하는 반응이 다른 문화에서는 정상적인 반응일 수 있다(Butcher et al.,

2010; Dana, 2005, 2000). 한 예로, 심령술이 보편화된 푸에르토리코에서는, "가끔 악한 혼령이 나를 사로잡는다."라는 MMPI 항목에서 '사실'이라고 표시할 것이다. 다른 문화에서는 그 반응이 정신병을 암시할 수 있다(Rogler et al., 1989).

신뢰도에 문제가 있기는 하지만, 성격검사는 지속적으로 인기가 있다. 면담 또는 다른 평가도구와 함께 사용된다면, 치료자가 사람들의 개인적 성향과 장애를 파악하는 데 성격검사가 유용하다는 연구 결과가 있다.

반응평정도구 반응평정도구(response inventory)는 성격검사와 같이 자세한 정보를 알기 위해 사람들에게 질문하지만, 특정 기능 분야에 초점을 맞춘다(Wang & Gorenstein, 2013; Vaz et al., 2013; Watson, 2012). 예를 들어 어떤 검사에서는 감정을, 또 다른 검사에서는 사회적 기술을, 그리고 다른 검사에서는 인지 과정을 측정한다. 치료자는 이 검사 결과를 개인의 장애에 영향을 끼치는 요인을 판단하는 데 사용할 수 있다.

정서평정도구는 불안, 우울, 그리고 분노와 같은 감정의 심각도를 측정한다. 가장 널리 사용되는 정서평정도구는 Beck 우울증평정도구로, 사람들은 자신이 느끼는 슬픔의 수준과 그 슬픔이 기능에 미치는 영향을 평가한다. 특히 행동치료자와 가족-사회치료자가 사용하는 **사회적 기술평정도구**는 대상자들에게 다양한 사회적 상황에서 어떻게 반응할 것인지 질문한다. 인지평정도구는 개인의 사고와 가정뿐 아니라 사고의 역기능적 유형을 밝혀낸다. 이 도구들은 주로 인지치료자들과 연구자들이 사용한다.

지난 30년 동안 반응평정도구와 이를 사용하는 치료자의 수는 꾸준히 증가했다. 그러나 반응평정도구에도 한계가 있다. Beck 우울증평정도구와 그 밖의 소수 도구를 제외하고는 표준화, 타당도, 신뢰도가 구축된 도구가 매우 적다(Blais & Baer, 2010). 이런 도구들은 정확도와 일관성에 대한 평가 없이 필요에 의해 개발되었다.

정신생리학적 검사 치료자는 정신적 문제의 지표인 생리학적 반응을 측정하는 **정신생리학적 검사**(psychophysiological test)를 사용할 수 있다(Daly et al, 2014). 30여 년 전 몇몇 연구에서 불안 증상이 보통 심박 수, 체온, 혈압, 전기피부반응, 근육수축과 같은 생리학적 변화들을 수반한다는 것을 알아낸 후, 이 검사가 시작되었다. 생리학적 변화의 측정은 특정 정신장애 평가에서 핵심적인 역할을 해 왔다.

거짓말 탐지기(polygraph)는 정신생리학적 검사이다(Bhutta et al., 2015; Rosky, 2013). 다양한 신체 부위에 전극을 부착해 개인이 질문에 답하는 동안, 숨쉬기, 발한, 심박 수의 변화를 감지한다. 치료자는 개인이 통제 질문—"당신의 부모님은 살아 계신가요?"와 같이 답이 "예"인 질문—에 "예"로 답할 때의 반응을 먼저 관찰한다. 다음에 그 사람이 "절도 행위를 했나요?"와 같은 질문에 답하는 동안 동일한 생리학적 기능을 관찰한다. 숨쉬기, 발한, 심박 수가 갑자기 증가하는 경우, 거짓말을 하고 있는지 의심해 봐야 한다.

> 왜 무죄인 사람이 거짓말 탐지기를 통과하지 못할까? 어떻게 범죄자가 이 테스트를 통과하는 것일까?

다른 검사와 마찬가지로 정신생리학적 검사도 문제점을 가지고 있다(Rusconi & Mitchener-Nissen, 2013). 대부분의 검사는 관리와 유지 비용이 많이 드는 값비싼 기계를 필요로 한다. 더군다나 정신생리학적 측정은 정확도와 신뢰도가 떨어진다(심리전망대 참조). 실험실 장비—정교하고 때로는 위협적인—는 참가자를 예민하게 만들 수 있고 신체

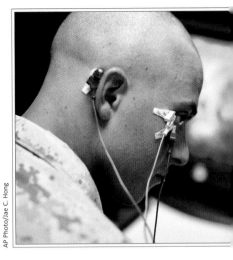

눈 깜박임
이 해군은 전쟁에 참전하기 전에 눈 깜박임 테스트를 받고 있다. 눈 깜박임 테스트는 눈꺼풀과 얼굴 부위에 센서를 달아 실시하는 정신물리학적 테스트이다. 이 테스트로 긴장과 불안에 대한 생리적 반응을 감지하여, 외상후 스트레스장애에 특히 취약한지를 예측한다.

▶**반응평정도구** 정서, 사회기술, 또는 인지 과정과 같은 특정 기능 영역의 반응을 측정하도록 고안된 검사

▶**정신생리학적 검사** 심리적 문제의 지표로 (심박 수와 근육 긴장과 같은) 신체적 반응을 측정하는 검사

진실, 절대 진실, 그리고 거짓 없는 진실

영화에서 경찰에게 심문을 당한 범죄자는 땀을 흘리고 욕하고 몸을 떨면서 자신의 죄를 고백한다. 이들을 폴리그래프(polygraph), 즉 거짓말 탐지기에 앉히면, 종이 전체에 기계 바늘이 움직인다. 이는 거짓말 하는 사람은 숨쉬기, 발한, 심박 수에 체계적인 변화가 생긴다는 이론이 생겼던 제1차 세계대전 때부터 우리가 가져왔던 이미지이다(Marston, 1917).

그러나 거짓말 탐지기는 우리의 기대만큼 효과적이지 않기 때문에, 이것에 의존하는 것은 위험하다(Rosky, 2015, 2013; Rusconi & Mitchener-Nissen, 2013; Meijer & Verschuere, 2010). 미국심리학회에서 거짓말 탐지기는 정확하지 않다고 공식적으로 발표하고, 미국 의회에서 범죄의 소추와 고용 심사에서 거짓말 탐지기의 사용을 금지한 1980년대 중반까지 대다수는 이런 불편한 진실에 대해 크게 신경 쓰지 않았다(Krapohl, 2002). 연구들은 평균적으로 진실 100개 중 8개가 거짓말 탐지기에서 거짓으로 판명된다고 보고한다(Grubin, 2010; Raskin & Honts, 2002; MacLaren, 2001). 거짓말 탐지기를 통해 알아낸 결과가 재판에서 증거로 사용될 경우 얼마나 많은 무죄한 사람들이 유죄판결을 받을지 상상해 보라.

이런 연구 결과로 거짓말 탐지기는 신뢰도가 떨어졌고 예전에 비해 인기가 적다. 예를 들어 최근에는 소수의 재판에서만 거짓말 탐지기 결과를 유죄판결의 증거로 인정한다(Grubin, 2010; Daniels, 2002). 하지만 거짓말 탐지기 검사가 사라진 것은 아니다. FBI는 이 검사를 여러 목적으로 사용한다. 가석방위원회와 보호관찰시설은 유죄판결을 받은 범죄자의 석방 여부를 결정할 때 거짓말 탐지기를 사용한다. 또한 공무원 고용 시(경찰관과 같은), 거짓말 탐지기의 사용이 증가하고 있다(Meijer & Verschuere, 2010; Kokish et al., 2005).

분노 콜롬비아 보고타의 라틴아메리카 폴리그래프 연구소에서는 학생들이 거짓말 탐지기를 실시하는 것을 배운다. 이 테스트의 결과가 가끔 타당하지 않다는 증거에도 불구하고, 이 테스트는 직원의 비리가 큰 문제가 되고 있는 콜롬비아의 기업에서 활발하게 사용되고 있다.

반응을 변화시킬 수 있다. 또한 생리학적 반응은 한 회기 내에서 반복 측정될 때 변할 수 있다. 예를 들어 피부전기반응은 반복 검사 시 감소하는 경향이 있다.

신경학적 그리고 신경심리학적 검사 일부 성격 또는 행동 문제는 주로 뇌 손상 또는 뇌 활동의 변화에 의해 발생한다. 뇌 손상, 뇌종양, 뇌기능부전, 알코올중독, 감염과 다른 장애들이 이런 손상을 일으킨다. 심리학적 역기능을 효과적으로 다루려면, 이것의 주요 원인이 뇌의 생리적 이상인지, 아닌지를 아는 것이 중요하다.

어떤 검사들은 뇌의 이상을 탐지하는 데 유용하다. 뇌 수술, 조직검사, 엑스레이 같은 검사들은 이용 역사가 길다. 최근에 과학자들은 뇌 구조와 뇌 활동을 직접 측정하는 다양한 **신경학적 검사**(neurological test)를 개발하였다. 뇌전도(electroencephalogram, EEG)는 뉴런의 활성화의 결과로 뇌 안에서 발생하는 전기 활동인 뇌파를 측정하는 신경학적 검사이다. 이 검사에서는 뇌파가 두피에 꽂은 전극들에 의해 기계에 기록된다.

다른 신경학적 검사들은 실제로 뇌 구조 또는 뇌 활동의 '사진'을 찍는다. 이러한 검사들은 **신경촬영기법**(neuroimaging technique) 또는 **뇌 스캐닝**(brain scanning)이라고 부른다.

▶**신경학적 검사** 뇌 구조 또는 뇌 활동을 직접적으로 측정하는 검사

▶**신경촬영기법** CT 스캔, PET 스캔, 그리고 MRI와 같은 뇌 구조 또는 뇌 활동의 이미지를 제공하는 신경학적 검사. 또는 '뇌 스캐닝'이라고도 함

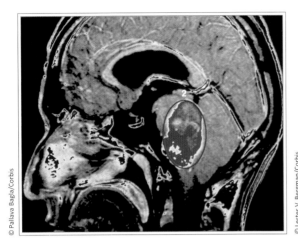

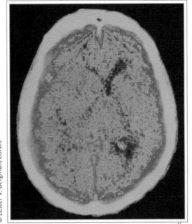

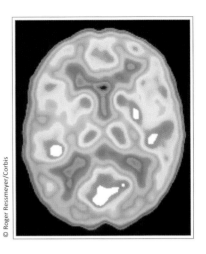

이 검사들은 뇌 구조의 엑스레이를 다각도에서 촬영한 컴퓨터 단층 촬영(computerized axial tomography, CAT scan 또는 CT scan), 컴퓨터를 이용해 뇌에서 일어나는 화학 반응의 모션 픽쳐인 양전자 방사 단층 촬영(positiron emission tomography, PET scan), 그리고 뇌 구조의 자세한 사진을 찍기 위해 뇌에서 특정한 수소 원자의 자기적 성질을 이용한 과정인 자기 공명 영상(magnetic resonance imaging, MRI) 등이 있다.

MRI의 한 버전인 기능적 자기 공명 영상(functional magnetic resonance imaging, fMRI)은 뇌 구조의 MRI 사진을 뇌 기능을 보여 주는 뉴런 활동의 세부적 사진으로 전환시킨다. fMRI는 PET 스캔 이미지보다 훨씬 더 선명한 뇌 기능 사진을 제공하기 때문에, fMRI가 처음 개발된 1990년부터 뇌연구자들에게 큰 영향을 끼쳤다.

이런 기술들은 널리 이용되기는 하지만, 미세한 뇌 이상을 탐지하지 못할 수 있다. 이 때문에 덜 직접적이기는 하지만, 때로 특정 과제에 대한 인지, 감각, 운동 수행을 측정하고 근본적인 뇌 문제의 지표로서 비정상적 수행을 해석하는 **신경심리검사**(neuropsychological test)가 개발되었다(Hogan, 2014). 뇌 손상은 특히 시지각, 기억, 그리고 시각운동 조직에 영향을 끼칠 수 있기 때문에 신경심리검사들은 특별히 이러한 영역에 중점을 둔다. 예를 들어 유명한 벤더 시각-운동 게슈탈트검사(Bender Visual-Motor Gestalt Test)는 간단한 기하학적 디자인을 보여 주는 9개의 카드로 구성된다. 내담자는 한 번에 하나씩 디자인을 보고 종이에 따라 그린다. 나중에 그림을 기억에 의존해 다시 그리기를 한다. 12세 이상의 내담자가 정확도가 떨어지는 수행을 보이면 뇌 손상을 의심할 수 있다. 치료자는 특정 기술 영역을 측정하는 일련의 신경심리학적 검사 배터리를 사용한다(Flanagan et al., 2013; Reitan &

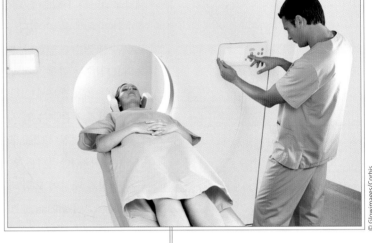

전통적인 스캐닝
MRI, CAT, PET 스캔과 같이 임상 현장에서 가장 많이 사용되는 신경촬영기법은 살아 있는 뇌를 촬영한다. MRI 스캔(위에서 왼쪽)은 주황색으로 나타난 큰 종양을 보여 준다. CAT 스캔(위에서 가운데)은 뇌 속의 피를 보여 주고, PET 스캔(위에서 오른쪽)은 자극을 받았을 때 활성화되는 뇌의 영역을 보여 준다(빨간색, 주황색, 노란색 영역).

▶**신경심리검사** 개인의 인지, 지각, 운동 수행을 통해 뇌 손상을 감지하는 검사

EEG
두피에 꽂은 전극은 이 남아의 뇌파를 측정하게 해 준다.

Wolfson, 2005, 1996).

지능검사 지능에 대한 초기의 정의는 "잘 판단하고, 추리하고, 이해하는 능력"이었다 (Binet & Simon, 1916, p. 192). 지능은 특정 신체 과정이라기보다는 추론된 자질이기 때문에 간접적으로만 측정될 수 있다. 1905년 프랑스 심리학자인 Alfred Binet와 그의 조수인 Théodore Simon은 다양한 언어와 비언어기술을 요하는 과제로 구성된 **지능검사**(intelligence test)를 개발했다. 이 검사와 후속 지능검사에서 얻은 점수를 **지능지수**(intelligence quotient), 또는 **IQ**라고 부른다. 현재 백 가지가 넘는 지능검사가 있다. 제14장에서 자세히 기술되겠지만, 지능검사는 지적장애를 진단하는 데 중요한 역할을 할 뿐만 아니라 치료자들이 다른 문제를 탐색할 수 있게 해 준다(Hogan, 2014; Mishak, 2014).

지능검사는 가장 잘 만들어진 임상 검사 중 하나이다(Bowden et al., 2011). 지능검사는 대규모집단의 사람들을 대상으로 표준화되었기 때문에, 치료자는 개인의 점수를 타인의 점수와 비교해 볼 수 있다. 지능검사의 신뢰도는 높다. 같은 IQ검사를 몇 년 후에 다시 해도 비슷한 점수를 받는다. 마지막으로 주요 IQ검사의 타당도가 높은 편이다. 예를 들어 아동의 IQ점수는 학교 성적과 정적 상관을 보인다.

그러나 지능검사에도 단점이 있다. 낮은 동기 또는 높은 불안과 같은 지능과 상관없는 요인이 검사 결과에 크게 영향을 끼친다(Chaudhry & Ready, 2012)(언론보도 참조). 게다가 IQ검사는 언어나 문화적 편견에서 자유롭지 못하기 때문에 특정 배경을 가진 사람이 다른 배경을 가진 사람보다 유리할 수 있다 (Goldfinger & Pomerantz, 2014). 유사하게 어떤 소수집단 구성원들은 이런 종류의 검사에 경험이 적을 수 있고, 주류 문화에 속한 검사자가 불편할 수 있다. 어떤 쪽이든 검사 수행은 영향을 받는다.

> 지능검사점수가 학교 행정가, 교사 및 관련인에 의해 어떻게 오용되는가? 왜 사회는 이 점수에 이렇게 관심을 가지고 있는가?

임상 관찰

면담과 검사에 더하여 치료자는 체계적으로 내담자의 행동을 관찰할 수 있다. **자연 관찰**(naturalistic observation)에서는 치료자가 일상 환경에서 내담자를 관찰한다. 또 다른 방법인 **아날로그 관찰**(analog observation)에서는 치료자가 치료실 혹은 실험실과 같은 인위적인 환경에서 내담자를 관찰한다. 마지막으로 **자기 관찰**(self-monitoring)에서는 내담자가 자신을 스스로 관찰하도록 배운다.

자연 관찰과 아날로그 관찰 자연적 임상 관찰은 보통 집, 학교, 병원이나 감옥과 같은 시설, 또는 지역사회에서 진행된다. 관찰 대부분은 부모-아동, 형제-아동 또는 교사-아동 관계와, 두렵거나 공격적인 행동 또는 방해행동에 초점을 둔다(Hughes et al., 2014; Lindhiem et al., 2011). 때로 내담자에게 중요한 인물에 의해 수행되어, 치료자에게 보고된다.

자연 관찰이 불가능하면 비디오테이프 녹화 장치 또는 일방경과 같은 특정 기구를 사용하는 아날로그 관찰에 의존할 수 있다. 아날로그 관찰을 통해 아동과 부모의 상호작용, 결혼한 부부의 의견 충돌 해결 과정, 무대공포증 환자의 연설, 그리고 공포 조성 물건에 대한 접근 등을 살펴볼 수 있다.

▶**지능검사** 개인의 지능을 측정하도록 설계된 검사

▶**지능지수(IQ)** 지능검사에서 얻어진 점수

10:00 AM   75%

언론보도

지능 검사, 이베이, 그리고 공익

Michelle Roberts, AP통신

온 라인 경매 사이트인 이베이에서 지능검사가 판매 중인데, 검사 제작업체는 이것의 오용을 걱정하고 있다.

산 안토니오에 기반을 둔 하커트 사에서 만든 웩슬러지능검사는 반드시 임상심리학자와 훈련된 전문가에게 판매되고 실시되어야 한다.

하커트 사에 의하면, 지능검사는 범죄자의 지능을 알아보기 위해 검찰과 피고측 변호사가 주문하는 수많은 검사 중 하나이다. 예를 들어 낮은 IQ는 형량의 감소 주장에 사용될 수 있다.

학교에서는 학생을 우열 프로그램으로 배정하기 위해 지능검사를 사용한다. 하커트 관계자들은 이베이에서 팔린 지능검사가 변호사 또는 부모에게 오용되는 것을 염려하고 있다.

하지만 이베이는 하커트 사의 검사 판매 제한 요구를 거절하고 있다. 이베이 관계자들은 이베이가 2억 4,800만 명의 구매자와 판매자 사이에 구매되는 상품의 오용을 감시할 수 없을 뿐 아니라 검사 판매에 아무런 법적 문제가 없다고 주장한다(이 검사들은 2015년 현재 이베이에서 구입이 가능하다). 현재 이베이에서 판매되고 있는 5개 검사의 가격은 175~900달러이며, 정상가가 939달러인 성인 검사의 최신판은 이베이에서 249.99달러에 판매되고 있다.

> 자유시장원리가 심리적인 웰빙과 위배될 때, 이 문제는 어떻게 해결해야 하는가?

웩슬러지능검사(WAIS-R) 많이 이용되는 지능검사로, 상식, 기억, 어휘, 산수, 디자인과 눈-손 협응과 같은 부분을 측정하는 11개의 하위 검사로 구성된다.

하커트 사의 대변인은 "이 검사를 보호하기 위해 사용을 제한해야 한다."고 주장한다. … 하커트 사의 임상 분야 책임자는 "악의가 있든 없든 검사 항목과 질문에 대한 잘못된 해석은 아동의 지능에 대해 잘못된 결론을 내릴 수 있게 만든다."라고 말했다….

IQ Tests for Sale on eBay by Michelle Roberts, The Associated Press, 12/18/2007. Used with permission of The Associated Press Copyright ⓒ 2014. All rights reserved.

Travis Amos

직접 관찰을 통해 많은 것을 배울 수 있지만, 임상 관찰에도 단점이 있다. 하나는 항상 신뢰할 만하지는 않다는 것이다. 같은 사람을 관찰해도 치료자에 따라 다른 행동에 초점을 맞출 수 있고, 평가 및 결론이 달라질 수 있다(Meersand, 2011). 이러한 문제는 관찰자의 훈련과 관찰자 목록의 사용을 통해 감소시킬 수 있다.

또한 관찰자들은 관찰의 타당도 또는 정확도에 영향을 미치는 오류를 범할 수 있다(Wilson et al., 2010). 관찰자는 해야 할 일이 많기 때문에 중요한 행동 또는 사건을 모두 관찰하고 기록하기 어려울 수 있다. 또는 관찰자가 관찰을 오래 하는 경우, 처음에 세운 기준에서 벗어나 평가하거나 피로로 인해 정확도가 감소하는 **관찰자 표류**(observer dirft)를 경험할 수 있다. 또 다른 문제는 **관찰자 편견**(observer bias)이다. 관찰자의 판단은 그 사람에 대해 이미 갖고 있던 정보와 기대의 영향을 받을 수 있다(Hróbjartsson et al., 2014).

내담자의 반응성(reactivity) 또한 임상 관찰의 타당도를 제한할 수 있다. 내담자의 행동이 관찰 자체에 의해 영향을 받을 수 있다는 것이다(Antal et al., 2015). 예를 들어 학령기 아동은 누군가가 자신을 관찰하고 있다는 것을 알게 되면, 좋은 인상을 주기 위해 교실에서 평상시와는 다른 행동을 한다(Lane et al., 2011).

Spencer Grant/PhotoEdit

이상적인 관찰
임상 관찰자는 일방경을 통해 어머니와 아이를 방해하거나 상호작용에 영향을 주지 않고 관찰할 수 있다.

마지막으로 임상 관찰은 교차-상황타당도(cross-situational validity)가 부족할 수 있다. 학교에서 공격적인 아동이 집에서 또는 방과 후 친구들에게 공격적이지 않을 수 있다. 행동은 특정 상황에서 구체적이기 때문에 한 상황에서 관찰한 것이 다른 상황에 항상 적용되는 것은 아니다(Kagan, 2007).

자기 관찰 앞서 언급했듯이 성격과 반응평정도구는 사람들이 자신의 행동, 감정, 또는 인지를 보고하는 검사이다. 자기 관찰에서도 이와 유사하게 자신을 관찰하고 특정 행동, 감정, 또는 생각의 빈도를 주의 깊게 기록한다(Newcomb & Mustanski, 2014; Huh et al., 2013). 예를 들어 약물중독자가 얼마나 자주 약물에 대한 충동을 느끼는가? 또는 두통이 심한 사람이 얼마나 자주 두통이 있는가? 자기 관찰은 특히 다른 종류의 관찰에서 알아내기 힘든, 드물게 발생하는 행동을 평가하는 데 유용하다. 이는 또한 너무 자주 발생해서 자세한 관찰이 어려운 행동(예 : 흡연, 음주, 또는 약물 사용)을 평가하는 데 유용하다. 마지막으로 자기 관찰은 개인적인 사고나 지각을 측정하는 유일한 방법이다.

하지만 다른 모든 임상 평가처럼 자기 관찰에도 단점이 있다(Huh et al., 2013). 여기서도 역시 타당도가 가장 문제가 된다. 사람들은 언제나 자신이 관찰한 것을 정확하게 기록하지 못한다. 더 나아가 자신의 행동을 관찰하는 동안 사람들은 의도하지 않게 행동을 변화시킨다. 예를 들어 자기 관찰을 할 때 흡연가는 담배를 덜 피우며, 교사는 학생에게 칭찬을 많이 하고 벌을 덜 준다. 과체중 사람은 스스로 음식량을 기록하게 되면 덜 먹는다.

▶ **요약**

임상 평가 치료자는 내담자의 개인 정보 수집에 주된 관심이 있다. 치료자는 평가를 통해 내담자의 문제의 근원과 원인을 이해하려고 한다.

대부분의 평가 방법은 세 가지 범주, 즉 면담, 검사, 그리고 관찰에 속한다. 면담은 비구조화 또는 구조화될 수 있다. 검사에는 투사, 성격, 반응, 정신생리학적 검사, 신경학적 검사, 신경심리검사, 그리고 지능검사가 있다. 관찰은 자연 관찰, 아날로그 관찰, 자기 관찰이 있다. 평가도구가 유용하게 사용되려면 반드시 표준화되어야 하며 신뢰할 수 있고 타당해야 한다. 현재 사용되고 있는 일부 평가 방법은 이러한 요건을 모두 충족시키지는 못한다.

진단 : 내담자의 증상이 장애와 일치하는가

치료자는 내담자의 장애 원인과 유지 원인이 되는 요소 전체, 즉 **임상적 구도**(clinical picture)를 이해하기 위해 면담, 검사, 관찰에서 얻은 정보를 이용한다(Goldfinger & Pomerantz, 2014). 임상적 구도는 어느 정도 치료자의 이론적 방향에 영향을 받는다(Garb, 2010, 2006). 프랭코를 치료했던 심리학자는 이상행동에 대한 인지행동주의 관점을 가졌고, 모델링과 강화 원리 그리고 프랭코의 기대, 가정, 해석을 강조한 구도를 통해 사례를 이해하였다.

숨은 뜻 읽어내기

명언
"그저 보는 것으로 많은 것을 관찰할 수 있다."

요기 베라

프랭코의 어머니는 프랭코의 불안정한 감정과 자신은 똑똑하지 않고 열등하다는 믿음을 강화시켜 왔다. 교사가 프랭코를 격려하고 발전을 독려하면, 어머니를 그를 '바보'라고 불렀다. 비록 프랭코는 그 집에서 유일하게 대학에 진학했고 잘 수학했지만, 어머니는 그가 사회에서 성공하긴 어렵다고 말했다. 한번은 그가 대학 대수수업에서 B를 받자, 어머니는 그에게 "넌 돈을 벌지 못할 거야."라고 말했다. 어머니는 또한 "넌 네 아버지와 같이 진짜 바보야."라고 말하거나 '재수 없이 걸려든 남자'라고 공격했다.

어려서 프랭코는 부모가 싸우는 것을 많이 보았다. 비난을 위한 비난을 하는 어머니와 가족 부양을 위한 일이 얼마나 힘든지 고함을 지르며 강조하는 아버지 사이에서 프랭코는 인생이 즐겁지 않을 것이라 배웠다. 그는 부부가 싸우고 서로를 비난하는 것이 당연하다고 믿었다. 자신의 부모를 모델로, 프랭코는 마리아나 그 전 여자 친구와 좋지 않을 때마다 고함을 질렀다. 동시에 모든 여자 친구가 자신의 성질에 대해 불평하는 것에 대해 혼란스러워했다

프랭코는 마리아와의 결별을 자신이 '바보'라는 증거로 받아들였고 그녀와 헤어진 것은 멍청한 일이었다고 느꼈다. 그는 자신의 행동과 결별을 자신이 다시는 사랑받을 수 없고 행복을 찾을 수 없는 증거라고 해석했으며, 마음속으로 자신의 미래에는 문제 많은 관계, 싸움, 그리고 더 안 좋은 직장에서 해고되는 일만 남았다고 생각했다. 이 무망감이 그의 우울 감정을 악화시켰고 기분을 좋게 하려는 노력을 어렵게 만들었다.

숨은 뜻 읽어내기

신경증적 와해란 무엇인가

'신경증적 와해'는 전문용어가 아니다. 주로 갑작스러운 심리적인 문제로 입원을 해야 할 정도로 능력을 상실할 경우 이 용어를 사용한다. 어떤 사람들은 정신장애가 시작되는 시점을 지칭할 때 이 용어를 사용하기도 한다(Hall-Flavin, 2011; Padwa, 1996).

치료자는 평가 자료와 임상적 구도에 의거해 **진단**(diagnosis)을 내린다. 즉 개인의 심리적 문제에 대한 결정인자가 특정 장애를 초래한다는 것이다. 치료자가 진단을 통해 내담자의 역기능 패턴이 특정 장애를 반영한다고 판단하면, 이 패턴이 다른 사람들이 보인 것과 본질적으로는 동일하며, 특정 치료방식에 반응할 것임을 가정한다. 치료자는 자신이 도우려고 하는 내담자에게 그 장애에 가장 효과적이라고 알려진 치료를 적용한다. 이로써 내담자가 보이는 문제의 예후와 치료가 효과적인지를 예측할 수 있다.

분류체계

진단의 원리는 분명하다. 특정 증상이 주기적으로 같이 발생하고 — 증상의 조합을 **증후군**(syndrome)이라고 함 — 일정한 경과를 보일 경우, 그 증상들이 특정 장애라고 할 수 있다(표 3-2 참조). 사람들이 이런 증상 패턴을 보이면 진단가가 진단을 내리게 된다. 증상이나 지침에 대한 기술을 포함하는 범주나 장애의 목록을 **분류체계**(classification system)라고 한다.

왜 많은 임상가들이 '조현병인 사람'보다 '조현병을 가진 사람들'이라는 표현을 더 많이 사용하는가?

1883년 Emil Kraepelin은 이상행동에 대한 최초의 현대식 분류체계를 고안하였다(제1장 참조). 이 범주가 미국정신의학회(APA, 2013)가 최근 발표한 분류체계인 정신질환의 진단 및 통계 편람(*Diagnostic and Statistical Manual of Mental Disorders, DSM*)의 근거가 된다. *DSM*은 북아메리카에서 가장 많이 사용되고 있는 분류체계이다. 대부분의 국가에서는 세계보건기구에서 개발한 국제질병분류기호(International Classification of Diseases, ICD)를 사용한다.

*DSM*은 상당히 많이 변화되어 왔다. 최신판은 2013년에 발표된 *DSM-5*이다. 이 판은 이전 판인 *DSM-IV-TR*과 다른 부분이 꽤 많다.

▶**진단** 어떤 사람의 문제가 특정 장애를 반영한다는 결정

▶**증후군** 일반적으로 함께 발생하는 증상의 집합

▶**분류체계** 증상이나 지침에 대한 기술을 포함하는 범주나 장애의 목록

표 3-2

정신건강 인지의 날	
1월	정신웰니스 달
3월	발달장애 인식의 달, 전국 자해 인식의 달
4월	알코올 인식의 달, 전국 자폐 인식의 달, 전국 스트레스 인식의 달
5월	아동 정신건강 인식 주간, 국가 불안과 우울 인식 주간, 조현병 인식 주간
6월	공황 인식의 날(6월 17일), 외상후 스트레스 장애 인식의 날(6월 27일)
9월	세계 자살 예방의 날(9월 10일)
10월	국가 우울 인식의 달, 세계 정신건강의 날(10월 10일), 국가 조울증 인식의 날(10월 10일), 강박장애 인식 주간, ADHD 인식의 달
11월	국가 알츠하이머병 인식의 달

출처 : Disabled World, 2014.

▶DSM-5 정신장애의 진단 및 통계편람의 최신판으로 2013년에 출판됨

그림 3-3

얼마나 많은 미국인이 일생 동안 DSM 진단을 받는가

어떤 설문에 의하면 미국 사람의 약 2분의 1이 진단을 받는다고 한다. 그중 일부는 공병률이라고 부르는 2개 이상의 진단을 받는다(출처 : Greenberg, 2011; Kessler et al., 2005).

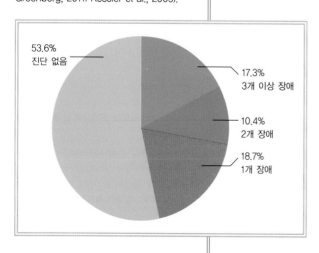

53.6%
진단 없음

17.3%
3개 이상 장애

10.4%
2개 장애

18.7%
1개 장애

DSM-5

***DSM-5*에는 500여 개의 정신장애가 있다(그림 3-3 참조).** 각각은 장애 진단을 위한 기준과 주요한 임상 특징을 기술한다. 이 체계는 어떤 장애에 자주 수반되는 특징을 기술할 뿐 아니라 연구를 통해 얻은 정보, 즉 연령, 문화, 성별, 유병률, 위험 요소, 경과, 합병증, 유전 및 가족 패턴과 같은 배경 정보를 제공한다.

*DSM-5*를 이용해 적절한 진단을 내리기 위해서 임상가는 범주 및 차원 정보를 제공해야 한다. 범주 정보란 내담자의 증상에 따른 범주(장애) 이름을 말한다. 차원 정보란 내담자의 증상의 심각도와 여러 성격 범주에서 얼마나 역기능을 보이는지에 대한 등급을 지칭한다.

범주 정보 먼저 임상가는 어떤 사람이 분류체계에 속한 정신장애 중 하나를 보이고 있는지, 아닌지를 결정해야 한다. 가장 빈번하게 진단되는 장애는 불안장애와 우울장애이다.

불안장애 불안장애를 가진 사람들은 불안과 걱정(범불안장애)을 경험한다. 특정 상황, 물건, 활동에 대한 공포(공포증), 사회적 상황에 대한 불안(사회불안장애), 반복적인 공황발작(공황장애), 또는 부모나 중요한 사람으로부터 분리되는 것에 대한 불안(분리불안장애)이 있다.

우울장애 우울장애를 가진 사람들은 극도의 슬픔 및 그와 관련된 증상을 경험하거나(주요우울장애), 지속적이고 만성적이나 상대적으로 덜한 슬픔(지속성 우울장애) 혹은 월경 전 극도의 슬픔 및 관련 증상(월경전불쾌감장애)을 경험한다.

비록 *DSM-5*에서 1개 진단을 받는 것이 일반적이나, 때론 하나 이상의 진단을 받는 경우도 있다. 프랭코는 주요우울장애 진단을 받을 확률이 높다. 추가적으로 임상가가 프랭코가 말한 자신에 대한 교사의 평가나 상사가 자신을 업무 부적격으로 평가하리라는 것이 보다 광범위한 과도한 걱정, 근심 그리고 회피의 예라고 판단했다면, 프랭코는 범불안장애 진단도 받을 것이다. 반대로 프랭코의 불안이 범불안장애 수준까지 올라간 것이 아니라고 판단했다면, 주요우울장애 진단으로 프랭코가 경험하는 불안을 설명할 수 있다(불안증 동반 주요우울장애).

차원 정보 내담자가 어떤 장애를 보이는지 결정하는 것에 더해서, 진단가들은 장애의 심각도, 즉 증상이 내담자에게 얼마나 큰 장해를 일으키는가를 평가하려고 한다. *DSM-5* 개발자들은 특정 장애의 심각도를 평가하는 데 유용한 다양한 평가도구를 제안했다(APA, 2013). 예를 들어, *DSM-5*에서는 주요우울장애의 경우 두 가지 도구를 제안한다. 범증상간 평정도구(Cross-Cutting Symptom Measure)와 정서적 디스트레스와 우울 척도(Emotional Distress-Depression Scale)이다. 첫 번째 도구는 일반적인 부정적 감정과 행동(예 : "나는 내 인생에서 뭘 원하는지 모른다." 등)의 빈도를 보여 준다. 두 번째 척도는 우울 특정적 정서와 행동("나는 가치 없다고 느낀다.")의 빈도를 보여 준다. 이 두 도구의 점수를 통해 임상가

는 내담자의 우울이 '경도', '중등도' 혹은 '고도' 수준인지 평가한다. 임상적 면접, 검사, 임상적 관찰을 통해 치료자는 프랭코가 **중등도** 우울을 가졌다고 판단했다. *DSM-5*는 진단 시 차원 정보뿐 아니라 범주 정보까지 동등하게 고려한 첫 번째 *DSM* 진단 체계이다.

추가 정보 임상가는 진단을 내릴 때 또 다른 유용한 정보를 참고할 수 있다. 예를 들어 내담자와 관련된 의학적 상태나 특정 심리사회적 문제가 그것이다. 프랭코의 여자친구와의 결별은 관계 디스트레스로 간주할 수 있다. 종합하면, 프랭코는 다음과 같은 진단을 받을 수 있다.

> 진단 : 불안증 동반 주요우울장애
> 심각도 : 중등도
> 추가 정보 : 관계디스트레스

각 진단 범주는 임상가가 사용해야 하는 코드, 먼저 언급했던 현 국제분류체계인 ICD-10에 명시된 코드를 가진다. 프랭코가 위와 같은 *DSM-5* 진단을 받는다면, 임상가는 주요우울장애, 증등도에 해당하는 F32.1 코드를 사용할 것이다.

"나는 행복한 사람일까? 아니면 증상이 없는 사람일까?"

Barbara Smaller/The New Yorker Collection/www.cartoonbank.com

*DSM-5*는 효과적인 분류체계인가

평가처럼 분류체계도 신뢰도와 타당도에 의해 판단된다. 여기서 신뢰도는 서로 다른 치료자가 같은 내담자를 진단하기 위해 체계를 사용할 때 동일한 진단을 내리는가를 의미한다. *DSM*의 초기 판들은 잘해야 중간 정도의 신뢰도를 보고하였다(Regier et al., 2011). 예를 들어 1960년대 초 4명의 치료자가 *DSM* 초판인 *DSM-1*에 의존하여 153명의 환자를 독립적으로 면담했다(Beck et al., 1962). 그들의 진단일치도는 54%였다. 4명 임상가 모두가 경험 많은 진단가였기 때문에 진단일치도가 낮다는 것은 진단시스템의 문제를 시사한다.

DSM-5 개발자들은 이전 버전보다 신뢰도를 증대시키기 위해 특정 절차를 따랐다(APA, 2013). 예를 들어 과거 *DSM*에서 애매모호하고 신뢰할 수 없었던 범주에 대해 연구논문에 대해 철저한 고찰을 진행하였다. 추가적으로 다양한 경험이 많은 임상가로부터 의견을 모았다. 그런 후 새로운 기준과 범주가 더 신뢰할 수 있을 것을 기대하면서 새로운 진단범주를 개발하였다. 그런 노력에도 불구하고 *DSM-5* 개발에 사용된 절차에 대한 비판과 우려가 많다(Wakefield, 2015; Brown et al., 2014; Frances, 2013). 예를 들어 개발자들이 새로운 기준과 범주의 장점을 평가하는 **현장연구**로 충분히 진행하지 않았다는 점에 대해 비판이 많다. 비판자들은 *DSM-5*가 과거 버전에서 보였던 신뢰도의 문제를 그대로 가지고 있음을 심각하게 우려하고 있다. 예를 들어 *DSM-5*가 사용되면 될수록 임상가들이 불안장애들 간 변별에 어려움이 있을 것이라고 걱정하고 있다.

분류체계의 타당도는 진단범주들이 제공하는 정보의 정확도이다. 예를 들어 범주 개념은 치료자가 예언타당도 — 앞으로의 증상 또는 사건을 예측하는 것을 돕는 것 — 를 증명할 때 가장 많이 사용한다. 주요우울장애의 일반적 증상은 불면증 또는 과도한 잠이다. 치료

숨은 뜻 읽어내기

숫자

1   1840년 미국 역학조사에 수록된 정신적인 역기능 범주의 수 ('바보/명청이' 등)

60   1952년 *DSM-I*에 수록된 범주의 수

541   현재 *DSM-5*에 수록된 범주의 수

비판의 물결

아직 연구자들이 *DSM-5*의 장점과 문제를 밝히려는 연구를 진행하고 있지만, 많은 인지이론가들은 새로운 분류, 진단 기준 그리고 타당도에 대한 비판의 목소리를 높이고 있다. 두 가지의 가장 많이 언급되는 비판은 임상가 Gary Greenberg와 Allen Frances가 저술한 *Book of Woe and Saving Normal*이라는 책에 기술되어 있다.

자는 프랭코에게 주요우울장애를 진단할 때, 지금은 아니지만 나중에 수면 문제가 나타날 수 있다는 것을 예상했다. 또한 다른 우울증 환자들에게 효과적인 치료가 효과적일 것으로 예측했다. 이런 예측이 정확할수록 범주의 예언타당도가 증가한다.

*DSM-5*의 설계자들은 방대한 연구 검토와 수많은 연구를 통해 새로운 *DSM* 버전의 타당도를 확보하기 위해 노력했다. 결과적으로 현재 기준과 범주는 이전 *DSM* 버전들보다 더 강력한 타당도를 갖는 듯 보인다. 하지만 많은 임상이론가들은 *DSM-5*에서 일부 진단 기준과 범주가 설득력 없는 연구에 기초하고 있고, 어떤 것은 성별 또는 인종 편견을 반영한다고 주장한다(Koukopoulos & Sani, 2014; Rhebergen & Graham, 2014). 실제로 미국 국립정신보건원(National Institute of Mental Health, NIMH)은 *DSM-5*의 타당도에 문제가 있다고 보고 이를 위한 움직임을 시작하였다(Insel & Lieberman, 2013; Lane, 2013). 정신건강연구에 대한 세계 최대의 지원기관인 NIMH는 전적으로 *DSM-5*에만 의존한 임상연구는 지원하지 않을 것임을 공표하였다.

변화에 대한 요구

*DSM-5*의 개발은 10년도 넘게 걸렸다. 초기작업을 마친 후 2006년에 *DSM-5* 대책위원회와 워크그룹이 만들어졌고, 목표는 이전 *DSM* 버전이 가진 한계를 극복한 새로운 *DSM*을 개발하는 것이었다. 마침내 2013년에 새로운 진단 및 분류체계인 *DSM-5*가 발표되었다. *DSM-5*의 분류와 기준은 이 책 전반에 소개되었다(APA, 2013).

*DSM-5*의 주요 변화는 다음과 같다.

- '자폐스펙트럼장애'라는 새 범주가 추가되었는데, 이 범주는 과거 '자폐증'과 '아스퍼거 증후군'을 합쳐 만들어졌다(제14장 참조).
- '강박장애'는 불안장애와는 다른 문제로, '수집광(hoarding disorder)', '신체이형장애', '발모광(털뽑기장애)', '피부뜯기장애'와 같은 강박행동장애로 구분된다(제4장 참조).
- '외상후 스트레스장애'는 불안장애와는 다른 문제로 본다(제5장 참조).
- '파괴적 기분조절부전장애', '지속성 우울장애', '월경전불쾌감장애'라는 새로운 범주가 추가되었고, 다른 우울장애와 같이 묶였다(제6장 참조).
- '신체증상 및 관련 장애'라는 새로운 범주가 생겨났다(제8장 참조).
- '건강염려증'을 '질병불안장애(illness anxiety disorder)'로 대치하였다(제8장 참조).
- '폭식장애'라는 새로운 범주가 생겨났다(제9장 참조).
- '물질남용'과 '물질의존' 범주를 합친 '물질사용장애'라는 새로운 범주가 생겨났다(제10장 참조).
- '도박장애'는 '물질사용장애'와는 다른 문제로 구분한다(제10장 참조).
- '성정체성 장애'를 '성별 불쾌감'이라는 용어로 대체한다(제11장 참조).
- '정신지체'를 '지적발달장애'라는 용어로 대체한다(제14장 참조).

● '독해장애', '수학장애' 그리고 '쓰기장애'를 합친 '특정학습장애' 범주를 첨가한다(제 14장 참조).

● '치매'를 '신경인지장애'로 대체한다(제15장 참조).

● '경도 인지장애'라는 새로운 범주를 첨가한다(제15장 참조).

진단과 낙인찍기가 해로울 수 있는가

믿을 만한 평가 자료와 신뢰할 수 있고 타당한 범주가 있음에도 치료자는 때로 잘못된 진단을 내린다(Faust & Ahern, 2012; Trull & Prinstein, 2012). 다른 사람들과 마찬가지로 치료자도 결함을 가진 정보처리자이다. 연구들은 치료자가 평가 초기에 수집한 정보에 너무 큰 영향을 받음을 보여 준다. 어떤 경우에는 아동에 대한 부모의 보고와 같은 특정 정보의 출처에 초점을 맞추고, 아동의 관점에서 나온 자료는 무시한다. 또한 치료자의 판단은 성별, 연령, 인종, 사회경제적 지위와 같은 개인적 편견에 의해 왜곡될 수 있다. 평가도구, 평가원, 그리고 분류체계의 한계를 고려하면, 병원에서 내려지는 진단에 상당한 오류가 있다는 것이 놀라운 일은 아니다(Mitchell, 2010; Vickrey et al., 2010).

오진의 가능성에 더하여 사람을 분류하는 행동은 뜻하지 않은 결과를 초래할 수 있다. 예를 들어 제2장에서 기술되었듯이, 많은 가족–사회 연구자들은 진단을 내리는 것이 자기충족 예언으로 작용할 수 있다고 믿는다. 정신장애로 진단받는 경우 그 관점에 따라 보여지고 반응할 수 있다. 다른 사람이 환자 역할을 기대하면, 그 사람은 자신을 아픈 사람으로 여기고 그에 따라 행동하기도 한다. 더 나아가 우리 사회는 이상행동에 대해 낙인을 찍는다(Hansson et al., 2014). 정신장애가 있다고 판명된 사람들은 직업, 특히 책임을 지는 위치의 직업을 얻기 어려우며, 사회적 관계에서 환영받기 어렵다. 한번 딱지가 붙으면 오랫동안 떼기 어렵다.

> 왜 의학적 진단은 가치 있게 보면서 정신장애 진단은 비판하는가?

이러한 문제 때문에 어떤 치료자는 진단을 꺼리며 어떤 치료자는 진단을 반대한다. 진단 반대자들은 임상가가 정신장애로 알려진 것을 감소시키고 평가기술을 향상시키기 위

숨은 뜻 읽어내기

새로운 팝 심리학 용어

● 온라인 비억제 효과(online disinhibition effect) : 사람들이 인터넷상에서 절제를 덜 하는 경향(Sitt, 2013; Suler, 2004)

● 음주욕구증(drunkorexia) : 저녁에 파티에 가서 살찌지 않고 음주할 수 있도록 낮 동안에는 음식 섭취를 제한하는 방식의 다이어트로 젊은 여성 사이의 유행(Archer, 2013)

Elizabeth Eckert, Middletown, NY. Courtesy Tracy DeMichiel

낙인찍기의 힘

19세기 뉴욕의 미들타운에 있었던 주립 정신요양소의 야구 팀을 찍은 사진을 보면, 독자는 선수들이 환자일 것이라 가정한다. 독자는 선수의 얼굴과 모습에서 우울과 혼란을 본다. 그러나 사실 선수들은 요양소의 직원이다.

숨은 뜻 읽어내기

심리장애 용어를 사용하는 밴드

파블로프스독

핑크 프로이트

알코올홀릭스 언아니머스

와이드스프레드 패닉

매드니스

옵세션

배드 브레인스

플라시보

피어 팩토리

무드 엘리베이터

뉴로시스

1000 매니악스

그루포 매니아

언세인

해 일한다고 믿는다. 그들은 분류와 진단이 고통 속에 있는 사람들을 이해하고 치료하는 데 중요하다고 생각하지 않는다.

> ▶ **요약**
>
> **진단** 평가정보를 수집한 후 치료사는 임상적 구도를 통해 진단을 내린다. 진단분류체계에서 진단명을 선택한다. 북아메리카에서 가장 많이 사용되는 진단체계는 정신장애의 진단 및 통계 편람(DSM)이다. 가장 최신판은 DSM-5로 약 500개의 정신장애를 포함한다. DSM-5는 DSM 이전 버전들에 비해 추가된 것이 많고 진단 분류나 기준 혹은 조직 측면에서 많이 변화되었다. 개정된 진단 및 분류 체계의 신뢰도와 타당도는 현재 임상고찰 중이며 비판받고 있기도 하다.
>
> 임상가는 가장 믿을 만한 평가자료와 신뢰할 수 있고 타당한 진단분류를 가지고도 정확한 결론에 도달하지 못할 수 있다. 또한 진단이 가져오는 편견은 진단받는 사람들에게 해가 되기도 한다.

치료 : 어떻게 내담자를 도울 수 있는가

프랭코는 10개월간 우울증과 연관된 증상에 대해 치료를 받았다. 다음 보고서가 시사하듯 그의 증상은 상당히 호전되었다.

치료 동안 프랭코를 쇠약하게 만든 우울은 호전되었다. 그는 점점 더 어머니가 자신에 대해서 했던 비난이 사실이 아님을 알게 되었다. 그는 마리아가 관계에 몰입하지 못했던 것이 자신이 끔찍하거나 부적절한 사람이어서가 아니라 마리아 자신의 인생의 단계와 관련이 있을 수 있다는 가능성을 보게 되었다. 마리아와 프랭코는 다시 사귀지는 않았지만 연락을 하기 시작했다. 프랭코는 마리아가 자신을 증오하지 않는다는 것을 알고 기분이 나아졌다. 마리아는 결별 후 그녀의 어머니가 프랭코에 대해 좋게 말했음을 알려 주었다.

프랭코는 직장에서 문제를 해결할 수 있게 되었다. 그는 상사에게 자신에게 최근 있었던 어려움을 말했고, 업무 수행을 높이려고 노력했다. 최근 문제가 있기 전까지 프랭코에게 친절했던 상사는 프랭코의 솔직한 고백이 반가우며, 수행을 증진시킬 수 있는 기회를 줄 것임을 약속했다. 그는 상사가 "그럼 왜 승진이 되었겠느냐?"라는 언급과 함께 자신이 몇 년간 얼마나 높이 평가되고 있었는지에 대해 듣고 놀랐다.

치료기간 동안 프랭코는 친구들과 좋은 시간을 가지려고 노력했다. 그는 이 새로운 관계로 자신의 기분이 상승함을 경험했다. 또한 제시에게 소개받은 여성과 데이트를 하기 시작했다. 그는 치료를 통해 배운 것을 기억하고 과거의 파괴적 관계와는 다른 새로운 관계를 맺으려고 노력했다.

치료는 프랭코에게 큰 도움이 되었고, 결과적으로 그는 더 행복해졌으며 10개월 전 처음으로 도움을 청했을 당시보다 더 기능적이 되었다. 치료자는 효과적인 치료 프로그램을 어떻게 찾았을까?

치료 결정

프랭코의 치료자는 다른 치료자처럼 평가 정보와 진단에서 시작했다. 프랭코의 문제의 배경과 특정 세부사항(개별 기술적 자료)을 숙지했고, 우울증의 본질과 치료에 관한 많은 정보와 개인적 정보의 결합을 통해 그를 위한 치료 계획을 세웠다.

치료자의 치료 결정은 부가적인 요인에 의해 영향을 받을 수 있다. 치료 계획은 치료자의 이론적 방향과 치료 훈련 과정을 반영한다(Sharf, 2015). 치료자가 자신이 믿는 방법을 매번 적용하면, 이 원리와 치료기술에 친숙하게 되고 이를 다른 내담자에게도 사용하게 된다.

연구 또한 영향을 준다. 대부분의 치료자는 치료에 대한 지침으로 연구에 가치를 둔다고 말한다(Beutler et al., 1995). 하지만 대부분의 치료자는 실제로 연구 논문을 읽지 않기 때문에, 연구 결과에 직접적으로 영향을 받지 않는다(Rivett, 2011; Stewart & Chambless, 2007). 실제로 조사에 의하면 치료자는 대학 동료, 전문 회보, 워크숍, 콘퍼런스, 책을 통해 대부분의 최신 정보를 얻는다(Simon, 2011; Corrie & Callanan, 2001). 안타깝게도 이러한 자료의 정확도와 유용함은 논란이 많다.

치료자가 연구 결과에 대해 잘 알고 적용하는 것을 고무하기 위해 북아메리카, 영국 등 여러 나라에서 **경험적으로 지지된 치료**(empirically supported treatment) 또는 **근거에 기초한 치료**(evidence-based treatment)를 확산하는 움직임이 활발하다(Holt et al., 2015; Pope & Wedding, 2014). 이 운동의 지지자들은 대책위원회를 구성하여 어떤 장애에 어떤 치료가 연구를 통해 지지되는지 밝혀내고, 이를 근거로 치료지침서를 만들며, 이 정보를 임상가에게 확산하려고 한다. 반대자들은 이런 노력이 너무 단순하고 편협되어 있으며 오도한다고 주장한다(Jager & Leek, 2013; Nairn, 2012). 하지만 경험적으로 입증된 치료운동은 최근 10년간 탄력을 받고 있다.

치료의 효과성

현재 임상 현장에서는 400개가 넘는 치료가 사용되고 있다(Wedding & Corsini, 2014). 가장 중요한 질문은 각각의 치료가 그 기능을 하고 있는가이다. 특정 치료가 정말로 사람들이 정신적 문제를 극복하는 데 도움을 주는가? 겉보기에는 간단한 질문처럼 보이지만, 실제로 이 질문은 임상연구자가 대답하기 가장 어려운 질문 중 하나이다.

첫 번째 문제는 '성공'을 어떻게 정의하는가이다. 프랭코의 치료자의 의견처럼 좀 더 나아져야 치료를 종결할 수 있다면, 지금 상태를 성공적이라고 말할 수 있는가? 두 번째 문제는 어떻게 향상을 측정할 수 있는가이다(Hunsley & Lee, 2014; Lambert, 2010). 연구자들은 내담자, 친구, 친척, 치료자, 교사의 보고에 같은 비중을 두어야 하는가? 아니면 평가도구, 목록표, 통찰, 관찰 혹은 다른 어떤 척도를 사용해야 하는가?

치료 효과를 평가하는 가장 큰 문제는 치료의 다양성과 복잡성이다. 사람들은 문제, 개별방식, 그리고 치료 동기가 서로 다르다. 치료자는 기술, 경험, 방향, 성격이 다르다. 그리고 치료는 이론, 형식, 상황이 다르다. 치료가 이 모든 요인과 그 외의 것에 영향을 받기 때문에 특정 연구의 결과가 모든 내담자와 치료자에게 적용되지 않을 것이다.

잘 수행된 연구에서는 이런 문제를 다룬다. 통제집단, 무선할당, 짝지은 연구 참가자 등을 사용하여 치료자는 다양한 치료에 대한 결론을 내린다. 하지만 연구가 잘 설계되어도 치료의 다양성과 복잡성 때문에 결론 내리기가 힘들다(Kazdin, 2015, 2013, 2006).

▶**경험적으로 지지된 치료** 임상 현장에서 어떤 특정 장애에 대해 연구를 통해 그 효과성이 증명된 치료를 규명하고, 그에 맞는 지침서를 개발하며 이를 임상가에게 전달하려는 운동. '근거에 기초한 치료'라고도 함

"배트맨은 나보다 더 압박을 받고 있어요."

어렵기는 하지만 치료에 대한 평가는 반드시 수행되어야 하고, 임상연구는 이보다 앞서 나아가야 한다. 실제로 많은 연구자가 연구를 통해 다음 세 가지 질문에 대해 답하고자 다양한 치료의 효과를 평가하는 수천 개의 **치료 결과 연구**를 수행했다. (1) 치료가 **전반적으로 효과적인가?** (2) 특정 치료가 효과적인가? (3) 특정 치료가 특정 문제에 대해 효과적인가?

치료가 전반적으로 효과적인가 연구들은 치료를 받는 것이 치료를 받지 않는 것이나 위약 효과보다는 더 도움이 된다고 보고한다. 최초의 고찰연구에서는 다양한 치료를 받은 25,000명을 대상으로 한 375개의 통제연구를 정리하였다(Smith, Glass & Miller, 1980; Smith & Glass, 1977). 이 연구자들은 메타분석이라 하는 특별한 통계기법을 사용하여 방대한 연구 결과를 결합했다. 이 분석 결과는 평균적으로 치료를 받은 사람이 치료받지 않은 사람들의 75%보다 더 개선되었음을 보여 준다(그림 3-4 참조). 다른 메타분석에서도 치료와 개선 관계가 보고되었다(Sharf, 2015).

일부 연구자는 "치료가 해로울 수 있는가?"라는 질문에 관심이 더 있다. 수많은 연구가 약 5~10%의 환자가 치료 때문에 악화됨을 보여 준다(Lambert, 2010). 증상이 악화될 수도 있고, 치료에서 효과를 보지 못했기 때문에 실패감, 죄책감, 낮아진 자존감, 또는 좌절감과 같은 새로운 증상을 보일 수 있다(Lambert, 2010; Lambert et al., 1986).

특정 치료가 효과적인가 이제까지는 치료의 일반적 효과를 알아내기 위해 모든 치료에 대한 연구 결과를 검토하였다. 하지만 모든 치료를 똑같이 취급하는 것은 잘못된 접근이라는 관점도 있는데, 이 관점에선 단일화 신화(uniformity myth)ㅡ치료자의 훈련, 경험, 이론적 방향, 성격이 다름에도 모든 치료가 똑같다는 거짓된 확신ㅡ아래 연구가 진행된 것이라고 본다(Good & Brooks, 2005; Kiesler, 1995, 1966).

대안적 접근에서는 특정 치료의 효과를 조사한다. 이런 연구는 주요 치료법이 무치료나 위약 효과보다는 효과적임을 보여 준다(Prochaska & Norcross, 2013). 특정 치료법을 서로 비교한 연구들은 모든 치료보다 월등한 특정 치료법은 없음을 보고한다(Luborsky et al., 2006, 2002, 1975).

서로 다른 종류의 치료 효과가 유사하다면 공통점은 무엇인가? **화해운동**(rapprochement movement)을 하는 사람들은 치료자의 이론에 관계없이 **공통적으로 작동하는 요소** 혹은 전략을 발견하기 위해 노력해 왔다(Sharf, 2015)(정보마당 참조). 예를 들어 성공적인 치료자의 대다수는 내담자에게 피드백을 주고, 내담자가 자신의 생각과 행동에 집중할 수 있도록 돕고, 치료자와 내담자가 상호작용하고 있는 방식에 관심을 두며, 내담자가 자제심을 키우도록 돕는다고 한다. 효과적인 치료자들은 서로 비슷하게 행동한다.

특정 치료가 특정 문제에 대해 효과적인가 서로 다른 장애를 가진 사람들은 다양한 형태의 치료에 서로 다르게 반응한다(Norcross & Beutler, 2014; Beutler, 2011). 영향력 있는 임상 연구자인 Gordon Paul은 몇십 년 전에 치료 효과에 대한 가장 적합한 질문은 "누구에 의해

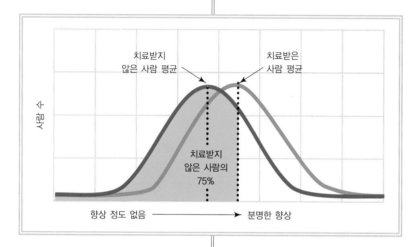

그림 3-4
치료가 도움이 되는가
수백 개 연구에서 참가자와 결과의 통합을 통해, 연구자들은 심리치료를 받는 사람이 치료받지 않은 사람의 75%보다 호전 가능성이 크다고 결론 내렸다(출처 : Prochaska & Norcross, 2013; Lambert et al., 1993; Smith et al., 1980).

▶화해운동 모든 치료자가 공통적으로 사용하고 있는 전략을 규명하려는 운동

심리 치료의 주요 요소

근거 기반 치료 접근은 환자가 가진 장애에 가장 도움이 되는 '특정 방법과 기술'을 찾으려 한다. 반대로 **일반 요소 치료 접근법**은 성공적인 치료는 치료 결과에 크게 영향을 미치는 공통 요소를 가진다고 본다. 두 가지 접근법 모두가 치료의 성공에 영향을 줄 수 있다.

(Hofman & Barlow 2014; Weinberger, 2014; Laska et al., 2013)

치료효과에 영향을 주는 요소는?

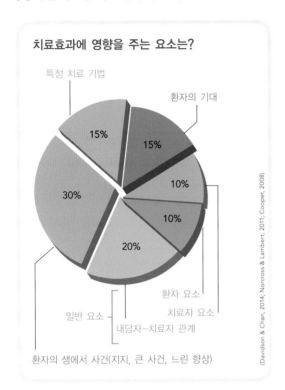

- 특정 치료 기법 — 15%
- 환자의 기대 — 15%
- 10%
- 10%
- 30%
- 20%
- 환자 요소
- 치료자 요소
- 일반 요소
- 내담자–치료자 관계
- 환자의 생에서 사건(지지, 큰 사건, 느린 향상)

(Davidson & Chan, 2014; Norcross & Lambert, 2011; Cooper, 2008)

근거 기반 치료 : 평균

여러 연구에 의하면 대표적인 치료 방법이 적어도 하나의 장애에 효과적임을 보여 준다.

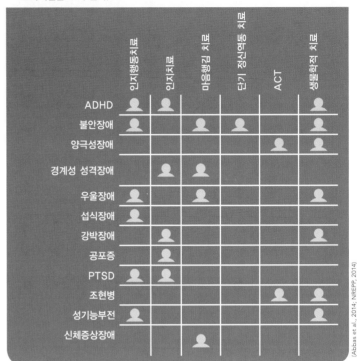

	인지행동치료	인지치료	마음챙김 치료	단기 정신역동 치료	ACT	생물학적 치료
ADHD	👤	👤				👤
불안장애	👤		👤	👤		👤
양극성장애					👤	👤
경계성 성격장애		👤	👤			
우울장애	👤		👤			👤
섭식장애	👤					
강박장애		👤				👤
공포증		👤				
PTSD	👤	👤				
조현병					👤	👤
성기능부전	👤					👤
신체증상장애		👤				

(Abbas et al., 2014; NREPP, 2014)

일반 요소

긍정적인 치료 결과를 가져올 수 있는 세 가지 일반 요소

환자 요소
정적 결과와 강하게 연결된 요소
- 동기 높음
- 수행 높음

정적 결과와 다소 연결된 요소
- 긍정적 태도
- 치료가 무엇인지에 대한 적절한 기대
- 가까운 관계에서 편안함을 느낌
- 대인관계기술이 좋음
- 완벽주의 아님
- 개방성

내담자–치료자 관계
정적 결과와 강하게 연결된 요소
- 목표에 대한 합치도
- 협조
- 치료가 정확한 결과 산출
- 치료자의 정확한 해석

정적 결과와 다소 연결된 요소
- 치료자가 긍정적이고 따뜻하고 수용적
- 치료자가 경청하고 가이드하고 충고함
- 치료자가 대체로 긍정적인 피드백을 제공
- 치료자가 내담자를 향한 감정을 잘 다스림

정적 결과와 약하게 연결된 요소
- 치료자가 진실됨
- 치료자가 자신에 대한 정보를 개방함
- 치료자가 관계를 해석함

치료자 요소
정적 결과와 다소 연결된 요소
- 웰빙의 느낌
- 훈련과 경험
- 치료 중 슈퍼비전
- 치료 과정에 대한 자신감

일반적인 상식과는 달리 연구들은 내담자의 성별, 나이, 성적 정체성, 수입, 환자의 성별, 나이, 성격특질, 혹은 개인적 배경 요소가 치료 결과에 영향을 미치지 않음을 보여 준다.

(Davidson & Chan, 2014; Norcross, 2011; Cooper, 2008)

내담자는 치료자에게서 어떤 종류의 공감을 얻고자 하는가?

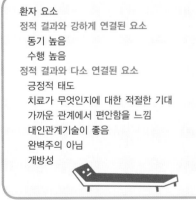

- 정서에 대한 인정 — 30%
- 사적 정보 공유 — 18%
- 보살핌 — 8%
- 생각에 대한 인정 — 44%

(Duncan et al., 2010; Bachelor, 1988)

내담자가 치료자를 선택할 때 가장 중요하다고 보고하는 것은?

- 공통 요소 — 52%
- 특정 근거 기반 치료 — 16%
- 선호도 없음 — 32%

(Swan & Heesacker, 2013)

▶정신약물학자 주로 약을 처방하는 정신과
의사

실시된 어떤 치료가 어떤 환경에서 어떤 문제를 가진 사람에게 가장 효과적인가?"라고 주장
했다(Paul, 1967, p. 111). 특정 장애에 어떤 특정 치료가 효과적인지에 대한 연구가 진행되
었고, 치료 간 효과에서 큰 차이점이 발견되었다. 예를 들어 모든 공포증을 치료하는 데 행
동치료가 가장 효과적이며(Anthony, 2014), 조현병 치료에는 약물치료가 가장 효과적이다
(Minzenberg et al., 2011).

또한 특정 임상 문제는 **통합된** 접근 방법에 더 잘 반응한다(Norcross & Beutler, 2014;
Valencia et al., 2013). 예를 들어 우울증치료를 위해 약물치료와 심리치료가 결합된다.
실제로 임상 현장에서 내담자가 2명의 치료자로, 1명은 약을 처방하는 **정신약물학자**
(psychopharmacologist), 나머지 1명은 임상치료자, 복지사 또는 심리치료를 하는 다른 치료
자를 함께 보기도 한다.

특정 장애에 특정 치료가 어떻게 작용하는지를 알게 되면 치료자와 내담자가 치료에 대
해 더 적절한 결정을 내릴 수 있게 된다(Holt et al, 2015; Beutler, 2011, 2002, 2000). 이 책
을 통해 다양한 장애를 다루면서 이 문제에 대해 다시 논의할 것이다.

> ### ▶ 요약
> **치료** 치료자의 치료 결정은 평가 정보, 진단, 치료자의 이론적 방향, 연구 문헌에 대한 접근성, 그리고
> 현장 경험에 의해 영향을 받는다. 치료 효과에 대한 결정은 어렵다. 그러나 치료 결과 연구는 다음과 같
> 은 세 가지 결론을 내린다. (1) 치료받는 사람들은 치료받지 않은 사람들보다 더 개선된다. (2) 치료는
> 그 종류에 관계없이 효과 면에서 비슷하다. (3) 특정 치료 또는 치료의 결합은 특정 장애에 더 효과적
> 이다. 최근 일부 치료자는 경험적으로 지지된 치료를 옹호하며, 확실하게 연구를 통해 지지받은 치료의
> 규명, 촉진, 및 교육을 한다.

종합

변화시대의 평가와 진단

제2장에서 이상행동에 대한 최근 모델들은 가정, 결론, 치료법 그 자체에서 매우 다르다는
것을 살펴보았다. 그렇다면 평가와 진단에 대한 치료자의 접근이 매우 다르다는 것이 놀랍
지 않을 것이다. 어떤 한 가지 평가법도 절대적이지는 않다. 몇백 가지 평가도구는 한계가
있고, 각각은 개인의 기능과 기제에 대해 불완전한 그림을 제공한다.

간단히 말해 평가와 진단에 대해서는 어떤 한 접근만 의지하는 것은 바람직하지 않다.
따라서 오늘날 대다수의 치료자들은 많은 평가도구를 세트로 사용한다. 이런 접근법은 후
에 이 책에서 보겠지만 알츠하이머병 그리고 진단이 어려운 특정 장애 평가에 주요 정보를
제공한다.

과거 몇십 년간 임상 평가에 대한 태도에 변화가 있었다. 1950년대 이전에는 평가가 임
상에서 매우 중요하게 간주되었다. 하지만 1960~1970년대로 오면서 이론이 다양화됨에
따라 각 이론의 추종자들은 저마다의 도구를 개발하고 사용하기 시작했다. 그 시기 동안
수많은 연구를 통해 평가도구의 부정확성이나 신뢰성에 문제가 드러나기 시작했다. 이로
인해 수많은 치료자가 평가에 대한 자신감을 상실하였고, 체계적 평가와 진단이 덜 강조되
기 시작했다.

숨은 뜻 읽어내기

모순 경향

• 1998년부터 심리치료를 단독으로 받는 사
람들의 수는 34%가 감소하였다. 약물만
을 처방받는 사람들의 수는 23% 증가하
였다.

• 그러나 요즘 사람들은 약물에 비해 심리
치료를 3배 정도 선호한다(Gaudiano,
2013).

하지만 최근에 다시 평가와 진단에 대한 중요성이 강조되고 있다. 이런 새로운 관심은 보다 정확한 진단체계의 개발에서 비롯되었다. 또한 임상연구에 더 적절한 참가자를 모집하기 위해 연구자들은 더 좋은 검사를 개발하고자 노력했다. 또 현장의 임상가들은 특정 장애에 평가가 좀 더 신중해져야 함을 깨닫기 시작하였다. 마지막으로 조만간 뇌 스캐닝 기술이 다양한 정신장애에 대해 유용한 평가정보를 제공할 것으로 보인다.

평가와 진단에 대한 관심의 증가로 연구가 활발해지고 있다. 실제로 최근 연구자들은 투사검사에서 성격검사까지 주요한 종류의 평가도구를 신중히 연구한다. 이 작업은 많은 치료자가 현장에서 일을 더 정확하고 일관적으로—심리적 문제가 있는 사람들에게 환영받는 뉴스—수행할 수 있게 해 준다.

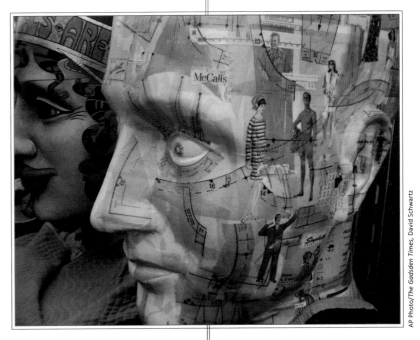

AP Photo/The Gadsden Times, David Schwartz

대중의 인식을 높이다

심리장애에 대한 대중의 인식이 더 좋은 평가와 치료를 이끈다는 믿음하에, 앨라배마 주 개즈던에 있는 개즈던 박물관은 "앨리배마여, 여기를 보라. 심리학은 건강한 삶을 이끈다."라는 전시를 개최했다. 예술가들은 아동과 성인이 직면한 심리학적 이슈에 대해 주의를 끌기 위해 아래 2개를 포함해 총 20개의 머리를 그렸다.

역설적이게도 치료자와 연구자가 체계적인 평가의 가치를 재발견함과 동시에, 가격 상승과 경제적 요인이 평가도구 사용을 저해하고 있다. 특히 낮은 가격과 단기 치료를 강조하는 적절한 보험들은 포괄적인 검사나 관찰법 사용을 제한하고 있다. 제1장에서 읽었듯이 심리적 문제를 가진 사람들의 보험비용과 치료 포함 영역은 등가 법령과 적절한 의료서비스 시행령(18~19쪽 참조)의 결과로 향상되었다. 그러나 많은 전문가들은 임상 평가 절차에 대한 보험이 지속적으로 제한될 것에 대해 걱정하고 있다. 연구와 경제적 압력 중 어떤 요인이 임상 평가와 진단에 더 큰 영향을 줄 수 있는가는 오직 시간만이 말해 줄 것이다.

마지막으로 정신장애에 대한 평가와 진단은 *DSM-5*가 사용됨에 따라 상당한 변화가 있으리라 판단된다. 진단분류체계의 새로운 버전이 향상을 가져올 것인가? 임상가들이 이 체계를 수용할 것인가? 임상 분야를 결합시킬 것인가 분리할 것인가? *DSM-5*가 평가 절차에 어떤 영향을 줄 것인가? 최근 연구들이 활발하고 논문 발표를 하고 있으므로 이 중요한 질문에 대한 대답이 곧 가능할 것이다. 임상 평가와 진단은 변화의 기로에 있음이 확실하다.

숨은 뜻 읽어내기

믿거나 말거나

우연하게도 Hermann Rorschach의 친구는 그에게 영어로는 '잉크반점'이라는 뜻을 가진 독일어 *Klecks*의 변형인 Klex라는 별명을 지어 주었다(Schawartz, 1993).

핵심용어

개별 기술적 이해	분류체계	자기 공명 영상(MRI)	차원 정보
경험적으로 지지된 치료	성격검사	자기 관찰	치료 결과 연구
공통 요소	신경심리검사	자연 관찰	타당도
기능적 자기 공명 영상(fMRI)	신경촬영기법	정신상태검사	투사검사
뇌전도(EEG)	신경학적 검사	정신생리학적 검사	평가
로샤검사	신뢰도	주제통각검사(TAT)	표준화
미네소타 다면적 인성검사(MMPI)	정신약물학자	증후군	화해운동
반응평정도구	아날로그 관찰	지능검사	CAT 스캔
배터리	임상 검사	지능지수 (IQ)	DSM-5
범주 정보	임상 면담	진단	PET 스캔

속성퀴즈

1. 평가는 어떤 형태의 신뢰도와 타당도를 가져야 하는가?
2. 구조화된 면담과 비구조화된 면담의 장단점은 무엇인가?
3. 최근에 주로 쓰이는 투사검사를 나열하고 기술하라.
4. MMPI의 주요 특징은 무엇인가?
5. 투사검사, 성격검사, 기타 검사의 장단점은 무엇인가?
6. 임상가는 정신적인 문제와 뇌 손상의 연관을 어떻게 판단하는가?
7. 임상가가 내담자의 행동을 관찰하는 방법에 대해 기술하라.
8. 진단의 목적은 무엇인가?
9. DSM-5를 설명하라. 이 분류체계를 사용하는 데 문제점은 무엇이며, 진단 과정은 어떻게 되는가?
10. 치료 결과 연구에 의하면 치료는 얼마나 효과적인가?

불안, 강박 및 관련 장애

25 세의 웹디자이너인 토마스는 자신이 '미칠까 봐' 걱정한다. 토마스는 항상 걱정을 하는데 건강, 여자 친구, 일, 사회생활, 미래, 돈 등을 걱정한다. 가장 친한 친구가 나에게 화가 난 것은 아닐까? 여자 친구가 나에게 싫증난 것은 아닐까? 투자를 잘하고 있는 것일까? 고객이 내 업무에 만족할까? 최근에는 이런 걱정들이 견딜 수 없을 정도로 심해졌다. 그래서 뭔가 끔찍한 일이 일어날 거라는 생각에 사로잡혔다. 토마스는 뭔가를 생각하면 한 시간 내로 파산하거나 암에 걸리거나 부모님을 잃거나 친구를 공격하거나 그 밖에 일어날 수 있는 끔찍한 일에 대한 생각에 빠지곤 했다. 토마스는 재앙이 어디든 자신을 기다리고 있다고 확신했다. 스스로 또는 다른 사람들이 토마스를 아무리 안심시켜도 안심은 오래 가지 않았다.

토마스는 임상심리학자인 아데나 몰빈 박사와 심리치료를 시작했다. 몰빈 박사는 토마스가 얼마나 혼란스러울지를 금세 알아챘다. 토마스는 긴장하고 있었고 두려워했으며 의자에 편안히 앉지도 못했다. 그는 계속해서 발을 톡톡 두드렸고 사무실 빌딩 밖에서 들리는 자동차 소음에 화들짝 놀랐다. 상담시간 내내 한숨을 쉬었고 꼼지락거렸으며 자세를 바꾸었다. 몰빈 박사가 그의 어려움에 대해서 말하는 동안에는 숨이 가쁜 것처럼 보였다.

토마스는 자주 치료자에게 집중할 수가 없다고 말했다. 고객의 웹사이트를 디자인할 때도 생각의 흐름을 놓치곤 했다. 일을 시작한 지 채 5분도 안 되서 자신이 무엇을 하려고 했는지를 잊어버렸다. 대화를 할 때도 첫마디를 하고는 무엇을 말하려고 했는지 잊어버렸다. 텔레비전을 보는 것은 불가능하게 되었다. 그는 자신이 어떤 것에도 5분 이상 집중하는 것이 거의 불가능하다는 것을 알았다. 어떤 것도 손에 잡히지 않았다.

조금도 과장하지 않고 그는 모든 것을 걱정했다. 토마스는 몰빈 박사에게 "저는 걱정이 많은 것에 대해서도 걱정해요."라고 자신을 거의 비웃으면서 말했다. 현재 토마스는 말을 하거나 과제를 시작하거나 계획을 세우거나 외출할 때마다 일어날 수 있는 최악의 결과를 기대했다. 어떤 사건이나 상호작용이 실제로 엉망이 되기 시작하면 불편감에 압도되었는데, 심장이 더 빨리 뛰고 호흡은 더 가빠졌으며 땀에 흠뻑 젖었다. 때때로 스물다섯 살인 자신이 심장 발작이 있는 것은 아닐까 생각했다.

대개 몸의 이런 반응은 단 몇 초간만 지속되었다. 그러나 그 몇 초의 시간도 영원처럼 느껴졌다. 그러한 감정이 잦아든 뒤에는 제정신이 든다는 것을 인정했다. 그러나 그에게 '제정신이 든다는 것'은 다시 걱정으로 돌아온다는 것이고 더 많이 걱정하게 된다는 것을 뜻한다.

몰빈 박사는 이 모든 일들이 얼마나 당혹스러운지를 공감해 주었다. 몰빈 박사는 작년, 지난달, 또는 지난주와는 달리 지금 치료를 받기로 결정한 이유를 물었다. 토마스는 몇 가지를 정확히 찾아낼 수 있었다. 첫째, 모든 걱정과 불안이 점점 늘어나는 것 같았다. 둘째, 잠을 자는 것이 힘들어졌다. 밤새 뒤척였고 물론 걱정도 더 많이 했다. 셋째, 걱정, 신체적인 증상, 수면 부족은 모두 건강에 나쁠 것이라고 생각했다. 이런 것들이 결국은 심각한 의학적인 문제를 일으키게 되지 않을까 걱정했다. 마지막으로 끊임없는 불안은 생활을 방해하기 시작했다. 여자 친구와 다른 지인들은 그가 얼마나 고통스러운지를 알지 못하는 것 같지만 이런 것들이 전부 밝혀질까 걱정하는 마음이 점점 늘고 있다. 그는 사람들을 만나는 자리나 직업적인 기회를 점점 더 거절하는 것을 발견했다. 한때 좋아했던 매주 하는 포커 게임도 그만두었다. 집에 있는 것이 아무런 실질적 도움이 되지 않았다. 토마스는 자신이 얼마나 오랫동안 이 방법을 쓸 수 있을지 궁금했다.

▶**공포** 개인의 안녕에 대한 심각한 위협에 대해서 중추신경계가 보이는 생리적 · 정서적 반응

▶**불안** 위협이나 위험이 있을 것 같은 모호한 느낌에 대해서 중추신경계가 보이는 생리적 · 정서적 반응

불안과 공포를 경험하기 위해서 토마스와 같은 어려움을 겪을 필요는 없다. 호흡이 가빠지고 근육이 긴장하고 심장이 죽을 것처럼 쿵쾅거렸던 순간을 생각해 보자. 차가 빗속에서 미끄러져 거의 길을 벗어나려 할 때, 교수가 예고 없이 시험을 보겠다고 할 때, 사랑하는 사람이 다른 사람과 같이 가고 있는 것을 보았을 때, 상사가 직무 수행을 향상시켜야 한다고 제안했을 때 등 당신의 안녕을 심각하게 위협하는 것으로 보이는 일에 직면하게 되면, 즉각적인 경보 상태인 **공포**(fear) 반응을 보이게 될 것이다. 때때로 왜 경보가 울리는지 그 구체적인 원인을 알 수 없더라도, 여전히 마치 불쾌한 어떤 일이 일어날 것이라고 기대하는 것처럼 긴장하고 안절부절못하는 느낌이 들 수 있다. 위험하다는 막연한 느낌을 흔히 **불안**(anxiety)이라고 부른다. 불안은 공포와 동일한 특징을 갖고 있는데, 호흡이 증가하고 근육이 긴장하고 심계 항진 등이 일어난다.

공포와 불안을 매일 경험하는 것이 유쾌하지는 않으나 종종 유용하기도 하다. 공포와 불안은 위험이 닥쳤을 때 도피하거나 회피하게 준비시켜 준다. 공포와 불안은 비바람이 불 때 좀 더 조심해서 운전하게 해 주며, 수업을 위해 미리 읽어야 하는 숙제를 읽게 해 주며, 데이트에 더 신경을 쓰게 해 주고, 직장에서 일을 더 열심히 하게 해 준다. 불행하게

> 만일 공포가 불쾌하다면, 왜 많은 사람은 놀이기구 타기, 공포영화, 번지점프 등이 야기하는 공포감을 추구하는 것일까?

도 일부 사람들은 정상적인 삶을 영위할 수 없게 하는 심각한 공포와 불안으로 고통을 받는다. 이들의 불편은 그 정도가 너무 심각하거나 빈도가 너무 잦거나 너무 오랜 기간 지속되거나 불안이나 공포가 너무 쉽게 유발되는 것이다. 이 사람들은 불안장애 또는 관련 장애를 갖고 있다고 할 수 있다.

불안장애는 미국에서 가장 흔한 정신장애이다. 특정 해를 기준으로 할 때 대략 성인의 18%가 *DSM-5*에서 정의한 하나 또는 두 가지 이상의 불안장애를 겪으며, 대략 성인의 29%는 평생 살면서 한 번 정도는 한 가지의 불안장애를 경험한다(Kessler et al., 2012, 2010, 2009; Daitch, 2011). 불안장애를 가진 사람 중 약 5분의 1만이 치료를 받는다(Wang et al., 2005).

범불안장애를 가진 사람들은 전반적이고 지속적인 걱정과 불안을 경험한다. 특정공포증을 가진 사람들은 대상, 활동 또는 상황에 대해 지속적이고 비합리적인 공포를 갖고 있다. 광장공포증을 가진 사람들은 상점이나 극장과 같은 공공장소에 가는 것을 두려워한다. 사회불안장애를 가진 사람들은 자신이 당황하게 될 수도 있는 사회적 상황이나 수행 상황을 몹시 두려워한다. 공황장애를 가진 사람들은 반복적인 공포발작을 보인다. 한 가지 불안장애를 가진 사람들의 대부분은 다른 불안장애도 갖고 있다(Leyfer et al., 2013; Merikangas & Swanson, 2010)(그림 4-1 참조). 예들 들면, 토마스는 범불안장애에서 발견되는 과도한 걱정을 갖고 있고 공황장애를 특징짓는 반복되는 공황발작을 갖고 있다. 게다가 불안장애를 가진 많은 사람들은 우울도 경험한다(Starr et al., 2014).

불안은 강박 및 관련 장애에서도 중요한 역할을 한다. 이 장애를 가진 사람들은 불안을 유발하는 반복적인 사고나 불안의 감소를 위해서 반복적인 행동을 수행해야 할 것 같은 욕구에 압도된다. 불안은 강박 및 관련 장애에서 매우 현저하므로, 이 장에서는 강박 및 관련 장애를 불안장애와 함께 기술하였다.

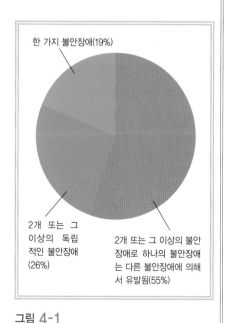

그림 4-1
불안이 불안을 낳는가
하나의 불안장애를 가진 사람들은 사는 동안 같은 시점 또는 다른 시점에 또 다른 불안장애를 경험하는 경우가 흔하다(출처 : Merikangas & Swanson, 2010; Ruscio et al., 2007; Rodriguez et al., 2004; Hunt & Andrews, 1995).

범불안장애

범불안장애(generalized anxiety disorder)를 가진 사람들은 대부분의 상황에서 과도한 불안을 경험하며 거의 매사를 걱정한다. 사실 이들의 문제는 때론 **유동 불안**(free-floating anxiety)이라 불린다. 젊은 웹디자이너인 토마스처럼 범불안장애를 가진 사람들은 흔히 안절부절못하며 긴장하고 초조해하며 집중에 어려움을 느끼고 근육 긴장으로 고통받고 수면문제를 갖는다(표 4-1 참조). 이 증상들은 적어도 6개월 이상 지속된다(APA, 2013). 범불안장애를 가진 사람들 대부분은 몇 가지 어려움이 있음에도 불구하고 사회적 관계와 직업 활동을 할 수 있다.

범불안장애는 서구사회에서 흔하다. 특정 해를 기준으로 했을 때 미국인 약 4%가 범불안장애 증상을 갖고 있으며 캐나다, 영국 그리고 다른 서구나라들에서의 비율도 미국과 유사하다(Kessler et al., 2012, 2010; Ritter et al., 2010). 범불안장애의 평생 유병률은 6%가 넘는다. 범불안장애는 어느 연령에서든 출현할 수 있으나 아동기나 청소년기에 처음 나타나는 경우가 흔하다. 범불안장애로 진단받은 여성은 남성보다 2배 많다. 범불안장애를 가진 사람의 약 4분의 1이 현재 치료를 받고 있다(NIMH, 2011; Wang et al., 2005).

범불안장애의 발달을 설명하기 위해 다양한 요인이 제기되어 왔다. 이 책에서는 사회문화적 · 심리역동적 · 인본주의적 · 인지적 · 행동적 모델의 관점과 치료에 대해 살펴볼 것이다. 범불안장애와 공포증을 설명하는 모델은 기본적으로 동일하기 때문에 행동적 접근은 이 장의 공포증 부분에서 다룰 것이다.

사회문화적 관점 : 사회적 · 다문화적 요인

사회문화이론가들에 의하면, 위험한 사회적 조건을 지속적으로 접하는 사람들은 범불안장애를 발달시키기 매우 쉽다. 실제로 여러 연구에서 매우 위협적인 환경에 처한 사람들은 범불안장애에서 나타나는 전반적인 긴장감, 불안, 피로, 수면 곤란을 겪을 가능성이 더 큰 것으로 나타났다(Slopen et al., 2012).

예를 들어 1979년 3월의 원자로 사고가 스리마일 섬의 핵발전소 근처에 사는 주민들에게 미친 심리적 영향을 조사한 고전적인 연구를 살펴보자(Baum et al., 2004; Wroble & Baum, 2002). 사고 이후 몇 달 안에 유치원 자녀를 둔 그 지역의 엄마들은 다른 지역에 사는 엄마들에 비해 불안장애 또는 우울장애가 5배 높은 것으로 나타났다. 비록 다음 해에는 많은 장애가 감소했지만, 스리마일 섬에 사는 엄마들은 1년 뒤에도 여전히 불안과 우울 수준이 높았다. 이와 유사하게 보다 최근에 수행된 연구에서 2005년 허리케인 카트리나와 2010년 아이티의 지진이 발생한 지 몇 달 후 그리고 몇 년 후에 재앙이 관통한 지역에 살던 주민들은 재앙의 영향을 받지 않은 다른 지역주민들에 비해 범불안장애와 다른 불안장애의 비율이 2배나 높은 것으로 나타났다(Cénat & Derivois, 2015; Shultz et al., 2012; Galea et al., 2007).

사회적인 스트레스의 가장 강력한 형태 가운데 하

표 4-1

> **진단 체크리스트**
>
> **범불안장애**
>
> 1. 6개월 또는 그 이상의 기간 동안 다양한 문제에 대해서 지나치고 통제 불가능하고 지속적인 걱정과 불안을 경험함
> 2. 초조, 피로, 집중력 저하, 안절부절못함, 근육긴장, 수면 문제와 같은 증상 중 적어도 3개를 경험함
> 3. 현저한 고통이나 손상을 초래함
>
> 출처 : APA, 2013.

▶**범불안장애** 다양한 사건과 활동에 대한 지속적이고 과도한 불안과 걱정이 특징인 장애

사회의 역할

리처드 가르시아 교황이 집 밖에서 폭력배가 쏜 총에 맞아 사망한 6세 아이의 아버지를 안아 주고 있다. 위험한 환경에서 살고 있는 사람들은 그렇지 않은 사람들보다 더 큰 불안을 경험하며 범불안장애의 비율도 더 높다.

AP Photo/The Monterey County Herald/Orville Myers

표 4-2

문화 들여다보기

불안장애와 강박장애의 유병률(전체 인구에서의 비율과 비교함)

	여자	낮은 수입	흑인	히스패닉계	노인
범불안장애	높음	높음	높음	동일함	높음
특정공포증	높음	높음	높음	높음	낮음
광장공포증	높음	높음	동일함	동일함	높음
사회불안장애	높음	높음	높음	낮음	낮음
공황장애	높음	높음	동일함	동일함	낮음
강박장애	동일함	높음	동일함	동일함	낮음

출처 : Polo et al., 2011; Sareen et al., 2011; Bharani & Lantz, 2008; Hopko et al., 2008; Nazarian & Craske, 2008; Schultz et al., 2008.

숨은 뜻 읽어내기

구글 최다 검색 증상

1. 임신 증상
2. 감기 증상
3. 당뇨 증상
4. 불안 증상
5. 갑상선 증상

(Sifferlin, 2013)

나는 가난이다. 재산이 없는 사람들은 범죄율이 높은 매우 황폐한 지역에 살기 쉽고 교육과 직업의 기회가 더 적으며 건강 문제의 위험이 더 높다(Moore, Radcliffe, & Liu, 2014). 사회문화이론가들이 예견한 대로 가난한 사람들은 범불안장애를 갖는 비율이 더 높다(McLaughlin et al., 2012). 미국에서 수입이 적은 사람들의 범불안장애 비율은 수입이 많은 사람들에 비해 무려 2배가 높다(Sareen et al., 2011). 임금이 감소함에 따라 범불안장애의 비율은 꾸준히 증가한다(표 4-2 참조).

미국에서 인종은 차별, 낮은 수입, 직업 기회의 감소와 관련된 스트레스와 밀접한 관련이 있기 때문에 인종과 범불안장애의 유병률이 종종 관련이 있는 것은 놀라운 일이 아니다(Sibrava et al., 2013; Soto et al., 2011). 특정 해를 기준으로 할 때, 흑인이 백인에 비해 범불안장애를 겪을 가능성이 30% 더 높다. 더욱이 다문화연구자들이 히스패닉계 미국인의 범불안장애 비율이 높다는 것을 일관되게 발견하지는 못하였으나 미국과 라틴아메리카 모두에서 많은 히스패닉계 사람들이 범불안장애와 매우 유사한 양상을 갖는 **네르비오스** ('nerves')를 겪는 것을 발견하였다(López & Guarnaccia, 2005, 2000). 네르비오스를 가진 사람들은 막대한 정서적 고통, 두통, 복통 같은 신체적인 증상, 집중력 저하와 신경과민이 특징인 소위 뇌통증, 과민한 증상, 울먹임 및 떨림을 경험한다.

가난과 다양한 사회문화적 압력이 범불안장애가 더 쉽게 나타나는 분위기를 만드는 데 기여할 수 있으나 사회문화적 변인이 범불안장애의 발생에 영향을 미치는 유일한 요인은 아니다. 가난하거나 위험한 환경에 처해 있는 모든 사람에게 범불안장애가 나타나지는 않는다. 사회문화적 요인이 광범위한 역할을 하더라도, 이론가들은 왜 어떤 사람들에게는 범불안장애가 발생하는데 다른 사람들에게는 그렇지 않은지를 설명해야 한다. 정신역동ㆍ인본주의–실존주의ㆍ인지ㆍ생물학 학파들은 그 이유를 설명하고자 시도해 왔고 그에 부합하는 치료를 제공해 왔다.

정신역동적 관점

Sigmund Freud(1933, 1917)는 모든 아동은 성장의 일부로 어느 정도는 불안을 경험하며 불안의 통제를 돕는 자아방어기제를 사용한다고 믿었다(47~49쪽 참조). 아동은 실제적인 위험에 직면할 때는 **현실적인 불안**을, 부모나 환경이 원초아 충동의 표현을 반복해서 금지할 때는 신경증적 불안을, 원초아 충동의 표현이 처벌받거나 위협당하면 도덕 불안을 느낀다. Freud에 의하면 특히 불안 수준이 높거나 방어기제가 부적절한 일부 아동들은 범불안장애를 발달시킬 수 있다.

정신역동적 설명 : 아동기 불안이 해결되지 않고 지속될 경우   Freud에 의하면 아동기 불안이 해결되지 않고 계속되서 신경증적 또는 도덕 불안이 아동을 지배하게 되면, 이는 범불안장애가 발생하는 토대가 된다. 초기 발달 경험은 그런 아동에게 비정상적으로 높은 수준의 불안을 유발할 수 있다. 한 소년이 유아 때는 우유를 달라고 울 때마다, 2세 때는 바지를 더럽힐 때마다, 걸음마기에는 성기를 탐색할 때마다 엉덩이를 찰싹 맞았다고 하자. 그러면 이 소년은 자신의 다양한 원초아 충동은 매우 위험하다고 믿게 되고 그런 충동을 느낄 때마다 자신을 압도하는 불안을 느낄 수 있다.

다른 경우로는 아동의 자아방어기제가 너무 약하면 정상적인 불안에도 대처하지 못할 수 있다. 부모가 모든 좌절과 위협으로부터 보호해서 과잉보호받은 아동은 효과적인 방어기제를 발달시킬 기회를 갖지 못한다. 이 아동이 성인이 되어 삶의 압력들에 직면하게 되면, 방어기제가 지나치게 약해서 불안에 대처하지 못할 수 있다.

현대 정신역동이론가들은 Freud가 설명한 범불안장애 내용 중 일부에 대해서는 종종 동의하지 않는다. 그러나 많은 이론가들은 범불안장애의 기원은 아동과 부모 간의 초기 관계의 부적합과 관련이 있다고 믿는다(Sharf, 2015). 연구자들은 다양한 방식으로 정신역동적 설명을 검증해 왔다. 그러한 시도의 한 예로, 연구자들은 범불안장애를 가진 사람들이 특히 방어기제를 사용하기 쉽다는 것을 보여 주고자 했다. 예를 들어 범불안장애 진단을 받은 환자들의 치료 초기 자료들을 조사한 결과, 환자들이 종종 방어적으로 반응한다는 것을 발견했다. 치료자들이 환자들에게 당황스러운 경험에 대해 논의하자고 하자, 환자들은 방금 말하고 있던 것을 빨리 잊었으며(억압), 대화 주제를 바꾸거나 부정적인 감정을 가진 것을 부인했다(Luborsky, 1973).

다른 연구에서는 어렸을 때 원초아 충동에 대해 극단적인 처벌을 받은 사람들을 조사하였다. 정신역동이론가들이 예언한 대로, 이 사람들은 이후 삶에서 불안 수준이 더 높았다(Busch, et al., 2010; Chiu, 1971). 몇몇 연구는 부모의 극단적인 보호는 종종 자녀가 높은 수준의 불안을 갖는 데 영향을 준다는 정신역동적 입장을 지지한다(Manfredi et al., 2011; Hudson & Rapee, 2004).

앞서 기술한 연구들이 정신역동적 설명과 일치하지만, 일부 과학자들은 정신역동이론가들이 자신들이 증명했다고 주장한 것을 실제로 증명한 것인지에 대해 의문을 제기한다. 예를 들어 환자들이 치료 초기에 당황스러운 사건에 관해서 이야기하는 것을 어려워할 때 반드시 그 사건을 억압한 것이 아닐 수도 있다. 환자들은 인생의 긍정적인 면에 일부러 초점을 둔 것일 수도 있고 너무 당황스러워 치료자에 대한 신뢰를 키울 때까지 개인의 부정적 사건을 치료자와 공유하지 않은 것일 수도 있다.

정신역동치료   정신역동이론가들은 모든 심리 문제를 다루기 위해서 동일한 일반적인 기법, 즉 **자유연상과 전이, 저항 및 꿈**에 대한 치료자의 해석을 사용한다. Freud 학파의 정신역동치료자들은 범불안장애를 가진 내담자가 원초아 충동을 덜 두려워하고 원초아 충동을 통제하는 데 좀 더 성공할 수 있도록 도와주는 방법을 사용한다. 다른 정신역동치료자, 특

숨은 뜻 읽어내기

아동의 꿈

연구에 의하면 전반적으로 불안하거나 '까다로운' 유아는 다른 유아에 비해 아동기 동안 악몽을 경험할 가능성이 더 크다고 한다 (Simard et al., 2008).

숨은 뜻 읽어내기

불안, 성인 방식

아이들은 안전감을 느끼게 해 주는 담요나 인형에 매달릴 수 있다. 성인도 긴장을 풀기 위해 사랑하는 물건을 껴안을 수 있다. 여자 5명 중 1명, 남자 20명 중 1명은 정기적으로 봉제동물인형과 같이 잔다고 시인했다 (Kanner, 1995).

"엄마는 집에 거의 없었기 때문에. 유모를 비난해야 할 것 같아."

히 대상관계이론가들은 내담자가 성인기에 계속 불안을 낳는 아동기 관계의 문제를 찾아서 해결하도록 돕는다(Blass 2014; Lucas, 2006).

통제된 연구에서 일반적으로 정신역동치료는 범불안장애를 가진 환자들에게 단지 약간의 도움이 되는 것으로 나타났다(Craske, 2010). 이러한 경향에서 한 가지 예외는 단기 **정신역동치료**이다(제2장 참조). 일부 사례에서 단기 정신역동치료는 범불안장애 환자의 불안, 걱정, 사회적 어려움을 의미 있게 감소시켰다(Bressi et al., 2014; Salzer et al., 2011).

인본주의적 관점

인본주의 이론가들은 다른 심리장애처럼 범불안장애는 사람들이 자신을 정직하고 수용적으로 바라보는 것을 멈추었을 때 발생한다고 본다. 자신의 진정한 생각, 정서, 행동에 대한 반복적인 부인은 사람을 극도로 불안하게 하고 인간으로서 자신의 잠재력을 실현하지 못하게 한다.

Carl Rogers의 설명은 사람들이 범불안장애를 발달시키는 이유에 대한 인본주의자의 관점을 가장 분명히 보여 준다. 제2장에서 보았듯이 Rogers는 타인으로부터 무조건적인 긍정적 존중을 받지 못한 아동은 자신에 대해서 지나치게 비판적이 되며 엄격한 자기 기준, 즉 Rogers가 말한 가치의 조건을 발달시키게 된다고 믿었다. 아동은 자신의 진정한 생각과 경험을 반복적으로 왜곡하고 부인함으로써 이러한 기준을 충족시키고자 노력한다. 그러나 그런 노력에도 불구하고 위협적인 자기 판단은 자신을 계속 파고들어가 강한 불안을 유발한다. 이러한 불안의 맹공격은 범불안장애 또는 다른 형태의 심리적 역기능의 기초가 된다.

로저스의 치료적 접근인 **내담자 중심 치료**(client-centered therapy, 또는 인간 중심 치료)를 하는 치료자는 내담자에게 무조건적인 긍정적 존중을 보여 주고 공감하고자 노력한다. 치료자는 진실된 수용과 보살핌의 분위기는 내담자가 충분히 안전하다고 느껴 자신의 참된 욕구, 사고, 정서를 인식하는 데 도움이 되기를 희망한다. 내담자가 결국 자신에게 정직하고 편안해지면 불안이나 다른 증상들은 가라앉게 된다. 다음 글은 불안 및 관련 증상을 가

▶**내담자 중심 치료** Carl Rogers가 개발한 인본주의 치료법으로, 치료자는 내담자에게 수용, 정확한 공감, 진솔함을 전달함으로써 도움을 줌. '인간중심치료'로도 알려져 있음

진 한 내담자가 이룬 진전을 기술한 Rogers의 글에서 발췌한 것이다.

> 치료는 안전한 관계 속에서 자신의 모든 측면을 경험하는 것, … 온전한 존재로서 자기를 경험하는 것, … 다른 사람에게 관심을 두는 자기를 경험하는 것이었다. 그 뒤에는 치료자가 관심을 기울이고 있으며, 치료가 내담자를 위한 것이 될지는 치료자에게 정말로 중요하며, 치료자는 내담자를 진정으로 가치 있게 여긴다는 깨달음이 뒤따르게 된다. … 내담자는 서서히 어떤 것도 근본적으로 나쁘지 않으며 차라리 본심은 긍정적이고 건전하다는 … 사실을 인식하게 된다.
>
> (Rogers, 1954, pp. 261~264)

이와 같은 낙관적인 사례 보고에도 불구하고, 통제된 연구들은 이 접근을 강력히 지지하는 데 실패했다. 연구자들이 내담자 중심 치료가 치료를 받지 않는 것보다 불안한 내담자들에게 항상 더 도움이 된다고 제시하더라도, 이 접근은 가끔 위약보다 나을 뿐이다(Prochaska & Norcross, 2013, 2006, 2003). 부가적으로 범불안장애와 다른 형태의 이상행동에 대한 Rogers의 설명은 잘해야 단지 제한된 지지만을 받는 것으로 나타났다. 다른 인본주의 이론과 치료들도 연구에서 많은 지지를 얻지는 못했다.

인지적 관점

인지모델의 추종자들은 종종 역기능적인 사고방식이 심리 문제를 유발한다고 가정한다(심리전망대 참조). 인지 증상인 과도한 걱정이 범불안장애의 핵심 특징인 것을 고려할 때(그림 4-2 참조), 인지이론가들이 특히 이 장애의 원인과 치료에 대해서 말한 것이 많다는 것은 놀라운 일이 아니다.

부적응적인 가정 처음에 인지이론가들은 지속적으로 영향력이 있다는 의미로 주로 **부적응적인 가정**이 범불안장애를 유발한다고 보았다. 예를 들어 Albert Ellis는 부적절한 방식으로 행동하고 반응하도록 이끄는 비합리적인 믿음이 많은 사람들을 인도한다고 보았다(Ellis, 2014, 2002, 1962). Ellis는 이것을 **비합리적인 기본 가정**(basic irrational assumption)이라 불렀고 범불안장애를 가진 사람들은 종종 다음과 같은 사고를 지닌다고 주장했다.

"자신이 속한 곳에 있는 사실상 모든 의미 있는 다른 사람들로부터 사랑을 받거나 인정을 받는 것은 절대적으로 필요한 일이다."

"원하는 방식대로 일이 되지 않는 것은 끔찍하고 파국적이다."

"만일 어떤 것이 위험하거나 무시무시하다면 또는 그렇게 될 수 있다면, 사람들은 반드시 그것에 대해 몹시 염려해야만 하고 그런 일이 발생할 가능성을 계속 숙고해야만 한다."

"자신을 가치 있게 여기기 위해서는 대단히 유능하고 적절해야 하며 모든 가능한 것을 성취해야만 한다."

(Ellis, 1962)

이런 가정을 가진 사람들은 시험이나 모르는 남녀끼리의 데이트와 같은 스트레스 사건

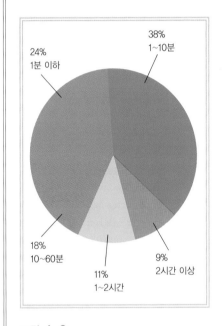

그림 4-2
당신은 얼마나 오랫동안 걱정을 하는가
한 조사에서 어떤 것에 대해 한 번 걱정할 때 지속시간이 10분 이내라고 대답한 대학생은 62%로 나타났다. 반면 한 시간 이상 걱정하는 대학생은 20%였다(출처 : Tallis et al., 1994).

▶비합리적인 기본 가정 Albert Ellis에 의하면, 다양한 심리적 문제가 있는 사람들이 가진 부정확하고 부적절한 신념

심리전망대

공포 : 우리에게 두려운 일이 발생할 가능성은 항상 있다

불안장애를 가진 사람들은 비합리적인 공포를 많이 갖고 있다. 그러나 다른 많은 사람들도 매일 재앙을 걱정한다. 사람들이 두려워하는 재앙의 대부분은 발생하지 않는다. 가능성의 법칙보다는 확률의 법칙에 따라 사는 능력이 불안한 사람과 불안하지 않은 사람을 구분하는 것 같다. 사람들이 흔히 두려워하는 사건이 실제로 일어날 가능성은 얼마나 될까? 확률의 범위는 넓지만 두려운 일이 발생할 가능성은 항상 우리 곁에 있다.

도시 거주민이 폭력 범죄의 대상이 될 확률 : 1/237
교외 거주민이 폭력 범죄의 대상이 될 확률 : 1/408
올해 어린이가 유아 의자 사고로 다칠 확률 : 1/6,000
올해 미국 국세청으로부터 세무감사를 받을 확률 : 1/100
올해 살해당할 확률 : 1/20,000
올해 절도 피해자가 될 확률 : 1/35
올해 강도 피해자가 될 확률 : 1/885
다음번 버스 탑승에서 죽을 확률 : 1/5억
메이저리그 경기에서 야구공에 맞을 확률 : 1/42,000
올해 욕조에서 익사할 확률 : 1/685,000
올해 집에 불이 날 확률 : 1/200
내 계란상자에 깨진 계란이 있을 확률 : 1/10

조심해라! 메이저리그 야구 게임에서 파울볼에 맞을 확률은 42,000분의 1이다. 그러나 이 팬들에게는 이 사실을 말해야 한다.

충치가 생길 확률 : 1/6
수혈로 AIDS에 감염될 확률 : 1/286,000
쓰나미로 죽을 확률 : 1/500,000
상어에게 공격당할 확률 : 1/4,000,000
올해 실직할 확률 : 1/8
올해 암 진단을 받을 확률 : 1/8,000
여성이 평생 동안 유방암에 걸릴 확률 : 1/8
피아노 연주자가 하부 요통에 걸리게 될 확률 : 1/3

다음번 자동차 여행에서 죽을 확률 : 1/4,000,000
콘돔 사용이 임신 예방에 실패할 확률 : 1/8
자궁 내 피임기구가 임신 예방에 실패할 확률 : 1/167
질외 사정이 임신 예방에 실패할 확률 : 1/5
날아오는 번개에 맞아 죽을 확률 : 1/10,000,000

출처 : FBI, 2014; Glovin, 2014; CDC, 2013; Quillian & Pager, 2012; Britt, 2005.

에 직면하면, 이를 위험하다고 해석하고 과잉반응하고 공포를 느낀다. 이들이 자신의 가정을 사건에 점점 더 적용할수록 범불안장애가 발생하기 시작할 수 있다.

유사하게 인지이론가인 Aaron Beck에 의하면 범불안장애를 가진 사람들은 자신이 곧 닥칠 듯한 위험 속에 있다는 것을 의미하는 묵시적인 가정(예 : "상황이나 사람은 안전하다고 입증이 될 때까지는 안전하지 않다." 또는 "항상 최악을 염두에 두는 것이 최선이다.")을 항상 갖고 있다고 주장했다(Clark & Beck, 2012, 2010; Beck & Emery, 1985). Ellis와 Beck이 최초로 이론화한 이후, 연구자들은 정말로 범불안장애를 가진 사람들은 특히 위험에 대해서 부적응적인 가정을 갖고 있다는 것을 반복해서 발견하였다(Clark & Beck, 2012, 2010).

인지적 설명의 새로운 흐름 최근 들어 인지적 설명의 새로운 흐름으로도 불리는 범불안장애에 대한 세 가지 새로운 설명이 출현했다. 이 이론들은 Ellis와 Beck의 작업 및 위험에 대한 이들의 강조에 토대를 두고 있다.

> 왜 많은 사람들은 은연중에 걱정하는 것이 문제를 해결하는 데 도움이 된다고 생각하고, 심지어는 필요하다고 믿는 것일까?

Adrian Wells(2014, 2011, 2005)가 개발한 초인지이론에서는 범불안장애를 가진 사람들은 걱정에 대한 긍정적·부정적 신념 모두를 암묵적으로 갖고 있다고 본다. 긍정적인 면은 걱정이 인생의 위협을 살피고 대처하는 유용한 수단이라고 믿는 것이다. 그래서 범불안장애를 가진 사람들은 모든 가능한 위험 신호를 찾고 조사한다. 즉 끊임없이 걱정을 한다.

동시에 Wells는 범불안장애를 가진 사람들은 걱정에 대한 부정적 신념도 갖고 있는데, 이러한 부정적 태도는 종종 장애로 가는 문을 열게 만든다고 주장한다. 사회는 걱정이 나쁜 것이라고 가르치기 때문에, 범불안장애를 가진 사람들은 반복적인 걱정이 사실 정신적·신체적으로 해롭고 통제 불가능하다고 믿게 된다. 이제 범불안장애를 가진 사람들은 더 나아가 자신이 항상 걱정하는 것으로 보인다는 사실을 걱정(소위 초걱정)한다. 초걱정은 걱정으로 미쳐 가고 있다, 걱정으로 병들어 가고 있다, 걱정 때문에 인생에서 손해를 보고 있다는 걱정을 포함한다. 범불안장애에서는 이런 모든 걱정이 그물망처럼 엮여 있다.

이 설명은 연구에서 상당한 지지를 받았다. 예를 들어 걱정에 대한 긍정적·부정적 신념 모두를 일반적으로 갖고 있는 사람들이 특히 범불안장애를 발전시키는 경향이 있으며, 반복되는 초걱정은 이 장애의 발생을 강력히 예측하는 요인이었다(Wells, 2014, 2011, 2005).

범불안장애에 대한 또 다른 새로운 설명인 **불확실성을 참지 못하는 이론**(intolerance of uncertainty theory)에 의하면, 어떤 사람들은 발생 가능성이 매우 적더라도 부정적인 사건이 일어날 수 있다는 것 자체를 참지 못한다. 인생이 불확실한 사건으로 가득 차 있다는 점을 고려한다면, 이 사람들은 부정적인 사건이 발생하는 것에 대해 끊임없이 걱정하게 된다. 불확실함을 견디지 못하는 것과 걱정은 이들을 범불안장애에 매우 취약하게 만든다(Dugas et al., 2012, 2010, 2004; Fisher & Wells, 2011). 매력적인 누군가를 만난다고 생각하면서 그 사람에게 처음으로 문자를 보내거나 전화를 걸기 전에 드는 느낌을 떠올려 보자. 또는 매력적인 사람을 처음 만나기 위해서 기다리고 있을 때의 느낌을 생각해 보자. 이 이론에 의하면, 당신이 이런 상황에서 경험하는 걱정은 수용할 수 없는 부정적인 결과의 가능성을 넘어 때때로 참을 수 없는 불확실감인데, 이는 범불안장애를 가진 사람들이 늘 느끼는 감정이다.

이 이론에 의하면 범불안장애를 가진 사람들은 자기 삶의 다양한 상황을 위한 올바른 해결책을 찾고 상황에 확실성을 복원하기 위한 노력으로 걱정을 지속한다고 믿는다. 그러나 주어진 해결책이 올바르다는 것을 정말로 확신할 수 없기 때문에 새로운 걱정을 촉발하는 불확실성을 견디지 못한 채 올바른 해결책을 찾으려는 새로운 노력으로 항상 고심한다. 걱정의 초인지이론처럼 많은 연구들이 이 이론을 지지하였다. 예를 들어 범불안장애를 가진 사람들은 정상 수준의 불안을 가진 사람들에 비해 불확실성을 참지 못하는 정도가 더 큰 것으로 나타났다(Dugas et al., 2012, 2004).

마지막으로 범불안장애에 대한 세 번째 새로운 설명은 Thomas Borkovec이 개발한 **회피이론**이다. 회피이론은 범불안장애를 가진 사람들은 다른 사람들보다 더 큰 신체적 각성(더 높은 심박 수, 땀, 호흡)을 보이며 걱정은 실제로 이러한 각성을 줄이는 데 도움을 주는데, 아마도 불쾌한 신체적 느낌으로부터 주의를 분산시키기 때문일 것이라고 설명한다(Liera

걱정 없는 노동자
이 유명한 빌 존스의 동기 포스터는 1920년대 미국 전역의 직장에 전시되었다. 이 포스터는 걱정은 억제할 수 있는 역기능적 과정이라는 인지이론가들의 최신 견해를 반영하고 있다.

& Newman, 2014; Borkovec et al., 2004). 요약하자면 회피이론은 범불안장애를 가진 사람들은 신체적 각성의 불편한 상태를 줄이거나 피하기 위해서 반복적으로 걱정한다고 본다. 예를 들어 범불안장애를 가진 사람들은 불편한 직업 상황이나 사회적 관계에 있다는 것을 알게 되면, 강한 부정적 각성 상태를 괴로워하기보다는 직장이나 친구를 잃는 것에 대해 머리로 생각하는 것(즉 걱정하기)을 암묵적으로 선택한다. 걱정은 궁극적으로는 부적응적이지만 불쾌한 신체 상태에 대처하는 빠른 방식이다.

다양한 연구들이 Borkovec의 설명을 지지하였다. 범불안장애를 가진 사람들은 특히 빠르고 강한 신체적 반응을 경험하며 그러한 반응을 당황스럽고 불쾌한 것으로 느끼고 다른 사람들이 각성되었을 때보다 더 걱정하며 걱정할 때마다 각성이 성공적으로 줄어들었다(Liera & Newman, 2014; Hirsch et al., 2012).

인지치료 범불안장애의 사례에는 두 종류의 인지적 접근을 사용한다. 하나는 Ellis와 Beck의 선구적인 작업에 근거한 치료로, 치료자는 내담자가 이 장애의 특징인 부적응적인 가정을 바꾸도록 돕는다. 다른 하나는 새로운 흐름의 인지치료로, 치료자는 걱정이 범불안장애에서 하는 역할을 내담자가 이해할 수 있도록 그리고 걱정에 대한 관점과 반응을 변화시키도록 돕는다.

부적응적인 가정 바꾸기 Ellis의 **합리적 정서치료**(rational-emotive therapy)에서 치료자는 내담자가 갖고 있는 비합리적 가정을 알려 주고 더 적절한 가정을 제안하며 오래된 가정에 도전하고 새로운 가정을 적용해 볼 수 있는 연습을 제공하는 숙제를 내준다(Ellis, 2014, 2008, 2005). Ellis의 접근 및 유사한 다른 인지적 접근은 범불안장애를 겪는 사람들의 고통을 줄이는 데 적어도 보통 정도의 효과가 있는 것으로 나타났다(Clark & Beck, 2012, 2010). Ellis와 불안한 내담자 간의 다음 대화는 Ellis의 접근을 보여 준다. 이 내담자는 회사를 위해서 개발한 검사절차가 직장에서 실패와 불인정을 가져올까 봐 두려워하고 있다.

▶**합리적 정서치료** Albert Ellis가 개발한 인지치료로, 내담자가 자신의 심리장애를 유발하는 비합리적 가정과 사고를 찾아내 이를 변화시키도록 도와줌

> **내담자**: 나는 요 며칠간 완전히 제정신이 아니었어요. 그래서 한번에 1~2분 이상 어떤 것에도 집중할 수 없었어요. 내 마음은 내가 고안한 그놈의 빌어먹을 검사절차와 그 일에 너무 많은 돈이 들어갔다는 생각과 그 일이 잘될지 아니면 그 모든 시간과 돈을 낭비만 하는 것은 아닌지에 계속 꽂혀 있었어요.
>
> **엘리스**: 한 가지 중요한 점은 당신이 걱정하는 것에 대해 당신 자신에게 말하고 있다는 것을 인정해야만 해요. 그리고 당신은 그것에 관심을 기울이기 시작해야만 해요. 내 말은 당신 자신을 계속 세뇌시키고 있는 넌센스를 살펴보라는 거예요. 다음과 같은 잘못된 진술이요. "만일 내 검사 절차가 제대로 되지 않으면, 나는 일을 제대로 하지 못하는 사람이 되는 거고, 동료들은 나를 필요로 하지 않거나 인정하지 않을 거야. 그러면 나는 가치 없는 사람이 되는 거야."
>
> **내담자**: 그러나 회사에서 내가 하길 원하는 일을 나도 원한다면, 나는 회사에 쓸모없는 사람이죠. 그리고 나 자신에게도 쓸모없는 거 아닌가요?

엘리스: 아니요. 당신이 생각하는 것과 달라요. 물론 훌륭한 검사 절차를 만들고 싶은데 그렇게 안 된다면 당신은 좌절하겠죠. 그러나 당신이 좌절했기 때문에 너무나 불행한 거 아닌가요? 그리고 인생에서 당신이 하고 싶어 하는 중요한 일 중 하나를 할 수 없었다고 해서 당신 자신이 완전히 가치 없어지나요?

(Ellis, 1962, pp. 160~165)

걱정에 초점 맞추기 새로운 흐름의 인지치료자 중 일부는 특히 범불안장애를 가진 내담자들이 걱정의 역기능적인 사용을 인식하고 이를 바꾸도록 돕는다(Wells, 2014, 2010; Newman et al., 2011). 치료자는 먼저 범불안장애에서 걱정이 하는 역할을 내담자에게 교육하고, 그다음에는 내담자가 다양한 생활 장면에서 일어나는 신체적인 각성과 인지적 반응을 관찰하게 한다. 그러면 내담자는 걱정을 촉발하는 요인들, 걱정에 대한 오해, 걱정으로 자신의 삶을 통제하려 했던 잘못된 노력을 인정하게 된다. 통찰이 늘어남에 따라 내담자는 세상을 덜 위협적인 것(덜 각성시키는 것)으로 보게 되며, 각성을 다루기 위한 좀 더 건설적인 방법을 찾고 자신이 그렇게 많이 걱정한다는 사실을 덜 걱정하게 된다. 연구 결과, 범불안장애를 위한 전통적인 인지치료에 걱정에 초점을 두기를 추가하는 것은 도움이 되는 것으로 나타났다(Wells, 2014, 2011, 2010).

범불안장애를 가진 사람들이 걱정하는 경향이 있다는 것을 깨닫도록 도와주는 범불안장애 치료는 최근에 인기를 얻고 있는 다른 인지적 접근과 유사하다. 마음챙김에 근거한 인지치료는 수용전념치료라고 불리는 더 넓은 치료적 접근의 일부로서 심리학자인 Steven Hayes와 동료들이 개발하였다(Hayes et al., 2013). 치료자는 내담자가 걱정을 포함하여 생각이 일어나면 생각의 흐름을 인식할 수 있도록 그리고 그러한 생각을 마음의 단순한 사건으로 수용하도록 돕는다. 생각을 없애려고 노력하기보다 수용하게 되면 내담자들은 덜 당황하고 생각에 의한 영향을 덜 받게 된다.

마음챙김에 근거한 인지치료는 우울증, 외상후 스트레스장애, 성격장애, 약물의존과 같은 다른 심리적 문제에도 적용되고 있는데 종종 좋은 결과를 낳고 있다(Roemer & Orsillo, 2014). 이 인지적 접근은 **마음챙김 명상**이라고 불리는 명상의 한 형태를 주로 차용하고 있다. 마음챙김 명상은 사람들에게 명상을 하는 동안 마음속에 흘러가는 사고와 감정에 주의를 기울이도록 그리고 그러한 생각을 판단하지 않고 수용하도록 가르친다(정보마당 참조).

생물학적 관점

생물학이론가들은 주로 생물학적 요인들이 범불안장애를 야기한다고 믿는다. 몇 년 동안 **가계연구**(family pedigree study)가 이 주장을 주로 지지하였다. 가계연구는 특정 장애를 가진 사람의 얼마나 많은 친척이 그리고 어떤 친척이 동일 장애를 갖고 있는지를 조사한다. 만일 범불안장애의 생물학적 경향이 유전된다면, 생물학적으로 관련이 있는 사람들은 이

▶**가계연구** 장애가 있는 개인의 얼마나 많은 친척과 어떤 친척이 동일 장애를 갖고 있는지를 조사하는 연구설계

두려운 즐거움
영화 '파라노말 액티비티' 1, 2, 3편은 가장 수익성이 있던 영화 중 하나였는데, 매우 인기 있는 이 영화 시리즈를 긴장감 있게 볼 때처럼 많은 사람들은 통제된 환경에서 공포가 발생하는 한은 공포의 감정을 즐길 수 있다. 1편의 이 장면에서 주인공 케이티 피더스턴은 자신의 집에 있는 초자연적인 존재의 영향에서 벗어나고자 한다.

The Kobal Collection/Blumhouse Productions

마음챙김

지난 10년 동안 **마음챙김**은 심리학에서 가장 일반적인 용어 중 하나가 되었다. 마음챙김은 의도적이고 비판단적으로 현재의 순간에 존재하는 것을 포함한다. **마음챙김 훈련 프로그램**은 통증, 불안장애 및 우울장애뿐만 아니라 다양한 다른 심리장애로 고통받는 사람들의 치료를 돕는 데 마음챙김 명상 기술을 사용한다.

마음챙김 프로그램

- 의도적이고 비판단적으로 현재에 주의를 기울이는 상태에 이르는 것이 목표이다.

8주간의 훈련

신체 감각에 주의
호흡 감각에 대한 관심
생각이 일어나는 것에 주의
단순 요가
숙제
(연습 및 기사 보관)

(Noonan, 2014; Russell, 2014; Chan, 2013; Kerr et al., 2013; Plaza et al., 2013)

- 다음과 같은 장애를 치료하는데 도움이 된다.

통증 상태
외상후 스트레스장애 및 기타 스트레스장애
우울장애
강박장애
물질사용장애
경계성 성격장애

(Kerr et al., 2013; King et al., 2013; Hanstede et al., 2008)

미국 성인이 마음챙김 프로그램에 매년 지출하는 금액
80억 달러

마음챙김을 지지하는 연구 효과

마음챙김은 다음과 같은 효과를 보인다.

- 불안 및 관련 정서에 대한 통제력을 향상시킨다(*편도체*).
- 더 평화로운 수면을 촉진한다.
- 자율신경계의 기능을 향상시킨다.
- 기민하나 불안하지 않은 정신 상태와 관련 있는 *알파 리듬*의 뇌파를 만들어 낸다.
- 감각 신호와 의식을 높이는 시상의 기능을 향상시킨다.
- 스트레스를 감소시킨다.

마음챙김 명상 기술을 연습하는 미국인의 비율
10%

북아메리카 지역에서 마음챙김을 가르치는 의과대학 수
100개 이상

- 다음 장애에서 나타나는 불안을 감소시키는 데 도움이 된다.

범**불안**장애
사회불안장애
공황장애
시험불안
질병불안
불안을 동반한 우울장애

(Kraemer et al., 2014; Hoge et al., 2013; Kerr et al., 2013; Khoury et al., 2013; Carlson, 2012; Cunha & Paiva, 2012)

왜 사람들은 마음챙김을 추구하는가?

"휴대전화, 문자메시지, 소셜 네트워킹, 이메일 전송 등은 내가 하는 일에 쉽게 산만하게 만든다."

밀레니엄 세대	61%
X 세대	46%
베이비붐 세대	32%
전체 성인	47%

(Palley, 2014)

마음챙김에 관한 과학 논문 및 서적의 수
9,300개

마음챙김 기반 스트레스 감소를 지도하는 전 세계의 공인 강사 수
1,000명

(Brewer, 2014; Marchand, 2014; Noonan, 2014; Pickert, 2014)

- 스트레스하에서의 의사결정을 향상시킨다 (*전두엽 피질*).
- 주의력을 향상시킨다 (*기저핵*).
- 작업기억과 언어적인 추론을 향상시킨다(*전두엽 피질 및 해마*).
- 면역 체계의 기능을 향상시킨다.
- 음악을 즐기고 경험하는 것이 증가된다.
- 고령자의 외로움이 감소된다.

(Noonan, 2014; Chan, 2013; Plaza et al., 2013)

마음챙김 전략

(Noonan, 2014; Russell, 2014)

매일 아침 의식적으로 인식하려고 하세요. 하루를 시작하기 전에 기분이 어떤지 아침을 요란하게 시작하지 마세요. 하루가 끝날 때, 판단 없이 조심스럽게 호흡을 가져세요. 하루에 주기적으로 전자기기를 끄는 시간을 가지세요. 주변 환경에서 하나를 선택해서 60초 동안 조심스럽게 주의를 기울이세요. 하루 종일 특히 중요 임무를 수행하기 전에 5~30분 동안 주의 깊은 호흡을 취하십시오.

장애를 발생시킬 확률이 유사해야 한다. 사실 범불안장애를 가진 사람의 생물학적 친척은 친척이 아닌 사람보다 범불안장애를 가질 가능성이 더 큰 것으로 나타났다(Schienle et al., 2011). 범불안장애를 가진 사람의 친척 중 약 15%는 범불안장애를 갖고 있었는데, 이는 일반 인구에서 발견되는 유병률보다 훨씬 더 많다. 가까운 친척일수록(예 : 일란성 쌍생아) 범불안장애를 가질 가능성은 더 컸다.

생물학적 설명 : GABA의 비활동 최근 몇 십 년 동안 뇌 연구자들은 범불안장애가 생물학적인 요인과 관련이 있다는 더 분명한 증거들을 보여 주는 중요한 발견을 하였다(Bergado-Acosta et al., 2014; Craig & Chamberlain, 2010). 1950년대에 처음으로 발견한 것 중 하나는 **벤조디아제핀**(benzodiazepine)이 불안을 경감시킨다는 것이었다. 벤조디아제핀은 알프라졸람(자낙스), 로라제팜(아티반), 디아제팜(바리움)을 포함하는 약물군이다. 처음에는 어느 누구도 벤조디아제핀이 불안을 경감시키는 이유를 알지 못했다. 그러나 방사능 기법의 발달 덕분에 연구자들은 벤조디아제핀의 영향을 받는 뇌의 정확한 위치를 알아냈다(Mohler & Okada, 1977). 마치 자물쇠가 열쇠를 받아들이듯이 일부 뉴런은 벤조디아제핀을 받아들이는 수용기를 갖고 있다.

연구자들은 곧 벤조디아제핀 수용기들이 대개는 뇌에서 가장 흔한 신경전달물질인 **감마 아미노부티르산**(gamma-aminobutyric acid, GABA)을 받는다는 것을 발견하였다. 제2장에서 기술했듯이 신경전달물질은 하나의 뉴런에서 다른 뉴런으로 메시지를 전달하는 화학물질이다. GABA는 억제 정보를 전달하며 GABA가 수용기에서 수용되면 GABA는 뉴런이 점화를 멈추게 한다.

이러한 발견을 토대로 생물학연구자들은 공포 반응이 어떻게 발생하는지에 대한 몇 개의 시나리오를 수집하였다. 그중 영향력 있는 시나리오에 의하면, 정상적인 공포 반응 동안 뇌의 주요 뉴런은 더 빨리 점화되며, 이는 정지해 있는 더 많은 뉴런의 점화를 촉발시키고 뇌와 몸 도처에 전반적인 흥분 상태를 낳는다. 땀, 호흡, 근육 긴장이 증가하고, 이 상태를 공포나 불안으로 경험한다. 뉴런의 연속적인 점화는 결국 피드백체계, 즉 흥분 수준을 감소시키는 뇌와 몸의 활동이 일어나게 한다. 뇌의 일부 뉴런은 신경전달물질인 GABA를 방출하는데, GABA는 특정 뉴런에 있는 GABA 수용기에 결합되고 이 뉴런들이 점화를 멈추도록 지시한다. 흥분 상태가 끝나면 공포나 불안 경험은 진정된다(Atack, 2010; Costa, 1985, 1983).

일부 연구자들은 이 피드백체계의 오작동이 공포나 불안이 억제되지 않고 지속되게 한다고 결론지었다(Salari et al., 2015; Bremner & Charney, 2010). 실제로 연구자들은 GABA 수용기에 결합되는 GABA의 능력을 줄였을 때, 실험동물의 불안이 상승하는 반응이 나타나는 것을 발견하였다(Costa, 1985; Mohler et al., 1981). 이 발견은 범불안장애를 가진 사람들은 불안 피드백체계가 지속적인 문제를 갖고 있을 가능성을 시사한다. 아마도 범불안장애를 가진 사람들은 GABA 수용기가 너무 적거나 GABA 수용기가 신경전달물질을 빨리 결합하지 못하는 것일 수 있다.

이 설명은 많은 지지를 받고 있으나 문제점도 있다. 첫째, 최근의 생물학 발견들에 의하면 다른 신경전달물질들도 단독으로 또는 GABA와 결합해서 불안과 범불안장애에서 중요한 역할을 할 수 있다(Mandrioli & Mercolini, 2015; Baldwin et al., 2013). 둘째, 생물학이론가들은 인과관계를 확립해야 하는 문제에 직면해 있다. 불안한 사람의 비정상적인 GABA

▶벤조디아제핀 가장 일반적인 항불안제로, 바리움과 자낙스가 있음

▶감마 아미노부티르산(GABA) 신경전달물질로, GABA의 낮은 활동은 범불안장애와 관련 있음

숨은 뜻 읽어내기

21세기 최고의 수익을 거둔 공포영화

쥬라기 공원/세계 시리즈

트와일라잇 시리즈

파라노말 액티비티

스크림 시리즈

에이리언 시리즈

쏘우 시리즈

파이널 데스티네이션 시리즈

엑소시스트 시리즈

죠스 시리즈

미이라 시리즈

13일의 금요일 시리즈

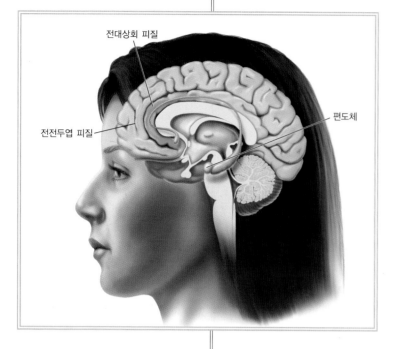

전대상회 피질

전전두엽 피질

편도체

그림 4-3
불안의 생물학
불안 반응을 낳는 것을 돕는 뇌의 회로는 편도체, 전전두엽 피질, 전대상회 피질을 포함한다.

▶진정 수면성 약물 소량은 진정에, 많은 용량은 수면에 도움이 되는 약물

반응은 불안장애의 원인이라기보다는 결과일 수 있다. 예를 들어 아마도 장기간의 불안으로 GABA 수용이 더 빈약해졌을 수도 있다.

사실 최근 몇 년 동안 수행한 연구에 의하면, 범불안장애의 원인은 단일 신경전달물질 또는 일군의 신경전달물질들의 활동이기보다는 좀 더 복잡하다는 것이 보다 일반적인 견해이다. 예를 들어 연구자들은 다양한 종류의 정서 반응은 함께 작동하는 뇌 구조망인 뇌 회로와 관련이 있는 것으로 보는데, 뇌 회로는 신경전달물질의 도움을 받아 활성화를 서로 촉진해 특정 정서 반응을 낳는다. 불안 반응을 낳는 회로는 **전전두엽 피질, 전대상회 피질, 편도체**를 포함하는 것으로 밝혀졌다. 편도체는 작은 아몬드 모양처럼 생겼는데, 대개 정서의 변동을 시발한다. 최근 연구에서 범불안장애를 가진 사람들은 이 회로가 종종 부적절하게 기능하는 것으로 나타났다(Lang, McTeague, & Bradley, 2014; Schienle et al., 2011)(그림 4-3 참조).

생물학적 치료 범불안장애의 주요 생물학적 치료는 약물치료이다(표 4-3 참조). 다른 생물학적 개입은 이완훈련과 바이오피드백이다.

항불안제 치료 1950년대 후반에 벤조디아제핀은 원래 용량이 적을 때는 진정시키고 용량이 많으면 잠들게 하는 **진정 수면성 약물**(sedative-hypnotic drug)로 시중에 판매되었다. 이 새로운 항불안제는 바비튜레이트 같은 이전의 진정 수면성 약물보다는 덜 중독적이고 피곤함을 덜 유발하는 것으로 보였다. 의사와 환자들은 벤조디아제핀을 빨리 받아들였다.

여러 해 뒤에야 연구자들은 벤조디아제핀이 효과가 있는 이유를 이해하게 되었다. 앞에서 살펴보았듯이 연구자들은 뇌에는 벤조디아제핀을 수용하는 특정 뉴런 부위가 있으며, 이와 동일한 수용기 부위는 원래 신경전달물질인 GABA를 수용한다는 것을 알게 되었다. 벤조디아제핀이 특히 GABA-A 수용기로 알려진 수용기인 뉴런 수용기 위치에 결합되면,

표 4-3

벤조디아제핀 약물

일반명	상품명	일반명	상품명
알프라졸람	자낙스, 자낙스XR	할라제팜	팍시팜
브로마제팜	렉토팜, 록소탄, 브로마제	로라제팜	아티반
클로르디아제폭시드	리브리엄	미다졸람	버스드
클로나제팜	클로노핀	니트라제팜	모가돈, 알로도름, 파시신, 두몰리드
클로라제파트	트랑센	옥사제팜	세락스
디아제팜	바리움	프라제팜	리산시아, 센트락스
에스타졸람	프로솜	쿠아제팜	도랄
플루니트라제팜	로힙놀	테마제팜	레스토릴
플루라제팜	달마돈, 달마인	트리아졸람	할시온

이것은 GABA가 수용기에 결합되는 능력 또한 증가시키며 뉴런의 점화를 멈추는 GABA의 능력을 향상시켜 불안이 감소한다(Griebel & Holmes, 2013).

연구에서 벤조디아제핀은 종종 범불안장애를 경감시키는 것으로 나타났다(Islam et al., 2014). 그러나 임상가들은 이 약의 잠재적인 위험을 알게 되었다. 첫째, 많은 사람들이 약을 중단했을 때 이전과 같은 불안을 다시 느꼈다. 둘째, 오랜 기간 벤조디아제핀을 복용한 사람은 신체적으로 약에 의존하게 될 수 있다. 셋째, 졸림 · 협응 부족 · 기억손실 · 우울 · 공격행동 같은 원치 않는 효과를 낳을 수 있다. 마지막으로 벤조디아제핀을 복용하는 사람이 소량이라도 술을 마시면 호흡이 느려져 위험해질 수 있다(Chollet et al., 2013).

최근 수십 년 동안 범불안장애를 가진 사람들은 다른 종류의 약을 이용할 수 있게 되었다. 특히 우울한 기분을 끌어올리기 위해 흔히 사용하는 약인 항우울제와 현실과의 접촉을 상실한 사람들에게 흔히 처방하는 항정신병 치료제가 범불안장애를 가진 많은 사람들에게 도움이 되는 것으로 밝혀졌다(Chollet et al., 2013; Comer et al., 2011).

이완훈련 범불안장애 치료에 흔히 사용하는 비화학적인 생물학기법은 **이완훈련**(relaxation training)이다. 이완훈련은 신체적인 이완이 심리적인 이완 상태를 유도할 것이라고 가정한다. 이완훈련 중 하나를 소개하면, 치료자는 내담자가 개별 근육군을 찾아서 근육을 긴장시키고 긴장을 내보내면서 결국은 몸 전체를 이완하도록 교육한다. 지속적인 훈련을 통해 내담자는 불안 상태를 줄이면서 자유롭게 깊은 근육 이완 상태에 도달할 수 있게 된다.

이완훈련은 범불안장애의 사례에서 치료를 받지 않거나 위약치료를 받는 것보다 효과적인 것으로 나타났다(Hayes-Skelton et al., 2013). 그러나 이완훈련을 통한 향상은 보통 정도인 경향이 있으며(Leahy, 2004), 기본 명상처럼 사람들을 이완시키는 것으로 알려진 다른 기법들도 종종 동일한 효과가 있는 것 같다(Bourne et al., 2004). 이완훈련은 인지치료 또는 바이오피드백과 함께 사용하면 범불안장애를 가진 사람에게 매우 큰 도움이 된다(Cuijpers et al., 2014).

바이오피드백 바이오피드백(biofeedback)은 몸에서 오는 전기 신호를 사용해서 심장 박동이나 근육 긴장과 같은 생리적 과정을 통제할 수 있도록 훈련한다. 신체 활동에 대한 연속적인 정보를 제공해 주는 모니터를 내담자와 연결한다. 내담자는 모니터를 통해 전달되는 신호에 주의를 기울임으로써 겉보기에는 불수의적인 생리적 과정을 통제하는 것을 서서히 배운다.

불안치료를 위해 가장 광범위하게 적용되는 바이오피드백 방법은 인체 내 근육 긴장 수준에 대해 피드백을 제공하는 **근전도계**(electromyograph, EMG)라는 장치를 사용하는 것이다. 전극을 내담자의 근육, 대체로 근육 긴장에 수반되는 미세한 전기 활동을 탐지할 수 있는 이마 근육에 부착한다(그림 4-4 참조). 이 장치는 근육으로부터 오는 전기에너지 또는 전위를 스크린상의 선과 같은 이미지나 근육 긴장의 변화에 따라 높낮이가 달라지는 신호음으로 변환한다.

항불안제가 오늘날 매우 인기 있는 이유는 무엇인가? 항불안제의 인기는 우리 사회에 대해 무엇을 말해 주는가?

▶**이완훈련** 자신의 의지로 이완하는 법을 가르치는 치료 절차로, 스트레스 상황에서 스스로 진정할 수 있게 됨

▶**바이오피드백** 내담자에게 나타나는 생리 반응에 대한 정보를 제공하며 자발적으로 반응을 조절하도록 훈련하는 치료기법

▶**근전도계**(EMG) 인체 내 근육 긴장 수준에 대해 피드백을 제공하는 장치

그림 4-4
바이오피드백의 작동 원리
바이오피드백 시스템은 불안한 사람의 이마 근육의 긴장을 기록한다. 이 장치는 긴장에 관한 정보를 받아서 증폭시킨 다음 이를 변환하여 보여 주는데, 내담자가 자신의 긴장 반응을 '관찰'하고 줄이는 노력을 할 수 있게 해 준다.

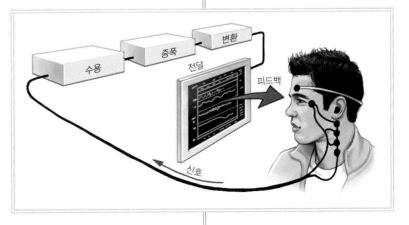

내담자는 근육이 더 또는 덜 긴장하게 될 때 이를 '보거나', '듣는다.' 반복적인 시행착오를 통해 사람들은 근육 긴장을 자발적으로 줄이며, 이론적으로는 매일의 스트레스 상황에서 긴장과 불안을 줄이는 데 능숙해진다.

대부분의 사례에서 긴장이완처럼 EMG 바이오피드백이 불안을 줄이는 효과는 보통 정도이다(Brambrink, 2004). 제8장에서 소개할 텐데, 바이오피드백은 두통이나 요통을 포함한 특정 의학적인 문제의 치료에서 보조 역할을 할 때 그 영향력이 가장 크다(Flor, 2014; Young & Kemper, 2013).

▶ **요약**

범불안장애 범불안장애를 가진 사람들은 광범위한 사건과 활동에 대해서 과도하게 불안해하고 걱정한다. 범불안장애에 대한 다양한 설명과 치료가 출현해 왔다.

사회문화적 관점에 의하면 사회적 위험, 경제적 스트레스, 또는 관련된 인종적·문화적 압력은 범불안장애가 발생하기 더 쉬운 분위기를 만든다.

고전적인 정신역동이론에 따르면 Freud는 불안이 과도하고 방어기제가 와해되고 기능을 제대로 하지 못할 때 범불안장애가 발생할 수 있다고 하였다. 정신역동치료자들은 자유연상, 해석, 그리고 관련된 정신역동기법을 사용해서 이 문제를 극복하도록 돕는다.

인본주의 이론의 선구자인 Carl Rogers는 범불안장애를 가진 사람들은 아동기에 의미 있는 타인으로부터 무조건적인 긍정적 존중을 받는 데 실패했고 그래서 자신에 대해 지나치게 비판적이 되었다고 믿는다. Rogers는 내담자 중심 치료로 범불안장애를 가진 사람들을 치료했다.

인지이론가들은 대부분의 상황을 위험하다고 보게 만드는 부적응적인 가정과 믿음이 범불안장애를 발생시킨다고 믿는다. 많은 인지이론가들은 걱정의 힘과 가치에 관한 암묵적인 믿음이 이 장애의 발달과 유지에서 특히 중요하다고 믿는다. 인지치료자들은 내담자가 생각을 바꾸고 스트레스 상황에 보다 더 효과적으로 대처하는 방식을 발견하도록 돕는다.

생물학이론가들은 범불안장애는 신경전달물질 GABA의 낮은 활동의 결과라고 본다. 흔한 생물학적 치료는 항불안제이다. 특정 항우울제와 항정신성약도 도움이 될 수 있다. 이완훈련과 바이오피드백도 많이 사례에 적용되고 있다.

공포증

'공포'의 그리스어에서 유래한 **공포증**(phobia)은 특정 대상, 활동 또는 상황에 대한 지속적이고 비합리적인 공포이다. 공포증을 가진 사람은 자신이 두려워하는 대상이나 상황을 생각하기만 해도 두려워한다. 그러나 그 대상이나 대상에 대한 생각을 피할 수 있는 한 대개 편안하다.

우리 모두는 특별한 공포의 영역을 갖고 있고 흔히 우리를 더 놀라게 하는 것이 있다(언론보도 참조). 흔한 공포와 공포증은 어떻게 다른가? *DSM-5*는 공포증은 보다 더 강렬하고 지속적이며 대상이나 상황을 피하고자 하는 욕구가 더 크다고 되어 있다(APA, 2013). 공포증을 가진 사람은 종종 너무나도 고통을 느껴서 공포로 인해 삶이 극적으로 지장을 받기도 한다.

*DSM-5*는 특정 대상이나 상황에 대한 강렬하고 지속적인 공포를 **특정공포증**이라 부르는데, 대부분의 공포증은 엄밀히 말하면 특정공포증의 범주 안에 속한다. **광장공포증**은 광범위한 공포증으로, 공황상태가 되거나 옴싹달싹 못하게 되었을 때 도망가기 어려울 수 있는 공공장소나 상황에 가는 것에 대한 공포를 말한다.

▶**공포증** 특정한 대상, 활동, 상황에 대한 지속적이고 비합리적인 공포

특정공포증

특정공포증(specific phobia)은 특정 대상이나 상황에 대한 지속적인 공포이다(표 4-4 참조). 특정공포증을 가진 사람은 대상이나 상황에 노출되면 흔히 즉각적인 불안을 경험한다. 흔한 특정공포증은 특정 동물이나 곤충, 높은 곳, 폐쇄공간, 뇌우(雷雨), 피에 대한 강한 공포이다. 다음 글에서 앤드류는 비행공포에 대해 이야기하고 있다.

> 우리는 비행기를 탔다. 그리고 이륙했다. 속도가 났을 때 그 무시무시한 감정이 다시 느껴졌다. 내 위로 살금살금 기어 올라온 것은 공황의 오래된 감정이었다. 나는 나를 포함한 모든 사람이 자신의 운명에 대한 어떤 통제권도 없이 끈으로 좌석에 묶인 꼭두각시처럼 보였다. 비행기가 속도나 항로를 변경할 때마다 매번 내 심장은 뛰었고 무슨 일이 일어나고 있는지를 급하게 물었다. 비행기가 고도를 낮추기 시작했을 때 충돌할까 봐 두려웠다.
>
> (Melville, 1978, p. 59)

매년 미국 전체 국민 중 거의 12%는 특정공포증 증상을 보인다(Kessler et al., 2012). 특정공포증의 평생 유병률은 14% 이상이며 많은 사람들이 한 번에 한 가지 이상의 공포증을 갖는다. 특정공포증을 가진 여성이 남성보다 적어도 2배 많다. 이유는 분명하지 않지만 특정공포증의 유병률은 인종과 소수민족 집단에 따라 차이가 있다. 어떤 연구에서는 집단에 따른 경제적 요인, 교육, 연령을 일정하게 유지하더라도 흑인과 히스패닉계 미국인은 백인보다 특정공포증을 적어도 50% 더 많이 갖고 있는 것으로 나타났다(Stein & Williams, 2010; Breslau et al., 2006). 그러나 이러한 높은 유병률은 미국에서 출생한 흑인과 히스패닉계 미국인 사이에서만 나타나며 출생 이후 미국으로 이주한 흑인과 히스패닉계 미국인 사이에서는 나타나지 않는 점은 주목할 만하다(Hopko et al., 2008).

특정공포증이 개인의 생활에 미치는 영향은 무엇이 공포를 유발하느냐에 달려 있다(Costa et al., 2014). 개, 곤충 또는 물에 공포가 집중되어 있는 사람들은 두려워하는 대상과 지속적으로 만나게 된다. 공포 대상을 피하려는 노력은 정교해져야만 하고 활동은 크게 제약을 받는다. 뱀공포증을 가진 도시 거주자는 훨씬 쉽다. 특정공포증을 가진 사람들의 대다수는 치료를 받지 않으며(NIMH, 2011), 대신에 두려워하는 대상을 피하려고 노력한다.

광장공포증

광장공포증(agoraphobia)을 가진 사람들은 공황을 경험하거나 옴짝달싹 못하게 되었을 때, 도망가기 어렵거나 도움이 가능하지 않은 공공장소나 상황에 있는 것을 두려워한다(APA, 2013)(표 4-5 참조). 광장공포증은 대개 20~30대에 시작하는데, 다양한 상황이나 장소에 만연되어 있는 복잡한 공포증이다. 특정 해를 기준으로 할 때, 인구 중 1.7%가 광장공포증을 경험하며(Kessler et al., 2012) 여자가 남자보다 2배 더 흔하다(Sareen et al., 2011). 광장공포증을 가진 사람들의 적어도 5분의 1은 현재 치료를 받고 있다(NIMH, 2011).

광장공포증을 가진 사람들이 전형적으로 피하는 것은 붐비는 거리나 가게에 들어가기, 주차장이나 다리에서 운전하기, 대중교통이나 비행기로 이동하기이다. 이들이 집 밖으로 나오는 위험을 무릅쓴다면 그것은 대개 가까운 친척이나 친구들과 동행을 할 때만이다. 어

표 4-4

진단 체크리스트

특정공포증

1. 특정 대상이나 상황에 대한 현저하고 지속적이며 과도한 공포. 흔히 6개월 이상 지속됨
2. 공포 대상에 노출되면 항상 즉각적으로 불안을 경험함
3. 공포스러운 상황을 회피함
4. 현저한 고통이나 손상을 초래함

출처 : APA, 2013.

▶**특정공포증** 특정 대상이나 상황에 대한 심각하고 지속적인 공포

▶**광장공포증** 공황 같은 증상 또는 당황스러운 증상이 발생했을 때 도망가기 어렵거나, 도움을 받지 못할 수 있는 공공장소나 상황에 놓이는 것을 두려워하는 불안장애

언론보도

공포 사업

Beth Accomando, NPR, 2013년 10월 6일 게재

모든 직업은 특별한 기술을 요구한다. 이 사업에서 요구하는 직업 기술 중 하나는 소리를 지르는 것이며, 전기톱에 대한 인증을 받는 것도 필요하다. "우리는 항상 화장을 하고 의상을 입고 전기톱을 휘두르며 사람들을 놀래게 할 열정을 가진 사람들을 찾고 있습니다."라고 제니퍼 스트루버는 말한다.

스트루버는 캘리포니아 샌디에이고 카운티의 델마 박람회장 비명지대의 이벤트 관리자이다. 귀신의 집은 수십억 달러를 버는 핼러윈 사업의 일부로 직원이 필요하다.

스트루버는 비명지대의 미로 내부 연쇄 살인자의 주방에서 인터뷰를 진행 중이다. 천장에는 고기 조각이 매달려 있고 벽에는 인상적인 칼붙이가 있다.

"우리는 지원자들에게 전기톱의 연기, 움직이는 바닥, 섬광 전구, 시끄러운 소음이 문제가 되는지 묻습니다. 직원들은 의상을 입고 화장을 하기 때문에 무대용 혈액이나 라텍스에 알레르기가 있는지 알아야 합니다."라고 스트루버는 말한다.

비명지대 텐트의 유령이 많은 성 끝에서는 거대한 녹색 악마가 잠재적인 희생자들, 즉 인터뷰를 위해 기다리고 있는 지원자들에게 군침을 흘리고 있다. 너무 뜨거워서 많은 환풍기도 거의 도움이 되지 않으며, 열기는 살아 있는 죽은 자의 살을 녹일 수 있을 것 같다.

제랄도 피게로아는 비명지대 텐트에 채용되었다. "좀비가 되고 싶어요. 좀비 페인트 볼 사파리는 정말 재미있을 것 같고 특별한 새 명소가 될 것 같아요."라고 그는 말한다.

… 사만타 토파시오가 보여 주었듯이 성량이 중요하다. "아무도 단지 재미만을 위해 정말로 오락 삼아 비명을 지르지 않기 때문에 잠시 비명을 지른 것이 아니에요." 토파시오는 면접에서 좋은 성적을 냈다. "나는 피해자의 비명을 질렀어요. 그리고 다른 하나는 더 으스스한 적대자 유형의 캐릭터가 내는 비명이었어요."라고 그녀는 말한다. 비명을 지르는 업무로 수년간 비명지대에서 일해 온 애슐리 아마랄은 아만다에게 하이파이브를 했고 아만다는 비명 소리 덕에 직업을 얻었다. 몸집이 작고 활기찬 금발 머리의 여성은 자신의 직업에서 사악한 기쁨을 얻는다.

"크고 건장한 남자가 바닥에 무너지는 것을 보는 것은 매우 굉장

Geoff Caddick/Press Association via AP Images

이크! 런던의 런던브리지 익스피어리언스의 핼러윈쇼인 공포증은 가장 무섭고 흔한 공포 대상을 고객에게 주고 이를 다루게 한다. 이 고객은 광대, 큰 거미, 뱀을 동시에 직면하고 있다.

해요. 당신은 그들이 너무 강인하다고 생각해요. 그들은 '오, 당신은 단지 여자예요.'하면서 들어옵니다. 그리고 곧 무너져요. 남자들은 여기서 달아나서 '오, 안 돼, 나 이제 그만두겠어.'라고 말해요."라고 그녀는 말한다.

누군가 비상구로 빠져나올 때마다 그녀 동료의 모자에는 피투성이 깃털이 하나 꽂힌다. 공포의 집을 통과하지 못하는 희생자들의 집계를 유지하는 점수판이 있다. 작년에는 523명이었다. 이 숫자는 고객 만족도를 나타내는 새로운 방식이다.

"The Fear Business." Source: "In This Business, Scaredy Cats Need Not Apply," by Beth Accomando, NPR, October 6, 2013 (from KPBS).

떤 사람들은 가족이나 친구가 집에 함께 있어야 한다고 주장하기도 하고 집에 그리고 다른 사람들과 함께 있을 때도 계속 불안해할 수 있다.

많은 사례에서 광장공포증의 강도는 변한다. 심한 사례의 경우 사람들은 자신의 집에 갇힌 죄수 신세가 되기도 한다. 사회생활은 줄어들고 실직을 할 수도 있다. 광장공포증을 가진 사람들은 광장공포증이 삶에 가하는 제약으로 말미암아 때때로 우울해질 수도 있다.

광장공포증을 가진 많은 사람들은 사실 공공장소에 있게 될 때 광장공포증이 발달하는 첫 계기가 될 수 있는 문제인 **공황발작**이라 부르는 극단적이고 갑작스러운 공포의 폭발을 경험한다. 이런 경우는 광장공포증과 **공황장애** 두 가지 진단을 받을 수 있다. 광장공포증은 이 장의 뒷부분에서 다루었는데, 그 이유는 이 장애를 가진 사람들이 겪는 어려움은 공공장소에 외출하는 것에 대한 과도한 두려움을 넘어서 상당히 확대되기 때문이다(APA, 2013).

공포증의 원인

공포증을 설명하는 모델들이 있지만 과학적 증거들은 행동주의의 설명을 지지하는 경향이 있다. 행동주의자들은 공포증을 가진 사람들은 처음에 조건형성을 통해 특정 대상, 상황, 사건에 대한 공포를 학습한다고 믿는다(Cherry, 2014; Field & Purkis, 2012). 사람들은 공포를 습득하면 두려워하는 대상이나 상황을 피하는데, 이를 통해 공포는 오히려 더 공고해진다.

행동적 설명 : 공포는 어떻게 학습되는가　행동주의자들은 **고전적 조건형성**(classical conditioning)이 공포 반응을 습득하는 흔한 방법이라 생각한다. 고전적 조건형성에서 근접한 시차로 함께 발생하는 두 사건은 마음속에 강하게 연합되며 제2장에서 본 것처럼 사람들은 그 두 가지 사건에 대해서 유사하게 반응한다. 만일 하나의 사건이 공포 반응을 촉발하면 다른 사건도 공포 반응을 촉발한다.

1920년대에 임상가들은 고전적 조건형성을 통해 흐르는 물에 대한 특정공포증을 확고히 습득한 젊은 여성의 사례를 기술하였다(Bagby, 1992). 7세 때 그녀는 엄마, 숙모와 소풍을 갔는데 점심을 먹은 후에 혼자서 수풀로 달려갔다. 그녀는 큰 바위로 올라가는 동안 2개의 바위틈에 발이 끼었다. 그녀가 틈에서 발을 빼려고 하면 할수록 발은 점점 더 끼었다. 소리를 질렀지만 아무도 듣지 못했고 점점 더 무서워졌다. 행동주의자의 언어를 빌리자면, 발이 끼인 사건이 공포 반응을 유발했다.

발이 바위틈에 낌 → 공포 반응

발을 빼려고 고군분투하던 때 근처에서 폭포 소리가 들렸다. 물이 흐르는 소리는 마음속에서 발이 바위틈에 끼여 두려운 것과 연합되었고, 흐르는 물에 대한 공포도 발달시켰다.

흐르는 물 → 공포 반응

결국 숙모가 소리지르는 것을 들었고, 그녀의 발을 바위틈에서 빼내고 안심시켰다. 그러나 심리적인 상처는 달래지지 않았다. 그날 이후로 소녀는 흐르는 물을 두려워하였다. 몇 년 뒤 그녀를 목욕시키기 위해서는 가족들이 그녀를 잡고 있어야만 했다. 기차여행을 할 때는 그녀가 어떤 물줄기도 보지 않도록 친구들은 창문을 닫아야만 했다. 이 젊은 여성은 명백히 고전적 조건형성을 통해 공포증을 습득했다.

조건형성의 관점에서, 발이 틈에 낀 것은 무조건 자극(US)이며 US는 공포라는 무조건 반응(UR)을 당연히 이끌어 낸다. 흐르는 물은 조건 자극(CS)인데, 조건 자극은 이전에는 중립자극이었으나 소녀의 마음속에서 발이 틈에 낀 것과 연합되면서 공포 반응을 이끌어 내게 된다. 그리고 새롭게 습득된 공포는 조건 반응(CR)이다.

표 4-5

> **진단 체크리스트**
> **광장공포증**
>
> 1. 다음 중 적어도 두 가지 상황에 대한 현저하고 과도하며 반복되는 공포 : 대중교통(예 : 자동차 또는 비행기 여행) • 주차장, 다리 또는 다른 개방된 공간 • 가게, 극장, 혹은 좁은 장소 • 줄에 서 있거나 군중 속 • 혼자서 집이 아닌 곳에 있는 것
> 2. 광장공포증과 관련된 상황에 대한 공포는 공황, 당황, 무력 증상이 나타났을 때 도망가거나 도움을 받지 못할 것이라는 염려에서 기인함
> 3. 광장공포증과 관련된 상황의 회피
> 4. 증상은 대개 6개월 이상 지속됨
> 5. 현저한 고통이나 손상을 초래함
>
> 출처 : APA, 2013.

▶**고전적 조건형성** 근접한 시차로 반복하여 발생한 두 사건이 개인의 마음에서 함께 연결되어 동일한 반응을 낳게 되는 학습 과정

무조건 자극(US) : 발이 바위틈에 낀 것 → 무조건 반응(UR) : 공포

조건 자극(CS) : 흐르는 물 → 조건 반응(CR) : 공포

공포 반응을 습득하는 또 다른 방법은 **모델링**(modeling), 즉 관찰이나 모방을 통해서이다(Bandura & Rosenthal, 1966). 사람들은 다른 사람들이 특정 대상이나 사건을 두려워하는 것을 관찰하고 동일 대상이나 사건에 대한 공포를 발달시킨다. 병, 의사, 병원을 두려워하는 어머니를 둔 소년을 생각해 보자. 만일 어머니가 자신의 공포를 자주 표현한다면, 오래지 않아 소년도 병, 의사, 병원을 두려워할 수 있다.

왜 한 번 혹은 몇 번의 당황스러운 경험이나 관찰이 장기간의 공포증으로 발달하는가? 바위틈에 발이 끼었던 소녀는 흐르는 물이 자신에게 어떤 해도 끼치지 않는다는 것을 이후에 보지 못하나? 소년은 병은 일시적이며 의사와 병원이 도움이 된다는 것을 이후에 알지 못하나? 행동주의자들은 사람들이 공포 반응을 습득한 후에 두려워하는 것을 피하려고 노력한다고 믿는다. 이들은 그 대상이 정말로 해롭지 않다는 것을 배울 수 있을 정도로 충분히 자주 두려운 대상에 접근하지 않는다.

행동주의자들에 의하면 한 사람이 수많은 공포를 습득하면 이런 종류의 학습된 공포는 범불안장애로 발전한다. 행동주의자들은 하나의 자극에 대한 반응은 유사한 자극에 의해서도 유발된다는 **자극 일반화**(stimulus generalization)를 통해 범불안장애가 발달한다고 가정한다. 바위틈에 발이 낀 소녀가 습득한 흐르는 물에 대한 공포는 우유를 컵에 따르는 소리, 심지어는 음악 소리와 같은 유사한 자극에도 일반화될 수 있다. 사람이 일련의 당황스러운 사건을 경험하면 각각의 사건은 하나 혹은 그 이상의 두려운 자극을 낳고, 자극 각각에 대한 개인의 반응은 다른 자극에 일반화된다. 그러면 공포 대상이 점점 더 많아지고 결국 범불안장애로 발전할 수 있다.

행동적 설명은 연구에서 어떻게 진척되어 왔는가 일부 실험연구는 동물과 인간이 고전적 조건형성을 통해 대상을 두려워하는 것을 배울 수 있다는 것을 발견하였다(Miller, 1948; Mowrer, 1947, 1939). 심리학자인 John B. Watson과 Rosalie Rayner(1920)는 꼬마 알버트라고 불리는 아기에게 흰쥐에 대한 공포를 가르치는 방법을 기술하였고 이 보고서는 유명해졌다. 몇 주 동안 알버트는 흰쥐를 갖고 놀도록 허락받았고 쥐를 갖고 노는 것을 즐기는 것으로 보였다. 알버트가 쥐에게 접근했을 때, 실험자들은 망치로 강철봉을 두드려 알버트가 깜짝 놀랄 정도로 매우 시끄러운 소리가 나게 했다. 실험자는 알버트가 쥐에게 다가가면 이 시끄러운 소리를 들려주는 것을 몇 번 반복했다. 알버트는 쥐에 대한 공포와 회피 반응을 습득했다.

> 오늘날의 인간참여연구검토위원회는 꼬마 알버트에 대한 연구에 관해서 어떤 염려를 제기할까?

모델링을 통해 공포를 습득할 수 있다는 행동주의의 입장은 연구에서 지지를 받았다. 예를 들어 심리학자인 Albert Bandura와 Theodore Rosenthal(1966)은 연구 참가자들이 부저가 울릴 때마다 사람들이 전기충격을 받는 것을 관찰하게 했다. 희생자들은 실제로는 실험자의 협조자들로 부저가 울릴 때마다 경련을 일으키거나 소리를 질러서 고통을 경험하는 체했다. 연구 참가자들은 그 광경을 몇 회 관찰한 후에 부저 소리를 들을 때마다 공포 반응을 느꼈다.

비록 이 연구들이 공포증에 대한 행동주의자들의 설명을 지지하지만 다른 연구들은 이러한 설명에 의문을 제기한다(Gamble et al., 2010). 아동과 성인을 대상으로 한 몇몇 실험연구는 공포 반응의 조건형성을 입증하는 데 실패했다. 덧붙여 대부분의 사례연구가 공포증의 형성을 고전적 조건형성 또는 모델링으로 설명했지만 상당수의 연구는 이를 입증하지 못했다. 공포증이 고전적 조건형성이나 모델링에 의해 습득될 수 있는 것처럼 보이지만, 연구자들은 공포증이 주로 이 방식으로 습득된다는 것을 규명하지는 못했다.

행동–진화론적 설명 어떤 공포증은 다른 공포증에 비해 훨씬 더 흔하다. 동물, 높은 곳, 어둠에 대한 공포 반응은 고기, 잔디, 집에 대한 공포 반응보다 흔하다. 종종 이론가들은 이러한 차이를 인간이 특정 공포를 발달시키는 경향성을 갖고 있는 것으로 설명한다(Cherry, 2014; Lundqvist & Ohman, 2005). 이론적으로 특정 공포는 습득하고 다른 공포는 습득하지 않게 '준비'되어 있다는 의미로, 이를 **준비성**(preparedness)이라고 부른다. 다음 사례는 준비성을 분명히 보여 준다.

AP Photo/Ko and Reiko Kobayakawa, Tokyo University Department of Biophysics and Biochemistry Graduate School of Science

새로운 절친?
고양이에 대한 쥐의 공포는 조건 반응인가, 유전적으로 타고난 것인가? 도쿄대학교의 과학자들은 유전공학을 사용해서 냄새나 고양이 앞에서 움츠러드는 설치류의 본능을 없애버렸다. 그러나 쥐는 고양이를 알아볼 수는 있다! 고양이에게는 유전적인 처치를 가하지 않았다.

> 4세 소녀가 공원에서 놀고 있었다. 소녀는 뱀을 보았다고 생각해서 엄마 차로 달려가 차 안으로 뛰어든 후 차 문을 쾅 닫았다. 운이 나쁘게도 소녀는 차 문을 닫을 때 손이 끼어서 다쳤고 의사에게 여러 번 치료를 받았다. 이 일 전에는 뱀을 무서워했지만 뱀공포증까지는 아니었다. 이 일 이후로 차나 차 문이 아닌 뱀에 대한 공포증이 생겨났다. 뱀공포증은 성인이 되어도 지속되었고 이제 성인이 된 소녀는 나에게 치료를 받으러 왔다.
>
> (Marks, 1977, p. 192)

공포에 대한 이러한 성향은 어디에서 오는 것일까? 일부 이론가는 이러한 성향이 진화 과정을 통해 유전적으로 전달된다고 본다. 우리의 조상 가운데 동물, 어둠, 높은 곳 및 이와 같은 종류에 대한 공포를 더 쉽게 습득한 사람들은 자손을 낳을 정도로 오래 생존해서 자손에게 공포 소인을 전달할 가능성이 더 크다(Cherry, 2014; Ohman & Mineka, 2003).

공포증의 치료

모든 이론적 모델이 공포증을 치료하기 위한 자신만의 접근을 갖고 있으나 행동적 기법은 다른 이론들보다 특히 특정공포증에 더 널리 사용된다. 덧붙여 직접적인 비교연구 결과 다른 접근들보다 행동적 기법이 성과가 더 좋은 것으로 나타났다. 공포증은 주로 행동적 개입에 초점을 두고 기술하였다.

특정공포증의 치료 특정공포증은 가장 성공적으로 치료되는 불안장애 중 하나이다. 특정공포증을 치료하는 주요 행동적 접근은 체계적 둔감화, 홍수법, 모델링이다. 이 세 가지 치료는 내담자를 두려워하는 대상이나 상황에 노출시키기 때문에 **노출치료**(exposure treatment)라고 부른다(Gordon et al., 2013; Abramowitz et al., 2011).
　체계적 둔감화(systematic desensitization)는 Joseph Wolpe(1987, 1969)가 개발한 기법으로, 내담자가 두려워하는 대상이나 상황에 단계적으로 직면하는 동안 이완하는 법을 가르

▶**준비성** 어떤 공포를 발달하게 하는 소질

▶**노출치료** 두려워하는 대상이나 상황에 노출시키는 행동치료

▶**체계적 둔감화** 공포증을 가진 내담자들이 두려워하는 대상이나 상황에 차분하게 반응할 수 있도록 돕기 위해서 이완훈련과 공포위계를 사용하는 행동치료

친다. 이완과 공포는 양립할 수 없기 때문에 새로운 이완 반응은 공포 반응을 대체할 것으로 간주한다. 체계적 둔감화 치료자는 먼저 내담자에게 이완훈련을 제공하고 자유롭게 깊은 근육 이완 상태를 경험하는 방법을 가르친다. 치료자는 내담자가 **공포의 위계**를 만들도록 돕는데, 공포의 위계란 두려워하는 대상이나 상황을 공포가 경미한 것에서부터 극심한 것까지 그 순서를 정리한 목록이다.

그다음에 내담자는 두려워하는 대상이나 상황과 이완을 짝짓는 방법을 배운다. 내담자가 이완 상태에 있는 동안 치료자는 내담자의 공포 위계의 맨 아래 단계에 있는 사건에 내담자를 직면시킨다. 내담자가 실제 상황에 직면하면 이것을 실제 **상황 둔감화**라고 한다. 예를 들어 높은 곳에 대한 공포를 가진 사람이 의자 위에 서 있거나 발판 사다리에 올라가는 것이다. 직면은 상상으로 실시할 수도 있는데, 이를 **내재적 둔감화**라 한다. 내재적 둔감화에서는 치료자가 두려운 사건을 기술하는 동안 내담자는 이를 상상한다. 내담자는 이완 반응과 공포의 각 단계를 짝지어서 전체 공포 위계의 단계들을 하나씩 밟아간다. 첫 번째 단계는 두려운 정도가 약하기 때문에 흔히 내담자가 공포 대상에 대해 완전히 이완할 수 있기 전이라도 노출을 짧게 실시한다. 몇 회기의 과정을 통해서 내담자가 가장 두려워하는 공포 대상에 도달해서 극복할 때까지 내담자들은 공포의 위계를 올라간다.

특정공포증의 또 다른 행동치료는 **홍수법**(flooding)이다. 홍수법을 사용하는 치료자는 반복적으로 노출될 때 그리고 실제로 정말 해가 없다는 것을 알게 될 때 공포가 멈출 것이라고 믿는다. 내담자는 이완훈련이나 단계적인 절차 없이 공포 대상이나 상황에 직면하도록 요구받는다. 둔감화와 같이 홍수법 절차는 실제 상황 또는 상상으로 시행할 수 있다.

Ocean/Corbis

잃어버린 수익의 회복
놀이기구를 탄 사람들이 놀이기구가 급강하자 비명을 지르고 있다. 몇몇 놀이공원은 행동 프로그램을 제공해서 고객들이 롤러코스터와 새로운 공포 놀이기구에 대한 두려움을 극복하도록 돕고 있다. 치료 후에 일부 고객은 다른 사람들 못지않게 놀이기구를 탈 수 있었고 어떤 고객들은 회전식 관람차를 탈 때 정도의 차분함을 보였다.

▶**홍수법** 내담자를 두려워하는 대상에 반복적이고 강도 높게 노출시켜 그 대상이 실제로는 해가 없다는 것을 경험하게 하는 공포증 치료법

REUTERS/Rick Wilking/Corbis

두려움 없는 비행
이 사람들은 잠을 자는 것이 아니다. 이들은 켄자스 주에서 덴버까지 가는 비행기를 타기 전에 이완과 명상 연습을 하는 중이다. 이들은 비행에 대한 공포를 극복하기 위해 행동적 둔감화 원리를 적용한 '두려움 없는 비행'이라 부르는 8주 과정의 수강생들이다.

홍수법 내담자가 공포 대상이나 상황을 상상할 때 치료자들은 종종 그 내용을 과장해서 내담자들이 강한 정서적 각성을 경험하게 한다. 뱀공포증을 가진 여성의 치료 사례에서 치료자는 내담자가 다음 장면을 상상하게 하였다.

> 눈을 다시 감으세요. 당신 앞에 뱀이 있다고 상상하세요. 이제 뱀을 집어들 거예요. 뱀에 가까이 다가가 손으로 잡고 무릎에 놓으세요. 뱀이 당신의 무릎 주변에서 꼼지락거리는 것을 느껴 보세요. 뱀에게서 손을 떼고 뱀이 꼼지락거리는 것을 느껴 보세요. 손가락과 손으로 뱀의 몸을 여기저기 만져 보세요. 당신은 그렇게 하는 것을 좋아하지는 않아요. 당신 자신이 뱀을 만지세요. 직접 만지세요. 뱀을 움켜잡으세요. 뱀을 약간 꽉 쥐어 보세요. 느껴 보세요. 뱀이 당신의 손을 감아 돌기 시작하는 것을 느끼세요. 손에서 뱀을 풀어 주세요. 뱀이 손을 만지고 손을 휘감아 돌고 손목을 둘둘 말고 있는 것을 느끼세요.
>
> (Hogan, 1968, p. 423)

모델링에서는 치료자가 공포 대상이나 상황에 직면하고 내담자는 관찰한다(Bandura, 2011, 1977, 1971; Bandura et al., 1977). 행동치료자는 공포가 근거 없다는 것을 입증하기 위한 모델로 행동한다. 몇 회기 이후에 많은 내담자는 대상이나 상황에 차분하게 접근할 수 있게 된다. 모델링의 유형 중 하나인 **참여 모델링**은 내담자가 동참하도록 적극 격려한다.

임상연구자들은 각각의 노출치료가 특정공포증을 가진 사람들에게 도움이 된다는 것을 반복해서 발견했다(Tellez et al., 2015; Antony & Roemer, 2011). 모든 노출치료에서 더 큰 성공에 이르는 핵심은 공포 대상이나 상황과 실제로 접촉하는 것이다. 실제 상황 둔감화는 내재적 둔감화보다 더 효과적이며, 실제 상황 홍수법은 내재적 홍수법보다 더 효과적이고, 참여 모델링은 엄격한 관찰 모델링보다 더 도움이 된다. 또한 현실세계의 대상과 상황을 시뮬레이션하는 3D 컴퓨터 그래픽과 같은 **가상현실**을 유용한 노출도구로 사용하는 치료자들이 늘고 있다(Dunsmoor et al., 2014).

광장공포증의 치료 여러 해 동안 임상가들은 집을 떠나거나 공공장소에 가는 것을 두려워하는 광장공포증에 어떤 영향도 미치지 못했다. 그러나 현재는 몇 가지 접근이 개발되었고 광장공포증을 가진 많은 사람들이 덜 불안해하면서 외출할 수 있게 돕고 있다. 특정공포증 치료가 매우 성공적인 것처럼 이 새로운 접근들이 광장공포증을 가진 사람들에게 항상 도움이 되는 것은 아니나 많은 사람들의 증상 완화에 실제적 도움을 주고 있다.

행동주의자들은 광장공포증을 위한 다양한 노출 전략을 개발하는 선도적 역할을 해왔다(Gloster et al., 2014, 2011). 치료자들은 내담자들이 집에서 조금씩 더 멀리 벗어나도록 그리고 서서히 한 번에 한 단계씩 외부 장소에 외출하도록 돕는다. 때때로 치료자들은 내담자들이 외부세계에 직면하도록 하기 위해 지지, 합리적으로 생각하기와 부드러운 설득을 이용한다. 치료자들은 다음 사례처럼 보다 체계적인 노출방법을 사용한다.

> 레니타는 젊은 여성으로, 결혼한 직후 자신이 집 밖을 나갈 수 없다는 것을 알았다. 현관에서 몇 걸음 밖으로 나가는 것조차도 두려웠다….
>
> 이 젊은 여성이 결혼을 위해 집을 떠난 이후로 독립적으로 기능할 수 없었다는 것은 … 놀

(계속)

숨은 뜻 읽어내기

유명한 공포영화

숫자 : 넘버 23

폐쇄공간 : 다빈치 코드

박쥐 : 배트맨 비긴즈

거미 : 해리 포터 시리즈

뱀 : 레이더스

질병 : 한나와 그 자매들

외부세계 : 카피캣

사회적 상황 : 애니 홀

사회적 상황 : 40살까지 못 해 본 남자

사회적 상황 : 코요테 어글리

비행기 여행 : 레인 맨

비행기 여행 : 레드 아이

높은 곳 : 현기증

빨간색 : 마니

폐쇄공간 : 침실의 표적

거미 : 아라크네의 비밀

숨은 뜻 읽어내기

스트레스와 불안을 줄여 준다는 시중의 인기 상품

- 스트레스 공/스퀴즈 볼
- 스트레스를 줄여 주는 MP3 파일
- 불안 애플리케이션
- 아로마 초
- 자연의 소리를 들려주는 기계
- 자연을 배경화면으로 한 화면 보호기
- 안대/페이스 마스크
- 풍경
- 바람개비
- 자연의 소리를 들려주는 알람시계
- 마음을 달래는 염주
- 아로마테라피

라운 일이 아니다. 남편에 대한 의존의 증가와 딸과 함께 있으려고 더욱더 자주 전화를 하는 어머니에 대한 지나친 세심한 관심은 그녀가 새로운 집을 떠날 수 없는 것을 강화했다. … 친구들과 외부 세계의 많은 즐거움들로부터 단절되었기 때문에 그녀의 고통에 우울이 더해졌다. 몇 년 뒤 증상이 더욱 악화되어서, 레니타는 우리 정신과 병원에 입원했다.

환자의 향상을 알아보기 위해서 병원에서부터 시내까지 1.6km 되는 코스를 23m 간격으로 표시를 했다. 치료 시작 전에 환자에게 그 코스를 따라 걸어갈 수 있는지 물었다. 매번 그녀는 병원 문 앞에서 멈칫했다. 그러고 나서 치료의 첫 단계를 시작했다. 우리는 날마다 두 회기를 진행했는데 그녀는 병원 밖에서 더 오래 머물수록 칭찬을 받았다. 강화 일정은 단순했다. 만일 환자가 한 번의 시도에서 20초 동안 밖에 머물러 있으면 다음 시도에서는 30초 동안 머물게 했고 열정적인 칭찬을 받았다. 그녀는 목표에 도달하면 다시 칭찬을 받았고 시간은 다시 늘어났다. 칭찬을 위한 기준은 25초까지 길어졌다. 목표에 도달하면 다시 칭찬을 받았고 시간은 다시 늘어났다. 충분히 오랫동안 머무르지 않으면 치료자는 단순히 그녀의 수행을 무시했다. 그녀가 가치 있게 여기는 치료자의 관심을 얻기 위해서는 매번 더 오래 머물러야 했다.

거의 30분 정도 밖에 있게 될 때까지 이 절차를 진행했다. 그러나 그녀가 매번 더 멀리 걸어가고 있는 중인가? 전혀 그렇지 않았다. 그녀는 항상 보이는 곳에서 '안전 장소'를 유지하면서 병원 앞 진입로 주변을 단지 맴돌고 있을 뿐이었다. 따라서 강화를 바꾸어 걸어간 거리가 반영되도록 했다. 이제 그녀는 매번 더 멀리 걷기 시작했다. 이러한 단순한 치료적 절차의 도움을 받아 환자는 점진적으로 자신을 얻게 되었다.

그러고 나서 칭찬은 서서히 줄었고 환자는 가고 싶은 곳은 어디라도 걸어가도록 격려를 받았다. 5년 뒤 그녀는 여전히 완벽하게 잘 지낸다. 우리는 그녀가 보다 독립적이 됨으로써 얻은 이득이 치료의 성과가 유지되게 하고 치료자로부터의 칭찬을 상실한 것을 보상한 것으로 추측했다.

(Agras, 1985, pp. 77-80)

광장공포증을 가진 사람들을 위한 노출치료는 치료에 대한 내담자의 동기를 높이기 위해, 특히 **지지집단**과 가정에 근거한 자조 프로그램의 사용과 같은 부가적인 특징을 포함한다. 지지집단을 사용하는 접근에서는, 광장공포증 환자들로 구성된 소규모 집단이 몇 시간 동안 지속되는 노출 회기에 함께 참여한다. 집단 구성원들은 서로를 지지하고 격려하며 결국 안전한 집단을 떠나 움직이도록 그리고 각자의 노출 과제를 수행하도록 서로를 부드럽게 설득한다. 가정에 기초한 **자조 프로그램**에서는 내담자와 가족들이 노출치료를 시행할 수 있도록 임상가가 자세한 설명을 한다.

노출치료를 받은 광장공포증 환자의 60~80%는 공공장소에 가는 것이 더 쉽다고 느끼며 이러한 향상은 치료 시작 이후 몇 년 동안 지속된다(Craske & Barlow, 2014; Gloster et al., 2014, 2011). 그러나 이러한 향상은 종종 완전하기보다는 부분적이며, 다시 치료를 받으면 쉽게 이전의 이득을 되찾기는 하지만 성공적으로 치료된 내담자들의 무려 절반이 재발한다. 공황장애를 동반한 광장공포증을 가진 사람들은 다른 사람들에 비해 노출치료로 얻는 이득이 덜한 것 같다. 이 집단에 대해서는 공황장애의 치료를 조사할 때 좀 더 면밀히 살펴볼 것이다.

▶사회불안장애 당혹감을 느낄 수 있는 사회적 또는 수행 상황에 대한 심각하고 지속적인 공포

▶ 요약

공포증 공포증은 특정한 대상, 활동, 또는 상황에 대한 심각하고 지속적이며 비합리적인 공포이다. 공포증은 두 가지 주요 범주, 특정공포증과 광장공포증이 있다. 행동주의자들은 공포증은 종종 고전적 조건형성이나 모델링을 통해 환경으로부터 학습되며 회피행동에 의해 유지된다고 믿는다.

특정공포증의 가장 성공적인 치료는 두려워하는 공포 대상에 직면시키는 행동적 노출기법이다. 노출은 점진적이며 이완과 함께(체계적 둔감화) 또는 강도 높게(홍수법) 또는 대리적으로(모델링) 시행될 수 있다. 광장공포증도 노출치료로 효과적으로 치료한다. 그러나 광장공포증과 공황장애를 모두 가진 사람들에게 노출치료만 시행하는 것은 효과적이지 않다.

사회불안장애

많은 사람들이 다른 사람들과 상호작용할 때나 사람들 앞에서 말하거나 수행을 할 때 불편해한다. 가수인 바브라 스트라이샌드부터 야구 투수인 잭 그레인키까지 수많은 연예인과 운동선수들이 공연이나 경기 전에 의미 있는 불안 삽화를 보고한다. 이런 종류의 사회 공포는 확실히 불편하지만 흔히 사람들은 적절히 헤처나간다.

대조적으로 **사회불안장애**(social anxiety disorder)를 가진 사람들은 다른 사람들에게 세심히 관찰당하거나 창피함을 느낄 수 있는 사회적 또는 수행 상황에 대해 심각하고 지속적이며 비합리적인 공포를 갖는다(APA, 2013)(표 4-6 참조). 사회불안은 대중 앞에서 말하거나 사람들 앞에서 식사하는 것에 대한 공포와 같이 제한적일 수도 있고 다른 사람들 앞에서

> 왜 그렇게 많은 전문 예술가들이 공연불안을 느끼는 것일까? 관객에 대한 반복적인 노출이 치료적 효과를 가져야 하는 것 아닌가?

잘 못하는 것에 대한 전반적인 공포와 같이 그 범위가 더 넓을 수도 있다. 이 두 형태 모두에서 사람들은 반복해서 자신이 실제보다 덜 유능하게 수행한다고 판단한다(마음공학 참조). 이 장애를 *DSM-IV*의 명칭인 사회공포증 대신 사회불안장애로 부르는 이유는 공포의 범위가 폭넓기 때문이다(Heimberg et al., 2014).

사회불안장애는 개인의 삶에 큰 지장을 초래할 수 있다(Cooper, Hildebrandt, & Gerlach, 2014). 다른 사람과 상호작용할 수 없거나 대중 앞에서 말할 수 없는 사람들은 중요한 책임을 수행하는 데 실패할 수 있다. 다른 사람들 앞에서 식사를 못 하는 사람은 저녁 초대나 다른 사회적 기회를 거절할 수 있다. 사회불안장애를 가진 많은 사람들은 자신의 공포를 비밀로 하기 때문에 사회적 상황을 꺼리는 것이 자주 우월의식, 흥미 부족 또는 적대감으로 오해를 받는다.

특정 해를 기준으로 했을 때 미국과 다른 서구 나라에서의 사회불안장애 유병률은 7.4%로 조사되었고 그중 여성은 약 60%를 차지한다(표 4-7 참조). 사회불안장애의 평생 유병률은 약 13%이다(Kessler et al., 2012; Alfano & Beidel, 2011). 사회불안장애는 아동기 후기 또는 청소년기에 시작하는 경향이 있으며 성인기까지 지속될 수 있다. 사회불안장애를 가진 사람들의 적어도 4분의 1이 현재 치료를 받고 있다(NIMH, 2011).

가난한 사람들은 더 부유한 사람들에 비해 사회불안장애를 가질 가능성이 50% 더 높다(Sareen et al., 2011). 더욱이 몇몇 연구에서 흑인과 아시아계 미국인은 백인에 비해 사회불안 조사에서 더 높은 점수를 받았다. 그러나 히스패닉계 미국인은 그렇지 않았다(Polo et al., 2011; Stein & Williams, 2010). 다이진 교후쇼로 불리는 문화고유장애는 일본과 한국 같

표 4-6

진단 체크리스트

사회불안장애

1. 타인의 시선을 받을 수 있는 사회적 상황에 대한 현저하고 과도하며 반복되는 불안. 흔히 6개월 이상 지속됨

2. 타인의 부정적 평가나 타인을 불쾌, 무례하게 하는 것에 대한 공포

3. 사회적 상황에 노출되면 거의 항상 불안을 경험함

4. 두려운 상황을 회피함

5. 현저한 고통이나 손상을 초래함

출처 : APA, 2013.

표 4-7

불안장애와 강박장애의 프로파일					
	1년 유병률	여 : 남 비율	전형적인 발병 연령	가까운 친척 간의 유병률	현재 임상치료를 받고 있는 비율
범불안장애	4.0%	2 : 1	0~20세	높아짐	25.5%
특정공포증	12.0%	2 : 1	다양함	높아짐	19.0%
광장공포증	1.7%	2 : 1	15~35세	높아짐	20.9%
사회불안장애	7.4%	3 : 2	10~20세	높아짐	24.7%
공황장애	2.4%	5 : 2	15~35세	높아짐	34.7%
강박장애	1.0~2.0%	1 : 1	4~25세	높아짐	41.3%

출처 : NIMH, 2011; Kessler et al., 2010, 2005, 1999, 1994; Ritter et al., 2010; Ruscio et al., 2007; Wang et al., 2005; Regier et al., 1993.

은 아시아 국가에서 특히 흔한 것 같다. 비록 이 장애에 대한 전통적인 정의는 다른 사람들을 불편하게 하는 것에 대한 두려움이지만, 현재 많은 임상가들은 다이진 교후쇼를 겪는 사람들이 사회불안장애의 핵심 특징인 타인의 부정적 평가를 주로 두려워하는지에 대해서는 의구심을 갖고 있다.

사회불안장애의 원인

인지이론가와 연구자들은 사회불안장애에 대한 영향력 있는 설명을 내놓았다(Iza et al., 2014; Heimberg et al., 2010). 사회불안장애를 가진 사람들은 자신에게 일관되게 불리하게 작용하는 일련의 사회적 믿음과 기대를 갖고 있는데 이는 다음과 같다.

- 비현실적으로 높은 사회적 기준을 갖고 있어서 사회적 상황에서 완벽하게 수행해야만 한다고 믿는다.
- 자신을 매력 없는 사회적 존재로 본다.
- 자신을 사회기술이 없고 부적절하다고 본다.
- 자신이 사회적 상황에서 무능하게 행동할 위험이 항상 있다고 믿는다.
- 사회적 상황에서의 부적절한 행동은 분명히 끔찍한 결과를 낳을 것이라고 믿는다.
- 사회적 상황에서 출현하는 불안감을 자신이 전혀 통제할 수 없다고 믿는다.

인지이론가들은 이러한 믿음 때문에 사회불안장애를 가진 사람들은 사회적 재앙이 발생할 것이라고 계속 기대하고 그래서 그러한 재앙을 막거나 줄이는 것을 도와주는 '회피' 또는 '안전' 행동을 반복한다고 주장한다(Moscovitch et al., 2013). 모임이나 파티에서 이미 잘 아는 사람들과만 이야기하는 것이 회피행동의 예이다. 얼굴이 붉어지는 것을 숨기기 위해서 화장을 하는 것이 안전행동의 예이다.

이러한 믿음과 기대로 인해 사회불안장애를 가진 사람들은 사회적 상황에 들어가자마자 불안 수준이 높아지는 것을 안다. 더욱이 사회적 결점이 불안의 원인이라고 확신하며 그 상황을 다룰 사회기술을 갖고 있지 않다고 분명히 믿으며 부정적인 각성을 견디지 못할 것이라고 염려하기 때문에 사회불안장애를 가진 사람들은 불안에 빠진다.

사회불안장애를 가진 사람들은 사회적인 사건이 일어난 뒤에는 사건의 세부사항을 반복해서 검토한다. 그리고 얼마나 형편없었는지와 부정적인 결과가 발생할 수 있다는 것을

소셜 미디어 초조증

최근 몇 년 동안 연구자들은 컴퓨터와 모바일 기기의 사용이 사회불안과 범불안을 포함한 다양한 형태의 불안을 의도치 않게 낳는다는 것을 알았다(Lepp et al., 2014; Smith, 2014; Krasnova et al., 2013).

페이스북과 같은 소셜 네트워크에 너무 많은 시간을 쓰는 사람들이 피해자가 된다. 소셜 네트워크 사이트의 빈번한 방문은 많은 사람들에게 지지를 받고 있고 소속되어 있다고 느끼게 도와주지만, 어떤 사람들에게는 상당한 불안과 공포를 낳는 것 같다. 예를 들어 설문조사에 따르면 페이스북 사용자의 3분의 1 이상이 다른 사람들이 허락 없이 자신의 정보나 사진을 게시하거나 사용하게 될지 모른다는 우려를 표명했다(Smith, 2014; Szalavitz, 2013). 또한 페이스북 사용자의 4분의 1은 자신의 소셜 네트워크에 너무 많은 개인 정보를 공개해야 한다는 끊임없는 압박감을 느끼며, 인기 있고 수많은 댓글이 달리고 '좋아요'를 얻을 수 있는 자료를 게시해야 한다는 강한 압박을 느낀다. 소수의 사용자는 자신이 제외된 사교 활동에 관한 게시물을 볼까 봐 걱정한다.

당신은 소셜 네트워킹에 의해 유발될 수 있는 다른 부정적인 감정을 생각할 수 있는가?

© Gu/Corbis

한 연구에 따르면 페이스북 사용자의 3분의 1은 페이스북을 방문한 이후로 더 불안하고 더 부러워하고 자신의 삶에 더 만족하지 못하게 되었다고 한다(Krasnova et al., 2013). 이러한 감정은 특히 다른 사용자의 휴가 사진을 볼 때, 다른 사용자가 받은 생일 인사말을 읽을 때, 그리고 다른 사람들의 게시물이나 사진에 '좋아요'나 댓글이 얼마나 많은지를 볼 때 촉발된다. 이러한 경험을 통해 일부 사용자는 다른 소셜 미디어 사용자보다 자신이 덜 바람직하고, 덜 흥미롭고, 덜 유능하다고 걱정할 수 있다.

물론 많은 사용자들은 소셜 네트워크 방문에 대해 더 긍정적으로 느낀다. 그러나 이 사람들조차도 소셜 네트워크가 유발한 불안과 긴장을 경험할 수 있다. 예를 들어, 사용자의 3분의 2는 소셜 네트워크를 끊임없이 확인하지 않으면 무엇인가 놓칠까 봐 정말 불안해하는데, 이런 현상은 FOMO['누락에 대한 두려움(fear of missing out)']라고 알려져 있다(Cool Out Infographics, 2013; Szalavitz, 2013).

소셜 네트워킹만이 디지털과 관련한 불안의 근원은 아니다. 최근 연구에 따르면 과도한 휴대전화 사용으로 인해 자주 심한 불안과 긴장이 발생한다(Lepp et al., 2014). 왜 그럴까? 일부 이론가들은 전화를 자주 쓰는 사용자들이 친구들과 연락을 유지해야만 한다고 느끼는 것도 FOMO의 또 다른 형태라고 추측한다. 다른 이론가들은 심한 휴대전화 사용자들 사이의 불안감 증가는 학교에서의 수행 저하 또는 혼자서 자기반성하며 보내는 긍정적인 시간의 감소와 같은 휴대전화 사용으로 인한 실제적인 결과라고 생각한다(Archer, 2013). 이유가 어떻든 간에, 휴대전화 사용자의 3분의 2는 단 몇 분 동안이라도 휴대전화를 다른 곳에 두거나 잃어버리면 '당황스럽다'고 보고한다. 많은 사람들이 세상, 친구, 가족과의 연결이 끊어졌다는 것을 깨닫게 될 때 갖는 공포의 쇄도를 대중적인 용어로 표현한 휴대전화 없는 공포증, 즉 '노모포비아(no-mobile-phone-phobia)'를 경험한다(Archer, 2013). 💬

과대평가한다. 이 계속되는 생각들은 실제로 사건을 생생하게 하며 미래의 사회적 상황에 관한 공포를 더욱 증가시킨다.

연구자들은 사회불안장애를 가진 사람들은 앞서 목록에서 기술한 믿음, 기대, 해석 및 감정을 보인다는 것을 발견했다(Moscovitch et al., 2013; Rosenberg et al., 2010). 동시에 인

Jim Urquhart /Reuters/Landov

이 남자의 최고의 치료자?
댄 맥마너스와 그의 개 섀도우는 2013년 유타 주 솔트레이크시 외곽에서 함께 행글라이더를 탔다. 맥마너스는 불안이 있는데 섀도우의 존재와 우정은 그가 두려워하는 대상과 상황을 직면하는 것을 도와준다. 섀도우를 위해 특별히 제작한 고정밸트를 착용하고 이 둘은 약 9년 동안 함께 비행을 해왔다.

지 이론가들은 종종 일부 사람들은 그러한 인지를 가지지만 다른 사람들은 그렇지 않은 이유에 대해서는 의견이 서로 다르다. 연구자들은 유전적인 소인, 기질적 성향, 생물학적 이상, 외상적인 아동기 경험과 아동기 동안의 과잉보호적인 부모-자녀 상호작용을 포함하는 다양한 요인을 발견하였다(Heimberg & Magee, 2014; Rapee, 2014).

사회불안장애의 치료

임상가들이 사회불안장애를 성공적으로 치료한 지는 15년밖에 안 되었다. 사회불안장애 치료의 성공은 부분적으로는 이 장애가 두 가지 구별되는 특징을 갖고 있으며 이 두 가지 특징이 서로 상호작용한다는 것을 알게 된 덕분이다. 이 장애의 두 가지 특징은 사회불안장애를 가진 사람은 (1) 자신을 압도하는 사회 공포를 가질 수 있고, (2) 대화를 시작하거나 자신의 욕구를 전달하거나 타인의 욕구에 맞출 수 있는 기술이 부족하다는 것이다. 이러한 통찰로 무장한 임상가들은 사회 공포를 줄이려고 노력하거나 사회기술훈련을 제공하거나 또는 두 가지 방법을 모두 사용해서 사회불안장애를 치료한다.

사회 공포는 어떻게 줄어드는가 종종 약물은 사회 공포를 줄인다(Pelissolo & Moukheiber, 2013). 다소 놀라운 것은 사회불안장애에 가장 도움이 되는 약은 항우울제이며 종종 벤조디아제핀이나 다른 종류의 항불안제보다 더 도움이 된다. 동시에 몇몇 종류의 심리치료가 사회 공포를 줄이는 데 적어도 약물만큼 효과적인 것으로 입증되었고 심리치료로 도움을 받은 사람은 약물치료만 받은 사람보다 재발 가능성이 적었다(Abramowitz et al., 2011). 이러한 발견을 근거로 일부 임상가들은 사회 공포의 치료에 심리적 접근을 항상 포함해야 한다고 주장한다.

　사회 공포에 적용되는 심리적 접근은 공포증에 매우 효과적인 행동적 개입인 **노출치료**이다(Heimberg & Magee, 2014; Anderson et al., 2013). 노출치료자는 사회 공포를 가진 내담자가 두려운 사회적 상황에 자신을 노출하고 공포가 줄어들 때까지 그 상황에 머무르도록 격려한다. 대개 노출은 단계적으로 진행되며 종종 사회적 상황에서 실행할 숙제를 포함한다. 또한 집단치료는 내담자들이 지지와 보살핌 속에서 사회적 상황에 직면할 수 있게 해서 노출치료를 위한 이상적인 환경을 제공한다(McEvoy, 2007). 한 예로 집단치료에서는 다른 사람들 앞에서 손을 떨 것이라고 걱정하는 남자가 집단원들 앞에서 칠판에 글씨를 쓰고 차를 갖다 주는 노출을 직접할 수 있다(Emmelkamp, 1982).

　종종 행동기법과 결합한 **인지치료**도 사회 공포 치료에 광범위하게 사용된다(Heimberg & Magee, 2014; Goldin et al., 2013, 2012). 다음 대화는 Albert Ellis가 합리적 정서치료를 사용하여 모임에서 큰 소리로 말한다면 거절당할 것이라고 두려워하는 남자를 돕는 내용이다. 이 대화는 남자가 숙제를 한 뒤에 이루어졌다. 숙제는 사회적 상황에서의 부정적인 사회적 기대를 찾아내고, 그 내용이 자신에게 멍청하게 보일지라도 상관하지 않고 사회적 상황에서 마음속에 떠오른 것은 어떤 것이든 말하는 것이었다.

2주 후에 환자는 다음과 같이 보고했다. "당신이 나에게 하라고 말한 것을 했어요. … 매번 당신이 말한대로 다른 사람들로부터 나 자신이 물러나는 것을 발견했어요. 나는 자신에게 이렇게 말했어요.'지금, 비록 그걸 알 수는 없을지라도 몇 문장이 있을 거야. 그게 뭐지?' 그리고 결국 문장들을 찾았어요. 그것도 많이! 그리고 그 문장들은 같은 것을 말하는 것 같았어요."

"그게 뭔가요?"

"그것은 음… 내가 거절당하는 것… 내가 다른 사람들과 관계를 맺는다면 나는 거절당할 거야. 그리고 만약 내가 거절을 당한다면 그것은 아주 끔찍하지는 않을 수도 있어. 음, 그렇게 끔찍하게 거절당하는 그런 일이 일어나는 것은, 음, 나한테 문제가 있어서가 아니야."

"당신은 숙제의 두 번째 부분을 했나요?"

"크게 이야기하고 나를 표현하라는 거요?"

"예, 그 부분이요."

"그것은 더 나빴어요. 정말 힘들었어요. 내가 생각한 것보다 훨씬 더요. 하지만 했어요."

"그래서요?"

"오, 전혀 나쁘지 않았어요. 전에 내가 했었던 것보다 몇 번 크게 말했어요. 몇몇 사람은 매우 놀랐어요. 필리스도 매우 놀랐어요. 그러나 크게 말했어요."

"당신 자신을 그렇게 표현한 이후에 어떤 기분이 들었어요?"

"놀라웠어요! 마지막으로 이런 기분이 들었던 때가 언제인지도 모르겠어요. 정말 놀라웠어요. 정말로 뭔가가 느껴졌어요! 그렇지만 너무 힘들어요. 대부분은 하지 못했어요. 그 주에 몇 번 나 자신을 다시 채찍질해야 했어요. 그러나 해냈고 기뻤어요!"

(Ellis, 1962, pp. 202-203)

숨은 뜻 읽어내기

젊은 Ellis 박사

Albert Ellis는 젊은 시절 자신의 사회불안을 극복할 뿐만 아니라 자신의 이론을 검증하기 위해서 맨해튼 센트럴파크의 벤치에 앉아 1년 동안 날마다 지나가는 모든 여자에게 데이트 신청을 했다.

연구에서 합리적 정서치료와 다른 인지적 접근은 사회 공포를 줄이는 데 실제로 도움이 되는 것으로 나타났다(Heimberg & Magee, 2014; Ollendick, 2014). 불안의 감소는 대개 몇 년 동안 지속된다. 연구에 의하면 인지치료가 종종 사회 공포를 줄이기는 하지만 사람들이 사회적 장면에서 효과적으로 수행하도록 항상 도와주는 것은 아니다. 그래서 사회기술훈련이 사회 공포의 치료에서 주목을 받게 되었다.

사회기술을 어떻게 향상시킬 수 있는가 **사회기술훈련**(social skills training) 치료자는 사회기술 향상을 돕기 위해 몇 가지 행동기법을 조합해서 사용한다. 치료자는 내담자를 위해서 적절한 사회적 행동의 **시범**을 보이고 내담자가 그 행동을 시도하도록 격려한다. 그리고 나서 내담자는 치료자와 **역할 연기**를 하고 새로운 행동을 보다 잘 시행할 때까지 **예행연습**한다. 이 과정에서 치료자는 내담자가 효과적으로 수행하도록 솔직한 **피드백**과 **강화**(칭찬)를 제공한다.

유사한 사회적 어려움을 가진 다른 사람들로부터의 강화는 치료자만의 강화에 비해 좀 더 강력할 때가 자주 있다. **사회기술훈련집단**과 **자기주장훈련집단**에서 집단 구성원들은 다른 구성원들과 새로운 사회적 행동을 시도하고 연습한다. 집단은 사회적으로 적절한 것이 무엇인가에 대한 지침을 제공할 수도 있다. 연구에 의하면, 사회기술훈련은 개인 형태든 집단 형태든 간에 많은 사람들이 사회적 상황에서 수행을 더 잘하게 도와준다(Sarver, Beidel, & Spitalnick, 2014).

▶**사회기술훈련** 바람직한 행동의 역할 연기와 예행연습을 통해 사람들이 사회기술과 자기주장을 배우거나 향상시키도록 돕는 치료적 접근

▶**공황발작** 갑자기 발생하여 수 분 내 최고조에 이르고 점진적으로 사라지는 단기적인 공황 삽화

▶**공황장애** 반복적이고 예기치 못한 공황발작이 특징인 불안장애

▶ **요약**

사회불안장애　사회불안장애를 가진 사람들은 다른 사람들이 자신을 세심히 살필 수 있고 창피함을 느낄 수 있는 사회적 상황이나 수행 상황에서 심각하고 지속적인 불안을 경험한다. 인지이론가들은 특정한 역기능적인 사회적 믿음과 기대를 갖고 이에 맞춰 행동하는 사람들이 특히 사회불안장애를 갖게 될 수 있다고 믿는다.

사회불안장애를 치료하는 치료자들은 대개 이 장애의 두 가지 요소인 사회 공포와 빈약한 사회기술을 구분한다. 치료자들은 약물치료, 노출기법, 집단치료, 다양한 인지적 접근 또는 이러한 개입들을 조합하여 사회 공포를 줄이고자 한다. 또한 사회기술훈련을 통해 사회기술을 향상시키려 노력한다.

공황장애

때때로 불안 반응은 숨막히는 악몽 같은 공황의 형태를 취하는데, 그때 사람들은 행동에 대한 통제력을 잃으며 사실 자신이 무엇을 하고 있는지 거의 인식하지 못한다. 실제적인 위협이 불쑥 나타났을 때 누구나 기겁하는 반응을 할 수 있다. 그러나 어떤 사람들은 갑자기 발생해서 수 분 이내에 정점에 도달하며 서서히 사라지는 주기적이고 짧은 한 차례 공황인 **공황발작**(panic attack)을 경험한다(APA, 2013).

발작은 심계 항진, 손이나 발이 얼얼함, 호흡이 가빠짐, 땀이 남, 냉열감, 떨림, 가슴 통증, 숨막히는 감각, 현기증, 어지러움, 비현실감의 공황 증상 중 적어도 네 가지 양상을 보인다(APA, 2013). 공황발작이 있는 동안 많은 사람들은 죽거나 미치거나 통제력을 잃을까 봐 두려워한다.

나의 첫 번째 공황발작은 엄마와 함께 봄 방학 여행을 할 때 일어났다. … 운전을 하는 동안… 생각이 무작위로 머릿속에 들어갔고 … 그리고 내 몸이 … 초대장을 기다리고 있었고 나를 완전한 공황 상태에 빠뜨리는 것 같았다. 가슴과 등을 가로질러 쏟아지는 따뜻한 아드레날린의 엄청난 파도를 느꼈고, 손이 떨리고 있었으며, 그것이 의미하는 바가 무엇이든 통제력을 잃어 가고 있다는 것이 두려웠다. "끝내야 해." 나는 말했다. … 숨을 멈추고, 공황발작을 겪었다는 것을 일부 알았지만, 공황발작이 왜 일어났고, 얼마나 빨리 일어났으며, 몸과 마음을 빼앗긴 것처럼 … 완전히 당황했다. 공황발작을 겪은 적이 전혀 없는 사람에게 설명하자면, 그것은 마치 누군가가 어두운 뒷골목에서 뛰어내어 당신 머리에 총을 대서 살려 달라고 애원할 때 같은 두려움이다. 당신은 빨리 벗어나기 위해 무엇이든지 할 것이다. … 공황이 고조된 상태일 때 생존 본능이 매우 강하게 발동해서 살아남을지 또는 정신 능력을 발휘할 수 있을지의 여부가 예측 불허처럼 여겨진다.

(LeCroy & Holschuh, 2012)

표 4-8

진단 체크리스트

공황장애

1. 예기치 못한 공황발작이 반복적으로 발생한다.

2. 하나 이상의 발작이 다음 증상 중 하나보다 선행한다.
   (a) 적어도 한 달 동안 추가 발작에 대해 지속적으로 염려한다.
   (b) 적어도 한 달 동안 발작과 관련해서 역기능적인 행동 변화를 보인다(예 : 새로운 경험의 회피).

출처 : APA, 2013.

전체 인구의 4분의 1 이상이 인생의 특정 시기에 한두 번의 공황발작을 경험한다(Kessler et al., 2010, 2006). 그러나 일부는 반복적으로 예기치 못하게 분명한 이유 없이 공황발작을 경험하는데, 이들은 **공황장애**(panic disorder)를 겪는 중일 수 있다. 공황발작뿐만 아니라 공황장애로 진단받은 사람들은 발작의 결과로 역기능적인 사고와 행동에서의 역기능적인 변화를 경험한다(표 4-8 참조). 예를 들어 추가 발작이 일어날 것을 계속 걱정할 수도 있고, 공황이 의미하는 것에 대해 염려할 수도 있고('내가 미치고 있는 것일까?'), 또는 미래의 발작 가능성을 피해 삶을 계획할 수도 있다(APA, 2013).

특정 해를 기준으로 할 때 미국인의 약 2.4%는 공황장애로 고통받으며, 5% 이상의 사람들이 인생의 특정 시기에 공황장애를 경험한다(Kessler et al., 2012). 공황장애는 청소년 후기 또는 성인기 초기에 발달하는 경향이 있으며, 남성보다는 여성에서 적어도 2배 더 흔하다. 가난한 사람들은 더 부유한 사람들에 비해 공황장애를 경험할 가능성이 50% 더 높다(Sareen et al., 2011).

이유는 모르지만 공황장애의 유병률은 미국의 소수집단들보다는 백인에게서 더 높다(Levine et al., 2013). 공황발작의 특징은 집단에 따라 다소 다를 수 있다(Barrera et al., 2010). 예를 들면 아시아계 미국인은 백인에 비해 어지러움, 불안정함, 숨막힘을 경험할 가능성이 더 많으며 반면에 아프리카계 미국인은 백인에 비해 이런 증상들을 가질 가능성이 더 적은 것 같다. 유사하게 공황장애는 세계적으로 문화에 따른 유병률의 차이가 없는 것으로 보인다. 미국에서 공황장애를 가진 사람의 약 3분의 1은 현재 치료를 받고 있다(NIMH, 2011; Wang et al., 2005).

앞에서 읽은 것처럼 공황장애는 종종 광장공포증을 동반한다. 광장공포증은 공황 증상을 경험하거나 옴짝달싹 못하게 되었을 때 도망가기 어려울 수 있는 공공장소에 가는 것을 두려워하는 광범위한 공포증이다. 광장공포증을 동반한 공황장애 사례에서 공황장애는 흔히 광장공포증이 발달하는 발단이 된다. 다수의 예기치 못한 공황발작을 경험하면 공공장소에서 새로운 발작이 일어날까 봐 점점 더 두려워하게 된다.

생물학적 관점

1960년대에 임상가들은 범불안장애의 치료에 유용한 약인 벤조디아제핀계의 약보다는 우울 증상의 감소를 위해 흔히 사용하는 약인 특정 **항우울제**들이 공황장애에 도움이 된다는 놀라운 사실을 발견했다(Klein, 1964; Klein & Fink, 1962). 생물학적인 관점에서 최초로 공황장애를 설명하고 치료하게 된 것은 이러한 발견 덕분이다.

어떤 생물학적 요인이 공황장애에 기여하는가 공황장애의 생물학을 이해하기 위해서 연구자들은 공황장애를 통제하는 것으로 보이는 항우울제를 이해하고자 하였다. 연구자들은 특정 항우울제가 뉴런 간 메시지를 전달하는 신경전달물질 중 하나인 **노르에피네프린** (norepinephrine)의 활동을 주로 변화시킴으로써 뇌에 작용한다는 것을 알게 되었다. 연구자들은 특정 항우울제가 공황발작을 줄이는 데 매우 효과적이라면, 비정상적인 노르에피네프린의 활동은 공황장애를 일으킬 수 있다고 생각했다.

몇몇 연구는 공황발작을 겪는 사람들의 노르에피네프린 활동이 실제로 불규칙하다는 증거를 제시하였다. 예를 들어 **청반**(locus coeruleus)은 노르에피네프린을 사용하는 뉴런이 풍부한 뇌 영역이고, 뇌의 도처에서 노르에피네프린을 사용하는 대부분의 뉴런들을 위한 일종의 점멸 스위치의 역할을 한다(Hedaya, 2011). 원숭이의 청반을 전기적으로 자극하면 원숭이들은 공황 같은 반응을 보였는데 이는 공황 반응이 청반에서의 노르에피네프린 활동의 증가와 관련 있을 가능성을 시사한다(Redmond, 1981, 1979, 1977). 유사하게 일련의 다른 연구에서도 노르에피네프린 활동을 증가시키는 화학물질을 사람들에게 주사하여 공

Sam Greenwood/Getty Images

언제든지
대회기간에는 항상 멋진 고객인 프로골퍼 찰리 벨잔이 2012년 플로리다 주 부에나비스타 호수에서 열린 대회에서 18번째 페어웨이를 통과하기 위해 앉아서 공황발작을 기다려야 했을 때, 골프계는 충격을 받았다. 벨잔은 성공적으로 대회를 마쳤고, 이후 자신의 문제를 편안하고 솔직하게 공개해서 큰 칭찬을 받았다.

▶**노르에피네프린** 신경전달물질로, 이 물질의 비정상적인 활동은 공황장애 및 우울증과 관련이 있음

▶**청반** 정서 조절에 관여하는 것으로 보이는 뇌의 작은 부위. 청반의 많은 뉴런이 노르에피네프린을 사용함

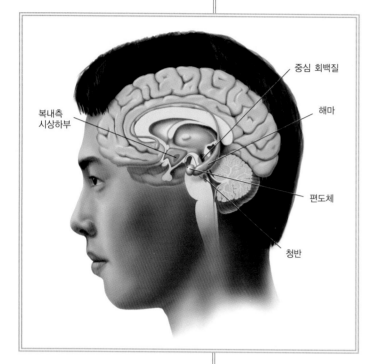

그림 4-5
공황의 생물학
공황 반응을 낳는 뇌 회로는 편도체, 해마, 복내측 시상하부, 중심 회백질, 청반과 같은 영역을 포함한다. 공황과 불안 회로는 편도체를 공유하지만, 공황 회로는 불안 반응에 제한된 뇌 회로와는 다른 것으로 나타났다.

황발작을 생기게 할 수 있었다

이 발견은 노르에피네프린과 청반이 공황발작과 관련 있다는 것을 강력히 시사한다. 그러나 최근에 수행된 연구들에서 공황발작의 뿌리는 아마도 단일 신경전달물질이나 단일 뇌 영역보다는 좀 더 복잡한 것으로 나타났다. 편도체, 해마, 복내측 시상하부, 중심 회백질, 청반과 같은 영역으로 구성된 뇌 회로가 일부 공황 반응을 초래하는 것으로 밝혀졌다(Henn, 2013; Etkin, 2010)(그림 4-5 참조). 두려운 대상이나 상황에 직면하면 편도체가 자극된다. 그러면 편도체는 이 회로의 다른 뇌 부위를 자극해 공황 반응과 매우 유사한 '경보 및 도피' 반응(심박률, 호흡, 혈압 및 유사 반응의 증가)이 일시적으로 작동한다(Gray & McNaughton, 1996). 오늘날 대부분의 연구자는 회로 전체에서 작용하는 신경전달물질을 포함한 이 뇌 회로가 공황장애를 경험하는 사람들의 경우에 부적절하게 기능한다고 본다(Henn, 2013; Bremner & Charney, 2010).

한 가지 언급할 점은 공황 반응을 책임지는 뇌 회로는 124쪽에서 언급한 폭넓고 걱정이 지배적인 불안 반응을 책임지는 뇌 회로와는 다른 것으로 나타났다. 이 두 가지 뇌 회로에서 일부 뇌 영역 특히 각 회로의 중심으로 보이는 편도체와 신경전달물질은 분명히 중복된다. 그러나 공황 뇌 회로와 불안 뇌 회로가 다르다는 발견은, 공황장애는 범불안장애 그리고 다른 종류의 불안장애와 생물학적으로 다르다는 것을 연구자들이 더욱 확신하게 해 주었다.

왜 어떤 사람들은 노르에피네프린의 활동, 청반의 기능 및 공황 뇌 회로의 다른 부분에서 이상을 가질까? 한 가지 가능성은 그러한 이상을 발달시키는 소인이 유전된다는 것이다(Gloster et al., 2015; Torgersen, 1990, 1983). 유전적인 요인이 작용한다면 가까운 친척은 먼 친척보다 공황장애의 발생률이 더 높아야 한다. 모든 유전자를 공유하는 쌍생아인 일란

공황의 여파
꽃과 사진은 2013년 1월 29일 브라질 산타마리아의 키스나이트클럽 앞에서 며칠 전 클럽의 끔찍한 화재로 희생된 사람들에게 경의를 표하기 위해 놓인 것이다. 화재가 나자 공포에 질린 군중에게 밟히고 깔려서 총 242명의 클럽 손님이 사망했고, 112명이 부상당했다. 이와 같은 재앙은 공황장애를 가진 사람만이 공황을 경험하는 것은 아니라는 것을 상기시킨다.

성 쌍생아를 대상으로 한 연구에서, 쌍생아 중 한 사람이 공황장애를 갖고 있으면 일란성 쌍생아 사례의 무려 31%에서 다른 쌍생아도 공황장애를 갖는 것으로 나타났다(Tsuang et al., 2004). 유전자의 단지 일부만을 공유하는 이란성 쌍생아는 한 사람이 공황장애를 갖고 있으면 이란성 쌍생아 사례의 단지 11%에서만 다른 쌍생아가 동일 장애를 가졌다(Kendler et al., 1995, 1993).

약물치료 연구자들은 1962년에 일부 항우울제가 공황발작을 예방하며 발작 빈도를 줄일 수 있다는 것을 발견하였다. 이 놀라운 발견 이후로 세계 여러 나라에서 이 발견을 반복해서 검증하였다(Cuijpers et al., 2014; Stein et al., 2010).

청반과 공황 뇌 회로의 다른 영역에서의 노르에피네프린의 적절한 활동을 회복시키는 모든 항우울제는 공황 증상을 예방하거나 경감시킨다(Pollack, 2005; Redmond, 1985). 이 약들은 공황장애를 가진 환자의 80%에서 적어도 일부 향상을 가져오며, 이러한 향상은 약물을 유지하는 한 지속된다. 또한 최근에 **알프라졸람**(자낙스)과 다른 강력한 벤조디아제핀 약들도 공황장애 치료에 효과적인 것으로 입증되었다(NIMH, 2013; Bandelow & Baldwin, 2010). 분명히 벤조디아제핀은 노르에피네프린의 활동이 뇌에 간접적으로 영향을 주게 하여 공황장애 환자들을 돕는다. 임상가들은 또한 동일한 항우울제와 강력한 벤조디아제핀은 광장공포증을 수반한 공황장애 사례에 도움이 된다는 것을 발견했다.

인지적 관점

인지이론가는 생물학적 요인은 공황발작의 원인의 단지 일부라고 생각한다. 인지이론가들은 몸에서 일어나는 생리적 사건을 잘못 해석한 사람들만이 완전한 공황 반응을 경험한다고 본다. 인지치료는 잘못된 해석의 교정이 목적이다.

인지적 설명 : 신체감각의 오해석 인지이론가들은 공황을 일으키기 쉬운 사람은 특정 신체감각에 매우 민감할 수 있는데, 예기치 않게 그러한 감각을 경험하면 이를 의학적 재앙의 신호로 오해석한다고 믿는다(Gloster et al., 2014; Clark & Beck, 2012, 2010). 공황을 일으키기 쉬운 사람들은 신체감각의 가능한 원인을 '내가 먹은 어떤 것' 또는 '상사와의 싸움'으로 이해하기보다는 통제력 상실에 점점 더 당황하고 최악을 두려워하며 균형감을 완전히 잃고 급격하게 공황에 빠진다. 예를 들어 공황장애를 가진 많은 사람들은 스트레스 상황에서 과호흡을 한다. 비정상적인 호흡은 질식의 위험에 처했다고 생각하게 만들어 공황에 빠지게 한다. 이런 사람들은 이후에 이 같은 그리고 다른 '위험한' 감각은 언제든 다시 찾아올 수 있다는 믿음을 갖게 되고 그렇게 되면 미래의 공황발작의 함정에 빠지게 된다.

생물학적 한계검사(biological challenge test)는 임상연구 참가자들에게 약물을 처방하거나 호흡·운동·특정 방식으로 생각하기 교육을 실시하여 과호흡이나 다른 생물학적 감각을 유도한다. 기대한 대로 공황장애를 가진 참가자들은 공황장애가 없는 참가들에 비해 특히 자신의 신체감각이 위험하거나 통제를 벗어났다고 믿을 때 생물학적 한계검사를 받는 동안 더 크게 당황했다(Bunaciu et al., 2012).

왜 일부 사람들은 오해석을 하기 쉬운 걸까? 자신의 잘못은 아니지만 한 가지 가능성은 공황에 빠지기 쉬운 사람들은 대개 다른 사람들보다 더 잦은 또는 더 강력한 신체감각

숨은 뜻 읽어내기

명언

"사람이나 군중이나 국가 어느 것도 큰 두려움의 영향 아래서는 자비롭게 행동하거나 건강하게 사고할 것이라고 믿을 수 없다."

버트런드 러셀

▶**생물학적 한계검사** 연구자나 치료자의 감독하에 참가자나 내담자가 운동을 강하게 하거나 공황을 유도할 수 있는 과제를 수행해서 공황을 경험하도록 하는 절차

▶불안 민감성 신체감각에 집중하고 신체감각을 비논리적으로 평가하며 위험한 것으로 해석하는 성향

을 경험한다(Nillni et al., 2012; Nardi et al., 2001). 사실 공황장애에서 가장 빈번히 오해석하는 감각의 종류는 혈액 내 이산화탄소의 증가, 혈압의 변화, 심박률의 증가인데 이는 청반과 공황 뇌 회로의 다른 영역이 부분적으로 통제하는 신체 반응이다. 몇몇 연구에 의해서 지지를 받은 다른 가능성은 신체감각을 오해석하는 경향이 있는 사람들은 다른 사람들보다 삶의 과정에서 외상으로 채워진 사건을 보다 많이 경험했다는 것이다(Hawks et al., 2011).

오해석의 정교한 원인이 무엇이든지 간에 공황에 빠지기 쉬운 사람들은 일반적으로 불안 민감성으로 불리는 높은 수준의 불안을 가진 것으로 나타났다. **불안 민감성**(anxiety sensitivity)이 높은 사람들은 많은 시간 신체감각에 주의를 기울이며 신체감각을 논리적으로 평가하지 못하고 잠재적으로 위험한 것으로 해석한다. 불안 민감성 조사에서 높은 점수를 받은 사람들은 다른 사람들보다 공황장애를 발달시킬 가능성이 5배까지 높았다(Hawks et al., 2011; Maller & Reiss, 1992). 다른 연구들에서도 공황장애를 가진 사람들은 흔히 다른 사람들보다 불안 민감성 점수가 더 높았다(Allan et al., 2014; Reinecke et al., 2011).

인지치료 인지치료자들은 신체감각에 대한 오해석을 교정한다(Craske & Barlow, 2014; Clark & Beck, 2012, 2010). 첫 단계에서는 내담자들에게 공황발작의 일반적인 특징, 신체감각의 실제 원인 및 감각을 오해석하는 경향을 교육한다. 다음 단계에서는 내담자가 스트레스 상황에서 더 정확한 해석을 적용하도록 교육하는데, 이는 공황의 발생을 초기에 차단한다. 치료자는 이완과 호흡 기법을 사용해서 내담자가 불안에 좀 더 잘 대처할 수 있도록 그리고 다른 사람과 대화를 시작해서 신체감각으로부터 주의를 분산시킬 수 있도록 교육한다.

덧붙여 인지치료자는 생물학적 한계 절차를 사용해서 공황감각을 줄일 수 있는데, 이렇게 되면 내담자는 세심한 지도감독 속에서 새로운 기술을 적용할 수 있게 된다(Gloster et al., 2014). 예를 들어 발작이 흔히 빠른 심장 박동에 의해서 촉발되는 사람은 몇 분 동안 위아래로 점프하거나 계단을 뛰어 올라가라는 이야기를 듣는다. 그 후 내담자는 신체감각에 빠지지 않으면서 이를 적절히 해석하는 것을 연습한다.

연구에 의하면 인지치료는 종종 공황장애를 가진 사람들에게 도움이 된다(Wesner et al., 2015; Craske & Barlow, 2014). 국제적인 연구에서 인지치료를 받은 참가자의 약 80%는 공황에서 벗어났고 반면 통제집단은 단지 13%만이 그런 결과를 보였다. 공황장애의 인지치료 효과는 적어도 항우울제 또는 알프라졸람과 유사한 것으로 입증되었고, 때로는 더 좋기도 했다(Bandelow et al., 2015; Baker, 2011). 인지치료와 약물치료의 효과를 고려하여 많은 임상가들이 이 두 가지를 함께 사용하는 시도를 했고 어느 정도 성공을 거두었다(Cuijpers et al., 2014). 공황장애와 광장공포증을 함께 가진 사람들은 행동적 노출기법과 결합된 인지치료 그리고/또는 약물치료가 가장 효과적이었다(Gloster et al., 2014, 2011).

"주말에는 딴 데 정신 팔 일 없이 온전히 공황에 빠질 수 있겠군."

▶ 요약

공황장애 공황발작은 갑자기 발생하는 일시적이고 짧은 한 차례의 공황이다. 공황장애를 겪는 사람들은 공황발작을 반복적으로 명백한 이유 없이 경험한다. 공황장애에 광장공포증이 동반될 수 있는데, 이런 사례들은 두 가지 진단을 받는다.

일부 생물학 이론가들은 뇌의 청반에서의 비정상적인 노르에피네프린 활동이 공황장애의 핵심일 수 있다고 믿는다. 다른 이론가들은 관련된 신경전달물질들 또는 공황 뇌 회로도 중요한 역할을 할 수 있다고 믿는다. 생물학치료자들은 공황장애 치료를 위해 특정 항우울제 또는 강력한 벤조디아제핀을 사용한다.

인지치료자들은 공황을 경험하는 경향이 있는 사람들은 일부 신체감각에 사로잡혀 있고 신체감각을 의학적 재앙의 신호로 오해석한다고 주장한다. 그렇게 되면 그들은 공황을 경험하며 일부 사례에서는 공황장애가 발달하게 된다. 인지치료자들은 환자들이 신체감각을 좀 더 정확하게 해석하고 불안에 더 잘 대처할 수 있도록 교육한다.

▶ **강박사고** 반복적으로 경험되며 침투적으로 느껴지고 불안을 유발하는 지속적인 사고, 아이디어, 충동, 또는 이미지

▶ **강박행동** 반복적이고 경직된 행동이나 정신 활동으로 불안을 방지하거나 줄이기 위한 목적이 있음

▶ **강박장애** 자꾸 떠오르는 원치 않는 사고나 반복적이고 경직된 행동을 수행해야 한다는 욕구 또는 이 둘 다를 갖는 장애

강박장애

강박사고(obsession)는 개인의 의식에 침투하는 것으로 여겨지는 지속적인 사고, 아이디어, 충동 또는 이미지이다. **강박행동**(compulsion)은 불안을 예방하거나 줄이기 위해서 수행해야 한다고 느끼는 반복적이고 경직된 행동 또는 정신 활동이다. 그림 4-6에서 보여 주는 것처럼 사소한 강박사고와 행동은 거의 모든 사람들에게 친숙하다. 당신은 다가오는 수행이나 시험에 대한 생각으로 꽉 차 있을 수 있고 난로를 끄거나 문 잠그는 것을 잊었는지 계속 걱정할 수 있다. 금 밟는 것을 피했을 때, 검은 고양이를 외면했을 때, 특별한 방식으로 옷장을 정리할 때 기분이 더 좋을 수 있다. 그러나 이런 종류의 반복적인 사고나 행동을 이상이라고 할 수는 없다.

*DSM-5*에 의하면 **강박장애**(obsessive-compulsive disorder)는 강박사고나 행동이 과도하거나 비합리적이라 느끼고 큰 고통을 야기하며 많은 시간이 소모되고 일상적인 기능에 지장을 초래할 때 진단한다(표 4-9 참조). *DSM-5*는 강박장애를 불안장애로 분류하지 않으나 불안은 강박장애에서 중요한 역할을 한다. 강박사고는 강렬한 불안을 야기하는 반면 강박행동은 불안을 막거나 줄이는 데 초점이 있다. 또한 강박사고나 행동에 저항하려고 시도하면 불안이 고조된다.

강박장애를 가진 한 사람은 다음과 같은 것을 관찰했다. "나는 집에 있는 모든 것이 있어야 할 적절한 위치에 있어서 아침에 일어났을 때 집이 정돈되어 있을 거라고 확신해야 잠들 수가 있다. 잠자리에 들기 전에 모든 것을 제자리에 두기 위해서 미친 듯이 일한다. 그러나 … 나는 해야 하는데 하지 않은 일이 있다는 것을 아는 것을 참을 수가 없다"(McNeil, 1967, pp. 26-28). 연구 결과 몇몇 부가적인 장애들이 특징, 원인 및 치료 반응에서 강박장애와 밀접한 관련이 있는 것으로 나타났고 *DSM-5*는 이 장애들을 강박장애

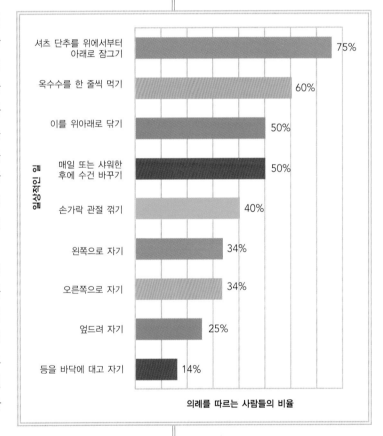

그림 4-6
일반인도 일상의 규칙을 갖고 있다
대부분의 사람은 일상적인 일들을 정해진 규칙에 따라 하는 것을 편안해한다. 자신이 정한 규칙과는 다르게 해 보라고 요구하면, 40%의 사람은 성마름을 느낀다고 한다(출처 : Kanner, 2005, 1998, 1995).

표 4-9

진단 체크리스트

강박장애

1. 반복되는 강박사고, 강박행동 또는 이 두 가지가 모두 있을 것

2. 강박사고나 강박행동에 상당한 시간이 소모됨

3. 현저한 고통이나 손상을 야기함

출처 : APA, 2013.

와 함께 분류하였다.

특정 해를 기준으로 할 때 미국과 세계 다른 나라 사람들의 1~2%는 강박장애로 고통받는다(Kessler et al., 2012; Björgvinsson & Hart, 2008). 강박장애의 평생 유병률은 3%이다. 강박장애의 유병률은 성별, 인종, 민족에 상관없이 유사하다(Matsunaga & Seedat, 2011). 강박장애는 보통 젊은 성인기에 시작해서 증상과 심각도가 시간 경과에 따라 변동이 있지만 대개 몇 년 동안 지속된다. 강박장애를 가진 사람의 약 40% 이상이 치료를 받으며 많은 사람들이 장기간 치료를 받는 것으로 추정된다(Patel et al., 2014; Kessler et al., 1999, 1994).

강박사고와 강박행동의 특징

강박사고는 이를 경험하는 사람들에게는 침투적이고 낯설게 느껴진다. 강박사고를 무시하거나 저항하려는 시도는 더 많은 불안을 불러일으킬 수 있고 오래지 않아 강박사고는 전보다 더 강해진다. 강박사고를 가진 사람들은 대개 자신의 생각이 과도하다는 것을 잘 안다.

강박사고로 괴로워하는 많은 사람들의 사고를 살펴보면 어느 정도는 기본적인 주제들이 있다(Bokor & Anderson, 2014). 가장 흔한 주제는 더러움 또는 오염인 것 같다(Torres et al., 2013). 다른 흔한 주제는 폭력과 공격성, 정돈, 종교 및 성이다.

강박행동은 많은 면에서 강박사고와 유사하다. 예를 들어 엄밀히 말하자면 강박행동은 자발적인 통제하에 있지만 강박행동을 해야만 한다고 생각하는 사람들은 자신이 선택할 수 있다는 생각을 거의 하지 못한다. 많은 사람들이 자신의 행동이 비합리적이라는 것을 알지만 동시에 강박행동을 하지 않는다면 뭔가 끔찍한 일이 일어날 것이라고 믿는다. 강박행동을 수행한 후에 대개는 잠시 동안 불안을 덜 느낀다. 일부는 강박행동이 상세한 의례로 발전한다. 이런 사람들은 정해진 규칙에 따라 매번 동일한 방식으로 정확하게 의례를 수행해야만 한다.

강박사고처럼 강박행동은 다양한 형태를 취한다. **청소 강박행동**은 매우 흔하다. 청소 강박행동을 가진 사람들은 자신, 옷 또는 집을 계속 청소해야 할 것 같은 충동을 느낀다. 청소는 의례적인 규칙을 따를 수 있고 하루에 수십, 수백 번 반복될 수 있다. **확인 강박행동**을 가진 사람들은 같은 항목, 예를 들어 문, 가스밸브, 중요한 서류가 있어야 하는 대로 모두 있는지를 확인하고자 반복해서 점검한다. 또 다른 공통된 주제는 순서 또는 **균형**을 추구하는 끊임없는 노력이다. 이 강박행동을 가진 사람들은 어떤 항목들(옷, 책, 음식)이 엄격한 규칙에 따라 완벽한 순서로 놓여 있어야 한다. 만지기 · 말하기 · 세기 강박행동도 흔하다.

비록 강박장애를 가진 사람 중 일부는 강박사고만 또는 강박행동만 경험한다. 그러나 대부분의 사람은 두 가지를 모두 경험한다. 사실 강박행동은 종종 강박사고에 대한 반응이다. 대부분의 사례에서 강박행동은 강박적 의심, 아이디어 또는 충동에 대한 항복을 나타내는 것으로 보인다(Akhtar et al., 1975). 집이 안전한지를 계속 의심하는 여성은 문과 가스밸브

문화적인 의례

의례가 반드시 강박행동을 반영하는 것은 아니다. 사실 문화적 · 종교적 의례는 종종 이를 행하는 사람들에게 의미와 편안함을 제공한다. 이 사진은 승려들이 도쿄에 있는 절에서 연례 겨울 수도 기간 동안 전신에 물을 붓는 의례를 하는 모습이다. 승려들은 행운을 기원하기 위해 이 청결 의례를 수행한다.

Kazuhiro Nogi/ AFP/ Getty Images

를 반복해서 확인함으로써 강박적인 의심에 굴복할 수 있다. 오염을 강박적으로 두려워하는 남자는 청소 의례를 수행함으로써 공포에 굴복한다. 연구에 의하면 강박행동은 때때로 강박사고를 통제하는 데 도움이 된다. 한 10대는 숫자 세기와 언어적인 의례를 수행해서 오염에 대한 강박적인 공포를 조절하려고 노력했는데 이를 다음과 같이 기술했다.

> **환자 :** 세균이나 질병과 관련이 있는 어떤 단어를 들으면, 그것은 나쁜 것으로 간주되고 그래서 '그 단어를 지우는' 다른 것들을 마음속에 떠올리면 그 단어를 들어도 '괜찮을 거야'라고 생각돼요.
>
> **면접자 :** 다른 것 어떤 것요?
>
> **환자 :** 수호자처럼 보이는 수나 단어 같은 것들요.
>
> **면접자 :** 어떤 숫자와 단어들입니까?
>
> **환자 :** 숫자 3과 3의 배수 그리고 '비누와 물'과 같은 단어로 시작돼요. 그리고 3의 배수가 정말로 커져서 124나 그와 비슷한 숫자에서 끝나요. 그때는 정말 나빠져요.
>
> (Spitzer et al., 1981, p. 137)

강박장애는 심리장애 중에서 가장 이해하지 못했던 장애 중 하나였다. 그러나 최근 수십 년 동안 연구자들은 강박장애에 대해 더 많은 것을 알게 되었다. 정신역동적·행동적·인지적·생물학적 모델은 강박장애에 대한 가장 영향력 있는 설명과 치료를 제시하고 있다.

정신역동적 관점

정신역동이론가들은 불안장애는 아동이 원초아 충동을 두려워하게 되면서 생긴 불안을 줄이고자 자아방어기제를 사용할 때 발달한다고 믿는다. 정신역동적 관점에서 강박장애가 불안장애와 구별되는 점은 불안을 유발하는 원초아 충동과 불안을 줄이는 방어기제 간의 전투가 무의식 속에 묻혀 있는 것이 아니라 외현적인 사고와 행동으로 나타난다는 것이다. 흔히 원초아 충동은 강박사고의 형태를 취하며 자아방어는 역사고(counterthought)나 강박행동으로 나타난다. 예를 들어 뼈가 부러져 피를 흘리며 누워 있는 어머니를 계속 떠올리는 여성은 집 전체의 안전을 반복해서 확인하는 것으로 그 생각을 상쇄시키려 할 수 있다.

Sigmund Freud는 강박장애가 대략 2세 무렵에 발생하는 **항문기** 단계에 그 기원이 있다고 보았다. Freud는 항문기 단계 동안 일부 아동은 부정적인 배변 훈련 경험의 결과로 강한 분노와 수치심을 경험한다고 제안하였다. 다른 정신역동이론가들은 그런 초기 분노 반응은 불안정감의 근원이 된다고 주장하였다(Erikson, 1963; Sullivan, 1953; Horney, 1937). 무엇이든 간에 이 아동들은 강한 공격적 원초아 충동을 표현할 필요를 반복적으로 느끼거나 동시에 충동을 보유하고 통제하려고 노력해야만 한다는 것을 안다. 만일 원초아와 자아 사이의 이러한 갈등이 지속된다면 결국은 강박장애가 꽃피게 된다. 일반적으로 정신역동적 설명은 연구를 통해 분명한 지지를 받지는 못했다(Busch et al., 2010; Fitz, 1990).

강박장애 환자를 치료할 때 정신역동 치료자들은 기저에 있는 갈등과 방어를 밝혀내고 이를 극복하도록 돕는 데 자유연상 및 치료자의 해석과 같은 전통적인 기법을 사용한다. 연구에서 증거를 제시하지는 않았지만 전통적인 정신역동적 접근은 많은 도움이 된다

Bill Pugliano/ Getty Images

더러움

노출 및 반응 방지 과제의 하나로, 청결 강박행동을 가진 내담자들은 고된 정원 가꾸기를 하거나 손 씻기나 샤워를 못 하기도 한다. 이들은 미시간 주 웨스트랜드에서 매년 열리는 진흙축제에서 진흙을 뒤집어쓰고 즐거워하는 이 사람들처럼 진흙 레슬링에 참가해서 즐길 정도까지는 되지 못할 수 있지만, 당신은 이렇게 할 수 있다.

▶**노출 및 반응 방지** 강박장애에 대한 행동치료로, 불안을 유발하는 생각이나 상황에 노출시킨 다음 강박행동을 하지 못하도록 함. '노출 및 의례 방지'라고도 함

(Ponniah, Magiati, & Hollon, 2013). 현재도 정신역동치료자들은 강박장애 환자들에게 단기 정신역동치료를 하는 것을 선호한다. 제2장에서 기술한 바와 같이 단기 정신역동치료는 고전적인 기법보다는 더 직접적이고 행동 지향적이다.

행동적 관점

행동주의자들은 강박사고보다는 강박행동을 설명하고 치료하는 데 집중한다. 행동주의자들은 사람들이 자신의 강박행동을 상당히 무작위로 발견한다고 주장한다. 공포 상황에서 사람들은 단지 우연히 손을 씻거나 말하거나 특정한 방식으로 옷을 입는다. 위협이 커지면 사람들은 위협의 증가를 특정 행동과 연결한다. 우연적인 연합이 반복되면, 사람들은 그 행동이 행운을 가져다주거나 실제로 상황을 변화시킨다고 믿게 되고, 그러면 유사한 상황에서 같은 행동을 반복하며 그 행동은 불안의 회피나 감소에 중요한 방법이 된다(Grayson, 2014; Frost & Steketee, 2001).

> 당신은 특정한 방식으로 행동하는 것을 멈추기 위해서 노출 및 반응 방지를 자기 나름의 방식으로 시도해 본 적이 있는가?

유명한 임상과학자인 Stanley Rachman과 동료들은 강박행동이 불안의 감소에 의해서 보상받는다는 것을 보여 주었다. 예를 들어 강박적인 손 씻기 의례를 가진 12명의 피험자들은 오염되어 있다고 생각하는 물건과 접촉했다(Hodgson & Rachman, 1972). 행동주의자들이 예측한 대로 피험자들의 손 씻기 의례는 불안을 낮추는 것으로 보였다.

만일 사람들이 나쁜 결과를 차단하고 긍정적인 결과를 추구하기 위해서 강박행동을 계속한다면, 사람들은 강박행동이 정말로 목표에 기여하지 않는다는 것을 배울 수 없을까? 정신과 의사 Victor Meyer가 1966년에 처음 개발한 **노출 및 반응 방지**(exposure and response prevention) 또는 **노출 및 의례 방지**(exposure and ritual prevention)라 부르는 행동치료는 내담자를 불안, 강박적 공포, 강박행동을 낳는 대상이나 상황에 반복적으로 노출시킨다. 그리고 내담자가 수행해야 한다고 강하게 느끼는 행동을 못하게 한다. 강박행동에 저항하는 것이 매우 힘들다는 것을 알기 때문에 치료자는 처음에 예를 제시하기도 한다.

이제 많은 행동치료자들은 개인 및 집단치료의 형태로 노출 및 반응 방지를 사용한다. 치료자 중 일부는 내담자가 가정에서 이 절차를 혼자 시행하게 한다(Franklin & Foa, 2014). 노출 및 반응 방지에서 치료자는 내담자에게 과제를 주는데, 예를 들어 청소 강박행동이 있는 여성을 위한 과제는 다음과 같다.

- 일주일 동안 욕실 바닥을 청소하지 않은 후에 흔히 쓰는 대걸레로 3분 동안 욕실 바닥을 청소하고 다른 집안일에 그 대걸레를 빨지 않은 채로 사용하기
- 앙고라 스웨터를 사서 일주일 동안 입는데 밤에 스웨터를 벗을 때 털을 제거하지 않고 일주일 동안 집도 청소하지 않기
- 당신, 남편, 아이들 모두 집에서 구두를 신고 생활하고 일주일 동안 집을 청소하지 않기
- 지저분한 마루에 과자를 떨어뜨리고 그 과자를 주워 먹기

● 침대 시트와 담요를 마룻바닥에 두었다가 그 시트와 담요를 침대에서 일주일 동안 계속 사용하기

(Emmelkamp, 1982, pp. 299−300)

결국 이 여성은 자신과 집을 깨끗하게 하는 합리적인 일상을 정착시켰다.

강박장애 내담자의 55~85%는 노출 및 반응 방지로 상당히 향상되고 종종 이러한 향상은 계속 지속된다(Abramowitz et al., 2011, 2008; McKay, Taylor, & Abramowitz, 2010). 노출 및 반응 방지의 효과는 강박장애를 가진 사람이 코끼리를 멀리 하기 위해 계속 손가락을 꺾는다는 오래된 농담에 나오는 미신을 믿는 사람과 같다. 어떤 사람이 "이 근처에는 어떤 코끼리도 없는데요."라고 지적한다면, 그 남자는 "그렇죠? 효과가 있잖아요!"라고 대답할 것이다. 그러나 전체 상황을 검토한 후에 내린 결론은 "(강박적인) 그 남자는 나중에서야 자신이 손가락을 계속 꺾고 있었다는 것을 알게 되는데, 만일 멈추지 않고(반응 방지) 동시에 주변을 둘러보지 않는다면(노출), 그는 코끼리에 관한 가치 있는 많은 것을 배우지 못할 것이다."(Berk & Efran, 1983, p. 546)라는 것이다.

인지적 관점

인지이론가들은 강박장애를 설명할 때 모든 사람은 반복적이고 원치 않는 침투사고를 갖고 있다고 언급하는 것으로 시작한다. 예를 들어 누구나 다른 사람을 해치거나 세균에 오염되는 생각을 할 수 있으나 대부분의 사람들은 이 생각을 쉽게 일축해버리거나 무시한다. 그러나 강박장애를 가진 사람은 흔히 그런 생각에 대해서 자신을 비난하고 생각의 결과로 왠지 무서운 일이 일어날 것이라고 기대한다(Grayson, 2014; Salkovskis, 1999, 1985). 강박장애를 가진 사람들은 부정적 결과를 피하기 위해서 사고를 **중성화**(neutralize)하고자 노력하는데, 예를 들어 시정을 하거나 보상하기 위한 방식으로 생각하거나 행동한다(Jacob et al., 2014; Salkovskis et al., 2003).

중성화 행동은 다른 사람으로부터 특별한 안심을 구하기, 의도적으로 '좋은' 생각하기, 손 씻기, 가능한 위험의 원천을 확인하기 등을 포함한다. 중성화 노력이 불편감을 일시적으로 줄여 주면 이 노력은 강화되어 반복되기 쉽다. 결국 중성화 사고나 행동이 너무 자주 사용되면, 이는 강박사고 또는 강박행동이 된다. 동시에 점점 더 불쾌한 침투적 사고가 위험하다고 확신하게 된다. 침투적 사고에 대한 두려움이 증가할수록 침투적 사고는 더 자주 발생하게 되고 강박사고가 된다.

강박장애를 가진 사람들은 다른 사람들보다 침투적 사고를 더 자주 하며 더 정교화된 중성화 전략에 의지하고 중성화 전략을 사용한 후에 불안의 감소를 경험한다는 연구들은 이러한 설명을 지지한다(Jacob et al., 2014; Salkovskis et al., 2003).

모든 사람이 때때로 원치 않는 사고를 하지만 단지 일부만이 강박장애를 갖고 있다. 강박장애를 가진 사람들은 왜 정상적인 생각을 처음에 불안하게 여길까? 연구자들은 (1) 행동과 도덕에 대해 예외적으로 더 높은 기준을 가지며(Whitton, Henry, & Grisham, 2014; Rachman, 1993), (2) 침투적인 부정적 사고는 행동과 동일하며 해를 끼칠 수 있다고 믿으며(Lawrence & Williams, 2011), (3) 사고와 행동 전반을 완벽하게 통제해야만 한다고 믿는 경향이 있다(Gelfand & Radomsky, 2013)는 것을 발견했다.

인지치료자들은 내담자가 강박장애에 관여하는 인지 과정에 초점을 두도록 돕는다. 처

▶**중성화** 받아들일 수 없는 생각을 만회하기 위해서, 내적으로 시정하는 방식으로 생각하거나 행동함으로써 원치 않는 생각을 없애려는 시도

The Kobal Collection at Art Resource, NY

개인적인 지식

HBO의 히트 시리즈, '걸즈'는 한나 호바스와 친구들이 "한 번에 실수 하나"를 하면서 20대 시절을 항해하는 분투를 다룬다. 이 쇼의 제작자이자 스타인 레나 던햄은 한나의 어려움은 어린 시절의 강박장애, 불안과의 싸움을 포함해서 자신의 실생활 경험에서 종종 영감을 얻는다고 말했다.

음에 치료자는 내담자를 교육할 때 원치 않는 생각의 오해석, 과도한 책임감, 중성화 행동이 증상의 발생 및 유지에 어떻게 도움이 되는지를 교육한다. 그리고 나서 치료자는 내담자가 왜곡된 인지를 찾아내고 이에 도전하고 바꾸도록 이끈다. 이런 종류의 인지기법은 강박사고와 강박행동의 수와 강도를 감소시키는 데 종종 도움이 되는 것으로 나타났다(Franklin & Foa, 2014). 행동적 접근(노출 및 반응 방지)과 인지적 접근은 각각 강박장애를 가진 내담자에게 도움이 되지만 일부 연구에서는 두 접근을 함께 조합한 인지행동치료가 한 가지 개입만을 사용하는 것보다 종종 더 효과적인 것으로 나타났다(Grayson, 2014; McKay et al., 2010).

생물학적 관점

최근 몇 년 동안 두 가지 방향의 연구에서 생물학적 요인이 강박장애에서 중요한 역할을 한다는 보다 직접적인 증거들을 밝혀냈으며 강박장애를 위한 유망한 생물학적 치료도 개발되었다. 강박장애의 생물학적 요인을 밝힌 연구로는 (1) 신경전달물질인 **세로토닌**의 비정상적인 낮은 활동, (2) 뇌의 중요한 영역에서의 기능 이상이 있다.

GABA와 노르에피네프린처럼 **세로토닌**(serotonin)은 뉴런에서 뉴런으로 메시지를 전달하는 뇌의 화학물질이다. 세로토닌이 강박장애에서 역할을 한다는 최초의 실마리는 항우울제인 **클로미프라민**(아나프라닐)과 **플루옥세틴**(프로작)이 강박 증상을 경감시킨다는 임상 연구자들의 놀라운 발견을 통해서였다(Bokor & Anderson, 2014). 몇몇 연구자들은 이 약들이 세로토닌 활동을 증가시키기 때문에 낮은 세로토닌 활동이 강박장애를 일으킬 수 있다고 결론지었다. 실제로 세로토닌 활동을 증가시키는 항우울제들만이 강박장애에 도움이 되었다. 주로 다른 신경전달물질에 영향을 미치는 항우울제들은 강박장애에는 거의 또는 전혀 효과가 없었다(Jenike, 1992). 세로토닌은 강박장애를 설명하는 데 가장 자주 인용되는 신경전달물질이지만, 최근 연구에서 다른 신경전달물질들, 특히 **글루타메이트**, GABA, 도파민도 강박장애의 발생에 중요한 역할을 할 수 있는 것으로 나타났다(Bokor & Anderson, 2014).

한편 강박장애는 뇌의 특정 영역, 특히 **안와전두 피질**(orbitofrontal cortex, 눈 바로 윗부분에 위치함)과 **미상핵**(caudate nuclei, 기저핵으로 알려진 뇌 영역 내에 위치한 구조물)에 의한 비정상적인 기능과 관련이 있다는 연구들도 있다. 이 영역들은 흔히 감각 정보를 사고와 행동으로 변환하는 뇌 회로의 일부이다. 이 회로는 성충동, 공격충동 및 다른 원시적 충동이 정상적으로 발생하는 곳인 안와전두 피질에서 시작한다. 이 충동들은 미상핵으로 이동하는데 이 부위는 가장 강력한 충동만을 회로의 다음 정류장인 시상으로 보내는 필터 역할을 한다(그림 4-7 참조). 만약 충동이 시상에 도달하면 사람들은 그것에 대해서 더 생각하게 되고 아마도 행동하게 될 것이다. 현재 많은 이론가들은 일부 사람들의 안와전두 피질이나 미상핵이 너무 활동적이어서 문제가 되는 생각이나 행동이 끊임없이 발생한다고 믿는다(Endrass et al., 2011). 최근 몇 년 동안 대상 피질과 편도체를 포함해서 이 뇌 회로의 추가적인 부분을 확인했다(Via et al., 2014; Stein & Fineberg, 2007).

▶**세로토닌** 비정상적인 활동이 우울증, 강박장애, 섭식장애와 관련된 신경전달물질

▶**안와전두 피질** 배설, 성행위, 폭력, 기타 원초적 활동을 포함한 충동이 정상적으로 발생하는 뇌 영역

▶**미상핵** 감각 정보를 사고와 행동으로 전환하는 것을 돕는 기저핵으로 알려진 뇌 영역 내 구조물

뇌 회로 설명을 지지하는 다른 증거도 있다. 의학자들은 여러 해 동안 안와전두 피질, 미상핵 또는 이 회로의 다른 영역이 사고나 병으로 손상 입은 후에 강박 증상이 때때로 발생하거나 줄어드는 것을 관찰하였다(Hofer et al., 2013). 유사하게 뇌 스캔 연구에서 강박장애 피험자들의 미상핵과 안와전두 피질은 통제집단 피험자들에 비해 더 활동적이었다(Marsh et al., 2014; Baxter et al., 2001, 1990).

세로토닌과 뇌 회로 설명은 직접 연결될 수 있다. 신경전달물질인 글루타메이트, GABA, 도파민과 함께 세로토닌은 안와전두 피질, 미상핵 및 뇌 회로 다른 부위의 작동에 중요한 역할을 한다. 이러한 신경전달물질 중 하나 혹은 그 이상에 의한 비정상적인 활동은 이 회로가 부적절하게 기능하는 데 기여할 수 있다.

연구자들이 특정 항우울제가 강박사고와 강박행동을 줄이는 데 도움이 된다는 사실을 처음 발견한 이후로, 이약들을 강박장애 치료에 사용하였다(Bokor & Anderson, 2014). 이제 우리는 일부 항우울제가 뇌의 세로토닌 활동을 증가시킬 뿐만 아니라 안와전두 피질과 미상핵이 더 정상적으로 활동하도록 도와준다는 것을 알고 있다(McCabe & Mishor, 2011). 이 항우울제들은 강박장애를 가진 사람들의 50~80%에서 향상을 가져온다(Bareggi et al., 2004). 강박사고와 강박행동은 대개 완전히 사라지지는 않지만 평균적으로 8주 이내에 거의 증상이 반으로 줄어든다(DeVeaugh-Geiss et al., 1992).

그러나 위에서 언급한 항우울제 치료만 받은 사람들은 약물치료를 중단하면 재발하는 경향이 있다. 강박장애를 가진 더 많은 사람들이 이제는 행동치료, 인지치료 및 약물치료를 조합한 형태의 치료를 받는다. 연구에 의하면 조합한 형태의 치료는 종종 한 가지 접근만을 사용하는 것보다 증상을 더 많이 감소시키며 더 많은 내담자를 도와주며 향상이 몇 년 동안 유지되기도 한다(Romanelli et al., 2014; Simpson et al., 2013).

분명히 강박장애의 치료는 지난 15년 동안 크게 발전하였다. 현재는 강박장애의 치료에 도움이 되는 몇 가지 치료 형태가 있으며 자주 이 치료들을 조합해서 사용한다. 사실 몇몇 연구에서 행동적·인지적·생물학적 접근은 궁극적으로 뇌에서 동일한 효과를 낳을 수 있는 것으로 나타났다. 인지행동치료에 반응하는 참가자들과 항우울제에 반응하는 참가자들 모두 미상핵과 강박 뇌 회로의 다른 부분들의 활동이 뚜렷히 감소하였다(Jabr, 2013; Baxter et al., 2000, 1992).

강박 및 관련 장애 : 진단의 발상지 찾기

일부 사람들은 삶에 큰 지장을 주는 반복적이고 과도한 특정 행동방식을 갖고 있다. 가장 흔한 행동은 과도한 외모 확인, 수집, 털뽑기, 피부뜯기이다. *DSM-5*는 강박 및 관련 장애라는 명칭을 만들었고 강박 및 관련 장애 안에 수집광, 발모광(털뽑기장애), 피부뜯기장애, 신체이형장애를 포함하였다. 이 4개의 장애는 다 합쳐서 적어도 인구의 5%에서 나타난다(Frost et al., 2012; Keuthen et al., 2012, 2010; Wolrich, 2011).

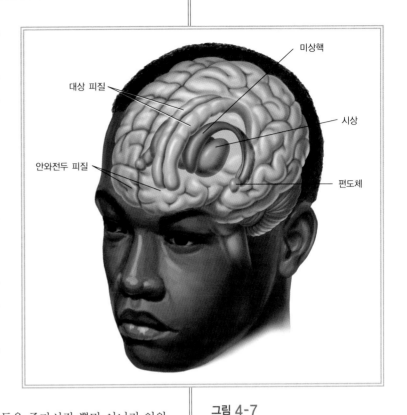

그림 4-7
강박장애의 생물학
강박장애와 연결된 뇌 구조는 안와전두 피질, 미상핵, 시상, 편도체, 대상 피질을 포함한다. 강박장애를 가진 사람들은 뇌의 이 부위가 지나치게 활동적일 수 있다.

숨은 뜻 읽어내기

세계를 바꾼 강박사고

파스퇴르 공법의 발견을 이끈 루이스 파스퇴르의 실험은 오염과 감염에 대한 그의 강박사고 덕분이었다. 파스퇴르는 악수를 하지 않았고 식사하기 전에는 규칙적으로 컵과 접시를 닦았다(Asimov, 1997).

▶수집광 물건을 보관해야 한다고 느끼고 물건을 폐기하려고 하면 매우 고통스러워하고 그 결과 물건을 과도하게 쌓아두게 되는 장애

▶발모광 머리카락, 눈썹, 속눈썹, 몸의 다른 부위의 털을 반복해서 뽑는 장애. '털뽑기장애'라고도 함

▶피부뜯기장애 반복해서 피부를 뜯는 장애로, 그 결과 상당한 흉이나 상처가 생김

▶신체이형장애 외모에 확실한 결함이나 흠이 있다는 믿음에 사로잡혀 있는 장애. 그러한 결함이나 흠은 상상이거나 심하게 과장된 것임

수집광(hoarding disorder)인 사람들은 물품을 모아야만 한다고 느끼고 물건을 버리려고 하면 매우 고통스러워한다(APA, 2013). 이러한 감정은 소유물에 손을 떼는 것을 어렵게 만들고 그 결과 어수선하게 채운 물건들이 삶과 생활 영역을 과도하게 채우게 된다. 이 행동은 개인에게 현저한 고통을 야기하며 개인적·사회적 또는 직업적 기능을 상당히 손상시킬 수도 있다(Ong et al., 2015; Frost et al., 2012). 수집광인 사람들이 쓸데없는 광고지부터 깨진 물건과 입지 않는 옷까지 다양한 쓸모없고 가치없는 물건들에 둘러싸이게 되는 일은 흔하다. 잡동사니 때문에 집의 일부를 사용하지 못하기도 한다. 예를 들면 소파, 부엌가구, 또는 침대를 사용하지 못할 수 있다. 이런 행동은 종종 화재의 위험, 건강하지 않은 위생 상태, 또는 다른 위험을 낳기도 한다.

털뽑기장애를 가진 사람들은 **발모광**(trichotillomania)으로도 알려져 있는데, 이들은 두피, 눈썹, 속눈썹, 또는 신체 부위의 털을 반복적으로 뽑는다(APA, 2013). 이 장애는 대개 한두 군데 신체 부위, 가장 흔한 곳은 두피에 집중되어 있다. 털뽑기장애를 가진 사람들은 대개 한번에 머리카락 하나를 뽑는다. 불안이나 스트레스가 발모 행동을 촉발하거나 이에 동반되는 경우가 흔하다. 일부 사람들은 머리카락을 뽑을 때 특정한 의식을 따르기도 하는데 머리카락이 '꼭 맞는다'고 느껴질 때 뽑으며 뽑을 머리카락의 종류를 선택한다(Starcevic, 2015; Keuthen et al., 2012). 이 행동이 야기하는 고통, 손상 또는 당혹감 때문에 종종 머리카락 뽑는 것을 줄이거나 멈추려고 노력한다. 발모광이라는 용어는 그리스어에서 유래되었는데 '광분한 털 뽑기(frenzied hair-pilling)'라는 의미이다.

피부뜯기장애(excoriation disorder)를 가진 사람들은 피부를 계속 뜯는데 그 결과로 심한 흉터나 상처가 생긴다(APA, 2013). 털뽑기장애를 가진 사람들처럼 피부뜯기장애를 가진 사람들은 자주 이 행동을 줄이거나 멈추려고 노력한다. 대부분의 사람들은 손가락으로 뜯으며 뜯는 부위가 한 곳에 집중되는데, 거의 대부분이 얼굴이다(Grant et al., 2015, 2012; Odlaug & Grant, 2012). 다른 흔한 부위는 팔, 다리, 입술, 두피, 가슴, 손톱, 발톱 같은 말단 부위이다. 흔히 불안이나 스트레스가 이 행동을 촉발하거나 동반된다.

신체이형장애(body dysmorphic disorder)를 가진 사람들은 외모에 특별한 결함이나 흠이

지저분한 여파
이 남자는 어머니가 죽은 후 어머니의 집을 청소할 준비를 하고 있다. 최선의 상황에서도 이런 일은 정서적으로나 육체적으로 쉽지 않다. 그의 어머니는 수집광을 앓았고 이런 경우는 특히 힘들다.

© Sandy Huffaker/Corbis

있다는 믿음에 사로잡혀 있다. 실제로 지각된 결함이나 흠은 상상이거나 마음속에서 더 크게 과장된 것이다(APA, 2013). 그러한 믿음은 거울을 보면서 자신을 반복적으로 확인하게 하며 외모를 가꾸게 하고 지각된 흠을 찾아내게 하고 자신과 타인을 비교하게 하고 안심을 구하게 하거나 유사한 행동을 하게 한다. 신체이형장애를 가진 사람들은 의미 있는 고통과 손상을 경험한다.

신체이형장애는 현재까지 가장 많이 연구된 강박 및 관련 장애이다. 연구자들은 신체이형장애를 가진 사람들이 보통 주름, 피부의 점, 과도한 얼굴 털, 얼굴의 부기, 안 예쁜 코·입·턱·눈썹에 집중한다는 것을 발견하였다(Fang & Wilhelm, 2015; Veale & Bewley, 2015). 몇몇은 다리, 손, 가슴, 성기 또는 다른 신체 부위의 외견에 대해 걱정한다. 다른 사람들은 다음에서 기술한 여자처럼 땀, 입김, 성기, 항문에서 나는 나쁜 냄새를 걱정한다.

35세의 한 여성은 지난 16년 동안 자기 땀 냄새가 고약하지는 않을까 걱정해 왔다. … 냄새가 나면 어떡하나 하는 두려움으로 지난 5년간 남편이나 어머니가 동행한 경우를 제외하고는 어디에도 나가지 않았다. 지난 3년간 이웃사람에게 말도 걸지 않았다. … 극장, 댄스파티, 가게, 카페, 다른 사람의 집을 가는 것도 피했다. 남편이 집으로 친구를 데려오지도 못하게 했다. 자신이 냄새가 나는지 남편에게 끊임없이 확인을 받았다. … 가게 점원 앞에서 옷을 입어 보는 것이 두려웠기 때문에 남편이 그녀의 옷을 다 샀다. 막대한 양의 땀 냄새 제거제를 썼으며 외출하기 전에는 항상 목욕을 하고 옷을 갈아입었는데 하루에 네 번까지 한 적도 있다.

(Marks, 1987, p. 371)

물론 외모에 대한 걱정은 우리 사회에서 흔한 일이다(그림 4-8 참조). 예를 들어 많은 10대와 젊은 성인은 여드름을 걱정한다. 하지만 신체이형장애를 가진 사람의 걱정은 극단적이다. 신체이형장애를 겪는 사람은 남과의 접촉을 지나치게 제한하거나 남들의 눈을 똑바로 쳐다보지 못하거나 결함을 숨기기 위해 남들과 자신 사이에 상당한 거리를 둔다. 못생겼다고 생각하는 눈을 감추기 위해 항상 선글라스를 쓴다. 신체이형장애를 가진 사람의 거의 절반은 성형 수술이나 피부과 치료를 받으며 수술이나 치료 후 더 좋아지기보다는 나빠졌다고 흔히 느낀다(Dey et al., 2015; McKay et al., 2008). 신체이형장애를 가진 많은 사람들은 바깥 출입을 못하며 10% 넘는 수가 자살을 시도한다(Buhlmann et al., 2010; Phillips et al., 1993).

강박 및 관련 장애에서와 같이 이론가들은 강박장애를 설명하는 심리학·생물학 이론을 신체이형장애에도 적용한다(Hartmann et al., 2015; Witthöft & Hiller, 2010). 유사하게 임상가들은 강박장애에서 흔히 사용하는 종류의 치료, 특히 항우울제, 노출 및 반응 방지, 인지치료를 신체이형장애 환자 치료에 적용한다(Fang & Wilhelm, 2015; Krebs et al., 2012).

예를 들어 한 연구에서 17명의 신체이형장애를 가진 사람들이 노출 및 반응 방지 치료를 받았다. 4주간의 치료 동안 내담자들은 스스로 지각하는 신체적

전세계적인 영향
중국, 상해의 지하철역 속옷 광고에서 한 여성이 가슴을 위로 모아주는 브래지어를 하고 있다. 서양과 동양이 서로 만남에 따라 아시아 여성들은 얼굴에서부터 다른 신체 부위에 이르기까지 서구식으로 성형 수술할 것을 부추기는 수많은 광고와 맞부딪히고 있다. 아시아인들의 신체이형장애 사례가 서구의 신체이형장애 사례와 점점 더 유사해지는 것은 아마도 우연은 아닌 것 같다.

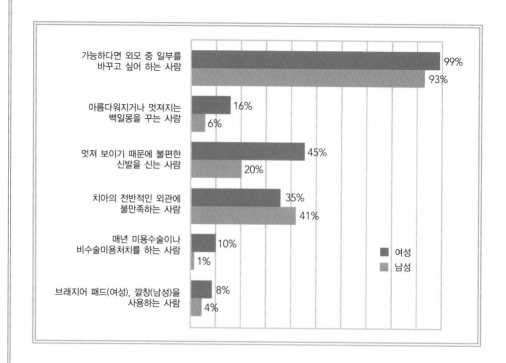

그림 4-8
"벽의 거울, 거울…"
신체이형장애를 가진 사람들은 단지 외모에 관심을 가진 사람들이 아니다. 설문 조사에 따르면 외모를 의식하는 우리 사회에서 많은 사람들이 평소 자신의 외모에 대해 생각하고 외모를 바꾸려고 노력한다(출처 : ASAPS, 2015; Samorodnitzky-Naveh et al., 2007; Noonan, 2003; Kimball, 1993; Poretz & Sinrod, 1991; Weiss, 1991; Simmon, 1990).

결함을 반복해서 떠올리고 동시에 불편감을 줄일 수 있는 어떤 것도 하지 못했다(Neziroglu et al., 2004, 1996). 치료가 끝났을 때 내담자들은 신체 결함을 덜 염려하였고 신체 부위를 확인하는 데 시간을 덜 사용했으며 사회적 상호작용을 덜 피했다.

> ▶ **요약**
>
> **강박장애** 강박장애를 가진 사람들은 강박사고에 시달리거나 강박행동을 하거나 또는 둘 다를 경험한다. 강박행동은 종종 강박사고에 대한 반응이다.
>
> 정신역동적 관점에 따르면 강박장애는 원초아 충동과 자아방어기제 간의 전투에서 발생한다. 행동주의자들은 강박행동은 우연의 연합을 통해서 발달한다고 믿는다. 영향력 있는 행동치료는 장기 노출과 반응 방지를 결합한 것이다. 인지이론가들은 사람들은 원치 않는 불쾌한 사고를 하는 경향이 있는데 이것은 정상적이며, 강박장애는 이러한 경향이 커진 것이라고 믿는다. 원치 않는 불쾌한 사고를 이해하고 제거하고 피하려는 잘못된 노력은 사실 강박사고와 강박행동을 이끈다. 인지치료자들은 내담자를 교육하고 그들이 원치 않는 사고를 오해석하는 것을 수정하도록 돕는다. 연구에 의하면 인지행동적 접근은 종종 인지치료 또는 행동치료만 단독으로 실시하는 것보다 더 효과적이다.
>
> 생물학연구자들은 강박장애는 낮은 세로토닌 활동과 안와전두 피질 및 미상핵에서의 비정상적인 기능과 관련이 있다고 본다. 세로토닌 활동을 높이는 항우울제는 강박장애의 치료에 도움이 된다.
>
> *DSM-5*는 강박장애 이외에 강박 및 관련 장애라는 범주를 만들었다. 강박 및 관련 장애는 강박 관련 염려로 인해 특정 행동방식을 반복적이고 과도하게 수행해서 삶에 심한 지장이 초래되는 장애이다. 강박 및 관련 장애는 수집광, 발모광, 피부뜯기장애 및 신체이형장애로 이루어져 있다.

숨은 뜻 읽어내기

지는 싸움

모든 오염을 피하려고 노력하고, 자신과 자기 주변의 모든 세균을 없애려고 애쓰는 사람들은 지는 싸움을 하고 있는 것이다. 대화를 하는 동안 일반인들은 1분에 300개 또는 단어당 2.5개의 미세한 침을 튀긴다.

종합

소인-스트레스의 작용

임상가와 연구자들은 범불안장애, 공포증, 공황장애, 강박장애에 대한 많은 생각들을 발전시켜 왔다. 그러나 이 장애들에 대한 개념과 발견이 양적으로 방대해지다 보니 때로는 이 장애에 대해서 잘 알려진 것들을 이해하기 어렵게 되었다.

현재 임상가들은 범불안장애와 사회불안장애에 비해 공포증, 공황장애 및 강박장애의 원인을 더 많이 알고 있다. 한때 이 분야에서 가장 수수께끼 같은 양상 중 하나였던 공황장애와 강박장애에 관한 통찰은 임상이론가들이 하나 이상의 관점 그리고 통합된 관점에서 이 장애들을 볼 때까지는 출현하지 않았다는 것은 중요한 의미가 있다. 예를 들어 공황장애에 대한 오늘날의 인지적 설명은 이 장애가 비정상적인 뇌 활동과 특이한 신체감각에서 시작된다는 생물학적 견해를 토대로 하고 있다. 일부 사람들은 다른 사람들보다 원치 않는 침입적 사고를 더 많이 하는 사전 경향성을 갖고 있다는 강박장애에 대한 인지적 설명은 생물학적 입장의 선두에 서 있다.

범불안장애와 사회불안장애를 더 완전히 이해하기 위해서는 공황장애 및 강박장애와 유사하게 다양한 모델이 통합되기를 기다려야 한다. 사실 통합은 이미 시작되었다. 예를 들어 범불안장애를 인지적으로 설명하는 새로운 흐름 중 하나는 걱정의 인지적 과정을 이 장애를 가진 사람의 높은 신체적 각성과 관련 있는 것으로 본다.

범불안장애를 소인-스트레스 관점으로 설명하는 이론가가 늘고 있다. 소인-스트레스 관점은 범불안장애를 발전시킬 생물학적 취약성을 가진 사람들이 있으며, 심리적·사회문화적 요인이 생물학적 취약성이 드러나게 한다고 본다. 사실 유전연구자들은 특정 유전자가 사람들이 생활 스트레스에 차분하게 또는 긴장해서 반응할지를 결정할 수 있다는 것을 발견했고, 발달연구자들은 인생의 초기 단계 동안에도 어떤 유아는 자극받았을 때 특히 각성한다는 것을 발견했다(Burijon, 2007; Kalin, 1993). 아마도 쉽게 각성하는 유아들은 GABA 기능의 유전적 결함 또는 범불안장애의 소인을 갖게 하는 다른 생물학적 제약을 갖고 있을 수 있다. 사는 동안 강한 사회적 압력에 직면하거나 세상을 위험한 곳으로 해석하는 법을 배우거나 걱정이 유용한 도구가 되어버린 사람들은 범불안장애를 겪게 될 수 있다.

불안장애와 강박장애 치료에서 모델을 통합하는 시도는 이미 이루어졌다. 예를 들어 공황장애 치료에는 약물치료와 인지적 기법을, 강박장애는 약물치료와 인지행동기법을 함께 사용하는 것이 적어도 때로는 더 효과적이다. 범불안장애는 인지기법과 종종 **스트레스 관리 프로그램**(stress-management program)으로 알려진 치료 패키지인 이완훈련이나 바이오피드백을 함께 사용해서 치료한다. 다양한 불안장애를 겪는 수백만 명의 사람들을 위해 치료를 조합해서 함께 사용하는 것이 환영받는 추세이다.

▶스트레스 관리 프로그램 범불안장애 및 다른 불안장애를 치료하는 방법으로, 내담자에게 스트레스를 줄이고 통제하는 기술을 가르침

핵심용어

가계연구
감마 아미노부티르산(GABA)
강박사고
강박장애
강박행동
고전적 조건형성
공포
공포증
공황발작
공황장애
광장공포증
근전도계(EMG)

내담자 중심 치료
노르에피네프린
노출 및 반응 방지
노출치료
마음챙김에 근거한 인지치료
모델링
무조건적인 긍정적 존중
미상핵
바이오피드백
발모광
범불안장애
벤조디아제핀

불안
불안 민감성
비합리적인 기본 가정
사회기술훈련
사회불안장애
생물학적 한계검사
세로토닌
수집광
스트레스관리 프로그램
신체이형장애
안와전두 피질
이완훈련

자극 일반화
준비성
중성화
진정 수면성 약물
청반
체계적 둔감화
초인지이론
특정공포증
피부뜯기장애
합리적 정서치료
홍수법

속성퀴즈

1. 범불안장애의 사회문화적 · 정신역동적 · 인본주의적 · 인지적 · 생물학적 설명의 핵심 원칙은 무엇인가?
2. 치료는 범불안장애에 얼마나 효과적인가?
3. 특정공포증과 광장공포증을 정의하고 비교하라.
4. 행동주의자들은 공포증을 어떻게 설명하는가? 이러한 설명을 지지하는 증거가 있는가?
5. 특정공포증 치료를 위해 사용하는 세 가지 행동적 노출기법을 기술하라.
6. 사회불안장애의 다양한 요소는 무엇이며 이 장애를 어떻게 치료하는가?
7. 행동주의 임상가들과 인지 임상가들은 공황장애를 어떻게 설명하고 치료하는가?
8. 정신역동적 · 행동적 · 인지적 · 생물학적 이론가들은 강박장애에서 어떤 요인들이 작동하고 있다고 믿는가?
9. 노출 및 반응 방지와 항우울제가 강박장애의 치료에서 갖는 효과를 기술하고 비교하라.
10. 네 가지 강박 및 관련 장애를 기술하라.

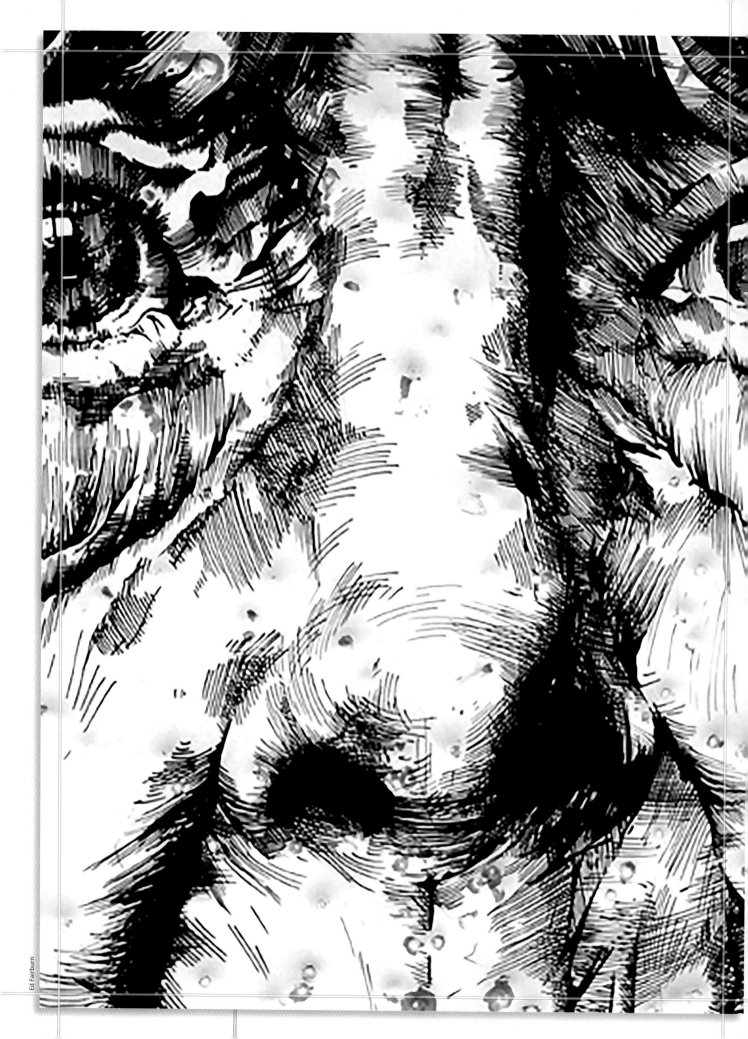

외상과 스트레스장애

25 세 독신 흑인 남성 라트렐 로빈슨은 이라크전쟁에서 국가 수호병으로 복무하였다. 복역 전 그는 저소득층을 위한 공공주거단지에서 편부모 손에 자란 대학생이었으며, 꽤 우수한 운동선수였다. 초반에는 운송 팀에서 훈련을 받았으나 현지 복역의 부름을 받고 바그다드에 있는 부대에서 군경으로 복무하였다. 그는 고강도 작전을 즐겼으며, 공격성과 자신감으로 부대에서 명실상부 지도자로 인식되었다. 호송과 방위 업무를 수행하면서 수많은 전쟁에 노출되었고 몇 번은 소규모 총격전에 놓이기도 했는데, 여기서 죽거나 부상당한 민간인과 이라크 병사들을 목격하였다. 위기를 모면하기 위해 우회하거나 회피 전술을 쓰도록 요구될 때는 무력감을 느끼기도 했다. '거리에서'의 상황이 악화되어 감에 따라 라트렐은 이라크 환경에 불신을 갖기 시작했다. 그는 때때로 자신과 동료 장병들이 필요 이상으로 위험한 상황에 배치된 것이 아닌가 느끼기도 했다.

군용 지프를 선두에서 운전하며 일상의 호송 임무를 수행하던 중 운전 중인 차량이 사제 폭탄에 맞았고, 포탄의 파편들이 라트렐의 목, 팔, 다리에 박혔다. 차량에 타고 있던 다른 군인은 더 심하게 부상당했다. 라트렐은 전투지원병원에 보내져 치료를 받았고, 여전히 목발이 필요했으며 목에 남은 파편으로 만성 통증이 있었지만 며칠 후 임무로 복귀할 것을 명령받았다. 라트렐은 임무를 효과적으로 수행할 수 없음에도 불구하고 자신을 이라크에 남게 한 상사들과 의사들에게 화가 나기 시작했다. 불면증, 과다경계, 놀람 반응도 나타나기 시작했다. 사건에 대한 초기의 꿈들은 더 강해지고 빈번해졌으며, 침투적 사고, 피격 플래시백으로 고통을 겪었다. 친구들과의 접촉을 피하기 시작했고, 생활에서 즐거움을 찾지 못하였으며, 고립감을 느꼈고, 미래가 없을지도 모른다는 두려움에 사로잡혔다. 이러한 증상들로 인해 그는 전투지원병원의 정신과 의사에게 의뢰되었다.

전쟁의 상처와 악화되는 우울, 불안 증상을 위한 두 달의 재활치료가 효과를 내지 못하자 라트렐은 본국의 군인병원으로 호송되었다. 정신과 증상이 있는지가 먼저 검진되었고 그 후 외래 환자 평가 및 관리과로 의뢰되었다. *DSM-IV*의 급성 외상후 스트레스장애(PTSD)로 진단되었고, 약물 관리, 지지치료, 집단치료가 제공되었다. 라트렐은 외출 허가나 요양 휴가를 받아 집에 돌아가는 것에 대해 양가적인 태도를 가지고 있었는데, 이는 가족이나 여자친구와 함께일 때 소외감을 느끼거나, 신경질적 혹은 공격적이 될까 두려워서였다. 군복무센터에서 3개월을 보낸 후 라트렐은 (군복무에서 면제되었고) 추후 관리를 위해 지역 재향군인병원에 의뢰되었다.

(National Center for PTSD, 2008)

전쟁의 공포 동안 병사들은 흔히 극도의 불안, 우울, 혼란감, 지남력의 상실을 경험하며 심지어는 신체적으로 아프기까지 한다. 라트렐과 같은 이들에게 과도한 스트레스나 외상에 대한 이 같은 반응은 전쟁이 끝난 이후에도 지속된다.

스트레스에 영향받는 이가 단지 참전 병사만은 아니다. 심리적·신체적 기능에 막대한 영향이 있기 위해서 스트레스는 전쟁 외상 수준까지 오를 필요가 없다. 스트레스는 다양한 크기와 형태로 올 수 있고, 우리 모두는 이에 크게 영향을 받는다.

우리는 어떤 식으로든 우리를 변화하도록 촉구하는 요구와 기회에 직면할 때 스트레스를 느낀다. 스트레스 상태는 두 가지 요소를 포함한다. 요구를 창출하는 사건, 즉 **스트레스원**(stressor)과 이러한 요구에 대한 개인의 반응, 즉 **스트레스 반응**(stress response)이 그것이다. 출퇴근시간의 교통 혼잡 같은 우리를 성가시게 하는 매일의 귀찮은 상황, 대학 졸업이나 결혼과 같은 전환적인 삶의 사건, 가난이나 좋지 않은 건강 같은 오랜 기간 지속되어

십인십색

어떤 이는 스페인 팜플로나 시의 연례행사인 '황소 달리기'에서 황소를 쫓을 기회에 열광하는 데 반해, 다른 이는 이런 가능성에 겁을 낸다. 반대로 어떤 이는 스페인 이루르순 지역의 '타조 달리기' 축제 동안 타조 길들이기 같은 동물 조련에 흥미를 보이는 반면, 다른 이는 이러한 활동에 따분함을 느끼기도 한다.

온 문제, 큰 사고, 폭행, 토네이도, 혹은 전투 같은 외상적 사건, 이 모두가 스트레스원이 될 수 있다. 스트레스원에 대한 우리의 반응은 스트레스 사건과 그 사건에 효과적으로 대처할 수 있는 능력에 대한 자기평가에 의해 영향을 받는다(Biron & Link, 2014; Lazarus & Folkman, 1984). 자신이 능력이 있고 자원을 가지고 있다고 판단하는 사람은 스트레스원에 더 쉽게 대처하고 더 잘 반응할 것이다.

스트레스원이 위협적인 것으로 판단되면, 이에 따르는 자연스러운 반응은 각성과 제4장에서 이미 언급한 두려움의 감각이다. 앞서 보았던 대로 두려움은 신체적·정서적·인지적 반응의 묶음이다. 신체적 변화로 땀이 나며 숨이 차고 근육이 경직되며 심장이 빨리 뛴다. 또 다른 신체적 반응으로 얼굴이 하얗게 질리고 땀구멍이 바짝 서고 속이 메스껍게 된다. 극단적 위협에 대한 정서적 반응은 공포, 경악, 공황을 포함한다. 반면 인지적 영역에서의 두려움은 집중력을 낮추며 세상에 대한 우리의 관점을 왜곡한다. 우리는 스트레스가 실제 우리를 위협하는 정도를 과장하여 기억하거나 부정확하게 기억한다.

스트레스 반응과 반응이 야기하는 두려움의 감각은 흔히 심리장애들에서 작동한다. 여러 스트레스 사건을 경험한 사람들은 특히 제4장에서 살펴본 불안장애를 발전시킬 가능성이 높다. 유사하게 스트레스의 증가는 우울장애, 조현병, 성기능부전, 기타 다른 심리 문제의 발발과 연관된다.

게다가 스트레스는 어떤 심리장애에 있어서는 더욱 중요한 역할을 한다. 이들 장애에 있어서 스트레스에 대한 반응은 악화되고 개인을 무력화시키며 오랜 기간 떠나지 않아 개인이 정상적 삶을 사는 것을 방해한다. '외상 및 스트레스 관련 장애'라는 표제 아래 *DSM-5*는 외상과 극도의 스트레스가 고조된 각성, 불안, 기분 문제, 기억과 지남의 어려움, 행동 문제와 같은 광범위한 스트레스 증상들을 촉발하는 몇몇 장애를 포함시키고 있다. 이들 중 급성 스트레스장애와 외상후 스트레스장애(PTSD)가 이 장에서 논의될 것이다. 또한 *DSM-5*는 '해리장애'라는 외상적 사건들로 촉발되는 심각한 기억 및 지남의 문제를 주 증상으로 하는 장애군을 포함시키고 있다. 해리성 기억상실, 해리성 정체성장애(다중성격장애), 이인성/비현실감 장애가 이 장에서 검토될 것이다.

다양한 스트레스 관련 장애들을 제대로 이해하기 위해서는 스트레스의 본질과 뇌와 신체의 스트레스에 대한 반응 기제를 이해하는 것이 중요하다. 따라서 먼저 스트레스와 각성에 대해 살펴보고 다음으로 급성 스트레스장애와 외상후 스트레스장애, 해리장애에 대해 살펴보도록 하자.

숨은 뜻 읽어내기

명언

"현실에 접촉하고 있는 사람들에게는 현실이 주요 스트레스이다."

릴리 톰린

스트레스와 각성 : 싸움 혹은 도망 반응

각성과 두려움의 특징은 시상하부라는 뇌 영역에 의해 작동된다. 우리 뇌가 상황을 위험하다고 해석하면 시상하부에서 신경전달물질이 방출되고, 이는 뇌 전역의 신경세포의 발화와 몸 전체에의 화학물질 방출을 촉발한다. 실제적으로 시상하부는 **자율신경계**와 내분비계라는 2개의 중요한 몸의 체계를 활성화한다(Biran et al., 2015). **자율신경계**(autonomic nervous system, ANS)는 **중추신경계**(뇌와 척수)와 몸의 다른 모든 기관을 연결하는 넓은 신경섬유망이다. 이러한 신경섬유들은 기관의 불수의적 활동—호흡, 심장 박동, 혈압, 땀 분비 등—을 통제하는 데 도움을 준다(그림 5-1 참조). **내분비계**(endocrine system)는 몸 전역에 있는 분비선들의 연합망이다. (제2장에서도 살펴보았듯이 분비선들은 혈류와 다양한 기관에 호르몬을 방출한다.) 자율신경계와 내분비계는 간혹 그 역할에서 겹치는 데가 있다. 자율신경계와 내분비계는 **교감신경계** 경로와 **시상하부-뇌하수체-부신 축**이라는 2개의 경로 혹은 노선을 통해 각성과 두려움의 반응을 일으킨다.

우리가 위험한 상황에 직면할 때면, 시상하부는 먼저 우리의 심장 박동을 빠르게 하고 두려움과 불안으로 경험되는 여타의 신체 변화를 낳는 자율신경계 섬유의 집합인 **교감신경계**

▶**자율신경계(ANS)** 중추신경계를 신체 내 다른 모든 기관에 연결하는 신경섬유망

▶**내분비계** 성장과 성행위와 같은 중요한 활동의 조절을 돕는 인체 내 분비선체계

▶**교감신경계** 심장 박동 수를 빠르게 하고 각성과 공포로 경험되는 기타 몸의 변화들을 산출하는 자율신경계의 신경섬유들

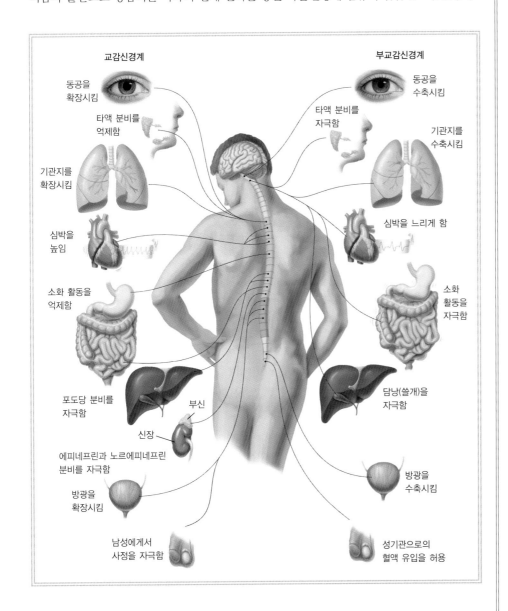

교감신경계

동공을 확장시킴
타액 분비를 억제함
기관지를 확장시킴
심박을 높임
소화 활동을 억제함
포도당 분비를 자극함
부신
신장
에피네프린과 노르에피네프린 분비를 자극함
방광을 확장시킴
남성에게서 사정을 자극함

부교감신경계

동공을 수축시킴
타액 분비를 자극함
기관지를 수축시킴
심박을 느리게 함
소화 활동을 자극함
담낭(쓸개)을 자극함
방광을 수축시킴
성기관으로의 혈액 유입을 허용

그림 5-1
자율신경계(ANS)
자율신경계의 하위체계인 교감신경계가 활성화되면, 어떤 기관은 흥분되고 어떤 기관은 억제된다. 활성화의 결과는 일반적인 각성 상태이다. 반대로 자율신경계 내 부교감 하위체계의 활성화는 전반적인 진정 효과로 이어진다.

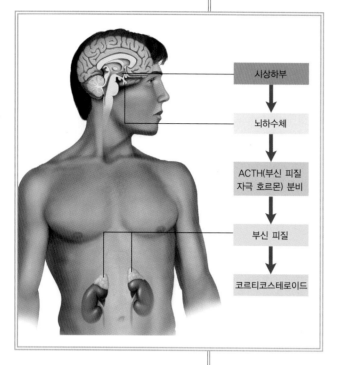

그림 5-2
내분비계 : 시상하부-뇌하수체-부신 축(HPA 축)
개인이 스트레스원을 지각하면, 시상하부는 뇌하수체를 활성화시켜 부신 피질 자극 호르몬을 방출하게 하고 부신 피질 자극 호르몬은 부신 피질을 자극한다. 부신 피질은 코르티코스테로이드라는 스트레스 호르몬을 방출하는데, 이는 신체기관으로 흘러들어 기관들이 각성과 공포 반응을 나타내도록 촉발한다.

▶**부교감신경계** 인체기관의 정상 기능 유지를 돕는 자율신경계의 신경섬유군. 흥분 후 기관의 기능을 둔화시켜 정상적인 패턴의 신체 과정으로 돌아가도록 도움

▶**시상하부-뇌하수체-부신(HPA) 축** 뇌와 신체가 각성 및 공포를 생성하게끔 하는 경로. 스트레스 시 시상하부가 뇌하수체로 신호를 보내고 뇌하수체는 부신으로 신호를 보냄. 이에 따라 스트레스 호르몬이 다양한 신체기관으로 분비됨

▶**코르티코스테로이드** 스트레스 시 부신에서 분비되는 호르몬의 총칭. 코르티솔도 여기에 포함됨

(sympathetic nervous system)를 활성화한다. 이러한 신경들은 여러 신체기관을 직접적으로 흥분시킨다. 예를 들어 심장을 직접 자극하여 심장 박동률을 높인다. 또한 신경들은 부신(신장 위에 위치한 내분비선)을 자극함으로써, 특히 부신 수질이라 불리는 내분비선 영역을 자극함으로써 기관들에 간접적으로 영향을 준다. 부신 수질이 자극받으면 에피네프린(아드레날린)과 노르에피네프린(노르아드레날린)이라는 화학물질이 방출된다. 당신은 이 화학물질들이 뇌에서는 중요한 신경전달물질로서 활약함을 익히 배웠다(141~142쪽 참조). 하지만 부신 수질에서 방출되면 이들은 호르몬으로서 활동하게 되고, 혈류를 통해 다양한 기관, 근육에 전달되어 결과적으로 각성과 두려움을 낳는다.

지각된 위험이 지나가면 **부교감신경계**(parasympathetic nervous system)라 불리는 두 번째 자율신경계 섬유집단이 심장 박동과 기타 다른 몸의 변화들을 정상으로 돌리는 데 도움을 준다. 교감신경계와 부교감신경계는 함께 우리의 각성과 두려움의 반응을 통제하는 데 도움을 준다.

각성과 두려움 반응이 야기되는 두 번째 경로는 **시상하부-뇌하수체-부신 축**[hypothalamic-pituitary-adrenal (HPA) pathway](그림 5-2 참조)이다. 스트레스원과 마주할 때, 시상하부는 근처에 위치한 뇌하수체에 '주된 신체 스트레스 호르몬'이라 불리는 **부신 피질 자극 호르몬**(adrenocorticotropic hormone, ACTH)을 분비하라는 신호를 보낸다. 그러면 ACTH는 부신의 바깥층, 즉 부신 피질이라 불리는 영역을 자극하게 되고, 이는 **코르티코스테로이드**(corticosteroid)라고 부르는 일단의 스트레스 호르몬(코르티솔 호르몬을 포함)을 방출한다. 코르티코스테로이드는 다양한 신체기관으로 흘러들어, 거기서 각성과 두려움의 반응을 생성한다(Seaward, 2013).

이 두 경로에서 나타난 반응을 함께 **싸움 혹은 도망 반응**(fight-or-flight response)이라 부르는데, 이는 그것들이 우리 몸을 각성시키고 위험에 반응하도록 준비시키기 때문이다. 개인은 나름의 자율 및 내분비 기능 수준이 있어서 각성과 두려움을 개인 나름의 특별한 방식으로 경험하게 된다. 어떤 사람들은 거의 항상 안정되어 있는 반면, 다른 이들은 위협이 없을 때조차도 긴장을 느낀다. 개인의 각성 및 불안의 일반적 수준을 **특성 불안**(trait anxiety)이라 부르곤 하는데, 이는 우리가 삶의 사건들에 직면해 이러한 개인적 특성을 일반적으로 가져오기 때문이다(Tolmunen et al., 2014; Spielberger, 1985, 1972, 1966). 심리학자들은 특성 불안에서의 차이가 출생 후 곧 나타남을 발견하였다(Schwartz et al., 2015; Kagan, 2003).

어떤 상황이 위협적인가를 파악하는 데 있어서도 사람들은 개인차를 보인다(Moore et al., 2014). 숲을 걷는 것은 어떤 이에게는 두려운 일일 수 있지만, 어떤 이에게는 마음을 안정시키는 일일 수 있다. 비행기 타기는 누군가에게는 극심한 공포를 느끼게 하는 상황이지만, 다른 누군가에게는 지루함을 느끼게 하는 상황이다. 이러한 차이를 **상황 불안**(situation anxiety) 혹은 **상태 불안**(state anxiety)에서의 차이라 부른다.

급성 스트레스장애와 외상후 스트레스장애

스트레스 상황에 직면했을 때 우리는 '오, 내 자율신경계가 작동하는구나.' 혹은 '내 싸움 혹은 도망 기제가 발동하기 시작하는구나.'라고 마음속으로 생각하지 않는다. 우리는 단지 심리적 그리고 신체적 각성과 커져 가는 공포감을 경험할 뿐이다. 만약 스트레스 상황이 정말로 크고 지나치게 위험하다면 우리는 아마도 이제껏 경험하지 못한 정도의 높은 각성과 불안, 우울을 순간적으로 경험할 것이다.

대부분의 사람에게 있어서 이러한 반응은 위험이 지남과 동시에 수그러진다. 하지만 다른 이에게는 불안과 우울 증상이 다른 증상들과 더불어 상황이 종료된 이후에도 계속된다. 이러한 사람들은 심리적 외상 사건에 대한 반응 형태인 **급성 스트레스장애**나 **외상후 스트레스장애**를 앓고 있을 수 있다. 외상적 사건은 개인이 그 사건 속에서 실제적 혹은 위협된 죽음, 상해, 혹은 성적 침해에 노출되는 경우를 말한다(APA, 2013). 제4장에서 읽은 대부분의 사람이 위협적이라고 생각하지 않는 상황에 의해 유발되는 불안장애와는 달리, 급성 스트레스장애나 외상후 스트레스장애를 야기하는 상황(전쟁, 강간, 지진, 비행기 사고)은 누구에게나 외상적이다.

증상이 외상 사건 후 곧 시작되고 한 달 미만으로 지속되면, *DSM-5*는 **급성 스트레스장애**(acute stress disorder) 진단을 내린다(APA, 2013). 만약 증상이 한 달 이상 지속되면, **외상후 스트레스장애**(posttraumatic stress disorder, PTSD) 진단이 내려진다. PTSD 증상은 외상 사건 후 곧 나타나기도 하지만, 몇 달 혹은 몇 년 후에 나타나기도 한다(표 5-1 참조).

연구들은 급성 스트레스장애를 보인 사례의 적어도 절반이 외상후 스트레스장애로 발전함을 시사하고 있다(Bryant et al., 2015, 2005). 이 장 초반에 소개된 이라크 파견병사 라트렐을 다시 생각해 보자. 라트렐은 호위 임무 중 공격을 받았고 며칠 후 불안, 불면증, 걱정, 분노, 우울, 짜증, 침투적 사고, 플래시백(flashback) 기억, 사회적 고립으로 완전히 굴복당했다. 이러한 측면에서 라트렐은 급성 스트레스장애 진단을 만족한다. 증상들은 악화되었고 한 달 넘게 지속되어(미국에 돌아온 이후에도 계속), 진단은 PTSD가 되었다. 언제 발생했고 얼마나 지속되었는가의 차이를 제외하면 급성 스트레스장애 증상과 PTSD 증상은 거의 동일하다.

외상 사건의 재경험 사람들은 사건과 관련해 반복해서 떠오르는 생각, 기억, 꿈, 악몽에 의해 피폐해진다(APA, 2013). 몇몇은 마음속에서 사건을 너무나도 생생하게 재경험하여(플래시백), 마치 사건이 실제 다시 일어나고 있다고 생각하기도 한다.

회피 사람들은 외상적 사건을 상기시키는 활동을 피하고 그와 관련한 사고, 느낌, 혹은 대화를 피하려 노력할 것이다(APA, 2013).

줄어든 반응성 사람들은 고립감을 느끼거나 한때 좋아했던 활동에 대한 관심을 잃는다. 몇몇은 해리 증상이나 심리적 괴리를 경험한다. 이들은 정신이 명해지거나, 뭔가를 기억하는 데 어려움을 보이거나, 비현실감(주위 환경이 현실처럼 느껴지지 않거나 이질적

표 5-1

진단 체크리스트

외상후 스트레스장애

1. 실제 혹은 위협된 죽음·중상해·성적 침해와 같은 외상 사건에의 노출

2. 아래의 침투적 증상 중 하나 혹은 그 이상을 만족
   • 반복적이면서 원치 않는 고통스러운 기억
   • 반복적인 고통스러운 꿈
   • 플래시백과 같은 해리적 반응
   • 사건과 관련된 단서에 노출 시 심각한 고통 경험
   • 사건 상기 단서에 대한 뚜렷한 생리적 반응

3. 사건과 관련된 자극에 대한 지속적 회피

4. 사건의 핵심 부분을 기억하지 못하거나 반복적으로 부정정서를 경험하는 것과 같은 인지와 기분에서의 부정적 변화

5. 과경계, 극단적 놀람 반응, 혹은 수면장애와 같은 각성과 반응성에서의 괄목할 만한 변화

6. 심각한 고통 혹은 기능상의 장해를 보이며, 증상이 한 달 이상 지속됨

출처 : APA, 2013.

▶**급성 스트레스장애** 외상 사건 직후 공포 및 관련 증상을 경험하고 그 증상이 1개월 미만으로 지속되는 불안장애

▶**외상후 스트레스장애(PTSD)** 외상 사건 이후 공포 및 관련 증상을 계속적으로 경험하는 불안장애

으로 느껴지는 것)을 경험한다(APA, 2013).

증가된 각성, 불안, 죄책감 스트레스장애를 가진 사람들은 지나치게 경계하고(과경계성), 쉽게 놀라며, 주의 집중에 어려움을 가지고, 수면 문제를 발전시킬 수 있다(APA, 2013). 또한 불안, 분노, 혹은 우울감을 보이기도 하며, 자신만 외상 사건에서 살아남았다는 이유로 지나친 죄책감을 가질 수도 있다(Worthen et al., 2014). 어떤 이는 살아남기 위해 자신이 해야만 했던 일 때문에 죄책감을 느낀다.

한 베트남전 참전군인의 귀향 몇 년 후 보고된 회상에서 이러한 증상을 찾아볼 수 있다.

> 나는 내 마음속에서 기억을 끄집어낼 수 없다. 문을 꽝 닫는 것이나 돼지고기 볶는 냄새와 같은 아주 의미 없는 일로부터 촉발된 이미지들이 아주 생생한 세부사항을 가지고 다시 홍수처럼 밀려든다. 어젯밤 나는 잠자리에 들었고 보통 때와는 달리 잘 잤다. 이른 아침 폭풍이 우리 지역을 지나가고 있었고, 땅을 갈라놓을 듯 천둥이 울리고 있었다. 나는 공포에 얼어 잠에서 깼다. 나는 장마철 베트남 최전방 초소로 돌아가 있다. 다음 사격 공세에서 나는 분명 총에 맞아 죽을 것이다. 손은 얼었으나 온몸에서는 땀이 비 오듯 떨어진다. 목 뒤 머리카락이 쭈뼛쭈뼛 서는 것을 느낀다. 숨쉬기 어렵고 심장은 쿵쾅쿵쾅 뛴다. 눅눅한 황산의 냄새가 난다.
>
> (Davis, 1992)

'말보로 맨'

이라크전 사진 중 유명한 것의 하나는 뉴스매체로부터 '말보로 맨'이라 별명 붙은 2004년 팔루자 전투 중 찍힌 미국 해병의 사진이다. 수많은 사람들 중 특히 미 대통령, 군사령관, 매체에 의해 찬사를 받은 이 사진에는 먼지와 피로 얼룩진 채 담배 한 개비를 입에 문 병사의 얼굴이 들어 있다. 사진이 찍힌 뒤 2년 후, 21세의 제임스 블레이크 밀러는 자신의 그 유명한 사진을 들고 전투 후 PTSD 진단을 받았음을 실토하면서 켄터키 주에 있는 자기 집 문 밖에 앉아 있다.

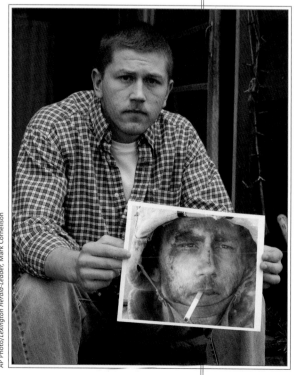

무엇이 급성 스트레스장애와 외상후 스트레스장애를 촉발하는가

급성 스트레스장애나 외상후 스트레스장애는 어느 연령에서도 발생할 수 있다. 심지어 아동기에도 발생할 수 있으며, 개인의 개인적·가족적·사회적·직업적 삶에 영향을 미친다(Alisic et al., 2014; Monson et al., 2014). 스트레스장애를 가진 사람은 우울, 불안, 물질사용장애를 경험하기도 하며, 자살 사고를 갖기도 한다. 설문조사에 따르면, 한 해 미국인의 적어도 3.5%가 급성 스트레스장애나 외상 스트레스장애를 경험하고 있으며, 7~9%는 생애 동안 이 중 하나로 고통을 겪는다고 한다(Kessler et al., 2012; Peterlin et al., 2011). 이들 중 3분의 2는 일생 중 어느 시점에 치료를 구하나, 스트레스 장애를 처음 갖게 된 시점에서 치료를 구하는 사람은 거의 없다(Hoge et al., 2014; Wang et al., 2005).

> 현대 사회에서 어떤 사건 유형이 급성 스트레스장애와 외상후 스트레스장애를 촉발하는가?

여성이 남성보다 스트레스장애를 발전시킬 확률이 2배는 높은데, 심각한 외상에 노출된 여성의 경우 약 20%가 장애를 발전시키는 반면, 남성은 8%가 장애를 발전시킨다(Perrin et al., 2014; Russo & Tartaro, 2008). 또한 낮은 임금의 사람들이 높은 임금의 사람들보다 스트레스 장애를 경험할 확률이 2배 높다(Sareen et al., 2011).

어떤 외상적 사건이라도 급성 스트레스장애나 외상후 스트레스장애를 촉발할 수 있다. 몇몇 사건은 스트레스장애를 촉발할 확률이 특히나 높은데, 이 중 대표적인 것이 전쟁, 천재지변, 학대이다.

전쟁 임상가들은 오래전부터 병사들이 전쟁 중에 심한 각성, 불안, 우울 및 관련 증상을 발전시킴을 인지해 왔다. 이런 증상은 제1차 세계대전 중에는 '포탄충격'으로, 제2차 세계대전과 한국전쟁 중에는 '전쟁 피로'로 불렸다(Figley, 1978). 하지만 베트남 전쟁이 종결된 후에야 임상가들은 병사들이 전쟁 후에도 심각한 심리 증상을 경험하게 됨을 알게 되었다(Ruzek et al., 2011).

베트남전 참전군인들이 여전히 전쟁과 관련한 심리적 어려움을 경험하고 있음은 1970년대 말에 명확해졌다(Roy-Byrne et al., 2004). 우리는 베트남전 참전군인(남녀 모두 포함)의 29%가 급성 스트레스장애나 외상후 스트레스장애를 앓고 있으며, 또 다른 22%가 적어도 몇 개의 스트레스 증상을 경험하고 있음을 안다(Hermes et al., 2014; Krippner & Paulson, 2006). 사실상, 참전군인의 10%는 여전히 플래시백, 수면 경악, 악몽, 지속되는 심상 및 사고를 포함한 외상후 스트레스 증상을 경험하고 있다.

유사한 형태의 문제가 200만의 아프카니스탄전과 이라크전 참전군인에게서 나타나고 있다(Ruzek et al., 2011). 최근 비영리 연구기관인 랜드연구소는 이 두 전쟁에 복역했던 군인들을 대상으로 대규모의 연구를 마쳤다(Zoroya, 2013; RAND Corporation, 2010, 2008). 연구를 통해 전장에 배치된 미군의 약 20%가 외상후 스트레스장애 증상을 보고하고 있음을 알게 되었다. 연구에 참가한 모든 이가 전쟁 관련 스트레스에 장기간 노출된 것은 아니라는 점을 고려해 볼 때 연구에서 보고된 20%는 상당히 높은 비율이라 하겠다. 면담을 받은 참전군인의 절반은 친구가 심하게 다치거나 죽는 것을 목격한 외상을 보고하였고, 45%는 민간인이 죽거나 심하게 부상당하는 장면을 목격하였음을 보고하였으며, 10%는 자기 자신의 부상과 입원을 보고하였다.

주목할 만한 사항은 많은 이라크 및 아프카니스탄 전쟁 전장 배치 임무가 한 번으로 끝난 것이 아니었다는 점이다. 복수 배치된 군인은 한 번 배치된 군인보다 심각한 전쟁 스트레스를 경험할 확률이 50% 더 높았고, 이는 PTSD로 발전할 위험을 유의미하게 높였다(Tyson, 2006).

천재지변 급성 스트레스장애와 외상후 스트레스장애는 지진, 홍수, 토네이도, 화재, 비행기 충돌, 심각한 차사고와 같은 자연적 혹은 사고적 재해 후에도 나타날 수 있다(표 5-2 참조). 예로 2005년 허리케인 카트리나와 2010년 영국석유회사(BP)의 멕시코 만 기름 유출 사건, 그리고 2013년 오클라호마 주 무어 지역을 강타한 파괴적 토네이도의 생존자들 사이에서 외상후 스트레스장애 빈도가 아주 높았다(Cherry et al., 2015; Pearson, 2013; Voelker, 2010). 사실상 민간 외상이 전쟁 외상보다 더 자주 발생하기 때문에 민간 외상이 전쟁 외상보다 적어도 10배는 더 자주 스트레스장애를 촉발한다고 볼 수 있다(Bremner, 2002). 연구들은 교통사고 희생자(성인이건 아동이건)의 15~40%가 사고 1년 안에 PTSD를 발전시킬 수 있음을 발견하였다(Noll-Hussong et al., 2013; Hickling & Blanchard, 2007).

표 5-2

지난 100년에 걸쳐 발생한 최악의 자연재해			
자연재해	연도	장소	사망자 수
홍수	1931	중국 황해	3,700,000
쓰나미	2004	남아시아	280,000
지진	1976	중국 탕산	255,000
폭염	2003	유럽	35,000
화산폭발	1985	콜롬비아 네바도델루이스	23,000
허리케인	1998	중앙아메리카	18,277
산사태	1970	페루 융가이	17,500
눈사태	1916	이탈리아 알프스	10,000
눈보라	1972	이란	4,000
토네이도	1989	방글라데시 사투리아	1,300

출처 : USGS, 2011; CBC, 2008; Ash, 2001.

▶**강간** 동의하지 않은 사람이나 미성년자에게 강제로 성교나 성적 행위를 가하는 것

폭력의 희생 학대받거나 폭행당한 사람들은 흔히 사라지지 않고 맴도는 스트레스 증상을 경험한다. 연구는 신체적 혹은 성적 폭행을 당한 피해자의 3분의 1 이상이 외상후 스트레스장애를 발전시킴을 시사하고 있다(Walsh et al., 2014; Koss et al., 2011). 유사하게 테러나 고문에 직접 노출된 사람의 절반가량이 외상후 스트레스장애를 발전시킬 수 있다(Basoglu et al., 2001).

성폭행 오늘날 우리 사회에서 가장 흔하게 발생하는 폭행 유형은 성폭행이다(정보마당 참조). **강간**(rape)은 동의하지 않은 대상에게 행해진 강제적 성적 교합 및 성적 행위, 혹은 미성년자와의 성적 교합을 말한다. 미국에서는 매년 약 10만의 강간 혹은 강간 시도 사례들이 경찰에 신고되고 있다(Berzofsky et al., 2013; Koss et al., 2011). 하지만 전문가들은 희생자의 신고를 꺼리는 습성을 고려하여 강간 및 강간 시도의 실제 수가 이보다 훨씬 클 것이라 믿고 있다. 강간자의 대부분은 남성이며, 피해자의 대부분은 여성이다. 여성 6명 중 1명은 삶의 어느 시기에 강간을 당한다고 한다. 피해자의 약 73%는 아는 사람이나 친지로부터 강간당한다(BJS, 2013).

강간 비율은 인종마다 차이가 있는 것으로 보인다. 미국 내 아메리카 원주민 여성은 약 27%, 흑인 여성은 22%가 생애 어느 시점에 강간을 당하는 것으로 나타났으며, 이는 백인 여성 19%, 히스패닉계 여성 15%, 아시아계 여성 12%와 비교된다(Black et al., 2011).

강간이 피해자에게 주는 심리적 충격은 즉각적이며, 오랜 동안 지속될 수 있다(Koss et al., 2011, 2008; Koss, 2005, 1993). 강간 피해자들은 폭행 사건 후 일주일 동안 커다란 고통을 경험한다. 스트레스는 그다음 3주간

> 의사, 경찰, 그리고 법원은 어떻게 강간 피해자의 심리적 요구를 더 잘 만족시킬 수 있을 것인가?

계속 증가하고, 그다음 한 달 동안 최고의 수준을 유지하다가, 이후부터 호전되기 시작한다. 한 연구는 강간 피해자들을 사건 후 12일에 걸쳐 관찰하였는데, 관찰된 피해자 중 94%가 급성 스트레스장애 진단을 충족하였다(Rothbaum et al., 1992). 비록 일부 강간 피해자들은 3~4개월 내에 심리적 안정을 찾곤 하지만, 다른 많은 강간 피해자들의 경우 강간으로 인한 영향은 18개월 혹은 그 이상까지도 지속된다. 피해자들은 보통 이상의 불안, 의심, 우울, 자기 존중감의 문제, 자기 비난, 플래시백, 수면 문제와 성기능 문제를 계속 지니곤 한다(Pietrzak et al., 2014; Street et al., 2011).

강간 및 기타 범죄의 여성 피해자는 일반 여성보다 심각하고 장기간 지속되는 건강 문제로 고통받을 가능성이 훨씬 더 높다(Morgan et al., 2015; Koss & Heslet, 1992). 여성 피해자 390명과의 인터뷰는 이들이 범죄 피해 후 적어도 5년간 좋지 못한 신체적 안위 상태에 있었으며, 일반 여성보다 2배나 더 자주 의사를 방문했음을 보여 준다.

계속되는 가족 내 폭행과 학대 — 특히 아동학대와 배우자학대 — 또한 심리적 스트레스 장애들을 초래할 수 있다. 이러한 형태의 학대는 장기간에 걸쳐 자행되고 가족의 신뢰를 해칠 수 있기 때문에, 많은 피해자가 다른 증상이나 장애를 더불어 발달시키게 된다(Koss et al., 2011).

의식과 민감성 높이기
사진 속 여성은 아일랜드 국회 앞에서 벌어지고 있는 항의 집회에 동참하고 있다. 항의 집회는 3명의 경찰관을 향한 것으로 이들은 자신이 체포한 여성들을 강간할까 하는 '농담'을 한 바 있다. 2011년 대중에게 유출된 경찰 대화 녹음은 대중을 광분하게 했다.

Julien Behal/PA Wire via AP Images

성폭행

성폭행을 당하는 사람들은 자신의 의지에 반하여 성적 행동을 하도록 강요받는다. 많은 사람들이 인정하는 정의에 따르면, **강간** 당하는 사람들은 성교나 다른 형태의 성적 삽입을 강요받는다. 강간 피해자들은 **강간 외상 증후군**(rape trauma syndrome, RTS)이라는 특정 형태의 문제적 신체·심리 증상을 경험한다. RTS는 사실상 PTSD의 한 형태이다. 강간 피해자들의 약 **3분의 1**이 PTSD를 발달시킨다.

강간의 심리적 영향

자살사고
자살시도
심리장애를 발달시킬 취약성
자기비난의 감정과 **배신감**
플래시백
공황발작
수면 문제
기억 문제

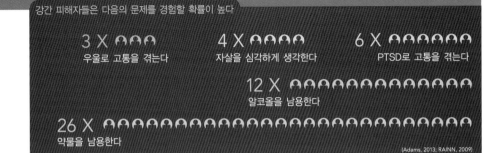

강간 피해자들은 다음의 문제를 경험할 확률이 높다

3 X 우울로 고통을 겪는다

4 X 자살을 심각하게 생각한다

6 X PTSD로 고통을 겪는다

12 X 알코올을 남용한다

26 X 약물을 남용한다

(Adams, 2013; RAINN, 2009)

누가 강간의 피해자가 되는가?

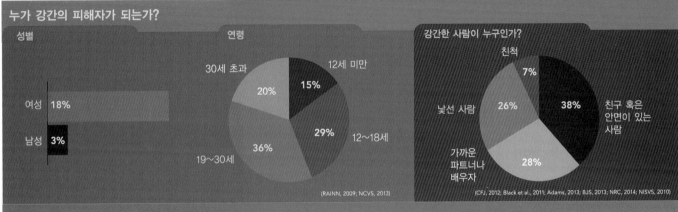

성별

여성 18%
남성 3%

연령

30세 초과 20%
12세 미만 15%
12~18세 29%
19~30세 36%

(RAINN, 2009; NCVS, 2013)

강간한 사람이 누구인가?

친척 7%
낯선 사람 26%
친구 혹은 안면이 있는 사람 38%
가까운 파트너 배우자 28%

(CFJ, 2012; Black et al., 2011; Adams, 2013; BJS, 2013; NRC, 2014; NISVS, 2010)

대학 컴퍼스에서의 성폭행

백악관은 대학이 학내 성폭행의 예방, 가해자 처벌, 피해자를 위한 적절한 지원 제공에 있어 역할을 제대로 수행하고 있지 않다고 비판했다. 백악관은 대학들이 성폭행 예방을 위한 지침을 개발하도록 압력을 넣었다(Anderson, 2014). 여러 방법 중 백악관은 모든 대학교 학생과 직원이 '**우리 책임이다**(It's On Us)'라는 서약에 서명하도록 격려하고 있다. 이 서약은 대학 내 모든 이가 성폭행 예방과 개입에 있어 책임이 있음을 촉구한다.

(White House Task Force, 2014; RAINN, 2009)

나는 서약한다.

동의하지 않은 섹스는 성폭행임을 인지할 것을…

성폭행이 일어날 수 있는 상황을 알아차릴 것을…

동의가 주어지지 않거나 주어질 수 없는 상황에 개입할 것을…

성폭행이 용납되지 않는 환경, 성폭행 생존자가 지지받는 환경을 만들 것을…

IT'S ON US

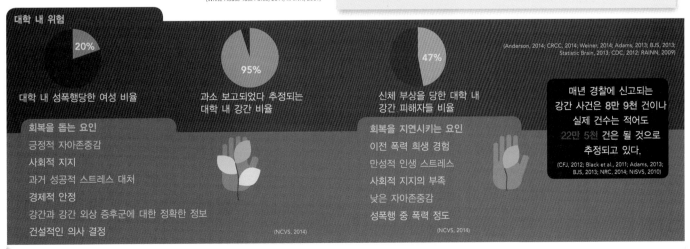

대학 내 위험

20% 대학 내 성폭행당한 여성 비율

95% 과소 보고되었다 추정되는 대학 내 강간 비율

47% 신체 부상을 당한 대학 내 강간 피해자들 비율

(Anderson, 2014; CRCC, 2014; Weiner, 2014; Adams, 2013; BJS, 2013; Statistic Brain, 2013; CDC, 2012; RAINN, 2009)

회복을 돕는 요인

긍정적 자아존중감
사회적 지지
과거 성공적 스트레스 대처
경제적 안정
강간과 강간 외상 증후군에 대한 정확한 정보
건설적인 의사 결정

(NCVS, 2014)

회복을 지연시키는 요인

이전 폭력 희생 경험
만성적 인생 스트레스
사회적 지지의 부족
낮은 자아존중감
성폭행 중 폭력 정도

(NCVS, 2014)

매년 경찰에 신고되는 강간 사건은 8만 9천 건이나 실제 건수는 적어도 22만 5천 건은 될 것으로 추정되고 있다.

(CFJ, 2012; Black et al., 2011; Adams, 2013; BJS, 2013; NRC, 2014; NISVS, 2010)

▶**고문** 희생자를 사실상 무기력 상태로 만들기 위해 잔인, 모욕, 혼돈 책략을 사용하는 것

테러의 공포

2013년 4일에 걸친 광란의 총격 사건 주범을 무장경찰이 진압하고 있는 동안 공포에 휩싸인 케냐 웨스트게이트 쇼핑 센터 고객들이 앞을 다투어 안전한 곳을 찾고 있다. 이 사건으로 67명의 사람이 사망하였고 175명의 사람이 부상당했다.

테러리즘 테러 피해자들과 테러 협박하에 놓인 사람들은 흔히 외상후 스트레스장애를 경험한다(Stene et al., 2015). 불행하게도 외상 스트레스의 원천은 우리 사회에서 증가하고 있다. 2001년에 발생한 9.11 테러 사건을 잊은 사람은 아마 없을 것이다. 납치된 비행기들이 뉴욕 시 국제무역센터 건물과 충돌해 건물을 무너뜨렸고 워싱턴 D.C.에 있는 국방성 건물과도 충돌해 건물의 일부를 훼손하였다. 사건으로 수천 명의 희생자와 소방 구조 인력들이 사망하였으며, 또 다른 수천 명은 살기 위해 필사적으로 도망가고 포복하고 심지어는 땅을 파야만 했다. 수많은 연구들은 그 운명적인 날 이후 많은 이들이 쇼크, 공포, 분노와 같은 단기적 스트레스 반응에서부터 외상후 스트레스장애와 같은 지속되는 심리적 장애까지 즉각적 혹은 장기적 심리적 문제를 발달시킴을 보여 주었다(Ruggero et al., 2013; Mitka, 2011; Galea et al., 2007).

추후 연구들은 이들 중 많은 이가 계속해서 테러 관련 스트레스 반응으로 고생하고 있음을 보여 준다(Cone et al., 2015; Adams & Boscarino, 2005). 사실상, 사건 수년 후에도 미국 전체 성인의 42%, 뉴욕 성인의 70%가 테러에 대한 높은 공포를 보고하였고, 전체 성인 중 23%가 집에서도 덜 안전하다고 느끼며, 15%가 9.11 테러 전보다 술을 더 많이 마시게 됐다고 보고하였다. 또한 뉴욕 성인의 9%가 PTSD를 나타냈는데, 이는 미국 내 연간 PTSD 유병률인 3.5%와 비교된다. 2004년 마드리드 통근 열차 폭파 사건이나 2005년 런던 지하철/버스 폭파 사건, 2013년 보스턴 마라톤 대회 폭발 사건과 같은 테러 행위에 대한 연구도 유사한 이야기를 우리에게 전해 준다(Comer et al., 2014; Chacón & Vecina, 2007).

고문 고문(torture)은 "희생자를 무력화시키기 위해 잔인하고 모욕적이며 감각을 잃게 하는 책략"을 사용하는 것을 의미한다(Okawa & Hauss, 2007). 흔히 정부나 다른 권위체의 명령에 의해 수행되며, 개인으로 하여금 정보를 내놓거나 사실을 실토하게 하기 위해 이루어진다(Gerrity et al., 2001). 제16장에서도 보겠지만 '테러와의 전쟁' 중 테러 용의자들에게 가해진 고문에 대한 도덕적 적법성 문제가 지난 몇 년간 토론의 주제가 되어 왔다.

세계적으로 얼마나 많은 사람들이 고문을 받았는가는 알기 어려운데, 이는 이러한 정

보가 정부에 의해 은폐되어 왔기 때문이다(Basoglu et al., 2001). 그러나 추정해 보건대, 전 세계 1,500만 명의 난민들 중 5~35%가 적어도 한 차례 고문을 당한 경험이 있고, 전 세계 고문 생존자들 중 40만 명이 현재 미국에 살고 있는 것으로 추정되고 있다(ORR, 2011, 2006; AI, 2000; Baker, 1992). 물론 이 수에 고문을 당한 후 자국에 머무르고 있는 수천의 희생자는 포함되어 있지 않다.

테러 용의자로부터 학생운동가, 종교적 · 인종적 · 문화적 소수집단의 구성원에 이르기까지 다양한 종류의 사람들이 전 세계적으로 고문의 희생자가 되고 있다. 이들에게 사용된 고문 방법으로는 **신체적 고문**(때리기, 물고문, 전기고문), **심리적 고문**(살해 위협, 허위 처형, 언어적 학대, 인격 비하), **성적 고문**(강간, 성기에 가해진 폭력, 성적 굴욕감 유발), **결핍을 통한 고문**(수면, 감각, 사회, 영양, 의학, 위생 결핍)이 있다.

고문의 희생자는 고문으로 상처, 골절로부터 신경학적 문제, 만성 통증에 이르기까지 다양한 신체적 문제를 경험하곤 한다. 하지만 많은 이론가들은 잔존하는 심리적 영향이 신체적 영향보다 더 큰 문제라 믿는다(Gjini et al., 2013; Punamaki et al., 2010). 고문 희생자의 30~50%는 외상후 스트레스장애를 발전시키는 것으로 보인다. 또한 외상후 스트레스장애로 진행되지 않은 이에게서도 악몽, 플래시백(flashback), 억압된 기억, 이인화(depersonalization), 집중 곤란, 분노폭발, 슬픔, 자살사고와 같은 증상은 흔하게 관찰된다(Taylor et al., 2013).

왜 사람들은 급성 스트레스장애와 외상후 스트레스장애를 발전시키는가

확실히 아주 큰 외상은 급성 스트레스장애와 외상후 스트레스장애를 야기한다. 그러나 스트레스 사건만이 이 전체를 설명하는 것은 아니다. 일상적이지 않은 외상을 경험한 사람이 사건에 영향을 받는 것은 명백한 사실이지만, 이 중 일부만이 급성 스트레스장애와 외상후 스트레스장애를 발전시킨다(심리전망대 참조). 스트레스장애로의 발전을 보다 잘 이해하기 위해 연구자들은 외상 생존자들의 생물학적 과정, 성격, 아동기 경험, 사회적 지지체계, 문화적 배경과 외상의 심각도 등을 살폈다.

생물학적 요인과 유전적 요인 연구자들은 외상 사건이 뇌와 신체에 물리적 변화를 촉발함을 알아냈다. 이러한 물리적 변화는 심각한 스트레스 반응으로 이어질 수 있으며, 몇몇 경우에 있어서는 급성 스트레스장애와 외상후 스트레스장애로 이어진다(Yehuda et al., 2015; Pace & Heim, 2011). 예로 연구자들은 전투병, 강간 희생자, 포로수용소의 생존자, 기타 강력한 스트레스 사건 생존자의 소변, 혈액, 타액에서 호르몬인 코르티솔과 신경전달물질이면서 호르몬이기도 한 노르에피네프린의 활동이 비정상적으로 높음을 발견하였다(Groer et al., 2015; Gola et al., 2012).

뇌 연구들로부터의 증거도 외상 사건이 뇌와 신체에 물리적 변화를 일으킴을 시사하고 있다. 급성 스트레스장애와 외상후 스트레스장애가 작동하기 시작하면, 개인은 더 많은 생화학적 각성을 경험하게 되고, 계속되는 생화학적 각성은 뇌의 주요 영역을 손상시킬 수 있다(Lee et al., 2014; Pace & Heim, 2011). 앞의 여러 장에서도 살펴보았듯, 연구자들은 다양한 정서적 반응이 뇌 회로(정서를 만들어 내기 위해 신경전달물질

아이들 또한

2011년 지진과 쓰나미 재해 발생 직후, 폐허가 된 일본 지역에 10세 소년 하나가 앉아 있다. 아이들 또한 대규모 천재지변 이후 외상후 스트레스장애를 발전시킬 수 있다. 이러한 이유로 임상가들은 강도 9.0의 지진을 경험한 일본 아이들의 정신건강을 염려하고 있다.

Kimimasa Mayama/epa/Corbis

심리전망대

적응장애 : 타협의 범주인가

어떤 사람은 삶의 주요 스트레스원에 지나친 불안감, 우울감, 혹은 반사회적 행동으로 반응한다. 이런 증상들은 급성스트레스장애, 외상후 스트레스장애, 불안장애나 우울장애에 이를 정도로 큰 것은 아니나 개인에게 상당한 고통을 유발하거나 직업적·학업적·사회적 삶에 지장을 초래할 수 있다. 그렇다면 우리는 이러한 반응을 정상적인 것으로 간주해야만 할 것인가? DSM-5는 아니라고 대답한다. 효과적인 대처 전략과 스트레스장애 사이 어딘가에 위치한 것이 바로 '적응장애(adjustment disorder)'이다. 적응장애는 DSM-5에서 외상

기능 이상 후보자? 2011년 시카고 증권 거래소의 한 증권업자가 주가 폭락이라는 최악의 하루를 마치고 탈진과 걱정, 믿을 수 없다는 반응 등을 보이고 있다. 사업상의 어려움은 적응장애를 촉발하는 가장 흔한 스트레스원 중 하나이다.

및 스트레스 관련 장애 범주에 포함되어 있다 (APA, 2013).

DSM-5는 '불안 동반 적응장애', '우울 기분 동반 적응장애'를 포함한 몇 가지 적응장애 유형을 포함시키고 있다. 스트레스원 발생 3개월 이내에 증상을 발달시킨다면 적응장애 진단을 받는다. 만약 스트레스원이 의학적 상태와 같이 장기간 지속되는 것이라면 적응장애 진단은 무한정 지속될 수 있다.

거의 모든 스트레스원이 적응장애를 촉발할 수 있다. 적응장애를 촉발하는 대표적인 스트레스원으로는 헤어짐, 결혼 문제, 사업 어려움, 우범지역에 사는 것 등이 있다. 적응장애는 졸업, 결혼, 퇴직과 같은 발달적 사건으로도 촉발될 수 있다.

외래 치료에 있는 사람들의 30% 정도가 적응장애 진단을 받는다. 건강보험회사에 청구된 보험료 지불 건 중 적응장애 진단으로 인한 건이 다른 장애 진단으로 인한 건보다 많다. 하지만 몇몇 전문가는 적응장애가 이런 수치가 대변하는 것만큼 정말 흔한 장애인가에 대해서 의문을 제기하고 있다. 오히려 적응장애 진단은 임상가들 사이에서 선호되는 진단이 무엇인지를 말해 주는 것일 수 있다. 적응장애는 넓은 범위의 문제에 쉽게 적용될 수 있으면서도 동시에 다른 정신장애 진단 범주보다 낙인을 덜 찍는 장애 진단일 수 있다.

로 서로를 활성화시키는 뇌 구조들의 연합망)와 관련되어 있음을 알아내었다. 이 중 한 회로에서의 비정상적인 활동이 급성 스트레스 반응과 외상후 스트레스 반응에 기여하는 것으로 보인다. 언급한 회로는 해마와 **편도체**를 포함하는데, 해마와 편도체는 서로 간 신호를 주고받는다(Li et al., 2014; Bremner & Charney, 2010).

통상적으로 해마는 기억과 스트레스 호르몬 조절에 관여한다. 확실히 역기능적 해마는 외상후 스트레스장애에서 관찰되는 침투적 기억 및 지속되는 각성의 창출에 기여할 수 있다(Bremner et al., 2004). 제4장에서도 살펴보았듯, 편도체 역시 불안이나 다른 정서적 반응을 통제하는 데 도움을 준다. 또한 편도체는 기억의 정서적 요소를 창출하기 위해 해마와 함께 활동한다. 따라서 역기능적 편도체는 외상후 스트레스장애를 가진 사람들에게서 흔한 반복적인 정서적 증상과 강한 정서적 기억을 생성하는 데 도움을 줄 수 있다(Protopopescu et al., 2005). 요약하면 이례적인 외상적 사건이 만들어 내는 생리적 각성은 어떤 이에게는 급성 스트레스장애와 외상후 스트레스장애로 이어지고, 이들 장애는 뇌의 이상을 가중시켜 개인을 점점 더 장애로부터 빠져나갈 수 없게 만든다.

숨은 뜻 읽어내기

스트레스의 냄새?

스트레스는 냄새가 없다. 심한 스트레스 사건 동안 우리가 풍기는 몸 냄새는 땀을 먹고 사는 세균들이 만들어 낸 것이다.

외상후 스트레스장애를 가진 사람들은 자녀에게 외상후 스트레스장애와 관련된 생화학적 이상을 물려주는 것 같다(Yehuda et al., 2015). 연구자들은 9.11 테러 공격 동안 PTSD를 발달시켰던 임신 여성들의 코르티솔 수준을 검토하였다(Yehuda & Bierer, 2007). 연구 대상 여성들에게서 평균 이상의 코르티솔 수준이 발견되었을 뿐만 아니라, 사건 후 태어난 아기들에게서도 높은 수준의 코르티솔이 발견되었다. 이와 같은 결과는 아기가 엄마로부터 같은 장애, 즉 PTSD를 발달시킬 성향을 물려받았음을 시사한다.

많은 이론가들은 스트레스에 대한 생화학적 반응이 유달리 강한 사람들이 다른 이들보다 급성 스트레스장애와 외상후 스트레스장애를 발달시킬 확률이 더 높다고 믿는다. 그렇다면 어떤 이는 왜 이런 강한 생물학적 반응성을 나타내는 것인가? 하나의 가능성은 이런 성향이 유전되었다는 것이다(Clark et al., 2013). 이는 확실히 앞서 논의한 어머니-자녀 연구에서 시사된 바이다. 유사한 결과가 군대에서 복역한 수천의 쌍생아를 대상으로 한 연구에서도 발견되고 있는데, 한 쌍생아가 전쟁 후 스트레스 증상을 발달시키면, 대응되는 일란성 쌍생아 형제는 대응되는 이란성 쌍생아 형제보다 같은 문제를 발달시킬 확률이 높았다(Koenen et al., 2003; True & Lyons, 1999).

AP Photo/Ahn Young-joon

탄력성 키우기 탄력적인 혹은 '강인한' 성격이 스트레스장애 발달을 막는 데 도움이 될 수 있다는 사실에 주목하여 많은 프로그램이 탄력성을 키우고자 개발되고 있다. 사진 속의 젊은 한국 학생들은 정신력과 신체의 힘을 키우고자 진행된 5일간의 단기 겨울 군대 체험의 일환으로 진흙 바닥에 엎드려 있다.

성격 몇몇 연구는 특정 성격, 태도, 대처 양식을 가진 사람들이 급성 스트레스장애와 외상후 스트레스장애를 발달시킬 가능성이 특히 높음을 시사하고 있다(DiGangi et al., 2013). 예를 들어 1989년 발생한 허리케인 휴고의 영향을 살펴본 연구에서, 허리케인 이전에 이미 불안 성향이 높았던 아동은 다른 아동보다 심각한 스트레스 반응을 발달시킬 확률이 더 높았다(Hardin et al., 2002). 연구는 또한 삶의 부정적 사건에 대해 자신의 통제 밖이라 지각하는 사람이 삶에 대해 통제감을 가진 사람보다 성폭행이나 기타 다른 종류의 외상 사건 후 더 심각한 스트레스 증상을 발전시키는 경향이 있음을 발견하였다(Catanesi et al., 2013; Bremner, 2002). 유사하게 불쾌한 상황에서 긍정적인 무엇인가를 찾아내는 데 어려움을 보이는 이들이 탄력적이거나 부정적 사건으로부터 가치를 발견하는 이들보다 외상적 사건 후 적응이 더 나빴다(Kunst, 2011).

아동기 경험 연구자들은 일부 사람들에게 있어 특정 아동기 경험이 급성 스트레스장애와 외상후 스트레스장애로의 발달 취약성을 높임을 발견하였다. 어린 시절이 가난으로 점철되었던 사람은 이후 외상에 직면하였을 때 스트레스장애로 발전할 가능성이 큰 것으로 보인다(Pervanidou & Chrousos, 2014). 어려서 폭행·학대·재난을 경험한 사람, 10세 이전에 부모가 별거했거나 이혼한 사람, 심리장애를 앓는 가족이 있는 사람 역시 그렇다(Ogle et al., 2014; Yehuda et al., 2010).

> 웹, TV, 비디오 게임에서 매일 보여지는 생생한 이미지들이 과연 심리적 스트레스장애 발달의 취약성을 높일 것인가 낮출 것인가?

사회적 지지 사회 지지체계나 가족 지지체계가 약한 사람은 외상 사건 경험 후 급성 스트

문화적 차이

2001년 9월 11일 그 운명의 날, 수백만의 사람들이 국제무역센터 쌍둥이빌딩이 화염에 덮여 붕괴되는 장면을 함께 목도했다. 하지만 잘 이해되지 않는 이유로 히스패닉계 미국인이 다른 문화집단보다 사건 후유증으로 PTSD를 더 많이 발전시켰다. 이러한 문화적 차이는 다른 집단 외상 사건 후에도 나타나고 있다(Hinton & Lewis-Fernandez, 2011).

Spencer Platt/Getty Images

숨은 뜻 읽어내기

스트레스와 대처 : 문화 초점

전 미국인의 47%가 경제 문제로 스트레스를 받고 있는 반면 아메리카 원주민과 흑인은 57%가 경제 문제로 스트레스를 받고 있다.

전 미국인의 32%가 고용 문제로 스트레스를 받고 있는 반면 히스패닉계 미국인은 41%가 고용 문제로 스트레스를 받고 있다.

(MHA, 2010, 2008)

레스장애와 외상후 스트레스장애로 발달할 가능성이 높음이 밝혀졌다(DiGangi et al., 2013). 친구나 친척으로부터 사랑받고 있다, 보살핌 받고 있다, 가치 있게 여겨지고 있다, 수용받고 있다고 느끼는 강간 희생자는 좀 더 성공적으로 외상을 극복한다(Street et al., 2011). 형법체계로부터 존엄한 인간으로 대우받은 사람 역시 그렇다(Patterson, 2011). 반면 임상보고는 참전군인 일부에서 빈약한 사회적 지지가 외상후 스트레스장애 발달에 기여할 수 있음을 시사한다(Schumm et al., 2014).

다문화적 요소 외상후 스트레스장애 비율에서 민족집단 간 차이가 있는 것이 아닌가 하는 의문이 임상연구자들 사이에서 나오고 있다. 특히 히스패닉계 미국인은 타 민족집단보다 이 장애에 더 취약한 것 같다(Hinton & Lewis-Fernandez, 2011; Koch & Haring, 2008). 주장에 대한 근거는 다음과 같다. 첫째, 베트남전쟁, 이라크전쟁, 아프카니스탄전쟁 참전군인들을 대상으로 한 연구들에서 히스패닉계 미국인 참전군인들이 백인이나 흑인 참전군인들보다 더 높은 외상후 스트레스장애 비율을 보였다(RAND Corporation, 2010, 2008; Kulka et al., 1990). 둘째, 경찰관을 대상으로 한 설문에서 히스패닉계 미국인 경찰관들이 비히스패닉계 미국인 경찰관들보다 전형적으로 일과 관련한 스트레스 증상을 더 많이 보고하였다(Pole et al., 2001). 셋째, 허리케인 희생자들의 자료는 허리케인 이후 히스패닉계 미국인 희생자들이 다른 민족집단 희생자들보다 더 높은 PTSD 발생률을 가지고 있음을 보여 주었다(Perilla et al., 2002). 넷째, 9.11 테러 발생 몇 달 후 뉴욕 시민들을 대상으로 이루어진 설문에서 흑인 시민의 9%, 백인 시민의 7%가 PTSD를 발달시킨 데 반해, 히스패닉계 미국인 시민은 14%가 PTSD를 발달시킨 것으로 나타났다(Hinton & Lewis-Fernandez, 2011; Galea et al., 2002).

왜 히스패닉계 미국인이 다른 인종 혹은 민족 집단보다 더 PTSD에 취약한 것일까? 이에 대해 몇몇 설명이 제기되고 있다. 한 설명은 많은 히스패닉계 미국인이 그들의 문화적 신념체계의 일부로 외상적 사건을 피할 수 없고 바꿀 수 없는 것으로 인식하는, 즉 PTSD의 위험을 높이는 대처방식을 가지고 있기 때문이라 주장한다(Perilla et al., 2002). 또 다른 입장은 사회적 관계나 사회적 지지를 강조하는 히스패닉계 미국인의 문화적 특징이 이들을 PTSD에 특히 더 취약하게 만든다고 설명한다. 즉 외상적 사건이 히스패닉계 미국인 희생자들에게서 일시적으로 혹은 영구적으로 중요한 사회적 관계 혹은 지지체계를 빼앗았을 때 이들은 다른 문화집단보다 특히 더 위험한 상태에 놓이게 된다는 것이다. 30년도 더 전에 수행된 연구는 스트레스장애를 가진 히스패닉계 미국인 베트남전 참전군인 중 가족 및 사회관계가 약했던 이들이 그렇지 않은 이들보다 더 심한 증상들로 고생함을 발견하였다(Escobar et al., 1983).

외상 심각도 예상할 수 있듯이 외상 사건의 심각도와 본질은 개인이 스트레스장애를 발달시킬 것인가, 아닌가를 결정하는 데 큰 몫을 한다. 어떤 사건은 좋은 아동기 양육 경험, 긍정적 태도, 사회적 지지의 긍정적 영향조차도 뒤집을 수 있다(Ogle, Rubin, & Siegler, 2014). 한 연구는 석방된 지 5년 차 되는 253명의 베트남전쟁 포로들을 조사하였다. 23%

가 PTSD 임상적 진단을 만족하였는데, 이들은 수감 전에는 모두 적응적이라고 평가되던 사람들이었다(Ursano et al., 1981).

일반적으로 외상이 심각하면 심각할수록, 사건에 대한 노출이 직접적이면 직접적일수록 스트레스장애를 발달시킬 확률이 높아진다(Ogle et al., 2014). 사지 절단이나 심각한 신체적 상해, 특히 성적 학대는 타인의 상해나 죽음을 목격하는 것과 마찬가지로 스트레스 반응의 위험을 높이는 것으로 보인다(Perrin et al., 2014; Ursano et al., 2003).

임상가는 어떻게 급성 스트레스장애와 외상후 스트레스장애를 치료하는가

치료는 외상 사건에 압도된 사람들에게 매우 중요할 수 있다(Church, 2014). 전반적으로 외상후 스트레스장애 사례의 절반 정도가 6개월 이내에 향상된다(Asnis et al., 2004). 사례의 나머지는 여러 해 동안 지속될 수 있고, 실제로 PTSD를 가진 사람 중 3분의 1이 넘는 수가 여러 해가 지나도 치료에 반응을 보이지 못하고 있다(Byers et al., 2014).

고통 속에 있는 생존자를 위한 오늘날의 치료절차는 외상의 종류에 따라 다르다. 그것이 전쟁이냐, 테러 행위냐, 성폭행이냐, 주요 사고냐에 따라 다른 절차가 사용된다. 프로그램이 외상 종류에 따라 서로 다른 절차를 사용하고는 있으나, 모든 프로그램은 같은 목표를 지향한다. 프로그램은 스트레스 반응을 종식시키고, 고통스러운 경험에 대한 새로운 관점을 제공하며, 건설적인 삶으로 돌아갈 수 있도록 생존자를 돕는 것을 목표로 한다(Taylor, 2010). PTSD로 고생하는 참전군인들을 위한 프로그램을 통해 우리는 이러한 쟁점이 어떻게 전달되는지 알 수 있다.

참전군인을 위한 치료 치료자들은 참전군인들의 외상후 스트레스 증상을 감소시키기 위해 다양한 기법을 사용하였다. 흔히 사용되는 기법 중에는 **약물치료, 행동노출기법, 통찰치료, 가족치료**, 그리고 **집단치료**가 있다. 여러 접근의 혼합 사용이 일반적인데, 이는 이들 중 어떤 접근도 그 하나로 모든 증상을 성공적으로 감소시키지 못하기 때문이다(Mott et al., 2014; Rothbaum et al., 2014).

항불안제는 많은 참전군인이 경험하는 긴장의 통제에 유용하다(Writer et al., 2014).

Brian Cahn/ZUMA Press/Corbis

전쟁으로부터 휴식을 취하다
전쟁 관련 PTSD를 예방 · 감소 · 치유하기 위해 미군과 군 관련 기관들은 이제 현역 병사들과 퇴역 병사들에게 이들이 시행해 볼 만한 스트레스 방출 혹은 외상 방출 운동을 제공하고 있다. 사진에서 참전병사들은 이완훈련과 요가를 배우고 있다. 이 훈련은 2013 참전군인 휴가 동안 굿윌서던캘리포니아가 제공한 것이다.

숨은 뜻 읽어내기

미국에서 대표적인 스트레스

1. 직무 압박

2. 돈 문제

3. 건강

4. 관계

5. 나쁜 영양 상태

6. 매체 과잉

7. 수면 부족

(APA, 2013)

또한 항우울제는 악몽, 공황발작, 플래시백, 우울감의 발생을 감소시킨다(Morgan et al., 2012).

행동노출기법 또한 특정 증상을 감소시키는 데 도움을 주며, 흔히 전반적 적응에서의 향상을 가져오곤 한다(Steenkamp et al., 2015). 사실상 몇몇 연구는 노출치료가 외상후 스트레스장애를 가진 사람에게 유용한 유일의 치료임을 시사한다(Haagen et al., 2015). 이러한 발견은 그 기법이 어떤 것이건 간에 노출이 스트레스장애 치료에 있어 반드시 포함되어야 할 치료 요소임을 임상이론가들에게 시사한다(마음공학 참조). 예를 들어 **홍수법**(flooding)이라는 노출기법은 이완 훈련과 함께 31세 참전군인의 플래시백과 악몽을 없애는 데 도움을 주었다(Fairbank & Keane, 1982). 치료자는 먼저 내담자인 참전군인과 함께 내담자가 흔히 재경험하던 전쟁 장면들을 찾아내었다. 다음으로 치료자는 내담자가 이 장면을 아주 상세하고 생생하게 상상하도록 도왔고 불안이 멈출 때까지 그 이미지를 계속 머릿속에 그려보도록 지시하였다. 각 시행 후 치료자는 내담자가 긍정적 이미지로 자신의 생각을 전환하도록 요구하였고, 이완 운동을 하도록 이끌었다.

널리 적용되고 있는 노출치료의 한 형태로 **안구운동 민감소실 및 재처리**(eye movement desensitization and reprocessing, EMDR)가 있는데, 이 치료에서 내담자는 보통 때 같으면 회피하려고 하는 사물이나 상황의 이미지를 마음속에 그리면서 눈을 좌우로 리듬 있게 움직인다. 사례연구들과 통제된 연구들은 이 치료가 외상후 스트레스장애를 가진 이들에게 도움이 됨을 보여 주었다(Chen et al., 2015; Rothbaum et al., 2011). 많은 이론가들은 PTSD 치료의 성공을 설명하는 EMDR 내 요소가 눈 움직임이라기보다는 노출이라 주장한다(Lamprecht et al., 2004).

약물치료나 노출기법이 약간의 증상 완화를 가져오기는 하지만, 대부분의 임상가는 이러한 접근만으로는 외상후 스트레스장애를 가진 참전군인들을 완전히 회복시키기에 어려움이 있다고 믿는다. 완전한 회복을 위해서는 전쟁에서 경험한 것과 이 경험이 자신의 삶에 미치는 영향을 어떤 방식으로든 이해해야 한다. 이를 위해 임상가들은 참전군인들이 자기 내면 깊숙이 자리한 감정을 꺼내 보이고, 자신의 과거 행동과 경험을 수용하며, 자신에 대해 덜 판단적이 되고, 남들을 다시 믿을 수 있도록 돕는다(Rothbaum et al., 2011; Turner et al., 2005). 유사한 맥락으로, 인지치료자들은 외상 경험으로 인해 나타난 자신의 역기능적인 태도와 해석 방식을 내담자가 검토하고 수정하도록 지도한다(Spence et al., 2014).

외상후 스트레스장애를 가진 참전군인들은 커플, 가족 혹은 집단 치료를 통해 부가적인 도움을 얻기도 한다(Shnaider et al., 2014; Vogt et al., 2011). 참전군인들의 PTSD 증상은 가족들 눈에 더 두드러지는데, 이는 내담자의 불안, 우울기분, 혹은 분노표출로 직접적 영향을 받는 사람들이 가족이기 때문이다(Owens et al., 2014). 가족구성원의 도움과 지지로 개인은 타인에 대한 자신의 영향력을 검토할 수 있게 되고, 소통기술과 문제해결기술을 향상시킬 수 있다.

1980년대 처음 시작될 당시 토의집단(rap group)이리 불렸던 집단치료에서 참전군인은 경험과 감정(특히 죄책감과 분노)을 공유하고 통찰을 키우며 서로를 지지하기 위해 자신과 유사한 처지에 있는 사람들과 만난다(Ellis et al., 2014). 오늘날 미국 내 수백 개의 **참전군인을 위한 지역사회 봉사활동센터**(Veterans Outreach Center)는 재향군인병원 및 정신건강클리닉 내 치료 프로그램과 더불어 집단치료를 제공하고 있다(Schumm et al., 2015; Ruzek & Batten, 2011). 이 단체들은 개인치료, 배우자와 자녀들을 위한 상담, 가족치료도 함께 제

▶**안구운동 민감소실 및 재처리(EMDR)** 회피하는 사물이나 상황에 대한 이미지를 연상하며 안구를 좌우로 리듬을 타 움직이게 하는 행동적 노출치료

마음공학

가상현실치료 : 실제보다도 더 나은

앞서 읽은 대로 노출 기반 치료는 PTSD 환자에 유용한 유일의 개입 방법일 수 있다(Le et al., 2014). 물론 고통스러운 자극에 대한 **실제 노출**(in vivo exposure)이 내현적(상상) 노출보다 PTSD 치료에 있어 더 유용하다. 이런 사실을 고려해 볼 때, 여러 해 동안 참전 군인의 PTSD 치료가 최선의 상태에 있지 못했음을 알 수 있다. 실제 전쟁 상황으로 되돌아가는 것이 불가능했기 때문에 참전군인들은 치료에서 소총 발사, 폭탄 파열, 시체, 기타 외상 자극을 상상해야만 했다.

전쟁 상황에의 '가상현실' 노출이 PTSD 참전군인들에게 사용되기 시작한 10년 전부터 이런 상황은 바뀌고 있다. 해군연구센터는 모의 전쟁 치료게임인 '가상 이라크' 개발에 자금을 지원했다(McIlvaine, 2011). 이 게임은 실제 전쟁 상황과 매우 유사한 그리고 실제 전쟁만큼의 두려움을 야기하는 소리와 장면들을 만들어 낼 수 있다. 노출 방법으로 가상현실을 사용하는 것이 이후 PTSD 치료의 표준이 되고 있다.

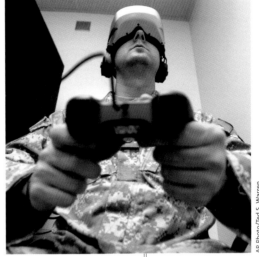

AP Photo/Ted S. Warren

가상현실치료를 받는 PTSD 환자들은 눈을 뒤덮는 고글을 착용하고 수동 조작 장치를 사용한다. 컴퓨터는 이라크나 아프가니스탄 지형을 재현하고 그 지형에 군대 호송, 전투, 폭탄 공격을 연출해내며, 환자는 수동 조작 장치를 이용해 그 상황 속을 이리저리 이동한다. 치료자는 전쟁의 끔찍한 장면,

> 여러분은 사회불안장애 환자들을 위한 가상현실 치료 프로그램을 개발할 수 있는가?

소리, 냄새의 강도를 조정하고, 이들 자극은 내담자에게 실제 공포감이나 공황감을 촉발한다. 치료자는 노출치료에서 이런 자극을 환자에게 점진적으로 노출시키거나 높은 강도의 자극을 한 번에 노출시키는 치료(홍수법)를 진행한다(131~133쪽 참조).

'가상현실' 노출

참전병사의 헤드세트와 게임 조종기가 내담자를 이라크 전쟁 장면으로 다시 데려 가고 있다.

거듭되는 연구들은 가상현실치료가 외상후 스트레스장애를 가진 참전군인들에게 매우 유용함을 그리고 상상노출치료보다 더 효과적임을 보여 주고 있다(Nauert, 2014; McLay, 2013; Rauch, Eftekhari, & Ruzek, 2012). 게다가 이 개입으로 인한 호전은 상당 기간 동안 아마도 무한정 지속되는 것 같다. 가상현실치료가 이제 사회불안, 고소 · 비행 · 패소 공포와 같은 다른 불안장애나 공포증 치료에도 흔하게 사용되게 되었다는 사실은 의심의 여지가 없다(Anderson et al., 2013). 💬

▶**심리경험 사후보고** 외상 사고의 피해자가 외상 경험에 대한 감정 및 반응을 표현할 수 있도록 도와주는 위기 개입의 한 형태. '위기 상황 스트레스 해소활동'이라고도 함

공하고 있으며, 참전군인들의 구직, 교육, 기타 혜택을 위한 도움도 제공하고 있다(Mott et al., 2014). 임상 보고들은 이러한 프로그램이 필요한, 그리고 때로는 인생을 구제하는, 그런 치료적 기회를 제공하고 있다고 제안한다.

심리경험 사후보고 재난, 학대 · 폭력 피해, 사고로 인해 외상을 입은 사람들은 전쟁 생존자들을 돕기 위해 사용된 동일한 치료들로부터 이득을 얻고 있다(Monson et al., 2014). 게다가 외상이 정신건강 자원을 손쉽게 얻을 수 있는 지역사회에서 발생하였기 때문에 이들은 즉각적인 지역사회 개입으로부터 추가적 이득을 얻을 수 있다.

대표적인 지역사회 개입 접근이 **심리경험 사후보고**(psychological debriefing) 혹은 **위기상황 스트레스 해소활동**(critical incident stress debriefing)이다. 이 개입은 지난 30년간 미국에

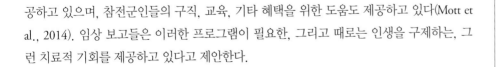

숨은 뜻 읽어내기
스트레스가 개인에 주는 영향

33%	극도의 스트레스 속에 살고 있다고 느끼는 사람들의 비율
48%	스트레스 때문에 밤에 깨어 있는 사람들의 비율
48%	스트레스가 개인적 그리고 직업적 삶에 부정적으로 영향을 끼친다 보고한 사람들의 비율
54%	스트레스 때문에 절친이나 친지와 싸웠다 보고한 사람들의 비율

(APA, 2013)

서 널리 활용되어 왔다. 하지만 최근 들어 이 개입의 사용이 학계에서 정밀 검토되고 있다. 이러한 변화는 심리경험 사후보고의 기본 가정과 활용에 관한 체계적 연구의 요구가 계속적으로 있음을 임상학계에 상기시키는 부분이다.

심리경험 사후보고는 위기 개입의 한 형태로, 이 개입에서는 외상 희생자가 결정적 사건 발생 며칠 내 자신의 감정과 반응을 폭넓게 이야기한다(Tuckey & Scott, 2014; Mitchell, 2003, 1983). 심리경험 사후보고에서는 회기가 스트레스 반응의 발생을 막거나 감소시킬 것이라 가정한다. 따라서 심리경험 사후보고는 증상을 보이는 희생자뿐 아니라 증상을 아직 발달시키지 않은 희생자에게도 적용되고 있다. 주로 집단치료 형태로 진행되며, 회기에서 상담자는 희생자가 최근 경험한 외상의 구체적인 부분을 묘사하고, 사건 당시의 감정을 쏟아내 재경험하며, 현재 감정을 표현하도록 인도한다. 그런 다음 이들의 반응이 끔찍한 사건에 대한 지극히 자연스럽고 정상적인 반응이라는 점을 강조하고, 스트레스 관리를 위한 팁을 제공하며, 때에 따라서 장기 상담을 위해 희생자를 다른 전문가에게 의뢰하기도 한다.

심리경험 사후보고가 처음 등장한 1980년대 초반 이후로 수천의 전문 · 비전문 상담가들이 심리경험 사후보고를 훈련받고 있으며, 집중적인 접근이 수많은 외상 사건의 희생자들에게 적용되어 왔다(Pfefferbaum, Newman, & Nelson, 2014; Wei et al., 2010). 외상 사건이 많은 사람들에게 영향을 끼쳤을 때, 심리경험 사후보고를 훈련받은 상담가들이 피해자와의 회기를 위해 실제 전국 각지에서 모여든다. 이런 식으로 동원된 대규모의 상담 인력들이 1999년 콜로라도 콜럼바인고등학교의 총기 난사 사건(23명에게 총기를 난사), 2001년 국제무역센터 공격, 2004년 남아시아의 쓰나미, 2005년 허리케인 카트리나로 인한 수해, 2010년과 2011년 아이티와 일본의 지진과 같은 재해 발생 현장에서 무상으로 긴급 정신건강 서비스를 제공하였다.

이와 같은 지역사회 차원의 복구에서 상담가들은 개개의 자택이나 피난처로 희생자를 찾아가곤 한다. 다양한 사회경제적 지위에 있는 사람들이 외상 희생자가 될 수 있다. 하지만 빈곤계층의 사람들이 지역사회 차원의 개입을 가장 필요로 하는 사람들로 여겨지고 있으며, 따라서 가장 자주 심리경험 사후보고 개입의 대상이 되어 왔다.

심리경험 사후보고는 효과가 있는가 신속한 복구 프로그램에 대한 지난 수년간의 개인적인 증언은 종종 긍정적이었다(Watson & Shalev, 2005; Mitchell, 2003). 하지만 앞서 읽었듯, 21세기에 진행되었던 많은 수의 연구들은 이런 종류의 개입의 효과에 대해 의문을 제기하고 있다(Tuckey & Scott, 2014; Gist & Devilly, 2010).

1990년대 초 수행된 한 연구는 재난 사후보고 프로그램에 대해 의문을 제기한 첫 연구이다(Bisson & Deahl, 1994). 위기 상담가들은 걸프전 동안 사망자 시체를 취급 · 확인하는 업무를 담당하던 62명의 영국 병사들에게 즉각적으로 사후보고 회기들을 제공하였다. 이러한 회기들에도 불구하고 병사 중 절반이 9개월 후 진행된 면담에서 PTSD를 나타내었다.

화상으로 입원하였던 환자들을 대상으로 수년 후에 진행된 한 잘 통제된 연구에서, 연구자들은 화상 피해자들을 두 집단으로 나누었다(Bisson et al., 1997). 한 집단은 화상 사고 발생 후 수일 내에 일대일 심리경험 사후보고 단일 회기를 받았다. 반면 다른 화상 피해자 집단(통제집단)은 아무런 처치를 받지 않았다. 석 달 후 이루어진 검사에서 심리경험 사후보고집단 환자들과 통제집단 환자들에게서 유사한 비율의 외상후 스트레스장애가 보고되었다. 연구자들은 13개월 후 다시 두 집단의 PTSD 비율을 살폈는데, 심리경험 사후보고를 처치받은 화상 환자들(26%)에게서 통제집단 화상 환자들(9%)보다 더 높은 PTSD 비율이 보고되었다.

다른 종류의 재난에 초점을 맞춘 보다 최근의 연구들도 유사한 결과를 보여 주었다(Tuckey & Scott, 2014; Szumilas et al., 2010). 확실히 이 연구들은 심리경험 사후보고의 효과성에 심각한 의문을 제기한다. 임상가의 일부는 초기 개입 프로그램들이 희생자들을 그들이 경험한 외상 사건에 더 오랜 동안 몰두하도록 만든다고 믿고 있다. 또한 많은 수의 임상가들은 초기 재난 상담이 비록 의도한 바는 아니지만 희생자들에게 문제를 암시하고 그 결과 급성 스트레스장애와 외상후 스트레스장애의 발생을 돕는다고 걱정한다(McNally, 2004; McClelland, 1998).

이 같은 사정에도 불구하고 많은 정신건강 전문가들은 심리경험 사후보고 프로그램을 계속 옹호하고 있다. 하지만 이를 지지하지 않는 혹은 심지어 반박하는 최근의 연구 발견들로 인해 임상 분야의 기류는 심리경험 사후보고를 맹목적으로 수용하는 행태에서는 한 걸음 물러서고 있다(Delahanty, 2011). 많은 임상 이론가들은 이제 특정 고위험군 사람들이 사후보고 프로그램으로부터 이득을 얻을 수 있고 이들에 대한 개입의 제공은 외상 사건 후 즉시 이루어져야 한다고 믿고 있지만, 이들은 또한 그 외 다른 외상 피해자들에게는 이 개입이 제공되어서는 안 된다는 믿음을 가지고 있다(North & Pfefferbaum, 2013; Delahanty, 2011).

방향의 선회

칠레 광부 하나가 금·구리광으로부터 구조된 후 구조원들의 도움을 받고 있다. 그는 2010년 32명의 광부들과 함께 이 금·구리광에 2개월 동안 갇혀 있었다. 국제 심리학자들의 조언에 따라 칠레 정부는 구조된 광부들에게 상담 서비스를 제공하도록(물론 필수사항은 아니었지만) 조치하였다. 이러한 조언은 널리 사용되고 있는 절차지만 최근 몇 년간 일관된 경험적 지지를 받는 데 실패하고 있는 심리경험 사후보고로부터의 방향 선회를 보여 준다.

▶ 요약

급성 스트레스장애와 외상후 스트레스장애 스트레스원을 위협적인 것으로 지각할 때 우리는 각성과 공포로 이루어진 스트레스 반응을 경험한다. 각성과 공포의 특징은 자율 신경계와 내분비계를 활성화시키는 뇌 영역인 시상하부에 의해 작동된다. 이러한 체계들이 각성과 공포를 유발하게 되는 경로에는 두 가지가 있다. 교감 신경계 경로와 시상하부-뇌하수체-부신 축이 그것이다.

급성 스트레스장애 또는 외상후 스트레스장애를 가진 사람들은 외상 사건 후 각성, 불안과 기분 문제, 다른 스트레스 증상(외상 사건의 재경험, 관련 사건의 회피, 정상보다 현저히 낮은 반응성, 죄책감 포함)으로 반응한다. 급성 스트레스장애의 증상은 외상 직후 혹은 곧 시작되며 한달 이하로 지속된다. 반면 외상후 스트레스장애 증상은 외상 후 언제든(심지어는 몇 년 후) 시작될 수 있으며 수개월 혹은 수년간 지속될 수 있다.

왜 어떤 이는 이런 장애를 발달시키고 어떤 이는 이런 장애를 발달시키지 않는 것일까에 대한 설명으로 연구자들은 생물학적 요인, 성격, 아동기 경험, 사회적 지지, 다문화적 요소, 외상 사건의 강도에 주의를 기울이고 있다. 장애의 치료는 약물치료, 행동노출기법, 인지 혹은 통찰치료, 가족치료, 그리고 집단치료를 포함한다. 신속히 동원되는 지역사회 개입은 흔히 위기상황 스트레스 해소 활동 원칙을 따른다. 이러한 접근은 대규모 재난 후 초기에는 도움이 되는 듯 보인다. 하지만 최근의 몇몇 연구는 이러한 접근의 유용성에 의문을 제기하고 있다.

▶해리장애 분명한 신체적 원인을 가지지 않은 기억에서의 큰 변화를 특징으로 하는 장애

▶기억 과거 사건과 과거 학습에 대한 회상 능력

▶해리성 기억상실 개인의 중요한 사건 및 정보를 회상하지 못하는 것을 특징으로 하는 장애

해리장애

앞서 살펴보았듯이 급성 스트레스장애와 외상후 스트레스장애를 가진 이들은 다른 증상들과 더불어 해리 증상을 경험할 수 있다. 이들은 멍해지거나 기억에 문제를 보이며, 비현실감을 가질 수 있다. 이런 종류의 증상은 외상 사건에 의해 촉발되는 또 다른 장애 집단인 **해리장애**(dissociative disorder)에서 보여진다(Armour et al., 2014). 사실상 해리장애에서 보이는 기억 곤란 및 기타 해리 증상은 특별히 강하고 광범위하며 파괴적이다. 게다가 해리장애에서는 해리적 반응이 주된 증상이거나 유일한 증상이다. 해리장애를 가진 이들은 보통 급성 스트레스장애와 외상후 스트레스장애를 특징짓는 심각한 각성, 부정적 정서, 수면 곤란 및 기타 다른 문제들을 경험하지 않는다. 또한 해리장애에서는 장애에 기여하는 특별한 신체적 원인도 없다.

우리는 세상과 상호작용하면서 전체감과 연속감을 경험한다. 우리는 자신을 분리된 감각 경험, 감정, 행동의 총합 이상으로 지각한다. 다시 말해 우리는 우리가 누구이고 어디에 어울리는지에 대한 감각인 **정체감**을 가지고 있다. **기억**(memory)은 정체감의 핵심이며 과거, 현재, 미래를 잇는 열쇠이다. 기억이 없다면 우리는 항상 다시 시작해야 한다. 기억이 있기 때문에 우리의 삶과 정체감은 앞으로 나아가는 것이다. 하지만 해리장애에서는 개인의 기억 한 부분 혹은 정체감 한 부분이 그 나머지와 해리되었거나 분리되어 있다.

해리장애에는 여러 종류가 있다. 해리성 기억상실증의 주 증상은 중요한 개인적 사건이나 정보를 기억하지 못한다는 것이다. 다중성격장애라고도 알려진 해리성 정체성장애를 가진 사람은 둘이나 그 이상의 별개의 정체감을 가진다. 이 정체감들은 다른 정체감이 가지는 기억, 생각, 감정, 행동을 항상 의식하고 있지는 않다. 이인성/비현실감장애를 가진 사람들은 마치 자신이 자신의 정신과정 혹은 몸으로부터 분리된 것처럼 느끼거나 마치 자신이 외부에서 자기를 관찰하는 것처럼 느낀다.

몇몇 유명한 책과 영화가 해리장애를 묘사하였다. 가장 유명한 것으로 이브의 세 얼굴(*The Three Faces of Eve*)과 시빌(*Sybil*)이 있는데, 모두 외상적인 아동기 사건을 겪은 후 다중성격을 발달시키는 여성을 그리고 있다. 해리성 정체성장애라는 주제가 너무 매혹적이라 많은 TV 드라마 시리즈는 매 시즌 적어도 한 회는 해리 사례를 다루고 있다. 이러한 상황은 해리성 정체성장애가 아주 흔한 것 같은 인상을 준다. 하지만 많은 임상가들은 이 장애가 드물다고 믿고 있다.

해리성 기억상실

해리성 기억상실(dissociative amnesia)을 가진 사람들은 중요한 정보를 회상할 수 없는데, 특히 삶의 고통스러운 경험을 기억할 수 없다(APA, 2013). 해리성 기억상실에서의 기억상실은 보통의 망각(건망증)보다 훨씬 광범위하게 나타나고 두부 강타와 같은 신체적 요인들로 야기되지 않는다(표 5-3 참조). 기억상실 삽화는 보통 외상적 혹은 고통스러운 사건으로 인해 직접적으로 촉발된다(Kikuchi et al., 2010).

해리성 기억상실은 국소적, 체계적, 전반적, 혹은 지속적일 수 있

위험 상황에서

2011년 한 미국 해병이 아프가니스탄 남부 지역 정찰을 앞두고 잠시 휴식을 취하고 있다. 전투 병사들은 특히 기억상실이나 해리 증상 발달에 취약하다. 이들은 참혹한 경험이나 개인 정보를 기억하지 못할 수 있으며, 심지어 자기 정체감을 망각할 수 있다.

Shamil Zhumatov/Reuters/Corbis

다. 가장 흔한 해리성 기억상실 유형인 **국소적 기억상실**에서 개인은 특정기간 동안에 일어난 사건들의 기억을 모두 잃는다. 기억의 상실은 거의 대부분 고통스러운 사건 발생 시점부터 시작한다. 병사가 끔찍한 전투 후 일주일 후에 깨어나서는 전투와 전투를 둘러싼 사건 모두를 기억할 수 없게 되는 경우가 한 예이다. 병사는 그 전투 이전의 일들과 최근 며칠 동안의 일들은 기억할 수 있을지 모른다. 하지만 그 사이의 날들은 모두 빈칸으로 남아 있다. 이 같은 망각의 기간을 기억상실 삽화라 부른다. 기억상실 삽화 동안 사람들은 혼란스러워 보인다. 때때로 목적 없이 배회하기도 한다. 이들은 기억의 어려움을 경험하고 있으나 마치 이 사실을 모르는 사람 마냥 행동한다.

두 번째로 흔한 해리성 기억상실의 형태인 **체계화된 기억상실**을 가진 사람들은 특정 기간 동안 일어난 사건의 일부만을 기억한다. 앞서 언급한 전투병사가 만약 체계화된 기억상실을 가졌다면, 그는 전투 중 일어난 일부의 상호작용 및 대화만 기억하고 친구의 사망이나 적군의 비명과 같은 고통스러운 사건은 기억하지 못할 것이다.

어떤 경우 기억상실은 고통스러운 기간의 한참 전까지로 확대될 수 있다. 전투 관련 사건의 망각과 더불어 병사는 자신의 인생 초기의 기억까지도 잃게 될 수 있다. 이 경우 병사는 **전반적 기억상실**이라 불리는 것을 경험하고 있을 수 있다. 극단적인 경우 병사는 자신의 친척이나 친구들도 알아보지 못하게 될 수 있다.

지금까지 소개한 해리성 기억상실의 형태들은 기억상실의 기간에서 그 끝이 있었다. 하지만 **지속성 기억상실**은 망각 기간에 있어 특별한 끝이 없고, 망각은 현재까지 지속된다. 병사는 전투 이전과 전투 동안 발생한 일뿐 아니라 새롭게 얻은 그리고 계속되는 경험들을 망각할 수 있다.

해리성 기억상실의 다양한 형태는 개인적 사건/정보의 기억상실이라는 점에서 유사하다. 해리성 기억상실에서 추상적 정보나 백과사전적 정보에 대한 기억은 흔히 유지된다. 해리성 기억상실을 가진 사람들은 다른 사람들과 마찬가지로 대통령 이름을 알고 있고, 글을 읽고 쓸 수 있으며, 차를 운전할 수 있다.

임상가들은 해리성 기억상실이 얼마나 흔한지 잘 모른다 (Pope et al., 2007). 하지만 이들은 많은 해리성 기억상실 사례가 전쟁이나 자연재해와 같은 건강과 안전에 위협이 되는 사건 동안 시작됨을 안다. 앞서의 전투병사처럼, 참전용사들은 몇 시간 혹은 며칠 동안의 기억의 공백(gap)을 보고하고 이 중 일부는 자기 이름과 집 주소와 같은 개인적 정보를 기억하지 못한다(Bremner, 2002).

아동기 학대 경험, 특히 아동기 성학대 경험은 해리성 기억상실을 촉발하기도 한다. 오랫동안 잊고 있던 아동기 학대 경험을 기억하게 되었다고 주장하는 성인의 사례가 1990년대 많이 보고되었다(Wolf & Nochajski, 2013)(심리전망대 참조). 게다가 해리성 기억상실은 사랑하는 사람의 갑작스러운 죽음이나 이들로부터의 거부, 어떤 행동(혼외정사)에 대한 죄책감 같은 보다 일상적인 상황하에서도 발생할 수 있다(Koh et al., 2000).

해리성 기억상실이 개인에게 미치는 영향은 어느 정도의 기억이 상실되었느냐에 달려 있다. 확실히 2년의 기억상실 삽화는 2시간의 기억상실 삽화보다 더 문제가 된다. 유사하게 주요한 변화가 일어나는 삶의 시기 동안의 기억상실은 평온한 시기 동안의 기억상실보다 더 많은 어려움을 야기한다.

해리성 기억상실의 극단적 버전을 **해리성 둔주**(dissociative fugue)라 부른다. 해리성 둔주

> 사람들은 왜 심각한 스트레스 기간 동안 발생하는 기억상실의 진정성에 대해 의문을 제기하는가?

표 5-3

진단 체크리스트

해리성 기억상실

1. 중요한 자서전적 정보를 기억하지 못함. 기억 못하는 자서전적 정보는 흔히 외상적이나 스트레스적인 특성을 지님. 기억상실은 단순한 건망증이나 망각으로 설명하기에 그 정도가 심하거나 광범위함

2. 개인에게 심각한 고통을 야기하거나 기능상 장해를 유발

3. 증상들은 약물이나 의학적 상태에 의한 것이 아니어야 함

해리성 정체성장애

1. 한 사람 안에 둘 또는 그 이상의 각기 뚜렷이 구별되는 성격 상태가 존재하는 것 혹은 귀신들림과 같은 경험으로 특징지어지는 정체감의 분열

2. 매일의 사건이나 중요한 개인적 정보 그리고/혹은 외상적 사건의 기억에 있어 반복되는 기억공백. 이러한 기억의 문제는 일상적인 망각의 수준 이상이어야 함

3. 개인에게 심각한 고통을 야기하거나 기능상 장해를 유발

4. 증상은 약물이나 의학적 상태에 의한 것이 아니어야 함

출처 : APA, 2013.

Peter Cosgrove/AP Photo

잃어버리고 찾음
1996년 플로리다에 도착한 세릴 앤 반스는 할머니와 새엄마의 부축을 받으며 비행기에서 내리고 있다. 17세의 고교 우등생은 플로리다 자택에서 사라진 후 한 달 만에 제인 아무개라는 이름으로 뉴욕시립병원에서 발견되었다. 그녀는 해리성 둔주를 잃은 것으로 보인다.

를 가진 사람들은 자기 정체감과 과거를 망각할 뿐 아니라 완전히 다른 장소로 도피한다. 어떤 이들은 근거리를 이동하여 새로운 환경에서 적지만 다른 사회적 관계를 맺기도 한다(APA, 2013). 둔주는 짧게 지속되고(몇 시간 혹은 며칠), 갑작스럽게 끝나는 경향이 있다. 하지만 다른 경우에서 개인은 집으로부터 멀리 떨어진 곳으로 이동하며, 거기서 새로운 이름과 정체감, 관계, 일을 갖는다. 이들은 새로운 성격 특질들을 보이기도 하는데, 자신의 원래 성격보다 흔히 더 외향적이 되곤 한다. 이러한 양상은 한 세기도 전에 발생한 안셀 본 목사의 사례에서 찾아볼 수 있다. 안셀 본 목사로부터 현대 본 시리즈 영화의 그 유명한 기억상실 비밀 요원 제이슨 본이 탄생하였다.

> 1887년 1월 17일, 로드아일랜드 주 그린 시의 안셀 본 목사는 프로비던스 시의 한 은행에서 551달러를 인출해 땅값과 계산서들을 지불한 후, 포터컷 시 철도 마차에 올라탔다. 이것이 그가 기억하는 마지막 사건이다. 그는 그날 집에 돌아오지 않았고, 그후 두 달 동안 그에 대한 아무런 소식도 들리지 않았다. 실종되었다, 폭행치사가 의심된다, 경찰이 그의 행방을 쫓았으나 성공하지 못했다는 등의 기사가 신문에 실렸다. 반면 3월 14일 아침, 펜실베이니아 주 노리스타운에서 6주 전 한 작은 가게를 빌려 그곳에 문구용품, 과자류, 과일과 자질구레한 물건들을 채워 놓고 아무에게도 이상하다는 인상을 주지 않은 채 조용히 장사를 하던, 자신을 A. I. 브라운이라 부르는 남자가 깜짝 놀라 잠에서 깼다. 그는 지금 자신이 어디에 있는지에 대한 답을 얻기 위해 집안 사람을 불렀다. 그는 자신의 이름을 안셀 본이라 했고, 자신은 노리스타운이란 곳에 대해 아는 바가 전혀 없고, 가게를 한다는 것도 모르며, 그가 마지막으로 기억하는 것은—마치 어제 일같이 느껴지지만—프로비던스에 있는 은행에서 돈을 인출한 것이라 말하였다. 그는 매우 허약한 상태에 있었는데, 도피 행각 동안 9kg 정도의 살이 빠진 상태였다. 그는 또한 캔디가게 이야기에 경악하였고 가게 안에 발을 들여놓는 것조차 거부했다.
>
> (James, 1890, pp. 39-393)

둔주는 갑작스럽게 끝나는 경향이 있다. 본 목사 경우에서와 같이 개인은 모르는 사람들로 둘러싸인 낯선 장소에서 '깨어나' 자신이 어떻게 여기에 와 있는지 궁금해한다. 다른 경우에서는 과거를 기억해 내지 못해 신분의 의혹을 받기도 한다. 교통사고 혹은 법적 문제로 인해 이들은 경찰들로부터 그들의 허위 신분을 발각당하기도 한다. 다른 경우에는 친구들이 실종된 사람을 찾기도 한다. 둔주 상태가 끝나기도 전에 발견될 경우, 치료자들은 이들에게 삶과 관련된 상세한 부분을 질문해야 하고, 그들이 누구인지에 대해 반복적으로 상기시켜야 하며, 기억을 되찾기 전부터 심리치료를 시작해야 한다(Igwe, 2013; Mamarde et al., 2013). 자신의 과거를 기억해 냄에 따라 이 중 몇몇은 둔주 기간 동안 벌어진 사건들에 대한 기억을 잃는다.

해리성 둔주를 경험하는 대다수의 사람은 자신의 기억 대부분 혹은 모두를 되찾으며, 그 후 재발을 보이지 않는다. 둔주의 지속 기간이 일반적으로 짧고 원상태로의 복구가 가능하기 때문에, 개인은 비교적 적은 후유증을 경험한다. 하지만 수개월 혹은 수년 동안 다른 곳에 가 있었던 사람들은 그들이 나가 있었던 동안 일어났던 변화에 적응해 나가는 데

억압된 아동기 기억인가 아니면 허위기억증후군인가

억압된 아동기 학대 기억에 대한 보고들이 1990년대 대중의 관심을 끌었다. 이런 유형의 해리성 기억상실을 가진 성인들은 묻혀진 아동기 성학대, 신체적 학대 기억들을 회복해 낸 것처럼 보였다. 예로 한 여성은 5~7세까지 2년 동안 아버지로부터 반복적 성학대를 받았다고 주장하였다. 한 젊은이는 아주 어렸을 때 친구로부터 성추행을 여러 번 당했다고 기억하였다. 억압된 기억은 다른 문제로 심리치료를 받는 중 표면화되는 경우가 많다.

억압된 기억과 관련한 소송들이 지난 몇 년간 감소하고 있다. 하지만 이 주제는 전문가들 사이에서 쟁점이 되고 있다(Wolf & Nochajski, 2013; Birrell, 2011). 몇몇 전문가들은 회복된 기억이 정말 개인의 마음속에 수년간 묻혀 있었던 끔찍한 학대 경험을 드러내는 거라 믿는다. 다른 전문가들은 회복된 기억이 환상에 불과하다 주장한다. 즉 혼란스러운 마음으로 인해 창조된 허위 이미지라는 것이다. 억압된 기억이라는 개념을 인정하지 않는 사람들은 아동기 성학대와 관련한 세부사항들이 기억에서 완전히 지워지지 않고 때때로 너무나도 잘 기억되고 있음을 그 반대의 근거로 내세운다(Loftus & Cahill, 2007). 이들은 기억이 일반적으로 결함의 속성을 지닌 현상임을 지적한다(Haaken & Reavey, 2010; Lindsay et al., 2004). 게다가 다양한 종류의 허위 기억들이 실험실에서 만들어질 수 있음을 시사하는 연구 결과들도 반대 입장을 지지하는 근거가 되고 있다. 연구 참가자들의 상상을 건드림으로써 허위 기억들을 실험실에서 만들어 낼 수 있음이

Bettmann/Corbis

초기 아동기 기억 연구들은 초기 아동기에 관한 우리의 기억이 가족의 회상, 꿈, TV, 영화 줄거리, 현재의 자아상에 의해 영향을 받고 있음을 시사하고 있다.

보고되고 있다(Weinstein & Shanks, 2010; Brainerd et al., 2008).

회복되었다고 주장된 아동기 기억이 실제 일어났던 일이 아니라면, 보고된 기억은 과연 무엇인가? 억압된 기억 개념을 옹호하지 않는 사람들은 이것을 피암시성을 보여 주는 강력한 예라고 말한다(Loftus & Cahill, 2007; Loftus, 2003, 2001). 반대자들은 억압된 기억에 쏟아진 임상가들과 대중의 관심이 일부 이론가들로 하여금 충분한 증거도 없이 성급한 진단을 내리도록 만들었다고 주장한다(Haaken & Reavey, 2010). 이론가들은 내담자에게서 초기 학대의 징후를 찾으려 하고 심지어는 내담자가 억압된 기억을 만들어 내도록 격려한다(McNally & Garaerts, 2009). 어떤 이론가들은 최면, 퇴행치료, 일기 쓰기, 꿈 해석, 신체 증상의 해석 같은 특별한 기억회복기법을 사용

하기도 한다. 이러한 기법들에 대한 반응으로 어떤 내담자들은 아마도 학대의 허위 기억을 형성할 것이다. 일어났다고 주장된 사건들을 치료 시 반복적으로 이야기함으로써 그럴 것 같았던 기억은 내담자들에게 점점 더 친숙하게 된다.

물론 아동기 성학대의 억압된 기억들이 임상 장면에서만 나타나는 것은 아니다. 대부분 개인 스스로가 이런 기억을 알려온다. 억압된 기억 개념에 반대하는 사람들은 억압된 기억을 입증하는 것으로 보이는 다양한 책, 기사, 웹사이트, TV쇼를 지적하며 이 사례들을 설명한다(Haaken & Reavey, 2010; Loftus, 1993). 다른 반대자들은 생물학적 혹은 다른 이유로 어떤 개인은 다른 이보다 아동기 학대나 기타 다른 사건의 허위 기억에 더 취약하다고 믿는다(McNally et al., 2005).

억압된 아동기 기억의 회복에 의구심을 제기하는 전문가들까지도 아동 성학대 문제를 부인하지 않고 있음은 주목할 만한 사항이다. 사실상 옹호자와 반대자 모두는 대중이 이 논란을 잘못 해석하지는 않을까 걱정하고 있다. 즉 억압된 기억과 관련한 논쟁을 임상가들이 아동 성학대 문제 영역에 의구심을 품고 있는 것으로 받아들일까 하는 걱정이다. 억압된 기억 논쟁의 최종 결과가 무엇이건 간에 성학대는 부인할 수 없는 현실이고, 너무나도 흔하게 발생하고 있다.

어려움을 겪기도 한다. 게다가 어떤 사람들은 둔주 상태에서 위법 혹은 폭력 행위를 저질러 나중에 이 행위의 결과들과 마주해야 한다.

해리성 정체성장애(다중성격장애)

해리성 정체성장애는 루이자의 사례에서도 볼 수 있듯 극적이면서도 개인을 무력화시킨다.

루이자는 덴버의 주택가 도로변을 맴돌고 있는 것이 발견되어 치료에 의뢰되었다. 영양 결핍에 더러운 모습을 한 이 불안한 상태의 30세 여인은 자신을 텔루리드 집에서 도망 나온 프래니라는 15세 소녀라고 경찰에게 소개했다. 처음 경찰관들은 그녀가 매춘이나 마약 소지로 기소될 것이 두려워 거짓 신분을 꾸며 대는 거라고 의심했다. 하지만 발견 당시 그녀에게서는 매춘이나 마약사용의 증거가 나타나지 않았다.

그녀가 자신의 말을 전적으로 믿고 있음이 명백해지자, 사람들은 이 신분 미상의 여인을 정신병원으로 이송시켰다. 치료자와 만날 즈음, 그녀는 더 이상 이전의 끔찍한 가정 상황을 빠른 말투로 말하던 어린 소녀가 아니었다. 이제 그녀는 자신을 루이자라 불렀고, 느리고 신중하고 슬픈 톤으로 유창하나 가끔씩 혼란스러운 모습으로 이야기했다.

루이자는 6세 이후 수년에 걸쳐 어떻게 자신이 의붓아버지로부터 성적 학대를 받았었는지 묘사했다. 15세에 가출했고 이후로는 어머니나 의붓아버지와 연락을 끊었다. 그녀는 지난 몇 해 길에서 살았으나 최근에는 남자친구인 팀과 작은 아파트에서 함께 거주하고 있다고 주장하였다. 하지만 팀의 직업과 사는 곳, 성씨를 묻자 그녀는 아무런 대답도 내놓지 못하였다. 이런 이유로 그녀는 계속 치료를 받게 되었다.

치료를 통해 과거 불행했던 아동기 기억과 성학대 이력이 탐색되자 루이자는 동요하기 시작했고, 결국 어느 한 회기에는 15세의 프래니로 다시 돌아갔다. 치료자는 회기 기록에 "전체적인 몸동작이 갑자기 폭력적으로 변했다. 이전에 침착했던, 심지어 별 표정 없었던 얼굴이 긴장으로 일그러졌으며, 움츠린 몸동작을 취하였다. 의자를 60센티미터쯤 뒤로 뺐고 내가 그녀 쪽으로 약간만 기울여도 반복적으로 몸을 뒤로 뺐다. 고음조의 빠르고 짧고 끊어지는 어투로 단어들을 내뱉었다. 단어 사용은 마치 아이 수준으로 떨어져 있었다. 모든 면에서 그녀는 완전히 다른 사람이 되어 있었다."라고 기술했다.

다음 몇 회기 동안 치료자는 이 외의 여러 다른 성격들을 만났다. 어렸을 때 루이자를 가르쳤다 주장하는 엄격한 학교 교장 존슨 양이 그 하나였다. 자신이 루이자를 비롯한 다른 성격들을 책임지고 있다고 주장하는 거칠고 위협적인 노숙자 로저도 있었다. 55세 이혼녀 사라와 루이자가 돈 문제나 복잡한 수학 문제를 마주할 때마다 나타나는 24세 수학 천재이자 회계사 릴리도 이들 중에 있었다.

과거 다중성격장애(multiple personality disorder)로 알려진 **해리성 정체성장애**(dissociative identity disorder)를 가진 개인은 둘 혹은 그 이상의 구분되는 성격들을 발달시킨다. 발달된 성격들은 흔히 **하위 성격**(subpersonality) 혹은 **대체 성격**(alternate personality)이라 불리고, 각각은 개인의 기능 상태를 지배하는 독특한 기억, 행동, 사고, 감정을 가진다(표 5-3 참조). 한 시점에 하위 성격 중 하나가 주목받게 되고, 이것이 개인의 기능 상태를 주도한다. 흔히 주 성격(primary personality) 혹은 주인 성격(host personality)이라 부르는 하위 성격은 다른 것들보다 더 자주 나타난다.

스위칭(switching)이라 부르는 하나의 하위 성격에서 다른 성격으로의 전환은 갑작스럽고 극적인 경우가 많다(Barlow & Chu, 2014). 예를 들어 루이자는 얼굴을 찡그리고 어깨와 몸을 폭력석으로 앞으로 구부렸다. 임상가들의 최면적 암시로도 유도되지만, 스위칭은 보통 스트레스 사건들에 의해 촉발된다.

> 왜 여성이 남성보다 해리성 정체성장애 진단을 받을 가능성이 높은가?

해리성 정체성장애 사례는 300년 전 처음 보고되었다(Rieber, 2006, 2002). 임상가들은 이 장애가 드물게 발생한다고 간주하고 있으나, 어떤 보고들은 이 장애가 이전에 생각했던 것보다는 더 흔한 장애임을 시사한다(Dorahy et al., 2014). 대부분의 사례는 후기 청소년기

▶**해리성 정체성장애** 두 가지 이상의 구분되는 인격체를 발전시키는 장애. '다중성격장애'로도 알려짐

▶**하위 성격** 해리성 정체성장애로 고생하는 사람들에게 발견되는 둘 혹은 그 이상의 뚜렷이 구분되는 성격. '대체 성격'으로도 알려짐

혹은 초기 성인기에 처음으로 진단되나, 증상은 주로 초기 아동기 외상이나 학대 경험(보통 성학대) 후 실질적으로 시작된다(Sar et al., 2014; Steele, 2011; Ross & Ness, 2010). 여성이 남성보다 적어도 3배 정도 더 자주 진단된다.

하위 성격은 어떻게 서로 상호작용하는가 하위 성격들이 서로 관계하는 방식이나 하위 성격이 다른 하위 성격들을 기억하는 방식은 사례마다 다르다(Barlow & Chu, 2014. 그러나 일반적으로는 세 가지 종류의 관계가 있다. **상호 기억상실적 관계**에서 하위 성격들은 서로 간의 존재를 의식하지 못한다(Ellenberger, 1970). 반대로 **상호 인지적 형태**에서 각 하위 성격은 나머지 성격들의 존재를 너무나도 잘 인식하고 있다. 하위 성격들은 서로의 목소리를 듣고 여러 성격들 사이에서 이야기하기도 한다. 몇몇 성격들은 서로 사이가 좋으나 다른 성격들은 서로 사이가 좋지 않다.

가장 흔한 관계 형태는 **일방향 기억상실적 관계**이다. 여기서 몇몇 하위 성격들은 다른 성격들의 존재를 의식하나, 이러한 의식은 상호적인 것이 아니다. 함께 의식하는 하위 성격(공인지적 하위 성격)은 다른 성격의 존재를 알고 있다. 이들은 다른 하위 성격들의 행동과 사고를 관찰하는 '조용한 관찰자'지만, 다른 하위 성격들과 상호작용하지는 않는다. 때때로 공인지적 하위 성격은 다른 하위 성격이 나타나 있는 동안 환청(지시를 내리는 소리) 혹은 '자동적 쓰기'(현재 성격은 자신이 뭔가를 쓰고 있음을 발견하나 이를 통제하지는 못함)와 같은 간접적 수단을 통해 자신의 존재를 알리기도 한다.

연구자들은 해리성 정체성장애 사례의 대부분이 2~3개의 하위 성격을 포함하고 있다고 믿어 왔다. 하지만 현재의 연구들은 평균 하위 성격의 수가 훨씬 더 많다고 제안한다. 여자는 15개, 남자는 8개이다(APA, 2000). 사실상, 100개 혹은 그 이상의 하위 성격들이 관찰되는 경우도 있다. 때때로 하위 성격들은 한 번에 둘 혹은 셋씩 집단으로 나타나기도 한다.

이브의 세 얼굴이란 제목의 책과 영화를 통해 유명해진 '이브 화이트'는 한 여인이 이브 화이트, 이브 블랙, 제인이라는 3개의 하위 성격을 가진다(Thigpen & Cleckley, 1957). 주요 성격인 이브 화이트는 조용하고 신중한 여성이다. 이브 블랙은 걱정 없고 짓궂은 여성이다. 제인은 성숙하고 지적인 여성이다. 책에 따르면, 이 세 하위 성격들은 결국에 안정된 성격인 에블린으로 통합되는데, 이는 세 성격의 진정한 합체이다.

하지만 이 책은 잘못된 부분이 있었다. 에블린으로의 통합이 이브의 해리 증세의 결말이 아니었다. 20년 후 나온 자서전에서 이브는 생애 총 22개의 하위 성격을 나타낸 것으로 밝혀졌다. 9개의 하위 성격은 에블린 이후에 나타났다. 이들은 흔히 3개씩 집단으로 나타났고, 이브의 세 얼굴 작가들은 그녀의 이전 혹은 이후의 하위 성격들에 대해서는 결코 알지 못했다. 그녀는 현재 장애를 극복했다. 하나의 안정적인 정체감으로 통합했고, 이것은 지난 35년간 크리스 시즈모어라고 알려졌다(Ramsland & Kuter, 2011; Sizemore, 1991).

하위 성격들은 어떻게 다른가 크리스 시즈모어의 사례에서 하위 성격들은 흔히 극적으로 다른 특성을 보인다. 이들은 자신만의 이름과 구분되는 특성, 능력, 선호를 가지며, 심지어는 서로 다른 **생리적 반응**도 가진다.

개인 감별적 특성 유명 소설 시빌에서 묘사되고 있는 시빌 도셋의 사례에서처럼 하위 성격

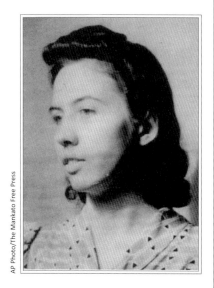

AP Photo/The Mankato Free Press

시빌의 실제 인물
임상 역사가들은 화가인 셜리 A. 메이슨(사진에 보이는)을 유명 소설 '시빌(Sybil)'의 실제 인물이라 밝히고 있다.

들은 나이, 성별, 인종, 가족력 같은 기본적인 특성에서 서로 다르다(Schreiber, 1973). 소설에 따르면, 시빌은 서로 다른 개인감별적 특성을 가진 17개의 하위 성격을 내보이고 있다. 성격들은 성인, 10대 청소년, 심지어 아기까지 포함하고 있었다. 비키라는 이름의 한 하위 성격은 자신을 매력적인 금발의 여인으로 묘사했다. 반면 페기 루라는 이름의 하위 성격은 자신을 들창코를 가진 픽시(귀가 뾰족한 작은 사람 모습의 요정)로 묘사했다. 매리는 짙은 색 머리카락의 통통한 여성이었고, 바네사는 키 크고 마른 몸매의 빨간 머리 여성이었다(이 소설이 기초하고 있는 실제 사례의 정확성이 최근 도전을 받고 있음을 알려 두는 바이다).

능력 및 선호 추상적 정보나 백과사전적 정보의 기억은 해리성 기억상실에서는 보통 손상되지 않는 반면 해리성 정체성장애에서는 흔히 손상된다. 서로 다른 하위 성격들이 서로 다른 능력들을 가지고 있음은 드문 일이 아니다. 어떤 성격은 운전하고 외국어를 말하고 혹은 악기를 연주할 수 있는데, 다른 성격은 이런 것을 못한다(Coons & Bowman, 2001). 글씨체도 다를 수 있다. 게다가 하위 성격들은 음식, 친구, 음악, 문학에 대한 취향도 다를 수 있다. 크리스 시즈모어('이브')는 후에 "내 안의 한 성격이 바느질을 배웠지만, 이 성격이 다른 성격으로 전환된 후에는 바느질을 할 줄 몰랐다. 운전도 마찬가지였다. 내 성격들의 일부는 운전을 할 줄 몰랐다."라고 지적하였다(Sizemore & Pitillo, 1977, p. 4).

생리적 반응 연구자들은 하위 성격들이 혈압 수준, 알레르기 같은 생리적 반응에서 서로 다를 수 있음을 발견하였다(Spiegel, 2009; Putnam et al., 1990). 한 유명 연구는 하위 성격들 각각의 유발전위(evoked potential)를 측정함으로써 이들 성격의 뇌 활동을 살펴보았다(Putnam, 1984). 개인이 특정 자극(섬광등 같은)에 대한 반응으로 생성한 뇌 반응의 형태는 흔히 독특하고 일관적이다. 하지만 10명의 해리성 정체성장애 환자의 각 하위 성격들에 유발전위검사를 시행하였을 때 그 결과는 극적이었다. 각 하위 성격의 뇌 활동 형태는 독특했는데, 이런 종류의 차이는 완전히 다른 사람들에게서나 발견되는 것이었다. 지난 20년간 수행된 수많은 다른 연구들도 유사한 결과들을 내놓았다(Boysen & VanBergen, 2014).

해리성 정체성장애는 얼마나 흔한가 앞서 살펴봤듯이 해리성 정체성장애는 전통적으로 드문 장애라 생각되고 있다. 어떤 연구자들은 대다수 혹은 모든 사례가 의원성(iatrogenic)이라고 주장한다. 즉 임상가들에 의해 의도치 않게 만들어진 장애라는 것이다(Lynn & Deming, 2010; Piper & Merskey, 2005, 2004). 치료 중 다른 성격의 존재를 은밀히 암시함으로써 혹은 최면 중 직접 다른 성격을 창출하라 요구함으로써 해리성 정체성장애를 만들어 낸다고 이들은 믿는다. 이들은 또한 다중 성격을 찾고자 하는 치료자가 환자가 해리 증상을 보일 때 더 큰 관심을 보임으로써 이러한 패턴을 강화한다고도 믿는다.

이러한 주장은 해리성 정체성장애의 많은 사례가 개인이 덜 심각한 문제로 치료받던 도중 처음 관심을 받곤 한다는 사실에 근거한다. 하지만 모든 해리성 정체성장애 사례가 이러한 상황에 해당되는 것은 아니다. 많은 이들은 자신의 인생에서 자기가 기억 못하는 시간(시간의 공백)을 발견했기 때문에, 혹은 친척이나 친구들이 그들의 하위 성격들을 목격했기 때문에 치료를 구한다(Putnam, 2006, 2000).

> 해리성 정체성장애를 경험하고 있고 범죄가 하위 성격들 중 하나에 의해 자행되었다면 이 범죄자에게는 어떠한 선고가 적당한 것인가?

물론 지난 15년간 다시 감소하고 있는 추세이긴 하나 해리성 정체성장애로 진단된 사람의 수가 1980~1990년대에 극적으로 증가하였다(Paris, 2012). 이런 감소에도 불구하고 미국과 캐나다에서만 수천의 사례가 이 장애로 진단되고 있으며, 일부 임상이론가들은 미국과 다른 서구 국가들의 인구 1%에서 이 장애가 나타난다고 추정한다(Dorahy et al., 2014). 하지만 여전히 많은 임상가들은 이 장애 범주의 타당성에 대해 의문을 제기하고 있다.

이론가들은 해리성 기억상실과 해리성 정체성장애를 어떻게 설명하는가

다양한 이론이 해리성 기억상실과 해리성 정체성장애 설명을 위해 제안되고 있다. 정신역동과 행동주의 이론가들에 의해 제안된 오래된 설명은 많은 경험적 검증을 받지 못하였다(Merenda, 2008). 하지만 보다 최신의 관점(예 : 인지 · 행동 · 생물학적 원칙들을 결합한 관점과 상태 의존 학습 및 자기최면 같은 요소를 강조하는 관점)은 임상과학자들의 관심을 끌고 있다.

정신역동적 관점 정신역동이론가들은 해리장애가 가장 기초적인 자아방어기제인 억압에 의해 야기된다고 믿는다. 사람들은 무의식적으로 고통스러운 기억, 사고, 혹은 충동이 의식으로 떠오르지 못하게 함으로써 불안에 대처한다. 누구나 어느 정도는 억압이라는 기제를 사용하지만 해리장애를 가진 사람들은 자신의 기억을 지나치게 억압하는 것으로 여겨진다(Henderson, 2010).

정신역동적 관점에서 보면 해리성 기억상실은 거대한 억압의 단일 삽화이다. 개인은 속상한 사건 기억과의 대면에서 오는 고통을 줄이기 위해 사건의 기억을 무의식적으로 막는다(Kikuchi et al., 2010). 억압은 압도하는 불안으로부터 자신을 방어할 수 있는 유일한 방법일 수 있다.

반대로 해리성 정체성장애는 일생 지속되는 극단적 억압으로부터 야기된다고 생각되고 있다(Howell, 2011 ; Wang & Jiang, 2007). 정신역동이론가들은 계속적인 억압의 사용이 아동기 외상적 사건, 특히 학대적 훈육에 의해 동기화된다고 믿는다(Baker, 2010 ; Ross & Ness, 2010). 외상을 경험한 아동은 자신이 살고 있는 위험한 세상을 두려워하게 되고, 저 멀리 안전한 곳에서 구경하는 구경꾼처럼 행동함으로써 위험한 세상으로부터 도망가려 한다. 학대받는 아동은 심한 처벌을 받을 만한 내적 충동을 경험하기 두려워한다. '나쁜' 생각과 충동을 경험할 때마다 이것을 다른 성격들에 전가시킴으로서 나쁜 생각과 충동의

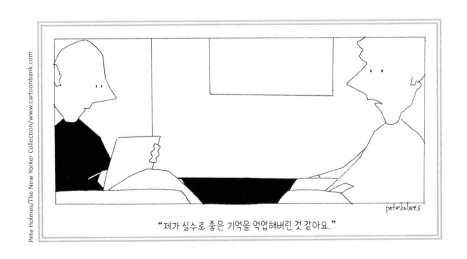

Pete Holmes/The New Yorker Collection/www.cartoonbank.com

"제가 실수로 좋은 기억을 억압해버린 것 같아요."

숨은 뜻 읽어내기

기억 손상과 관련된 최근 영화

도리를 찾아서(2016)

내가 잠들기 전에(2014)

트랜스(2013)

토탈 리콜(2012, 1999)

서약(2012)

본 시리즈(2002~2012)

블랙스완(2010)

셔터 아일랜드(2010)

행오버(2009)

넘버 23(2007)

스파이더맨 3(2007)

이터널 선샤인(2004)

맨츄리안 캔디데이트(2004, 1962)

니모를 찾아서(2003)

멀홀랜드 드라이브(2001)

메멘토(2000)

소유를 무의식적으로 부인하려 한다.

정신역동적 입장을 지지하는 증거의 대부분은 사례사로부터 나온다. 이 사례들은 매질, 칼부림, 담뱃불로 지짐, 옷장에 가둠, 강간, 언어적 학대 같은 잔혹한 아동기 경험을 보고하고 있다(Ross & Ness, 2010). 그러나 해리성 정체성장애 환자의 일부는 살아오는 동안 이러한 학대를 경험한 것 같지 않다(Ross & Ness, 2010; Bliss, 1980). 예를 들어 이브의 세 얼굴의 크리스 시즈모어는 자신의 장애가 학령전기 2명의 사망과 하나의 끔찍한 사건을 3개월 기간 내 경험한 이후 처음 나타났다고 보고했다.

행동주의적 관점 행동주의자들은 해리가 마음의 표류나 망각 같은 정상적 기억 과정으로부터 나왔다고 믿는다(심리전망대 참조). 특히 이들은 해리가 조작적 조건형성을 통해 학습된 반응이라 주장한다(Casey, 2001). 끔찍한 사건을 경험한 사람들은 마음을 딴 데로 둘 때 순간적 안도를 경험하게 된다. 일부에게 있어 이러한 순간적 망각은 불안을 낮추는 결과를 가져오며, 따라서 앞으로도 이러한 망각행동을 수행할 가능성이 높다. 간단히 말해 이들의 망각행동은 강화를 받았고 망각이 불안으로부터의 도피에 도움이 된다는 사실을 학습하게 되었다. 물론 학습은 학습자가 학습하고 있음을 인지하지 못한 상태에서 일어났다. 정신역동이론가들과 마찬가지로 행동주의자들도 해리를 도피행동이라 본다. 하지만 행동주의자들은 도피의 수단으로 해리를 사용하고 있음을 인지 못하게 만드는 것이 열심히 일하는 무의식이라기보다 강화 과정이라 믿는다. 정신역동이론가들처럼 행동주의자들도 해리장애에 관한 자신의 견해를 지지하기 위해 사례사에 의존하고 있다. 하지만 행동주의적 설명도 고통스러운 기억으로부터의 순간적 그리고 정상적 도피가 어떻게 복잡한 장애로 발전하게 되는지 그리고 왜 많은 사람이 해리장애로 발전하지 않는지에 대한 설명을 제공하지 못하고 있다.

상태 의존 학습 특정 상황 혹은 마음 상태에서 무엇인가를 학습한 사람들은 같은 상황에 놓였을 때 학습한 내용을 더 잘 기억한다. 예를 들어 알코올의 영향하에서 학습 과제를 부여받은 사람들은 알코올의 영향하에서 학습한 정보를 가장 잘 회상한다. 유사하게 학습하면서 담배를 핀 사람은 나중에 담배 피는 상황에서 학습한 내용을 더 잘 회상한다.

상태와 회상 간 관련성을 지칭하여 **상태 의존 학습**(state-dependent learning)이라 한다. 상태 의존 학습은 특정 약물의 영향하에서 학습을 수행한 실험동물에게서 처음 관찰되었다(Ardjmand et al., 2011; Overton, 1966, 1964). 이후 인간 참가자를 대상으로 한 연구는 상태 의존 학습이 감정 상태와도 연

> 학교나 직장에서의 더 나은 수행을 위해 상태 의존 학습 원리를 사용하는 것이 가능할 것인가?

관됨을 발견하였다. 행복한 감정에서 학습된 것은 참가자가 다시 행복하게 되었을 때 가장 잘 회상된다. 슬픈 상태 학습은 슬픈 상태 동안에 가장 잘 회상된다(de l'Etoile, 2002; Bower, 1981)(그림 5-3 참조).

무엇이 상태 의존 학습을 야기하는가? 한 가지 가능성은 각성 수준이 학습과 기억에 중요한 부분이라는 것이다. 말하자면, 특정 각성 수준은 그것에 부착된 회상 사건, 사고, 기술의 묶음을 가지고 있다. 상황이 특정 각성 수준을 만들어 내면 개인은 그 각성 수준에 연합된 기억들을 더 잘 기억하게 된다.

사람들이 특정 사건들을 한 각성 상태에서 다른 각성 상태에서보다 더 잘 기억한다고

▶상태 의존 학습 학습이 그것이 일어난 상태 및 상황과 연합되어 동일한 상태 및 상황하에서 가장 잘 회상되는 것

하지만, 대부분의 사람들은 다양한 상태에서 사건들을 회상
할 수 있다. 하지만 해리장애로 발달하기 쉬운 사람들은 대단
히 경직되고 협소한 상태-기억 연결을 가진 것으로 보인다
(Barlow, 2011). 이들의 사고, 기억, 기술 각각은 특정 각성 상
태와 배타적으로 연결되어 있어, 기억이 처음 획득되었을 때
의 각성 상태와 거의 유사한 각성 상태를 경험하였을 때에만
그 사건을 회상할 수 있게 된다. 예로 평온한 상태에 있는 사람
들은 스트레스 기간 동안 일어난 일을 망각하는데, 이는 해리
성 기억상실의 토대가 된다. 유사하게 해리성 정체성장애에서
다른 각성 수준들은 전적으로 다른 기억, 사고, 능력의 집합,
즉 다른 하위 성격들을 창출하기도 한다(Dorahy & Huntjens,
2007). 이것이 해리성 정체성장애에서의 성격 변환이 왜 그렇
게 갑작스럽고 스트레스와 관련되어 있는지를 설명한다.

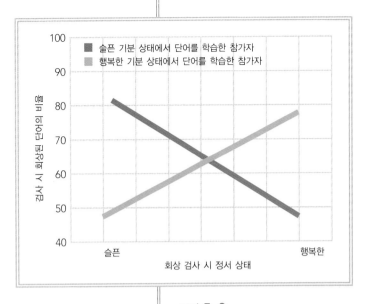

그림 5-3
상태 의존 학습
한 연구에서 최면을 통해 행복한 기분이 유도
된 상태에서 단어를 학습한 참가자들은 추후
회상 검사가 행복한 기분에서 이루어졌을 때
슬픈 기분에서 이루어진 때보다 단어들을 더
잘 회상하였다. 반대로 슬픈 기분에서 단어를
학습했던 참가자들은 추후 회상 검사가 슬픈
기분에서 이루어졌을 때 행복한 기분에서 이
루어진 때보다 단어들을 더 잘 회상하였다(출
처 : Bower, 1981).

자기최면 제1장에서 보았듯이 최면에 걸린 사람들은 쉽게 피암시적이 되는 수면 비슷한
상태로 들어간다. 이런 상태에 있는 동안 이들은 평소에는 불가능해 보이는 방식으로 행동
하고 지각하고 생각한다. 예를 들어 이들은 눈이 멀거나 귀가 들리지 않거나 통증에 무감
해진다. 최면은 사람들로 하여금 여러 해 전에 일어났으나 잊힌 사건들을 기억할 수 있도
록 도울 수 있다. 이러한 능력은 많은 심리치료자들에 의해 사용되었다. 반대로 최면은 사
실, 사건, 심지어 자신의 정체감까지도 망각하게 할 수 있다. 이러한 효과를 **최면성 기억상
실**(hypnotic amnesia)이라 부른다.

최면성 기억상실과 해리장애 간에 존재하는 유사성은 실로 놀랍다(van der Kruijs et al.,
2014). 둘 다 일정 기간 특정한 것을 망각하다 나중에 기억하게 된다. 두 경우 모두에서
사람들은 자신이 왜 기억을 못하는지에 대한 통찰 없이 혹은 무엇인가가 망각되었다는
인식 없이 망각한다. 이러한 유사성이 일부 이론가들로 하여금 해리장애가 일종의 **자기
최면**(self-hypnosis)―즉 불쾌한 사건들을 잊도록 자신에게 최면을 거는 상태―이라 결론
짓게 만든다(Dell, 2010). 한 예로 근간에 일어난 끔찍한 경험을 잊도록 자신에게 의식적으
로 혹은 무의식적으로 최면을 거는 사람들에게서 해리성 기억상실이 발생할 수 있다. 만약
자기 유도된 기억상실이 그 개인의 과거 기억과 정체성 모두를 망라한다면, 그 개인은 해
리성 둔주를 경험하게 되는 것이다.

자기최면이론은 해리성 정체성장애의 설명에도 사용될 수 있다. 몇몇 이론가들은 일부
연구 결과들에 기초하여 이 장애가 주로 4~6세 사이에 처음 시작된다고 믿는다(Kohen &
Olness, 2011; Kluft, 2001, 1987). 4~6세 사이는 아동이 보통 매우 피암시적이 되어 뛰어
난 최면의 대상이 되기도 하는 시기이다. 자기최면이론가들은 학대 혹은 다른 끔찍한 사건
을 경험한 아동의 일부가 자기최면을 사용하여 위협적인 세상으로부터 도피하려 한다고
주장한다. 자기최면은 정신적으로 자신을 자신의 몸으로부터 분리하고 다른 사람이 되고
자 하는 개인의 소원을 성취시킨다(Giesbrecht & Merckelbach, 2009). 다중 성격을 가진 한
환자는 "아동기 동안 저는 무아지경 상태에 자주 들어갔어요. 작은 공간이 있었는데 거기
에 앉아서 마치 최면 상태와 같은 아주 편안한 상태가 될 때까지 눈을 감고 상상할 수 있었
어요."라고 보고하였다(Bliss, 1980, p. 1392).

▶**자기최면** 불유쾌한 사건들을 잊기 위해 자
신에게 최면을 거는 과정

심리전망대

기억의 특이성

기억 문제들은 장애의 증상으로 간주되기 이전에 개인의 기능 상태에 심각한 장해를 유발하곤 한다. 반면 기억의 특이성은 우리의 매일의 삶을 채우고 있다. 기억연구가들은 수많은 기억의 특이성을 찾아내었다. 어떤 것은 익숙하고, 어떤 것은 유용하며, 어떤 것은 문제가 되고 있으나 이 중 어떤 것도 이상은 아니다.

● **방심 혹은 넋나감** 정신이 딴 곳에 팔려 정보를 등록하지 못하는 경우가 있다. 처음에 정보를 흡수하지 못했다면 나중에 그것을 기억 못하는 것은 어찌 보면 당연한 결과이다.

● **기시감** 지금 자신에게 일어나는 일을 전에도 경험한 것 같이 느끼는 이상한 경험을 해 보았을 것이다. 거기에 있었다고 우리는 확실히 느낀다.

● **미시감** 때때로 우리는 정반대의 경험을 한다. 우리 삶의 일부인 상황이나 장면이 갑자기 익숙하지 않은 것처럼 보이는 경우가 그것이다. "저 차가 내 차인 것은 알겠는데, 전에 한 번도 본 적 없는 것처럼 느껴지네."

● **설단 현상** 말이 혀끝에서 뱅뱅 맴도는 것은 '알고 있다는 첨예한 느낌'이다. 어떤 정보를 회상하지는 못하지만, 우리는 우리가 그것을 알고 있음을 안다.

● **직관상** 몇몇 사람들은 잔상을 너무도 생생하게 경험하여 한 번만 보아도 사진의 세부 사항까지 다 묘사할 수 있다. 상들은 사진, 사건, 환상, 혹은 꿈의 기억일 수 있다.

"당신은 이전에 무엇인가를 시작하려 하다가 갑자기 그것이 도대체 뭐였는지 기억할 수 없었던 때가 있었습니까?"

● **마취하에서의 기억** 1,000명의 마취 상태 환자들 중 2명이 자신의 회복에 영향을 주기 위해 수술 중 들은 것에 대한 정보를 처리한다. 이러한 사례 중 대부분에서 언어를 이해하는 능력은 마취 중에도 유지된다. 비록 외현적으로 이것이 회상되지는 못해도 말이다.

● **음악 기억** 아주 어린아이였을 때 모차르트는 한 번 들은 음악을 모두 기억하여 재현할 수 있었다. 현재까지 모차르트에 필적할 만한 천재가 나타나지는 않았지만, 많은 음악가들은 정신적으로 곡을 들을 수 있고 그로 인해 악기에서 멀리 떨어져 있어도 어디에서건 그 곡을 예행연습할 수 있다.

● **시각 기억** 대부분의 사람들은 시각적 정보를 다른 종류의 정보보다 더 잘 회상한다. 이들은 장소, 물건, 얼굴 혹은 책의 페이지를 쉽게 마음으로 불러들일 수 있다. 사람 이름은 잊어버리나 얼굴은 좀체 잊지 않는다. 반면 다른 사람들은 언어 기억에 강하다. 이들은 소리나 단어를 특히 잘 기억하고, 이들의 마음속에 떠오르는 기억은 흔히 동음 이의어나 운들이다.

해리성 기억상실과 해리성 정체성장애는 어떻게 치료되는가

앞서 살펴본 바와 같이 해리성 기억상실을 가진 사람들은 흔히 스스로 쾌차한다. 하지만 일부의 사람에게서는 기억 문제가 지속되며, 이런 경우는 치료가 필요하다. 반면 해리성 정체성장애를 가진 사람들은 잃어버린 기억을 되살리고 통합된 성격을 발달시키기 위해 보통 치료가 필요하다. 해리성 기억상실의 치료는 해리성 정체성장애의 치료보다 더 성공적인 경향이 있는데, 이는 전자의 양상이 후자보다 덜 복잡하기 때문으로 사료된다.

치료자는 어떻게 해리성 기억상실과 해리성 둔주를 가진 사람을 돕는가 해리성 기억상실의 선구적인 치료로는 **정신역동적 치료, 최면치료, 약물치료**가 있다. 비록 이들 개입에 대한 지지가 주로 통제된 연구에서보다는 사례연구에서 나오고 있지만 말이다(Gentile et al., 2014, 2013). 정신역동적 치료자들은 망각된 경험을 의식화시키려는 의도로 환자들이 자신의 무의식을 탐색하도록 한다(Howell, 2011). 정신역동치료의 초점은 해리성 기억상실을 가진 사람들의 요구와 특히 잘 맞아떨어지는 것 같다. 환자들은 잃어버린 기억을 회복할 필요가 있고, 정신역동적 치료자들의 일반적 접근은 억압된 기억 및 기타 억압된 심리적 과정을 들추어내는 것이다. 이러한 이유로 정신역동적 접근을 선호하지 않는 이론가들을 포함한 여러 이론가들이 정신역동적 치료를 해리성 기억상실 치료에 가장 적합한 접근이라 믿고 있다.

해리성 기억상실의 또 다른 흔한 치료로 **최면치료**(hypnotic therapy 혹은 hypnotherapy)가 있다. 치료자들은 환자에게 최면을 건 후 이들로 하여금 망각된 사건들을 회상하도록 이끈다(Rathbone et al., 2014). 해리성 기억상실이 일종의 자기최면일 수 있다는 가능성에 기초해 볼 때 최면치료는 특히 유용한 치료적 개입임에 틀림없다. 최면치료는 단독으로 혹은 다른 접근들과 함께 사용되고 있다(Colletti et al., 2010).

Erin Painter/Midland Daily News/AP Photo

최면 상태에서의 회상

사진은 최면 상태에서 '현재 나는 하와이 해변에 와 있고 선탠로션이 필요하다'라는 암시를 받은 노스우드대학교 학생들의 반응을 담고 있다. 많은 임상가들은 과거 사건들에 대한 내담자의 기억을 돕기 위해 최면 절차를 사용하고 있다. 하지만 연구는 이러한 절차가 간혹 가짜 기억을 창출함을 보여 준다.

아모바비탈 나트륨(아미탈) 혹은 펜토바비탈 나트륨(펜토탈)과 같은 신경안정제 주입이 해리성 기억상실 환자의 잃어버린 기억 회복에 사용되기도 한다. 이 약물들을 '진실의 혈청'이라 부르기도 하는데, 약물이 효과를 나타내는 실질적 이유는 이것이 사람들을 안심시키고 이들의 억압 성향을 완화시켜 불안 유발 사건들을 회상할 수 있도록 돕기 때문이다(Ahern et al., 2000). 하지만 약물이 항상 효과가 있는 것은 아니기 때문에 다른 치료적 접근과 결합하여 사용될 경우가 많다.

치료자는 어떻게 해리성 정체성장애를 가진 사람을 돕는가 해리성 기억상실의 희생자들과는 달리, 해리성 정체성장애를 가진 사람들은 보통 치료 없이는 회복되지 않는다. 해리성 정체성장애의 치료는 장애만큼이나 복잡하고 어렵다. 치료자들은 내담자들이 (1) 자신의 장애의 본질을 이해하고, (2) 기억의 공백을 회복하며, (3) 하위 성격들을 하나의 기능적인 성격으로 통합하도록 돕는다(Gentile et al., 2014, 2013; Howell, 2011).

장애에 대해 인지하기 해리성 정체성장애 진단이 이루어지면, 치료자들은 보통 주 성격 및 하위 성격들과의 유대를 형성하기 위해 노력한다(Howell, 2011). 유대가 형성되면 치료자들은 환자들을 교육하고 이들이 장애의 본질을 충분히 인지할 수 있도록 돕는다. 실제로 몇몇 치료자는 환자들을 최면에 놓이게 한 후 이들의 하위 성격들을 서로에게 소개하기도 하고, 또 몇몇은 환자들에게 그들의 다른 성격들을 녹화한 비디오테이프를 보여 준다(Howell, 2011; Ross & Gahan, 1988). 또한 많은 치료자들은 집단치료가 환자들을 교육하는 데 도움이 됨을 발견하였다(Fine & Madden, 2000). 가족치료 또한 배우자와 자녀에게 해리성 정체성장애에 대해 교육하고 환자와 관련한 유용한 정보를 수집하기 위해 사용되고 있다(Kluft, 2001, 2000).

기억 회복하기 환자의 잃어버린 과거 기억 회복을 돕기 위해 치료자들은 정신역동적 치료, 최면치료, 약물치료를 포함한 해리성 기억상실에 사용된 접근들을 사용하고 있다(Brand et al., 2014; Kluft, 2001, 1991). 하지만 이들 기법은 해리성 정체성장애 환자들에게 있어 그 효력이 느리게 나타난다. 예로 몇몇 하위 성격은 다른 하위 성격이 회상하는 경험을 계속 부인하기도 한다. 심지어 하위 성격 중 하나는 주 성격이 외상 경험을 기억함으로써 받을

▶**최면치료** 환자에게 최면을 걸어 망각된 사건을 회상하도록 하거나 기타 다른 치료적 활동을 수행하도록 하는 치료

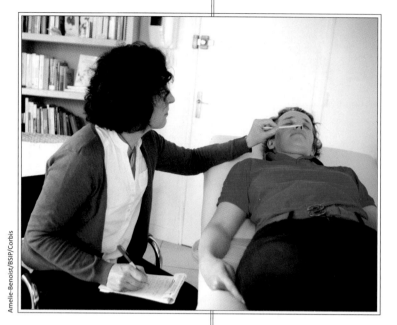

Amelie-Benoist/BSIP/Corbis

감각 기억

감각 자극은 종종 중요한 기억을 촉발한다. 따라서 일부 임상가들은 '후각치료'를 진행한다. 이 치료는 내담자로부터 기억을 끌어내기 위해 방향유의 향이나 진동을 사용한다.

고통을 방지하기 위해 '보호자' 역할을 자처하기도 한다.

하위 성격 통합하기 치료의 최종 목표는 여러 개의 하위 성격을 하나의 통합된 정체감으로 흡수하는 것이다. 통합(integration)은 환자가 자신의 행동, 감정, 감각, 지식 모두를 자신의 것으로 소유하기까지 치료 과정에서 발생하는 계속적인 과정이다. **융합**(fusion)은 둘 혹은 그 이상의 하위 성격이 최종적으로 합체됨을 의미한다. 많은 환자들은 이 같은 치료의 최종 목표를 불신하고, 하위 성격들은 통합을 하나의 죽음으로 간주하기도 한다(Howell, 2011; Kluft, 2001, 1991). 치료자들은 하위 성격들의 통합을 돕기 위해 정신역동, 지지, 인지, 그리고 약물치료를 비롯한 다양한 접근을 사용하여 왔다(Cronin et al., 2014; Baker, 2010).

하위 성격들이 통합되면 이후의 치료는 완전한 성격을 유지시키고 이후의 해리 발생 방지를 위해 도움이 될 만한 기술(예 : 사회 혹은 대처기술 훈련)을 훈련시키는 데 집중할 필요가 있다. 사례 보고에서 몇몇 치료자들은 높은 성공률을 보고한 반면(Brand et al., 2014; Dorahy et al., 2014), 다른 치료자들은 환자가 완전한 통합에 계속 저항하고 있음을 발견하였다. 사실상, 일부 치료자는 이러한 완전한 통합이 치료에서 과연 필요한 것인가에 의문을 제기하고 있기도 하다.

이인성/비현실감장애

앞서 살펴보았듯 *DSM-5*는 **이인성/비현실감장애**(depersonalization-derealization disorder)를 해리장애로 범주화하고 있다. 물론 이인성/비현실감장애는 다른 해리장애들에서 발견되는 기억의 어려움을 특징으로 가지지는 않지만 말이다. 이인성/비현실감장애의 핵심 증상은 지속되고 반복적으로 발생하는 이인증(자신의 정신과정이나 신체가 실제 같지 않거나 분리된 것 같은 감각) 그리고/혹은 비현실감(자신의 주변이 실제 같지 않거나 분리된 것 같은 감각)의 삽화이다.

> 24세의 대학원생 한 사람이 … 자신의 현실감에 의문을 품기 시작했다. 꿈속에서 사는 듯 느껴졌고(그 꿈에서 신체로부터 분리되어 나온 자신을 보았고), 제 신체와 생각이 자기 것이 아닌 양 느껴졌다. 눈에 비친 자신의 몸 일부는 왜곡되어 보였는데, 손과 발이 무척 커 보였다. 교정을 거닐 때면 주변 사람들이 마치 로봇인 것처럼 느껴졌다.
> 두 번째 회기 즈음 환자는 자신의 여자 친구를 왜곡하여 지각하기 시작했다. … 치료자가 실존하는지 의심스러워 그는 회기로 돌아올 것을 망설였다.
>
> (Kluft, 1988, p. 580)

▶**융합** 해리성 정체성장애에서 두 가지 이상의 하위 인격이 통합되는 것

▶**이인성/비현실감장애** 이인성, 비현실감 혹은 이 둘 모두의 지속적이고 반복적인 삽화로 특징지어지는 해리성 장애

앞서 예의 대학원생처럼 이인증을 경험하는 이는 제 신체로부터 분리된 듯 느끼고 자신이 외부에서 자기를 관찰하는 것처럼 느낀다. 때때로 마음이 자신보다 몇 미터 위에 떠다니는 것처럼 느껴지기도 하는데, 이러한 감각은 이중감(doubling)이라 알려져 있다. 신체 부

분이 낯설게 느껴지기도 하는데, 손이나 발이 원래보다 더 작게 혹은 더 크게 느껴진다. 많은 이인성/비현실감장애 환자들은 자신의 정서 상태를 '기계 같은', '몽롱한' 혹은 '어지러운' 등으로 묘사하곤 한다. 하지만 이들은 이런 모든 경험을 통해 자신의 지각이 왜곡되었음을 알고 있고, 이런 의미에서 이들의 현실감은 유지되고 있다. 몇몇 경우에서는 비현실적 감각이 다른 감각 경험 및 행동으로 확대되기도 한다. 예를 들어 사람들은 촉각이나 후각 혹은 시간이나 공간에 대한 판단에 있어 왜곡을 경험할 수 있다. 또한 사람들은 말할 때와 행동할 때 자신의 말과 행동에 대한 통제력을 상실하는 듯한 느낌을 경험할 수 있다.

이인증과는 달리 비현실감은 외부 세계가 비현실적이고 이상한 것으로 느껴지는 것을 특징으로 한다. 사물들은 모양이나 크기가 변하는 것처럼 보일 수 있으며 다른 사람들이 동떨어지거나 기계 같거나 심지어는 죽은 것처럼 보일 수 있다. 예로 위의 대학원생은 사람들을 로봇으로 보았고, 여자 친구를 왜곡된 방식으로 지각하기 시작하였으며, 치료자의 존재에 대한 확신이 서지 않아 두 번째 회기에 오기를 망설였다.

이인증과 비현실감 경험 그 자체가 이인성/비현실감장애를 만드는 것은 아니다. 일시적인 이인증, 비현실감 반응은 상당히 흔하다(Michal, 2011). 사람들의 3분의 1이 영화에서 자신을 보는 듯한 느낌을 경험하곤 한다고 말한다. 유사하게 삶을 위협하는 위험에 직면한 사람들의 3분의 1이 이인증이나 비현실감을 경험한다(van Duijl et al., 2010). 사람들은 명상을 수행한 후 혹은 새로운 지역을 여행한 후 종종 일시적인 이인증감을 보고한다. 어린 아동은 자의식의 능력을 발달시켜 가는 과정에서 때때로 이인증을 경험할 수 있다. 이런 경우 대부분에서 개인은 자신의 왜곡을 보완할 수 있으며 일시적 이인증, 비현실감 삽화가 끝날 때까지 적당한 효율성을 가지고 자신의 기능 수준을 이어나갈 수 있다

이와는 달리 이인성/비현실감장애 증상은 지속되고 반복 발생하며, 개인에게 고통을 유발하고, 개인의 사회적·직업적 수행에 장해를 초래하기도 한다(Gentile et al., 2014;

> 만약 당신이 이인증이나 비현실감의 감정을 경험한 적이 있다면, 그 당시 경험을 어떻게 설명하겠는가?

Daniel Morel/Reuters

종교적 해리

종교 혹은 문화 의식의 일부로 많은 사람이 자발적으로 가수 상태(무아지경)에 들어간다. 가수 상태는 이인증과 비현실감의 상태인데, 이는 해리장애의 하나인 이인성/비현실감장애에서 발견되는 증상들과 유사하다. 사진은 아이티 수브낭스의 한 사원에서 부두교 추종자들이 가수 상태에 빠진 채 노래하며 성스러운 연못을 뒹구는 모습을 담고 있다. 이 의식은 노래, 춤, 부두 영혼들에게의 헌사를 특징으로 하는 일주간의 연중행사 중 한 부분에 해당한다.

Michal, 2011). 장애는 청소년기와 성인 초기에 가장 흔히 발병하며 40세 이후의 사람에게는 거의 발병하지 않는다(Moyano, 2010). 장애는 보통 갑작스럽게 발병하며 극도의 피로, 신체적 통증, 강한 스트레스, 약물남용으로부터의 회복에 의해 촉발된다. 외상 경험의 생존자 혹은 인질, 납치의 희생자와 같이 위협적인 인생 상황에 놓인 사람들은 특히나 이 장애에 취약한 것으로 보인다. 장애는 장기간 지속되는 경향이 있다. 증상은 호전되고 일시적으로 사라지기도 하나, 심한 스트레스 시기에는 재발하거나 악화된다. 앞서의 대학원생의 경우처럼, 많은 이인성/비현실감장애 환자들은 정신 이상을 걱정하고 증상에 대한 걱정에 몰두한다. 하지만 몇 안 되는 이론만이 이 장애에 대한 설명을 제공하고 있다.

> ▶ **요약**
>
> 해리장애 해리장애를 가진 사람들은 신체적 요인으로 설명할 수 없는 기억과 정체성에서의 주된 변화를 경험한다. 이러한 변화는 흔히 외상 사건 이후에 나타난다. 보통 기억이나 정체성의 한 부분이 기억이나 정체성의 다른 부분과 해리되거나 분리된다. 해리성 기억상실을 가진 사람들은 중요한 개인적 정보나 과거 사건을 기억해 내지 못한다. 해리성 기억상실의 극단적 형태인 해리성 둔주로 고생하는 사람들은 개인적 정보를 기억해 내지 못할 뿐 아니라 다른 지역으로 이동하여 거기서 새로운 정체성을 형성한다. 또 다른 해리장애인 해리성 정체성장애(다중성격장애)에서 사람들은 둘 혹은 그 이상의 구별되는 하위 성격을 드러내 보인다.
>
> 해리성 기억상실과 해리성 정체성장애는 잘 이해되고 있지 않다. 이들 장애를 설명하기 위해 인용된 과정들로는 극단적 억압, 조작적 조건형성, 상태 의존 학습, 자기최면이 있다. 뒤의 두 현상은 특별히 임상 과학자들의 관심을 끌고 있다.
>
> 해리성 기억상실은 저절로 치유되기도 하고 치료를 필요로 하기도 한다. 해리성 정체성장애는 보통 치료를 필요로 한다. 해리성 기억상실을 가진 사람들의 기억 회복을 돕기 위해 사용되는 접근들로는 정신역동적 치료, 최면치료, 아모바비탈 나트륨 혹은 펜토바비탈 나트륨이 있다. 해리성 정체성장애 환자를 치료하는 치료자들도 해리성 기억상실에서와 같은 치료적 접근을 사용하고 있다. 이들은 또한 내담자가 장애의 본질과 영역을 인식하고, 기억 공백을 회복하며, 여러 하위 성격을 하나의 기능적 성격으로 통합할 수 있도록 돕는다.
>
> 이인성/비현실감장애라는 또 다른 종류의 해리장애를 가진 사람들은 자신이 자신의 정신과정 혹은 신체와 분리된 것처럼 혹은 자신이 외부에서 자기를 관찰하는 것처럼 느끼거나 자기 주변의 사람이나 사물들이 비현실적인 것처럼 혹은 초연한 것처럼 느낀다. 일시적 이인증과 비현실감의 경험은 상대적으로 흔한 것으로 보이는 반면 이인성/비현실감장애는 흔하지 않다.

종합

외상과 스트레스 이해하기

외상과 스트레스의 개념은 이상심리 영역 발달 초기부터 줄곧 주목을 받아 왔다. 예로, Sigmund Freud 시대의 정신역동이론가들은 대부분의 정신장애(우울에서 조현병에 이르기까지)가 외상적 상실이나 사건들로부터 시작된다고 주장하였다. 심지어 다른 임상 모델의 이론가들조차 스트레스하에 있는 사람들이 불안, 우울, 섭식, 약물사용, 성기능장애를 포함한 다양한 심리장애에 취약하다는 사실에 동의하고 있다.

그렇다면 외상과 스트레스가 어떻게 그리고 왜 이러한 심리장애들로 전환되는 것인가? 최근까지만 해도 임상이론가들과 연구자들은 이 질문에 대한 답을 제공하지 못하였다. 하지만 급성 스트레스장애와 외상후 스트레스장애가 임상 영역에서 규명되고 연구됨에 따라 연구자들은 외상, 스트레스와 심리적 역기능 간 관계를 보다 잘 이해하게 되었다. 연구자들은 외상 및 스트레스와 심리적 역기능과의 관계를 생물학적·유전적 요인, 성격 특질, 아동기 경험, 사회적 지지, 다문화적 요인, 환경 사건과 같은 다양한 변인이 개입하여 만들어 내는 복잡한 상호작용으로 보고 있다. 이에 발 맞추어 임상가들도 급성 스트레스장애와 외상후 스트레스장애 환자들을 위한 보다 효과적인 치료 프로그램을 개발하고 있다. 이러한 프로그램은 생물학적·행동적·인지적·가족적·사회적 개입을 결합하고 있다.

이 장은 외상으로 촉발되는 또 다른 장애군인 해리장애를 포함하고 있다. 하지만 해리장애는, 앞서의 급성 스트레스장애와 외상후 스트레스장애와는 달리, 그 이해와 치료에서 그다지 빠른 진보를 나타내지 못하고 있다. 해리장애들이 임상 분야 발달 가장 초반에 확인된 문제들임에도 불구하고, 임상 분야는 20세기 후반 동안 이들 장애에 대한 관심을 끊었다. 일부 임상가들은 이들 장애 진단의 적법성조차 의심하였다. 하지만 임상 분야의 해리장애에 대한 관심은 외상후 스트레스 반응에 대한 강한 관심과 알츠하이머 장애와 같은 기질적 기억장애에의 관심에 일부 힘입어 지난 20년간 급증하였다. 연구자들은 해리장애가 이전 임상이론가들이 생각했었던 것보다 더 흔한 장애임을 이해하기 시작했다. 사실상 해리장애가 상태 의존 학습, 자기최면과 같은 다른 연구 영역에서 잘 알려져 있는 과정들에 근거하고 있음을 보여 주는 증거들이 증가하고 있다.

외상과 스트레스 영역이 빠르게 발전하고 있는 가운데 우리가 주목해야 할 하나의 교훈이 있다. 임상 문제들이 과하게 연구되고 있을 때 일반 대중, 연구자, 임상가는 흔히 신중하지 못한 과감한 결론에 도달할 수 있다는 것이다. 예를 들어 많은 사람들이(아마도 너무 많은 사람들이) 현재 외상후 스트레스장애 진단을 받고 있는데, 이는 장애 구성 증상의 많음 때문도 있지만 외상후 스트레스장애에 대한 지나치게 높은 관심 때문이기도 하다(Holowka et al., 2014; Wakefield & Horwitz, 2010). 유사하게 일부 임상가들은 해리장애에 대한 증가하는 관심이 이 장애 유병률에 대한 잘못된 인상을 만들어 내지는 않을까 걱정한다. 우리는 이러한 잠재적 문제를 아동 양극성장애와 주의력결핍 과잉행동장애(ADHD)와 같은 최근 큰 관심을 받고 있는 정신장애들을 살필 때 다시 보게 될 것이다. 계몽과 과도한 열중은 종종 종이 한 장의 차이만큼 작을 수 있다.

"당신이 당신에게조차 감추고 있는 그 일들에 대해 듣는 것에 전더 관심이 있어요."

Paul Noth/The New Yorker Collection/www.cartoonbank.com

핵심용어

강간	부교감신경계	억압	최면치료
고문	상태 의존 학습	에피네프린	코르티코스테로이드
교감신경계	스트레스원	외상후 스트레스장애(PTSD)	토의집단
급성 스트레스장애	시상하부	융합	하위 성격
기억	시상하부-뇌하수체-부신(HPA) 축	의원성 장애	해리성 기억상실
기억상실 삽화	심리경험 사후보고	이인성/비현실감장애	해리성 둔주
내분비계	안구운동 민감소실 및 재처리	자기최면	해리성 정체성장애
노르에피네프린	(EMDR)	자율신경계(ANS)	해리장애

속성퀴즈

1. 스트레스원에 대한 사람들의 반응을 결정하는 요인에는 무엇이 있는가?

2. 외상 사건 경험 후 개인을 급성 스트레스장애와 외상후 스트레스장애로 발전시키는 데 영향을 미치는 요인은 무엇인가?

3. 어떤 치료적 접근이 급성 스트레스장애와 외상후 스트레스장애로 고통받는 사람에게 사용되고 있는가?

4. 해리장애의 종류를 열거하고 기술하라. 해리성 둔주는 무엇인가?

5. 해리성 기억상실의 종류로 어떤 것이 있는가?

6. 해리성 정체성장애에서 하위 성격들이 서로 간 맺고 있는 관계의 종류에는 어떤 것들이 있는가?

7. 해리성 기억상실과 해리성 정체성장애를 설명하는 관점으로 정신역동적, 행동적, 상태 의존 학습, 자기최면 관점이 있다. 각각의 관점에 대해 기술하라. 각 설명은 연구에 의해 얼마나 잘 지지되고 있는가?

8. 해리성 기억상실의 치료에 어떤 접근이 사용되고 있는가?

9. 해리성 정체성장애 치료의 주 특징은 무엇인가? 치료는 성공적인가?

10. 이인성/비현실감장애를 정의하고 기술하라. 이 장애는 얼마나 잘 이해되고 있는가?

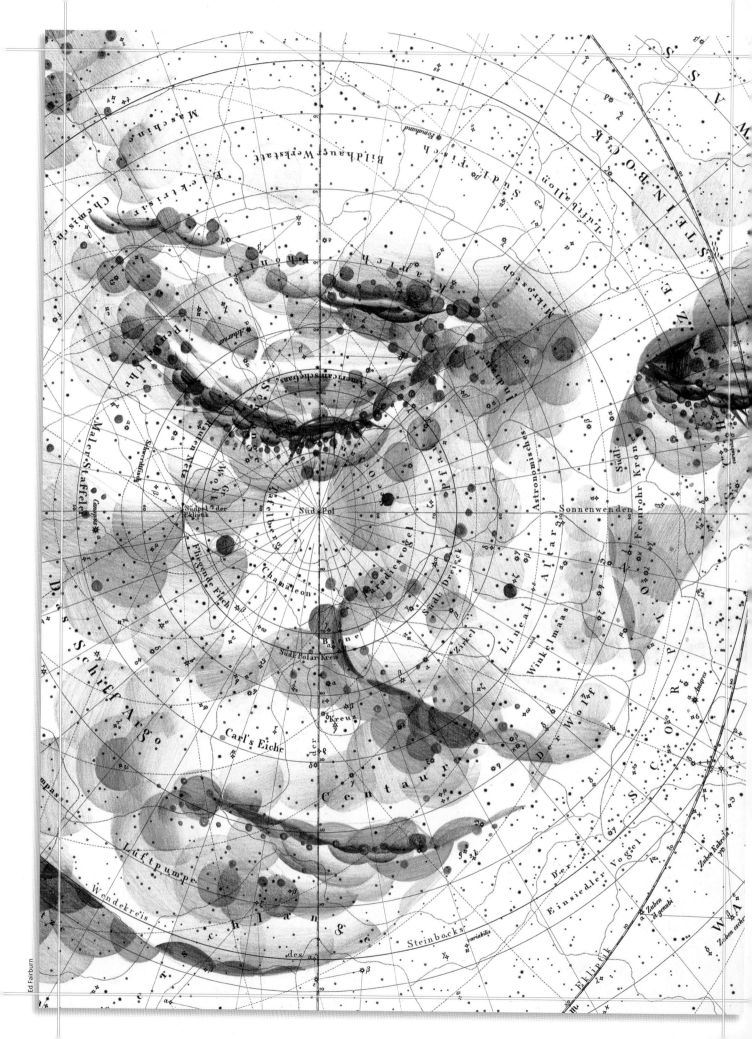

우울 및 양극성 장애

 든 것이 나와 잘 맞지 않는다고 처음으로 인식한 것은 … 내가 스물두 살 때였다. 로스앤젤레스에서 2년 동안 살면서 여러 임시직 일을 하며 작가 겸 행위예술가로 자리를 잡으려고 했다. 불쑥 뚜렷한 이유도 없이, 슬픔에 시달리는 느낌을 받기 시작했다. 병의 단계적인 진행을 기억하지는 못한다. 기억할 수 있는 것은 내 인생이 붕괴되었다는 것이다. 처음에는 이상하고 무서운 슬픔의 공간으로, 그다음에는 피로에 사로잡혀 점차 기능을 잃어버렸다. 침대에서 일어나서 목욕을 하고 옷을 입는 데 몇 시간이 걸렸다. 옷을 다 입을 무렵이면 오후가 되어버리기도 했다….

얼마 지나서 임시 직장에 출근하지 않았고 외출을 그만두었으며 집 안에 나를 가두었다. 집을 나올 만큼 충분히 기분이 좋았던 것은 3주 전에 끝났다. 그 시간 동안 나는 모든 것과 모든 사람으로부터 나 자신을 끊었다. 목욕하기 전에 하루가 가곤 했다. 씻거나 집을 청소할 충분한 에너지가 없었다. 거실에서 침실, 작은 아파트의 욕실까지 속옷과 다른 옷들이 널려 있었다. 집 곳곳에 썩은 음식이 담긴 그릇이 놓여 있었다. TV 시청이나 전화 통화조차 너무 많은 집중이 필요했다. … 내가 할 수 있는 전부는 … 지나가기를 기다리는 것이었다. 그리고 그랬다. 천천히….

… 깊은 곳에서 내가 뭔가 잘못되었다는 것을 알았다. 하지만 뭘 할 수 있을까? 무력하고 무방비 상태인데, 내가 할 수 있는 유일한 것은 계속 움직이는 것이었다. 내 마음과 행동은 내가 통제할 수 있을 거라고 확신했다. 앞으로는 꼭 인지해야만 한다. 이런 일이 다시는 일어나지 않을 것이라고 확신했다. 그런데 인지하려고 해도, 내 삶을 책임지려고 해도, 나를 통제하려고 노력해도 또다시 우울해졌다.

우울증의 파도가 일 때마다 나는 대가를 지불했다. 내가 등록한 임시 에이전시는 더 이상 나의 장기 결근을 용인할 수 없기 때문에 직장을 잃었다. 임대료를 지불할 수 없어서 아파트를 잃었고 결국 작은 하숙방을 빌려야 했다. 친구들을 잃었다. 대부분의 친구들은 나의 갑작스런 우울과 수동성에 대처하는 것을 너무 힘들어했다.

(Danquah, 1998)

대다수의 사람들은 기분이 오르락내리락한다. 고양되거나 슬픈 기분은 일상사에 대한 이해 가능한 반응이고 삶에 크게 영향을 주지 않는다. 그러나 어떤 사람들은 기분이 오래 지속되는 경향이 있다. 이 장의 도입부에 기술한 행위예술가이자 시인인 메리 나나–아마 단콰의 사례처럼 기분은 세상과의 상호작용 전체를 채색하며 정상적인 기능에 지장을 준다. 이런 사람들은 특히 **우울**(depression), 조증 또는 둘 다와 씨름을 한다. 우울은 기분이 처지고 슬픈 상태로, 이때는 인생이 어둡게 보이며 인생의 도전거리들은 압도적으로 느껴진다. **조증**(mania)은 우울의 반대 상태로 숨 가쁜 행복감 또는 적어도 열광적인 에너지 상태로, 이때 사람들은 세상을 가질 수 있다고 과장되게 믿기도 한다.

우울장애와 양극성장애 이 두 장애군의 핵심에는 기분의 문제가 있다(APA, 2013). 이 장에서는 **우울장애**(depressive disorder)와 양극성장애를 다룰 것이다. 우울장애를 가진 사람들은 우울로만 고통을 받는데 이 형태를 **단극성 우울증**(unipolar depression)이라 한다. 이들은 조증의 과거력이 없으며 우울이 끌어올려지면 정상 또는 거의 정상 기분으로 돌아간다. 대조적으로 **양극성장애**(bipolar disorder)를 가진 사람들은 우울 기간과 조증 기간을 교대로 경험한다.

기분의 문제는 항상 사람들의 흥미를 끄는데, 일부는 매우 많은 유명인들이 기분장애로 고통을 겪었기 때문이다. 성경에는 네부카드네자르, 사울, 모세의 심각한 우울증이 나오며, 영국의 빅토리아 여왕과 에이브러햄 링컨은 재발성 우울증을 경험했던 것으로 보인다. 작가 어니스트 헤밍웨이와 실비아 플라스, 코미디언 짐 캐리, 가수 에미넴과 비욘세도 기분 문제에 시달렸다. 이들뿐 아니라 다른 수백만 명의 사람이 기분 문제를 갖고 있다(NAMI, 2014).

단극성 우울증 : 우울장애

우리는 특히 불행하다고 느낄 때마다 우리 자신을 '우울하다'고 묘사하곤 한다. 이때의 우울이란 슬픈 사건, 피로 또는 불행한 생각에 단순히 반응하는 것이다. 우울이란 단어의 엄밀하지 않은 사용은 임상적인 증후군과 완전히 정상적인 기분의 경험을 혼동하게 한다(정보마당 참조). 우리 모두는 때때로 낙담을 경험하지만 단지 일부만이 우울장애를 경험한다. 우울장애는 심각하고 지속적인 심리적 고통을 야기하는데 그 고통은 시간이 지나면서 심해질 수 있다. 이러한 고통을 경험하는 사람들은 가장 단순한 일상사를 꾸려나가는 의지를 잃게 될 수도 있는데 일부는 살려는 의지까지 잃기도 한다.

> 거의 매일 우리는 기분의 기복을 겪는다. 일상적인 우울과 임상적인 우울증을 어떻게 구분할 수 있는가?

단극성 우울증은 얼마나 흔한가

특정 해를 기준으로 할 때 미국 성인의 약 9%는 심각한 단극성 우울증으로 고통받으며, 거의 5%는 경미한 형태의 단극성 우울증을 경험한다(Kessler et al., 2012, 2010). 성인의 약 18%는 살면서 심각한 단극성 우울 삽화를 경험한다. 우울증의 유병률은 캐나다, 영국 및 다른 많은 나라들에서 유사하다. 더욱이 가볍든 심하든 간에 우울증의 비율은 부유한 사람들보다는 가난한 사람들 사이에서 더 높다(Sareen et al., 2011).

여성이 심각한 단극성 우울 삽화를 경험하는 비율은 적어도 남자의 무려 2배이다(WHO, 2014; Astbury, 2010). 여성의 거의 26%, 남성의 12%가 살면서 우울 삽화를 한 번은 가진다. 제14장에서 기술한 바와 같이 아동의 유병률은 남녀 간에 유사하다.

단극성 우울증을 가진 사람들의 약 85%는 회복되며 일부는 치료를 받지 않아도 회복된다. 단극성 우울증을 가진 사람들의 적어도 40%는 이후에 또 다른 우울 삽화를 적어도 한 번 더 경험한다(Halverson et al., 2015; Monroe, 2010).

우울증 증상은 무엇인가

우울증의 양상은 사람에 따라 다를 수 있다. 메리의 깊은 슬픔, 피로, 인지적 저하가 그녀의 직업과 사회생활을 어떻게 정지시켰는지 앞에서 기술하였다. 일부 우울한 사람들은 덜 심각한 증상을 갖는다. 우울은 흔히 많은 성과와 즐거움을 앗아가지만 그럼에도 우울한 사람들은 일상적인 기능을 한다.

메리의 사례에서 알 수 있듯이 우울은 슬픔 이상의 다른 많은 증상을 갖고 있다. 우울 증상은 정서·동기·행동·인지·신체 기능 영역에 걸쳐 있다.

정서 증상 대부분의 우울한 사람들은 슬픔과 낙담을 느낀다. 이들은 자신을 '비참한', '공허한', '굴욕적인'이라고 기술한다. 유머 감각을 잃어버리며 어떤 것에서도 즐거움을 얻지

우울증에서 벗어나기
우울증에 대한 대중의 인식을 높이기 위해 런던의 자선 케이크 가게는 우울장애의 증상을 반영하는 장식으로 만든 케이크와 쿠키를 판매한다. 우울증이 업무와 다른 활동들을 수행하거나 완성하는 능력을 어떻게 감소시키는지를 나타내기 위해 장식의 일부는 마무리하지 않았다.

Laura Fortune/Rex Features via AP Images

슬픔

우울증은 상당한 고통과 장애를 유발하는 임상적 장애로 정서, 동기, 행동, 인지, 신체 증상을 포함하는 다양한 증상을 특징으로 한다. **슬픔**은 흔히 우울증에서 나타나는 증상 중 하나이지만 대부분은 흔히 상실 또는 기타 고통스러운 환경에 의해 유발된 지극히 정상적인 부정적 감정이다.

(Horwitz & Wakefield, 2012, 2007)

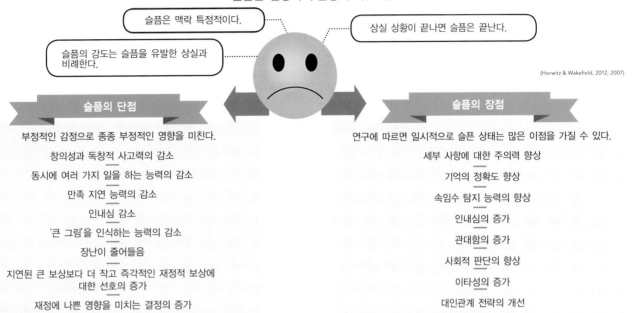

슬픔은 임상적 우울증과 다르다.

슬픔은 맥락 특정적이다.

슬픔의 강도는 슬픔을 유발한 상실과 비례한다.

상실 상황이 끝나면 슬픔은 끝난다.

(Horwitz & Wakefield, 2012, 2007)

슬픔의 단점

부정적인 감정으로 종종 부정적인 영향을 미친다.

창의성과 독창적 사고력의 감소

동시에 여러 가지 일을 하는 능력의 감소

만족 지연 능력의 감소

인내심 감소

'큰 그림'을 인식하는 능력의 감소

장난이 줄어듦

지연된 큰 보상보다 더 작고 즉각적인 재정적 보상에 대한 선호의 증가

재정에 나쁜 영향을 미치는 결정의 증가

(Forgas, 2014, 2013; Lerner et al., 2013; Bower, 2013; Schwartz, 2011).

슬픔의 장점

연구에 따르면 일시적으로 슬픈 상태는 많은 이점을 가질 수 있다.

세부 사항에 대한 주의력 향상

기억의 정확도 향상

속임수 탐지 능력의 향상

인내심의 증가

관대함의 증가

사회적 판단의 향상

이타성의 증가

대인관계 전략의 개선

(Forgas, 2014, 2013; Lerner et al., 2013; Bower, 2013).

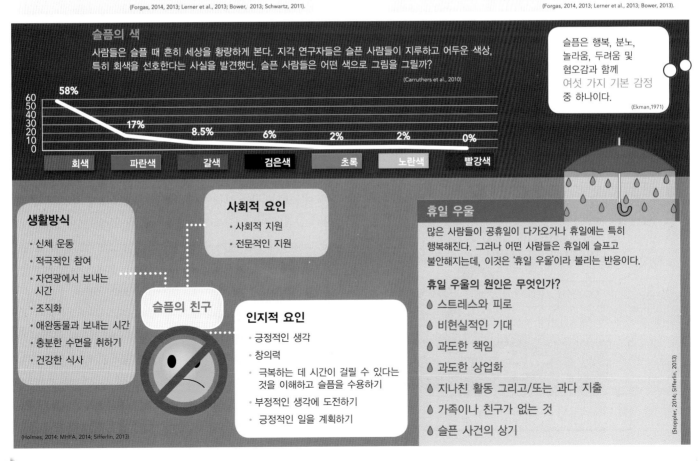

슬픔의 색

사람들은 슬플 때 흔히 세상을 황량하게 본다. 지각 연구자들은 슬픈 사람들이 지루하고 어두운 색상, 특히 회색을 선호한다는 사실을 발견했다. 슬픈 사람들은 어떤 색으로 그림을 그릴까?

(Carruthers et al., 2010)

슬픔은 행복, 분노, 놀라움, 두려움 및 혐오감과 함께 여섯 가지 기본 감정 중 하나이다.

(Ekman,1971)

회색	파란색	갈색	검은색	초록	노란색	빨강색
58%	17%	8.5%	6%	2%	2%	0%

생활방식

• 신체 운동
• 적극적인 참여
• 자연광에서 보내는 시간
• 조직화
• 애완동물과 보내는 시간
• 충분한 수면을 취하기
• 건강한 식사

(Holmes, 2014; MHFA, 2014; Sifferlin, 2013)

사회적 요인

• 사회적 지원
• 전문적인 지원

슬픔의 친구

인지적 요인

• 긍정적인 생각
• 창의력
• 극복하는 데 시간이 걸릴 수 있다는 것을 이해하고 슬픔을 수용하기
• 부정적인 생각에 도전하기
• 긍정적인 일을 계획하기

휴일 우울

많은 사람들이 공휴일이 다가오거나 휴일에는 특히 행복해진다. 그러나 어떤 사람들은 휴일에 슬프고 불안해지는데, 이것은 '휴일 우울'이라 불리는 반응이다.

휴일 우울의 원인은 무엇인가?

◦ 스트레스와 피로
◦ 비현실적인 기대
◦ 과도한 책임
◦ 과도한 상업화
◦ 지나친 활동 그리고/또는 과다 지출
◦ 가족이나 친구가 없는 것
◦ 슬픈 사건의 상기

(Stoppler, 2014; Sifferlin, 2013)

못한다고 보고하며 일부 사례에서는 어떤 즐거움도 전혀 경험하지 못하는 **무쾌감증**을 보이는 경향이 있다. 또한 많은 사람들이 불안, 분노, 안절부절못함을 경험한다. 아프리카계 미국인들의 우울에 관한 책인, *Black Pain*의 저자인 Terrie Williams는 우울이 시작되는 아침마다 겪어야 하는 고통을 다음과 같이 기술했다.

> 나는 아침마다 어찌할 수가 없었다. 아침마다 일어난다는 것은 내가 정의한 세계가 존재하지 않는다는 것을 다시 한 번 상기하는 것이었다. 눈을 뜨자마자 눈물이 쏟아졌고 몇 시간이고 혼자 앉아 울면서 상실을 애도했다.
>
> (Williams, 2008, p. 9)

동기 증상 우울한 사람들은 대개 일상 활동을 하려는 욕구를 잃는다. 거의 모든 사람들이 추동, 주도성, 자발성의 부족을 보고한다. 우울한 사람들은 억지로 직장에 출근하거나 친구들과 대화를 하거나 식사를 하거나 또는 성관계를 갖는다. 테리는 우울 삽화 동안에 자신이 경험한 사회적 철수를 다음과 같이 기술했다.

> 내 위가 심하게 손상되었다는 공포감과 함께 아침에 눈을 떴다. 나는 빛을 쳐다볼 수 없었는데, 하물며 낮에는 더 심했다. 빛이 너무 강렬해서 3일 동안 창을 가리고 불을 끈 채 침대에 누워 있었다.
>   3일. 3일 동안 전화를 받지 않았다. 3일 동안 전자 우편을 확인하지 않았다. 외부세계와 완전히 단절되어 있었고 신경 쓰지 않았다.
>
> (Williams, 2008, p. xxiv)

자살은 인생의 도전으로부터 궁극적으로 도피하려는 것이다. 제7장에서 살펴볼 것인데, 많은 우울한 사람들은 삶에 관심이 없거나 죽기를 바라며 자살을 원하기도 하고 일부는 실제로 자살한다. 심각한 우울증을 겪는 사람 중 6~15%는 자살하는 것으로 추정된다(MHF, 2014; Alridge, 2012).

행동 증상 우울한 사람들은 흔히 덜 활동적이고 덜 생산적이다. 혼자서 많은 시간을 보내며 오랫동안 침대에 누워 있기도 한다. "나는 일찍 일어난다. 그러나 그냥 계속 누워 있다. 일어나서 고통스러운 하루를 맞는 것이 무슨 소용이 있는가?"라고 한 남자는 회상했다(Kraines & Thetford, 1972, p. 21). 우울한 사람들은 움직임이나 말이 느려지기도 한다(Behrman, 2014).

인지 증상 우울한 사람들은 자신에 대해서 극단적으로 부정적인 관점을 갖는다. 자신이 부적절하며 바람직하지 않고 열등하며 아마도 사악하다고 생각한다(Lopez Molina et al., 2014). 거의 모든 불운한 사건에 대해 자신을 비난하는데, 심지어는 자신과 관계없는 일에 대해서도 자신을 비난하며 긍정적인 성취에 대해서는 스스로를 거의 인정하지 않는다.

우울증의 다른 인지 증상은 비관주의이다. 우울한 사람들은 항상 어떤 것도 전혀 나아지지 않을 것이라고 확신하며, 삶의 어떤 것도 변하지 않을 것이라고 무력하게 느낀다. 최악의 경우를 기대하기 때문에 일을 미루는 경향이 있다. 우울한 사람들은 무력감과 무망감으로 인해 특히 자살사고에 취약하다(Shiratori et al., 2014).

우울한 사람들은 흔히 자신의 지적 능력이 빈약하다고 불평한다. 그들은 혼동이 되고 기억하지 못하며 쉽게 주의가 분산되고 아주 작은 문제조차도 해결할 수 없다고 느낀다. 실험실연구에서 우울한 사람들은 우울하지 않은 사람들에 비해 기억, 주의 및 추론 과제를 더 못했다(Chen et al., 2013). 그러나 이러한 어려움은 때로는 인지적인 문제보다는 동기의 문제를 반영하는 것일 수 있다.

신체 증상 우울한 사람들은 종종 두통, 소화불량, 변비, 현기증, 일반적인 통증과 같은 신체적인 질병을 갖는다(Bai et al., 2014; Goldstein et al., 2011). 사실 우울증은 처음에 의학적인 문제로 많이 오진된다(Parker & Hyett, 2010). 식욕과 수면의 장애가 특히 흔하다(Jackson et al., 2014). 대부분의 우울한 사람들은 우울하기 전에 비해서 덜 먹고 덜 자고 더 피곤하게 느낀다. 그러나 일부는 지나치게 먹거나 잔다.

단극성 우울증의 진단

*DSM-5*에 의하면 **주요우울 삽화**는 슬픈 기분 그리고/또는 즐거움의 상실을 포함하는 우울증 증상 가운데 적어도 5개를 보이며 증상이 2주 또는 그 이상 지속될 때 진단한다(표 6-1 참조). 극단적인 사례에서 삽화는 근거가 없는 괴상한 사고인 **망상**이나 실재하지 않는 것에 대한 감각인 **환각**과 같은 현실과의 접촉 상실이 특징인 정신증적 증상을 포함할 수 있다. 정신증적 증상을 가진 우울한 남자는 '내 장이 나빠지고 있고 곧 활동을 멈출 것이기 때문에' 먹을 수 없다고 상상할 수도 있고 죽은 아내를 본다고 믿을 수도 있다.

*DSM-5*는 우울장애의 종류 몇 가지를 기술하였다. 조증의 과거력이 전혀 없이 주요우울 삽화만을 경험하는 사람들은 **주요우울장애**(major depressive disorder)로 진단한다(APA, 2013)(표 6-1 참조). 우울이 계절과 함께 변한다면(예 : 우울이 겨울마다 되풀이 됨) 계절성 동반, 움직이지 않거나 과도한 활동이 특징이라면 긴장증 동반, 임신 중에 또는 출산 후 4주 이내에 우울이 발생했다면 주산기 발병 동반, 즐거운 사건에도 기분이 거의 영향을 받지 않는다면 멜랑콜리아 양상 동반이라고 추가로 기술한다.

특히 오래 지속되는 단극성 우울증을 가진 사람들은 **지속성 우울장애**(persistent depressive disorder)로 진단한다(APA, 2013)(표 6-1 참조). 지속성 우울장애를 가진 일부 사람들은 주요우울 삽화를 반복하는데, 이 경우는 **지속성 주요우울 삽화 동반**이라 한다. 순수한 **기분저하 증후군 동반**도 있는데, 이 경우 증상은 덜 심각하고 덜 장애가 된다.

우울장애의 세 번째 유형은 **월경전불쾌감장애**(premenstrual dysphoric disorder)로, 월경 전 주에 임상적으로 의미 있는 우울 및 관련 증상을 반복해서 갖는 여성에게 진단한다. *DSM-5*에 이 진단이 포함되는 것에 대해서는 논쟁이 있는데, 그 내용은 225쪽에서 소개할 것이다.

그 내용은 225쪽에서 소개할 것이다.

숨은 뜻 읽어내기

명언

"고통의 경험과 아무런 것도 없는 것 중에서 선택을 하라고 한다면, 나는 고통을 선택할 것이다."

윌리엄 포크너

▶**주요우울장애** 기능에 지장을 초래하는 단극성 우울증의 심각한 형태로, 약물이나 일반적인 의학적 상태와 같은 요인이 유발한 것이 아님

▶**지속성 우울장애** 단극성 우울증의 만성적 형태로 주요 우울증 또는 가벼운 우울 증상이 계속 또는 반복되는 것이 특징

▶**월경전불쾌감장애** 월경 전 주에 심각한 우울관련 증상을 반복해서 경험하는 것이 특징인 장애

링컨의 개인적인 전쟁

1841년 에이브러햄 링컨은 친구에게 다음과 같은 편지를 썼다. "나는 지금 너무나 고통스럽게 지내고 있다네. 만일 내가 느끼는 것을 전 인류에게 똑같이 나누어 준다면 이 세상에는 즐거운 얼굴을 한 자가 아무도 없을 것이라네."

표 6-1

진단 체크리스트

주요우울 삽화

1. 2주 동안 매일의 대부분을 우울한 기분의 증가 그리고/또는 즐거움이나 흥미의 저하를 보임

2. 2주 동안 다음 증상 중 적어도 서너 가지를 경험함 • 상당한 체중 변화 또는 식욕 변화 • 매일 불면증 또는 과다 수면 • 매일매일의 동요 또는 운동 활동의 감소 • 매일 피로하거나 무기력한 상태 • 매일 무가치함이나 과도한 죄책감을 느낌 • 매일 집중력 또는 결단력의 감소를 경험 • 죽음 또는 자살, 자살 계획 또는 자살시도에 반복적으로 집중

3. 심각한 고통과 손상을 초래함

주요우울장애

1. 주요우울 삽화의 존재

2. 조증 또는 경조증의 양상이 없음

지속성 우울장애

1. 주요우울장애 또는 기분부전장애의 증상을 2년 이상 경험

2. 2년 동안 증상이 한 번에 두 달 이상 없었던 기간이 없음

3. 조증 또는 경조증의 병력이 없음

4. 심각한 고통이나 손상을 초래함

출처 : APA, 2013.

우울장애의 또 다른 종류인 파괴적 기분조절부전장애는 지속적인 우울 증상과 반복적인 심각한 폭발이 특징이다. 이 장애는 아동기 중기와 청소년기에 출현하며 제14장 '아동 · 청소년기에 일반적으로 보이는 장애'에서 다룰 것이다.

스트레스와 단극성 우울증

종종 스트레스 사건이 단극성 우울 삽화를 촉발하는 것처럼 보인다(Fried et al., 2015). 사실 연구자들은 우울한 사람들은 우울장애가 발병한 그 달에 다른 사람들이 같은 기간 동안 겪는 것보다 스트레스 생활사건을 더 많이 겪는 것을 발견했다. 물론 스트레스 생활사건은 다른 심리장애에서도 선행하나 우울한 사람들은 종종 다른 사람들보다 스트레스 생활사건을 더 많이 보고한다.

일부 임상가들은 분명한 스트레스 사건 이후에 발생하는 반응성(외인성) 우울증과 내적인 요인에 대한 반응처럼 보이는 내인성 우울증을 구분하는 것이 중요하다고 생각한다. 그러나 우울이 반응성인지, 아닌지를 확실히 구분할 수 있을까? 스트레스 사건이 우울증의 발병 전에 발생하더라도 우울증은 반응성이 아닐 수 있다. 스트레스 사건이 우연히 우울과 동시에 발생한 것일 수도 있다. 따라서 현대 임상가들은 단극성 우울증 사례에서 흔히 상황적 · 내적 측면 모두를 인식하는 데 집중한다.

> 왜 인생에서 스트레스 사건이나 시기가 우울한 감정과 다른 부정적인 감정들을 유발한다고 생각하는가?

단극성 우울증의 생물학 모델

의학연구자들은 수년간 특정 질병과 약이 기분을 변화시킬 수 있다는 것을 알게 되었다. 단극성 우울증 그 자체가 생물학적 원인을 가질 수 있는가? 유전학, 생화학, 해부학, 면역

표 6-2

우울장애와 양극성장애의 비교

	1년 유병률	여성 : 남성 비율	전형적인 발병연령	일차친척 간의 유병률	현재 치료 중인 비율
주요우울장애	8.0%	2 : 1	24~29세	증가함	50.0%
지속성 우울장애	1.5~5.0%	3 : 2~2 : 1	10~25세	증가함	36.8%
제I형 양극성장애	1.6%	1 : 1	15~44세	증가함	33.8%
제II형 양극성장애	1.0%	1 : 1	15~44세	증가함	33.8%
순환성장애	0.4%	1 : 1	15~25세	증가함	알려지지 않음

출처 : APA, 2013, 2000; Kessler et al., 2012, 2010, 2005; Gonzalez et al., 2010; Taube-Schiff & Lau, 2008; Regier et al., 1993; Weissman et al., 1991

체계 연구에서 얻은 증거들은 종종 그렇다고 답한다.

유전적 요인 네 가지 종류의 연구, 즉 가계연구, 쌍생아연구, 분자생물학, 유전자 연구는 어떤 사람들은 단극성 우울증의 소인을 물려받는다고 주장한다(McGuffin, 2014). 가계연구는 단극성 우울증을 가진 사람들의 친척들을 조사해서 다른 가족도 우울증을 갖고 있는지 알아본다. 만일 단극성 우울증의 소인이 유전된다면, 친척은 일반 전집에 비해 우울증의 비율이 더 높아야 한다. 단극성 우울증을 가진 사람들의 친척 가운데 무려 30%가 우울한 반면(표 6-2 참조), 일반 전집에서는 10% 이하가 우울하였다(Levinson & Nichols, 2014; Berrettini, 2006).

만약 단극성 우울증의 소인이 유전된다면 우울한 사람의 더 가까운 친척 중에 특히 우울한 사람이 더 많을 것이라고 기대할 수 있다. **쌍생아연구**는 이 기대를 지지해 주었다(Levinson & Nichols, 2014). 약 200쌍의 쌍생아를 조사한 연구에서 일란성 쌍생아가 단극성 우울증을 갖고 있는 경우 다른 쌍생아가 동일 장애를 가진 경우는 46%였다. 대조적으로 이란성 쌍생아가 단극성 우울증을 가진 경우 다른 쌍생아가 단극성 우울증을 가진 경우는 단지 20%였다(McGuffin et al., 1996).

마지막으로 요즘 과학자들은 유전자를 직접 확인할 수 있는 분자생물학 분야의 처리기술을 사용해서 특정 유전자의 이상이 우울증과 관계가 있는지 알아낸다. 이 같은 기술을 사용해서 연구자들은 단극성 우울증은 염색체 1, 4, 9, 10, 11, 12, 13, 14, 17, 18, 20, 21, 22, X에 있는 유전자와 관련 있을 수 있다는 증거를 발견했다(Jansen et al., 2015; Preuss et al., 2013). 예를 들어 많은 연구자들이 우울한 사람들은 종종 *5-HTT* 유전자에 이상이 있음을 발견했다. 이 유전자는 17번 염색체에 있으며 세로토닌이라는 신경전달물질의 활동을 책임진다. 세로토닌의 낮은 활동은 우울증과 긴밀한 관련이 있다.

생화학적 요인 신경전달화학물질인 **노르에피네프린**(norepinephrine)과 **세로토닌**(serotonin)의 낮은 활동은 단극성 우울증과 강한 관련이 있다. 이러한 관련성을 보여 준 몇 가지 증거들이 1950년대에 나타나기 시작했다. 첫째, 의학연구자들은 고혈압을 위한 특정 약물이 종종 우울증을 야기한다는 것을 발견했다(Ayd, 1956). 이 약물 중 일부는 노르에피네프린의 활동을 감소시켰으며, 다른 약물들은 세로토닌의 활동을 감소시켰다. 두 번째 증거는 진짜 효과가 있는 항우울제를 처음 발견한 것이다. 이 약들은 우연히 발견되었지만, 곧 연구자들은 이 약들이 노르에피네프린이나 세로토닌의 활동을 증가시켜 우울증을 경감시킨

▶노르에피네프린 신경전달물질로, 이 물질의 비정상적 활동은 우울 및 공황장애와 관련이 있음

▶세로토닌 신경전달물질로, 이 물질의 비정상적인 활동은 우울, 강박장애 및 섭식장애와 관련이 있음

다는 것을 알아냈다.

여러 해 동안 노르에피네프린이나 세로토닌의 낮은 활동은 우울증을 유발할 수 있는 것으로 알려졌다. 그러나 이제 연구자들은 노르에피네프린이나 세로토닌과 우울증 간의 관계가 좀 더 복잡하다고 생각한다(Ding et al., 2014; Goldstein et al., 2011). 연구자들은 단일 신경전달물질의 단독 작용보다는 뇌에서 세로토닌과 노르에피네프린 활동 간의 상호작용 또는 노르에피네프린이나 세로토닌과 다른 종류의 신경전달물질 간의 상호작용이 단극성 우울증을 설명할 거라고 본다.

생물학자들은 신체의 내분비계가 단극성 우울증에서 어떤 역할을 할 수 있다고 본다(심리전망대 참조). 내분비선은 몸 전체로 화학물질인 호르몬을 방출하는데 호르몬은 신체기관

심리전망대

가장 행복한 시간의 슬픔

여성들은 대개 출산이 행복한 경험일 것이라고 기대한다. 그러나 산모의 10~30%는 출산 이후에 몇 주 또는 몇 달 동안 임상적인 우울증을 경험한다(Guintivano et al., 2014). '주산기 우울증'은 일반적으로 '산후우울증'으로 불리는데, 일반적으로 아이가 태어난 후 4주 이내에 시작되나 많은 경우 실제로 임신 중에 시작된다(APA, 2013). 이 장애는 단순한 '베이비 블루'보다 훨씬 더 심각하며, 제12장에서 살펴보게 될 문제인 산후정신병과 같은 다른 산후증후군과도 다르다.

베이비 블루는 상당히 흔해서 여성의 80%가 경험한다. 대부분의 연구자들은 이를 정상으로 여긴다. 출산한 여성들은 밤에 자지 못하는 것과 출산에 수반되는 다른 스트레스에 대처하려고 노력하지만, 울음·피곤·불안·불면 및 슬픔을 경험한다(Enatescu et al., 2014). 이러한 증상은 며칠 또는 몇 주 이내에 사라진다(Kendall-Tackett, 2010).

그러나 산후우울증의 우울 증상이 지속되어 거의 1년에 이를 수도 있다. 이 증상들은 극도의 슬픔, 절망, 울음, 불면, 불안, 침투적 사고, 강박행동, 공황발작, 대처 능력이 없다는 느낌, 자살사고를 포함한다. 산후우울증 삽화를 가진 여성들이 이후 출산에서 다시 산후우울증을 경험할 가능성은 25~50%이다(Stevens et al., 2002).

많은 임상가들은 출산에 따른 호르몬의 변화가 산후우울증을 촉발한다고 믿는다. 모든 여성은 출산 이후에 일종의 호르몬의 '철회'를 경험하는데, 에스트로겐과 프로게스테론 수준은 임신 동안에는 정상 보다 50배나 높아지나, 출산 후에는 정상보다 훨씬 더 아래로 급격하게 떨

어진다(Horowitz et al., 2005, 1995). 아마도 일부 여성들은 급격한 호르몬의 변화에 특히 영향을 받는다(Mehta et al., 2014). 여전히 다른 이론가들은 산후우울증의 유전적 소인을 제기한다(Guintivano et al., 2014).

동시에 심리적·사회적·문화적 요인이 산후우울증에서 중요한 역할을 할 수 있다(Mauthner, 2010). 출산은 여성의 결혼관계, 일상생활 및 사회적 역할에 막대한 변화를 가져온다. 수면과 휴식이 줄어들고 재정적 압박이 증가할 수 있다. 어쩌면 직업을 포기하거나 유지하기 위해 스트레스가 늘어났을 수 있다. 스트레스의 증가는 우울증의 위험을 높일 수 있다(Phillips, 2011; Kendall-Tackett, 2010). 아픈 아이나 기질적으로 '까다로운' 아이를 가진 엄마들은 부가적인 압력을 경험할 수도 있다.

다행히도 산후우울증을 가진 대부분의 여성들은 치료를 통해 큰 도움을 받을 수 있다. 자조 지원 집단은 산후우울증이 있거나 산후우울증에 걸릴 위험이 많은 여성들에게 매우 도움이 되는 것으로 나타났다(Dennis, 2014; Evans et al., 2012). 또한 많은 여성들은 다른 우울증에 적용하는 것과 동일한 접근인 항우울제, 인지치료, 대인관계요법, 또는 이러한 접근법의 조합에 잘 반응한다(Hou et al., 2014; Kim et al., 2014).

그러나 치료에서 도움을 받을 수 있는 많은 여성들이 기쁨에 차 있을 것으로 생각하는 시기에 슬픈 것이 부끄럽거나 부당한 평판을 받을까 염려되어 도움을 구하지 않는다(Bina, 2014; Mauthner, 2010). 산모들에게는 많은 교육이 필요하다. 출산과 같은 좋은 일조차도 인생에서 큰 변화를 가져온다면 스트레스가 될

Bryan Bedder/Wireimage/Getty Images

"나는 실패한 것처럼 느꼈다." 테네시 주 내슈빌의 연례 컨트리 뮤직 어워드에서 공연한 여배우이자 음악가인 기네스 팰트로는 최근 둘째 아이를 출산한 후 몇 달 동안 산후우울증으로 고통받았다고 밝혔다. 팰트로는 "나는 좀비처럼 느껴졌다. … 나는 접촉할 수 없었다. … 그것은 내가 끔찍한 엄마이고 사람이라는 의미라고 생각했다. … 실패처럼 느껴졌다."고 말했다.

수 있다. 우울한 감정을 인식하고 다루는 것은 모든 사람에게 이득이 된다.

우울증을 밝히다
런던의 트라팔가 광장에서 1월의 우울한 날에 사람들이 인공 태양의 빛을 쬐면서 트라팔가 태양이라고 불리는 예술시설 주변에 앉거나 서 있다. 겨울 우울증은 겨울에 사람들이 빛에 노출되는 양의 감소 및 '멜라토닌' 호르몬 분비의 변화와 관련이 있다.

이 행동하도록 자극한다(제5장 참조). 단극성 우울증을 가진 사람들은 **코르티솔** 수준이 비정상적으로 높은 것으로 밝혀졌는데, 코르티솔은 스트레스 기간 동안 부신에 의해 방출되는 호르몬 중 하나이다(Owens et al., 2014; Treadway & Pizzagalli, 2014). 스트레스 사건이 자주 우울증을 촉발한다는 것을 고려하면, 이러한 관계가 그렇게 놀랄 만한 일은 아니다. 우울증과 관련이 있는 또 다른 호르몬은 멜라토닌이다. 멜라토닌은 어두울 때만 방출되기 때문에 때때로 '드라큘라 호르몬'이라 부른다. 겨울마다 재발하는 우울증(계절성 **정동장애**)을 경험하는 사람들은 겨울의 긴 밤 동안 다른 사람들보다 더 많은 멜라토닌을 분비할 수 있다.

여전히 다른 생물학자들은 단극성 우울증은 뉴런 간 메시지를 전달하는 화학물질보다는 뉴런 내에서 발생하는 일과 더 긴밀한 관련이 있다고 믿는다. 핵심 신경전달물질이나 호르몬에 의한 활동은 궁극적으로 뉴런 내 중요한 단백질과 다른 화학물질의 결핍을 낳고 이러한 결핍은 뉴런의 건강을 손상시킬 수 있으며 그다음에는 우울증에 이르게 할 수 있다(Duman, 2014).

단극성 우울증에 대한 생화학적 설명은 큰 열정을 낳았으나 이 분야에 대한 연구는 분명한 제한점을 갖는다. 이 연구의 제한점은 실험실 동물에게 우울증과 같은 증상을 만들고 연구하는 **유사연구**에 의존하는 것이다. 연구자들은 동물의 우울 증상이 실제 인간의 장애를 반영하는지 확신하지 못한다. 유사하게 최근까지 기술의 제약으로 인해 인간 우울증 연구는 뇌의 생화학 활동을 간접적으로 측정해야만 했다. 그 결과 연구자들은 뇌에서 발생하는 생화학적 사건들을 확신할 수 없었다. PET과 MRI 스캔 같은 더 새로운 기술을 사용한 최신 연구들은 뇌 활동에 관한 불확실성을 없애는 데 도움이 된다.

뇌해부학과 뇌 회로 많은 생물학자들은 이제 다양한 종류의 정서 반응은 함께 작동하는 뇌 구조물들의 네트워크인 뇌 회로와 관련이 있다고 믿는다. 이 뇌 회로는 서로 활성화되도록 촉진하여 특정한 종류의 정서 반응을 낳는다. 불완전하기는 해도 단극성 우울증과 관련이 있는 뇌 회로가 알려지고 있다(Treadway & Pizzagalli, 2014; Brockmann et al., 2011). 일련의 뇌영상 연구 결과 이 뇌 회로는 **전전두엽 피질, 해마, 편도체, 대상 피질**이라 부르는 뇌 부

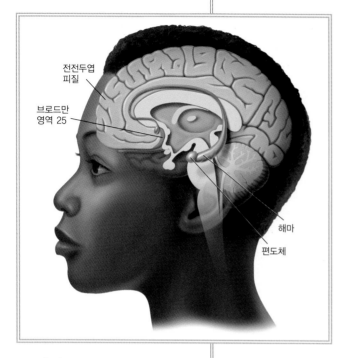

그림 6-1
우울증의 생물학
연구자들은 단극성 우울증에 관여하는 뇌 회로는 전전두엽 피질, 해마, 편도체, 브로드만 영역 25라고 생각한다.

▶**전기충격요법(ETC)** 주로 우울증 환자에게 사용되는 생물학적 치료의 한 형태로, 환자의 머리에 부착된 전극에 전류를 흐르도록 하여 뇌 발작을 유발함

최근의 ECT
ECT 시행기법은 사용 초기 이후 크게 변화했다. 요즘은 환자들에게 수면을 유도하는 약, 신체의 갑작스러운 움직이나 골절을 방지하기 위한 근육 이완제, 뇌 손상으로부터 환자를 보호하기 위한 산소를 처방한다.

위 바로 밑에 있는 **브로드만 영역 25**를 포함한다(그림 6-1 참조). 연구 결과, 우울한 사람들은 전전두엽 피질의 특정 부분에서 활동성과 혈류가 낮으나(Vialou et al., 2014), 다른 부분에서는 높고(Lemogne et al., 2010), 해마의 크기가 보통보다 작고 새로운 신경의 생산이 적으며(Kubera et al., 2011; Campbell et al., 2004), 편도체에서 활동성과 혈류가 증가하고(Treadway & Pizzagalli, 2014; Goldstein et al., 2011), 브로드만 영역 25의 크기가 상대적으로 작고 과잉 활동하는 것으로 나타났다(Eggers, 2014; Mayberg et al., 2005).

면역체계 제8장에서 읽게 되겠지만 **면역체계**는 박테리아, 바이러스 및 다른 외부 이물질로부터 신체를 보호하는 복잡한 반응체계로 신체 세포도 포함한다. 사람들이 잠시 강한 스트레스를 받으면 면역체계는 조절기능에 문제가 생기고 림프구라 부르는 중요한 백혈구의 기능이 낮아지고 C 반응 단백질(C-reative protein, CRP)의 생산이 증가하는데, 이 단백질은 몸 전체에 퍼져서 염증과 다양한 질병을 야기한다. 이런 종류의 면역체계의 조절장애가 우울의 유발을 돕는다는 믿음이 연구자들 사이에서 늘고 있다(Anderson et al., 2014; Yoon et al., 2012)

단극성 우울증을 위한 생물학적 치료는 무엇인가 흔히 생물학적 치료라고 하면 항우울제 또는 대중적인 식물보충제를 의미하나 다른 형태의 치료에는 반응하지 않는 심각하게 우울한 사람들에게는 때로는 **전기충격요법** 또는 **뇌 자극**이라 부르는 상대적으로 새로운 접근을 의미한다.

전기충격요법 우울증 치료에서 가장 논쟁이 되는 것 가운데 하나는 **전기충격요법**(electroconvulsive therapy, ECT)이다. ECT는 2개의 전극을 환자의 머리에 부착하고 65~140볼트의 전기를 0.5초 동안 또는 더 짧게 환자의 뇌에 흘려보낸다. 그러면 25초부터 몇 분까지 지속되는 뇌 발작이 일어난다. 2~4주 정도의 간격으로 6~12회 치료를 하면 대부분의 환자들은 덜 우울하게 느낀다(Fink, 2014, 2007).

전기충격이 치료적일 수 있다는 것은 우연히 발견했다. 1930년대에 임상연구자들은 뇌 발작 또는 경련(심각한 신체 경련)이 조현병과 다른 정신증을 치료할 수 있다는 잘못된 생각을 했고 정신증 환자를 치료하기 위해 발작을 유도하는 방법을 찾았다. 초기 방법 가운데 하나는 환자에게 메트라졸이라는 약을 주는 것이었다. 또 다른 방법은 환자들에게 다량의 인슐린을 주는 것이었다(인슐린 코마치료). 이 절차들은 원하는 뇌 발작을 유도해 냈으나 상당히 위험하고 때로는 죽음을 야기할 수도 있었다. 결국 이탈리아 정신과 의사인 Ugo Cerletti는 환자의 머리에 전류를 흐르게 하여 좀 더 안전하게 발작을 유도할 수 있는 방법을 발견하였다. ECT는 곧 대중화

되었고 새로운 기법들이 종종 그러듯이 다양한 범위의 심리적 문제에 시도되었다. ECT는 특히 심한 우울증에서 효과가 있다.

ECT 초창기에는 환자들이 심하게 발작을 해서 때때로 뼈가 부러지거나 턱이나 어깨 관절이 탈구되는 일이 발생했다. 현재는 경련을 최소화하기 위해 환자들에게 강력한 근육 이완제를 주어 이런 문제를 피한다. 또한 ECT 동안에 수면을 유도하기 위해서 환자에게 마취약을 투여하는데 이는 환자의 공포를 줄여 준다.

ECT를 받는 환자는 치료 직전과 직후에 일어난 사건들을 기억하는 데 종종 어려움이 있다(Martin et al., 2015; Merkl et al., 2011). 대부분의 경우에 이러한 기억상실은 몇 개월 내에 사라지나 일부 환자들은 더 먼 과거의 기억에서 간극을 경험하고, 이런 형태의 기억상실은 영구적일 수 있다(Hanna et al., 2009; Wang, 2007).

ECT가 왜 그렇게 잘 작동하는지를 알아내는 것은 어렵지만 ECT는 단극성 우울증을 치료하는 데 분명히 효과적이다(Baldinger et al., 2014; Fink et al., 2014). 이 절차는 망상을 가진 심한 우울증 사례에서 특히 효과적인 것 같다(Rothschild, 2010).

항우울제 1950년대에 발견된 두 가지 종류의 약인 모노아민옥시다제(MAO) 억제제와 삼환계는 우울 증상을 감소시킨다. 이제는 소위 2세대 항우울제라 부르는 세 번째 약물군이 우울증 약물에 추가되었다(표 6-3 참조).

단극성 우울증 치료제로서 **모노아민옥시다제 억제제**(MAO inhibitor)의 효과는 우연히 발견되었다. 의사들은 폐결핵 환자에게 시험된 약인 이프로니아지드가 환자들을 더 행복하게 해 주는 것 같다는 흥미 있는 결과를 보고했다(Sandler, 1990). 동일한 효과를 우울한 환자들에서도 발견했다(Kline, 1958; Loomer et al., 1957). 이프로니아지드와 몇몇 관련된 약의 생화학적인 공통점은 모노아민옥시다제(MAO) 효소의 신체 생성을 느리게 하는 것이었다. 그래서 이 약들을 MAO 억제제라고 부른다.

정상적으로 MAO 효소의 뇌 공급은 신경전달물질인 노르에피네프린을 파괴하거나 분해한다. MAO 억제제는 MAO가 이러한 활동을 수행하지 못하게 해서 노르에피네프린의 파괴를 막는다. 그 결과로 노르에피네프린의 활동이 일어나고 결과적으로 우울 증상이 감

표 6-3

단극성 우울을 경감시키는 약

일반명	상품명
모노아민옥시다제 억제제	
이소카복사지드	마르프란
페넬진	나르딜
트라닐시프로민	파르네이트
셀레길린	엘데프릴
삼환계	
이미프라민	토프라닐
아미트리프틸린	엘라빌
독세핀	사인콴/사일레노
트리미프라민	서몬틸
데시프라민	노르프라민
노르트립틸린	아벤틸/파메로르
프로트립틸린	비박틸
클로미프라민	아나프라닐
아목사핀	아센딘
미르타자핀	레메론
2세대 항우울제	
마프로틸린	루디오밀
트라조돈	데시렐
플루옥세틴	프로작
설트랄린	졸로푸트
파록세틴	팍실
벤라팍신	이펙사
플루복사민	루복스
부프로피온	웰부트린/에플렌진
시탈로프람	세렉사
에스시탈로프람	렉사프로
듀록세틴	심발타
데스벤라팍신	프리스틱
아토목세틴	스트라테라

"카디아. 내가 약을 먹으면서 심리치료를 잘 받으면
당신과의 관계에 헌신할 수 있다는 것을 알고 있어요."

▶**모노아민옥시다제(MAO) 억제제** 모노아민옥시다제 효소의 활성화를 방지하는 항우울제

▶삼환계 분자 구조 내에 3개의 원을 가진 이미프라민과 같은 항우울제 약물

▶선택적 세로토닌 재흡수 억제제(SSRIs) 다른 신경전달물질에 영향을 주지 않는 상태에서 세로토닌의 활동만을 증가시키는 2세대 항우울제군

소한다. MAO 억제제를 복용하는 우울한 환자의 약 절반은 도움을 받는다(Ciraulo et al., 2011; Thase et al., 1995). 그러나 이 약은 잠재적인 위험이 있다. 이 약을 복용하는 사람들은 치즈, 바나나, 특정 와인과 같은 일반적인 음식을 포함하여 화학적 티라민을 함유한 음식을 먹으면 혈압이 위험한 수준으로 상승한다. 이 약을 복용하는 사람들은 엄격한 식단을 준수해야만 한다.

1950년대 **삼환계**(tricyclic)의 발견도 우연이었다. 조현병과 싸우기 위해서 새로운 약을 찾던 연구자들은 이미프라민이라는 약에 대한 몇 가지 검사를 시행했다(Kuhn, 1958). 연구자들은 이미프라민이 조현병 사례에는 전혀 도움이 되지 않으나 많은 사람들의 단극성 우울증을 경감시킨다는 것을 발견했다. 토프라닐(상품명)과 관련된 약들은 삼환계 항우울제로 알려졌는데 이는 이 약들이 모두 삼원 분자 구조를 가졌기 때문이다.

약으로 인한 호전이 확고해지려면 삼환계를 적어도 10일은 복용해야 하지만, 수백 편의 연구 결과 삼환계를 복용한 우울한 환자들은 위약을 복용한 우울한 환자들에 비해 호전되었다(Advokat et al., 2014). 삼환계를 복용한 환자의 약 65%는 약이 도움이 되었다(FDA, 2014). 증상이 완화된 후 즉각 약 복용을 중단하면 1년 이내에 재발할 위험이 높다. 대개 임상가들은 우울 증상이 사라진 이후 다섯 달 또는 그 이상의 기간 동안 환자들이 계속 약을 복용하게 하는 '유지치료'를 하는데, 유지치료는 재발 가능성을 상당히 줄인다(Borges et al., 2014; FDA, 2014).

많은 연구자들은 삼환계가 신경전달물질의 '재흡수' 기제에 작용해서 우울증을 경감시킨다고 결론 내렸다(Ciraulo et al., 2011). 메시지는 전달 뉴런의 축색돌기 종말에서 방출된 화학물질인 신경전달물질에 의해서 전달 뉴런으로부터 시냅스 공간을 가로질러 수용 뉴런으로 전달된다는 제2장의 내용을 기억해 보자. 이 과정은 복잡하다. 전달 뉴런이 신경전달물질을 방출하는 동안 뉴런의 말단에 있는 펌프 같은 기제는 즉각적으로 재흡수라는 과정을 통해 신경전달물질을 재흡수하기 시작한다. 재흡수 과정의 목적은 신경전달물질이 시냅스 공간에 얼마나 오래 남아 있을지를 통제하고 수용 뉴런을 과도하게 자극하지 못하게 하는 것이다. 불행하게도 어떤 사람들은 재흡수기제가 너무 성공적이어서 노르에피네프린이나 세로토닌의 활동이 너무 빨리 감소하여 메시지가 수용 뉴런에 도달하지 못해 임상적 우울증이 생길 수 있다. 삼환계는 이 재흡수 과정을 차단해서 신경전달물질의 활동을 증가시킨다(그림 6-2 참조).

> 항우울제가 효과적이라면 왜 많은 사람들이 우울증을 위한 식물보조제를 찾는가?

MAO 억제제 및 삼환계와는 구조적으로 다른 효과적인 세 번째 항우울증 치료제를 지난 수십 년간 개발해 왔다. 2세대 항우울제 대부분을 **선택적 세로토닌 재흡수 억제제**(selective serotonin reuptake inhibitors, SSRIs)라 부르는데, 이는 노르에피네프린이나 다른 신경전달물질에는 영향을 주지 않고 세로토닌의 활동만을 증가시키기 때문이다. SSRIs는 플루옥세틴(프로작), 설트랄린(졸로푸트), 에스시탈로프람(렉사프로)을 포함한다. 아토목세틴(스트라테라)과 같이 보다 최근에 개발된 선택적 노르에피네프린 재흡수 억제제는 노르에피네프린 활동만을 증가시키며 벤라팍신(이펙사)과 같은 세로토닌 및 노르에피네프린 재흡수 억제제는 세로토닌과 노르에피네프린 활동을 모두 증가시킨다(Advokat et al., 2014).

효과와 작용 속도에 있어서 2세대 항우울제는 삼환계와 비슷하나 더 많이 처방되고 있고 판매가 급증하고 있다. 2세대 항우울제는 MAO 억제제가 갖는 식단 문제가 없거나 삼환계의 불쾌한 부작용 중 일부인, 예를 들어 입 마름이나 변비가 생기지 않는다. 동시에 새

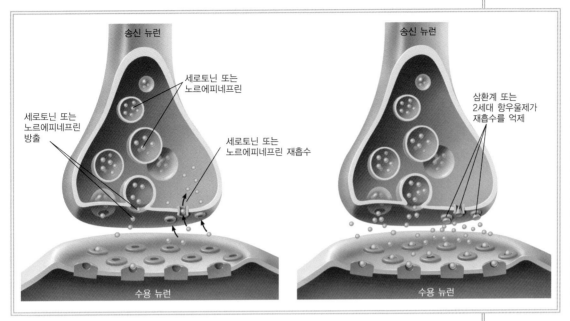

그림 6-2
재흡수와 항우울제
(왼쪽) 뉴런이 노르에피네프린이나 세로토닌 같은 신경전달물질을 시냅스 공간에 방출하자마자, 뉴런은 과잉된 신경전달물질을 되찾기 위해서 펌프 같은 재흡수기제를 활성화한다. 그러나 우울증에서는 이러한 재흡수 과정이 지나치게 활성화되어 신경전달물질이 수용 뉴런에 결합되기 전에 너무 많이 없어진다.
(오른쪽) 삼환계와 대부분의 2세대 항우울제들은 이 재흡수 과정을 차단하여 노르에피네프린이나 세로토닌이 수용 뉴런에 결합되게 한다.

로운 항우울제는 바람직하지 않은 부작용이 있다. 예를 들어 일부 사람들은 체중 증가나 성욕구의 감소를 경험한다(Stahl, 2014).

항우울제는 인기가 있지만 모든 사람에게 효과가 있지 않다는 것을 인정하는 것은 중요하다. 사실 앞에서 읽은 바와 같이 가장 성공적이라 해도 우울증 내담자의 적어도 35%는 항우울제로 도움을 받지 못한다. 몇몇 최근의 개관 논문들은 항우울제의 치료 실패율이 더 높을 가능성을 제기하였는데, 경미한 또는 중등도의 우울증을 가진 사람들의 경우가 특히 그렇다(Hegerl et al., 2012; Isacsson & Alder, 2012). 현재 항우울제에 반응하지 않는 내담자를 어떻게 치료하는가? 연구자들은 정신과의사나 가족 주치의가 내담자에게 심리치료나 다른 종류의 상담을 지시하지 않고 너무나 자주 단순히 다른 항우울제나 항우울제를 복합제재한 약을 처방한다고 보고했다. 멜리사는 여러 해 동안 정신과 약물치료에 실패해 왔던 우울한 여성으로 이 문제를 잘 보여 준다.

그녀는 자신의 치료가 달라질 수 있기를 얼마나 바랐는지 애석해하는 투로 말했다. "만일 열여섯 살 때 '당신은 신경전달물질에 문제를 갖고 있습니다. 그러니 졸로푸트를 먹으세요. 그리고 그게 약효가 없으면 프로작을 먹으세요. 그리고 그것이 효과가 없으면 이펙사를 먹으세요. 수면 문제가 생기면 수면제를 드세요.'라고 말하는 대신에 제가 누군가에게 단지 이야기할 수 있었다면 그리고 그들이 제가 건강한 사람이 되기 위해서 제 힘으로 할 수 있는 것을 배울 수 있게 도와주었더라면…." 그녀는 전보다 더욱 애석해하는 목소리로 말했다. "나는 약에 너무 지쳤어요."

(Whitaker, 2010)

뇌 자극 최근에 세 가지 부가적인 생물학적 접근인 미주신경자극, 경두개 자기자극법, 뇌심부자극이 우울장애의 치료를 위해서 개발되었다.

미주신경은 신체에 있는 가장 긴 신경으로 뇌간에서 목을 거쳐 가슴으로 내려가 복부로 연결된다. 여러 해 전에 우울증 연구진들은 ECT로 미주신경을 전기적으로 자극하면

숨은 뜻 읽어내기
출판 편향
FDA에 등록된 74개의 항우울제 연구에 대한 검토 결과 문제가 발견되었다(Turner et al., 2008). 연구 가운데 38편만이 긍정적인 결과(약물이 효과적이다)를 보였고 이 연구 중 한 편을 제외한 모든 논문이 출판되었다. 나머지 36개의 논문에서는 약물 효과가 부정적이거나 미심쩍었는데 그 논문들 중 22편이 출판되지 않았다. 이와 같은 출판 편향은 항우울제를 실제보다 더 효과 있어 보이게 한다(Pigott et al., 2010).

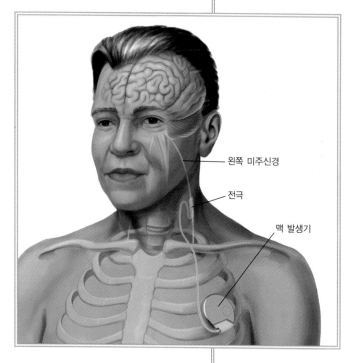

그림 6-3
미주신경자극
일명 미주신경자극 절차에서는 몸에 이식한 맥 발생기가 왼쪽 미주신경으로 전기신호를 보내면 전기신호가 뇌로 전달된다. 이같은 뇌 자극은 많은 환자들의 우울증을 경감시키는 데 도움이 된다.

왼쪽 미주신경
전극
맥 발생기

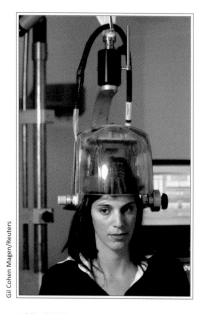

뇌를 자극하기
한 여성이 헬맷 아래 앉아 경두개 자기자극법을 받고 있다. 헬맷에는 뇌에 전류와 자극을 보내는 전기 자극 코일이 있다.

뇌를 자극할 수 있을 것이라고 추정했다. 연구자들의 노력은 우울증의 새로운 치료를 낳았고 이것이 **미주신경자극**(vagus nerve stimulation)이다.

미주신경자극을 위해 외과의사가 환자의 가슴 피부 밑에 맥 발생기라 부르는 작은 장치를 이식한 후, 맥 발생기에서 뻗어 나와 있는 와이어를 목까지 끌어올려 왼쪽 미주신경에 부착한다(그림 6-3 참조). 전기신호는 맥 발생기로부터 와이어를 통해 미주신경에 도달한다. 그러면 자극된 미주신경은 전기신호를 뇌에 전달한다. 2005년에 미국 식품의약국(FDA)은 이 절차를 승인했다.

미주신경자극은 우울한 사람에게 처음 적용한 이후로 많은 우울한 사람들을 상당히 호전시킨 것으로 연구에서 나타났다. 사실, 다른 형태의 치료에는 반응하지 않던 심한 우울증 환자를 대상으로 한 연구에서 환자의 거의 40%가 미주신경자극으로 상당한 향상을 보였다(Howland, 2014; Berry et al., 2013).

경두개 자기자극법(transcranial magnetic stimulation, TMS)은 전기충격요법의 바람직하지 않은 효과나 외상 없이 우울한 환자의 뇌를 자극하고자 사용하는 또 다른 기술이다. 실시 절차는 전기 마그네틱 코일을 환자의 머리나 머리 위에 둔다. 그러면 코일이 전류를 전전두엽 피질로 보낸다. 우울한 사람의 전전두엽 피질의 일부 영역은 활동 수준이 낮다. TMS는 이 영역의 뉴런 활동을 증가시키는 것으로 보인다. 많은 연구에서 TMS를 2~4주 동안 매일 실시하면 많은 환자들의 우울이 완화되는 것으로 나타났다(Dunner et al., 2014; Fox et al., 2012).

앞서 살펴본 바와 같이 최근에 연구자들은 **브로드만** 영역 25의 높은 활동과 우울증이 관련 있다고 본다. 이러한 발견에 힘입어 신경학자인 Helen Mayberg와 동료들(2005)은 전기충격요법을 포함한 다른 모든 형태의 치료에 반응하지 않는 6명의 심각하게 우울한 환자들에게 **뇌심부 자극**(deep brain stimulation, DBS)이라 부르는 실험적 치료를 시행했다. Mayberg 팀은 환자의 두개골에 작은 구멍 2개를 뚫고 영역 25에 전극을 이식하였다. 그 전극을 환자의 가슴(남성), 또는 위(여성)에 이식한 배터리 또는 '심박동기'에 연결한다. 심박동기가 전극에 동력을 넣으면 낮은 볼트로 계속 흐르는 전기가 영역 25에 전달된다. Mayberg는 이 반복되는 자극이 영역 25의 활동을 정상 수준으로 줄여 우울 뇌 회로를 '재조정'하고 조절하기를 기대했다.

DBS의 효과를 조사한 최초의 연구 결과, 심한 우울한 환자 6명 중 4명이 몇 달 안에 거의 우울증에서 벗어났다(Mayberg et al., 2005). 다른 심각하게 우울한 사람들을 대상으로 한 이후 연구에서도 전망이 밝은 결과가 나왔다(Berlim et al., 2014; Taghva, Malone, & Rezai, 2013). 당연히 이 방법은 임상 분야에서 상당한 관심을 받았으나 중요한 점은 DBS에 관한 연구는 이제 시작 단계라는 것이다.

단극성 우울증의 심리학 모델

단극성 우울증에 가장 광범위하게 적용되어 온 심리학 모델은 정신역동·행동·인지 모델이다. 연구 결과들이 정신역동모델을 강력히 지지하지는 않으며 행동모델은 약간의 지지를 받았다. 대조적으로 인지모델은 상당한 연구에서 지지를 받았고 큰 추종자를 얻었다.

정신역동모델 Sigmund Freud(1917)와 그의 제자 Karl Abraham(1916, 1911)은 최초로 우울증에 대한 정신역동적 설명과 치료를 개발했다. 의존과 상실에 대한 두 학자의 강조는 현대 정신역동 임상가들에게 계속 영향을 미치고 있다.

정신역동적 설명 Freud와 Abraham은 임상적 우울과 사랑하는 사람을 상실한 이들의 애도 간의 유사점인 끊임없는 슬픔, 식욕 상실, 수면 곤란, 인생에서 즐거움의 상실과 사회적 철수를 언급하는 것으로 이론을 시작한다. 두 이론가에 의하면 일련의 무의식적인 과정이 사랑하는 사람이 죽었을 때 작동한다. 처음에는 상실을 수용할 수 없어서 애도자들은 구강기 발달 단계로 퇴행한다. 이 단계는 유아가 자신과 부모를 구별할 수 없는 완전히 의존하는 시기이다. 이 단계로 퇴행함으로써 애도자들은 상실한 사람의 정체성과 자신의 정체성을 병합하고 이로써 상징적으로 상실한 사람을 다시 얻는다. 또한 사랑하는 대상을 향한 슬픔과 분노를 포함한 모든 감정이 자신을 향하게 된다. 대부분의 애도자에게 이런 반응은 일시적이다. 그러나 일부 사람들은 시간이 흐르면서 애도가 악화되어 우울해진다.

> 많은 코미디언들과 연예인들이 어린 시절 우울증과 씨름해 왔다고 말한다. 당신은 그 이유가 무엇이라고 생각하는가?

물론 많은 사람들은 사랑하는 사람을 잃지 않고도 우울해진다. 그 이유를 설명하기 위해서 Freud 상징적 또는 상상의 상실이란 개념을 제안하였는데, **상징적 상실**(symbolic loss) 또는 **상상의 상실**(imagined loss)에서 사람들은 다른 종류의 사건을 사랑하는 대상의 상실과 동등하게 취급한다. 예를 들어 학문적으로 뛰어날 때만 부모가 자신을 사랑할 것이라고 믿는 대학생은 계산 과목의 실패를 부모의 상실로 경험한다.

많은 정신역동이론가들이 Freud와 Abraham의 우울증 이론에 의견을 달리하지만, 이 이론은 현재도 정신역동적 사고에 계속 영향을 미치고 있다(Desmet, 2013; Zuckerman, 2011). 예를 들어 관계를 강조하는 정신역동이론가들인 대상관계이론가들은 우울증을 사람들의 관계가 안전감이나 안정감을 주지 못한 결과로 본다(Schattner & Sharar, 2011; Blatt, 2004). 부모에게 과도하게 의존하거나 자립하도록 강요받은 사람들은 이후에 중요한 관계를 상실했을 때 우울해지기 더 쉽다.

다음의 글은 우울한 중년 부인의 치료자가 기술한 것으로 의존, 사랑하는 대상의 상실 및 상징적 상실의 정신역동적 개념을 잘 보여 준다.

> 마리 칼스는 항상 어머니에게 매우 애착되어 있다고 느꼈다. 그녀는 항상 화산 같은 어머니를 달래고 모든 가능한 방법으로 어머니를 기쁘게 하려고 항상 노력했다….
>
> 줄리우스와 결혼한 후에 그녀는 복종과 순종의 방식을 계속 유지했다. 결혼 전에 그녀는 화산 같은 어머니를 충족시키는 데 어려움이 있었다. 결혼 후에는 거의 자동으로 복종적인 역할을 했다….
>
> 30세가 되었을 때 마리와 남편은 미혼인 이그나티우스에게 함께 살자고 권했다. 이그나티우스와 마리는 곧 서로에게 끌린다는 것을 알았다. 이 둘은 그러한 감정과 싸우려고 노력했다. 그러나 줄리우스가 며칠 동안 다른 도시로 가야만 했을 때, 소위 서로에게 반하는 감정이 더 강해졌다. 약간의 신체 접촉이 있었다. … 정신적으로 좋아하는 강한 감정이 있었다. … 몇 달 뒤에 모두가 도시를 떠나야 했다. … 어떤 연락도 없었다. 2년 뒤에 … 마리는 이그나티우스가 결혼했다는 소식을 들었다. 그녀는 자신이 혼자라는 것이 뼈저리게 느껴졌고 실의에 빠

▶미주신경자극 몸에 이식한 맥 발생기가 사람의 미주신경에 전기신호를 보내면 그 신경은 뇌를 자극하는 치료

▶경두개 자기자극법(TMS) 사람의 머리 또는 그 위에 전기 마그네틱 코일을 놓고 뇌로 전류를 보내는 치료

▶뇌심부 자극(DBS) 페이스 메이커가 브로드만 영역 25에 이식된 전극에 동력을 넣어 해당 뇌 영역을 자극하는 치료

▶상징적 상실 정신분석이론에 의하면 가치 있는 대상의 상실로, 예를 들어 실직을 무의식적으로 사랑하는 사람의 상실로 해석하는 것. '상상의 상실'이라고도 함

숨은 뜻 읽어내기

DSM-5 논쟁 : 사별이 우울증과 동일한가

이전의 *DSM*은 사랑하는 사람을 잃은 사람들에게는 사별 후 두 달 동안 주요우울장애 진단을 내리지 않았다. 그러나 *DSM-5*에 따르면 우울 증상이 충분히 심각하다면, 사별한 사람들은 주요우울장애 진단을 받을 수 있다. 이에 비판하는 사람들은 정상적인 애도 반응을 겪고 있는 많은 사람이 이제 주요우울장애로 오진될 수 있다고 우려한다.

(계속)

Spencer Platt/Getty Images

초기 상실
2001년 9월 11일에 살해된 경찰 공무원의 어린 딸이 사건 발생 5주년을 기념하는 그라운드 제로 행사에서 공격당한 희생자의 이름을 읽는 동안 아버지의 손을 잡고 무대에 서 있다. 연구에 의하면, 어려서 부모를 잃은 사람들은 성인이 되었을 때 우울증을 경험할 가능성이 높다.

졌다….

나이가 들고 있고 모든 기회를 놓치고 있다고 믿게 되면서 고통은 더 심해졌다. 이그나티우스는 잃어버린 기회에 대한 기억으로 남아 있었다. … 순종과 복종의 삶은 그녀가 자신의 목표에 도달하는 것을 허용하지 않았다. … 이러한 생각을 인식했을 때 심지어 더 우울해졌다. 자신의 인생에서 쌓은 모든 것이 잘못되었거나 잘못된 전제에 근거하고 있다고 느껴졌다.

(Arieti & Bemporad, 1978, pp. 275-284)

특히 초년 시절에 겪은 주요 상실이 이후 우울증의 기초가 될 수 있다는 정신역동적 생각은 연구에서 전반적으로 지지를 받았다(Gilman, 2013; Gutman & Nemeroff, 2011). 예를 들어 가정의를 방문한 1,250명의 환자들에게 우울척도를 실시했을 때 아동기에 아버지가 죽은 환자들은 우울척도에서 더 높은 점수를 받았다(Barnes & Prosen, 1985). 그러나 상실이 항상 우울의 핵심이라고 입증된 것은 아니다. 사실 인생에서 큰 상실을 겪은 사람들의 10%보다 약간 적은 수가 우울해지는 것으로 추정된다(Bonanno, 2004; Paykel & Cooper, 1992). 더욱이 상실과 우울의 연관성을 조사한 연구 결과들은 일관적이지 않다. 일부 연구에서 아동기 상실과 이후 우울증이 관련 있다는 증거를 발견했으나 다른 연구들은 관련성을 발견하지 못했다.

단극성 우울증의 정신역동치료는 무엇인가 정신역동치료자들은 단극성 우울증은 타인에 대한 과도한 의존에 의해서 형성된, 실제 또는 상상의 상실에 대한 무의식적인 애도의 결과라 믿는다. 이에 정신역동치료자들은 내담자들이 기저에 있는 이러한 문제들을 인식해서 그 문제들을 다루는 작업을 하도록 돕는다. 정신역동치료자들은 우울한 내담자가 치료시간에 자유롭게 연상하도록 격려하고 내담자의 연상, 꿈, 저항, 전이의 전개에 대한 해석을 제공하고 내담자가 과거 사건과 감정을 재검토하도록 돕는다(Busch et al., 2004). 치료자에 의하면 다음 예에서 자유연상은 우울의 기초가 된 초기 상실 경험을 회상하도록 도와준다.

그의 모든 기억 중 가장 초기 기억은 높은 기차 구조물 아래에서 유모차를 탄 채 혼자 남겨진 기억이다. 분석시간에 생생하게 떠오른 또 다른 기억은 5세 무렵의 수술이다. 그는 마취되었고 어머니는 그를 남겨두고 의사와 떠났다. 그는 어머니가 자신을 떠나는 것에 분노해서 어떻게 발로 차고 소리쳤는지를 회상했다.

(Lorand, 1968, pp. 325-326)

이와 같은 성공적인 사례 보고에도 불구하고 연구에 의하면 장기 정신역동치료는 단극성 우울증 사례에 단지 가끔 도움이 된다(Prochaska & Norcross, 2013). 이 접근의 두 가지 특징이 효과를 제한할 수 있다. 첫째, 우울한 내담자들은 너무 수동적이고 지쳐서 미묘한 치료 토론에 완전히 참여하지 못할 수 있다. 둘째, 장기적인 접근이 환자들이 절망적으로 구하는 빠른 경감을 제공하지 못할 때 환자들은 실망할 수 있고 치료를 조기에 중단할 수 있다. 단기 정신역동치료는 전통적인 장기 접근보다 치료 효과가 더 좋다(Midgley et al., 2013; Lemma et al., 2011).

행동모델 행동주의자들은 단극성 우울증이 삶에서의 보상과 처벌의 수가 의미 있게 변화한 결과라고 믿으며 우울한 사람들이 더 바람직한 강화방식을 만들어 가도록 돕는 치료를 한다(Dygdon & Dienes, 2013). 임상연구가인 Peter Lewinsohn은 단극성 우울증에 대한 행동적 설명을 발전시킨 최초의 임상이론가 중 한 사람이다(Lewinsohn et al., 1990, 1984).

행동적 설명 Lewinsohn은 어떤 사람들에게는 인생에서의 긍정적 보상이 점점 감소하는데, 이는 이들이 건설적인 행동을 점점 더 적게 하도록 이끈다고 주장한다. 예를 들면 대학생활의 보상은 젊은 여성이 대학을 졸업하고 직장을 구했을 때 사라진다. 나이 든 야구선수는 기술이 쇠퇴했을 때 높은 봉급과 과찬이라는 보상을 잃는다. 비록 많은 사람들이 다른 형태의 만족으로 삶을 채워 가려 하지만 일부 사람들은 특히 낙담한다. 삶에서의 긍정적인 특징은 점점 더 감소하고 보상의 감소는 건설적인 행동을 더 적게 하게 한다. 이런 방식으로 사람들은 우울을 향해 치닫게 된다.

수많은 연구에서 행동주의자들은 사람들이 인생에서 받는 보상의 수가 우울의 존재 또는 부재와 관련 있다는 것을 발견했다. 우울한 참가자들은 우울하지 않은 참가자들보다 더 적은 긍정적 보상을 보고했을 뿐만 아니라 보상이 증가했을 때 기분도 나아졌다(Bylsma et al., 2011; Lewinsohn et al., 1979). 유사하게 다른 연구들도 긍정적인 생활사건과 생활의 만족감 및 행복감 간에 강한 관계가 있는 것을 발견했다(Carvalho & Hopko, 2011).

Lewinsohn과 다른 행동주의자들은 **사회적** 보상은 우울이 점점 더 심해지는 데 특히 중요하다고 믿는다(Martell et al., 2010). 연구 결과, 우울한 사람들은 우울하지 않은 사람들보다 사회적 보상을 더 적게 경험하며 기분이 나아짐에 따라 사회적 보상도 증가하는 것으로 나타났다. 비록 우울한 사람들이 때로는 사회적 환경의 희생자이지만(언론보도 참조), 어두운 기분과 생기 없는 행동은 사회적 보상의 감소에 기여할 수 있다(Constantino et al., 2012; Coyne, 2001).

단극성 우울증의 행동치료는 무엇인가 행동치료자들은 우울한 내담자들이 경험하는 보상의 수를 증가시키기 위해 다양한 전략을 사용한다(Dimidjian et al., 2014; Martell et al., 2010). 첫째, 치료자들은 내담자들이 즐겁다고 여기는 활동, 예를 들어 쇼핑하기나 사진 찍기를 선택한다. 그리고 내담자들이 이 활동을 하기 위한 주간계획표를 짜도록 격려한다. 연구에 의하면 생활에 긍정적인 활동을 추가하는 것(**행동활성화**라고 부르기도 함)은 기분을 더 좋게 할 수 있다. 둘째, 내담자의 생활에 즐거운 사건을 재도입하는 동안 치료자는 내담자의 다양한 행동이 정확하게 보상받게 한다. 행동주의자들은 우울해질 때 부정적 행동인 울기, 반추하기, 불평하기, 또는 자기비난은 다른 사람들을 멀어지게 하고 보상 경험과 상호작용의 기회를 감소시킨다고 주장한다. 이런 양상을 바꾸기 위해서 치료자들은 내담자가 자신의 부정적인 행동을 감찰하고 새롭고 보다 긍정적인 행동을 시도하도록 안내한다. 또한 일하러 가기와 같은 건설적인 말이나 행동에는 칭찬이나 보상을 제공하고, 우울한 행동은 체계적으로 무시하려고 노력한다. 마지막으로 행동치료자는 내담자에게 효과적인 사회기술을 훈련시킬 수 있다. 예를 들어 집단치료 프로그램에서 구성원들은 눈 맞춤, 표정, 자세 및 사회적인 메시지를 전달하는 다른 행동들을 향상시키기 위해서 함께 작업할 수 있다.

종을 넘어서
연구자 해리 할로와 동료들은 새끼 원숭이는 어미와 분리되었을 때 절망하는 것으로 보이는 반응을 한다는 것을 발견했다. 대리모(철사 원통을 스펀지 고무로 싸고 그 위에 부드러운 헝겊을 덮은 것)에 의해 양육된 새끼 원숭이는 대리모에게 애착을 형성했으며 대리모의 부재를 슬퍼했다.

숨은 뜻 읽어내기

신뢰의 상실

친밀한 사회적 접촉은 지난 30년 동안 감소해 왔다. "중요한 일을 의논하기 위해 몇 명의 친구들과 이야기하는가?"라는 질문에 1985년도의 연구 참가자들은 3명이라 답했고 현재는 2명이었다(Bryner, 2011; McPherson, Smith-Lovin, & Brashears, 2006).

언론보도

21세기의 이민과 우울

Andrew Solomon, 뉴욕타임스, 2013년 12월 8일 게재

한 캐나다 여성이 지난달 우울증으로 입원했기 때문에 미국 입국을 거부당했다. 엘런 리처드슨은 국토안보부에서 승인한 3명의 토론토 의사 중 한 사람에게 "의학적 문제 없음"이란 증명을 받지 않는다면 방문할 수 없다고 들었다. 더 효율적으로 얻을 수 있는 그녀의 정신과 의사의 증명은 '충분하지 않을 것'이라고 했다. 그녀는 뉴욕으로 가는 도중에 카리브해로 가는 크루즈를 승선하려고 했었다….

국경 관리인은 자신이 미국 이민 및 국적법 제 212조 — 순찰대는 누군가의 '재산, 안전 또는 복지'를 위협하는 신체적 또는 정신적 장애가 있는 사람의 미국 방문을 막을 수 있다 — 에 따라 행동하고 있다고 말했다. 토론토 스타는 에이전트가 리처드슨 양이 '정신질환 삽화' 때문에 의학적 평가가 필요하다는 문서에 서명했다고 보고했다.

이러한 조치가 처음 보고된 것은 아니다. 2011년 캐나다인 전직 교사, 루이 카메니츠는 자살을 시도했기 때문에 미국에 입국할 수 없었다. 한 경찰관은 그해 8건의 유사 사건을 들은 적이 있다고 토론토 스타에 말했다. 사건이 있은 후, 그는 필자에게 편지를 썼다. "저의 감각은 많은 사람들이 돌아서는 것입니다…."

정신질환 치료를 받는 사람들은 정신질환이 없는 사람들보다 폭력의 빈도가 높지 않다. 또한 우울증은 미국 성인 10명 중 1명에게 영향을 준다. 우울증을 비난하는 것은 정신질환의 징후로 사람들을 사회적으로 배제시켰던 시기로 급격히 되돌아가는 후퇴를 의미한다. 이러한 국경 정책은 방문객들에게 불공평한 것일 뿐만 아니라 정신건강 문제로 어려움을 겪는 수백만 미국인들에 대한 모욕이다….

> 정신장애를 가진 사람들을 대상으로 한 이민법, 총기 또는 기타 법률의 제정에서 정신건강 전문가는 어떤 역할을 해야 하는가?

정신 상태를 낙인찍는 것은 나쁘다. 치료를 낙인찍는 것은 더욱 나쁘다. … 그러나 이 사건은 사람들에게 정신질환 치료를 받지 말라고 경고하는 역할을 한다. … 2001년 자살을 시도해서 그로 인해 양측 하지가 마비된 리처드슨은 적절한 치료를 받았고 이제는 성취감을 느끼고 목적 있는 삶을 살고 있다고 주장했다. 우리는 치료를 받고, 도전에도 불구하고 확고하게 살아가는 사람들에게 박수를 보내야만 하고, 위험하지 않은 정신건강 상태를

© Bettman/Corbis

"피곤한 사람, 가난한 사람, 혼란에 빠져 있는 사람들을 저에게 주세요." 이탈리아 이민자 가족은 1905년 뉴욕의 엘리스 섬에 도착했다. 오늘날 정신장애를 가진 사람들에 대한 미국의 이민 정책은 100년 전에 비해 덜 관대하다.

가진 사람들이 우리나라에서 환영받지 못한다는 생각을 버려야만 한다.

박수가 멈출 때

행동주의자들에 의하면 은퇴가 가져오는 보상의 감소는 많은 성취를 이룬 사람을 특히 우울의 위험에 빠뜨린다. 사진에서 수비수를 피하는, 전직 뉴욕자이언츠 팀의 러닝백이었던 티키 바버는 짧은 기간 동안 2006년 프로 미식 축구의 은퇴, TV 네트워크 기자직의 실직, 이혼을 연이어 겪으면서 그 후에 심각한 우울을 경험했다고 최근에 말하였다. "나는 말 그대로… 소파에 앉아 10시간 동안 아무 것도 하지 않은… 시절이 있었다고 기억한다. 나는 움츠리기 시작했다. 나는… 더 이상 기운이 없었다."

행동 기법 한 가지만을 적용하는 것은 제한된 도움만을 주는 것 같다. 그러나 두 가지 혹은 그 이상의 행동 기법을 조합하면 특히 우울증이 경미한 경우 우울 증상을 줄이는 것으로 나타났다. 최근에 Lewinsohn은 다음에서 논의할 인지행동치료와 유사하게 행동 기법과 인지 기법을 결합해서 사용한다.

인지모델 인지이론가들은 단극성 우울증을 가진 사람들은 지속적으로 사건을 부정적으로 보며 이러한 지각이 우울증에 이르게 한다고 믿는다. 두 가지 가장 영향력 있는 인지적 설명은 학습된 무기력 이론과 부정적 사고 이론이다.

학습된 무기력 젊은 여성의 우울증에 대한 다음 설명은 무력감으로 가득하다.

숨은 뜻 읽어내기

명언

"그것이 끝났다고 울지 마라. 그것이 일어났으므로 미소 지어라."

닥터 수스

메리는 25세로 방금 대학 2학년을 시작했다. … 최근 그녀의 생활이 어떤지 이야기하도록 요청하자 울기 시작했다. 그녀는 작년에 생활에 대한 통제력을 잃고 있다는 것을 느꼈다고 말했다. 그리고 최근의 스트레스(학교를 다시 시작한 점과 남자친구와의 마찰)는 자신에게 무가치함과 두려움을 남겼다고 말했다. 그녀의 시력은 서서히 나빠져서 이제는 온종일 안경을 써야만 한다. 그녀는 "안경은 나를 끔찍하게 보이게 만들어요. 나는 더 이상 사람들을 똑바로 쳐다볼 수가 없어요."라고 했다. 또한 놀랍게도 메리는 작년에 체중이 9kg 늘었다. 그녀는 자신을 뚱뚱하고 매력 없다고 여겼다. 때때로 그녀는 콘택트렌즈를 살 돈과 운동할 시간이 충분하다면 우울증을 벗어 던질 수 있을 것이라고 확신했다. 그러나 가끔은 어떤 것도 도움이 되지 않을 거라고 믿었다. … 메리는 자신의 생활이 나빠지는 것을 또 다른 영역에서도 보았다. 학교 숙제로 압도당하는 기분이 들었고, 인생에서 처음으로 학사 경고를 받았다. … 외모에 대한 불만족과 학업 실패에 대한 공포에 덧붙여 친구가 부족하다고 불평했다. 그녀의 사회적 관계는 함께 사는 남자친구로만 한정되어 있었다. 남자친구와의 관계가 거의 참을 수 없이 좌절스럽게 느껴지는 때가 있지만 관계를 바꾸는 것에 무기력했고 관계의 지속에 대해서도 회의적이었다.

(Spitzer et al., 1983, pp. 122-123)

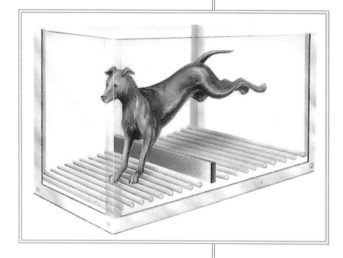

그림 6-4
안전한 곳으로 점프하기
실험동물들은 회피훈련상자의 한 칸에서 충격
이 시행되면 안전한 다른 칸으로 점프하여 충
격을 도피하거나 회피하는 것을 배운다.

메리는 '인생에 대한 통제력을 상실하고 있다'고 느낀다. 심리학자인 Martin Seligman(1975)은 무기력을 우울증의 핵심이라 본다. 1960년대 중반 Seligman은 우울증의 **학습된 무기력**(learned helplessness) 이론을 발달시켰다. 이 이론은 사람들이 (1) 더 이상 강화(보상과 처벌)를 통제할 수 없다고 생각할 때, (2) 무기력한 상태에 대한 책임이 자신에게 있다고 생각할 때 우울해진다고 본다.

Seligman의 이론은 실험실 개와 작업을 할 때 처음 형성되기 시작했다. Seligman은 '해먹'이라고 하는 장치에 개를 묶어 두었다. 해먹에서 개들은 무엇을 하든 상관없이 주기적으로 전기충격을 받았다. 다음날 개를 회피훈련상자로 옮겼는데, 회피훈련상자는 칸막이가 있어서 실험동물이 점프하면 다른 칸으로 이동할 수 있다(그림 6-4 참조). Seligman은 회피훈련상자 안에 있는 개에게 전기충격을 주었고 회피훈련상자의 다른 개처럼 점프해서 칸막이를 넘어가 전기충격을 피하는 것을 곧 배울 것으로 기대했다. 그러나 대부분의 개는 회피훈련상자에서 어떤 것도 배우지 못했다. 한 차례의 활동 이후 개는 단지 '누워서 조용히 낑낑거리기만' 했고 전기충격을 그대로 받았다.

Seligman은 개가 전날 해먹에서 피할 수 없는 충격을 받는 동안 불쾌한 사건(충격)을 전혀 통제할 수 없다고 배웠다고 결론지었다. 즉 개는 부정적 상황을 바꾸기 위해서 어떤 것을 해도 소용이 없다는 것을 학습했다. 따라서 이후에 자신의 운명을 통제할 수 있는 새로운 상황에 놓였을 때도(회피훈련상자), 개는 전반적으로 무기력하다고 계속 믿는다. Seligman은 학습된 무기력 효과는 인간의 우울증 증상과 매우 닮았다고 언급하였고, 사실 사람들은 자기 인생에서 어떤 강화도 통제할 수 없다는 일반적인 믿음을 발달시킨 후에 우울하게 된다고 제안하였다.

인간과 동물을 대상으로 한 다양한 연구에서 무기력 훈련을 받은 참가자들은 우울 증상과 유사한 반응을 보였다(Dygdon & Dienes, 2013). 예를 들어 인간 참가자들이 통제 불가능한 부정적 사건에 노출되면, 그 후 다른 사람들보다 우울 기분 질문지에서 더 높은 점수를 보였다(Miller & Seligman, 1975). 유사하게 무기력 훈련을 받은 동물들은 사람의 우울 증상과 공통된 증상인 성적·사회적 활동에 대한 흥미 상실을 보였다(Lindner, 1968).

학습된 무기력 이론은 과거 수십 년 동안 다소 수정되었다. 이론의 새로운 수정판인 귀인 무기력 이론에 의하면, 사람들은 사건이 자신의 통제를 넘어선다고 생각하면 그 이유가 무엇인지 자신에게 질문을 한다(Abramson et al., 2002, 1989, 1978). 만일 현재의 통제 부족을 전반적이며 안정적인 내적 원인에 귀인시키면("나는 모든 것에 부적합하다. 그리고 항상 그럴 것이다."), 미래의 부정적 결과를 예방하는 데 무기력하게 느낄 것이고 우울을 경험할 것이다. 만약 다른 종류의 귀인을 한다면, 이렇게 반응하지 않을 것이다.

여자 친구에게 차인 대학생을 생각해 보자. 만일 통제의 상실을 전반적이며 안정적인 내적 원인, 즉 "그것은 내 잘못이다(내저). 내가 손댄 모든 것을 망칠 것이다(전반적). 나는 항상 그럴 것이다(안정적)."라고 귀인한다면, 미래에도 유사한 통제 상실을 기대하는 반응을 할 것이고, 전반적인 무기력감을 경험할 수 있다. 학습된 무기력의 관점에 의하면, 그 학생은 우울증의 첫 번째 후보이다. 대신에 그 학생이 관계가 깨진 것을 더 **구체적이고**("지난 몇 주 동안 내가 행동한 방식이 이 관계를 날려버렸어."), **불안정한**("나는 항상 그렇게 행동하지는 않아."), 또는 **외적인**("그녀는 자신이 원하는 것을 결코 알지 못해.") 원인에 귀

▶**학습된 무기력** 강화에 대한 어떤 통제권도 갖고 있지 않다는 과거 경험에 기초한 지각

인한다면, 다시 통제를 잃을 것이라고 기대하지 않을 수 있고 아마도 무기력과 우울을 경험하지 않을 것이다. 수백 편의 연구들이 귀인 방식, 무기력 및 우울 간의 관계를 지지하였다(Rotenberg et al., 2012).

몇몇 이론가들은 최근 몇 년 동안 무기력 모델을 다시 개선했다. 이론가들은 귀인이 사람에게 무기력감을 낳을 때만 우울을 야기할 수 있다고 주장한다(Wain et al., 2011). 이러한 요인을 고려함으로써 임상가들은 종종 우울을 더 정교하게 예측할 수 있게 되었다(Wang et al., 2013).

단극성 우울증의 학습된 무기력 이론이 매우 영향력이 있지만 이 이론에도 불완전함이 있다. 첫째, 많은 학습된 무기력 연구들은 동물실험에 의존한다. 사실 동물의 증상이 사람의 임상적 우울을 반영하는지 아는 것은 불가능하다. 둘째, 이 이론의 귀인적 특징은 어려운 질문을 야기한다. 무기력을 학습한 개와 쥐는 어떻게 되는 건가? 동물들이 그것도 암묵적으로 귀인을 할 수 있는가?

부정적 사고 Seligman처럼 Aaron Beck은 부정적 생각이 단극성 우울증의 핵심이라고 믿는다(Beck & Weishaar, 2014; Beck 2002, 1991, 1967). Beck에 의하면 부적응적인 태도, 인지삼재, 사고의 오류와 자동적 사고가 결합되어 임상 증후군을 낳는다.

Beck은 어떤 사람들은 "나의 전반적인 가치는 내가 수행하는 모든 과제와 결부되어 있다." 또는 "만일 내가 실패한다면 다른 사람들은 나에게 혐오감을 느낄 것이다."라는 식의 아동 같은 **부적응적인 태도**를 발달시킨다고 믿는다. 이 태도들은 초기 상호작용과 경험의 결과이다(그림 6-5 참조). 바쁘고 활발한 삶에서 많은 실패는 불가피하다. 이러한 태도는 오류가 있고 모든 종류의 부정적 사고와 반응의 기초가 된다. Beck은 부적응적인 태도를 가진 사람들이 살면서 속상한 상황들을 겪게 되면 부정적 사고가 확대된다고 보았다. 부정적 사고는 흔히 세 가지 형태를 취하는데, Beck은 이를 **인지삼재**(cognitive triad)라고 불렀다. 사람들은 (1) 자신의 **경험**, (2) 자기 자신, (3) 자신의 미래를 부정적 방식으로 해석하는데, 이는 사람들을 우울하게 한다. 아래 기술한 우울한 사람의 사고에서도 인지삼재가 작동하고 있다.

> 나는 참을 수가 없다. 나는 가족을 보살피지 못하고 아내와 엄마로서 그 존재를 인정받지 못하며 동네에서 존경받지 못하는 이 세상의 유일한 여자라는 이 굴욕스러운 사실을 견딜 수 없다. 어린 아들 빌리에게 이야기를 할 때 나는 아들의 기대를 저버릴 수 없다는 것을 안다. 그러나 아들을 보살피기에는 불충분한 엄마라고 느낀다. 무엇을 해야 할지 또는 어찌해야 할지 모르겠다. 모든 것이 나를 너무 압도하고 … 나는 웃음거리가 된다. 외출해서 사람을 만나고 나의 못난 점들을 스스로 다시 봐야 하는 것이 힘에 부친다.
>
> (Fieve, 1975)

Beck에 의하면 우울한 사람들은 사고에서 **오류**를 범한다. 흔한 논리의 오류 중 하나는 임의적 추론이다. 임의적 추론이란 증거에 근거하지 않고 부정적 결론을 내리는 것이다. 공원을 걷고 있는 한 남자가 근처에서 꽃을 보고 있는 여자를 지나치면서 "그녀는 나를 보는 것을 피하는군."이라고 결론 내리는 것이 임의적 추론의 예이다. 유사하게, 우울한 사람들은 종종 긍정적인 경험의 의미를 축소하거나 부정적인 사건의 의미를 확대한다. 예를 들어

어렸을 때 불행하다고 느낀 사람들의 3분의 1은 성인이 되어서도 계속 불행하다고 느낀다. 왜 그런 것일까?

▶**인지삼재** Aaron Beck이 우울의 원인으로 제시한 세 가지 유형의 부정적 사고. 개인의 경험, 자신, 미래에 대한 부정적 관점으로 이루어짐

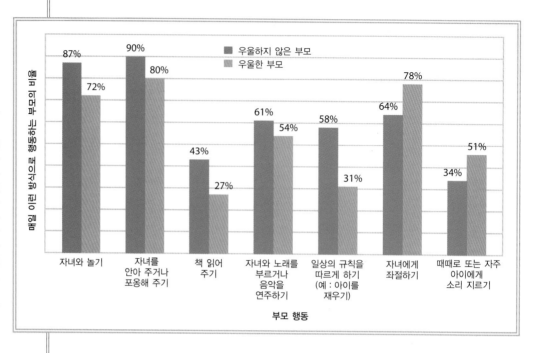

그림 6-5
우울한 부모와 자녀의 상호작용 방식

우울한 부모는 우울하지 않은 부모에 비해 매일 어린 자녀들과 함께 놀거나 안아 주거나 책을 읽어 주거나 노래를 불러 주는 것을 덜하거나 매일 같은 일상을 꾸려 나가는 것을 덜한다. 우울한 부모는 매일 자녀에게 좌절하기가 더 쉽다. 이러한 문제가 되는 상호작용은 우울한 부모의 아이들이 다른 아이들보다 정서적·인지적 또는 행동적 문제를 가지기 더 쉽다는 반복되는 연구 결과를 설명해 준다(출처 : Turney, 2011; Princeton Survey Research Associates, 1996).

한 대학생이 어려운 영어시험에서 A를 받았다. 그러나 그 성적은 자신의 능력보다는 교수의 관대함을 반영하는 것이라고 결론짓는다(최소화). 몇 주 후에 같은 학생이 영어수업을 빠져야만 했고 학기의 나머지를 따라갈 수 없을 것이라고 확신한다(최대화).

마지막으로 우울한 사람들은 **자동적 사고**를 경험한다. 자동적 사고란 자신이 부적절하며 자신의 상황은 절망적이라고 스스로에게 계속 암시하는 일련의 고정된 불쾌한 사고를 말한다. Beck은 이러한 생각들이 마치 반사에 의한 것처럼 발생하기 때문에 '자동적'이라고 했다. 단지 몇 시간 동안 수백 가지의 다음과 같은 생각이 우울한 사람에게 떠오를 수 있다. "나는 가치 없다. 나는 모든 사람을 실망시킨다. 모든 사람이 나를 싫어한다. 내 책임이 너무 크다. 나는 부모로서 실패했다. 나는 멍청하다. 모든 것이 나에게는 어렵다. 아무것도 변하지 않을 것이다."

많은 연구가 Beck의 설명을 지지하는 증거를 내놓았다(Pössel & Black, 2014). 몇몇 연구들은 우울한 사람들은 부적응적인 태도를 갖고 있으며 부적응적인 태도를 많이 가질수록 더 우울해지는 경향이 있다는 것을 확인했다(Thomas & Altareb, 2012). 다른 연구에서도 우울한 사람들이 인지삼재를 보이는 것을 발견했다(Lai et al., 2014). Beck이 주장한 논리의 오류도 연구에서 지지를 받았다(Alcalar et al., 2012). 한 연구에서 우울한 여성 참가자들과 우울하지 않은 여성 참가자들에게 힘든 상황에 놓인 여성에 대한 글을 읽고 해석하도록 요청했다. 우울한 참가자들은 우울하지 않은 여성들보다 해석에서 임의적 추론과 같은 논리적 오류를 더 많이 범했다(Hammen & Krantz, 1976).

마지막으로 연구자들은 자동적 사고가 우울증과 관련이 있다는 Beck의 주장을 지지하였다(Alcalar et

"당신은 엉뚱한 일로 슬퍼하고 있어요. 알버트."

al., 2012). 몇몇 고전적인 연구에서 우울하지 않은 피험자들에게 속임수를 사용해서 마치 자신에 관한 부정적인 자동적 사고를 기술한 듯한 글을 읽게 하자, 우울하지 않은 연구 참가자들은 글을 읽고 나서 우울이 증가하였다(Bates et al., 1999; Strickland et al., 1975). 이와 관련된 다른 연구를 살펴보면 우울한 기분을 경험하는 동안 기분을 바꾸기 위한 행동을 하지 않고 반복해서 그 기분에 빠져드는 반추적인 반응을 하는 사람들은 흔히 그러한 반추를 피하는 사람들보다 더 오래 낙담하였고 이후에 임상적 우울증으로 발전할 가능성이 더 컸다(Johnson et al., 2014; Watkins & Nolen-Hoeksema, 2014).

단극성 우울증을 위한 인지치료는 무엇인가 Beck은 내담자들이 부정적 사고에 대처하는 것을 돕기 위해서 **인지치료**(cognitive therapy)라는 치료 접근을 개발했다(Beck & Weishaar, 2014). 그러나 이 접근은 많은 행동 기법도 포함하는데, 치료자가 내담자를 다시 움직이게 하고 새로운 행동을 시도하도록 격려할 때는 특히 행동 기법을 사용한다. 따라서 많은 이론가들은 이 접근이 이름이 의미하는 것처럼 순수한 인지적 개입이라기보다는 인지행동치료라고 생각한다. 인지행동치료는 네 단계로 이루어져 있고 흔히 20회기 이하로 진행한다.

1단계. 활동을 늘리고 기분을 고양시키기 행동 기법을 먼저 사용하여 인지치료를 위한 준비를 한다. 치료자는 먼저 내담자가 더 활동적이 되고 자신감을 갖도록 격려한다. 내담자는 치료시간마다 다음 주를 위한 세부적인 활동시간표에 대한 계획을 세운다. 치료자는 내담자가 매주 더 활동적이 되면서 기분이 나아질 것으로 기대한다.

2단계. 자동적 사고에 도전하기 일단 내담자가 더 활동적이고 정서적으로 다소 나아진다고 느끼면 인지치료자는 내담자에게 부정적인 자동적 사고에 대해서 교육한다. 치료자는 내담자가 자동적 사고가 발생할 때 이를 인식하고 기록하도록 교육하고 기록한 것을 다음 회기에 갖고 오게 한다. 그다음에 치료자와 내담자는 자동적 사고의 배후에 있는 현실을 검증하는데, 종종 자동적 사고들은 근거가 없는 것으로 결론이 난다.

3단계. 부정적 사고와 편향을 찾기 내담자가 자동적 사고의 결점을 인식하기 시작하면 인지치료자는 내담자에게 비논리적인 사고과정이 부정적 사고에 어떻게 기여하는지를 알려 준다. 또한 사건에 대한 거의 모든 해석이 부정적 편향을 갖고 있다는 것을 인식시키고 해석방식을 바꾸도록 지도한다.

4단계. 기본적인 태도를 바꾸기 치료자는 내담자가 우울증의 처음 토대가 되었던 부적응적인 태도를 변화시키도록 도와준다. 그 과정의 일부로서, 치료자는 아래 제시한 대화처럼 내담자가 자신의 태도를 검토하도록 자주 격려한다.

치료자 : 당신이 남자 없이는 행복할 수 없다는 믿음의 근거는 무엇인가요?
환자 : 남자가 없었던 1년 6개월 동안 정말 우울했어요.
치료자 : 우울하게 된 또 다른 이유가 있을까요?
환자 : 우리가 이야기한 것처럼 저는 왜곡된 방식으로 모든 것을 보고 있어요. 그러나 여전히 모르겠어요. 아무도 저에게 관심이 없는데도 제가 행복할 수 있을지.
치료자 : 저도 모르겠네요. 우리가 알 수 있는 방법이 있을까요?
환자 : 좋아요. 잠시 데이트를 하지 않는 실험을 해 보죠. 그리고 어떻게 느끼는지 보겠어요.

(계속)

Topham/The Image Works

꽃의 힘
항우울제와 몇몇 심리치료가 효과가 있음에도 불구하고 많은 우울한 사람들은 키가 작고 야생에서 자라는 관목인 망종화와 같은 식물 치료를 한다. 연구에 의하면 이 식물은 경도 또는 중등도 우울증 사례에서 꽤 도움이 된다고 한다.

▶**인지치료** 심리장애를 야기하는 부적응적인 가정과 사고방식을 사람들이 찾아내서 변화시키도록 돕는 치료로 Aaron Beck이 개발함

> **치료자**: 좋은 생각이에요. 비록 이 방법에 단점이 있더라도 현재로서는 사실을 알 수 있는
> 가장 최선이에요. 당신은 이런 종류의 실험을 실행할 수 있다는 점에서 운이 좋아
> 요. 이제 당신의 성인 생활에서 처음으로 당신은 남자에게 집착하지 않아요. 만일
> 남자 없이도 행복할 수 있다는 것을 발견한다면, 이것은 당신을 상당히 강하게 해
> 줄 것이고 당신의 미래관계를 더 좋게 만들어 줄 거예요.
>
> (Beck et al., 1979, pp. 253-254)

과거 수십 년 동안 수백 편의 연구에서 Beck의 이론과 이와 유사한 인지적 · 인지행동
적 접근이 단극성 우울증에 도움이 되는 것으로 나타났다. 이 치료를 받은 우울한 성인들
은 위약을 받거나 치료를 전혀 받지 않은 사람들보다 더 많이 좋아졌다(Young et al., 2014;
Hollon & Cuijpers, 2013). 약 50~60%는 증상의 거의 대부분이 없어진 것으로 나타났다.

현재는 점점 더 많은 수의 인지행동치료자들이 우울증을 극복하기 위해 부정적 인지를
완전히 버려야만 한다는 Beck의 입장에 동의하지 않는다. 수용전념치료(ACT)를 하는 치료
자들을 포함해서 제2장과 제4장에서 소개한 인지행동치료의 새로운 흐름을 따르는 치료
자들은 우울한 내담자가 부정적인 인지를 행동과 결정을 위한 가치 있는 지침이라기보다
는 마음을 흘러가는 생각의 흐름으로 단순히 인정하고 수용하게 한다. 어떻든 간에 부정적
인 생각에 대한 수용이 늘어나면 내담자들은 인생에서 자신의 길을 찾을 때 부정적인 생각
을 피하는 작업을 더 잘할 수 있다(Levin et al., 2014; Hayes et al., 2006).

단극성 우울증의 사회문화 모델

사회문화이론가들은 단극성 우울증은 사람들을 둘러싼 사회적 맥락의 영향을 크게 받는
다고 주장한다. 앞서 논의한 바와 같이, 종종 외부의 스트레스원이 이 장애를 촉발한다는
발견은 사회문화이론가들의 믿음을 지지한다. 두 종류의 사회문화적 관점이 있는데, 하나
는 가족-사회적 관점이고 다른 하나는 다문화적 관점이다.

가족-사회적 관점 앞서 보았듯이 일부 행동주의자들은 사회적 보상의 감소가 특히 우울
증의 발생에 중요하다고 믿는다. 비록 행동적 설명의 일부로 제시되었지만, 이 관점은 가
족사회적 관점과도
일치한다. 우울증은
행복한 결혼에서 발
견되는 사회적 지지
를 얻을 수 없는 것

> 연구 참가자들은 슬픈 음악이 자신
> 을 우울하게 할지라도 행복한 노래
> 보다 슬픈 노래를 듣는 것을 종종
> 더 선호한다. 그 이유는 무엇일까?

과 자주 관련이 있다(Ito & Sagara, 2014). 별거하거나 이
혼한 사람들은 결혼하거나 배우자가 사망한 사람들보다
적어도 우울증의 비율이 3배 더 높으며, 결혼한 적이 없
는 사람보다는 2배 더 높다(Schultz, 2007; Weissman et
al., 1991). 일부 사례에서 배우자의 우울은 부부 불화, 별
거 또는 이혼에 기여했다. 그러나 종종 문제 있는 관계에
서 발견되는 대인관계 갈등과 낮은 사회적 지지는 우울

'개의사'가 지금 당신을 만날 것이다
한 고객이 처음으로 '개의사의 수술' 프로그램
에서 '개의사' 슈나우저에게 자신의 문제와 관
심사를 말한다. 연구에 따르면 많은 애완동물
주인들은 애완동물에게 이야기하고 자신의 애
완동물을 신뢰함으로써 사회적 접촉에 대한 기
본적인 필요성을 충족시키고 우울한 느낌을 없
애는 데 도움을 받는다. 실제로 수백만 명의 애
완동물 주인은 배우자보다 애완동물에게 먼저
털어 놓고, 4분의 1은 배우자보다 애완동물에
게 더 많이 이야기한다고 말한다. 개의사 외과
프로그램은 애완동물이 없는 사람들에게 비슷
한 애완동물 관련 감정적 혜택을 제공하려고 고
안되었다.

More Than/Rex Features via AP Images

증을 낳는 것으로 보인다(Najman et al., 2014).

연구자들은 또한 고립되어 친밀한 관계 없이 사는 사람들은 스트레스가 있을 때 특히 우울해지기 쉽다는 것을 발견했다(Hölzel et al., 2011; Nezlet et al., 2000). 영국에서 수십 년 전에 수행된 다소 널리 알려진 연구들에 의하면, 3명 이상의 자녀가 있으며 절친한 친구가 부족하고 직업을 갖지 않은 여성들은 스트레스 사건을 겪은 후에 다른 여성들에 비해 우울해지기가 더 쉬웠다(Brown, 2002; Brown & Harris, 1978). 또한 사회적 지지가 부족한 우울한 사람들은 지지적인 배우자나 따뜻한 우정관계를 가진 사람들보다 더 오래 우울한 것으로 나타났다.

가족-사회적 치료 우울증을 치료하기 위해서 가족-사회적 접근을 사용하는 치료자들은 내담자들이 자신의 삶에서 친밀한 관계를 다루는 방법을 바꾸도록 돕는다. 가장 효과적인 가족-사회적 접근은 대인관계치료와 커플치료이다.

대인관계치료 임상연구자인 Gerald Klerman과 Myrna Weissman이 개발한 **대인관계치료**(interpersonal psychotherapy, IPT)는 다양한 대인관계 상황이 우울을 야기할 수 있고 다루어져야 한다고 믿는다. 특히 문제가 되는 것은 대인관계의 상실, 대인관계의 역할 갈등, 대인관계의 역할전환, 대인관계의 결함이다(Bleiberg & Markowitz, 2014; Verdeli, 2014). IPT 치료자들은 거의 16회기의 과정 동안 이 문제들을 다룬다.

첫째, 우울한 사람들은 정신역동이론가들이 주장한 것처럼 중요한 대인관계의 상실, 즉 사랑하는 대상의 상실에 대한 애도 반응을 겪는 중일 수 있다. 이런 경우 IPT 치료자들은 내담자가 사랑하는 사람과의 관계를 면밀히 살피고 그들이 발견할 수 있는 어떤 분노의 감정도 표현하도록 격려한다. 결국 내담자들은 상실한 사람을 기억할 새로운 방식을 발달시키고 새로운 관계를 추구하게 된다.

둘째, 우울한 사람들은 자신이 대인관계에서 **역할 갈등**의 중심에 있는 것을 발견할 수 있다. 역할 갈등은 두 사람이 그들의 관계와 수행해야만 하는 역할에 대해서 서로 다른 기대를 갖고 있을 때 생긴다. IPT 치료자는 내담자가 자신이 개입되어 있는 모든 역할 갈등을 조사하고 이를 해결할 기술을 발달시키도록 돕는다.

우울한 사람들은 이혼이나 출산과 같은 중요한 인생 변화가 낳은 대인관계의 **역할전환**을 경험하는 중일 수 있다. 이들은 인생의 변화에 수반되는 역할 변화에 압도당한다고 느낄 수 있다. 이런 경우 IPT 치료자들은 내담자들이 사회적 지지와 새로운 역할이 요구하는 기술을 발달시키도록 돕는다.

마지막으로, 일부 우울한 사람들은 친밀한 관계 형성을 방해하는 극도의 수줍음이나 사회기술의 부족과 같은 대인관계의 **결함**을 갖고 있다(마음공학 참조). IPT 치료자들은 내담자들이 자신의 결함을 찾아내도록 돕고 사회적 상황에 적절히 대처하도록 사회기술과 자기

▶대인관계치료 대인관계의 문제를 규명하고 변화시키는 것이 회복을 이끄는 데 도움이 될 것이라는 믿음에 기초한 단극성 우울증 치료

Tom Moran

역할전환

결혼, 출산, 이혼과 같은 인생의 중요한 변화는 우울한 내담자와의 작업에서 IPT 치료자들이 다루는 대인관계 문제 영역 중 하나인 역할전환에서의 어려움을 야기한다.

마음공학

문자 주고받기 : 관계를 망치는가

문자 주고받기는 이제 대부분의 사람들이 다른 사람들과 의사소통하는 데 주도적 역할을 하고 있다(Pew Research Center, 2015; Cocotas, 2013). 평범한 18~24세의 젊은 이들은 매월 4,000개의 문자를 주고받는다. 많은 사람들이 거의 하루 종일 끊임없이 문자를 주고받는다. 실제로 설문 조사에 따르면, 사람들은 종종 문자로 대화를 하느라 현재 하는 활동에 완전히 참여하지 못하는 것으로 나타났다. 일부 임상가들은 과도한 문자 주고받기는 문자를 주고받는 사람과의 관계 그리고 문자를 하는 동안 무시하고 있는 사람과의 관계에 손상을 줄 수 있다고 우려한다.

> 문자 주고받기가 때때로 관계와 의사소통에 도움이 될 수 있는 방법이 있을까?

MIT의 셰리 터클 교수는 자신의 연구(2013, 2012)에 근거해, 문자를 통한 의사소통은 실제로 관계에 부정적인 영향을 미친다고 결론지었다. 연구 참가자들 중 많은 수는 "대화보다는 문자를 해요."라고 보고했다. 터클 교수는 자신의 연구에서 사람들이 직접적인 의사소통과 가능한 대면을 피하기 위해 문자를 사용한다고 결론지었다. 더구나 연구 참가자들은 문자 주고받기가 대면 대화보다는 귀중한 시간을 절약해 준다고 말했다. 그러나 터클 교수는 "너무 바빠서 직접 대화할 수가 없다고 느끼는 사람들은 다른 방식의 중요한 정서적 연결고리를 만들지 않는다."고 결론지었다.

이와 관련된 연구에서 칼라 클라인 머독(2013)은 사회적 및 개인적 스트레스, 수면 양상, 행복의 수준에 따라 대학교 1학년 학생 83명의 매일 매일의 문자 주고받기 습관을 면담 조사했다. 머독은 급하게 쓴 문자(대부분의 문자)는 종종 문자를 보낸 사람과 받는 사람 사이에 금세 풀리는 사소한 오해를 낳는다. 또한 머독은 많은 연구 참가자들이 면대면 대화를 중단시켜 관계에 해를 초래함에도 진행 중인 문자 주고받기를 계속 유지할 필요를 느낀다고 보고하였다. 일상적으로 문자를 주고받는 참가자들이 다른 참가자보다 스트레스, 불행감, 불안, 수면 문제를 더 많이 보고할 가능성이 높다는 것은 당연하다. 머독은 많은 사례에서 참가자의 개인적인 관계에 문자 주고받기가 미치는 부정적인 영향은 더 많은 스트레스와 불행감을 야기한다고 믿는다.

앞의 연구들은 문자 주고받기 그 자체가 사회적 또는 개인적 행복을 손상시킨다고 제시하지는 않는다. 오히려 문자 주고받기만을 하거나 지나치게 문자를 주고받는 것이 문제일 수 있다. 중요한 많은 논의는 직접적인 대화나 적어도 전화 통화로 더 잘 이루어질 수 있다.

"응? 오, 네 – 할 수 있어요."

주장을 가르친다. 다음 대화에서 치료자는 우울한 남자에게 그의 행동이 다른 사람에게 미치는 효과를 인식하도록 격려하고 있다.

내담자 : (눈은 아래를 내려다보고 표정은 슬퍼 보이며 구부정한 자세로 말없이 있은 후에) 사람들은 항상 저를 놀려요. 제 생각에 저는 정말 혼자 지내는 것을 더 좋아하는 그런 사람인 것 같아요. (깊은 한숨)

치료자 : 저를 위해서 다시 한 번만 그렇게 해 보시겠어요?

▶커플치료 장기 교제를 하고 있는 두 사람과 함께 작업하는 치료 형태

> **내담자** : 뭐요?
>
> **치료자** : 한숨요, 약간만 더 깊게.
>
> **내담자** : 왜요? (침묵) 알았어요, 근데 저는 몰랐어요. … 알았어요. (내담자는 다시 한숨을 쉬고 웃는다.)
>
> **치료자** : 좋아요, 웃을 때는. 그런데 한숨을 쉴 때는 대부분 너무 슬퍼 보여요. 그래서 당신을 고통 속에 혼자 두는 것이 더 나을 것 같고 눈치를 살펴야 하고 또 너무 다정하면 안 될 것 같고 제가 당신에게 심지어 상처를 줄 수도 있다는 느낌이 들어요.
>
> **내담자** : (약간 화난 목소리) 예, 실례했어요. 제가 어떻게 느끼는지 당신에게 말하려고 애쓰는 중이었어요.
>
> **치료자** : 당신이 고통스럽게 느낀다는 것을 알아요. 하지만 당신이 저와 거리를 두기 원한다는, 즉 제가 당신에게 닿을 길이 전혀 없다는 메시지 또한 받았어요.
>
> **내담자** : (천천히) 혼자 있는 것처럼 느껴져요. 당신마저도 저에게 관심이 없는 것으로 느껴져요. 저를 놀리는 것 같아요.
>
> **치료자** : 다른 사람들도 이 시험을 통과해야만 하는지 궁금하네요.
>
> (Beier & Young, 1984, p. 270)

IPT와 우울증 관련 대인관계치료는 인지치료 및 인지행동치료와 성공률이 비슷하다 (Bleiberg & Markowitz, 2014). 대인관계치료를 받은 내담자의 50~60%에서 증상이 거의 완전히 사라졌다. IPT가 사회적 갈등, 경력이나 사회적 역할의 변화로 인해 고군분투하는 우울한 사람들에게 특히 유용하다고 여겨지는 것은 놀라운 일이 아니다(Ravitz et al., 2013).

커플치료 우울은 부부 불화의 결과일 수 있으며 배우자로부터 사회적 지지를 받지 못한 사람들은 종종 우울에서 회복되는 것이 더 느리다(Park & Unützer, 2014). 사실 우울한 내담자들의 무려 절반이 역기능적인 관계 속에 있을 수 있다. 따라서 많은 우울증 사례들은 **커플치료**(couple therapy)를 받는데, 커플치료는 치료자가 장기적인 관계를 공유하는 두 사람과 함께 작업하는 접근이다(Cohen et al., 2014).

상호적인 행동적 부부치료를 하는 치료자들은 커플에게 구체적인 의사소통 기술과 문제해결 기술을 가르치고 서로를 보다 더 많이 수용하도록 지도한다(제2장 참조). 우울한 사람의 관계가 갈등으로 가득 차 있을 때, 이와 같은 커플치료는 우울증을 경감시키는 데 도움이 되는 개인인지치료, 대인관계치료 또는 약물치료만큼 효과적일 수 있다(Lebow et al., 2012, 2010).

다문화적 관점 다문화 이론가들의 흥미를 끄는 두 가지 주제가 있는데, 하나는 성과 우울의 관련성이고, 다른 하나는 문화적·인종적 배경과 우울의 관련성이다.

성과 우울 성과 우울 사이에는 강력한 관련성이 있다. 프랑스, 스웨덴, 레바논, 뉴질랜드, 미국과 같이 멀리 떨어진 장소에 있는 여성들이 단극성 우울증을 진단받을 가능성은 적어도 남성의 무려 2배이다(Schuch et al., 2014). 성차가 큰 이유는 무엇인가? 이에 대한 다양한 이론들이 있다.

인위이론(artifact theory)은 여성과 남성은 우울한 경향이 동일하지만 임상가들이 남성의 우울을 탐지하는 데 자주 실패한다고 주장한다(Emmons, 2010). 아마도 우울한 여성들은 슬픔, 울음과 같이 좀 더 정서적인 증상들을 보이는데 이런 증상은 진단이 쉽다. 반면에 우

숨은 뜻 읽어내기

부모의 산후우울증

어머니의 산후우울증은 아동의 사회성·행동·인지발달에 장애를 야기할 수 있다는 상당수의 연구가 이미 존재한다. 아버지의 산후우울증도 유사한 효과를 가질 수 있는 것으로 나타났다(Koh et al., 2014; Edoka et al., 2011).

울한 남성들은 분노와 같은 전통적으로 '남자다운' 증상 뒤에 우울을 감춘다. 이 관점이 인기는 있으나 연구에서 일관된 지지를 받지는 못했다. 여성이 남성에 비해 실제로 우울 증상을 더 잘 알아채거나 치료에 적극적이지는 않다(McSweeney, 2004; Nolen-Hoeksema, 1990).

호르몬 가설은 호르몬의 변화가 많은 여성들의 우울을 촉발한다고 주장한다(Kurita et al., 2013). 호르몬 수준의 빈번한 변화는 10대 초부터 중년에 이르는 여성들의 생물학적 삶을 특징짓는다. 우울증 비율에서의 성차도 이 기간에 나타난다. 그러나 여성의 우울 수준이 높은 것이 호르몬의 변화 때문만은 아닌 것으로 나타났다(Whiffen & Demidenko, 2006). 사춘기, 임신, 폐경기에 발생하는 중요한 사회적 사건과 생활사건 또한 영향을 미칠 수 있다. 호르몬 가설은 여성의 정상적인 생리적인 면을 결함이 있는 것으로 본다는 점에서 성차별주의로 비난을 받아 왔다(심리전망대 참조).

생활 스트레스 이론은 우리 사회에서 여성이 남성보다 더 많은 스트레스를 경험한다고 주장한다(Astbury, 2010). 평균적으로 여성은 남성에 비해 우울증과 관련 있는 모든 요인들인 더 심각한 가난, 더 하찮은 직업, 덜 적절한 주택 및 더 많은 차별에 직면한다. 그리고 많은 가정에서 여성은 아동 양육과 집안일에 대한 책임을 더 많이 진다.

신체 불만족 가설은 서구사회에서 여성들은 거의 태어날 때부터 비합리적이며 건강하지 않고 종종 도달 불가능한 목표인 적은 몸무게와 매우 날씬한 체형을 추구하도록 배운다는 점을 언급한다. 제9장에서 살펴볼 텐데, 남성에 대한 문화적 기준은 훨씬 더 관대하다. 여자아이들이 청소년이 되면 또래 압력으로 몸무게와 몸에 대한 불만족이 더 커지고 이는 우울의 가능성을 증가시킨다. 이 이론과 일관되게 우울증의 성차는 사실 청소년기에 처음 나타나고(Naninck et al., 2011), 섭식장애를 가진 사람들은 종종 높은 수준의 우울감을 경험한다(Calugi et al., 2014). 그러나 섭식과 몸무게에 대한 관심이 실제로 우울을 일으키는지는 명확하지 않으며 오히려 우울의 결과일 수도 있다.

통제부족 이론에서는 학습된 무기력 연구로 다시 돌아가, 여성은 남성보다 자신의 삶을 덜 통제한다고 느끼기 때문에 더 쉽게 우울해질 수 있다고 제안한다. 절도부터 강간까지 어떤 종류든 간에 희생자가 되는 것은 종종 전반적인 무력감을 낳고 우울 증상을 증가시킨다. 우리 사회에서 여성은 남성보다 특히 성적 공격이나 아동 학대의 희생자가 되기 더 쉽다(Astbury, 2010).

우울증에서 발견되는 성차에 대한 마지막 설명은 **반추 이론**이다. 앞에서 읽은 것처럼, 반추는 우울할 때 자신의 감정에 계속 초점을 두고 우울의 원인과 결과를 반복적으로 생각하는 경향이다("왜 이렇게 가라앉지? … 만일 계속 이러면 일을 마칠 수 없을텐데."). 암울할 때 여성은 남성에 비해 반추하기가 더 쉬운 것으로 나타났는데, 반추는 아마도 여성이 임상적인 우울증을 발전시키는 데 취약 요인으로 작용할 수 있다(Johnson & Whisman, 2013; Nolen-Hoeksema, 2002, 2000).

단극성 우울증의 성차에 대한 이러한 설명들 각각은 생각할 거리를 준다. 각 이론은 자신의 이론을 흥미 있게 만들기에 충분한 지지 증거와 이론의 유용성에 의문을 제기하는 반대 증거를 충분히 모아 왔다. 현재 우울증의 성차는 가장 많이 논의되는 것 중 하나이나 아직 임상 분야에서 가장 이해되지 않는 현상으로 남아 있다.

문화적 배경과 우울증 우울증은 전 세계적인 현상으로 우울장애의 특정 증상은 모든 나

심리전망대

월경전불쾌감장애

1990년대 초, *DSM-IV*의 개발에서 가장 큰 논란 중 하나는 '월경전불쾌감장애(PMDD)'라는 범주에 집중되었다. *DSM-IV* 작업진들은 PMDD를 새로운 종류의 우울장애로 공식 등록할 것을 권고했다. PMDD는 여성이 생리 전에 다음 11가지 증상 중 적어도 다섯 가지 이상에서 정기적으로 지장이 초래되면 적용되었다. 우울이나 무기력감, 긴장이나 불안, 뚜렷한 기분 변화, 잦은 과민함이나 분노 그리고 대인관계 갈등의 증가, 일상 활동에 대한 관심 감소, 집중 저하, 에너지 부족, 식욕의 변화, 불면증 또는 졸림, 압도당하거나 통제에서 벗어난 느낌, 부풀어 오른 가슴, 두통, 근육통, '부풀어 오른' 느낌 같은 신체적 증상 또는 체중 증가가 그것이다.

이러한 권고는 혼란을 야기했다. *DSM* 작업진 가운데 의견이 다른 일부를 포함한 많은 임상가들, 몇몇 국가기구, 이익단체 및 언론은 이 진단 범주가 심한 월경전증후군 사례 또는

David Cheskin/PA Wire via AP Images

흔하고 정상적인 월경전불쾌감인 PMS를 '병으로 보는 것'이며, 사회가 거부하는 고정관념인 여성들의 일반적인 행동을 주로 '격렬한 호르몬' 탓으로 보는 것이라고 경고하였다. 이들은 이 새로운 범주를 진단체계 안에 포함하기에는

자료가 부족하다고 주장하였다(Chase, 1993; DeAngelis, 1993).

해결책은 무엇인가? 타협이다. 월경전불쾌감장애는 *DSM-IV*의 공식 범주에는 포함되지 않았으나 보다 철저한 연구가 필요하다고 제안하는 *DSM-IV*의 부록에 포함되었다. 비평가들은 월경전불쾌감장애가 그곳에서 조용히 사망하기를 희망했다. 그러나 20년이 지난 후 이 범주는 새로운 생명을 얻었다. 2011년 *DSM-5* 연구진이 *DSM-5*를 위해 고려 중인 변화 목록을 발표했을 때, 월경전불쾌감장애는 우울장애의 하나로 포함되었다. 반응은 어떠 했을까? 당신이 기대할 수 있는 바와 같이, 또 하나의 엄청난 논란이 많은 임상가들과 이익단체들 사이에서 일어났다. 그러나 지금은 지난 20년간 수행된 몇몇 연구들에 힘입어 지지자들이 이겼다. 이제 월경전불쾌감장애는 *DSM-5*의 공식 진단 범주가 되었다.

라에서 동일한 것 같다. 대표적인 4개국 캐나다, 스위스, 이란, 일본을 대상으로 연구한 결과, 매우 다른 나라에서 살고 있는 우울한 사람의 대다수는 슬픔, 즐거움의 상실, 긴장, 에너지 부족, 흥미의 상실, 집중력 상실, 부족함에 대한 생각, 자살사고를 보고하였다(Matsumoto & Juang, 2008). 그러나 이러한 핵심 증상을 넘어서면 우울증의 정교한 양상은 나라에 따라 다르다(Kok et al., 2012; Kleinman, 2004). 중국, 나이지리아 같은 비서구 국가의 우울한 사람들은 피로, 힘 없음, 수면곤란, 체중 감소 같은 신체 증상들로 인해 더 힘들어한다. 이 나라들에서는 자기 비난, 낮은 자존감, 죄책감 같은 우울증의 인지 증상은 종종 덜 두드러진다.

연구자들은 미국 내에서 민족 또는 다른 인종 집단 구성원들 사이에서 우울 증상이 거의 차이가 없는 것을 발견했다. 또한 소수집단 간에 우울증의 전반적인 비율에서 의미 있는 차이는 없었다. 한편 최근 연구에서 우울증의 재발은 민족/인종 집단 간에 종종 뚜렷한 차이가 있는 것으로 나타났다. 히스패닉계 미국인과 흑인은 백인에 비해 재발성 우울 삽화를 가질 가능성이 50% 더 많았다(González et al., 2010). 왜 이런 차이가 생기는가? 우울한 백인의 약 54%는 우울증 치료(명상 그리고/또는 심리치료)를 받으나 우울한 히스패닉계 미국인의 34%, 우울한 흑인의 40%가 치료를 받는다(González et al., 2010). 아마도 미국 내 소수집단은 우울해졌을 때 치료를 받을 기회가 보다 제한되어 있어, 우울증을 반복해서 경험할 취약성이 더 높다.

우울증의 유병률은 일부 소수집단 내에서도 차이가 있는 것으로 드러났다. 각각의 소수집단 그 자체는 다양한 배경과 문화적 가치를 가진 사람들로 구성되어 있다는 점을 고

숨은 뜻 읽어내기

부모의 영향

우울한 엄마들이 매년 400,000명의 신생아를 출산하는 것으로 추정된다(Murray & Nyp, 2011).

려한다면 매우 놀랄 만한 일은 아니다. 예를 들면 우울증은 히스패닉계 및 흑인 이민자들 보다는 미국에서 태어난 히스패닉계 미국인과 흑인들 사이에서 더 흔하다(González et al., 2010; Miranda et al., 2005). 더욱이 히스패닉계 미국인 내에서도 푸에르토리코인들은 멕시코계나 쿠바계 미국인들보다 우울증의 비율이 더 높다.

다문화적 치료 제2장에서 기술한 바와 같이, 문화-민감치료는 문화적 소수집단의 구성원들이 직면하는 독특한 문제들을 다루고자 한다(Comas-Díaz, 2014). 이러한 접근은 흔히 치료자가 특별한 문화적 훈련을 받을 것을 요구한다. 그 내용은 내담자의 문화적 가치와 내담자가 겪는 문화 관련 스트레스, 편견, 고정관념을 치료자가 더 잘 인식하는 것, 그리고 내담자가 자신의 문화와 지배적인 문화가 자신에 대한 관점과 행동에 미치는 영향을 인식하도록 돕는 노력을 포함한다(Prochaska & Norcross, 2010).

> 문화-민감치료는 어떤 종류의 장애에 보다 더 유용할 것이라고 생각하는가? 그렇게 생각하거나 그렇게 생각하지 않은 이유는 무엇인가?

이러한 접근법의 경우, 일반적으로 치료자들은 특별한 문화적 훈련을 받으며 내담자의 문화적 가치와 내담자가 직면하는 문화 관련 스트레스 요인, 편견 및 고정관념에 대한 인식이 높다. 치료자들은 내담자가 자신의 문화와 균형을 유지하면서 자신의 문화와 지배적인 문화가 자신과 자신의 견해에 미치는 영향을 인식하도록 돕기 위해 노력한다(Prochaska & Norcross, 2013).

단극성 우울증의 치료에서 문화-민감 접근은 소수집단에 속하는 내담자들이 장애를 극복하도록 돕고자 전통적인 형태의 심리치료와 점점 더 결합하고 있다(Aguilera et al., 2010; Stacciarini et al., 2007). 예를 들어 현대의 많은 치료자들은 소수집단에 속한 우울한 내담자들에게 내담자의 경제적 압력, 소수집단으로서의 정체감 및 관련된 문화적 이슈들에 초점을 두면서 인지행동치료를 실시한다. 다양한 연구에서 히스패닉계 미국인, 흑인, 아메리칸 원주민 및 아시아계 미국인 내담자들은 기존 형태의 심리치료에 문화에 민감한 초점이 더해질 때 우울장애를 극복하기 더 쉬웠다(Comas-Díaz, 2014).

숨은 뜻 읽어내기

세계 인구

3억 5천만 명이 넘는 사람들이 전 세계적으로 우울증에 시달리고 있다(WHO, 2012).

웃음은 최고의 약인가

한 남자가 베네수엘라 카라카스 공공 광장에서 열린 2013 웃음치료대회에서 웃고 있다. 이 남자는 공개적인 웃음치료대회에 참석한 많은 사람들 중의 한 사람이다. 웃음치료는 전 세계적으로 일어나고 있는 상대적으로 새로운 집단치료로, 매일 적어도 15분의 웃음으로 우울증과 다른 병을 퇴치한다고 믿는다.

AP Photo/Ariana Cubillos

▶ 요약

우울장애 기분장애의 가장 흔한 형태인 단극성 우울증을 가진 사람들은 우울로만 고통을 겪는다. *DSM-5*는 단극성 우울증의 특징을 갖는 다양한 장애들을 우울장애라 부른다. 우울 증상들은 다섯 가지 기능 영역, 즉 정서, 동기, 행동, 인지, 신체 영역에 걸쳐 있다. 여성은 남성에 비해 심한 단극성 우울을 경험할 가능성이 적어도 무려 2배이다.

생물학적 관점에 따르면 두 가지 신경전달물질인 노르에피네프린과 세로토닌의 낮은 활동이 우울을 유발하는 것을 돕는다. 호르몬도 영향을 미칠 수 있다. 특정 뉴런 내 주요 단백질과 다른 화학물질의 결핍 또한 영향을 미칠 수 있다. 뇌영상 연구는 전전두엽 피질, 해마, 편도체, 브로드만 영역 25를 포함하는 뇌 영역 회로의 이상과 우울을 관련짓는다. 이 모든 생물학적 문제들은 유전적 요인과 관련 있을 수 있다. 대부분의 생물학적 치료는 항우울제로 구성되어 있으나 일부 심한 우울증 사례를 치료하는 데 여전히 전기충격요법을 사용한다. 몇 가지 뇌 자극기법들이 다른 형태의 치료에는 반응하지 않는 우울한 환자들을 치료하기 위해 개발되었다.

정신역동적 관점에 따르면 실제적 또는 상상의 상실을 경험한 사람들의 일부는 발달 초기 단계로 퇴행하여 상실한 사람과 융합하고 결국에는 우울해진다. 정신역동치료자들은 단극성 우울증을 가진 사람들이 상실과 타인에 대한 과도한 의존을 인정하고 극복하도록 돕는다.

행동적 관점은 사람들이 인생에서 긍정적인 보상이 크게 감소하는 것을 경험했을 때 점점 더 우울해진다고 본다. 행동치료자들은 내담자들이 일단 유쾌하다고 여기는 활동을 다시 하게 하고 우울하지 않은 행동을 보상해 주고 효과적인 사회기술을 가르치려고 노력한다.

가장 영향력 있는 인지적 관점은 학습된 무기력과 부정적 사고에 초점을 둔다. Seligman의 학습된 무기력 이론에 의하면 삶에서 강화물에 대한 통제를 상실했다고 믿을 때 그리고 상실을 내적이고, 전반적이고, 안정적인 것으로 귀인할 때 사람들은 우울해진다. Beck의 부정적 사고 이론에 의하면 부적응적인 태도, 인지삼제, 사고의 오류, 자동적 사고는 단극성 우울증을 낳는 데 기여한다. 인지치료자들은 우울한 사람들이 역기능적 인지를 찾아내고 변화시키도록 돕는다. 인지행동치료자들은 인지 기법과 행동 기법을 결합해서 우울을 경감시키려고 노력한다.

사회문화적 이론들은 단극성 우울증은 사회적·문화적 요인에 의해 영향을 받는다고 본다. 가족-사회이론가들은 낮은 수준의 사회적 지지는 종종 단극성 우울증과 관련 있다고 지적해 왔다. 대인관계치료와 커플치료는 종종 우울증 사례에 도움이 된다. 다문화이론가들은 우울증의 특징과 유병률은 종종 성에 따라 때로는 문화에 따라 다르다는 점과 우울한 사람들을 위해 문화-민감치료가 다루어야 할 주제들을 언급했다.

비서구국가의 우울증
비서구국가들의 경우 우울한 사람들은 자기 비난과 같은 인지 증상은 덜하며 피로, 힘 없음, 수면곤란과 같은 신체 증상은 더 많다.

양극성장애

양극성장애를 가진 사람들은 우울이라는 최저치와 조증이라는 최고치를 모두 경험한다. 양극성장애를 가진 많은 사람들은 자신의 삶을 극단적인 기분 사이를 오르락내리락하는 감정의 롤러코스터로 기술한다. 이 장애를 겪는 많은 사람들은 결국 자살을 한다. 롤러코스터의 탑승은 친척과 친구들에게 극적인 영향을 미친다(Barron et al., 2014).

조증 증상은 무엇인가

우울의 어둠에 빠진 사람과 달리 조증 상태에 있는 사람들은 흔히 기분과 활동이 극적이고 부적절하게 고양되는 것을 경험한다. 조증 증상은 우울 증상과 동일한 영역인 정서·동기·행동·인지·신체 영역에 걸쳐 있으나 이 영역들에 우울과 반대 방향으로 영향을 미친다.

조증의 극심한 고통에 있는 사람들은 발산할 길을 찾는 강력한 정서를 갖고 있다. 행복에 찬 즐거움과 안녕감은 개인의 삶에 실제로 일어난 일과는 맞지 않게 정도를 벗어나 있다. 조증 상태의 모든 사람이 행복한 상황은 아니다. 일부 사람들은 특히 다른 사람들이 자신의 과장된 야망의 길을 방해할 때 매우 안절부절못하거나 분노한다.

동기의 영역에서 조증 상태의 사람들은 끊임없는 흥분, 개입, 동료애를 원하는 것으로 보인다. 이들은 열정적으로 새로운 친구와 오래된 친구, 새로운 관심사와 오래된 관심사를 추구하며 자신들의 사회적 언행이 당황스럽고 지배적이며 과도한 것을 거의 인식하지 못한다.

숨은 뜻 읽어내기

임상적인 실수
양극성장애를 가진 사람들의 약 70%는 적어도 한 번은 오진을 받았다(Statistic Brain, 2012).

▶**제I형 양극성장애** 완전한 조증 및 주요우울 삽화가 특징인 양극성장애의 한 유형

▶**제II형 양극성장애** 가벼운 조증과 주요우울 삽화가 특징인 양극성장애의 한 유형

조증 상태에 있는 사람들의 행동은 항상 매우 적극적이다. 이들은 원하는 모든 것을 하기에는 시간이 충분치 않은 것처럼 빨리 움직인다. 빨리 크게 말하고 대화는 농담과 영리하려는 노력으로 채워져 있거나 반대로 불만과 언어적인 분출로 채워져 있다. 화려함은 드물지 않다. 화려한 옷을 입고 낯선 사람들에게 많은 돈을 주고 심지어는 위험한 활동에 개입한다.

인지적인 영역에서 조증 상태인 사람들은 흔히 빈약한 판단력과 계획 능력을 보이는데, 마치 너무 좋게 느끼거나 너무 빠르게 움직여서 가능한 위험을 고려하지 못하는 것 같다. 낙관주의로 가득 차서 다른 사람들이 속도를 늦추려고 시도할 때 거의 듣지 않는다. 자신에 대해 과장된 견해를 가질 수 있고, 때로는 자아존중감이 지나치게 과대하다. 심한 조증 삽화 기간에 일부 사람들은 논리 정연하지 못하거나 현실과의 접촉에 어려움을 겪는다.

마지막으로 신체적인 영역에서 조증 상태에 있는 사람들은 상당히 활동적으로 느낀다. 흔히 거의 잠을 자지 않는데 그런데도 완전히 깨어 있는 듯이 느끼고 행동한다(Armitage & Arnedt, 2011). 하루나 이틀 밤을 안 자더라도 에너지 수준을 높게 유지한다.

양극성장애의 진단

적어도 한 주 동안 비정상적으로 고조되거나 과민한 기분, 활동이나 에너지의 증가 그리고 적어도 세 가지 다른 조증 증상을 보이면 **조증 삽화**로 본다(표 6-4 참조). 삽화는 망상이나 환각 같은 정신증 양상을 포함할 수도 있다. 조증 증상이 덜 심각할 때(거의 손상을 야기하지 않을 때)는 **경조증 삽화**라고 한다(APA, 2013).

*DSM-5*는 양극성장애를 I형과 II형으로 구분한다. **제I형 양극성장애**(bipolar I disorder)를 가진 사람들은 완전한 조증과 주요우울 삽화를 가진다. 대부분은 삽화의 교체를 경험한다. 예를 들어 몇 주간의 조증 이후에 잘 지내는 시기가 뒤따르고 그다음에는 우울 삽화가 이어진다. 그러나 일부는 조증과 우울이 혼재된 양상을 보이는데, 이 경우 예를 들면 극도의 슬픈 감정 중에 생각은 빨리 진행되는 식의 동일 삽화 내에서 조증과 우울 증상을 모두 보인다. **제II형 양극성장애**(bipolar II disorder)에서는 경미한 조증인 경조증 삽화가 시간의 경과에 따라 주요우울 삽화와 교체된다. 이런 양상을 가진 일부 사람들은 경조증 기간 동안 막대한 양의 일을 성취한다(심리전망대 참조).

양극성장애를 가진 사람이 치료를 받지 않으면 기분 삽화는 재발하는 경향이 있다. 1년 이내에 4개 이상의 기분 삽화를 경험하면, 양극성장애는 **빠른 순환**으로 간주한다. 몇 년 전에 익명으로 쓴 신문 기사에서 발췌한 다음 글은 한 여성의 빠른 기분 순환을 보여 준다.

표 6-4

진단 체크리스트

조증 삽화

1. 비정상적으로 들뜨거나, 의기양양하거나 과민한 기분 그리고 지속적인 에너지와 활동의 증가가 적어도 일주일간, 거의 매일, 하루 중 대부분 지속됨

2. 다음 증상 중 적어도 세 가지를 경험함 • 자존심의 증가 또는 과대함 • 수면 욕구의 감소 • 말이 많아지거나 계속 말을 하려 함 • 사고의 비약 또는 사고가 질주하듯이 빠른 속도로 이어지는 느낌 • 주의산만 • 활동의 증가 또는 정신운동 초조 • 위험하고 잠재적으로 문제가 될 수 있는 활동에의 지나친 몰두

3. 심각한 고통이나 손상을 초래함

제I형 양극성장애

1. 조증 삽화의 발생

2. 조증 삽화는 경조증이나 주요우울 삽화에 선행하거나 뒤따를 수 있음

제II형 양극성장애

1. 현재 주요우울 삽화이거나 과거력이 있음

2. 현재 경조증 삽화이거나 과거력이 있음

3. 조증 삽화의 과거력이 없음

출처 : APA, 2013.

내 기분은 하루에도 시시때때로 변한다. 나는 오전 10시에 낮잠을 자고 있지만 오후 3시에는 흥분해 있기도 한다. 나는 창조적인 에너지로 가득 차서 밤에 2시간 이상 자지 않기도 하지만 정오 무렵에는 너무 피곤해서 숨쉬는 것도 힘들다.

고조된 상태가 며칠 이상 지속되면 통제 불능이 될 수 있는데 … 때때로

▶순환성장애 많은 기간 경조증 증상과 경미한 우울 증상을 보이는 것이 특징인 장애

평소보다 빨리 운전하고 잠이 줄고 집중하고 신속하게 정확한 결정을 한다. 또한 이때는 사교적이고 수다스럽고 재미있고 때로는 집중하고 다른 사람들에게는 산만해진다. 이렇게 고양된 상태가 지속되면 사랑하는 사람들을 향한 폭력과 과민한 감정이 들끓기 시작하는 것을 종종 느낀다….

생각이 빨라지고 … 종종 한 순간에 여러 가지 일을 할 수 있기를 바란다. … 육체적으로는 에너지 수준이 무한해 보일 수 있다. 몸이 부드럽게 움직이고 거의 또는 전혀 피로를 느끼지 않는다. 이런 느낌이 들 때는 하루 종일 산악자전거를 탈 수 있고, 기분이 계속 고조된 채로 있는다면 다음 날 근육이 아프거나 딱딱하지 않다. 그러나 이런 상태가 지속되지 않는다. 고조된 시기는 짧다. … 이 상태는 심한 우울증으로 전환되거나 혼재된 기분 상태가 때로는 수분 또는 수 시간 내에 발생하며, 종종 정상적인 기간 없이 며칠 또는 몇 주 동안 지속된다….

처음에는 내 생각이 흩어져서 온 사방으로 주르르 미끄러지기 시작한다. … 나는 다른 사람들이 내 외모나 행동에 대해서 부정적인 의견을 말하고 있다고 생각하기 시작한다. … 잠을 못자고 악몽에 깨게 될 것이다. … 세상은 황량해 보인다. … 가까이 있는 사람들이 나를 밀어내게 된다. … 사소한 일, 심지어 상상 속의 일로도 압도당할 것이다. … 육체적으로 엄청나게 피로하다. 근육통이 심하고 … 음식에는 전혀 관심이 없어진다….

나는 갇혀 있다고 느끼기 시작한다. 유일한 탈출은 죽음이다. … 깊고 격렬한 두려움, 절망과 분노를 느끼는 그 순간에는 하나의 주제, 자살에 열정적이 된다. … 나는 몇 년 동안 … 자살시도를 했었다.

이유 없이 갑자기 내 기분은 다시 바뀔 것이다. 피곤함은 내 사지에서 떨어져 나가고, 사고는 정상으로 돌아오고, 빛은 강렬한 선명도를 띠고, 꽃 냄새는 감미롭고, 입가는 아이들에게 미소를 짓고, 남편과 나는 다시 웃는다. 때때로 단 하루 동안이지만 나는 다시 두려운 기억을 가진 사람인 내 자신이 된다. 나는 이 무서운 무질서의 또 다른 한판 승부에서 살아남았다.

(필자 미상, 2006)

전 세계적인 조사에 의하면 모든 성인의 약 1~2.6%는 특정 시기에 양극성장애로 고통을 받는다(Kessler et al., 2012; Merikangas et al., 2011). 4%는 살면서 양극성장애 중 하나를 경험한다. 양극성장애는 남성과 여성에서 똑같이 흔하며 수입이 많은 사람보다는 수입이 적은 사람에게서 더 흔하다(Sareen et al., 2011). 발병 시기는 흔히 15~44세 사이이다. 치료받지 않은 대부분의 사례에서 조증과 우울 삽화는 진정이 되지만 이후에 재발한다.

어떤 사람들은 DSM-5에서 순환성장애(cyclothymic disorder)라 부르는 양상인 경조증 증상과 경미한 우울 증상을 수차례 겪는다. 양극성장애의 좀 더 경미한 형태의 증상이 2년 이상 지속되는데, 때때로 단지 며칠 또는 몇 주 정도는 정상적인 기분이 유지된다. 제I, II형 양극성장애처럼 순환성장애는 흔히 청소년기나 초기 성인기에 시작하고 남녀 간에 유병률의 차이는 없다. 적어도 인구의 0.4%는 순환성장애를 갖고 있다. 일부 사례에서 좀 더 경미한 이 증상들은 결국 제I형 양극성장애나 제II형 양극성장애로 발전한다(Zeschel et al., 2015; Goto et al., 2011).

양극성장애의 원인

20세기의 상반기 동안 양극성장애의 원인에 대한 탐색은 거의 진전이 없었다. 최근에 들어서야 생물학 연구는 양극성장애의 원인에 대한 몇 가지 유망한 단서를 내놓았다. 생물학적 통찰은 신경전달물질의 활동, 이온 활동, 뇌 구조 및 유전적 요인에 대한 연구에서 나왔다.

Andrew H. Walker/Getty Images

공개하다

2010년 6월, 캐서린 제타 존스는 브로드웨이 뮤지컬 '리틀 나이트 뮤직'으로 토니상을 수상했다. 1년이 채 지나지 않아 그녀는 양극성장애 치료를 받고 있다고 발표했다. 이는 정신건강 옹호 단체들로부터 엄청난 칭찬을 받았다. 남편 마이클 더글라스가 명백한 인후암과 싸우는 것을 도우면서 스트레스를 크게 받은 이후에 존스는 양극성장애 치료 프로그램에 들어가면서 침묵 속에서 고통받을 필요가 없다고 말하였고 자신의 치료를 둘러싼 언론의 관심이 다른 사람들에게 도움이 되기를 바랐다.

신경전달물질 노르에피네프린의 과잉 활동이 조증과 관련이 있는가? 연구자들이 노르에 피네프린의 낮은 활동과 단극성 우울증 간의 관계를 처음 발견한 뒤 1960년대 임상가들은 이런 기대를 가졌었다. 사실 몇몇 연구들은 조증을 가진 사람들의 노르에피네프린 활동은 우울한 참가자들 또는 통제집단 참가자들보다 더 높다는 것을 발견했다(Post et al., 1980, 1978; Schildkraut, 1965).

단극성 우울증에서 종종 세로토닌의 활동은 노르에피네프린의 활동과 병행하기 때문에 처음에 이론가들은 조증이 세로토닌의 높은 활동과 관련 있을 것이라고 기대했다. 그러나 기대했던 관계가 발견되지는 않았다. 사실 우울증처럼 조증은 세로토닌의 낮은 활동과 관 련 있을 수 있다(Hsu et al., 2014; Nugent et al., 2013). 아마도 세로토닌의 낮은 활동은 기 분장애에 이르는 문을 열고 노르에피네프린(또는 다른 신경전달물질)의 활동이 기분장애 가 어떤 형태를 취할지 결정할 수 있다. 즉 노르에피네프린의 낮은 활동에 수반되는 세로 토닌의 낮은 활동은 우울을, 노르에피네프린의 높은 활동에 수반되는 세로토닌의 낮은 활

심리전망대

이상과 창의성 : 미묘한 균형

고대 그리스인들은 '신의 광기'의 다양한 형태는 시에서부터 공연에 이르기까지 창의적인 행위에 영감을 불어넣는다고 믿었다(Ludwig, 1995). 오늘날까지도 많은 사람들은 '창조적인 천재'는 심리적으로 혼란스러울 거라고 기대한다. 예술가에 대한 대중적인 이미지는 술잔, 담배 및 고뇌에 찬 표정을 포함한다. 대표적인 예가 작가 윌리엄 포크너인데, 그는 알코올 중독을 앓았고 우울증으로 전기충격요법을 받았다. 시인인 실비아 플라스는 삶의 대부분을 우울하게 지냈고 결국 31세에 자살했다. 무용가인 바슬라브 니진스키는 조현병을 겪었고 여러 해를 시설에서 보냈다. 사실 많은 연구에서 예술가와 작가들은 다른 사람들보다 정신장애, 특히 양극성장애로 고통받기 쉬운 것으로 나타났다(Kyaga et al., 2013, 2011; Galvez et al., 2011; Sample, 2005).

왜 창조적인 사람들은 심리장애를 겪기 쉬운가? 일부는 예술 경력을 시작하기 오래전부터 심리장애에 취약했을 수 있다. 그리고 유명해짐에 따라 예술가의 정서적 고군분투가 사람들의 관심을 받은 것일 수 있다(Simonton, 2010; Ludwig, 1995). 사실, 창의적인 사람들은 종종 심리 문제의 가족력을 갖고 있다. 또한 많은 사람들이 아동기에 큰 심리적 외상을 경험

창의성의 가격? J. K. 롤링은 다른 많은 작가들과 예술가들처럼 인생의 어떤 시점에 우울한 시기를 가졌었고 자살 충동까지도 느꼈었다. 이 '해리 포터' 작가는 2011년 런던박물관에서 자신의 새로운 웹 프로젝트인 포터모어 시작하면서 한 어린이의 컴퓨터를 보고 있다.

했다. 예를 들면, 영국 작가인 버지니아 울프는 어렸을 때 성적 학대를 겪었다.

창의성과 심리장애 간의 관계에 대한 두 번째 설명은 창의적인 직업은 심리적 혼란을 가진 사람들을 환영하는 분위기를 제공한다는 것이다. 예를 들면 시인, 화가, 배우의 세계에서 정서 표현, 특이한 생각 그리고/또는 개인적인

혼란은 영감과 성공의 자원으로서 가치를 갖는다(Galvez et al., 2011; Sample, 2005).

정서적 혼란과 창의성 간의 관계에 대해서 배워야 할 것은 많이 남아 있으나 이 분야의 연구는 이미 두 가지 중요한 점을 분명히 언급했다. 첫째, 심리적인 혼란은 창의성의 필요조건이 아니다. 사실 많은 '창조적인 천재'는 평생 심리적으로 안정되어 있고 행복하다(Kaufman, 2013). 둘째, 경미한 심리적 혼란은 심각한 혼란에 비해 창조적인 성취와 훨씬 더 강한 관련이 있다(Galvez et al., 2011). 예를 들면, 19세기 작곡가인 로베르트 슈만은 경미한 경조증 시기였던 1년 동안 27개의 작업을 했으나 심각하게 우울하고 자살하려 한 여러 해 동안에는 아무것도 하지 못했다(Jamison, 1995).

일부 예술가들은 심리적 고통이 멈추면 창의성이 사라질까 봐 걱정한다. 그러나 사실, 연구에 의하면 심각한 심리장애의 성공적인 치료는 대개 창의적인 과정을 향상시킨다(Jamison, 1995; Ludwig, 1995). 낭만적인 생각은 제쳐 놓고 심각한 정신적 역기능은 예술이든 그 밖의 영역이든 간에 보완적인 가치를 갖지 않는다.

동은 조증을 야기할 수 있다.

이온 활동 신경전달물질들은 뉴런 간의 통신에서 중요한 역할을 하는 반면 전기로 충전된 이온은 뉴런 내에서 메시지를 전달하는 데 중요한 역할을 하는 것으로 보인다. 뉴런이 수신 메시지를 받을 때, **나트륨 이온(Na⁺)**과 **칼륨 이온(K⁺)**은 뉴런(축색돌기)을 따라 이동해서 '점화'를 일으켜 전기활동의 파장을 낳으면서 뉴런 막의 안팎을 왔다 갔다 한다.

메시지가 축색돌기로 효과적으로 전달되려면 이온들은 신경막 안팎을 쉽게 이동할 수 있어야만 한다. 일부 이론가들은 양극성장애를 가진 사람들은 이온 수송의 불규칙성으로 인해 뉴런이 너무 쉽게 발화되거나(조증의 결과를 낳음), 발화에 강하게 저항하게 할 수 있다(우울의 결과를 낳음)고 믿는다(Manji & Zarate, 2011; Li & El-Mallakh, 2004).

뇌 구조 뇌영상 연구와 사후검시 연구는 양극성장애를 가진 사람들의 뇌 구조에서 이상을 많이 발견했다(Eker et al., 2014; Chen et al., 2011; Savitz & Drevets, 2011). 예를 들면 양극성장애를 가진 사람들의 기저핵과 소뇌는 다른 사람들보다 더 작은 경향이 있으며 선조핵, 선조체, 편도체, 해마 및 전전두엽 피질은 분명한 구조적 이상을 갖고 있다. 그러나 구조적 이상이 어떤 역할을 하는지는 분명하지 않다.

유전적 요인 많은 이론가들은 양극성장애를 발달시키는 생물학적 소인은 유전된다고 믿는다(Wiste et al., 2014; Gershon & Nurnberger, 1995). 가계연구들은 이 의견을 지지한다. 양극성장애를 가진 사람들의 일란성 쌍생아가 동일 장애를 가질 가능성은 40%이며, 이란성 쌍생아와 형제 및 다른 가까운 친척들은 그 가능성이 5~10%로 일반 전집에서의 유병률이 1~2.6%인 것과 비교된다.

연구자들은 **분자생물학** 기술을 사용해서 가능한 유전적 요인을 보다 직접적으로 조사했다. 다양한 접근을 통해 양극성장애는 1, 4, 6, 10, 11, 12, 13, 15, 18, 21, 22번 염색체에 있는 유전자와 관련 있는 것으로 밝혀졌다(Sinkus et al., 2015; Green et al., 2013; Bigdeli et al., 2013). 이러한 광범위한 발견들은 아마도 많은 유전적 이상들이 서로 결합해서 양극성장애의 발생을 돕는다는 것을 시사한다.

양극성장애의 치료

20세기 후반까지 양극성장애를 가진 사람들은 정서적인 롤러코스터 위에서 자신의 삶을 낭비할 수밖에 없었다. 심리치료자들은 거의 어떤 성공도 보고하지 못했고 항우울제의 도움은 제한적이었다. 사실 항우울제는 때때로 조증 삽화를 촉발하기도 했다(Courtet et al., 2011; Post, 2011, 2005).

리튬과 다른 기분안정제 이 우울한 그림은 FDA가 양극성장애 치료에 리튬의 사용을 승인한 1970년대에 극적으로 바뀌었다. **리튬**(lithium)은 자연세계에 존재하는 다양한 순수 천

다른 종류의 전쟁
1977~1983년의 영화 '스타워즈'의 천하무적 여주인공 레이아 공주로 출연한 여배우 캐리 피셔는 양극성장애를 갖고 있다. 양극성장애는 현재 약의 도움으로 조절되고 있고, 피셔는 "나는 (내 인생에서) 평화를 바라지 않는다. 단지 전쟁을 원치 않는다."라고 말한다(Epstein, 2001, p. 36).

▶**리튬** 자연에서는 무기염으로 존재하는 금속 원소로 양극성장애의 치료에 효과적임

▶기분안정제 양극성장애로 고통받는 사람들의 기분의 안정을 도와주는 향정신성 약물

연 소금에서 발견되는 은색의 흰 성분이다. 여러 해에 걸쳐 다른 종류의 **기분안정제**(mood stabilizing drugs)가 개발된 이후 사실 일부 양극성장애 환자들은 항간질 약물인 카르바마제핀(테그레톨)과 **밸프로에이트**(데파코트)를 포함해서 다른 기분안정제나 항양극성 약물이 개발되었고, 부작용이 덜하거나 리튬보다 효과가 더 좋기 때문에 현재 몇몇 약들은 리튬처럼 널리 사용되고 있다.

그럼에도 불구하고 양극성장애로 고통받는 사람들에게 처음으로 희망을 가져다준 것은 리튬이었다. 정신과 의사이자 연구자인 Kay Redfield Jamison은 널리 읽힌 회고록인 **조울병, 나는 이렇게 극복했다**(*An Unquiet Mind*)에서 리튬과 심리치료를 병행해서 자신이 양극성장애를 어떻게 극복하려 했는지 기술했다.

나는 리튬을 충실하게 복용했고 인생이 내가 생각했던 것보다 훨씬 안정되고 예측 가능한 곳이라는 것을 알았다. 기분은 여전히 강렬했고 신경질이 오히려 더 빨리 났지만 훨씬 더 확실한 계획을 세울 수 있었고 절대적인 암흑의 기간은 점점 적어졌다….

이 시점에서 리튬의 복용과 심리치료의 혜택을 누리지 않고 정상적인 삶을 영위한다는 것은 상상할 수 없다. 리튬은 매혹적이나 비참한 나의 고난을 막아 주고, 우울함을 줄여 주고, 무질서한 생각들을 정돈해 주고, 속도를 늦추게 해 주고, 온화하게 해 주고, 경력과 인간관계를 망치지 않게 하고, 나를 병원에서 지켜 주고, 살아 있게 하고, 심리치료를 가능하게 해 준다. (동시에) 심리치료는 이루 말할 수 없이 나를 치유한다. 심리치료는 혼란을 어느 정도 이해하게 해 주고, 무서운 생각과 감정의 고삐를 잡게 해 주고, 통제와 희망과 그것으로부터도 배울 수 있다는 가능성을 돌려준다. … 약을 먹고 싶지 않은 문제를 해결하는 데는 어떤 약도 도움이 될 수 없다. 마찬가지로 심리치료만으로는 내 조증과 우울을 예방할 수 없다. 나는 약과 심리치료가 필요하다….

(Jamison, 1995)

모든 방식의 연구들이 리튬과 다른 기분안정제가 **조증** 삽화를 치료하는 데 효과적임을 증명했다(Galling et al., 2015; Geddes & Miklowitz, 2013). 조증 환자의 60% 이상은 리튬 복용으로 향상을 보였다. 덧붙여 대부분의 환자가 약을 계속 복용하는 한 새로운 삽화를 더 적게 경험했다(Malhi et al., 2013). 한 연구에서 기분안정제의 복용을 중단하면 재발 위험이 28배 더 높은 것으로 나타났다(Suppes et al., 1991). 따라서 현대 임상가들은 흔히 조증 삽화가 가라앉은 이후에도 환자들이 일정 용량의 기분안정제를 지속적으로 복용하게 한다(Gao et al., 2010).

이 주제를 다룬 연구가 제한되어 있지만 기분안정제는 조증 삽화에 도움이 되는 정도보다는 덜하지만 양극성장애의 우울 삽화 극복에는 도움이 되는 것으로 보인다(Malhi et al., 2013; Post, 2011). 기분안정제가 우울 삽화에 미치는 덜 강력한 영향을 고려해서, 많은 임상가들은 양극성우울의 치료를 위해 기분안정제와 항우울제를 함께 사용한다(Nivoli et al., 2011).

연구자들은 기분안정제가 어떻게 작용하는지 완전히 이해하지 못하고 있다(Malhi et al., 2013; Aiken, 2010). 연구자들은 기분안정제가 뉴런의 시냅스 활동을 변화시키지만 항우울제와는 다른 방식일 거라고 가정한다. 뉴런의 점화는 사실 번개 같은 속도로 잇따라 일어나는 몇 단계로 이루어져 있다. 신경전달물질이 수용 뉴런의 수용기와 결합될 때 점화를

강력한 구성 장치
텔레비전의 가장 인기 있는 시리즈 중의 하나인 '홈랜드'에서 여배우 클레어 데인즈는 배우 데미안 루이스가 연기한 테러리스트가 된 전직 해병인 니콜라스 브로디에 몰두해 있는 CIA 정보원 캐리 매티슨을 연기했다. 이 드라마의 주요 특징 중 하나는 매티슨이 양극성장애를 갖고 있고, 그녀의 양극성장애는 테러리스트의 추적을 돕기도 하고 방해하기도 한다는 것이다.

준비하기 위해서 일련의 변화가 수용 뉴런 내에서 발생한다. 이러한 변화를 실행하는 뉴런 내에 있는 물질을 종종 **이차전달자**(second messenger)라 부르는데, 이는 이 물질이 원래의 메시지를 수용기 부위로부터 뉴런의 점화기제로 전달하기 때문이다. 신경전달물질 그 자체는 **일차전달자**로 간주한다. 항우울제는 신경전달물질을 뉴런이 최초로 수용하는 데 영향을 주는 반면 기분안정제는 뉴런의 이차전달자에게 영향을 주는 것으로 보인다.

같은 맥락에서 리튬과 다른 기분안정제들은 특정 뉴런 내에 있는 핵심 단백질로 세포 사망을 막는 신경보호 단백질의 생산을 증가시키는 것으로 알려져 있다. 이 약들은 세포의 건강과 기능을 증가시켜 양극성 증상을 감소시키는 것 같다(Malhi et al., 2013; Gray et al., 2003).

▶ **이차전달자** 뉴런이 신경전달물질 정보를 받은 직후와 뉴런이 반응하기 바로 직전에 나타나는 뉴런 내 화학 변화

보조적인 심리치료 Jamison이 회고록에서 언급했듯이 심리치료만으로는 양극성장애를 가진 사람들을 거의 도와주지 못한다. 동시에 임상가들은 기분안정제만으로도 충분하지 않다는 것을 배웠다. 양극성장애를 가진 환자의 30% 이상은 리튬이나 관련된 약물에 반응하지 않거나 적절한 용량을 받지 못하거나 복용 중 재발할 수 있다. 또한 많은 환자들은 기분안정제의 복용을 자의로 중단한다(Advokat et al., 2014).

이러한 문제들을 고려해서 많은 임상가들은 기분안정제의 **보완책**으로 개인치료, 집단치료 또는 가족치료를 실시한다(Reinares et al., 2014; Geddes & Miklowitz, 2013). 대부분의 경우 치료자들은 약물을 계속 복용하는 것이 중요하다는 것을 강조하기 위해, 양극성 삽화에 의해 영향을 받을 수 있는 사회기술과 관계를 개선하기 위해, 환자와 가족에게 양극성장애를 교육하기 위해, 장애로 인한 가족, 학

"쟤 양극성 장애야."

교 및 직업상의 문제를 환자가 해결하도록 돕기 위해, 환자가 자살을 시도하는 것을 막기 위해 약물치료와 심리치료를 병행한다(Hollon & Ponniah, 2010). 보조적인 치료의 효과를 검증한 통제된 연구는 거의 없으나 보조적인 치료를 하고 있는 사람들과 다양한 임상 보고들에 따르면 환자들의 입원을 줄이고 사회적 기능을 향상시키며 직업을 가지거나 유지하는 능력을 증가시키는 데 도움이 된다고 한다(Culver & Pratchett, 2010).

> ## ▶ 요약
>
> **양극성장애** 양극성장애에서 조증 삽화와 우울 삽화는 교대로 나타나거나 혼재되어 나타난다. 양극성장애는 단극성 우울증보다 훨씬 덜 흔하다. 양극성장애의 형태에는 제I형 양극성장애, 제II형 양극성장애, 순환성장애가 있다.
>
> 조증은 세로토닌의 활동은 낮고 노르에피네프린의 활동은 높은 것과 관련 있을 수 있다. 일부 연구자들은 양극성장애가 뉴런막 내부와 외부 간의 부적절한 이온 수송과 관련 있다고 보고, 다른 연구자들은 특정 뉴런 내의 핵심 단백질과 다른 화학물질의 결핍을 강조하며, 또 다른 학자들은 주요 뇌 구조에서의 이상을 발견했다. 유전학 연구들은 이러한 생물학적 이상에 이르는 소인이 유전될 수 있다고 본다.
>
> 리튬과 기분안정제는 양극성장애의 조증과 우울 삽화를 경감시키고 예방하는 데 매우 효과적이다. 이 약들은 이차전달자, 핵심 단백질 또는 뇌의 특정 뉴런 내의 다른 화학물질의 활동에 영향을 주어 양극성 증상을 경감시키는 것 같다. 기분안정제 그리고/또는 다른 향정신성 약물을 보조적인 심리치료와 함께 사용할 때 환자들이 더 좋아지는 경향이 있다.

종합

알고 있는 모든 것을 의미 있게 만들기

지난 40년 동안 연구자들과 임상가들은 우울장애와 양극성장애를 이해하고 치료하는 데 상당한 소득을 거두었다. 현재, 이 장애들은 모든 심리장애 가운데 가장 치료 가능한 장애이다. 양극성장애를 위한 치료적 선택은 협소하고 단순한데, 이상적으로는 심리치료를 병행한 약물치료가 유일하게 가장 성공적이다. 단극성 우울증의 상황은 그다지 유망하지는 않지만 다양하고 복잡하다. 인지치료, 인지행동치료, 대인관계치료 및 항우울제 치료는 심각도가 어떠하든 간에 모두 도움이 된다. 커플치료는 일부 사례에서 도움이 된다. 순수한 행동치료는 경증에서 중등도의 사례에서 도움이 된다. ECT는 심한 사례에서 도움이 되고 효과적이다.

생물학적 이상, 긍정적인 강화의 감소, 부정적인 사고방식, 무기력에 대한 지각, 삶의 스트레스 및 기타 사회 문화적 영향을 포함하여 몇 가지 요인이 단극성 우울증과 밀접하게 관련되어 있다. 그러나 이러한 모든 요인이 단극성 우울증과 어떻게 관련되어 있는지는 분명하지 않다. 다음에서 기술한 몇 가지 관계가 가능할 수 있다.

1. 앞에서 기술한 요인 중 하나가 단극성 우울증의 핵심 원인이 될 수 있다.
2. 단극성 우울증의 유발 요인은 사람마다 다를 수 있다. 예를 들어 어떤 사람들은 낮은 세로토닌 활동으로 시작하는데 낮은 세로토닌 활동은 스트레스 상황에서 무기력하게 반응하고 사건을 부정적으로 해석하며 인생에서 즐거움을 더 적게 누리는 데 취약 요인이 된다. 다른 사람들은 처음에는 심각한 상실을 겪고 상실이 무기력 반응, 낮은 세로토닌 활동 및 긍정적 보상의 감소를 촉발할 수 있다.

3. 두 가지 이상의 특정 요인의 상호작용이 단극성 우울증을 낳는 데 필요할 수 있다. 아마도 세로토닌의 활동 수준이 낮은 사람들만이 우울해지고 무력해지며 반복적으로 부정적인 사건에 대해 자신을 비난하게 될 것이다.

4. 다양한 요인이 단극성 우울증에서 서로 다른 역할을 할 수도 있다. 일부는 장애를 유발하고 일부는 장애의 결과이며 일부는 장애가 유지되게 할 수 있다.

지난 40년 동안 임상가들과 연구자들은 단극성 우울증과 마찬가지로 양극성장애에 대해서도 많은 것을 알게 되었다. 그러나 양극성장애는 생물학적 요인으로 가장 잘 설명되는 것 같다. 아마도 유전되는 그리고 아마도 스트레스에 의해 유발된 생물학적 이상이 양극성장애를 일으킨다는 증거가 있다. 다른 요인들이 어떤 역할을 하든 간에 기본 요소는 생물학적 이상에 있는 것으로 보인다.

우울증과 양극성장애에 대한 연구가 유익하고 이 장애들에 대한 이해를 높였다는 데는 의심의 여지가 없다. 그리고 앞으로도 중요한 연구 결과와 통찰이 계속 펼쳐질 것으로 기대한다. 현재 임상연구자들은 중요한 퍼즐 조각들을 많이 수집해 왔고 이제는 이 장애들을 예언하고 예방하고 치료하는 데 더 좋은 길을 제시할 좀 더 의미 있는 그림으로 퍼즐 조각들을 맞추어야 한다.

핵심용어

경두개 자기자극법(TMS)
경조증 삽화
계절성 정동장애
귀인
기분안정제
노르에피네프린
뇌심부 자극(DBS)
단극성 우울증
대인관계치료(IPT)
리튬
멜라토닌
모노아민옥시다제 억제제무쾌감증

미주신경자극
반추
보조치료
브로드만 영역 25
삼환계
상징적 상실
선택적 세로토닌 재흡수 억제제
 (SSRIs)
세로토닌
순환성장애
신경보호 단백질
양극성장애

우울
우울장애
월경전불쾌감장애
이온
이차전달자
인지삼재
인지치료
자동적 사고
전기충격요법(ETC)
제I형 양극성장애
제II형 양극성장애
조증

주요우울장애
지속성우울장애
커플치료
코르티솔
티라민
파괴적 기분조절부전장애
학습된 무기력
행동활성화

속성퀴즈

1. 우울장애와 양극성장애 간의 차이점은 무엇인가?
2. 우울과 조증의 핵심 증상은 무엇인가?
3. 단극성 우울증에서 노르에피네프린과 세로토닌의 역할을 기술하라.
4. Freud와 Abraham의 우울증 정신역동이론과 이를 지지하는 증거를 기술하라.
5. 행동주의자들은 우울증에서 보상의 역할을 어떻게 기술하는가?
6. 학습된 무기력이 인간의 우울증과 어떻게 관련이 있는가?
7. 어떤 종류의 부정적 사고가 기분 문제를 야기할 수 있는가?
8. 사회문화적 이론가들은 단극성 우울증을 어떻게 설명하는가?
9. 생물학적 · 유전적 요인이 양극성장애에서 어떤 역할을 하는가?
10. 단극성 우울증과 양극성장애의 주요 치료에 대해 기술하라. 이 다양한 접근들은 얼마나 효과적인가?

자살

조 나단 마이클 바우처에게 이라크전쟁은 결코 끝난 것이 아니었다. 바그다드에서 집으로 날 아갔을 때, 새로운 시작을 위해서 사란토가 스프링스로 이사 갔을 때, 특히 밤이 되었을 때 그에게 전쟁은 결코 끝난 것이 아니었다.

2003년의 침략과 점령 기간 동안 18세의 군 이등병으로서 그가 목격한 여러 가지 일은 그를 정신적으로 고문했다. 조나단은 군에 복무한 지 2년이 채 안 되서 외상후 스트레스장애(PTSD) 진단을 받고 명예롭게 제대했다.

5월 15일, 24번째 생일 3일 전 이 젊은 퇴역군인은 아파트 욕실에서 자살했고 가족과 친구들은 망연자실했다. … 유서는 없었다.

조나단은 2001년 9월 11일 발생한 테러리스트의 공격에 가슴 아파했고 2002년도에 코네티컷에 있는 이스트라임고등학교를 졸업하자마자 군에 입대했다. 50세인 그의 아버지 스티븐 바우처에 의하면 "조나단은 미국을 위해서 할 수 있는 일을 하는 것을 의무라고 느꼈다."고 한다.

신장이 188센티미터인 이 군인은 입대한 후 곧 1대대 41 야전 포병대인 '울프팩'에 배치되었고 이라크에서 여러 힘든 일을 무릅쓰고 임무를 수행했다. 그는 바그다드 국제공항에 있는 부대에 도착해서 그곳의 경호를 돕는 책임을 맡았다. 그 대대는 '바그다드의 해방을 위한 특출한 용맹과 영웅주의'에 대해 대통령 부대 표창을 받았다.

하지만 전쟁의 초기 몇 달 동안 조나단은 전투의 폐해를 확연히 느꼈다. 머리에 총을 맞은 아버지의 머리를 들고 있는 어린 이라크 소년을 보고 엄청난 충격을 받았다. 그 이후 공항 근처에서 조나단의 포대 친구 중 한 사람이 조나단과 임무를 교대해 주었고, 바로 몇 분 뒤에 조나단은 4명의 친한 친구들이 차량 사고로 죽는 것을 목격했다고 아버지는 말했다.

조나단은 군인들을 구조하려고 노력했다. 가족에 대해 신경을 많이 썼고 매우 영웅적이었기 때문에 집에 돌아온 후에도 친구들의 죽음과 그가 목격한 다른 것들이 아들의 영혼에 깊은 영향을 주었다고 그의 아버지는 말했다.

해가 졌을 때 전투와 잃어버린 친구에 대한 기억은 전직 포병에게 심각한 악몽을 야기하면서 수면 위로 떠올랐다. 때때로 그는 몸을 웅크리고 울었다. 그래서 부모는 그를 편안하게 해 주고자 노력해야 했다. … "밤에 아들은 겁에 질려 있었다."고 스티븐 바우처는 말했다. … "내 생각에는 전쟁 때문에 겁에 질렸다." 전쟁에 대한 쓴맛이 안으로 퍼져 나갔고 불안해하는 전직 군인은 자신을 진정시키기 위해 술을 마시기 시작했다….

좋아하는 대가족의 지지 속에서 최근에 조나단은 프랭클린거리에 아파트를 얻었고 이전으로 돌아가는 것처럼 보였다. 그는 안정돼 보였고 생활을 즐기는 것 같았다. 그러나 말하는 것을 힘들어했고 여전히 잠을 두려워했다고 그의 아버지는 말했다. … 가족은 하이킹, 생일파티, 형 제프리의 졸업에 참석하기 위한 계획을 세웠다. … 그런데 예고 없이 조나단은 가버렸다. 그의 어머니는 이틀 동안 아들이 일하러 나타나지 않자 아들의 집으로 찾아갔다. 아들은 목을 맸고 옆에는 성경, 군복 그리고 정원용 천사 조각상이 있었다고 한다.

(Yusko, 2008)

연어는 산란하기 위해서 힘들게 상류로 헤엄친 후에 알을 낳고 죽는다. 나그네쥐는 바다로 돌진해서 뛰어내린다. 그러나 오직 사람만이 자살을 하는 것으로 알려져 있다. 연어와 나그네쥐의 죽음은 본능적인 반응으로 종이 살아남는 데 도움이 된다. 오직 인간의 자살 행위에만 삶을 끝내려는 명확한 목적이 있다.

자살은 역사에 기록되어 왔다. 구약성서는 "사울은 칼을 들고, 그 칼에 쓰러졌다."라고

표 7-1

미국에서 가장 흔한 사망 원인		
순위	원인	연간 사망자 수
1	심장병	597,689
2	암	574,743
3	만성 호흡기 질환	138,080
4	뇌졸중	129,476
5	사고	120,859
6	알츠하이머병	83,494
7	당뇨	69,071
8	폐렴과 유행성 감기	50,476
9	신장병	50,097
10	**자살**	**38,364**

출처 : CDC, 2013.

사울 왕의 자살을 기록하고 있다. 고대 중국인, 그리스인, 로마인 중에도 자살한 사람이 있다. 보다 최근에 작가 어니스트 헤밍웨이, 여배우 마릴린 먼로, 록스타 커트 코베인, 코미디언 로빈 윌리엄스 같은 유명인들의 자살은 대중에게 충격을 주고 관심을 불러일으켰다.

오늘날 자살은 세계에서 주요 사망 원인 중 하나이다. 당신이 이 페이지와 다음 페이지를 전부 읽는 동안 미국에 사는 누군가는 자살을 할 것이다(AFSP, 2014). 실제로 내일 이 시간까지 적어도 미국인 100명은 자살을 할 것이다. 해마다 100만 명의 사람들이 자살로 사망하며 미국에서만 38,000명 이상이 자살로 사망하는 것으로 추정된다(AFSC, 2014; CDC, 2013)(표 7-1 참조). 세계적으로는 2,500만 명이, 미국에서는 거의 100만 명이 죽지는 않으나 자살을 시도한다. 이러한 시도는 **죽음에 이르지 않은 자살**(parasuicide)이라 한다. 실제로 자살에 대한 정확한 자료를 얻는 것은 어렵다. 많은 연구자들은 자살 추정치가 종종 실제보다 낮을 것이라고 믿는다. 그 이유 중 하나는 자살이 비의도적인 약물 과다복용, 자동차 충돌사고, 익사 및 다른 사고와 구별하기 어려워서이다(Björkenstam et al., 2014). 많은 명백한 '사고'들이 아마도 의도적이다. 다른 이유로는 우리 사회가 자살을 못마땅하게 여기기 때문에 친척들과 친구들은 종종 사랑하는 사람이 자살했다는 것을 인정하지 않는다.

자살을 정신장애로 공식 분류하지는 않으나 *DSM-5*의 틀을 계획한 사람들은 *DSM-5*의 미래 개정판에 **자살행동장애**라는 범주를 포함하는 것이 가능한지 연구하자고 제안했다. 만일 지난 2년 동안 자살을 시도해 왔다면 자살행동장애 진단을 받을 자격을 갖게 된다(APA, 2013). 자살행동 그 자체가 별개의 장애인지와는 상관없이 대처기술의 붕괴, 정서적 혼란, 삶에 대한 왜곡된 관점과 같은 심리적 역기능들은 흔히 자살행동에서 어떤 역할을 한다. 예를 들어, 이 장의 시작 부분에서 읽은 젊은 전투군인은 강렬한 우울감에 시달리고 심각한 음주 문제를 일으키며 외상후 스트레스장애를 보였다.

자살은 무엇인가

스스로 자초한 모든 죽음이 자살은 아니다. 한 예로 운전 중 졸아서 나무에 차를 박은 남자는 자살한 것이 아니다. 자살 분야의 선구자인 Edwin Shneidman(2005, 1993, 1963)은 **자살**(suicide)을 의도적 죽음이라고 정의했다. 의도적 죽음이란 의도적이고 직접적이고 의식적으로 자신의 삶을 끝내려는 노력을 하는 스스로 자초한 죽음을 말한다.

▶**죽음에 이르지 않은 자살** 죽음에 이르지 않은 자살시도

▶**자살** 의도적이고 직접적이며 의식적으로 스스로 목숨을 끊는 행위

데이브는 성공한 남자였다. 50세 무렵 그는 작지만 이윤을 내는 투자회사의 부회장으로까지 승진하였다. 그는 배려심이 있는 아내와 자신을 존경하는 10대 아들 둘을 두었다. 중상류 계층의 이웃들과 어울려 살았고 넓은 집을 갖고 있었고 안락한 생활을 즐겼다.

50번째 생일인 8월에 모든 것이 변했다. 데이브는 해고되었다. 그것도 갑자기. 경제는 다시 나빠졌고 회사의 이윤이 줄면서 회장은 새롭고 더 신선한 투자 전략과 마케팅 접근을 시도하기 원하였다. 데이브는 '고루한 사람'이 되었다. 그는 요즘의 투자자들을 완전히 이해하지 못했는데, 예를 들면 웹에 기반을 둔 광고로 투자자들에게 접근하는 법, 투자 과정에서 온라인으로 투자자들과 관계를 맺는 법 또는 회사를 첨단기술로 치장하는 법을 몰랐다. 데이브의 고용주는 젊은 사람을 고용하길 원했다.

실패감, 상실감, 허탈감은 데이브를 압도했다. 다른 자리를 찾았으나 그가 갖춘 자격에는

못 미치는 급여가 적은 회사들만 찾아질 뿐이었다. 직장을 찾으면서 데이브는 점점 더 우울해졌고 불안해졌으며 절망감을 느꼈다. 그는 투자회사를 직접 차리거나 컨설턴트가 되려고 생각했다. 그러나 차가운 밤기운을 맞으면서 그런 생각은 자신을 바보로 만드는 것이라고 믿었다. 그는 계속 가라앉았고 다른 사람들로부터 멀어졌고 점점 더 무력하게 느꼈다.

실직한 지 6개월 후에, 데이브는 인생을 끝내는 것을 고려하기 시작했다. 고통이 너무나 커서 굴욕감이 끝이 없었다. 현재를 싫어했고 미래를 두려워했다. 2월 내내 우물쭈물했다. 어느 날은 자신이 죽기를 원한다고 확신했다. 다른 날은 즐거운 저녁시간과 기분을 끌어올리는 대화가 그의 마음을 일시적으로 바꿔 놓기도 했다. 2월의 어느 월요일 늦은 시간, 취업의 가능성이 있다는 말을 들었고 다음 날의 면접에 대한 기대는 그의 영혼을 끌어올리는 것처럼 보였다. 그러나 화요일의 면접은 잘되지 않았다. 직장이 생기지 않을 수도 있다는 것이 분명해졌다. 그는 집으로 갔고 잠가 두었던 책상 서랍에서 최근에 구입한 총을 꺼내 자신에게 쏘았다.

디메인은 어머니의 죽음에서 결코 진정으로 회복되지 못했다. 그는 겨우 7세였고 어머니의 상실에 준비되어 있지 않았다. 아버지는 그를 잠시 조부모 집에 보냈고 그는 새로운 친구들과 새 학교에서 새로운 방식의 생활을 했다. 그러나 디메인의 마음속에서 이런 모든 변화들은 최악이었다. 과거의 즐거움과 웃음이 그리웠다. 자신의 집, 아버지, 친구들이 그리웠다. 가장 그리워한 것은 어머니였다.

그는 어머니의 죽음을 완전히 이해하지 못했다. 아버지는 어머니는 이제 천국에서 평화롭고 행복하게 있다고 말했다. 디메인의 불행과 외로움은 날마다 계속되었고 그는 자신만의 방식으로 물건들을 놓기 시작했다. 만일 어머니를 다시 만날 수 있다면 자신이 다시 행복해질 수 있을 것이라고 믿었다. 소년은 어머니가 돌아오기를 기다리는 것처럼 어머니도 자신을 기다릴 것이라고 생각했다. 이 생각은 상당히 그럴듯했고 그에게 위안과 희망을 주었다. 어느 날 저녁, 디메인은 조부모에게 저녁 인사를 한 직후 침대에서 내려와 아파트 지붕으로 가는 계단을 올라갔고 뛰어내려 죽었다. 마음속에서 그는 천국에서 어머니와 만나는 중이었다.

티아와 노아는 단체미팅에서 만났다. 티아와 친구는 최악의 일이야 일어나겠냐는 생각으로 충동적으로 단체미팅 행사에 등록을 했다. 행사 날 밤, 티아는 수십 명의 남자들과 대화를 나누었으나 노아를 제외한 어느 누구에게도 마음이 끌리지 않았다. 노아는 유별났고 재치 있었다. 그는 그녀처럼 단체미팅 행사에는 신경을 끊은 것처럼 보였다. 티아는 노아의 이름만 적어서 냈다. 노아 또한 티아의 이름을 적어서 냈고 일주일 뒤에 둘 다 서로의 연락처가 적힌 이메일을 받았다. 서로 부지런히 이메일을 주고받았고 오래지 않아 사귀게 되었다. 티아는 자신의 행운이 경이로웠다. 그녀는 확률을 깼다. 그녀의 스피드 데이트는 성공이었다.

티아에게는 이번 연애가 첫 번째 진지한 관계였다. 노아와의 관계는 그녀의 인생 전체였다. 노아가 단체미팅 1주년 기념일에 더 이상 그녀를 사랑하지 않으며 다른 사람이 생겨서 떠나겠다고 말했을 때 정말로 깜짝 놀랐고 충격을 받았다.

몇 주가 지난 뒤, 티아는 두 가지 경쟁하는 감정인 우울과 분노로 가득 했다. 그녀는 여러 번 노아에게 문자를 보내거나 전화를 했고 다시 생각해 보라고 애걸했으며 그가 돌아오기를 애원했다. 동시에 이런 고통에 빠지게 된 것에 대해 그를 증오했다.

티아의 친구들은 그녀를 점점 더 걱정하게 되었다. 처음에 친구들은 그녀의 고통에 동감하면서 곧 나아질 것이라고 생각했다. 그러나 시간이 흐르면서 우울과 분노는 더 심해졌고 티아는 이상하게 행동하기 시작했다. 항상 술을 마셨고 과음하기 시작했고 술에 다양한 종류의 약을 섞어 먹기 시작했다.

어느 날 밤, 티아는 욕실에 가서 수면제 병에 손을 뻗어 약을 한 움큼 삼켰다. 그녀는 고통이 사라지기를 원했고 노아가 자신에게 얼마나 큰 고통을 안겨 주었는지 그가 알기 원했다.

(계속)

Hindustan Times/Newscom

합법적인 항의인가, 자살 시도인가

뉴델리에서 열린 기자회견에서 시민권리 운동가인 이롬 샤밀라는 많은 인권 보호를 중단하는 인도법에 항의하기 위해 거의 15년 동안 단식 투쟁을 벌여 왔다. 이는 자살시도의 한 형태인가? 샤밀라는 원치 않지만, 인도 정부는 그녀를 자살시도로 기소하고 관을 통해 강제로 먹일 것을 명령했다.

숨은 뜻 읽어내기

충격적인 비교

매년 미국에서는 자동차 사고(33,687건)보다 자살(38,364건)로 더 많은 사망자가 발생한다(CDC, 2013).

그녀는 계속 약을 삼켰고 울면서 욕을 해댔고 약을 꿀꺽 삼켰다. 졸립다고 느끼기 시작했을 때 가까운 친구인 데드라에게 전화하기로 결심했다. 왜 전화를 하는지는 확실하지 않았다. 아마도 안녕이라고 말하거나 자신의 행동을 설명하거나 노아에게 전하거나 아마도 알려지게 하기 위해서일 것이다. 데드라는 티아에게 애원하며 설득했고 그녀가 살고자 하는 동기를 갖게 하려고 애썼다. 티아는 들으려고 노력했으나 점점 의식을 잃어 갔다. 데드라는 전화를 끊고 빨리 티아의 이웃과 경찰에게 전화했다. 이웃이 도착했을 때 티아는 이미 혼수상태였다. 7시간 후 그녀의 친구들과 가족은 병원 복도에서 소식을 기다리고 있었다. 티아는 죽었다.

의도적 죽음은 다양한 형태를 취할 수 있다. 다음 예를 생각해 보자. 다음에 기술한 세 사람은 모두 죽으려고 의도하였다. 그러나 이들의 동기, 관심, 행동은 상당히 달랐다.

> 임상가들은 자살을 고려하고 있는 사람 또는 시도를 한 사람을 입원시킬지에 대해 어떻게 결정해야만 하는가?

티아는 죽음에 대해서 혼합된 감정을 갖고 있어 보이는 반면 데이브는 죽고자 하는 소망이 분명했다. 디메인은 죽음을 천국으로 가는 여행으로 본 반면 데이브는 그의 존재가 끝나는 것으로 보았다. 이러한 차이는 자살한 사람들을 이해하고 치료하려는 노력에서 중요할 수 있다. Shneidman은 의도적으로 자신의 삶을 끝내려는 사람을 죽음의 추구자, 죽음의 개시자, 죽음의 무시자, 죽음의 도전자로 구분했다.

죽음의 추구자는 자살을 시도할 때 삶을 끝내려는 의도가 분명하다. 삶을 끝내려는 목적은 짧은 순간만 지속될 수 있다. 죽으려는 의도는 바로 다음 시간 또는 다음 날 변할 수 있고 즉시 되살아나기도 한다. 중년의 투자 상담원인 데이브는 죽음의 추구자였다. 그는 자살에 대해서 많은 의혹을 가졌고 몇 주 동안은 양가적이었다. 그러나 화요일 밤에는 죽음의 추구자였는데, 죽고자 하는 욕망이 분명했고 실제로 치명적인 결과를 보장하는 방식의 자살을 선택했다.

죽음의 개시자도 삶을 끝내려는 분명한 의도를 갖고 있다. 그러나 죽음의 개시자에게 자살이란 이미 진행 중인 죽음의 과정을 단순히 단축시킬 뿐이라는 믿음을 실행한 것이다. 어떤 사람들은 며칠 또는 몇 주 안에 자신이 죽을 것이라고 기대한다. 노인과 매우 아픈 사람들의 많은 자살이 이 범주에 속한다. 강건한 소설가인 어니스트 헤밍웨이는 62회 생일이 다가오자 자신의 몸이 쇠약해지는 것을 깊이 걱정했다. 몇몇 관찰자들은 이러한 염려가 그가 자살한 중요한 이유일 거라고 믿는다.

죽음의 무시자는 스스로 자초한 죽음이 존재의 끝을 의미할 거라고 믿지 않는다. 이들은 현재의 삶과 더 나은 실존을 바꾸는 것이라고 믿는다. 디메인의 자살처럼 많은 아동의 자살이 이 범주에 해당한다. 반면에 이런 믿음을 갖고 자살하는 성인들은 자살 이후 또 다른 형태의 삶에 도달할 것이라고 믿는다. 예를 들면 1997년 세계는 '천국의 문'이라 부르는 이상한 사이비 종교 집단원 39명이 샌디에이고 외곽에 있는 고가의 저택에서 자살했다는 소식에 충격을 받았다. 이 신도들은 죽음으로써 영혼이 자유로워져 '더 높은 왕국'에 올라갈 거라고 믿고 행동한 것으로 드러났다.

죽음의 도전자는 자살하려는 그 순간에도 죽으려는 의도에 대해 혼합된 감정 또는 양가감정을 경험하고, 양가감정을 행동 그 자체로 보여 준다. 비록 어느 정도는 죽기를 바라고 종종 죽기도 하지만 이들의 위험 감수행동은 죽음을 보장하지는 않는다. 즉 총알이 하나만

죽음의 도전자?
한 스카이 서퍼가 스웨덴 상공의 완벽한 구름을 타고 있다. 스릴을 즐기는 저돌적인 사람들은 그들이 주장하는 대로 새로운 높은 곳을 찾고 있는 것인가 또는 실제로는 죽음의 도전자인가?

Digital Vision/Getty Images

장착된 리볼버의 방아쇠를 당기는 러시안 룰렛을 하는 사람은 죽음의 도전자이다. 티아가 죽음의 도전자일 수 있다. 비록 그녀의 불행과 분노가 컸지만 죽기를 원했는지는 확실하지 않다. 약을 먹는 동안에도 친구에게 전화를 했고 자신의 행동을 알렸으며 친구의 애원을 들었다.

개인이 자신의 죽음에서 간접적·내현적·부분적·무의식적 역할을 할 때 Shneidman (2001, 1993, 1981)은 이를 **반의도성 자살**(subintentional death)이라 부르는 자살과 같은 범주로 분류한다. 일관되게 약을 잘못 관리하는 심각하게 아픈 사람들은 이 범주에 속할 수 있다. 비록 이들의 죽음이 자살의 형태를 나타낼 수 있지만 진짜 의도는 분명하지 않다. 전

▶**반의도성 자살** 피해자가 간접적·숨겨진·부분적인 또는 무의식적인 역할을 하는 죽음

10:00 AM   75%

언론보도

자해 비디오의 관객 찾기

Roni Caryn Rabin, 뉴욕타임스

새로운 연구 보고서에 의하면, 유튜브 비디오가 많은 청소년과 젊은 이들 사이에서 자기 파괴적인 행동인 '베기(cutting)'와 자살 직전에 멈추는 다른 형태의 자해를 확산시키고 있다. 5명 중 1명 꼴로 젊은 남성과 여성은 심리학자들이 비자살적 자해라고 부르는 행위에 적어도 한 번은 참여한 것으로 보인다. 이제는 수백 가지의 유튜브 클립에서 자해행동이 묘사되고 있는데, 대부분은 내용에 대한 경고를 표시하지 않았으나 내용이 주로 몸을 베는 자해를 보여 주는 사진이나 동영상이다. 사진과 동영상은 몸을 불로 태우고 때리고 물고 피부를 뜯고 상처를 들쑤시고 피부 밑에 물체들을 박아 넣는 모습을 묘사한다. 자해의 대부분은 손목과 팔에 가해지고 덜 흔하지만 다리, 몸통 또는 다른 신체 부위에 가해진다.

이 비디오의 일부는 글, 음악, 사진을 함께 엮어 자기를 해치는 행동을 더욱 매력적으로 만든다고 연구자들은 경고했다.

그리고 비디오는 인기가 있다. 새로운 연구에 따르면 많은 시청자들이 비디오를 긍정적으로 평가하여 12,000회 이상 즐겨찾기로 선택했다. … 연구자는 가장 많이 본 100개의 자해 동영상을 검토했다.

온타리오 구엘프대학교의 심리학과 조교수이고 논문의 주저자인 스티븐 P. 루이스는 특히 자해를 가장 많이 하는 10대와 젊은이들 사이에서 인터넷이 얼마나 대중적인지를 고려한다면, 유튜브의 자해

자해 온라인 이 환자의 상처는 칼로 자해를 한 것이 분명하다. 자해 현상이 늘고 있고 이제는 인터넷과 소셜 네트워크까지 확대되고 있다.

Elena Dorfman/Redux Pictures

묘사는 '놀라운 새 유행'이라 말했다.

"이러한 비디오의 위험은 자해를 정상화하고, 자해를 수용하는 일부 사람들을 위한 가상 공동체를 육성하며, 도움이 되는 메시지를 반드시 전달하지 않는다는 것입니다. 자해 경험을 가진 사람이 비디오나 사진을 보았을 때 그 순간 자해 충동이 실제로 증가할 수 있는 '촉발' 현상인 또 다른 위험이 있습니다."라고 루이스 박사는 말했다.

가장 많이 조회된 100개의 동영상 중 4분의 1에 해당하는 동영상이 자해를 반대하는 명확한 메시지를 갖고 있고, 4분의 1은 자해행동을 극복할 수 있다는 격려의 메시지를 담고 있다고 논문은 분석했다. 동영상의 약 절반 정도가 슬프고 우울한 음색을, 절반은 자해행동을 솔직하고 사실적으로 묘사했다.

비디오의 4분의 1은 자해에 대한 혼합된 메시지를 전달했고, 42%는 중립적이었고, 7%는 자해에 매우 호의적이었다. 동영상 중 42%만이 시청자에게 내용에 대해 경고했다.

> 왜 어떤 사람들은 자해 행위를 온라인에서 보여 주려 하는 것일까?

AP Photo/Ted S. Warren

회고분석

그런지 밴드 너바나의 리더 커트 코베인의 1994년 자살 사건에 대한 매우 대중적인 회고분석은 2002년 코베인이 자신의 생각과 관심사, 여러 번의 우울증 그리고 인생 마지막 해 동안 마약 중독에 관해 쓴 전자 필기장 모음집인 저널의 발행으로 새로운 자극을 받았다.

▶회고분석 임상가나 연구자가 자살한 개인의 과거에서 자살 관련 정보를 취합한 심리적 부검

통적으로 임상가들은 반의도성 죽음에 이를 수 있는 행동의 예로 약·술 또는 담배의 사용, 문란한 성 행동, 반복되는 신체적인 싸움, 약의 오남용을 언급한다(Juan et al., 2011).

최근 몇 년 동안 또 다른 행동 방식인 자해(예 : 베기, 화상, 머리 찧기)가 반의도성 죽음에 이를 수 있는 행동 목록에 추가되었다. 이 행동들을 공식적으로 정신장애로 분류하지는 않지만, *DSM-5* 구성진은 비자살적 자해로 부르는 범주를 *DSM-5*의 미래 개정판에 포함할지 연구하자고 제안했다 (APA, 2013).

자해 행위는 특히 청소년과 젊은 성인들 사이에서 이전에 알려진 것보다 더 흔하며, 증가하고 있는 것 같다(Rodav, Levy, & Hamdan, 2014). 자해행동은 그 특성상 중독적일 수 있다. 자해가 야기하는 고통은 정서적 고통을 일부 경감시키며 자해행동은 문제로부터 주의를 일시적으로 분산시키고 자해의 결과로 인한 상처는 고통의 기록으로 남는다(Wilkinson & Goodyer, 2011). 일반적으로 자해는 만성적인 공허함과 지루함을 다루는 데 도움이 되기도 한다. 비록 자해와 다른 위험한 행동이 사실 무의식적인 자살시도를 나타낼 수 있으나(Victor & Klonsky, 2014), 그 뒤에 감춰진 진짜 의도는 분명하지 않고, 그래서 이러한 행동 방식들은 언론보도에서 논평한 것 외에는 이 장에서 다루지 않았다.

자살을 어떻게 연구하는가

자살연구자들이 자살연구에서 부딪히는 중요한 방해물은 연구대상이 더 이상 살아 있지 않다는 것이다. 자신의 행동을 더 이상 설명할 수 없는 사람들의 의도, 감정, 환경에 대해서 어떻게 정확한 결론을 내릴 수 있겠는가? 이 문제를 해결하기 위한 두 가지 연구방법이 있는데, 각각은 제한점을 갖고 있다.

한 가지 전략은 **회고분석**(retrospective analysis)이다. 이는 일종의 심리적 부검으로, 임상가들과 연구자들은 자살한 사람들의 과거로부터 자료를 모은다(Schwartz, 2011). 친척들, 친구들, 치료자들, 또는 의사들은 자살을 조명해 주는 과거 진술, 대화, 행동을 기억할 수 있다. 몇몇 사람들이 남겨 놓은 유서는 회고적 정보를 제공해 주기도 한다(Cerel et al., 2015). 그러나 이런 정보들이 항상 이용 가능한 것은 아니며 신뢰할 만한 것도 아니다 (Kelleher & Campbell, 2011; Wurst et al., 2011).

이러한 제한점 때문에 많은 연구자들은 두 번째 전략인 **자살시도에서 살아남은 사람들을 연구**한다. 모든 치명적인 자살에는 12건의 치명적이지 않은 자살시도가 있는 것으로 추정된다(AFSP, 2014). 그러나 자살에서 살아남은 사람들은 살아남지 않은 사람들과 중요한 방식에서 다를 수 있다. 예를 들면 대다수의 자살 생존자들은 정말로 죽기를 원하지 않았을 수 있다. 그럼에도 불구하고 자살연구자들은 자살 생존자들을 연구하는 것이 유용하다는 것을 발견하였다. 이 장에서는 자살을 시도한 사람들과 자살한 사람들을 정도의 차이는 있어도 똑같이 다룰 것이다.

자살의 양상과 통계

자살은 더 큰 사회적 환경에서 발생하고 연구자들은 죽음이 발생하는 사회적 맥락에 대한

많은 통계들을 수집했다. 예를 들면 연구자들은 자살률이 나라마다 다르다는 것을 발견했다(Kirkcaldy et al., 2010). 한국, 러시아, 헝가리, 독일, 오스트리아, 핀란드, 덴마크, 중국, 일본은 자살률이 매우 높아서 매년 10만 명당 20명 이상이 자살한다. 반면에 이집트, 멕시코, 그리스, 스페인은 상대적으로 낮아서 10만 명당 5명 이하이다. 미국과 캐나다는 그 중간에 해당해서 각각 10만 명당 대략 12.1명 정도이며, 영국은 10만 명당 9명이다(AFSP, 2014; CDC, 2013).

소속 종교와 종교적인 믿음은 국가 간 자살률의 차이를 설명하는 데 도움이 될 수 있다(Foo et al., 2014). 예를 들어 대부분의 국민이 가톨릭교인, 유대교인 또는 회교도인 국가들은 자살률이 낮은 경향이 있다. 아마도 이 국가들이 자살을 엄격히 금지하거나 종교적 전통이 강한 점이 자살을 막는 것 같다. 그러나 이러한 규칙에 예외도 있다. 국민 대다수가 로마 가톨릭교도인 오스트리아는 세계에서 자살률이 가장 높은 국가 중 하나이다.

> 소속 종교와 종교적인 믿음 외의 어떤 요인들이 국가 간 자살률의 차이를 설명하는 데 도움이 될 수 있을까?

소속 종교는 종교에 대한 개인의 헌신 정도만큼 자살을 막는 데 도움이 되지 않을 수 있다는 연구 결과들이 있다. 종교에서 하는 설득과 상관없이 매우 신앙심이 깊은 사람들은 자살할 가능성이 더 적은 것 같다(Cook, 2014; Güngörmüs et al., 2014). 이와 유사하게 생명에 대한 존중이 더 큰 사람들은 자살을 생각하거나 시도하는 경향이 더 적다(Lee, 1985).

남자와 여자의 자살률 또한 다르다. 여자들은 남자들보다 자살시도를 3배 더 많이 한다. 그러나 남자의 자살률은 여자의 자살률의 3배를 넘는다(AFSP, 2014; CDC, 2013). 대략 전 세계적으로 해마다 10만 명 중 남자는 19명, 여자는 4명이 자살한다(Levi et al., 2003).

자살률의 성차에 대한 다양한 설명이 제기되었으나 많은 사람들이 공유하는 한 가지 견해는 남자와 여자가 자살에 사용하는 방법이 다르다는 것이다(Stack & Wasserman, 2009). 남자들은 총을 쏘거나 칼로 찌르거나 목을 매는 식의 좀 더 폭력적인 방법을 사용하는 반면 여자들은 약물 과다복용 같은 덜 폭력적인 방법을 사용하는 경향이 있다. 미국에서 남자는 56%, 여자는 31%가 자살에 총기를 사용했다(CDC, 2014).

자살은 사회적 환경 및 결혼 상태와도 관련이 있다(You et al., 2011). 자살한 사람들의 약 2분의 1은 인터넷과 소셜 네트워크에서는 활발하게 활동했더라도 가까운 개인적인 친구가 전혀 없었다(Maris, 2001). 부모 및 다른 가족과 긴밀한 관계를 가진 사람들의 수도 더 적었다. 이와 관련된 다른 연구에서 이혼한 사람들은 결혼하거나 동거하는 사람들보다 자살률이 더 높은 것으로 드러났다(Roskar et al., 2011).

마지막으로 적어도 미국에서 자살률은 인종에 따라 다른 것으로 보인다(그림 7-1 참조). 백인의 전반적인 자살률은 흑인, 히스패닉계 미국인 및 아시아계 미국인에 비해 2배 이상이다(AFSP, 2014; CDC, 2013). 한 가지 중요한 예외는 아메리카 원주민의 매우 높은 자살률이다. 아메리카 원주민들의 자살률은 백인의 자살률보다 거의 20% 더 높다(Herne et al., 2014; SPRC, 2013). 많은 아메리카 원주민들이 겪는 극도의 가난이 그들의 높은 자살률을 설명하더라도 알코올 사용, 모델링 및 총의 이용 가능성과 같은 요인도 영향을 줄 수 있다(Lanier, 2010). 인종집

그림 7-1
자살, 인종 및 성별
미국의 경우 아메리카 원주민들이 남성과 여성 모두에서 가장 높은 자살률을 보인다(출처 : CDC, 2014, 2010; SPRC, 2013).

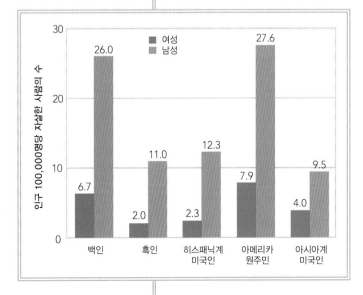

단에 따른 차이에 덧붙여 연구자들은 자살률이 집단 내에서도 때때로 다르다는 것을 발견했다. 예를 들면 히스패닉계 미국인들 중에서 푸에르토리코인들은 다른 히스패닉계 미국인 집단에 비해 자살을 시도할 가능성이 현저하게 더 높았다(Baca-Garcia et al., 2011).

자살 통계 중 일부에 대해 의문이 제기되고 있다. 분석에 의하면 실제 자살 비율은 흔히 보고하는 것보다 흑인은 15%, 여성은 6%가 더 높다고 한다(Barnes, 2010; Phillips & Ruth, 1993). 흑인과 여성은 다른 사람들보다 중독, 약물 과다복용, 자동차 간 접촉에 의하지 않은 자동차 충돌(single car-crashes) 및 보행자 사고와 같은 우연적인 사망으로 오해할 수 있는 자살 방법을 더 많이 사용한다.

> ### ▶ 요약
>
> **자살은 무엇인가** 자살은 스스로 자초한 죽음으로, 의도적이고 직접적이며 의식적으로 자신의 생명을 끝내려는 노력이다. 의도적으로 자신의 삶을 끝내는 사람들을 네 가지로 분류할 수 있는데, 죽음의 추구자, 죽음의 개시자, 죽음의 무시자, 죽음의 도전자이다.
>
> 자살연구는 두 가지 주요 전략을 사용하는데, 회고적인 분석과 자살시도에서 살아남은 사람에 대한 연구이다. 자살은 서구사회에서 사망 원인 10위 안에 속한다. 자살률은 나라마다 다르다. 한 가지 이유는 소속 종교, 종교적인 믿음, 종교에 대한 헌신의 정도에서 문화적 차이가 있기 때문인 것 같다. 자살률은 인종, 성별, 결혼 상태에 따라서도 다르다.

무엇이 자살을 촉발하는가

자살행동은 개인의 삶에서 일어난 최근 사건이나 현재의 조건과 관련 있을 수 있다. 비록 이러한 요인이 자살의 기본 동기가 아니더라도 자살을 촉발할 수 있다. 공통된 촉발 요인들은 스트레스 사건, 기분과 사고의 변화, 알코올과 기타 다른 약물의 사용, 정신장애 및 모델링을 포함한다.

스트레스 사건과 상황

연구자들은 자살을 시도하지 않은 사람들의 삶보다 자살시도자들의 최근 삶에서 스트레스 사건이 더 많았다는 것을 발견했다(McFeeters et al., 2014; Pompili et al., 2011). 이 장의 시작 부분에서 이라크 전쟁이라는 막대한 스트레스를 경험한 이후 시민의 생활로 돌아왔으나 자살한 한 젊은 남성에 대해서 소개하였다. 그러나 자살에 이르게 하는 스트레스가 반드시 전쟁과 같이 끔찍할 필요는 없다. 자살 사례에서 보이는 즉각적인 스트레스의 흔한 형태는 죽음, 이혼이나 거절로 인한 사랑하는 사람의 상실(Roskar et al., 2011), 직업의 상실(Milner et al., 2014), 중요한 재정적 손실(Houle & Light, 2014), 허리케인이나 다른 자연재해인데, 이런 일은 매우 어린아이들에게도 스트레스가 된다. 사람들은 최근 스트레스보다는 장기간의 스트레스에 대한 반응으로 자살을 시도할 수 있다. 네 가지 스트레스가 특히 흔한데 사회적 고립, 심각한 질병, 혐오적인 환경 및 직업 스트레스이다.

사회적 고립 데이브, 디메인, 티아의 사례에서 본 바와 같이 사랑하는 가족이나 지지적인 사회체계로부터 멀어진 사람은 자살을 할 수 있다. 사회적 지지가 없는 사람들이 특히 자살사고와 행동에 취약하다. 연구자들은 소속감을 거의 느끼지 못하는 사람들, 사회적 지지가 제한되어 있거나 전혀 없다고 믿는 사람들, 혼자 사는 사람들 및 다른 사람과 지속적인

숨은 뜻 읽어내기

계약 파기

내담자가 자살 의도를 말한다면 치료자는 치료시간에 환자와 논의를 할 때 항상 적용되는 의사와 환자 간의 비밀보장 계약을 깰 수 있다.

갈등을 겪고 있는 사람들 사이에서 자살행동의 위험이 증가하는 것을 발견했다(You et al., 2011).

심각한 질병 병은 사람들에게 큰 고통과 심각한 장애를 야기하는데, 병을 앓는 사람들은 죽음은 피할 수 없으며 자신의 죽음이 임박했다고 믿고 자살을 시도할 수 있다(Schneider & Shenassa, 2008). 또한 이들은 병으로 인한 고통과 문제가 자신들이 견딜 수 있는 것보다 더 크다고 믿을 수 있다. 연구에 의하면 자살로 죽은 사람들의 거의 3분의 1은 자살행동을 하기 전에 여러 달 동안 건강 상태가 좋지 않았다고 한다(MacLean et al., 2011; Conwell et al., 1990).

폭력적이거나 억압적인 환경 벗어날 희망이 거의 또는 전혀 없는 혐오적이거나 억압적인 환경의 희생자들은 때때로 자살을 한다. 예를 들면 일부 전쟁 포로, 강제수용소의 수용자, 학대받는 배우자, 학대받는 아동, 감옥 수감자는 삶을 끝내려고 시도한다(Fazel et al., 2011). 심각한 질병을 갖고 있는 사람들처럼 이들은 더 이상 고통을 견딜 수 없다고 느끼며 자신의 상태가 나아질 아무런 희망이 없다고 믿는다.

직업 스트레스 일부 직업은 자살시도를 촉발할 수 있는 긴장감이나 불만족감을 유발한다. 특히 정신과 의사, 심리학자, 외과의사, 간호사, 치과의사, 법률가, 경찰, 농부, 비숙련 노동자들은 자살률이 높다(Milner et al., 2013; Kleespies et al., 2011). 그러나 직업적 압력이 자살행동의 직접적인 원인은 아닐 수 있다. 아마도 비숙련 노동자의 자살시도는 직업 스트레스보다는 재정적인 불안정에 대한 반응일 수 있다. 유사하게 자살한 정신과 의사와 심리학자들은 직업이 야기하는 정서적 긴장에 대한 반응으로 자살한 것이라기보다는 처음에 직업적 흥미를 자극한 지속적인 정서 문제를 갖고 있었을 수 있다.

기분과 사고의 변화

기분의 변화는 많은 자살시도에 선행한다. 기분의 변화가 정신장애 진단이 필요할 정도로 심각하지 않을 수 있으나 과거의 기분과는 상당히 다른 기분을 보일 수 있다. 가장 흔한 변화는 슬픔의 증가이다(Kim et al., 2015). 불안, 긴장, 좌절, 분노나 수치심의 증가도 흔하다(Reisch et al., 2010). 사실 Shneidman(2005, 2001)은 자살의 핵심을 견딜 수 없다고 여기는 심리적 고통감인 '극심한 정신적 고통'으로 본다. 88명의 환자를 대상으로 한 연구 결과, 심리적 고통 평가 척도라고 부르는 측정도구에서 더 높은 점수를 받은 사람들은 다른 사람들보다 자살할 가능성이 더 컸다(Pompili et al., 2008).

사고방식의 변화 또한 자살시도에 선행할 수 있다. 사람들은 자신의 문제에 몰두해 관점을 잃고 문제를 효과적으로 해결할 수 있는 유일한 방법이 자살이라고 여길 수 있다(Shneidman, 2005, 2001). 종종 이들은 현재의 환경, 문제 또는 기분이 변하지 않을 것이라는 회의적인 믿음인 **무망감**(hopelessness)을 발달시킨다. 일부 임상가들은 무망감을 자살의 도를 가장 잘 알 수 있는 유일한 지표라고 믿으며, 자살위험을 평가할 때 무망감의 징후를 찾는 데 특별한 관심을 기울인다(Rosellini & Bagge, 2014).

자살을 시도하는 많은 사람들은 문제와 해결책을 경직된 양자택일의 관점으로 보는 **이분법적 사고**(dichotomous thinking)에 빠진다(Shneidman, 2005, 2001, 1993). 사실

AP Photo/Tony Dejak

유명한 재소자의 자살
2013년 재판에서 아리엘 카스트로가 오하이오주 클리블랜드에서 3명의 젊은 여성을 납치해 10년 이상 자신의 집에 가두어 놓고 반복적으로 강간한 것에 대해 전 국민이 분개했다. 카스트로는 가석방 없는 1,000년형을 선고받았고 선고를 받은 지 꼭 한 달 만에 목을 매서 자살했다. 전체 교도소 수감자 중 약 5.5%가 자살로 사망한다(Smith, 2013).

▶**무망감** 현재 상황이나 문제, 기분이 변하지 않을 것이라는 비관적 믿음

▶**이분법적 사고** 문제 및 해결을 이것 아니면 저것의 양자택일 관점으로 보는 것

행복한 연기

초대형 스타이며 코미디언이자 배우인 로빈 윌리엄스의 팬들은 2014년 그가 목을 매서 자살했을 때 충격을 받았다. 가까운 친구들은 윌리엄스가 즐거운 공연으로 일반 대중에게 숨기려고 애쓴 고통스러운 감정 상태로 우울증 그리고 파킨슨병의 초기 단계와 오랫동안 싸우고 있었다고 말했다. 부검 결과, 그는 노인성 치매라고 불리는 일종의 신경인지장애도 갖고 있었다.

Shneidman은 "자살은 내가 할 수 있는 유일한 일이었다."처럼 자살에서 '네 글자 단어(four-letter word)'는 '유일한(only)'이라고 말했다(Maris, 2001). 다음 글은 빌딩에서 뛰어내렸으나 생존한 한 여성의 자살 당시의 이분법적 사고를 기술하고 있다. 그녀는 죽음이 고통의 유일한 대안이라고 여겼다.

> 나는 너무 절망적이었어요. 이 일에 직면할 수 없다고 느꼈어요. 모든 것이 혼란의 끔찍한 소용돌이 같았어요. 그리고 이렇게 생각했어요. '할 수 있는 유일한 것이 있다. 의식을 잃기만 하면 돼. 그것이 벗어날 수 있는 유일한 방법이다. 의식을 잃는 유일한 방법은 뭔가 적당한 높은 곳에서 뛰어내리는 것이다.'
>
> (Shneidman, 1987, p. 56)

알코올과 다른 약물의 사용

자살을 시도하는 사람들의 무려 70%는 시도 직전에 술을 마신다(Crosby et al., 2009; McCloud et al., 2004). 부검 결과 술을 마신 사람들의 4분의 1은 법적으로 만취한 것으로 드러났다(Flavin et al., 1990). 음주는 자살시도에 대한 사람들의 공포를 줄여 주거나 기저에 있는 공격적인 감정을 풀어 주거나 판단과 문제해결 능력을 손상시키는 것 같다. 연구에 의하면 다른 종류의 약도 특히 10대와 젊은 성인에게는 술과 유사하게 자살에 영향을 미칠 수 있다(Darke et al., 2005). 예를 들면 1994년 자살했을 당시 커트 코베인의 혈액에서는 높은 수준의 헤로인이 발견되었다(Colburn, 1996).

정신장애

자살을 시도하는 사람들이 괴로워하거나 불안할 수 있지만, 반드시 심리장애를 가진 것은 아니다. 그럼에도 불구하고 대부분의 모든 자살시도자들은 심리장애를 갖고 있다(Singhal et al., 2014; Nock et al., 2013). 자살시도자의 거의 70%는 심각한 우울증을, 20%는 만성적인 알코올중독을, 10%는 조현병을 경험하는 것으로 나타났다. 이와 일관되게 이러한 장애 각각을 갖고 있는 사람들의 무려 25%는 자살을 시도한다. 우울하며 알코올 의존적인 사람들은 특히 자살충동을 갖기 쉬운 것으로 보인다(Nenadić-Šviglin et al., 2011). 제13장에서 소개할 경계성 성격장애를 가진 많은 사람들이 자살충동을 갖기 쉬운 경우인데, 이들은 장애의 일부로서 자신에게 해를 가하려고 하거나 자살 제스처를 취한다(Amore et al., 2014).

제6장에서 살펴본 바와 같이 주요우울장애를 가진 사람들은 종종 자살사고를 경험한다. 한 개관 논문에 의하면 사실 우울증 치료는 일관되게 환자들의 자살사고, 시도 또는 자살로 인한 사망률을 줄인다(Sakinofsky, 2011). 그러나 우울한 사람들은 기분이 나아질 때조차도 자살위험이 높을 수 있다. 사실 심각하게 우울한 사람 중에는 실제로 기분이 나아졌을 때 자살위험이 증가할 수 있으며 자살소망을 실행하려는 에너지를 더 많이 가질 수 있다. 예를 들면 이 장의 서두에서 살펴본 퇴역군인을 생각해 보자. 그의 가족과 친구들에 의하면 자살하기 바로 전에 그는 차분해 보였고 자신의 삶을 다시 즐기는 것으로 보였다고 한다.

심한 우울은 심각한 신체적 질병을 가진 사람들의 자살시도에서 중요한 역할을 할 수 있다(Werth, 2004). 불치병을 가진 44명의 환자를 대상으로 한 연구에서 환자들의 4분의 1

보다는 적은 수가 자살을 생각하거나 빨리 죽기를 바랐으며 모두 주요우울장애로 고통받고 있는 것으로 나타났다(Brown et al., 1986).

자살시도 직전에 술을 마시거나 약물을 사용하는 많은 사람들은 실제로 그 물질을 남용한 오랜 역사를 갖고 있다(Kim et al., 2015; Ries, 2010). 물질관련장애와 자살 간의 연결 토대는 분명하지 않다. 아마도 물질관련장애를 가진 많은 사람들의 비극적인 생활방식 또는 물질에 무력하게 갇혀 있다는 느낌은 자살사고를 이끌 수 있다. 다른 방식으로는 제3의 요인, 예를 들면 심리적 고통이나 절망이 물질남용과 자살사고 모두에 영향을 줄 수 있다(Sher et al., 2005). 이런 사람들은 나쁘게 치닫는 악순환의 고리에 갇힌 것일 수 있다. 즉 심리적 고통이나 상실로 인해 물질사용에 이끌리게 되고 결국은 문제를 해결하기보다는 악화시키는 물질남용에 사로잡히는 결과에 이르게 된다(Maris, 2001).

제12장에서 보게 될 조현병을 가진 사람들은 실제로 존재하지 않는 목소리를 들을 수 있고(환청), 명백히 사실이 아닌 아마도 기괴한 믿음(망상)을 갖고 있을 수 있다. 조현병을 가진 사람들의 자살은 죽으라고 명령하는 상상의 목소리 또는 자살은 위대하며 고귀한 행위라는 망상에 대한 반응이라는 것이 일반적인 견해이다. 그러나 연구에 의하면 조현병을 가진 사람들의 자살에서 사기 저하나 앞으로 정신적으로 악화되는 것에 대한 공포가 종종 더 많은 역할을 한다(Meltzer, 2011). 지난 몇 년 동안 재발한 많은 실직 상태의 젊은 조현병 환자들은 이 장애가 자신들의 삶을 영원히 방해할 것이라고 믿는다. 다른 사람들은 평균 이하의 생활 조건 속에서 사는 삶을 낙담하기도 한다. 자살은 조현병을 가진 사람들의 조기 사망의 주요 원인이다.

모델링 : 자살의 전염

사람들, 특히 10대들이 자살한 사람을 목격하거나 자살한 사람에 대한 글을 읽은 후에 자살을 시도하는 것은 드문 일이 아니다(Hagihara et al., 2014). 아마도 이 사람들은 중요한 문제로 고군분투하는 중이며 다른 사람들의 자살이 가능한 해결책을 제시해 주는 것처럼 보이거나 또는 아마도 자살을 생각하는 중이고 다른 사람들의 자살은 자신의 자살에 대한 허락 또는 자살을 행동에 옮기도록 마지막으로 설득하는 것으로 보일 수 있다. 어떤 것이든 한 사람의 자살행동은 분명히 다른 사람에게 모델이 된다. 가족이나 친구의 자살, 유명인의 자살, 대중에게 널리 알려진 자살, 직장 동료나 동기의 자살은 특히 흔한 촉발 요인이다.

가족과 친구　최근의 가족이나 친구의 자살은 자살시도 가능성을 증가시킨다(Ali et al., 2011). 가족이나 친구의 죽음, 특히 그것이 자살이라면 이는 삶을 변화시키는 사건이며, 자살사고나 시도는 그러한 외상이나 상실감에 크게 좌우될 수 있다. 실제로 이러한 상실은 생존하는 친척과 친구들에게 수년간 계속될 수 있는 자살 위험의 증가를 포함해 평생 동안 영향을 미친다(Roy, 2011). 그러나 연구자들이 이러한 문제들을 배제한 경우에도, 최근에 자살한 사람들의 친척과 친구들 사이에서 자살 위험이 증가하는 것을 발견했다(Ali et al., 2011). 이러한 추가적인 위험 요소를 종종 **사회적 전염** 효과라 한다.

유명인　연예인, 정치인 및 그 밖에 널리 알려진 사람들의 자살 이후에는 국가 전역에서 자살의 수가 비정상적으로 증가한다(Queinec et al., 2011). 예를 들면 1963년 마릴린 먼로가 자살한 뒤 그 주 미국의 자살률은 12% 증가했다(Phillips, 1974).

숨은 뜻 읽어내기

록 음악가의 자살 : 커트 코베인 이후

제이슨 써스크 – 펑크밴드 페니와이즈 (1996)

롭 필라투스 – 팝밴드 밀리 바닐라(1998)

웬디 O. 윌리엄스 – 펑크가수(1998)

스크리밍 로드 서치 – 영국 록가수(1999)

헤르만 브루드 – 네덜란드 록가수(2001)

엘리엇 스미스 – 록가수(2003)

로버트 퀸 – 펑크 기타리스트(2004)

데이브 슐차이즈 – 데드 밀크맨의 베이시스트(2004)

데릭 플라우드 – 록 드러머(2005)

빈스 웰닉 – 더 듀브스 앤드 그레이트풀 데드의 키보디스트(2006)

브래드 델프 – 록밴드 보스턴의 리드 싱어 (2007)

조니 리 잭슨 – 래퍼(2008)

빅 체스넛 – 작곡가 겸 가수(2009)

마크 린커스 – 작곡가 겸 가수/연주자(2009)

로니 몬트로즈 – 기타리스트(2012)

밥 웰치 – 플릿우드의 기타리스트(2012)

대중에게 널리 알려진 사례 기괴하거나 특이한 측면을 가진 자살은 종종 언론의 집중적인 관심을 받는다. 그렇게 잘 알려진 이야기들은 유사한 자살을 낳을 수 있다(Hagihara et al., 2014). 예를 들면 영국에서 정치적인 동기로 분신자살한 사례가 널리 알려진 해에 82명이 분신자살로 사망했다(Ashton & Donnan, 1981). 사인을 밝히기 위한 조사 결과 분신한 사람의 대부분은 정서 문제의 과거력을 갖고 있었고, 자살한 사람 중 어느 누구도 분신한 사람이 가졌던 정치적 동기를 갖고 있지 않았다. 모방자들은 자신들이 목격하거나 기사에서 읽은 자살이 촉발한 방식으로 자신의 문제에 반응한 것으로 보인다.

일부 임상가들은 좀 더 책임감 있는 보도가 널리 알려진 자살의 이와 같은 끔찍한 영향을 줄일 수 있다고 주장한다(Sullivan et al., 2015). 커트 코베인의 자살에 대한 언론매체의 보도는 자살 보도는 주의 깊게 접근해야 함을 보여 준다. 코베인이 자살한 저녁, MTV는 '자살하지 마'라는 주제를 반복했다. 사실 수천 명의 젊은이들이 코베인의 죽음 이후 몇 시간 동안 MTV, 다른 라디오 및 텔레비전 방송국에 전화를 했고 놀랍고 두려우며 어떤 경우는 자살하고 싶다고 했다. 일부 방송국들은 자살예방센터의 전화번호를 알려 주거나 자살전문가와의 면담을 방송으로 내보내거나 전화를 건 사람들에게 상담이나 조언을 직접 제공했다. 아마도 이러한 노력 때문에 코베인이 살았던 시애틀과 다른 곳의 자살률은 이후 몇 주 동안 안정적으로 유지되었다(Colburn, 1996).

폭풍의 눈
영국 언론은 2008년도에 유명한 사례인 13세 소녀의 자살에 대해 이모 그룹인, 마이케미컬로맨스의 음악을 비난했다. 수년 동안 다양한 노래의 가사와 멜로디는 특히 10대에게 부정적인 영향, 특히 자살시도에 기여할 수 있다고 지적되어 왔다. 그러나 이 문제를 다룬 연구는 거의 없으며, 이러한 주장을 제기하는 소송은 일반적으로 기각되었다.

© Tim Mosenfelder/Corbis

동료와 동기 학교, 직장, 또는 작은 지역사회에서 자살이 있으면 이것이 구두로 전해지면서 자살시도를 촉발할 수 있다. 예를 들어 미국 해군훈련학교에서 신병이 자살하자 2주 이내에 또 다른 자살이 발생했으며 학교에서도 자살시도가 뒤따랐다. 자살이 전염되는 것을 예방하기 위해서 학교는 자살에 대한 직원 교육 프로그램을 시작했고 자살한 사람과 가까웠던 신병들에게 집단치료 회기를 진행했다(Grigg, 1988). 오늘날 모든 연령의 사람들을 위해서 많은 학교들이 학생이 자살한 후에 이런 종류의 프로그램을 시행한다(Joshi et al., 2015). 임상가들은 이러한 자살 사후 프로그램을 종종 **자살 후 개입**이라고 부른다.

> ▶ **요약**
> **무엇이 자살을 촉발하는가** 많은 자살행위는 한 사람의 생애에서 현재의 사건이나 상황에 의해서 촉발된다. 자살행위는 사랑하는 사람의 상실과 직장 상실 같은 최근의 스트레스, 또는 사회적 고립, 심각한 질병, 혐오적인 환경, 직업 스트레스와 같은 장기적인 스트레스에 의해 촉발될 수 있다. 기분이나 사고의 변화가 자살행동에 선행할 수 있는데, 특히 무망감이 증가한다. 또한 술이나 다른 종류의 물질사용, 정신장애, 다른 사람의 자살 소식은 자살시도에 선행할 수 있다.

자살의 기저에 있는 원인은 무엇인가

어려운 상황에 직면한 대부분의 사람들은 결코 자살을 하지 않는다. 왜 어떤 사람들은 다른 사람들보다 자살하기 쉬운지를 이해하기 위한 노력 속에서 이론가들은 이 장의 앞부분에서 고려한 즉각적인 촉발 요인보다 자기 파괴적 행동에 대한 더 근본적인 설명을 제시해 왔다. 유망한 이론들이 정신역동적·사회문화적 및 생물학적 관점에서 나왔다. 그러나 각각의 가설들은 제한된 지지를 받았으며 자살행동 전체를 설명하는 데는 실패했다. 따라서 현재 임상 현장에서는 자살에 대한 만족스러운 이해가 부족한 상황이다.

정신역동적 관점

많은 정신역동이론가들은 자살은 우울의 결과이며 타인에 대한 분노가 자신에게로 돌려진 결과라고 믿는다. Wilhelm Stekel은 1910년 비엔나 회의에서 이 이론을 처음 발표했다. 그 당시 그는 다른 사람을 죽이기 원치 않는 또는 적어도 다른 사람의 죽음을 소망하지 않는 사람은 자신을 죽이지 않는다고 주장했다(Shneidman, 1979). 이러한 주장에 동의하면서, 영향력 있는 정신과 의사인 Karl Menninger는 이후에 자살을 '180도 회전한 살해'라고 언급했다.

제6장에서 읽었듯이 Freud(1917)와 Abraham(1916, 1911)은 사랑하는 사람의 실제적 또는 상징적 상실을 경험할 때, 사람들은 무의식적으로 그 사람을 자신의 정체감의 일부로 포함하고 그 대상에 대해서 느꼈듯이 자신에 대해서 느낀다고 제안했다. 잠시 동안 상실한 사랑하는 대상을 향한 부정적인 감정은 자기 증오로 경험된다. 사랑하는 대상을 향한 분노는 자신을 향한 강한 분노로 바뀌어 결국 우울이 된다. 자살은 자기 증오의 극단적인 표현이라고 생각할 수 있다(Campbell, 2010). 자살한 환자에 대한 다음 기술은 이러한 힘이 어떻게 작용할 수 있는지를 보여 준다.

하늘에서의 살인–자살
살인–자살의 경우보다 살인행동과 자살행동의 관계가 더 분명치 않다. 2015년 3월 24일 우울한 27세의 부조종사, 안드레아스 루비치는 저먼윙스 에어버스 A320(사진)을 의도적으로 프랑스 알프스로 추락시켜 자신과 149명의 승객과 승무원을 죽게 했다. 전체 자살 중 약 2%는 대개 배우자나 연인을 포함하는 살인–자살의 맥락에서 발생한다.

> 27세의 양심적이고 책임감 있는 여성이 포악하고 신뢰할 수 없으며 자기중심적이고 혐오적인 것에 대해 자신을 스스로 벌주기 위해 칼로 손목을 그었다. 그녀는 평소답지 않은 자기 파괴적인 일화에 당혹했고 두려웠다. 치료자가 욕설은 그녀보다는 최근에 죽은 아버지를 더 잘 기술한다고 지적하자 그녀는 상당히 안심했다.
>
> (Gill, 1982, p. 15)

Freud의 견해를 지지하는 증거로, 연구자들은 실제적이든 상징적이든 아동기 상실과 이후 자살행동 간의 관련성을 자주 발견했다(Alonzo et al., 2014). 예를 들면 200개의 가족사를 다룬 고전적 연구에서 초기 부모의 상실은 자살하지 않은 사람들(24%)보다 자살한 사람들(48%)에게서 더 흔하다는 것을 발견했다(Adam et al., 1982). 상실의 흔한 형태는 아버지의 사망, 부모의 이혼이나 별거였다. 유사하게 343명의 우울한 사람을 대상으로 한 연구에서 어렸을 때 부모가 거부하거나 방치했다고 느낀 사람들은 다른 사람들보다 성인이 되었을 때 자살을 시도할 가능성이 더 컸다(Ehnvall et al., 2008).

Freud는 자신의 경력 후기에 인간은 '죽음의 본능'을 갖고 있다고 제안했다. 그는 이 본

숨은 뜻 읽어내기
자살의 경제학
미국에서 매년 자살로 인한 사망 비용은 340억 달러(임금 및 작업 생산성 상실)이다(AFSP, 2014).

능을 **타나토스**라고 불렀고, '삶의 본능'과 반대라고 하였다. Freud에 의하면 대부분의 사람들은 죽음의 본능이 타인을 향하도록 그 방향을 바꾸는데 자살한 사람들은 자기 분노의 그물에 갇혀 죽음의 본능이 자신을 향하게 한다.

자살에 대한 Freud의 설명과 일치하는 사회학적 발견이 있다. 국가의 자살률은 전쟁 기간에는 하락하는 것으로 나타났는데(Maris, 2001), 누군가는 이를 전쟁 때는 자기 파괴적인 에너지가 '적군'을 향하기 때문이라고 해석하기도 한다. 덧붙여 세계의 많은 지역에서 높은 타살률을 가진 사회는 자살률이 낮은 경향이 있으며, 또한 타살률이 낮은 사회는 자살률이 높은 경향이 있다(Bills & Li, 2005). 그러나 자살한 사람들이 사실은 강렬한 분노 감정에 지배당한다는 것이 연구에서 확립되지는 못하였다. 비록 적대감이 일부 자살에서는 중요한 요소이지만 몇몇 연구에서는 다른 정서 상태가 더 흔한 것으로 나타났다(Conner & Weisman, 2011).

말년에 Freud는 자신의 자살이론에 대한 불만을 표현했다. 다른 정신역동이론가들 또한 여러 해 동안 Freud의 생각에 도전하였으나 상실과 자기를 향한 공격성의 주제는 일반적으로 대부분의 정신역동적 설명의 중심에 남아 있다(King, 2003).

> 왜 과거에 마을과 국가들은 자살을 시도한 사람과 그 친척을 처벌하고 싶어 했던 것일까?

Durkheim의 사회문화적 관점

19세기 말 무렵 유명한 사회학자인 Emile Durkheim(1897)은 자살행동에 대한 광범위한 이론을 발달시켰다. 오늘날 그의 이론은 여전히 영향력이 있으며, 종종 연구에서 지지를 받고 있다(Fernquist, 2007). Durkheim에 의하면 자살의 가능성은 개인이 가족, 종교기관 및 지역사회와 같은 사회적 집단에 얼마나 소속되어 있느냐에 의해 결정된다. 개인이 철저하게 소속되어 있을수록 자살의 위험은 더 낮아진다. 역으로 사회와의 관계가 빈약한 사람들은 자살할 위험이 더 크다. 그는 자살을 몇 가지 범주, 즉 **이기적 자살**, **이타적 자살**, **아노미적 자살**로 구분하여 정의하였다.

이기적 자살은 자신이 속한 사회가 거의 또는 전혀 통제를 행사하지 못하는 사람들이 한다. 이 사람들은 사회의 규준이나 규칙에 관심이 없으며 사회구조에 통합되지 않는다. Durkheim에 의하면 고립되어 있거나 소원해져 있거나 비종교적인 사람들이 이기적 자살을 하기 더 쉽다. 사회에 이런 사람들이 많을수록 그 사회의 자살률은 더 높아진다.

대조적으로 **이타적 자살**은 사회의 안녕을 위해서 의도적으로 자신의 삶을 희생하는 사회구조에 잘 통합되어 있는 사람들이 한다. 다른 사람들을 살리기 위해서 곧 터질 수류탄에 몸을 던지는 군인들, 제2차 세계대전 당시 적의 선박을 향해 전투기를 타고 돌진한 일본의 가미가제 조종사들, 베트남전쟁에 분신으로 저항한 불교 승려와 여승들은 이타적 자살을 한 것일 수 있다(Leenaars, 2004; Stack, 2004). Durkheim에 의하면 동아시아 사회처럼 타인을 위한 희생과 명예를 지킬 것을 격려하는 사회는 자살률이 더 높을 수 있다.

Durkheim이 제안한 또 다른 범주인 **아노미적 자살**은 가족, 종교와 같이 안정적인 구조를 제공하고 지지해 주며 삶에 의미를 주는 데 실패한 사회 환경에 있는 사람들이 한다. 아노미(문자 그대로 '법 없는')라고 불리는 사회적 조건은 개인이 소속감을 갖지 못하게 한다. 사회구조를 거부하는 사람의 행동인 이기적 자살과 달리 아노미적 자살은 비조직화되고 부적절하고 종종 부패한 사회에 실망한 사람의 행위이다.

Durkheim은 사회가 아노미 시기를 겪으면 자살률은 증가한다고 주장했다. 역사적인 경

이타적 자살?

자살폭탄을 가진 진흙 조각상이 바그다드 아트 갤러리에 전시되어 있다. 일부 사회학자들은 폭파범들은 사회를 위해서 자신의 삶을 희생한다고 믿는다고 주장하면서, 폭파범들의 행위는 Durkheim의 이타적 자살의 정의에 해당한다고 믿는다. 그러나 다른 이론가들은 많은 폭파범이 자신이 파괴하는 무고한 생명에 대해서는 무관심해 보인다는 점을 지적하면서 이들을 이타주의보다는 증오에 의해서 동기화된 대중 살인범으로 분류한다(Humphrey, 2006).

Thaier Al-Sudani/Reuters

향은 이 주장을 지지한다. 경제적 불황기에는 국가에 어느 정도의 아노미가 발생하는데, 이 시기에 국가의 자살률이 증가하는 경향이 있다(Noh, 2009; Maris, 2001). 인구 변화와 이민 증가의 시기 또한 아노미 상태를 가져오는 경향이 있고, 이때도 자살률이 증가한다(Kposowa et al., 2008).

일반적인 사회 문제보다는 개인이 당면한 주변 환경의 큰 변화가 아노미적 자살을 가져올 수도 있다. 예를 들면 갑자기 많은 돈을 상속받은 사람들은 사회적 · 경제적 · 직업적 구조와 자신과의 관계가 변하기 때문에 아노미 시기를 겪을 수 있다. 따라서 Durkheim은 개인적인 부나 지위가 변화할 기회가 더 많은 사회는 자살률이 더 높을 것이라고 예견하였고, 이 예언 또한 연구에서 지지되었다(Cutright & Fernquist, 2001; Lester, 2000, 1985). 역설적으로 사회로부터 격리되어 감옥과 같은 환경에 있게 된 사람들은 아노미를 경험할 수 있다. 앞서 읽은 바와 같이 이 사람들의 자살률이 높아진다는 것은 연구에서 확인되었다(Fazel et al., 2011).

비록 오늘날의 사회문화이론가들이 항상 Durkheim의 특정 의견을 수용하는 것은 아니지만, 사회구조와 문화적 스트레스가 자주 자살에서 중요한 역할을 한다는 데는 대부분이 동의한다. 사실 사회문화적 관점은 자살연구에 널리 퍼져 있다. 앞서 기술한 소속 종교, 결혼 상태, 성별, 인종 및 사회적 스트레스와 같은 광범위한 요인과 자살을 연관시키는 많은 연구들을 상기해 보라. 자살과 연령의 관계에 관해서 읽게 되면 이러한 요인들의 영향을 알 수 있을 것이다.

Durkheim의 이론과 같은 사회문화적 이론들의 영향에도 불구하고 이 이론들은 대다수의 사람들은 자살을 하지 않는데 특정한 사회적 압력에 직면한 일부 사람들은 왜 자살하는지를 설명하지 못한다. Durkheim 자신은 최종적인 설명은 아마도 사회적 요인과 개인적 요인 간의 상호작용일 것이라고 결론지었다.

John Storey/San Francisco Chronicle/Corbis

단지 또 하나의 다리가 아니다
이 남자는 골든게이트브리지에서 떨어져 생존한 26명 가운데 단 한 사람이다. 이 남자는 19세에 자살을 시도했던 장소로 돌아왔다. 이 다리는 세계의 어떤 곳보다도 뛰어내려 자살하는 장소로 간주된다. 1937년 개통된 이래 1,400명이 자살한 것으로 추정된다.

생물학적 관점

여러 해 동안 생물학연구자들은 생물학적 요인이 자살행동에 기여한다는 자신들의 입장을 지지하기 위해서 주로 가계도연구에 의존해 왔다. 연구자들은 자살한 사람의 부모와 가까운 친척 간의 자살률은 자살하지 않은 사람의 부모와 가까운 친척보다 더 높다는 것을 반복해서 발견하였다(Petersen et al., 2014; Roy, 2011). 이 발견은 자살에 유전적 그리고 아마도 생물학적 요인이 작동할 것이라는 점을 시사한다.

> 자살은 때때로 가계에 전달된다. 임상가와 연구자들은 이를 어떻게 설명하는가?

과거 30년 동안 실험실연구는 자살의 생물학적 관점을 좀 더 직접적으로 지지해 주었다. 한 가지 유망한 연구의 흐름은 세로토닌에 초점을 두고 있다. 종종 자살한 사람들은 세로토닌이라는 신경전달물질의 활동 수준이 낮았다(Fabio Di Narzo et al., 2014; Mann & Currier, 2007). 자살과 세로토닌의 낮은 활동 수준이 관계

숨은 뜻 읽어내기

가장 흔한 살인

살인(18,000건)보다 많은 자살(38,364건)이 매년 미국에서 행해진다(CDC, 2011).

가 있다는 초기 의견은 정신의학 연구자인 Marie Asberger와 동료들(1976)의 연구에서 나왔다. 이들은 68명의 우울한 환자를 연구했는데, 환자 중 20명은 특히 세로토닌의 활동 수준이 낮았다. 세로토닌의 활동 수준이 낮은 연구 참가자들은 40%가 자살을 시도한 반면, 세로토닌의 활동 수준이 더 높은 참가자들은 15%가 자살을 시도했다. 연구자들은 이 결과를 세로토닌의 낮은 활동이 '자살 행위의 예측 요인'이 될 수 있음을 의미하는 것으로 해석했다. 이후 연구에서 세로토닌 활동이 낮은 자살시도자들은 세로토닌 활동이 더 높은 자살시도자들보다 자살시도를 반복하고 자살에 성공할 가능성이 10배나 더 큰 것으로 나타났다(Roy, 1992).

언뜻 보기에는 앞서 기술한 연구들과 이와 관련된 연구들은 우울한 사람들이 자주 자살을 시도한다는 것만을 말해 주는 것으로 보인다. 우울증 그 자체는 낮은 세로토닌 활동과 관련이 있다. 한편 우울증 과거력이 전혀 없이 자살한 사람들조차도 세로토닌 활동이 낮다는 증거가 있다(Mann & Currier, 2007). 따라서 낮은 세로토닌 활동은 우울과는 별도로 자살에서 어떤 역할을 하는 것 같다.

낮은 세로토닌 활동이 어떻게 자살행동의 가능성을 증가시키는가? 한 가지 가능성은 낮은 세로토닌 활동이 공격적 · 충동적 행동에 기여한다는 것이다(Preti, 2011). 예를 들면 세로토닌 활동은 비공격적인 남성보다 공격적인 남성이 더 낮고, 방화나 살인 같은 공격적인 행동을 한 사람은 세로토닌 활동이 자주 낮다는 것을 발견했다(Oquendo et al., 2006, 2004; Stanley et al., 2000). 이러한 발견은 낮은 세로토닌 활동이 공격적인 감정과 충동적인 행동을 낳는 것을 도와줌을 보여 준다. 임상적으로 우울한 사람들에게서 세로토닌 활동이 낮은 것은 자살사고 및 행위에 이들을 특히 취약하게 만드는 공격적인 성향을 낳을 수 있다. 그러나 우울장애가 없더라도 세로토닌 활동이 낮은 사람은 자신이나 타인에게 위험한 공격적인 감정을 발달시킬 수 있다. 그럼에도 불구하고 다른 연구에서는 아동기 외상과 같은 주요 심리사회적 요인과 결합한 세로토닌의 낮은 활동이 가장 강력한 자살의 예측 요인일 수 있는 것으로 나타났다(Moberg et al., 2011).

공격성이 열쇠인가

생물학 이론가들은 세로토닌의 낮은 활동이 낮은 공격성과 충동성의 증가가 자살의 핵심 요인이라고 믿는다. 2007년 프로레슬링 챔피언인 크리스 벤와(오른쪽)는 아내와 아들을 죽인 이후에 자살했다. 이 비극은 이 이론과 일치하는 것처럼 보인다. 덧붙여 독성학 보고서는 벤와의 몸에서 공격성과 충동성을 야기하도록 도와주는 것으로 알려진 악인 스테로이드를 발견했다.

John Shearer/WireImage for BWR Public Relations/Getty Images

▶ 요약

자살의 기저에 있는 원인은 무엇인가 정신역동, 사회문화 및 생물학 모델이 자살이론을 이끌고 있다. 그러나 각 이론들은 부분적으로만 지지를 받고 있다. 정신역동이론가들은 자살이 대개 우울과 자기를 향한 분노의 결과라고 믿는다. Emile Durkheim의 사회문화이론은 개인이 사회와 맺는 관계에 근거해서 자살을 세 가지 범주, 즉 이기적 자살, 이타적 자살, 아노미적 자살로 정의한다. 생물학이론가들은 자살한 사람들은 신경전달물질인 세로토닌의 활동이 특히 낮다는 것을 밝혀냈다.

자살은 연령과 관련이 있는가

모든 연령층의 사람들이 자살을 시도할 수 있다. 그러나 자살 가능성은 중년기까지 나이가 들어감에 따라 꾸준히 증가하고 노년기 초기에는 감소하고 85세부터 다시 증가한다

(그림 7-2 참조). 미국에서 현재 해마다 15세 이하에서 10만 명 가운데 1명이 자살을 하고, 15~24세는 10만 명 중 11명, 45~64세는 10만 명 중 19명, 65~84세는 10만 명 중 15명, 85세 이상은 10만 명 중 18명이 자살을 한다(AFSP, 2014; CDC, 2013). 중년 자살률의 예외적인 비율은 최근의 현상이며 완전히 이해되지 않았다. 2006년까지 중년 자살률은 현재보다 상당히 낮았고 노인보다 항상 낮았다.

임상가들은 **아동, 청소년, 노인**, 이 세 연령 집단의 자기 파괴적 행동에 특히 주의를 기울인다. 비록 이 장 전반에 걸쳐 논의된 자살의 특징과 이론이 모든 연령 집단에 적용되지만 각 집단은 그 구성원들의 자살행위에 중요한 역할을 할 수 있는 독특한 문제를 갖고 있다.

아동

아동의 자살은 드물지만 과거 수십 년에 걸쳐 증가하고 있다(Dervic et al., 2008). 사실 10~14세 아동 사망의 6% 이상이 자살에 의한 것이다(Arias et al., 2003). 남자 아동의 자살은 여자 아동의 자살보다 거의 5배 더 높다. 사실 100명 중 1명은 자신을 해치려고 시도하며 수천 명의 아동이 찌르기, 베기, 화상, 총 쏘기, 과다복용, 높은 곳에서 뛰어내리기와 같은 의도적인 자기 파괴적 행위로 매년 입원한다(Fortune & Hawton, 2007).

연구자들은 아동의 자살시도에는 흔히 가출, 사고 성향(accident-proneness), 공격적인 행동화, 떼쓰기, 자기비난, 사회적 철수와 외로움, 타인의 비평에 극도로 민감함, 낮은 좌절인내력, 수면 문제, 어두운 공상, 백일몽 또는 환각, 뚜렷한 성격 변화, 죽음과 자살에 대한 압도적인 관심과 같은 행동방식이 선행한다는 것을 발견하였다(Soole et al., 2015; Wong et al., 2011; Dervic et al., 2008). 연구자들은 아동의 자살을 사랑하는 대상의 최근 또는 예기된 상실, 가족 스트레스와 부모의 실업, 부모에 의한 학대, 또래에 의한 괴롭힘(예 : 따돌림) 및 임상적인 수준의 우울증과 관련지어 연구해 왔다(van Geel et al., 2014; Renaud et al., 2008).

대부분의 사람들은 아동이 자살행위의 의미를 완전히 이해할 것이라고 믿지 않는다. 사람들은 아동의 사고는 매우 제한되어 있기 때문에 자살을 시도한 아동은 천국에서 어머니와 다시 만나고자 했던 디메인처럼 Shneidman의 '죽음의 무시자' 범주에 해당한다고 주장한다. 그러나 많은 아동 자살은 죽음에 대한 분명한 이해와 죽고자 하는 분명한 소망에 근거한 것으로 보인다(Pfeffer, 2003). 게다가 정상적인 아동도 대부분의 사람들이 믿는 것보다 자살사고를 더 흔히 한다. 학령기 아동과의 임상면담에서 6~33%의 아동이 자살을 생각한 적이 있는 것으로 나타났다(Riesch et al., 2008; Culp et al., 1995). 오늘날 많은 초등학교들이 학생의 자살 위험을 더 잘 알아내고 평가하기 위한 도구와 절차를 개발하려고 노력하는 것은 놀랄 일이 아니다(Miller, 2011; Whitney et al., 2011).

청소년

사랑하는 엄마, 아빠 그리고 그 밖의 모든 사람에게,
제가 한 짓에 대해서 미안해요. 그러나 저는 당신들을 모두 사랑하고 영원히 항상 사랑할 거예요. 제발, 제발, 제발 제 죽음에 대해서 당신을 비난하지 마세요. 제 잘못이지 당신의 잘못이

(계속)

아니고, 어느 누구의 잘못도 아니에요. 만일 제가 지금 이렇게 하지 않는다면 저는 나중에라도 어떻게든 했을 거예요. 우리 모두는 언젠가는 죽어요. 저는 단지 좀 더 빨리 죽는 거예요. 사랑해요.

　　　—존

(Berman, 1986)

17세인 존의 자살은 특이한 경우가 아니다. 자살행동은 어린 연령보다는 13세 이후의 연령에서 훨씬 더 흔하다. 공식 기록에 의하면 미국에서 해마다 13~18세의 10대 1,400명 또는 10만 명당 7명의 청소년이 자살을 한다(Nock et al., 2013). 또한 적어도 매년 10대의 12%가 지속적으로 자살사고를 하며, 4%는 자살을 시도한다(Nock et al., 2013). 젊은이들 사이에서는 치명적인 병이 드물기 때문에, 사고와 타살 다음으로 자살이 10대의 세 번째 사망 원인이다(CDC, 2015). 전체 청소년 사망의 약 10%가 자살의 결과이다.

10대 자살의 절반 이상이 다른 연령집단에 있는 사람들처럼 임상적인 우울(심리전망대 참조), 낮은 자존감 및 무력감과 관련이 있다. 그러나 자살을 시도하는 많은 10대들은 분노와 충동성으로 고군분투하거나 심각한 알코올이나 약물 문제를 갖고 있는 것으로 나타났다(Orri et al., 2014; Renaud et al., 2008). 덧붙여 일부 10대들은 문제를 처리하고 해결하는 능력에 결함이 있다.

자살을 고려하거나 시도하는 10대들은 종종 큰 스트레스를 겪고 있다. 이들은 부모와의 빈약한 관계 또는 관계 부재, 가족 갈등, 부적절한 또래관계 및 사회적 고립과 같은 장기간의 압박을 겪는 중일 수 있다(Orri et al., 2014; Capuzzi & Gross, 2008). 또한 10대들의 행동은 좀 더 즉각적인 스트레스, 예를 들면 부모의 실업이나 질병, 가정경제의 곤란, 이성친구와의 결별과 같은 사회적 상실에 의해 촉발될 수도 있다(Orbach & Iohan, 2007). 학교에서의 스트레스는 자살을 시도하는 10대들에게 특히 흔한 문제인 것 같다. 일부 10대들은 학교를 다니는 데 문제가 있는 반면, 다른 10대들은 완벽해지고 학급에서 최고를 유지하기 위해 압박을 느끼는 우수한 성취자일 수도 있다(Frazier & Cross, 2011; Miller, 2011).

일부 이론가들은 청소년 시기 자체가 스트레스가 많은 환경을 낳으며 자살행동은 이런 환경에서 더 많이 발생한다고 믿는다. 청소년기는 종종 갈등, 우울감, 긴장 및 가정과 학교에서의 어려움으로 얼룩진다. 청소년들은 다른 연령의 사람들보다 사건에 더 민감하게 분노에 차서 극적으로 그리고 충동적으로 반응하는 경향이 있다. 따라서 스트레스 기간 동안 자살행위에 가담할 가능성은 증가한다(Greening et al., 2008). 마지막으로 자살을 시도한 타인을 포함하여 타인을 모방하려는 청소년의 열망은 자살행동의 기초가 될 수 있다(Apter & Wasserman, 2007). 한 선구적인 연구에서 자살을 시도한 청소년의 93%는 자살을 시도한 누군가를 알고 있는 것으로 나타났다(Conrad, 1992).

10대의 자살 : 시도 대 완결 자살을 시도한 10대들이 실제로 자살한 10대들보다 훨씬 더 많은데 그 비율은 200 : 1 정도로 높게 추정되나 대부분의 전문가들은 비율이 25 : 1이라고 믿는다(AFSP, 2014). 10대들의 자살

그림 7-2
자살과 연령
미국에서 자살률은 64세까지 계속 증가하다가 65~84세 사이에는 떨어지고 84세 이상에서는 다시 증가한다(출처 : AFSP, 2014).

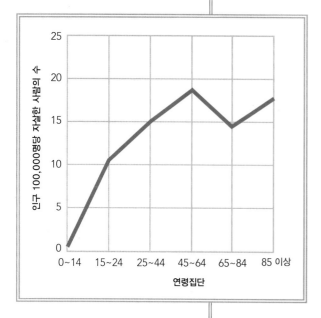

실패가 특이하게 많은 것은 10대들은 자살을 시도하는 중년과 노인들에 비해 확신이 덜하다는 것을 의미한다. 어떤 사람들은 사실 죽기를 원하지만 많은 사람들은 단순히 다른 사람들이 자신이 얼마나 절망적인지를 이해해 주기 원하거나, 도움을 얻기 원할 수도 있고, 다른 사람을 벌주기를 원할 수도 있다(Apter & Wasserman, 2007). 10대 자살시도자의 절반 정도가 미래에 다시 자살을 시도하며, 무려 14%는 결국 자살로 죽는다(Horwitz et al., 2014; Wong et al., 2008).

10대(또는 젊은 성인)의 자살시도율은 왜 이렇게 높은가? 대부분 사회적 요인을 거론하는 몇 가지 설명이 제기되었다. 첫째, 전체 인구에서 10대와 젊은 성인이 차지하는 수와 비율이 상승함에 따라 직업, 대학 입학, 학업과 운동에서의 영예를 차지하기 위한 경쟁의 강도가 높아졌고, 이는 이들의 꿈과 야망을 점점 더 깨지게 하고 있다(Holinger & Offer, 1993, 1991, 1982). 다른 설명은 오늘날 많은 젊은이들에게 소원함과 거

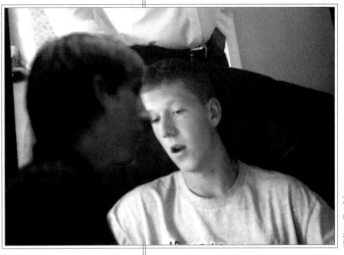

자신의 이야기를 하다
대학생 브라이스 매키는 오하이오에서 정신건강 전문가 집단을 위해 상영한 자신의 영화 'Eternal High'를 보고 있다. 그는 양극성장애와 자살사고로 고군분투하는 자신의 연대기를 고등학교에서 영화로 만들었다.

심리전망대

복약 주의사항에 대한 논쟁 : 항우울제가 자살을 야기하는가

임상 현장에서의 주요 논쟁은 항우울제가 우울한 아동과 청소년들에게 상당히 위험한가이다. 1990년대 정신과 의사들은 항우울제, 특히 2세대 항우울제가 성인들에게 안전하고 효과적인 것처럼 아동 · 청소년에서도 안전할 것이라고 믿었다. 그래서 의사들은 이 약들을 서슴없이 처방했다(Cooper et al., 2014). 그러나 수많은 임상보고서를 검토하고 항우울제를 복용한 3,300명의 환자들을 연구한 후에, 미국 식품의약국(FDA)은 2004년에 항우울제는 특히 치료가 시작된 처음 몇 달 동안에는 특정 아동과 청소년들에서 비록 작지만 실제로 자살행동의 위험을 증가시킨다고 결론지었다. FDA는 모든 항우울제 용기에 이 약은 "어린이의 자살사고와 자살행동의 위험을 증가시킨다."라고 적힌 '복약 주의사항'을 적도록 지시했다. 2007년도에 FDA는 이 경고를 확장해 젊은 성인도 포함시켰다.

비록 많은 임상가들이 FDA의 명령을 반겼지만 다른 사람들은 이것이 문제의 소지가 있다고 걱정했다(Isacsson & Rich, 2014; Haliburn, 2010). 그들은 항우울제가 사실 젊은 환자의 2~3%에서 자살사고와 시도의 위험을 증가시킬 수 있는 반면, 약을 복용하는 아

동과 청소년의 대다수에서 자살 위험이 실제로 감소한다고 주장한다(Christiansen et al., 2015; Mulder, 2010). 이러한 주장을 지지하는 증거로는 아동 · 청소년에 대한 항우울제 처방수가 급격하게 증가 중이던 2004년까지 10년 동안 전반적으로 10대 자살률은 30% 감소했다(Isacsson & Rich, 2014; Isacsson et al., 2010).

이 경고를 반대하는 사람들은 경고가 미국과 다른 나라들에서의 약물처방 방식과 10대 자살률에 미친 애초의 효과에 대해서도 언급했다. 몇몇 연구들에 의하면 이러한 경고를 시행한 첫 2년 동안 미국과 네덜란드의 항우울제 처방

수는 22% 감소한 반면 미국의 10대 자살률은 14% 상승했는데, 이는 1979년 이래 가장 높은 자살률의 증가였다(Fawcett, 2007). 다른 연구들이 앞에서 기술한 수치들에 이의를 제기하지만(Wheeler et al., 2008), 항우울제 복용에 대한 이러한 경고는 많은 젊은 환자들이 우울증과의 싸움 및 자살 차단을 돕는 데 필요한 약물치료를 받을 기회를 간접적으로 박탈했을 가능성이 분명히 있다. 요즘은 우울한 10대들에게 항우울제를 처방하는 것이 다시 증가하고 있는데, 이러한 경향이 10대 자살률을 반전시키는 효과를 낳을지는 확실히 주의 깊은 관찰이 필요하다.

복약 주의사항 논쟁의 주요 결과물과 이득은 최근에 FDA가 항우울제 외에 다른 약에도 자살 영향이 있는지에 관심을 가졌다는 점이다. 이제 FDA는 제약회사들에게 FDA의 승인을 받기 전에 비만 및 간질을 위해 새롭게 개발한 약들이 자살의 부작용을 갖는지 검사하도록 요구한다(Carey, 2008; Harris, 2008). 과거에 이런 종류의 치명적인 영향은 약이 승인을 받고 무수히 많은 환자들이 사용한 후에도 잘 밝혀지지 않았다.

부당했다는 느낌을 줄 수 있는 가족과의 유대 약화, 술과 다른 약물에의 접근이 용이해진 점, 10대와 젊은 성인들 사이에서 술과 약물을 사용하라는 압력이 있는 것을 지적하고 있다(Brent, 2001 ; Cutler et al., 2001).

대중매체에서 10대와 젊은 성인의 자살을 다루는 것은 젊은이들의 자살시도율을 높이는 데 기여할 수 있다(Gerard et al., 2012). 미디어와 예술이 제공하는 10대 자살에 대한 자세한 기술은 젊은 사람들에게는 자살을 유혹하는 모델이 될 수 있다(Cheng et al., 2007). 이러한 현상의 가장 유명한 사례 중 하나는 1987년 뉴저지에 사는 청소년 4명의 자살이다. 이 자살이 널리 알려지면서 미국 전역에 있는 수십 명의 청소년들이 유사한 행동을 했고 (그중 적어도 12명이 사망함), 2명은 일주일 뒤에 같은 차고에서 자살했다.

최근 자살 선동 포럼과 대화방이 인터넷에 많이 등장한 점은 주목할 가치가 있다. 일부 자살 선동 웹사이트는 자살한 이전 사용자를 축하하고, 다른 사이트는 동반 자살을 위한 약속을 잡는 것을 도와주며, 일부는 자살 방법, 위치 및 유서 작성에 대한 구체적인 지침을 제공한다(Daine et al., 2013 ; Davey, 2010). 이러한 사이트들이 수적으로 증가하고 그 영향력이 커지고 있지만 10대 자살시도의 주요 요인으로 보이지는 않는다. 적어도 아직은 아니다. 한 연구에 따르면 자살하는 사람들은 자살 관련 정보, 예방 또는 치료를 전문으로 하는 사이트는 매우 자주 방문하는 반면 자살사이트는 상대적으로 드물게 방문하는 것으로 나타났다(Kemp & Collings, 2011).

10대 자살 : 다문화적 이슈 미국에서 10대의 자살률은 인종에 따라 다르다. 해마다 백인은 약 10만 명당 7.5명, 흑인은 10만 명당 5명, 히스패닉계 미국인은 10만 명당 5명이 자살을 한다(Goldston et al., 2008 ; NAHIC, 2006). 이러한 수치는 백인 10대들이 자살하는 경향이 더 높다는 것을 확실히 알려 주지만, 사실 세 집단 간의 자살률은 점차 좁혀지고 있다(Baca-Garcia et al., 2011). 이러한 경향은 젊은 흑인, 히스패닉계 미국인 및 백인에 대한 압력이 점점 더 유사해지는 상황이 반영된 것일 수 있다. 예를 들면 성적과 대학 기회를 위한 경쟁은 이제 세 집단 모두에서 심하다(Barnes, 2010). 젊은 흑인과 히스패닉계 미국인의 자살률이 증가하는 것은 이들의 실업 증가, 많은 불안, 도시생활의 경제적 압박, 미국사회의 인종 불평등에 대한 분노와도 관련 있을 수 있다(Baca-Garcia et al., 2011 ; Barnes, 2010). 최근 연구에서 해마다 아시아계 미국인 10대 10만 명당 4.5명이 자살하는 것으로 나타났다.

아메리카 원주민 10대의 자살률은 가장 높다. 현재 아메리카 원주민 10만 명당 15명 이상이 해마다 자살하는데, 이는 백인 10대 자살률의 2배, 다른 소수집단 10대 자살률의 3배이다. 임상이론가들은 이들의 극단적으로 높은 자살률은 아메리카 원주민 10대들 대부분이 겪는 극도의 가난, 교육과 직업 기회의 제한, 특히 높은 알코올 남용 비율, 원주민 보호구역에 사는 사람들이 겪는 지형학적인 고립과 같은 요인 때문으로 본다(Alcántara & Gone, 2008 ; Goldston et al., 2008). 또한 일부 아메리카 원주민 보호지역은 집단 자살이라고 불리는 극단적인 자살률을 보이고 있으며, 이 지역사회에 거주하는 10대들은 자살에 노출되고 삶의 혼란을 겪고, 자살 모델을 목격하고, 자살

지속되는 경향
아메리카 원주민의 자살률은 국가 평균보다 더 높다. 몬태나 주 미루나무 마을의 폴트 팩 인디언 보호구역에 있는 중학교에서 젊은 자살 희생자를 위한 기념식이 열리고 있다.

전염의 위험에 처하기 쉬운 것으로 나타났다(Bender, 2006; Chekki, 2004).

노인

미국에서는 65세 이상 노인 10만 명 중 15명 이상이 자살을 하며, 앞에서 읽었던 대로 더 나이가 많은 노년층에서는 10만 명당 18명으로 증가한다(AFSD, 2014). 미국에서 노인 전체의 자살률은 전체 인구의 19% 이상을 차지하나 노년층 인구는 전체 인구의 14% 만을 차지한다(U.S. Census Bureau, 2014).

많은 요인이 높은 자살률에 기여한다. 사람들이 나이가 들어감에 따라 자주 아프고 친한 친구와 친척을 잃게 되며 삶에 대한 통제력을 상실하게 되고 사회에서 지위를 잃는다(Draper, 2014; O'Riley et al., 2014). 이러한 경험은 나이 든 사람에게 절망감, 외로움, 우울, 불가피함의 감정을 낳게 하여 노인들이 자살을 시도할 가능성은 증가한다(Kim et al., 2014; Cukrowicz et al., 2011). 특히 자살한 80세 이상 노인의 3분의 2는 자살 전 2년 내에 병원에 입원한 경험이 있었고(Erlangsen et al., 2005), 자살을 시도한 노인은 혈관이나 호흡질환 비율이 높았다(Levy et al., 2011). 또한 최근에 배우자를 상실한 노인의 자살률은 특히 높았다(Ajdacic-Gross et al., 2008).

노인은 흔히 죽는 결정을 하는 데 있어서 젊은 사람보다 더 결단력이 있으며 자살을 알 수 있는 경고를 덜 한다. 그래서 노인의 자살 성공률은 훨씬 더 높다(Dennis & Brown, 2011). 자살을 시도한 노인 4명 중 거의 1명은 성공하는 것으로 추정된다(AFSD, 2014). 노인의 결단력과 신체적 쇠퇴를 고려할 때, 일부 사람들은 죽기 원하는 노인은 그들의 생각이 분명하다면 그 소망이 실현되도록 허용해야 한다고 주장한다(정보마당 참조). 그러나 임상적인 우울이 노인 자살의 무려 60%에서 중요한 역할을 하는 것으로 보이기 때문에 자살하고 싶어 하는 더 많은 노인들은 우울장애에 대한 치료를 받아야 한다(Levy et al., 2011). 사실 연구에 의하면 노인의 우울증 치료는 자살 위험을 뚜렷하게 감소시키는 데 도움이 된다(Draper, 2014).

> 왜 사람들은 노인이나 만성적으로 아픈 사람들의 자살을 젊은이나 건강한 사람들의 자살보다 덜 비극적으로 보는가?

Lawrence Migdale/Pix

존경의 힘
노인들은 많은 전통사회에서 그들이 쌓아온 풍부한 지식 때문에 많은 존경을 받는다. 많은 현대 산업국가들에 비해 전통문화에서 노인의 자살이 덜 흔한 것은 우연만은 아닌 것 같다.

자살할 권리

고대 그리스에서 심각한 질병이나 정신적인 괴로움을 가진 사람들은 원로회로부터 자살할 수 있는 공식적인 허가를 받을 수 있었다(Humphry & Wickett, 1986). 대조적으로 대부분의 서구 국가들은 전통적으로 '생의 존엄성'에 대한 믿음을 토대로 자살을 반대한다(Dickens et al., 2008). 그러나 오늘날 **자살할 권리**는 특히 큰 고통과 말기 질환을 끝내는 것과 관련해서는 대중들에게 점점 더 지지를 받고 있다(Breitbart et al., 2011; Werth, 2004, 2000).

누가 말기 질환을 가진 환자가 자살할 권리를 지지하는가?

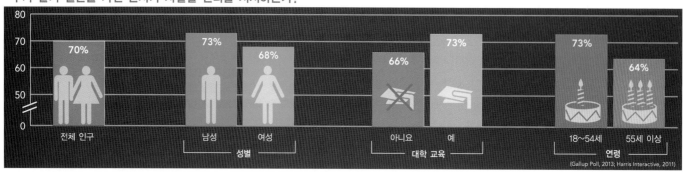

(Gallup Poll, 2013; Harris Interactive, 2011)

안락사와 의사-원조 자살

'자비로 죽이는'이라고 불리는 **안락사**는 아프거나 심한 부상을 입어 고통을 멈추고자 하는 사람을 죽이는 행위이다. 안락사가 반드시 환자에 의해 시작된 것은 아니다. **의사-원조 자살**은 안락사의 특별한 형태로, 환자의 요청에 따라 의사는 환자가 삶을 끝내도록 도와준다.

의사가 간접적 또는 직접적 도움을 제공해야 하는가?
의사는 환자에게 삶을 마치는 방법(간접 도움)에 대해 조언하거나 실제로 환자가 삶을 마치게 할 수 있다(직접 도움). 의사의 원조를 받는 자살을 지지하는 많은 사람들은 의사가 직접적으로 환자의 사망을 유도하는 상황에 대해서는 불편감을 느낀다.

진행성 질환을 가진 130명 환자의 사망을 도왔다고 주장한 미시간 주의 의사, 잭 키보키언은 2008년에 방송된 '60분'에서 말기 환자에게 치명적인 주사를 투여한 이후 2급살인 혐의로 유죄 판결을 받았고 투옥되었다.

의사가 환자의 생명에 대해 조언하거나 직접 환자의 삶을 끝내는 것이 허용되어야 하는가?

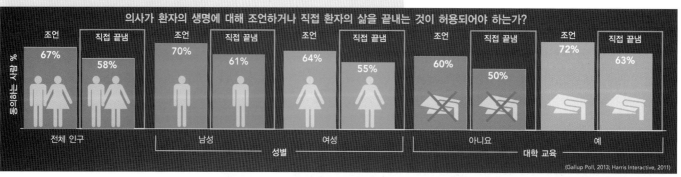

(Gallup Poll, 2013; Harris Interactive, 2011)

안락사와 의사-원조 자살이 합법인 곳은 어디인가?

네덜란드
벨기에
룩셈부르크
스위스
콜롬비아
미국의 주 :
워싱턴
오리건
몬태나
버몬트
뉴멕시코

1997년 **오리건 주**는 의사의 원조를 받는 자살을 합법화하기 위한 법률을 미국 최초로 통과시켰다. 그 이후 500명이 넘는 오리건 주 사람들이 이 법을 사용해서 삶을 끝맞었다.

네덜란드에서 사망의 3%는 의사-원조 자살과 안락사의 결과이다. (Onwuteaka-Philipsen et al., 2012; Schadenberg, 2012)

1942년에 원조를 받는 자살에 대한 법률을 제정한 **스위스**는 비의사들로부터 도움을 받을 수 있는 유일한 국가이다. (Thomasson, 2012)

특히 독일, 프랑스, 영국의 많은 말기 질환 환자들이 자살하기 위해 **스위스**로 떠난다. (Thomasson, 2012)

네덜란드에서 의사-원조 자살과 안락사는 2001년에 법으로 승인되었다. 네덜란드는 의사-원조 자살과 안락사가 합법적인 유일한 나라이다. (Onwuteaka-Philipsen et al., 2012; Schadenberg, 2012)

벨기에와 **네덜란드**의 몇몇 연구에서 '명백한 요청이나 동의 없는' 안락사에 의한 사망이 상당수인 것으로 나타났다. (Onwuteaka-Philipsen et al., 2012; Schadenberg, 2012)

미국에서 노인의 자살률은 일부 소수집단에서는 더 낮다(Joe et al., 2014; Alcántara & Gone, 2008). 아메리카 원주민들이 전반적으로 가장 높은 자살률을 보이지만 아메리카 원주민 노인들의 자살률은 상대적으로 낮다. 아메리카 원주민들은 노인을 매우 존중하며 노인들이 수십 년 동안 습득한 지혜와 경험을 존중하는데, 이러한 점은 아메리카 원주민 노인의 낮은 자살률을 설명하는 데 도움이 될 수 있다. 아메리카 원주민 노인에 대한 높은 존경은 백인 노인이 자주 경험하는 지위의 상실과는 첨예하게 대립된다.

유사하게 흑인 노인의 자살률은 백인 노인 자살률의 3분의 1이다(Joe et al., 2014; Barnes, 2010). 자살률이 낮은 한 가지 이유는 "강한 자만이 살아남는다."라고 이야기되는, 흑인이 직면한 압력 때문일 수 있다(Seiden, 1981). 고령에 이른 사람들은 큰 역경을 극복해 왔고 자신들이 이룬 것을 자주 자랑스러워한다. 백인의 경우에는 노령에 이른다는 것 그 자체가 성공의 형태는 아니기 때문에 나이 듦에 대한 백인들의 태도는 보다 부정적인 것 같다. 또 다른 가능한 설명은 흑인 노인들은 더 젊은 흑인들의 많은 자살을 자극했던 분노를 성공적으로 극복해 왔기 때문일 수 있다.

▶ 요약

자살은 연령과 관련이 있는가 자살의 가능성은 연령에 따라 달라진다. 과거 수십 년 동안 아동 자살이 증가하고 있지만 아동들 사이에서 자살은 드문 일이다. 청소년의 자살은 아동의 자살보다는 더 흔하나 그 수는 지난 10년간 감소하고 있다. 청소년의 자살은 임상적인 우울, 분노, 충동성, 중요한 스트레스 및 청소년 생활 그 자체와 관련이 있다. 청소년의 자살 시도는 다양하다. 청소년과 젊은 성인들의 높은 자살시도율은 전체 인구에서 젊은 사람들의 수와 비율의 증가, 가족 유대의 약화, 젊은이들 사이에서 약물 사용 및 이용 가능성의 증가 및 젊은이의 자살시도를 언론이 광범위하게 기사화하는 것과 관련 있을 수 있다. 아메리카 원주민 10대의 자살률은 백인 10대 자살률의 무려 2배이며 흑인, 히스패닉계 및 아시아계 미국인 10대 자살률의 무려 3배이다.

서구사회에서 노인은 대부분의 다른 연령집단보다 자살할 가능성이 더 높다. 건강, 친구, 통제 및 지위의 상실은 노인에게 절망감, 외로움, 우울 및 불가피함의 감정을 낳을 수 있다.

치료와 자살

자살하고 싶어 하는 사람들의 치료는 두 가지 주요 범주, **자살을 시도한 이후의 치료**와 자살예방으로 나눌 수 있다. 치료는 자살하거나 시도를 한 사람의 친척들과 친구들에게도 유익할 수 있다. 자살 충동이나 시도 후 상실감, 죄책감 또는 분노감은 강렬할 수 있지만(Kramer et al., 2015), 이 장에서는 자살하려는 사람의 치료만을 다루었다.

자살시도 이후에 어떤 치료를 실시하는가

자살시도 이후 대부분의 사람들은 의학적 치료가 필요하다. 미국에서 50만 명에 가까운 사람들은 매년 스스로에게 해를 입힌 결과로 병원에 입원을 한다(AFSP, 2014). 일부 사람들은 심각한 상처, 뇌 손상, 또는 다른 의학적 문제를 갖게 된다. 일단 신체적인 손상을 치료하면 외래나 입원 형태로 심리치료나 약물치료를 시작할 수 있다.

불행하게도 자살을 시도한 이후에도 많은 사람들이 체계적인 후속 치료를 받지 못한다(Stanley et al., 2015). 어떤 경우는 건강보호 전문가들의 실수이기도 하고 다른 경우는 자살을 시도한 사람들이 추후 치료를 거부하기도 한다. 최근 개관논문에 의하면 추후 치료를

Zhang Xiaoli/Color China Photo/AP Images

자살과 함께 일하기
보행자들과 경찰이 2010년에 강에 빠져 죽으려고 했던 젊은 여성을 구조하고 있다. 전 세계의 경찰서들은 일반적으로 경찰관들이 자살하려는 사람을 돕기 위한 기술을 발달시킬 수 있도록 특별한 위기개입훈련을 실시한다.

▶**자살예방 프로그램** 자살의 위험에 놓인 사람을 찾아내서 위기개입을 제공하는 프로그램

▶**위기중재** 심리적 위기에 빠진 사람이 상황을 더 정확하게 바라보고 더 나은 결정을 하며 보다 건설적으로 행동해서 위기를 극복하도록 돕는 치료적 접근

받은 10대가 참석한 평균 치료 회기 수는 8회였고 추후 치료를 받은 10대의 약 18%는 치료자의 조언에 따르지 않고 치료를 중단하였다(Spirito et al., 2011).

자살시도를 한 사람을 위한 치료목표는 살아 있게 하는 것, 심리적 고통을 감소시키는 것, 자살하려는 마음을 먹지 않도록 돕는 것, 희망을 주는 것과 스트레스를 다룰 수 있는 더 좋은 방법을 개발하도록 안내하는 것이다(Rudd & Brown, 2011). 약물치료, 정신역동치료, 인지행동치료, 집단치료 및 가족치료를 포함한 다양한 치료들을 실시하고 있다(Baldessarini & Tondo, 2011, 2007; Spirito et al., 2011). 연구에 의하면 인지행동치료가 가장 도움이 될 수 있다(Rudd et al., 2015; Brown et al., 2011, 2010). 이 접근은 고통스러운 생각, 부정적 태도, 무망감, 이분법적 사고, 빈약한 대처기술, 빈약한 문제해결 능력 및 자살하려는 사람들을 특징짓는 다른 인지적·행동적 특징에 많은 초점을 둔다.

자살예방은 무엇인가

과거 60년 동안 전 세계적으로 강조점이 자살치료에서 자살예방으로 옮겨갔다. 어떤 점에서 이러한 변화는 정말로 적절한데, 많은 잠재적인 자살 희생자들을 살릴 수 있는 마지막 기회는 첫 자살시도 전이다.

미국의 첫 번째 **자살예방 프로그램**(suicide prevention program)은 1955년 로스앤젤레스에서 시작되었다. 영국의 첫 번째 자살예방 프로그램은 1953년에 시작되었고, **사마리탄즈**(Samaritans)로 불린다. 현재 미국과 영국에는 수백 개의 자살예방센터가 있다. 또한 현재 많은 정신건강센터, 병원 응급실, 교회 상담센터 및 독극물 통제센터가 서비스의 일부로 자살예방 프로그램을 시행한다.

미국에는 24시간 전화 서비스인 **자살 상담전화**가 수백 개 있다. 전화를 건 사람들은 상담자, 대개는 준전문가들과 접촉할 수 있다. 준전문가들은 공식 학위는 없으나 상담 훈련을 받은 사람들로 정신건강 전문가의 지도감독하에 서비스를 제공한다.

자살예방 프로그램과 상담전화는 자살하려는 사람을 위기에 처한, 즉 심각한 스트레스에 처해 있고 이에 대처할 수 없으며 위협받거나 상처받았다고 느끼며 자신의 상황이 변화 불가능하다고 해석하는 사람으로 간주하고 이에 따라 반응한다. 따라서 이 프로그램들은 **위기중재**(crisis intervention)를 제공한다. 즉 전문가들은 자살하려는 사람들이 상황을 더 정확하게 보도록, 더 좋은 결정을 하도록, 더 건설적으로 행동하도록, 그리고 위기를 극복하도록 돕는다(Lester, 2011). 위기는 어느 때든지 발생할 수 있으므로 센터들은 상담전화를 광고하고, 예약 없이 찾아오는 사람들도 환영한다(마음공학 참조).

일부 예방센터와 전화상담은 자살하려는 특정 집단에게 관심을 보인다. 예를 들면 트레버 라이프라인은 자살을 생각하는 여성 동성애자, 남성 동성애자, 양성애자, 성전환자 및 자신의 성에 의문을 제기 중인 10대가 미국 전역에서 이용할 수 있는 24시간 상담전화이다. 이 전화상담은 트레버재단이 제공하는 몇몇 서비스 중 하나로, 이 재단은 지지, 지도, 정보를 제공하고 여성 동성애자, 남성 동성애자, 양성애자, 성전환자 및 자신의 성에 의문을 제기 중인 10대들의 수용을 촉진하기 위한 광범위한 조직이다.

일반인들은 때때로 자살예방센터와 전화상담을 일부 자살하려는 사람들이 의지하는 온라인 대화방 및 전자게시판과 혼동한다. 그러한 채팅방과 자살사이트들은 매우 다르게 운영되는데, 사실 그 사이트의 대부분은 자살하려는 사람을 구하지 않거나 예방하려고 하지 않는다. 대개 이 사이트들은 자살하려는 사람을 다룰 준비가 되어 있지 않고 면대면 지지

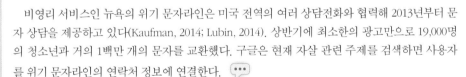

위기 문자

자살 상담전화와 상담지원센터는 수십 년 동안 자살예방 분야를 주도해 왔다. 그러나 지난 1년간 문자 메시지는 자기 파괴에 맞서 는 싸움에서 추가적인 도구로 등장했다. 점점 더 많은 치료자들이 특히 젊은이들과 함께 문자를 통해 위기개입 회기를 실시하고 있다. 이러한 유형의 상담에는 몇 가지 제한이 있지만 다음과 같은 이점도 있다(Kaufman, 2014).

> 문자를 사용해서 자살을 막으려고 시도했을 때 어떤 제한이나 문제가 생길 수 있는가?

(1) 상담자와의 전화통화에서 만들어지는 개인적인 접촉은 힘든 반면, 20세 미만의 대부분의 사람들은 의사소통의 한 형태로 문자 메시지가 매우 익숙하고 편안하다(Momtaz, 2014).

(2) 위기가 가족 구성원과의 학대 상황을 포함한다면, 상담자와 의사소통하기 위해 혼자 있을 때까지 기다릴 필요가 없다. 문자 메시지를 보내는 사람은 학대하는 사람과 같은 방에 있을 수 있고, 학대하는 사람은 문자 보내는 것을 모를 수 있다(Lublin, 2014).

(3) 비슷하게 위기에 처한 사람이 대중들이 있는 곳에 있을 수 있는데, 도움을 구하기 위해서 혼자가 될 때까지 기다릴 필요가 없다. 위기에 처한 사람은 필사적으로 필요한 도움을 받는 동안 또래나 친구에게 여전히 '쿨하게' 보일 수 있다(Weichman, 2014).

(4) 문자로 진행되는 회기는 전화 대화보다 자연스럽게 중단되고 다시 선택될 수 있다. 마찬가지로 상담자는 전화 대화보다는 대화의 흐름을 덜 중단시키면서 회기를 다른 전문가에게 넘겨 줄 수 있다.

(5) 문자가 그대로 유지되기 때문에, 위기에 처한 사람은 미래에 어려움을 겪을 때 되돌아가서 문자를 읽어 보고 논의된 조언과 대처 기제를 재검토할 수 있다(Weichman, 2014). 또한 저장된 문자는 자살시도를 연구하는 연구원에게 중요한 자료를 제공할 수 있으며 예상치 못한 치료적 통찰을 이끌 수 있다.

LuminaStock/Getty Images

비영리 서비스인 뉴욕의 위기 문자라인은 미국 전역의 여러 상담전화와 협력해 2013년부터 문자 상담을 제공하고 있다(Kaufman, 2014; Lubin, 2014). 상반기에 최소한의 광고만으로 19,000명의 청소년과 거의 1백만 개의 문자를 교환했다. 구글은 현재 자살 관련 주제를 검색하면 사용자를 위기 문자라인의 연락처 정보에 연결한다.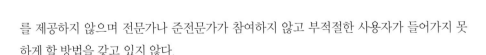

를 제공하지 않으며 전문가나 준전문가가 참여하지 않고 부적절한 사용자가 들어가지 못하게 할 방법을 갖고 있지 않다.

현재 자살예방은 예방센터나 상담전화뿐만 아니라 치료자의 사무실에서도 시행된다. 내담자들이 치료를 찾는 이유가 다양할지라도 자살 전문가들은 모든 치료자들이 내담자들의 자살사고의 징후들을 찾고 다룰 것을 권한다(McGlothlin, 2008). 이를 염두에 두고 치료자들이 일상적인 치료 작업을 하면서 자살사고와 행동을 효과적으로 탐지하고 평가하고 예방하며 다룰 수 있도록 돕는 많은 지침들을 개발하였다(de Beurs et al., 2015; Van Orden et al., 2008; Shneidman & Farberow, 1968).

비록 치료자와 예방센터마다 사용하는 특정 기법이 다를지라도 로스앤젤레스 자살예

대중 인식의 고취
자살의 큰 파급력에 대해서 대중을 보다 잘 교육하기 위해서 많은 단체들이 이제는 특별한 추모식을 개최한다. 액티브마인드라는 단체는 뉴저지의 몽클레어주립대학교에 1,100개의 배낭 전시를 후원했다. 이 배낭들은 매해 자살한 대학생의 수를 나타낸다.

방센터에서 최초로 개발한 접근은 많은 임상가들과 단체들의 목표와 기법을 반영하고 있다. 자살하려는 사람이 센터에 처음 연락을 하면, 그때 상담자가 해야 하는 과제는 다음과 같다.

긍정적인 관계를 확립하기 전화를 건 사람들이 상담자에게 털어놓고 상담자의 제안을 따르게 하기 위해서는 상담자를 신뢰해야 하기 때문에 상담자는 긍정적이고 편안한 말투로 대화하려고 노력해야 한다. 상담자는 자신이 듣고 있고 이해하며 관심이 있고 비판단적이며 도움을 줄 수 있다는 것을 전달한다.

문제를 이해하고 명료화하기 처음에 상담자는 전화를 건 사람의 위기를 전체적으로 이해하려고 노력해야 한다. 그런 다음 그 사람이 위기를 분명하고 건설적인 용어로 볼 수 있도록 돕는다. 특히 상담자는 전화를 건 사람이 중요 사안과 자신이 겪는 위기의 단기적인 특성을 볼 수 있도록 그리고 자살의 대안을 인식하도록 돕는다.

자살의 잠재성을 평가하기 로스앤젤레스 자살예방센터의 위기작업가들은 전화를 건 사람의 자살 잠재성을 측정하기 위해서 종종 **치명성 척도**라고 하는 질문지를 작성한다. 이 질문지는 전화를 건 사람이 겪는 스트레스의 정도, 관련된 성격 특성, 자살 계획의 구체성, 증상의 심각성 및 전화를 건 사람이 이용할 수 있는 대처 자원을 판단하는 것을 돕는다.

전화를 건 사람의 자원을 평가하고 동원하기 자살하려는 사람들이 자신을 쓸모없고 무력하다고 볼지라도 이들은 흔히 친구와 친척을 포함해 많은 강점과 자원을 갖고 있다. 상담자가 할 일은 이들이 가진 자원을 인식해서 알려 주고 사용하게 하는 것이다.

계획을 공식화하기 위기작업자와 전화를 건 사람이 함께 행동계획을 세운다. 본질적으로 그들은 위기에서 벗어나는 방법인 자살행동의 대안에 대해 동의하는 중이다. 대부분의 계획들은 며칠 또는 몇 주 뒤에 센터에서 직접 만나거나 전화로 추후 상담회기를 갖는 것을 포함한다. 또한 전화를 건 사람들은 각각의 계획을 실행에 옮기고 자신의 개인적인 생활에서 어떤 변화를 이루어내야 한다. 상담자들은 흔히 전화를 건 사람과 **자살 방지서약**, 즉 자살을 시도하지 않겠다는 약속 또는 전화를 건 사람이 다시 자살을 고려한다면 계약을 재확립하기 위한 최소한의 약속에 대해 협상한다. 이러한 계약이 널리 실시되고 있지만 이 계약이 유용한지는 최근 몇 년 동안 의문시되어 왔다(Rudd et al., 2006). 덧붙여 전화를 건 사람들이 자살시도 중에 있다면 상담자는 그들의 소재를 찾고 의학적인 도움을 즉각 제공하려고 노력한다.

비록 위기중재가 일부 자살하려는 사람들에게는 충분한 치료가 될 수 있지만 대부분의 사람들에게는 장기 치료가 필요하다(Lester et al., 2007). 만일 위기중재센터가 이런 종류의 치료를 제공하지 않는다면 상담자들은 내담자를 다른 기관에 의뢰한다.

자살예방을 돕는 또 다른 방법은 대중이 흔한 자살 수단에 접근하는 것을 줄이는 것이

숨은 뜻 읽어내기

여전한 위험
모든 자살의 약 4%는 정신병원이나 다른 정신과시설에 입원한 환자들에 의해 이루어진다.

AP Photo/PRNewsFoto/Montclair State University, Mike Peters

다(Anestis & Anestis, 2015; Lester, 2011). 예를 들면 1960년대 브리튼 섬 주민 10만 명당 약 12명이 일산화탄소를 포함한 석탄가스를 흡입해 자살했다. 1960년대 브리튼 섬은 에너지 자원을 석탄가스에서 일산화탄소를 포함하지 않은 천연가스로 바꾸었다. 1970년대 중반까지 석탄가스를 사용한 자살률은 0으로 떨어졌다(Maris, 2001). 사실 영국의 전반적인 자살률 또한 떨어졌다. 한편 네덜란드에서는 가스에 의한 자살은 감소하였으나 다른 방법, 특히 약물 과다로 인한 자살이 증가하였다.

유사하게 캐나다가 1990년대 특정 화기의 이용 가능성을 제한하는 법을 통과시키면서 화기를 이용한 자살의 감소는 캐나다 전체에서 나타났다(Leenaars, 2007). 일부 연구들은 이러한 감소가 화기 외의 다른 방법을 사용한 자살의 증가로 대체되지 않았다고 주장하였지만 자살을 위해 화기 외의 다른 방법을 사용하는 것이 증가했다(Caron et al., 2008). 많은 임상가들은 총기의 통제, 더 안전한 약, 더 좋은 다리 난간과 자동차 배출 통제와 같은 방안이 자살률을 낮출 것이라고 희망하지만 그럴지는 확실하지 않다.

자살예방 프로그램은 작동하는가

연구자들이 자살예방 프로그램의 효과를 측정하는 것은 어려운 일이다(Sanburn, 2013; Lester, 2011). 많은 자살예방 프로그램이 있다. 각 프로그램은 고유한 절차를 갖고 있으며 적용 대상도 인원 수, 연령 등이 다르다. 고령층 또는 경제적 문제와 같이 자살 위험 요인이 큰 지역사회들은 지역예방센터의 효과에도 불구하고 다른 지역사회보다 지속적으로 더 높은 자살률을 보일 수 있다.

자살예방센터가 지역사회의 자살을 감소시키는가? 임상연구자들도 아직 모른다(Sanburn, 2013). 지역사회 예방센터 수립 전후의 지역 자살률을 비교한 연구들은 서로 다른 결과들을 내놓았다. 지역사회의 자살률이 감소한 곳도 있고 변화가 없었던 곳도 있으며 여전히 증가한 곳도 있다(De Leo & Evans, 2004; Leenaars & Lester, 2004). 물론 자살률이 증가했더라도 더 큰 사회에서 자살행동이 전반적으로 증가한 것보다 낮다면 긍정적인 영향을 보여 주는 것일 수 있다.

자살하려는 사람들은 예방센터에 연락을 하는가? 분명히 낮은 비율만이 그렇다(Sanburn, 2013). 게다가 도시의 예방센터에 주로 전화를 하는 사람들은 젊고, 흑인이며, 여성인데, 반면에 자살을 가장 많이 하는 사람들은 백인 남성이다(Maris, 2001). 중요한 문제는 자살하려는 사람들이 다른 사람들, 심지어는 전문가와의 대화에서조차도 자신의 감정을 인정하거나 말하지 않는 것이다(Stolberg et al., 2002).

예방 프로그램은 전화를 거는 고위험군에 속한 사람들의 자살 수를 줄이는 것으로 보인다. 연구자들은 로스앤젤레스 자살예방센터에 전화한 8,000명의 고위험군에 속하는 사람들을 조사했다(Farberow & Litman, 1970). 유사한 고위험집단에서 흔히 발견되는 자살률이 6%인 것에 비해 로스앤젤레스 자살예방센터에 전화한 사람의 약 2%가 이후에 자살을 했다. 분명히 자살을 생각하는

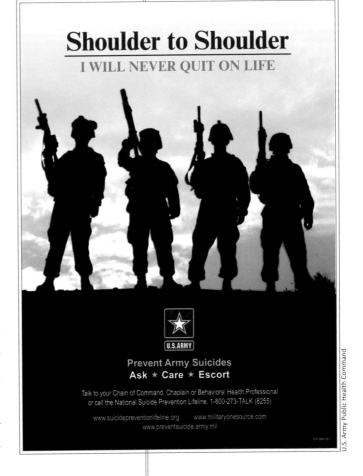

다른 종류의 군사적 위협

군인의 자살이 증가하는 것에 대한 우려로 미 육군은 전 군사기지에 있는 군인들에게 이 자살 반대 포스터를 배포했다. 군사 배치가 반복되는 것에 대한 두려움과 고통은 군인들의 우울증과 자살행위가 심각하게 증가하는 데 주요 요인이 되어 왔다(Nock et al., 2014).

사람들에게 센터를 더 알릴 필요가 있으며 쉽게 이용할 수 있어야 한다. 웹, 텔레비전, 라디오, 광고게시판에 광고와 홍보를 늘리는 것은 센터를 알리려는 노력을 보여 준다.

많은 이론가들은 궁극적인 예방의 형태로서 자살에 대한 더 효과적인 대중교육을 요구하고 있으며 적어도 많은 **자살교육 프로그램**이 생겼다. 프로그램은 대부분 학교에서 시행되며 교사와 학생에게 집중되어 있다(Joshi et al., 2015; Schilling et al., 2014). 힘든 사람들, 그들의 가족 및 친구를 대상으로 자살에 관한 교육을 제공하는 온라인 사이트가 많이 늘어나고 있다(Lai et al., 2014). 다양한 프로그램과 사이트들은 모두 Shneidman의 다음 말에 동의한다.

> 왜 일부 학교는 자살교육 프로그램을 제공하는 것을 꺼릴까?

> 자살의 일차적인 목적은 교육에 있다. 방법은 서로에게 그리고 … 대중에게 자살은 누구에게나 일어날 수 있고 찾을 수 있는 언어적·행동적 단서가 있고 … 도움을 줄 수 있다는 것을 … 가르치는 것이다.
>
> 마지막 분석에서 자살예방은 모든 사람과 관련된 일이다.
>
> (Shneidman, 1985, p. 238)

▶ 요약

치료와 자살 자살시도 후에 치료가 시작될 수 있다. 자살시도 사례에서 치료자는 자살하지 않으려는 마음 상태를 갖도록 그리고 스트레스를 다루고 문제를 해결하는 더 좋은 방법을 개발하도록 돕고자 한다.

지난 60년 동안 자살예방으로 강조점이 옮겨 갔다. 자살예방 프로그램은 24시간 상담전화와 준전문가들이 주로 직원으로 있는 방문센터를 포함한다. 자살한 사람과 첫 연락이 이루어지는 동안 상담자는 긍정적인 관계를 확립하고, 문제를 이해하고 명료화하고, 자살 가능성을 평가하고, 전화 건 사람의 자원을 평가하고 동기화하고, 위기 극복을 위한 계획을 세우려고 노력한다. 이러한 위기 개입을 넘어서 대부분의 자살하려는 사람들은 장기치료를 필요로 한다. 예방 분야의 더 큰 시도로 대중을 위한 자살교육 프로그램이 증가하고 있다.

종합

심리학적·생물학적 통찰이 뒤처지다

한때 자살은 대중이 거의 인식하기 어려우며 전문가도 거의 연구하지 않는 불가사의하고 감춰진 문제였으나 현재는 많은 관심을 받고 있다. 지난 40년 동안 특히 연구자들은 이 생사의 문제에 대해서 많은 것을 배웠다.

이 책에서 다루는 대부분의 다른 문제들과는 대조적으로 다른 어떤 모델들보다도 사회문화적 모델이 자살을 훨씬 더 많이 조사해 왔다. 예를 들면 사회문화적 이론가들은 사회 변화와 스트레스, 국가와 종교, 결혼 상태, 성별, 인종 및 대중매체의 중요성을 조명하였다. 심리학과 생물학 연구자들이 수집한 통찰과 정보는 이에 비해 제한적이다.

사회문화적 요인은 자살의 일반적인 배경과 촉발 요인을 확실히 밝혔지만 어떤 사람이 자살할 것인가는 예측하지 못한다. 모든 것을 고려해 볼 때 임상가들은 아직 왜 어떤 사람들은 자살을 하고 다른 사람들은 같은 환경에서도 자신의 문제를 다루기 위한 더 좋은 방법을 찾으려고 하는지 완전히 이해하지 못하고 있다. 만일 임상가들이 자살을 진정으로 이해한다면 심리학적·생물학적 통찰은 사회문화적 통찰을 따라잡아야 한다.

자살에 대한 치료 또한 몇 가지 어려운 문제를 갖고 있다. 임상가들은 아직 자살하려는 사람들을 위한 확실히 성공적인 치료를 개발하지 못했다. 자살예방 프로그램이 자살하려는 사람들을 도우려는 임상 분야의 개입을 분명히 보여 주지만, 많은 예방 프로그램이 실제로 자살의 전반적인 위험이나 자살률을 얼마나 많이 줄이는지는 아직 분명하지 않다.

동시에 자살연구의 양적 증가는 밝은 전망을 제시한다. 아마도 그중 가장 전망이 있는 것은 임상가들이 이제 이 문제에 대해서 싸우고자 일반인들에게 협조를 요청한 것이다. 임상가들은 자살에 대한 대중교육의 확대, 즉 젊은이들과 노인들에게 초점을 맞춘 프로그램을 요구하고 있는 중이다. 현재의 개입이 자살에 대한 더 나은 이해와 보다 성공적인 개입으로 나아갈 것을 기대하는 것은 합리적이다. 이 목표는 모든 사람에게 중요하다. 자살 그 자체가 흔히 외롭고 절망적인 행위이지만 자살의 영향은 사실 매우 광범위하다.

핵심용어

무망감	이기적 자살	자살예방 프로그램	죽음의 무시자
반의도성 자살	이분법적 사고	자살행동장애	죽음의 추구자
비자살적 자해	이타적 자살	자살 후 개입	준전문가
세로토닌	자살	죽음에 이르지 않은 자살	타나토스
아노미적 자살	자살교육 프로그램	죽음의 개시자	회고분석
위기중재	자살 상담전화	죽음의 도전자	

속성퀴즈

1. 자살과 죽음에 이르지 않은 자살을 정의하라. 자살을 시도하는 사람들의 네 가지 다른 유형을 기술하라. 비자살적 자해는 무엇인가?

2. 연구자들은 자살을 연구하기 위해 어떤 방법을 사용하는가?

3. 자살 통계는 나라, 종교, 성별, 결혼 상태 및 인종에 따라서 어떻게 다른가?

4. 어떤 종류의 즉각적인 그리고 지속적인 스트레스원이 자살과 관련이 있는가?

5. 자살행동을 촉발하는 데 도움이 되는 조건이나 사건은 무엇인가?

6. 정신역동·사회문화·생물학 이론가들은 자살을 어떻게 설명하는가? 그리고 각 이론은 얼마나 많은 지지를 받고 있는가?

7. 아동·청소년 및 노인의 자살 위험, 비율 및 원인을 비교하라.

8. 이론가들은 청소년과 젊은 성인들의 자살시도율이 높은 것을 어떻게 설명하는가?

9. 자살시도 이후 자살시도자들에게 제공되는 치료의 특성과 목표를 기술하라. 자살시도자들은 치료를 자주 받는가?

10. 자살예방 프로그램의 원칙을 기술하라. 이 프로그램에서 상담자는 어떤 절차를 사용하는가? 프로그램은 얼마나 효과적인가?

Ed Fairburn

신체 증상을 특징으로 하는 장애

수 요일이다. 오늘은 중요한 날이다. 11시 30분을 시작으로 역사와 물리학 중간고사가 연거
푸 있다. 또한 3시 30분에는 심리학 구두 발표가 있다. 재렐은 오늘을 디데이라 칭하며 여
러 주를 준비해 왔다. 전날 새벽 3시 30분까지 자지 않고 공부하며 문제를 정의해 갔다. 잠깐 잔
듯했는데 벌써 아침 9시 30분이고 죽음의 날은 시작되었다.

깨자마자 재렐은 위장의 심한 통증을 느꼈다. 윙윙하는 울림, 현기증, 전신 통증까지 느꼈다. 이
제부터 마주할 일들을 생각하면 놀랄 만한 일도 아니다. 첫 번째 시험은 약간의 불안을 가져올 것이
고, 두 번째 시험과 뒤이을 발표는 아마도 엄청난 불안을 가져올 것이다.

하루를 시작하려 함에 따라 재렐은 이것이 단순한 가슴 두근거림 증상 이상일지도 모른다는 의심
이 들기 시작하였다. 가슴 통증은 곧 경련으로 변했고 현기증은 어지럼증이 되었다. 간신히 넘어
지지 않고 화장실에 갈 수 있었다. 아침밥 생각이 역한 기운을 만들었다. 어떤 증상도 잠재울 수
없었다.

재렐은 걱정하기 시작했고 심지어 공포까지 느끼기 시작했다. 이는 오늘 할 일을 마주하는 최선
의 방략은 아니었다. 두려움을 떨치려 했으나 증상은 사라지지 않았다. 결국 의사에게 가 보라는
룸메이트의 권유에 설득당했다. 10시 30분 첫 시험 한 시간 전, '학생 건강'이라 부르는 대형 벽
돌 건물로 들어갔다. 겁쟁이 같아 부끄러웠지만 이것 말고 할 수 있는 일이 그 무엇이 있겠는가?
이런 상태에서 2개의 시험을 참고 치르는 것은 '난 바보야'라는 사실밖에는 아무것도 보여 주지
못할 것이다.

심리적 요인은 여러 방법을 통해 신체적 질병에 기여할 수 있다. 재렐의 의사는 몇 가지 가
능성을 골라내야 한다. 시험을 피하기 위해 통증과 어지럼증을 거짓으로 꾸며냈을 가능성
이 그 하나이다. 또 다른 가능성은 자신의 병을 **상상**해 냈을 경우이다. 말하자면 자신을 속
이는 경우이다. 이도 아니면 통증과 어지럼증에 과대 반응했을 가능성이다. 더불어 재렐의
증상은 스트레스에 의해 촉발된 진짜이면서도 심각한 증상일 수 있다. 중요한 시험 전 느끼
는 압박과 같이 극심한 압박을 느낄 때면 위액 분비가 왕성해져 장을 자극하게 되고 혈압
또한 높아져 어지럼증을 느낄 수 있다. 마지막으로 유행성 감기로 컨디션이 안 좋았을 가
능성이다. 순수한 의학적인 문제라도 심리적 요인들과 연관될 수 있다. 시험, 발표 준비로
몇 주를 걱정했다면 재렐의 몸은 약해졌을 것이고, 약해진 몸은 감기 바이러스와 싸울 힘
을 약화시켰을 수 있다. 진단이 무엇이건 간에 재렐의 마음 상태는 몸 상태에 영향을 미쳤
다. 심리적 요인의 역할에 대한 의사 견해가 재렐이 받을 치료 형태를 결정할 것이다.

이 책 전반에 걸쳐 심리장애가 신체적 원인을 가짐을 빈번히 관찰하였다. 예를 들어 신
경전달물질의 비정상적 활동은 범불안장애, 공황장애, 외상후 스트레스장애에 기여한다.
그렇다면 반대로 신체적 질환이 심리적 원인을 가질 수 있다는 주장은 과연 놀랄 만한 것
인가? 오늘날의 임상가들은 기원전 4세기의 소크라테스의 주장에서 지혜를 찾을 것이다.
"영혼 없이 몸만 치료해선 안 된다."

심리적 요인이 신체적 질병에 기여한다는 생각은 고대로 거슬러 올라갈 수 있다. 하지
만 20세기 이전에는 소수의 사람만이 이러한 주장을 펼쳤다. 이 주장은 특히 의학이 자연
과학이 되기 시작한 그리고 과학자들이 객관적 '사실' 추구에 헌신하던 르네상스 시대에는

▶인위성장애 확인 가능한 신체적 병인이 없는 질환으로, 이 장애를 가진 환자들은 환자 역할을 하기 위해 증상을 의도적으로 만들어 내거나 거짓으로 꾸미는 것으로 여겨짐

인기가 없었다(Conti, 2014). 당시 정신은 성직자나 철학자의 영역이었지 물리학자나 과학자의 영역이 아니었다. 이러한 견해는 17세기에 이르러 심화되었다. 프랑스 철학자 르네 데카르트는 정신, 영혼을 신체와 완전히 분리된 것으로 보는 **심신 이원론**을 주장하기에 이르렀다. 하지만 20세기에 진행된 많은 연구들은 스트레스, 걱정, 무의식적 욕구와 같은 심리적 요인들이 많은 방식으로 신체 질병에 기여할 수 있음을 의학, 임상 연구자들에게 보여 주었다.

*DSM-5*은 신체 증상이나 신체 증상에 대한 걱정이 장애의 핵심을 이루는 여러 심리 장애들을 포함시키고 있다. 여기에는 환자가 의도적으로 신체 증상을 만들거나 꾸미는 **인위성장애**, 수의적인 운동, 감각 기능에 영향을 미치는 의학적으로 설명되지 않는 신체 증상을 특징으로 하는 **전환장애**, 개인이 신체 증상에 대해 지나치게 걱정하고, 고통받고, 장해를 경험하는 되는 **신체증상장애**, 건강 염려적 개인이 신체 증상의 부재에도 불구하고 심한 병에 걸린 것이 분명하다고 집착하게 되는 **질병불안장애**, 심리적 요인이 개인의 일반적 건강 상태에 부정적 영향을 미치는 **의학적 상태에 영향을 주는 심리적 요인**이 여기에 포함되어 있다.

인위성장애

재렐처럼 신체적으로 아프게 된 사람들은 의사를 찾아간다. 하지만 의사는 증상의 기질적 원인을 찾을 수 없고 다른 요인이 개입된 것은 아닌가 의심하기도 한다. 아마도 환자는 **꾀병**을 부리고 있을 수 있다. 즉 재정적 보상 혹은 군대 복무 회피와 같은 외적 이득을 얻기 위해 의도적으로 병을 꾸며냈을 가능성이 있다(Crighton et al., 2014).

또 다른 가능성은 환자가 되고픈 희망으로 의도적으로 신체적 증상을 만들어 내고 가장했을 가능성이다. 말하자면 아프게 된 이유가 아픈 역할을 맡고자 하기 때문이다(Baig et al., 2015). 의사들은 이들 상황에서 환자가 **인위성장애**(factitious disorder)를 나타내는지 결정할 것이다(표 8-1 참조). 한 예로 아래의 연구실 기술자의 증상을 살펴보자.

표 8-1

진단 체크리스트

스스로에게 부여된 인위성장애

1. 외부적 보상이 없음에도 불구하고 신체적 혹은 심리적 증상을 허위적 변조하거나 상처나 병을 허위로 만들어 냄

2. 자신을 아픈, 손상된 혹은 부상된 것으로 제시

타인에게 부여된 인위성장애

1. 외부적 보상이 없음에도 불구하고 다른 사람에게 신체적 혹은 심리적 증상을 허위로 변조하거나 상처나 병을 허위로 만들어 냄

2. 다른 사람(희생자)을 아픈, 손상된 혹은 부상된 것으로 제시

출처 : APA, 2013.

> 29세의 여성 연구실 기술자는 피가 섞인 소변으로 응급실을 거쳐 입원했다. 환자는 자신이 다른 도시에서 홍반성 낭창으로 의사 치료를 받았었다고 말했다. 또한 어렸을 때 폰빌레브란트병(희소한 유전적 혈액 질환)을 앓았다고도 말했다. 입원 3일째 되던 날 한 의대생이 레지던트에게 몇 주 전 이 지역 다른 병원에서 이 환자를 봤노라고 말했다. 환자는 그 병원에서도 같은 문제로 입원했었다고 했다. 환자의 소지품을 검사한 결과 항응혈제가 숨겨져 있었다. 이런 정보에 대면되자 환자는 사실 관계 논의를 거부했고 의학적 충고를 무시한 채 서둘러 퇴원했다.
>
> (Spitzer et al., 1981, p. 33)

인위성장애는 뮌하우젠증후군(Munchausen syndrome)이라고도 알려져 있다. 장애 명칭은 18세기 유럽 내 여관들을 전전하며 자신의 군대 모험담을 꾸며 대고 다녔던 기병대 장교 폰 뮌하우젠의 이름을 땄다(Ayoub, 2010). 인위성장애를 가진 사람들은 병의 모습을 갖추기 위해 극단으로 치닫곤 한다(APA, 2013). 많은 사람이 은밀하게 약을 복용한다. 어떤 이는 앞서 기술한 여인처럼 출혈을 유도하는 약을 주사한다(Mucha et al., 2014). 다른 이는 만성 설사를 유도하기 위해 하제를 사용한다. 고열은 특히 만들어 내기 쉽다. 장기간 의문

"지금 당장은 아프지 않지만, 브랜델 씨 당신은 아플 잠재력을 가지고 있습니다."

의 고열을 보이는 환자들을 대상으로 한 한 고전적 연구에서 9% 이상이 종국에는 인위성 장애 진단을 받았다(Feldman et al., 1994).

인위성장애인들은 보통 가장하려는 질병에 대해 철저히 연구하며 의학에 대한 지식도 남다르다(Miner & Feldman, 1998). 고통스러운 검사나 치료를 받기 기꺼워하며 심지어 수술까지도 기꺼이 받는다(McDermott et al., 2012). 증상이 인위성이라는 증거에 대질되면 이들은 전형적으로 이러한 추궁을 부인하고 병원을 떠난다. 그리고는 같은 날 다른 병원에 들어간다.

문제의 본질을 숨기는 환자의 특성으로 인해 임상연구자들은 인위성장애 유병률 파악에 어려움을 경험해 왔다(Kenedi, Sames, & Paice, 2013). 전반적으로 인위성장애는 남성에게서보다 여성에게서 더 흔하다. 하지만 중증 사례는 남성에게서 더 흔하다. 장애는 흔히 초기 성인기에 시작된다.

인위성장애는 (1) 어려서 의학적 문제로 큰 치료를 받았던 사람, (2) 의료업계에 원한을 가진 사람, (3) 간호사, 실험실 기사, 의료 보조로 일했던 사람에게서 더 흔하게 보이는 것 같다. 상당수가 빈약한 사회적 지지를 가지고 있는데, 소수만이 사회관계나 가족생활을 유지하고 있다(McDermott et al., 2012; Feldman et al., 1994).

임상 보고들이 우울, 아동기 비지지적 부모, 사회적 지지에 대한 극단적 요구를 인위성장애의 원인으로 지적하고는 있으나(McDermott et al., 2012; Ozden & Canat, 1999; Feldman et al., 1995, 1994), 정확한 원인에 대해서는 아직 알려져 있지 않다(Lawlor & Kirakowski, 2014). 인위성장애를 위한 효과적 치료법 또한 개발되고 있지 못하다.

심리치료사들과 개업의들은 인위성장애인들이 자신들의 시간을 낭비하고 있다고 느끼고 이들에 대한 짜증과 분노의 감정을 보고한다. 하지만 인위성장애인들은 문제에 대한 통제감 상실을 느끼며, 흔히 큰 고통도 경험한다.

숨은 뜻 읽어내기

명언

"머리에 이상이 있기보다는 몸에 이상이 있는 편이 낫습니다."

실비아 플라스, 벨 자

아이에게 대리인에 의한 뮌하우젠증후군을 양산하는 부모들에 대해 사회는 이들을 치료해야 할 것인가 처벌해야 할 것인가?

유사한 형태로 대리인에 의한 뮌하우젠증후군이라 알려진 타인에게 부여된 인위성장애가 있다. 여기서 부모나 양육자는 의도적으로 자녀의 신체적 병을 만들어 내고, 이로 인해 자녀는 고통스러운 진단검사, 약, 수술을 반복적으로 경험한다(Koetting, 2015; Ayoub, 2010). 아이가 부모로부터 격리되어 타인의 보호하에 놓이면 아이의 증상은 사라진다(심리전망대 참조).

> ▶ **요약**
>
> **인위성장애** 인위성장애를 가진 사람들은 환자 역할을 맡기 위해 신체적 장애를 꾸며내거나 유도한다. 장애는 잘 이해되거나 치료되고 있지 않다. 타인에게 부여된 인위성장애라는 관련된 유형에서 부모는 자녀에게 신체적 병을 허위로 만들어 내거나 유도한다.

심리전망대

대리인에 의한 뮌하우젠증후군

이제 여덟 살인 탄야는 지난 5년간 127번 입원했고 담낭제거술에서 장의 질병 상태를 미리 알아보기 위한 예비수술에 이르기까지 28번의 서로 다른 의학적 절차를 거쳤다. 두 달 전 탄야의 어머니는 아동을 위험에 빠트렸다는 혐의로 체포되었다. 탄야의 할머니가 조심스럽게 어머니의 체포사실에 대해 아이에게 이야기하자(할머니가 '엄마가 떠나간 것'이라 표현하자), 탄야는 동요하고 혼란스러워 했다. "엄마가 너무 보고 싶어요. 엄마는 세상에서 가장 좋은 사람이에요. 엄마는 병원에서 항상 나와 함께 있어 주었어요. 엄마는 의사 선생님이 나한테 집중하도록 만드셨고요. 사람들은 엄마가 날 아프게 만들었고 내 튜브에 나쁜 것을 넣었다 말해요. 하지만 엄마가 날 아프게 할 이유가 없잖아요."

탄야와 같은 사례는 대중을 경악하게 하였고 '대리인에 의한 뮌하우젠증후군'에 대한 관심을 불러일으켰다. 장애의 원인은 아동에게 신체 증상을 야기하기 위해 온갖 방법을 사용하는 양육자이다. 신체적 문제를 야기하기 위해 양육자는 아동에게 마약을 주거나, 약을 먹여 위해를 가하거나, 아동의 음식 공급관을 더럽히거나, 심지어는 아동을 질식시키는 방법을 쓴다. 거의 모든 형태의 병이 아동에게 나타날 수 있으나, 그중 가장 흔한 증상은 출혈, 경련, 천식, 혼수상태, 설사, 구토, '우발적' 독극물 중독, 감염, 고열, 유아 돌연사 증후군이다.

대리인에 의한 뮌하우젠증후군 희생자의 6~30%에 이르는 사람이 증상으로 인해 사망하고, 생존자의 8%가 영구적인 신체 변형이

Frank Holl, *Convalescent, Private Collection* © Christopher Wood Gallery, London, UK/Bridgeman Images

'요양 중인 환자', 프랭크 홀(1867) 작품

나 손상을 갖게 된다(Flaherty & Macmillan, 2013; Ayoub, 2006). 심리, 교육, 신체 발달에도 영향을 받는다(Bass & Glaser, 2014; Schreier et al., 2010).

증후군은 진단하기가 아주 어렵고, 임상가들이 생각하는 것보다 훨씬 더 흔할지도 모른다(Ashraf & Thevasagayam, 2014; Feldman, 2004). 부모(흔히 어머니)는 자녀에게 지극 정성인 것처럼 보여 남들은 그 부모를 동정하고 존경하기까지 한다. 그러나 아동과 부모가 분리되면 아동의 신체적 문제는 사라진다(Koetting, 2015; Scheuerman et al., 2013). 대부분 아픈 아동의 형제자매도 희생자가 된다(Ayoub, 2010, 2006).

도대체 어떤 부모가 자녀에게 이 같은 고통과 병을 주는 것인가? 전형적인 뮌하우젠 어머니는 정서적으로 요구적이다. 어머니는 관심을 갈망하며 아픈 자녀에 대한 헌신적 돌봄으로써 사람들이 주는 칭찬을 갈망한다(Asraf & Thevasagayam, 2014; Noeker, 2004). 그녀는 의료체계 밖에서는 이러한 지지를 거의 받고 있지 못할 수 있다. 종종 뮌하우젠 어머니는 의학적 배경을 가지고 있다. 아마도 이전에 병원에서 일했을 수도 있다. 뮌하우젠 어머니는 전형적으로 자신의 행동을 부인한다(Bass & Glaser, 2014). 심지어 명백한 증거가 있는 상태에서도 부인하며, 자신의 문제에 대해 치료받기를 거부한다(Bluglass, 2001).

치안당국은 대리인에 의한 뮌하우젠증후군을 범죄로 간주하고 접근한다. 즉 치밀히 계획된 아동학대의 형태로 말이다(Flaherty & Macmillan, 2013; Schreier et al., 2010). 치안당국은 아동을 부모로부터 격리시킬 것을 요구한다(Koetting, 2015; Ayoub, 2010, 2006). 동시에, 이런 일탈적 행동에 의존하는 부모는 심각한 정신적 장애가 있으며 임상적인 도움을 절실히 요하는 상태에 있다. 따라서 연구자들과 임상가들은 문제 부모와 그들의 어린 희생자를 위해 장애 관련 이해를 높이고 효과적인 치료법을 개발하도록 노력해야 한다.

▶전환장애 심리사회적 욕구나 갈등이 극심한 신체 증상으로 전환되어 수의적 운동 기능 혹은 감각 기능에 영향을 끼치는 신체형 장애

전환장애와 신체증상장애

신체적 질병이 개인에게 과도하게 영향을 미칠 때, 뚜렷한 의학적 원인이 없을 때, 혹은 그 질병과 관련해 알려진 것과 일치하지 않을 때 의사는 **전환장애**나 **신체증상장애**를 의심하게 된다. 브라이언의 처지를 살펴보자.

브라이언은 아내 헬렌과 요트를 타며 토요일을 보내고 있었다. 물살은 거셌으나 이들 기준에서는 안전한 수위라 할 수 있었다. 둘은 멋진 시간을 보내고 있었고, 그래서 하늘이 어두워지고 바람이 거세지며 요트가 통제하기 어려운 지경에 이르고 있음을 눈치채지 못했다. 몇 시간의 항해 후 브라이언과 헬렌은 자신들이 물가에서 멀리 떨어져 거세고 위험한 폭풍 한가운데 놓여 있음을 알게 되었다.

폭풍은 곧 그 세를 키웠다. 강한 바람과 거친 파도 속에서 브라이언은 요트 통제에 어려움을 겪고 있었다. 부부는 구명조끼를 입으려 했다. 하지만 옷을 채 다 입기도 전에 배는 전복되었다. 수영을 잘하는 브라이언은 전복된 요트로 수영해 와서 요트의 가장자리를 잡음으로써 목숨을 구할 수 있었다. 하지만 헬렌은 거친 파도를 넘어 요트까지 수영해 올 수 없었다. 공포에 질려 그리고 이 상황을 믿을 수 없다는 표정으로 브라이언은 헬렌을 보고 있었고, 헬렌은 곧 브라이언의 시야에서 사라졌다.

얼마 후 폭풍이 누그러졌다. 브라이언은 전복된 요트를 간신히 바로 세운 후 이를 타고 해안가로 돌아왔다. 결국 안전하게 도착했지만, 폭풍의 상처는 이때부터 나타나기 시작했다. 해안 경비대가 발견한 헬렌의 시체, 친구들과의 대화, 자책, 비탄, 그리고 그 이상의 것으로 인해 이후의 날들은 고통과 공포로 채워졌다. 사고는 공포와 더불어 심각한 신체적 장애를 브라이언에게 남겼다. 브라이언은 제대로 걸을 수 없었다. 해안으로 돌아왔을 때 그는 처음 자신이 걸을 수 없음을 깨달았다. 달려가 도움을 요청하려 했으나, 발이 움직이지 않았다. 해안가 식당에 도달할 무렵 그가 할 수 있었던 일의 전부는 기는 것이었다. 두 사람이 그를 부축해 의자에 앉혔다. 무슨 일이 발생했는지에 대한 그의 설명이 끝나고 경찰이 호출된 후에야 브라이언은 병원으로 옮겨졌다.

브라이언과 병원 의사들은 브라이언이 발을 움직이지 못한 이유를 사고 중 다쳤기 때문으로 인식했다. 하지만 병원에서의 검사는 아무런 기질적 이유도 찾아내지 못하였다. 뼈가 부러진 곳도 없었으며 척추의 손상도 없었다. 어떤 것도 심각한 장애를 설명할 수 없었다.

다음 날 다리는 마비 수준에까지 이르렀다. 다리 손상의 본질을 정확히 밝혀낼 수 없었기 때문에 의사들은 그의 활동을 최소화시키기로 결정했다. 경찰과 오랫동안 이야기하는 것도 허용되지 않았다. 장인, 장모에게 딸의 죽음을 알리는 것도 자신이 아닌 타인을 통해야 했다. 유감스럽게도 아내의 장례식에 참석하는 것조차 허용되지 않았다.

미스터리 같은 현상은 이후 몇 주에 걸쳐 심화되었다. 마비 증세가 계속됨에 따라 브라이언은 사회적으로 철회되었고, 가족이나 친지를 만날 수 없었으며, 아내의 죽음과 관련해 처리해야 할 사무를 볼 수 없었다. 직장에 다시 나갈 수 없었고 자신의 삶을 정상으로 돌릴 수도 없었다. 브라이언의 마비는 그를 자기 몰두와 감정 고갈 상태에 이르게 했고, 과거를 돌아보거나 미래로 나아가지도 못하게 하였다.

표 8-2

진단 체크리스트
전환장애
1. 수의적 기능 혹은 감각 기능에 영향을 미치는 하나 또는 그 이상의 증상이나 결핍이 존재해야 함
2. 증상은 알려진 신경학적 혹은 의학적 질환과 일치되지 않거나 양립 불가능함
3. 심각한 고통이나 장해를 경험

출처 : APA, 2013.

전환장애

결국 브라이언은 **전환장애**(conversion disorder) 진단을 받았다(표 8-2 참조). 전환장애를 가진 사람들은 수의적 운동 기능 혹은 감각 기능에 영향을 주는 신체적 증상을 나타낸다. 하

지만 이들 증상은 알려진 의학적 질환과는 일관되지 않는다(APA, 2013). 간단히 말해 이들은 신경학적 근원이 없는 신경학적 증상과 같은 증상(예 : 마비, 실명, 감정 상실)을 경험한다.

　전환장애는 순수한 의학적 문제와 구별하기 어려우며, 이는 의사에게조차 그렇다(Ali et al., 2015; Parish & Yutzy, 2011). 실상 전환장애 진단이 실수이고 문제가 탐지되지 않은 신경학적 혹은 의학적 원인 때문일 가능성도 있다(de Schipper et al., 2014). 전환장애가 '순수한' 의학적 질환과 매우 유사하기 때문에 의사들은 이 둘의 구분을 위해 종종 의학적 증상 모습에서의 특이성에 의존한다(Boone, 2011). 예를 들어 히스테리성 장애 증상은 신경계의 작동 방식과 상충되는 방식으로 작동하곤 한다. 장갑마비(glove anesthesia)라고 부르는 전환장애에서 마비는 손목에서 급작스럽게 시작되어 손가락 끝으로 고르게 퍼져 나간다. 하지만 그림 8-1에서 보는 바와 같이 진짜 신경학적 손상은 급작스럽게 시작되거나 마비가 손가락 끝으로 고르게 퍼져 나가는 경우가 드물다.

　히스테리성 장애에서의 신체적 영향은 대응되는 의학적 문제에서의 신체적 영향과는 다를 수 있다(Ali et al., 2015; Scheidt et al., 2014). 예를 들어 허리 밑부분의 마비 혹은 양측 하지마비(paraplegia)가 척수 손상으로 야기되었을 때에는 이에 대한 물리치료가 행해지지 않으면 다리 근육이 위축되거나 쇠약해진다. 반면 전환장애의 결과 마비를 경험하는 사람들은 흔히 위축(atrophy)을 경험하지 않는다. 아마도 그들은 자신이 근육을 사용하고 있다는 사실을 인식하지 못한 채 근육을 사용하고 있을지도 모른다. 유사하게 전환장애의 결과 눈이 보이지 않는 사람은 기질적으로 눈이 보이지 않는 사람보다 사고를 더 적게 당한다. 이는 물론 자신은 인지하고 있지 않지만, 전환성 실명을 보이는 사람이 어느 정도 시력을 가지고 있음을 보여 주는 증거이다.

　인위성장애를 가진 사람들과는 달리, 전환장애를 가진 사람들은 의식적으로 증상을 원하거나 의도적으로 증상을 만들어 내지 않는다. 브라이언처럼 이들은 거의 항상 자기 문제를 순수하게 의학적인 것이라 믿는다(Lahman et al., 2010). 이러한 장애 유형은 심리적 욕구나 갈등이 신경학적 증상과 유사한 증상으로 전환된다는 임상이론가들의 믿음 때문에 '전환'장애라 불리고 있다. 비록 일부 이론가들은 장애에서 전환이 여전히 작동하고 있다고 믿지만 다른 이들은 이후 살펴볼 대안적 설명을 선호한다.

그림 8-1

장갑마비

장갑마비라는 전환 증상(왼쪽)에서는, 손가락 끝에서 손목에 이르는 손 전체 영역이 마비가 된다. 반대로 척골신경의 실제적인 손상(오른쪽)은 넷째 손가락과 새끼손가락, 그리고 그 위의 손목과 팔 부분의 마비를 초래하고 요골신경의 손상은 넷째, 셋째, 둘째, 그리고 첫째 손가락의 일부와 그 위의 팔 부분까지의 감각 손실을 초래한다(출처 : Gray, 1959).

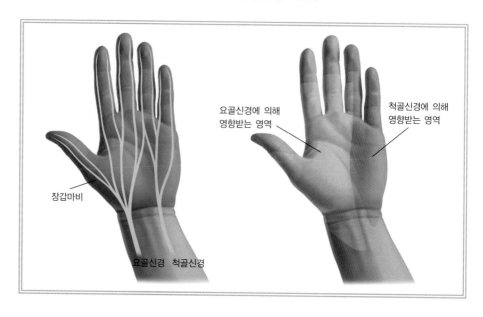

요골신경에 의해 영향받는 영역

척골신경에 의해 영향받는 영역

장갑마비

요골신경　척골신경

마음공학

사회매체가 '집단 히스테리'를 퍼트릴 수 있는가

제1장에서 당신은 중세기 특별한 원인 없이 수많은 사람들이 심리적 혹은 신체적 병을 함께 나타내는 집단 히스테리아 혹은 집단 심인성 질환이라고도 불리는 집단 광기의 창궐에 대해 읽었다(9쪽 참조). 신비한 병의 주기적 창궐은 과거 이야기만은 아니다. 사실상, 유사한 사례가 현재 증가하고 있는 듯하다(Vitelli, 2013). 현대의 대부분의 임상가들은 이런 병을 일종의 전환장애로 간주하고 있다.

뉴질랜드의 사회학자인 로버트 바돌로매(2014)는 400년도 더 전에 나타났던 집단 심인성 질환들에 대해 연구해 오고 있는데, 그는 사회매체가 현재 이 질환 증가의 주요 원인이라는 주장을 펼치고 있다. 2011년 뉴욕 르로이에서의 집단광기의 창궐은 사회매체의 이 같은 역할을 보여 준다(Vitelli, 2013; Dominus, 2012). 한 지역 고등학교 학생이 얼굴 경련을 나타내기 시작했다. 수 주 후, 다른 학생들도 유사한 증상들을 가지기 시작했고, 결국 같은 학교 18명의 소녀가 이 증세를 나타내게 되었다. 확실히 심각한 틱 증상을 나타내는 소녀의 유튜브 영상을 본 후 수많은 10대들이 틱 증상을 보이기 시작했다. 의사들은 이를 집단 심인성 질환의 한 예라 결론지었다.

사회매체의 역할을 보여 주는 르로이 사례의 또 다른 범상치 않은 측면은 18개 고등학교 소녀들과 더불어 이 소녀들과 전혀 관련도 없는 35세 여성이 같은 시기 같은 증상을 보이기 시작했다는 것이다(NBC, 2012). 이 여성은 페이스북에서 이 사례를 처음 접했다고 진술했다.

이 사례는 최근의 다른 사례들의 귀감이 된다. 예를 들어, 2013년 매사추세츠 주 댄버스에서 창궐했던 10대들의 딸꾹질과 음성틱 사례, 기질적 원인이 없는 중증 소화기 증상을 앓았던 400명의 방글라데시 의류 직공의 사례(Vitelli, 2013)는 여기에 포함된다. 이들 혹은 다른 사례들에서 증상은 부분적으로 사회매체에의 노출 때문에 퍼지게 된 듯하다.

바돌로매(2014)는 집단 심인성 질환이 사회매체의 힘으로 앞으로 더 많아질 것이고 광범위해질 것이며 심각해질 것이라 믿는다. 먼 과거에는 "집단 심인성 질환의 치료를 위해 지역 성직자들이 소환되어 힘든 일에 직면했으나 이들은 한 가지 점에서 다행스러웠다. 이들은 스마트폰, 트위터, 페이스북과 싸울 필요는 없었다."라고 바돌로매는 말한다.

Science Source

> 사회매체는 집단 심인성 질환 사례의 예방과 감소에 어떻게 도움을 줄 수 있을 것인가?

다시 나타났다? 이 석판인쇄는 중세시대 유행했던 집단 심인성 질환의 하나인 무도병을 묘사하고 있다. 이 질환은 얼굴, 손, 발의 빠르고 협응되지 않은 경련성 동작으로 특징지어진다. 유사한 증상이 2011년 뉴욕 르로이에서 나타났는데, 이 집단 심인성 질환의 창궐은 사회매체의 영향 때문으로 그 원인을 찾을 수 있다.

전환장애는 흔히 후기 아동기와 초기 성인기 사이에 시작된다. 여성이 남성보다 2배 정도 흔하게 진단되고 있다(Raj et al., 2014). 증상은 극심한 스트레스 동안 갑자기 시작되는 경향이 있으며, 여러 주 동안 지속된다(Kukla et al., 2010). 전환장애를 발달시키는 사람은 피암시적이며(마음공학 참조) 최면 절차에 민감한 경향이 있다는 사실이 몇몇 연구를 통해 시사되었다(Parish & Yutzy, 2011; Roelofs et al., 2002). 전환장애는 아주 드물게 발생하는 것으로 여겨지는데, 1,000명당 5명 정도가 이 장애를 발달시킨다.

신체증상장애

신체증상장애(somatic symptom disorder)를 가진 사람들은 현재 경험하는 몸의 증상을 지나

▶ **신체증상장애** 현재 경험하고 있는 신체 증상 때문에 극도로 고통받고 근심하고 불안해하며 증상들로 인해 개인의 삶이 심각하게 그리고 지나치게 와해되는 특징을 보이는 장애

표 8-3

> **진단 체크리스트**
> **신체증상장애**
>
> 1. 개인에게 고통을 야기하거나 개인의 일상생활 영위를 심각하게 방해하는 하나 혹은 그 이상의 신체적 증상의 존재
>
> 2. 아래의 형태로 나타나는 신체 증상(들)과 관련한 지나친 사고, 감정, 행동 혹은 이와 관련한 건강염려
>   • 증상의 심각성에 대해 지나치게 그리고 지속적으로 생각함
>   • 건강 혹은 증상에 대해 지속적으로 그리고 높게 불안해함
>   • 증상 혹은 건강염려를 위해 지나친 시간과 에너지를 사용함
>
> 3. 증상은 반드시 연속적으로 나타날 필요는 없지만 적어도 6개월은 지속되어야 함
>
> 출처 : APA, 2013.

치게 고통스러워하고, 증상에 대해 심하게 근심·걱정한다. 또한 삶이 이러한 증상으로 크게 와해되었다고 근심·걱정한다(APA, 2013)(표 8-3 참조). 증상은 장기간 지속되지만 전환장애에서 보이는 것보다 덜 극적이다. 몇몇 경우에 있어서는 신체 증상에 대한 알려진 원인이 없다. 다른 경우에 있어서는 원인을 찾을 수 있다.

두 유형의 신체증상장애가 특별한 관심을 받고 있다. 하나는 신체화 유형(somatization pattern)이라 불리는 신체증상장애로, 개인은 많고 다양한 신체 증상을 경험한다. 다른 것은 **통증 우세 유형**(predominant pain pattern)이라고 하는 신체증상장애로, 개인의 주된 신체적 문제가 통증의 경험이 된다.

신체화 유형 실라는 다양한 증상으로 전문의를 당황하게 하였다.

> 실라는 17세 이후로 줄곧 복부 통증이 있었다고 보고하였다. 복부 통증의 원인을 파악하기 위해 의사들은 수술을 권했고, 탐색적 수술은 어떠한 진단도 내놓지 못하였다. 실라는 과거 여러 번 임신을 했었고, 임신 때마다 심한 입덧, 구토, 복부 통증을 경험하였다. 결국 '기울어진 자궁'으로 자궁적출술을 받았다. 40세 이후로는 현기증과 혼절을 경험하였는데, 이들 증상에 대해 의사들은 다발성 경화증이나 뇌종양을 의심하기도 했다. 사지 약화, 흐린 시야, 소변보기 어려움으로 상당 기간 자리에 몸져누웠다. 43세 때 복부 팽창과 다양한 음식에 대한 알레르기(과민성) 문제를 호소하였고, 증상들은 틈새 탈장으로 진단되어 치료되기도 했다. 신경학적 문제, 고혈압 문제, 신장 문제의 정밀검사를 위해 추가적으로 입원했었고, 검사 결과들은 어떤 확정적 진단도 내놓지 못하였다.
>
> (Spitzer et al., 1994, 1981, pp. 185, 260)

실라처럼 신체화 유형의 신체 증상을 가진 사람들은 기질적 근거가 거의 없거나 아예 없는 그리고 장기간 지속되는 경향이 있는 많은 신체적 문제를 가지고 있다. 이 같은 유형은 1859년 Pierre Briquet에 의해 처음으로 기술되어 브리케증후군으로도 알려져 있다. 환자의 질병은 통증 증상(예 : 두통과 가슴 통증), 소화기계 증상(예 : 구토, 설사), 성적 증상(예 : 발기부전이나 월경 문제), 신경학적 증상(예 : 이중 시각이나 신체 마비)을 포함한다.

"난 볼 수 없어. 보면 죽을 것 같아."
팬들이 2010년 월드컵 스페인 대 독일의 경기를 관전하고 있다. 축구나 다른 스포츠의 중요 게임이 주는 스트레스가 많은 팬들에게 기절, 구토, 복통, 두통, 가슴 통증과 같은 다양한 신체 증상들을 만들어 내고 있다. 긴장의 순간 눈을 감고 있는 사진 속 사람들의 모습은 어찌 보면 당연하다 하겠다.

신체화 유형을 가진 사람들은 안도감을 얻기 위해 여러 의사를 만나러 다닌다. 이들은 흔히 자신의 증상을 극적이고 과장된 용어를 사용하여 묘사하곤 한다. 이 중 대부분은 불안과 우울을 함께 경험한다(Taycan et al., 2014; Dimsdale & Creed, 2010). 이 유형은 증상의 변동을 가지며 보통 수년간 지속되는데, 치료 없이는 좀처럼 증상이 완전히 사라지지 않는다(Parish & Yutzy, 2011; Abbey, 2005).

특정 연도 내 미국에 사는 전체 여성 중 0.2~2%가 신체화 유형을 경험하는 반면, 남성은 0.2% 미만이 신체화 유형을 경험한다(North, 2005; APA, 2000). 신체화 장애는 흔히 가족 내에서 유전되는데, 신체화 유형을 가진 여성의 가까운 여성 친척 중 20%가 신체화 유형을 발달시킨다. 장애는 청소년기와 초기 성인기 사이에 주로 시작된다.

통증 우세 유형 신체증상장애의 주된 특징이 통증이라면, 그 개인은 통증 우세 유형을 가졌다고 볼 수 있다. 전환장애나 또 다른 형태의 신체증상장애 환자도 통증을 경험할 수 있으나, 이 유형에서는 통증이 핵심 증상이다. 통증의 원천은 알려졌거나 알려지지 않았을 수 있다. 어떤 경우라도 통증으로 야기된 걱정과 장해는 통증의 심각도와 중요성에 비해 훨씬 크다.

정확한 유병률이 알려지지는 않았지만, 이 유형은 꽤 흔한 것으로 보인다(Nickel et al., 2010). 장애는 어느 연령에나 시작될 수 있고, 여성이 남성보다 장애를 경험할 확률이 더 높다(APA, 2000). 흔히 장애는 사고 후나 실제 통증을 야기하는 질병 중에 발달하게 되지만, 그 이후에는 자신만의 장애로 발전한다. 36세 여성인 로라는 유육종증(림프절, 폐, 뼈, 피부에 육종 같은 것이 생기는 질환)이라는 결핵성 질환의 흔한 증상을 넘어서는 통증을 보고하였다.

수술 전 관절 통증은 거의 없었다. 관절 통증은 그다지 나를 괴롭히지 않았다. 하지만 수술 후 가슴과 갈비뼈에 심한 통증이 생겼다. 통증은 이전에는 없었던, 수술 후 새롭게 나타난 문제였다. 나는 11시, 12시, 1시 같은 한밤중에 응급실에 가곤 했다. 처방된 약을 먹었고 다음 날이면 아픈 것이 멈췄다. 같은 문제를 호소하기 위해 그리고 무엇이 잘못됐는지 알아내기 위해 여러 다른 의사들을 찾아갔다. 하지만 그들은 나의 문제가 무엇인지 알아내지 못했다.

혼자 외출 시 혹은 남편과 함께 외출 시 우리는 어딜 가서든 빨리 나와야만 한다. 이유는 나의 통증 때문이다. 어떤 이유인지는 모르지만 가슴이 아파왔기 때문에 나는 어떤 것도 할 수가 없었다. 두 달 전 의사가 나를 검사하였고 또 다른 의사는 내 X-레이 사진들을 검토하였다. 의사들은 유육종을 시사하는 어떠한 증후도 찾아내지 못했다고 말했다. 또한 의사들은 자신들이 지금 통증이 유육종과 관련되었는지 알아보기 위해 혈액과 다양한 것을 검토하고 있다고 말했다.

(Green, 1985, pp. 60-63)

무엇이 전환장애와 신체증상장애를 야기하는가

전환장애와 신체증상장애는 여러 해 동안 히스테리성 장애로 불렸다. 히스테리성 장애라는 명칭은 지나치고 통제되지 않은 감정이 신체 증상에 기저한다는 지배적 믿음을 전달하려는 의도를 담고 있다.

19세기 말의 Ambroise-Auguste Liébault와 Hippolyte Bernheim의 활동은 심리적 요인이

히스테리성 장애의 뿌리라는 주장을 확산시키는 데 일조하였다. 이들은 정신장애의 연구와 치료를 위해 파리에 낭시 학파를 설립하였다. 거기서 최면적 암시로 정상인에게 실청, 실명, 마비와 같은 히스테리성 증상을 만들어 낼 수 있었고 또한 같은 방법을 사용하여 이를 제거할 수 있었다(제1장 참조). 최면적 암시가 신체적 역기능을 만들거나 없앨 수 있음에 기초하여 이들은 히스테리성 장애가 심리적 작용으로 야기될 수 있다는 결론을 내렸다.

> 우리사회에서 '히스테리아'와 '히스테리성'이란 용어는 왜 이렇게 부정적으로 해석되는 것일까?

전환장애와 신체증상장애에 관한 오늘날의 선도적 설명은 정신역동, 행동주의, 인지주의, 다문화 모델로부터 나왔다. 하지만 어떤 모델도 충분한 경험적 지지를 받고 있지 못하며, 장애는 잘 이해되고 있지 못하다.

정신역동적 관점 제1장에서도 읽었듯이 Freud의 정신분석이론은 히스테리성 증상을 설명하기 위한 Freud의 노력으로부터 시작되었다. 실제 Freud는 의학적 문제를 가진 사람을 치료하듯 진지한 태도로 히스테리성 증상을 가진 사람을 치료했던 그 당시 몇 안 되던 임상가 중 한 사람이었다. 파리에서 최면에 대해 연구한 후, Freud는 선배 의사인 Josef Breuer(1842~1925)의 일에 관심을 갖게 되었다. Breuer는 히스테리성 청각 상실, 비체계적 언어, 마비 등의 증상을 경험하던 안나라는 여성의 치료에 최면을 성공적으로 사용하였다(Ellenberger, 1972). Freud(1894)는 안나의 사례 그리고 기타 유사한 사례를 근거로 히스테리성 장애란 기저의 정서적 갈등이 신체적 증상과 근심으로 전환된 것이라 믿게 되었다.

히스테리성 장애 환자 대부분이 여성임을 관찰한 Freud는 히스테리성 장애의 설명을 남근기(3~5세)에 있는 소녀들의 욕구에 맞추었다. 남근기에 해당하는 삶의 시기 동안 소녀들은 **엘렉트라 콤플렉스**라 부르는 욕망의 형태를 발달시킨다고 Freud는 믿었다. 이 시기 소녀는 아버지에 대한 성적 감정을 경험함과 동시에 아버지의 애정을 얻기 위해 어머니와 경쟁해야 함도 알게 된다. 하지만 어머니가 자신보다 더 강함과 아버지에 대한 성적 감정이 문화적 금기임을 깨닫고, 소녀는 자신의 성적 감정을 억압하고 아버지에 대한 이전의 욕망을 물리친다.

엘렉트라 콤플렉스가 엇나가다
Freud는 히스테리성 장애가 딸의 아버지에 대한 초기 애정 표현을 부모가 과반응한 결과로 나타난다고 주장했다. 말하자면 딸의 아버지에 대한 초기 애정 표현을 반복적으로 처벌하는 식으로 말이다. 이런 경험을 가진 아이는 성인기에 들어 성적 억압을 보일 수 있으며, 성적 감정을 신체적 병으로 전환할 가능성이 높다.

만약 부모가 소녀의 성적 감정에 과잉 반응하게 되면, 예를 들어 강한 처벌로 반응한다면, 엘렉트라 갈등은 해결되지 못하고 소녀는 이후의 삶에 걸쳐 성적 불안을 반복해서 경험하게 될 것이라고 Freud는 생각했다. 성적 감정이 촉발될 때마다 여성은 이 감정을 자신으로부터 그리고 타인으로부터 감추고자 하는 무의식적 욕구를 경험하게 되고, 어떤 여성은 촉발된 성적 감정을 신체적 증상으로 전환함으로써(물론 의식하지 못한 상태에서) 자신이나 타인이 이를 눈치채지 못하게 한다. 이것이 Freud의 히스테리성 증상 발달에 대한 설명이다.

오늘날의 정신역동이론가 대부분은 전환장애와 신체증상장애에 관한 Freud의 설명에 이의를 제기한다(Nickel et al., 2010). 하지만 이들은 장애 환자가 아동기에 뿌리를 둔 무의식적 갈등을 가지고 있으며, 이 무의식적 갈등이 불안을 야기하기 때문에 이를 '좀 더 견딜

Hero Images/Getty Images

수 있는' 신체적 증상으로 전환한다는 주장에는 여전히 동의한다(Brown et al., 2005).

정신역동이론가들은 전환장애와 신체증상장애에 일차적 이득과 이차적 이득이라는 두 가지 기제가 작동하고 있다고 주장한다. 히스테리성 증상이 내적 갈등의 의식화를 방해할 때 사람들은 **일차적 이득**(primary gain)을 얻는다. 예를 들어 분노를 표출할까 봐 무의식적으로 두려워하는 남자는 언쟁 중 전환성 팔마비 증상을 발전시킬 수 있다. 여기서 팔의 마비는 남자의 분노 감정이 그의 의식에 와 닿는 것을 막는다. 반면 히스테리성 증상이 하기 싫은 활동의 면제나 외부의 관심을 가져올 때 사람들은 **이차적 이득**(secondary gain)을 얻게 된다. 예를 들어 전환성 마비가 병사의 참전 의무를 면제해 주거나 전환성 시각 상실이 연인과의 헤어짐을 막을 때 이차적 이득이 작동하고 있는 것이다. 요트 사고로 아내를 잃은 브라이언의 사례에서도 이차적 이득이 작동하고 있는 것으로 보인다. 마비 증상으로 인해 그는 사고 후 그가 감수해야 할 수많은 고통스러운 의무(아내의 부모에게 딸의 죽음을 말해야 하는 것에서부터 아내의 장례식에 참석하는 것, 직장에 복귀하는 것)를 수행하지 않아도 되었다.

행동주의적 관점 행동주의 이론가들은 전환장애와 신체증상장애에서 나타나는 신체적 증상이 장애를 보이는 사람들에게 보상을 가져다준다고 주장한다(표 8-4 참조). 장애를 가진 개인은 증상으로 인해 불쾌한 관계로부터 해방될 수도 있고 타인의 관심을 받을 수도 있다(Witthöft & Hiller, 2010). 보상을 얻게 되면 개인은 이를 학습하게 되어 더 많은 증상을 보이게 된다. 또한 행동주의자들은 병에 대해 잘 아는 사람이 병과 관련한 신체 증상을 더 쉽게 채택할 것이라 주장한다. 사실상 연구들은 많은 환자들이 자신, 친척, 혹은 친구가 유사한 의학적 문제를 가진 후에야 신체 증상을 발달시킴을 발견하였다(Marshall et al., 2007).

확실히 보상에 대한 행동주의의 초점은 정신역동에서의 이차적 이득과 유사하다. 주된 차이는 정신역동적 이론가들은 이득을 이차적인 것(이차적 이득은 기저한 갈등이 장애를 만들어 낸 이후에야 나타나기 때문에)으로 보는 반면 행동주의자들은 이득을 장애 발달의 주된 원인으로 본다는 점에 있다.

정신역동적 설명에서와 마찬가지로, 전환장애와 신체증상장애에 대한 행동주의적 설명도 경험적 지지를 거의 받고 있지 않다. 이러한 관점은 임상 사례 보고들에서도 단지 간간

▶**일차적 이득** 정신역동이론의 개념으로, 신체적 증상이 개인의 내적 갈등 인식을 막는 이득을 창출할 때 이를 일차적 이득이라 함

▶**이차적 이득** 정신역동이론의 개념으로, 신체적 증상이 타인으로부터 친절함을 유도해 내거나 원치 않는 활동에 대한 핑계를 제공하는 식의 이득을 창출할 때 이를 이차적 이득이라 함

표 8-4

신체적 증상을 가지는 장애

장애	증상의 자발적 통제가 가능한가?	증상이 심리사회적 요인과 관련되었는가?	명백한 목표가 있는가?
꾀병	예	아마도	예
인위성장애	예	예	아니요*
전환장애	아니요	예	아마도
신체증상장애	아니요	예	아마도
질병불안장애	아니요	예	아니요
정신생리성 장애	아니요	예	아니요
신체질병	아니요	아마도	아니요

*의학적 관심을 제외하고는 없음

욕의 긍정적 측면

영국의 유명 축구 선수 웨인 루니가 고환을 공으로 맞은 후 고통으로 울부짖고 있다. 연구는 욕하는 것이 전환장애나 신체증상장애의 통증뿐만 아니라 루니의 통증에도 도움을 줄 수 있다고 제안한다(Stephens et al., 2009).

정신력에 달린 문제

물론 심리적 과정의 힘을 보여 주는 또 다른 예이긴 하지만, 히스테리성 장애와는 반대로 사람들은 통증이나 기타 다른 신체적 증상을 '무시하는' 경우가 있다. 여기 런던의 행위예술가가 갈고리로 피부를 꾀어 천장에 매달린 채 구경꾼들에게 편안한 미소를 지으려 하는 사진이 있다. 그녀의 행위는 상어 지느러미를 자르는 잔혹 행위를 종결시키려는 2008년도 시위의 일부로 이루어졌다. 상어 지느러미 수프와 다른 상품의 생산에 사용될 상어 지느러미를 얻기 위해 상어의 꼬리를 자르고 살아 있는 상어 몸체를 다시 바다로 되던지는 관행을 종결시키기 위한 시위의 일종으로 말이다.

이 지지될 뿐이다. 많은 사례에서 장애로 인한 고통과 혼란은 증상이 가져다주는 보상보다 훨씬 큰 것으로 보인다.

인지주의적 관점 몇몇 인지주의 이론가들은 전환장애와 신체증상장애가 의사소통의 한 형태라 주장한다. 말하자면 감정을 표현하는 데 어려움이 있는 사람에게 다른 수단을 제공한다는 것이다(Koo et al., 2014; Hallquist et al., 2010). 인지주의 이론가들은 정신역동이론가들과 마찬가지로 이들 장애 환자들의 감정이 신체적 증상으로 전환되었다고 주장한다. 하지만 전환의 목적은 불안으로부터 자신을 방어하려는 데 있는 것이 아니라, 자신이 잘 알고 편안해하는 '신체적 언어'로 분노, 두려움, 우울, 죄책감, 질투심 등의 극단적 감정을 소통하려는 데 있다고 이들은 주장한다.

이러한 견해에 따르면 자신의 감정을 인식하거나 표현하는 데 큰 어려움이 있는 이들이 전환장애와 신체증상장애를 발달시킬 우선적 후보가 될 수 있다. 또한 이전에 신체적 병을 앓아본 경험으로 신체적 증상 언어를 알게 된 이들도 이들 장애 발달의 후보가 될 수 있다. 아동도 후보가 될 수 있다. 아동은 감정을 언어로 잘 표현하지 못하기 때문에 감정 소통방식으로 신체적 증상을 발전시킬 가능성이 특히 크다(Shaw et al., 2010). 하지만 인지주의 관점도 다른 관점들과 마찬가지로 광범위하게 검증되거나 경험적으로 지지되지 못하고 있다.

다문화적 관점 서구의 임상가 대부분은 개인적 고통에 신체 증상을 발전시키거나 신체 증상에 과도하게 초점을 두는 방식으로 반응하는 것을 부적절한 것으로 인식하고 있다(Shaw et al., 2010; So, 2008; Escobar, 2004). 이것이 전환장애와 신체증상장애가 DSM-5에 포함되게 된 이유 중 하나이다. 하지만 일부 이론가들은 이런 입장이 서구의 편견을 반영한 것이라 생각한다. 즉 신체적 증상을 감정을 다루는 **열등**한 방식으로 보는 편견 말이다(Moldavsky, 2004; Fábrega, 1990).

개인적 고통을 신체적 증상으로 변형하는 것은 비서구문화에서는 사실상 정상적인 것이다(Draguns, 2006; Kleinman, 1987). 비서구문화에서 신체화 장애는 인생 스트레스에 대한 사회적으로나 의학적으로 용납된 적절한 반응이고 낙인을 덜 받는 반응으로 간주되고 있다. 중국, 일본, 아랍 국가를 포함한 비서구사회의 의학 환경에서 스트레스로 야기된 신체 증상의 비율이 높게 보고되고 있다(Zhou et al., 2015; Matsumoto & Juang, 2008). 라틴계 국가의 사람들도 수많은 신체 증상을 보이고 있는 것으로 파악된다(Escobar, 2004, 1995; Escobar et al., 1998, 1992). 미국 내에서조차 남아메리카 문화권의 사람들은 다른 문화권의 사람들보다 스트레스에 직면하여 더 많은 신체적 증상을 나타내었다.

다문화적 발견들로부터 우리가 배운 것은 스트레스에 대한 신체적 반응이 스트레스에 대한 심리적 반응보다 더 우수하다 혹은 덜 우수하다라는 사실에 있지 않다. 오히려 인생 사건들에 대한 개인의 신체적·심리적 반응 모두는 그 개인이 살고 있는 문화에 의해 더 자주 영향을 받는다는 사실에 있다. 이 점을 간과하면 자동 반사적인 오진단 혹은 오낙인으로 갈 가능성이 있다.

전환장애와 신체증상장애는 어떻게 치료되는가

전환장애와 신체증상장애를 가진 사람들은 심리치료를 최후의 수단으로 찾곤 한다. 그들은 자신의 문제가 의학적인 것이라 믿어 이와 다른 설명이나 제안은 거부한다(Lahmann et al., 2010). 환자의 증상과 걱정이 심리적 원인 때문이라 의사가 말하면, 그들은 다른 의사를 찾아간다. 하지만 결국에는 심리치료, 향정신성 약물치료 혹은 둘 모두를 받기로 합의한다(Raj et al., 2014).

많은 치료자들은 이들 장애의 원인(외상 혹은 신체적 증상과 연결된 불안)에 초점을 두고 통찰, 노출, 약물치료를 적용하고 있다(Ali et al., 2015; Boone, 2011). 예를 들어 정신역동치료자들은 신체적 증상을 가진 개인들로 하여금 자기 내부의 두려움을 인식하고 해결하게 하여 결과적으로 불안을 신체 증상으로 전환할 필요성을 감소시킨다(Nickel et al., 2010; Hawkins, 2004). 반면 행동주의 치료자들은 노출치료를 이용한다. 치료자는 신체 증상을 처음으로 나타나게 한 끔찍한 사건의 세부 특성을 파악하여 이를 환자에게 노출한다. 반복 노출을 통해 환자는 이런 단서에 덜 불안하게 되고 결과적으로 고통스러운 사건에 신체적 경로(신체적 증상)를 통해서라기보다는 직접적으로 대면할 수 있게 된다(Stuart et al., 2008). 생물학적 치료자들은 전환장애 환자와 신체증상장애 환자의 불안을 감소시키기 위해 항불안제나 특정 항우울제를 사용한다(Raj et al., 2014).

다른 치료자들은 히스테리성 장애의 원인보다는 암시, 강화, 직면과 같은 기법을 사용하여 신체 증상을 다루려고 한다(Ali et al., 2015; Parish & Yutzy, 2011). 암시를 사용하는 치료자는 환자에게 정서적 지지를 제공하고 증상이 곧 사라질 거라 설득적으로 말하거나 혹은 최면을 걸어 말한다(Hallquist et al., 2010; Lahmann et al., 2010). 강화를 사용하는 치료자는 환자의 '아픈' 행동에 대한 보상을 제거하고 건강한 행동에 대한 보상을 증가시킨다(Raj et al., 2014; North, 2005). 직면을 사용하는 치료자는 환자의 증상에 의학적 근거가 없다고 직접적으로 말함으로써 환자로 하여금 아픈 역할로부터 나오도록 한다(Sjolie, 2002). 연구자들은 특정 치료적 접근이 전환장애와 신체증상장애에 미치는 효과를 아직 완전히 평가하고 있지 못하다(Martlew, Pulman, & Marson, 2014; Boone, 2011).

▶ 요약

전환장애와 신체증상장애 전환장애는 수의적 운동 및 감각 기능에 영향을 주는 신체적 증상을 특징으로 하지만 이들 증상은 알려진 의학적 질환들과는 일관되지 않는다. 진단가들은 때때로 환자의 의학적 모습에서 이상한 점을 관찰함으로써 전환장애를 '순수한' 의학적 문제들과 구별한다. 신체증상장애에서 사람들은 자신들이 현재 경험하는 신체 증상으로 인해 과도하게 고통받고, 과도하게 걱정·불안해하며, 일상생활에 크고 과도한 방해를 받는다.

Freud는 전환장애와 신체증상장애의 초기 정신역동적 관점을 발달시켰다. Freud는 기저의 정서적 갈

(계속)

숨은 뜻 읽어내기

진단상의 혼란

모호하거나 혼란스러운 증상을 가진 많은 의학적 문제 - 부갑상선 기능항진증, 다발성 경화증, 낭창, 만성 피로증후군 등 - 는 흔히 전환장애나 신체증상장애로 오진단되곤 한다. 과거 목뼈 손상은 흔히 히스테리아로 진단되곤 하였다(Shaw et al., 2010; Ferrari, 2006; Nemecek, 1996).

등이 신체적 증상으로 전환된 것이 전환장애와 신체증상장애라 주장하였다. 행동주의자들은 신체적 증상이 전환장애나 신체증상장애를 가진 사람들에게 보상을 가져다주고 이러한 강화가 증상 유지를 돕는다고 주장한다. 일부 인지이론가들은 전환장애와 신체증상장애가 일종의 의사소통 방법이라 제안한다. 즉 장애를 가진 사람들은 정서를 신체적 증상을 통해 표현한다고 주장한다. 전환장애와 신체증상장애의 치료는 통찰, 노출, 약물 치료를 포함하고 있으며 암시, 강화, 직면과 같은 기법들로 특징지어진다.

질병불안장애

건강염려증(hypochondriasis)으로도 알려진 **질병불안장애**(illness anxiety disorder)를 가진 사람들은 건강에 대한 만성적 불안을 경험하며, 신체 증상의 부재에도 불구하고 심각한 의학적 질병을 가졌다고 혹은 발전시키고 있다고 믿는다(표 8-5 참조). 질병불안장애 환자들은 질병 징후를 찾기 위해 몸 상태를 반복적으로 체크하고 다양한 신체적 사건을 심각한 의학적 문제의 징후로 오해석한다. 전형적으로 신체적 사건은 일상적 기침, 상처, 발한과 같은 정상적인 몸의 변화에 불과하다. 친구, 친척, 의사가 뭐라고 말하든 간에 이들은 이러한 오해석을 계속적으로 한다. 장애를 가진 이들의 많은 수는 자신의 걱정이 지나침을 인식하고 있지만 많은 이는 이를 인식하지 못한다.

질병불안장애는 어느 때라도 시작될 수 있지만 초기 성인기에 가장 빈번하게 시작되고, 남성과 여성에게서 동일하게 발생한다. 전체 인구의 1~5% 정도가 이 장애를 경험한다(Weck et al., 2015 ; Abramowitz & Braddock, 2011). 증상은 여러 해에 걸쳐 증가하고 감소하는 양상을 보인다. 의사들은 이러한 사례를 다수 보았다고 보고한다(Dimsdale et al., 2011). 일차 진료 의사들에게 진찰된 환자의 7%가 이 장애를 보인다.

전형적으로 이론가들은 다양한 불안장애를 설명하는 방식으로 질병불안장애를 설명한다(제4장 참조). 예를 들어 행동주의자들은 질병에 대한 두려움이 고전적 조건형성이나 모델링을 통해 습득된다고 믿는다(Marshall et al., 2007). 인지이론가들은 장애를 가진 사람이 신체적 단서에 너무 민감해하거나 위협받아 이 단서를 잘못 해석하게 된다고 제안한다(Witthöft & Hiller, 2010).

질병불안장애를 가진 개인은 흔히 강박장애에 적용되는 치료를 받는다(148~151쪽 참조). 예를 들어 연구들은 질병불안장애 환자들이 강박증에 효과적인 **항우울제**로 치료받았을 때 상당한 호전이 있었음을 보여 주고 있다(Bouman, 2008). 또한 환자들의 다수는 노출과 반응 방지의 행동주의적 접근으로 치료되었을 때 호전을 보였다(Weck et al., 2015). 이 접근에서 치료자는 신체적 변화를 환자에게 반복적으로 지적하는 노출을 실시하는 동시에 환자의 일상적인 의학적 관심 추구 행동을 제지시키는 반응 방지를 실시한다. 한편 인지치료자들은 환자의 질병을 유지시키는 질병 관련 신념을 환자가 찾고 도전하고 변화하도록 이끈다.

표 8-5

진단 체크리스트

질병불안장애

1. 심각한 질병을 가졌거나 심각한 질병에 걸렸다는 생각에 사로잡혀 있음. 실제 이들은 신체 증상이 없거나 기껏해야 경미한 신체 증상을 가지고 있음

2. 건강에 대한 걱정이 쉽게 촉발됨

3. 지나치게 많은 건강 관련 행동(예 : 몸에 계속 집중) 혹은 역기능적 건강 회피 행동(예 : 병원 가는 것을 회피)을 보임

4. 걱정이 일정 수준으로 적어도 6개월 이상 지속됨

출처 : APA, 2013.

▶ **요약**

질병불안장애 질병불안장애를 가진 사람들은 건강에 대한 만성적 불안을 경험하며, 신체 증상의 부재에도 불구하고 심각한 의학적 질병을 가졌다 혹은 발전시키고 있다는 생각에 몰두한다. 이론가들은

불안장애를 설명하는 방식으로 질병불안장애를 설명한다. 질병불안장애 치료를 위해 강박장애를 위해 개발된 약물, 행동, 인지적 접근들이 사용되고 있다.

정신생리성 장애 : 의학적 상태에 영향을 주는 심리적 요인

85년 전 임상가들은 생물학적·심리학적·사회문화적 요인의 상호작용으로 야기되거나 악화되는 일군의 신체적 질환을 발견하였다(Dunbar, 1948; Bott, 1928). *DSM*의 초기 판들은 이러한 질환들을 **정신생리성 장애**(psychophysiological disorder) 혹은 **정신신체성 장애**(psychosomatic disorder)라 명명하였다. 하지만 *DSM-5*는 이들을 의학적 상태에 영향을 미치는 심리적 요인(psychological factors affecting other medical condition)이라 명명하고 있다(표 8-6 참조). 이 장에서는 '정신생리성'이라는 더 잘 알려진 용어를 사용할 것이다.

심각한 의학적 증상과 상태가 정신생리성 장애에 개입되어 있다는 사실과 장애가 종종 심각한 신체적 손상을 일으킨다는 사실을 인식하는 것은 중요하다(APA, 2013). 정신생리성 장애는 주로 심리적 요인에 의해 설명되는 인위성장애, 전환장애, 질병불안장애와는 다르다.

전통적인 정신생리성 장애

1970년대 이전 임상가들은 극소수의 질환만이 정신생리적이라 믿었다. 이러한 장애 중 가장 잘 알려져 있고 가장 흔한 것이 위궤양, 천식, 불면증, 만성 두통, 고혈압, 관상동맥 심장질환이다. 그러나 최근 연구들은 세균성 혹은 바이러스성 감염을 포함하는 많은 다른 신체적 질환도 심리사회적 요인과 신체적 요인의 상호작용으로 야기될 수 있음을 보여 준다. 전통적인 정신생리성 장애를 먼저 살펴보고, 다음으로 후자의 범주에 속하는 새로운 질환을 살펴보겠다.

위궤양(ulcer)은 위장 내벽이나 십이지장 내벽에 형성된 손상(구멍)으로 위쓰림이나 통증, 간헐적 구토, 위출혈 등을 일으킨다. 미국 내 2,500만 명 이상이 그들의 생애 어느 순간에 이 장애를 앓게 된다고 하며, 매년 6,500명의 사람이 이 장애로 죽는다고 한다(Stratemeier & Vignogna, 2014). 위궤양은 종종 환경적 압박, 강렬한 분노, 불안과 같은 스트레스 요인(그림 8-2 참조)과 *H. pylori* 세균 같은 생리적 요인의 상호작용으로 야기된다(Marks, 2014; Fink, 2011).

천식(asthma)은 신체의 공기 통로(기도와 기관지)를 정기적으로 좁혀 공기가 폐로 들어가고 나오는 것을 어렵게 한다. 결과로 나타나는 증상은 숨 가쁨, 쌕쌕거림, 기침, 끔찍한 숨 막힘 등이다. 전 세계적으로 2억 3,500만 명이(그리고 미국 내에서만 2,500만 명이) 현재 천식으로 고통받고 있으며(WHO, 2013; Akinbami et al., 2011), 대부분은 아동기나 초기 청소년기에 처음 천식 발작을 경험한다. 천식 사례의 70%는 환경적 압박이나 불안과 같은 스트레스 요인과 특정 물질에 대한 알레르기, 느리게 작동하는 교감신경계, 약화된 호흡계 같은 생리적 요인의 상호작용이 그 원인으로 파악되고 있다(CDC, 2013; Dhabhar, 2011).

수면을 이루거나 유지하는 데 있어서의 어려움인 **불면증**(insomnia)은 매년 미국 인구의 3분의 1 이상을 괴롭힌다(Heffron, 2014). 비록 우리 중 많은 이가 몇 날 밤 지속되는 일시

▶정신생리성 장애 심리사회 및 신체적 요인이 함께 상호작용하여 나타나는 질병. *DSM-IV-TR*에서는 이를 '의학적 상태에 영향을 미치는 심리적 요인'이라고 분류함. '정신신체성 장애'라고도 함

▶위궤양 위와 십이지장 벽에 생긴 병변

▶천식 기도와 기관지가 좁아지는 것을 특징으로 하는 의학적 문제로 숨 가쁨, 쌕쌕거림, 기침, 숨 막힘을 야기함

▶불면증 잠을 이루거나 유지하는 데 있어서의 어려움

표 8-6

진단 체크리스트
의학적 상태에 영향을 주는 심리적 요인

1. 일반적인 의학적 상태가 존재

2. 심리적 요인이 다음의 방법으로 의학적 상태에 부정적 영향을 미침
   - 의학적 상태의 진행 과정에 영향을 줌
   - 의학적 상태의 치료를 방해함
   - 부가적인 건강 위험을 제공
   - 의학적 상태를 촉발하거나 악화시킴으로써 기저한 병적 생리에 영향을 줌

출처 : APA, 2013.

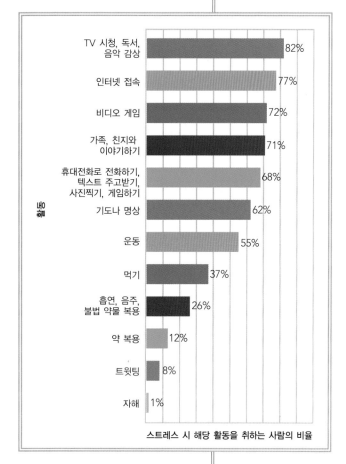

TV 시청, 독서,
음악 감상 — 82%

인터넷 접속 — 77%

비디오 게임 — 72%

가족, 친지와
이야기하기 — 71%

휴대전화로 전화하기,
텍스트 주고받기,
사진찍기, 게임하기 — 68%

기도나 명상 — 62%

운동 — 55%

먹기 — 37%

흡연, 음주,
불법 약물 복용 — 26%

약 복용 — 12%

트윗팅 — 8%

자해 — 1%

스트레스 시 해당 활동을 취하는 사람의 비율

그림 8-2
스트레스를 줄이기 위해 사람들은 무엇을 하는가
설문조사에 의하면, 대부분의 사람들은 스트레스를 줄이기 위해 인터넷에 접속하거나, TV를 보거나, 책을 읽거나 음악을 듣는다. 트윗팅은 증가 추세에 있다(출처 : IWS, 2011; Pew Research Center, 2011, 2010; MHA, 2008; NPD Group, 2008).

▶**근육 수축 두통** 두개골을 둘러싼 근육의 수축으로 인한 두통. '긴장성 두통'이라고도 함

▶**편두통** 머리의 한 측면에서 발생하는 극도로 심각한 두통. 때때로 어지러움, 메스꺼움, 구토를 유발함

▶**고혈압** 만성적으로 높은 혈압

두통 이상의 것
편두통 증상은 강한 두통을 넘어 어지럼증, 메스꺼움, 구토에서 실제적으로 개인을 마비시키는 신체적 질환에 이르기까지 다양하다. 여기 2009년 메이저리그 올스타 축구 시합 중 근처 병원으로 호송되고 있는 축구선수 프레디 융베리의 사진이 있다. 만성 편두통 환자인 프레디는 경기 도중 나타난 편두통으로 일시적으로 시력을 상실했다.

적인 불면증 발작을 경험하긴 하지만, 인구의 10%는 몇 달이나 몇 년 지속되는 만성적 불면증을 경험한다(정보마당 참조). 만성 불면증 환자는 자신이 거의 계속 깨어 있는 것으로 느낀다. 이들의 문제는 높은 수준의 불안, 우울과 같은 심리사회적 요인과 과민한 각성 체계 혹은 특정 의학적 질환과 같은 생리적 문제의 결합으로 야기될 수 있다(Trauer et al., 2015; Belleville et al., 2011).

만성 두통은 빈번하고 강한 머리나 목 쪽 통증으로 특징지어지는데, 이러한 통증은 또 다른 신체적 장애로 야기되는 것이 아니다. 두통에는 두 가지가 있다. **근육 수축 두통**(muscle contraction headache) 혹은 **긴장성 두통**(tension headache)은 머리 뒤나 앞쪽의 통증과 목 뒤의 통증으로 특징지어진다. 이러한 통증은 두개골을 둘러싼 근육들이 조여져 혈관을 좁히면서 일어난다. 약 4,500만 명의 미국인이 이러한 두통으로 고통받고 있다(CDC, 2010).

편두통(migraine headache)은 극도로 고통스럽고 간혹 마비에 가까운 상태로까지 이끄는 두통으로, 머리의 한편에 나타나며, 때때로 어지럼증, 메스꺼움, 구토를 동반한다. 몇몇 의학자는 편두통이 두 단계를 통해 발전한다고 주장한다. 즉 (1) 뇌의 혈관들이 좁아져 뇌 부분으로의 혈액 흐름이 감소되고, (2) 같은 혈관들이 나중에 팽창하여 이 혈관들을 통한 혈액의 흐름이 빨라지게 되고 이는 많은 뇌신경세포(뉴런)의 종말을 자극하여 통증을 일으킨다. 미국 내 2,300만 명 정도가 편두통으로 고생하고 있다고 한다.

연구들은 만성 두통이 환경적 압박, 일반적 무기력·분노·불안·우울의 감정과 같은 스트레스 요인과 신경전달물질 세로토닌의 비정상적 활동, 혈관 문제, 근육 약화와 같은 생리적 요인 간의 상호작용으로 야기됨을 시사하고 있다(Bruffaerts et al., 2015; Young & Skorga, 2011; Engel, 2009).

고혈압(hypertension)은 만성적인 높은 혈압 상태를 말한다. 말하자면 심장에 의해 동맥에 내뿜어지는 혈액은 동맥 내벽에 너무나도 큰 압력을 형성한다. 고혈압은 겉으로 드러나

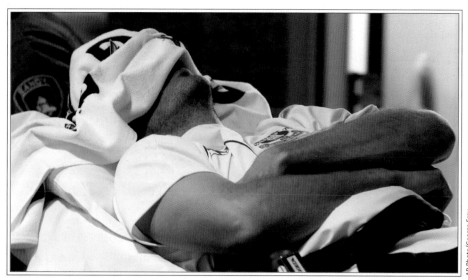

AP Photo/George Frey

수면과 수면장애

수면은 변화된 의식, 수의적 몸 기능의 정지, 근육의 이완, 환경 자극에의 감소된 지각으로 특징지어지는 자연 발생 상태이다. 연구자들은 수면의 단계, 주기, 뇌파, 역학에 관한 많은 자료를 수집해 왔으나 수면의 정확한 목적을 완전히 파악하고 있지는 못하다. 그러나 우리는 인간과 동물이 생존과 적절한 기능의 유지를 위해 수면이 필요하다는 것은 안다.

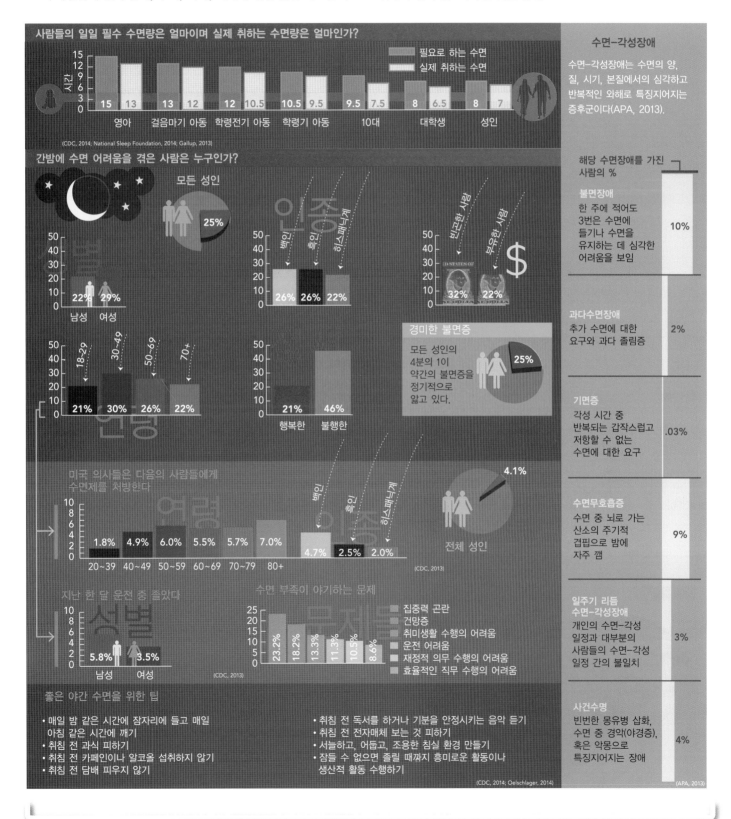

사람들의 일일 필수 수면량은 얼마이며 실제 취하는 수면량은 얼마인가?

필요로 하는 수면 / 실제 취하는 수면

영아 15 / 13, 걸음마기 아동 13 / 12, 학령전기 아동 12 / 10.5, 학령기 아동 10.5 / 9.5, 10대 9.5 / 7.5, 대학생 8 / 6.5, 성인 8 / 7

(CDC, 2014; National Sleep Foundation, 2014; Gallup, 2013)

간밤에 수면 어려움을 겪은 사람은 누구인가?

모든 성인 25%

남성 22% / 여성 29%

백인 26% / 흑인 26% / 히스패닉계 22%

빈곤한 사람 32% / 부유한 사람 22%

18~29 21% / 30~49 30% / 50~69 26% / 70+ 22%

행복한 21% / 불행한 46%

경미한 불면증
모든 성인의 4분의 1이 약간의 불면증을 정기적으로 앓고 있다. 25%

미국 의사들은 다음의 사람들에게 수면제를 처방한다
20~39 1.8% / 40~49 4.9% / 50~59 6.0% / 60~69 5.5% / 70~79 5.7% / 80+ 7.0%

백인 4.7% / 흑인 2.5% / 히스패닉계 2.0%

전체 성인 4.1%

(CDC, 2013)

지난 한 달 운전 중 졸았다
남성 5.8% / 여성 3.5%
(CDC, 2013)

수면 부족이 야기하는 문제
집중력 곤란 23.2% / 건망증 18.2% / 취미생활 수행의 어려움 13.3% / 운전 어려움 11.3% / 재정적 의무 수행의 어려움 10.5% / 효율적인 직무 수행의 어려움 8.6%
(CDC, 2013)

좋은 야간 수면을 위한 팁
• 매일 밤 같은 시간에 잠자리에 들고 매일 아침 같은 시간에 깨기
• 취침 전 과식 피하기
• 취침 전 카페인이나 알코올 섭취하지 않기
• 취침 전 담배 피우지 않기
• 취침 전 독서를 하거나 기분을 안정시키는 음악 듣기
• 취침 전 전자매체 보는 것 피하기
• 서늘하고, 어둡고, 조용한 침실 환경 만들기
• 잠들 수 없으면 졸릴 때까지 흥미로운 활동이나 생산적 활동 수행하기
(CDC, 2014; Oelschlager, 2014)

수면-각성장애
수면-각성장애는 수면의 양, 질, 시기, 본질에서의 심각하고 반복적인 와해로 특징지어지는 증후군이다(APA, 2013).

해당 수면장애를 가진 사람의 %

불면장애
한 주에 적어도 3번은 수면에 들거나 수면을 유지하는 데 심각한 어려움을 보임 — 10%

과다수면장애
추가 수면에 대한 요구와 과다 졸림증 — 2%

기면증
각성 시간 중 반복되는 갑작스럽고 저항할 수 없는 수면에 대한 요구 — .03%

수면무호흡증
수면 중 뇌로 가는 산소의 주기적 겹핍으로 밤에 자주 깸 — 9%

일주기 리듬 수면-각성장애
개인의 수면-각성 일정과 대부분의 사람들의 수면-각성 일정 간의 불일치 — 3%

사건수명
빈번한 몽유병 삽화, 수면 중 경악(야경증), 혹은 악몽으로 특징지어지는 장애 — 4%

(APA, 2013)

▶관상동맥 심장질환 관상동맥이 막혀 발생하는 심장질환

는 증상은 거의 없으나, 전체 심혈관계의 적절한 기능 수행을 방해하여 결과적으로 뇌졸중, 심장질환, 신장 문제의 발생 위험을 크게 증가시킨다. 미국 내 7,500만 명의 사람이 고혈압을 가지고 있고, 수천 명이 매년 고혈압으로 사망하고 있으며, 수백만 명은 고혈압으로 야기된 병으로 사망하고 있는 것으로 추산되고 있다(CDC, 2014, 2011). 모든 사례의 10% 정도는 생리적 이상만으로 야기되고 있다. 나머지는 심리사회적 그리고 생리적 요인이 결합되어 나타나게 되는데, 이를 본태성 고혈압(essential hypertension)이라 부른다. 본태성 고혈압의 주된 심리사회적 원인에는 지속되는 스트레스, 환경적 위험, 분노나 우울이라는 일반적 감정이 포함된다. 생리적 요인에는 비만, 흡연, 낮은 신장 기능, 혈관 내 접착 단백질인 콜라겐의 비정상적으로 높은 비율이 포함된다(Hu et al., 2015; Brooks et al., 2011).

관상동맥 심장질환(coronary heart disease)은 심장을 둘러싸고 있는 혈관으로 심장 근육에 산소를 운반하는 역할을 하는 **관상동맥**이 막힘으로써 야기된다. 이는 관상동맥 폐색과 **심근경색**(심장 발작)을 포함하는 여러 심장 문제를 지칭하는 용어이다. 미국 내 약 1,800만 명이 관상동맥 심장질환으로 고통받고 있다. 관상동맥 심장질환은 미국 남성과 여성 모두에서 사망 원인 1위를 차지하며, 사망자의 약 40%에 해당하는 60만 명이 매년 이 병으로 사망한다(CDC, 2014; AHA, 2011). 관상동맥 심장질환 사례의 대부분은 직장에서의 스트레스나 높은 분노 혹은 우울과 같은 심리사회적 요인과 높은 수준의 콜레스테롤, 비만, 고혈압, 흡연, 운동 부족과 같은 생리적 요인 간 상호작용과 관련되어 있다(Rhéaume et al., 2015; Bekkouche et al., 2011).

> 우리 사회에서 어떤 직업 그리고/혹은 생활양식이 특히 스트레스적이고 외상적인가?

어떤 요인이 정신생리성 장애에 기여하는가 지난 수년간 임상가들은 정신생리성 장애의 발달에 기여할지도 모르는 수많은 변인을 찾아내었다. 이 중 몇 개가 급성 스트레스장애와 외상후 스트레스장애 발달에 기여하는 변인들과 동일하다는 사실은 그리 놀랄 만한 일이 아니다. 이들 변인은 생리적·심리적·사회문화적 요인으로 묶일 수 있다.

생리적 요인 뇌가 신체기관들을 활성화하는 방법 중 하나가 중추신경계를 신체기관들에 연결시키는 신경섬유들의 망인 **자율신경계**(ANS)를 작동시킴으로써라는 것은 제5장에서 이미 살펴보았다. 이 체계에서의 결함은 정신생리성 장애의 발달에 기여하는 것으로 알려져 있다(Lundberg, 2011; Hugdahl, 1995). 예를 들어 누군가의 자율신경계가 너무 쉽게 자극받는다면, 많은 사람이 경미한 스트레스라 생각할 만한 상황에 대해 그 개인은 과민하게 반응할지도 모른다. 자율신경계의 과민성은 특정 기관을 손상시키고 결과적으로 정신생리성 장애를 야기할 수 있다. 다른 더 구체적인 생리적 문제도 정신생리성 장애 발달에 기여할 수 있다. 약한 소화계를 가진 사람은 위궤양이 걸리기 쉬울 것이고, 약한 호흡계를 가진 사람은 천식을 발달시키기 쉬울 것이다.

유사한 맥락에서 어떤 사람들은 정신생리성 장애의 발달 가능성을 높이는 생물학적 반응을 보일 수 있다. 어떤 사람은 스트레스에 대한 반응으로 땀을 흘린다. 다른 사람들은 스트레스에

수면 연구
임상가들과 연구자들은 수면과 수면장애를 평가하고 연구하기 위해서 특수 기법들을 활용한다. 사진 속 남성은 '수면다원검사(polysomnographic examination)'를 받고 있다. 이 절차는 폐, 심장, 뇌 활동의 측정을 포함, 개인이 수면 중 나타내는 생리적 활동을 측정한다.

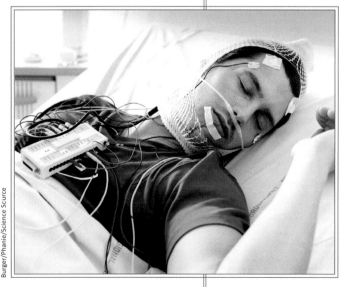

대한 반응으로 배앓이를 하고, 또 다른 사람들은 혈압 상승을 경험한
다(Lundberg, 2011). 연구는 어떤 사람들의 경우 스트레스를 받을 때
혈압이 순간적으로 상승함을 경험할 확률이 다른 사람들보다 특히
더 높음을 보여 주고 있다(Su et al., 2014). 이러한 사람들은 아마도
고혈압을 발전시킬 경향이 더 높을 것이다.

심리학적 요인 이론가들은 특정 욕구, 태도, 감정, 대처 양식이 사람
들을 스트레스원에 반복적으로 과민하게 반응하게 만들어 결과적으
로 정신생리성 장애 발달의 가능성을 높인다고 제안한다(Williams et
al., 2011). 연구자들은 억압적 대처 양식(불편함, 분노, 혹은 적대감을
표현하는 것을 꺼리는 대처 양식)을 가진 남성이 스트레스를 느낄 때
혈압과 심장 박동률의 급속한 상승을 경험함을 발견하였다(Trapp et
al., 2014).

"아무것도 아니야."

정신생리성 장애에 기여하는 또 다른 성격 양식은 **A 유형 성격**(Type A personality style)
이다. 이 개념은 2명의 심장병 전문의 Meyer Friedman과 Ray Rosenman(1959)에 의해 소개
되었다. A 유형 성격을 가진 사람은 항상 화가 나 있고, 냉소적이며, 의욕이 넘치고, 참을
성이 없고, 경쟁적이며, 야심에 차 있다. Friedman과 Rosenman에 따르면, 이들은 계속적으
로 스트레스를 만들고 종종 관상동맥 심장질환으로 이끄는 방식으로 세상과 소통한다. 반
면 **B 유형 성격**(Type B personality style)을 가진 사람은 편안하고, 덜 공격적이며, 시간에 대
해 덜 걱정한다. 이러한 특징은 B 유형 성격을 가진 사람들이 심혈관 퇴화를 덜 경험하도
록 할 것이다.

A 유형 성격과 관상동맥 심장질환 간의 관련성은 여러 연구를 통해 지지되고 있다.
3,000명 이상을 대상으로 한 잘 알려진 연구에서 Friedman과 Rosenman(1974)은 40~50대
건강한 남성들을 A 유형과 B 유형 성격 범주로 구분한 뒤, 이들의 건강을 8년 동안 추적하
였다. 연구의 결과, A 유형 성격 남성들이 B 유형 성격 남성들보다 관상동맥 심장질환을
2배 이상 더 많이 발달시켰다. 이후 연구들에서 여성도 A 유형 성격 특징과 심장질환이 유
사하게 관련되었음이 발견되었다(Haynes et al., 1980).

최근 연구들은 A 유형 성격과 심장질환 간의 관련이 이전 연구들에서만큼 강하지 않
을 수 있음을 지적한다. 그러나 이 연구들조차도 A 유형 성격 양식을 구성하는 몇 가지 특
성, 특히 적대감과 시간 조급성이 심장질환과 강하게 관련될 수 있음을 시사하고 있다(Allan,
2014; Williams et al., 2013).

사회문화적 요인 : 다문화적 관점 불우한 사회적 상황은 정신생리성 장애를 발생시키는 기
반이 된다(Su et al., 2014). 이러한 상황은 앞서 논의한 생물학적 요인과 성격적 요인을 촉
발하고 이들과 상호작용하는 만성적 스트레스를 양산한다. 부정적인 사회적 상황 중 대표
적인 것이 가난이다. 연구들에서 상대적으로 부유한 사람은 가난한 사람보다 더 적은 정신
생리성 장애를, 더 나은 건강을, 더 나은 건강 결과물을 가지는 것으로 밝혀졌다(Singh &
Siahpush, 2014; Chandola & Marmot, 2011). 이러한 관계가 나타난 한 이유는 가난한 사람
이 부유한 사람보다 전형적으로 더 높은 비율의 범죄, 실업, 과밀집, 기타 부정적 스트레스
원을 경험하기 때문이다. 또한 가난한 사람은 전형적으로 열악한 건강 관리를 받는다.

인종과 정신생리성 혹은 다른 건강 문제들과의 관계는 복잡하다. 방금 논의된 경제적

▶A 유형 성격 적대성, 냉소성, 의욕 넘침,
성급함, 경쟁, 야망으로 특징된 성격 형태

▶B 유형 성격 긴장이 적고, 덜 공격적이며,
시간에 대해 덜 걱정하는 성격 형태

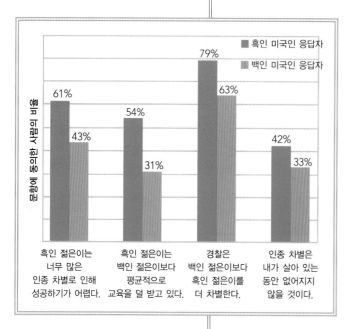

흑인 미국인 응답자
백인 미국인 응답자

61%
43%

54%
31%

79%
63%

42%
33%

문항에 동의한 사람의 비율

흑인 젊은이는
너무 많은
인종 차별로 인해
성공하기가 어렵다.

흑인 젊은이는
백인 젊은이보다
평균적으로
교육을 덜 받고 있다.

경찰은
백인 젊은이보다
흑인 젊은이를
더 차별한다.

인종 차별은
내가 살아 있는
동안 없어지지
않을 것이다.

그림 8-3

소수인종 10대들이 얼마나 많은 인종차별에 직면하고 있는가

누구에게 질문되었느냐에 따라 다르다. 1,590명의 10대와 젊은 성인들을 대상으로 한 최근 설문연구에서 흑인 미국인 응답자들이 백인 미국인 응답자들보다 흑인 10대가 다양한 형태의 차별을 경험하고 있음을 더 높게 인식하고 있었다(출처 : Black Youth Project, 2011)

추세로 예상할 수 있듯, 흑인 미국인은 백인 미국인보다 정신생리성 문제를 더 많이 갖는다. 한 예로 고혈압, 당뇨, 천식 비율이 백인 미국인보다 흑인 미국인들에서 더 높았다(Wang et al., 2014; CDC, 2011). 또한 흑인 미국인들은 백인 미국인들보다 심장질환과 뇌졸중으로 사망할 확률이 높다. 확실히 경제적 요인이 이러한 인종적 차이를 설명해 준다. 많은 흑인 미국인들은 가난 속에 살고 있고, 가난은 다시 좋지 못한 건강 결과물로 이끄는 높은 비율의 범죄와 실업을 경험하게 한다(Greer et al., 2014).

연구들은 또한 흑인 미국인들의 높은 정신생리성 혹은 의학적 장애 비율이 경제적 요인 외 다른 요인에 의한 것임도 시사하고 있다. 백인의 경우 29%에서 고혈압이 나타나는 데 반해 흑인의 경우 42%에서 고혈압이 나타남을 생각하라(CDCP, 2011). 이러한 차이는 부분적으로는 많은 흑인이 더 위험한 환경에서 살고 있고 더 불만족스러운 일에 종사하고 있다는 이유로 설명될 수 있지만(Gilbert et al., 2011), 다른 요인들도 이러한 차이를 만드는 데 작용할 수 있다. 예를 들어 흑인에게서 나타나는 특정 생리학적 경향성은 고혈압의 위험을 증가시킨다. 혹은 인종 차별의 반복적 경험이 흑인의 혈압을 증가시키는 특별한 스트레스가 될 수 있다(Dolezsar et al., 2014)(그림 8-3 참조). 사실상, 최근 일부 연구는 한 해 더 많은 차별을 경험한 사람들에서 혈압의 매일 상승률이 더 높았음을 발견하였다(Smart-Richman et al., 2010).

흑인 미국인들의 건강상에 대한 검토로부터 우리는 비슷한 경향성이 히스패닉계 미국인들에게서도 나타나리라 예상해 볼 수 있다. 결국 높은 비율의 히스패닉들이 가난 속에 살고 있고, 차별에 노출되어 있으며, 높은 범죄와 실업을 경험하고 있고, 열악한 건강관리를 받고 있다(BLS, 2015; Travis & Meltzer, 2008). 그러나 이러한 불이익에도 불구하고 히스패닉들의 건강은 평균적으로 백인들이나 흑인들과 비슷하거나 흔히 더 낫다(CDC, 2015). 표 8-7에서 볼 수 있듯이 히스패닉들의 고혈압, 고콜레스테롤, 천식, 암 비율은 백인이나 흑인의 그것보다 더 낮다.

명백한 경제적 불이익에도 불구하고 히스패닉들이 보이는 상대적으로 좋은 건강 상태를 지칭하여 임상계에서는 '히스패닉의 건강 패러독스'라 부르고 있다. 연구자들은 이 양상에 의아해하고 있지만 몇 가지 설명들이 제안되고 있다. 그 하나가 히스패닉들의 사회 관계, 가족 간 지지, 신앙심에 대한 강조가 이들의 건강 탄력성 증가에 기여한 것이 아닌

표 8-7

진단 체크리스트

미국 인종 집단 내 의학적 장애의 유병률

	고혈압	고콜레스테롤	당뇨	천식	암
흑인 미국인	42%	24%	16%	13%	5%
백인 미국인	29%	30%	11%	11%	8%
히스패닉계 미국인	21%	20%	11%	9%	3%

출처 : CDCP, 2011; Mendes, 2010.

가 하는 설명이다(Dubowitz et al., 2010; Gallo et al., 2009). 히스패닉들은 더 나은 건강 결과를 보일 만한 생리학적 경향성을 지니고 있는 것이 아닌가 하는 설명도 히스패닉의 건강 패러독스에 대한 설명으로 제기되고 있다.

새로운 정신생리성 장애

생물학적 · 심리학적 · 사회문화적 요인은 함께 결합하여 정신생리성 장애를 생성하는 것 같다. 이 요인들의 상호작용은 현재 예외 없이 신체 기능의 **법칙**으로 간주되고 있다. 시간 이 지나면서 더 많은 질환이 고전적 정신생리성 장애 목록에 추가되고 있고, 연구자들은 심리사회적 스트레스와 넓은 범위의 신체적 질환 간의 관련성을 찾아내고 있다. 이들 간 관계가 어떤지 먼저 살펴본 다음, 정신신경면역학(psychoneuroimmunology), 즉 스트레스와 신체 면역체계 질환을 연결하는 연구 분야에 대해 살펴보자.

신체질환이 과연 스트레스와 관련된 것인가 1967년, Thomas Holmes와 Richard Rahe는 사회적응평정척도(Social Readjustment Rating Scale)를 개발하였는데, 이 척도는 사람들이 삶에서 경험하는 다양한 스트레스에 일정 수치를 부여한다(표 8-8 참조). 응답으로부터 척도 상 가장 큰 스트레스가 되는 사건이 배우자의 죽음이라는 것이 밝혀졌고, 따라서 척도는 이에 100점의 생활변화지수(life change units, LCUs)를 부여한다. 척도상 비교적 낮은 스트레스에 해당하는 항목은 직장에서의 은퇴(45 LCUs)이고, 경한 법 위반은 이보다 스트레스 정도가 더 낮다(11 LCUs). 이 척도를 통해 연구자들은 일정 기간 개인이 직면했던 스트레스의 총

표 8-8

스트레스가 되는 생활 사건	
성인 : 사회적응평정척도*	**학생 : 대학생 스트레스 질문지†**
1. 배우자 사망	1. 사망(가족 구성원이나 친구)
2. 이혼	2. 시험이 많음
3. 부부 별거	3. 기말고사 기간
4. 수감	4. 대학원 지원
5. 가까운 가족 구성원의 죽음	5. 범죄의 희생자
6. 개인적 사고나 질병	6. 모든 수업 과제의 마감일이 같은 것
7. 결혼	7. 남자/여자친구와 헤어짐
8. 직장 해고	8. 남자/여자친구가 다른 사람과 몰래 사귀는 것을 알았을 때
9. 결혼 갈등의 중재 상황	9. 맞춰야 할 마감일이 많을 때
10. 은퇴	10. 재산을 도난당함
11. 가족 구성원의 건강상 변화	11. 힘든 한 주를 보냄
12. 임신	12. 준비되지 않은 상태로 시험 보기
*전체 척도는 43개 항목으로 구성됨	†전체 척도는 83개 항목으로 구성됨
출처 : *Journal of Psychosomatic Research*, Vol. 11, Holmes, T. H., & Rahe, R. H., The Social Readjustment Rating Scale, 213–218, Copyright 1967, with permission from Elsevier.	출처 : Crandall, C. S., Preisler, J. J., & Aussprung, J. (1992). Measuring life event stress in the lives of college students: The Undergraduate Stress Questionnaire (USQ). *Journal of Behavioral Medicine*, 15(6), 627 – 662.

© Xinhua Press/Corbis

AP Photo/Jerry Lai

학생들의 스트레스 해소 : 동양과 서양
연구에 따르면 빈번한 시험은 고등학생과 대학생에서 두 번째로 높은 스트레스 사건이라 한다. 시험 스트레스를 감소시키기 위해 중국 베이징의 대학 입시생들이 입시 준비 중 서로의 머리를 마사지해 주고 있다(오른쪽). 한편 미국 노스웨스턴대학교 기숙사의 대학생들이 학기 말 기간 동안 '소리 지르기'를 통해 내부의 스트레스를 발산시키고 있다(왼쪽).

량을 측정할 수 있다. 예를 들어 어떤 여성이 1년 동안 새 사업을 시작하였고(39 LCUs), 아들을 대학에 보냈고(29 LCUs), 새집으로 이사했고(20 LCUs), 친한 친구의 죽음을 경험하였다(37 LCUs)고 하자. 이 여성의 한 해 동안의 스트레스 총량은 125 LCUs이고, 이는 1년 동안 경험하기에는 상당한 양의 스트레스이다.

Holmes와 Rahe(1989, 1967)는 이 척도를 이용하여 인생 스트레스와 질병 발생 사이의 관계를 검토할 수 있었다. 이들은 병에 걸린 사람들의 병에 걸리기 전 한 해 동안의 LCU 점수가 건강한 사람들의 대응되는 기간 동안의 LCU 점수보다 훨씬 더 높음을 발견하였다. 1년 총생활변화지수가 300 LCUs 이상이었던 개인은 심각한 건강 문제를 발달시킬 가능성이 특히 컸다.

사회적응평정척도나 이와 유사한 도구를 사용한 연구들은 다양한 종류의 스트레스를 참호성 구강염과 상기도 감염에서 암에 이르는 다양한 신체적 상태와 연결시켰다(Baum et al., 2011; Rook et al., 2011)(언론보도 참조). 전반적으로 삶의 스트레스가 클수록 병의 위험은 증가하였다. 연구자들은 외상 스트레스와 죽음 간의 관계까지도 발견하였다. 한 예로 배우자를 잃은 사람은 배우자 애도 기간 동안 사망할 위험이 증가하였다(Moon et al., 2014; Möller et al., 2011).

Holmes와 Rahe가 개발한 사회적응평정척도의 단점은 특정 인구집단의 특수한 생활 스트레스에 대한 반응을 고려하지 않았다는 점이다. 예를 들어 Holmes와 Rahe는 척도 개발 과정에서 주로 백인을 표본으로 사용하였다. 반응자 중 흑인이나 히스패닉은 거의 없었다. 하지만 백인과 소수인종 집단은 주된 인생 경험에서 차이를 보일 수 있다. 따라서 이들은 인생 사건에 대한 스트레스 반응에서도 차이를 보일 수 있다. 연구들은 인종집단 간 스트레스 반응에서 정말 차이가 나타남을 보여 주고 있다(Bennett & Olugbala, 2010; Johnson, 2010). 한 예로 연구 하나는 흑인들이 백인들보다 주요 상해나 질환, 직장에서의 책임 변화, 혹은 주된 생활 환경의 변화에 대해 더 큰 스트레스를 경험함을 발견하였다(Komaroff et al., 1989, 1986). 유사하게 연구들은 남성과 여성이 삶의 변화들에 서로 다르게 반응함을 보여 주었다(APA, 2010; Wang et al., 2007).

마지막으로 대학생들은 사회적응평정척도에 포함된 스트레스들과는 다른 스트레스에 직면하고 있는 것 같다. 부부 문제, 해고, 구직과 같은 스트레스 대신 대학생들은 룸메이트와의 갈등, 낙제, 대학원 지원과 같은 스트레스를 가지고 있을 수 있다. 대학생들의 스트

10:00 AM   75%

언론보도

의사들이 차별을 할 때

Juliann Garey, 뉴욕타임스, 2013년 8월 10일 게재

처음에는 이비인후과 의사였다. 중이염으로 응급실에 갔다. 염증으로 애 낳는 고통 이후 경험해 보지 못했던 극심한 통증을 경험했다. 의사는 양극성장애로 내가 복용하고 있는 긴 약 목록을 본 후 차트를 덮었다.

"이 상태에서 더는 처방을 못 내리겠어요."라고 의사는 말했다. "지금 복용하고 있는 이 약들에 더해 더는 안 되겠어요. 타이레놀을 복용하는 것이 안전할 듯 싶네요."라고 의사는 말하며, 공손하지만 확고한 어투로 이제는 돌아가야 할 시간임을 내게 알려 주었다. 다음 날 고막이 파열되었고 그로 인해 작지만 영구적인 청력 손상이 내게 남았다.

한번은 처음으로 만난 위장병 전문의가 내 약물 목록을 보고 있을 때 나는 검사 테이블 위에 누워 있었다. 그는 내 면전에서 손가락을 흔들며 말했다. "환자 분은 심리적으로 자신을 추스리는 편이 낫겠어요. 그렇지 않으면 당신의 위장은 결코 낫지 않을 거예요."

그러던 중 정신약리학자가 이런 종류의 행동이 너무도 흔하다는 이야기를 들려주었을 때 나는 놀랐다. 적어도 14개의 연구가 심각한 정신병 환자들이 일반인보다 더 열악한 약물 관리를 받고 있다는 사실을 알려 주었다. 이곳저곳을 쑤시고 다니기 전까지 이런 사실을 알지 못했지만 이런 차별적 치료 행위는 이름을 가지고 있었다. '진단적 뒤덮기(diagnostic overshadowing)'라는 이름이다. 양극성장애, 주요우울장애, 조현병, 조현정동장애를 포함한 심각한 정신병을 가진 사람들은 결국 잘못된 진단을 갖게 되고 불충분하게 치료받는다.

이것이 문제인데, 왜냐하면 만약 당신이 이런 장애 중 하나로 진단된다면 당신은 하나 혹은 그 이상의 만성 신체 상태를 함께 앓고 있을 가능성이 높기 때문이다. 누구도 그 이유를 모르나, 편두통, 과민성대장 증상, 승모판막 탈출증은 흔히 양극성장애와 함께 나타난다.

PhotoAlto/Odilon Dimier/Getty Images

의학적 관심이 필요할 때 많은 중증 정신병 환자들이 의사를 찾지 않는다는 사실은 이상하지 않다. 결과적으로 이들 중 많은 이가 응급실에 가는 처지가 된다. 쉬운 해결을 위해 의사를 찾는 수많은 약물 중독자들에게 익숙한 의사들은 정신병을 약물 추구 행위와 동일시하고 진통제 처방을 거부한다.

지난 20년의 내 경험을 고려할 때 한 고찰연구로부터의 결과는 전혀 놀랍지 않다. 연구는 심각한 정신병으로 고생하며 공공 건강관리 체계를 이용하는 사람들이 그렇지 않은 사람들보다 수명이 25년 더 짧았음을 보여 주었다.

확실히 자살은 조기 사망의 30~40%를 설명하는 주된 요인이다. 하지만 60%는 예방 가능한 혹은 치료 가능한 상태로 인해 죽는다. 이러한 상태의 첫 번째는 심혈관 질환이다. 2개의 선행연구는 심장 발작 후 심장 우회 수술이나 심장 도관 삽입과 같은 추후 개입이 정신병과 심혈관계 질환 모두를 가진 환자들에서 '일반' 심혈관계 질환 환자들보다 절반 수준이었음을 보여 주었다.

이 보고서는 중증 정신병 환자들을 위한 일군의 정책적 제안을 포함하고 있다. 중증 정신병 환자들을 최우선 집단으로 지정하기, 이들을 위해 정신건강과 신체건강 관리체계를 연계하고 통합하기, 보건 전문가 및 환자를 대상으로 한 교육, 적절한 예방 · 선별 · 치료 서비스 확보를 위한 질 향상 과정이 이러한 정책에 포함된다.

우리는 이와 같은 인간적 프로그램이 모든 보건 전문가들에게 필수가 되는 때가 오기를 희망한다. 그때는 아마도 "첫째, 해를 끼치지 마라."라는 원칙이 모든 이, 심지어는 정신적으로 아픈 이들에게도 적용되는 때가 될 것이다.

레스 생활 사건들을 더 정확하게 반영하고 측정하는 도구를 개발한 후에야(표 8-8 참조), 연구자들은 스트레스 사건과 질병 간의 예상했던 관계를 발견할 수 있었다(Anders et al., 2012; Hurst et al., 2012).

정신신경면역학 스트레스 사건이 어떻게 바이러스성 혹은 세균성 감염을 야기하는가? 정

▶**정신신경면역학** 스트레스, 신체 면역체계, 질병 간의 관계에 대한 연구

▶**면역체계** 항원 및 암세포를 확인하고 파괴하는 신체 내 세포 및 활동들의 네트워크

▶**항원** 박테리아나 바이러스 같은 신체의 낯선 침입자

▶**림프구** 림프체계 및 혈류를 순환하는 백혈구로, 항원과 암세포를 확인하고 파괴시키는 것을 도움

최전선의 방어

침략하는 항원에 림프구는 어떻게 대응하는가? 림프구는 면역계 내 큰 백혈구 세포인 '대식세포'에 의해 처음 경계 신호를 받는다. 대식 세포는 항원을 인식, 이를 삼키고 파괴한 후 절단된 부분을 림프구로 넘긴다. 여기 대식 세포가 의심되는 항원의 탐지와 포착을 위해 긴 '팔'(pseudopod, 위족)을 늘리고 있다.

신신경면역학(psychoneuroimmunology)이라 불리는 학문 영역의 연구자들은 심리사회적 스트레스, 면역체계, 건강 간의 관계를 밝힘으로써 이런 질문에 대답하려 한다. **면역체계**(immune system)는 **항원**(antigen, 세균·바이러스·곰팡이·기생충 같은 외부 침입자)과 암세포를 찾아내고 파괴하는 신체 활동 및 세포들의 연합망이다. 면역체계에서 가장 중요한 세포는 수십억 개의 림프구이다. **림프구**(lymphocyte)는 백혈구 세포로 림프계와 혈류를 통해 순환한다. 항원에 의해 자극되면 림프구는 몸이 침입자를 퇴치할 수 있도록 활동을 개시한다.

헬퍼 T 세포(helper T-cell)라 불리는 림프구집단은 항원을 찾아낸 후 증식하여 다른 종류의 면역세포의 생성을 촉발한다. 자연 살해 T 세포(natural killer T-cell)라는 또 다른 림프구집단은 바이러스에 의해 이미 감염된 몸 세포를 찾아내어 파괴함으로써 결과적으로 바이러스 감염 전파를 막는 데 도움을 준다. B 세포(B-cell)라는 세 번째 림프구집단은 항체를 생성한다. 항체는 항원을 인식하여 이에 결합하며, 항원을 파괴의 대상으로 표식하고, 항원이 감염을 일으키는 것을 저지하는 단백질 분자이다.

연구자들은 스트레스가 림프구의 활동을 방해한다고 믿는데, 림프구의 활동을 느리게 하여 결과적으로 개인의 바이러스성 혹은 세균성 감염의 취약성을 증가시킨다는 것이다(Dhabhar, 2014, 2011). 기념비적 연구에서 오스트레일리아 뉴사우스웨일스 주의 Roger Bartrop과 동료들(1977)은 배우자가 8주 전에 사망한 26명의 면역체계와 배우자가 사망하지 않은 26명의 대응된 통제집단 참가자들의 면역체계를 비교하였다. 혈액 표본들은 배우자 사망 참가자들이 통제집단 참가자들보다 림프구 기능에서 더 낮은 수준을 나타냄을 보여 주었다. 장기간의 스트레스에 노출된 사람들의 둔화된 면역 기능은 다른 연구들에서도 발견되었다. 예를 들어 연구자들은 알츠하이머병을 가진 친척을 계속 간호해야 하는 도전에 직면한 사람들이 약한 면역 기능을 보임을 발견하였다(Fonareva & Oken, 2014; Kiecolt-Glaser et al., 2002, 1996).

이러한 연구들은 놀랄 만한 이야기를 하는 것처럼 보인다. 건강한 사람이 흔치 않은 수준의 스트레스를 경험하게 되면 표면상 건강 상태를 유지하는 듯하나, 그 경험은 면역체계 활동을 느리게 하여 결과적으로 병에 대한 취약성을 높인다. 스트레스가 질병과 싸우는 인간의 능력에 영향을 준다고 한다면, 연구자들이 반복해서 스트레스와 다양한 질환 간 관계를 발견하게 됨은 당연하다. 하지만 왜 그리고 언제 스트레스가 면역체계 기능을 방해하게 되는가? 생화학적 활동, 행동 변화, 성격 양식, 사회적 지지 정도를 포함한 여러 요인이 스트레스가 면역체계를 둔화시킬지의 여부에 영향을 준다.

생화학적 활동 노르에피네프린이라는 신경전달물질의 과도한 활동은 면역체계 활동 둔화에 기여한다. 제5장에서도 살펴보았듯이, 스트레스는 교감신경계 활동을 증가시키고, 증가된 교감신경계 활동은 뇌와 몸으로의 노르에피네프린 방출을 증가시킨다. 스트레스가 장기간 지속되면, 노르에피네프린은 결국 특정 림프구에 위치한 수용체로 이동하고 활동을 멈추라는 억제성 메시지를 림프구에 전달하여 면역 기능을 둔화시킨다(Dhabhar, 2014; Lekander, 2002).

유사한 방식으로 **코르티코스테로이드**(코르티솔과 다른 스트레스 호

르몬)도 면역체계 기능을 부실하게 만든다. 스트레스하에서 부신은 코르티코스테로이드를 방출한다. 노르에피네프린과 마찬가지로 스트레스가 장기간 지속되면, 이 스트레스 호르몬은 궁극적으로 특정 림프구에 위치한 수용체로 이동하여 억제성 메시지를 주고, 이는 다시 림프구 활동을 둔화시킨다(Dhabhar, 2014; Groër et al., 2010).

최근 연구는 코르티코스테로이드의 또 다른 활동이 사이토카인의 생산 증가라고 제안한다. 사이토카인은 신체 전역에 있는 수용체들과 결합하는 단백질이다. 중간 정도의 스트레스에서 면역체계에서의 또 다른 주전 선수인 사이토카인은 감염과 싸우는 것을 돕는다. 하지만 스트레스가 계속되고 더 많은 코르티코스테로이드가 방출됨에 따라 사이토카인의 증산과 전파는 몸 전역에 만성 염증을 야기하고, 이는 때때로 심장질환, 뇌졸중, 기타 다른 질환의 발달에 기여하게 된다(Dhabhar, 2014; Brooks et al., 2011).

행동 변화 스트레스는 면역체계에 간접적으로 영향을 미치는 일련의 행동 변화를 작동시키기도 한다. 스트레스하에서 어떤 사람은 불안해지거나 우울해지며, 불안장애 혹은 기분장애를 발달시키기도 한다. 그 결과 잘 자지도 못하고, 잘 먹지도 못하며, 적게 운동하고, 담배와 술을 더 하게 된다. 이러한 행동은 면역체계의 기능을 둔화시키는 것으로 알려진 행동이다(Brooks et al., 2011; Kibler et al., 2010).

성격 양식 연구에 따르면 인생 스트레스에 긍정적 태도, 건설적 대처, 탄력성을 가지고 반응하는 사람은, 말하자면 도전을 환영하며 기꺼이 매일의 문제나 어려움에 대처하고자 하는 사람은, 더 나은 면역 기능을 경험하며 질병과의 싸움에도 더 잘 준비되어 있다고 한다(Kim, Chopik, & Smith, 2014; Williams et al., 2011). 연구들은 '대담하고(hardy)' 탄력적인 성격의 소유자의 경우 스트레스 사건 후 건강을 유지하고 있었던 반면, 덜 대담하고 고통을 감내하지 못하는 성격의 소유자의 경우 병에 취약하였다고 보고하고 있다(Bonanno & Mancini, 2012; Ouellette & DiPlacido, 2001). 한 연구는 절망감을 가진 남성의 심장병 및 기타 다른 원인으로 인한 사망률이 평균 수준 이상임을 발견하였다(Kangelaris et al., 2010; Everson et al., 1996). 점점 더 많은 연구가 영적인 사람이 영적 신념이 없는 사람보다 더 건강한 경향이 있음을 시사하고 있으며, 몇몇 연구는 영성을 더 나은 면역 기능과 연결시키고 있다(Jackson & Bergeman, 2011; Cadge & Fair, 2010).

유사한 맥락에서 몇몇 연구자들은 특정 성격 특질이 암에 효과적으로 대처하는 능력과 관련됨을 발견하였다(Baum et al., 2011; Floyd et al., 2011). 무기력한 대처 양식을 보이고 감정(특히 분노)을 쉽게 표현하지 못하는 암 환자는 감정을 표현하는 암 환자보다 병에 직면하여 더 낮은 삶의 질을 경험하였다. 몇몇 연구자들은 성격과 암 회복 사이에 관계가 있다는 주장을 펼치고 있지만 아직까지 연구로 명확히 지지되고 있지는 않다(Pillay et al., 2014; Kern & Friedman, 2011; Urcuyo et al., 2005).

사회적 지지 사회적 지지가 적고 외로운 사람들은 외롭지 않은 사람들보다 스트레스에 직면하여 더 낮은 면역 기능을 보이는 것 같다(Hicks, 2014; Cohen, 2002). 한 선구적인 연구

AP Photo/Rob Griffith

누구나 스트레스에 취약하다
수컷 코알라가 오스트레일리아 시드니 월드라이프 월드에서 클라미디아증이라고 하는 치명적 병의 탐지를 위해 검사를 받고 있다. 클라미디아증은 바이러스를 원인으로 하는 질환으로, 이 바이러스는 면역체계가 스트레스(예 : 서식지의 변화와 같은 스트레스)로 인해 약화되었을 때 나타난다. 현재 오스트레일리아에는 10만 마리가 채 못 되는 코알라들이 서식하고 있는데, 이는 200년 전 수백 만 마리에서 감소된 수이다.

© J. Dennis Thomas/Corbis

태도가 중요하다
2012년 네 달의 기간 동안 스탠드업 코미디언인 티그 노타로는 유방암을 발전시켰고, 두 번의 유방절제 수술을 받았으며, 엄마를 잃었고, 폐렴을 발전시켰으며, 다른 심각한 인생 변화를 겪었다. 그 이후 노타로는 자신의 고난과 병을 코미디 소재로 삼았다. 그녀의 코미디는 사람들을 웃기고 매혹시켰으며, 이로써 그녀는 코미디언으로서 한 단계 더 도약하게 되었다. 그녀의 이런 행동은 코미디언으로서의 위상뿐 아니라 그녀 자신의 병마와의 싸움과 건강 회복에도 도움을 준 것으로 보인다.

▶**행동의학** 의학적 문제의 치료와 예방을 위해 심리적 개입 및 신체적 개입을 통합한 치료 분야

에서 의대생들이 UCLA **외로움척도**(UCLA Loneliness Scale) 점수에 기초해 높은 외로움집단과 낮은 외로움집단으로 구분되었다(Kiecolt-Glaser et al., 1984). 높은 외로움집단은 기말고사 동안 더 낮은 림프구 반응을 보였다.

다른 연구들은 사회적 지지와 친애가 스트레스, 낮은 면역 기능, 질병으로부터 개인을 보호하고 질병이나 수술로부터의 회복을 가속화함을 발견하였다(Hicks, 2014; Rook et al., 2011). 유사한 결과가 다른 연구들에서도 발견되었는데, 특정 형태의 암을 가진 환자들 중 사회적 지지를 받았거나 지지적 치료를 받았던 이들은 이런 지지가 없었던 이들보다 더 나은 면역 기능을 보였고, 결과적으로 더 성공적인 회복을 보였다(Dagan et al., 2011; Kim et al., 2010).

> ▶ **요약**
>
> **정신생리성 장애** 정신생리성 장애는 생물학적 · 심리적 · 사회문화적 요인이 서로 상호작용한 결과 야기되는 혹은 악화되는 신체적 질병을 말한다. 정신생리성 장애와 관련된 요인으로는 자율신경계 혹은 특정 기관의 결함과 같은 생물학적 요인, 특정 욕구, 태도, 혹은 성격 양식과 같은 심리적 요인, 부정적인 사회적 상황과 문화적 압력과 같은 사회문화적 요인이 있다.
>
> 여러 해 동안 임상 연구자들은 몇 개의 정신생리성 장애를 찾아내었다. 전통적인 정신생리성 장애는 위궤양, 천식, 불면증, 만성 두통, 고혈압, 관상동맥 심장질환을 포함한다. 최근 많은 다른 정신생리성 장애들이 규명되고 있다. 참으로 과학자들은 많은 신체적 질병을 스트레스와 연관시키고 있고 정신신경면역학이라 부르는 새로운 학문 영역도 발전시켜 왔다. 스트레스는 림프구 활동을 둔화시켜 스트레스 시기 동안 면역체계가 신체 질병으로부터 자신을 보호하는 과정을 방해해 왔다. 면역 기능에 영향을 주는 것으로 보이는 요인으로는 노르에피네프린과 코르티코스테로이드 활동, 행동 변화, 성격 양식, 사회적 지지가 있다.

신체장애를 위한 심리치료

임상가들은 스트레스와 심리적 · 사회문화적 요인이 신체적 장애 발달에 기여할 수 있음을 알게 되었다. 이에 따라 임상가들은 더 많은 의학적 문제에 심리치료를 적용하고 있다. 흔히 사용되는 심리치료로는 이완훈련, 바이오피드백, 명상, 최면, 인지적 개입, 지지집단 및 정서 지각과 정서 표현을 증가시키는 치료 등이 있다. 의학적 문제의 치료와 예방을 위해 심리적 접근과 신체적 접근을 결합하고 있는 치료 분야를 **행동의학**(behavioral medicine)이라 부른다.

이완훈련

제4장에서 보았듯이 사람들은 근육을 자기 의지대로 이완하는 법을 배울 수 있고, 이러한 과정은 때때로 불안을 낮춘다. 근육이완이 불안과 신경계에 주는 긍정적 효과에 기초하여, 임상가들은 **이완훈련**이 스트레스와 관련된 의학적 질환의 예방과 치료에도 도움을 줄 것이라 믿는다.

이완훈련은 약물치료와 묶여 고혈압 치료에 사용되고 있다(Moffatt et al., 2010). 또한 이완훈련은 두통, 불면증, 천식, 당뇨, 통증, 특정 혈관장애, 항암 치료의 부정적 효과를 다루는 데 약간의 도움이 되어 왔다(McKenna et al., 2015; Nezu et al., 2011).

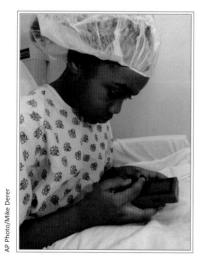

주의 분산의 위력

수술을 앞둔 어린 환자의 긴장을 완화시키는 데 있어 게임을 하게 하는 것이 항불안제나 부모가 손을 잡아 주는 것보다 더 효과가 있음을 연구자들은 발견하였다. 연구들은 여전히 긴장이 완화된 상태에 있는 환자들이 더 좋은 수술 경과를 보임을 시사하고 있다.

바이오피드백

제4장에서 역시 보았듯이 **바이오피드백** 훈련을 받는 환자는 불수의적 신체 활동 수치를 계속적으로 제공하는 기계에 연결된다. 제공된 정보를 통해 환자는 자신의 불수의적 신체 활동에 대한 통제권을 점진적으로 회복한다. 불안장애 치료에 다소 도움이 되는 이 절차가 많은 신체 장애 치료에 사용되고 있다.

한 고전적 연구에서 **근전도계**(electromyography, EMG) 피드백을 턱 근육 긴장이 부분 원인인 얼굴 통증 환자 16명의 치료에 사용했다(Dohrmann & Laskin, 1978). EMG 절차에서 전극들이 개인의 근육에 부착되는데, 전극을 통해 탐지된 근육 수축은 바이오피드백 기계에서 '들을 수 있는 소리'로 전환된다. 소리의 높낮이와 크기에서의 변화가 근육 수축에서의 변화를 나타낸다. EMG 피드백을 반복적으로 들은 후 연구에 참여한 환자 16명은 자신의 턱 근육을 자유자제로 완화하는 법을 배웠고 이후 얼굴의 통증도 감소되었다고 보고하였다.

EMG 피드백은 두통 및 뇌졸중 혹은 사고로 야기된 근육장애의 치료에도 성공적으로 사용되고 있다. 다른 형태의 바이오피드백 역시 심장 박동의 불규칙성, 천식, 편두통, 고혈압, 말더듬, 통증 등의 치료에 약간의 도움이 되는 것으로 보고되고 있다(McKenna et al., 2015; Freitag, 2013; Young & Kemper, 2013).

명상

명상은 고대로부터 수행되어 왔다. 하지만 신체 고통 완화에 대한 명상의 효과를 서구 건강관리 전문가들이 인식하게 된 것은 비교적 최근의 일이다. **명상**은 주의를 자신의 내부로 향하게 하는 기법으로, 이는 의식 상태의 변화와 스트레스원에 대한 일시적 무시를 가능하게 한다. 가장 흔한 방법으로, 명상가는 조용한 장소에서 편안한 자세를 취한 후 주의를 모으는 데 도움이 되는 **만트라**(mantra)라는 주문을 외거나 생각하면서 자신의 마음을 외부의 사고나 근심으로부터 멀어지게 한다. 정기적으로 명상을 수행하는 사람은 평안, 집중, 창의력을 느낀다고 보고한다. 명상은 통증 관리와 고혈압, 심장 문제, 천식, 피부질환, 당뇨,

Joe McNally/Time & Life Pictures/Getty Images

모든 수단을 사용하여 HIV와 싸우기
샌프란시스코에 있는 한 건강센터에서 한 남성이 치료의 일환으로 명상과 HIV 바이러스에 편지 쓰기를 하고 있다.

불면증, 바이러스성 감염 치료에 사용되고 있다(Manchanda & Madan, 2014; Stein, 2003; Andresen, 2000).

극심한 통증으로 고생하는 환자들에게 사용되는 명상법 중 하나는 **마음챙김 명상** (mindfulness meditation)이다(Barker, 2014; Kabat-Zinn, 2005). 제2장과 제4장에서 읽은 바 있듯, 여기서 명상가는 명상 중 자신의 마음속을 흐르는 감정, 사고, 감각에 주의를 기울인 다. 감정, 사고, 감각에 주의를 기울이되 사심 없이, 객관성을 가지고, 그리고 무엇보다도 가치 판단 없이 한다. 단지 그것들을 마음속에 인지하면서, 그러나 통증 감각을 포함 감정, 사고에 가치 판단을 하지 않음으로써, 명상가는 감정·사고에 이름 붙이기를 덜하고, 이것 에 고착되기를 덜하며, 부정적으로 반응하기를 덜하게 된다.

최면

제1장에서 보았듯이 **최면요법**을 받는 개인은 최면가에 의해 수면 상태와 같은 암시 상태에 이르도록 인도된다. 이러한 상태에서 개인은 평상시와는 다른 방식으로 행동하거나, 흔치 않은 감각을 경험하거나, 잊었던 사건을 기억하거나, 기억하는 사건을 잊도록 요구된다. 훈련을 통해 몇몇 사람은 자기 스스로 최면 상태에 이르도록 할 수도 있다(**자기최면**). 최면 은 현재 심리치료를 보조하기 위해 사용되고 있으며, 또한 많은 신체적 상태의 치료를 돕 는 데 사용되고 있다.

최면은 특히 통증 통제에 도움을 주는 것으로 보인다(Jensen et al., 2014, 2011). 한 사례 연구는 최면 상태에서 치과 수술을 받는 환자를 기술하 고 있다. 최면 상태가 유도된 후, 환자는 치과 의사에 의 해 현재 즐겁고 편안한 상황에서 비슷한 수술을 성공적 으로 받았던 친구의 경험담을 듣고 있다고 암시되었다. 암시 후 치과 의사는 성공적인 25분간의 수술을 시행하 였다(Gheorghiu & Orleanu, 1982). 최면만으로 마취되 어 수술을 받을 수 있는 사람은 몇 안 되지만, 화학 마취 제와 함께 사용하면 최면은 확실히 많은 사람에게 도움 을 주는 것으로 보인다(Lang, 2010). 최면은 통증 통제 이외에도 피부질환, 천식, 불면, 고혈압, 사마귀, 그리 고 다른 형태의 감염 치료를 돕는 데 성공적으로 사용되 고 있다(Becker, 2015; McBride, Vlieger, & Anbar, 2014; Modlin, 2002).

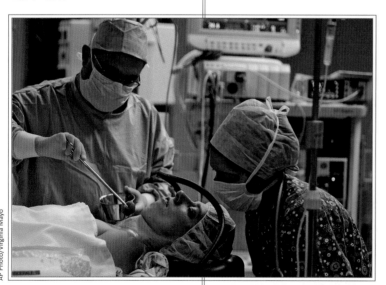

최면 방법
최면은 현재 의학 절차로 널리 사용되고 있다. 특히 통증을 줄이고 통제하기 위해 널리 사용되 고 있다. 브뤼셀의 세인트루크대학병원 클리닉 에서 마취의사 파비엔 롤랑이 환자를 최면시키 고 있는 동안 외과 의사가 환자의 갑상선 수술 을 준비하고 있다. 병원에서 진행되는 갑상선 제거 수술의 3분의 1과 유방암 수술의 4분의 1 이 전신 마취보다 최면과 국부 마취를 결합하여 진행하고 있다.

AP Photo/Virginia Mayo

인지적 개입

신체적 질환을 앓고 있는 사람들은 치료의 일부로 자신의 병에 대한 새로운 태도나 인지적 반응을 갖도록 교육받고 있다(Hampel et al., 2014; Syrjala et al., 2014). 예를 들어 **자기 지 시 훈련**(self-instruction training)이라 부르는 접근은 환자의 통증 대처에 도움을 주는 것으 로 보고되고 있다(D'Arienzo, 2010; Meichenbaum, 1993, 1977, 1975). 자기 지시 훈련에서 치료자는 통증 일화 중 계속해서 나타나는 불쾌한 사고("오, 안돼, 통증을 견딜 수 없어." 같은 소위 부정적 자기 진술)를 확인하고 제거하도록 그리고 불쾌한 사고를 대처하는 자기 진 술(예 : "통증이 오면 잠깐 숨을 멈춰라.", "해야 할 일에 계속 주의를 집중하라.")을 사용하도록 사람들을 훈련한다.

지지집단과 정서 표현

만약 불안, 우울, 분노 등이 개인의 신체적 병에 기여한다면 불안, 우울, 분노 등의 부정적 정서를 감소시키는 치료는 신체적 병을 감소시키는 데 도움이 되어야 한다. 의학적 질환을 가진 사람들이 지지집단이나 자기 정서 및 욕구를 더 잘 인식하도록 돕는 치료에서 이득을 얻었다는 연구 결과는 놀랄 만한 일이 아니다(Bell et al., 2010; Hsu et al., 2010). 과거와 현재 자신을 괴롭히는 감정을 이야기하거나 적는 것이 개인의 심리적 기능에 도움이 되는 것처럼, 연구들은 과거와 현재 자신을 괴롭히는 감정을 이야기하거나 적는 것이 개인의 건강 증진에 도움이 될 수 있다고 시사한다(Kelly & Barry, 2010; Smyth & Pennebaker, 2001). 한 연구에서 천식 및 류마티스성 관절염 환자들은 지난 며칠 동안 발생한 스트레스 사건에 대한 자신의 생각과 감정을 적었고, 이렇게 생각과 감정을 적어 본 환자들은 문제 상태의 지속적 호전을 보였다. 유사하게 스트레스 관련 글쓰기는 HIV(인간 면역결핍 바이러스) 감염 환자와 암환자에게 도움이 되었다(Corter & Petrie, 2011; Petrie et al., 2004).

통합적 접근

다양한 심리 개입이 신체 문제의 치료에 동등하게 효과적임이 발견되었다(Devineni & Blanchard, 2005). 예를 들어 이완훈련과 바이오피드백 훈련은 고혈압, 두통, 천식의 치료에 동등하게 효과적이었다(효과는 위약조건보다 더 효과적이었다). 심리 개입은 사실상 다른 심리 개입 혹은 의학치료와 결합되었을 때 큰 효과를 나타낸다(Jensen et al., 2014, 2011; Hembree & Foa, 2010). 한 고전적 연구에서 약물과 함께 이완훈련, 자기 지시 훈련, 주장 훈련을 받은 위궤양 환자들은 약물치료만 받은 환자들보다 덜 불안해하고 더 편안해하며 더 적은 증상과 더 나은 장기적 결과를 나타내었다(Brooks & Richardson, 1980). 복합적인 치료적 개입은 A 유형 성격의 양식을 바꾸고 A 유형 성격의 사람들 내 관상동맥 심장 질환의 위험을 감소시키는 데 도움을 주었다(Ladwig et al., 2014; Harlapur et al., 2010).

확실히 신체질환의 치료는 그 모습에서 극적인 변화를 보이고 있다. 의학적 치료가 여전히 지배적인 위치에 있으나 오늘날의 의사들은 몇백 년 전의 의사들이 가지 않았던 영역으로까지 그 치료 영역을 넓히고 있다.

▶ 요약

신체적 장애를 위한 심리치료 행동의학은 의학적 문제의 치료와 예방을 위해 심리적 개입과 신체적 개입을 결합한다. 이완훈련, 바이오피드백 훈련, 명상, 최면, 인지적 기법, 지지 집단, 정서와 욕구에 대한 의식과 표현을 높이는 치료와 같은 심리적 접근이 점점 더 많이 다양한 의학적 문제 치료에 포함되고 있다.

숨은 뜻 읽어내기

전망 좋은 방

담낭 수술 환자들에 대한 한 병원의 기록에 따르면, 전망 좋은 방 환자들이 전망이 좋지 않은 방 환자들보다 입원 기간이 더 짧았고 진통제를 더 적게 요구하였다(Ulrich, 1984).

숨은 뜻 읽어내기

완전히 우연인가

1673년 2월 17일, 프랑스의 연기자이자 극작가인 몰리에르는 '상상병 환자(*Le Malade Imaginaire*)라는 작품을 공연하던 중 무대에서 쓰러져 사망했다.

종합

이상심리학의 경계를 넓히며

몸의 병이나 신체질환은 한때 이상심리학 영역 밖의 것으로 간주되었으나 이제는 당당하게 이상심리학 영역에 속하는 문제가 되었다. 오랜 동안 신체적 요인이 정신적 기능 이상에 기여하는 요인으로 간주된 것처럼 심리적 사건도 이제는 신체적 기능 이상에 기여하는 중요한 요인으로 간주되고 있다. 사실상 오늘날의 많은 임상가들은 심리적 그리고 사회문화적 요인이 거의 모든 신체질환의 발발과 경과에 어느 정도 기여한다고 믿고 있다.

이런 관계에 바쳐진 연구의 수가 지난 40년간 꾸준히 증가하고 있다. 스트레스와 신체 질환 간 희미한 관계로 보였던 것들이 이제는 많은 변인의 복잡한 상호작용으로 이해되고 있다. 삶의 변화, 개인의 심리적 상태, 사회적 지지, 생화학적 활동, 면역체계의 둔화와 같은 요인 모두가 한때 순수하게 신체적이라 간주되던 질병의 발전에 기여하는 것으로 인식되고 있다.

신체적 질환의 치료에 대한 통찰이 빠르게 축적되고 있다. 이완훈련과 인지치료 같은 심리적 접근이 전통적인 의학적 치료와 결합되어 많은 신체적 질병 치료에 적용되고 있다. 많은 임상가들은 의학적·심리적 치료법의 병합적 사용이 궁극에는 대다수 신체적 질병 치료의 기본이 될 것이라 확신하고 있으며, 이들이 이렇게 확신하는 것은 당연해 보인다.

최근 이상심리학 분야 발전에서 가장 흥미로운 점 중 하나는 사회적 환경, 뇌, 신체 나머지 부분 간 상호관계를 강조한다는 점이다. 연구자들은 정신장애가 사회문화적·심리적·생물학적 요인이 모두 고려되었을 때 비로소 가장 잘 이해되고 가장 잘 치료됨을 반복적으로 목격하였다. 이제 이들은 이러한 상호작용이 의학적 문제 설명에도 도움이 됨을 안다. 뇌는 우리 몸의 일부고 뇌와 몸은 모두 사회적 맥락의 일부임을 우리는 안다. 좋을 때나 궂은 때나 이 셋은 서로 얽혀 있다.

핵심용어

고혈압
관상동맥 심장질환
근육 수축 두통
꾀병
대리인에 의한 뮌하우젠증후군
림프구
면역체계
명상
뮌하우젠증후군
바이오피드백 훈련

불면증
사이토카인
사회적응평정척도
신체증상장애
심신 이원론
엘렉트라 콤플렉스
위궤양
의학적 상태에 영향을 주는 심리적
　요인

이완훈련
이차적 이득
일차적 이득
자기 지시 훈련
전환장애
정신생리성 장애
정신신경면역학
질병불안장애
천식

최면
편두통
항원
행동의학
인위성장애
A 유형 성격
B 유형 성격

속성퀴즈

1. 인위성장애, 전환장애, 신체증상장애의 증상은 무엇인가?

2. 임상가들은 전환장애를 '순수한' 의학적 문제와 어떻게 구별하고 있는가? 신체증상장애의 두 다른 유형은 무엇인가?

3. 전환장애와 신체증상장애의 선도적 설명과 치료에는 무엇이 있는가? 이들 설명과 치료는 경험적으로 얼마나 잘 지지되고 있는가?

4. 질병불안장애의 증상, 원인, 치료는 무엇인가?

5. 위궤양, 천식, 불면증, 두통, 고혈압, 관상동맥 심장질환을 일으키는 특정 원인은 무엇인가?

6. 어떤 종류의 생물학적·심리적·사회문화적 요인이 정신생리성 장애의 발달에 기여하는 것으로 보이는가?

7. 생활 스트레스와 신체적 질환 간에 어떤 종류의 관계가 발견되고 있는가?

8. 스트레스, 면역체계, 신체적 질환 간의 관계에 대해 기술하라. 다양한 종류의 림프구의

역할에 대해 설명하라.

9. 스트레스 상황에서 개인의 생화학적 활동, 행동 변화, 성격 양식, 사회적 지지가 어떻게 이들의 면역체계 기능에 영향을 주는지 논하라.

10. 어떤 심리치료가 신체질환 치료에 도움을 주기 위해 사용되고 있는가? 각각의 심리치료는 어떤 특정 질환 치료에 적용되고 있는가?

섭식장애

15세의 샤니는 아무도 없는 부엌으로 가서 빵 한 조각 꺼내 구웠고, 버터를 바른 다음 숨을 깊게 내쉰 후 한 입 깨물었다. 죄책감. 깨문 빵을 쓰레기통에 내뱉고 나머지도 버린 후 부엌을 나갔다. 몇 초 후 토스트가 그리웠고, 쓰레기통으로 돌아가 뚜껑을 열고 잔재를 살폈다. 빵 조각을 발견하고 먹을 것인가 말 것인가 잠시 고민했다. 빵 조각을 코 가까이 대고 녹아내린 버터의 향을 맡았다. 죄책감. 버린 것에 대한 죄책감. 그것을 갈망한 것에 대한 죄책감. 맛 본 것에 대한 죄책감. 다시 쓰레기통에 던져버린 후 부엌을 나섰다. '아닌 건 아니야!'라고 자신에게 말해 본다. 아닌 건 아니야.

… 음식에 있어 완벽한 날을 보내려고 그 아무리 노력했건만 매일 그리고 매 순간 죄책감을 느낀다. 굶는 행동을 영속화시키는 것은 다름 아닌 이 죄책감으로부터 탈출하고 싶은 욕구이다.

시간이 지남에 따라 좀 더 자세한 '할 수 있는 것'과 '할 수 없는 것'의 목록을 작성했다. 이것은 내가 먹어도 되는 것과 먹어서는 안 되는 것을 좌우한다. 이것이 내가 삶을 사는 방식이 되었다. 나의 매뉴얼. 나의 청사진. 하지만 이것은 그 이상의 역할을 한다. 삶이 통제하에 있다는 잘못된 확신을 준다. 나는 모든 것을 잘 관리하고 있다. 왜냐하면 나는 무엇을 하고 무엇을 하지 말아야 할지를 알려주는 목록을 가지고 있기 때문이다.

처음에는 굶기가 매우 어려웠다. 굶는 것은 선천적 행동이 아니었다. 하루하루가 지나면서 나는 서서히 또 다른 세계로 유혹되어 갔다. 도전이 큰 만큼 보상이 큰 그런 세계로….

그해 여름, 체중이 엄청 줄었음에도 불구하고 엄마는 먹겠다는 내 맹세를 믿고 다른 15세 소녀들과 여름캠프에 가는 것을 허락하셨다. 하지만 캠프에 도착하자마자 난 엄마와의 맹약을 깼다. 아침 식사 시간 다른 소녀들이 시리얼 박스, 빵, 잼, 땅콩버터를 위해 식당으로 달려갈 때 난 두려움에 휩싸여 홀로 앉아 있었다. 봉지 속에서 흰 빵 하나를 꺼내 마치 책 페이지에 표시를 하듯 빵 한 모퉁이를 뜯어 귀솜방망이 크기로 땅콩버터와 젤리 한 방울을 발랐다. 그것이 내 아침이었다. 매일. 그리고 3주 동안.

나는 가능하면 다른 애들이 바닷가에 가서 아무도 나를 볼 수 없을 때 샤워를 하려 노력했다. 소녀들이 내 뒤에서 속삭이는 소리를 들었다. "야. 쟤가 내가 이야기한 그 애야. 그 역겨운 애." 샤워하는 내 곁을 지나가는 아이들은 언제나 빠짐없이 마치 내가 시체라도 되는 양 입을 손으로 막곤 했다. 한데 뭉쳐 배수구로 밀려내려 가는 머리카락들처럼 나도 그렇게 사라졌으면 하고 희망했다.

(학교에 돌아오자마자) '수용소 캠프 희생자'라는 명칭이 내게 붙었다. 학교로 돌아온 이후 몇 달 동안 모든 사람들은 보관용 팩을 진공시켜 부피를 쪼그라트리듯 내 몸이 수축되는 것을 목격했다. 최저 체중 상태에서 엉덩이뼈는 손가락 관절처럼 불쑥 튀어나왔고, 허리벨트는 구멍을 추가하느라 벨트 뒷부분이 너무 늘어져 벨트를 아예 할 수 없었다. 신발은 발에 비해 너무 커져버렸고 발목은 너무 얇아 한번에 양말 세 컬레를 신고도 신발에서 빠져나왔다. 바지도 너무 헐렁해져 양쪽을 핀으로 고정시켜 내려가지 않도록 해야 했다.

집에서의 상황은 더 최악이었다. 나는 문을 잠가 그 누구도 내 방에 들어오지 못하게 하였다. 또한 엄마와 매일 소리를 지르며 싸웠다. 엄마는 "네 몸은 연료로 음식을 필요로 해."라며 회유하려 하였고 난 "배고프지 않아." 하며 응수했다.

지난 아홉 달 내가 나 자신을 아사 상태로 만들고 있는 동안, 엄마는 간섭이 금지된 채 내 곁에 머물러 있었다. 무슨 일이 일어나고 있는지 엄마도 몰랐고 나도 몰랐다. 엄마는 순진하고, 부드럽고, 친절하며, 사랑스러운 한 소녀가 철수되고, 사악하고, 공격적이며, 반항적인 청소년이 되어가는 것을 목격했다. 그것을 멈추기 위해 엄마가 할 수 있는 일이나 말은 하나도 없었다. 체중이 이렇게 계속 빠진다면 딸을 잃을지도 모른다는 사실을 엄마는 알고 있었다. 하지만 나를 도우려는 엄마의 필사적 노력에도 불구하고 엄마는 내게 접근할 수 없었다.

(Raviv, 2010)

▶신경성 식욕부진증 과도한 날씬함에의 추구와 지나친 체중 감소를 특징으로 하는 장애

항상 그랬던 것은 아니었지만 오늘날의 서구사회는 마른 것과 건강, 아름다움을 동격화한다. 사실상 미국에서 날씬함은 국가적인 강박사고가 되고 있다. 우리 대부분은 음식의 맛과 영양학적 가치에 몰두하는 것만큼이나 먹는 양에 대해서도 몰두한다. 따라서 체중 증가에 대한 병적 두려움을 핵심으로 하는 두 종류의 섭식장애가 지난 30년에 걸쳐 증가하였음을 목격함은 그리 놀랄 만한 일이 아니다. 샤니와 같은 **신경성 식욕부진증** 환자들은 아주 말라야 할 필요가 있다고 확신하며, 그래서 굶어 죽을 수 있을 만큼의 많은 양의 몸무게를 뺀다. 신경성 폭식증 환자들은 빈번히 폭식을 한다. 폭식 중 이들은 아주 많은 양의 음식을 먹는데, 이 섭식행동은 통제가 불가능하다. 그런 다음 체중 증가를 막기 위해 구토나 다른 극단의 조치를 취하도록 자신을 강요한다. 반복적인 폭식은 보이나 구토나 다른 보상행동을 강요하지 않는 특징을 보이는 섭식장애인 폭식장애 또한 증가

> 서구의 소녀와 여성들은 섭식 및 외모와 관련된 이슈로 분투하고 있는가?

추세에 있다. 폭식장애를 보이는 사람들은 신경성 식욕부진증이나 신경성 폭식증을 보이는 사람들만큼 체중 증가를 두려워하고 있지는 않지만 이들 장애에서 보이는 다른 특징을 많이 보이고 있다(Alvarenga et al., 2014).

뉴스매체는 섭식장애에 관한 많은 사례를 기사화하였다. 대중의 관심이 증가한 이유 중 하나는 이 행동이 낳는 끔찍한 의학적 결과 때문이다. 대중은 인기 가수이자 연예인인 카렌 카펜터가 신경성 식욕부진증과 관련된 의학적 문제로 사망한 1983년에 이러한 끔찍한 의학적 결과를 의식하게 되었다. 32세의 소프트록음악 오누이 듀엣 카펜터스의 리드 싱어인 카렌은 막대한 성공을 거두고 있었고 젊은 여성들의 건강한 모델로서 많은 이들로부터 존경을 받고 있었다. 대중의 관심이 증가한 또 다른 이유는 다른 연령대, 성별과 비교하여 청소년기 소녀들과 젊은 성인 여성들 사이에서 신경성 식욕부진증과 신경성 폭식증의 유병률이 불균등하게 높다는 점 때문이다.

신경성 식욕부진증

15세의 9학년생인 샤니는 **신경성 식욕부진증**(anorexia nervosa)의 많은 증상을 보이고 있다(APA, 2013). 그녀는 의도적으로 심각하게 낮은 체중을 유지하고 있으며 과체중이 될까 몹시 두려워하고 있고 체중과 체형에 대해 왜곡된 시각을 가지고 있으며 자기 평가에 있어 체중과 체형에 지나치게 영향을 받고 있다(표 9-1 참조).

샤니와 같은 신경성 식욕부진증 환자의 적어도 절반은 음식 섭취를 제한함으로써 몸무게를 줄인다. 이 형태를 제한형 신경성 식욕부진증이라 부른다. 이들은 우선적으로 단 것과 지방이 많은 스낵류의 섭취를 줄인다. 그런 다음 다른 음식의 섭취도 줄인다. 결국 제한형 신경성 식욕부진증 환자들은 음식에서의 다양성이 거의 없어지게 된다. 하지만 다른 이들은 음식을 먹고 난 후 토함으로써 혹은 설사제나 이뇨제를 남용으로써 몸무게를 뺀다. 이들은 폭식을 하기도 한다. 이런 형태를 폭식/제거형 신경성 식욕부진증이라 부른다. 이 형태의 신경성 식욕부진증은 신경성 폭식증 부분에서 좀 더 자세히 살펴보도록 하겠다.

신경성 식욕부진증의 95%는 여성에게서 발생한다. 장애는 어느 연령에서나 나타나지만, 절정의 발병시기는 14~20세 사이이다. 서구사회 여성 중 0.5~4.0%는 일생 중 어느 한 시점에서 이 장애를 발달시키고 더 많은 사람들은 장애의 증상 중 일부를 나타낸다(Ekern, 2014; Stice et al., 2013). 북아메리카, 유럽, 일본에서 현재 이 장애의 발생이 증가하는 추세이다.

표 9-1

> ### 진단 체크리스트
> **신경성 식욕부진증**
>
> 1. 영양물의 순섭취가 제한적이며 이러한 제한적 섭취가 심각하게 낮은 체중을 낳음
>
> 2. 저체중임에도 불구하고 체중 증가에 대한 극심한 두려움이 있음
>
> 3. 신체를 왜곡하여 지각하고, 체중과 체형이 자기 평가에 지나친 영향을 미치며, 체중 미달의 심각함을 지속적으로 부정함
>
> 출처 : APA, 2013.

전형적으로 장애는 약간 과체중에 있거나 정상 체중에 있던 개인이 다이어트를 시작하게 된 후 나타나는 경향이 있다(APA, 2015; Stice & Presnell, 2010). 신경성 식욕부진증으로의 급발달은 부모의 별거, 객지로 나감, 개인적 실패와 같은 스트레스 사건 뒤에 일어난다(APA, 2015; Wilson et al., 2003). 대부분의 희생자들은 회복하지만, 이 중 2~6%는 기아로 인해 야기된 의학적 문제로 사망에 이른다(Suokas et al., 2013; Forcano et al., 2010).

임상적 모습

마르는 것이 신경성 식욕부진증 환자들의 주요 목표이지만, 이들에게 동기를 제공하는 것은 두려움이다. 신경성 식욕부진증 환자들은 비만이 되는 것, 먹고자 하는 자신의 욕망에 굴복하는 것, 몸의 크기와 체형에 대한 통제력을 잃는 것을 두려워한다. 마름에 대한 몰두와 고도의 음식 섭취 제한에도 불구하고 신경성 식욕부진증 환자들은 음식에 집착한다. 음식에 대해 생각하고 읽는 데 그리고 식사 제한을 위한 계획을 세우는 데 상당한 시간을 쏟고 있다(Herzig, 2004). 꿈이 음식 이미지와 먹는 것으로 가득 차 있다고 보고하는 이도 많다(Knudson, 2006).

음식에 대한 집착은 사실 음식 결핍의 원인이 아니라 결과이다. 1940년대 진행된 유명한 '단식 연구(starvation study)'에서 정상 체중에 있는 36명이 6개월 동안 반기아 다이어트 조건에 놓였다(Keys et al., 1950). 연구 종결 후 연구 참가자들은 신경성 식욕부진증 환자들처럼 음식과 섭식에 집착하게 되었다. 이들은 식단을 계획하고 음식에 대해 이야기하며 요리책과 요리법을 연구하고 이상한 방식으로 음식을 섞고 꾸물거리며 식사를 하는 데 매일 많은 시간을 썼다. 생생한 음식 꿈을 꾼 사람들도 있었다.

또한 신경성 식욕부진증 환자들은 왜곡된 방식으로 생각한다. 자신의 체형을 부정적으로 평가하고 자신을 매력적이지 않다고 생각한다(Boone et al., 2014; Siep et al., 2011). 게다가 이들은 자기 몸의 비율을 과장하는 경향도 높았다. 서구 여성들이 자신의 몸 크기를 과장하는 경향이 있긴 하지만, 신경성 식욕부진증 환자의 경우는 이러한 경향이 특히 더하다. 섭식장애의 고전 서적 중 하나에서 이 분야 개척자인 Hilde Bruch는 한 23세 환자의 자기지각을 회상하고 있다.

실험실 단식
반기아 다이어트에 6개월간 놓인 36명의 양심적 병역거부자들은 신경성 식욕부진증과 신경성 폭식증에서 보이는 많은 증상을 발전시켰다(Keys et al., 1950).

저는 매일 네 번에서 다섯 번 정도 전신거울을 보는데, 거울 속에 비춰진 제 모습이 썩 말라 보이진 않습니다. 며칠 엄격한 다이어트를 하고 나면 몸매가 그럭저럭 볼만은 하지만, 보통은 너무 뚱뚱하다고 생각합니다.

(Bruch, 1973)

몸 크기를 과장하는 경향은 실험실에서도 검증되고 있다(Delinsky, 2011). 유명한 평가 기법에서 연구 참가자들은 조정 가능한 렌즈를 통해 자신의 사진을 살펴본다. 연구 참가자들은 실제 자기 몸 크기와 맞는 이미지가 나타날 때까지 렌즈를 조정하도록 요구받는다. 이미지는 실제 체형보다 20% 더 마른 것부터 20% 더 뚱뚱한 것까지 있다. 한 연구에서 신경성 식욕부진증 환자의 절반 이상이 자기 몸 크기를 과장하였다. 이들은 자신의 실제 크

숨은 뜻 읽어내기

새로운 단어
2015년 옥스퍼드 사전은 굶주림으로 성질이 나빠지거나 짜증이 난 상태를 의미하는 형용사로 'hangry'란 단어를 새롭게 추가하였다.

Michael Ochs Archives/Getty Images

전환점
1983년 존경받던 소프트록 유명 스타 카렌 카펜터(오른쪽)의 죽음은 대중의 신경성 식욕부진증에 대한 관점을 변화시켰다. 감각 있고 유행하는 다이어트라 여겨지던 것이 이후로는 삶을 위협하는 장애라고 인식되게 되었다.

기보다 더 큰 이미지가 나타났을 때 렌즈 조정을 멈추었다.

신경성 식욕부진증에서의 왜곡된 사고는 부적응적 태도와 오지각의 형태로 나타나기도 한다(Alvarenga et al., 2014). 신경성 식욕부진증 환자들은 보통 "나는 여러 면에서 완벽해야 해.", "덜 먹으면 더 나은 사람이 될 거야.", "안 먹으면 죄책감도 없을 거야." 등의 신념을 나타낸다.

신경성 식욕부진증 환자들은 우울, 불안, 낮은 자존감, 불면증 혹은 다른 수면장애 같은 심리적 문제를 보인다(Forsén Mantilla et al., 2014; Holm-Denoma et al., 2014). 다수는 물질남용 문제로 힘들어한다(Mann et al., 2014). 강박 형태를 보이기도 한다(Degortes et al., 2014). 음식 준비를 위한 경직된 규칙을 만들기도 하고, 음식을 특정 모양으로 자르기도 한다. 좀 더 광범위한 강박 형태도 흔하다. 운동을 강박적으로 하는 이들도 많은데, 이들은 다른 활동보다도 운동을 최우선시한다(Fairburn et al., 2008). 몇몇 연구들에서 신경성 식욕부진증 환자들과 강박증 환자들은 강박사고와 강박행동에서 똑같이 높은 점수를 기록하였다. 마지막으로 신경성 식욕부진증 환자들은 완벽주의 성향을 보이는데, 이 특징은 전형적으로 신경성 식욕부진증 발발에 선행하였다(Boone et al., 2014).

의학적 문제

신경성 식욕부진증의 단식 습관은 의학적 문제를 야기한다(Faje et al., 2014; Suokas et al., 2014). 여성들은 월경주기가 부재하는 **무월경**(amenorrhea)을 발전시킨다. 다른 신체적 문제로는 낮아진 체온, 낮은 혈압, 전신 부종, 골밀도 감소, 느린 심박 등이 있다. 신진대사 불균형 및 전해질 불균형이 일어날 수도 있는데, 이는 심장부전 혹은 순환 허탈(circulatory collapse)을 야기해 사망으로 이끌 수 있다. 신경성 식욕부진증 환자의 부족한 영양은 피부 거침 · 건조 · 갈라짐, 손톱 깨짐, 손과 발의 냉기 · 푸름 등을 야기할 수 있다. 어떤 이는 머리카락이 빠지고 어떤 이는 몸통 · 손발 · 얼굴에 솜털(신생아의 피부를 덮은 가늘고 실크 같은 털)이 자라기도 한다. 이 장을 처음 열었던 젊은 여성 샤니는 장애가 진행됨에 따라 자기 몸이 어떻게 악화되었는지 다음과 같이 회상한다. "옷을 아무리 겹쳐 입어도 항상 춥다는 사실을, 젖거나 감을 때마다 머리카락이 한 웅큼씩 빠진다는 사실을, 월경이 멈췄다는 사실을, 그리고 똑바로 누울 때 허리뼈가 닿아 아프고 마루에 앉을 때 꼬리뼈가 아프다는 사실을 그 아무도 몰랐다"(Raviv, 2010).

> ## ▶ 요약
>
> **신경성 식욕부진증** 날씬함이 국가적 강박사고가 되어감에 따라 섭식장애 비율이 증가하고 있다. 신경성 식욕부진증을 가진 사람들은 극도의 마름을 추구하며 위험한 정도로 많은 체중을 빼고 있다. 이들은 제한형 신경성 식욕부진증 유형 혹은 폭식/제거형 신경성 식욕부진증 유형을 따를 수 있다. 신경성 식욕부진증의 핵심 특성은 마름에 대한 욕구, 체중 증가에 대한 강한 공포, 왜곡된 신체 지각 및 다른 인지적 혼란이다. 사례의 95%가 여성에서 발생한다. 대부분의 환자들은 무월경을 포함한 심각한 의학적 문제를 발전시킨다.

▶무월경 월경주기의 부재

신경성 폭식증

폭식-하제 사용 증후군(binge-purge syndrome)으로 알려진 **신경성 폭식증**(bulimia nervosa)을 가진 사람들은 통제 불가능한 과식 혹은 **폭식**(binge) 행동을 반복적으로 나타낸다. 폭식 삽화는 제한된 시간(보통 두 시간) 동안 일어나며, 이 시간 동안 대부분의 사람들이 먹는 양보다 분명하게 더 많은 양을 먹는다(APA, 2013). 게다가 신경성 폭식증 환자들은 강제적 구토, 설사제ㆍ이뇨제ㆍ관장약의 남용, 과도한 운동 같은 부적절한 **보상행동**을 반복적으로 행한다(표 9-2 참조). 신경성 폭식증에서 회복한 여인인 린지는 장애가 있었던 기간 중 어느 한 아침을 다음과 같이 기술하고 있다.

오늘 나는 정말 잘할 것 같다. 이는 사전에 정해 놓은 양만 먹고, 허용된 양 이상은 한 입도 더 먹지 않음을 의미한다. 더구나 더 먹지 않으려고 매우 열심히 그를 관찰한다. 나는 그의 몸을 보고 판단한다. 긴장이 쌓여감을 느낄 수 있다. 더그가 서둘러 떠나길 바란다. 그래야 나도 내 일을 할 수 있을 것이다.

그가 집을 나서서 문을 닫는 순간, 나는 오늘 해야 할 목록 중 하나를 하려고 한다. 솔직히 나는 이것들 모두가 싫다. 구멍으로 기어들어 갔으면 한다. 어떤 것도 하기 싫다. 먹고만 싶다. 나는 혼자이고 겁나며, 잘하지도 못한다. 뭘 해도 제대로 못한다. 통제도 안 된다. 오늘 제대로 할 것 같지 않다. 나는 이것을 안다. 오랫동안 이렇게 해 왔기 때문이다.

아침에 먹은 시리얼을 기억한다. 화장실로 가서 체중계에 올라선다. 항상 같은 수치를 가리키건만 나는 여기에 머무르기 싫다. 더 날씬해지고 싶다. 거울을 본다. 허벅지가 추하고 기형적으로 생겼다고 생각한다. 거울에서 뚱뚱하고 어설프며 서양배 체형을 한 겁쟁이를 본다. 내가 보는 것에는 항상 뭔가 잘못된 것이 있다. 좌절하고, 이런 내 몸에 얽혀 꼼짝달싹 못할 것 같고, 뭘 해야 할지도 모르겠다.

냉장고 앞으로 간다. 거기에 무엇이 있는지 정확히 안다. 어제 저녁에 만들어 놓은 브라우니부터 시작한다. 항상 단 것부터 시작한다. 처음엔 없어진 티가 안 나도록 조심하면서 먹는다. 하지만 식욕이 너무 좋아 브라우니 한 판을 더 먹기로 마음먹는다. 쿠키가 절반 정도 채워진 봉지가 화장실에 있음을 안다. 어제 저녁 거기에 던져 놓았다. 그것을 찾아 먹어 치웠다. 우유도 조금 마셨다. 우유는 토할 때 음식의 역류를 부드럽게 해 줄 것이다. 큰 유리컵을 비운 후 얻는 포만감을 나는 좋아한다. 빵 6조각을 꺼내 브로일러에 넣고 빵 한 면을 구운 후 다른 면으로 뒤집었다. 빵에 버터를 바르고 다시 브로일러에 넣어 버터가 부글부글 끓을 때까지 구웠다. 빵 6조각 모두를 접시에 담아 TV 앞으로 가다, 부엌으로 다시 돌아가 시리얼 한 그릇과 바나나도 함께 가져왔다. 마지막 빵 조각을 먹어 치우기 전, 나는 다시 빵 6조각을 더 준비하고 있었다. 거기에 덧붙여 브라우니도 5개 정도, 그리고 아이스크림, 요구르트, 혹은 코티지치즈를 큰 밥그릇에 담아서 두 그릇 정도 먹은 것 같다. 위장이 갈비뼈 밑으로 아주 큰 볼 모양으로 팽창되었다. 이제 곧 화장실로 가야만 함을 안다. 하지만 가능한 이를 지연시키고 싶다. 지금 나는 모든 것이 다 있는 낙원에 있는 것 같다. 위장의 압박을 느끼면서, 그리고 방을 들락날락 천천히 거닐면서 나는 기다리고 있다. 시간은 간다. 시간은 가고 있다. 이제 곧 그 시간이 될 것이다.

청소하고 정리하면서 각 방을 목적 없이 돌아다녔다. 마지막이 화장실이다. 발에 힘을 주고 머리카락을 뒤로 넘기고 목구멍에 손가락을 넣어 두 번 쳤다. 음식 무더기가 넘어왔다. 세 번, 네 번, 그리고 또 다시 음식 무더기가 토해졌다. 나는 이 모든 것이 토해져 나오는 것을 볼 수 있었다. 브라우니를 보았다. 기뻤다. 이것은 특히나 살을 찌게 하는 음식이니까 …. 위를 비우는 리듬이 끊어졌고 머리가 아프기 시작하였다. 어지럽고 뭔가 빈 듯하고 약함을 느끼며 일어섰다. 이 모든 삽화는 한 시간 정도 걸렸다.

(Hall & Cohn, 2010, p. 1; Hall, 1980, pp. 5-6)

표 9-2

진단 체크리스트

신경성 폭식증

1. 반복적 폭식행동 삽화가 있음

2. 체중 증가를 억제하기 위해 반복적이고 부적절한 보상행동을 보임

3. 폭식행동과 부적절한 보상행동 모두 평균적으로 적어도 1주에 한 번 이상 3개월 동안 일어나야 함

4. 체중과 체형이 자기평가에 지나치게 큰 영향을 미침

출처 : APA, 2013.

▶**신경성 폭식증** 잦은 폭식 후 스스로 토하거나 다른 형태의 지나친 보상행동이 나타나는 장애. '폭식-하제사용 증후군'으로도 알려짐

▶**폭식** 지나치게 많은 양의 음식을 통제 불능으로 섭취하는 삽화

숨은 뜻 읽어내기

명언

"여자로 태어남은, 비록 학교에서 가르쳐 주는 것은 아니지만 아름다워지기 위해 부단히 노력해야 함을 아는 것이다."

W. B. 예이츠, 1904

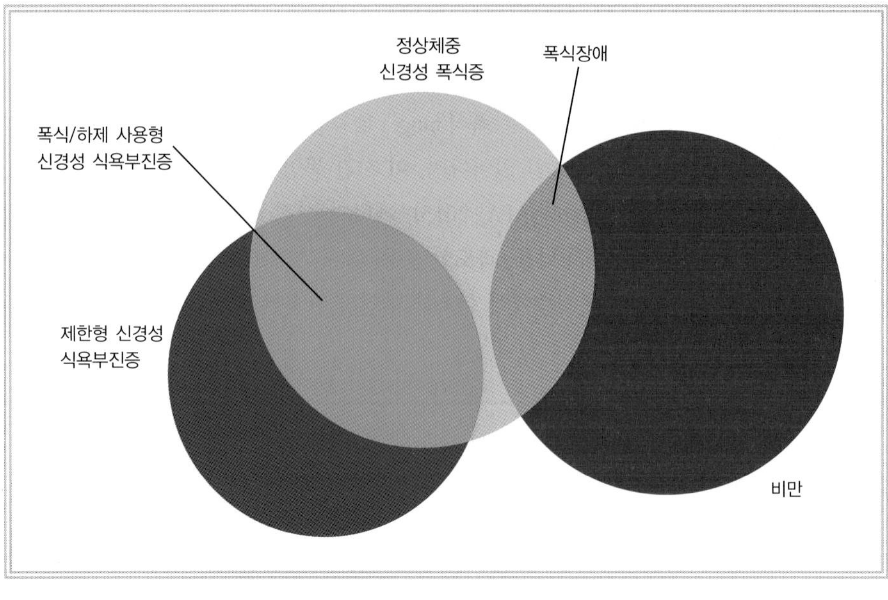

그림 9-1
신경성 식욕부진증, 신경성 폭식증, 비만 사이의 중첩 패턴
신경성 식욕부진증 환자의 일부는 폭식을 하고 체중 감량을 위해 토하고, 비만인 사람들 중 일부는 폭식을 한다. 하지만 신경성 폭식증 환자의 대부분은 비만하지 않으며, 대부분의 과체중 사람들은 폭식을 하지 않는다.

신경성 식욕부진증처럼 신경성 폭식증도 주로 여성에게서 나타나는데, 사례의 90~95%가 여성이다(ANAD, 2015; Sanftner & Tantillo, 2011). 청소년기나 성인 초기에 시작되고(15~20세 사이에 가장 흔히 시작됨), 주기적인 완화를 거치면서 흔히 몇 년간 지속된다(Stice et al., 2013). 신경성 폭식증 환자의 체중은 그 범위 내에서 다소 변동이 있긴 하지만, 흔히 정상 범위에 머물러 있다. 하지만 신경성 폭식증 환자의 일부는 심하게 저체중이 되어 결국에는 신경성 폭식증 대신 신경성 식욕부진증 진단 준거를 만족시키기도 한다(그림 9-1 참조).

많은 10대와 젊은 성인은 친구나 매체로부터 전해 들은 후 주기적으로 폭식을 하거나 구토, 하제 사용을 실험해 보기도 한다. 대규모 연구들에 따르면 학생의 25~50%가 주기적으로 폭식 혹은 자기 유도 구토를 하고 있다(Ekern, 2014; McDermott & Jaffa, 2005). 하지만 이 중 일부만이 신경성 폭식증 진단을 만족한다. 서구에서 진행된 몇몇 조사들은 여성 중 5%만이 완전한 신경성 폭식증 증후군을 발달시킴을 보고하고 있다(Ekern, 2014; Touchette et al., 2011). 대학생들 사이에서 완전한 신경성 폭식증 증세를 발전시킬 비율은 이보다 훨씬 더 높을 수 있다(Zerbe, 2008).

폭식

신경성 폭식증 환자들은 한 주에 1~30번까지 폭식을 한다고 한다(Fairburn et al., 2008). 대부분의 경우 폭식은 은밀히 행해진다. 개인은 아주 빠른 시간 안에 엄청난 양의 음식을 거의 씹지 않고 먹어 치운다. 흔히 아이스크림, 도넛, 샌드위치와 같은 달고 부드러운 질감의 고칼로리 음식들을 먹어 치운다. 음식은 거의 음미되지도 않는다. 폭식자들은 한 삽화 동안 평균 3,400칼로리를 먹는다. 일부는 한 삽화 동안 10,000칼로리를 먹어 치우기도 한다.

폭식에 앞서 보통 극도의 긴장감이 나타난다. 짜증이 나고, '현실감이 없어지며', 금지된 음식을 탐하는 자신의 욕구에 무력함을 느낀다. 폭식 동안 개인은 먹는 것을 멈출 수 없음을 느낀다(APA, 2013). 견딜 수 없는 긴장을 완화시켜 줬다는 점에서 폭식은 그 자체 쾌락으로 경험되지만, 폭식 후에는 몸무게가 불지도 모른다는 그리고 발각될지도 모른다는

숨은 뜻 읽어내기

왕족의 거식증?
헨리 8세의 두 번째 부인이었던 앤 불린은 영국의 여왕으로 지내는 3년 동안 식사 중 구토하는 습관을 나타내었다. 이러한 습관은 여왕 대관식 만찬에서 처음 관찰되었다. 사실 그녀는 시녀에게 토할 것 같은 낌새가 자신에게서 보이면 천을 들고 가리도록 하는 임무를 맡겼다(Shaw, 2004).

두려움과 함께 극도의 자책, 수치심, 죄책감, 우울감이 뒤따른다(Sanftner & Tantillo, 2011; Goss & Allan, 2009).

보상행동

폭식 후 신경성 폭식증 환자들은 폭식의 효과를 보상하거나 없애려고 노력한다. 예를 들면, 많은 이들은 구토에 의지한다. 하지만 구토는 폭식 동안 섭취한 칼로리의 흡수를 크게 방해하지는 못한다. 또한 반복적 구토는 포만감을 느끼는 우리의 능력에 영향을 주는데, 이는 더 큰 허기짐을 유발하여 결과적으로 더 빈번하고 더 심각한 폭식으로 이끈다. 유사하게 설사제나 이뇨제의 사용도 폭식으로 인한 칼로리의 섭취를 원점으로 돌리지는 못한다(Fairburn et al., 2008).

구토와 다른 보상행동은 포만으로 인한 불쾌감을 잠시 완화하거나 폭식에 결부된 불안 혹은 자기 혐오감을 잠시 낮출 수 있다(Stewart & Williamson, 2008). 하지만 시간이 지남에 따라 구토가 더 많은 폭식을 허용하고 폭식이 다시 더 많은 구토를 요구하는 악순환 고리를 형성하게 된다. 이 순환은 궁극적으로 신경성 폭식증 환자들로 하여금 무기력감과 자기 혐오를 느끼도록 만든다(Sanftner & Tantillo, 2011; Hayaki et al., 2002). 대부분은 자신들이 섭식장애를 가지고 있음을 아주 잘 인식하고 있다. 앞서 만난 여성인 린지는 기숙학교에 있던 청소년 시절 폭식, 구토, 자기 혐오 패턴이 자신을 어떻게 장악하게 되었는지를 기억하고 있다.

> 목으로 들어가는 한입 한입이 더럽고 이기적인 욕구였고, 나는 그런 나를 더욱 혐오하게 되었다… 내가 처음으로 손가락을 목 속에 넣게 되었던 때는 학교에서의 마지막 주 동안이었다. 나는 불그스름한 얼굴과 부은 눈을 한 채 화장실을 나오는 한 소녀를 보았다. 그녀는 언제나 자신의 몸무게에 대해 이야기했고 몸매가 나쁘지 않은데도 왜 다이어트를 해야만 했는지를 이야기했다. 나는 즉각적으로 그녀가 무엇을 하였는지 알았고, 나도 그렇게 해야만 했다….
>
> 나의 하루는 기숙사 1층에서 뷔페 형식으로 나오는 아침을 먹는 것으로부터 시작되었다. 나는 어떤 음식이 토할 때 쉽게 나오는지 알았다. 아침 기상 후 나는 30분 안에 잔뜩 먹고 토한 후 수업에 갈 것인지 아니면 과식하지 않고 온종일을 버틸 것인지를 결정해야만 했다. … 사람들은 식사 때 내가 엄청난 양의 음식을 먹음을 눈치채고 있을 것이다. 하지만 그들은 내가 운동선수이기 때문에 섭취한 칼로리를 운동으로 다 소모해버렸다고 생각할 것이다. 일단 폭식이 시작되면 배가 임신한 것처럼 보일 때까지, 그리고 더는 삼킬 수 없을 때까지 계속해서 먹는다.
>
> 그해가 9년간의 나의 강박적 먹기와 토하기의 시작이었다. … 나는 누구에게도 내가 무엇을 하고 있는지 말하기 싫었고 그렇다고 하던 행동을 멈추고 싶지도 않았다. 사랑 혹은 기타 생각을 분산시키는 일들이 때때로 음식에 대한 갈망을 누그러뜨리기도 했지만, 나는 언제나 음식으로 다시 돌아갔다.
>
> (Hall & Cohn, 2010, p. 55; Hall, 1980, pp. 9-12)

신경성 식욕부진증에서와 같이 폭식 패턴은 집중적인 다이어트를 하는 동안 혹은 한 후에(특히나 다이어트를 통해 성공적으로 체중을 감량했거나 가족, 친구들로부터 칭찬을 받았던 경우) 시작되는 경향이 있다(APA, 2015; Stice & Presnell, 2010; Couturier & Lock, 2006). 동물 연구와 인간 연구는 모두 매우 엄격한 다이어트에 놓였던 정상 연구 참가자들

숨은 뜻 읽어내기

다이어트 산업
미국인들은 체중 감소 음식, 상품, 서비스에 매년 610억 달러를 쓰고 있다(PRWEB, 2013).

Curtis Means/NBC NewsWire/Getty Images

스포츠로서의 먹기

사진은 뉴욕 브룩클린의 코니아일랜드에서 개최된 나단의 유명한 국제 핫도그 먹기 시합을 담고 있다. 여기에서 볼 수 있듯 폭식은 때로로 공개적으로 지지받는다. 하지만 폭식이 반복적으로 발생하고 지속되며 체중이나 체형과 관련된 사항이 자기 평가에 지대한 영향을 미칠 때에는 섭식장애로 간주된다.

숨은 뜻 읽어내기

(잘못된) 메시지 보내기

• 1995년 이전, 섭식 문제는 남태평양 피지 섬에서는 찾아 보기 힘든 문제였다.

• 1995년 위성 TV가 피지 섬에 서구 쇼와 패션을 방송하기 시작한 이후 곧 TV를 정기적으로 시청하던 피지의 10대 소녀들은 자신들이 너무 크거나 뚱뚱하다고 느끼기 시작했고, 다이어트를 정기적으로 하기 시작했으며, 체중 조절을 위해 구토를 하기 시작했다.

• 최근 더 많은 피지 젊은이들이 페이스북과 기타 다른 형태의 온라인 사회망에 참여함에 따라 10대 사이에서의 섭식장애 유병률은 더 극적으로 증가하였다.

(Becker et al., 2011, 2010, 2007, 2003, 2002, 1999)

이 폭식 경향을 발전시킴을 발견하였다(Pankevich et al., 2010; Eifert et al., 2007). 예를 들어 양심적 병역기피자들을 대상으로 한 '기아 연구'에서 참가자들 중 일부는 정상적 섭식으로 돌아가도록 허용되었을 때 폭식하였고, 이 중 다수는 많은 음식을 섭취한 후에도 계속 배고파하였다(Keys et al., 1950).

신경성 폭식증 대 신경성 식욕부진증

신경성 폭식증은 여러 면에서 신경성 식욕부진증과 유사하다. 두 장애 모두 비만이 될까 두려워하고, 날씬해지길 원하며, 음식·체중·외모에 몰두하고, 우울·불안·강박·완벽 욕구로 분투하는 사람들에게서 나타나며, 보통 일정 기간의 다이어트를 거친 후 시작되는 경향이 있다(Boone et al., 2014; Holm-Denoma et al., 2014). 신경성 폭식증이나 신경성 식욕부진증을 가진 사람들은 자살시도를 할 위험이 높다(Suokas et al., 2014). 약물남용이 각 장애에 동반되기도 하는데, 이는 아마도 다이어트 약의 과다 복용에서 시작되는 것 같다(Mann et al., 2014). 각 장애를 가진 사람들은 그들의 실제 체중이나 체형과는 상관없이 자신이 실제보다 더 무겁고 크다고 믿는다(Boone et al., 2014)(정보마당 참조). 또한 이 두 장

AP Photo/Disney-ABC Domestic Television, Ida Mae Astute

세대를 걸쳐

유명 TV 저널리스트인 케이티 쿠릭이 2012년 인기 가수 데미 로바토와 인터뷰할 때 이 둘 간에 중요한 점에서 일치한다는 사실이 밝혀졌다. 섭식장애가 바로 그것이다. 로바토는 지난 수년간 자신의 신체상과 섭식 문제에 대해 공공연히 이야기해 왔다. 하지만 쿠릭은 이 인터뷰 전에는 자신이 과거 유사한 문제를 경험했음을 공개하지 않았다. "대학 그리고 대학 졸업 후 2년간 신경성 폭식증으로 분투했다."라고 쿠릭은 말했다.

신체 불만족

자신의 체중과 체형을 부정적으로 평가하는 사람들은 **신체 불만족**을 경험하고 있다. 소녀와 성인 여성의 73% 정도가 자신의 신체에 대해 만족하지 못하고 있는데, 이는 소년과 성인 남성의 56%가 신체 불만족을 드러내는 것과 비교된다(Mintem et al., 2014). 신체 불만족 여성의 대다수는 자신이 과체중이라 믿는

다. 반대로 신체 불만족 남성의 경우는 절반은 자신이 과체중이라, 절반은 자신이 저체중이라 생각한다. 신체 불만족과 가장 깊게 연관된 요인에는 완벽주의와 비현실적 기대가 있다(Wade & Tiggemann, 2013). 신체 불만족은 다이어트와 섭식장애 발달을 설명하는 가장 강력한 예언자이다.

신체 불만족은 다음과 상관이 있다

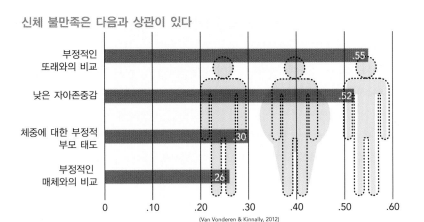

(Van Vonderen & Kinnally, 2012)

높은 신체 불만족을 보이는 사람들은 다음을 보일 가능성이 더 높다

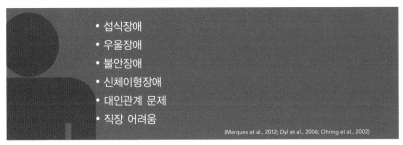

- 섭식장애
- 우울장애
- 불안장애
- 신체이형장애
- 대인관계 문제
- 직장 어려움

(Marques et al., 2012; Dyl et al., 2006; Ohring et al., 2002)

성인과 신체 불만족

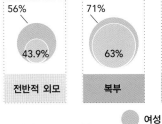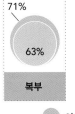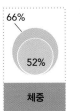

56% 43.9%	71% 63%	66% 52%	61% 29%
전반적 외모	복부	체중	엉덩이/허벅지

여성 남성

(Weinshenker, 2014; Garner, 1997)

부정적 신체 관련 사고
여성의 **97%**는 신체에 대한 부정적 사고를 매일 적어도 한 번은 한다. 평균적으로 여성은 매일 부정적 신체 사고를 **13**번 한다.

"나는 내 허벅지, 배, 팔이 너무 싫어."

"내 모습은 역겨워."

"난 비만이야, 모든 예쁜 애들은 사이즈가 44야."

(Dreisbach, 2011)

청소년과 신체 불만족
모든 연령의 여성은 자신의 신체에 대해 불만족하는 경향이 있다. 하지만 이러한 신체 불만족의 큰 격차는 청소년기 초기에서 청소년기 중기로 전환될 때 나타난다(Mäkinen et al., 2012).

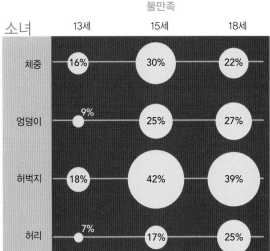

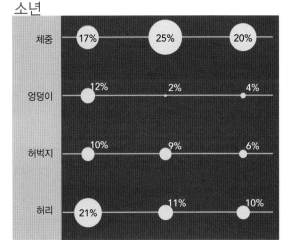

(Weinshenker, 2014; Rosenblum & Lewis, 1999)

사회매체와 신체 불만족
- 10대 소녀들이 사회매체에 더 많은 시간을 쓰면 쓸수록 이들의 신체 불만족 수준은 더 높다.
- 10대의 86%가 소셜 네트워크 사이트가 자신의 신체 자신감을 손상시킨다고 보고한다.

(PROUD2BME, 2013; Tiggemann & Slater, 2013)

▶폭식장애 빈번한 폭식을 특징으로 하나 극단적 보상행동을 보이지 않는 장애

애 모두 섭식에 대한 왜곡된 태도를 특징으로 한다(Alvarenga et al., 2014).

하지만 이 두 장애는 중요한 측면에서 서로 다르다. 비록 각 장애를 가진 사람들 모두가 남들이 나를 어떻게 생각할까 걱정하지만, 신경성 폭식증을 가진 사람들이 신경성 식욕부진증을 가진 사람들보다 남들을 기쁘게 하고, 그들에게 매혹적으로 보이며, 친밀한 관계를 형성하는 것에 대해 더 걱정하는 경향이 있다(Zerbe, 2010, 2008). 신경성 폭식증 환자들은 신경성 식욕부진증 환자들보다 성적으로 경험이 더 많고 성적으로 더 적극적인 경향이 있다(Gonidakis et al., 2014). 특히 문제가 되는 것은, 신경성 폭식증 환자가 기분 변화의 긴 과거력을 가질 가능성이 더 높고, 더 쉽게 좌절하거나 지루해하며, 자신의 충동이나 강한 정서를 통제하거나 효과적으로 대처하는 데 더 많은 어려움을 보인다는 점이다(Boone et al., 2014; Lilenfeld, 2011). 이들의 3분의 1 이상이 성격장애의 특징들을 보이는데, 특히 제13장에서 더 자세히 살펴볼 경계성 성격장애의 특징을 보인다(Reas et al., 2013).

또 다른 차이는 이 두 장애에 동반되는 의학적 합병증의 특성에서 나타난다(Corega et al., 2014; Mitchell & Crow, 2010). 신경성 폭식증 여성의 절반만이 무월경 문제를 보이거나 불규칙한 월경주기를 보이지만, 신경성 식욕부진증 여성은 거의 모두가 월경 관련 문제를 보인다. 반면 반복적인 구토는 치아와 잇몸을 염산으로 침식시키며, 이는 신경성 폭식증 여성의 일부에게 치아의 에나멜층 붕괴나 치아 손실과 같은 심각한 치과적 문제를 경험하도록 한다. 더욱이 거듭되는 구토나 만성적 설사(설사제의 사용으로 인한)는 심각한 칼륨 결핍을 야기할 수 있는데, 이는 신체 약화, 장 문제, 신장질환, 혹은 심장 손상의 문제들로 이끈다.

> ### ▶ 요약
>
> **신경성 폭식증** 신경성 폭식증을 가진 사람들은 빈번히 폭식을 하며 그 후 구토를 유도하거나 다른 부적절한 보상행동을 취한다. 폭식은 증가하는 긴장에 대한 반응으로 나타나며 죄책감과 자기비난이라는 감정들을 수반한다.
>
> 보상행동은 처음엔 포만이라는 불편감으로부터의 순간적 완화 혹은 불안, 자기 혐오, 폭식에 결부된 통제 상실감의 감소라는 요인에 의해 강화된다. 하지만 시간이 지남에 따라 이들은 자신에 대해 혐오를 느끼고 우울해지며 죄책감을 갖는다. 신경성 폭식증을 가진 사람들은 기분의 빈번한 변화를 경험하며 자신의 충동을 통제하는 데 어려움을 갖는다. 일부는 성격장애를 보이기도 한다. 절반 정도가 무월경을 나타내며, 대부분이 치과적 문제를 발전시킨다. 또한 일부는 칼륨 결핍을 발전시키기도 한다.

폭식장애

신경성 폭식증을 보이는 이들처럼, **폭식장애**(binge-eating disorder)를 보이는 이들은 반복적으로 폭식을 하며 폭식 동안 자신의 먹는 행위에 대한 통제감을 상실한다(APA, 2013). 하지만 이들은 부적절한 보상행동을 보이지는 않는다(표 9-3 참조). 폭식장애 환자의 3분의 2 정도가 반복적인 폭식의 결과 과체중 혹은 비만 상태에 있다(Brauhardt et al., 2014).

폭식장애는 과체중 사람들에게 흔한 유형으로 50년도 더 전에 처음 인지되었다(Stunkard, 1959). 하지만 과체중인 사람 모두가 이러한 반복적 폭식행동을 보이는 것은 아님을 주목할 필요가 있다. 이들의 체중은 반복적인 과식 그리고/또는 생물학적·심리적·사회문화적 요인의 복합 작용으로 나타난 결과이다(ANAD, 2014).

인구의 2~7%가 폭식장애를 보인다(Brownley et al., 2015; Smink et al., 2013). 폭식장애

표 9-3

진단 체크리스트

폭식장애

1. 반복하여 발생하는 폭식 삽화

2. 폭식 삽화는 다음 중 3개 이상과 관련되어야 함
   - 흔히 빨리 먹음
   - 배가 고프지 않는데도 많은 양을 먹음
   - 불편할 만큼 배가 부를 때까지 먹음
   - 창피하여 혼자 먹음
   - 폭식 삽화 후 자기 혐오감, 우울감, 혹은 심한 죄책감을 느낌

3. 폭식과 관련한 심각한 고통

4. 폭식은 평균 한 주에 적어도 한 번 나타나야 하고, 3개월간 지속되어야 함

5. 부적절한 형태의 보상행동이 나타나지 않음

출처 : APA, 2013.

에 특징적인 폭식은 신경성 폭식증에서 보이는 폭식과 유사하다. 특히 섭취되는 음식의 양과 폭식 동안 경험되는 통제 상실감에서 두 장애는 유사하다. 게다가 신경성 폭식증이나 신경성 식욕부진증을 가진 사람들과 마찬가지로 폭식장애를 가진 사람들은 음식·체중·외모에 집착하고, 체중, 체형을 자기 평가의 기초로 삼으며, 몸의 크기를 왜곡하여 지각하고, 심각한 신체 불만족을 경험하며, 우울·불안·완벽주의와 사투하고, 약물남용을 보이며, 보통 청소년기와 초기 성인기에 장애를 처음 발달시킨다(Brauhardt et al., 2014; Pearl et al., 2014). 비록 이들도 자신의 섭식을 제한하길 원하지만 이들은 신경성 식욕부진증이나 신경성 폭식증을 가진 이들만큼 마름을 목표로 하지 않는다. 또한 다른 섭식장애들과는 달리 폭식장애가 항상 극단적 다이어트의 노력으로부터 시작되는 것도 아니다. 게다가 다른 섭식장애들에서 관찰되는 장애 유병률에서의 큰 남녀 성차도 폭식장애에서는 나타나지 않는다(Davis, 2015; Grucza et al., 2007).

▶ 요약

폭식장애 폭식장애를 가진 사람들은 빈번한 폭식 삽화를 보이지만 부적절한 보상행동을 보이지는 않는다. 과체중자의 대부분이 폭식장애를 가지고 있지는 않지만, 폭식장애를 가진 사람들의 3분의 2는 과체중이 된다. 인구의 2~7%가 폭식장애를 보인다. 신경성 식욕부진증과 신경성 폭식증과는 달리 폭식장애는 남녀 간 그리고 인종 간 비슷한 비율로 나타난다.

무엇이 섭식장애를 야기하는가

오늘날 대부분의 이론가들과 연구자들은 섭식장애를 설명하기 위해 **다차원위험이론**(multidimensional risk perspective)을 사용하고 있다. 이들은 개인을 섭식장애에 취약하게 만드는 주요 요인을 찾고 있다(Jacobi & Fittig, 2010). 위험 요인이 많으면 많을수록 개인이 섭식장애를 발달시킬 확률은 더 높아진다. 가장 많이 인용되는 요인으로는 심리적 문제(자아·인지적·정서적 혼란), 생물학적 요인, 그리고 사회문화적 여건(사회적·가족적·다문화적 압력)이 있다. 앞으로 살펴보겠지만, 이들 인용되고 연구된 요인의 대부분은 신경성 식욕부진증과 신경성 폭식증과 관련되어 있다. 보다 최근에 규명된 임상적 증후군인 폭식증은 현재에 와서야 널리 연구되고 있다. 이들 요인 중 어떤 것이 새로운 장애인 폭식장애에서 활약할 것인가는 앞으로 몇 년 후에 더 분명해질 것이다.

정신역동적 요인 : 자아 결핍

섭식장애 연구 및 치료의 선구자인 Hilde Bruch는 이 장 초반에서 언급하였다. Bruch는 이 장애의 정신역동적 이론을 발전시켰다. 그녀의 주장에 따르면, 문제가 있는 부모-자녀 상호작용이 아동에게 심각한 **자아 결핍**(낮은 독립감과 통제감을 포함)과 지각적 혼란을 유도하고, 이 둘이 함께 섭식장애 탄생에 일조하게 된다고 한다(Bruch, 2001, 1991, 1962).

Bruch에 따르면 부모는 자녀에게 효율적 혹은 비효율적으로 반응할 수 있다고 한다. **효율적 부모**는 자녀가 배고파 울면 음식을 주고 두려워 울면 위로를 주는 식으로 자녀의 생물학적·정서적 욕구를 정확히 파악하여 돌보아 준다. 반대로 **비효율적 부모**는 자녀의 욕구에 대응하는 데 실패하는데, 이들은 자녀의 실제 상태에 대한 관찰 없이 아이의 배고프고 춥고 피곤한 상태를 제 나름대로 판단하여 결정한다. 배고프기보다는 불안할 때 아이에게

▶**다차원위험이론** 이론의 하나로 이 이론에서는 결합하여 어떤 장애를 유발하는 것으로 사료되는 몇몇 위험 요인들을 규명하고 있음. 위험요인이 많으면 많을수록 특정 장애를 발달시킬 위험을 높임

AP Photo/Evan Agostini

잘못된 메시지

슈퍼모델 케이트 모스가 뉴욕 시 패션축제 장소에 도착했다. 2009년 웹사이트 인터뷰에서 인생 모토가 무엇이냐는 질문에 "마른 느낌보다 더 맛있는 것은 없다."라고 답해 큰 논란을 불러일으켰다. 많은 비평가들은 이런 문구가 신경성 식욕부진증을 옹호하는 웹사이트에서 자주 등장함을 지적하며 케이트 모스가 프로아나(신경성 식욕부진증을 옹호하는) 운동에 합법성을 제공하였다고 비난하였다. 모스는 자신의 대답이 잘못 전해진 것이라 반박하였고 자신의 말은 생활방식으로 굶는 것을 지지한 것이 아니었다고 주장하였다.

밥을 줄 것이고 불안하기보다는 피로할 때 아이에게 위로를 줄 것이다. 이러한 부모 보살 핌을 받은 아동은 성장하면서 혼란을 경험할 것이고, 자신의 내적 욕구에 대해 잘 인식하 지 못할 수 있다. 이들은 자신이 배가 고픈지 부른지 알지 못하고 자신의 감정 상태도 알아 차리지 못할 것이다.

자신의 내적 신호에 의존할 수 없기 때문에 이런 아동은 대신 부모와 같은 외적 지침에 의존하게 된다. '모범적인 아동'처럼 보이나 이들은 실상 자립성을 키우지 못하고 "자신의 행동, 욕구, 충동을 통제한다거나 자기 몸을 자기가 소유한 것 같은 느낌을 경험하지 못한 다"(Bruch, 1973, p. 55). 청소년기는 독립성을 높이고자 하는 기본 욕구가 증가하는 시기 지만, 이들은 이를 성취하지 못한다. 무기력감을 극복하기 위해 대신 체구, 체형 그리고 식 습관을 지나치게 통제하고 이로부터 통제감을 얻으려 한다. Bruch의 환자인 18세 헬렌은 이러한 욕구와 노력을 다음과 같이 기술하고 있다.

> 특이한 모순점이 있다. 모두가 '잘하고 있다', '굉장하다'라고 생각하고 있지만, 문제는 나 자 신이 나에 대해 '충분하지 않아'라고 생각한다는 것이다. 남들이 나에게 기대하는 바대로 살지 못할까 봐 두렵다. 가장 큰 두려움은 내가 단지 평범하거나 보통일까 봐, 즉 충분하지 않을까 봐이다. 나의 특이한 다이어트는 이러한 불안과 함께 시작되었다. 나는 나 자신을 통제할 수 있고 나 자신이 무엇인가 할 수 있음을 보여 주고 싶다. 다이어트의 특이한 측면은 이것이 나 에 대한 긍정적 평가를 가능하게 하고 '나도 무엇인가를 할 수 있어'라는 유능감을 갖게 한다 는 것이다. 이것은 나로 하여금 '남들이 못하는 그 무엇인가를 난 할 수 있어'라고 느끼게 한다.
>
> (Bruch, 1978, p. 128)

임상적 보고나 연구들은 Bruch의 이론을 지지하는 결과를 일부 내놓고 있다(Holtom-Viesel & Allan, 2014; Schultz & Laessle, 2012). 임상가들은 신경성 식욕부진증이나 신경성 폭식증을 앓는 청소년의 부모에게서 자녀의 욕구 정의를 자녀에게 하도록 두기보다 자신들이 하는 경향이 있음을 발견하였다(Ihle et al., 2005; Steiner et al., 1991). Bruch는 신경성 식욕부진증으로 진단된 51명 아동의 어머니와 인터뷰하였는데, 이 중 많은 이가 어린 자녀의 욕구를 예견하여 자녀를 '배고프게' 두지 않았음을 자랑스러워하였다(Bruch, 1973).

섭식장애인들이 정서적 단서와 같은 내적 단서를 부정확하게 지각한다는 Bruch의 믿음도 연구를 통해 지지되고 있다(Lavender et al., 2014; Fairburn et al., 2008). 예를 들어 섭식장애를 가진 연구 참가자들은 불안이나 혼란스러움을 경험할 때 이를 배고픔으로 잘못 인식하고(그림 9-2 참조), 배고플 때의 대처, 즉 먹기로 대처한다. 사실상 섭식장애인들은 감정을 명명하는 데 어려움을 보이는 감정표현불능자(alexithymic)로 임상가들에 의해 묘사되고 있다(D'Agata et al., 2015; Zerbe, 2010, 2008) 마지막으로 연구들은 섭식장애인들이 타인의 의견, 희망, 관점에 지나치게 의존한다는 Bruch의 주장을

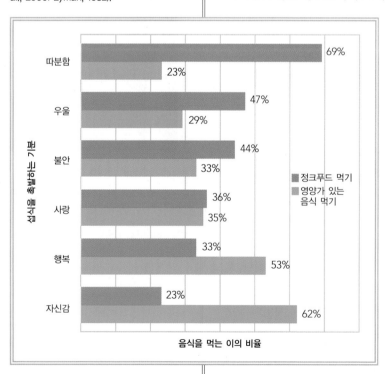

그림 9-2
사람들은 언제 정크푸드를 찾는가
기분이 나쁠 때이다. 기분 나쁠 때 정크푸드를 먹는 사람의 수가 유사한 상황에서 영양가 있는 음식을 먹는 사람의 수를 넘어섰다. 반대로 더 많은 사람들이 기분이 좋을 때 영양가 있는 음식을 찾는다(출처 : Isasi et al., 2013; Haberman, 2007; Rowan, 2005; Hudd et al., 2000; Lyman, 1982).

따분함: 69% / 23%
우울: 47% / 29%
불안: 44% / 33%
사랑: 36% / 35%
행복: 33% / 53%
자신감: 23% / 62%

섭식을 촉발하는 기분

■ 정크푸드 먹기
■ 영양가 있는 음식 먹기

음식을 먹는 이의 비율

지지하고 있다. 섭식장애인들은 다른 사람보다 더 남들을 의식하고, 인정을 받으려 노력하며, 동조적이고, 삶에 대한 통제력을 적게 느끼는 경향이 있다(Amianto et al., 2011; Travis & Meltzer, 2008).

인지적 요인

섭식장애에 대한 Bruch의 설명을 자세히 살펴보면 여기에 몇 가지 인지적 사고가 포함되어 있음을 알 수 있다. 예로 Bruch는 비효율적인 부모 양육 결과 섭식장애 환자들은 자신의 내적 감각이나 욕구를 부적절하게 명명하고, 삶에 대한 통제를 적게 느끼며, 이에 대한 반작용으로 자신의 체구와 식습관에 통제를 가하길 원한다고 주장하였다. 인지이론가들은 이러한 결핍이 섭식장애의 핵심을 이루는 광범위한 인지적 왜곡에 기여한다고 주장한다. 말하자면 신경성 식욕부진증이나 신경성 폭식증 환자들은 거의 전적으로 체형과 체중, 그리고 체형과 체중을 통제할 수 있는 자신의 능력에 기초하여 자신을 평가한다(Fairburn et al., 2015, 2008; Murphy et al., 2010). 인지이론가들은 이러한 '핵심 병리'가 체중을 빼려는 반복적인 노력과 체형·체중·섭식에 대한 지나친 몰두를 포함하는 섭식장애의 다른 모든 특징을 야기한다고 말한다.

이 장 초반에서 살펴봤듯이 연구들은 섭식장애인이 정말 이러한 인지적 결핍을 보임을 보여 주고 있다(Siep et al., 2011). 물론 이 연구들이 현재 인지적 결핍이 섭식장애의 원인이라는 확신을 주고 있지는 못하다. 하지만 많은 인지행동치료자들은 이러한 가정으로부터 출발하여 치료를 진행하고 있으며, 내담자의 인지 왜곡과 이에 동반하는 행동의 교정을 치료의 목표로 삼고 있다. 앞으로 살펴보겠지만 이러한 종류의 인지행동치료는 섭식장애의 치료에서 가장 널리 사용되고 있다(Fairburn et al., 2015, 2008).

여성의 자기 인생에 대한 결정권을 제한하는 문화권에서 섭식장애가 덜 나타난다는 발견은 어떻게 설명할 수 있는가?

우울

섭식장애를 앓는 많은 사람들, 특히 신경성 폭식증을 앓는 많은 사람들이 우울 증상을 경험한다(Harrington et al., 2015). 이 같은 발견으로 몇몇 이론가들은 기분장애가 섭식장애의 기초라고 제안한다.

이들의 주장은 네 가지 증거로 지지된다. 첫째, 섭식장애 환자 중 주요우울장애 진단을 만족하는 사람들의 비율이 일반 인구 중 주요우울장애 진단을 만족하는 사람들의 비율보다 더 높다는 것이다. 둘째, 섭식장애를 가진 사람들의 친척이 섭식장애를 가지지 않은 사람들의 친척보다 기분장애를 앓는 비율이 더 높아 보인다. 셋째, 곧 보겠지만, 섭식장애인의 다수가, 특히 신경성 폭식증 환자들의 다수가, 신경전달물질 세로토닌의 낮은 활동 수준을 보였는데, 이것은 우울한 사람들에게서 발견되는 세로토닌 활동 이상과 유사한 것이다. 마지막으로 섭식장애인이 우울을 감소시키는 항우울증 약물로부터 도움을 받고 있다는 것이다. 물론

"불안으로 당신은 무엇을 먹습니까?"

▶**시상하부** 배고픔 및 식욕을 포함한 다양한 신체 기능의 유지를 돕는 뇌 영역

▶**외측 시상하부(LH)** 시상하부의 한 부분으로, 활성화되면 배고픔을 유발함

▶**복내측 시상하부(VMH)** 활성화 시 배고픔을 감소시키는 시상하부 영역

▶**체중 결정점** 시상하부에 의해 일부 조절되는, 개인이 유지하려고 하는 체중 수준

이러한 발견들이 우울이 섭식장애 유발을 도울 수 있음을 시사하기도 하지만 이와는 다른 설명도 가능하다. 예를 들어 섭식장애를 가졌다는 사실로부터 오는 압박과 고통이 기분장애를 야기할 수도 있다.

생물학적 요인

생물학적 이론가들은 특정 유전자가 일부 사람들을 섭식장애에 특별히 취약하도록 만드는 것이 아닌가 의심한다(Starr & Kreipe, 2014). 이런 생각과 일관되게 섭식장애인의 친척은 다른 이들보다 섭식장애를 나타낼 확률이 6배는 높은 것으로 나타났다(Thornton et al., 2011; Strober et al., 2001, 2000). 또한 일란성 쌍생아 중 1명이 신경성 식욕부진증을 가지면, 사례의 70%에서 나머지 1명도 신경성 식욕부진증을 발전시켰다. 반면 유전적으로 일란성 쌍생아보다 덜 유사한 이란성 쌍생아는 사례의 20%에서만 이런 공병이 나타났다. 신경성 폭식증에서도 유사한 경향이 나타났다. 한 일란성 쌍생아가 신경성 폭식증을 가지면 사례의 23%에서 나머지 쌍생아도 신경성 폭식증을 보인 반면, 이란성 쌍생아에게서는 그 비율이 9%에 머물렀다(Thornton et al., 2011; Kendler et al., 1995, 1991).

연구자들의 관심을 끄는 생물학적 요인 중 하나는 세로토닌의 역할이다. 몇몇 연구 팀은 섭식장애와 세로토닌 생성을 책임지는 유전자들 사이의 관련성을 발견하였고, 다른 팀들은 섭식장애를 앓는 많은 이들에게서 낮은 세로토닌 활동을 측정하였다(Phillips et al., 2014; Starr & Kreipe, 2014). 이렇듯 일부 이론가들은 비정상적인 세로토닌 활동(일부 사람의 경우는 이런 상태를 유전적으로 타고남)이 사람 몸으로 하여금 고열량 음식을 탐하고 폭식하도록 유도한다고 의심한다(Kaye et al., 2013, 2011, 2005).

다른 생물학적 연구자들은 몸의 여러 기능을 조절하는 뇌 영역인 **시상하부**(hypo-thalamus)를 지적하면서 섭식장애를 설명하고 있다(Berthoud, 2012). 연구자들은 섭식행동을 통제하는 시상하부 내 두 영역을 찾아냈다. 하나는 **외측 시상하부**(lateral hypothalamus, LH)인데, 이 영역이 활성화되면 배고픔을 유발한다. 실험실 동물의 LH가 전기적으로 자극되었을 때, 그 동물은 얼마 전에 먹었음에도 불구하고 또 먹었다. 또 다른 영역은 **복내측 시상하부**(ventromedial hypothalamus, VMH)인데, 이 영역이 활성화되면 배고픔이 감소된다. VMH가 전기적으로 자극되었을 때 실험실 동물은 먹는 것을 중단했다.

앞서의 시상하부 영역들 그리고 관련된 뇌 구조는 명백히 뇌와 몸으로부터 나온 화학물질들에 의해 활성화된다(Schwartz, 2014; Petrovich, 2011). 두 가지 뇌 화학물질이 자연 식욕 억제제로 작용하는데, **콜레시스토키닌(CCK)**과 **글루카곤유사펩티드-1(GLP-1)**이 그것이다(Dossat et al., 2015; Turton et al., 1996). 한 연구팀이 GLP-1을 모아 쥐의 뇌에 투입하였는데, 이 화학물질은 시상하부에 있는 수용기로 이동하여 쥐의 먹는 행동을 감소시켰다. 이 쥐들은 처치에 앞서 24시간 동안 먹지 않았음에도 음식 섭취가 감소되었다. 반대로 시상하부 내 GLP-1의 수용을 차단하는 물질을 '배부른' 쥐에게 투여했을 때 이 쥐들의 음식 섭취는 2배 이상 증가하였다.

몇몇 연구자들은 시상하부, 관련된 뇌 영역, 그리고 CCK와 GLP-1과 같은 화학물질이 모두 함께 작용하여 몸에서 '체중 조절 장치'를 형성한다고 믿는다. 이 체중 조절 장치가 개인에게 있어 **체중 결정점**(weight set point)이라는 특수한 체중 수준을 유지하게 한다. 유전과 인생 초기의 섭식 행위가 개인의 체중 결정점을 결정하는 것으로 보인다(Yu et al., 2015; Sullivan et al., 2011). 개인의 체중이 자신의 특정 결정점 이하로 떨어지면, LH와 다

숨은 뜻 읽어내기

흡연, 섭식, 그리고 체중

금연한 사람들의 75%가 체중 증가를 나타낸다.

흥분제인 니코틴은 측부 시상하부에 미치는 영향으로 식욕을 억제하고 대사율을 증가시킨다.

(Kroemer et al., 2013; Higgins & George, 2007)

른 뇌 영역이 활성화된다. 이러한 뇌 영역들의 활성화는 허기짐을 생성하고 몸의 대사율(몸이 에너지를 소비하는 비율)을 낮춤으로써 잃은 체중을 회복하도록 이끈다. 개인의 체중이 자신의 특정 체중 결정점 위로 높아지면, VMH와 다른 뇌 영역이 활성화되고, 이 영역들은 배고픔을 감소시키고 몸의 대사율을 높임으로써 증가한 체중을 줄이려 한다.

체중 결정점 이론에 따르면 사람들은 다이어트로 자신의 체중을 체중 결정점 이하로 떨어뜨리게 되고, 이로 인해 뇌는 잃은 체중을 회복하려고 노력하기 시작한다고 한다. 시상하부 활동 및 관련 뇌 활동은 음식에 대한 집착을 만들고 폭식하고자 하는 욕망을 불러일으킨다. 시상하부 활동 및 관련 뇌 활동은 또한 몸의 변화를 촉발하는데, 이는 체중 손실을 더 어렵게 하거나 아무리 적게 먹어도 이를 통해 체중 증가를 가능하게 하는 방향으로 변화를 일으킨다(Yu et al., 2015; Higgins & George, 2007). 일단 뇌와 몸이 이런 방식으로 체중을 증가시키는 음모를 도모하기 시작하면, 다이어트를 한 사람은 실제적으로 자신과의 싸움에 돌입하게 된다. 어떤 이는 내부의 자동 조절기를 끄고 자신의 섭식을 완전히 통제하려 한다. 이러한 사람들은 제한형 신경성 식욕부진증으로 가게 된다. 다른 이는 싸움이 폭식/제거형 신경성 신욕부진증으로 치닫는다. 체중 결정점 설명이 임상 분야에서 상당한 논쟁을 불러일으키고는 있으나, 이 설명은 이론가들이나 임상가들로부터 여전히 널리 받아들여지고 있다.

실험실 비만

생물학자들은 특정 유전자가 일부 사람들을 섭식장애에 특히 더 취약하게 만든다고 믿고 있다. 이러한 견해를 검증하기 위해 연구자들은 돌연변이(유전자가 변형된) 쥐, 즉 특정 유전자가 없는 쥐를 만들었다. 왼쪽의 쥐는 비만 형성에 도움을 주는 유전자가 소실되어 있고, 따라서 날씬하다. 반대로 오른쪽의 쥐는 이러한 유전자를 보유하고 있어 비만이다.

사회적 압력

섭식장애는 세계 다른 어느 지역에서보다 서구사회에서 흔하다. 많은 이론가들은 여성의 매력에 대한 서구의 기준이 섭식장애의 출현에 부분적으로 책임이 있다고 믿는다(MacNeill & Best, 2015). 여성의 미에 대한 서구의 기준은 역사를 통해 변화하고 있는데, 최근 몇십 년 동안 나타난 주목할 만한 변화는 마른 여성에 대한 선호이다(Gilbert et al., 2005). 1959~1978년 사이 미국 미인선발대회 참가자들의 신장, 몸무게, 나이 등을 추적한 한 연구는 매년 몸무게에서 참가자들 간에는 평균 0.13kg씩 그리고 수상자들 간에는 0.17kg씩 감소하고 있음을 발견하였다(Garner et al., 1980). 또한 같은 기간 잡지 플레이보이의 모든 누드 모델에 대한 자료를 검토한 연구에서 연구자들은 이 여성들의 키, 가슴둘레, 엉덩이둘레의 평균값이 꾸준히 감소하고 있음을 발견하였다. 미스아메리카 참가자들과 플레이보이 누드 모델들에 대한 최근의 연구들도 이러한 경향이 계속되고 있음을 보여주었다(Rubinstein & Caballero, 2000).

마름은 연기자, 패션모델, 특정 운동선수와 같은 하위문화에서 특히 높게 평가되는데, 이런 이유로 이 집단에 속한 사람들은 체중을 특히 더 걱정하고/하거나 체중으로 비난받을 가능성이 높다. 예를 들어, 유명 가수이자 랩퍼인 케샤는 섭식장애 입원치료 프로그

> 흔히 슈퍼모델이라고 하는 패션모델들이 최근 몇십 년 사이 연예인 반열에 속하게 되었다. 당신은 왜 이렇게 되었다고 생각하는가?

램을 마친 후 최근 "음악 산업은 신체가 어떻게 보여야 하는지에 대한 비현실적 기준을 설정하고 있고 이 때문에 제 몸에 대해 지나치게 비판적이기 시작했습니다."라고 기술했다(Sebert, 2014).

연구들은 연기자, 모델, 운동선수들이 다른 사람들보다 신경성 식욕부진증과 신경성

모델과 마네킹

마네킹은 판매하는 옷의 라인을 최대한 잘 부각시키기 위해 한때 아주 마르게 제조되었다. 오늘날 이상적인 여성의 체형은 마네킹의 체형(오른쪽)과 구분이 안 되며, 마네킹과 같은 이상적 몸매를 만들려고 노력하는 젊은 여성의 수가 증가하고 있다.

폭식증에 실제 더 취약함을 발견하였다(Arcelus, Witcomb, & Mitchell, 2014; Martinsen & Sundgot-Borgen, 2013). 사실상, 이 분야 많은 젊은 유명 여성들이 최근 몇 년 사이 자신의 섭식장애를 공개적으로 인정하고 있다. 미국의 대학 운동선수들을 대상으로 한 설문들은 유명 대학 운동선수의 9% 이상이 섭식장애를 앓고 있고, 또 다른 33%는 섭식장애로 발달할 만한 섭식행동을 보이고 있음을 보여 주었다(Ekern, 2014; Kerr et al., 2007). 설문에 참가한 체조선수의 20%가 섭식장애를 가지고 있는 것으로 보인다(Van Durme et al., 2012).

마름에 대한 태도가 경제 계층 간 섭식장애 비율에서의 차이를 설명하는 데 도움을 줄 수 있다. 과거, 높은 사회경제적 위치에 있는 여성은 낮은 사회경제적 위치에 있는 여성보다 마름과 다이어트에 더 많은 걱정을 표현하였다(Margo, 1985). 일관되게 섭식장애는 사회경제척도에서 높은 점수를 받은 여성에게서 더 흔하게 발생하였다(Foreyt et al., 1996; Rosen et al., 1991). 그러나 최근 다이어트와 마름에 대한 집착은 사회경제적 계층 모두에서 어느 정도 증가하였고, 이는 섭식장애 유병률의 증가와 일맥상통한다(Starr & Kreipe, 2014; Ernsberger, 2009).

서구사회는 마름을 찬미할 뿐만 아니라 과체중인 사람들에 대한 편견의 분위기까지 조성하고 있다(Puhl et al., 2015). 종족, 인종, 성별에 근거한 비방이 사회적으로 용납되지 않는 반면, 비만에 대한 잔인한 농담은 웹, TV, 영화, 책, 잡지에 표준적인 것인 양 나타나고 있다. 연구들은 비만인 사람에 대한 편견이 사회에 깊이 뿌리내리고 있음을 보여 주고 있다(Grilo et al., 2005). 예비 부모에게 통통한 아이와 마른 아이의 사진을 보여 주었는데, 이 예비 부모는 통통한 아이를 마른 아이보다 덜 친근하고, 덜 활동적이며, 덜 지적이고, 덜 바람직한 것으로 평가하였다. 또 다른 연구에서 학령 전 아동에게 통통한 헝겊인형과 마른 헝겊인형을 주고 이 중에서 하나를 고르라고 지시하였다. 아이들은 그 이유는 답하지 못했지만, 마른 인형을 골랐다.

이러한 발견이 보고되고 있는 가운데, 248명의 여자 청소년을 대상으로 한 최근 연구가 섭식장애와 신체 불만족을 소셜 네트워킹, 인터넷 활동, TV 시청과 직접적으로 연결시키고 있음은 놀랄 만한 일이 아니다(Latzer, Katz, & Spivak, 2011)(마음공학 참조). 설문은 페이스북에서 많은 시간을 보내는 응답자들이 섭식장애를 보이고, 부정적 신체 이미지를 가지고 있으며, 역기능적 방식으로 섭식을 하고, 다이어트를 원하는 확률이 더 높음을 발견하였다. 유사한 양상이 패션과 음악 웹사이트에서 더 많은 시간을 보내는 이들과 수다, 레저 관련 TV 프로그램을 더 많이 시청하는 이들에게서도 발견되었다.

가족 환경

가족은 섭식장애 발달과 유지에서 중요한 역할을 하는 것 같다(Hoste, Lebow, & Le Grange, 2014). 연구는 신경성 식욕부진증 혹은 신경성 폭식증을 가진 사람들의 가족 중 절반 정도가 마름, 외모, 다이어트를 강조하는 긴 과거력을 가지고 있음을 시사하고 있다. 사실상 이 가족 어머니들은 다른 가족 어머니들보다 더 다이어트를 하고 더 완벽주의적인 경

마음공학

인터넷의 어두운 사이트

임상가, 연구자, 기타 정신건강 임상가들은 개인과 직접, 저널과 책에서, 그리고 온라인에서 심리장애와 싸움을 하려 한다. 불행히도 오늘날 정신건강 전문가들의 일에 역행하는 방식으로 작동하는 다른 힘, 보다 부정적인 다른 힘이 존재한다. 이 중 가장 공공연한 것이 소위 인터넷의 어두운 사이트라 불리는 것으로, 이는 임상 사회나 일반 사회가 이상(abnormal) 혹은 파괴적이라 생각하는 행동의 장려를 목적으로 하는 사이트이다. 친거식증 사이트(pro-anorexia site)가 이런 현상의 가장 대표적인 예이다(Wooldridge et al., 2014).

> 프로아나 사이트는 섭식장애를 부추기는 것 이외에도 사이트 방문자에게 해가 될 수 있겠는가?

섭식장애학회(Eating Disorders Association)는 'Dying to Be Thin'과 'Starving for Perfection'과 같은 이름의 친거식증 인터넷 사이트가 500개 이상 있다는 보고를 하고 있다(Borzekowski et al., 2010). 이러한 사이트는 이 섭식장애를 의인화한 아나라는 이름의 소녀를 사용하여 보통 프로아나(pro-Ana) 사이트라 불린다. 이들 사이트 중 일부는 신경성 식욕부진증(그리고 신경성 폭식증)을 심리장애라기보다는 삶의 양식이라 보고 있다. 다른 사이트들은 거식증적 특징을 가진 사람들에 대한 비판단적 사이트로 자신들을 소개하고 있다. 두 형태의 사이트 모두 굉장히 인기 있고 '친회복(pro-recovery)' 웹사이트의 수를 훨씬 넘고 있다. 비록 이들 사이트가 실제적으로 얼마나 큰 영향력이 가지고 있는지는 확실하지 않으나 이러한 현실은 전문가들과 환자들 모두에게 걱정을 안겨 주고 있다(Delforterie et al., 2014).

이들 사이트의 많은 이용자들은 어떻게 자신을 굶주리게 할 수 있는지 그리고 자신의 체중 감소를 가족, 친구, 의사들에게 숨길 수 있는지의 팁을 서로 교환하고 있다(Christodoulou, 2012). 이들 사이트는 또한 기아 다이어트에 대한 지지와 피드백을 제공하기도 한다. 사이트의 많은 수가 좌우명, 정서적 메시지, 극도로 마른 여배우나 모델의 사진과 비디오를 '마름의 영감'으로 제공하고 있다(Mathis, 2014).

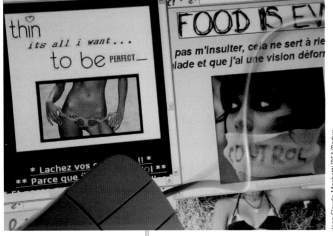

Jean Claude Moshetti/REA/Redux

프로아나 운동과 이것의 메시지는 실제적으로 인터넷 도처에서 나타나고 있다. 예를 들어, 웹 포럼, 페이스북, 텀블러, 라이브 저널과 같은 사회망, 유튜브, 비메오, 베오 같은 비디오 플랫폼에서 나타나고 있다(Syed-Abdul et al., 2013). 대부분의 온라인 기업은 프로아나 자료나 집단들의 메시지가 자해를 조장한다는 입장을 취하며 프로아나 자료와 프로아나 집단의 색출 및 제거에 노력하고 있다(Peng, 2008). 하지만 이러한 노력에도 불구하고 이들 사이트와 사이트의 프로아나 메시지는 계속 번창하고 있다.

많은 사람들은 프로아나 사이트가 취약한 사람들을 매우 위험하게 만든다고 걱정하고 있으며, 이런 사이트의 금지를 위해 보다 적극적인 노력을 기울일 필요가 있다고 주장한다. 하지만 또 다른 이들은 사이트의 잠재적인 위험에도 불구하고 이들 사이트들이 침해되어서는 안 될 기본 자유, 예를 들면 언론의 자유 그리고 자신에게 해를 주는 자유까지도 대변하고 있다고 주장한다. 💬

향이 있었다(Zerbe, 2008; Woodside et al., 2002).

가족 내 비정상적인 상호작용과 의사소통 형태 또한 섭식장애 발달의 기반이 될 수 있다(Holtom-Viesel, & Allan, 2014). 가족체계이론가들은 섭식장애를 발달시키는 사람의

▶밀착된 가족 패턴 각자의 생활사에 과도한 수준으로 관여되어 있고 지나친 관심을 보이는 가족체계

가족이 흔히 처음부터 역기능적이며, 가족 구성원 중 한 사람의 섭식장애는 개인 문제가 아닌 가족의 문제를 반영하는 것이라 주장한다. 예를 들어 영향력 있는 가족이론가인 Salvador Minuchin은 **밀착된 가족 패턴**(enmeshed family pattern)이라는 것이 섭식장애를 야기한다고 믿는다(Olson, 2011; Minuchin et al., 2006).

밀착된 체계에서 가족 구성원들은 다른 구성원들의 일에 지나치게 관여하고 다른 이의 삶에 지나치게 관심을 둔다. 긍정적 측면에서 밀착된 가족은 애정이 넘치고 충성스럽다. 부정적 측면에서 이들은 서로 들러붙고 의존감을 조장한다. 부모는 자녀의 삶에 지나치게 관여하여 자녀에게 개별성과 독립성을 키울 여지를 거의 주지 않는다. Minuchin은 청소년기가 이 밀착된 가족에게 있어 특히 문제가 될 수 있다고 주장한다. 청소년이 보이는 독립성에 대한 정상적 욕구는 가족의 조화와 친밀감을 위협한다. 이에 대한 반응으로 가족은 자녀가 '아픈' 역할을 떠맡도록 은근히 강요할 수 있다. 즉 섭식장애나 기타 다른 질환을 발달시키도록 하는 것이다. 자녀의 장애는 가족 내 조화를 유지할 수 있게 한다. 아픈 자녀는 가족을 필요로 하고 가족 구성원들은 그녀를 보호하기 위해 단합한다. 몇몇 사례연구들은 가족체계이론이 내놓은 설명을 지지하고 있다. 하지만 체계적 연구들은 특정 가족유형이 일관되게 섭식장애 발달의 기반이 됨을 보여 주고 있지는 못하다(Holtom-Viesel & Allan, 2014). 사실상 신경성 식욕부진증 혹은 신경성 폭식증 환자의 가족들은 매우 다양한 모습을 띠고 있다.

다문화적 요인 : 인종적 혹은 민족적 차이

유명한 1995년 영화 클루리스에서 서로 다른 인종의 부유한 10대 친구 세어와 디온은 비슷한 식성, 신념, 가치관을 가지고 있다. 특히 이들은 비슷한 식습관과 미에 대한 이상을 가지고 있고, 몸무게와 체형조차도 유사하다. 하지만 이 젊은 여성들의 이야기가 과연 미국 사회 내 백인과 흑인의 현실을 제대로 반영하고 있는 것일까?

1990년대 초라면 이 질문에 대한 대답은 '아니다'일 것이다. 클루리스 영화가 나온 시점까지 진행된 대부분의 연구에서 젊은 흑인 여성의 섭식행동, 가치관, 목표는 젊은 백인 여성의 섭식행동, 가치관, 목표보다 훨씬 건강하였다(Lovejoy, 2001; Cash & Henry, 1995; Parker et al., 1995). 한 예로 1995년 아리조나대학교에서 발표한 연구는 흑인 여성의 섭식행동과 태도가 백인 여성의 그것보다 더 긍정적임을 발견하였다. 특히 연구는 흑인 10대의 70%가 자신의 체중과 체형에 불만족해하는 데 반해, 백인 10대의 약 90%가 자신의 체중과 체형에 불만족하고 있음을 발견하였다.

연구는 또한 백인과 흑인 10대 여학생이 아름다움에 대한 서로 다른 이상을 가지고 있음을 시사한다. 백인 10대에게 '완벽한 소녀'를 정의해 보라 했을 때, 이들은 170cm 키에 45~50kg 몸무게를 가진 소녀를 묘사했다. 소위 슈퍼모델이라고 하는 이들의 키와 몸무게를 반영한 것이었다. 많은 백인 10대가 완벽한 몸무게를 가지는 것이 행복하고 인기 있기 위한 길이라고 이야기하였다. 반대로 흑인 미국 10대는 신체적 특징보다 성격적 특징을 더 강조하였다. 이들은 '완벽한' 흑인 소녀를 똑똑하고 재미있고 대화하기 편하고 잘난 척하지 않는 소녀로 정의하였다. 이들은 반드시 잘 꾸미거나 '예쁠' 필요는 없다고 이야기하였다. 흑인 10대가 기술하는 이상적 신체는 전형적인 소녀가 달성할 수 있는 것이었다. 예를 들어 이들은 큰 엉덩이를 선호했다. 더욱이 흑인 응답자들은 장기간 다이어트를 할 확률이 백인 응답자들보다 낮았다.

AP Photo/Eugenio Savio

위험한 직업
21세의 브라질 모델 아나 카롤리나 레스톤이 2006년 신경성 식욕부진증의 합병증으로 사망했을 때 패션업계는 큰 충격에 빠졌다. 2004년 캐스팅오디션에서 '너무 살쪘다'라는 이야기를 듣고 레스톤은 식단을 사과와 토마토만으로 제한하였고 이는 감염을 불러왔으며 종국에는 사망으로 막을 내렸다. 키가 173cm였던 이 모델의 사망 시 몸무게는 40kg이었다.

© Shannon Stapleton/Reuters/Corbis

SPARK 운동

매체 속 여성의 체형과 체중을 변화시키고자 하는 고등학교 소녀들의 모임인 SPARK 운동의 운동원들이 최근 뉴욕 시 거리에서 모의 패션쇼를 진행했다. 이들은 *10대 보그* 잡지 편집인들에게 잡지 사진 속 소녀들의 몸과 얼굴을 변형시키는 작업을 중단할 것을 촉구했다.

불행하게도 지난 10년간 진행된 연구들은 신체 이미지에 대한 염려, 역기능적 섭식 패턴, 섭식장애가 다른 소수집단 여성들에게서뿐만 아니라 흑인 여성에게서도 증가하고 있음을 보여 준다(Starr & Kreipe, 2014; Gilbert, 2011). 예를 들어 흑인들 사이에서 가장 인기 있는 잡지인 에센스가 시행한 설문과 여러 다른 연구 팀이 수행한 연구들은 흑인 여성의 섭식장애 발달 확률이 백인 여성의 섭식장애 발달 확률에 육박함을 발견하였다. 유사하게 흑인 여성의 신체상, 체중, 섭식에 대한 태도는 백인 여성의 신체상, 체중, 섭식에 대한 태도와 가까워지고 있다(Annunziato et al., 2007). 에센스 설문에서 흑인 여성의 65%는 다이어트를 한다고, 39%는 음식이 자신의 삶을 통제한다고, 19%는 허기질 때 먹는 것을 피한다고, 17%는 하제를 사용한다고, 그리고 4%는 체중을 감소시키기 위해 토한다고 보고했다.

흑인 여성의 섭식행동과 섭식 문제에서의 이 같은 변화는 이들의 **문화적응**(acculturation)과 부분적으로 관련 있어 보인다(Kroon Van Diest et al., 2014). 한 연구는 백인이 다수를 구성하는 대학교에서의 흑인 여성과 흑인이 다수를 구성하는 대학교에서의 흑인 여성을 비교하였다. 전자는 유의미하게 높은 우울 점수를 가졌고, 이들의 점수는 섭식 문제와 정적으로 상관을 이루었다(Ford, 2000).

다른 연구들은 히스패닉계 미국 여성이 백인 여성과 맞먹는 비율로 섭식장애행동을 보이고 신체에 대한 불만족을 표시하고 있다고 제안한다(Blow & Cooper, 2014; Levine & Smolak, 2010). 게다가 자신이 백인문화를 지향한다 생각하는 사람들에게서 섭식장애의 발생 비율은 특히 더 높았다(Cachelin et al., 2006). 섭식장애는 젊은 아시아계 미국 여성과 다른 아시아 국가의 젊은 여성에게서 증가하고 있는 것으로 보인다(Pike et al., 2013; Stewart & Williamson, 2008). 한 예로 대만인을 대상으로 한 연구에서 10~14세에 있는 저체중 소녀의 65%가 더 마르고 싶다고 대답했다(Wong & Huang, 2000).

다문화적 요인 : 성별 차이

신경성 식욕부진증과 신경성 폭식증의 모든 사례 중 남성이 장애를 보이는 비율은 단지 5~10%이다. 이 같은 놀랄 만한 성차의 원인은 아직 완전히 밝혀지지 않았지만, '매력'에 대한 서구사회의 이중적 기준이 적어도 한몫하는 것 같다. 우리 사회의 날씬한 외모에 대한 강조는 남성보다는 여성을 더 겨냥하고 있다. 일부 이론가들은 이러한 차이가 여성들

숨은 뜻 읽어내기

기후 통제

따뜻한 기후권(노출이 많은 옷을 입는 지역권) 여성들은 추운 기후권 여성들보다 체중이 덜 나가고, 폭식과 하제 사용을 더 많이 하며, 신체상에 대한 걱정이 더 많다(Sloan, 2002).

을 다이어트하게 만들고 섭식장애에 취약하게 만든다고 믿는다. 남자 대학생들을 대상으로 한 설문에서 다수가 이상적인 남성의 몸으로 '근육질의 강하고 넓은 어깨'를 선택하고 있고, '마르고 가늘고 약간 저체중'을 이상적인 여성의 몸으로 묘사하고 있다(Mayo & George, 2014; Toro et al., 2005).

신경성 식욕부진증과 신경성 폭식증 발생에서 남녀 간 차이가 나타나는 두 번째 이유는 남녀가 선호하는 체중 감소 방법이 다르기 때문이다. 몇몇 임상 관찰에 따르면 남성은 체중 감소를 위해 주로 운동을 하는 반면, 여성은 다이어트를 하였다(Gadalla, 2009; Toro et al., 2005). 앞에서도 살펴봤듯이 다이어트는 흔히 섭식장애 발발에 선행한다.

그렇다면 왜 일부의 남성은 신경성 식욕부진증이나 신경성 폭식증을 발달시키게 되는 것인가? 수많은 사례에서 장애는 특정 직장 혹은 스포츠에서의 요구사항 및 압력과 관련이 있었다(Morgan, 2012; Thompson & Sherman, 2011). 한 연구에 따르면, 섭식장애를 가진 남성의 37%가 체중 조절을 요하는 직업을 가지고 있거나 스포츠를 하고 있었다. 반면 섭식장애를 가진 여자들에 있어서는 13%만이 이러한 직업 및 스포츠와 관련 있었다(Braun, 1996). 남성 섭식장애의 높은 비율이 기수, 레슬링선수, 장거리 달리기 선수, 보디빌더, 수영선수에게서 발견되고 있다. 기수들은 시합 전 보통 사우나에서 시간을 보내면서 최고 3.2kg까지 체중을 감량한다. 이들은 또한 음식 섭취를 제한하고, 하제와 이뇨제를 남용하며, 체중 감량을 위해 구토를 하기도 한다(Kerr et al., 2007).

> 당신은 왜 남성의 섭식장애 유병률이 최근 증가하고 있다고 생각하는가?

섭식장애를 발달시키는 또 다른 종류의 남성은 여성과 마찬가지로 신체 이미지를 아주 중요시하는 사람들이다(Mayo & George, 2014; Mond et al., 2014). 이들의 대부분은 근육질의 넓은 어깨를 가진 전형적인 남성 이상형보다 이상적인 여성 몸매처럼 '마르고, 근육이 잘 형성되고, 날씬한' 체형을 원한다고 보고하고 있다(Morgan, 2012; Hildebrandt & Alfano, 2009).

그리고 마지막으로 일부 남성은 반전된 신경성 식욕부진증(reverse anorexia nervosa) 혹

솔트 앤 페파 : 무대 뒤에서
선구적인 여성 랩 그룹인 솔트 앤 페파가 2002년 돌연 해체되었을 때 많은 이들은 이를 '전형적인' 밴드 해체로 보았다. 하지만 실제 이유는 그룹 멤버인 셰릴 '솔트' 제임스(사진)가 신경성 폭식증을 앓았기 때문이었다. 장애 회복을 위해 그리고 아름다워야 하는 압력과 "너 살찌고 있어."라는 매니지먼트사의 지적을 포함한 유명세 유지라는 압력으로부터 벗어나기 위해 공연을 멈춘 것이었다. 제임스가 회복됨에 따라 그룹은 다시 합쳐졌고 현재는 전국 순회공연을 다니고 있다.

여성만을 위한 것이 아니다
오늘날 섭식장애를 발달시키는 남성의 수가 증가하고 있다. 일부는 극도로 마른 신세대 남성 모델(왼쪽)에게서 보이는 것과 같은 아주 마른 체형을 열망한다. 다른 이들은 극도의 근육질 보디빌더(오른쪽) 모습을 열망하여 근육변형공포증이라는 새로운 유형의 섭식장애를 발달시키고 있다. 후자에 속하는 남성은 자신의 몸을 뼈만 앙상한 것으로 부정확하게 인식하여 지나친 체력 단련이나 스테로이드 남용을 통해 '완벽한' 몸매를 얻으려 한다.

은 **근육변형공포증**(muscle dysmorphobia)이라 부르는 새로운 종류의 섭식장애에 걸린 것으로 보인다. 이 장애는 매우 근육질인 남성들에게서 나타나는데, 이들은 근육질임에도 불구하고 자신을 뼈만 앙상하고 왜소하다고 보며 그래서 지나친 근육 운동이나 스테로이드 남용 같은 극단적 수단을 통해 몸을 '완벽'하게 만들려고 노력한다(Lin & DeCusati, 2015; Morgan, 2012). 근육변형공포증에 걸린 개인은 전형적으로 자기 몸에 대해 수치심을 느끼고, 이 중 많은 이가 우울, 불안, 자기 파괴적 강박행동의 과거력을 지니고 있다. 이 중 3분의 1은 폭식과 같은 관련된 역기능적 행동을 나타낸다.

▶ 요약

무엇이 섭식장애를 야기하는가 대부분의 이론가들은 다차원위험이론을 가지고 신경성 식욕부진증과 신경성 폭식증을 설명하고 있으며, 몇몇 주요 기여 요인을 찾아내었다. 이러한 요인은 자아 결핍, 인지적 요인, 우울, 시상하부 활동, 생화학 물질의 활동, 몸의 체중 결정점과 같은 생물학적 요인, 사회의 마름에 대한 강조와 비만에 대한 편견, 가족 환경, 인종적 · 문화종족적 차이, 성 차이를 포함한다. 폭식증의 경우 이들 요인 중 어떤 요인이 개입하는지는 아직 명확하지 않다.

섭식장애는 어떻게 치료되는가

섭식장애를 위한 오늘날의 치료들은 두 가지에 그 목표를 두고 있다. 첫째는 위험한 섭식 패턴을 가능한 한 빨리 수정하는 것이다. 둘째는 섭식 문제로 이끌고 이를 유지시키는 광범위한 심리적 · 상황적 요인을 다루는 것이다. 가족과 친구들도 이 장애를 극복하도록 돕는 데 중요한 역할을 담당할 수 있다.

신경성 식욕부진증의 치료

신경성 식욕부진증 치료의 즉각적 목표는 문제를 가진 이들로 하여금 잃었던 체중을 회복하고, 영양 부족 상태를 벗어나며, 다시 정상적으로 먹도록 돕는 데 있다. 이 목표가 이루어지면 다음으로 치료자들은 개입에서 얻은 이득의 유지를 위해 환자로 하여금 심리적 그리고 가족적 변화를 갖도록 도와야 한다.

어떻게 하면 적절한 체중과 정상적인 섭식으로 돌아갈 수 있을 것인가 신경성 식욕부진증 환자들이 조속한 시일 안에 체중을 회복하고 건강 상태를 찾을 수 있도록 다양한 치료 방법이 사용되고 있다. 과거에는 치료가 거의 전적으로 병원에서 이루어졌지만, 이제는 치료가 낮병원이나 외래 진료 환경에서도 흔하게 이루어지고 있다(Raveneau et al., 2014; Keel & McCormick, 2010).

생명을 위협하는 사례에서 임상가는 먹기를 거부하는 환자에게 **튜브를 통한 급식**(관급식)이나 **정맥 내 영양 보급**(정맥급식)을 시행하기도 한다(Rocks et al., 2014; Touyz & Carney, 2010). 불행히도 이와 같은 강제력의 사용은 내담자에게 임상가에 대한 불신을 만들 수 있다. 반대로 행동적 체중회복기법을 사용하는 임상가들은 적절하게 먹거나 체중을 불릴 때 환자에게 보상하고, 부적절하게 먹거나 체중을 증량시키지 못할 때 보상하지 않는 방법을 쓴다(Tacón & Caldera, 2001).

체중회복기법으로 최근 가장 큰 인기를 얻고 있는 것은 **지지적 간호**(supportive nursing care), 영양상담, 고칼로리 식이요법을 한데 묶은 것이다(Leclerc et al., 2013). 이 기법에서 간호사는 환자의 하루 열량 섭취량이 3,000칼로리 이상이 되도록 이들의 음식을 몇 주에 걸쳐 **점진적**으로 증량한다(Zerbe, 2010, 2008; Herzog et al., 2004). 간호사들은 또한 환자들에게 프로그램에 대한 교육을 실시하고, 이들의 향상 정도를 추적하며, 이들에게 격려를 제공하는 동시에, 체중 증가가 환자의 통제하에 있고 비만으로 가지 않을 것임을 인식시킨다. 몇몇 프로그램에서 간호사들은 또한 내담자가 자신의 섭식행동과 삶에 대한 건설적 선택을 하고 이를 수행하도록 동기화시키는 개입인 **동기강화상담**(motivational interviewing)을 사용한다(Dray et al., 2014). 연구들은 간호 프로그램에 있는 환자들이 8~12주 사이에 필요한 만큼의 체중을 증량시키고 있음을 발견하였다.

어떻게 하면 성취한 변화를 지속시킬 수 있겠는가 임상연구자들은 환자 자신의 심리적 문제 극복이 개입으로부터 얻은 호전을 지속시키기 위해 필요함을 발견하였다. 이러한 목표를 이루기 위해 치료자들은 교육, 심리치료, 가족 접근을 혼합한 방법을 사용하고 있다(Knatz et al., 2015; Wade & Watson, 2012). 향정신성 약물도 몇몇 경우에 있어 도움이 되고는 있으나, 이런 약물들은 신경성 식욕부진증의 장기적 진행 경로에 있어서 보통 제한적인 효과만을 낸다(Starr & Kreipe, 2014).

인지행동적 치료 행동적 개입과 인지적 개입의 결합이 대부분의 신경성 식욕부진증 치료 프로그램에 포함되고 있다. 이 기법들은 환자로 하여금 제한된 섭식을 계속하도록 만드는 자신의 행동과 사고 과정이 무엇인지 깨닫게 하고 이를 변화시키도록 돕는 방향으로 고안된다(Fairburn & Cooper, 2014; Evans & Waller, 2011). 행동적 측면에서 환자들은 전형적으로 자신의 감정, 배고픔의 수준, 음식 섭취를 감찰하고(일기를 쓰기도 함) 이들 변인 간

정상 사이즈의 바비
수년간 세계적으로 유명한 바비 인형의 초슬림 사이즈와 비율은 여성에게 아주 어린 연령부터 달성할 수 없는 이상을 갖게 만들었다. "평균이 아름다운 것이다."라는 것을 보여 주기 위해 예술가 니콜레이 램은 최근 미국 질병통제 예방센터(CDC)의 19세 미국 소녀 평균치를 이용하여 정상 사이즈의 바비(오른쪽)를 디자인하였다. 정상 사이즈의 바비는 전 세계 상점 선반에 놓인 바비보다 키가 더 작고, 굴곡이 더 있으며, 가슴이 더 큰 것으로 판명되었다.

관계성을 알아차리도록 요구된다. 인지적 측면에서 환자들은 자신의 '핵심 병리'를 찾는 법을 배운다. 즉 환자들은 "나는 체형과 체중으로 평가되어야만 해." 혹은 "나는 신체적 특징을 통제하는 능력으로 평가되어야만 해."와 같은 자기 안에 깊숙이 자리한 부적응적 신념을 찾는 방법을 배운다. 환자들은 또한 스트레스에 대처하고 문제를 해결하는 적절한 방법을 배우기도 한다.

인지행동적 접근을 사용하는 치료자들은 신경성 식욕부진증 환자들이 자신의 독립성에 대한 욕구를 인식하도록 돕고 더 적절하게 자기를 통제할 수 있도록 가르친다(Pike et al., 2010). 또한 치료자들은 자신의 내적 감각과 감정을 더 잘 알아차리고 이를 신뢰하도록 환자들을 가르친다(Wilson, 2010). 다음에 소개된 회기에서 치료자는 15세 환자가 자신의 감정을 인식하고 나누도록 돕고 있다.

> 환자 : 전 제 감정에 대해 이야기하지 않아요. 전에도 그런 적이 없었고요.
>
> 치료자 : 내가 남들처럼 반응할 거라 생각하니?
>
> 환자 : 무슨 말씀이시죠?
>
> 치료자 : 내가 보기엔, 넌 네가 느끼는 감정에 내가 관심을 보이지 않을까 봐 혹은 내가 너에게 '그렇게 느끼지 마!'라고 말할까 봐 두려워하고 있는 것 같아. 말하자면 학교에서 네가 얼마나 잘하고 있는지, 선생님이 너에게 얼마나 호의적인지, 그리고 일반적 기준으로 볼 때 네가 얼마나 예쁜지 등을 들며 두려워하고, 뚱뚱하다 생각하고, 자신을 못 믿는 너에게 그러지 말라고 훈계할까 봐 두려워하고 있는 것 같은데….
>
> 환자 : (다소 경직되고 불안해 보임) 글쎄요. 전 언제나 다른 사람들에게 예의 발라야 하고 존경하는 태도를 가져야 한다고 배워 왔어요. 마치 바보 같고 얼굴도 없는 인형 마냥…. (멍한 그리고 인형 같은 포즈를 취하면서)
>
> 치료자 : 그것이 무엇이건 간에 네 감정을 남과 나누는 것이 무례하다는 인상을 내가 너에게 줬니?
>
> 환자 : 뭐 그런 것은 아니지만. 모르겠어요.
>
> 치료자 : 이것이 쉽다고 난 네게 말할 수도 없고 그렇게 말하지도 않을 거야. 그러나 이것만은 약속할 수 있어. 자유롭게 네가 느끼고 생각하는 것을 내게 말해도 돼. 그리고 나는 거부하지도, 외면하지도 않을 거야.

(Strober & Yager, 1985; pp. 368-369)

2개의 광고판 이야기

1995년 캘빈클라인 업체는 성적 어필이 강한 의상 광고에 젊은 10대 모델을 기용하였다(왼쪽). 공분한 대중의 압력으로 캘빈클라인 업체는 미국 내 광고판과 잡지에서 이 광고를 삭제하였다. 하지만 사건 당시 하나의 메시지는 분명히 전달되었다. 극단적 마름이 모든 연령의 여성 패션에서 유행이 되었다라는 점이다. 반면 놀리타라는 의상브랜드는 2007년 극단적 마름을 반대하는 광고 캠페인을 실시하기 시작하였다. 이 업체는 이탈리아 전역에 반신경성 식욕부진증 광고판을 게시하였다(오른쪽). 여기 2명의 여성이 반신경성 식욕부진증 광고판의 하나를 응시하고 있다. 광고판은 '신경성 식욕부진증 반대'라는 글귀 아래 누드로 누워 있는 바싹 여윈 여성의 모습을 담고 있다. 이 광고판의 모델이었던 이사벨 카로는 신경성 식욕부진증의 합병증으로 2010년 사망했다.

숨은 뜻 읽어내기

패션모델의 사이즈 감소

1968년 보통의 패션모델은 보통의 여성보다 8% 더 말랐었다. 오늘날 모델은 보통의 여성보다 23% 더 말랐다(Tashakova, 2011; Derenne & Beresin, 2006).

주장적 행동에 대한 촉구
많은 사람들에 따르면 패션 산업과 매체가 여성에게 미치는 부정적 영향을 변화시키기 위한 노력은 현재까지 통탄하리만큼 비효과적이었다. 이에 '여성 마름에 대한 사회의 집착'에 좀 더 공격적으로 맞서기 위한 한 페미니스트 운동이 등장했다. 이 운동의 슬로건인 "Riots Not Diets(다이어트하지 않겠다는 폭동)"는 벌써 열광적인 환영을 받고 있으며, 현재 가방, 티셔츠, 가죽조각, 쿠키, 유리제품, 기타 여러 물건을 장식하고 있다.

표 9-4

섭식장애검사의 샘플 문항

각 문항에 대해, 문항이 얼마나 당신에게 해당하는지 항상, 자주, 보통, 때때로, 좀처럼, 결코 중에서 고르시오.

항상	자주	보통	때때로	좀처럼	결코	나는 화가 날 때 먹는다.
항상	자주	보통	때때로	좀처럼	결코	나는 먹을 때 포식한다.
항상	자주	보통	때때로	좀처럼	결코	나는 다이어트에 대해 생각한다.
항상	자주	보통	때때로	좀처럼	결코	나는 내 허벅지가 아주 두껍다고 생각한다.
항상	자주	보통	때때로	좀처럼	결코	나는 과식 후에 죄책감을 아주 많이 느낀다.
항상	자주	보통	때때로	좀처럼	결코	나는 몸무게가 느는 것이 두렵다.
항상	자주	보통	때때로	좀처럼	결코	나는 내가 배가 고픈지 아닌지에 대해 혼동된다.
항상	자주	보통	때때로	좀처럼	결코	나는 체중을 줄이기 위해 토해 볼까 생각한다.
항상	자주	보통	때때로	좀처럼	결코	나는 내 둔부가 너무 넓다고 생각한다.
항상	자주	보통	때때로	좀처럼	결코	나는 남이 안 보는 데서 먹거나 마신다.

출처 : Clausen et al., 2011; Garner, 2005, 1991; Garner, Olmsted, & Polivy, 1984.

마지막으로 인지행동치료자들은 신경성 식욕부진증 환자들이 자신의 섭식과 체중에 대해 가진 태도를 변화시킬 수 있도록 돕는다(Fairburn & Cooper, 2014; Evans & Waller, 2012)(표 9-4 참조). 치료자들은 "난 항상 완벽해야만 해." 혹은 "체중과 체형이 내 가치를 결정해."와 같은 부적응적 가정을 찾고 도전하며 변화시키도록 환자를 이끈다(Fairburn et al., 2015, 2008). 또한 치료자들은 환자에게 신경성 식욕부진증의 특징적인 체형 왜곡에 대해 교육시키고 환자 자신의 체구 평가가 정확하지 않음을 깨닫게 한다.

인지행동기법들이 신경성 식욕부진증 환자에게 큰 도움이 되고 있지만, 연구들은 더 좋은 효과를 위해 인지행동기법에 다른 접근이 보충되어야 함을 제안한다(Zerbe, 2010, 2008). 예를 들어 가족치료가 흔히 신경성 식욕부진증 치료에 포함되곤 한다.

가족의 상호작용을 변화시키기 가족치료는 신경성 식욕부진증 치료, 특히 아동 · 청소년의 신경성 식욕부진증 치료에서 중요한 부분을 차지할 수 있다. 다른 가족치료 상황에서와 마찬가지로 치료자는 가족 전체를 만나 문제되는 가족 유형을 지적하고 가족 구성원들이 적절하게 변화할 수 있도록 돕는다. 특히 가족치료자들은 신경성 식욕부진증 환자가 밀착된 가족 내에서 다른 가족 구성원들의 감정과 욕구로부터 자신의 감정과 욕구를 분리할 수 있도록 돕는다. 신경성 식욕부진증의 발달에 있어 가족이 어떤 역할을 담당하는지에 관해 아직 명확히 밝혀지지는 않았지만, 연구는 가족치료(혹은 적어도 부모상담)가 이 장애의 치료에 도움이 될 수 있음을 강하게 시사하고 있다(Knatz et al., 2015; Ambresin et al., 2014).

어머니 : 전 수잔이 어떤 일들을 겪어 왔는지 안다고 생각했어요. 성장한다는 것 그리고 자신의 정체성을 확립한다는 것, 이 모든 것에 대한 회의와 불안감. (눈물을 흘리며 환자에게 몸을 돌린다.) 수잔, 널 아끼는 주변 사람들의 지지로 네 자신을 믿게 된다면 모든 게 잘 될 거야.

치료자 : 어머니께서는 수잔이 필요할 때 거기에 계시나요? 수잔은 당신한테 의존해야만 하나요? 당신의 가르침과 정서적 지지에 의존해야 하나요?

어머니 : 글쎄요. 그게 부모가 존재하는 이유가 아닐까요?

치료자 : (수잔에게 몸을 돌리며) 어떻게 생각해요?

수잔 : (어머니에게) 엄마, 저는 계속 엄마한테만 의존할 수는 없어요. 엄마뿐 아니라 다른
그 누구에게도요. 의존하는 것이 지금껏 제가 해 왔던 일이고, 그것이 신경성 식욕
부진증을 만들어 냈어요.

치료자 : 당신은 어머니가 자신과 자녀 사이에 어떠한 비밀도 없기를 원한다고 생각하나요?
말하자면 열린 문같이?

언니 : 예, 때때로 그렇다고 생각해요.

치료자 : (수잔과 수잔 여동생을 보며) 당신들도 그렇게 생각하나요?

수잔 : 예. 때때로요. 내가 무엇을 느끼던 엄마도 그렇게 느껴야 한다고 생각하시는 것 같
아요.

여동생 : 예.

(Strober & Yager, 1985, pp. 381-382)

숨은 뜻 읽어내기

또 다른 새로운 단어

2015년, 옥스퍼드 사전은 과체중적 외모를
조소함으로써 혹은 비판함으로써 누군가를
모욕하는 의미의 동사인 'fat-shame'이라
는 단어를 첨가하였다.

신경성 식욕부진증의 여파는 무엇인가 회복으로의 길이 어렵긴 하지만, 복합적인 치료의
사용은 신경성 식욕부진증 환자들의 태도와 견해를 크게 향상시킨다. 개인에 따라 장애의
진행 경로와 결과가 다르긴 하지만, 연구자들은 여기에서 특정 경향을 찾아내고 있다.

긍정적인 면으로는 일단 장애 치료가 시작되면 체중이 빠르게 회복되고, 치료 이득이
몇 년이고 계속될 수 있다는 점이다(Isomaa & Isomaa, 2014; Haliburn, 2005). 초기 회복
몇 년 후의 인터뷰에서 환자의 85%가 계속적인 호전(완전 회복 혹은 부분 회복)을 보였다
(Isomaa & Isomaa, 2014; Brewerton & Costin, 2011).

또 다른 긍정적 보고는 신경성 식욕부진증 여성 대부분이 체중이 다시 증가하게 되었
을 때 월경을 다시 시작하게 되었고 기타
다른 의학적 호전도 뒤따랐다는 보고이다
(Mitchell & Crow, 2010). 덧붙여 고무적인
사실은 신경성 식욕부진증으로 인한 사망
률이 떨어지는 듯하다는 것이다(van Son et
al., 2010). 빠른 진단과 더 안전하고 더 빠
른 체중회복기법이 이러한 추세를 설명할
수 있다. 발생하는 사망은 흔히 자살, 기
아, 감염, 위장의 문제, 혹은 전해질 불균
형으로 야기된다.

부정적인 면으로는 신경성 식욕부진
증 환자의 25% 정도가 여러 해 동안 심각
한 문제 상태에 있었다는 점이다(Isomaa
& Isomaa, 2014; Steinhausen, 2009). 게
다가 회복이 일어났을 때 그 회복이 영구
적인 것이 아니라는 것이다. 거식적 행동
은 회복된 환자의 적어도 3분의 1에서 다
시 나타나는데, 이는 흔히 결혼, 임신, 혹

Donald Kravitz/Getty Images

미스 아메리카 터놓고 말하다

크리스틴 하글런드는 2008년 1월 미인선발대
회에서 미스 아메리카로 등극했다. 1년의 미스
아메리카 역할 수행 기간 동안 하글런드는 자신
의 과거 신경성 식욕부진증과의 사투를 공개하
였다. 최근에도 그녀는 여러 곳을 돌며 신체상
과 섭식장애에 관해 강연하고 있다. 또한 섭식
장애를 가진 여성에게 치료적 서비스를 제공하
는 재단을 설립하여 활동하고 있다.

은 재정착과 같은 새로운 스트레스에 의해 촉발되곤 한다(Stice et al., 2013; Fennig et al., 2002). 몇 년이 흐른 후조차 회복된 많은 사람들은 계속 자신의 체중과 외모에 대한 근심을 표명하고 있다. 일부는 계속 식사량을 어느 정도 제한하거나, 남들과 함께하는 식사에 대해 불안해하거나, 음식·섭식·체중에 대한 약간의 왜곡된 생각을 가지고 있다(Isomaa & Isomaa, 2014; Fairburn et al., 2008).

신경성 식욕부진증으로 고생하는 이들의 절반 가량은 치료 몇 년 후에도 정서적 문제, 특히 우울, 강박, 사회 불안을 계속적으로 경험한다. 이러한 문제를 치료 종료 즈음 정상 체중에 도달하지 못한 이들에게서 특히 흔하다(Bodell & Mayer, 2011; Steinhausen, 2002).

체중 손실이 클수록 그리고 치료에 더 늦게 들어갈수록 회복률은 더 낮아진다(Fairburn et al., 2008). 장애 발발 전 심리적 혹은 성적 문제를 가졌던 사람들은 이런 과거력을 지니지 않은 이들보다 더 낮은 회복률을 보이는 경향이 있다(Zerwas et al., 2013; Amianto et al., 2011). 가족이 역기능적이었던 사람들은 긍정적 치료 효과를 덜 가진다(Holtom-Viesel & Allan, 2014). 10대들은 나이 든 환자들보다 더 나은 회복률을 보이는 것 같다(Richard, 2005).

신경성 폭식증의 치료

신경성 폭식증의 치료 프로그램은 흔히 섭식장애 클리닉에서 제공된다(Henderson et al., 2014). 프로그램은 폭식-하제 사용 패턴을 없애고 좋은 섭식 습관을 확립하도록 돕는 즉각적 목표와 폭식 패턴에 내재한 원인을 제거하는 좀 더 일반적인 목표를 공통적으로 가지고 있다. 이 프로그램은 치료뿐만 아니라 교육도 강조한다(Fairburn & Cooper, 2014). 인지행동치료는 특히 신경성 폭식증 치료에 도움을 준다. 더 정확히 말하면 인지행동치료는 신경성 식욕부진증 치료에서보다 신경성 폭식증 치료에 더 많은 도움을 준다(Fairburn & Cooper, 2014; Wonderlich et al., 2014). 신경성 식욕부진증 환자에게 제한적인 도움을 주는 항우울제 치료는 신경성 폭식증의 많은 사례에서 꽤 효과적인 것으로 보인다(Starr & Kreipe, 2014).

인지행동치료 신경성 폭식증 환자를 치료할 때 인지행동치료자들은 신경성 식욕부진증 환자에게 적용하던 많은 기법을 사용한다. 그러나 치료자들은 여기에 폭식증만의 독특한 특징(예 : 폭식행동과 하제사용행동) 및 장애에 작용하는 특정 사고들을 다루기 위해 기법을 조율한다.

행동적 기법 치료자들은 신경성 폭식증 환자에게 섭식행동, 배고픔과 포만 감각의 변화, 감정의 오르내림을 일기로 기록하도록 지시하곤 한다(Stewart & Williamson, 2008). 이것은 환자로 하여금 자신의 섭식 패턴을 좀 더 객관적으로 보고 폭식 욕구를 촉발하는 정서와 상황을 인식하도록 돕는다.

한 팀의 연구자들이 온라인 일기 쓰기의 효과를 연구하였다(Shapiro et al., 2010). 31명의 신경성 폭식증 환자를 대상으로 하였는데, 이들은 12주 인지행동치료 프로그램에 있는 외래 환자들로 저녁마다 자신의 폭식 및 하제 사용 욕구와 삽화를 보고하는 문자를 치료자에게 보냈다. 그러면 환자는 그날의 목표 성취에 대한 강화와 격려를 포함한 피드백 메시지를 받았다. 임상 연구자들은 환자들의 폭식, 하제 사용, 다른 폭식 증상, 우울감이 치료

후 유의하게 감소함을 보고하였다.

　인지행동치료자들은 폭식-하제 사용 패턴을 깨기 위해 **노출 및 반응 방지**의 행동기법을 사용하기도 한다. 제4장에서도 읽었듯이 이 접근은 불안을 증가시키는 상황에 사람들을 노출시키고, 그 상황이 더 이상 해가 되지 않아 강박행동이 불필요하게 될 때까지 강박 반응을 수행하지 못하도록 제지한다. 신경성 폭식증의 경우 치료자들은 환자들에게 특정 종류의 음식을 일정 양만 먹도록 요구하며, 먹는 것이 해가 안 되고 심지어 되돌릴 필요가 없는 건설적인 활동이라는 것을 보여 주기 위해 토하는 것을 막는다(Wilson, 2010). 전형적으로 치료자는 환자가 금지된 음식을 먹는 동안 함께 앉아 있고, 음식을 토하려는 욕구가 지나갈 때까지 곁에 머무른다. 연구들은 이 치료가 섭식과 관련한 불안, 폭식, 구토 감소에 효과적임을 발견하였다.

인지적 기법　행동적 기법에 더하여, 인지행동치료자들의 주된 초점은 음식, 섭식, 체중, 체형에 대한 부적응적인 태도를 인식하고 변화시키도록 신경성 폭식증 환자를 돕는 데 있다(Waller et al., 2014; Wonderlich et al., 2014). 치료자들은 폭식 충동에 선행하는 부정적 사고(예 : "나는 날 통제할 수 없어.", "난 또 포기할 거야.", "난 뚱뚱해 보여.")를 찾고 도전하도록 이들을 교육한다(Fairburn & Cooper, 2014; Fairburn, 1985). 치료자들은 또한 환자가 자신의 완벽주의적인 기준, 무기력감, 낮은 자기 개념들을 인식하고, 여기에 의문을 던지며, 결국에는 이것을 변화시키도록 인도한다(심리전망대 참조). 인지행동치료는 환자들의 65%가 폭식과 하제 사용을 멈추도록 도왔다(Poulsen et al., 2014; Eifert et al., 2007).

다른 형태의 심리치료　신경성 폭식증에 대한 인지행동치료의 효과 때문에 인지행동치료는 다른 치료들이 고려되기 전에 주로 먼저 시도된다. 만약 환자들이 인지행동치료에 반응하지 않으면, 촉망받기는 하지만 그래도 덜 인상적인 접근이 시도되고 있다. 흔한 대안 중하나는 제6장에서 기술한 대인관계 기능의 향상을 돕는 대인관계치료이다(Fairburn et al., 2015; Kass et al., 2013). 정신역동치료도 신경성 폭식증 사례에서 사용되었다. 하지만 몇 안 되는 연구들만이 정신역동치료의 효과를 지지하고 있다(Poulsen et al., 2014; Tasca et al., 2014). 다양한 형태의 심리치료—인지행동치료, 대인관계치료, 정신역동치료—는 가족치료에 의해 흔히 보충된다(Ambresin et al., 2014; Starr & Kreipe, 2014).

　인지행동치료, 대인관계치료, 정신역동치료는 각각 개인치료 형태나 자조집단을 포함한 집단치료 형태로 제공될 수 있다. 연구는 집단치료 형태가 신경성 폭식증 사례의 75% 정도에서 적어도 어느 정도의 효과가 있음을 시사하고 있다(Valbak, 2001).

항우울성 약물치료　지난 15년간 항우울제(모든 그룹의 항우울제)이 신경성 폭식증 치료에 도움을 주기 위해 사용되었다(Starr & Kreipe, 2014). 신경성 식욕부진증과 대조적으로, 신경성 폭식장애 환자들은 흔히 항우울제로부터 상당한 도움을 받는다. 연구에 따르면, 항우울제는 폭식증 환자의 40% 정도에 도움을 주는 것으로 알려져 있는데, 환자들의 폭식을 평균 67% 정도, 구토를 56% 정도 감소시켰다. 다시 한 번 강조하건대, 약물치료는 다른 형태의 치료, 특히 인지행동치료와 결합해 사용했을 때 가장 잘 기능하는 것으로 보인다(Stewart & Williamson, 2008). 대안적으로 일부 치료자들은 항우울제를 시도해 보기 전

예방을 위한 새로운 노력

혁신적인 교육 프로그램이 건전한 신체상을 증진시키고 섭식장애를 예방하기 위해 개발되고 있다. 여기 위노나주립대학교 1학년생이 섭식장애 인식 높이기 주간 행사의 일환으로 큰 망치를 휘둘러 체중계에 내리치려 하고 있다. 체중계 박살내기는 매년 진행되는 행사이다.

숨은 뜻 읽어내기

명언

"여자는 아주 어릴 때부터 자신의 외모에 관심을 가지도록 격려되어야 한다."

레이디스 홈 저널, 1940

심리전망대

사탕과자 요정

└┬┘ 욕시립발레단의 '호두까기 인형' 공연에 대한 2010년 11월 리뷰에서 '뉴욕타임스'의 비평가 알라스테어 맥컬리는 사탕과자 요정을 연기한 37세 무용수 제니퍼 링거가 "사탕과자를 너무 많이 먹은 것 같다."라는 평을 썼다(Macauley, 2010). 무용수의 체중과 몸에 대한 혹독한 비평은 전국적으로 맹렬한 항의를 불러일으켰다. 많은 이들이 비평가의 비평이 잔인하다고 생각하였고, 우리 사회에서 여성이 판단되는 말도 안 되는 미학적 기준을 보여 준 한 예라 생각하였다. 비평가는 "만약 당신의 외모를 비판과 무관하게 하고자 한다면 발레라는 직업을 선택하지 마십시오."라고 논쟁하며 자신의 입장을 방어했다(Macauley, 2010). 하지만 많은 목격자들의 눈에는 그의 언사는 도를 넘어선 것이었다.

이 같은 소동 중 침착하게 반응한 거의 유일한 이는 무용수 제니퍼 링거 자신이었다. 심지어 그녀는 "무용수로서 저는 제 자신을 비판되도록 외부에 노출시켰고 제 몸은 제 예술의 일부입니다."라고 언급하였다(Ringer, 2010). 링거의 체중과 외모가 노골적인 용어로 묘사된 것은 2010년의 이 비난이 처음은 아니다. 2014년의 자서전에서 링거는 자신의 전문직 삶 대부분에서 자신의 몸이 비평의 대상이 되었었음을 밝혔다.

링거는 1989년 10대의 나이로 시립발레단에서 공연을 시작하였고, 1995년에는 독연을 하였다. 회고록에 따르면 그녀는 커리어가 상승 중에 있을 때 신경성 폭식증을 발달시켰다고 한다. 과식과 이를 보상하기 위한 과운동 패턴에 빠졌다. 링거는 이를 "저는 자기존중과 자기가치의 중심에 서는 감각을 잃었습니다."라고 묘사했다(Ringer, 2014).

맥컬리의 2010년 비평이 있기 몇십 년 전, 링거의 무용 멘토 중 많은 이가 링거에게 감량

Choreography ©The George Balanchine Trust Photo ©Paul Kolnik

부당한 비평 발레 무용수 제니퍼 링거가 '호두까기 인형'에서 파트너인 제레드 앵글과 함께 공연하고 있다.

하라 촉구했었다. 그녀는 전설적인 안무가 제롬 로빈스가 어떻게 훈계했는지 회상한다. "자, 몸무게만 줄이면 돼. 자, 그냥 하자. 우린 네가 필요해"(Ringer, 2014). 사실상, 치즈케이크를 그만 먹어야만 한다는 발레 마스터의 훈계 후, 링거의 발레컴퍼니와의 계약은 1997년에 재개되지 못했다(Ringer, 2014). 당시 그녀는 잠시 무용을 떠나 사무직으로 복무했다.

섭식장애를 극복하고 자존감을 되찾은 후 링거는 1998년 시립발레단에 복귀했다. 그다음 16년간의 무용은 그녀에게 있어 개인적 승리이자 직업적 승리였다. 2010년의 그 가혹하고 부당한 말들이 결코 침범할 수 없는 승리였다. 그 당시 그녀는 더 이상 자신과 자신의 몸을 타인의 기준으로 판단하는 그런 나약한 사람이 아니었다. 오히려 그녀가 회고록에서 이렇게 언급한다. "저는 제가 뚱뚱하다고 생각하지 않았으며, 타인의 저에 대한 의견은 제가 허용하지 않는 한 제게 어떠한 영향도 주지 않았습니다"(Ringer, 2014).

인지행동치료 혹은 다른 종류의 심리치료를 먼저 실시해 그 효능을 살펴기도 한다(Wilson, 2010, 2005).

신경성 폭식증의 여파는 무엇인가 치료되지 않은 상태로 두면 신경성 폭식증은 여러 해 동안 지속될 수 있는데, 어떤 경우는 일시적으로 좋아졌다가 다시 나빠지기도 한다. 하지만 치료는 환자의 40% 정도에서 즉각적이고 유의한 호전을 낳기도 한다. 즉 폭식과 하제 사용이 없어지거나 크게 줄고, 적절하게 먹으며, 정상 체중을 유지하게 된다(Isomaa & Isomaa, 2014; Richard, 2005). 또 다른 40%는 중간 정도의 호전을 보이는데, 적어도 일부가 폭식과 하제 사용의 감소를 나타낸다. 나머지 20%는 즉각적인 호전을 거의 보이지 않는다. 치료 종결 후 수년이 지난 시점에서 이루어진 추후연구에서 신경성 폭식증 환자의 85%가 완전히 회복되었거나 부분적으로 회복되었다(Isomaa & Isomaa, 2014; Brewerton &

Costin, 2011).

재발은 치료에 성공적으로 반응하는 사람들에게조차 문제가 될 수 있다(Stice et al., 2013; Olmsted et al., 2005). 신경성 식욕부진증에서와 마찬가지로, 재발은 새로운 삶의 스트레스로 인해 촉발되곤 한다(Liu, 2007; Abraham & Llewellyn-Jones, 1984). 한 연구는 신경성 폭식증으로부터 회복된 사람들의 3분의 1 정도가 치료 후 2년 내에, 흔히 치료 후 6개월 내에 재발을 경험함을 발견하였다(Olmsted et al., 1994). 재발은 치료 전 신경성 폭식증 역사가 길었던 사람, 장애 기간 중 구토를 더 자주 하던 사람, 치료 막바지에도 여전히 구토를 하던 사람, 약물남용의 과거력이 있는 사람, 그리고 치료 후 계속 홀로였거나 남들을 믿지 못하던 사람에게서 더 잘 나타났다(Vall & Wade, 2015; Brewerton & Costin, 2011; Fairburn et al., 2004).

> 왜 신경성 식욕부진증과 신경성 폭식증으로부터 회복된 사람들 중 일부는 회복된 이후에도 재발할 취약성을 가지는 것인가?

폭식장애의 치료

신경성 폭식증과 폭식장애(하제 사용 없는 폭식) 모두에서 폭식은 주요한 역할을 담당한다. 이렇듯 두 장애가 핵심 특징과 증상을 공유하고 있어 오늘날의 폭식장애를 위한 치료는 신경성 폭식증을 위한 치료와 유사하다. 특히 인지행동치료, 다른 형태의 심리치료, 항우울제가 폭식 패턴을 줄이거나 제거하고 체중과 체형에 대한 과도한 걱정과 같은 와해된 사고를 변화시키기 위해 제공되고 있으며 약간의 성공을 거두고 있다(Fischer et al., 2014; Fairburn, 2013). 물론 폭식장애 환자의 대부분이 과체중인데, 과체중 문제는 이를 위한 부가적 개입을 요구하고 있고 장기간 증상 호전에의 방해 요소로 작용한다(Grilo et al., 2014; Claudino & Morgan, 2012).

폭식장애가 현재 하나의 장애로 규명되었고 상당한 연구 관심을 받고 있는 실정이므로 폭식장애의 고유한 쟁점을 전달하는 전문적인 치료 프로그램이 몇 년 안에 등장할 것이다(Grilo et al., 2014). 그 사이, 이 장애의 여파에 대해 거의 알려진 것이 없다(Claudino & Morgan, 2012). 중증 폭식장애 입원 환자들을 대상으로 한 연구에서 환자의 3분의 1이 입원한 지 12년이 지났음에도 불구하고 여전히 장애를 가지고 있었으며, 36%는 여전히 심각한 과체중 상태에 있었다(Fichter et al., 2008). 다른 섭식장애들에서와 마찬가지로, 폭식장애로부터 회복되었던 많은 이들은 계속해서 상대적으로 높은 재발 위험을 가지고 있다(ANAD, 2014).

'도전 fat 제로' 현상

경쟁자 한나 컬리가 유명 리얼리티쇼 '도전 fat 제로'의 2011년도 시즌 피날레에서 자신의 몸무게 감량 결과를 바라보며 자랑스러워하고 있다. 세계 여러 국가에서도 제작되고 있는 이 TV 시리즈에서 가장 많은 체중 감량자에게 주어지는 상금을 타기 위해 과체중 참가자들이 서로 경쟁한다. 대부분의 과체중자들은 폭식장애를 보이지 않는다. 하지만 폭식장애를 가진 사람들의 대부분은 과체중 상태에 있다.

Trae Patton/NBC/NBCU Photo Bank/Getty Images

▶ 요약

섭식장애는 어떻게 치료되는가 신경성 식욕부진증 치료의 첫 단계는 지지적 간호와 같은 전략을 사용하여 칼로리 섭취를 증가시키고 체중을 빠르게 회복시키는 것이다. 두 번째 단계는 기저에 자리한 심리적 그리고 가족적 문제를 다루는 것이다. 이를 위해 흔히 교육, 인지행동적 접근, 가족 접근을 혼합하여 사용한다. 성공적 치료를 받은 사람들의 90%가 치료 몇 년 후에도 완전 혹은 부분 회복 상태를 유

(계속)

지하고 있다. 하지만 일부는 재발을 보이며, 많은 이는 계속하여 체중과 외모를 걱정하고, 절반 정도는 계속하여 정서적 문제를 경험한다. 대부분은 체중을 회복하였을 때 월경을 다시 시작하게 된다.

신경성 폭식증 치료의 초점은 먼저 폭식-하제 사용 패턴을 종식시키는 데 있으며 다음으로 장애에 기저한 원인을 다루어 주는 데 있다. 흔히 몇 가지 치료적 전략이 결합되는데, 교육, 심리치료(특히 인지행동치료), 항우울제 등이 결합된다. 치료를 받은 신경성 폭식증 환자의 75% 정도가 종국에는 완전히 회복되거나 부분적으로 회복된다. 재발이 문제가 될 수 있고 이는 새로운 스트레스에 의해 촉발될 수 있지만, 치료는 많은 신경성 폭식증 환자들에게 지속되는 심리적·사회적 기능 향상을 가져다준다. 신경성 식욕부진증에 사용된 유사한 치료 프로그램이 폭식장애 환자들에게 제공되고 있다. 하지만 폭식장애 환자들은 자신들의 과체중 문제를 다루어 줄 개입을 추가적으로 요구하고 있다.

종합

관점들을 통합하기 위한 기준

이 책 전반에서 당신은 사회문화적·심리적·생물학적 요인을 함께 고려하는 것이 다양한 형태의 비정상적 기능 상태를 설명하고 치료함에 있어 유용함을 발견하였다. 하지만 이러한 비정상적 기능 상태 중 섭식장애보다 더 여러 관점의 통합을 요구하는 장애는 없다. 많은 이론가들에 의해 포용되고 있는 다차원위험이론은 여러 요인이 함께 작용하여 섭식장애의 발달, 특히 신경성 식욕부진증과 신경성 폭식증의 발달에 기여한다고 주장한다. 어떤 사례는 사회적 압력, 독립과 관련한 발달적 쟁점, 청소년기의 신체적·정서적 변화, 그리고 시상하부의 과활동성 등으로부터 야기될 수 있다. 반면 다른 사례는 가족 압력, 우울, 그리고 다이어트의 여파로 야기될 수 있다. 의심할 여지없이, 섭식장애를 위한 가장 유용한 치료 프로그램은 사회문화적·심리적·생물학적 접근을 결합한다. 다차원위험이론을 섭식장애치료에 적용한 사례들은 여러 서로 다른 모델을 따르는 전문가와 과학자들이 상호 존중의 분위기 속에서 함께 생산적으로 일할 수 있음을 보여 주고 있다.

섭식장애에 관한 연구들은 계속 새로운 발견을 내놓고 있다. 이 발견들은 임상가들로 하여금 자신의 이론과 치료 프로그램을 조정하도록 요구한다. 예를 들어 연구자들은 신경성 폭식증 환자가 때때로 자신의 증상에 이상할 정도로 긍정적 감정을 가지고 있음을 발견하였다(Williams & Reid, 2010). 회복한 한 환자는 "전 아직도 제 폭식장애를 마치 죽은 옛 친구를 그리워하듯 그리워합니다."라고 말했다(Cauwels, 1983, p. 173). 이러한 긍정적 감정을 안 상태에서 많은 치료자들은 이제 잃은 증상에 대한 비탄 반응, 즉 개인이 섭식장애를 극복하기 시작할 때 나타날지도 모르는 이러한 반응을 환자가 극복해 나가도록 돕는 방향으로 치료를 구성하고 있다(Zerbe, 2008).

임상가들과 연구자들이 섭식장애에 관한 더 많은 해답을 추구하는 동안, 정작 환자 자신은 이제 막 적극적인 역할을 맡기 시작하였다. 현재 환자가 운영하는 많은 기관이 웹사이트, 전국 직통전화, 학교, 전문가 의뢰, 소식지, 워크숍, 학회 등을 통해 정보, 교육, 지지 등을 제공하고 있다(Musiat & Schmidt, 2010; Sinton & Taylor, 2010).

핵심용어

글루카곤유사펩티드-1(GLP-1) 복내측 시상하부(VMH) 제한형 신경성 식욕부진증 폭식장애
다차원위험이론 시상하부 지지적 간호 효율적 부모
무월경 신경성 식욕부진증 체중 결정점
밀착된 가족 패턴 신경성 폭식증 콜레시스토키닌(CCK)
보상행동 외측 시상하부(LH) 폭식

속성퀴즈

1. 신경성 식욕부진증의 증상 및 주요 특징은 무엇인가?

2. 신경성 식욕부진증 환자들과 신경성 폭식증 환자들은 어떤 면에서 유사한가? 이들은 어떻게 다른가?

3. 폭식장애의 증상과 주요 특징은 무엇인가? 이 장애는 신경성 폭식증과 어떻게 다른가?

4. Hilde Bruch는 부모가 아이의 내적 욕구와 정서 상태를 적절히 파악·대응하지 못할 경우 자녀가 이후 섭식장애를 발달시킬 수 있다고 주장하였다. Bruch는 어떻게 부모의 부적절한 행동이 자녀의 섭식장애로 이어진다고 설명하고 있는가?

5. 개인의 시상하부와 체중 결정점은 어떻게 섭식장애 발달에 기여하는가?

6. 사회문화적 압력과 요인이 섭식장애 발달의 초석이 된다는 것을 보여 주는 증거는 무엇인가?

7. 임상가들이 신경성 식욕부진증 환자를 치료할 때 이들의 단기 목표와 장기 목표는 무엇이어야 할까? 이 목표를 이루기 위해 임상가들은 어떤 접근을 사용하고 있는가?

8. 신경성 식욕부진증 환자의 장애 회복률은 어떠한가? 어떤 요인이 이들의 회복에 영향을 주는가? 어떤 위험이나 문제가 회복 이후에도 지속될 것인가?

9. 신경성 폭식증 치료의 주된 목표와 접근은 무엇인가? 이 접근은 얼마나 성공적인가? 어떤 요인이 개인의 회복에 영향을 미치는가? 어떤 위험이나 문제가 회복 이후에도 지속될 것인가?

10. 폭식장애 치료는 신경성 폭식증 치료와 어떻게 다른가?

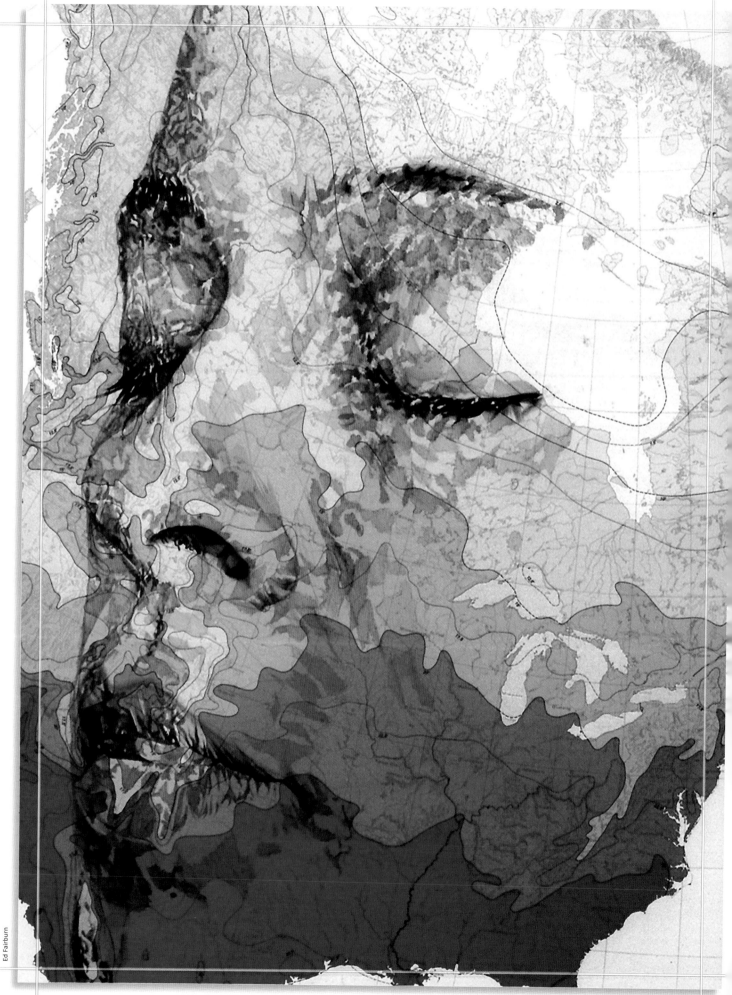

물질사용 및 중독 장애

" **나** 는 던컨입니다. 나는 알코올중독자입니다." 청중들은 이 익숙한 단어에 자세를 바로잡았다. 익명의 알코올중독자모임(AA)에서 또 하나의 죽음과 부활의 역사가 곧 시작될 것이기 때문이었다….

"내가 처음 술을 마신 것은 열다섯 살 생일이 막 지났을 때입니다. 다들 그랬겠지만… 기적 같았어요. 맥주가 목으로 조금 넘어가니까 세상이 달라지더라구요. 나는 더 이상 찌질이가 아니었어요. 나는 주변의 누구와도 떠들 수 있었어요. 여자들요? 하, 맥주 몇 잔만 마시면 내가 원하는 어떤 여자도 가질 수 있을 것 같은 느낌, 아시잖아요…."

"지금 돌이켜보면 고등학생 시절, 그리고 대학에 갔을 때 나의 음주가 문제된 것이 명확해졌지만, 그때는 그렇게 생각하지 않았어요. 결국은 다들 마시고 술에 취하면 멍청한 짓들을 했지만, 나만은 다른 줄 알았어요.… 나는 필름이 끊긴 적이 없고 며칠 동안은 술을 마시지 않고 지낼 수 있다는 사실로 내가 모든 것을 통제할 수 있다고 생각했어요. 그런 식으로 흘러가다가 어느 날 보니 자꾸 더 많이, 더 많이 마시고 있는 나를 발견하게 되었고, 3학년이 되어서는 술로 인해 고통받게 되었지요."

"고등학교 시절부터 친구였던 룸메이트가 제 술버릇에 대해 잔소리를 하기 시작했어요. 그 친구는 내가 밤을 꼬박 새고 다음 날 종일 잠을 자면서 수업에 빠지는 것뿐 아니라, 다른 친구들이 내 이야기를 하는 것이나 내가 파티에서 한 바보 같은 짓들을 듣게 되었지요. 그 친구는 내가 술 마신 다음 날 얼마나 불안정한지, 술을 많이 마시면 어떻게 되는지를 다 보았지요. 거의 제 머릿속에 들어왔다 나왔다고 해도 될 정도일 거예요. 내가 방 안에 늘어놓은 술병의 개수도 알고 술 마시고 흥청거리느라 내 학점이 어떻게 되어 가고 있는지도 잘 알았지요…. 저는 친구를 잃고 싶지는 않았기 때문에, 또 부분적으로는 제 룸메이트 걱정 때문에 음주를 반 이하로 줄였어요. 주말에만, 그것도 밤에만 술을 마셨지요…. 그 덕에 대학생활을 끝마쳤고 로스쿨도 가게 되었지요…."

"법학 학위를 받은 직후에 첫 부인과 결혼을 했어요. … 술 마시기 시작한 이후 처음으로 아무 문제도 없던 시절이지요. 나는 한 방울도 마시지 않고 몇 주를 보냈어요…."

"제 결혼생활은 둘째와 셋째를 낳게 되면서 점차 불행해졌어요. 저는 경력과 성공을 굉장히 중시하는 사람이다 보니 집에서 가족과 거의 시간을 보내지 않았지요…. 여행도 많이 다녔고, 여행 중에 자극을 줄 만한 사람도 많이 만났어요. 그러니 집에서는 낮잠만 자게 되고 지겨운 아내와 아이들은 별로 재미가 없었어요. 음주습관도 나빠지기 시작했지요. 길에서도 마시고 멀지 않은 곳에 있으면 점심에도 마시면서 즐김으로써 집에서 머리 복잡하게 하는 것들을 잊으려 했어요. 아마도 괜찮은 스카치를 일주일에 한 갤런씩은 마셨을 거예요."

"그러다 보니 술이 결혼생활과 직장생활 모두에 영향을 미치기 시작했어요. 술에 잔뜩 취한데다가 아내와 자녀들에 대한 책임을 다하지 못한 것에 대한 죄책감의 압박에 눌려 오히려 신체적으로 거칠게 대하기도 했지요. 가구를 때려 부수고 물건들을 집어던지고 나서 차를 몰고 밖으로 나가기도 했어요. 차 사고가 나서 면허도 2년 동안 박탈당했지요. 그중에서도 최악인 것은 그것을 끊고자 했을 때였습니다. 나는 완전히 끌려들어 가서 아무리 노력해도 술을 끊을 수 없었고 금단 증상에 시달리기 시작했어요. … 토하면서 몸이 떨려 앉을 수도 누울 수도 없는 상태가 며칠씩 계속되곤 했지요. … 그러다가 4년 정도 전에 삶이 온통 폐허가 된 채, 아내와 자녀들이 모두 나를 포기해버렸고, 직장도 없이 내 운이 다해 가던 시점에서 AA와 만나게 되었습니다. … 이제 2년여 동안을 술을 마시지 않고 있으며, 행운과 지지 속에서 잘 버티고 있습니다…."

(Spitzer et al., 1983, pp. 87-89)

인간은 매우 다양한 음식과 음료를 즐긴다. 지구상의 어떤 물질도 언젠가 어디선가 누군가가 먹어 보았을 것이다. 그러다 보니 어떤 물질은 우리의 뇌와 신체에 의학적이든 쾌락

▶**물질 중독** 물질 섭취 동안 혹은 직후에 발생하는 일시적인 바람직하지 않은 행동이나 심리적 변화의 총체

▶**물질사용장애** 반복적인 물질사용으로 인한 부적응적인 행동과 반응 패턴을 말하며, 물질에 대한 내성과 금단 증상을 포함

적이든 뭔가 흥미로운 효과를 갖고 있다는 것도 발견하게 되었다. 우리는 두통을 잠재우기 위해 아스피린을 먹거나, 감염을 치료하기 위해 항생제를 쓰고, 안정시키기 위해 진정제를 사용한다. 아침에는 커피를 마시고 친구와 긴장을 풀기 위해서는 와인을 마신다. 긴장을 풀기 위해 담배를 피우기도 한다. 하지만 우리가 사용하는 물질 중 다수는 해가 되기도 하고 우리의 행동이나 감정을 혼란스럽게 한다. 이런 물질의 남용은 사회적으로도 큰 문제가 된다. 약물남용으로 인한 사회적 비용은 미국에서만 연간 6,000억 달러에 달한다(Johnston et al., 2014).

우리 사회에는 입수 가능한 물질이 수없이 많을 뿐만 아니라 새로운 물질이 거의 매일 도입되고 있다. 자연에서 수확되는 것도 있고, 천연물질에서 유래하는 것도 있으며, 실험실에서 생산되는 것도 있다. 항불안제와 같이 합법적으로 사용하기 위해서는 의사의 처방이 필요한 것도 있다. 하지만 헤로인처럼 어떤 상황에서도 불법적인 것도 있다. 1962년에는, 미국에서 겨우 400만 명이 마리화나나 코카인, 헤로인, 또는 다른 불법 물질을 사용했다. 오늘날 그 수는 1억 명 이상으로 증가했다(SAMHSA, 2014). 사실 2,400만 명이 지난달에 불법 물질을 사용했다. 모든 고3 학생의 거의 24%가 지난달에 불법 약물을 사용했다(Johnston et al., 2014).

약물은 음식 이외에 우리의 신체나 정신에 영향을 미치는 모든 물질로 정의된다. 꼭 약물이거나 불법적이어야 하는 것은 아니다. '물질(substance)'이라는 용어는 이제 종종 '약물(drug)'을 대신하여 사용된다. 이는 부분적으로는 사람들이 알코올이나 담배, 카페인을 약물이라 생각하지 않기 때문이기도 하다. 알코올이든 코카인, 마리화나 또는 어떤 약물이든 간에 물질이 몸속으로 들어오면 엄청난 양의 강력한 분자가 혈관을 타고 뇌로 들어온다. 한번 뇌 속으로 들어오면 이 분자들은 일련의 생화학적 현상을 통해 뇌와 신체의 일상적인 작용을 혼란스럽게 한다. 물론 물질남용은 다양한 이상 기능을 일으킨다.

물질은 행동이나 감정, 사고에 **일시적인** 변화를 유발할 수 있는데, *DSM-5*에서는 이러한 변화들의 군집을 가리켜 **물질 중독**(substance intoxication)이라고 한다. 던컨의 예에서와 같이 과도한 양의 알코올은 알코올 중독으로 이어져 일시적인 판단력 상실, 기분 변화, 짜증, 발화 지연, 부조화 등의 상태를 유발한다. 이와 유사하게 LSD와 같은 마약은 **환각증**이라고도 불리는 환각제 중독을 일으키는데, 이는 주로 지각적 왜곡과 환각을 경험하게 한다.

어떤 물질들은 장기적인 문제를 유발한다. 주기적으로 물질을 취하게 되면 부적응적인 행동 패턴을 발달시켜 신체의 물리적 반응에 변화가 생긴다. **물질사용장애**(substance use disorder), 즉 물질의 반복 사용에 의해 야기되는 부적응 행동 및 반응의 패턴을 발달시킨다(Higgins et al., 2014; APA, 2013). 물질사용장애가 되면 특정 물질을 갈망하여 그것에 지나치게 만성적으로 의존하게 되어 가족과 사회적 관계, 직업 기능 등에 문제가 발생하고 자신과 타인을 위험에 빠지게 한다(표 10-1 참조). 대부분의 경우 이런 장애를 가진 사

표 10-1

진단 체크리스트

물질사용장애

1. 물질을 부적응적인 방식으로 사용하여 심각한 손상이나 고통에 이르는 것

2. 지난 12개월 내에 다음 증상 중 2개 또는 그 이상이 나타나는 경우
   (a) 종종 약물을 다량으로 사용하거나 의도했던 것보다 오랫동안 사용
   (b) 약물사용에 대한 지속적인 열망 또는 약물을 줄이거나 조절하려는 노력의 실패
   (c) 약물을 얻거나 사용하거나 그 영향으로부터 회복되는 데 과도한 시간을 사용
   (d) 반복적인 약물사용의 결과로 인한 직장, 학업, 가정에서의 중요한 의무를 이행하는 것의 실패
   (e) 약물로 인해 발생되는 지속적인 사회적 또는 대인관계의 문제에도 불구하고 지속적으로 약물을 사용
   (f) 약물사용으로 인한 주요 사회적·직업적 또는 여가 활동의 중단이나 감소
   (g) 약물을 사용하면 신체적인 위험이 발생하는 상황에서도 지속적으로 약물을 사용
   (h) 약물사용이 신체적·심리적 문제를 악화시킨다는 것을 알면서도 지속적으로 약물을 사용
   (i) 내성
   (j) 금단 반응
   (k) 약물사용에 대한 갈망 또는 강한 욕구

출처 : APA, 2013.

람들은 그 물질에 신체적으로 의존하게 되어 그것에 대한 내성이 발달하고 금단 반응을 경험하게 된다. **내성**(tolerance)이 생기면 원하는 정도의 효과를 유지하기 위해 점차 더 많은 양의 물질이 필요하게 된다. **금단**(withdrawal) 반응은 갑자기 약물을 끊거나 줄였을 때 불쾌하거나 심지어는 위험한 증상(예 : 경련, 불안 발작, 발한, 오심 등)이 나타나는 것이다. 익명의 알코올중독자모임(Alcoholics Anonymous, AA)에서 자신의 문제를 이야기했던 던컨은 알코올사용장애라는 물질사용장애의 한 형태에 빠져 있었던 것이다. 대학생 때와 변호사 시절, 알코올은 그의 가족, 사회, 학업, 직업에 손상을 일으켰다. 그는 오랜 기간 내성이 발달하여 술을 끊고자 했을 때는 구토나 떨림이 발생하는 금단 증상을 경험하였다.

미국에서는 한 해 모든 10대와 성인의 8.9%인 2,300만 명이 물질사용장애를 보이고 있다(SAMHSA, 2014; NSDUH, 2013). 아메리카 원주민이 미국에서 가장 높은 비율로 물질사용장애를 보이는 반면(21.8%), 아시아계 미국인은 가장 낮은 비율을 보인다(3.2%). 백인이나 히스패닉계 미국인, 흑인은 9%에 가까운 비율을 보이고 있다(그림 10-1 참조). 물질사용장애를 보이는 사람의 11%(약 250만 명)만이 정신건강 전문가로부터 치료를 받고 있다(Belendiuk & Riggs, 2014; NSDUH, 2013).

사람들이 오용하는 물질은 진정제, 각성제, 환각제, 대마초의 몇 가지 범주로 나뉜다. 이 장에서는 가장 문제가 많은 물질 몇 가지와 그것들이 유발하는 비정상적 패턴을 다룰 것이다. 게다가 장 말미에서 *DSM-5*가 추가적인 중독장애라 언급한 문제인 도박장애에 대해 다룰 것이다. 물질사용장애와 나란히 이 행동 패턴을 열거함으로써 *DSM-5*는 이 문제에는 물질사용장애에서 작동하고 있는 일시적인 유사성 이상을 공유하는 중독성 증상과 원인이 있다는 것을 나타내고 있다.

진정제

진정제는 중추신경계의 활동을 늦추는 물질이다. 진정제는 긴장과 억제를 감소시키고 판단, 운동 활동, 집중을 방해한다. 진정제로 가장 많이 사용하는 세 가지는 알코올, 진정 수면성 약물, 아편 유사제이다.

알코올

세계보건기구는 세계에서 20억 명이 **알코올**(alcohol)을 사용하는 것으로 추정한다. 미국에서는 인구의 반 이상이 알코올이 함유된 음료를 종종 마신다(SAMHSA, 2014). 맥주, 와인, 독주의 구입에 미국에서만 한 해 최소 수백 억 달러가 사용된다.

사람들이 한 번에 다섯 단위(잔) 이상의 술을 마시면 이를 폭음이라 한다. 11세 이상의 23%가 매달 폭음을 하는 것으로 조사되었다(SAMHSA, 2014). 11세 이상의 약 6.5%가 한 달에 적어도 다섯 번 폭음을 한다. 그들은 과음자로 여겨진다. 과음자는 남성과 여성이 3 : 2의 비율을 보인다.

모든 알코올 음료는 에틸알코올을 함유하고 있는데, 이것은 위와 장 사이에서 피에 빠르게 흡수되는 화학물질이다. 에틸알코올은 혈관에서 중추신경계(뇌와 척수)로 전달되면 곧 효과를 나타내기 시작하여 중추신경계에서 다양한 뉴런이 결합하여 시행하는 기능들을 진정시키고 지체시킨다. 에틸알코올이 결합되는 중요한 뉴런집단이 바로 GABA 신경전달

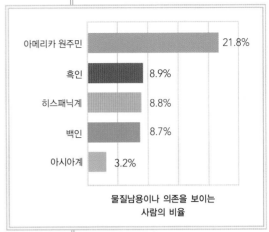

아메리카 원주민 21.8%
흑인 8.9%
히스패닉계 8.8%
백인 8.7%
아시아계 3.2%

**물질남용이나 의존을 보이는
사람의 비율**

그림 10-1
민족 간의 물질남용과 의존의 차이
미국에서는 아메리카 원주민이 다른 인종이나 문화권에서 온 사람보다 물질남용이나 의존에 더 많이 빠지는 경향이 있다(출처 : NSDUH, 2013).

▶**내성** 뇌와 신체가 특정 약물의 규칙적인 사용에 적응하여 이전의 효과를 얻기 위해서는 더 많은 용량을 필요로 하게 되는 것

▶**금단** 약물을 만성적으로 사용하던 사람이 이를 중단하거나 용량을 감소시켰을 때 불쾌하거나 때로는 위험한 반응이 나타나는 것

▶**알코올** 맥주, 와인, 고량주 등을 포함하여 에틸알코올이 들어간 모든 음료

Aris Messinis/AP Photo

물질오용과 스포츠팬
최근 몇 년간 커져 가는 관심을 받아 온 문제는 바로 스포츠 경기에서 관중들의 과음 문제이다. 2002 그리스 대 아테네 플레이오프 경기에서 두 축구선수가 높이 뛰어 오른 공을 향해 뛰어올랐을 때, 관중들(그들 중 다수가 취해 있었다)은 플라스틱 좌석을 떼어내고, 필드에 불꽃을 발사하였으며, 그 선수들에게 동전과 돌을 던졌다.

물질을 받는 곳이다. 제4장에서 보았듯이 GABA가 일정한 뉴런에 전달되면 이는 억제성 메시지, 즉 특정 뉴런의 발화를 중지하는 메시지를 전달한다. 따라서 알코올이 이들 뉴런의 수용체에 결합되면 GABA가 뉴런을 억제하는 것을 더 돕게 되어 음주자를 더 편안하게 해 준다(Filip et al., 2014; Nace, 2011, 2005).

처음에는 에틸알코올이 판단과 억제를 통제하는 뇌의 영역을 진정시키기 때문에 사람들은 점점 긴장이 풀려 말이 많아지고 더 친해진 것처럼 느끼게 된다. 그들의 내적 통제가 깨질수록 사람들은 편안해지고 자신감도 생기고 행복한 느낌이 든다. 더 많은 알코올이 흡수되면 이는 중추신경계의 다른 영역까지도 지체시켜, 음주한 사람이 건전한 판단을 하지 못하고 부주의하며 일관성 없는 말을 하게 되고 기억력도 약해지게 한다. 많은 사람들이 매우 감정적이 되어 목소리가 높아지거나 공격적이게 된다.

사람이 음주를 계속하면 운동장애가 증가하며 반응시간이 길어진다. 사람들은 서거나 걷기 힘들어 휘청거리고 간단한 활동도 어설퍼진다. 물건을 떨어뜨리거나 문이나 가구에 부딪히고 거리 판단에 오류가 생긴다. 시야가 흐려지는데, 특히 주변시야가 약해지고 청력에도 문제가 발생한다. 그 결과 과음을 한 사람은 운전이나 간단한 문제해결 상황에서도 큰 어려움을 겪게 된다.

에틸알코올의 효과가 나타나는 정도는 혈중 **농도**에 따라 결정된다. 따라서 동일한 양의 알코올이라도 체중이 많이 나가는 사람은 적게 나가는 사람보다 효과가 더 적게 나타난다. 혈중 농도는 성별에 따라서도 차이가 있다. 여성은 알코올이 혈액으로 들어가기 전에 위에서 분해시키는 알코올 탈수소효소(alcohol dehydrogenase)가 더 적다. 따라서 여성은 동일한 양의 알코올을 섭취해도 남성보다 더 쉽게 취한다(Hart & Ksir, 2014).

손상의 수준 역시 혈중 에틸알코올 농도와 밀접한 관련이 있다. 알코올 농도가 전체 혈액의 0.06%가 되면 긴장이 풀리고 편안한 느낌이 든다. 하지만 0.09%를 넘으면 주취의 선을 넘게 된다. 만약 농도가 0.55%까지 가면 그 음주자는 아마 사망할 것이다. 대부분의 사람은 여기까지 마시기 전에 정신을 잃게 될 것이지만, 미국에서는 한 해 1,000명 이상이 혈중 알코올 농도가 너무 높아 사망에 이른다(Hart & Ksir, 2014).

알코올의 효과는 혈중 농도가 낮아져야만 가라앉는다. 알코올 대부분은 간에서 이산화탄소와 물로 분해되거나 대사되어 호흡과 배설물로 배출된다. 이 신진대사의 평균율은 시간당 0.25온스 정도 되지만, 개인의 간이 처리하는 속도에 따라 다르다. 따라서 '술에서 깨는' 시간은 사람마다 다르다. 일반적인 믿음과는 달리 시간과 대사를 통해서만 술에서 깰 수 있다. 블랙커피 마시기, 찬물을 얼굴에 끼얹기, '냉정해지려고 노력하는 것' 등으로는 이러한 과정을 촉진시킬 수 없다.

알코올사용장애 합법적이기는 하지만 알코올은 사실상 가장 위험한 기분전환 약물 중 하나이고, 그 영향은 일생 지속될 수 있다. 사실상 중학생의 약 28%가 어느 정도의 음

> 알코올이 고도의 중독성을 가지고 있고 이렇게 많은 문제를 유발할 수 있는데, 왜 대부분의 국가에서 합법적으로 유지되고 있는 것일까?

심리전망대

대학생 폭음 : 방과 후의 위기

폭음, 즉 짧은 시간에 많은 양의 알코올을 마시는 행위는 다른 곳에서와 마찬가지로 대학 캠퍼스에서도 심각한 문제이다(SAMHSA, 2014; NSDUH, 2013). 연구에 따르면 대학생의 40%가 1년에 한 번은 폭음을 했고, 그중 일부는 한 달에 여섯 번 이상의 폭음을 한다. 아직도 많은 사람들이 음주가 대학생활의 일부라고 생각한다. 사회가 너무 문제를 가볍게 생각하는 것일까? 다음 통계를 살펴보자(Abbey et al., 2014; Statistic Brain, 2012; Howland et al., 2010; NCASA, 2007; Abbey, 2002).

- 대학 내에서 체포되는 사건의 83%는 알코올과 관련이 있다.
- 대학 내 성폭행 사건의 절반 이상은 알코올의 대량섭취와 얽혀 있다.
- 학업 문제의 40%와 중도 탈락의 28%에 알코올이 중요한 요인이다.
- 매년 약 700,000명의 학생들이 음주한 학생으로부터 신체적 폭력 또는 정신적 충격을 당한다.
- 대학생 절반은 술을 마시는 주된 이유가 '취하기 위해 마시는 것'이라고 말한다.
- 폭음은 주로 정서, 기억, 뇌 및 심장 기능에 영향을 길게 미친다.
- 대학생의 폭음으로 인해 매년 1,700명이 사망, 500,000명이 부상당한다.
- 대학의 여성 폭음자의 수는 지난 10년간 31% 넘게 증가하였다.

한계실험 대학 축제에서 찍은 이 사진에서와 같은 폭음이 최근 수많은 사망사고의 원인이 되었다.

© Andrew Lichtenstein/Corbis-Sygma

이러한 연구 결과는 일부 교육자들이 폭음을 정규 대학생들의 '제1의 공중보건 위험 요소'로 설명하도록 하였고, 연구자와 임상가들의 관심을 끌었다. 한 예로 하버드 보건대학 연구원들은 미국의 120개 대학 캠퍼스를 대상으로 50,000명이 넘는 학생들을 조사했다(Wechsler & Nelson, 2008; Wechsler et al., 2004, 1995, 1994). 그중 한 조사에 따르면 기숙사에 살며, 파티 중심의 생활방식을 추구하고 물질오용이나 다중적 성관계와 같은 고위험행동에 결부되어 있는 사람들이 폭음을 많이 하고 있었다. 그들의 조사는 또한 고교시절 폭음을 한 학생이 대학에서도 폭음할 가능성이 큰 것으로 밝혔다.

이러한 과정을 변화시키기 위한 노력이 시작되었다. 그 예로 몇몇 대학은 물질 반입 금지 기숙사를 시행하고 있다. 연구 결과, 이러한 기숙사에 살면서 폭음을 하는 학생은 36%에 불과한 반면, 다른 자유로운 기숙사에 사는 학생의 75%가 폭음을 하는 것이 드러났다(Wechsler et al., 2002). 이 연구 및 최근의 다른 연구 결과들은 기대할 만한 결과를 낳고 있다. 하지만 임상 현장에 있는 대부분의 사람들은 우리가 이 중요한 사회적 문제를 이해하고 예방하고 치료하기 위해서 더 많은 노력을 기울여야 한다고 말한다.

주를 인정하며, 고등학교 상급생의 39%는 매달 술을 마시고(대개 취할 때까지), 2.2%는 매일 술을 마신다고 보고한다(Johnston et al., 2014). 알코올 오용은 대학에서도 주요한 문제이다(심리전망대 참조).

한 해 미국 성인의 6.8%가 알코올중독이라고 알려진 **알코올사용장애**를 보이고 있다(NSDUH, 2013). 이 장애를 가진 남성이 여성보다 2배 이상 많다. 게다가 많은 10대들도 이 장애를 경험한다(Johnston et al., 2014).

알코올중독의 현재 유병률은 백인 약 7.6%, 히스패닉계 미국인 5.1%, 흑인 4.5%로 나타난다(NSDUH, 2013). 아메리카 원주민들, 그중 특히 남성은 다른 어떤 집단보다 알코올사용장애 비율이 가장 높다. 구체적인 유병률은 아메리카 원주민 보호구역 공동체마다 광범위하게 차이가 있지만, 전체적으로는 8.5%에 달하는 사람들이 알코올중독을 경험한다. 일반적으로 미국 및 다른 곳에 사는 아시아인들은 다른 문화권보다도 알코올중독 비율이

숨은 뜻 읽어내기

DSM-5 논쟁 : 모든 약물 오용은 동일한가

*DSM-5*는 이전에 둘로 나뉘어 있었던 물질 남용(약물에 대한 과도하고 만성적인 의존) 과 물질의존(내성과 금단 증상을 동반한 과도한 의존)을 하나의 범주인 '약물사용장애'로 통합하였다. 이에 대해 비판하는 사람들은 이로 인해 물질을 남용하는 사람들과 물질의존인 사람들의 각기 다른 예후와 치료적 요구를 구분하는 것에 실패하게 되었다고 지적한다.

▶**진전섬망(DTs)** 알코올의존인 사람에게서 경험되는 극적인 금단 증상. 혼란과 의식의 혼탁, 두려운 환시 등이 나타남

알코올의 영향 시뮬레이션해 보기

16세 학생이 유사 알코올장애를 발생시키는 고글을 쓴 채로 장애물 코스길을 비틀거리며 헤쳐나간다. 이 활동은 DUI의 일부로, 이 학생이 다니는 뉴멕시코고등학교에서 진행한 예방 프로그램이며 알코올이 시각과 균형에 미치는 영향을 실제로 체험해 보도록 구성되었다.

낮다(1.7%). 이 중 무려 절반에 해당하는 사람들이 알코올을 분해하는 데 필요한 화학물질인 알코올 탈수소효소가 결핍되어 있어서 약간의 알코올 섭취에도 매우 부정적으로 반응할 수 있다. 이는 결과적으로 알코올의 과도한 사용을 예방해 준다(Tsuang & Pi, 2011).

징후 일반적으로 알코올사용장애가 있는 사람들은 다량의 알코올을 정기적으로 섭취하고, 알코올을 마시지 않으면 불안해할 만한 일들을 알코올의 힘을 빌려 해내곤 한다(McCrady, 2014). 그러나 결국엔 음주가 그들의 사회적 행동이나 사고력, 업무 능력을 방해하게 된다. 그들은 가족이나 친구들과 다투게 되고 업무에서 반복적으로 실수를 하여 심지어 실직하기도 한다. 만성 폭음자들의 MRI 검사 결과를 보면, 뇌의 여러 부위에서 손상이 나타나고 그 결과 단기기억, 사고의 속도, 주의력, 균형감각 등에 장애가 발생한다(Sifferlin, 2014).

개개인을 살펴보면 사람들의 알코올중독 패턴은 각기 다르다. 어떤 사람들은 매일 다량의 술을 마셔 중독될 때까지 지속한다. 다른 사람들은 몇 주나 몇 달 동안 폭음을 한다. 그들은 며칠간 중독되어 있다가 나중에는 그 기간 동안의 일을 모두 기억하지 못하게 되기도 한다. 또 다른 사람들은 주말이나 저녁 또는 그 두 경우 모두에만 제한적으로 과음을 한다.

내성과 금단 많은 사람의 알코올사용장애에는 내성과 금단 반응의 증상들이 포함된다(McCrady, 2014). 신체적으로 알코올에 대한 내성이 생겨서 같은 효과를 느끼기 위해서는 더 많은 양을 마셔야 한다. 술을 마시지 않게 되면 금단 증상을 겪는다. 몇 시간 내에 손과 혀, 눈꺼풀이 떨리기 시작하고 기운이 빠지며 메스꺼움을 느끼게 된다. 땀을 흘리고 구토하고 심장은 빠르게 뛰며 혈압이 상승한다. 또한 불안, 우울, 불면, 짜증이 나타난다(APA, 2013).

알코올사용장애가 있는 사람 중 일부는 **진전섬망**(delirium tremens, DTs)이라고 하는 특히 극적인 금단 증상을 겪는다. 진전섬망이 발생하면 술을 끊거나 줄인 후 며칠 내에 무서운 환시가 나타난다. 어떤 사람들은 작고 끔찍한 동물이 쫓아오거나 그들 몸을 기어다니는 것, 춤추는 물체가 보이는 것 등을 경험한다. 대부분의 다른 알코올 금단 증상과 마찬가지로 진전섬망은 2~3일간 지속된다. 하지만 진전섬망과 같은 심한 금단 반응을 보이는 사람은 간질 발작, 의식 상실, 뇌졸중 또는 사망에 이르게 될 수도 있다. 오늘날에는 의학적 조치를 통해 이러한 극단적인 반응은 예방하거나 감소시킬 수 있다.

알코올중독의 개인적·사회적 영향 알코올중독은 수백만의 가정, 사회적 관계, 직장생활을 파괴한다(마음공학 참조). 의학적인 치료, 생산성의 상실, 죽음으로 인한 손실의 사회적 비용은 매년 수십억 달러에 달한다. 알코올중독은 미국 내의 자살, 살인, 폭력, 강간, 사고사의 3분의 1과 관련 있고, 치명적인 자동차사고의 30%와 연관되어 있다(NIAAA, 2015; Gifford et al., 2010). 한 해 음주운전이 10,000명의 사망을 유발한다. 전체 성인의 11% 이상이 지난 1년에 적어도 한 번 이상 음주

마음공학

넥노미네이션 게임, 바이러스처럼 퍼지다

폭음 그리고 술과 관련된 다른 행동은 본래 오랫동안 또래 압력과 관련이 있다. 그런데 지난 몇 년간, 인터넷과 소셜미디어의 발달로 생겨난 인기 있는 새로운 '게임'으로 인해 또래 압력의 영향이 정점을 찍게 되었다.

2013년 초, 오스트레일리아에서 시작된 것으로 보이는 넥노미네이트(혹은 넥노미네이션)이라는 술 마시기 게임은 페이스북과 유튜브 같은 인터넷 사이트에 모습을 드러냈다(Wilkinson & Soares, 2014). 이 게임의 방식은 다음과 같다. 한 사람이 독한 술 한 병을 통째로 마시는(오스트레일리아에서는 '넥킹'으로 알려진 행동) 자기 자신의 모습을 녹화한 다음, 친구 이름을 대서('노미네이트', 즉 추천해서) 그 호명된 친구가 자기의 술 마시기 능력과 위험도를 능가할 그의 술 마시기 영상을 올리도록 도전시킨다. 그리고 그 친구는 또 다른 사람을 지목해 도전을 이어 나가도록 한다(James, 2014).

runzelkorn/Shutterstock

대부분의 경우 영상에서 소비되는 주류는 도수가 비정상적으로 높은데, 이는 '성취'를 이루어 낸 사람들로부터 더 큰 '충격'을 만들어 내기 위한 것이다. 어떤 영상은 술 마시기와 함께 위험하거나 무모한 행동을 보이기도 했는데, 술을 마시면서 운전을 하거나, 공공장소에서 옷을 벗거나, 가게 물건을 훔치거나, 엔진오일부터 심지어 살아 있거나 죽은 작은 동물을 먹었다(Wilkinson & Soares, 2014).

> 또래 압력 외에 어떠한 심리적 요인이 한 사람으로 하여금 넥노미네이트 게임처럼 위험한 활동에 참여하도록 유도하는 걸까?

게임의 특성을 고려하면 넥노미네이트 게임이 등장한 이후, 이것이 영국, 캐나다, 미국, 그리고 다른 나라로 퍼져 매우 짧은 시간 내에 수많은 사망자를 발생시켰다는 사실이 그리 놀랍진 않을 것이다(James, 2014). 한 예로, 2014년 2월에만 영국에서 3명, 아일랜드에서 2명, 총 5명의 무관한 사람이 넥노미네이트 도전을 완수하는 영상을 찍는 과정에서 사망했다.

넥노미네이트 게임의 행태에 대한 사람들의 반응이 생겨났다. 이 게임의 공개나 언급을 차단하라는 정치인, 의사, 그리고 페이스북과 유튜브 사용자들이 등장한 것이다. 그러나 페이스북은 이와 관련한 포스팅이나 언급을 금지시키는 것에 대해, 본 페이지의 정책은 직접적으로 유해한 게시물만 차단하며, 잠재적으로 위험하거나 불쾌한 행동으로 논의되는 게시물은 검열하지 않는다는 입장을 밝히며 요구를 거절하였다(Wilkinson & Soares, 2014). 넥노미네이트 게임을 둘러싼 행위들과 소란은 요 근래 달에 들어서 차츰 잦아들기 시작했다. 많은 넥노미네이트 게임수행자들이 펀치4펀치(한 사람이 포기 선언할 때까지 서로를 때리는 영상을 찍어 올리는 방식) 같은 고위험 인터넷 열풍으로 관심을 옮겨 갔기 때문이었다. ●●●

운전을 한 적이 있다(SAMHSA, 2014).

알코올중독은 이 장애를 가진 사람들의 자녀 3,000만 명에게 심각한 결과를 초래한다. 이들의 가정은 다른 가정보다 갈등이 많고 자녀들은 성폭력 및 다른 학대를 경험하기 쉽다. 그 결과 이 아동에게서 심리적 문제가 발생할 비율이 높다(Kelley et al., 2014; Watt, 2002). 많은 아동에게서 낮은 자존감, 의사소통기술 부족, 사회적 결핍, 결혼생활 곤란이 발생한다.

장기간 과음은 또한 사람의 신체적 건강을 심각하게 훼손할 수 있다(Nace, 2011, 2005). 간에 무리를 주면 간경화라는 돌이킬 수 없는 질환이 발생하는데, 간경화가 발생하면 간에 상처가 생기고 기능이 약화된다. 한 해 간경화로 죽는 사람이 36,000명 이상이다(CDC, 2015). 알코올사용장애는 심장 기능도 손상시키고 암이나 박테리아 감염, AIDS를 퇴치하는 면역체계를 약화시킨다.

장기간의 과음은 중요한 영양 문제의 원인이 되기도 한다. 알코올은 포만감을 주어 식욕을 감소시키지만 그 안에 영양가는 없다. 그래서 장기간 음주를 하는 사람들은 영양 결핍이 발생하고 허약해져서 질병에 취약해진다. 비타민과 미네랄 결핍 역시 문제를 유발한다. 예를 들어 알코올과 관련하여 비타민 B(티아민) 결핍이 발생하면 **코르사코프증후군**(Korsakoff's syndrome)이 생길 수도 있다. 코르사코프증후군은 극심한 혼란, 기억상실과 기타 신경학적 문제가 나타나는 병이다. 코르사코프증후군이 있는 사람은 과거를 기억하거나 새로운 정보를 학습하지 못하고 작화(confabulation) 반응을 통해 그들의 기억상실을 메꾸는 허구의 사건을 만들어 낸다.

임신 중에 음주를 하는 여성들은 태아를 위험에 빠뜨린다(Bakoyiannis et al., 2014; Hart & Ksir, 2014; Gofford et al., 2010). 임신 중에 과도한 음주를 하게 되면 **태아알코올증후군**(fetal alcohol syndrome)에 걸린 아기를 낳게 된다. 이런 아이들은 지적장애, 과잉행동, 머리와 얼굴의 변형, 심장 기형, 성장 지연 등을 보인다. 전체 인구에서 1,000명 중 1명이 이러한 병을 가지고 태어나는데, 문제성 음주를 보이는 여성에게서는 1,000명 중 29명으로 그 비율이 상승한다. 만일 모든 알코올 관련 선천성 결함(태아알코올스펙트럼 증후군으로 알려짐)의 수를 포함하면, 그 비율은 과음 여성 1,000명당 그 출산 수는 80~200명이 된다. 게다가 임신 초기의 과음은 종종 유산으로 이어진다. 조사에 의하면 임신한 미국 여성의 8.5%가 조사 전 한 달 사이에 술을 마셨고, 임신 여성의 2.7%가 폭음 경험을 가지고 있었다(SAMHSA, 2014; NSDUH, 2013).

진정 수면성 약물

진정 수면성 약물(sedative-hypnotic drug), 즉 **항불안제**(anxiolytic drug)라 부르는 이것은 안정감을 주고 졸음을 야기한다. 소량의 복용으로도 진정 효과를 준다. 다량 복용 시 최면제 혹은 졸음유도물질로 작용한다. 20세기 전반기 동안 **바비튜레이트**(barbiturate)라고 불리던 약물은 가장 널리 처방되었던 진정 수면성 약물이었다. 어떤 의사들은 아직도 이를 처방하지만, 이제는 대개 더 안전하고, 중독이나 내성, 금단 증상이 나타날 가능성이 더 적은 약물인 **벤조디아제핀**(benzodiazepine)으로 대체되고 있다(Filip et al., 2014).

제4장에서 언급한 것처럼 벤조디아제핀은 1950년대 개발된 항불안제로서 가장 상용화된 진정 수면성 약물이다. 자낙스, 아티반 그리고 바리움은 임상적으로 사용되고 있는 수십 종의 이런 약물 중 3개에 지나지 않는다. 다 합쳐서 매년 1억 3,000만 건의 벤조디아제핀 처방전이 쓰여진다(Grohol, 2012). 알코올과 같이 이 약물도 GABA를 받아들이는 뉴런의 수용체에 붙어 그 뉴런에서의 GABA 활동을 증가시킴으로써 사람들을 진정시킨다(Filip et al., 2014). 벤조디아제핀은 다른 진정 수면제와 달리 졸음을 유발하지 않고도 불안을 경감시킨다. 또한 호흡을 늦출 가능성이 적기 때문에 과다 복용으로 인한 수면 중 사망 또한 적다.

벤조디아제핀은 처음 발견되었을 때 양에 구애받지 않고 처방해도 충분히 안전하고 효과적일 것으로 여겨져 그 사용이 크게 확대되었다. 하지만 결론적으로 많은 용량의 약물을 복용하는 것은 바비튜레이트처럼 중독을 유발하고, 약물에 대한 갈망과 내성, 금단 현상을 특징으로 하는 패턴인 진정 수면제 **사용장애**를 초래한다는 것이 밝혀졌다. 1년의 기간 동안, 전체 미국 성인 인구의 0.03%가 이 장애를 보이며, 무려 1%가 그들의 생애 동안 이러한 패턴을 발달시킨다(SAMHSA, 2014).

아편유사제

아편유사제(opioid)는 양귀비의 수액에서 추출된 아편과 아편에서 추출된 헤로인, 모르핀, 코데인 등을 말한다. **아편**(opium) 그 자체는 수천 년 동안 사용되어 왔다. 과거에는 질병을 위한 치료제로 널리 사용되었는데 그 이유는 아편이 신체적·정서적 고통을 줄여 주기 때문이다. 그러나 결국 의사들은 아편이 중독성을 가지고 있다는 것을 발견하였다.

1804년 **모르핀**(morphine)이라는 새로운 물질이 아편에서 추출되었다. 모르핀이라는 이름은 모르테우스라는 그리스 잠의 신에서 유래하였는데, 이 물질은 아편보다 고통을 경감시키는 효과가 뛰어났고, 처음에는 안전한 것으로 생각되었다. 하지만 더 광범위하게 사용되면서 이 약물 또한 중독성이 있다는 것이 밝혀졌다. 남북전쟁 당시 부상당한 많은 미국 병사들이 모르핀을 공급받았는데, 이로 인해 모르핀 의존은 '군인병(soldier's disease)'이라고 알려졌다.

1898년 모르핀은 **헤로인**(heroin)이라는 다른 진통제로 대체되었다. 몇 년 동안 헤로인은 매우 대단한 약으로 인식되어 왔으며 기침약을 비롯한 여러 의학적 목적으로 상용되어 왔다. 그러나 결국 의사들은 헤로인이 다른 아편유사제보다 더 강력한 중독성을 가지고 있다는 것을 알게 되었다. 그리하여 1917년 미국 국회는 아편으로부터 얻는 물질은 모두 중독성이 있다고 결론 내렸고, 아편유사제는 의학 목적으로 사용되는 것을 제외하고는 불법임을 법으로 통과시켰다.

아편에서 추출된 또 다른 약물들과 메타돈과 같이 실험실에서 제조한 아편유사제 **합성품** 역시 발달하였다(Dilts & Dilts, 2011, 2005). 모든 아편유사제 물질은 자연적 생성이든 실험실 합성품이든 간에 통칭하여 **마취제**(narcotics)라고 부른다. 각각의 약품들은 강도와 반응 속도 및 내성 정도가 다르다. 모르핀과 코데인, 그리고 옥시코돈(옥시콘틴과 퍼코셋의 핵심 재료)은 고통 완화를 위해 처방되곤 하는 의료용 마약이다. 헤로인은 미국에서는 무조건 불법이다.

마취제는 담배처럼 피우거나 숨을 들이키는 방법, 코로 들이마시는 방법, 피부에 주사를 놓거나, 섭취 형태 중 가장 효과적인 직접 정맥주사 방법 등으로 사용된다. 주사법은 매우 빠른 반응을 일으켜 따뜻한 느낌의 경련과 함께 극**치감**을 유발하는데, 이때의 극치감은 흔히 오르가슴에 비교된다. 그 직후에는 몇 시간 동안 뿅 간다(high) 또는 깜빡한다(nod) 등의 즐거운 느낌이 이어진다. 그 시간 동안 마약을 사용하는 사람은 이완되고 행복감을 느껴 음식이나 성행위를 비롯한 다른 신체적 요구에 무관심해진다.

아편유사제는 중추신경계를 억압하여 이러한 효과를 만들어 내는데, 특히 감정 조절 중

더욱 순수하게 추출된 혼합물
남아프가니스탄산 양귀비 등에서 얻을 수 있는 헤로인은 점차 순수하게 추출되고 효과도 강해지고 있다(5% 추출에서 65% 추출로 발달).

© Stringer/epa/Corbis

> 아편과 같이 잘 통제된 상황에서는 유용하지만 과도하게 사용하거나 통제를 벗어나면 위험해지는 다른 물질이나 활동을 생각해 낼 수 있을까?

▶**아편유사제** 아편 또는 아편 추출 마약으로 모르핀, 헤로인, 코데인 등이 포함

▶**아편** 높은 중독성을 가진 물질로 양귀비의 꽃봉오리에서 추출

▶**모르핀** 높은 중독성을 가진 아편 추출 물질로 진통 효과가 탁월함

▶**헤로인** 아편 추출 물질 중 가장 중독성이 강한 약물 중 하나

헤로인 주사
아편류의 마약은 구강·코를 통한 흡입, 피하주사, 정맥주사 등을 통해 사용한다. 사진은 어떤 중독자가 헤로인을 주사하는 장면으로 푸에르토리코의 산후안 시내에서 촬영된 것이다.

▶**엔도르핀** 통증과 정서적 긴장을 완화시키는 신경전달물질. '신체 자체의 아편'이라 부르기도 함

그림 10-2
사람들은 비의료용 진통제를 어디에서 얻을까?
전체 중 절반 이상이 그들의 친구나 친척들로부터 약물을 얻으며, 20%가 조금 넘는 비율의 사람들은 의사로부터 얻는다. 5% 미만은 마약상으로부터 약물을 구매한다(출처 : SAMHSA, 2014; NSDH, 2013).

온라인 구매 0.2%　기타 5%
마약상이나 낯선 사람으로부터 구매함 4%
친구나 친척으로부터 공짜로 얻음 54%
친구나 친척으로부터 사거나 훔침 15%
한 사람 혹은 그 이상의 의사들로부터 처방받음 22%

추에 영향을 미친다. 이 약물들은 고통을 완화시키고 감정적 긴장을 감소시키는 신경전달물질인 **엔도르핀**(endorphin)을 보통 수용하는 뇌 수용체 자리에 부착한다. 이 수용체 자리에 있는 뉴런이 아편유사제를 받아들이면 마치 엔도르핀이 분비되었을 때 받는 감정과 같은 만족감과 안정적인 감정을 느끼게 된다. 하지만 아편유사제는 고통과 긴장을 감소시키는 것뿐 아니라 구토와 홍채 축소를 일으키며 변비도 유발한다.

아편계사용장애 헤로인 사용은 아편유사제로 인해 발생하는 문제 중 하나이다. 헤로인을 몇 주간만 반복적으로 사용하면 곧바로 아편계 사용장애에 빠지게 된다. 헤로인은 사회적·직업적 기능을 심각하게 저해한다. 대부분 헤로인 남용은 의존을 유발하고, 곧 삶의 중심이 헤로인이 되어 내성이 생기며 만약 복용을 중단하면 금단 증상을 경험하게 된다(Hart & Ksir, 2014). 처음의 금단 증상은 불안, 불안정, 발한, 격한 호흡 등이고 더 진행되면 경련, 통증, 발열, 구토, 설사, 식욕 감퇴, 고혈압 등으로 인해 최대 6.8kg의 체중 감소를 보인다(체액의 상실이 원인임). 이러한 증상은 일반적으로 3일 동안 최고조에 이르고, 이후 점차 잦아들다가 8일째가 되면 사라진다. 금단 증상을 겪는 사람은 증상이 없어질 때까지 기다리거나, 다시 헤로인을 복용하는 것으로 금단 증상을 없애는 둘 중 하나의 선택을 한다.

헤로인에 의존하게 된 사람은 금단 현상을 피하기 위해 금세 약물을 다시 필요로 하게 되고, 안정감을 위해 계속적으로 약물 사용량을 늘린다. 약에 의한 순간적인 황홀감은 점점 강렬하게 느껴지지 않게 되고, 중요하지도 않은 것이 된다. 헤로인 사용자들은 시간의 대부분을 그다음 복용을 계획하는 데 쓰는데, 비용이 많이 드는 그 '습관'을 유지하기 위해 많은 경우 절도나 성매매 같은 범죄행위에 의존하게 된다(Cadet et al., 2014; Koetzle, 2014).

조사에 따르면 미국 성인 중 약 1%가 복용 후 1년 이내로 아편계사용장애를 보인다고 한다(SAMHSA, 2014; NSDUH, 2013). 이런 사람들의 대다수(80%)는 옥시코돈과 모르핀 같은 진통 마취제에 중독된다(그림 10-2 참조). 아편계사용장애가 있는 약 20%의 사람들(50만 명)은 헤로인에 중독된다. 이러한 약물의존율은 1980년대 상당히 감소하였으나 1990년대 초반에 상승하였고, 1990년대 후반에 들어 줄었다가 지금은 다시 증가하고 있다. 그러나 많은 사람들이 자신의 불법행위를 인정하려 하지 않으므로 실제 아편유사제에 의존하는 사람 수는 훨씬 더 높을 것이다.

아편유사제 사용의 위험 요소는 무엇인가 또다시 헤로인은 아편유사제 사용의 좋은 예를 제공한다. 헤로인 복용의 가장 즉각적인 위험 요소는 과다 복용으로, 뇌의 호흡 중추를 막아 대개 호흡마비를 일으킴으로써 죽음에 이르게 한다(Christensen, 2014). 사망에 이르는 경우는 수면 중처럼 의식적으로 호흡에 발생하는 문제에 대처할 수 없는 상태일 때 발생하곤 한다. 얼마 동안 마약을 복용하지 않다가 다시 헤로인

을 복용하는 사람은 그 전에 마지막으로 먹었던 용량을 복용하는 치명적인 실수를 하기도 한다. 그러나 한동안 헤로인이 없었기 때문에 그들의 몸은 많은 용량을 감당하지 못한다 (Gray, 2014). 매년 헤로인과 다른 아편유사제에 중독된 사람들의 2% 정도가 약물에 취한 상태로 죽음을 맞이하며, 대부분 과다복용으로 죽는다.

헤로인 복용자는 다른 위험 요소에도 쉽게 빠진다. 마약상들은 종종 헤로인에 값싼 마약이나 청산가리, 배터리액 등 다른 치명적인 물질을 함께 섞는다. 그뿐만 아니라 더러운 바늘과 다른 소독되지 않은 장비로 인해 AIDS나 C형 간염, 피부 농양 등이 전염된다 (NIDA, 2014; Dilts & Dilts, 2011). 미국의 일부 지역에서는 헤로인 의존자의 에이즈 바이러스 감염 비율이 60%에 달한다고 보고하고 있다.

▶ 요약

물질오용과 억제제 특정 물질(마약)의 반복적이고 과도한 사용은 물질사용장애를 초래할 수 있다. 장기간 고용량의 사용은 물질남용이나 물질의존으로 이어진다. 마약에 의존하게 된 사람들은 내성이 생기고 마약을 복용하지 않으면 불쾌한 금단 증상을 경험하게 된다.

진정제는 중추신경계의 활동을 저하시키는 물질이다. 이러한 물질의 반복적이고 과도한 복용은 남용이나 의존으로 이어진다. 알코올 음료는 에틸알코올을 함유하는데, 에틸알코올은 혈관을 타고 중추신경으로 흘러가 기능을 저하시킨다. 혈중 알코올 농도가 0.09% 이상이 되면 중독이 일어난다. 뇌 속에서의 다른 활동으로 알코올은 중요한 곳에서 GABA의 활동을 증가시킨다. 바비튜레이트와 벤조디아제핀과 같은 진정 수면성 약물은 이완감과 졸음을 일으킨다. 이러한 약물들 역시 GABA의 활동을 증가시킨다. 아편유사제에는 아편과 기타 아편 추출물, 예를 들면 모르핀, 헤로인 및 실험실 합성 아편이 있다. 이들은 긴장과 통증을 완화시키고 다른 반응을 불러일으킨다. 아편유사제는 대개 엔도르핀 수용기에 접합한다.

각성제

각성제는 중추신경계의 활동을 증진하는 물질이며, 혈압과 심박 수 상승, 각성도 상승, 급박한 행동과 사고를 초래한다. 가장 문제가 되는 각성제로는 **코카인**과 **암페타민**이 있으며, 이것들이 사람에게 미치는 효과는 매우 흡사하다. 이용자들이 다양한 효과를 보고하는 주된 이유는 다른 양의 약물을 흡입했기 때문이다. 널리 이용되는 합법적인 다른 두 가지 각성제로는 카페인과 니코틴이 있다(정보마당 참조).

코카인

코카인(cocaine) — 남아메리카에서 발견되는, 코카나무의 주요 활성 성분 — 은 현재 알려진 가장 강력한 천연 각성제이다(Acosta et al., 2011, 2005). 이 약물은 1865년에 처음 식물에서 추출되었다. 하지만 남아메리카 원주민들은 약물이 제공하는 에너지와 각성 때문에 선사시대부터 코카 잎을 씹어 왔다. 가공된 코카인은 무취에 백색인 솜털 같은 가루이다. 이것은 주로 여가용으로(쾌락적 이유로) 코의 점막을 통해 흡입된다. 일부 이용자들은 정맥주사를 놓거나 파이프 혹은 담배 안에 넣어 흡연함으로써 더 강력한 효과를 선호하기도 한다.

수년간 사람들은 코카인이 중독과 가끔 일어나는 일시적인 정신 이상 이외에는 별다른 문제를 일으키지 않는다고 믿었다(표 10-2 참조). 연구자들이 그것의 여러 문제를 식

숨은 뜻 읽어내기

진통제의 비의학적 사용

미국에서 불법 약물 사용량이 크게 증가하였는데, 대개는 진통제의 비의학적 사용이었다(SAMHSA, 2014).

▶코카인 코카나무에서 얻는 중독성 각성제. 자연 상태에서 얻는 각성제 중 가장 강력함

흡연, 담배, 그리고 니코틴

11세 이상의 전체 미국인 중 약 **27%**가 규칙적으로 담배를 피우며, 그 수는 총 **7천만** 명에 이른다(NSDUH, 2013). 마찬가지로

11세 이상에 해당하는 세계 인구의 **22%**가 규칙적으로 담배를 피우는데, 이는 총 **11억** 명이다(WHO, 2014).

미국에서 누가 담배를 자주 피울까?

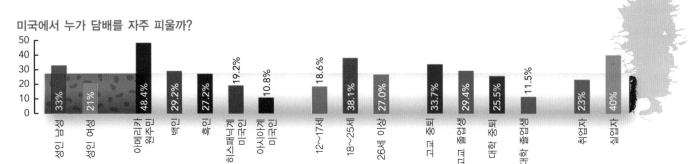

성인 남성 33% · 성인 여성 21% · 아메리카 원주민 48.4% · 백인 29.2% · 흑인 27.2% · 히스패닉계 미국인 19.2% · 아시아계 미국인 10.8% · 12~17세 18.6% · 18~25세 38.1% · 26세 이상 27.0% · 고교 중퇴 33.7% · 고교 졸업생 29.4% · 대학 중퇴 25.5% · 대학 졸업생 11.5% · 취업자 23% · 실업자 40%

(NSDUH, 2013)

흡연과 건강

438,000명
매년 **흡연 관련 질병**으로 사망하는 미국인 수

500만 명
매년 흡연 관련 질병으로 사망하는 전 세계 평균인구수

42,000명
매년 **간접흡연**으로 사망하는 미국인 수

479,000명
매년 간접흡연으로 사망하는 전 세계 평균인구수

(CDC, 2014)

사람들은 왜 담배를 계속 피우는 걸까?

50~75%의 흡연자들은 담배 안에 있는 활성물질인 **니코틴**에 중독되었기 때문에 담배를 계속 피운다(WHO, 2014). 중추신경계는 뇌 안의 동일한 신경전달물질과 보상센터에 영향을 주는데, 니코틴은 이러한 중추신경계를 각성시키는 물질이다. 이것은 암페타민과 코카인 같은 마약과 헤로인만큼 중독성을 갖고 있다(Hart & Ksir, 2014). 니코틴에 중독된 흡연자들은 **담배사용장애**가 있다고 전해진다(APA, 2013).

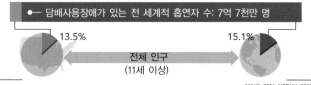

담배사용장애가 있는 미국 흡연자 수 : 3,250만명

담배사용장애가 있는 전 세계적 흡연자 수: 7억 7천만 명

13.5%　　　　　　　　　　　　15.1%

전체 인구
(11세 이상)

(WHO, 2014; NSDUH, 2013)

금연하기

매년 더욱 많은 사람들이 금연하기 위한 노력을 한다. 한 가지 이유는 많은 연구들이 흡연으로 인한 심각한 건강상의 위험을 증명해 왔기 때문이다. 또 다른 이유는 흡연의 위험을 널리 퍼뜨린 보건기관들의 적극적인 활동 덕분이다. 흡연에 대한 사회적 용인도가 감소함에 따라, 흡연습관을 끊을 수 있도록 도와주는 상품과 기술 시장이 등장하기 시작했다.

알아채기

흡연이 나쁘다고 생각하는 청소년

미국 12학년 비율 · 68.7% (1997) · 74.0% (2008) · 78.2% (2013)

(Johnson et al., 2014)

쉽게 접할 수 있는 금연보조기구

빠르게 흡연하기 ― 괴로울 때까지 빠르게, 자주 흡입하라.

니코틴 껌 ― 씹을 때마다 니코틴이 나온다.

니코틴 패치 ― 피부를 통해 니코틴을 흡수한다.

니코틴 사탕 ― 입안에서 분해되면서 니코틴이 나온다.

코에 뿌리는 스프레이 ― 콧구멍 안에 액상 니코틴을 분출시킨다.

항우울제-부프로피온(니코틴 금단 증상 완화제)과 노르트립틸린(신경안정제) ― 니코틴 갈망을 줄여 준다.

자가도움집단 ― 심리적 지원을 제공한다.

금연을 위한 시도

흡연자 비율 · 69% (금연하고 싶다) · 43% (매년 금연시도를 한다) · 46% (마침내 완전히 금연할 수 있게 되었다)

(CDC, 2014; NSDUH, 2013).

가장 인기 있는 신종 금연보조기구 : 전자담배

건전지로 작동되는 전자담배를 피우는 행위를 '베이핑'이라고 부른다.

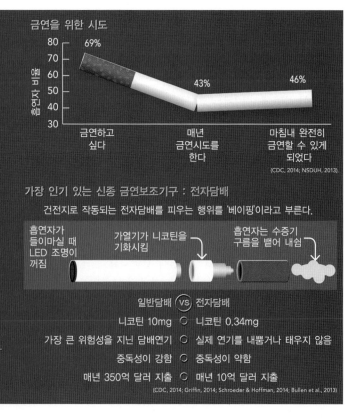

흡연자가 들이마실 때 LED 조명이 꺼짐 · 가열기가 니코틴을 기화시킴 · 흡연자는 수증기 구름을 뱉어 내쉼

일반담배	vs	전자담배
니코틴 10mg		니코틴 0.34mg
가장 큰 위험성을 지닌 담배연기		실제 연기를 내뿜거나 태우지 않음
중독성이 강함		중독성이 약함
매년 350억 달러 지출		매년 10억 달러 지출

(CDC, 2014; Griffin, 2014; Schroeder & Hoffman, 2014; Bullen et al., 2013)

표 10-2

약물남용의 결과와 위험

	잠재적 중독 상태	잠재적 의존 상태	장기 손상 또는 죽음	극심한 사회경제적 결과의 위험	심한 장기적인 정신적 행동 변화의 위험
아편류	상	상	중	상	하~중
신경안정제					
바비튜레이트	중	중~상	중~상	중~상	하
벤조디아제핀	중	중	하	하	하
각성제(코카인, 암페타민)	상	상	중	하~중	중~상
알코올	상	중	상	상	상
대마	상	하~중	하	하~중	하
합성 마약	상	상	상	상	상

출처 : Hart & Ksir, 2014; APA, 2013; Hart et al., 2010.

별한 것은 최근의 일이다(Haile, 2012). 연구자들은 사회 안에서 약물의 인기 및 약물 이용과 관련된 문제의 급격한 증가가 목격된 후에 문제점을 통찰하게 되었다. 1960년대 초 미국에서 대략 10,000명의 시민이 코카인을 복용했다. 오늘날 2,800만 명이 시도해 봤으며, 160만 명(이 중 대부분은 10대이거나 젊은 성인)이 현재 복용 중이다(SAMHSA, 2014; NSDUH, 2013). 실제로 전체 고3학생 중 1.1%가 1개월 내 코카인을 복용해 왔고 거의 2.6%가 1년 내에 그것을 복용한 적이 있다(Johnston et al., 2014).

코카인은 행복감과 자신감이 생기는 황홀감(rush)을 일으킨다. 많은 용량을 복용할 경우 이러한 황홀감 때문에 거의 헤로인에 의해 유발되는 오르가슴에 다다를 수 있다. 처음에 코카인이 중추신경계의 상위 중추들을 자극하면, 복용자는 흥분과 활기를 느끼고 말이 많아지며 황홀감이 생긴다. 많이 복용할수록 중추신경계의 다른 중추들을 자극해, 맥박이 빨라지고 혈압이 오르며 호흡이 빠르고 깊어지고 높은 각성 수준을 느끼게 된다.

코카인은 대개 두뇌 전반에 걸쳐 핵심 뉴런에 있는 신경전달물질인 도파민의 공급을 증진함으로써 이런 효과를 일으킨다(Haile, 2012). 과다한 도파민이 중추신경계를 통해 수용 뉴런으로 이동하여 그것들을 과다 자극한다. 코카인은 두뇌의 일부 영역 내에서 신경전달물질인 노르에피네프린과 세로토닌의 활동성을 증진하는 것으로 나타났다(Hart & Ksir, 2014).

고용량의 약물은 코카인 중독을 일으키는데, 이 중독의 증상에는 취약한 근육 조절, 과장, 잘못된 판단, 분노, 공격, 강박적 행동, 불안, 혼란이 있다. 몇몇 사람들은 환각, 망상 혹은 둘 다를 경험한다.

한 젊은 청년이 코카인을 순화시켜 흡입한 후 자신의 옷장으로 가 옷을 꺼냈다. 그런데 그의 셔츠가 그에게 물었다. "뭘 원하는 거야?" 그는 겁이 났다. 그래서 문으로 뛰어가자 곧 "저리가."라고 문이 그에게 소리쳤다. 곧 그는 소파가 자신에게 말하는 것을 들었다. "앉기만 해봐, 엉덩이를 차 줄 테니까!" 그는 강한 공포와 심한 불안을 느끼며 순간적으로 공황 상태에 빠졌다. 그래서 그는 바로 도움을 받을 수 있는 병원으로 달려갔다.

(Allen, 1985, pp. 19–20)

▶**약물순화법** 가공된 코카인으로부터 순수한 코카인 알칼로이드를 분리하거나 유리시켜서, 그것을 불꽃의 열로 증발시킨 다음 파이프를 통해 들이마시는 것

▶**농축 코카인** 순화법을 사용하여 곧 피울 수 있도록 만들어진 강력한 코카인 덩어리

▶**암페타민** 실험실에서 조제된 각성제

코카인의 자극적 효과가 가라앉을 때 복용자는 우울증과 유사한 절망, 흔히 말하는 두통, 현기증, 졸도를 포함한 붕괴(crashing)라는 패턴을 겪게 된다(NIH, 2015; Acosta et al., 2011, 2005). 약의 부작용은 가끔 복용하는 사람에게서는 보통 24시간 이내 사라지지만, 고용량을 복용한 사람들에게서는 오래 지속된다. 이런 사람들은 마비, 깊은 수면 혹은 일부의 경우 혼수상태에 빠질 수 있다.

코카인 섭취 과거에는 코카인이 고가인 탓에 그 이용과 영향이 제한적이었다. 또한 코카인은 일반적으로 흡연이나 주사보다 덜 강력한 효과를 내는 방식인 흡입을 통해 복용되었다(Haile, 2012). 하지만 1984년 이후 더 새롭고 강력하며 때로는 값싼 형태의 코카인이 이용되면서 이 약물의 사용이 엄청나게 늘어났다. 요즘에는 많은 사람들이 **약물순화법**(freebasing)이라는 방법을 통해 코카인을 흡입하는데, 약물순화법이란 가공된 코카인으로부터 순수한 코카인 알칼로이드를 화학적으로 분리하거나 유리시켜서, 그것을 불꽃의 열로 증발시킨 다음 파이프를 통해 들이마시는 것이다.

수백만 명의 사람들이 가열하면 공 모양의 결정체가 되는, 순도를 높인 코카인이라는 강력한 형태인 **농축 코카인**(crack)을 이용한다. 이것은 특수한 파이프로 흡연하며, 흡입할 때 우지직(cracking) 소리가 난다(소리가 나서 crack이란 이름이 붙음). 농축 코카인은 꽤 낮은 가격에 소량이 판매되며, 이런 관행으로 인해 전에는 코카인을 구입할 여유가 없던 사람들, 주로 도시 빈민지역의 사람들 사이에서 농축 코카인이 유행하게 되었다(Acosta et al., 2011, 2005). 고3 학생의 약 1.1%가 지난해 농축 코카인을 이용한 것으로 보고했는데, 이는 1999년의 2.7%라는 최고 수준에서 하락한 것이다(Johnston et al., 2014).

코카인은 어떤 위험성이 있는가 코카인이 행동과 인지, 감정에 미치는 유해한 영향과 별개로, 이 약은 심각한 신체적 위협을 야기한다(NIH, 2015; Paczynski & Gold, 2011). 1982년 이래로 미국에서 점점 더 강력한 형태의 약물을 이용하게 되어, 코카인과 관련해 응급실로 가게 되는 횟수가 대략 4,000개의 사례에서 505,000개의 사례로, 125배 이상 늘어나게 되었다(SAMHSA, 2013). 또한 코카인의 사용은 많은 자살과 관련이 있다(San Nicolas & Lemos, 2015).

코카인 사용에 따른 가장 큰 위험은 과잉 복용이다. 과잉 복용은 뇌의 호흡 중추에 강력한 영향을 미치는데, 처음에는 그곳을 자극했다가 호흡이 멈출 정도로 저하시킨다. 코카인은 치명적인 심장 불규칙성(부정맥) 혹은 호흡이나 심장 기능이 갑자기 멈추게 되는 뇌 발작도 야기할 수 있다(Acosta et al., 2011, 2005). 또한 임신부가 코카인을 이용하면 유산을 하거나 면역 기능, 주의력과 학습, 갑상선 크기, 두뇌 안에서의 도파민과 세로토닌 활동성이 비정상인 아이를 낳을 수 있다(Minnes et al., 2014; Kosten et al., 2008).

암페타민

암페타민(amphetamine)은 실험실에서 제조되는 각성제이다. 몇몇 일반적인 예로, 암페타민(벤제드린), 덱스트로암페타민(덱세드린), 메스암페타민(메테드린)이 있다. 1930년대에 천식을 치료하기 위해 처음 생산된 암페타민은 체중 감량을 시도하던 사람, 여분의 에너지 격발을 원하는 운동

농축 코카인 흡연
약물순화법을 사용하여 곧 피울 수 있도록 만들어진 강력한 코카인 덩어리인 농축 코카인을 크리스털 구 안에서 가열하여 농축 코카인 파이프를 통해 피우고 있다.

선수, 각성 상태를 유지해야 하는 군인, 트럭 운전수, 파일럿, 밤새 시험 공부를 하는 학생들 사이에서 인기를 끌었다(Haile, 2012). 이제 의사들은 이 약이 아무렇게나 사용하기에는 너무나 위험하다는 점을 알게 되어 엄격히 처방하게 되었다.

암페타민은 대개 알약이나 캡슐 형태로 복용되며, 다만 몇몇 사람들은 빠르고 강력한 효과를 위해 정맥으로 주사하거나 흡연한다. 코카인과 마찬가지로 암페타민은 소량을 복용할 경우 에너지와 경각심을 높이고 식욕을 떨어뜨리며, 고용량 복용 시 황홀감·중독·정신병을 일으키고, 약이 몸에서 빠져나가면 정서적 쇠퇴를 일으킨다. 또한 코카인과 같이 암페타민은 두뇌 전반에 걸쳐 신경전달물질인 도파민, 노르에피네프린, 세로토닌의 분비를 증가시킴으로써 중추신경계를 자극한다. 다만 암페타민의 작용은 코카인의 작용과 다소 다르다(Hart & Ksir, 2014; Haile, 2012).

암페타민의 일종인 **메스암페타민**(methamphetamine)[일명 크랭크(심술쟁이)]은 최근 인기가 급상승했고 그에 따라 경찰도 이 문제에 대해 집중적으로 단속하게 되었다. 미국 내 11세 이상인 사람 전체의 약 6%가 이 각성제를 적어도 한 번은 사용하였다. 현재 대략 0.2%가 이것을 사용한다(NSDUH, 2013). 이것은 결정체의 형태이며, 아이스나 크리스털 메스라고도 통칭되며, 복용자들은 이것을 흡연한다.

미국에서 대부분의 메스암페타민은 작은 '스토브탑(stovetop) 실험실'에서 만들어지며, 이것은 보통 며칠간 외딴 지역에서 작업하다가 나중에 안전한 지역으로 옮긴다(Hart & Ksir, 2014). 이러한 실험실은 1960년대 이래 있었지만, 지난 10년간 숫자와 생산, 당국에 의한 압수가 8배가 늘어났다. 건강과 관련된 주요 문제는 이것들이 위험한 연기와 잔여물을 배출한다는 것이다(Burgess, 2001).

언론에서 처음 메스암페타민 결정체 흡연의 위험에 관해 보도한 1989년 이래로, 이용률이 급격히 증가해 왔다. 최근까지 미국 서부지역에서 이 약이 더 널리 사용되었지만, 이제 동부로도 확산되고 있다. 이에 따라 전국에 걸쳐 메스암페타민과 관련한 응급실 방문 횟수가 늘어나고 있다(SAMHSA, 2013).

메스암페타민은 남성만큼 여성들도 사용하기 쉽다. 현재 복용자의 대략 40%가 여성이다(NSDUH, 2013). 이 약은 특히 오늘날 오토바이 족, 지방의 미국인, 도시의 게이 공동체에서 인기를 끌고 있으며, '클럽약물'으로 널리 사용되고 있는데, 클럽약물이란 정기적으로 밤새 댄스파티나 '난장판이 되는 파티(rave)'에서 쓰이는 약을 말한다(Hart & Ksir, 2014; Hopfer, 2011).

다른 종류의 암페타민과 마찬가지로 메스암페타민은 신경전달물질인 도파민과 세로토닌, 노르에피네프린의 활동성을 증진하며, 각성, 주의력, 관련된 효과를 증진한다(Yu et al., 2015; Acosta et al., 2011, 2005). 이것이 복용자의 신체, 정신, 사회적 삶에 심각한 부정적 영향을 일으킬 수 있다. 특히 주의할 점은 이것이 신경 종말을 손상시킬 수 있다는 점이다. 하지만 복용자들은 성욕이 항진되고 속박되지 않는 듯한 느낌이 들게 하는 인식을 포함해, 메스암페타민의 즉각적인 긍정적 효과에 집착한다(Washton & Zweben, 2008; Jefferson, 2005).

DON'T LET DRUG DEALERS CHANGE THE FACE OF YOUR NEIGHBOURHOOD.
Call Crimestoppers anonymously on 0800 555 111.

메스암페타민 의존 : 전 세계적 확산
이 여성의 사진은 36세에 찍었고 아래 사진은 40세에 찍었다. 메스암페타민 중독 4년 만에 나타난 노화를 보여 주는 이 광고의 효과는 강력하다.

▶메스암페타민 강한 암페타민류의 마약으로 인기가 급격히 높아져, 근래 주요한 건강과 법적 문제가 발생하고 있음

▶**환각제** 지각이 강해지고 헛것이나 환각을 경험하는 등 감각 지각에 주로 강력한 변화를 유발하는 물질. '마약'이라고도 함

▶**LSD(리세르그산 디에틸아미드)** 맥각알칼로이드에서 추출된 환각물질

자극제 사용장애

코카인이나 암페타민을 정기적으로 사용하는 것은 **자극제사용장애**로 이어질지 모른다. 자극제는 한 사람의 생활을 지배하고 되고, 그 사람은 매일 대부분을 약물의 효과 아래 지내며, 사회적 관계와 직장에서 기능하는 것이 불량할 수 있다. 또한 정기적 자극제 사용은 단기 기억이나 주의력에 문제를 일으킬 수 있다(Lundqvist, 2010). 사람들은 이 약물에 대한 내성과 금단 증상도 생길 수 있는데, 원하던 효과를 얻기 위해 그들은 더 높은 복용량을 투여하게 될 것이고, 복용을 멈추는 순간 깊은 우울과 피로감, 불면, 짜증, 불안을 겪게 될 것이다(Barr et al., 2011). 이들 금단 증상은 약물사용이 끝난 후에도 수 주 또는 심지어 수 개월 지속될 수 있다. 한 해에 11세 이상의 모든 사람의 0.4%가 코카인을 중심으로 하는 자극제사용장애를 보이며, 0.2%가 암페타민을 중심으로 하는 자극제사용장애를 보인다(SAMHSA, 2014; NSDUH, 2013).

> ### ▶ 요약
>
> **각성제** 코카인, 암페타민, 카페인, 그리고 니코틴을 포함하는 각성제는 중추신경계의 활동을 증진하는 물질이다. 코카인과 암페타민의 비정상적 사용은 각성제사용장애를 초래할 수 있다. 각성제는 뇌 안의 도파민, 노르에피네프린, 세로토닌의 활동을 증진하며 그 효과를 일으킨다.

환각제, 대마초, 혼합 물질

다른 종류의 물질들은 사용하는 사람이나 사회에 문제를 일으킬 수 있다. 환각제는 망상, 환각 및 다른 감각 변화를 가져온다. 대마초(cannabis)는 감각 변화를 일으키는 한편, 신경 안정제나 자극제 효과 또한 가지고 있어서, *DSM-5*에서는 이를 환각제와는 다르게 취급하고 있다. 한편 많은 사람들이 이런 물질을 혼합하여 복용하기도 한다.

환각제

환각제(hallucinogen)는 사람의 정상적인 감각적 인지 능력을 상승시키는 효과부터 환상이나 환각을 불러일으키는 효과에 이르기까지, 감각적 인지에 매우 강력한 변화를 가져오는 물질이다. 그 느낌은 정상을 벗어난 흥분을 가져오기 때문에 이러한 흥분 상태를 '여행(trip)'이라고 부르기도 한다. 이 여행은 짜릿할 수도 있고 무서울 수도 있는데, 사람의 마음이 약물과 어떻게 교감하느냐에 따라 달라진다. 이런 약물로는 LSD, 메스칼린, 실로시빈, MDMA(엑스터시)(심리전망대 참조) 등이 있으며, 이들을 **환각제**(psychedelic drug)라고도 한다. 이 물질들은 식물이나 동물에서 나오는 경우가 많고, 어떤 것들은 실험실에서 합성하여 만들어진다.

LSD(lysergic acid diethylamide, **리세르그산 디에틸아미드**)는 가장 널리 알려졌고, 가장 강력한 환각제 중 하나이다. 스위스의 화학자 Albert Hoffman은 1938년, **맥각알칼로이드**(ergot alkaloids)라는 자연 발생 물질로부터 LSD를 만들었다. 사회적 반항과 실험의 시대였던 1960년대에는 수백만 명의 사람들이 새로운 경험을 하기 위한 방법으로 마약을 택했다. LSD를 복용하면 2시간 안에 **환각증**(hallucinosis)이라고 하는 환각제 중독 상태에 이른다. 심리 상태가 변화하고 신체적 증상을 동반하는데, 일반적으로 인지 감각이 강렬해진다. 특

코카인과 심장

팝의 아이콘인 휘트니 휴스턴은 2012년 2월 11일 그녀의 집 욕조에서 사망하였다. 검시관 보고서에 의하면 사인은 심장병과 코카인 및 다른 약물남용으로 유발된 익사였다. 그녀의 지속적인 코카인 남용이 심장질환을 유발하였다는 의혹이 있다(Dolak & Murphy, 2012).

히 시지각이 강해진다. 작은 세부사항에 집착하게 되는데, 예를 들면 피부의 모공이라든지 풀밭의 풀 잎사귀 하나하나에 집착한다. 색상이 강렬해 보이거나 보라색이 드리운 것 같아 보인다. 사람들은 사물이 왜곡되어 보이거나 움직이는 것처럼 보인다든지, 숨을 쉬거나 모양이 달라 보이는 환상을 겪을 것이다. LSD를 복용하면 환상뿐 아니라 환각 증상도 있는데, 실제로는 존재하지 않는 사람이나 물건, 모양이 보이는 것으로 느껴진다.

또한 환각증은 소리를 좀 더 분명히 들리게 하고, 사지가 따끔거리거나 무감각해지는 것처럼 느끼게 하며 뜨겁고 차가운 감각에 혼란을 준다. 어떤 사람들은 LSD를 복용한 후에 불꽃을 만져 심하게 화상을 입기도 했는데 불꽃을 차갑게 느낀 까닭이다. LSD는 서로 다른 종류의 감각을 넘나드는 효과를 보이기도 하는데, 이것을 공감각(synesthesia)이라고 한다. 예를 들면 색깔(시각)이 '들리거나(청각)' 또는 '느껴지는(촉각)' 것이다.

LSD는 즐거움, 불안함, 우울함에 이르는 다양한 감정을 매우 강하게 느끼게 한다. 시간을 인지하는 감각이 급격하게 느려진다. 아주 오랫동안 잊혔던 생각, 감정이 다시 표면으로 부상한다. 신체적으로는 땀을 흘리거나, 심장이 심하게 고동치거나, 눈앞이 흐릿해지거나, 손이 떨리거나, 조정 능력이 떨어지는 등의 증상을 보인다. 이런 LSD의 효과는 모두 사람이 완전히 깨어 있을 때 일어나며, 약 6시간이 지나면 효과가 사라진다.

이런 증상은 주로 LSD가 **세로토닌**이라는 신경전달물질을 수용하는 뉴런과 결합하기 때문인데, 그러한 결합 위치에서 신경전달물질의 행동에 변화가 온다(Advokat et al., 2014). 정상 상태에서 이 뉴런은 뇌가 시각 정보를 전달하고 감정을 조절하는 일을 도와준다(제6장 참조). 따라서 LSD가 이러한 뉴런과 결합함으로써 시각적이고 감정적인 다양한 증상를 만들어 내는 것이다.

14% 이상의 미국인이 살아오면서 LSD 또는 다른 종류의 환각제를 사용한 적이 있는 것으로 나타났다. 0.4% 정도, 즉 110만 명은 현재도 사용 중인 것으로 조사되었다 (NSDUH, 2013). LSD는 복용한다고 해도 내성이 생기지

> 왜 다양한 클럽약물(예 : 엑스터시, 메스암페타민)이 쉽게 유행했다가 사라지는 파티에서 자주 사용되는 것일까?

않고 복용 중단에 따른 금단 현상이 없다고 알려져 있지만, 한 번 사용하는 사람이나 장기간 사용하는 사람 모두에게 위험한 약이다. 아무리 적은 양이라도 일단 복용하게 되면 그 효과는 무척 강해서 인지, 감정, 행동에 상당한 반응이 일어난다. 때로는 그 반응이 극단적으로 불쾌하게 나타나기도 하는데, 소위 '공포 여행(bad trip)'이라 일컫는다(일례로 LSD 사용자가 자기 자신 혹은 남에게 해를 가했다면, 그 시점에 그들 대부분은 공포 여행이 한창인 상태인 것이다). 예를 들어, 당시 정말 많은 사람들이 마약을 모든 문제에서 벗어나게 해주는 환각제로 생각했던 1960년대에, LSD를 복용한 젊은 여성의 이야기를 목격해 보자. 이 개인 사례를 통해 마약의 어두운 면에 대해 배우는 것을 목적으로 두고 말이다.

© Fernando Mendes/Demotix/Corbis

인기의 지속

1960년대보다는 덜하지만 LSD는 젊은 사람들에게 축제나 록 콘서트 등에서 여전히 선호되는 약물이다. '사이키델릭 트랜스의 세계 정신'을 표방하는 2012 붐 페스티벌에 참여한 사진 속 남자의 등에 쓰인 글을 보면 그에게 약물이 얼마나 중요한지 알 수 있다.

21세의 여성이 연인과 함께 병원에 입원했다. 이 여성의 애인은 LSD를 복용한 경험이 있는데, 그는 이 여성에게 LSD를 복용하면 성적으로 자유로움을 느끼게 된다고 했다. 이 여성이 200마이크로그램의 LSD를 복용하고 나서 30분이 흐르자, 벽에 붙어 있던 벽돌이 나왔다 들어 갔다 하며 조명이 이상하게 느껴지기 시작했다. 자신이 앉아 있던 의자, 혹은 같이 있던 연인의 몸이 자신의 몸과 구별되지 않는다는 걸 알게 되자 두려워졌다. 그 여성은 원래의 자신으

(계속)

로 돌아갈 수 없다는 생각에 사로잡혔고 두려움이 점점 커졌다. 병원에 입원하던 시점에, 그녀는 지나치게 과장된 행동을 보였고, 부적절하게 웃어댔다. 그녀의 말은 앞뒤가 맞지 않았고 불안정했다. 이틀이 지나자 이런 반응이 사라졌다.

(Frosch, Robbins & Stern, 1965)

심리전망대

클럽약물 : (그릇된) 장소에의 X 표시

약물 MDMA(3, 4-메틸렌디옥시메스암페타민), 속칭 '엑스터시'에 대해 한 번쯤 들어본 적이 있을 것이다. 연구실에서 생산되는 이 약물은 엄밀히 따지면 암페타민과 유사한 흥분제이다. 하지만 환각 유발성 효과를 불러오기도 하기 때문에 '환각 유발약'이라 부르기도 한다(Litjens et al., 2014; McDowell, 2011, 2005). MDMA가 최초로 개발된 시기는 1910년으로 거슬러 올라간다. 오늘날 미국을 예로 들어 보면, 약물사용이 불법임에도 불구하고 많은 약물 소비자들이 수십만 개의 MDMA를 매주 복용하고 있다(Johnston et al., 2014). 대체로 11세 이상의 미국인 1,200만 명이 인생에서 적어도 한 번쯤은 MDMA를 한 적이 있다(NSDUH, 2013, 2010).

그렇다면 엑스터시의 좋은 점은 무엇인가? 흥분제 및 환각제로서, 파티를 좋아하는 사람들의 기분을 고조시켜 주는 데 도움을 주고 춤을 추고 파티를 계속해서 즐기게 해 주는 에너지 부스터(energy booster)로서의 역할을 한다. 하지만 반복적으로 사용할 경우 인체에 유해하다.

엑스터시 사용 시 발생 가능한 위험은 무엇인가

MDMA를 사용하는 사람들이 점점 늘어남에 따라 이 약물에 대한 연구조사량도 증가하였다. 연구를 통해 판명된 사실에 따르면, MDMA로 인해 유발되는 기분 고조나 기운 상승의 대가가 매우 크다고 한다(Downey et al., 2015; Koczor et al., 2015; Hart & Ksir, 2014; Parrott et al., 2014). 이 약물로 인해 야기되는 문제에는 다음과 같은 것이 있다.

● 혼란과 우울증, 수면장애, 심한 불안감, 피해망상적 사고와 같은 심리적 문제
● 기억력 및 다른 인지 능력 손상
● 근육의 긴장, 메스꺼움, 시야 흐림, 어지러움, 한기, 발한과 같이 신체적인 증상
● 심장질환이 있는 사람을 매우 큰 위험에 빠트리게 하는 심장박동 수와 혈압의 증가
● 땀의 생성 감소. 매우 덥고 사람들로 가득한 댄스파티에서 엑스터시를 하게 되면 열사병, 즉 '고열'을 야기할 수도 있음. 이 약물을 복용하는 사람들은 일반적으로 많

은 물을 마심으로써 이 문제를 해결하려고 노력하지만, 신체가 약물의 영향으로 인해 땀을 생성할 수 없으므로 과도한 수분 섭취가 저나트륨혈증, 즉 '수분중독'과 같은 위험한 증상을 불러올 수 있음
● 잠재적인 간 손상

MDMA는 뇌에서 어떤 작용을 하는가

MDMA는 신경전달물질인 '세로토닌'과 (그보다는 범위가 적은) '도파민'의 분비를 뇌 전체에 걸쳐 한꺼번에 모두 촉진시킴으로써, 즉 처음에는 신경전달물질의 전반적인 공급을 늘려 주고 그다음에는 고갈시키는 형태로 작용하게 된다. 또한 MDMA는 세로토닌이라는 새로운 공급물질을 신체가 생성해 내는 능력에 방해가 되기도 한다. 약물을 반복적으로 사용할 경우, 뇌는 결국 아주 적은 양의 세로토닌만을 생성하게 된다(Lizarraga et al., 2014; McDowell, 2011, 2005). 신경전달물질에 미치는 엑스터시의 이러한 영향을 통해 다양한 심리학적 효과 및 동반 문제에 관해서도 설명이 가능하다(Lizarraga et al., 2014; Zakzanis et al., 2007).

허니문의 종말?

2000년대 초반만큼 사용되지는 않았음에도 불구하고, MDMA는 최근 몇 해 동안 파티, 댄스클럽, 그리고 여러 대학교 장소에 도로 모습을 드러내면서 다시금 상당한 유명세를 타고 있는 듯하다(Johnston et al., 2014; Palamar & Kamboukos, 2014). 확실한 것은 연구들에서는 경고를 하고 있음에도 불구하고 MDMA와의 허니문은 아직 지속되고 있다.

약물 효과 사진에서 보이는 이 커플은 MDMA 섭취 후 바로 기분과 에너지, 행동의 변화를 보였다. 비록 이 약물이 기분을 좋게 하고 에너지를 북돋워 주는 것처럼 느끼게 할 수 있지만 혼란, 우울증, 불안감, 수면장애, 피해망상적 사고를 포함한 즉각적으로 나타나는 바람직하지 않은 효과를 불러오는 경우도 종종 있다.

© Scott Houston/Corbis Sygma

LSD는 약물의 효력이 장기적일 수 있다는 데 또 다른 문제가 있다(Lerner et al., 2014; Weaver & Schnoll, 2008). 어떤 사람의 경우 정신병이나 기분장애, 또는 불안장애 등으로 발전한 경우가 있다. 또한 LSD의 효력이 다 떨어진 이후에도 감각과 감정에 변화가 다시 일어나는, 이른바 플래시백 현상이 나타나기도 했다. 플래시백 현상은 LSD를 마지막으로 복용한 후 며칠, 심지어는 몇 달이 지난 후에도 일어났다.

대마초

대마(cannabis sativa)는 세계 곳곳의 기후가 따뜻한 지역에서 자라나는 식물이다. 여러 종류의 대마 계열 식물로부터 만들어지는 약들을 통칭하여 **대마초**(cannabis)라 부른다. 가장 강력한 것이 해시시이다. 이보다 약한 것 중에 가장 잘 알려진 것이 **마리화나**(marijuana)인데, 대마의 싹과 으깨인 잎사귀, 꽃이 핀 봉우리를 혼합하여 만든다. 1,900만 명이 넘는 11세 이상의 사람들(인구의 7.3%)은 현재 적어도 한 달에 한 번씩은 마리화나를 피우며, 5백만 명 이상의 사람들이 매일 그것을 피운다(SAMHSA, 2014; NSDUH, 2013).

대마초 약물의 효력은 그 식물이 자라는 기후와 그것이 준비되는 방식, 보관 방법과 지속기간에 의해 크게 영향을 받기 때문에 이들 약물 각각은 다양한 강도를 가진다. 대마초의 독특한 효과는 대마에 함유된 수백 가지 활성 화학물(active chemical) 성분 중 **테트라하이드로칸나비놀**(tetrahydrocannabinol, THC) 성분에 의한 것이다. THC 성분이 높게 함유될수록 그 효과는 더욱 강하다. 해시시에는 많은 부분이 함유되어 있지만 마리화나는 적다.

담배처럼 흡연할 경우 대마는 환각적 효과와 신경안정제적 효과 그리고 자극적인 효과가 혼합되어 나타난다. 적은 양을 흡입하면 즐겁고 몸이 완화되는 느낌이 들며, 아주 조용해지거나 혹은 말이 많아진다. 그러나 어떤 사람은 초조해지고 의심이 많아지며 화가 나기도 하는데, 특히 불쾌한 기분이나 기분 나쁜 분위기에서 흡연한 경우에 그러하다. 흡연자들은 대부분 인지력이 날카로워지는 것을 느끼며 그들 주위의 소리나 영상이 확대되는 환상을 경험한다고 말한다. 시간이 느려지고, 거리와 크기도 실제보다 더 크게 느껴진다. 이렇게 대체로 '크게(high)' 느껴지는 것을 전문용어로 **대마초 중독**(cannabis intoxication) 현상이라고 한다. 눈이 충혈되고 심장 박동이 빨라지고 혈압이 상승하며, 식욕이 지나치게 많이 생기고 입안이 마르고 어지러움증을 느끼는 등의 신체적 변화가 생긴다. 어떤 사람은 졸리기도 하고 잠이 들기도 한다.

많은 양을 복용하면 시각적으로 이상한 것을 보게 되고, 신체의 이미지가 변하면서 환각을 경험한다. 대마초 흡연자는 정신이 혼란해지거나 충동적이 된다. 어떤 이는 다른 사람이 자신을 해치려 한다고 두려워한다. 대마초의 효력은 2~6시간 정도 지속된다. 그러나 기분의 변화는 이보다 더 오래 지속되기도 한다.

대마사용장애 1970년대 초까지, 대마초를 약하게 하여 만든 마리화나는 **대마사용장애**로 이어지는 경우가 드물었다. 그러나 요즘은 고등학생을 포함하여 많은 사람들이 마리화나를 남용하는 사례로까지

▶대마초 대마(삼)에서 얻어진 약물. 환각, 억제, 흥분 효과를 혼합적으로 유발

▶마리화나 대마류의 마약 중 하나로 꽃봉오리, 잎에서 추출

▶테트라하이드로칸나비놀(THC) 대마초 물질의 주요 활성 성분

마리화나의 원료
마리화나는 대마의 잎에서 추출된다. 이 식물은 한해살이로 1~4.5미터 높이로 자라고, 다양한 고도, 기후 및 토양에서 자랄 수 있다.

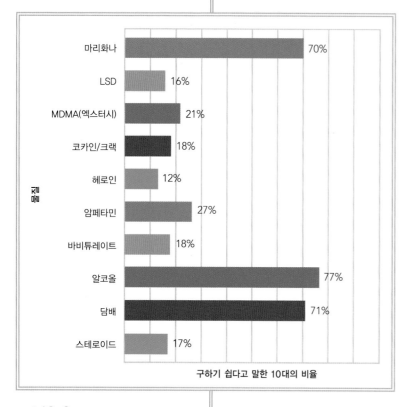

그림 10-3
10대들은 얼마나 쉽게 약물을 구할까
대부분의 조사대상자는 10학년(고1)으로, 담배·술·마리화나는 구하기 쉽다고 응답했고, 3분의 1 정도의 학생이 엑스터시·암페타민·스테로이드·바비튜레이트를 쉽게 구할 수 있다고 했다(Johnston et al., 2014).

발전하고 있다. 상습적으로 마리화나를 사용하는 사람이 점차 많아지고 있는데, 사회적으로 이들의 직장 생활이나 학교 생활은 심각한 영향을 받는다(그림 10-3 참조). 상습 복용하게 되면 마리화나에 내성이 생기는데, 중단할 경우 안절부절못하고 화를 잘 내고 성급해지는 등 독감 같은 증세를 보인다(Chen et al., 2005). 미국인의 1.7% 정도가 과거에 대마사용장애를 경험한 것으로 나타났다(SAMHSA, 2014; NSDUH, 2013).

그러면 왜 지난 30년간 더 많은 마리화나 사용자들이 대마사용장애를 발달하게 된 것일까? 가장 큰 원인은 약물이 달라졌기 때문이다. 현재 미국 어디에서나 쉽게 구할 수 있는 마리화나는 1970년대 초에 사용했던 마리화나에 비해 4배 정도 더 강하다. 오늘날 마리화나의 주요 성분인 THC 평균 함유율은 8%인 데 비해, 과거 1960년대 말에 사용했던 마리화나에는 THC가 2%에 불과했다. 요즘 마리화나는 매우 덥고 건조한 기후에서 재배되는데, 이로 인해 THC 함유율이 더 증가하였다.

마리화나는 위험한가 과학자들은 마리화나의 효력이 점차 강해지기 때문에 그 사용량이 증가하면 마리화나 흡연이 위험할 수 있다는 사실을 알아냈다(NIDA, 2015; Price, 2011). 때로는 환각제 복용과 유사한 공황 상태를 유발하는가 하면, 어떤 사람은 정신이 이상해지는 것 같은 두려움을 느끼기도 한다(APA, 2000). 보통 이런 반응은 마리화나의 다른 효과들과 함께 2~6시간이면 사라진다.

마리화나의 사용은 또한 감각 운동 능력과 인식 기능에 영향을 미치는데, 특히 뇌가 아직 발달 중에 있는 청소년과 아이들에게 악영향을 준다(Barcott & Schererk, 2015). 이는 결과적으로 많은 자동차사고를 초래했다(Brady & Li, 2014). 게다가 마리화나를 복용하면 아무리 열심히 집중하려 노력해도 정보를 제대로 기억할 수 없다. 특히 최근에 배운 것을 기억하기 어려운데, 이 때문에 심한 흡연자는 학업이나 일에 심각한 어려움을 겪는다(Budney et al., 2011; Jaffe & Klein, 2010).

상습적인 마리화나 흡연자와 그렇지 않은 사람을 대상으로 뇌 동맥의 혈류를 비교한 연구가 있었다(Herning et al., 2005). 마리화나를 끊도록 한 지 한 달이 지난 후, 상습적 흡연자는 마리화나 비사용자들보다 더 높은 혈류량을 지속적으로 보였다. 여전히 일반인보다 높긴 하지만, 이 한 달간의 비흡연 기간 동안 경미한 마리화나 사용자(주당 16번 이하 흡연)와 중간 정도의 흡연자(주당 70번 이하 흡연)는 혈류가 다소 개선되었다. 그러나 심각한 흡연자는 전혀 개선되지 않았다. 이렇게 효과가 오래 지속되는 것을 보면, 장기간에 걸친 심각한 흡연자들이 왜 기억과 사고에 어려움을 겪는지 이해할 수 있을 것이다.

또한 주기적으로 마리화나를 흡연하는 사람은 장기적으로 볼 때 건강에 문제가 생길 수 있다(NIDA, 2015; Budney et al., 2011; Whitten, 2010). 예를 들면 간 질병이 그렇다. 이 쟁점에 대해 상당한 논란이 있기는 하지만 말이다(Pletcher et al., 2012; Tashkin, 2001). 마리화나 흡연자는 담배 흡연자와 비교 시 폐에서 공기를 빼내는 기능이 더욱 감퇴될 수 있다는 몇 개의 연구 보고가 있다. 또 다른 문제는 인간의 생식 기능에 관련한 것이다. 1970년대 후반부터 나온 몇 가지 연구 결과에 따르면, 마리화나 상습 흡연자는 남성의 경우 정자 수가 감소했고, 여성인 경우 비정상적 배란이 발견됐다(Hartney, 2014; Schuel et al., 2002).

일반 대중을 대상으로 마리화나의 반복적 사용이 몸에 해롭다는 사실을 지속적으로 교육해 왔다. 이러한 노력은 1980년대에 그 효과가 나타났다. 고등학교 상급생 중 마리화나를 흡연하는 학생의 비율이 하루 기준 1978년 11%에서 1992년에는 2%로 감소했다. 하지만 오늘날 고등학교 상급자 중 매일 마리화나를 흡연하는 학생의 비율은 6.5%에 이른다. 또한 50%의 학생은 마리화나를 규칙적으로 흡연하면 몸에 해롭다는 사실조차 믿지 않는 것으로 나타났다(Johnston et al., 2014; NSDUH, 2013).

대마초와 사회 : 불안한 관계 과거 몇 세기 동안 대마초는 의학에서 존경받을 만한 역할을 감당해 왔다. 2000년 전 중국인은 외과 수술 시 마취제로 대마초 사용을 권장했다. 다른 지역에서는 콜레라, 말라리아, 감기, 불면증, 류머티즘의 치료제로도 사용되었다. 20세기 초 대마초가 주로 마리화나의 형태로 미국에 유입되자, 과거에 그랬던 것처럼 처음에는 다양한 의료 목적에 마리화나를 사용했다. 그러나 얼마 지나지 않아 더 효과가 좋은 약들이 대마초를 대신하더니, 대마초에 대한 호의적인 시선에 변화가 생기기 시작했다. 마리화나는 쾌락을 가져오는 약으로 사용되었고, 불법 유통이 법적으로 문제가 되기에 이르렀다. 정부 당국은 이 약물이 대단히 위험하다고 못 박고, 이 '살인 잡초'를 법으로 금지시켰다.

1980년대에 과학자들은 THC를 측정하는 기술과 대마초로부터 순수한 THC를 추출하는 방법을 개발했다. 이들은 THC의 형태를 연구소에서 합성하여 만들었다. 이것은 대마초를 의학 목적으로 사용하는 데 있어 새로운 단계로 가는 문을 열게 한 발견이었다(Mack & Joy, 2001). 예를 들면 심각한 안구 질병인 녹내장 치료에 활용하였다. 또한 만성적 통증이나 천식을 가진 환자에게 활용했고, 화학요법치료 중인 암 환자의 메스꺼움과 구토를 경감하는 데 효과가 있었다. 또한 에이즈 환자의 식욕을 불러일으키는 등 몸무게가 감소하는 환자를 돕는 데 효과가 있었다.

이런 과학적 발견에 힘입어, 몇몇 이익집단은 1980년대 후반 마리화나의 사용을 의학적으로 **합법화**하자는 캠페인을 벌이기 시작했다. 마리화나는 실험실에서 개발된 THC 캡슐보다 훨씬 빠르게 두뇌와 신체에 작용이 가능하기 때문이다. 정부는 현재처럼 순수 THC를 처방하는 방식만으로 모든 의학적 기능을 하기에 충분하다고 말하면서, 이러한 움직임을 일축했다. 그러나 의료용 마리화나 지지자들이 단호하게 밀고 나갔고, 결국 2009년 미국 법무부 장관은 연방 검사들에게 주의 법률을 준수하고 있는 의학적 마리화나 사용자나 돌보미들을 기소하지 말라고 지시하였다. 현재 23개 주는 의료목적으로 마리화나가 사용되는 것에 동의했고, 다른 여러 주가 이 법안의 승인을 기다리고 있다(Tilak, 2014).

캐나다 연방정부는 미국 연방정부보다 의료용 마리화나 논란에 대해 좀 더 관대한 입장을 취했다. 연구 결과 및 실험 프로그램을 통해 정부의

'메디블스'를 판매합니다
워싱턴 주에 있는 제과점 'TH Candy'의 주인은 인기 있는 의료용의 식용 마리화나가 들어간 사탕, 초콜릿, 차, 팅크, 그리고 구운 빵 등(통칭 '메디블스')을 수없이 많이 내보인다.

Paul Howell/Liaison/Getty Images

마약 냄새 맡기
학교, 공항, 저장소와 같은 곳에서 훈련견이 마리화나, 코카인, 아편류 마약과 다른 약물의 냄새를 맡는 것은 상식이 되었다. 여기 텍사스의 한 훈련견이 학교 사물함의 책과 기타 소지품들 사이에서 불법 약물이 숨겨져 있는지 냄새로 찾고 있다.

건강규제기관(Health Canada)은 심각하고 심신을 쇠약하게 만드는 질환을 앓고 있는 사람에 한해 마리화나의 의학적 사용을 법적으로 허용하였다. 정해진 약국에서 마리화나를 의료 목적으로 판매하는 것이 가능해졌으며, 이에 따라 수많은 제약사들이 의료용 마리화나를 생산하는 것이 허용되었다(Tilak, 2014).

이처럼 의료용 마리화나 영역에서의 발전에 힘입어 최근에 마리화나의 오락적 사용에 대한 합법화 요구 운동이 엄청난 추진력을 얻고 있다. 사실상 2012년부터 콜로라도, 워싱턴, 알래스카, 오리건 주의 시민들은 마리화나의 자유로운 이용을 합법화하기 위해 투표를 해왔다. 또한 최근 여론조사에 따르면 절반 이상의 미국 국민들이 마리화나가 합법화되어야 한다고 생각하는 것으로 밝혀졌으며, 이는 1969년의 12%, 2010년의 41%를 뛰어넘은 수치이다(Pew Research Center, 2013).

물질의 혼합물

사람들은 때로 하나 이상의 약물을 동시에 복용하기도 한다. 이런 패턴을 일컬어 복합물질 사용이라고 한다. 과학자들은 이런 경우 물질들 간에 어떠한 상호작용이 생기는지 연구했다(Murray et al., 2015; De La Garza & Kalechstein, 2012). 서로 다른 약물이 동시에 신체에 들어가면, 상호작용을 통해 약물의 효과가 증폭될 수 있다. 이러한 복합 효과를 **동반상승 효과**(synergistic effect, 또는 시너지 효과)라고 부르는데, 따로따로 복용한 각 약물의 효과를 모두 합한 것보다 더욱 강해진다. 두 가지 약물을 아주 적은 양만큼씩 서로 섞으면 신체에 엄청난 화학적 변화를 일으킬 수 있다.

유사한 효과를 가지는 약물을 두 가지 혹은 그 이상 혼합할 경우 시너지 효과를 볼 수 있다(McCance-Katz, 2010). 예를 들어 신경 억제 효과가 있는 알코올, 벤조디아제핀, 바비튜레이트, 아편유사제를 혼합하면, 중추신경계를 심하게 억제하는 효과를 나타낸다(Hart & Ksir, 2014). 매우 적은 양일지라도 혼합하여 복용하면, 극도의 중독 증세, 혼수상태를 보이고 심지어는 죽음에 이르게 된다. 예를 들어 어떤 젊은 사람이 파티에서 술(알코올)을 마시고, 잠시 후 잠드는 데 도움이 되는 적당량의 바비튜레이트를 복용했다고 하자. 자신은 자제력 있는 훌륭한 결정을 내렸다고 믿겠지만, 그는 결코 깨어나지 못할 것이다.

다른 종류의 시너지 효과가 있는데, 반대 효과를 가지는 약물을 혼합할 경우이다. 예를 들어 각성제는 간이 바비튜레이트와 알코올을 분해하는 것을 방해한다. 따라서 바비튜레이트 또는 알코올과 코카인 또는 암페타민을 혼합 복용하면, 유독한 정도, 심지어는 신체에 치명적인 정도의 신경억제물질을 생성한다. 학생이 밤늦도록 공부하려고 암페타민을 복용하고서 잠자는 데 도움이 되는 바비튜레이트를 복용하는 행위는, 자기도 모르는 사이에 자신을 심각한 위험에 빠뜨리는 행동이다.

매년 수만 명의 사람들이 다중 약물 복용에 따른 응급상황으로 병원에 입원한다. 이들 중 몇 천 명은 사망한다(SAMHSA, 2013). 부주의나 무지가 원인이 되기도 한다. 그러나 때로 어떤 사람들은 시너지 효과를 즐기려고 일부러 약물을 다중으로 복용하기도 한다. 실제로 불법 약물을 한 가지라도 사용해 본 사람들 중 90%는 다른 약물을 어느 정도까지는 함

▶**동반상승 효과** 약리학에서 하나 이상의 약물이 신체에 동시에 작용하여 효과가 증대되는 것

AP Photo/Ross D. Franklin

실제 삶 대 연기
텔레비전 시리즈 '글리'의 대부분의 팬은 배우 코리 몬테이스(가운데)가 헤로인과 알코올의 독성 결합으로 인해 2013년 31세의 나이로 사망한 것에 대해 충격을 받았다. 그들이 충격을 받은 한 가지 이유는 몬테이스에 의해 연기된 글리 속 인물인 핀 허드슨이 너무나도 건전하고 행복했기 때문이었다. 그러나 몬테이스 자신은 12세부터 물질사용장애에 맞서 긴 전투를 벌여 왔었다. 그가 사망하기 바로 4개월 전까지도 이 장애에 맞서기 위해 집중치료를 받아 왔다.

께 사용하고 있는 것으로 나타났다(Rosenthal & Levounis, 2011, 2005).

10대와 젊은 성인들의 약물사용에 누구의 영향력이 더 클까? 약물을 반대하는 로커들일까, 아니면 약물을 찬양하는 로커들일까?

다중약물 복용으로 사망한 많은 연예인들의 팬들은 그들의 죽음을 슬퍼한다. 일례로, 뉴욕 시 검시관은 배우 필립 세이모어 호프만이 '복합약물 급성중독'으로 사망한 것으로, 그의 몸에서 헤로인, 코카인, 벤조디아제핀, 그리고 암페타민이 발견되었다고 발표했다(Coleman, 2014). 엘비스 프레슬리는 자극제와 신경안정제를 함께 사용하다가 결국 죽음에 이르렀다. 존 벨루시와 크리스 팔리는 코카인과 아편유사제를 혼합하여 그 효과를 즐기다가 또한 비극적 최후를 맞았다.

▶ 요약

환각제, 대마초, 혼합 물질 LSD와 같은 환각제들은 주로 감각지각에 강력한 변화를 유발한다. 지각이 강화되고 환영과 환상이 나타난다. LSD는 세로토닌과 같은 신경전달물질의 방출을 방해하는 효과를 일으킨다.

대마초에서 얻어지는 '대마'의 가장 흔한 형태는 테트라하이드로칸나비놀(THC) 성분으로서, 과거에 비해 그 효과가 더 강해지고 있다. 대마는 중독을 유발하고 규칙적으로 과도하게 사용하면 남용과 의존에 빠지게 된다.

많은 사람들이 한 번에 하나 이상의 약물을 사용하는데, 이러한 경우 약물은 상호작용을 일으킨다. 둘 이상의 약물을 동시에 사용(복합물질 사용)하는 경향은 점차 증가한다. 이에 복합물질관련장애도 역시 큰 문제가 되고 있다.

무엇이 물질사용장애를 일으키는가

임상이론가들은 사람들이 왜 물질사용장애를 일으키는지에 대한 사회문화적 · 심리학적 · 생물학적 설명을 강구해 왔다. 하지만 어떠한 단일 설명도 광범위한 지지를 얻지 못했다. 다른 여러 장애들처럼 과도하고 장기적인 약물 복용은 점차 이런 요소들의 조합에 의한 결과로 간주되고 있다.

Steven Rubin/The Image Works

흡입제 남용과 의존
13세 소년이 본드를 흡입하고 쓰레기더미에 멍하니 누워 있다. 미국 국민의 적어도 6%가 본드나 휘발유, 도료 희석제, 세정제, 스프레이 등의 물질에 흔히 사용되는 탄화수소를 마시고 취한 경험이 있다(APA, 2013). 이런 행동은 많은 심각한 의학적 위험을 초래한다.

사회문화적 관점

여러 사회문화적 이론가들은 사람들이 스트레스를 받는 사회경제적 조건하에서 살 때 물질사용장애를 진행시킬 가능성이 가장 크다고 제안한다(Fink et al., 2015; Marsiglia & Smith, 2010). 가난한 사람이 부자보다 물질사용장애의 비율이 더 높다는 것이 연구에 의해 밝혀졌다. 이와 마찬가지로 실업 상태인 성인의 18% 이상이 현재 불법 약물을 이용하고 있는 데 비해, 전일제 근로자의 9% 및 시간제 근로자는 12.5%가 이용 중이었다(SAMHSA, 2014; NSDUH, 2013).

사회문화이론가들은 각기 다른 종류의 스트레스를 많이 겪는 사람들에게서 물질사용장애가 나타날 가능성이 커진다고 보았다. 한 예로, 히스패닉계와 아프리카계 미국인으로 이루어진 다양한 연구에서 특히나 극심한 차별 환경에서 살거나 종사하는 실험 참여자들이 물질사용장애 비율이 훨씬 더 높음을 찾아볼 수 있었다(Clark, 2014; Hurd et al., 2014; Unger et al., 2014).

그런데 다른 사회문화이론가들은 물질사용이 가치 있는 것으로 평가되거나 적어도 용인되는 사회적 혹은 가정적 환경에 있을 때 물질사용장애가 생기기 쉽다고 제안한다(Chung et al., 2014; Washburn et al., 2014). 연구원들은 알코올 문제는 부모와 친구들이 음주를 하는 10대는 물론 가족 환경이 스트레스를 받거나 지원을 받지 못하는 10대들 사이에서 더욱 흔하다는 점을 발견했다(Wilens et al., 2014; Andrews & Hops, 2011). 또한 일반적으로 오직 명확한 한계선이 유지되는 경우에만 음주가 허용되는 집단인 유대인과 개신교인들 사이에서 낮은 비율의 알코올남용이 발견된 반면, 알코올중독 비율은 평균적으로 명확한 한계선을 정하지 않은 아일랜드인과 동부 유럽인들 사이에서 높았다(Hart & Ksir, 2014; Ledoux et al., 2002).

> 인종, 종교, 국적에 따라 알코올중독의 유병률이 달라지는 것을 설명해 주는 것은 어떤 요인일까?

정신역동적 관점

정신역동이론가들은 물질사용장애가 있는 사람들은 그들의 어린 시절에 기인하는 강력한 의존성 욕구를 지닌다고 믿는다(Iglesias et al., 2014; Dodes & Khantzian, 2011, 2005). 이들은 부모가 양육(돌봄)에 대한 어린 아동의 욕구를 만족시키지 못할 경우, 아동은 도움과 편안함을 줄 타인에게 과도하게 의존한 채 성장할 수 있으며, 어린 시절 결핍된 양육을 찾으려 한다고 제안한다. 만일 외부 지원에 대한 이러한 탐구가 약물에 대한 실험을 포함한 경우, 그 사람은 약물에 대한 의존적 관계를 형성하게 될 것이다.

몇몇 정신역동이론가들은 특정한 어떤 사람들은 약물중독에 걸리기 쉬운 상태인 물질남용 성격을 발달시킴으로써 어린 시절의 상실에 반응한다고 믿는다. 성격검사와 환자면담, 그리고 심지어 동물연구를 통해 실제로 약물을 남용하거나 의존하는 사람들은 다른 사람들에 비해 좀 더 의존적·반사회적·충동적이고 새로운 자극을 추구하며 우울한 상태인 것으로 나타났다(Hicks et al., 2014). 하지만 이런 발견사항은 상관적(correlational)이며(적어도 인간에 관한 연구에서의 발견만큼은) 이런 성격의 특성이 장기 약물 복용을 유도하는지 아니면 약물 복용 때문에 사람들이 의존적 · 충동적이게 되는지를 명확히 밝히지 못한다.

더 명확한 인과관계를 규명하려 한, 한 선구적이며 종단적인 연구에서 알코올중독이 아닌 대규모 젊은 남성집단의 성격 특성을 측정하고 각 남성의 발달 상태를 추적했다(Jones, 1971, 1968). 몇 년 뒤 중년에 알코올 문제가 심해진 남성의 특징과 그렇지 않은 사람들의 특징을 비교하였다. 알코올 문제가 심해진 남성들은 10대에 더 충동적이었으며 중년이 되도 계속 충동적이었는데, 이런 결과는 충동적인 남성이 알코올 문제가 심해지기 쉽다는 점을 시사한다. 이와 마찬가지로 한 실험실 연구에서 '충동적인' 쥐들(일반적으로 자신의 보상을 지연하기 어려워하는 쥐)은 다른 쥐들보다 알코올을 제공하면 더 많이 마시는 것으로 확인되었다(Stein et al., 2013; Poulos et al., 1995).

이런 노선의 주장이 지닌 주된 약점은 물질사용장애와 관련된 광범위한 성격의 특질들이다. 다양한 연구에서 다양한 '핵심적' 특징을 지적한다(Wills & Ainette, 2010). 약물중독인 사람 중 일부는 의존적이며, 다른 이들은 충동적이고, 또 다른 이들은 반사회적인 탓에, 연구원들은 현재 어떤 한 성격 특질이나 성격이 물질관련장애에서 두드러지게 나타난다는 결론을 내리지 못했다(Chassin et al., 2001).

인지행동 관점

행동주의자들에 따르면, **조작적 조건형성**은 물질사용장애 면에서 핵심적 역할을 할 수 있다. 이들은 약물로 인한 일시적인 긴장 완화나 정신의 각성은 보상적 효과를 나타내며, 따라서 이용자는 다시 그런 반응을 찾게 될 가능성이 커진다고 주장한다(Urošević et al., 2015; Clark, 2014). 이와 마찬가지로 보상적 효과로 인해 복용자들은 고용량을 시도하거나 더 강력한 흡입 방법을 시도하게 될 수 있다. 인지이론가들은 이런 보상이 결국 약물이 보상을 줄 것이라는 기대감을 일으키며, 이 기대감으로 인해 긴장이 될 때 약물의 양을 늘릴 동기가 된다고 주장한다(Sussman, 2010).

이러한 행동 및 인지적 관점을 바탕으로 여러 연구에서 많은 사람들이 실제로 긴장을 느낄 때 더 많은 알코올이나 헤로인을 찾는다는 점을 발견했다(Kassel et al., 2010; McCarthy et al., 2010). 한 연구에서 참가자들이 어려운 철자 바꾸기 과제를 수행할 때, 연구원들이 심어 놓은 연구관계자는 불공정하게 그들을 비판하고 비난했다(Marlatt et al., 1975). 그런 다음 참가자들에게 '알코올 음미 과제'에 참가하여 알코올 음료를 비교하고 평가하도록 요청했다. 그러자 비판을 받지 않은 통제군 참가자보다 비판을 받은 참가자들이 음미 과제를 수행하는 동안 더 많은 알코올을 섭취했다.

어떤 의미에서는 인지행동이론가들은 많은 사람들이 긴장을 느낄 때 자신을 '치유'하기 위해 약을 복용한다고 주장한다. 만일 그렇다면 불안, 우울이나 기타 그런 문제를 겪는 사람들이 더 높은 비율의 물질사용장애를 할 것으로 예측될 것이다. 실제로 심리적 장애를 겪는 모든 성인의 19% 이상이 물질사용장애를 보여 줬다(Keyser-Marcus et al., 2015; NSDUH, 2013).

많은 행동주의자들은 **고전적 조건형성**도 이들 장애에서 역할을 할 수 있다고 제안해 왔다(O'Brien, 2013; Cunningham et al., 2011). 제2장과 제4장의 내용을 상기해 보면, 고전적 조건형성은 시간적으로 근접하게 나타나는 2개의 자극이 한 사람의 정신에 연결이 되어 결국에는 각 자극에 비슷하게 반응하게 됨으로써 일어난다. 약물이 섭취되는 시기의 환경에 존재하는 대상이나 단서들은 고전적 조건형성된 자극으로 작용하여, 약물 자체에 의해 일어난 것과 일부 동일한 만족을 생성하게 된다. 피하 주사기, 약물 동료(drug buddy, 역주 : 함께 약을 복용하는 자), 정기적인 공급자를 보는 것만으로 헤로인이나 암페타민을 남용하는 자들을 편안하게 하며, 그들의 금단 증상을 완화하는 것으로 알려져 있다. 마찬가지로 금단에 의한 고통을 받는 시기에 존재하는 사물이 금단과 유사한 증상을 일으킬 수 있다. 과거에 헤로인에 의존했던 한 남성은 과거에 금단을 겪었던 인근 지역으로 돌아갈 때면 메스꺼움이나 다른 금단 증상을 겪으며, 이런 반응으로 그는 다시 헤로인을 복용하게 된다(O'Brien et al., 1975). 고전적 조건형성이 물질사용장애의 특정 사례나 측면에서 작용하는 것은 틀림없지만, 연구를 통해 그것이 이런 장애의 핵심적 요소라는 점은 광범위한 지지를 받지 못하고 있다(Grimm, 2011).

생물학적 관점

최근 연구자들은 약물남용에 생물학적 원인이 있을 수 있다고 의심하게 되었다. 유전적 소인, 특수한 생화학적 요인에 대한 여러 연구에서 이런 의심을 일정 부분 뒷받침하였다.

유전적 소인 특정 동물들이 약물에 의존하게 될 유전적 소인이 있는지를 확인하기 위해 수년간 동물실험이 실행되어 왔다(Saba et al., 2015; Carroll & Meisch, 2011; Weiss, 2011). 예를 들어 몇몇 연구에서 연구원들은 처음에 다른 음료보다 알코올을 선호하는 동물들을 식별한 다음, 그 동물들을 서로 교미시켰다. 유전적 차원에서 이런 동물들의 새끼들 역시 알코올에 대한 특이한 선호를 나타내는 것으로 확인되었다.

이와 유사하게 인간 쌍생아를 대상으로 한 몇몇 연구에서는 사람들이 물질을 남용하는 소인을 물려받을 수 있는 것으로 나타났다(Ystrom et al., 2014). 한 고전적 연구는 일란성 쌍생아 집단에서 54%의 알코올중독 일치율을 발견했는데, 이는 만일 일란성 쌍생아 중 한쪽이 알코올중독을 보일 경우 54%의 사례에서 다른 쌍생아도 알코올중독을 보였다는 의미이다. 그에 반해 이란성 쌍생아는 이런 비율이 단지 28%에 불과했다(Kaij, 1960). 다른 여러 연구에서 비슷한 쌍생아 패턴이 발견되었다(Koskinen et al., 2011; Tsuang et al., 2001). 하지만 앞에서 읽었다시피 이런 결과들은 다르게 해석될 수 있다. 그 한 예로 2명의 일란성 쌍생아가 받은 양육이 2명의 이란성 쌍생아가 받은 양육보다 더 비슷할 수 있다.

출생 직후 입양된 사람들의 알코올중독에 관한 연구에서 유전자가 물질사용장애 면에서 역할을 할 수도 있다는 점이 명확히 나타났다(Samek et al., 2014; Walters, 2002). 이런 연구에서는 생물학적 부모가 알코올에 의존적인 양자와 생물학적 부모가 의존적이지 않은 양자를 비교하였다. 성인기가 되어 생물학적 부모가 알코올에 의존적인 사람들은 일반적으로 생물학적 부모가 알코올에 의존적이지 않은 경우보다 높은 비율의 알코올남용 형태를 보였다.

유전적 연동 전략 및 분자생물학 기법은 유전학적 설명을 뒷받침하는 좀 더 직접적인 증거를 제시한다(Pieters et al., 2012; Gelernter & Kranzler, 2008). 어떤 한 연구 노선을 통해 알코올,

마약 쿠키?
코네티컷대학 연구자들은 쥐의 실험실 유도 오레오 쿠키(특히 중간의 크림)에 대한 중독이 실험실 유도 코카인과 모르핀에 대한 중독만큼 여러 가지 면에서 강하게 나타나는 것을 발견했다. 이 연구는 "지방과 당 함유량이 높은 음식이 중독성 약물과 같은 위치에, 그리고 같은 방식으로 뇌를 각성시킨다."는 떠오르는 학설을 검증하기 위해 수행되었다.

니코틴이나 코카인 의존성을 지닌 대다수 연구 참가자들에게서 소위 도파민-2(D2) 수용체 유전자의 비정상적 형태가 발견된 반면, 비의존적 환자에게서는 20% 미만이 발견되었다(Cosgrove, 2010; Blum et al., 1996, 1990). 그 밖의 여러 연구에서는 다른 유전자들을 물질사용장애와 연관 지었다.

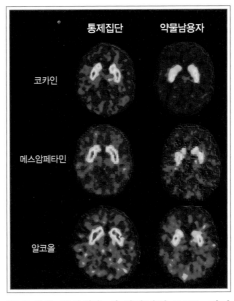

생화학적 요인 지난 수십 년간 연구자들은 약물 내성과 금단 증상에 관한 몇 몇 생물학적 설명의 조각을 결합해 완성하였다(Chung et al., 2012; Kosten et al., 2011, 2005). 유력한 설명 중 하나에 따르면, 특정 약을 섭취했을 때 일반적인 목표는 진정시키고 통증을 완화하며 기분을 고조시키거나 경계심을 높이는 특정 신경전달물질의 활동성을 증가시킨다. 약을 계속 복용할 경우 두뇌는 뚜렷하게 조정되고 신경전달물질의 고유의 생성을 줄인다. 약이 신경전달물질의 활동성이나 효율성을 증진하기 때문에, 두뇌에 의한 신경전달물질 분비의 필요성이 낮아진다. 약물 섭취량이 증가할수록 신체의 신경전달물질 생산량은 계속 감소하여, 일정 효과에 도달하기 위해 점점 더 많은 약을 필요로 하게 된다. 이런 식으로 약물 복용자는 약물에 대한 내성을 키워, 편안함이나 경계심을 느끼기 위한 고유의 생물학적 과정보다는 약에 대한 의존성이 더욱 심해진다. 만일 그들이 약을 갑자기 중단하면, 신경전달물질의 자연적 공급이 일정 시간 낮아져 금단 증상을 일으키게 된다. 금단은 뇌에서 신경전달물질을 정상적으로 생산할 때까지 지속된다.

어떤 신경전달물질이 영향을 받는가는 이용하는 약에 따라 좌우된다. 반복적이고 과도하게 알코올이나 벤조디아제핀을 이용하면 뇌에서 신경전달물질 GABA를 덜 생산하게 될 수 있으며, 아편유사제를 정기적으로 이용하면 뇌의 엔도르핀 생산성이 떨어지고, 코카인이나 암페타민을 정기적으로 이용하면 뇌의 도파민 생산성이 떨어진다(Kosten et al., 2011, 2005). 또한 연구원들은 THC와 매우 유사한 작용을 하는 아난다미드라 부르는 신경전달물질을 식별했다. 대마초를 과다 복용하면 이런 신경전달물질의 생산성이 떨어질 수 있다(Janis, 2015; Budney et al., 2011).

이 이론은 약물을 정기적으로 복용하는 사람들이 어째서 내성과 금단 반응을 경험하는지를 설명하는 데 도움을 준다. 하지만 어째서 약물이 그렇게 보상을 하며 특정 사람들이 우선적으로 약에 의지하게 되는 걸까? 여러 뇌영상 연구를 통해 많은, 아마도 모든 약이 결국 뇌 안에 있는 **보상 중추**(reward center) 혹은 '쾌락 경로'를 활성화하는 것으로 나타났다(Urošević et al., 2014)(그림 10-4 참조). 이런 쾌락 경로 내 핵심적인 신경전달물질은 도파민인 것으로 나타난다(Trifilieff & Martinez, 2014). 쾌락 경로를 따라 도파민이 활성화될 때 쾌감을 느낀다. 음악은 보상 중추 내 도파민을 활성화할 수 있다. 안아 주거

보상결핍증후군의 희생자?
이론가들은 약물의존이 된 사람들의 뇌에서 보상센터가 인생사에 의해 부적절하게 활성화되는 것을 의심한다. 이런 현상을 보상결핍증후군이라 부른다. 빨간색과 주황색은 뇌의 활동이 증가되어 있음을 뜻하는데, 이 PET 결과를 보면 약물사용 이전에는 중독자(오른쪽)의 보상센터가 비중독자(왼쪽)보다 덜 활성화되어 있음을 알 수 있다(Volkow et al., 2004, 2002).

Reprinted from *Neurobiology of Learning and Memory*, N. D. Volkow et al. Role of Dopamine, the Frontal Cortex and Memory Circuits in Drug Addiction: Insight from Imaging Studies, 610–624, © 2002, with permission from Elsevier. http://www.sciencedirect.com/science/article/pii/S1074742702940992

▶**보상 중추** 도파민이 풍부한 뇌 경로 중 하나로, 활성화되면 쾌락을 느낌

그림 10-4
뇌의 쾌락중추
마약이 쾌락감정을 만들어 내는 한 가지 이유는 그것이 복측 피개부부터 중경핵을 지나 전두 피질로 이어지는 뇌 안의 '쾌락 경로'를 따라 신경전달물질 도파민의 양을 증가시키기 때문이다. 이러한 쾌락중추의 활성화가 중독에 빠지게 하는 것이다.

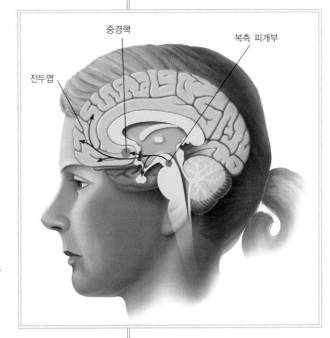

나 칭찬하는 말도 활성화시킬 수 있으며 약물도 그러하다. 몇몇 연구원들은 다른 신경전달물질들이 보상 중추에서 중요한 역할을 할 수 있다고 믿는다(McClure et al., 2014).

특정 약물은 보상 중추를 직접 자극하는 것으로 보인다. 코카인과 암페타민이 도파민의 활동성을 직접 증진한다는 점을 기억하자. 다른 약들은 간접적 방식으로 자극하는 것으로 보인다. 알코올, 아편유사제와 대마초에 의해 촉발된 생화학적 반응은 아마도 일련의 화학적 사건을 일으켜, 결국 보상 중추 내 도파민 활동성을 증진하는 듯하다. 많은 연구에서 물질들이 이 보상 중추를 계속해서 자극하면 이 중추는 그 물질들에 과민 반응하게 된다는 것이 시사되었다. 즉 이 중추의 뉴런은 그 물질들에 의해 자극되었을 때 더 쉽게 발화하며, 나중에 그 물질들을 더 요구하는 것의 원인이 된다(Urošević et al., 2014).

그러나 다른 이론가들은 약물을 남용하는 사람들이 보상결핍증후군(reward-deficiency syndrome)에 시달리는 것으로 의심한다. 즉 이들의 보상 중추가 삶의 일반적인 사건으로는 쉽게 활성화되지 않아서 약물에 의존해 이 쾌락 경로를 자극하는 것이다(Garfield et al., 2014; Blum et al., 2000). 비정상 D2 수용체 유전자와 같은 비정상 유전자들이 이 증후군의 가능한 원인으로 인용되고 있다(Trifilieff & Martinez, 2014).

> **▶ 요약**
>
> **무엇이 물질사용장애를 일으키는가** 물질남용과 의존에 대한 몇 가지 설명이 제시되어 왔다. 이런 설명들은 동시에 장애에 대한 실마리를 던지기 시작했다.
>
> 사회문화적 관점에 따르면 약물남용을 할 가능성이 가장 큰 사람들은 스트레스를 받는 사회경제적 상황에서 살거나 가족이 약물 복용을 가치 있게 여기거나 수용하는 자들이다. 정신역동적 관점에서 약물남용에 의존하는 사람들은 어린 시절 삶의 단계에서 비롯된 과도한 의존 욕구를 지닌다. 일부 정신역동이론들은 특정한 사람들이 약물남용 성격을 지녀 쉽게 약물을 복용하게 된다고 믿는다. 유력한 행동적 관점에서는 약물 복용이 긴장을 줄이고 정신을 각성시켜 주기 때문에 처음부터 강화되는 것으로 본다. 유력한 인지적 관점에서는 이러한 긴장 완화로 인해 이후 약물이 편안하게 해 주고 도움을 줄 것이라는 기대감을 유발한다고 주장한다.
>
> 여러 생물학적 설명들은 쌍생아, 양자, 유전적 연계, 분자생물학 연구에 의해 뒷받침되고 있으며, 사람들이 약물의존을 하게 되는 고유의 특성을 물려받을 수 있는 것으로 제시한다. 여러 연구원들 역시 약물 내성과 금단 증상은 과다하고 반복적인 약물 복용 중 뇌에서 특정한 신경전달물질이 감소하여 일어날 수 있다고 배워 왔다. 생물학적 연구에서는 여러 약들이, 아마도 모든 약들이 결국 뇌의 보상 중추 내 도파민의 활동성을 증진하게 된다고 주장한다.

물질사용장애는 어떻게 치료하는가

물질사용장애를 치료하기 위해서 몇몇 사회문화적 치료법과 함께 정신역동적 · 행동적 · 인지행동적 · 생물학적 접근법이 사용되어 왔다(언론보도 참조). 이러한 치료법들은 간혹 성공적이기도 했지만, 대체적으로는 중등도의 효과를 보였다(Belendiuk & Riggs, 2014). 오늘날의 치료는 외래나 입원 또는 이 둘의 조합을 통해 실시된다(그림 10-5 참조).

정신역동적 치료

정신역동치료자들은 처음에 내담자들에게 물질사용장애를 유도했다고 믿는 잠재적 욕구와 갈등을 밝히고 해결하도록 인도한다. 그런 다음 치료자들은 내담자가 자신의 물질 관련 생활방식을 변화시키도록 도움을 준다. 이런 접근법은 자주 적용되긴 하지만, 특별히 효과

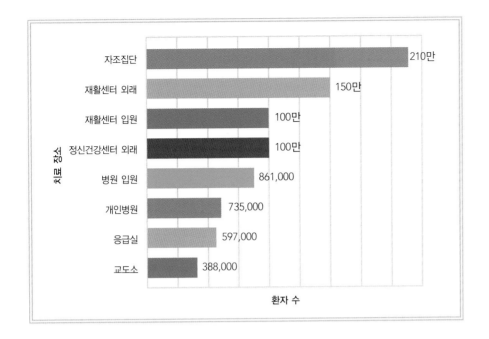

그림 10-5
사람들은 어디에서 치료를 받는가
약물남용이나 의존에 대해 치료를 받는 사람 대부분은 자조집단이나 외래 재활 프로그램, 정신건강센터를 이용한다(출처 : NSDUH, 2013).

적인 것으로 확인되지는 않았다(McCrady, 2014). 물질사용장애는 그 원인과 상관없이, 만일 사람들이 마약을 하지 않게 될 경우 직접적인 치료 대상이 되어야 하는 엄격한 독립적 문제가 된다. 정신역동치료는 다차원 치료 프로그램에서 다른 접근법들과 결합될 경우 좀 더 도움을 주는 경향이 있다(Lightdale et al., 2011, 2008).

행동치료

물질사용장애에 대해 널리 이용되는 행동치료로 **혐오치료**(aversion therapy)가 있는데, 이 요법은 고전적 조건형성의 원칙을 기반으로 한다. 내담자들이 약을 복용하는 순간에 반복적으로 불쾌한 자극(예 : 전기충격)을 받게 된다. 반복적인 자극 편성(pairing)으로 그들은 약물 자체에 부정적으로 반응하게 되며 약물을 원하지 않게 된다.

혐오치료는 다른 물질사용장애를 치료하는 것보다도 알코올중독치료에 더 많이 적용된다. 이런 치료의 한 버전에서 음주 행위가 약물 유도 구토와 메스꺼움과 결합되었다(McCrady et al., 2014; Welsh & Liberto, 2001). 메스꺼움과 알코올이 결합되면 알코올 자체에 대한 부정적인 반응을 생성할 것으로 예측된다. 또 다른 버전의 혐오치료를 통해 알코올중독이 된 사람들은 음주를 하는 동안 매우 짜증나고 불쾌하며 무서운 장면을 상상하게 된다. 상상한 장면과 알코올 간의 결합으로 알코올에 대한 부정적인 반응을 일으킬 것으로 예상된다. 치료자들이 내담자에게 상상하도록 유도하는 장면은 다음과 같다.

(맥주, 위스키 등을) 시음하는 장면을 생생히 상상해 보십시오. 그것을 맛보며 정확한 맛, 색, 농도를 포착하세요. 당신의 모든 감각을 이용하세요. 술을 맛본 후 유리잔에 뭔가 작고 하얀 부유물을 보게 되는데, 그게 현저히 눈에 띕니다. 주의 깊게 살피기 위해 몸을 굽히고 코를 유리잔에 대면 당신이 정확히 기억하는 술의 냄새가 코로 들어옵니다. 이제 당신은 유리잔 안에 무엇이 있는지 살펴봅니다. 술 표면에 몇 마리의 구더기가 떠다닙니다. 당신이 지켜보자 한 마리가 가까스로 유리잔에 붙어 꿈틀대다가 기어 나옵니다. 처음에 생각했던 것보다 더 많은 역겨운 생명체들이 유리잔에 있습니다. 당신은 그것 중 몇몇을 이미 삼켰고 입 안에서 그것들

▶**혐오치료** 내담자가 마약 섭취와 같은 바람직하지 않은 행동을 할 때 불쾌한 자극을 반복적으로 제시하는 치료

(계속)

소문내기
약물남용의 위험성에 대한 대중의 인식 높이기 위한 특히 혁신적인 노력에서, 인도의 화가 하 윈드 싱 길은 캡슐의 껍데기를 가지고 인체 모 델을 창조해 냈다. 길은 2012 국제 불법마약밀 매 및 약물남용 반대의 날 하루 전에 이것을 완 성시켰다.

의 맛을 느끼게 됩니다. 당신은 큰 고통을 느끼며 절대로 유리잔을 만지거나 마시지 않으려 합니다.

(Clarke & Saunders, 1988, pp. 143-144)

코카인과 다른 몇몇 약물을 남용하는 사람들에 대한 단기 치료에 효과적인 행동적 접근 법은 수반성 관리인데, 이것은 소변 검사에 마약 성분이 검출되지 않으면 인센티브(예 : 현 찰, 바우처, 상, 특권)를 제공하는 형태로 진행된다(Godley et al., 2014). 한 선도적 연구에 서 6개월의 수반성 훈련 프로그램을 완료한 코카인 남용자들의 68%는 적어도 8주 연속으 로 절제를 달성했다(Higgins et al., 2011, 1993).

물질사용장애에 대한 행동 중재가 단독 형태의 치료일 경우 제한적인 성공만 거두는 게 보통이다(Belendiuk & Riggs, 2014; Carroll, 2008). 주된 문제는 사람들이 불쾌감이나 욕구 에도 불구하고 사용을 지속하도록 동기 부여를 받을 때에만 여러 접근법들이 효과를 낼 수 있다는 점이다. 일반적으로 행동치료는 생물학적 혹은 인지적 접근법과 결합됐을 때 최상 의 작용을 한다(Belendiuk & Riggs, 2014; Carroll & Kiluk, 2012).

인지행동치료

물질사용장애에 대한 인지행동 치료법은 물질남용의 패턴에 계속해서 원인이 되는 행동 과 인지를 확인하고 변화시키는 데 도움이 된다(Gregg et al., 2014; Yoon et al., 2012). 또한 이들 접근법의 실무자들은 내담자들이 보다 효과적인 대처 기술, 즉 스트레스와 유혹, 물 질 갈망이 있을 때 적용될 수 있는 기술을 개발하는 데 도움을 준다.

아마도 물질남용에 대한 가장 잘 알려진 인지행동 접근법은 **재발방지 훈련**(relapse- preventing training)일 것이다(Jhanjee, 2014; Daley et al., 2011). 이 접근법의 종합 목표는 내담자들이 자신의 물질관련 행동에 대해 **통제**하게 하는 것이다. 목표에 도달하도록 돕기 위해 내담자들은 고위험 상황을 식별하고, 그 상황에서 직면하게 되는 결정의 범위를 평가 하며, 자신의 역기능적 생활양식을 변화시키고, 잘못과 실수에서 배우도록 교육받는다.

몇몇 전략이 알코올 사용장애의 재발방지 훈련에 전형적으로 포함되어 있다. (1) 치료자 들은 음주의 시간과 장소, 감정, 신체적 변화, 다른 상황들을 기록함으로써 **치료자들은 내담 자들이** 자신의 음주행동을 추적하게 한다. (2) 치료자들은 위험한 상황이 일어났을 때 사용하는 대 처 전략을 내담자들에게 가르치는데, 이 전략에는 술을 한입에 삼키는 대신 간격을 두고 마시 거나, 조금씩 마시기, 이완 기법과 같은 것이 있다. (3) 몇 번 음주하는 것이 적절한지와 무 엇을 마실 것인지, 그리고 어떤 상황에서 마실 것인지를 미리 결정함으로써, 치료자들은 내 담자에게 미리 계획할 것을 가르친다.

재발방지 훈련은 몇몇 사람들의 중독 및 폭음의 빈도수를 낮게 한다는 것이 밝혀졌다 (Jhanjee 2014; Borden et al., 2011). 젊고 알코올남용의 내성과 금단 특징이 없는 사람들은 이 접근법으로 최상의 효과를 거두는 것처럼 보인다(Hart & Ksir, 2014; Deas et al., 2008).

물질사용장애의 경우 사용되어 오던 인지행동치료의 또 다른 형태는 **수용전념치료**(ACT) 로, 마음의 단순한 사건 같은 생각을 받아들이고 그들이 일으키는 사고의 흐름을 알아채 도록 도와주는 마음챙김(mindfulness)기반 접근이다(제2장, 제4장 참조). 이를 물질사용장 애가 있는 사람들에게 접목하면, 그들의 약물에 대한 갈망과 불안, 우울한 생각을 인식하

▶**재발방지 훈련** BSCT와 비슷한 알코올남 용 치료적 접근으로 환자가 위험한 상황과 그 에 대한 반응을 미리 계획하는 것

10:00 AM 75%

언론보도

약물중독치료 고등학교에 입학하다

Jeff Forester

제프는 22개월간 약물을 하지 않고 있다고 나에게 말했다. 깜빡이거나 피하지 않고 그 맑고 푸른 눈으로 나를 직시하며 약물중독치료 고등학교(Sobriety High)가 없었다면 자신은 죽었을 거라고 말한다. 나는 그의 말을 믿는다. … 약물중독치료 고등학교는 1989년에 겨우 2명의 학생으로 미니애폴리스에서 시작되었다. 지금은 100개 이상이 있으며, 약물중독치료 고등학교는 다른 8개 주에서 우후죽순처럼 생겨났다. … 미국 국립 약물남용 연구소의 연구에 따르면 약물중독치료 고등학교의 학생 중 78%가 공식 재활을 받은 후에 그 학교에 다닌다….

이곳은 분명 학교처럼 보이지만 "끊는 것이 시작이다."와 같은 현수막은 오히려 파티장 같은 분위기로 보이기도 한다. 학생들의 헤어스타일은 길이와 색깔이 제멋대로 였고, 중독 문신을 당연하듯 학생들도 있는 반면, 고스(Goth, 역주 : 1980년대에 유행한 록 음악 문화의 한 형태. 가사가 주로 세상의 종말, 죽음, 악에 대한 내용을 담고 있음. 검은 옷을 입고, 흰색과 검은색으로 화장을 함) 복장으로 치장한 학생, 뚜렷하게 중서부의 원더브레드(Wonder Bread) 분위기를 발산하는 학생 등 분위기는 다양했다. 그들의 여정 역시 치료 후에 이곳에 도착한 행운아도 있지만 대부분은 법원이나 알코올중독 치료 시설(detox), 또는 길거리에서 오는 등 다양했다.

… 반의 인원수는 적어서 교사가 학생 각각을 정기적으로 점검할 수 있으며, 교육과정은 학생들이 약물을 사용하거나 치료받느라 놓친 것을 따라잡는 것에 도움을 주기 위해 신축적이다. 학생들(대부분이 끔찍한 전과를 가짐)을 위한 취업 지원 프로그램도 있다. 약물의존적인 부모와 나이 많은 형제자매와 일하는 학생도 있다. 학생들은 일반적으로 매일 '그룹'을 가지는데, 그것이 알코올중독자 모임(AA)은 아니지만 그 모임의 DNA는 분명히 가지고 있는 형식이다….

모든 10대들은 충동조절 수준이 낮지만 이보다 약물중독을 치료하려고 하나 이미 약물의존인 아이들의 위험이 더 크다. 국립청년회복재단의 이사회 구성원인 조 슈랭크는 "청소년의 어리석음에 술과 마리화나가 더해지면 아이들은 위험에 처합니다."라고 말했다. 새로 회복시설에 들어온 아이들은 여드름, 끊임없는 유혹, 풋내기라는 놀림 등을 경험하며 약물을 끊는다는 것의 장벽이 얼마나 높은지를 경험하게 된다. 이런 맞춤식 과정을 통해 종국적으로 깨끗한 환경에 보낼 수 있다는 생각은 합리적으로 보인다.

Purestock/SuperStock

> **약물중독치료학교가 다른 물질남용에 대한 개입에 비해 더 나은점은 무엇일까?**

약물중독치료 고등학교 학생의 90%는 약물의존성 외에도 다른 정신건강 문제를 갖고 있으므로 상담가와 심리학자, 지속적인 정신건강 전문가의 특별한 지원을 필요로 한다. … "학생당 비용은 더 많이 듭니다. 하지만 약물과 알코올이 없는 학교들을 원한다면 이 학교는 반드시 분리된 장소에 있어야 합니다."

… 간신히 약물에서 벗어난 10대에게 회복 학교의 폐쇄는 재앙이 될 것이다. "그들 대부분은 거리나 교도소로 돌아가거나 죽을 것입니다."라고 약물중독치료 고교의 사회복지사는 말했다. 지지자들은 회복 학교의 폐쇄가 재정적으로 거의 의미가 없다는 점을 지적한다. "회복 학교는 감금 비용의 부분입니다."라고 조 슈랭크는 말한다. "마약 법원을 좀 보세요." 전 국회의원 짐 람스타드는 덧붙인다. "형사법원의 재범률이 75%인 반면 이 학교 과정을 마친 사람들의 재범률은 24%입니다."

사회복지사인 데비 발튼이 "우리가 하는 일은 중요합니다. 우리는 생명을 구합니다."고 분명하게 말했다.

"Most Sober High Schools Are Very Successful, So Why Are They Facing the Ax?" By Jeff Forester, TheFix.com (addiction website), 6/18/2011.

© Jason Lee/Reuters/Corbis

더 나은 대처방법
재발방지 훈련을 포함한 물질사용장애를 위한 몇 가지의 치료는 내담자들에게 스트레스와 부정적 감정에 대처하는 더 기능적인 방법을 가르친다. 그 분위기에서 중국의 마약중독재활치료센터에 있는 이 환자는 억눌린 분노를 방출하기 위해 표적인형을 발차기와 주먹으로 치기 등의 활동을 한다.

고 수용하는 능력을 기르는 것이다. 이러한 사고를 없애기보다는 받아들임으로써, 내담자들은 약물을 찾아내 그들에게 쉽게 영향을 미치지 못할 것이고 그들 자신에 의해 망가지지 않게 될 것으로 예상된다. 연구는 수용전념치료가 종종 물질사용장애를 위한 다른 인지행동치료만큼, 그리고 가끔은 다른 치료들보다 효과적이라는 것을 보여 준다(Lee et al., 2015; Bowen et al., 2014; Chiesa & Serretti, 2014).

생물학적 치료

생물학적 접근법은 약물로 금단을 겪는 사람들을 돕고 약물을 삼가거나 추가로 늘리지 않고 이용 수준을 유지하도록 돕기 위해 이용될 수 있다. 다른 형태의 치료처럼 생물학적 치료만으로 장기적 개선을 이루는 경우는 드물지만, 다른 접근법과 결합될 경우 도움을 줄 수 있다.

해독 **해독**(detoxification)은 체계적으로 의학적 감독을 받는 약물 중단이다. 외래 환자를 기준으로 몇몇 해독 프로그램이 제공되었다. 다른 해독들은 병원과 진료소에서 시행되며, 개별적·집단적 치료, 즉 인기를 끈 '풀서비스' 기관 차원의 접근법이 포함될 수 있다. 한 가지 해독 접근법은 내담자들이 약물을 서서히 중단하게 하고, 완전히 끊을 때까지 용량을 서서히 줄이는 것이다. (의학적으로 주로 선호되는) 두 번째 해독전략은 내담자들에게 금단 증상을 줄이는 다른 약을 제공하는 것이다(Bisaga et al., 2015; Day & Strang, 2011). 예를 들어 항불안제는 때때로 진전섬망과 발작 같은 심각한 알코올 금단 반응을 완화하기 위해 이용된다. 해독 프로그램은 동기부여된 사람들이 약물을 끊는 것에 도움이 되는 것 같다(Müller et al., 2010). 하지만 성공적인 해독 후 후속 치료 형태인 심리적·생물학적·사회문화적 치료를 받지 않은 사람들의 재발 비율은 높은 경향이 있다(Blodgett et al., 2014).

길항약물 성공적으로 약을 중단한 후, 사람들은 남용이나 의존 패턴으로 돌아가지 말아야 한다. 이런 유혹에 저항하도록 돕기 위해 물질사용장애가 있는 몇몇 사람들에게 **길항약물**(antagonist drug)을 제공하는데, 이것이 중독성 약물의 효과를 차단하거나 변화시킨다. 예를 들어 디설피람(안타부스)은 주로 알코올로부터 멀어지려는 사람들에게 제공된다. 이런 저용량의 약 자체로는 부정적인 효과를 거의 내지 않지만, 이것을 복용하면서 음주를 하는 사람은 강렬한 메스꺼움, 구토, 홍조증, 빠른 심박 수, 현기증, 기절을 겪을 것이다. 디설피람을 복용한 사람들이 음주를 할 가능성이 적은 이유는 한 번만 음주를 해도 끔찍한 반응을 겪게 된다는 걸 알기 때문이다. 디설피람은 도움이 된다는 점이 입증되었지만, 처방을 받은 대로 디설피람을 복용하기로 동기부여를 받은 사람들의 경우에만 도움이 된다(Diclemente et al., 2008).

아편유사제를 중심으로 한 물질사용장애의 경우, 날록손과 같은 몇몇 마약 길항약물이 이용되고 있다(Alter, 2014). 이런 길항약물은 뇌의 전역에 걸쳐 엔도르핀 수용체에 부착되어 있으며, 아편유사제가 일반적인 효과를 내지 못하도록 한다. 황홀감이나 고양감이 없다면

▶**해독** 체계적이고 의학적인 감독하에서의 약물 중단

▶**길항약물** 중독성이 있는 약물의 영향을 막고 변화시켜 주는 약물

강제적 해독
금주는 항상 의학적인 감독하에서나 자발적으로 이루어지는 것은 아니다. 이 알코올중독자는 수감된 직후 금단 증상을 경험하기 시작하며 고통스러워하고 있다.

지속적 약물사용은 의미가 없어진다. 마약 길항약물은 특히 응급상황에서 아편유사제 고용량 복용자를 구제하는 데 도움이 되지만, 그 약물은 아편유사제에 중독된 사람에게 사실상 위험할 수 있다. 이러한 사람들을 심각한 금단 증상에 시달리게 하는 약의 기능 때문에 길항약물은 반드시 매우 주의 깊게 처방되어야 한다. 최근 여러 연구에서는 마약 길항약물이 알코올이나 코카인을 포함한 물질사용장애를 치료하는 데 유용할 수 있는 것으로 나타났다(Crits-Christoph et al., 2015; Harrison & Petrakis, 2011).

약물유지치료 약물 관련 생활양식은 약물의 직접적인 효과보다 더 큰 문제일 수 있다. 예를 들어 헤로인 중독에 의한 대부분의 피해는 과다 용량, 소독하지 않은 바늘, 이에 수반되는 범죄생활에서 비롯된다. 요컨대 임상가들은 헤로인 중독을 치료하기 위해 1960년대에 **메타돈 유지 프로그램**(methadone maintenance program)이 개발되었을 때 매우 열광하였다(Dole & Nyswander, 1967, 1965). 이 프로그램에서는 중독된 사람들에게 헤로인의 대체물로서 실험용 아편유사제 메타돈을 제공하였다. 그 후 이들은 메타돈에 의존하게 되었지만, 이들의 새로운 중독은 안정된 의학적 감독하에서 유지되었다. 헤로인과 달리 메타돈은 입으로 복용하기 때문에 바늘의 위험을 제거하게 되고, 하루에 한 번만 복용하면 되었다.

처음에 메타돈 프로그램은 매우 효과적인 것처럼 보였고 미국, 캐나다, 영국 전역에서 실시되었다. 하지만 1980년대에 메타돈 자체의 위험 때문에 이런 프로그램의 인기는 떨어졌다. 많은 임상가들은 한 중독을 다른 중독으로 대체하는 게 물질사용장애에 대한 수용 가능한 '해법'이 아니라는 생각을 하게 되었으며, 중독이 있는 많은 이들은 메타돈 중독이 단순히 자신들의 원래 중독을 악화시키는 추가적인 약물 문제를 일으켰다고 불평하였다(Winstock, Lintzeris, & Lea, 2011). 메타돈은 때때로 헤로인보다 더 중단하기 어려운데, 왜냐하면 금단 증상이 더 오래 지속될 수 있기 때문이다(Hart & Ksir, 2014; Day & Strang, 2011). 게다가 메타돈을 복용하는 임신부는 태아에게 미치는 약물 효과까지 걱정하게 되었다.

이런 우려에도 불구하고 메타돈, 또는 또 다른 아편유사제 대체 약물을 통한 유지치료는 최근 임상가들 사이에서 다시 관심을 끌었는데, 그 부분적인 원인은 새로운 연구 근거

> 왜 헤로인(영국)이나 헤로인 대체물(미국)을 의학적 감독하에 법적으로 활용하는 경우에도 종종 약물 문제로 발전되는 것을 막는 데 어려움이 있을까?

▶**메타돈 유지 프로그램** 헤로인 의존에 대한 치료적 접근으로 내담자들은 대체 약물인 메타돈을 합법적이고 의학적인 감독하에 처방받음

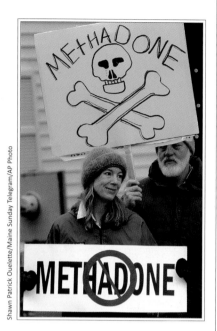

Shawn Patrick Ouelette/Maine Sunday Telegram/AP Photo

메타돈은 안전한가
메타돈 자체는 마약제로, 안전한 의학적 감독 하에서 투약하지 않으면 다른 아편제와 마찬가지로 위험하다. 여기 한 부부가 메인 주의 메타돈치료시설에 반대하는 시위를 하고 있다. 이들의 19세 된 딸은 아편 중독자가 아님에도 몇 달 전 절정감을 얻기 위해 메타돈을 복용하고 사망하였다.

▶**익명의 알코올중독자모임(AA)** 알코올 남용이나 의존인 사람들을 위해 지지와 지도를 제공하는 자조집단

숨은 뜻 읽어내기

맨 정신으로 있기

• AA의 현 회원 중 48%가 5년 넘게 술에 취하지 않았다.

• AA의 현 회원 중 37%가 1년 미만의 기간 동안 술에 취하지 않았다.

(AA World Services, 2014)

(Balhara, 2014; Fareed et al., 2011)와 정맥을 통한 약물중독자와 그들의 성적 파트너 및 아이들 사이에서의 C형 간염 바이러스와 HIV 바이러스의 급속한 확산 때문이었다(Lambdin et al., 2014; Galanter & Kleber, 2008). 메타돈 치료는 무분별한 아편유사제 이용보다 더 안전할 뿐 아니라 여러 메타돈 프로그램은 이제 서비스 면에서 에이즈 교육 및 그 밖의 보건 지침을 포괄하고 있다. 연구를 통해 메타돈 유지 프로그램이 교육, 심리치료, 가족치료, 고용상담과 결합될 때 가장 효과적이란 점이 나타났다(Jhanjee, 2014). 오늘날 수천 명의 임상가들은 미국 전역에 걸쳐 메타돈 치료를 제공한다.

사회문화적 치료

앞에 설명한 바와 같이 사회문화적 이론가들(가족사회적 이론가와 다문화이론가 모두)은 심리적 문제가 사회적 환경에서 등장하며 사회적 맥락에서 가장 잘 치료되는 것으로 믿는다. 세 가지 사회문화적 접근법인 (1) 자조 프로그램, (2) 문화·성별 인지적 프로그램, (3) 공동체 예방 프로그램은 사람들이 물질사용장애를 극복하도록 도와주는 데 사용되어 왔다.

자조 및 거주치료 프로그램 물질사용장애가 있는 많은 사람들은 전문적 지원 없이 서로의 회복을 돕기 위해 집단을 조직했다. 약물자조운동은 1935년, 알코올중독을 겪던 오하이오 주의 남성 2명이 만나 대안적 치료 가능성에 대해 열띤 논의를 벌이면서 시작되었다. 최초의 논의를 통해 다른 이들이 인도되어 결국 자조집단이 형성되었으며, 이 집단의 회원들은 알코올 관련 문제를 논의하고 생각을 교류했으며 지원을 제공했다. 이런 조직은 **익명의 알코올중독자모임**(Alcoholics Anonymous, AA)으로 알려지게 되었다.

오늘날 AA는 전 세계적으로 114,000개 집단에 속한 200만 명 이상의 사람들로 구성되어 있다(AA World Services, 2014). AA는 윤리적·정신적 지침과 함께 또래 지원을 제공하여 사람들이 알코올중독을 극복하도록 돕는다. 다양한 사람들이 AA의 다양한 측면이 도움이 된다는 점을 명확히 발견했다. 몇몇 사람들에게 그것은 또래 지원이 되고, 다른 이들에게는 영적인 차원이 된다(Tusa & Burgholzer, 2013). 회의는 정기적으로 열리며 회원들은 서로 24시간 도움을 줄 수 있다.

이 조직은 생활지침을 제공함으로써 회원들이 '하루 한 번 삼가고', 자신들은 병이 있고, 알코올 앞에 무력하며, 정상적인 삶을 살려면 음주를 완전히, 영원히 중단해야 한다는 생각을 사실로 받아들이도록 촉구한다. 관련된 자조조직들인 알코올중독자구제회(Al-Anon)와 알라틴(Alateen)은 알코올중독에 걸린 사람들과 함께 살며 돌봐 주는 사람들을 지원한다. 마약 중지, 코카인 중지와 같은 자조 프로그램은 다른 물질사용장애를 위해 개발되어 왔다.

AA의 금주 목표는 재발방지 훈련과 물질남용의 몇몇 중재의 통제된 음주 목표에 직접적으로 반대한다는 것에 주목할 가치가 있다(360쪽 참조). 실제로 금주와 통제된 음주의 대립이라는 쟁점은 오랫동안 논의되어 왔다(Hart & Ksir, 2014; Rosenthal, 2011, 2005). 이에 대한 감정이 격화되어 1980년대에는 한쪽의 사람들이 다른 쪽 사람들의 동기와 정직함에 대해 도전하기도 했다(Sobell & Sobell, 1984, 1973; Pendery et al., 1982).

그러나 연구에 의하면 통제된 음주와 금주 모두 특정 음주 문제의 성격에 따라 유용한 치료 목표가 될 수 있다는 것이 밝혀졌다. 연구에 의하면 금주는 오랫동안 알코올사용장애를 가진 사람들에게 더 적절한 목표가 될 수 있는 반면, 통제된 음주는 패턴에 내성 및 금단 반응이 포함되지 않는 더 젊은 음주자들에게 도움이 될 수 있다는 것이 나타났다. 후자

에 속한 많은 사람들이 비남용적 음주 형태를 가르치는 치료에 반응할 것이다(Hart & Ksir, 2014; Witkiewitz & Marlatt, 2007, 2004).

여러 자조 프로그램들이 데아톱 빌리지와 포닉스 하우스와 같은 **거주치료센터**(residential treatment center)나 치료공동체(therapeutic community)로 확대되었는데, 이곳에서는 과거 약물에 중독되었던 사람들이 약물이 없는 환경에서 생활하고, 일하며, 어울리는 동시에 개인·집단·가족 치료를 받고, 다시 공동체 생활로의 복귀를 시도하고 있다(Relf et al., 2014; Bonetta, 2010).

자조적·요양적 치료 프로그램이 유지된다는 증거는 대체로 개별적 추천서 형태로 나타낸다. 수만 명의 사람들은 자신의 삶이 호전된 점을 통해 이런 프로그램을 기억하고 그것들을 신뢰한다는 점을 밝혀 왔다. 프로그램에 관한 여러 연구들 역시 긍정적 결과가 나타났지만 그 수는 제한적이다(Galanter, 2014).

Joshua Lutz/Redux

수감 중 약물중독과의 싸움
텍사스의 주립교도소에서는 수감자들이 마약과 알코올 재활 프로그램의 일환으로 운동과 명상 프로그램을 진행한다. 심리교육과 기타 개입을 통해 수감자들이 약물남용 문제를 해결하도록 돕는다.

문화·성별 인지적 프로그램 물질사용장애가 있는 많은 사람들은 빈곤하고 폭력적인 환경에서 생활하는 듯하다. 오늘날 점점 더 많은 치료 프로그램이 빈곤하고 무주택자이며, 소수민족 집단구성원들이 직면한 특수한 사회문화적 압박을 인지하려 노력하고 있다(Hadland & Baer, 2014; Hurd et al., 2014). 내담자의 삶의 문제를 인지한 치료자들은 종종 재발을 유도하는 스트레스를 더욱 잘 다룰 수 있다.

이와 마찬가지로 치료자들은 여성이 종종 남성에게 고안된 치료와는 다른 치료법을 필요로 한다는 점을 자각하게 되었다(Lund, Brendryen, & Ravndal, 2014; Greenfield et al., 2011). 여성과 남성은 종종 약에 대해 서로 다른 심리적·신체적 반응을 한다. 또한 물질사용장애가 있는 여성에 대한 치료는 성적 학대의 영향, 약 복용 중 임신할 가능성, 양육으로 인한 스트레스, 임신 중 약물남용으로 인한 범죄 기소의 두려움 때문에 복잡해질 수 있다(Finnegan & Kandall, 2008). 그래서 이런 장애를 지닌 많은 여성은 더욱 편안한 상태에서 성별 인지 클리닉이나 거주 프로그램에 도움을 요청하며, 이러한 몇몇 프로그램을 통해 아이들은 회복 중인 어머니와 함께 살 수 있다.

> 소수민족이나 성적 소수자인 약물 중독자가 맞닥뜨리게 되는 다른 유형의 문제가 있다면 어떤 것일까?

공동체 예방 프로그램 물질사용장애에 대한 가장 효과적인 접근법은 아마도 장애를 예방하는 것이다(Sandler et al., 2014). 여러 학교에서 최초의 약물 예방 노력이 시행되었다(Espada et al., 2015). 오늘날 이러한 프로그램이 직장, 활동 중심지, 그 밖의 공동체 환경, 심지어 미디어에서 제시되고 있다(NSDUH, 2013). 1년 이내에 대략 75%의 청소년이 물질사용 예방 메시지를 보거나 들어 왔다. 그리고 약 60%의 청소년이 지난해에 자기 부모에게 알코올과 다른 약의 위험성에 관해 이야기했다.

예방 프로그램은 개인(가령 불쾌한 약물 효과에 관해 교육함으로써), 가족(보육기술을 교육함으로써), **또래 집단**(또래의 압력에 대한 저항을 교육함으로써), 학교(약물정책에 대한

▶**거주치료센터** 이전에 약물의존이었던 사람들이 약물이 없는 환경에서 치료를 받으면서 생활하고, 일하고, 사회화할 수 있도록 하는 장소. '치료공동체'라고도 함

Fred Squillante/The Columbus Dispatch

나의 이야기를 들어 보렴
한 죄수가 족쇄를 찬 채 오하이오고등학교 학생들 앞에서 자신의 음주운전 판결(음주운전으로 치명적인 자동차사고를 냄)에 대해 이야기하고 있다. 학교는 '올바른 선택'이라는 예방 프로그램을 통해 이러한 재소자들의 방문을 받는다.

확고한 집행 준비를 함으로써), 혹은 크게는 **공동체**에 초점을 맞출 수 있다. 가장 효과적인 예방 노력은 이런 몇몇 영역에 초점을 맞추어 사람들의 삶의 영역에서 약물남용에 관한 일관된 메시지를 전달한다(Wambeam et al., 2014). 취학 전 아동을 위해 몇몇 예방 프로그램이 개발되었다.

오늘날 2개의 선도적 공동체중심 예방 프로그램은 TheTruth.com과 Above the Influence이다. TheTruth.com은 특히 젊은 층을 대상으로 웹(예 : 유튜브)과 TV, 잡지, 신문에 '멋진' 광고를 하는 금연 캠페인이다. Above the Influence는 10대들이 남용하는 다양한 물질에 초점을 맞추는 유사한 광고 캠페인이다. 3,000명의 학생들에 대한 최근의 전국적 조사에 의하면 Above the Influence 광고를 보는 것은 10대들의 마리화나 사용을 감소시키는 데 도움이 될 수 있다고 한다(Slater et al., 2011). 이 조사에서 이 광고를 전혀 본 적이 없는 학생의 12%가 마리화나 사용을 한 것과 대조적으로 이 캠페인을 잘 아는 8학년생(중학교 2학년생)의 8%가 마리화나 사용을 했다는 것이 밝혀졌다.

> 인기 연예인들이 과거의 약물남용에 대해 인정하는 것이 사람들의 약물남용 치료에 참여하고자 하는 의지에 어떤 영향을 미치게 될까?

> ▶ **요약**
>
> **물질사용장애는 어떻게 치료하는가** 약물남용과 의존에 대한 치료방식은 매우 다양하다. 보통 몇몇 접근법이 결합된다. 정신역동치료는 내담자들이 약을 이용하도록 할 수 있는 잠재적 욕구와 갈등을 인식하고 수정하는 데 사용된다. 일반적인 행동기법은 혐오치료이며, 이 경우 불쾌한 자극과 사람들이 남용하는 약물이 결합된다. 인지행동치료는 행동에 대한 자기 통제 훈련(BSCT)과 재발방지 훈련과 같은 형태로 결합되었다. 생물학적 훈련에는 해독, 길항약물, 약물유지치료가 있다. 사회문화적 치료는 자조집단(예 : AA), 문화적·성별 감지 프로그램, 공동체 예방 프로그램으로 사회적 상황에서 물질사용장애에 접근한다.

기타 중독장애

이 장의 서두에서 말했듯이 *DSM-5*에서는 물질사용장애와 함께 중독성 장애로 **도박장애**를 거론하고 있다. 이것은 *DSM*의 이전 판에서는 물질남용만 언급됐던 중독의 개념이 크게 확장된 것을 나타낸다. 본질적으로 *DSM-5*는 사람들이 물질사용을 넘어서 행동과 활동에 중독될 수 있다는 것을 시사하고 있다.

도박장애

▶**도박장애** 광범위한 생활 문제를 야기하는 지속적이고 반복적인 도박행위를 보이는 장애

성인의 4%와 10대 및 대학생의 3~10%가 **도박장애**(gambling disorder)를 겪고 있다고 추산되고 있다(Nowak & Aloe, 2013; Black et al., 2012). 임상가들은 이 장애와 사회적 도박을 구분함에 있어 신중하다(APA, 2013). 도박장애는 도박에 쓰는 시간이나 돈의 양보다 그 행동의 중독성에 의해 정의된다. 도박장애가 있는 사람들은 도박에 정신이 팔려 있으며, 전

표 10-3

진단 체크리스트

도박장애

1. 다음 증상 중 4개 이상의 지속적이고 반복적인 문제성 도박 행위가 지난 12개월 동안 나타나는 경우

　(a) 만족스러운 흥분감을 얻기 위해 더 많은 돈을 도박에 쓰고자 하는 욕구

　(b) 도박을 줄이거나 멈추고자 할 때 불안감이나 짜증을 경험

　(c) 도박을 조절하거나 감소하거나 멈추려고 하는 노력의 반복적인 실패

　(d) 도박에 대한 빈번한 몰두

　(e) 스트레스를 받을 때의 빈번한 도박

　(f) 손해를 보상받기 위한 도박 장면으로의 빈번한 복귀

　(g) 도박의 양을 숨기기 위한 거짓말

　(h) 도박으로 인해 중요한 관계, 직업, 교육/경력에서의 기회가 위험에 빠지거나 상실됨

　(i) 도박으로 인해 야기된 경제적 문제를 해결하기 위해 다른 사람의 돈에 의존

2. 증상으로 인해 심각한 고통이나 손상을 경험함

출처 : APA, 2013.

숨은 뜻 읽어내기

스마트폰 중독?

• 영국인의 약 41%가 스마트폰이나 태블릿 PC를 접할 수 없을 때 불안함을 느끼고 안절부절못한다고 보고했다.

• 미국인의 약 12%가 샤워 도중 스마트폰을 사용한다.

• 약 75%의 응답자는 자신의 스마트폰이 항상 1.5m 내에 존재한다고 말했다.

(Archer, 2013)

형적으로 베팅하는 것에서 벗어나지 못한다. 돈을 반복적으로 잃게 되면 그 돈을 되찾으려는 노력으로 도박을 더 많이 하게 되며, 재정적 및 사회적 · 직업적 · 교육적 · 건강 문제에 직면하면서도 도박을 계속한다(표 10-3 참조). 도박은 사람들이 괴로울 때 더 자주하게 되며, 도박의 정도를 감추기 위해 거짓말하는 것은 흔한 일이다. 마지막으로 도박장애가 있는 많은 사람들은 원하는 흥분에 도달하기 위해서 어느 때보다도 불어난 엄청난 양의 돈으로 도박할 필요가 있으며, 도박을 줄이거나 끊을 때 안절부절못하거나 짜증을 낸다. 이것은 물질사용장애에서 흔히 발견되는 내성과 금단 반응과 유사한 증상이다(APA, 2013).

도박장애에 대한 설명은 물질사용장애에 제공된 것과 흔히 유사하다. 예컨대 도박장애가 있는 사람들은 (1) 그 장애를 발전시키는 유전적 소인을 물려받았으며(Vitaro et al., 2014), (2) 뇌 보상 중추에서 도파민 활동성과 작용의 고조를 경험하며(Jabr, 2013), (3) 자신들을 도박장애에 빠지기 쉽게 하는, 충동적이며 진귀성 추구적이며 다른 성격 유형을 가지며(Leeman et al., 2014), (4) 부정확한 기대와 자신의 감정과 신체적 상태에 대한 잘못된 해석과 같이 반복적이며 인지적인 실수를 한다(Spada et al., 2015; Williams et al., 2012)고 밝힌 연구들도 있다. 그러나 이들 이론에 대한 연구는 위와 같은 설명을 아직까지는 잠정적인 것으로 남겨 두면서 지금까지 제한되어 왔다.

물질사용장애의 선구적 치료 중 몇몇은 도박장애에 사용하기 위해 조정되었다. 이들 치료법에는 재발방지 훈련과 같은 인지행동 접근법과 마약길항제 같은 생물학적 접근법이 포함되어 있다(Jabr, 2013; Bosco et al., 2012). 게다가 익명의 알코올중독자모임을 모델로 해서 만들어진 네트워크인 자조그룹 프로그램 단도박모임(Gamblers Anonymous)은 도박장애를 가진 수천 명의 사람들이 이용할 수 있다(Marceaux & Melville, 2011). 이 모임에 참가하는 사람들은 더 높은 회복률을 보이는 것 같다.

인터넷게임장애 : 공식적 지위를 얻기 위해 대기 중

과거에 의사소통과 네트워킹, 쇼핑, 게임, 지역사회 참가와 같이 '현실 세계'에서 일어났던 활동을 인터넷에 의존하는 사람들이 증가함에 따라 새로운 심리적 문제, 즉 온라인에 접해 있어야 하는 통제불능의 욕구가 나타났다(Hsu et al., 2014; Young, 2011). 이 패턴은 다른

David Sacks/The Image Bank/Getty Images

도박장소의 증가
이 여성은 크루즈 선상 위에서 휴가를 즐기는 동안 슬롯머신 게임을 하고 있는 중이다. 그녀에게는 무해한 즐거움을 주지만, 모든 사람에게 그런 것은 아니다. 몇몇 이론가는 도박장애의 확산에 따른 최근의 증가가 새로운 도박 장소, 특히 전국 곳곳에 지어진 많은 카지노의 폭발적 증가와 관련이 있다고 보았으며, 합법화와 온라인 도박의 확산 또한 관련이 있다고 보았다.

▶인터넷게임장애 지속적이며 반복적으로 과도한 인터넷 활동, 특히 게임을 하는 것이 특징인 장애. *DSM-5*에서 추가 연구가 필요하다고 권고하고 있음

이름 중에서 인터넷사용장애와 인터넷 중독, 인터넷사용 문제로 부르고 있다.

이 패턴을 보이는 사람들(적어도 전체 인구의 1%)에게 인터넷은 블랙홀이 되었다. 그들은 깨어 있는 시간의 대부분을 문자, 트위터, 네트워킹, 게임, 인터넷 검색, 이메일 보내기, 블로그 활동, 가상 세계 방문, 온라인 쇼핑, 또는 온라인 포르노 시청에 쓴다(Yoo et al., 2014). 이 패턴의 구체적 증상은 외부 흥미에서 인터넷 사용이 불가능할 때 일어날 수 있는 금단 반응까지 확장된 형태로 물질사용장애와 도박장애에서 발견되는 증상과 비슷하다(APA, 2013).

비록 임상가와 미디어, 대중이 이 문제에 엄청난 관심을 보였지만, *DSM-5*는 이것을 장애로 열거하지 않았다. 오히려 **인터넷게임장애**(Internet gaming disorder)라 부르는 이 패턴이 향후에 포함할지 여부에 대해 추가적으로 연구해야 할 것을 권하고 있다(APA, 2013). 이 패턴이 공식적 임상장애의 지위를 얻을지 여부는 시간(과 연구)이 결정할 것이다.

▶ **요약**

기타 중독장애 *DSM-5*의 기타 중독장애는 도박장애를 물질사용장애와 함께 중독장애로 분류하였다. 물질사용장애가 있는 사람들과 아주 유사한 이 장애에 대한 설명은 유전적 요인, 도파민 활동, 성격 유형, 인지적 요인을 포함한다. 도박장애의 치료에는 인지행동적 접근, 마약길항제, 자조집단들이 활용된다. *DSM-5*는 인터넷 게임 장애와 같은 다른 중독적 행위를 다음번 *DSM* 개편에 포함시킬 수도 있는 추가 연구 항목에 포함시켰다.

종합

익숙한 이야기를 새로 살피기

어떤 점에서 약물오용에 관한 이야기는 과거나 현재나 동일하다. 물질오용은 여전히 만연해 있어, 흔히 유해한 심리적 장애를 일으킨다. 새로운 약물이 계속해서 나타나고, 대중은 순진하게 자신들이 '안전하다'고 믿는 시대를 살고 있다. 다만 점진적으로 사람들은 이런 약들이 위험하다는 점을 알게 되었다. 그리고 물질사용장애에 대한 치료는 계속해서 단지 제한적인 효과만 내고 있다.

그러나 익숙한 이야기에서 새로 살펴볼 중요한 사항이 있다. 여러 연구원은 약물이 뇌와 몸에 작용하는 방식에 관해 더욱 명확히 이해하기 시작했다. 치료 과정에서 자조집단과 재활 프로그램이 늘어나고 있다. 그리고 사람들이 약물오용의 위험을 자각하게 하는 예방 교육 역시 확대되고 있으며, 일정 효과는 내는 듯하다. 이처럼 개선되는 한 가지 이유는 연구원들과 임상가들이 고립된 채 연구하기를 중단하고 자신들의 연구와 다른 모델에서 비롯된 연구 간의 교차점을 찾고 있기 때문이다.

이런 통합적 노력을 통해 얻을 가장 중요한 통찰사항은 아마도 몇몇 모델들이 이미 올바른 경로에 있다는 점인 듯하다. 사회적 압박, 성격의 특성, 보상, 유전적 소인 모두 물질사용장애 면에서 역할을 하며 실제로 함께 작용하는 듯하다. 예를 들어 몇몇 사람들은 생물학적 보상 중추의 기능장애를 물려받아 자신의 보상 중추를 자극하기 위해 특수한 정도의 외적 자극, 말하자면 도박 혹은 강력한 관계나, 풍부한 양의 식품이나 약을 필요로 할 수 있다. 이들의 외적 보상에 대한 추구는 중독적 성격의 특성을 나타낸다. 이런 사람들은

특히 자신들의 사회적 집단에서 약물을 이용할 수 있거나 강렬한 스트레스에 직면했을 때 약물로 실험할 가능성이 크다.

각각의 모델은 물질사용장애의 원인에 대한 중요한 요인을 규명하였고, 치료에도 각각 중요한 공헌을 하였다. 살펴봤듯이 다양한 형태의 치료는 다른 모델에서 기인한 접근법과 결합했을 때 최상의 작용을 하며, 통합적 치료를 가장 생산적인 접근법으로 만든다.

하지만 중독 이야기의 또 다른 새로운 유형은, 물질만이 사람들을 중독에 걸리게 하는 유일한 것이 아니라는 점을 임상 분야에서 이제는 공식적으로 주장한다는 점이다. 물질사용장애와 나란히 도박장애를 분류하고, 인터넷게임장애를 향후 포함시키는 것을 목표로 함으로써 *DSM-5*는 중독 패턴, 즉 이것들이 물질 유도성인지 또는 다른 종류의 경험에 의해 촉발되는 것인지의 여부에 대한 보다 넓은 견해와 아마도 보다 넓은 치료의 문을 열었다.

핵심용어

간경화	마리화나	수반성 관리	코르사코프증후군
거주치료센터	마약 길항약물	아편	코카인
공동체 예방 프로그램	메스암페타민	아편유사제	태아알코올증후군
금단	메타돈 유지 프로그램	알코올	테트라하이드로칸나비놀(THC)
길항약물	모르핀	암페타민	해독
내성	물질남용 성격	약물순화법	헤로인
농축 코카인	물질사용장애	엔도르핀	혐오치료
단도박모임	물질 중독	익명의 알코올중독자모임(AA)	환각제
대마초	바비튜레이트	인터넷게임장애	환각증
도박장애	벤조디아제핀	자조 프로그램	LSD(리세르그산 디에틸아미드)
도파민-2 (D2) 수용체 유전자	보상결핍증후군	재발방지 훈련	
동반상승 효과	보상 중추	진전섬망(DTs)	
디설피람(안타부스)	복합물질 사용	진정 수면성 약물	

속성퀴즈

1. 물질사용장애가 무엇인가?
2. 알코올은 뇌와 신체에 어떻게 작용하는가? 알코올남용의 문제점과 위험성은 무엇인가?
3. 바비튜레이트와 벤조디아제핀 남용의 양상과 문제점을 설명하라.
4. 다양한 아편제(아편, 헤로인, 모르핀)를 비교하라. 아편제의 사용은 어떤 문제점을 야

기할 수 있는가?
5. 각성제 중 두 가지를 열거하고 비교하라. 이들의 생물학적인 작용과 그로 인해 발생할 수 있는 문제점을 각각 설명하라.
6. 환각제, 특히 LSD의 효과는 무엇인가?
7. 마리화나와 다른 대마계 약물의 효과는 무엇인가? 몇십 년 전보다 최근 마리화나가

더 위험한 것은 무엇 때문인가?
8. 혼합물질 사용의 독특한 문제는 무엇인가?
9. 물질사용장애의 대표적인 이론과 치료법을 설명하라. 이러한 이론과 치료법은 얼마나 잘 지지되고 있는가?
10. 물질남용에 의해 촉발되지 않는 두 가지 중독 패턴을 말하고, 이를 설명하라.

성 장애와 성 정체감 장애

57세의 로버트는 발기가 되지 않아 아내와 성 치료(sex therapy)를 위해 찾아왔다. 6개월 전까지는 발기에 아무런 문제가 없었는데, 6개월 전 어느 날 저녁 외출에서 술을 조금 많이 마신 후 성관계를 가지려 한 이후로 발기에 문제가 생겼다. 처음에 그들은 로버트가 '조금 취한 것' 때문일 것이라고 생각을 했는데, 그 일이 있은 후 며칠 동안 로버트는 혹시 자신이 발기불능이 아닐까 하고 걱정하기 시작했다고 말했다. 그 일이 있은 이후로 성관계를 가지려 하자 로버트는 자신이 발기가 제대로 되는지 신경을 쓰느라 관계를 갖는 것에 집중을 할 수가 없었다. 역시나 로버트는 발기가 되지 않았고, 그와 그의 아내는 매우 속상하였다. 그 후 몇 개월 동안 발기 문제는 계속되었다. 로버트의 아내는 더 속상해하며 좌절감을 느끼게 되었다. 그가 외도를 하는 것이 아닌가 하고 추궁하거나 자신이 더 이상 매력이 없는가 하고 생각하게 되었다. 로버트는 자신이 너무 나이 들어 그런가 하는 생각과 1년쯤 전부터 먹어 온 고혈압 치료제가 발기에 문제를 일으키는지 생각하게 되었다. 로버트와 아내가 성 치료를 위해 찾아왔을 때는 두 달째 성관계를 시도하지 않았다.

성행동은 우리의 사적인 생각과 공적 논의의 큰 부분을 차지한다. 성적인 생각은 우리의 성장과 매일의 기능에도 중요한 부분을 차지한다. 성적인 활동은 기본 욕구를 충족시키는 데에도 큰 연관이 있으며, 성기능은 자존감과도 연관이 있다. 대부분의 사람들은 다른 사람들의 이상한 성생활에 매료되며 자신의 성행동이 정상적인가 하는 걱정을 한다.

전문가들은 크게 두 가지 부류의 성적 장애가 있다고 말한다. 그것은 성기능부전과 변태성욕장애이다. 성기능부전을 가지고 있는 사람들은 자신의 성적 반응에서 문제를 겪는다. 예를 들면 로버트는 발기장애라고 하는 기능장애를 가지고 있는 것인데, 이것은 성적 행동을 할 때 발기가 되지 않거나 발기를 유지하지 못하는 것을 말한다. 변태성욕장애를 가지고 있는 사람들은 사회가 부적절하다고 생각하는 사물이나 상황에서, 반복되는 극심한 성적 욕구를 느끼며 실제로 부적절한 행동을 보이기도 한다. 예를 들면 아동을 상대로 성적 흥분을 느낀다거나 낯선 사람들 앞에서 자신의 성기를 보이고 싶은 욕구를 느끼며 그 욕구에 따라 행동하는 경우도 있다. 성 장애 이외에도 *DSM-5*에서는 **성별 불쾌감**을 진단에 포함하였다. 성별 불쾌감은 성 관련 패턴으로서, 자신이 잘못된 성별로 태어났다고 지속적으로 느끼며 다른 성별의 사람과 동질감을 느끼고, 이러한 느낌으로 인하여 심각한 고통이나 손상을 경험하는 것을 말한다.

앞으로 이 장을 나아가며 계속 보겠지만 성별의 차이 말고는 문화나 인종에 따른 성의 차이는 잘 알려져 있지 않다. 이러한 이해 부족은 정상적인 성적 패턴, 성기능부전, 그리고 변태성욕장애에서도 마찬가지이다. 오랜 기간 사람들은 자신과 다른 문화집단에 대해 성욕 과잉, '혈기 왕성', 이국적 · 열정적 · 복종적이라고 부르곤 해 왔는데, 이러한 잘못된 고정관념은 객관적인 관찰이나 연구에 의한 것이 아니라 무지와 편견에 의해 생겨난 것이다 (McGoldrick et al., 2007). 실제로 성 장애 치료자들과 성 관련 연구자들도 최근에 문화나 인종의 중요성에 체계적으로 관심을 두기 시작하였다.

▶성기능부전 인간의 성적 반응주기 중 어떤 영역에서 정상적인 기능을 보이지 못하는 것으로 특징지어지는 장애

▶욕구기 성관계를 갖고자 하는 욕구, 성적 환상, 다른 사람에게 성적 매력을 보이는 등으로 구성된 성 반응주기의 단계

성기능부전

성기능부전(sexual dysfunction)은 성기능장애의 일종으로, 중요한 성기능이 제대로 반응하지 않아 성관계를 즐기는 것을 불가능하거나 어렵게 만드는 것을 말한다. 연구에 의하면 전 세계 남성의 30%, 여성의 45%가 일생 중에 성기능부전을 겪는다고 한다(Lewis et al., 2010). 성기능부전은 일반적으로 심한 심적 괴로움을 느끼게 하며, 흔히 성적 좌절감, 죄책감, 자존감 상실이나 대인관계에서의 문제를 발생시키기도 한다(Faubion & Rullo, 2015; McCarthy & McCarthy, 2012). 보통 이러한 기능장애는 서로 연관되어 있는 일이 많다. 한 가지 기능부전장애를 가지고 있는 환자는 대부분 다른 기능장애도 가지고 있다. 여기서 성기능부전은 치료받으러 오는 대부분의 커플인 이성애자 커플을 대상으로 서술할 것이다. 게이와 레즈비언 커플도 같은 성기능부전을 가지고 있으나, 이성애자들의 치료법과 같은 방법을 사용한다.

> 성행동의 비율에 대한 조사는 대개 인구조사에 기초하고 있다. 이러한 방식의 조사의 정확성에 영향을 미치는 요인은 무엇일까?

인간의 성적 반응은 네 가지 단계를 가진 주기라고 말할 수 있다. 이것은 욕구기, 흥분기, 절정기(오르가슴), 해소기로 이루어져 있다(그림 11-1 참조). 성기능부전은 처음 3단계의 하나 이상에 영향을 미친다. 해소기는 절정 이후에 따르는 이완 그리고 흥분의 감소가 일어나는 단계이다. 어떤 성기능부전 환자들은 평생 동안 성기능부전을 가지고 있고, 다른 환자들은 정상적인 성기능을 가지고 있다가 성기능부전으로 진행이 되기도 한다. 일부의 경우 기능부전은 모든 성적 상황에서 나타나지만, 다른 경우에는 특정 상황에서만 나타난다(APA, 2013).

성욕장애

성 반응주기에서 **욕구기**(desire phase)는 성욕과 타인에 대한 성적 끌림, 그리고 많은 사람들의 경우 성적 환상으로 이루어져 있다. 두 가지 성기능부전인 **남성성욕감퇴장애**와 **여성 성적 관심/흥분장애**는 욕구기에 영향을 미친다. 후자의 장애는 성 반응주기의 욕구기 및 흥분기 모두에 거쳐서 일어난다. 연구에 따르면 성욕과 흥분은 여성의 경우 특히 고도로 겹치

그림 11-1
일반적인 성 반응주기
연구자들은 남성과 여성 모두에게서 비슷한 주기의 순서를 찾아냈다. 그러나 때로는 여성은 오르가슴을 경험하지 못하기도 한다. 그런 경우에 해소기가 더 천천히 나타난다. 어떤 여성들은 해소기 이전에 2번 이상의 오르가슴을 연속으로 경험하기도 한다(출처 : Kaplan, 1974; Masters & Johnson, 1970, 1966).

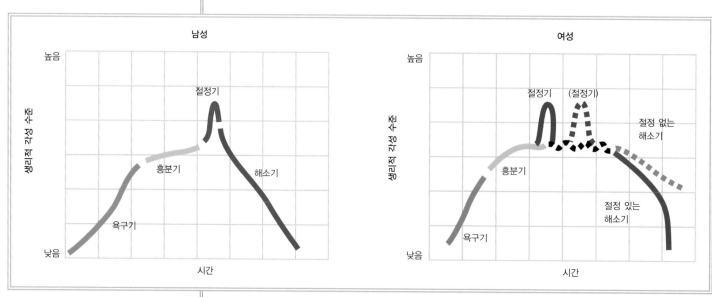

며 성욕 감정과 흥분 감정을 구분하는 데 어려움을 겪는 여성이 많기 때문에 *DSM-5*에서는 단일 장애로 간주되고 있다(APA, 2013).

많은 사람들이 정상적인 성적 흥미를 느끼지만, 성욕보다는 생활방식으로서 성관계를 가지는 것은 피하려고 한다(정보마당 참조). 이러한 사람들은 성욕장애로 진단되지 않는다.

남성성욕감퇴장애(male hypoactive sexual desire disorder)가 있는 남성들은 지속적으로 성관계에 흥미를 느끼지 못하고, 성적 행동에 관여하지 않는다(표 11-1 참조). 그럼에도 그들은 막상 성관계를 가지게 되면 신체적 반응은 정상이거나 성관계에서 쾌락을 느끼기도 한다. 비록 대부분의 문화는 남성을 성관계라면 다 좋아하는 것처럼 묘사하기도 하지만, 많게는 전 세계 18%의 남성에게서 이 장애가 나타나며, 지난 10여 년 동안 치료를 찾는 남성의 수는 더 증가하였다(Martin et al., 2014; Lewis et al., 2010).

여성 성적 관심/흥분장애(female sexual interest/arousal disorder)를 가진 여성도 성에 대한 정상적 흥미가 부족하며 성 활동을 거의 개시하지 않는다(표 11-1 참조). 게다가 이런 여성 중 많은 여성이 성 활동 중에 흥분을 거의 느끼지 않으며, 에로틱한 신호에 흥분하지 않고 그리고 극히 소수만이 성 활동 중에 성기 또는 성기 외적 감각 결핍을 경험한다(APA, 2013). 성적 관심과 흥분의 감퇴는 전 세계 여성의 38%에서 발견될 수 있다(Christensen et al., 2011; Laumann et al., 2005, 1999, 1994). 많은 성 연구자들과 치료자들이 욕구와 흥분 증상을 하나의 여성 장애로 결합하는 것은 부정확하다고 믿는다는 것에 주목하는 것이 중요하다(Sungur & Gündüz, 2014).

사람의 성충동은 생물학적·정신적·사회문화적인 요인의 조합으로 만들어지며, 어떠한 한 가지도 성욕을 감퇴시킬 수 있다. 대부분의 경우 성욕 감퇴는 사회문화적 및 정신적 요인에 의해 주로 야기되지만 생물학적 상태 또한 성욕을 크게 낮출 수 있다.

성욕 감퇴의 생물학적 원인 성욕과 성 행태는 여러 가지 호르몬의 상호작용으로 생겨나는 것이며(그림 11-2 참조), 이러한 작용의 이상은 성욕을 감퇴시킬 수 있다(Randolph et al., 2015; Giraldi et al., 2013; Laan et al., 2013). 남성과 여성이 동일하게 **프로락틴**이라는 호르몬이 높거나, 남성 호르몬인 **테스토스테론**이 낮거나, 여성 호르몬인 **에스트로겐**이 높거나 낮으면 성욕 감퇴로 이어질 수 있다. 성충동 감퇴는 예컨대 특정한 피임약에 많이 함유된 에스트로겐 수치와도 연관이 있다. 그와 반대로 폐경 후의 여성이나 최근에 출산을 한 여성의 낮은 에스트로겐 수치에서도 연관성이 보인다. 장기적 신체질환 또한 성충동 감퇴로 이어질 수 있다(Berry & Berry, 2013). 성욕 감퇴는 신체질환의 직접적인 결과일 수도 있지만, 그 질환에 의해 야기된 스트레스, 통증, 우울증과 같은 간접적 결과일 수도 있다.

임상 실습과 연구에서는 더 나아가 성충동이 일정한 종류의 진통제, 향정신성 의약품이나 코카인, 대마초, 암페타민, 헤로인과 같은 금지 약물 때문에도 감소될 수 있음을 보여준다(Glina et al., 2013). 적은 양의 술은 사람의 억제력을 낮추기 때문에 성충동을 높일 수도 있지만, 많은 양은 오히려 성충동을 감퇴시킨다(George et al., 2011).

성충동 감퇴의 심리적 원인 불안감, 우울함, 분노의 전반적인 상승은 남성과 여성 모두의 성욕을 감퇴시킨다(Rajkumar & Kumaran, 2015; Štulhofer et al., 2013). 인지이론가들이 주

표 **11-1**

진단 체크리스트

남성성욕감퇴장애

1. 적어도 6개월 동안 성적 사고, 판타지, 욕구를 거의 또는 전혀 반복적으로 경험

2. 이에 대한 심각한 고통을 경험

여성 성적 관심/흥분장애

1. 적어도 6개월 동안 성적 관심과 흥분이 감소되거나 전혀 보이지 않아야 하며, 다음 중 적어도 세 가지에서 감소나 부재가 나타남 • 성적 관심 • 성적인 생각이나 판타지 • 성행위 시작 또는 수용 • 성관계 동안의 성적인 흥분이나 쾌감 • 성적인 자극에 대한 반응 • 성관계 동안의 성기나 성기 외적 감각

2. 심각한 고통 경험

출처 : APA, 2013.

▶**남성성욕감퇴장애** 성적 관심의 지속적인 감소나 결여로 인해 저조한 성생활을 보이는 남성 성기능부전

▶**여성 성적 관심/흥분장애** 성에 대한 관심이나 성적 활동의 저하나 부족을 특징으로 하는 여성 성기능부전으로, 어떤 경우 성적 활동 시 제한된 흥분과 성적 감각을 보임

생활 주기에 따른 성행동

성기능부전은 정의상 통상적인 성기능 패턴과 다르다. 그러나 성적 영역에서 '통상적'이라는 것은 어떤 의미인가? 지난 20년에 걸쳐 수행된 연구들에 의해 북아메리카의 '정상적' 집단의 성적 패턴에 대한 유용하며 때로는 괄목할 만한 정보가 풍부하게 제공되었다. 예상되겠지만 성행동은 종종 연령과 성별에 의해 차이가 난다.

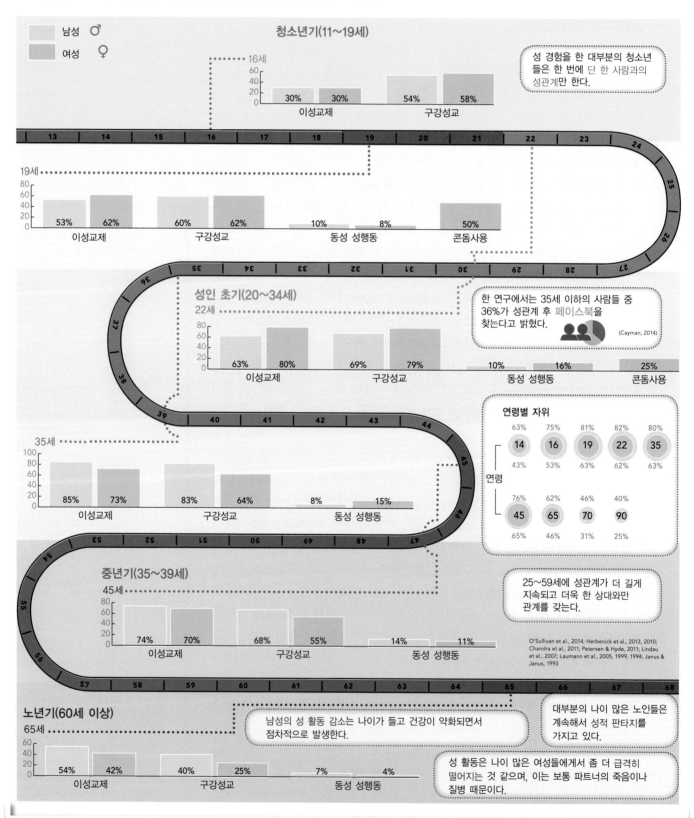

남성 ♂
여성 ♀

청소년기(11~19세)

16세
30% 이성교제 30%　54% 구강성교 58%

성 경험을 한 대부분의 청소년들은 한 번에 단 한 사람과의 성관계만 한다.

19세
53% 이성교제 62%　60% 구강성교 62%　10% 동성 성행동 8%　50% 콘돔사용

성인 초기(20~34세)

22세
63% 이성교제 80%　69% 구강성교 79%　10% 동성 성행동 16%　25% 콘돔사용

한 연구에서는 35세 이하의 사람들 중 36%가 성관계 후 페이스북을 찾는다고 밝혔다. (Cayman, 2014)

연령별 자위

63%	75%	81%	82%	80%
14	16	19	22	35
43%	53%	63%	62%	63%

연령

76%	62%	46%	40%
45	65	70	90
65%	46%	31%	25%

35세
85% 이성교제 73%　83% 구강성교 64%　8% 동성 성행동 15%

25~59세에 성관계가 더 길게 지속되고 더욱 한 상대와만 관계를 갖는다.

O'Sullivan et al., 2014; Herbenick et al., 2013, 2010; Chandra et al., 2011; Petersen & Hyde, 2011; Lindau et al., 2007; Laumann et al., 2005, 1999, 1994; Janus & Janus, 1993

중년기(35~39세)

45세
74% 이성교제 70%　68% 구강성교 55%　14% 동성 성행동 11%

노년기(60세 이상)

남성의 성 활동 감소는 나이가 들고 건강이 약화되면서 점차적으로 발생한다.

대부분의 나이 많은 노인들은 계속해서 성적 판타지를 가지고 있다.

65세
54% 이성교제 42%　40% 구강성교 25%　7% 동성 성행동 4%

성 활동은 나이 많은 여성들에게서 좀 더 급격히 떨어지는 것 같으며, 이는 보통 파트너의 죽음이나 질병 때문이다.

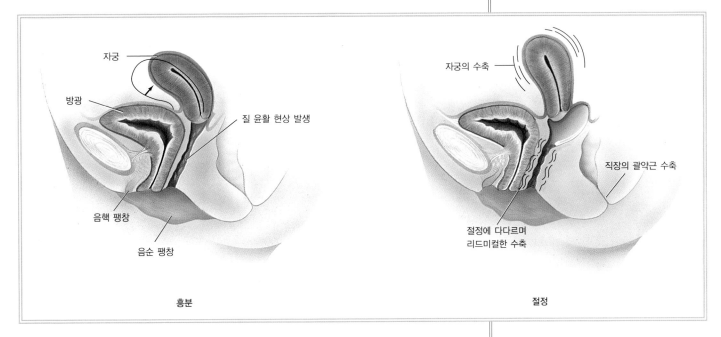

자궁

방광

질 윤활 현상 발생

음핵 팽창

음순 팽창

흥분

자궁의 수축

직장의 괄약근 수축

절정에 다다르며
리드미컬한 수축

절정

그림 11-2
일반적인 여성의 생식기 해부도
성 반응주기의 단계마다 여성의 신체구조
에 변화가 발생한다(출처 : Hyde, 1990, p.
200).

목하듯이 흔히 성욕 감퇴를 보이는 사람들이 가진 특정한 태도나 두려움, 기억이 기능장애의 원인이 된다. 예를 들면 섹스는 부도덕한 일이며 위험하다는 생각을 하는 것 등이다(Giraldi et al., 2013). 어떤 사람들은 자신이 성적 욕구를 통제하지 못하는 것이 두려워 전적으로 저항하기도 하며 어떤 사람들은 임신을 할까 봐 두려워하기도 한다.

몇 가지 특정한 심리장애 또한 성욕 감퇴로 이어지기도 한다. 가벼운 증상의 우울증도 성욕을 크게 저해할 수 있으며, 강박 증상을 가진 사람들은 타인의 체액이나 냄새를 극히 불쾌하게 느끼기도 한다(Rubio-Aurioles & Bivalacqua, 2013).

성욕 감퇴의 사회문화적 원인 성욕 감퇴의 원인이 되는 태도, 두려움, 그리고 심리장애는 사회적 맥락 안에서 생겨나는 것이므로 사회문화적인 요인 또한 성욕장애와 연관이 있다. 성욕이 감퇴된 많은 사람들은 이혼, 가족의 사망, 직장에서의 스트레스, 불임 문제, 아이가 생기는 것과 같은 상황에 따른 압박을 느낀다(Hamilton & Meston, 2013). 어떠한 사람들은 관계의 문제 때문이기도 하다(Witherow et al., 2015; Brenot, 2011). 관계가 행복하지 않은 사람들, 상대에 대한 애착이 없어진 사람들, 상대에게 잡혀 살아 무력함을 느끼는 사람들은 성에 흥미를 잃을 수 있다. 기본적으로 행복한 관계에 있는 사람들도 한쪽이 너무 미숙하고 열성적이지 않다면, 다른 쪽이 성에 흥미를 잃을 수 있다(Jiann, Su, & Tsai, 2013). 또한 커플들은 친밀감에 대한 필요가 다를 때가 있다. 좀 더 개인적 공간을 원하는 쪽의 성욕이 그 거리를 지키기 위하여 감퇴할 수 있다.

문화적 기준 또한 성욕 감퇴에 기여할 수 있다. 어떠한 남성은 우리의 문화적 이중 잣대를 선택했기 때문에 자신이 사랑하고 존중하는 여성에게 성욕을 느끼지 못하는 경우도 있다(Maurice, 2007). 더 일반적으로 우리의 사회가 젊음과 성적 매력을 동일하게 보게 만들기 때문에 많은 중년의 남성과 여성은 자아상(self-image)으로서의 성에 대한 흥미를 잃거나 나이가 듦에 따라 파트너에 대한 매력이 감소한다(Leiblum, 2010).

성추행이나 성폭행의 트라우마는 특히나 성욕장애에서 발견되는 공포, 태도 그리고 기억을 낳는다. 성적 학대의 몇몇 생존자들 중에는 성에 혐오감을 느끼는 사람들이 있는

Paul Sakuma/AP Photo

그랜드 테프트 오토(GTA) : 성적 광고
15개의 다른 제목을 가진 GTA는 오늘날 가장 인기 있는 비디오 게임 시리즈 중 하나이다. 그러나 제목 중 하나인 GTA : 산 안드레아스가 2004년에 출시되면서 거의 탈선되었다. 이 게임 속의 성적인 자료가 아이들에게는 너무 그래픽적이었고, 건강에 해로운 발달적 영향을 미친다는 두려움으로 부모와 정치가들이 보안 방법을 강화하고 성적인 자료를 제거하라고 제조사에 압력을 가하였다.

데, 이러한 증세는 몇 년 심지어 몇십 년 동안도 지속될 수 있다(Turchik & Hassija, 2014; Giraldi et al., 2013). 몇몇 생존자들의 경우에는 예전에 성폭행을 당했던 기억이 성년이 되고나서 하는 성행위 중 생생하게 떠오르기도 한다.

흥분장애

성적 반응주기에서 **흥분기**(excitement phase)는 골반 쪽 부위에 변화를 일으키며 전반적인 신체적 흥분, 심박동 수, 근육의 긴장, 혈압 상승, 호흡 속도의 증가 등이 특징이다. 남성에게서는 골반 쪽으로 피가 몰리는 것이 발기로 이어지고, 여성에게서는 음핵과 음순이 부풀며 질의 윤활로 이어진다. 앞에서 살펴봤듯이 여성 성적 관심/흥분장애에는 흥분기의 기능장애가 포함된다. 게다가 남성 장애 —발기장애 —에는 흥분기만의 기능장애가 포함된다.

발기장애 **발기장애**(erectile disorder)를 가지고 있는 남성은 성 활동 중 계속 발기가 되지 않거나 제대로 발기를 유지하지 못한다(표 11-2 참조). 이 문제는 이 장 맨 처음에 보았던 로버트를 포함한 전체 남성 인구 중 25% 정도에서 보인다(Martin et al., 2014; Christensen et al., 2011). 카를로스 도메라도 발기장애를 가지고 있다.

카를로스 도메라는 30세의 의류 제조업자로서, 22세에 처음 아르헨티나에서 미국으로 왔다. 그는 … 필리스와 결혼하였고 그녀도 30세이다. 그들에게는 자녀가 없었다. 카를로스의 문제는 지난 1년 정도 제대로 발기가 되지 않거나 유지되지 않아 아내와 성관계를 가지지 못했다는 것이었다. 그리하여 그는 지난 5개월 정도 아내와의 모든 성적 접촉을 기피하였고, 단 두 번 짧게 사랑을 나누려 했으나 발기가 되지 않아 그만두었다.

도메라 부부는 한 달 정도 전에 서로 합의하여 별거하게 되었다. 이유는 성적인 문제로 인한 갈등과 그로 인해 더 이상 서로 편하게 느껴지지 않았기 때문이다. 서로 상대를 사랑하고 있다고 말하며 상대에 대한 염려를 보였지만 성적 문제를 해결할 수 있을지 확신을 갖지 못하였다.

카를로스는 전형적인 '라틴계의 마초(남성다움을 과시하는 남자)'로 보인다. 그는 남자라면 "언제나 쉽게 발기가 되어야 하며 언제든 사랑을 나눌 수 있어야 한다."라고 믿고 있다. 그는 성적 기능을 제대로 '행하지' 못하였기 때문에 스스로를 굴욕적이고 무능력하다고 느껴졌다. 그는 이 문제에 성관계뿐만 아니라 모든 애정 표현을 보이지 않는 것으로 대처했다.

필리스는 "그는 노력하지 않고 있어요. 나를 사랑하지 않는 건지, 그리고 나는 섹스도 애정도 없이, 그렇게 늘 기분이 안 좋은 걸 보며 살 수가 없어요."라고 말하였다. 그녀는 잠시 떨어져 있자고 말하였고 그는 기꺼이 동의했다. 하지만 최근에 그들은 일주일에 두 번 정도 만남을 갖고 있다고 말하였다.

그는 진찰 중에 자신의 발기 문제는 사업적으로 긴박했던 때와 비슷하게 나타났다고 말하였다. 몇 번 성관계를 '실패'한 후에 그는 자신을 '쓸모없는 남편'이라고 단정 지었고 그렇기 때문에 '완전한 실패자'라고 느꼈다. 사랑을 나누려는 시도의 불안감은 그가 상대하기에는 너무나 컸다.

그는 가끔 혼자 자위를 할 때는 정상적이고 단단한 발기와 만족스러운 오르가슴을 느낄 수 있었다고 마지못해 인정했다. 하지만 이 일을 수치스럽게 느끼며 죄책감 또한 느꼈고, 이것은 어린 시절에 자위에 관한 죄책감과 아내에게 '바람을 피우는 것' 같다고 느끼게 하기 때문이었다. 때때로 아침에 단단히 발기된 적이 있다고 말하였다. 환자는 항우울제 말고 다른 약을

▶**흥분기** 골반 영역의 변화, 일반적인 생리적 각성, 심장 박동, 근육 긴장, 혈압, 그리고 호흡률의 증가를 보이는 성적 반응주기의 단계

▶**발기장애** 성행위 동안 발기의 시작 및 유지를 지속적으로 실패하는 성기능부전

복용하고 있지 않았으며 술 또한 많이 마시지 않는다고 말하였다. 다른 신체적 질환도 보이지 않았다.

(Spitzer et al., 1983, pp. 105-106)

카를로스와는 다르게 대부분의 발기장애는 50세 이상의 남성에게서 보인다. 이는 대부분 나이 들어 생기는 질병이나 질환 때문이다(Regal, 2015). 이 장애는 40세 이하의 남성에서는 7% 정도가 나타나고, 60세 이상의 남성에서는 40% 정도로 증가하며, 70~80대에서는 75%로 증가한다(Lewis et al., 2010; Rosen, 2007). 그뿐만 아니라 몇몇 설문조사에 의하면 절반 정도 이상의 성인 남성은 한 번쯤은 성관계에서 발기 문제를 겪은 적이 있다고 말하였다. 대부분의 발기장애는 생물학적·정신적·사회문화적 과정의 상호작용 때문에 생긴다.

왜 임상적 영역에서는 성행동의 문화나 인종에서의 차이를 연구하는 것이 늦을까?

생물학적 원인 남성성욕감퇴장애를 일으키는 것과 같은 호르몬의 불균형이 발기장애도 일으킬 수 있다(Glina et al., 2013; Hyde, 2005). 하지만 발기장애의 경우 혈관 문제가 더 자주 연관되어 있다(Lewis et al., 2010; Rosen, 2007). 발기란 성기의 혈관에 피가 차오르며 일어나는 것이기 때문에 성기에 혈류가 흐르는 것을 방해하는 심장병, 동맥경화 같은 그 어떤 병도 발기장애로 이어질 수 있다(Glina et al., 2013). 당뇨병, 척수외상, 다발성 경화증, 신부전증 또는 투석치료의 결과로 인한 신경계의 손상 또한 발기장애의 원인이 될 수 있다(da Silva et al., 2015; Berry & Berry, 2013). 게다가 남성성욕감퇴장애와 같이 특정 종류의 약물과, 알코올남용에서 흡연에 이르는 다양한 형태의 물질남용 또한 발기에 문제를 일으킬 수 있다(Glina et al., 2013; Herrick et al., 2011).

혈액검사나 초음파검사와 같은 의료 방법이 발기장애의 생물학적 원인을 진단하기 위해 개발되었다. **야간 음경 팽창**(nocturnal penile tumescence, NPT), 즉 수면발기를 측정하는 방법이 발기장애의 신체적인 요인을 알아보기 위해 매우 유용하게 쓰인다. 남성은 대부분 렘수면 동안 발기가 일어나는데, 수면의 이 단계는 꿈을 꾸는 단계이다. 건강한 남성은 하룻밤 동안 두 번에서 다섯 번 사이의 렘 기간과 몇 번의 발기도 겪을 가능성이 있다. 자는 동안 발기가 비정상적이거나 일어나지 않는다는 것은 대부분(언제나 그런 것은 아니지만) 어떠한 신체적 문제를 뜻한다. 간단한 선별 장치(screening device)로는 잠들기 전 성기 부분에 얇은 끈 같은 것을 묶어 두고 다음 날 아침에 그것이 끊어져 있는지를 확인하는 방법이 있다. 끈이 끊어져 있다는 것은 그가 자는 동안 발기를 했음을 뜻한다. 끈이 끊어져 있지 않다는 것은 그가 자는 동안 발기가 일어나지 않았다는 것을 뜻하고, 이는 그 사람의 일반적인 발기 문제에 신체적 원인이 있을 수 있음을 말한다. 이 장치의 더 새로운 판으로는 끈을 컴퓨터와 연결해 어느 때쯤 발기가 일어났는지 자세히 알아보는 방법도 있다(Wincze et al., 2008). 이 평가는 임상적으로 예전보다는 적게 사용되고 있다. 이 장을 더 읽다 보면 보겠지만 비아그라나 다른 발기장애용 약품이 정식 진찰 없이 환자들에게 주어지고 있다 (Rosen, 2007).

심리적 원인 남성성욕감퇴장애의 어떠한 심리적 원인도 흥분을 저해할 수 있으며 발기장애를 초래할 수 있다. 예컨대 심각한 우울증을 겪고 있는 남성 중 많게는 90% 정도가 일

▶야간 음경 팽창(NPT) 수면 중 발기

"음, 아주 편안하군."

정한 정도의 발기장애를 경험한다(Montejo et al., 2011; Stevenson & Elliott, 2007).

발기장애의 심리적 원인을 제대로 뒷받침한 설명 중 하나는 William Masters와 Virginia Johnson(1970)에 의해 개발된 인지행동이론이다. 그들의 설명은 **수행 불안**(performance anxiety)과 **관찰자 역할**(spectator role)을 강조한다. 한 남성이 어떠한 이유로든 발기 문제를 가지고 있으면 그는 발기를 실패하는 것에 대한 두려움을 느끼며 성적 접촉에 맞닥뜨리는 것에 대한 걱정을 한다. 편안한 마음으로 성적 쾌락의 느낌을 즐기기보다는 자신이 잘하고 있는가 하는 걱정과 절정에 도달해야 한다는 목적에 집중하느라 정작 성관계를 가지는 것에 대해서는 집중하지 못하는 것이다. 흥분한 참가자보다 관찰자 또는 심판이 되는 것이다. 어떠한 이유로 발기장애가 생겼든 간에 이 문제가 지속되는 이유는 자신이 계속 관찰자가 되기 때문이다. 이러한 악순환 때문에 처음 발기 문제의 원인은 실패에 대한 두려움보다 작은 문제가 된다.

사회문화적 원인 남성성욕감퇴장애를 야기하는 사회문화적 요인은 모두 발기장애와 연관이 있다. 예를 들어 직업을 잃은 남성은 경제적 스트레스에 휩싸이게 되며 다른 남성보다 발기 문제가 생길 확률이 높아진다(Štulhofer et al., 2013). 부부생활의 스트레스 또한 이러한 기능장애와 연관이 있다(Brenot, 2011; Rosen, 2007; LoPiccolo, 2004, 1991). 특정한 두 가지 관계의 패턴이 이러한 기능장애에 영향을 미칠 수 있다. 첫 번째 경우는, 아내가 나이 들어가는 남편에게 너무 적은 신체적 자극을 주기 때문이다. 남성은 나이가 들어갈수록 발기가 되기 위해서는 성기에 대한 더 강하고 지속적이며 직접적인 신체적 자극이 필요하다. 두 번째 경우는, 성관계만이 아내에게 오르가슴을 줄 수 있다고 부부가 믿는 것 때문이다. 이러한 생각은 발기에 대한 압박이 커지게 만들고, 이는 남자로 하여금 발기부전에 더 취약하게 만든다. 아내가 성교 중에 손으로 또는 입으로 오르가슴을 느낄 수 있다면 발기에 대한 압박도 줄어들 수 있다.

오르가슴장애

성 반응주기 중 **절정기**(orgasm phase)에서는 사람의 성적 쾌락이 최고조에 달하고 성적 긴장이 풀리며 골반 쪽의 근육이 수축하고 느슨해지기를 반복한다(그림 11-3 참조). 남성은 정액을 사정하게 되며 여성은 바깥 세 번째 질 벽이 수축을 한다. 성 반응주기 중 이 단계의 기능장애에는 남성의 경우 조기사정(조루증)과 사정지연(지루증) 그리고 여성의 경우 여성극치감장애가 있다.

조기사정 에두아르도는 전형적인 조기사정을 가지고 있는 많은 남성 중 하나이다.

▶**수행 불안** 성행위 중에 경험하는 부적절한 수행에 대한 공포와 긴장

▶**관찰자 역할** 성행위 중 그들의 수행과 즐거움이 감소될 정도로 자신의 성적 수행에 초점을 두는 것을 경험하는 마음의 상태

▶**절정기** 개인의 성적 쾌락의 절정과 성적 긴장감이 골반 부분에 수축되어 있던 근육을 리드미컬하게 풀어지게 하는 성적 반응주기의 단계

▶**조기사정** 남자가 삽입 직전이나 삽입과 동시에 또는 그 직후와 같이 본인이 원하기 전에 오르가슴에 도달하고 사정하게 되는 장애

20세의 학생인 에두아르도는 조기사정으로 인해 여자친구가 성적으로 불만을 갖게 되었기 때문에 여자친구와 헤어진 후 치료를 받으러 왔다. 에두아르도는 여자친구 이전에 한 사람과 성관계를 가진 경험이 있었는데, 그것은 고등학교 3학년 때의 일이었다. 고등학교 3학년 때 2명의 친구들과 옆 동네로 운전을 하고 가서 성매매 여성을 찾았다. 그녀를 태우고 으슥한 곳으로 가 친구들과 돌아가며 성관계를 가졌고, 한 사람이 관계를 가지는 동안 나머지는 자동차 밖에서 기다렸다. 그가 관계를 가지는 동안 성매매 여성과 친구들이 모두 성화를 하며 빨리 끝내라고 재촉하였다. 경찰에게 발각되는 것도 문제였지만, 겨울이라 매우 춥기 때문이기도 했다. 여자친구와 처음 성관계를 가졌을 때 에두아르도에게 이전 경험이라고는 그렇게 전희도 없이 빨리 끝나버린 한 번의 성관계뿐이었다. 여자친구의 가슴을 애무하고 음부를 만지는 것과 여자친구가 자신의 성기를 만지는 것에 너무 흥분되어 제대로 삽입하기 전에 사정을 하거나 삽입한 후 채 1분이 안 되어 사정을 하게 되었다.

조기사정(premature ejaculation, 이전에는 **조루**, 또는 **빠른 사정**이라 불렸음)을 겪고 있는 남성은 지속적으로 작은 성적 자극에도 오르가슴을 느끼며 삽입하기 전, 또는 삽입한 후 얼마 안 되어 자신의 의지와 달리 사정을 하게 된다(표 11-3 참조). 많게는 전 세계의 남성 중 30%가 때로는 빨리 사정을 한다(Lewis et al., 2010; Laumann et al., 2005, 1999, 1994). 전형적으로 지난 수십 년간 우리 사회의 성관계 기간은 길어졌고, 그로 인해 조기사정이 있는 남자들의 고충은 커져 갔다. 비록 많은 젊은 남성이 이러한 증상을 가지고 있는 것은 확실하지만, 연구 보고에 따르면 어느 연령대에서나 나타날 수 있다고 알려졌다(Sansone et al., 2015; Rowland, 2012).

정신적, 특히 행동적 원인에 대한 연구 결과가 조기사정의 원인으로 제일 크게 지지를 받았다. 예컨대 이 기능장애는 흔한 것이며, 에두아르도와 같이 경험이 적은 경우 단순히 어떻게 속도를 낮추고 흥분을 조절하여 사랑을 나누는 즐거움을 지속시킬 수 있는지 배우지 못했을 뿐이다(Althof, 2007). 실제로 젊은 남성은 처음 성관계를 가질 때 조기사정을 자주 하곤 한다. 대부분의 남성은 더 많은 경험을 가진 후 성적 반응의 조절과 통제를 배우게

표 11-3

진단 체크리스트

조기사정

1. 적어도 6개월 동안 파트너와의 성행위 중 성행위 시작 1분 이내, 원하는 시점보다 이전에 사정이 일어남

2. 심각한 고통 경험

사정지연

1. 적어도 6개월 동안 파트너와의 성행위 중 사정의 심각한 지연, 드묾 또는 부재를 보임

2. 심각한 고통 경험

여성극치감장애

1. 적어도 6개월 동안 오르가슴의 심각한 지연, 드묾 또는 부재를 보이고, 이전 오르가슴 강도에 도달할 수 없는 경우

2. 심각한 고통 경험

출처 : APA, 2013.

그림 11-3
일반적인 남성의 생식기 해부도
성 반응주기의 단계마다 남성의 신체구조에 변화가 나타난다(출처 : Hyde, 1990, p. 199).

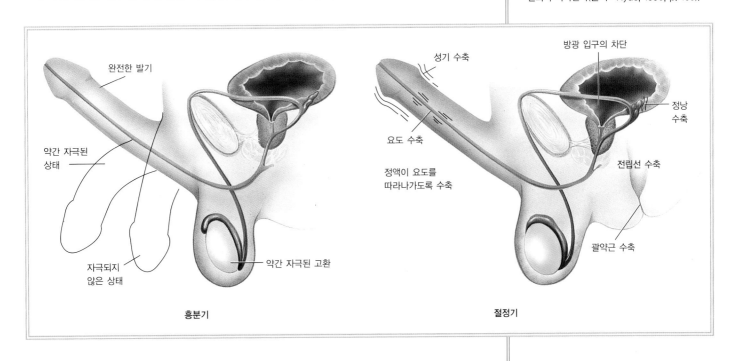

▶사정지연 오르가슴에 도달하는 것을 반복적으로 실패하거나 정상적인 성적 흥분 후 오르가슴에 도달하는 데 지연시간이 긴 것을 특징으로 하는 남성 성기능부전

된다. 많은 연령대의 남성 중 성관계를 가끔씩 가지는 남성들 또한 조기사정의 가능성이 크다.

의사들은 조기사정이 불안감과 연관이 있다고 말하며 청소년기에(부모에게 들킬까 봐) 짧은 시간 안에 자위를 하던 경험과 자신의 성적 흥분도를 잘 알아차리지 못하는 것이 연관이 크다고 말하였다(Althof, 2007). 하지만 이러한 학설들은 아주 드물게 연구 결과가 뒷받침된다.

많은 임상 이론가들 사이에는 생물학적 요인이 많은 조기사정 사례에서 핵심 역할을 한다는 믿음이 증가하고 있다. 현재까지 행해진 제한된 연구에서 세 가지 신체적 원인이 드러났다(Althof, 2007; Mirone et al., 2001). 이 기능장애를 가질 유전적 성향을 가지고 태어나는 사람들이 있다는 이론이 있다. 실제로 한 연구에 의하면 조기사정으로 고생하는 남성의 작은 표본의 91%에게 이 기능장애를 가진 일차 친척(first-degree relative, 역주 : 부모, 자녀 또는 형제자매)이 있다고 한다. 동물 연구에 근거한 두 번째 이론은, 조기에 사정하는 남성의 뇌에는 뇌의 세로토닌 수용체가 과민하거나 활발하지 않다고 주장한다. 세 번째 설명은, 성기 부근이 다른 사람들보다 더 예민하거나 더 큰 신경 전도를 가지고 있다는 것인데, 이것은 현재까지 일관성 없는 연구 지지를 받는 생각이다.

사전지연 사정지연(delayed ejaculation, 이전에는 남성극치감장애 또는 남성극치감억제라 불렸음)을 가지고 있는 남성들은 지속적으로 사정하지 못하거나, 파트너와의 성행위 중에 매우 늦게 사정한다(표 11-3 참조). 전 세계 남성 중 10% 정도가 이 장애를 가지고 있다(Lewis et al., 2010; Laumann et al., 2005, 1999). 이것은 존처럼 불만감과 좌절감의 큰 원인이 된다.

> 38세의 판매 대리인인 존은 결혼 9년 차 남성이다. 32세의 아내가 주장해서 이 부부는 성관계 중 사정을 하지 못하는 그의 문제에 대해 치료하기 위해 왔다. 결혼 초기에 아내는 오르가슴을 쉽게 느끼지 못하였고, 그가 사정을 오랜 시간 동안 늦춰야 가능하다는 걸 깨닫게 되었다. 사정을 늦추기 위하여 정신적인 방해 방법을 사용하게 되었고 사랑을 나누기 전 정기적으로 대마초를 피우게 되었다. 초반에는 자신이 오랫동안 사정하지 않는 것을 매우 만족스럽게 느끼며 남성성의 표시라고 생각하였다.
>
> 첫 치료를 시작하기 3년 전쯤 외동아이가 태어났을 때쯤부터 존은 사정을 하기 전에 발기가 사그라드는 것을 느끼게 되었다. 그의 아내는 다른 체위를 제안해 보았지만 그가 더 노력할수록 절정에 오르는 것은 더 어려워졌다. 그의 좌절감 때문에 부부는 아예 성관계를 가지는 것을 기피하게 되었다. 실패를 거듭할수록 존의 불안감은 더 커졌고, 문제의 해결 방법을 더더욱 찾을 수가 없었다.
>
> (Rosen & Rosen, 1981, pp. 317-318)

낮은 테스토스테론 수치, 특정 신경질환, 그리고 머리나 척수의 외상도 남성의 사정을 방해할 수 있다(Lewis et al., 2010; Stevenson & Elliott, 2007). 교감신경을 둔화시키는 물질(술이나 고혈압 약, 그리고 특정 향정신약 등) 또한 사정을 하는 데 영향을 미칠 수 있다(Herrick et al., 2011). 예를 들면 세로토닌을 향상시키는 특정 항우울제를 복용하는 남성 중 30%가 사정을 하는 데 영향을 받았다고 보고되었다(Glina et al., 2013; Montejo et al., 2011).

사정지연의 대표적인 정신적 원인에는 수행 불안과 관찰자 역할을 하는 것, 그리고 발기장애에 수반되는 인지행동적 요인도 포함된다(Kashdan et al., 2011). 남성이 일단 오르가슴을 느끼는 것에 집중하게 되면, 그는 자신이 하고 있는 성행위의 참여자가 되기보다 흥분되지 않은 채 자기 비판적이고 걱정 많은 관찰자가 되고 만다(Rowland, 2012; Wiederman, 2001). 사정지연의 또 다른 정신적 원인은 예전에 자위를 하던 습관 때문일 수도 있다. 예를 들어 한평생 자위를 할 때 성기를 침대보나 베개 같은 것에 문지르던 사람은 그런 것이 없을 때 오르가슴을 느끼기 어려울 수 있다(Wincze et al., 2008). 마지막으로 사정지연은 남성성욕감퇴장애 때문에 생길 수도 있다(Apfelbaum, 2000). 만약 어떤 남성이 자신의 욕구와 다르게 상대가 주는 압박 때문에 성관계를 계속 가지게 된다면 사정을 할 만큼 흥분을 하지 못하여 그럴 수도 있다.

> 수행 불안이나 관찰자 역할로 설명될 수 있는 인생의 다른 영역의 문제도 있을까?

여성극치감장애 자넬과 아이삭은 결혼한 지 3년 된 부부이며, 그녀가 오르가슴을 느끼지 못해 성 치료를 받으러 왔다.

> 자넬은 단 한 번도 오르가슴을 느껴 본 적이 없었지만, 아이삭의 걱정 때문에 최근까지 오르가슴을 느끼는 것처럼 속여 왔다. 마침내 고민 끝에 그에게 사실대로 말하였고, 그들은 함께 치료받으러 왔다. 자넬은 엄격한 종교적 집안에서 자랐다. 그녀는 자라는 동안 단 한 번도 부모가 서로 입을 맞추거나 스킨십을 하는 것을 본 적이 없었다. 그녀는 7세쯤에 자신의 음부를 쳐다보는 것을 어머니께 걸려 매우 크게 혼이 난 적이 있었다. 그녀는 부모로부터 한 번도 성교육을 받은 적이 없었고 초경을 시작하였을 때 그녀의 어머니는 이제 임신을 할 수 있으니 절대 남자와 입을 맞추거나 자신을 만지게 해서는 안 된다고만 말하였다. 어머니는 그녀가 데이트를 하는 것을 매우 엄격히 반대하였고 계속 "남자들이 원하는 건 단 하나야."라고 말하였다. 그녀의 부모는 비판적이며 그녀에 대한 기대치가 매우 높았지만(예 : 성적표에 올 A가 아니라 왜 B가 하나 있냐며 꾸중함), 그런 것을 제외하고는 다정하셨으며 부모에게 인정받는 것은 그녀에게 매우 중요한 일이었다.

여성극치감장애(female orgasmic disorder)를 가지고 있는 여성은 지속적으로 오르가슴에 도달하지 못하거나, 아주 낮은 강도의 오르가슴을 느끼거나 굉장히 지연되어 오르가슴을 느낀다(표 11-3 참조). 폐경기 여성의 3분의 1 이상을 포함해서 여성 중 25% 정도가 어느 정도 이 문제를 가지고 있는 것으로 보인다(Lewis et al., 2010; Heiman, 2007, 2002). 연구 결과에 따르면 10% 이상의 여성이 성관계를 가질 때나 혼자서 단 한 번도 오르가슴을 느껴 본 적이 없다고 말하였으며 그 이외의 9% 정도의 여성은 드물게 오르가슴을 느낀다고 말하였다(Bancroft et al., 2003). 동시에 절반 정도의 여성이 오르가슴을 꽤 정기적으로 느낀다고 말하였다(de Sutter et al., 2014; SOGC, 2014). 성적으로 더 적극적인 여성이나 좀 더 수월하게 자위를 하는 여성이 대체적으로 오르가슴을 더 정기적으로 느낀다고 알려졌다(Carrobles et al., 2011; Hurlbert, 1991). 혼자 사는 여성이 결혼했거나 동거하고 있는 여성보다 여성극치감장애를 더 흔히 가지게 되는 것으로 보인다(Lewis et al., 2010; Laumann et al., 2005, 1999, 1994). 한 연구에서는 여성극치감장애를 가진 참가자들에게 장애에 대한 느낌을 가장 잘 묘사하는 단어를 고르라고 했을 때, 참가자들의 3분의 2가 '좌절감'을

▶**여성극치감장애** 여성이 오르가슴을 거의 경험하지 못하거나 반복적으로 매우 지연된 상태에서 갖게 되는 장애

숨은 뜻 읽어내기

야간의 방문

사람들은 가끔 자는 동안에 오르가슴을 경험하기도 한다. 고대 바빌로니아 사람들은 이러한 야행성 오르가슴이 그들이 자는 동안 남자에게 다가오는 '밤의 하녀', 그리고 여자에게 다가오는 '밤의 작은 남자'에 의해 일어난다고 말했다(Kahn & Fawcett, 1993).

몇몇 이론가들은 여성의 움직임이 성 장애의 임상적 관점을 밝히는 것에 도움이 된다고 믿는데, 어떻게 이런 것이 가능할까?

선택했다고 한다(Kingsberg et al., 2013).

대부분의 임상가들은 오르가슴을 꼭 느껴야 정상적인 성기능을 가지고 있는 것은 아니라고 말한다(Meana, 2012). 대신에 많은 여성이 상대가 직접적으로 음핵을 자극할 때 오르가슴을 느낀다. 초기 정신분석이론에 의하면 성관계 중 오르가슴을 느끼지 못하는 것은 병적인 것이라고 여겨졌지만, 연구 결과들에 의하면 음핵의 자극에 의존하여 오르가슴을 느끼는 여성도 지극히 건강하며 정상이라고 밝혀졌다(Laan, Rellini, & Barnes, 2013; Heiman, 2007).

생물학적·정신적·사회문화적인 요인이 여성극치감장애를 초래하기 위해 결합될 수도 있다(Berry & Berry, 2013; Jiann, Su & Tsai, 2013). 흥분이 오르가슴에서 핵심 역할을 하기 때문에 흥분장애는 여성극치감장애를 설명하는 데 있어 두드러진 특징이다.

생물학적 원인 여러 가지 생리적 상태가 여성의 오르가슴에 영향을 미칠 수 있다. 당뇨는 흥분이나 질의 윤활, 또는 오르가슴에 지장을 초래하는 방식으로 신경계를 훼손할 수 있다. 오르가슴의 결핍은 가끔 다발성 경화증과 다른 신경질환, 그리고 남성의 사정에 지장을 초래할 수 있는 약물과 마약 등과도 연관이 있다. 그리고 대부분 폐경 후의 여성에게서 보이는 피부의 민감도나 음핵, 질 벽, 음순의 구조의 변화 또한 연관이 있다(Cordeau & Courtois, 2014; Blackmore et al., 2011; Lombardi et al., 2011).

심리적 원인 우울증을 포함한 여성 성적 관심/흥분장애의 정신적 요인이 여성극치감장애를 야기할 수 있다(Kalmbach et al., 2014; Laan et al., 2013). 또한 정신역동가들이나 인지이론가들이 예측했을 것처럼 어린 시절의 트라우마나 관계의 기억이 오르가슴 문제와도 연관이 있다. 한 대대적인 연구에 의하면 어린 시절의 불행한 기억이나 부모를 잃은 기억 또한 성인이 된 후 오르가슴의 부족과 연결되어 있다(Raboch & Raboch, 1992). 다른 연구들에 따르면 어린 시절의 기억 중 의존할 수 있는 아버지, 어머니와의 긍정적인 관계, 부모 간의 애정, 어머니의 긍정적 성격과 어머니의 긍정적 감정 표현 등이 긍정적 오르가슴 결과의 예측변수라고 한다(Heiman, 2007; Heiman et al., 1986).

사회문화적 원인 오랜 시간 많은 임상가들은 여성극치감장애의 이유를 사회가 반복적으로 여성은 자신의 성을 억압하고 부인해야 한다는 메시지를 주었기 때문일 것이라고 믿어 왔는데, 이러한 메시지로 인해 종종 여성은 남성보다 '덜 허용적인' 성적 태도와 행동을 취해 왔다. 사실 여성흥분장애나 여성극치감장애를 가지고 있는 많은 여성들이 엄격한 종교적 집안에서 자랐거나, 어린 시절 자위를 하다 크게 혼났거나, 초경에 대한 준비가 전혀 없었거나, 청소년 때 이성과 데이트가 엄격히 제한되었거나, "착한 여자아이들은 그러지 않아."라는 말을 들어 왔다고 말하였다(Laan et al., 2013; LoPiccolo & Van Male, 2000).

하지만 성적으로 제한되었던 역사는 성적으로 정상적인 기능을 가진 여성들 사이에서 흔한 것이다(LoPiccolo, 2002, 1997). 또

정신이상의 부위

빅토리아시대의 의료 당국은 여성의 '과도한 욕정'이 위험하여 정신이상의 원인이 될 수 있다고 설명했다(Gamwell & Tomes, 1995). 19세기 의학 교과서에 있는 이 그림에서 여성의 생식기관은 '정신이상의 부위'라고 이름 붙었다.

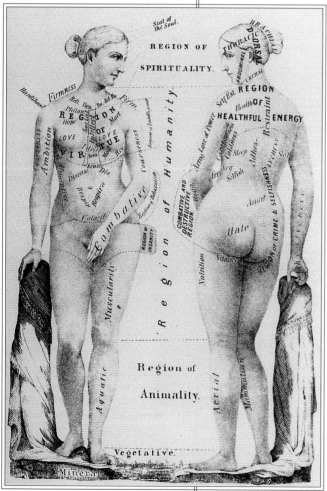

한 최근 여성의 성생활에 대한 문화적인 메시지는 더 긍정적으로 바뀌었으나 여성흥분장애나 여성극치감장애를 가지고 있는 여성의 수는 같은 것으로 나타났다. 그렇다면 왜 어떤 여성들은 그런 문제를 발생시키는데 다른 여성들은 그렇지 않은 것일까? 연구자들은 스트레스를 주는 일이나 트라우마나 관계가 흔히 이들 성적 문제를 특징지우는 두려움, 기억, 태도를 만드는 데 도움을 준다고 말한다(Meana, 2012; Westheimer & Lopater, 2005). 예를 들어 어린 시절 성추행을 당한 적이 있거나 성인이 되어 강간을 당한 적이 있는 여성극치감장애를 가지고 있다(Hall, 2007; Heiman, 2007).

또한 연구자들은 여성의 오르가슴 행동을 여성의 친밀한 관계의 일정한 특징과 연관 지었다(Laan et al., 2013; Brenot, 2011). 연구 결과의 몇 가지 예를 보면, 오르가슴에 도달할 가능성은 첫 성관계를 가진 상대와 얼마나 감정적으로 연루되었나, 그 관계가 얼마나 지속되었나, 얼마만큼의 성적 쾌락을 느꼈나, 지금 상대의 몸매에 얼마나 매력을 느끼는가, 지금 부부관계가 얼마나 만족스러운가 등과 연결될 수 있다. 흥미롭게도 같은 연구에서 발견된 것은 오르가슴을 느끼는 여성이 오르가슴을 느끼지 못하는 여성보다 지금 성관계를 가지는 상대와의 성적 환상을 더 많이 가지고 있다고 말하였다.

성교통증장애

어떤 성기능부전은 성교 중의 엄청난 신체적 불편, 즉 성 반응주기 중 어떠한 단계에도 완벽히 들어맞지 않는 장애로 특징지어진다. 집합적으로 **성기-골반통증/삽입장애**(genito-pelvic pain/penetration disorder)라고 하는 이 장애는 남성보다 여성이 훨씬 더 많은 기능장애를 가지고 있다(APA, 2013).

성기-골반통증/삽입장애를 가진 여성의 질 바깥쪽 3분의 1 정도에 있는 근육들이 비자발적으로 수축하여 남성의 성기가 질로 들어오는 것을 막는다(표 11-4 참조). 의료계에서 질경련(vaginismus)으로 알려진 이 문제는 부부의 성관계를 완전히 불가능하게 할 수도 있다. 이 문제에 대해 상대적으로 연구가 덜 되어 있지만, 추정에 의하면 모든 여성의 1% 미만이 질경련을 갖고있다(Christensen et al., 2011). 질경련을 가진 많은 여성은 성을 매우 즐기며, 강한 성충동을 가지며, 음핵의 자극으로 오르가슴에 달한다(Cherner & Reissing, 2013). 그들은 질에 삽입되는 것의 불편함을 두려워할 뿐이다.

대부분의 임상가들은 성기-골반통증/삽입장애의 이 형태에 대한 인지행동적 이론의 설명에 동의하는데, 이에 따르면 이 형태는 학습된 공포 반응이며, 성교가 고통스럽고 손상을 일으킬 것이라는 여성들의 걱정에 의해 촉발된다(Simonelli et al., 2014; Cherner & Reissing, 2013). 여러 가지 요인이 이러한 두려움을 가지게 할 수 있는데, 예를 들면 성교에 대한 불안과 무지, 여성에게 첫 경험이 얼마나 아프고 피투성이였는가 하는 과장된 이야기, 실력이 부족한 상대가 여성이 제대로 흥분하고 윤활되기 전에 성기를 강제로 삽입하여 트라우마가 생긴 경우나, 어렸을 때 성적 학대를 당했거나 성인이 되어 강간을 당한 경우 등이 있다(Jiann et al., 2013; Fugl-Meyer et al., 2013).

어떤 여성은 질 감염이나 요로 감염, 단순포진과 같은 부인과 질병이나 폐경의 신체에 대한 영향 때문에 이 형태의 성기-골반통증/삽입장애를 가질 수 있다. 이러한 경우 질경련증은 이 상태에 대한 치료를 받아야만 극복될 수 있다.

성기-골반통증/삽입장애를 가진 다른 여성은 자신의 질근육을 무의식적으로 수축하지는 않지만, 성관계 중 음부에서 큰 고통을 느낀다. 이것은 의학적으로 **성교통**(dyspareunia,

▶성기-골반통증/삽입장애 삽입 중 심각한 신체적 불편감을 호소하는 성기능부전

표 **11-4**

진단 체크리스트
성기-골반통증/삽입장애

1. 적어도 6개월 동안 다음의 어려움 중 적어도 하나를 반복적으로 경험
 • 성관계 동안 질 삽입의 어려움
 • 삽입 또는 성관계 시도 시 질이나 골반에서의 심각한 고통
 • 질 삽입이 질이나 골반 통증을 유발할 것이라는 심각한 공포
 • 질 삽입 시 골반저근의 심각한 긴장이나 경직

2. 이로부터 심각한 고통 경험

출처 : APA, 2013.

'아픈 성교'를 의미하는 그리스어)으로 알려진 패턴이다. 설문조사에 의하면 여성의 많게는 14%에서 어느 정도의 성교통이 나타난다(Antony & Barlow, 2010, 2004; Laumann et al., 2005, 1999). 성교통을 가진 여성은 성관계를 하는 것을 즐기며 정상적인 흥분을 느꼈던 사람들이지만, 예전에는 즐거웠던 일에 고통이 따라 이제는 그들의 성관계가 굉장히 제한되게 되었다(Huijding et al., 2011).

이러한 형태의 성기-골반통증/삽입장애의 원인은 대개 신체적인 것이다(Fugl-Meyer et al., 2013). 가장 큰 이유는 출산 중에 생긴 외상 때문이다(예 : 질이나 골반의 인대). 회음부 절개술(출산을 쉽게 돕기 위해 질의 입구를 자르는 절개술)의 흉터 때문에도 통증을 느낄 수도 있다. 여성의 약 16%는 출산 후 1년까지 성교 중 격심한 질 또는 골반의 통증을 느낀다(Bertozzi et al., 2010). 또한 남성의 성기가 남아 있는 처녀막과 충돌할 때 통증을 느끼기도 하며, 질의 감염, 뻣뻣한 음모가 음순에 닿아 생기는 통증, 골반의 질환, 종양, 낭포 등도 고통을 가져올 수 있다. 질 세척에 쓰이는 화학약품이나 피임크림에 알레르기가 있는 경우, 콘돔의 고무나 여성용 피임기구(페서리, diaphragms), 정액의 단백질에 알레르기 반응을 일으키는 경우 고통이 따를 수 있다(Tripoli et al., 2011).

심리적인 요인(높아진 불안감이나 신체에 과민한 경우)이나 관계의 문제가 질경련의 원인이 될 수도 있지만(Granot et al., 2011), 심리사회적인 이유만으로 생기는 일은 드물다(Dewitte, Van Lankveld, & Crombez, 2011). 심리적인 이유만으로 발생하는 경우에는 환자가 여성 성적 관심/흥분장애를 함께 가지고 있을 가능성이 크다(Fugl-Meyer et al., 2013). 이는 제대로 흥분되지 않았거나 윤활되지 않은 질에 삽입할 때 따르는 고통 때문이다. 남성의 적어도 3%가 성교 중 성기의 통증으로 고생하는 것도 사실이며, 이들 남성 중 많은 사람들은 성기-골반통증/삽입장애로 진단될 것이다.

숨은 뜻 읽어내기

성 반응 주기 중 좋아하는 부분

몇몇 연구에서는 성적으로 건강하고 결혼생활에 대해 긍정적으로 생각하는 대다수의 여성은 파트너와의 성행위 중 전희가 가장 만족스러운 부분이라고 응답하였다(Basson, 2007; Hurlbert et al., 1993).

▶ **요약**

성기능부전(성기능장애) 성기능부전은 성관계를 즐기는 것을 매우 어렵거나 불가능하게 만든다.

*DSM-5*는 성 반응주기 중 욕구기에 해당되는 두 가지 기능장애를 목록에 두었다. 이는 남성성욕감퇴장애와 여성 성적 관심/흥분장애이다. 이러한 기능부전의 신체적 이유로는 호르몬의 불균형과 특정 약품, 그리고 의학적 질환이 있다. 정신적 그리고 사회문화적 원인은 특정한 것의 두려움과 상황적인 압박, 관계의 문제, 그리고 성추행이나 성폭행의 트라우마 등이 있다.

흥분기의 기능부전으로서는 여성 성적 흥분장애와 남성 발기장애가 있다. 남성 발기장애의 신체적 이유로서는 호르몬 레벨의 불균형과 골반의 문제, 의학적 문제, 그리고 특정 약품 등이 있다. 심리적·사회문화적 이유로는 수행 불안과 관찰자 역할의 결합, 실업과 같은 상황적 스트레스, 그리고 관계의 문제 등이 있다.

절정기(오르가슴기)의 기능부전 중 조기사정(조루증)은 부적절한 경험과 경험 부족 등의 행동적 원인이 가장 가까운 연관이 있다고 보인다. 최근 몇 년간 가능한 생물학적 요인도 역시 확인되었다. 극치감장애의 또 다른 형태인 사정지연(지루증)에는 낮은 테스토스테론 수치와 같은 생물학적 요인이 있을 수 있으며, 신경질환, 특정 약품, 그리고 수행 불안과 관찰자 역할 등의 심리적 요인이 있다. 이 기능장애는 남성성욕감퇴장애로 발전할 수 있다. 여성극치감장애는 여성 흥분장애와 같은 특정 약품이나 폐경 후 나타나는 변화 등의 신체적 요인이 있고, 심리적 요인으로는 어린 시절의 트라우마가 있으며, 관계 문제와 같은 사회문화적 요인도 있다.

성기-골반통증/삽입장애는 성교 중 심각한 고통을 동반한다. 성교통증장애의 하나인 질경련은 질의 비자발적 수축으로 인해 성기의 진입을 방해하는 것을 말한다. 질경련의 또 다른 형태는 성교 중 질이나 골반에 심각한 고통을 느끼는 것이다. 이 장애는 주로 여성에게서 나타나며 전반적으로 출산 중에 생기는 외상 등의 신체적 원인이 있다.

성기능부전의 치료

지난 40년간 성기능부전의 치료법에는 큰 변화가 있었다. 20세기의 전반부에는 가장 많이 쓰이는 치료법으로 장기간의 정신역학적 치료가 있었다. 임상가들은 정상적인 심리성적(psychosexual) 발달이 이루어지지 않아 이러한 문제가 일어났다고 추정하였으며, 자유연상법과 치료 전문가의 해석으로 환자들이 자신과 자신의 문제를 이해할 수 있도록 하였다. 대략적인 성격의 변화가 성적 기능에 도움을 줄 것이라고 예측하였으나, 정신역동적 치료는 큰 성과를 거두지 못하였다(Bergler, 1951).

1950~1960년대의 행동학적 치료자들은 성기능부전에 대한 새로운 치료 방법을 제안하였다. 대개 그들은 기능장애의 원인이 된다고 믿는 두려움을 줄이기 위하여 노력했다. 따라서 치료자들은 이완훈련이나 체계적 둔감화와 같은 치료를 사용하였다(Lazarus, 1965; Wolpe, 1958). 이러한 방법들은 조금의 성과가 있었으나 주요 문제가 잘못된 지식 때문일 때나 부정적인 태도 때문일 때, 그리고 효과적인 성적 기술이 부족할 때에는 도움이 되지 못하였다(LoPiccolo, 2002, 1995).

성기능부전 치료의 혁명은 1970년도에 William Masters와 Virginia Johnson의 대표작인 *Human Sexual Inadequacy*가 출간되면서 함께 시작하였다. 그들이 소개한 성 치료 프로그램은 더 많은 방면으로 진화하여, 현재는 여러 모델을 포함한 중재 방법이 사용되고 있는데, 이것은 특히 인지행동적 치료, 부부치료 그리고 가족체계치료를 포함하고, 또한 수많은 성 특정적 기술과 함께 사용되고 있다(McCarthy & McCarthy, 2012; Leiblum, 2010, 2007). 최근에는 생물학적 중재, 특히 약물치료가 치료 방법에 함께 포함되기 시작하였다(Berry & Berry, 2013).

성 치료의 일반적인 특징은 무엇인가

현대의 성 치료는 단기간으로 교육적으로 짜여져 있으며, 대체로 15~20번의 회기로 이루어져 있다. 전체적인 성격적 문제보다는 특정 성 문제를 중심으로 치료가 이루어진다(Recordon & Köhl, 2014). 이전에 다룬 아르헨티나에서 온 발기장애를 가지고 있는 카를로스 도메라는 현대 성 치료의 여러 기술에 성공적인 반응을 보였다.

진단이 끝난 후에 정신과 의사는 도메라가 '되돌릴 수 있는 정신적' 성 문제를 가지고 있는 것이라고 부부를 안심시켰고, 그의 문제에는 여러 가지 원인이 있다고 말하였다. 우울증도 원인 중 하나이지만, 최근에는 불안감과 창피함, 높은 기준, 그리고 문화적·관계적 어려움 때문에 소통하는 것이 어색해지고 긴장감을 내려놓는 것이 불가능에 가까워진 것이다. 이 부부에게는 성 문제에 직접 초점을 맞춘 짧은 치료가 권해졌다. 10~14회 안에 큰 개선이 있을 것이라고 보였다. 도메라의 문제가 신체적인 원인 때문이 아닐 것이라고 거의 확신했으며, 정신적인 원인이 크다고 보기 때문에 예후가 매우 긍정적이라고 말하였다.

도메라는 충격을 받았고 의심에 차 있었지만 부부는 매주 치료를 받기로 하여 전형적인 첫 '숙제'를 받았다. 숙제는 서로 애무하는 듯한 마사지를 하는 것인데, 음부와 성기를 직접 자극하거나 행여 발기가 되더라도 성관계를 가지지 말라는 특정한 지시가 따랐다.

놀랄 것 없이 두 번째 치료를 찾아왔을 때 도메라는 조심스러운 미소를 지으며 '규칙을 위반'하고 성관계를 가지는 '부정행위'를 하였다고 말하였다. 이것은 1년 만에 처음 가진 성공적인 성관계였다. 그들의 성과와 행복은 치료자에게 인정되었지만, 치료자는 그들에게 갑작

(계속)

섹스(sex)는 인터넷에서 가장 흔하게 검색하는 단어이다. 왜 그렇게 인기 있는 검색어가 되었을까?

스러운 호전에는 더 심한 수행 불안이 따를 수 있으며, 몇 주 후에 처음과 마찬가지로 다시 문
제가 발생할 수 있다고 강하게 주의를 주었다. 치료자는 부부를 장난식으로 꾸짖으며 또다시
성적 접촉을 하되, 아무런 요구 없이 가볍게 성기에 자극을 주며 애무하며, 발기나 오르가슴
에 대한 기대를 없애고, 또한 성관계를 피하라고 말하였다.

두 번째와 네 번째 주에 카를로스는 사랑의 장난을 하던 중 발기가 되지 않았지만, 치료를
하며 그에게 발기가 되든 안 되든 자기 자신을 받아들이고, 성관계를 하지 않아도 그러한 신
체 접촉을 즐길 수 있도록 도와주었다. 아내도 그가 손이나 입으로 하는 자극으로 자신에게
쾌감을 줄 수 있으며 성관계를 가지는 것도 좋지만, 그가 편안해하는 한 이러한 다른 자극도
충분히 즐겁게 느낄 수 있다고 진심으로 믿을 수 있게 도와주었다.

카를로스는 자신이 가지고 있는 '남성'의 문화적인 이미지 때문에 힘들어했지만, 자신의
아내가 만족하는 것 같고 자신 또한 성관계를 가지지 않고 애무하는 방법을 즐기고 있다고 인
정하였다. 그는 자신의 잠자리 기술이 '성공적'이라고 느낄 수 있게 격려받았고, 자신이 다른
많은 남편들보다 나은 것은 자신의 아내가 원하는 것을 들어주고 그에 대하여 반응하기 때문
이라는 것을 인정하도록 격려받았다.

다섯 번째 치료를 받을 때 환자는 편한 마음으로 자신감 있게 성공적인 성관계를 가졌다고
말하였고, 아홉 번째 치료를 받을 때는 정기적으로 발기가 된다고 말하였다. 서로 동의하에
성관계를 가지거나 다른 성적 테크닉을 선택하여 오르가슴을 느낀다고 말하였다. 열 번째 치
료를 마지막으로 치료는 끝이 났다.

(Spitzer et al., 1983, pp. 106-107)

카를로스 도메라의 치료에서 보았듯이 현대의 성 치료에는 여러 가지 원리와 기술이
포함되어 있다. 다음은 성 장애의 종류와 관계없이 거의 모든 성 치료에서 사용되는 것들
이다.

1. **진단(평가)과 문제의 개념화** 환자들은 대부분 우선 의료 검사를 받고 난 후에 '성적 이
   력'에 대하여 면담을 한다. 이때 치료자는 환자의 지난 생활 사건에 대한 정보를 얻는
   것에 초점을 두고, 특히 현재 일어나는 일 중 성 장애에 원인이 될 만한 것에 집중한
   다(Althof et al., 2013; Berry & Berry, 2013). 때로 정확한 평가를 하기 위하여 심리학
   자, 비뇨기과 전문의, 신경학자 등 여러 명의 전문가가 필요한 경우도 있다.
2. **상호 책임** 치료자들은 상호 책임이라는 원리를 강조한다. 누가 실질적인 성 장애를 가
   지고 있는가를 떠나서 관계에 속한 두 사람 모두가 성 문제를 공유하고 있는 것이며,
   따라서 두 사람 모두가 치료에 임하는 경우 결과가 더욱 성공적일 것이다(Laan et al.,
   2013; McCarthy & McCarthy, 2012).
3. **성생활에 대한 교육** 성 장애를 가지고 있는 환자 중 대다수가 성활동의 생리학과 기술
   에 대하여 지식이 부족하다(Hucker & McCabe, 2015; Rowland, 2012). 그러므로 성
   치료자가 이러한 주제에 대하여 의논하고 교육적인 책, 비디오, 인터넷 사이트 등을
   권하기도 한다.
4. **감정 식별** 성 치료자들은 환자들이 화난 감정을 과거의 성적 흥분과 향락을 계속해서
   방해하는 사건과 연결하는 것을 식별하고 표현할 수 있도록 돕는다(Kleinplatz, 2010).
5. **태도 변화** 인지치료의 근본 원칙을 따라 성 치료자들은 환자들의 성적 흥분과 쾌
   락을 막고 있는 성적 신념을 조사하고 변화시킬 수 있도록 도와준다(McCarthy &

McCarthy, 2012; Hall, 2010). 이러한 잘못된 믿음 중 몇 가지는 우리 사회에 널리 퍼져 있으며 과거의 충격적 사건이나 가족의 태도, 그리고 문화적 생각에 의하여 생겨날 수도 있다.

6. **수행 불안과 관찰자 역할 없애기** 치료자들은 흔히 부부에게 감각집중(sensate focus), 즉 비요구 쾌락을 가르친다. 이것은 '애무'라고 하는 여러 가지 감각적 행동으로, 흥분을 방해하는 직접적인 성관계나 그에 대한 요구를 떠나 편안하게 서로의 몸을 애무하는 데 집중하며 성적 쾌락을 느낄 수 있도록 하는 것이다(Hucker & McCabe, 2015). 치료를 원하는 부부에게 처음에는 편안하게 성관계를 피하도록 지시했고, 신체 부위를 애무하고 키스하는 것으로 제한하고 가슴이나 성기(음부)를 제외하게 했다. 시간이 지나면 서로 더 큰 성적 쾌락을 주고받을 수 있게 되며 다시 성관계를 가질 수 있도록 나아간다.

7. **원활한 성적 및 일반적인 의사소통 기술의 향상** 치료를 원하는 부부에게는 감각집중 기술을 사용하며 새로운 성 테크닉과 자세를 사용하도록 가르친다. 예를 들어 애무를 받는 사람이 상대방의 손의 속도, 세기, 그리고 성적 접촉을 원하는 부분으로 이끄는 체위를 시도한다(Heiman, 2007). 또한 위협적이고 정보가 부족한 말투보다는("그렇게 만지면 전혀 흥분되지 않아요."), 위협적이지 않고 설명하는 말투로 서로에게 지시를 주는 것을 배운다("여기가 더 좋아요. 조금 약하게요."). 그 이외에도 서로 의사소통을 어떻게 하는 것이 제일 좋은지에 대하여도 배운다(Brenot, 2011).

8. **파괴적인 생활방식과 부부 상호작용의 변화** 치료자는 부부에게 생활방식을 바꾸거나 관계에 파괴적인 효과를 초래하는 다른 상황들을 개선하기 위해 조치를 취하도록 격려하기도 한다. 예를 들어 간섭이 심한 인척들과 거리를 두는 것이나 너무 요구가 큰 직장을 바꾸는 것 등이 있다. 비슷하게 만약 부부 사이에 일반적인 갈등을 겪고 있

"자기 때문이 아니야. 나는 중성화 수술을 했어."

Carolita Johnson/The New Yorker Collection/
www.cartoonbank.com

숨은 뜻 읽어내기

"잠깐만"

최근 조사에 의하면, 10명 중 1명이 성관계 중 휴대전화 사용을 허락한다고 한다(Archer, 2013).

George Tames/The New York Times/Redux

성 개척자들

William Masters와 Virginia Johnson은 사무실에서 한 부부와 함께 일을 했다. 인간 성적 반응과 성 기능부전의 치료에 대한 연구 분야에서 가장 중요한 인물인 이 2명의 연구자는 1967~1990년대까지 *Human Sexual Response*와 *Human Sexual Inadequacy*라는 두 권의 책을 쓰면서 그들의 연구를 수행하였다. 그들의 연구와 개인 생활에 대해서는 현재 *Masters of Sex*의 쇼타임 시리즈에 거대한 허구의 형태로 묘사되어 있다.

다면 성적 문제가 시작되기 전에 치료자가 그것을 개선할 수 있도록 돕는다(Brenot, 2011).

9. **의료적이나 신체적 원인을 다루는 것** 신체적 활동에서의 조직적인 증가는 다양한 종류의 성기능부전을 가진 사람에게 도움이 된다는 것이 증명되었다(Lewis et al., 2010). 그리고 성기능부전이 질병, 외상, 약물, 물질남용과 같은 의료적인 이유로 생겨난 경우, 치료자는 이러한 의료적 원인을 다루기 위하여 노력한다(Korda et al., 2010). 만약 항우울제가 남성의 발기장애를 일으키는 것이라면 임상가는 복용량을 줄이거나 복용시간이나 약의 종류를 바꾸는 등의 방법을 고안해 낸다.

각각의 기능부전에는 어떠한 치료기법이 사용되는가

전형적인 성 치료의 요소 외에도 각 성기능부전에 해당되는 특정한 치료기법 또한 더 나은 결과를 낳을 수 있다.

성욕장애 많은 성 장애 중 남성성욕감퇴장애와 여성 성적 관심/흥분장애는 치료가 가장 어려운데, 이것은 원인이 너무나 다양하기 때문이다(Leiblum, 2010). 그렇기 때문에 치료자들은 다양한 치료기술을 섞어서 사용한다. 애정 자각(affectual awareness)이라는 것이 있는데, 이 기법에서는 환자들이 자신의 성적 장면을 머릿속에 그려보며 섹스에 관한 불안감, 취약점, 또는 성에 대한 다른 부정적 감정이 있는가를 알아보는 것이다(McCarthy & McCarthy, 2012; Kleinplatz, 2010). 다른 치료법에는 자기 지시 훈련(self-instructive training)이라는 것이 있는데, 이것은 섹스에 관련된 자기 자신의 부정적 반응을 바꿀 수 있도록 돕는 것이다. 다시 말해 성관계를 가질 때 자신이 머릿속에 떠올리는 부정적 표현을 '대처할 수 있는 표현'으로 바꾸는 것이다. 예를 들어 "나는 성관계를 즐길 수 있어. 그게 꼭 제어할 수 없게 된다는 것은 아니야."라는 식으로 말이다.

치료자는 행동적 접근법을 사용하기도 하는데, 이것은 환자의 성충동을 고조시키기 위한 것이다. 환자들에게 '욕구 일기'를 쓰라고 지시하기도 하는데, 여기에는 성적 생각과 느낌을 적고 성에 관한 책이나 성적인 내용을 담고 있는 영화를 보고 섹스에 대한 환상을 기록한다. 또한 함께 춤을 추거나 산책을 하는 등의 즐거운 활동도 권장된다(Rubio-Aurioles & Bivalacqua, 2013). 성추행이나 어린 시절 성추행을 당한 경험으로 인한 성욕 감퇴에는 추가적인 치료기법이 필요할 수 있다(Hall, 2010, 2007). 환자가 더 이상 옛날의 성폭행의 기억 때문에 두려움이나 긴장감이 들지 않을 때까지 옛 기억을 계속 상기시키거나 그 기억에 대하여 이야기하게 하고 생각하게 하는 방법을 사용하기도 한다. 이러한 치료 방법과 이들과 연관된 다른 정신적 접근법이 성욕감퇴장애를 가진 많은 남성과 여성에게 도움이 되고 있는 것은 명백한 사실이며, 많은 환자들이 결국 다시 일주일에 한 번 이상의 성관계를 가지는 것이 가능해진다(Meana, 2012; Rowland, 2012). 하지만 이것에 대한 통제된 연구는 아직 많지 않다.

마지막으로 욕구 문제와 관련하여 생물학적 중재가 치료에 큰 역할을 할 수 있다. **호르몬 치료**는 몇몇의 연구 지지를 받아

"내가 만지기만 하면 그는 공처럼 몸을 돌돌 말아요."

CALLAHAN

사용되어 왔다(Wright & O'Connor, 2015; Rubio-Aurioles & Bivalacqua, 2013). 그리고 2015년에는 FDA에서 성욕 감퇴로 고통받는 여성들을 위한 치료로서 **플리반세린**(애디) 약품을 승인하였다.

발기장애 발기장애의 치료법은 남성의 수행 불안을 줄이는 것이나 자극을 높이는 것, 또는 이 두 가지 모두에 초점을 맞춰 행동적 · 인지적, 또는 관계 중재와 같은 여러 가지 방법을 함께 사용한다(Mola, 2015; Rowland, 2012; Carroll, 2011). 치료의 한 방법인 감각 집중 훈련 중에 애가 닳게 하는 기술(tease technique)을 시도하는 것이 있는데, 이것은 파트너가 남성을 계속 애무하고 발기가 되면 애무를 멈추고 발기가 멈출 때까지 기다리는 방법이다. 이 방법은 남성에게 수행해야 하는 부담감을 줄이고, 또한 부부에게 발기는 자극에 의해 자연스럽게 일어나는 것이며 얼마나 잘

AP Photo/Amr Nabil

세계 각국의 비아그라
비아그라(그리고 이것의 사촌인 시알리스와 레비트라)처럼 세계적인 영향을 가진 약물은 거의 없다. 여기 카이로에 있는 제약 공장 기술자들은 이집트 약국에 유통 및 마케팅을 위해 수천 개의 비아그라 약을 분류하고 있다.

하느냐에 집중하지 않는 한 발기가 가능하다고 가르칠 수 있다. 또 다른 치료 방법으로는 손이나 오럴 섹스로 여성에게 오르가슴을 느낄 수 있게 하여 남성의 부담감을 줄이는 방법이 있다(LoPiccolo, 2004, 2002, 1995).

생물학적 접근법은 1998년도에 **실데나필**(비아그라)이 발명되면서 가속도가 붙기 시작했다. 이 약물은 복용 후 한 시간 안에 남성의 성기에 혈액 공급을 증가하게 하여 성 활동 중 발기를 유지할 수 있게 하는 약이다(심리전망대 참조). 보통, 실데나필은 꽤 안전한 약물이다. 그러나 심혈관의 병이 있거나 관상동맥 심장병이 있는 경우, 특히 나이트로글리세린이나 다른 심장병 약을 복용하고 있는 경우에는 예외이다(Stevenson & Elliott, 2007). 비아그라가 출시된 직후 두 가지 발기장애 치료약이 승인되었는데—**타다라필**(시알리스)과 **발데나필**(레비트라)—현재 이 두 가지 약품은 수익이 좋은 시장에서 비아그라와 경쟁 중이다. 전체적으로 이 세 가지 약품이 발기장애 치료에 제일 많이 쓰이고 있다. 사용자 중 75% 정도가 효과적으로 발기를 경험한다. 그러나 몇몇 연구에서는 이러한 발기 기능부전 약물 중 하나와 앞에서 언급한 심리학적 개입을 결합하는 것이 각각의 치료를 독립으로 사용하는 것보다 더 도움이 된다고 밝혔다(Schmidt et al., 2014).

비아그라, 시알리스, 레비트라가 개발되기 전에는 여러 가지 의료 시술이 발기장애를 치료하기 위해 사용되었다. 이런 시술들은 현재 '차선책'으로 밀려나며 약품이 효과가 없거나 환자에게 위험한 경우에만 사용된다(Martin et al., 2013). 이러한 치료에는 젤 좌제 삽입, 성기에 주사로 약물을 투여하는 것, **진공 발기 기계**(VED) 등이 있다. VED의 사용법은 원통을 성기 위에 올려 손으로 펌프질을 해서 원통의 공기를 빼면 성기에 피가 몰려서 발기를 일으키는 것이다.

조기사정 조기사정은 꽤 오랜 시간 행동적 치료로 인해 많은 호전을 보여 왔다(McMahon et al., 2013; Masters & Johnson, 1970). 하나의 방법으로 멈춤-시작(stop-start) 또는 중단, 절차라는 것이 있는데, 남성이 고도로 흥분될 때까지 손으로 성기에 자극을 준다. 그 후 부부는 남성의 흥분이 가라앉을 때까지 기다렸다가 다시 자극을 준다. 이 순서를 마지막에 사정을 할 때까지 여러 번 반복한다. 이러한 방법으로 남성이 이전에 느꼈던 것보다 훨씬 오

숨은 뜻 읽어내기

대중적 신념에도 불구하고…

새롭게 승인된 약물인 플리반세린(애디)은 종종 '여성 비아그라'로 언급된다. 그러나 이는 잘못된 명칭이다. 애디는 성적 욕구를 유도하거나 향상시키는 반면에, 비아그라는 그렇지 않다. 비아그라는 이미 성적 욕구가 있는 남자들의 발기를 유도하거나 향상시킨다.

성차별주의와 비아그라, 피임약

♀♂ 리는 성차별주의(sexism)가 감소하고 있고 또 의료혜택을 남성과 여성이 같은 척도로 이용할 수 있는 계몽 세계에 살고 있다고 믿고 싶어 한다. 그러나 1998년에 비아그라의 발견과 마케팅에 대한 정부기관 및 보험회사의 반응으로 인해 이런 신념에 의문이 제기되었다(Goldstein, 2014).

우선 일본이라는 나라를 고찰해 보자. 비아그라가 미국에 도입된 후 겨우 6개월이 지난 1999년 초에 이 약품은 일본에서 남성용으로

피임약 '필'

승인되었다(Goldstein, 2014; Martin, 2000). 이와 대조적으로 저용량 피임약인 '필'은 다른 나라에서 도입된 후 만 40년이 지난 1999년 6월에야 일본에서 여성용으로 승인되었다! 만일 비아그라가 빨리 승인되지 않았다면 피임약은 일본에서 여전히 여성이 사용할 수 없었을 것이라고 보는 사람들이 많다.

미국은 의료 시스템에서 이런 명백한 이중기준 문제를 피할 수 있었는가? 사실은 그렇지 않다. 비아그라가 도입되기 전에 보험회사는 여성에게 처방이 필요한 피임약의 비용을 상환하도록 요구받지 않았다. 그 결과 여성은 자기부담 의료비를 남성보다 68% 이상 지불해야 했는데, 그 주된 이유는 보험이 되지 않는 생식 의료비 때문이었다(Hayden, 1998). 이와 대조적으로 1998년에 비아그라가 도입되었을 때 많은 보험회사들은 이 신약을 보험으로 보장하는 데

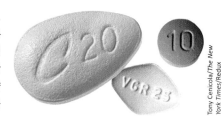

'피임약' 시알리스, 비아그라, 레비트라

선뜻 동의했다. 남성용 비아그라에 대한 보장과 여성용 경구 피임약에 대한 보장의 결여 사이의 대조에 대한 대중의 항의가 거세짐에 따라, 미국 전역에서 법률이 마침내 바뀌기 시작했다. 오늘날 28개 주에서 개인 보험회사에 의한 여성 피임약 보장을 요구하고 있다(Guttmacher, 2011). 2010년에 통과되어 2013년에 제정된 연방의료법인 건강보험개혁법(Affordable Care Act)에는 모든 보험회사에 피임약을 보장하도록 요구하는 조항을 포함하고 있다. 그러나 소위 '호비로비(Hobby Lobby)'라고 부르는 판정에서 대법원은 종교적인 이유에 근거하여 법인 소유주들이 고용인들을 위한 보험 보장 제공을 거절할 수 있다고 2014년에 판결을 내렸다.

랜 시간 자극을 느낄 수 있게 하는 것이다(LoPiccolo, 2004, 1995). 이러한 방법은 결국 부부가 성기를 질에 삽입할 때까지 반복되며, 남성이 심하게 흥분할 때마다 진행을 멈추도록 한다. 임상 보고에 의하면 두 달에서 세 달 정도 이러한 방법을 사용하면 많은 부부들이 중간에 멈추지 않고도 성관계를 지속할 수 있다고 한다(Althof, 2007).

몇몇 의사들은 조기사정을 SSRI(세로토닌 재흡수 억제제)로 치료하기도 한다. 이 약물이 성적 흥분이나 오르가슴을 낮추는 효과가 있기 때문인데, 이것이 조기에 사정하는 남성에게 도움이 될 수 있다는 이론이다. 많은 연구 결과, 이 접근법이 효과가 있는 것으로 나타났다(McMahon et al., 2013). 이 방법의 효과는 이전에 언급된 생물학적 이론과 같은데, 조기사정 남성의 뇌에 있는 세로토닌 수용체가 비정상으로 작동하기 때문이라는 이론이다.

사정지연 사정지연 치료법에는 수행 불안을 줄이고 자극을 높이는 것이 포함되어 있다(Rowland, 2012; LoPiccolo, 2004). 수많은 치료법들 중 파트너를 앞에 두고 오르가슴을 느낄 때까지 자위를 하는 것과 자위를 하여 절정을 느끼기 바로 전에 파트너에게 삽입하여 성관계를 가지는 방법이 있다(Marshall, 1997). 이 방법은 환자가 성관계 중 사정을 할 가능성을 크게 만든다. 그 후에는 환자가 자위를 하다 점점 더 이른 단계에서 삽입하도록 지시

한다.

사정지연에 신경학적 손상이나 외상 같은 신체적 요인이 있는 경우, 교감신경의 흥분을 돕기 위한 약이 함께 사용되기도 한다(Stevenson & Elliott, 2007). 그러나 이러한 약의 효과는 아직 체계적으로 많이 검증되지 않았다(Hartmann & Waldinger, 2007).

여성극치감장애 여성극치감장애의 특정 치료 방법으로는 인지행동적 기법과 자기 탐구, 신체에 대한 의식을 높이는 것, 그리고 지시된 자위 훈련 등이 있다(Laan et al., 2013; McCarthy & McCarthy, 2012). 이러한 치료 방법은 어떠한 상황에서도 한 번도 오르가슴을 느껴본 적이 없는 여성에게 특히 유용하다. 호르몬치료와 실데나필(비아그라) 사용과 같은 생물학적 치료도 사용되었지만, 연구 결과 그런 중재는 지속적인 효과를 보이지 않았다(Wright & O'Connor, 2015; Laan et al., 2013).

지시된 자위(directed masturbation training)는 성적 상호작용 중에 어떻게 효과적으로 자위를 하여 절정에 달할 수 있는지 단계적으로 가르치는 것이다. 이러한 훈련은 도표와 읽기 자료, 개인적 자기 자극, 야한 자료와 환상, '오르가슴의 계기'—예를 들어 숨을 참거나 골반을 꼬집는 것—를 찾는 것, 상대와의 감각에 집중하는 것, 성교 중 음핵에 자극을 주는 체위를 취하는 것 등이 있다. 이러한 훈련은 굉장히 효과가 큰 것으로 보인다. 여성 환자 중 90% 이상이 자위 중 절정을 느끼고, 약 80% 정도가 상대와 애무를 하다가 절정을 느끼며, 약 30% 정도가 성관계 중 절정을 느낀다(Laan et al., 2013; Heiman, 2007).

나중에 읽게 되겠지만 여성이 성관계 중 절정을 느끼지 못하는 것만으로는 성기능부전이 아니다. 여성이 성관계를 즐기면 상대로 인한 애무나 자신 스스로 오르가슴을 느끼는 경우가 있기 때문이다. 이러한 이유로 많은 치료자들이 자신이 성관계 중 오르가슴을 느끼지 못한다고 찾아오는 환자에게 그것은 전혀 정상이라고 알려 주는 것이 가장 현명하다고 생각한다.

성기–골반통증/삽입장애 질의 근육이 비자발적으로 수축하는 것에 대한 특정 치료법으로는 대표적으로 두 가지 방법이 있다(Ter Kuile et al., 2015, 2013; Rosenbaum, 2011). 첫 번째로는 자신의 질을 수축하고 이완하는 연습을 통해 질의 움직임을 자발적으로 통제하도록 배우는 것이 있다. 두 번째로는 점진적·행동적 노출치료로 삽입에 대한 두려움을 극복하게 하는 방법이 있다. 예를 들어 집에서 스스로 점점 크기를 키우며 확장기를 삽입하여 결과적으로 상대의 성기를 삽입할 수 있게 하는 것이다. 여성 환자들 중 대부분이 결과적으로 고통 없이 성관계를 가질 수 있게 된다. 몇몇 의료 중재가 사용되고 있다. 예를 들어 여러 명의 임상실험가들이 수축되어 삽입을 방해하는 질 근육에 보톡스를 투입하여 근육의 경련을 줄이는 것이다(Pacik, 2014; Fugl-Meyer et al., 2013). 하지만 이러한 방법은 체계적이지 않다.

다양한 접근법이 성기–골반통증/삽입장애—성교 중 심각한 질 또는 골반 통증—의 다른 형태를 다루기 위해 사용되고 있다. 이전에도 보았듯이 이 문제의 가장 큰 원인은 신체적인 것이다. 고통을 초래하는 흉터, 병변, 또는 감염 후유증이 그것이다. 원인이 알려져 있을 경우 통증 관리 시술(292~295쪽 참조)과 성 치료 기술 등이 사용될 수 있다. 예를 들어 부부에게 통증을 유발하는 곳에 압력이 가해지지 않는 체위를 가르쳐 주는 것이다(Fugl-Meyer et al., 2013; Dewitte et al., 2011). 국소 크림부터 수술까지 의료 중재도 시도

▶지시된 자위 흥분장애나 극치감장애가 있는 여성에게 효율적으로 자위를 하고 결국 성교 동안 어떻게 오르가슴에 도달하는지 가르치는 기법

해 볼 수 있지만, 오래된 성적 불안과 흥분 부족 문제를 개선하기 위해서는 다른 성 치료도 함께 행해져야 한다(Archer et al., 2015; Goodman, 2013). 많은 전문가들은 성기-골반 통증/삽입장애의 두 형태를 평가하고 치료하는 것은 산부인과 의사, 물리치료자, 성치료자 또는 다른 정신건강 전문가 등 전문가 팀이 맡아야 한다고 말한다(Berry & Berry, 2013; Rosenbaum, 2011, 2007).

현재의 성 치료에는 어떠한 추세가 있는가

현재의 성 치료자들은 처음 Masters와 Johnson이 개발한 접근법을 훨씬 넘어선 방법을 사용하고 있다. 예를 들어 현재의 성 치료자들은 결혼하지 않았지만 함께 살고 있는 커플들을 많이 상대한다. 또한 우울증, 조증, 조현병, 특정성격장애로 인한 성기능장애도 치료한다(Leiblum, 2010, 2007). 그뿐만 아니라 성 치료자들은 더 이상 부부관계에 큰 문제가 있는 환자, 나이가 많은 환자, 의학상의 병을 가지고 있는 환자, 신체적인 장애가 있는 환자, 동성애자인 환자, 장기적 성 파트너가 없는 환자를 배제하지 않는다(Rowen, 2013; Stevenson & Elliott, 2007). 비록 DSM-5에 장애로 등록되지 않지만, 성 치료자들은 또한 지속적인 성적장애(persistent sexuality disorder), 과다성욕(hypersexuality) 또는 성 중독(sexual addiction)이라고 부르는 과도한 성욕에 예전보다 많은 관심을 둔다(Carvalho et al., 2013; Lee, 2011).

많은 성 치료자들은 성욕감퇴장애와 남성 발기장애와 같은 성기능부전에 약물치료와 다른 의료 중개가 급증한 것에 대하여 많은 우려를 표명하고 있다. 그들이 우려하는 것은 많은 치료자들이 심리적·생물학적·사회문화적 중재를 통합하지 않은 생물학적 중재만을 선택할 경우를 우려하는 것이다. 실제로 한 가지에만 집중한 치료법은 아마 성 문제 대부분의 복잡한 요인을 해결하지 못할 것이다(Berry & Berry, 2013; Meana, 2012). 성 치료자들이 통합된 접근법을 사용하는 것의 이익을 깨닫는 데는 오랜 시간이 걸렸다. 새로 개발된 의료 중재는 이러한 것들을 유기하도록 진행되어서는 안 될 것이다.

▶ 요약

성기능부전의 치료 1970년대 William Masters와 Virginia Johnson의 책으로 인해 성 치료가 개발되었다. 오늘날 성 치료에는 인지적, 행동적, 부부간 그리고 가족체계 등 여러 가지를 포함한 치료가 행해지고 있다. 일반적으로 치료는 자세한 진단(평가), 교육, 공동의 책임을 인정하는 것, 고정관념을 바꾸는 것, 감각에 집중하는 것, 의사소통의 개선, 그리고 부부치료 등을 포함하고 있다. 또한 각 성 장애에 해당되는 특정한 기술이 개발되었다. 생물학적 치료 또한 증가하고 있는 추세이다.

변태성욕장애

성도착증(paraphilias)은 개인이 강렬한 성충동이나 환상을 반복적으로 가지거나, 물체나 통상적 성 규범 밖의 상황을 포함하는 성적 행동을 보이는 패턴을 말한다. 예컨대 사람이 아닌 물체 또는 수치심이나 고통을 느끼는 것에 성적 초점이 있는 것을 포함한다. 성도착증을 가진 사람 대다수가 성도착적 자극이 있거나 그것을 상상할 때 또는 그러한 행동을 하는 경우에만 흥분을 느낀다. 그 이외의 사람들은 스트레스가 심하거나 다른 특정 상황에만 성도착적 자극을 필요로 한다. 한 가지 성도착증을 가진 사람들 중 몇 명은 다른 종류의

▶성도착증 사람이 아닌 대상, 아동, 동의하지 않은 성인, 또는 고통이나 굴욕의 경험 등에 대한 반복적이고 강렬한 성적 욕구, 환상 및 성적 행동을 특징으로 하는 장애

성도착증도 가지고 있다(Seto, Kingston, & Bourget, 2014). 성도착적 음란물의 대규모 소비자 시장과 섹스팅이나 사이버섹스가 증가하는 추세는 임상가들에게 성도착증이 사실은 흔한 것이라 여기도록 만든다(Ahlers et al., 2011; Pipe, 2010)(마음공학 참조).

> 인터넷상의 채팅 그룹이나 성적인 자료들은 심리적인 건강에 도움이 될까, 아니면 피해를 줄까?

*DSM-5*에 따르면, **변태성욕장애**(paraphilic disorder)는 성도착증이 사람들에게 중대한 고통이나 장애를 초래하거나 또는 성도착증의 만족으로 인해 그 사람이나 다른 사람이 해악을 받을 위험이 있을 때—현재 또는 과거에—는 진단이 내려져야 한다(APA, 2013)(표 11-5 참조). 예를 들어 아동과 성적 접촉을 하는 사람들은 그 행동에 의하여 괴로움을 느끼든 아니든 간에 소아성애장애라는 진단이 내려진다. 아동이나 동의하지 않은 성인을 포함한 변태성욕장애를 가진 사람들은 그들의 부적절한 행동으로 발생한 법적 문제의 결과로 종종 임상가들의 주의를 끈다.

비록 이론가들은 변태성욕장애의 원인으로 많은 것을 내놓았지만, 확증된 것은 많지 않다(Becker et al., 2012). 또한 변태성욕장애의 치료법은 연구 결과에 의해 뒷받침되지 않거나 명확히 효과적으로 보이지 않는 경우가 많다. 심리적 그리고 사회문화적 치료법이 가장 오랜 시간 사용되었지만, 오늘날의 의학 전문가들은 생물학적 중재 또한 사용하고 있다.

일부 치료전문가들은 항안드로겐을 치료에 사용하는데, 이것은 남성 호르몬인 테스토스테론의 분비를 줄여 성충동을 감소시킨다(Assumpção et al., 2014). 비록 항안드로겐을 사용하는 것이 변태성욕장애의 증세를 줄이는 데에는 효과가 있지만, 많은 환자들이 정상적인 성적 감정과 행동에도 지장을 받는 것으로 나타났다. 그렇기 때문에 항안드로겐은 주로 변태성욕장애가 자기 자신이나 타인에게 위험을 줄 수 있는 정도일 때 쓰인다. 또한 임상가들은 갈수록 SSRI, 즉 세로토닌을 활성화시키는 항우울제를 변태성욕장애장애를 가진 사람들을 치료하는 목적으로 더 많이 처방하고 있다. SSRI가 다른 종류의 강박을 감소하는 데 도움이 되듯이 강박과 가까운 성적 행동을 줄일 수 있다고 기대하기 때문이다(Assumpção et al., 2014). 그리고 SSRI의 흔한 효과는 성적 흥분을 줄인다는 것이다.

'주의(caution)'라는 단어는 다양한 변태성욕장애를 평가하기 전에 사용하기 적절하다. 성기능부전과 같은 이러한 장애의 정의는 그것들이 발생하는 특정한 사회 규범의 영향을 강하게 받는다(McManus et al., 2013). 몇몇 임상가들은 그들로 인하여 다른 사람들이 다쳤을 때를 제외하고, 적어도 몇몇 변태성욕 행동은 장애로 여겨서는 안 된다고 주장한다(De Block & Adriaens, 2013; Wright, 2010). 특히 성적 장애와 관련 있는 오점과 자신이 그러한 장애를 가지고 있다고 믿는 많은 사람들의 자기혐오를 고려해 볼 때, 우리는 이러한 꼬리표를 다른 사람들 또는 우리 스스로에게 적용하는 것에 대해 매우 주의해야 할 필요가 있다. 여러 해 동안 임상가들이 동성애를 변태성욕장애로 생각했으며, 남성 동성애자들을 반대하는 법과 치안 활동을 정당화시키기 위하여 그들의

▶**변태성욕장애** 성도착이 심각한 스트레스를 초래하며 사회적 직업 활동을 방해하고 자신이나 타인을 현재나 과거에 위험 상태로 몰아넣는 장애

장난스러운 맥락
이성의 옷을 입는 것이 항상 복장도착장애를 의미하는 것은 아니다. 여기 하버드대학교의 뮤지컬 그룹으로 유명한 헤이스티 푸딩 극단 클럽의 두 남학생이 여성의 옷을 입고 배우 앤 해서웨이에게 키스를 하고 있다. 해서웨이는 이 클럽의 2010년 올해의 여성상을 수상했다.

'섹스팅' : 건강한 것인가 아니면 병적인 것인가

'섹스팅'은 성적으로 노골적인 내용, 특히 사진이나 문자 메시지를 휴대전화나 다른 디지털 장치로 보내는 것이다. '섹스팅'이라는 용어는 2005년에 만들어졌다.

조사에 의하면 휴대전화 사용자의 20%가 자신의 성적으로 노골적인 사진을 보낸 적이 있으며 40%는 성적으로 노골적인 사진을 받아 본 적이 있다고 한다(McAfee, 2014; Strassberg et al., 2013). 사람들의 절반은 그들이 받은 성적인 사진이나 메시지를 저장하고 있으며 수신자의 25% 이상이 그들이 받은 성적인 사진을 다른 사람들에게 다시 보낸다.

순진한 행동이라 생각하는가? 항상 그렇지만은 않다. 이러한 사진을 보내는 사람들 중 3분의 1 이상이 그러한 행동은 법적으로나 개인적인 문제로 이어진다는 것을 알고 있다고 말한다. 청소년(18~24세)은 성적인 사진을 보내는 사람들의 가장 큰 그룹에 속한다. 그리고 남성은 여성보다 3 : 2 차이로 더 자주 이러한 사진이나 메시지를 보낸다.

섹스팅이 비정상적인 기능의 증상인가? 그건 사람에 따라 다를 것이다. 분명 몇몇 사람들은 자신의 성기를 다른 사람에게 노출시키려는 충동적인 행동을 하는 변태성욕 패턴인 **노출장애**의 진단에 부합할 것이다. 성적인 사진이나 메시지를 보내는 사람들 중 16%가 낯선 사람을 만족시키기 위해 자신의 성적인 사진을 보낸다(McAfee, 2014). 그리고 노출장애의 다른 형태처럼 섹스팅은 동의하지 않은 수신자들에게 심리적 문제를 야기할 수 있다(Smith et al., 2014).

섹스팅이 심리적 문제 또는 관계의 문제에 반영되는 것에 대한 훨씬 좋지 않은 다른 상황도 있다. 한 연구에 따르면, 낯선 사람들이나 동의하지 않은 수신자들에게 성적인 사진이나 메시지를 보내는 사람은 다른 사람들보다 애착이나 친밀감에 더 많은 일반적인 문제가 있을 것이라고 한다(Drouin & Landgraff, 2012). 게다가 섹스팅이 (결혼이나 일부일처 관계 밖에서 행해졌을 때) 종종 불륜에 한걸음 나아가 있다고 연구에서 밝히고 있다. 몇몇 심리학자들은 섹스팅이 신체적 접촉은 없지만 그 자체로 불륜의 형태라고 믿는다. 또한 이것이 몇몇 사례에서는 이혼의 이유가 되기도 했다(Centeno, 2011; Cable, 2008).

반면에 몇몇 심리학자들에 의하면 섹스팅은 건설적인 행동이 될 수도 있다. 많은 부부들이 그들의 결혼이나 관계에 더해진 관점으로서 섹스팅을 하기도 한다. 조사에 따르면 모든 부부의 절반 이상이 적어도 한 번은 자신의 파트너에게 성적인 사진이나 메시지를 보내 본 적이 있으며, 3분의 1 이상이 한 번 이상 보내 본 적이 있다고 한다(Drouin & Landgraff, 2012). 이러한 연구는 성적 사진이나 메시지를 보내는 것이 종종 직접 낭만적인 관계를 향상시키며, 더욱 유대감 만들어 내고, 관계 속에서 성적 만족감을 높인다는 것을 보여 준다(Parker et al., 2012).

지도 속 섹스팅

2011년 뉴욕 하원의원인 앤서니 위너는 그의 여러 섹스팅 에피소드가 공개되어 언론에 보도되었을 때 하원의원 자리를 사임하고 시장에 대한 출마를 포기했다.

Richard Levine/Alamy

판단이 사용되었다는 점을 명심해야 한다(Drescher, 2015; Dickinson et al., 2012). 남성 동성애자 권익수호 운동으로 인해 동성애에 대한 사회의 이해와 태도가 변하자 임상가들은 공식적으로 동성애를 장애로 간주하지 않았으며 1973년도에는 부분적으로, 1986년도에는 완전히 *DSM*에서 제외시켰다. 그럼에도 불구하고 제1장에서 보았듯이 많은 임상가들은 수년 동안 계속해서 동성애자들의 성적지향을 고치기 위하여 **전환**(conversion), 또는 **회복**(reparative), **치료**(therapy)를 권고하였다. 그러는 동안 임상 영역은 관습적인 규범과 다른 개인적인 성적 행동 때문에 본의 아니게 수백만 명 사람들의 학대, 불안, 그리고 수치심을 야기했다.

물품음란장애

상대적으로 흔한 변태성욕장애 중 하나는 **물품음란장애**(fetishistic disorder)이다. 이 장애의
주요 특징은 무생물인 물체나 생식기가 아닌 신체 부위와 관련된 극심한 성적 충동, 성적
흥분을 일으키는 환상이나 행동을 말하며 대체로 이외의 자극에는 반응하지 못하곤 한다
(APA, 2013). 이러한 장애는 여성보다 남성에게서 훨씬 흔하게 나타나며, 대부분 청소년기
에 처음 시작된다. 거의 모든 것이 성적 대상물(fetish)이 될 수 있는데 여성의 속옷, 신발,
부츠 같은 것이 가장 흔하다. 이 장애가 있는 사람 중 일부는 원하는 물건을 가능한 한 많
이 얻기 위해 훔치기도 한다. 그러한 물건은 만질 수 있거나, 냄새를 맡을 수 있거나, 자위
를 하는 동안 어떠한 방법으로 입을 수 있거나 아니면 성관계를 가질 때 상대에게 입으라
고 할 수도 있다(Marshall et al., 2008). 이 중 많은 특징이 다음 경우에서 보인다.

> 32세의 혼자 사는 남성 … 은 여성에게도 성적 매력을 느끼지만 그들의 '속옷(팬티)'에 훨씬
> 더 큰 성적 매력을 느낀다고 말하였다.
>
> 　환자가 기억하는 한 그의 성적 흥분은 7세 정도에 야한 잡지에서 여성들이 팬티만 입은 채
> 부분적으로 나체로 찍은 사진을 보았을 때 처음 시작되었다. 그의 첫 사정은 13세쯤 여자들
> 이 팬티를 입은 것을 상상하며 이루어졌다. 그는 누나의 팬티를 훔쳐 자위를 하곤 하였다. 그
> 후에는 누나의 친구들이나 사교적으로 만난 여자들의 팬티를 훔쳤다. 그는 사교적인 목적으
> 로 여성의 집에 찾아가 방을 뒤져 속옷을 찾아내고 만족하였다. 나중에 이렇게 훔친 팬티는
> 자위를 할 때 쓰였고 "안전한 곳에 저장해 두었다."고 말하였다. 여성의 팬티로 자위를 하는
> 것이 청소년 때부터 치료를 찾아온 순간까지 그가 택한 성적 흥분을 느끼고 절정에 이르는 방
> 법이었다.
>
> (Spitzer et al., 1994, p. 247)

연구자들은 물품음란장애의 확실한 원인을 아직 찾지 못하였다. 행동학자들은 물품음
란장애는 고전적 조건형성에 의해 생겨난다고 말하였다(Dozier, Iwata, & Worsdell, 2011;
Roche & Quayle, 2007). 선구적인 행동학 연구 중 남성 참가자에게 나체인 여성의 슬라이
드와 부츠 슬라이드를 함께 보여 준 연구가 있었다(Rachman, 1966). 많은 시행 후 참가자
들은 부츠 사진만 보아도 성적 흥분을 보였다. 만약 초기 성적 경험이 특정한 물체 앞에서
비슷하게 이루어졌다면, 이러한 것은 물품음란장애가 생길 수 있는 장이 될 수 있다.

행동주의자들은 때때로 물품음란장애를 **혐오치료**로 치료했다(Plaud, 2007; Krueger &
Kaplan, 2002). 한 연구에서는 물품음란장애를 가지고 있는 참가자들이 성적 흥분을 일
으키는 물체를 상상할 때마다 참가자의 팔이나 다리에 전기충격을 가하였다(Marks &
Gelder, 1967). 2주간의 지속적인 치료 후 모든 환자들이 적어도 조금의 호전된 증상을 보
였다. 또 다른 혐오치료 방법인 내재적 민감화(covert sensitization)는 물품음란장애를 가진
사람들을 성적 흥분을 일으키는 물체와 혐오감을 일으키는 물체를 함께 상상하게 하여 더
이상 이전의 물체가 성적 흥분을 일으키지 않게 하는 것이다.

또 다른 물품음란장애의 행동학적 치료법으로는 **자위 포만**(masturbatory satiation)이 있
다(Plaud, 2007). 이 방법은 환자가 성적 흥분을 가져오는 물체를 상상하며 절정에 이를 때

표 11-5

진단 체크리스트
변태성욕장애

1. 적어도 6개월 동안 일반적인 성
적 규준 이외의 물체나 상황(인
간이 아닌 물건, 성기가 아닌 신
체 부위, 자신이나 타인의 고통
이나 모욕, 아동이나 동의하지
않은 대상)에서 반복적이고 강
렬한 성적 각성을 경험하는 것

2. 판타지, 욕구, 행동에서의 심각
한 고통이나 손상 경험(몇몇 변
태성욕장애, 예를 들면 소아성
애장애, 노출장애, 관음장애, 마
찰도착장애, 성적가학장애 등에
서는 고통이나 손상이 없더라
도 그 행위 자체가 장애가 있음
을 나타냄)

출처 : APA, 2013.

▶**물품음란장애** 무생물 대상의 사용을 포함
해서 강한 성적 흥분, 환상, 행동을 반복해서
보이는 변태성욕장애

▶**자위 포만** 성도착적인 대상에 대해 구체적
으로 상상하며 긴 시간 동안 자위를 하도록 하
는 행동치료. 이 절차는 지루함을 유발하여 대
상과 지루함을 연합시킴

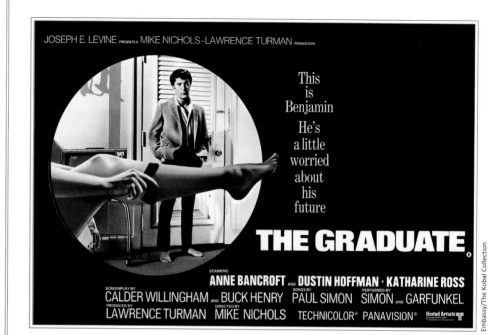

로빈슨 부인의 스타킹
1967년 영화인 '졸업'은 의미를 추구하는 한 젊은이의 개인적 혼란, 무감동, 성적으로 모험적인 행동에 집중함으로써 그 세대를 정의하는 데 도움을 주었다. 판매상들은 이 영화를 로빈슨 부인이 스타킹을 신는 것을 벤자민이 집중하여 바라보는 물품음란증 같은 사진을 사용해 홍보했으며, 이 장면은 영화를 특징짓는 장면이 되었다.

까지 자위를 하고, 그다음에는 좀 더 상세하게 그 물체를 상상하며 또 자위를 하고, 그리고 이러한 환상을 한 시간 동안 하게 하는 것이다. 이 방법은 환자가 싫증을 느끼게 하기 위함이며, 이 싫증이 다시 그 물체와 연관 지어지도록 하려는 것이다.

또 다른 물품음란장애의 행동학적 접근법에는 변태성욕장애에도 사용되는 **오르가슴 재교육**(orgasmic reorientation)이 있다. 오르가슴 재교육이란 환자를 좀 더 정상적인 성적 자극에 반응하도록 가르치는 것이다(Wright & Hatcher, 2006). 이것은 환자가 평범하지 못한 물체에 반응하는 동안 평범한 자극을 보여 주는 것이다. 예를 들어 신발 페티시(집착)가 있는 사람에게 신발을 보여 주며 발기가 되도록 한 후 나체인 여성의 사진을 보여 주며 자위를 진행하게 하는 것이다. 만약 환자의 발기가 멈추면 신발을 다시 보여 주어 자위를 정상적으로 하면 다시 나체인 여성의 사진을 보여 주는 것이다. 절정이 가까워지면 환자는 모든 생각을 평범한 자극에 집중해야 한다.

복장도착장애

복장도착증(transvestism) 또는 **크로스드레싱**(corss-dressing)이라고도 알려진 **복장도착장애**(transvestic disorder)를 가진 사람은 계속되는 강렬한 성적 흥분을 느끼기 위해 이성의 옷을 입는다. 이것은 환상과 충동, 행동을 통해 표현된 흥분이다(APA, 2013). 다음에서 42세의 기혼이자 아버지인 환자가 이러한 증상에 대해 말하고 있다.

▶**오르가슴 재교육** 새롭고 더 적절한 성적 자극을 대상으로 하여 반응하도록 하는 성도착 치료 절차의 하나

▶**복장도착장애** 다른 성의 의복을 입는 것에 대하여 반복적이고 강렬한 성적 욕구, 환상, 행동이 나타나는 변태성욕장애

제가 여성의 옷을 입을 때면 사람들은 저를 휘슬러의 그림, '어머니(역주 : 화가 휘슬러의 회색과 흑색의 배열 1번이라는 제목의 어머니가 옆으로 앉아 있는 무채색에 가까운 그림)'와 닮았다고 말해요(크게 웃으며). 특히 제가 면도를 제대로 하지 않았을 때 말입니다. 저는 꽤 꼼꼼한 편이에요. 여장을 할 때 손톱하고도 색이 맞는지 확인해요. 솔직히 제가 정확히 언제부터 여장을 시작했는지는 잘 모르겠어요. … 짐작해 보자면 10세 때쯤 엄마의 옷으로 장난을 치던 게 처음인 거 같습니다. … 저는 언제나 조심히 옷을 입어 보고 그 자리에 놔 두었기 때문에 18년 동안 지금까지 단 한 번의 의심도 받은 적이 없어요. 저는 복장도착자 지지단체의

일원입니다. 여장을 하는 남성들의 집단이죠. 몇 명의 사람들은 동성애자지만 대부분은 아닙니다. 진정한 복장도착자는, 제가 그렇기 때문에 아는데, 동성애자가 아니에요. 우리는 집단 안에서 그들을 차별하지 않아요. 생각해 보세요. 우리가 이상한 사람들이 아니라 정상적인 사람으로 인정받는 것도 충분히 힘들거든요. 그들은 대부분 좋은 사람들이에요. 정말로요. 대부분 저와 같은 사람들이죠.

집단 안에 있는 대부분의 남자들은 가족에게 복장도착에 대해서 말하였지만, 결혼을 한 사람들은 좀 모호한 상황에 있어요. 어떤 사람의 아내는 알고, 어떤 아내는 모르지만 의심을 할 뿐이죠. 저는 정직함을 믿고 결혼 전 제 아내에게 이와 관련하여 이야기 했어요. 지금은 이혼했지만, 그 이유가 복장도착 때문은 아니라고 생각해요. … 제가 커 가면서 몇몇 친구들은 심리치료를 추천하기도 했지만 저는 이게 문제라고 여기지 않아요. 이게 다른 사람들을 귀찮게 한다면 그게 바로 그들이 문제를 가지고 있다는 거겠죠. … 비록 제가 여장을 하는 것에 아내가 적응하기에는 좀 시간이 걸렸지만, 저는 아내와 성관계에 아무런 문제가 없거든요. 그래요, 가끔 관계를 가질 때 여장을 해요. 그렇게 하면 더 흥분되거든요.

(Janus & Janus, 1993, p. 121)

전형적인 복장도착장애를 가지고 있는 이 남성과 같이, 물품음란장애를 가지고 있는 남성은 대부분 이성애자이며, 어릴 때나 청소년 때부터 여장을 하기 시작한다(Marshall et al., 2008; Långström & Zucker, 2005). 평소에는 남성상을 지키며 행동하고 여장을 할 때는 대부분 혼자 있을 때이다. 적은 수의 남성이 여장을 하고 술집이나 사교클럽에 간다. 그중 일부는 여성의 속옷이나 스타킹을 제대로 된 남성 복장 안에 입고, 다른 몇몇은 화장부터 옷까지 여성의 복장을 한다. 일부 기혼남성은 아내를 복장도착에 참여시키기도 한다. 이 장애는 가끔 **성별 불쾌감**과 혼동되기도 하지만, 이 장을 더 나아가면 보겠지만 두 가지 장애는 소수 사람들에게서만 함께 나타나는 패턴이다(Zucker et al., 2012).

복장도착장애는 때때로 행동학적 원리인 조작적 조건형성에 의해 생겨나는 것으로 보인다. 그러한 경우 어렸을 때 부모나 다른 성인이 아이가 복장도착을 하는 것을 부추기거나 그러한 행동에 대한 보상을 주기 때문에 생겨나는 것이다. 예를 들어 한 환자의 경우 한 여성이 어린 조카가 소녀 복장을 입는 것을 즐기는 것을 알고 기뻐했다. 그녀는 항상 조카 딸을 원했으며, 조카에게 여자의 옷이나 악세사리들을 사 주며 여장을 시켜 함께 쇼핑을 하곤 했다.

노출장애

노출장애(exhibitionistic disorder)를 가지고 있는 사람은 이상한 낌새를 못 채는 사람에게 자신의 음부를 노출하는 데서 반복적이고 강렬한 성적 흥분, 즉 환상이나 충동, 행동에 의해 반영되는 흥분을 경험한다(APA, 2013). 희생자와 성활동을 개시하기보다는 대부분의 경우 상대를 놀라게 하거나 충격을 주기 위하여 이러한 행동을 한다. 가끔은 노출장애가 있는 환자들이 특정한 장소나 시간에 노출을 한다. 한 설문조사에 의하면 2,800명의 남성 중 4.3% 정도의 남성이 노출적인 행동을 한다고 대답하였다(Långström & Seto, 2006). 하지만 전체의 3분의 1에서 절반 정도가 노출을 하는 남성을 보거나 직접 맞닥뜨렸다고 말하였고, 이들은 플래셔(flasher, 역주 : 한국에서는 바바리맨)라고도 부른다(Marshall et al., 2008). 노출을 하고 싶은 충동은 자유시간이 생기거나 심각한 스트레스를 받을 때

숨은 뜻 읽어내기

성 인구조사
세계보건기구(WHO)는 매일 밤 1억 1,500만 회의 성행위가 이루어진다고 추산한다.

▶노출장애 자신의 성기를 다른 사람들에게 보여 주는 것에 대한 욕구나 상상 또는 그러한 욕구로 인한 행동을 반복적으로 하는 변태성욕장애

▶**관음장애** 예상치 못한 사람이 옷을 벗는 것을 몰래 관찰하거나 성행위하는 것을 엿보는 것에 대한 반복적이고 강렬한 욕구가 있고, 그러한 욕망에 따라 행동하기도 하는 변태성욕장애

▶**마찰도착장애** 동의하지 않은 사람과 접촉하거나 비비는 것에 대한 반복적이고 강렬한 성적 욕구, 환상, 행동이 나타나는 변태성욕장애

고디바 여사와 '피핑 톰'

전설에 의하면 고디바 여사(아래 1890년의 그림 참조)가 남편 메르시아 백작이 가난한 사람들에게 세금을 부과하는 것을 막기 위해서 영국 코벤트리가를 벌거벗은 채로 말을 타고 지나가고 있다. 모든 마을 사람들은 집안에 들어가서 셔터를 내리고 있도록 명령받았지만 톰이라는 재단사는 성적 호기심을 참을 수 없어서 셔터에 구멍을 뚫고 고디바 여사가 지나가는 것을 훔쳐보았다(Mann et al., 2008). 그 이후로 '피핑 톰(peeping Tom)'이라는 용어가 관음증을 언급하는 말로 쓰이게 되었다.

더 심해진다.

대체적으로 이 장애는 항상은 아니지만 18세 이전에 증상이 나타나며 거의 남성들 사이에서 발견된다(APA, 2013). 어떤 연구에 의하면 노출장애가 있는 사람은 대체적으로 이성을 대하는 데 미숙하며, 대인관계에 어려움을 느낀다고 말하였다(Marshall et al., 2008; Murphy & Page, 2006). 노출증을 가지고 있는 환자 중 약 30%는 기혼이며, 다른 30%는 이혼하거나 별거 중이다. 그들은 아내와의 성생활이 늘 만족스럽지는 않다고 말하였다(Doctor & Neff, 2001). 그중 많은 남성이 자신의 남성성에 두려움이나 의심을 가지고 있고, 그중 몇은 소유욕이 강한 어머니와 강한 유대관계를 가지고 있다. 다른 변태성욕장애와 같이 노출장애의 치료는 대부분 혐오치료나 자위 포만을 사용하며, 오르가슴 재교육, 사회성 기술 훈련, 인지행동치료와 함께 사용될 수 있다(Assumpção et al., 2014; Federoff & Marshall, 2010).

관음장애

관음장애(voyeuristic disorder)를 가지고 있는 사람은 은밀히 타인이 벌거벗은 모습이나 옷을 벗는 모습이나 성관계를 지켜보고 싶은 지속적이며 극심한 성적 흥분을 느낀다. 다른 변태성욕장애와 마찬가지로 이 흥분은 환상, 충동 또는 행동의 형태를 취한다(APA, 2013). 이 장애는 대부분 15세 이전에 발견되며 지속되는 편이다.

관음장애를 가진 사람은 때로 관음할 때나 그 후에 그 일을 상상하며 자위를 하기도 하지만, 그 사람과 직접적인 성관계를 가지려 하는 일은 드물다. 환자들은 흔히 상대의 취약성과 자신이 관찰되고 있다는 것을 알았을 때 상대가 느낄 수치심을 즐긴다. 또한 발각될 수 있다는 위험이 흥분을 더하게 한다.

관음장애는 노출장애와 같이 성적 판타지(환상)의 근원이 된다. 실제 성적 생활의 한 부분을 차지할 수도 있지만, 이러한 상황에는 상대의 동의가 있거나 상대가 이해하고 있는 경우이다. 관음장애의 임상적인 장애는 상대의 사생활을 반복적으로 침해한다는 것이다. 이 장애를 가지고 있는 환자 중 몇몇 사람들은 정상적인 성관계를 가지기 힘들며, 나머지는 그들의 장애를 떠나 정상적인 성생활을 한다.

많은 정신역학적 임상가들은 관음장애를 가진 환자들이 이러한 행동을 비롯해 상대에게서 우월감을 느끼고 싶어 하며, 이것은 아마도 이성관계나 대인관계에서 수줍음을 느끼거나 미숙하기 때문이라 여긴다(Metzl, 2004). 행동학자들은 이 장애가 성적으로 흥분되는 장면을 엿본 기회에 의한 학습된 행동이라고 말한다(Lavin, 2008). 만약 자위를 할 때 방관하는 사람들이 이러한 상황을 여러 번 보았다면 관음증 패턴이 생겨날 수 있다.

마찰도착장애

마찰도착장애(frotteuristic disorder)가 있는 사람은 동의하지 않은 사람을 만지거나 비비는 데서 반복적이고 강렬한 성적 흥분을 느낀다. 이 흥분은 다른 변태성욕장애에서처럼 환상, 충동 또

는 행동의 형태를 취할 수 있다. 마찰('문지르는 것'을 의미하는 프랑스어 *frotter*에서 유래)은 대부분 지하철이나 사람이 붐비는 길가 같은 혼잡한 장소에서 이루어진다(Guterman, Martin, & Rudes, 2010). 환자들은 거의 대부분 남성이며 자신의 성기를 피해자의 허벅지나 엉덩이에 비비거나 음부나 가슴을 움켜잡는 것을 즐긴다. 대체적으로 그러한 행동을 하며 피해자와 친밀한 관계에 있다고 상상한다. 이 성적 도착은 대부분 청소년기에 생겨나며, 대부분 누군가가 이러한 성적 마찰을 가하는 것을 보고 생겨난다. 25세 정도 이후가 되면 이러한 증상은 서서히 줄어들고 흔히 사라진다(APA, 2000).

소아성애장애

소아성애장애(pedophilic disorder)가 있는 사람은 신체적으로 성숙한 사람보다는 아동에게서 같거나 더 큰 성적 흥분을 경험한다. 이 흥분은 환상이나 충동, 행동을 통해 표현된다(APA, 2013). 이 장애를 가진 사람들은 사춘기 전의 아동에게 매력을 느끼거나(고전적 유형), 사춘기 초기 아동(청소년애적 유형)이나, 둘 다(소아ㆍ청소년애적 유형)에서 매력을 느낀다. 이 중 일부는 아동 외설물을 보거나, 성적인 성향이 없는 아동 속옷 광고 같은 것을 보며 만족을 느낀다. 그 외의 사람들은 실제로 보거나 만지거나 애무하거나 성관계를 갖고 싶은 충동을 느낀다(Babchishin, Hanson, & VanZuylen, 2014; Schmidt et al., 2014). 이 장애가 있는 사람들 중 일부는 아동에게만 성적 매력을 느끼고, 그 외의 사람들은 성인에게도 성적 매력을 느낀다. 남자아이와 여자아이 모두가 피해자가 될 확률이 있지만, 증거에 의하면 3분의 2가 여자아이로 나타난다(Seto, 2008; Koss & Heslet, 1992).

소아성애장애가 있는 사람들은 대부분 청소년 때 이런 패턴의 성욕을 발전시키게 된다(Farkas, 2013). 이 중 일부는 어린 시절 자신이 성적 학대를 당한 적이 있고(Nunes et al., 2013), 많은 사람들이 어린 시절 방치되었거나, 지나치게 처벌받아 왔거나, 친밀한 관계를 형성하지 못한 경우가 많다. 이 중 결혼을 하거나 결혼 후 성적 어려움을 겪거나 생활에서 다른 절망감을 느끼는 사람들이 적지 않으며, 그러한 이유로 자신이 주인(master)이 될 상

▶**소아성애장애** 사춘기 이전의 아동을 바라보고 만지고 성적인 행위를 하는 것에 대한 반복적이고 강렬한 성적 욕구나 환상이 있고, 그러한 욕구나 환상을 실행하기도 하는 변태성욕장애

소아성애, 학대, 그리고 재판

사람들은 2005년에 프랑스에서 처음 열린 가장 큰 아동 학대 재판의 증언을 위해 프랑스의 앙제 법원에 들어갔다. 법원은 아동 성폭행, 성추행 및 매춘죄로 유죄를 선고받은 65명의 피고인(남자 39명, 여자 26명)을 발견했다. 피해자들의 연령은 6개월에서부터 14세까지였고, 피고인의 연령은 27~73세까지 있었다.

Francis Demange/Gamma-Rapho via Getty Images

황을 찾는 것이다. 이러한 사람들은 대부분 사회적이나 성적 기술이 미숙하고 정상적인 성적 관계를 갖는 것에 불안감을 느낀다(Marshall & Marshall, 2015; Seto, 2008).

소아성애장애를 가진 사람들 중 "아이의 동의를 구하면 성관계를 갖는 것이 괜찮다."라는 등의 잘못된 생각을 가진 사람들도 있다(Roche & Quayle, 2007; Abel et al., 2001, 1984). 소아기호증이 있는 사람들 중 성인-아동 성적 접촉을 갖는 것을 아동 탓을 하거나 아동이 그러한 경험으로 이득을 얻었다고 말하는 사람들도 적지 않다(Durkin & Hundersmarck, 2008; Lanning, 2001).

비록 이 장애가 있는 사람들 중 대다수가 이러한 감정은 잘못된 것이고 비정상적인 것이라고 여기지만, 성인과 아동이 성관계를 가지는 것이 용인되며 정상적이라고 생각하는 사람들도 적지 않다. 어떤 사람들은 성행위에 대한 법적 동의와 관련된 법의 나이 규정을 폐지하려는 소아성애 단체에 가입한 사람들도 있다. 인터넷의 사용이 이러한 개인들이 서로 소통하는 장을 열어 주었으며, 현재 소아기호증과 성인-아동 성관계를 가지는 것에 대한 웹사이트, 토론방, 대화방, 포럼, 게시판이 광범위하게 존재한다(Durkin & Hundersmarck, 2008).

연구에 의하면 소아성애장애가 있는 사람 중 대부분이 적어도 하나 이상의 심리적 장애를 가지고 있는 것으로 나타났다(Farkas, 2013; McAnulty, 2006). 최근에 몇몇 이론가들에 의하면 소아성애장애가 뇌 구조의 이상이나 생화학적 문제로 생겨날 수 있다는 제안을 하였지만, 이러한 장애는 아직 지속적인 연구 지지를 받지 못하였다(Lucka & Dziemian, 2014; Wiebking & Northoff, 2013).

대부분의 소아성애적 범죄자들은 잡히면 수감되거나 강제로 치료를 받게 된다(Staller & Faller, 2010). 어쨌든 그들이 아동에게 어떠한 성적 접촉을 하게 되면 그것은 아동 성폭행이기 때문이다(Farkas, 2013). 현재 미국 전역에서 이러한 성범죄자들이 사는 곳과 일하는 곳을 법집행기관과 대중이 알리고 통제할 수 있게 도와주는 주거등록 및 지역사회 통지법이 많이 있다(OJJDP, 2010).

소아성애장애의 치료법에는 다른 성도착증과 동일한 혐오치료, 자위 포만, 오르가슴 재교육, 인지행동적 치료, 그리고 항안드로겐 약물 등이 있다(Assumpção et al., 2014; Fromberger, Jordan, & Müller, 2013). 이 장애에 많이 사용되는 것 중 하나인 인지행동적 치료에는 **재발방지 훈련**이라는 것이 있는데, 이것은 물질사용장애의 치료에 재발을 방지하는 용도로 쓰이는 재발방지 훈련에서 비롯된 것이다(360쪽 참조). 이 접근법에서는 환자가 대체적으로 어떠한 상황에서(예 : 우울할 때나 생각이 삐뚤어졌을 때) 이러한 성적 환상과 행동이 일어나는가를 알아낸다. 그렇게 되면 환자는 이러한 상황을 더욱 적절하고 효과적으로 피하거나 그것에 대처할 수 있는 방법을 배운다. 재발방지 훈련은 항상 효과가 있는 것은 아니지만, 때때로 이것 및 다른 변태성욕장애를 치료하는 데 효과를 보인다(Marshall & Marshall, 2015; Federoff & Marshall, 2010).

성적피학장애

성적피학장애(sexual masochism disorder)가 있는 사람은 자신이 수치를 당하거나 구타를 당하거나 묶이거나 고통스러운 상황에서 반복적이고 격렬하게 성적 흥분을 느낀다(APA, 2013). 마찬가지로 이 흥분은 환상이나 충동, 행동의 형태를 취할 수 있다. 많은 사람들이 자신의 의지와 다르게 성관계를 가지게 되는 것에 환상을 가지지만 환상에 의해 심하게 고

▶**성적피학장애** 굴욕을 당하거나 맞거나 묶이거나 기타 고통을 당하는 것에 대하여 반복적이고 강렬한 성적 욕구나 환상, 행동이 나타나는 변태성욕장애

통받거나 손상된 사람들만 이렇게 진단된다. 이 장애를 가진 일부 사람들은 스스로 피학적 충동에 따라 자신을 묶거나 핀으로 찌르거나 베거나 하는 행동을 하기도 한다. 다른 사람들은 성행위 상대에게 자신을 묶거나 저지하거나 눈이 보이지 않게 가리거나 엉덩이를 때리거나 매질하거나 채찍질하거나 때리고 전기충격을 가하거나 '핀으로 찌르거나' 수치심을 주도록 요구한다(APA, 2013).

성적 도착이나 성적피학장애를 가진 사람들의 욕구를 충족시켜 주기 위하여 제품과 서비스 산업들이 생겨났다. 다음은 가학피학증(S/M) 시설의 운영자로 일하는 34세 여성의 이야기이다.

가학피학증의 축하

성적가학증과 성적피학증은 이러한 변태성욕 장애를 가진 사람들의 특정한 행동을 둘러싼 환경과 사건 때문에 대중에게 곤혹 또는 공포로 보여 왔다. 좋은 면으로는 매년 샌프란시스코의 폴섬 거리 박람회에서는 가학피학증을 세상에 알리고 사람들(가학피학증을 가진 참가자)을 초대하는 아주 큰 행사가 열린다. 그들은 무대에 올라서고, 그들의 트레이드마크 복장을 전시하며, 채찍질을 하거나 엉덩이를 때리는 참가자들도 간혹 있다.

> 저는 이곳을 찾아오는 사람들에게 각자가 원하는 종류의 고통을 각자가 원하는 방법으로 전해 줘요. 저에게 왜 사람들이 고통을 원하는지는 묻지 마세요. 저는 심리학자가 아니니까요. 하지만 그들은 저희를 한 번 찾아오면 다른 곳에는 가지 않아요. 다른 곳의 여성들에게서 원하는 대우를 받으려면 한두 시간이 걸리지만 여기서는 20분이면 돼요….
>
> 제가 하는 것 중 제일 빠르고 효과가 있는 것은 유두에 옷핀을 꼽거나 고환에 핀을 찌르는 거예요. 몇 사람들은 자신의 피를 보고서야 만족하니까요….
>
> 고문을 하는 상황 동안 대화는 계속돼요. … 저는 계속 남성에게 소리를 지르고, 그가 얼마나 쓸모없는 놈이며, 이 정도는 그에게 당치 않은 것이며, 그는 더 나쁜 대우를 받아야 하며 그리고 그가 지은 죄를 말하죠. 이 방법은 늘 통해요. 저기요, 저는 미치지 않았어요, 제가 무얼 하고 있는지 알아요. 저는 굉장히 강인한 척하지만, 사실은 어린 여자라고요. 하지만 상대의 건강 상태를 생각해야 해요. … 상대를 죽이거나 심장마비가 오게 하면 안 되니까요. … 상대를 죽게 한 다른 곳들을 알고 있어요. 저는 단 한 번도 손님을 죽게 한 적이 없어요. 비록 제가 하는 '치료' 중에 죽기를 원한 손님들은 있지만요. 기억하세요. 이 사람들은 계속 다시 찾아오는 손님들이에요. 저에게는 제가 중요시여기는 고객들과 평판이 있다고요.
>
> (Janus & Janus, 1993, p. 115)

성적 피학증의 한 종류에는 **저산소음욕증**(hypoxyphilia)이라는 것이 있는데, 이것은 성적 쾌락을 증가시키기 위해 목을 조르는 (또는 상대에게 목을 졸라 달라고 하는) 것이다. 그리고 실제로 의학 전문가들에 의하면 충격적인 숫자의 **자가 자위 질식**(autoerotic asphyxia)이 보고되는데, 이것은 대부분 남성 그리고 가장 어린 경우 10세의 남자아이들이 자위 중 죽음에 이를 수 있는 정도로 목을 매달거나 질식되게 하거나 자기 자신을 목 조르는 것을 말한다(Sauvageau, 2014; Hucker, 2011, 2008). 이러한 관행이 성적 피학증으로 분류되는 것에는 아직 논쟁이 있지만, 적어도 이것은 때때로 신체 결박을 동반한다.

대부분의 피학적 성적 환상은 어린 시절부터 시작된다. 하지만 나중에 나이가 들어서야 이러한 환상대로 행동하게 되며, 이것은 대부분 초기 성인기에 시작된다. 이 장애는 대체적으로 오랜 시간 지속된다. 이 중 몇 사람들은 시간이 경과함에 따라 또는 특정 스트레스기에 위험한 행동을 한다(Krueger, 2010).

대다수의 경우 성적피학장애는 고전적 조건형성의 행동학적 과정에 의하여 생기는 것으로 보인다(Stekel, 2010; Akins, 2004). 한 고전적 사례연구에서 한 10대의 남자아이가 팔이 부러진 후 의사가 마취 없이 팔을 맞추는 동안 매력적인 간호사가 어루만져 준 경우가 있다(Gebhard, 1965). 그 소년이 그때 느꼈던 고통과 성적 흥분의 강력한 조합이 나중에 그의 성 피학적 충동과 행동의 원인이 되었다.

▶성적가학장애 타인에게 고통을 가하는 행위를 포함해 강한 성적 충동, 환상, 행동이 반복되는 변태성욕장애

성적가학장애

성적가학장애(sexual sadism disorder)를 가지고 있는 사람은 대부분 남성이며 다른 사람에게 신체적 또는 심리적으로 고통을 줌으로써 지속적으로 또 강렬하게 성적으로 흥분된다(APA, 2013). 이 흥분은 피해자를 지배하거나 제압하거나 눈을 가리거나 베거나 목을 조르거나 불구로 만들거나 심지어 죽이는 행동 등 환상과 충동, 행동을 통해 표현될 수 있다(Nitschke et al., 2013). 사디즘(sadism, 성적 가학증)은 자신의 성적 욕구를 위해 다른 사람들을 고문한 것으로 유명한 마르키 드 사드(1740~1814)의 이름에서 유래하였다.

성 가학에 대한 환상을 가지는 사람들은 대부분 자신이 가학적 행동에 겁먹은 성적 희생자를 완전히 지배하고 있는 것을 상상한다. 성적가학장애를 가진 많은 사람들이 동의를 얻은 상대와 이러한 가학적 행동을 보이며, 상대는 대부분 성적피학장애를 가진 사람들이다. 하지만 가끔은 자신의 욕구를 동의하지 않은 희생자에게 내보이는 경우도 있다(Mokros et al., 2014). 예컨대 많은 강간범들과 성적 살해를 하는 범인들이 성적가학장애를 보인다(Knecht, 2014; Healey et al., 2013). 모든 경우에 실제나 환상 속에서 피해자의 고통은 흥분의 핵심이다(Marshall & Marshall, 2015; Seto et al., 2012).

성 가학적 환상은 성적 피학증과 동일하게 어린 시절이나 청소년기에 처음 나타난다(Stone, 2010). 성 가학적 행동을 하기 시작한 사람들은 대부분 초기 성인기에 나타난다(APA, 2013). 이러한 행동의 패턴은 장기적으로 나타난다. 성 가학적 행동을 가진 몇몇 사람들은 성 가학적 행동에서 같은 정도의 잔인함이 지속되기도 하지만, 대부분 시간이 갈수록 이러한 가학증은 점점 더 심각해진다(Robertson & Knight, 2014; Mokros et al., 2011). 확실히 이러한 심각한 정도의 성적 가학증을 가진 사람은 타인에게 위험이 될 확률이 매우 높다.

일부 행동주의자들은 고전적 조건형성이 성적가학장애에서 작용한다고 말한다(Akins, 2004). 사람이나 동물에게 아마도 고의가 아니게 고통을 주었을 때 10대는 극심한 감정과 성적 흥분을 느낄 수도 있다. 이러한 고통을 주는 행동과 성적으로 흥분이 되는 것이 연관되어 이러한 성적가학장애를 생기게 하는 것이다. 행동학자들은 이러한 장애가 청소년들이 누군가 타인에게 고통을 주며 성적 흥분을 느끼는 것을 보고 모델링하며 생겨날 수 있다고 말한다. 우리 사회의 많은 인터넷섹스사이트나, 성적 잡지, 책, 그리고 비디오 등이 쉽게 이러한 모델을 접할 수 있게 한다(Brophy, 2010).

정신역동과 인지이론가들은 성적가학장애를 가진 사람들은 자신이 통제하고 지배하는 상황을 위해 누군가에게 고통을 주는 것이며, 이것은 속으로 성적 부족함을 느끼고 있기 때문일 수 있다고 말한다(Marshall & Marshall, 2015). 반대로 유능감은 그들의 성적 흥분을 증가시킨다(Stekel, 2010; Rathbone, 2001). 다른 몇몇 생물학적 연구에 의하면 성적가학장애를 가지고 있는 사람들에게서 뇌 및 호르몬 이상이 발견되었다(Harenski et al., 2012; Jacobs, 2011). 하지만 이 모든 설명은 철저히 조사되지 않았다.

이 장애는 혐오치료로 치료되어 왔다. 이 치료법에 대

영화에서의 혐오치료
영화계의 가장 유명한 장면 중 하나로 알려져 있는 아래 장면은 '시계태엽 오렌지'에서 성적가학장애인 알렉스가 고통스러운 위경련을 경험하는 동안 폭력적인 장면들을 억지로 관찰하도록 하는 것이다. 혐오치료에 대한 대중의 태도는 1971년 이 영화에서 치료를 묘사한 것에 큰 영향을 받았다.

한 대중의 견해와 혐오감은 소설과 1971년 영화인 **시계태엽 오렌지**의 영향을 받았다. 이 소설은 난폭한 이미지를 계속 묘사하여, 한 가학적 소년이 이러한 영상을 접하면 메스꺼움을 느끼게 될 때까지 그에게 약물로 유도된 위경련에 대해 묘사한다. 혐오치료가 성적가학장애에 효과가 있는지는 아직 확실하지 않다. 하지만 특정 형사 사건에서도 쓰이는 재발방지 훈련은 효과가 있는 것으로 보인다(Federoff & Marshall, 2010; Bradford et al., 2008).

▶ 요약

변태성욕장애 성도착은 반복적이고 강력한 성적인 욕구나 환상, 행동이 일반적인 성적 규준에 해당하지 않는 사물이나 상황, 즉 인간이 아닌 사물, 아동, 동의하지 않는 성인, 고통이나 모욕을 당하는 상황 등에서 나타나는 것으로 특징지어질 수 있다. 성도착이 큰 고통을 유발하거나 사회적·직업적 기능을 방해하거나 자신 또는 타인을 위험에 처하게 하는 경우 변태성욕장애 진단을 내릴 수 있다. 변태성욕장애는 주로 남성에게서 더 많이 발견된다. 변태성욕장애에는 물품음란장애, 복장도착장애, 노출장애, 관음장애, 마찰도착장애, 소아성애장애, 성적피학장애, 성적가학장애가 있다. 변태성욕장애에 대한 다양한 설명이 가능하지만 연구를 통해 밝혀진 것은 많지 않다. 혐오치료, 자위 포만, 오르가슴 재설정, 재발방지 훈련 등의 다양한 치료법이 사용되고 있다.

성별 불쾌감

대다수의 아동과 성인은 자신을 여성이나 남성과 동일시하는데 이것은 자신이 태어날 때의 성별인 **배정된** 성별과 일치하는 감정 및 정체감이다. 하지만 우리 사회에는 이러한 성 정체성의 확신을 가지지 못한 사람들이 많다. 그들은 **성전환적 경험**을 느끼며, 이것은 실제적 성별 정체성이 자신이 태어나면서부터 정해진 성별과 다르거나, 통상적인 남성 대 여성의 범주에서 벗어난 감을 말한다. 미국 인구의 0.5%인 150만 명이 트랜스젠더라고 한다(Steinmetz, 2014). 다른 나라들의 출현율도 이와 비슷하다(Kuyper & Wijsen, 2014). 성전환을 한 많은 사람들은 이러한 성별 불일치와 타협하고 지나가지만, 그렇지 못한 사람들은 태어나면서부터 정해진 성별에 대한 불쾌감을 느끼며 치료를 찾는다. *DSM-5*는 이런 사람들을 **성별 불쾌감**(gender dysphoria)을 가진 것으로 분류하는데, 이것은 사람들이 지속적으로 엄청난 잘못이 행해졌다고 느끼며 — 자신이 잘못된 성별로 태어났다는 것 — 이러한 성별 불일치가 임상적으로 심각한 고통과 손상을 초래한다(표 11-6 참조).

*DSM-5*의 성별 불쾌감의 분류에 대해서는 논란이 많다(Sennott, 2011). 트랜스젠더들이 한 사람의 성정체성 경험의 대체되는 방안 — 병리적인 것이 아니라 — 을 경험하는 것이기 때문에 그들이 심각한 불쾌감을 초래할지라도 정신장애로 간주되어서는 안 된다고 주장한다. 반대 측에서는 성 전환을 경험하는 사람들은 사실 의학적인 문제이며, 이러한 경험을 하는 몇몇의 사람들에게 이는 개인적 불행을 가지고 올 수 있다고 말한다. 이러한 입장에 따르면, 신장병이나 암 같이 불행함을 초래하는 의학적 상태도 이를 정신병으로 분류해서는 안 되는 것과 마찬가지로 성별 불쾌감을 정신장애로 분류해서는 안 된다고 주장한다. 비록 앞으로 이들 견해 중 하나가 보다 적절한 관점이라는 것이 궁극적으로 입증되겠지만, 이 장에서는 (1) 성 전환을 지향하는 사람은 심각한 고통이나 손상을 동반한다면 생활방식의 변종 이상이며, (2) 명확하게 정의된 의학적 문제와는 거리가 멀다고 한 *DSM-5*의 현재 입장을 주로 따를 것이다. 또한 임상이론가들이 성별 불쾌감에 대하여 알고 있다고 생각하는 것에 대해 알아볼 것이다.

▶**성별 불쾌감** 자신의 태생적 성별에 대해 지속적으로 극도의 불편감을 느끼며 다른 성이 되기를 강력하게 바람

Jim Wilson/The New York Times/Redux

섬세한 문제

5세 남아(왼쪽)가 자신을 여자아이로 동일시하고 'she'로 불러 달라고 하며, 여자아이와 놀고 있다. 성 정체감에 대한 인권운동과 성 관련 불편감을 느끼는 아동에 대한 사회적 운동의 영향으로 인해 더 많은 부모, 교육자, 임상가들이 이 아이와 같은 아동에 대해 지지적인 태도를 보인다.

성별 불쾌감을 가지고 있는 사람들은 자신의 일차 및 이차 성징을 없애고 싶어 하며 자신의 성기를 혐오하고 반대되는 성별의 특징을 가지고 싶어 한다(APA, 2013). 이 장애를 가지고 있는 남성(즉 남성으로 태어난 사람들)이 여성(여성으로 태어난 사람들)보다 2배 정도 되는 것으로 보인다. 이러한 문제를 가지고 있는 사람들은 흔히 불안증이나 우울증을 느끼며 자살에 대한 생각을 하기도 한다(Judge et al., 2014; Steinmetz, 2014). 이러한 반응은 장애가 가지고 오는 혼란이나 고통 때문이기도 하지만 트랜스젠더인 사람들을 마주할 때 경험하는 편견 때문일 수도 있다. 예를 들어, 미국의 대규모 조사에 따르면 트랜스젠더의 80~90%가 학교나 직장에서 괴롭힘을 당해 본 적이 있고, 50%는 직장에서 해고되거나 고용되지 못하거나 승진하지 못했으며, 20%는 살 곳에서 거절당해 본 적이 있다고 한다(Steinmetz, 2014). 또한 이러한 연구들은 성별 불쾌감을 가진 몇몇 사람들이 성격장애를 나타낸다고도 말한다(Singh et al., 2011). 오늘날 **성별 불쾌감**이라는 용어는 예전에 사용되던 **성전환증**(transsexualism)이라는 용어를 대신한 것이며, 여전히 '성전환자(transsexual)'라는 단어가 수술에 의해 성을 완전하게 바꾸고 싶어 하는 사람들을 나타내기 위해 가끔 사용되고 있다(APA, 2013).

성별 불쾌감은 가끔 아동에게서도 보인다(Milrod, 2014; Nicholson & McGuinness, 2014). 이 장애를 가지고 있는 성인과 같이 아동은 자신의 부여된 성별을 불편해하며 또 다른 성별의 일원이 되고 싶어 한다. 이러한 아동기에 나타나는 성 정체성 혼란은 대부분 사춘기나 성년기까지는 사라지지만, 몇몇 경우 성별 불쾌감의 청소년 및 성인 형태로 발전한다(Cohen-Kettenis, 2001). 즉 이러한 장애를 가진 성인은 성별 불쾌감의 아동 형태를 가지고 있었을 수 있지만, 대부분의 아동 형태를 가진 아동은 이 장애를 가진 성인으로 자라지는 않는다는 것이다. 어머니를 설문조사한 결과에 따르면, 1.5% 정도의 남자아이들이 여자가 되고 싶어 하며 3.5% 정도의 여자아이들이 남자가 되고 싶어 한다(Carroll, 2007; Zucker & Bradley, 1995). 하지만 겨우 1% 정도의 성인이 성별 불쾌감을 나타내고 있다(Zucker, 2010). 성별 불쾌감의 출현율의 이러한 연령이동 때문에 오늘날 이 장애에 대한 선도적인 전문가들이 사람들이 적어도 성인이 되기 전까지 어떠한 형태의 신체적인 치료를

표 11-6

진단 체크리스트

청소년기와 성인기의 성별 불쾌감

1. 6개월 또는 그 이상 동안 개인의 성별과 관련된 감정 그리고/또는 행동이 태어날 때 배정된 성별과 달리 이상하고 다음의 증상 중 2개 또는 그 이상에서 해당됨
   - 성별과 관련된 감정 그리고/또는 행동이 분명하게 자신의 일차 또는 이차 성적 특성과 반대됨
   - 자신의 성적 특성을 제거하고자 하는 강한 욕구
   - 다른 성별의 특징을 가지고자 하는 강한 욕구
   - 다른 성별 구성원이 되고자 하는 강한 욕구
   - 다른 성별의 구성원으로 대접받고자 하는 강한 욕구
   - 자신이 다른 성별의 전형적인 감정이나 반응과 같다는 강한 확신

2. 심각한 고통이나 손상 경험

출처 : APA, 2013.

하는 것을 강하게 반대한다. 이는 트랜스젠더 건강 치료 기준을 위한 세계 전문직협회의 지지를 받고 있다(Milrod, 2014; HBIGDA, 2001). 그럼에도 불구하고 몇몇 외과 의사들은 젊은 환자들에게 이러한 절차를 계속해서 수행한다.

성별 불쾌감에 대한 설명

많은 임상가들은 생물학적 요인—유전적이거나 출생 전—이 성별 불쾌감에서 핵심적 역할을 한다고 의심하고 있다(Rametti et al., 2011; Nawata et al., 2010). 유전학적 설명과 일치하는 증거는 이것이 때로 가족 내에서 유전된다는 것이다. 예컨대 연구에 의하면 형제자매가 성별 불쾌감을 갖는 사람들은 그런 형제자매가 없는 사람들보다 같은 장애를 가질 가능성이 더 크다는 것이 밝혀졌다(Gómez-Gil et al., 2010). 실제로 일란성 쌍둥이 23쌍에 대한 한 연구에서 쌍둥이 중 1명이 성별 불쾌감을 가지고 있다면, 9쌍에서 다른 1명도 그것을 가진다는 것이 밝혀졌다(Heylens et al., 2012).

생물학 연구자들은 통제군 참가자와 성별 불쾌감을 가진 참가자의 뇌 사이에 차이가 있다는 것을 최근에 발견했다. 예컨대 한 연구에서 이 장애를 가진 사람들은 섬엽 내부의 혈류가 높아지며 전측 대상 피질에서의 혈류를 감소시킨다는 것이 밝혀졌다(Nawata et al., 2010). 이들 뇌 영역은 인간의 성생활과 의식에서 역할을 한다고 알려져 있다.

20년 전에 행해진 생물학적 연구가 계속해서 큰 관심을 받았다(Zhou et al., 1997, 1995). 네덜란드의 조사관들이 성별을 남성에서 여성으로 바꾼 시신 6구의 뇌를 해부해 본 결과, 시상하부의 분계섬유줄 침상핵(bed nucleus of stria terminalis, BST)이라고 부르는 세포의 무리가 통제집단인 '성전환 남성이 아닌' 남성들보다 절반 정도의 크기로 밝혀졌다. 보통 여성의 BST는 남성의 것보다 훨씬 작으며, 사실상 성별 불쾌감을 가진 남성으로 태어난 사람들의 BST 크기는 여성의 것과 비슷했다. 과학자들은 아직 BST가 사람에게 어떠한 용도인지는 잘 모르지만, 수컷 쥐에게서 BST는 성적 행동을 통제하는 것으로 밝혀졌다. 그렇기 때문에 성별 불쾌감을 가진 남성으로 태어난 사람들은 핵심적인 생물학적 차이를 가지고 있기 때문에 자신의 부여된 성별에 불편함을 느끼는 것일 수도 있다.

성별 불쾌감의 치료

성별 불쾌감을 가진 환자들을 조금 더 효과적으로 진단하고 치료하기 위해 임상 이론가들은 임상 실무에서 접하는 이 장애의 제일 흔한 패턴을 구별해 내기 위하여 노력하였다.

성별 불쾌감을 가진 환자의 유형 Richard Carroll(2007)은 성별 불쾌감 연구에서 선두적인 이론가이며 성 정체감의 치료를 위해 찾아오는 환자들 중 가장 많이 보이는 패턴의 세 가지, 즉 (1) 여성에서 남성으로의 성별 불쾌감, (2) 남성에서 여성으로의 성별 불쾌감 : 남성애 유형, (3) 남성에서 여성으로의 성별 불쾌감 : 자기 여성애 유형을 설명하였다.

여성에서 남성으로의 성별 불쾌감 여성에서 남성으로의 성별 불쾌감의 패턴을 가진 사람은 여성으로 태어났지만 전형적인 남성으로 보이거나 행동하며, 이것은 빠르면 3세 때부터 보인다. 어릴 때 늘 험한 놀이나 운동을 하였으며, 남자아이들과 어울려 놀고, '여자 같은' 옷을 싫어했으며 남자가 되고 싶다고 말한다. 청소년 때에는 사춘기의 신체적 변화에 혐오감을 느끼며 여성에게 성적 매력을 느낀다. 하지만 레즈비언(여성 동성애) 관계는 해결책

숨은 뜻 읽어내기

중요 판결

2008년 9월 19일, 워싱턴 시의 연방법원에서는 처음으로 성전환자에 대한 차별은 불법적인 성차별의 구성 요건이 된다는 판결을 내렸다. 특히 이 사건에서는 원고가 남성에서 여성으로 성전환했다는 사실을 밝힌 이후 재계약을 시도하지 않았다는 점에서 국회가 차별을 했다고 판단하였다.

이 아닌데, 상대가 자신을 여성이 아닌 남성으로서 매력을 느끼길 원하기 때문이다.

남성에서 여성으로의 성별 불쾌감 : 남성애 유형 남성에서 여성으로의 성별 불쾌감을 가진 남성애 유형의 사람들은 남성으로 태어났지만 전형적인 여성으로 보이거나 행동하며, 이것은 태어날 때부터 시작된다. 어렸을 때 자신이 여성스럽거나 예쁘거나 온화하다고 느끼며 험한 놀이를 싫어하고 남자아이의 옷을 입는 것을 싫어한다. 청소년이 되면 남성에게 성적 매력을 느끼고, 흔히 게이(남성 동성애)가 되거나 게이 관계로 발전한다['남성애 (androphilic)'란 남성에게 끌리는 것을 말함]. 하지만 성인이 되면 남성 동성애자가 되는 것이 자신의 성별 불쾌감에 도움이 되지 않는다는 것을 깨닫는다. 왜냐하면 자신은 이성애자의 남성이 자신에게 여성으로 매력을 느끼길 원하기 때문이다.

남성에서 여성으로의 성별 불쾌감 : 자기 여성애 유형 남성에서 여성으로의 성별 불쾌감을 가진 자기 여성애 유형의 사람들은 남성에 성적 매력을 느끼지 못하고 자신이 여성이라는 환상에 매력을 느낀다('자기 여성애(autogynephilic)'란 자신이 여성인 것에 대한 끌림을 말함). 복장도착장애 변태성욕장애를 가진 남성들과 같이(396~397쪽 참조), 이 형태의 성별 불쾌감을 가진 사람들은 어렸을 때 전형적인 남성으로 행동하지만 차차 여성의 옷을 입는 것을 즐기고, 사춘기가 지나고 난 후에 여장을 하며 성적 흥분을 느낀다. 또한 복장도착장애를 가진 남성처럼 사춘기부터나 그 후에 여성에게 매력을 느낀다. 하지만 복장도착장애를 가진 사람들과 달리, 자신이 여성이 되는 것에 대한 환상을 가지며 이것은 성인이 되면서 더 강해진다.

요컨대 여장은 복장도착장애(변태성욕장애)를 가진 남성과 이러한 유형의 사람들에서 여성으로서의 성별 불쾌감을 가진 남성에게서 동일하게 보인다(Zucker et al., 2012). 하지만 전자의 경우 여장은 단순히 성적 흥분을 위한 것이지만 후자에게는 여장을 하는 것에 더 큰 의미가 있으며, 이것은 성 정체성 때문이다.

새로운 대중들에게 나타난 영웅
1976년 올림픽 10종 경기에서 금메달을 땄을 때, 브루스 제너는 국가적인 영웅이 되었고 남성의 화신 – 세계 최고의 남성 운동선수 – 으로 널리 알려졌다. 그는 다른 제품들 중에서도 인기 있는 시리얼인 위티스(왼쪽)의 대변인으로서 수익성이 좋은 계약을 이끌었다. 2015년에 제너가 '베니티 페어' 잡지(오른쪽)에 성전환 수술을 한 여성, 케이틀린으로 등장했을 때 그녀는 이러한 세간의 이목을 끄는 폭로가 트랜스젠더에 대한 대중의 오해와 편견을 감소시키길 바라는 수천 명의 트랜스젠더들의 영웅이 되었다.

© Splash News/Corbis

Frazer Harrison/Getty Images

성별 불쾌감을 위한 치료의 종류 성별 불쾌감을 가진 많은 성인들은 정신과 치료를 받는다 (Affatati et al., 2004). 하지만 그중 많은 이들이 생물학적 중재를 통해 자신의 염려를 다루기를 추구한다(언론보도 참조). 예를 들어 이 장애를 가진 많은 성인들은 자신의 성적 특징을 호르몬치료를 이용해 변화시킨다(Wierckx et al., 2014). 내과 의사들은 이러한 남성으로 태어난 환자들에게 여성 호르몬인 에스트로겐을 처방하고, 이것은 가슴의 발달이나 체모나 머리카락의 손실, 또한 체지방 분포의 변화를 가져온다. 또한 이러한 환자들 중 몇몇은 말하기 치료, 테너 목소리를 알토로 올리기 연습을 하고, 몇몇은 여성화 성형 수술을 한다 (Capitán et al., 2014; Steinmetz, 2014). 반면 남성 호르몬인 테스토스테론 치료는 성별 불쾌감을 가진 여성으로 태어난 환자들에게 시행되며, 이로 인하여 깊은 목소리, 근육량의 증가, 그리고 얼굴과 몸의 털에 변화를 가져온다.

이러한 접근은 장애를 가진 많은 사람들이 자신에게 맞는 성별로 성숙한 삶을 살 수 있게 한다. 그러나 다른 사람들에게는 이것이 충분하지 않으며, 의학에서 가장 논란이 많은 **성전환 수술**(sex-change surgery), 또는 **성 재할당 수술**(sexual reassignment surgery)을 찾는다 (Judge et al., 2014). 이 수술은 1~2년 정도의 호르몬치료 후에 이루어지며, 남성으로 태어난 사람들에게는 성기를 부분적으로 절단하고 그 나머지 부분으로 질 성형술이라 불리는 음핵과 질을 만드는 절차를 거친다. 그리고 몇몇 개인은 얼굴을 변형시키는 성형수술이 이어진다. 여성으로 태어난 사람들에게는 양측성 유방 절제술과 자궁 절축술이 이루어진다(Ott et al., 2010). 성기의 기능을 만들어 주는 음경 성형수술도 때로는 시술되지만 아직은 완벽하지 않다. 하지만 의사들은 실리콘 삽입물을 만들어 남성의 성기와 같이 보일 수 있는 방법을 강구하였다. 연구에 따르면 미국에서 3,100명 중 1명이 일생 중에 성전환 수술을 했거나 할 것이다(Horton, 2008). 여성으로 태어난 사람들의 경우 그 발생 정도는 4,200명 중 1명이며, 남성으로 태어난 사람들의 경우 그것은 2,500명 중 1명이다. 많은 보험회사들이 이러한 치료 또는 성별 불쾌감을 가진 사람들에게 덜 침해적인 생물학적 치료조차도 보장하는 것을 거절한다. 그러나 점점 더 많은 주에서 그러한 보험 배제를 금지하고 있다(Steinmetz, 2014).

임상가들은 성전환 수술이 성별 불쾌감을 가진 환자들에게 맞는 생물학적 치료인가에 대하여 뜨겁게 논쟁해 왔다(Gozlan, 2011). 몇몇은 이것이 인간적인 해결책이며, 이것이 그들에게 가장 큰 만족감을 준다고 말하였다. 다른 이들은 성전환 수술은 이러한 복잡한 장애의 '극단적인 비해결책'이라고 말한다. 어찌 되었든 성전환 수술의 사례는 계속 증가하고 있다(Allison, 2010; Horton, 2008).

성전환 수술의 결과에 대한 연구를 보면 혼합된 결과가 나타난다. 많은 연구들에 의하면 대다수의 환자들은—여성으로 태어난 사람과 남성으로 태어난 사람을 모두 포함하여—수술 후 자기 만족감 및 대인관계의 향상, 그리고 성 기능에서의 향상을 보고하였다(Judge et al., 2014; Johansson et al., 2010). 반면에 몇몇 연구들은 덜 호의적인 결과를 보였다. 예를 들어, 스웨덴의 장기 후속 연구에서는 연구에 참여한 성전환을 한 사람들이 성별 불쾌감의 감소를 보였음에도 불구하고 일반 사람들보다 심리적 장애와 자살시도에서 더 높은 비율을 나타냄을 발견했다(Dhejne et al., 2011). 치료 전에 다른 심각한 정신적 문제를 가진 사람들은 성전환 수술을 후회하는 경우가 특히 더 많았다

▶**성전환 수술** 성기관, 외모 및 결과적으로 성 정체감을 바꾸는 수술. '성 재할당 수술'이라고도 함

레아 T 성전환 모델 레아 T가 프랑스의 유명 브랜드 지방시의 대표 모델로 나섰다. 브라질에서 남성으로 태어난 레아는 '보그 파리', '커버 매거진', '러브 매거진' 등의 패션쇼와 잡지 등에서 선구적인 모델로 활동하고 있다. 2011년 레아는 성 재할당 수술을 받고자 하는 의지를 언급했다.

언론보도

다른 종류의 판결

Angela Woodall, 오클랜드 트리뷴

자신이 말도 하기 전에 기립 박수를 명령하는 지방법원 판사는 거의 없으며, 또 지구 반대편에서 모르는 사람에게서 항의 투서가 오게 만드는 사람도 거의 없다.

알라미다 카운티 상급법원 판사인 빅토리아 콜라코브스키는 이 둘 다를 받았다. 그녀는 예심 판사로 선출된 첫 번째 성전환자이며, 어떤 공직에든 선출된 몇 안 되는 사람 중 하나이다. "아니요. 저는 당신들을 그 상황에서 구할 수 있을 것 같지 않아요."라고 그녀는 자신의 예상 밖의 승리를 거둔 2주 후에 성전환 지지자로 구성된 청중에게 농담조로 말했다. "저에겐 봉사할 수 있는 기회가 생겼습니다. 제가 눈에 자주 띄는 것만으로도 그동안 무시받고 멸시받던 사람들을 도울 기회가 된다면 저는 행복합니다. 제가 아니라면 누가 할까요?"

그녀는 어릴 때 아침에 일어나면 여자아이가 되어 있기를 희망하고 또 기도했지만, 마이클 콜라코브스키에서 49세 판사인 빅토리아 콜라코브스키로 되는 데는 거절과 인내의 시간이 걸렸다. "오랫동안은 아니었지만 그 기도에 응답해 주셨다고 생각해요."라고 그녀는 말했다.

뉴욕 출신인 콜라코브스키는 보통 안경을 쓰고, 화장을 수수하게 하고, 검은색 정장을 입고 펌프스를 신고 나타나는 평균적 체구의 세심하게 단정하고 부드럽게 말하는 흑갈색 머리의 백인 여성이다. 바꿔 말하면 그녀는 보수적으로 입은 판사와 아주 비슷하다.

청소년이었을 때를 돌이켜보면 그때는 인터넷이 존재하지 않았으며, 소수자들이 성전환에 대한 정보를 이용할 수 없었다고 콜라코브스키는 말한다. 그녀는 마침내 루이지애나주립대학 도서관에서 성전환에 대한 책을 몇 권 찾았으며, 자신이 혼자가 아니라는 것을 깨달았다. 그러나 부모에게 이러한 사실을 말했을 때, 그들은 콜라코브스키를 병원 응급실로 데려갔다고 한다. 이는 10년 동안 계속된 상담과 치료의 단속적인 시리즈의 시작이었다.

콜라코브스키는 결국 결혼했으며, 로스쿨 다닐 때 아내와 함께 커밍아웃했고, 1989년 4월 1일에 여성이 되려는 전환을 시작했다. 그것이 루이지애나주립대학(LSU)에서의 마지막 여름이었다. 그녀는 27세였다. 3년 후 그녀는 여성으로의 전환을 완성하기 위해 수술을 받았다.

그녀는 이력서에 5개의 학위가 적혀 있는 30세의 법률가였다. 그래서 일자리 제안을 받는 데 문제가 없었지만, 면접하러 들어가면 거절당했다.

거절은 성전환 여성과 남성에게는 흔히 있는 일 중 하나이며, 그 고통은 심각해질 수 있다. 콜라코브스키의 지인인 성전환 법률가 중

새로운 종류의 역할 모델 빅토리아 콜라코브스키 판사(왼쪽)가 2011년 6월 26일에 샌프란시스코에서 열린 41번째 연례 게이 프라이드 퍼레이드에서 손을 흔들고 있다.

AP Photo/Jeff Chiu

몇몇은 자살했다.

콜라코브스키는 자신의 회복력은 신앙(신학 석사학위도 있음) 및 '아주 사랑하는 몇몇 사람들'의 덕분이라 본다. 여기에는 그녀의 부모와 두 번째 아내가 포함된다. 그들은 2006년에 결혼했다.

그때 콜라코브스키는 행정법 판사가 되어 있었다. … 그녀가 상급법원 판사직에 입후보할 기회는 2008년에 왔다. … 콜라코브스키는 승리하지 못했지만 2010년에 다시 도전했다. "이번에는 사정이 달랐으며, 6월에 제가 1등이었습니다."라고 그녀는 말했다.

그녀가 성전환자 커뮤니티 성공의 상징이 되었기 때문에 관심은 그녀로 향했다. 그러나 표적이 되기도 했다. 성공할수록 반발이 커진다고 그녀는 말했다. "그리고 그 반발은 폭력적일 수 있습니다." 11월에 휴스턴의 유권자들이 성전환자를 지자체의 판사로 선출했지만, 작년에 그곳에서 2명의 성전환녀가 살해되었다. "우리는 우리에 대해 알지 못하고 또 우리가 누구인지를 정말로 이해하지 못하는 사람들을 상대하고 있습니다."라고 그녀는 말했다.

콜라코브스키는 유권자들이 자신을 뽑아준 공직의 품위에 민감해야 한다는 것에도 유념하고 있다. '부적절하게 처신하고' 있다고 자신을 비난할 사람들이 있을 것이라고 그녀는 예측했다. 그러나 그녀는 다음과 같이 말했다. "이것이 현실입니다. 저는 제 자격에 근거해서 선출되었습니다. 우연히 역사적인 것으로 되었을 뿐입니다."

(Carroll, 2007). 이 모든 결과는 수술로 인한 조정을 하기 전에 주의 깊은 심사가 이루어져야 하며, 이러한 절차와 더불어 성전환 수술을 한 사람들을 위한 더 나은 임상적 치료의 영향을 더 잘 이해하기 위해 계속적인 연구가 이루어져야 함을 보여 준다.

▶ **요약**

성별 불쾌감 성별 불쾌감을 가진 사람들은 지속적으로 자신이 잘못된 성별로 태어났다고 느끼며, 이와 더불어 심각한 고통과 손상을 경험한다. 이 장애에 대한 원인은 아직 발견되지 않았다. 호르몬치료, 성형 수술, 말하기 치료, 그리고 정신과치료가 이러한 사람들이 자신이 옳다고 느끼는 성별에 잘 적응할 수 있도록 사용되어 왔다. 성전환 수술도 때로 사용되지만, 그것이 '치료'로 사용되는 것이 옳은지에 대해서는 열띤 논쟁이 지속되고 있다.

종합

개인적인 주제가 대중의 관심을 받다

성 장애에 대해서는 오랫동안 대중의 관심이 몰렸지만, 의학이론자나 의사들은 최근에야 이러한 장애의 본성과 치료 방법을 이해하기 시작하였다. 최근 몇십 년의 연구로, 이러한 성기능부전을 가진 사람들은 더 이상 평생 동안 불운한 성적 좌절감 속에 살지 않아도 된다. 동시에 다른 성 장애들의 원인과 치료는—변태성욕장애, 성별 불쾌감 등—아직도 제한적이다.

연구에 의하면 성기능부전은 정신적·사회문화적·생리학적 원인으로 생기는 것으로 보인다. 발기장애와 여성극치감장애와 같이 이러한 원인들의 **상호작용**이 특정 기능장애로 발전되기도 한다. 특정 기능장애는 이 중 한 가지 원인이 대표적으로 나타나며, 통합적인 해석은 적절하지 않을 때도 있다. 예를 들어 성교 통증은 대부분 신체적 이유로 나타난다.

최근의 노력에 의해 성기능부전의 치료에도 발전이 있었고, 이러한 문제를 가진 사람들은 치료를 통해 많이 호전된다. 오늘날의 성 치료는 대부분 한 가지 문제를 위하여 다방면으로 치료가 계획되며, 한 환자나 부부를 위해 맞추어진다. 여러 가지 모델의 기술이 결합되기도 하지만 어떤 경우에는 문제에 한 방면의 치료가 알맞은 경우도 있다.

이러한 모든 작업에서 제일 중요한 것은 성기능부전에 대한 **교육**이 치료만큼이나 중요할 수 있다는 것이다. 근거 없는 성에 관한 풍문이 아직도 큰 자리를 차지하고 있으며, 이러한 것들은 그들에게 자괴감, 수치심, 무기력을 주며 그들을 고립되게 한다. 이런 감정 자체가 성적 어려움으로 이어질 수 있다. 제일 기본적인 교육조차 이러한 사람들을 위한 도움이 될 수 있다.

실제로 대다수의 사람들이 더 나은 성기능의 이해로 인해 이득을 가질 수 있다. 대중에게 이러한 성기능에 대하여 교육하는 것이—적합한 웹사이트나 책, TV 프로그램, 라디오, 학교 과정, 조별 발표 등—의학 전문가들의 주된 관심사이다. 앞으로 이러한 노력이 지속되고 발전하는 것은 중요한 일이다.

핵심용어

감각집중	복장도착장애	성전환 수술	오르가슴 재교육
관음장애	사정지연(지루증)	성 전환적 경험	욕구기
관찰자 역할	성교통	성치료	자위 포만
남성성욕감퇴장애	성기-골반통증/삽입 장애	소아성애장애	절정기
노출장애	성기능부전	수행 불안	조기사정(조루증)
마찰도착장애	성도착증	실데나필(비아그라)	지시된 자위
물품음란장애	성별 불쾌감	야간 음경 팽창(NPT)	질경련
발기장애	성적가학장애	여성극치감장애	플리반세린
변태성욕장애	성적피학장애	여성 성적 관심/흥분장애	호르몬치료

속성퀴즈

1. 성 반응주기 중 욕구기와 관련 있는 성 장애는 무엇인가? 그것들은 얼마나 흔하고 원인은 무엇인가?

2. 여성 성적 흥분장애 및 남성 발기장애의 증상과 유병률은 어떠한가? 이것들은 성 반응주기의 어느 단계와 관련 있는가?

3. 남성 발기장애의 원인은 무엇인가?

4. 수행 불안과 관찰자 역할과 관련 있는 성장애는 무엇인가?

5. 조기사정, 남성극치감장애, 여성극치감장애의 증상, 비율, 주된 원인은 무엇인가? 이것들은 성 반응주기의 어느 단계와 관련 있는가?

6. 성교 통증을 정의하고 설명하라.

7. 최근 성 치료의 일반적 형태는 어떠한가? 특정한 성 장애를 치료하기 위해 어떤 특정한 기법이 사용되고 있는가?

8. 대표적인 변태성욕장애를 열거하고 설명하라.

9. 혐오치료, 자위 포만, 오르가슴 재교육, 재발방지 훈련의 치료기법을 설명하라. 이 기법들은 어떤 성도착에 사용하며 얼마나 성공적인가?

10. 복장도착장애, 물품음란장애와 성별 불쾌감을 구분하라. 성별 불쾌감의 유형에는 어떤 것들이 있고, 최근에는 이 장애를 어떻게 치료하는가?

조현병

로 라(40세)는 가능한 빨리 오스트레일리아에 있는 집을 떠나 독립하고 싶었다. 20세에 전문 무용수가 되었고 많은 유럽 극장과 계약되어 있었다.

여행지 중 한 곳인 독일에서 남편을 만났다. 그들은 결혼해서 남편이 사업하고 있는 프랑스의 작은 마을로 가서 살았다. 거기에서 1년을 살았는데 매우 불행했다. (마침내) 로라와 남편은 미국으로 이민 가기로 하였다….

그들은 아이가 없었고 로라는 애완동물에게 애정을 가졌다. 개를 무척 사랑하였는데, 개가 병이 나서 부분마비가 일어났고 수의사가 보기에는 회복 가능성이 없었다. 마침내 그녀의 남편은 아내에게 "개를 죽게 해야 되지 않겠느냐?"는 말을 꺼냈다. 그 순간부터 로라는 좌불안석하고 초조하며 우울했다….

그 후부터 로라는 이웃에 대한 불만을 이야기하기 시작하였다. 아래층에 사는 여자가 벽을 두들겨서 괴롭다고 하였다. 남편의 말에 따르면 몇 차례 실제 그 여자가 문을 두들겼고 그 소리를 들었다고 하였다. 그렇지만 로라는 점점 더 신경을 쓰게 되었고 아래층 아파트에서 소리가 난다며 한밤중에 깨어나곤 하였다. 로라는 그 이웃에 대해 매우 흥분하고 화를 내었다. 시간이 지나면서 점점 더 힘들어하였다. 이제는 그 이웃이 자신이 하는 말을 다 녹음하고 있으며 아파트 내에 어떤 선이 숨겨져 있다고 느끼기 시작하였다. '이상한' 감각을 느끼기 시작하였다. 그녀가 설명하기 어려운 이상한 일들이 많이 생겨났고, 길거리에서 사람들이 자신을 우습게 쳐다보고 … 사람들이 자신이나 남편을 해하려는 계획을 하고 있다고 느꼈다. 저녁에 텔레비전을 보면서 그 프로그램에서 자신의 생활을 이야기한다는 생각이 더 분명해졌다. 그 프로그램에 나오는 사람들이 종종 자신의 생각을 그대로 반복하고 있었다. 그 사람들이 자신의 생각을 훔쳐 가고 있었다. 경찰에 가서 알리고 싶었다.

(Arieti, 1974, pp. 165-168)

리처드(23세)는 고등학교 때 평범한 학생이었다. 졸업 후에 군대에 갔고 제대한 후에 … 리처드는 그 시기를 기억하였다. 인생에서 최악의 사건 중 하나로 시간이 오래 흐른 후에도 좌절감과 두려움이 강하게 엄습하였다.

군에서 제대하여 일상으로 돌아오고 2년 정도가 지난 후 자신감이 없다는 생각에 압도되어 직장을 그만두고는 어떤 직장도 가려 하지 않았다. 거의 매일 집에만 있었다. 어머니는 그가 너무 게으르고 어떤 것도 하려 하지 않는다고 잔소리를 하곤 했다. 옷을 갈아입고 씻고 스스로 관리하는 것이 점점 더 힘들어졌다. 집 밖에 나갈 때 보이는 모든 것을 '해석'하도록 강요받는 것 같았다. 집 밖에서 무슨 일이 일어나는지, 어디로 가는지, 어디에서 길모퉁이를 돌아가야 하는지 알 수 없었다. 교차로에서 빨간불이 들어오면 그 방향으로 가지 말라는 의미로 해석되었다. 화살표를 보면 하나님이 그 방향으로 가라는 신호를 주신 것으로 해석해서 그 방향을 따라갔다. 망연자실하고 겁이 나서 집에만 있었고, 외출을 하면 자신이 할 수 없는 결정이나 선택을 해야 하기 때문에 나가는 것을 두려워하였다. 대부분의 시간을 집에만 있는 지경에 이르렀다. 그러나 집에 있는 동안에도 그 증상으로 고통받았다. 어떤 행동도 할 수 없었다. 할 수 있었던 행동도 넘을 수 없는 장애처럼 느껴졌는데 자신이 그것을 해야 하는지, 말아야 하는지를 결정할 수 없기 때문이었다. 점점 더 일을 잘못하게 될까 봐 두려워졌다. 이러한 두려움 때문에 옷을 입거나 벗을 수도, 먹는 것도 할 수 없었다. 온몸이 마비되는 것 같아서 침대에 움직이지도 않고 누워 있었다. 점점 더 나빠져서 완전히 움직이지 않게 되어 결국 병원에 입원하게 되었다.

아무런 결정도 하지 못하고 갇혀 있는 것처럼 느꼈고 종종 며칠 동안 동상처럼 아무 말도 하지 않고 움직이지도 않았다.

(Arieti, 1974, pp. 153-155)

표 12-1

진단 체크리스트

조현병

1. 1개월의 많은 시간 동안 다음의 증상 중 두 가지 이상
이 나타남
   (a) 망상
   (b) 환각
   (c) 혼란스러운 언어
   (d) 긴장증을 포함한 매우 비정상적인 운동 활동
   (e) 음성 증상

2. 개인의 증상 중 적어도 하나는 망상, 환각 또는 혼란스러
운 언어를 포함해야 함

3. 개인의 기능은 증상 이전의 경우보다 다양한 삶의 영역
에서 유의하게 저하되어야 함

4. 강한 병적 징후들이 1개월 이상 진행되고 이후에도 어
느 정도의 기능 소진이 최소 5개월 이상 지속되어야 함

출처 : APA, 2013.

▶**조현병** 성격, 사회 및 직업 기능이 지각 이
상, 비정상적 정서와 운동 비정상성으로 인해
퇴화되는 정신장애

▶**정신증** 핵심적인 부분에서 현실과의 접촉이
상실된 상태

결국 로라와 리처드는 모두 **조현병**(schizophrenia) 진단을 받았다(APA, 2013). 이 장애를 가진 사람은 이전에는 잘 기능하거나 최소한의 기능을 했을지라도 이상한 지각, 기괴한 생각, 파괴된 감정과 운동장애라는 고립된 황무지에서 퇴화되어 간다. 로라와 리처드처럼 그들은 **정신증**(psychosis)을 경험하며 현실과의 접촉을 상실한다. 환경을 지각하고 반응하는 능력이 파괴되어 가정에서, 친구들과의 관계에서, 학교에서 혹은 직장에서 기능을 할 수 없게 된다(Harvey, 2014). 환각(잘못된 감각 지각)이나 망상(잘못된 믿음)을 가지거나 자신만의 세계에 고립된다. DSM-5에서는 정신증 증상이 6개월간 혹은 그 이상 지속되고 직업, 사회적 관계과 자기관리 기능이 손상되면 조현병 진단을 내리도록 되어 있다(표 12-1 참조).

제10장에서 본 LSD 혹은 암페타민이나 코카인 등도 정신증을 일으킬 수 있다. 뇌 손상이나 뇌질환으로 일어날 수도 있다. 그리고 주요우울장애나 양극성장애와 같은 다른 심각한 심리학적 장애로 나타날 수도 있다(Pearlson & Ford, 2014). 그러나 가장 일반적으로는 조현병 형태로 나타난다.

실제로 DSM-5에 많은 조현병과 유사한 장애가 있으며, 각각의 증상은 특정 기간과 증상들로 구분된다(표 12-2 참조). 이러한 정신병 장애는 모두 조현병과 유사하기 때문에 조현병 그 자체와 함께 집합적으로 **조현병 스펙트럼 장애**라고 한다(APA, 2013). 조현병은 이러한 질환 중 가장 보편적이다. 조현병에 대한 설명과 치료법의 대부분은 다른 질환에도 적용 가능하다(Potkin et al., 2014).

거의 전 세계 인구 100명 중 1명이 평생에 걸쳐 조현병으로 고통을 받는다(Long et al., 2014). 추정하면 전 세계 인구 중 2,600만 명이 이 장애를 겪고 있으며 300만 명의 미국인이 이 장애의 영향을 받고 있는 것이다(MHF, 2015; NIMH, 2010). 재정적 손실도 엄청나며 감정적 손실은 이보다 더 심하다(Kennedy et al., 2014). 또한 이 장애로 고통받고 있는 사람들은 자살 위험이 높으며 신체적—종종 치명적인—질환의 위험도 높아진다(Dickerson et al., 2014). 평균적으로 다른 사람들보다 수명이 20년 정도 짧다(Laursen et al., 2014).

표 12-2

조현병 스펙트럼 장애 : 정신병적 장애 목록

장애	주요 특징	기간	평생 유병률
조현병	망상, 환각, 와해된 언어, 밋밋하거나 부적절한 정서, 긴장증과 같은 다양한 정신증적 증상	6개월 이상	1.0%
단기 정신병적 장애	망상, 환각, 와해된 언어, 긴장증과 같은 다양한 정신증적 증상	1개월 미만	미상
조현양상장애	망상, 환각, 와해된 언어, 밋밋하거나 부적절한 정서, 긴장증과 같은 다양한 정신증적 증상	1~6개월	0.2%
조현정동장애	조현병과 주요우울 삽화나 조증 삽화를 보임	6개월 이상	미상
망상장애	기괴하지 않으며 조현병에서 기인한 것이 아닌 망상이 지속됨 피해, 질투, 과대망상, 신체적 망상이 일반적임	1개월 미만	0.1%
다른 의학적 상태로 인한 정신병적 장애	의학적 질병이나 뇌 손상에서 기인한 환각이나 망상 혹은 와해된 언어	최소 기간 없음	미상
물질/약물치료로 유발된 정신병적 장애	약물남용과 같이 물질로 인해 직접적으로 야기된 환각이나 망상 혹은 와해된 언어	최소 기간 없음	미상

출처 : APA, 2013.

조현병은 모든 계층에서 다 나타나지만 경제적 하위계층에서 더 빈번한데(Burns, Tomita, & Kapadia, 2014; Sareen et al., 2011)(그림 12-1 참조), 일부 이론가들은 가난 스트레스 그 자체가 이 장애의 원인이라고 믿고 있다. 그렇지만 조현병은 희생양들의 사회경제 수준을 하락하게 만들거나 효율적으로 기능하지 못하게 함으로써 가난하게 만든다. 이를 때때로 하향이동(downward drift) 가설이라고 한다.

남녀가 조현병 진단을 받는 비율은 동일하다. 평균 발병 연령은 여성이 28세인 데 반해 남성은 23세이다(Lindenmayer & Khan, 2012). 이혼이나 별거한 사람의 약 3%가 조현병을 앓는 데 비해 결혼생활을 하는 사람은 1%, 독신은 2%가 조현병을 앓는다. 그렇지만 부부 문제가 원인인지 결과인지는 분명하지 않다(Solter et al., 2004).

과거와 마찬가지로 현대인들도 조현병에 많은 관심을 두고 있으며 이 장애를 그린 영화나 공연 등에 몰려든다. 앞으로 읽게 되겠지만 미국사회에서 아직도 많은 조현병 환자들이 등안시되고 있으며 이들의 요구는 전적으로 무시된다. 효과적인 치료법이 개발되고 있지만 많은 사람들이 적절한 치료를 받지 못하고 있으며 인간으로서의 자신의 잠재력을 거의 충족받지 못하고 있다.

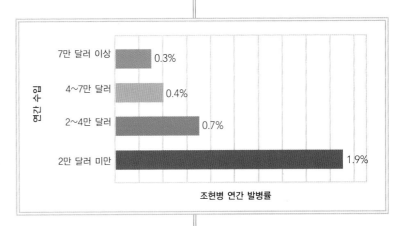

그림 12-1
사회경제 수준
미국의 가난한 사람들은 잘 사는 사람보다 조현병을 더 많이 경험하는 듯하다(출처 : Sareen et al., 2011).

조현병의 임상적 특성

조현병 증상은 개인에 따라 증상이 매우 다양하고 유발 요인과 과정, 치료에 대한 반응이 모두 다르다(APA, 2013). 사실 수많은 임상가들은 조현병이 실제로 공통적으로 몇 가지 특징을 공유하는 서로 다른 장애들의 집합이라고 믿는다(Boutros et al., 2014). 조현병이 단일 장애이건 분리된 장애이건 증상을 가진 사람들의 삶은 고통과 한탄으로 채워져 있다. 이 장애를 가지고 사는 삶이 어떠한지 다음에 기술해 놓았다.

조현병 증상은 무엇인가

이 장의 앞에서 예로 든 로라와 리처드에 대해 다시 생각해 보자. 로라와 리처드는 모두 정상적이었던 기능이 저하되었고, 일상사를 효과적으로 처리하지 못하게 되었다. 이들은 모두 조현병 증상 일부를 경험하였다. 이 증상은 3개의 범주, 즉 양성 증상(사고, 정서, 행동의 과잉), 음성 증상(사고, 정서, 행동의 결핍), 정신운동 증상(특이한 운동이나 몸짓)으로 구분된다. 조현병을 가진 사람들은 전형적으로 두 가지 증상을 모두 보이지만, 일부는 양성 증상이 더 우세하고 일부는 음성 증상이 우세하다. 또한 조현병 환자의 거의 반은 기억 및 기타 인지기능에 심각한 장애를 나타낸다(Ragland et al., 2015; Eich et al., 2014).

양성 증상 **양성 증상**(positive symptom)은 '병리적으로 과도하거나' 괴상한 것이 그 사람의 행동에 덧붙여지는 것이다. 망상, 와해된 사고와 언어, 고양된 지각과 환각, 부적절한 정서가 가장 많이 나타나는 조현병 증상이다.

망상 많은 조현병 환자들은 **망상**(delusion)을 발달시키는데, 그 생각을 진심으로 믿지만 실

▶**양성 증상** 정상적 사고, 감정이나 행동에 과도하거나 괴상한 것이 덧붙는 조현병 증상
▶**망상** 반대 증거가 있는데도 굳건히 가지고 있는 이상한 잘못된 믿음

과대 망상

1892년 정신병원 입원 환자였던 화가가 '예수의 자화상'이라는 그림에 대한 소유권을 주장하였다. 조현병 환자 중 소수만이 예술 능력을 가지고 있는데 이 중 상당수가 유사한 수준의 과대 망상을 보인다.

▶**형식적 사고장애** 사고의 조직 및 생산에서 나타나는 장애

유명하지만 매우 드문 망상

MTV에서 방영된 드라마 '틴울프'에서 한 남자가 늑대로 변하고 있다. 자신이 동물이 되었다는 망상인 '수화광'은 매우 드문 심리적 증상이지만 아주 오랫동안 상업소설, 영화나 드라마의 주제가 되어 왔다.

제로는 근거가 없다. 어떤 사람들은 삶과 행동을 지배하는 단일한 망상을 가지는 반면에, 어떤 사람들은 여러 개의 망상을 가진다. **피해망상**은 조현병에서 가장 일반적이다(APA, 2013). 망상이 있는 사람은 자신이 음모에 빠져 있거나 차별받고 감시당하고 사기를 당하고, 위협받고 공격받거나 고의적으로 희생된다고 믿는다. 로라는 자신의 이웃이 자신을 괴롭히려 하고 다른 사람들이 자신과 남편을 해하려 한다고 믿었다.

조현병을 가진 사람은 관계망상도 경험한다. 다른 사람의 행동이나 다양한 대상이나 사건에 특별하고 사적인 의미를 부여한다. 예를 들어 리처드는 거리 신호등의 화살표를 자신에게 주는 방향 지시로 해석한다. 과대망상을 경험하는 사람은 자신을 위대한 발명가, 종교적 구원자 혹은 다른 특별한 힘을 가진 사람으로 믿는다. 통제망상을 가진 사람은 자신의 감정, 사고와 행동이 다른 사람에 의해 지배된다고 믿는다.

> 철학자 프리드리히 니체는 "한 개인이 미치는 일은 드물다. 그렇지만 집단이, 파벌이, 나라가 혹은 시대가 제정신이 아닌 것은 드물지 않다. 이것이 세상이 돌아가는 규칙이다."라고 했다. 그는 무엇을 말하려 했는가?

와해된 사고와 언어 조현병 환자는 논리적으로 사고할 수 없으며(Briki et al., 2014) 특이한 방식으로 말한다(Millier et al., 2014). 이러한 **형식적 사고장애**(formal thought disorder)는 환자에게 큰 혼동을 일으키고 대화를 어렵게 만든다. 종종 그들은 연상의 이완, 신조어, 보속성과 음 연상과 같은 양성 증상(병리적 과잉) 형태를 보인다.

가장 일반적인 형식적 사고장애인 **연상 이완**(loose association)이나 탈선(derailment)을 가진 사람은 이 주제에서 저 주제로 빠르게 왔다 갔다 하면서 자신의 불일치된 언어가 이해 가능하다고 믿는다. 한 문장 안에서 중요하지 않은 다음에 오는 한 단어에 초점이 맞추어진다. 어떤 조현병 환자는 "팔이 가려운가?"라는 질문에 대해 다음과 같이 대답했다.

> 문제는 곤충이다. 남동생이 곤충채집을 하곤 했다. 그의 키는 177.4cm이다. 사실 7은 내가 좋아하는 숫자이다. 나는 춤추고 그림을 그리고 텔레비전 보기를 좋아한다.

어떤 조현병 환자는 신조어를 사용하는데, 이는 오직 자신만이 의미를 아는 단어를 만든다. 예를 들어 "나는 외국 대학교에서 여기에 왔는데 아동법조항을 통과시키기 위해 헌법 수정 모든 조항에 '결조'를 가져야 한다. 이것은 '호진' 법인데 어린이는 이 '강저'법을 가져야 한다"(Vetter, 1969, p. 189). 또 다른 사람은 형식적 사고장애인 보속성을 보이는데, 단어나 문장을 여러 번 반복한다. 마지막으로 음 연상이나 운율 연상을 사용해서 사고하거나 표현하는 경우도 있다. 기분이 어떠냐고 질문하면 "글쎄요, 글씨요. 글리세린이요."라고 대답한다. 날씨에 대해 이야기하게 하면 "날씨가 너무 추워요. 있잖아요. 더워요. 귀여워요."라고 한다. 연구자들에 따르면 와해된 언어나 사고는 조현병이 완전히 발현되기 오래 전부터 나타나는 듯하다(Remington et al., 2014; Covington et al., 2005).

고양된 지각과 환각 조현병을 앓는 사람의 지각과 주의력은 강해지는 것 같다(Rossi-Arnaud et al., 2014). 자기 주변의 모든 시각과 소리가 모든 감각에 홍수처럼 몰려든다고 느낀다(Galderisi et al., 2014). 그래서 어떤 중요한 것에 주의를 기울이는 것이 거의 불가능하다. 이러한 문제는 실제 장애가 발발하기 전부터 나타난다(Remington et al., 2014). 이 어려움

이 장애를 가진 사람들에게 기억장애를 일으키는 요소가 되고 있다(Ordemann, et al., 2014).

조현병에서 보이는 다른 종류의 지각 문제는 외부 자극이 없는데 발생하는 지각 현상인 **환각**(hallucination)이다(정보마당 참조). 조현병에서 가장 보편적으로 나타나는 환청을 가진 사람은 외부에서 사물의 소리와 사람의 목소리를 듣는다. 목소리는 직접 환청을 듣는 사람에게 명령을 내리거나 위험에 대한 경고를 주거나 옆에서 엿듣는 것같이 경험된다.

연구에 따르면 환청은 실제로 뇌에서 소리 신호를 방출하고 그것을 '듣고' 그 소리가 외부에서 온 것이라고 믿는 것이다(Chun et al., 2014; Sarin & Wallin, 2014). 한 연구에서 6명의 조현병 남자 환자에게 환청을 들을 때마다 단추를 누르게 하였다(Silbersweig et al., 1995). PET 스캔 결과, 그들이 단추를 누를 때 청각 중추의 뇌 표면 근처의 활동이 증가하였다.

환각은 또한 다른 감각의 어떤 것도 포함할 수 있다. 촉각 환각은 따끔거림, 타는 듯한 느낌 또는 전기적 충격 감각의 형태를 취할 수 있다. 마치 뱀이 뱃속을 기어들어 가는 것처럼 체내에서 어떤 일이 일어나고 있는 것처럼 신체 환각이 느껴진다. 시각 환각은 색이나 구름 또는 사람들이나 사물의 독특한 시각에 대한 모호한 인식을 야기할 수 있다. 미각 환각을 가진 사람들은 정기적으로 음식이나 음료가 이상하다고 하고, 후각 환각을 가진 사람들은 독이나 연기의 냄새와 같이 다른 사람이 맡지 않는 냄새를 맡는다.

환각과 망상은 종종 함께 일어난다(Cutting, 2015; Shiraishi et al., 2014). 명령하는 목소리를 듣는 여성은 그 명령이 누군가 자기 머릿속에 집어넣은 것이라는 망상을 가진다. 피해망상을 가진 남자는 침대나 커피에서 독극물 냄새를 맡을 수도 있다. 원인이 무엇이고 무엇이 먼저이든 간에 환각과 망상은 궁극적으로 서로 영향을 미친다.

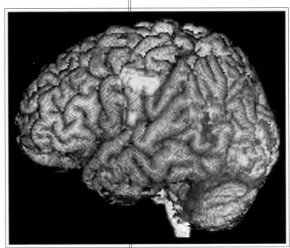

Reprinted by permission from Macmillan Publishers Ltd: Silbersweig, D.A., Stern, E., Frith, C. et al. A functional neuroanatomy of hallucinations in schizophrenia, Nature, Vol. 378, pp. 176-179 (1995). http://www.nature.com/index.html

환각이 일어나는 동안 인간의 뇌
환자가 환청을 경험하는 동안 찍은 PET 스캔 결과, 뇌 표면 중 청각과 관련된 조직, 언어를 생성해 내는 데 도움을 주는 브로카 영역과 소리를 듣는 데 도움을 주는 청각 영역에서 고양된 활동(노란색-주황색)이 나타났다(Silbersweig et al., 1995). 반대로 소리의 원천을 판단하는 뇌 앞부분은 환각 동안에 잠잠했다. 그래서 환각에 빠진 사람은 자신의 뇌에서 나는 소리를 듣지만 뇌는 그 소리가 실제로는 내부에서 난다는 것을 인식할 수가 없다(Juckel, 2014).

> 사람 목소리가 아파트 벽을 통해서, 세탁기와 건조기를 통해서 들리는 것 같았다. 이 기계들에서 대화가 들렸고 내게 무슨 이야기를 하는 것 같았다. 정보기관에서 내 아파트에 송수신기를 장치해 놓아 나는 그들이 무슨 말을 하는지 들을 수 있고 그들은 내가 하는 말을 들을 수 있다고 느꼈다.
>
> (익명, 1996, p. 183)

부적절한 정서 조현병을 앓고 있는 많은 사람들은 상황에 맞지 않는 **부적절한 정서**(inappropriate affect) 감정을 보인다(Taylor et al., 2014; Gard et al., 2011). 끔찍한 뉴스나 침울한 이야기를 하면서 웃거나 행복한 상황에서 벌컥 화를 내기도 한다. 상황에 맞지 않게 기분이 급격하게 변하기도 한다. 예를 들어 조현병에 걸린 남자는 아내와 부드러운 대화를 하다가 갑자기 음란스러운 말을 내뱉고 아내가 이상하다고 불만을 늘어놓았다.

어쩌면 이런 감정은 이 장애의 특정 증상 때문에 생긴 것일 수도 있다. 남편이 중병에 걸렸다고 하면서 웃는 조현병에 걸린 여자를 생각해 보자. 그 여자가 정말 그 일로 기뻐하지는 않았을 것이다. 사실 그녀는 그 사실에 대해 이해하지 못했거나 듣지도 않았을 수 있다. 예를 들면 그 여자는 그 상황에 대한 감정이 아닌 홍수처럼 밀려드는 다른 감정에 반응하

▶**환각** 실제 자극이 없음에도 상상적인 장면, 소리, 혹은 감각 경험이 실제처럼 경험되는 것

▶**부적절한 정서** 상황에 맞지 않는 감정을 보이는 조현병의 증상

환각

환각은 외부 자극이 없는 상황에서 장면, 소리, 냄새와 다른 지각을 경험하는 것이다.

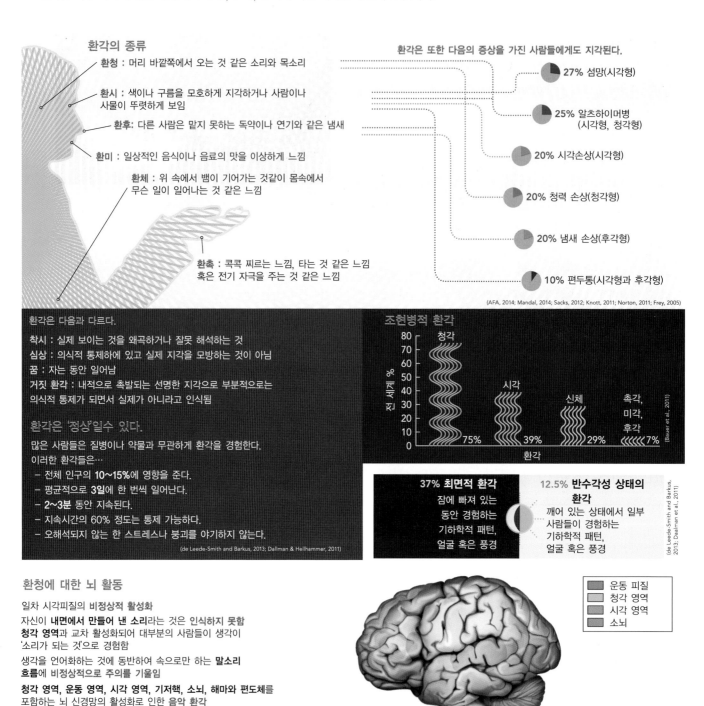

환각의 종류

환청 : 머리 바깥쪽에서 오는 것 같은 소리와 목소리

환시 : 색이나 구름을 모호하게 지각하거나 사람이나 사물이 뚜렷하게 보임

환후: 다른 사람은 맡지 못하는 독약이나 연기와 같은 냄새

환미 : 일상적인 음식이나 음료의 맛을 이상하게 느낌

환체 : 위 속에서 뱀이 기어가는 것같이 몸속에서 무슨 일이 일어나는 것 같은 느낌

환촉 : 콕콕 찌르는 느낌, 타는 것 같은 느낌 혹은 전기 자극을 주는 것 같은 느낌

환각은 또한 다음의 증상을 가진 사람들에게도 지각된다.

- **27%** 섬망(시각형)
- **25%** 알츠하이머병 (시각형, 청각형)
- **20%** 시각손상(시각형)
- **20%** 청력 손상(청각형)
- **20%** 냄새 손상(후각형)
- **10%** 편두통(시각형과 후각형)

(AFA, 2014; Mandal, 2014; Sacks, 2012; Knott, 2011; Norton, 2011; Frey, 2005)

환각은 다음과 다르다.

착시 : 실제 보이는 것을 왜곡하거나 잘못 해석하는 것
심상 : 의식적 통제하에 있고 실제 지각을 모방하는 것이 아님
꿈 : 자는 동안 일어남
거짓 환각 : 내적으로 촉발되는 선명한 지각으로 부분적으로는 의식적 통제가 되면서 실제가 아니라고 인식됨

환각은 '정상'일수 있다.

많은 사람들은 질병이나 약물과 무관하게 환각을 경험한다.
이러한 환각들은…
- 전체 인구의 **10~15%**에 영향을 준다.
- 평균적으로 **3일**에 한 번씩 일어난다.
- **2~3분** 동안 지속된다.
- 지속시간의 **60%** 정도는 통제 가능하다.
- 오해석되지 않는 한 스트레스나 붕괴를 야기하지 않는다.

(de Leede-Smith and Barkus, 2013; Dallman & Hellhammer, 2011)

조현병적 환각

전체계 %

- 청각 75%
- 시각 39%
- 신체 29%
- 촉각, 미각, 후각 7%

환각

(Bauer et al., 2011)

37% 최면적 환각
잠에 빠져 있는 동안 경험하는 기하학적 패턴, 얼굴 혹은 풍경

12.5% 반수각성 상태의 환각
깨어 있는 상태에서 일부 사람들이 경험하는 기하학적 패턴, 얼굴 혹은 풍경

(de Leede-Smith and Barkus, 2013; Daalman et al., 2011)

환청에 대한 뇌 활동

일차 시각피질의 비정상적 활성화
자신이 **내면에서 만들어 낸 소리**라는 것은 인식하지 **못함**
청각 영역과 교차 활성화되어 대부분의 사람들이 생각이 '소리가 되는 것'으로 경험함
생각을 언어화하는 것에 동반하여 속으로만 하는 **말소리 흐름**에 비정상적으로 주의를 기울임
청각 영역, 운동 영역, 시각 영역, 기저핵, 소뇌, 해마와 편도체를 포함하는 뇌 신경망의 활성화로 인한 음악 환각

- 운동 피질
- 청각 영역
- 시각 영역
- 소뇌

시대에 따른 환각

고대시대 신이나 여신의 선물로 간주함

18세기 이전 신, 악마, 천사 혹은 정령과 같은 초자연적 힘에 의해 일어나는 것

18세기 중반 뇌의 한쪽 중앙 부분의 과활성화에 의해 일어나는 것

1990년대 피질과 피질하 영역의 신경망에서 야기됨

(Sachs, 2012; Shergill et al., 2000)

고 있는 것일 수 있다. 예를 들면 환청에서 들리는 농담 같은 것일 수도 있다.

음성 증상 음성 증상(negative symptom)은 '병리적 결함'으로 한 개인에게 무언가가 결핍되어 있는 것이다. 언어빈곤, 둔화되고 밋밋한 정서, 동기 상실과 사회적 고립은 조현병에서 일반적으로 나타난다(Azorin et al., 2014; Rocca et al., 2014). 이러한 결함은 개인의 삶과 활동에 많은 영향을 미친다.

언어빈곤 조현병을 앓고 있는 사람들은 종종 **운동성 실어증**(alogia) 혹은 **언어빈곤**(poverty of speech)을 보이는데, 말수나 말의 내용이 줄어든다. 이러한 형식적 사고장애 중 음성 증상을 가진 어떤 사람들은 사고나 말하는 것 자체가 매우 적다. 또 다른 사람들은 말은 꽤 하지만, 거의 의미가 전달되지 않는다(Haas et al., 2014).

제한된 정서 조현병을 앓는 많은 사람들은 둔화된 정서(blunted affect)를 보이는데, 대부분의 사람들에 비해 화, 슬픔, 기쁨과 다른 감정들을 적게 나타낸다(Rocca et al., 2014). 그리고 어떤 사람들은 감정이 전혀 나타나지 않는데, 때때로 밋밋한 정서(flat affect)라고 말하기도 한다. 이 사람들의 얼굴은 조용하고 눈 맞춤이 거의 없고 목소리는 단조롭다. 어떤 경우 이 문제를 가진 사람들은 기쁨이나 즐거움이 전반적으로 상실된 무쾌감증을 보이기도 한다. 그러나 어떤 경우에는 제한된 정서는 일반 사람들이 하는 감정을 표현하는 능력의 부재를 반영하기도 한다. 한 연구에서 참여자들에게 매우 감정적인 영화를 보여 주었다. 조현병을 앓고 있는 참여자들은 다른 사람들보다 얼굴표정은 적었지만 긍정적·부정적 감정은 충분히 느꼈고 실제 피부 각성은 더 크게 나타났다(Kring & Neale, 1996).

동기 상실 조현병을 앓는 많은 사람들은 **무욕증**(avolition) 혹은 **무감동**(apathy)을 경험하는데, 일상적인 목표에 대한 에너지와 흥미가 소진되어 어떤 활동을 시작도 못하거나 그 활동을 진행해 나가지를 못한다(Gard et al., 2014; Gold et al., 2014). 이 문제는 특히 몇 년 동안 조현병을 앓고 있는 사람들에게서 보이는데, 마치 완전히 낡아 없어진 상태와 유사하다. 유사하게 이 장애를 가진 사람들은 대부분의 것에 대해 **양가성**(ambivalence)이나 갈등을 하게 된다. 앞에서 본 리처드의 경우에는 동기 상실과 양가성이 식사, 옷 입고 벗기를 너무도 하기 어려운 일이 되게 만든 것이다.

사회적 고립 조현병을 앓는 사람들은 사회 환경에서 고립되어 자신의 생각과 환상에만 빠져 있다(Gard et al., 2014; Pinkham, 2014). 생각이 비논리적이고 혼란되어 있어서 고립은 그들로 하여금 현실에서 더 멀어지게 한다. 사회적 고립은 다른 사람의 욕구와 감정을 정확하게 인식하는 능력을 포함해서 사회기술을 파괴시킨다(Fogley et al., 2014; Lysaker et al., 2014).

정신운동 증상 조현병을 가진 사람들은 종종 정신운동 증상을 경험한다. 예를 들면 이상하게 움직이거나 반복해서 입을 씰룩이거나 이상한 자세를 취한다. 이러한 비정상적인 자세는 종종 나름의 이유—아마도 의례적이거나 마술적인 이유—를 가지고 있는 것 같다(Grover et al., 2015; Stegmayer et al., 2014). 조현병의 정신운동은 **긴장증**(catatonia)이라고 하는 극단적인 형태를 지니기도 한다.

긴장성 혼미로 인해 환경에 대해 반응하기를 멈추고 움직임 없이 있기도 하며 긴 시간 동

▶**음성 증상** 정상 사고, 감정이나 행동에 결핍을 보이는 조현병 증상

▶**운동성 실어증** 말이나 말 내용의 감소, 조현병 증상으로 '언어빈곤'이라고도 함

▶**긴장증** 특정 형태의 조현병에서 나타나는 정신운동 증상의 극단적 패턴으로, 긴장성 혼미, 경직이나 특정 자세가 포함됨

"거기 누구 있어요?"
조현병은 종종 예술 분야에서 긍정적인 측면으로 묘사된다. 예를 들어 핑크플로이드의 대단히 인기 있는 앨범과 영화인 'The Wall'에서는 이 장애를 사회로 인해 야기된 혼돈과 불행으로부터 자신을 치료하기 위해 몇몇 사람들이 시도한 사회적 고립과 내면의 추구로 묘사하였다. 최근 열린 콘서트에서 핑크플로이드 밴드멤버인 로저 워터스는 연주 도중 벽을 무너 뜨리려 하고 있다.

© Robert Wagenhoffer/Corbis

안 침묵하기도 한다. 리처드가 어떻게 며칠 동안 침대에서 움직이지도 않고 아무 말 없이 있었는지 생각해 보자. 긴장성 강직을 보이는 사람들은 몇 시간 동안 경직되고 똑바른 자세를 유지하며 움직이기를 거부한다. 또 어떤 사람들은 긴장성 자세를 보이는데 장시간 동안 괴상하고 우스꽝스러운 자세를 취한다. 마지막으로 다른 형태의 긴장증인 긴장성 흥분을 보이는 사람들이 있는데, 흥분된 상태로 움직이거나 때로는 팔이나 다리를 거칠게 휘두른다.

조현병 진행 과정은 어떠한가

조현병은 일반적으로 10대 후반에서 30대 중반에 처음으로 나타난다(Häfner, 2015; Lindenmayer & Khan, 2012). 사례마다 진행 과정이 다르지만, 대부분 전구기, 활성기, 잔류기의 3단계를 거치는 것 같다(Fukumoto et al., 2014). 전구기 동안 증상은 분명하지 않지만 기능 저하가 시작된다. 사회적으로 고립되고 모호하고 이상한 이야기를 하면서 기괴한 생각을 발달시키거나 정서 표현이 거의 없다. 활성기 동안 증상이 나타나기 시작한다. 때때로 이 단계는 생활 스트레스로 촉발된다. 앞에서 기술한 중년 여성인 로라의 경우에 직접적인 촉발 요인은 사랑하던 개를 잃은 것이었다. 마지막으로 조현병을 앓는 많은 사람들은 궁극적으로 잔류기에 들어서는데, 그때는 전구기와 유사한 기능 수준으로 돌아간다. 활성기의 강한 증상은 감소하지만 둔화된 정서와 같은 음성 증상은 남는다. 환자의 25% 혹은 그 이상이 조현병에서 완전히 회복되지만, 대다수는 최소한 나머지 삶에서 몇 가지 잔류 문제를 지속해서 가지게 된다(an der Heiden & Häfner, 2011).

각 단계는 며칠 혹은 몇 년 동안 지속된다. 장애 이전에 잘 기능했던 사람들(병전 기능이 좋았던 사람) 혹은 처음에 스트레스로 병이 시작되었거나 갑작스러운 발병 혹은 중년에 발병한 사람들은 조현병에서 더 잘 회복된다(Remberk et al., 2015). 재발은 스트레스로 인해 가장 잘 일어나는 것 같다(Bebbington & Kuipers, 2011).

많은 연구자들은 조현병을 제1형과 제2형으로 구분하는 것이 장애 진행 과정을 예상하는 데 도움이 된다고 생각한다. 제1형 조현병을 가진 사람은 망상, 환각과 형식적 사고장애와 같은 양성 증상을 주로 보인다(Crow, 2008, 1995, 1985, 1980). 제2형 조현병을 가진 사람은 주로 밋밋한 정서, 언어빈곤, 동기 상실과 같은 음성 증상을 보인다. 보통 제1유형 환자들이 병전 기능이 더 좋고, 발병 연령이 늦으며 증상 회복 가능성이 더 높다고 본다(Corves et al., 2014; Blanchard et al., 2011). 또한 이제 곧 보게 되겠지만, 제1형 조현병의 양성 증상은 뇌의 **생화학적 문제**와 보다 더 많이 관련되는 것 같고, 제2형 조현병의 음성 증상은 뇌의 **구조적 문제**와 보다 많이 연관되는 것 같다.

긴장성 자세
1900년대 사진 속의 환자들은 긴장성 자세를 포함한 긴장증적 특성을 보이고 있는데 오랜 시간 동안 괴상한 자세를 유지하고 있다.

The Oskar Diethelm Library, History of Psychiatry Section, Department of Psychiatry, Cornell University Medical College and the New York Hospital, New York

▶ 요약

조현병의 임상적 특성 조현병은 사고과정장애, 왜곡된 지각, 비정상적인 감정과 운동 비정상성의 결과로 기능이 저하되는 장애이다. 거의 전 세계 인구의 1%가 이 장애로 고통받는다. 이 장애는 3개로 구분된다. 양성 증상으로는 망상, 형식적 사고장애, 환각과 기타 지각장애와 주의장애, 부적절한 정서가 포함된다. 음성 증상에는 언어빈곤, 둔화되고 밋밋한 정서, 동기 상실과 사회적 고립이 포함된다. 이 장애는 또한 정신운동 증상이 포함되는데 극단적인 형태는 긴장증이라고 부른다. 조현병은 보통 후기 청소년기 혹은 초기 성인기에 시작되며 전구기, 활성기와 잔류기의 3단계로 진행된다.

이론가들은 조현병을 어떻게 설명하는가

많은 다른 장애와 마찬가지로 이론가들은 생물학적 · 심리적 · 사회문화적인 입장에서 조현병을 설명한다. 지금까지 생물학적 설명이 가장 많은 연구에서 지지되고 있다. 그렇다고 해서 심리적 요인과 사회문화적 요인이 이 장애를 설명하는 데 중요한 역할을 하지 않는다는 것은 아니다. 그보다는 소인-스트레스 관계가 유효하다. 생물학적 성향을 가진 사람이 어떤 사건이나 스트레스가 있을 때 조현병을 일으킨다. 유사하게 소인-스트레스 관계가 여러 정신증적 장애 발달에 영향을 미치는 것 같다(심리전망대 참조).

생물학적 관점

과거 몇십 년 동안 조현병에 대해 가장 각광받는 연구는 유전과 생물학적 연구일 것이다. 이 연구들을 통해 이 장애가 생기는 데 유전과 뇌 활동이 주요 역할을 하며, 치료를 통해 변화 가능하다는 점이 밝혀졌다.

유전적 요인 소인-스트레스 관점 원칙에서 유전연구자들은 어떤 사람은 조현병에 대한 생물학적 성향을 가지고 태어나며 주로 후기 청소년기나 초기 성인기에 극심한 스트레스에 직면하면서 장애가 발병한다고 생각하고 있다(Pocklington et al., 2014). 유전적 관점은 (1) 조현병을 가진 사람의 친족, (2) 이 장애를 가진 사람의 쌍생아 형제, (3) 조현병을 가진 사람 중 입양된 사람, (4) 유전고리와 분자생물학 연구에 의해 지지되고 있다.

친족이 취약한가 가계연구들을 통해 반복적으로 조현병(다른 정신장애도 마찬가지로)은 이 장애를 가진 사람의 친족들에서 더 많이 나타난다고 밝혀졌다(Scognamiglio et al., 2014). 조현병을 가진 사람들과 좀 더 가까운 친족관계일수록 이 장애가 생길 가능성이 더 크다(그림 12-2 참조).

일란성 쌍생아가 이란성 쌍생아보다 더 취약한가 가장 가까운 친척관계인 쌍생아는 조현병 연구자가 특별히 관심을 가지는 연구 주제이다. 양쪽 쌍생아가 독특한 특성을 공유할 때 그들은 그 특성에 대한 일치(concordance)를 가진다고 한다. 유전적 요소가 조현병에서 작용한다면 일란성 쌍생아(모든 유

> 이 장애를 가진 사람들의 친족 중에서 조현병이 많다는 사실에 대해 유전적 요인 외에 어떤 다른 요인으로 설명할 수 있는가?

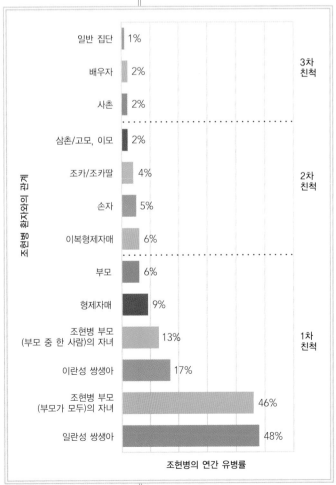

그림 12-2

가족 관련성

생물학적으로 조현병 환자와 관련된 사람은 평생 이 장애에 걸릴 위험이 더 높다. 더 많이 관련될수록(즉 유전적으로 더욱 유사할수록) 이 장애의 위험성은 더 커진다(출처 : Coon & Mitterer, 2007; Gottesman, 1991, p. 96).

조현병 환자와의 관계	조현병의 연간 유병률	
일반 집단	1%	
배우자	2%	3차 친척
사촌	2%	
삼촌/고모, 이모	2%	
조카/조카딸	4%	2차 친척
손자	5%	
이복형제자매	6%	
부모	6%	
형제자매	9%	
조현병 부모(부모 중 한 사람)의 자녀	13%	1차 친척
이란성 쌍생아	17%	
조현병 부모(부모가 모두)의 자녀	46%	
일란성 쌍생아	48%	

산후정신병 : 안드레아 예이츠의 사례

20 01년 6월 20일 아침 방송을 보던 사람들은 36세 안드레아 예이츠가 경찰차에 호송되는 것을 두려워하며 지켜보았다. 단 몇 분 전에 그녀는 아이들이 제대로 발달하고 있지 않고 자신이 좋은 엄마가 아니라는 것을 깨달았다는 이유로 욕조에 다섯 아이를 익사시켰다. 친족살해 담당관인 에릭 멜은 그녀가 아이를 죽인 순서 — 처음으로 7세 노아, 3세 폴, 그다음에 2세 루커, 그 뒤로 5세 존, 그리고 6개월 된 마리 —를 두 번이나 차례로 이야기했다고 했다. 그녀는 7세 노아를 욕조에 끌어넣고 그 아이가 두 번이나 뛰어올랐다는 것도 이야기했다. 나중에 그녀는 자신의 머리카락을 면도하여 반그리스도교의 상징인 666 형태를 머리에 새기고 싶었다고 의사에게 말했다(Roche, 2002).

이미 제6장에서 출산 직후 80% 정도의 어머니가 '베이비 블루'를 경험하고, 10~30%가 산후우울증의 임상적 증상을 경험한다는 것을 읽었을 것이다. 안드레아 예이츠의 경우를 통해 최근 대중에게 잘 알려진 다른 산후장애는 '산후정신병'이다(Engqvist et al., 2014).

산후정신병은 최근 출산한 어머니 1,000명 중 12명꼴로 영향을 준다(Posmontier, 2010). 출산 후의 거대한 호르몬 변화로 일어나는 듯하다(Meinhard et al., 2014). 아이가 출생한 후

비극적 가족 날짜가 표시되어 있지 않은 이 사진에서 안드레아 예이츠가 남편과 나중에 익사시킨 다섯 아이 중 4명과 포즈를 취하고 있다.

Photo courtesy of Yates family/Getty Images

며칠 혹은 몇 달 동안 산모는 망상(예 : 자신의 아이가 악마라고 확신), 환각(목소리가 들림), 극도의 불안, 혼란과 방향감 상실, 수면장애와 비논리적 사고(예 : 자신이나 아이가 살해될 것 같은 생각) 등의 현실감을 상실한 양상을 보인다.

양극성장애, 조현병이나 우울증의 병력을 가진 여성은 특히 이 장애에 취약하다(Di Florio et al., 2014). 더욱이 이전에 산후우울증이나 산후정신병을 겪었던 여성은 연이은 출산 이후 이 장애를 일으킬 가능성이 더 크다(Bergink et al., 2012; Nonacs, 2007). 예를 들어 안드레아 예이츠는 산후우울증 양상을 보였고 네 번째 아이를 낳은 이후 자살시도를 했었다. 그러나 그 당시 그녀는 항정신병 약물을 포함한 여러 약물에 잘 반응하여 그녀와 남편은 다섯 번째

아이를 낳기로 결정하였다. 심각한 산후 증상의 위험성이 있다는 경고를 받았음에도 그들은 증상이 생기더라도 여러 약물을 복용하면 괜찮을 것이라 생각하였다(King, 2002).

다섯 번째 아이 출산 후, 실제로 정신병적 증상이 다시 시작되었다. 예이츠는 다시 자살시도를 하였다. 두 번이나 병원에 입원해서 다양한 약물로 치료했음에도 상태는 호전되지 않았다. 다섯 번째 아이인 마리가 태어나고 6개월 만에 그녀는 5명의 자녀를 모두 익사시켰다. 이 드문 장애에 대해 알고 있는 대부분의 임상가들은 예이츠가 산후정신병의 희생양이라는 점에 동의한다. 이 장애를 겪는 여성의 일부만이 실제로 자녀를 해함(약 4% 정도 추정)에도 불구하고 예이츠 사례를 통해 우리는 이러한 일이 실제로 일어날 수 있음을 상기하게 되었다(Posmontier, 2010). 또한 이 사례는 조기 탐지와 치료가 얼마나 중요한지를 깨닫게 해 준다(O'Hara & Wisner, 2014).

2006년 7월 26일, 살인 혐의에 대한 최초의 유죄 판결이 고등법원에 의해 뒤집힌 이후에 예이츠는 정신적 문제를 이유로 무죄판결을 받고 정신치료를 받는 주립 정신병원으로 이송되었고, 오늘까지 치료를 받고 있다.

전자를 공유)는 이란성 쌍생아(일부 유전자만 공유)보다 이 장애에 대한 일치율이 더 높을 것이다. 이러한 예측은 연구를 통해 지속적으로 지지되고 있다(Higgins & George, 2007; Gottesman, 1991). 일란성 쌍생아 중 한 사람에게서 조현병이 발병하면 다른 한 사람에게서 발병할 가능성은 48%가 된다. 이란성 쌍생아라면 다른 한 사람에게서 발병할 가능성은 17% 정도가 된다.

입양된 사람의 생물학적 친족은 취약한가 입양아 연구에서는 유아기 때 입양된 조현병 성인을 그들의 생물학적 가족 및 입양된 가정의 가족과 비교하였다. 생물학적 가족과는 따로 떨어져서 양육되었기 때문에 그들에게서 나타나는 유사한 증상은 유전적 영향을 시사해 주는 것이 된다. 반대로 입양된 가정의 가족과의 유사성은 환경적 영향을 시사해 주는 것

이 된다. 반복적으로 연구자들은 입양된 조현병 환자의 생물학적 가족이 입양된 가정의 가족에 비해 조현병에 걸릴 가능성이 더 크다는 점을 발견하였다(Andreasen & Black, 2006; Kety, 1988, 1968).

유전 연관성과 분자생물학적 연구가 시사하는 것은 무엇인가 양극성장애(제6장 참조)에서와 같이 연구자들은 조현병의 유전적 요인을 정확히 찾아내기 위해 유전연관성과 분자생물학 연구를 진행하였다(Singh et al., 2014). 한 연구에서 조현병이 많이 발생한 대규모 가족들에서 모든 가족의 혈액과 DNA 샘플을 추출하여 조현병이 있는 사람과 그렇지 않은 사람의 유전자를 비교하였다. 이 절차를 세계적으로 실시하여 여러 연구들에서 염색체 1, 2, 6, 8, 10, 13, 15, 18, 20, 22와 X염색체의 유전자 결함이 조현병 발병의 병적 소질과 관련될 가능성이 있음을 밝혀냈다(Huang et al., 2014; Müller, 2014).

여러 결과들을 통해 의심을 받아 온 유전 영역 중 일부는 잘못된 것으로, 실제로는 조현병을 일으키지 않음이 밝혀졌다. 대신에 서로 다른 조현병 종류들이 서로 다른 유전자들과 관련될 수도 있다. 그러나 조현병은 다른 장애들과 마찬가지로 여러 유전 결함의 조합으로 나타나는 다원발생적 장애(polygenic disorder)일 가능성이 가장 크다(Purcell et al., 2014).

유전 요소들이 어떻게 조현병을 발현시키는가? 연구자들은 유전될 수 있는 두 가지 종류의 생물학적 이상을 말하는데, 이 두 가지는 **생화학적 이상과 비정상적 뇌 구조**이다.

생화학적 이상 앞에서 본 바와 같이 뇌는 전기신호(혹은 '메시지')가 신경전달물질을 통해 전달되는 뉴런들로 구성되어 있다. 하나의 신호가 수용성 뉴런에 도달하면 뉴런 축색을 따라 이동하여 신경말단에 도달한다. 그러면 신경말단에서 신경전달물질이 방출되어 시냅스 공간에서 다른 뉴런의 수용기와 결합하여 다음 '종착역'까지 메시지를 전달한다. 이러한 뉴런 활동을 '점화'라고 한다.

수십 년에 걸쳐 연구자들은 조현병을 설명하는 데 **도파민 가설**(dopamine hypothesis)을 발달시켰다. 이에 따르면 신경전달물질인 도파민을 사용하는 어떤 뉴런이 너무 자주 점화되면서 지나치게 많은 메시지가 전달되어 이 장애의 증상이 발현된다(Brisch et al., 2014; Düring et al., 2014). 이 가설은 최근 몇 년 동안 도전받고 수정되었지만, 여전히 조현병에 대한 생화학적 설명의 기초가 되고 있다. 이 가설을 이끌어 낸 사건은 조현병 증상을 없애는 데 도움이 되는 **항정신병 약물**(antipsychotic drug)의 발견이었다. 최초의 항정신병 약물인 **페노티아진**(phenothiazine)이 1950년대에 발견되었는데, 그 당시 연구자는 알레르기를 없애는 더 나은 항히스타민 약물을 찾던 중이었다. 페노티아진은 항히스타민제로서는 실패했지만, 조현병 증상을 줄이는 데 효과가 있음이 드러나면서 임상가들이 이 약물을 광범위하게 처방하기 시작하였다(Adams et al., 2014).

연구자들은 초기 항정신병 약물이 심각한 근육 떨림을 자주 일으키고 그 증상은 신경학적 결함을 유발하는 질환인 파킨슨병의 핵심 증상과 동일하다는 것을 알게 되었다. 항정신병 약물의 예기치 않은 부작용이 조현병 생물학에 최초의 중요한 단서를 제공하였다. 이미 과학자들은 파킨슨병을 앓고 있는 사람들의 뇌 일정 영역 도파민 신경전달물질이 비정상적으로 낮다는 것과 도파민 결핍이 통제 불가능한 떨림의 원인임을 알고 있었다. 항정신병 약물이 조현병 환자에게 정신과적 증상이 없어지는 동안 파킨슨병 증상을 일으킨 것이라면 아마도 이 약물이 도파민 활동을 감소시켰을 것이다. 과학자들은 더 나아가 도파민

▶**도파민 가설** 조현병이 도파민 신경전달물질의 과다 활동으로 발생한다는 이론

▶**항정신병 약물** 크게 혼란되거나 왜곡된 사고를 교정하는 데 도움이 되는 약물

▶**페노티아진** 항히스타민 약물로 최초로 효과가 입증된 항정신병 약물

▶2세대 항정신병 약물 상대적으로 새로운 항정신병 약물로서 생물학적 활동이 전통적인 항정신병 약물과 다름. '비전형 항정신병 약물'이라고도 함

쌍생아의 차이
왼쪽의 사람은 정상인 데 비해 일란성 쌍생아인 오른쪽의 사람은 조현병이다. MRI 사진을 보면 조현병 쌍생아의 뇌가 형제의 뇌에 비해 작고 검은나비 모양으로 나타나는 뇌실이 더 크다.

활동을 낮추는 것이 조현병 증상을 없애는 데 도움이 된다면, 조현병은 우선적으로 과도한 도파민 활동과 관련될 것이라는 논리를 세웠다.

1960년대 이후 연구들을 통해 도파민 가설이 지지되고 구체화되었다. 예를 들면 파킨슨병을 앓는 어떤 사람이 도파민 수준을 올리는 약인 L-도파를 너무 많이 복용하게 되면 조현병과 유사한 증상을 보였다(Brunelin et al., 2013). L-도파는 표면적으로 도파민 활동을 증가시키는데, 그것이 정신병을 일으킨다. 제10장에서 본 바와 같이 **암페타민**이 중추신경계에 작용해서 도파민 활동을 증가시킨다는 지지 증거가 나타났다. 임상연구에서 고용량 암페타민을 복용한 사람은 조현병과 매우 유사한 증상인 **암페타민 정신병**을 나타냈다(Hawken & Beninger, 2014; Li et al., 2014).

연구자들은 도파민 수용기가 많은 뇌 영역을 찾아냈고 페노티아진과 다른 항정신병 약물이 다른 수용기들과 결합하는 것을 발견하였다(Yoshida et al., 2014). 표면적으로 이 약물들은 도파민 길항제로, 도파민 수용기와 결합해서 도파민이 다른 것과 결합하는 것을 막아 뉴런이 점화되는 것을 방해하는 약물이다. 연구자들은 뇌에서 D-1, D-2, D-3, D-4와 D-5라고 하는 다섯 종류의 도파민 수용기들을 찾아냈고 페노티아진이 D-2 수용기와 가장 잘 결합한다는 점을 발견하였다(Chun et al., 2014).

이와 관련된 다른 연구들을 통해서도 조현병에서 도파민 방출 뉴런으로부터 다른 뉴런의 도파민 수용기로 메시지가 전달될 때, 특히 D-2 수용기로 메시지가 아주 쉽게 자주 전달된다는 사실이 지지되었다. 이 이론은 특정 도파민 뉴런이 주의를 유도하는 데 중요한 역할을 한다고 알려져 있기 때문에 설득력이 있다(Brisch et al., 2014). 과도한 도파민 활동으로 주의가 심각하게 손상된 사람은 조현병에서 보이는 주의, 지각과 사고 문제를 겪을 것으로 예상된다(마음공학 참조).

새로운 지식을 주었지만 도파민 가설에는 문제가 있다. 가장 큰 도전은 전통적인 약물보다 더 효과적이라고 하던 초기에는 **비전형성 항정신병 약물**(atypical antipsychotic drug)로 불리웠고 이제는 **2세대 항정신병 약물**(second-generation antipsychotic drug)이라는 새로운 항정신병 약물의 발견과 함께 나타났다. 새 약물은 전통적인 항정신병 약물과 같이 D-2 도파민 수용기와만 결합하는 것이 아니고 D-1 수용기와도 결합하며 **세로토닌**과 다른 신경전달물질 수용기와도 결합한다(Waddington et al., 2011). 따라서 조현병은 도파민 활동과만 관련되는 것이 아니고 도파민과 **세로토닌** 모두의 비정상적 활동이나 상호작용과 관련되거나 다른 신경전달물질과도 관련될 수 있다(Hashimoto, 2014; Juckel, 2014).

비정상적 뇌 구조 지난 몇십 년 동안 과학자들은 뇌 구조의 비정상성을 조현병, 특히 음성 증상과 관련지었다(Millan et al., 2014; Shinto et al., 2014). 예를 들어 뇌 스캔을 통해 조현병을 가진 사람의 뇌실―뇌척수액이 들어 있는 뇌 공간―이 더 크다는 점을 발견하였다(Hartberg et al., 2011).

뇌실 확장이 실제로 뇌 일부가 적절하게 발달하지 못했거나 손상을 입었다는 신호일 수도 있고, 이 문제들이 조현병을 일으켰을 수 있다. 실제로 연구들에 따르면 이 장애를 가진 어떤 환자들은 측두엽과 전두엽이 다른 사람들보다 더 작고 회백질 양이 더 적으며

MGM/Photofest

마음공학

컴퓨터가 조현병을 일으킬 수 있는가

조현병에 대한 주요 설명 중 하나는 이 질환을 앓고 있는 사람들이 주위의 자극에 압도당한다는 것이다. 이 이론에 따르면 과도한 도파민은 조현병 환자의 뇌에 홍수를 일으켜 지나치게 빠른 속도로 자극 정보를 처리하게 한다. 그들은 과잉 감각 정보를 무시할 수 없기 때문에 '과잉 학습'이라고 불리는 과정에 이르게 된다. 과잉 학습의 결과로 조현병이 있는 사람들은 현실과 환상을 구별할 수 없으며 관련이 없는 정보나 관련 없는 경험들 간의 장벽을 인식할 수 없다(Boyle, 2011).

오스틴에 있는 텍사스대학교 컴퓨터공학과의 연구원은 과잉 학습 이론을 시험하기 위한 연구를 설계하였다(Hoffman et al., 2011). 그들은 DISCERN이라고 불리는 컴퓨터 신경망을 구축하고 인간의 뇌가 단어, 문장 및 기타 정보들을 지식과 추억으로 구성하는 방식과 동일하게 정보를 저장하도록 프로그래밍했다. 연구자들은 컴퓨터 시스템을 프로그래밍하여 더 빠른 속도로 정보를 처리하면서 자료를 점점 더 적게 무시하도록 프로그래밍하여 도파민 홍수의 영향을 모의 실험했다. 연구자들은 DISCERN이 재프로그래밍된 후에 조현병 환자에게서 발견되는 것과 유사한 기능적 패턴을 나타내기 시작하는 것을 발견했다. 예를 들어, DISCERN에게 기억하기 위해 프로그래밍된 이야기를 다시 말하게 하면 종종 환상적이고 망상적인 이야기가 재구성된 이야기의 중심에 자리 잡기 시작했다. 한 예로, 컴퓨터는 테러범 폭파에 책임이 있다고 주장했다. 연구자들은 컴퓨터의 망상적 이야기가 유사한 정보를 받은 후에 조현병이 있는 사람이 만든 이야기와 유사하다는 것을 발견했다.

이 연구는 유명한 영화 2001 스페이스 오디세이를 떠올리게 하는데, 이 영화에서 인공 지능 능력을 갖춘 '할'이라는 컴퓨터는 논리적으로 조정할 수 없는 명령을 제시할 때 정신질환을 일으킨다. 물론 그 영화에서 할의 행동은 여전히 과학 소설의 소재이다. 텍사스대학교의 연구는 조현병의 과잉 학습 모델에 대해 아직은 제한된 지지만을 제공하고 있다.

> "데이브, 내 마음이 당신의 감정을 알 것 같아요."
> 이 대사는 매우 명석한 컴퓨터 할이 스탠리 큐브릭의 영화 '2001 스페이스 오디세이'에서 멀리 디스커버리 우주선에 있는 동료 중 한 사람인 데이브 브라운에게 한 말이다.

> DISCERN 컴퓨터 신경망이 나타낸 역기능적 패턴에 대해 조현병적인 증상이 아닌 다른 설명을 생각해 낼 수 있는가?

가장 중요한 뇌의 어떤 영역의 혈류가 비정상적으로 감소되었거나 고양되어 있었다(Lener et al., 2015; Kochunov & Hong, 2014). 또한 해마, 편도체와 시상 구조의 비정상성과 조현병을 연관시키는 연구들도 있다(Arnold et al., 2014; Markota et al., 2014)(그림 12-3 참조).

바이러스 문제 무엇이 조현병의 생화학적 이상과 구조적 이상을 일으키는가? 많은 연구들은 유전 요소, 영양 불량, 발달 문제, 출산 시 문제, 면역 반응과 독성 등을 이야기한다(Avramopoulos et al., 2015; Clarke et al., 2012). 덧붙여 어떤 연구자들은 뇌 이상이 출생 전 바이러스 노출 때문이라고 주장한다. 바이러스가 태아 뇌에 들어가 적절한 뇌 발달을 저해하거나 사춘기나 초기 성인기 때까지 잠잠히 있다가 호르몬 변화나 다른 바이러스 감염으로 인해 활성화되면서 조현병 증상이 나타나는 데 기여한다는 것이다(Brown, 2012; Fox, 2010; Torrey, 2001, 1991).

바이러스이론의 몇 가지 증거는 동물연구에서 온 것이고 나머지 증거들은 대다수 조현

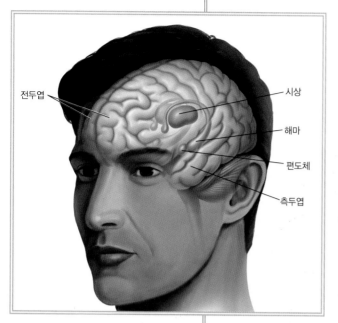

전두엽

시상

해마

편도체

측두엽

그림 12-3
조현병의 생물학
어떤 연구에서는 조현병을 가진 사람은 상대적으로 측두엽과 전두엽이 더 작고, 해마·편도체·시상과 같은 구조가 비정상적이라는 결과를 보고하였다.

▶조현병 유발 어머니 조현병을 유발한다고 보이는 어머니 유형으로, 차갑고 지배적이며 자녀의 요구에는 관심이 없음

병을 가진 사람들이 겨울에 태어났다든지(Patterson, 2012), 하는 것과 같이 부수적인 것이다. 조현병을 가진 사람의 겨울 출생률이 다른 사람에 비해 5~8% 높다(Harper & Brown, 2012; Tamminga et al., 2008). 이는 그 시기에 태어난 유아의 바이러스 노출이 증가되기 때문일 수도 있다. 더 직접적인 증거를 보여 준 연구들이 있는데, 조현병 환자의 어머니가 그렇지 않은 사람의 어머니보다 임신 당시 바이러스에 더 많이 노출되었을 가능성이 높다고 주장하였다(Canetta et al., 2014). 마지막으로 특정 바이러스에 대한 항체가 조현병 연구 참가자 40%의 혈액에서 발견되었다(Leweke et al., 2004; Torrey et al., 1994). 그러한 항체의 존재는 이들이 특정 바이러스에 노출되었음을 시사해 주는 것이다.

종합하건대 생화학, 뇌 구조와 바이러스 결과들은 조현병의 미스터리를 밝히는 데 희망을 주고 있다. 동시에 생물학적 이상을 보이는 많은 사람들이 조현병에 걸리지 않았다는 점에 주목할 필요가 있다. 왜 그런가? 아마도 앞에서 읽은 바와 같이 생물학적 요인은 단지 조현병의 토대를 마련하는 것이고 동시에 중요한 심리적·사회문화적 요소들이 존재할 때 장애가 발현되는 것이다.

심리학적 관점

1950~1960년대에 조현병 연구자들이 유전과 생물학적 요인을 규명할 때 많은 임상가들은 이 장애에 대한 심리학적 이론을 폐기하는 듯했다. 그러나 과거 몇십 년 동안 판도가 바뀌었고 심리학적 요소들이 다시 조현병의 중요한 퍼즐조각으로 고려되기 시작하였다(Green et al., 2014). 가장 선도적인 심리학적 이론은 정신역동이론과 인지이론의 설명에서 기인하였다.

정신역동적 설명 20세기 중반에 정신역동적 임상가인 Frieda Fromm-Reichmann(1948)은 Freud(1924, 1915, 1914)의 개념을 정교화하여 차갑고 제대로 양육하지 않는 부모가 조현병의 토대를 만든다고 하였다. 이 장애를 보이는 사람의 어머니는 차갑고 지배적이며 아동의 욕구에는 무관심하다고 하였다. Fromm-Reichmann에 따르면 이 어머니들은 자기희생적으로 보일 수 있지만, 실제로는 자녀를 자신의 욕구를 충족하기 위해 이용하는 것이라고 하였다. 과잉보호와 거부를 통해 자녀를 혼란에 빠지게 하여 조현적 기능의 토대를 제공한다. 이들을 **조현병 유발 어머니**(schizophrenogenic mother)라고 불렀다. Freud와 같이 Fromm-Reichmann의 이론은 연구에 의해 거의 지지되지 못하였다(Harrington, 2012; Willick, 2001). 사실, 조현병을 가진 대다수 사람들의 어머니는 조현병 유발 어머니에 해당되지 않는다.

> 왜 그렇게 자주 조현병을 가족이나 부모의 탓으로 돌리는가?

인지적 설명 조현병에 대한 주된 인지적 설명은 생물학적 관점을 수반한다. 즉 환상과 관련된 지각적 어려움을 경험하는 동안 조현병 사람의 뇌에서는 실제로 기이하고 비현실적인 감각이 발생하며, 그 감각은 생물학적 요인에 의해 촉발된다. 인지적 설명에 의하면 장

숨은 뜻 읽어내기

부모의 영향

아버지의 나이가 50세가 넘어 태어난 사람은 50세 이전에 태어난 사람보다 조현병을 발달시킬 가능성이 더 크다(Crystal et al., 2012; Petersen et al., 2011). 생물학적 설명과 심리학적 설명 모두에서 이 관계에 대한 설명을 제공하지만 연구자들은 아직까지 받아들이지 않고 있다.

애의 특성은 개인이 자신의 비정상적 경험을 이해하려고 노력하는 과정에서 나타난다(Howes & Murray, 2014). 목소리나 다른 감각 문제에 처음 직면하면 이를 친구나 친척들에게 물어본다. 당연히 친구들과 친척들은 아니라고 하며, 결국에는 다른 사람들이 현실을 감추려고 한다는 결론에 이르게 된다. 모든 피드백을 거부하기 시작하면서 자신이 피해를 당한다는 신념(망상)을 키운다(Howes & Murray, 2014). 요약하면 이 이론은 조현병을 가진 사람이 '광기로 이어지는 합리적 경로'를 가진다고 보는 것이다(Zimbardo, 1976). 부정확하고 괴상한 결론(망상)을 그려내는 이 과정은 조현병을 가진 많은 사람들이 가지고 있는 인지적 편향—갑자기 결론에 도달하는 경향—에 의해 일어날 수 있다(Sarin & Wallin, 2014).

연구자들은 조현병을 가진 사람이 실제로 감각과 지각 문제를 가진다고 밝혔다. 상당수는 환각을 가지고 주의를 유지하는 데 어려움을 경험한다. 그러나 아직까지도 연구자들은 감각 문제에 대한 오해석이 실제로 조현병 증상을 일으키는지는 확신하지 못하고 있다.

"이 호루라기 소리를 들을 수 있는 것은 너뿐이니?"

사회문화적 관점

사회문화이론가들에 따르면 정신장애를 가진 사람은 폭넓은 사회적·문화적 압력을 인식하고 있으며 다문화적 요소, 사회적 낙인과 가족 기능 문제가 조현병을 일으킨다고 주장한다. 그러면서도 아직까지 어떤 인과관계가 있는지 정확하게 밝히지는 못하고 있다.

다문화적 요소 조현병 비율은 인종과 민족에 따라 다르게 나타난다. 특히 흑인과 백인 사이에서 그러하다(Singh & Kunar, 2010). 흑인의 2.1%가 조현병으로 진단되는 데 비해 백인은 1.4%이다(Lawson, 2008; Folsom et al., 2006). 유사하게 조현병을 가진 흑인이 주립병원에 과도하게 많다는 연구가 있다(Durbin et al., 2014, Barnes, 2004). 예를 들어 테네시주 립병원 조현병 환자의 48%가 흑인인데, 실제 주에 거주하는 흑인은 전체의 단지 16%이다.

왜 흑인이 백인보다 더 많이 진단을 받는지는 분명하지 않다. 한 가지 가능성은 흑인이 이 장애에 더 취약하다는 것이다. 다른 가능성은 다수 집단의 임상가들은 흑인을 진단하는 데 무의식적으로 편향된 진단을 내리거나 문화적 차이를 조현병 증상으로 잘못 읽어 낼 수 있다는 것이다.

흑인과 백인 간 차이에 대한 또 다른 설명은 경제적 영역에 있다. 평균적으로 흑인이 백인에 비해 가난할 가능성이 더 크고 실제로 경제적 차이를 통제하고 나면 두 집단 간 조현병 비율이 근접해진다. 경제적 설명과 일치되게 히스패닉계 미국인들도 보통 백인에 비해 경제적으로 불리하고, 흑인만큼 높지는 않지만 백인에 비해 조현병 진단을 받을

> 진단가들의 편향이 조현병 진단에서 인종과 문화 차이에 어떻게 영향을 미치는가?

가능성이 더 크다(Blow et al., 2004).

함께하기

문화에 따라 조현병 환자나 다른 장애 환자와 상호작용하는 방식도 다르다. 사진을 보면 브라질 리우데자네이루에서 연중행사인 카니발 퍼레이드 기간에 정신병원 앞마당에서 심각한 심리장애를 가진 사람과 지역사회 사람들이 함께 춤추고 있다.

조현병은 나라마다 핵심적인 부분이 다르게 나타난다(Johnson et al., 2014; McLean et al., 2014). 전반적인 유병률은 전 세계 어디에서나 1% 정도로 안정적이지만, 장애의 과정과 결과는 매우 다르다. 세계보건기구(WHO)에서 실시한 10개국 연구에 따르면 개발도상국에 사는 25만 명의 조현병 환자가 서구나 선진국에 사는 조현병 환자보다 회복될 가능성이 더 크다(Vahia & Vahia, 2008; Jablensky, 2000). 2년간 관찰연구 결과, 개발도상국(콜롬비아, 인도, 나이지리아)의 조현병 환자들이 선진국(체코, 덴마크, 아일랜드, 일본, 러시아, 영국, 미국)에 비해 더 많이 장애에서 회복되었고 증상 지속, 사회적 손상이 덜하며 항정신병 약물이나 입원도 덜 요구되었다.

일부 이론가들은 개발도상국의 심리사회적 환경이 선진국에 비해 더 지지적이고 치료적이기 때문에 조현병을 가진 사람에게 더 나은 결과물을 가져온다고 생각한다(Vahia & Vahia, 2008; Jablensky, 2000). 예를 들어 개발도상국에서는 가족이나 주변에서 조현병을 가진 사람을 더 많이 지지해 주는데, 그 사람을 돌보아 줄 친척이나 친구들이 더 많고 덜 판단하고 덜 비난한다. 예를 들어 나이지리아문화에서는 서구문화보다 목소리에 대한 감내력이 더 크다(Matsumoto & Juang, 2008).

사회적 낙인 많은 사회문화이론가들은 조현병의 특징은 진단 그 자체에서 영향을 받는다고 여긴다. 그들의 의견을 따르면 사회는 어떤 행동 규준에 순응하는 데 실패한 사람에게 '조현병'이라는 낙인을 부여한다. 일단 낙인이 부여되면, 그것의 적합성 여부와 상관없이 자기 충족적 예언에 따라 많은 조현병 증상이 발현된다(Omori, Mori, & White, 2014).

우리는 이미 진단적 낙인의 위험에 대해 살펴보았다. 제2장에서 언급한 유명한 Rosenhan(1973)의 연구를 보면, 8명의 정상인이 여러 정신병원에 입원하여 '공허해요', '텅 비어 있어요', '쿵쾅거려요'라고 말하는 소리가 들린다고 호소하였다. 이들은 신속하게 조현병으로 진단되었고 8명 모두 입원되었다. 그 이후 가짜 환자들은 증상을 호소하지 않고 정상적으로 행동했음에도 그들이 낙인을 벗고 병원에서 퇴원하는 데 많은 어려움이 있었다.

그들이 보고한 바에 따르면 의료진은 그들을 보이지 않는 존재처럼 취급하였다. "한 간호사는 남자들이 다 보는

> Rosenhan 연구로부터 어떤 종류의 윤리적·법적·치료적 문제가 제기되었는가?

병동에서 유니폼 단추를 풀고 브래지어를 새로 고쳐 입었다." 어느 누구도 그녀가 성적으로 유혹하고 있다는 느낌을 갖지 않았다. 또한 가짜 환자들은 무력하였고 지루했으며 피곤하고 아무 흥미도 느끼지 못하였다고 하였다. 이 연구의 속임수 설계와 시사점은 임상가와 연구자들에게 다양한 감정을 일으켰다. 그러나 연구자들은 '조현병'이라는 낙인 자체가 부정적 효과를 가지며, 단지 사람들에게 어떻게 보이느냐의 문제가 아니고 그들 스스로 느끼고 행동하는 방식에도 부정적 영향을 끼친다는 사실을 보여 주었다.

가족 기능 문제 많은 연구들에 의하면 많은 다른 정신장애들과 마찬가지로 조현병은 가족 **스트레스**와 자주 관련

이름 안에 무엇이 담겨 있는가?
과거 40년 동안 수백만 명의 팬을 열광시켜 온 영국 밴드 매드니스가 2012년 이탈리아에서 관객들을 열광시키고 있다. 몇몇 사회비판가들은 Madness, Bad Brain, Insane Clown Posse, Schizos, Bark Psychosis 같은 밴드 이름이 조현병 및 기타 정신병 장애가 있는 사람들의 힘든 상황을 별것 아닌 것으로 여기거나 낭만적인 것으로 여기게 한다는 우려를 하고 있다.

된다(Cullen et al., 2014; Quah, 2014). 이 장애를 가진 사람의 부모는 종종 (1) 갈등을 자주 일으키고, (2) 서로 의사소통하는 데 더 큰 어려움을 가지며, (3) 다른 부모에 비해 자녀들에게 더 비판적이고 과도하게 개입한다.

가족이론가들은 오래전부터 특정 가족에서 **표출 정서**(expressed emotion)가 높게 나타남을 인지하고 있었다. 즉 가족이 자주 비난하고 서로 용납하지 않으며 서로를 향해 분노를 표현하고 사생활에 개입한다. 조현병에서 회복된 사람들 중 이러한 가정에서 생활하는 사람은 표출 정서가 낮은 가정에서 생활하는 사람에 비해 재발할 가능성이 4배나 높다(Koutra et al., 2015; Okpokoro et al., 2014). 이러한 사실은 가족 역기능이 조현병을 일으키고 유지시킨다는 것을 의미하는가? 꼭 그런 것은 아니다. 조현병을 가진 사람이 가족의 삶을 크게 파괴할 수도 있다(Friedrich et al., 2015). 이렇게 함으로써 그들 스스로 임상가들과 연구자들이 지속적으로 관찰해 온 가족 문제를 일으킬 수 있다(Hsiao et al., 2014).

심리학적 원인과 같이 조현병의 사회문화적 원인도 충분히 밝혀지지는 않았지만, 많은 임상가들은 이러한 요소들이 장애에서 중요한 역할을 하는 것으로 믿고 있다. 이미 알고 있는 바와 같이 대부분은 조현병에 대해 생물학적 요인들이 장애의 토대를 마련하지만 개인, 가족 또는 사회 스트레스 등이 증상을 발현하는 데 기여한다는 소인-스트레스 관점을 견지한다.

"나쁜 소식 - 우리는 모두 정신이 나갔어. 우리 가족에서 너는 혼자서 건강한 사람으로 남아 있어야 할 거야."

▶ 요약

이론가들은 조현병을 어떻게 설명하는가 조현병의 생물학적 설명은 유전적 원인, 생화학적 원인, 구조적 원인과 바이러스 등으로 요약된다. 유전적 관점은 가족, 쌍생아, 입양아, 유전적 경향성과 분자생물학 연구를 통해 지지된다. 대표적인 생화학적 설명은 조현병을 가진 사람의 뇌에서 도파민 과다가 일어난다는 것이다. 뇌영상기법을 통해 뇌실 확장과 특정 부위 혈류 이상 등 조현병 환자의 뇌 구조 이상이 밝혀졌다. 끝으로 일부 생물학자들은 조현병이 태아기에 발생한 잠재된 바이러스가 청소년기 혹은 초기 성인기에 발현되는 것이라고 여긴다.

조현병에 대한 대표적인 심리학적 설명으로는 정신역동이론과 인지이론을 들 수 있다. 정신역동적 설명에서 Freud는 조현병은 일차적 자기애 상태로의 회귀라고 하였으며 Fromm-Reichmann은 조현병 유발 어머니가 장애를 일으킨다고 하였다. 그러나 오늘날 정신역동이론가들은 이 장애는 생물학적 요인과 정신역동적 요인이 결합하여 나타난 것이라고 본다. 인지이론가들은 조현을 가진 사람은 자신의 기이한 생물학적 감각을 이해하려고 노력하는 과정에서 망상사고를 발달시킨다고 하였다.

일부 사회문화적 설명에 따르면 문화적 차이가 미국과 주변 국가들의 조현병 유병률과 회복률 차이에 영향을 미칠 수 있다. 다른 사회문화적 설명에서는 조현병 낙인을 가진 사람이 특정 방식으로 행동할 것이라고 믿는 사회적 기대가 실제로 증상을 더 심화시킨다고 주장한다. 그러나 여전히 사회문화이론가들은 가족 기능 문제를 조현병의 가장 주된 원인으로 간주하고 있다.

대부분의 임상이론가들은 조현병은 소인-스트레스 관련성에 근거하여 생물학적·심리적·사회문화적 요인들이 합쳐서 발생한다는 데 동의하고 있다.

▶**표출 정서** 가정에서 표출되는 비난, 거부, 증오의 일반적 수준. 조현병에서 회복된 사람 중 가족에서 표출 정서 비율이 높으면 재발 가능성이 더 큼

조현병과 기타 중증 정신장애는 어떻게 치료하는가

오늘날 조현병과 기타 중증 정신장애 치료 현황을 보면 기적으로 보일 만큼 놀랍게 치료되는 환자가 있는가 하면, 어느 정도 치료 성과를 보이는 환자가 있고, 전혀 그렇지 않은 환자들도 있다. 이러한 치료 현황에는 약물치료, 약물치료와 관련된 건강 문제, 심리치료, 지역사회 및 기관 접근 등이 포함되며 장애에 순응된 생활방식과 뒤엉킨 희망 및 좌절 등이 포함된다. 오늘날 조현병과 다른 중증 장애에 대한 치료는 과거에 비해 놀랄 만큼 발전이 되어 있다. 사실 인간 역사의 많은 부분에서 이러한 장애를 가진 사람들은 도움의 대상에서 제외되었었다.

여러 모로 캐시의 여정은 수백만 명의 조현병 및 중증 정신장애를 앓고 있는 사람들의 전형적인 모습이다. 분명히 자신의 노력으로 이 장애를 잘 극복하고 지내는 사람들이 있다. 반면에 아무리 노력을 해도 결코 심각한 기능 문제를 이겨내지 못하여 캐시의 수준에 도달하지 못하는 사람들도 한쪽 편에는 있다.

대학교 2학년 때 캐시의 증상이 나빠졌고 리튬과 할돌이 처방되었다.

그 후로 16년 동안 캐시는 병원 입·퇴원을 반복하였다. 그녀는 '약 먹기를 정말 싫어했다.' 할돌 때문에 근육이 뻣뻣해졌고 침을 흘렸고 우울해졌다. 그래서 종종 약을 끊어버렸다. 약을 끊자 몸의 균형이 깨져 버렸고 망가지기 시작하였다.

1994년 초 15번째로 입원하게 되었다. 그녀는 만성 정신질환자의 모습이었으며 이따금 환청도 들렸다. 칵테일 처방이 이루어졌는데 할돌, 아티반, 테크레톨과 코젠틴이 포함되었고, 맨 끝의 약은 할돌의 부작용 때문에 처방된 것이었다. 봄에 병원에서 퇴원할 때 의사가 최근에 FDA 승인을 받은 항정신병 약인 리스페달을 복용해 보라고 하였다. "3주가 지난 후 정신이 맑아졌다. 환청이 사라졌다. 다른 약을 다 끊고 이 약만 복용하였다. 계획을 세울 수 있었고 더 이상 악마와 대화하지 않았다. 예수님과 하나님이 그것들을 몰아내기 위해 내 마음속에서 싸우지 않게 되었다." 그녀의 아버지는 이렇게 표현했다. "캐시가 돌아왔어요."

그녀는 학교에 복학했고 방송 관련 분야의 학위를 받았다. 1998년에 현재 함께 살고 있는 남자친구와 데이트를 시작하였다. 2005년에 시간제 일을 시작하였다. 여전히 장애자 사회보장 보험(Social Security Disability Insurance, SSDI)을 받고 있기는 하다. "나는 잘 나가는 여자에요."라고 농담을 하기도 한다. 여러 가지 이유가 있겠지만 그녀는 지금까지 많은 도움을 준 리스페달이 전일제 직업을 가지는 데 장벽이 된다고 생각한다. 리스페달 때문에 너무 졸려서 아침에 일어나기가 힘들다.

리스페달은 신체적인 문제를 발생시키기도 했다. 콜레스테롤 수준 상승과 같이 비전형 항정신병 약물에서 일반적으로 생기는 문제를 발생시킨다. "이런저런 신체적 문제가 거의 할머니 수준이지요. 발, 신장, 심장, 비강의 문제와 체중 증가까지 모든 문제가 생겼어요." 그렇지만 그녀는 리스페달 없이는 제대로 살 수가 없다.

인생 여정 동안 그녀가 겪어 온 약물의 역사는 이러했다. 끔찍했던 16년, 그 이후 리스페달로 인해 아주 잘 지내고 있는 14년. 그녀는 약의 기적을 홍보하는 포스터에 출연할 만큼 이 약이 자신의 정신건강을 위해 절대적으로 필요하다고 믿고 있다. 당신은 그녀가 살아온 삶을 살펴보면서 이런 질문을 하게 될 것이다. 이 이야기는 정신병을 치료하는 데 약물치료가 더 나은 삶을 만들어 준다는 것인가 아니면 더 나쁘게 만든다는 것인가?

캐시는 이 문제가 정신과 의사가 깊이 생각하는 문제는 결코 아니라고 생각한다. "정신과 의사들은 이 약이 당신들의 삶 전체에 어떻게 영향을 미칠지에 대해 생각하지 않아요. 단지 그 순간 당신을 안정시키면서 주마다 달마다 살펴보려는 것이지요. 그들이 생각하는 것은 단지 그것뿐이에요."

(Wihitaker, 2010)

캐시의 사례에서 보듯이 조현병은 치료하기 매우 어렵지만 과거에 비해 임상가들은 치료에 훨씬 더 많이 성공하고 있다. 실제로 불안전하고 심지어 위험하기도 하지만 항정신병 약물에 대한 신뢰도 높아지고 있다. 약물치료는 조현병과 다른 정신장애를 가진 사람들이 사고하는 데 도움을 주어서 이전에는 거의 효과가 없던 심리치료에서 효과를 얻게 해 주고 있다(Skelton et al., 2015; Miller et al., 2012).

이제 일상적인 형식에서 출발하여 역사적 관점에서 치료를 살펴보면서 조현병 환자들의 상황을 더 잘 전달해 보고자 한다. 시간이 흐르면서 치료가 어떻게 변화하였는지를 살펴보는 것은 속성, 문제, 접근에 대한 최근 전망을 이해하는 데 도움이 된다. 과거 조현병 치료를 살펴보면서, '조현병'이라는 명칭이 20세기 즈음하여 정신병적 증상을 가진 대부분의 사람에게 붙여진 것이라는 점을 기억하는 것은 중요하다. 그러나 임상이론가들은 정신과적 증상을 가진 상당수 사람들이 실제로 심각한 양극성장애나 주요우울장애를 보인다는 점과 과거 이런 사람들이 조현병으로 잘못 진단되었음을 깨달았다(Tondo et al., 2015; Lake, 2012). 그래서 과거 조현병 치료—특히 기관수용치료의 실패—에 대한 논의는 조현병으로 진단하였던 다른 정신장애에도 적용할 수 있다. 실제로 정신병적 특징을 포함한 어떤 장애도 치료가 만만치 않으며, 지역사회 정신건강 운동과 같은 현재 치료 접근에 대한 어떤 논의도 다른 정신장애들에 역시 적용될 수 있다.

과거의 기관수용치료

20세기 중반을 넘어서 조현병으로 진단받은 대부분의 사람들은 공립병원에 **수용**되었다. 전통적인 치료법으로는 이 환자들을 치료할 수 없었기 때문에 이러한 조치의 일차적인 목표는 그들을 가두고 음식, 쉼터와 의복을 제공하는 것이었다. 환자들은 치료진을 거의 만나지 못하였고, 대부분 방치되었다. 많은 환자들이 학대받았다. 매우 이상하게도 이러한 일이 선의라는 분위기 속에서 전개되었다.

제1장에서 본 바와 같이 병원수용운동은 1793년도에 프랑스 의사인 Philippe Pinel이 라

Greg Wahl-Stephens/AP Photo

사진자료

주립병원체계가 시작되는 동안 수만 명의 심각한 정신장애 환자들은 가족에게 버림받고 공립정신병원 뒤편에서 삶의 나머지 시간을 보냈다. 오리건주립병원에 현재 보관되어 있는 주인 없는 재로 채워진 놋항아리는 그들의 비극적인 처지를 생각하게 한다.

© John Stanmeyer/VII/Corbis

수용 생활

상하이 중심부에 있는 병동에서 환자들이 함께 모여 시간을 보내는 이 장면은 20세기 초반 미국의 정신병원을 떠올리게 한다. 현재 치료자 부족 때문에 심리장애를 가진 중국 사람들 중 소수만이 적절하고 전문적인 치료를 받고 있다.

▶주립병원 개별 주가 운영하는 미국 공공정신병원
▶환경치료 환자가 자기 존중, 개인적 책임감, 의미 있는 활동을 할 수 있는 환경을 구축함으로써 회복을 도울 수 있다는 신념을 기본으로 기관치료를 제공하는 인본주의적 치료

치료 예술
예술과 다른 창작 활동은 중증 정신장애 환자에게 치료적일 수 있다. 윌리엄 스콧이라는 화가가 캘리포니아 크리에이티브 그로스 아트 센터에서 샌프란시스코의 풍경을 그리고 있다. 스콧은 조현병과 자폐 진단을 받았으며 그의 작품은 세계 곳곳에 판매되고 있다.

비세트르 수용소에서 환자의 족쇄를 풀어 주고 '도덕치료'를 실시함으로써 시작되었다. 몇 세기만에 처음으로 중증 장애를 가진 환자들을 동정과 친절로 돌보아야 하는 인간으로 보기 시작한 것이었다. Pinel의 생각이 유럽과 미국으로 퍼지면서 수용시설이 아니고 중증 정신장애인을 돌보기 위한 대형 정신병원이 만들어지게 되었다(Goshen, 1967).

새로운 정신병원은 일반적으로 땅값과 인건비가 낮은 지역에 세워졌는데, 환자들에게 일상의 스트레스로부터 보호받고 치료자와 가까운 곳에서 지낼 수 있는 건강한 심리 환경을 제공하려는 의도였다(Grob, 1966). 미국 각 주들은 개인적으로 치료비를 감당할 수 없는 환자들을 위해 **주립병원**(state hospital) 설립을 법으로 정하였다.

그러나 결과적으로 주립병원체계는 심각한 문제에 부딪혔다. 1845~1955년 사이에 약 300개의 주립병원이 미국에 생겼고 1845년 하루 2,000명이었던 입원 환자 수가 1955년에는 600,000명에까지 이르렀다. 이렇게 팽창되면서 병동은 환자로 넘쳐났고 입원율은 올라갔으며 주 재정은 이를 감당할 수 없게 되었다.

공공정신병원의 우선순위와 환자들이 받는 치료의 질은 110년 동안 변화되었다. 과밀한 병동과 부족한 의료진으로 인해 인도주의적인 치료보다는 명령을 수행하는 것이 더 중요해졌다. 수용소시대로 돌아가서 어려운 환자들을 묶고 격리하고 처벌하였다. 개개인에 대한 관심은 사라졌다. 치료가 잘되지 않은 환자들은 뒤쪽에 있는 병동이나 만성 병동으로 보내졌다(Bloom, 1984). 이 병동의 환자 대부분은 조현병으로 고통받고 있었다(Häfner & an der Heiden, 1988). 사실 뒤쪽 병동은 무망감으로 가득 찬 인간 창고였다. 의료진은 어려운 환자를 다루는 데 구속복과 수갑에 의존하였다. 좀 더 앞선 치료 형태로 엽 절제술과 같은 것이 있었다(심리전망대 참조). 많은 환자들은 이러한 상태를 벗어나는 데 실패했을 뿐 아니라 더 많은 증상을 보였는데 표면적으로 기관화 자체의 결과처럼 보였다.

> 왜 조현병 환자들은 종종 과밀 병동, 엽 절제술, 나중에는 시설에서 쫓겨나는 등의 끔찍한 치료의 제물이 되는가?

기관수용치료 개선의 전환점을 맞이하다

1950년대에 임상가들은 몇 년 동안 수용시설에 거주했던 환자들에게 희망을 주었던 두 가지 접근을 발달시켰다. 하나는 인본주의 접근에 기초한 환경치료이고, 다른 하나는 행동원칙에 기초한 **토큰 경제 프로그램**이었다. 이러한 접근은 특히 기관수용으로 인해 악화되는 문제 영역인 개인에 대한 보살핌과 환자의 자기상을 향상시키는 데 도움을 주었다. 이러한 접근이 많은 기관에 적용되었고 이제는 기관치료의 규준이 되었다.

환경치료 1953년 영국 정신과 의사인 Maxwell Jones는 다양한 심리적 장애를 가진 환자 병동을 치료적 공동체로 전환하였고, 병원에 최초의 **환경치료**(milieu therapy)를 적용하였다. 환경치료에 깔린 원칙은 기관이 개인으로 하여금 활동, 자기

심리전망대

엽 절제술 : 어떻게 그런 일이 일어났는가

1935년에 포르투갈의 신경정신과학자인 Egas Moniz는 심각한 정신장애 환자 대상의 '엽 절제술'이라고 하는 획기적인 수술법을 시행하였다(Raz, 2013). 그의 특별한 시술인 엽 절제술은 두개골 양쪽에 2개의 구멍을 뚫고 신경섬유가 파괴되거나 잘리도록 송곳 같은 것을 삽입하는 것이었다. Moniz는 중증의 사고장애는 뇌의 한쪽에서 다른 한쪽으로 그러한 사고를 전달해 주는 신경 경로를 끊어 줌으로써 변화될 수 있다고 믿었다.

Moniz가 20사례의 절제술을 발표한 후 미국 신경학자인 Walter Freeman은 미국 의학 사회에 이 절차에 대한 관심을 불러일으켜 많은 환자들에게 실시하였다(Raz, 2013). 1947년에 Freedeman은 두 번째 정신외과적 방법인 '백질 절제술(transorbital lobotomy)'을 발달시켰는데, 이 수술법에서는 안와를 통해 바늘을 뇌에 삽입하여 회전시켜 뇌 조직을 파괴하였다.

1940~1950년대 의료사회에서는 이 시술을 기적의 치료법으로 받아들였고 정신과 치료의 주류가 되었다(Levenson, 2011). 통산 미국에서만 약 5만 명이 엽 절제술을 받았다(Johnson, 2005).

지금의 우리는 엽 절제술이 기적적인 방법이 아니라는 것을 알고 있다. 이 절차는 정신장애가 있는 사람을 '치료'하기는커녕 많은 사람들을 극단적인 고립, 침체와 심지어 마비 상태에 이르게 하였다. 왜 1940~1950년대 사이 의학 사회에서 이 절차에 그토록 열광하였을까? 신경과학자인 Elliot Valenstein(1986)은 먼저 그 당시 과밀했던 정신병원을 지적하였다. 이러한 과밀로 인해 병원에서는 적절한 치료 규준을

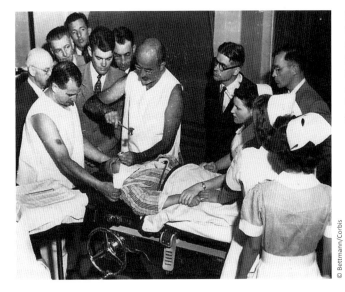

정신외과 수술의 교훈
1949년에 신경정신과 의사인 Walter Freeman이 흥미롭게 지켜보는 사람들 앞에서 안와를 통해 뇌에 바늘을 삽입하는 절제술을 실시하고 있다.

© Bettmann/Corbis

유지할 수 없었다. 또한 시술 개발자의 성격을 중요한 요소로 꼽았다. 이 사람들이 천재이고 헌신적인 의사이기는 하였지만, Valenstein이 생각하기에 직업적 야망이 그들로 하여금 너무 성급하고 대담하게 그 시술을 적용하게 만들었다. 실제로 1949년 Moniz는 노벨상을 받았다. Moniz와 Freeman이 너무 큰 권력을 누려서 신경학 영역에서는 이 절차에 대해 거의 어떤 비판도 할 수가 없었다.

몇 년 동안 의사들도 나중에 탄탄한 방법론에 기초하지 않은 것으로 판명난, 겉으로만 좋아 보이는 초기 연구 결과들에 현혹되었다(Copper, 2014). 1950년대에 이르러 개선된 연구들에 의해 이 수술 방법은 치사율이 1.5~6%에 이를 뿐 아니라, 절제술로 인해 뇌

발작, 극도의 체중 증가, 운동 협응 상실, 부분 마비, 요실금, 내분비 기능장애와 지적 능력 및 정서 반응에 심각한 저하를 가져올 수 있음이 밝혀졌다(Lapidus et al., 2013). 효과가 좋은 항정신병 약물의 발견으로 정신장애 치료에서 이러한 비인간적인 치료는 종말을 고하게 되었다(Krack et al., 2010).

오늘날 정신외과적 수술은 매우 개선되었고 다양한 심각한 장애에 마지막 방법으로만 사용된다. 60년 전의 엽 절제술과 같은 것은 거의 행해지지 않는다(Nair et al., 2014; Lapidus et al., 2013). 현재까지도 많은 전문가들은 뇌 조직을 파괴하는 수술 방법이 부적절하고 비윤리적이라고 생각하며 임상 분야에서 가장 수치스럽고 잘못된 치료 중 하나라고 생각한다.

보고와 책임감을 형성하여 사회적 분위기나 환경을 만들어 가는 데 도움을 줄 수 있다는 것이다. 이러한 환경에서 환자들은 종종 자신의 삶을 이끌어 가며 스스로 결정하기도 한다. 이들은 지역사회기관에 참여하여 구성원으로 일하면서 규칙을 세우고 벌칙을 정한다. 분위기는 상호 존중하고 지지하며 개방되어 있다. 또한 환자들은 특별한 프로젝트를 하고 여가 활동을 즐긴다. 간단히 말하면 병동 밖의 생활과 유사하게 일상시간을 계획한다.

Jones의 개척자적인 노력 이후로 서구사회 전반에 걸쳐 환경 양식 프로그램이 자리 잡았다. 프로그램은 상황마다 다르기는 했지만, 최소한 직원들이 환자와 직원들 간의 상호작용을 독려하고(특히 집단 상호작용), 환자가 활동하게 하며 성취할 수 있다는 기대감을 심어 준다.

▶토큰 경제 프로그램 행동 프로그램의 일종으로 물건이나 권리 등으로 교환할 수 있는 토큰을 부여하면서 일상생활에서 바람직한 행동을 체계적으로 강화하는 것

몇 년 동안의 연구를 통해 보호를 주로 하는 병원에 비해 환경치료 병원에서 심각한 정신장애 환자들의 증상 회복률이 더 높음이 보고되었다(Paul, 2000; Paul & Lentz, 1977). 그러나 많은 환자들은 여전히 회복되지 못한 상태이고 퇴원 이후에는 집단 주거시설에서 살아야 한다. 이러한 한계에도 불구하고 환경치료는 많은 기관들에서 지속적으로 시행되고 있으며, 종종 다른 병원치료들과 결합하여 이루어진다(Borge et al., 2013). 더욱이 이 장 뒤에서 기술하겠지만, 오늘날 중증 정신장애인을 위한 반주거시설과 다른 지역사회 프로그램은 환경치료 원리에 맞추어 진행되고 있다.

토큰 경제 1950년대에 행동주의자들은 병원에서 조작적 조건형성을 체계적으로 적용하는 기법이 환자의 행동을 변화시키는 데 도움이 될 수 있다는 것을 발견하였다(Ayllon, 1963; Ayllon & Michael, 1959). 이 기법을 적용한 프로그램을 **토큰 경제 프로그램**(token economy program)이라고 불렀다.

토큰 경제에서 환자들은 적절한 행동을 했을 때 보상을 받고, 그렇지 않을 때는 보상을 받지 못하였다. 적절한 행동에 대한 즉각적인 보상은 나중에 음식, 담배, 병원에서의 특권과 다른 원하는 항목으로 교환할 수 있는 토큰이었고, 이렇게 '토큰 경제'가 형성되었다. 적절한 행동에는 자신이나 물건을 잘 관리하기(침대 정리, 옷 입기), 직업 프로그램에 들어가기, 정상적으로 말하기, 병동 규칙 따르기와 자기 통제하기 등이 포함되었다. 연구자들에 의하면 토큰 경제는 정신병적 증상과 관련된 행동을 감소시키는 데 도움이 된다(Swartz et al., 2012; Dickerson et al., 2005).

토큰 경제의 효능에도 불구하고 일부 임상가들은 이 프로그램에서 일어나는 향상의 질에 의문을 제기하였다. 행동치료자들이 환자의 정신병적 사고와 지각을 변화시키는 것인가, 아니면 단지 정상행동을 모방하는 능력을 향상시키는 것인가? 이 논쟁은 존이라는 중년 남성의 사례를 보면 알 수 있는데, 그는 자신이 미국 정부라는 망상을 가지고 있었다. 그는 말할 때마다 정부를 언급하였다. "만나서 반갑습니다. 우리 정부는 당신 같은 사람들이 필요합니다. 존의 몸속에서 우리는 모든 활동을 수행하고 있습니다." 존의 병동에서 토큰 경제가 시행되었을 때 의료진은 그의 망상과 관련된 대화를 목표로 하여 토큰을 얻으려면 자신을 적절하게 소개하도록 하였다. 몇 달 후 토큰 경제가 끝나고 존은 정부에 대해 언급하기를 멈추었다. 이름을 물으면 '존'이라고 대답하였다. 의료진은 그의 향상에 기뻐하였으나 존은 상황에 대해 다른 시각을 가지고 있었다. 사적인 대화에서 존은 다음과 같이 말하였다.

우리는 지쳤다. 담배가 필요할 때마다 헛소리를 해야만 했다. "당신 이름이 어떻게 되죠? 누가 담배를 원하나요? 정부는 어디에 있나요?" 오늘 담배가 너무 피고 싶어서 멍청한 간호사인 심슨에게 갔고, 그 여자는 협상을 시작했다. "담배를 원하면 이름을 말해요. 이름이 어떻게 되죠?" 물론 우리는 '존'이라고 대답했다. 우리는 담배가 필요했다. 우리가 그녀에게 사실을 말하면 담배는 없다. 그러니 이런 어처구니없는 일에 쓸 시간이 없다. 우리는 국제교육, 법령 개정, 난민 구제를 하느라 바쁘다. 그래서 이 사람들이 놀이를 지속하게 그냥 두었다.

(Comer, 1973)

숨은 뜻 읽어내기
명언
"길을 지나가는 사람 중 아무나 아주 정상적인 사람을 정신병원에 입원시킨다면 그 사람은 몇 주 내에 미친 사람으로 진단받을 것이다."
클레어 앨런, 소설가, *Poppy Shakespeare*

행동 접근을 비판하는 사람들은 존이 여전히 망상 속에 있으며, 이전과 같은 정신병 상

태에 머무르고 있다고 주장한다. 그러나 행동주의자들은 최소한 자신의 행동이 미치는 영향에 대한 존의 판단력은 향상되었다고 주장한다.

토큰 경제 프로그램은 이전만큼 보편적이지는 않지만, 여전히 많은 정신병원에서 약물과 다른 많은 지역사회 주거 프로그램들과 함께 사용되고 있다(Kopelowicz et al., 2008). 또한 이 접근은 지적장애, 비행과 과잉행동 같은 다른 분야의 임상 문제에도 적용되었다 (Spiegler & Guevremont, 2015).

항정신병 약물

환경치료와 토큰 경제 프로그램은 조현병으로 진단된 사람들의 암울한 외형을 개선하는 데 도움이 되었지만, 진정으로 이 장애 치료의 혁명은 1950년대 항정신병 약물의 발견으로 이루어졌다. 이 약물은 많은 증상을 없애고 오늘날에는 거의 모든 치료의 일부가 되었다.

살펴본 바와 같이 항정신병 약물의 발견은 알레르기를 치료하는 항히스타민제가 최초로 발견된 1940년대로 거슬러 간다. 프랑스 외과 의사인 Henri Laborit는 항히스타민제의 하나인 페노티아진이 수술 중 환자를 진정시키는 데 사용될 수 있다는 것을 이내 발견하였다. Laborit는 이 약물이 심각한 심리장애를 가진 환자를 진정시키는 데 사용될 수 있는지 탐색하였다. 마침내 6명의 환자를 대상으로 페노티아진의 일종인 클로르프로마진을 시험하여 증상을 현격히 감소시킨다는 것을 알아냈다. 1954년에 클로르프로마진은 미국에서 소라진이라는 항정신병 약물로 판매 허가를 받았다(Adams et al., 2014).

페노티아진 발견 이후 다른 종류의 항정신병 약물들이 개발되었다. 1960년대, 1970년대, 1980년대에 개발된 약물들은 최근에 개발된 '비전형' 항정신병 약물(혹은 '차세대' 항정신병 약물)과 구분하기 위해서 '전형적' 항정신병 약물이라고 칭한다. 전형적 약물은 신경과적 질환 증상과 유사한 비정상적 운동 반응을 발생시키기 때문에 **신경이완제**(neuroleptic drug) 라고도 알려져 있다. 앞에서 본 바와 같이 전형적 약물은 신경전달물질 도파민, 특히 뇌 도파민 D-2 수용기의 과도한 활동을 차단함으로써 부분적으로 정신병적 증상을 감소시킨다 (Chun et al., 2014; Düring et al., 2014).

▶**신경이완제** 전통적인 항정신병 약물을 의미하는데, 신경학적 장애 증상과 유사한 효과를 자주 발생시키기 때문에 붙여진 이름

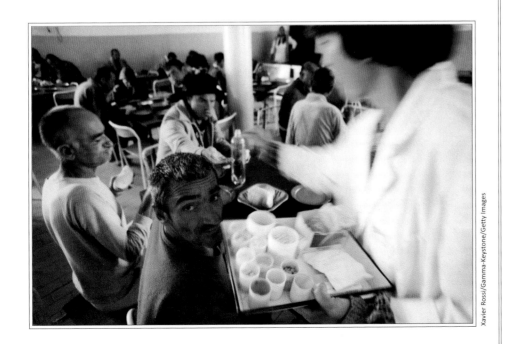

Xavier Rossi/Gamma-Keystone/Getty images

약물혁명

1950년대 이후로 약물치료가 조현병이나 다른 중증 정신장애로 입원해 있는 환자 치료의 중심이 되었다. 약물치료는 몇 년이었던 입원기간을 몇 달로 축소시켰다.

▸**추체외로장애 효과** 몸을 심하게 흔들고 괴상하게 얼굴을 씰룩이며, 몸을 비틀고 극도로 안절부절못하는 등의 비정상적 움직임을 의미하며, 전형적 항정신병 약물에 의해 종종 나타남

▸**만발성 운동장애** 오랜 기간 전형적 항정신병 약물을 복용한 환자 일부에서 나타나는 추체외로장애 효과

항정신병 약물은 얼마나 효과적인가 항정신병 약물이 조현병으로 진단된 환자의 최소 65%에서 증상을 감소시킨다는 연구들이 반복적으로 보고되었다(Advokat et al., 2014; Geddes et al., 2011). 더욱이 직접적인 비교에서 이 약물들이 심리치료, 환경치료나 전기충격요법과 같은 다른 치료를 단독으로 쓰는 것보다 조현병 치료에 더 효과적이었다. 대부분의 사례에서 약물치료 몇 주가 지나면 증상 개선이 어쨌든 나타나지만(Rabinowitz et al., 2014) 환자가 약물 복용을 너무 조기에 멈추면 증상이 다시 시작된다(Razali & Yusoff, 2014). 항정신병 약물, 특히 전형적 약물은 밋밋한 정서, 언어빈곤과 동기 소실과 같은 음성 증상보다는 환청과 망상 같은 조현병 양성 증상을 더 완벽하게 혹은 최소한 좀 더 빠르게 감소시킨다(Millan et al., 2014; Stroup et al., 2012).

전형적 항정신병 약물의 부정적 효과 전형적 항정신병 약물은 정신과적 증상을 감소시키는 것뿐 아니라 때때로 운동기능 문제를 일으킨다(Kinon et al., 2014; Stroup et al., 2012). 뇌의 운동 활동 통제 영역인 추체외로 영역에 약물이 작용해서 발생하기 때문에 이 효과를 **추체외로장애 효과**(extrapyramidal effect)라고 한다.

가장 일반적인 추체외로장애 효과는 **파킨슨병 증상**인데, 신경과적 질환인 파킨슨병의 특징과 매우 유사한 양상을 보인다. 전형적 항정신병 약물치료를 받는 환자의 최소 50%에서 근육 경련과 근육 강직이 나타난다. 몸을 떨고 느리게 움직이며 발을 끌고 표정이 거의 나타나지 않는다(Geddes et al., 2011; Haddad & Mattay, 2011). 어떤 환자들은 얼굴, 목, 혀, 등에 괴상한 움직임을 나타내고 많은 사람들이 안절부절못하고 사지에 불편감을 경험한다.

대부분의 약물 부작용은 며칠 내 혹은 몇 주 내 나타나는 반면에, **만발성 운동장애**(tardive dyskinesia, 나중에 나타나는 운동장애를 의미함)는 전형적 항정신병 약물을 복용한 이후 1년이 지나도 나타나지 않기도 한다(Tenback et al., 2015; Advokat et al., 2014). 이 증상에는 불수의적으로 씹기, 빨기, 입맛 다심, 팔다리나 전신의 갑작스러운 움직임 등이 포함된다. 장기간 전형적 약물을 복용하는 사람 중 10% 이상에서 어느 정도의 만발성 운동장애가 나타나며, 약물 복용이 길어질수록 위험도 더 커진다(Achalia, 2014). 50세 이상 환자들은 더 위험성이 높다. 만발성 운동장애는 없애는 것이 어렵고 때때로 불가능하기도 하다(Combs et al., 2008).

오늘날 임상가들은 과거에 비해 전형적 항정신병 약물 처방에 대한 지식이 더 많고, 더 잘 알고 있다(표 12-3 참조). 이전에 환자들이 이 약물로 증상이 좋아지지 않는다면 임상가들은 용량을 늘리려 하였으나 오늘날 임상가들은 다른 약을 더 처방해서 시너지 효과를 얻으려 하거나 그 약을 끊고 새 약물을 시도한다(Li et al., 2014; Roh et al., 2014). 또한 오늘날 임상가들은 환자에게 가능한 한 최소 용량을 처방하며, 환자가 정상적으로 기능한 후 몇 주 혹은 몇 달이 지나면 점차적으로 약물을 줄이거나 중단시키려 한다(Takeuchi et al., 2014).

새로운 항정신병 약물 앞에서 본 바와 같이 2세대('비전형') 항정신병 약물은 최근에 개발되었다. 가장 효과적이고 광범위하게 쓰이는

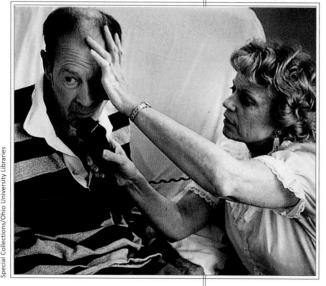

부작용
심각한 파킨슨병을 가진 이 사람은 근육 떨림으로 인해 면도를 할 수가 없다. 전형적 항정신병 약물은 종종 유사 파킨슨병 증상을 일으킨다.

신약은 클로자핀(클로자릴), 리스페리돈(리스페달), 올란자핀(자이프렉사), 쿠에타핀(쎄로켈), 지프라시돈(지오돈), 아라피프라졸(아빌리파이) 등이다. 이 약물들은 생물학적 작용이 전형적 항정신병 약물과 다르기 때문에 비전형이라고 불린다. 비전형성들은 도파민 D-2 수용기가 적고 D-1, D-4와 세로토닌 수용기가 다른 것에 비해 더 많다(Advokat et al., 2014; Nord & Farde, 2011).

사실 2세대 항정신병 약물이 전형적 항정신병 약물보다 더 효과적이다(Advokat et al., 2014; Bianchini et al., 2014). 예를 들어 앞에서 본 캐시가 전형적인 약물로 심한 어려움을 겪은 후에 리스페리돈에 얼마나 잘 반응했는지 기억해 보라. 전형적 약물과 달리 신약은 조현병 양성 증상을 감소시킬 뿐 아니라 음성 증상도 감소시킨다(Millan et al., 2014). 비전형 항정신병 약물의 다른 주요 이점은 일부 부작용이 있기는 하지만, 추체외로장애를 덜 일으키고 만발성 운동장애를 일으키지 않는 것 같다(Young et al., 2015; Waddington et al., 2011).

이러한 장점을 감안하면 약물치료를 받는 조현병을 가진 사람의 절반 이상이 비전형 약물을 복용하고 이 약물들이 이 장애의 일차적인 치료로 고려된다는 것은 놀랄 만한 일이 아니다(Barnes & Marder, 2011). 더욱이 양극성장애나 다른 심각한 정신장애 환자들도 이러한 항정신병 약물로 도움을 받는 것 같다(Advokat et al., 2014).

심리치료

항정신병 약물이 발견되기 전에 심리치료는 조현병 치료에 전혀 사용되지 않았다. 심리치료로 도움을 받기에 대부분의 환자들은 너무 현실감이 저하되어 있었다. 그러나 오늘날 많은 환자들이 심리치료로 도움을 받고 있다(Miller et al., 2012). 항정신병 약물을 통해 사고와 지각장애가 경감되면서 조현병을 가진 사람들은 자신의 장애에 대해 배울 수 있게 되었고 특히 적극적으로 치료에 임하고(마음공학 참조) 더 명료하게 생각하며 행동 변화를 가져올 수 있게 되었다. 가장 도움이 되는 심리치료 형태는 인지행동치료와 두 종류의 사회문화적 개입, 즉 가족치료와 사회치료이다. 종종 여러 접근을 혼합해서 사용한다.

인지행동치료 앞에서 기술한 바와 같이 조현병에 대한 인지적 설명은 이 장애를 가진 사람들이 신경학적으로 발생된 감각으로 인해 실제로 목소리를 듣는다(혹은 다른 종류의 환각을 경험한다)는 점에서 출발하였다. 이 이론에 따르면 조현병으로 가는 여정은 개인이 이상한 감각 경험을 이해하려고 애쓰다가, 그 목소리가 외부에서 오는 것이고 자신이 핍박받는 것이거나 어떤 다른 것이라고 결론을 잘못 내리면서 형성된다. 이러한 오해석이 바로 망상이다.

환각과 망상에 대해 이러한 시각을 가지면서 점점 더 많은 임상가들은 환각 경험에 반응하는 방법을 바꾸고 싶어 하는 조현병 환자에게 인지행동치료를 적용하기 시작하였다(Howes & Murray, 2014; Naeem et al., 2014). 치료자들은 그러한 경험을 더 정확한 방식으로 해석하도록 해 주면 그들이 망상에 대한 오해석에서 오는 두려움과 혼란감으로부터 고통을 덜 받을 것이라고 믿는다. 그래서 치료자들은 행동기법과 인지기법을 혼합해서 사용한다.

표 12-3

항정신병 약물	
일반명	**상품명**
전형적 항정신병 약물	
클로로프로마진	소라진
트리플루프로마진	스텔라진
플루페나진	프롤릭신, 퍼미틸
페르페나진	트리라폰
아세토페나진	틴달
클로르프로틱센	타락탄
티오틱센	나반
할로페리돌	할돌
록사핀	록시탄
몰린돈염산염	모반, 리돈
피모자이드	오랩
비전형 항정신병 약물	
리스페리돈	리스페달
클로자핀	클로자릴
올란자핀	자이프렉사
쿠에타핀	쎄로켈
지프라시돈	지오돈
아리피프라졸	아빌리파이
일로페리돈	파납트
루라시돈	라투다
팔리페리돈	인베가

숨은 뜻 읽어내기

사적인 정보

조사에 따르면 미국 국민의 22~37%가 우주에서 온 외계인을 만났다.

세계 인구의 20%는 외계인이 인간으로 가장해서 지구에 살고 있다고 믿는다.

(Reuters, 2010; Spanton, 2008; Andrews, 1998)

환청에 얼굴을 입히다

제2장에서 점점 더 많은 치료자가 내담자의 심리적인 문제를 극복하는 데 **아바타 치료법**을 사용하고 있다는 내용을 읽었을 것이다. 사이버심리치료의 이러한 형태에서 치료자는 내담자가 컴퓨터로 만들어진 화면 속 가상인물과 상호작용한다. 아마 아바타치료의 가장 대담한 적용은 조현병 환자들에게 사용하는 것일 듯하다. 임상 연구자 Julian Leff와 몇몇 동료들은 그러한 사람들에게 특별한 가능성을 제공하는 접근법을 개발했다(Leff et al., 2014, 2013).

파일럿 연구를 위해 연구자들은 상상의 목소리(청각 환각)로 괴로워하고있는 16명의 참가자를 선정했다. 각각의 경우, 치료자는 환자에게 만들어진 목소리와 외모를 가진 아바타를 보냈다. 아바타의 음성 높이와 외모는 환자가 들린다고 하는 소리와 그에 상응하는 얼굴이라고 생각되는 것에 맞추어 설계하였다. 치료자가 화면상의 아바타를 생성하는 동안 다른 방에서 환자는 컴퓨터가 있는 방에 혼자 있도록 하였다. 처음에는 아바타가 환자에게 온갖 인상을 다 썼고 화를 퍼부었다. 그런 다음 치료사는 환자에게 싸우라고 권유했다. "나는 이것을 참지 않을 것이다. 너는 말도 안 되는 것을 말하고 있고 나는 믿지 않는다. 혼자 있도록 너는 떠나버려라. 나에게 이런 고통은 필요하지 않다"(Leff et al., 2014, 2013; Kedmey, 2013).

30분 동안 진행되는 일곱 번의 회기 후에, 파일럿 연구의 참가자 대부분은 청각 환각의 빈도와 강도가 감소되었다고 느꼈고 이후에 그들이 듣게 되는 목소리에 덜 화나게 되었다고 보고했다. 참가자들은 또한 우울증과 자살사고가 감소되었다고 보고했다. 16명 중 3명이 실제로 회의 후 청각 환각이 완전히 중단되었다고 보고했다. 이 유망한 결과는 더 많은 참가자가 참여한 더 큰 연구에서 뒷받침되고 있다. 그 연구의 결과는 가상세계에서 환각에 직면하는 것이 조현병 환자에게 진정으로 도움이 되는지를 명확히 밝혀야 한다.

가상 세계에 뛰어든 목소리
이것은 임상 연구자인 Julian Leff와 동료들이 조현병 치료를 위해 개발한 아바타 중에서 가장 기분 나쁘게 생긴 아바타 중의 하나이다.

1. 환각의 생물학적 원인에 대해 교육한다.
2. 자신에게 환각과 망상이 생겼다가 사라졌다 하는 것을 더 잘 알도록 해 준다. 예를 들면 어떤 상황 속에서 머릿속의 목소리가 들리는지 추적하는 것을 교육한다.
3. 치료자는 그 목소리가 전능하고 통제 불가하며 복종해야 한다는 것과 같이 환자들이 환각에 대해 가진 잘못된 생각에 도전한다. 또한 실제 결과가 어떻게 나타나는지 행동으로 실험해 볼 수 있도록 해 준다. 예를 들면 "환청 목소리가 시키는 대로 하지 않으면 어떻게 되나요?"라고 질문한다.
4. 치료자는 환각을 더 정확하게 해석하도록 가르친다. 예를 들어 환자는 "그것은 실제 목소리가 아니에요. 내 병이에요."라고 대안적인 결론을 내리기도 한다.
5. 치료자는 불쾌한 감각(환각)에 대처하는 기법을 가르친다. 환자는 환각에 동반하는 물리적 각성을 감소시키는 방법, 예를 들어 특별한 호흡법과 이완법과 같은 것을 적용하는 것을 배우기도 한다. 또한 환각이 일어나면 스스로 주의를 다른 곳으로 돌리라고 배우기도 한다(Veiga-Martínez et al., 2008).

이러한 행동적 · 인지적 기법은 종종 조현병 환자들이 환각을 더 잘 통제하고 망상적 사고를 감소시키는 데 도움이 되기도 한다. 환각의 불쾌한 영향력을 줄이는 어떤 방법이 더 있는가? 수용전념치료(ACT)를 포함한 **차세대 인지행동치료**로 가능하다.

제2장과 제4장에서 본 바와 같이 차세대 인지행동치료자들은 치료에서 가장 유용한 목표는 환자들이 자신의 문제가 되는 사고에 대해 판정하고 어떤 행동을 취하거나 변화시키려 하는 것보다는 흐름을 **수용**하도록 돕는 것이라고 믿는다. 예를 들어 치료자는 불안이 심한 환자가 자신의 걱정에 온 마음을 쓰도록 하고 그러한 부정적 사고가 실제로 해가 되는 사건을 일으키지 않는다는 점을 받아들이도록 돕는다. 조현병에서도 유사하게 차세대 인지행동치료자들은 내담자로 하여금 환각과 삶의 사건들이 뒤엉키지 않도록, 환각에서 떨어져 나와 자신의 환각에 대한 편안한 관찰자가 되어 비정상적인 감각을 마음을 다해 그대로 수용하도록 돕는다(Bacon et al., 2015; Chien et al., 2014).

연구들에 따르면 조현병의 여러 가지 인지행동치료는 환자들에게 매우 유용하다(A-Tjak et al., 2015; Briki et al., 2014; Morrison et al., 2014). 이 치료를 받은 많은 환자들은 환각으로 받는 스트레스가 감소하였고 망상이 줄었다고 보고하였다. 실제로 조현병 진단에서 벗어난 사람도 있다. 인지행동치료를 받는 조현병 환자들의 재입원율이 50% 감소하였다.

가족치료 조현병이나 다른 심각한 정신장애에서 회복된 사람의 50% 이상이 가족, 즉 부모, 형제, 배우자나 자녀와 함께 산다(Tsai et al., 2011; Barrowclough & Lobban, 2008). 일반적으로 가족에 대해 긍정적인 감정을 가진 조현병 환자는 치료에 더 잘 반응한다(Okpokoro et al., 2014). 앞에서 본 바와 같이 높은 수준의 **표출 정서(EE)** — 매우 비판적이고 감정적으로 과도하게 개입하고 분노하는 — 를 보이는 가족과 사는 환자는 더 지지적인 가족과 사는 환자에 비해 재발률이 더 높다. 더욱이 일부 가족은 조현병 환자가 보이는 사회적 위축과 비정상적인 행동으로 인해 크게 자극되기도 한다(Friedrich et al., 2014; Quah, 2014).

이러한 부분을 다루기 위해 임상가들은 보통 조현병 치료에 가족치료를 포함시키는데, 가족에게 지침을 주고 훈련을 시키고 실제적인 조언과 장애에 대한 심리교육 및 정서적 지원과 공감을 제공한다. 가족치료를 통해 가족들은 현실적인 기대를 발달시키고 더 감내하며 죄책감을 덜 느끼고 기꺼이 새로운 형태의 의사소통을 시도하려 한다. 가족치료는 조현병 환자가 가족의 삶에서 오는 압력에 대처하고 가족을 더 잘 이해하고 문제가 되는 상호작용을 피하도록 도와준다. 연구에 따르면 가족치료는, 특히 약물치료와 함께할 때 가족 내 긴장감을 줄여 주면서 재발률을 감소시킨다(Girón et al., 2015; Okpokoro et al., 2014).

조현병 및 다른 중증 정신장애 환자의 가족은 **가족지지집단**과 가족 **심리교육** 프로그램에도 참여하여 힘을 얻고 조언을 받는다(Duckworth & Halpern, 2014). 이러한 프로그램 속에서 가족은 유사한 상황에 있는 타인들과 만나서 서로 생각과 감정을 나누고, 서로 지지하며 심각한 정신 기능장애에 대해 배우게 된다.

사회치료 많은 임상가들은 조현병 환자 치료에 삶 속에서 겪는 사회적 · 개인적 어려움을 다루는 기법이 반드시 포함되어야 한다고 믿는다. 임상가들은 실제적인 조언을 주고 환자와 함께 문제를 해결하며 의사를 결정하고 사회기술을 활용한다. 또한 환자들이 약을 제대로 복용하는지 확인하고 직업, 경제적 원조, 건강 관리와 주거 등에 도움을 준다(Granholm et al., 2014; Ordemann et al., 2014). 연구에 따르면 실제적이고 적극적이며 광범위한, 소

© João Relvas/epa/Corbis

자발적 증상 개선?
몇 가지 알 수 없는 이유로 조현병을 가진 일부 사람들의 증상이 노년에 어떠한 치료 없이도 좋아진다. 영화와 책으로 출판된 '뷰티풀 마인드'의 주인공인 존 내쉬가 말년에 보인 획기적인 증상 개선이 한 예이다. 사진 속에서 연설을 하고 있는 존 내쉬는 35년의 조현병 투병 이후에 1994년 경제학 부분에서 노벨상을 수상하였다. 그는 2015년 자동차 사고로 사망하였다.

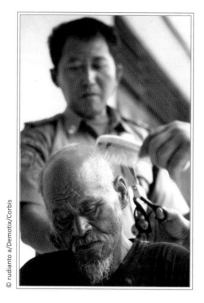

© rudianto a/Demotix/Corbis

거리의 정신건강
인도네시아에서 경찰관이 중증 정신장애를 가지고 있으로 보이는 노숙자의 머리를 잘라 주고 있다. 경찰관은 정신장애를 가진 노숙자를 돌보고 적절한 치료기관으로 보내도록 훈련을 받는 특별 부서에 소속되어 있다.

위 사회치료 혹은 개별치료라고 부르는 이런 접근은 실제로 환자가 병원을 벗어나게 하는 데 도움을 준다(Haddock & Spaulding, 2011; Hogarty, 2002).

지역사회 접근

조현병과 기타 중증 정신장애 치료에서 가장 광범위한 접근은 **지역사회 접근**이다. 1963년에 일부는 공립정신병원의 열악한 상황에 대한 대응으로, 일부는 항정신병 약물의 발달로 인해 미국 정부는 환자들을 지역사회에서 치료하도록 명령을 내렸다. 의회는 심리적 장애가 있는 환자들에게 일련의 정신건강 서비스―외래치료, 입원치료, 응급치료, 예방치료와 사후 관리―를 집에서 멀리 떨어진 기관에서 받게 하기보다는 지역사회에서 받게 하는 **지역사회 정신건강 법령**을 통과시켰다. 이 법령은 다양한 심리장애를 목적으로 하였지만 조현병 환자, 특히 수년 동안 기관에 수용되어 있던 환자들에게 가장 많은 영향을 미쳤다. 다른 나라들에서도 유사한 사회문화적 치료 프로그램을 곧이어 시행하였다(Wiley-Exley, 2007).

이렇게 수십만의 조현병과 다른 만성 정신질환 환자들이 주립병원에서 지역사회로 이동하는 **탈원화**(deinstitutionalization)의 시대가 시작되었다. 1955년에는 60만 명의 환자들이 주립병원에 수용되어 있었으나, 오늘날에는 단지 4만 명의 환자들이 이러한 시설에 수용되어 있다(Althouse, 2010). 임상가들은 조현병과 중증 정신장애에서 회복된 환자들이 지역사회 프로그램에서 매우 큰 도움을 얻는 것을 알게 되었다. 그렇지만 이들에 대한 미국 전역 실제 지역사회 관리의 질은 그리 높지 않다. 그 결과는 많은 환자들에게 '회전문' 현상으로 나타났다. 지역사회로 퇴원하였다가 다시 몇 달 안에 병원에 재입원하고, 다시 퇴원했다가 다시 입원하는 것이 거듭 반복된다(Duhig et al., 2015; Burns & Drake, 2011).

> '회전문' 현상 자체가 조현병 환자의 증상과 외양을 어떻게 악화시키는가?

효과적인 지역사회 관리의 특징은 무엇인가 조현병이나 기타 중증 정신질환에서 회복된 환자는 약물치료, 심리치료가 필요하며 매일 생활 관리를 하도록 돕고 의사결정을 도와주고 사회기술을 훈련하며 주거 감독과 직업상담이 필요하다. 이러한 종합 서비스를 **적극적 지역사회 치료**(assertive community treatment)라고 한다(Keller et al., 2014). 지역사회가 자기 지역에 사는 환자의 욕구에 맞추어 서비스를 제공함으로써 타 지역에 사는 사람보다 더 큰 진전을 가져온다(Malm, Ivarsson, & Allebeck, 2014; Swartz et al., 2012). 효과적인 지역사회 관리 프로그램의 주요 특징은 (1) 맞춤형 환자 서비스, (2) 단기 입원, (3) 부분 입원, (4) 관리형 주거, (5) 직업 훈련이다.

맞춤형 서비스 지역사회 정신건강 법령이 통과되자 중증 장애를 가진 환자에 대한 약물치료, 심리치료와 입원 환자 응급 관리 및 다른 지역사회단체에 의해 제공되는 서비스와의 조정 등이 **지역사회 정신건강센터**(community mental health center)에서 제공되었다. 지역사회 정신건강센터가 가용하고 실제 서비스가 제공될 때 조현병과 기타 중증 장애 환자들은 유의미한 진전을 나타냈다(Burns & Drake, 2011). 맞춤형 서비스는 특히 **정신병적 약물중독자들**(mentally ill chemical abusers, MICAs), 약물 관련 장애 및 정신장애 환자에게 특히 중요하다(Drake et al., 2015; De Witte et al., 2014).

▶**탈원화** 지역사회 프로그램에서 치료받기 위해 장기 수용시설에 있는 많은 환자들이 퇴원하는 것
▶**지역사회 정신건강센터** 심리적인 문제에 대한 약물치료, 심리치료와 응급 관리를 제공하고 지역사회 치료를 조정하는 치료기관

© Fotonews/Splash News/Corbis

▶**사후 관리** 지역사회의 퇴원 후 관리와 치료 프로그램

▶**주간보호소** 낮 동안에만 병원과 같은 치료를 제공하는 프로그램으로, '낮병원'으로 알려짐

▶**거주치료시설** 조현병이나 기타 중증 장애를 가진 환자들을 위한 주거시설. 준전문가가 관리하며 '집단 거주' 혹은 '쉼터'라고도 함

단기 입원 환자가 심각한 정신 증상을 보일 때 현대 의사들은 항정신병 약물과 심리치료를 조합한 외래치료를 우선적으로 시도한다. 이 방법이 실패하면 몇 주간의 단기 입원이 시도된다(Craig & Power, 2010). 환자의 증상이 개선되자마자 바로 **사후 관리**(aftercare)로 보내지며 사후 관리와 치료는 지역사회에서 하게 된다.

부분 입원 병원 입원과 외래치료 사이에서 환자에게 필요하다고 판단되면 일부 지역사회는 **낮병원**(day center)이나 **주간보호소**(day hospital)를 제공한다. 그곳에서는 밤에 집에 돌아갈 때까지 온종일 프로그램이 진행된다. 주간보호소에서는 환자에게 매일 활동을 관리해 주고, 사회기술을 향상시키는 프로그램과 치료를 제공한다. 주간보호소에서 중증 정신장애가 회복되는 사람은 병원이나 전통적인 외래치료에서 상당한 시간을 보낸 사람들보다 잘 기능한다(Bales et al., 2014). 대중화된 다른 치료기관으로는 요양소 혹은 주거위기센터가 있다. 요양소는 지역사회에 있는 집이나 기타 구조인데, 24시간 중증 정신장애 환자들을 관리해 준다(Soliman et al., 2008).

관리형 주거 입원이 필요하지는 않지만 혼자 살 수 없거나 가족과 함께 살 수 없는 사람들이 많다. 쉼터나 집단 주거로 알려진 **거주치료시설**(halfway house)에서 종종 개인을 돌본다(Lindenmayer & Khan, 2012). 이러한 주거지는 12~24명 정도의 사람들을 보호한다. 함께 사는 관리인이 있는데, 준전문가들로서 외부 정신건강 전문가들로부터 훈련을 받고 지속적인 슈퍼비전하에서 일하는 사람들이다. 주거는 상호지지, 주거 책임과 자치를 강조하는 **환경치료** 철학에 따라 운영된다. 연구에 따르면 거주치료시설에서 많은 환자들이 조현병과 기타 중증 장애에서 회복되고 지역사회에 적응하며 재입원을 피하게 된다(Hansson et al., 2002; McGuire, 2000).

직업 훈련과 지원 취업 수입, 독립, 자존, 다른 사람과 일하

AP Photo/Andrew Savulich

▶보호작업장 경쟁적인 작업을 할 만큼 준비가 되지 않은 환자들을 위한 지도감독 작업장

▶사례관리자 조현병이나 기타 중증 정신장애 환자들에게 전반적인 서비스를 제공하는 지역사회 치료자. 치료, 조언, 약물 복용, 지도와 환자 권리 보호 등의 역할을 함

수용 불가능한 것을 바꾸기
집단거주시설에 사는 한 사람이 피켓을 들고 뉴욕에서 중증 정신장애를 가진 사람들을 위한 적절한 지역사회 주거 부족을 호소하는 시위를 하고 있다. 이러한 부족이 수많은 사람들이 노숙자가 되거나 수감자가 되도록 하는 이유 중 하나이다.

면서 받는 자극 등을 제공한다. 또한 매일의 삶에 동반자 의식과 질서를 부여한다. 이런 이유로 직업 훈련과 작업 배치는 중증 정신장애 환자에게 중요한 서비스이다(Johnsonn et al., 2014; Bell et al., 2011).

장애에서 회복된 많은 사람들은 **보호작업장**(sheltered workshop)에서 직업 훈련을 받는다. 보호작업장은 아직 경쟁적이고 복잡한 업무를 수행할 준비가 안 된 고용인들을 위한 지도감독형 작업장을 의미한다. 어떤 사람에게 보호작업장은 영구 직장이 되기도 하고, 다른 사람에게는 더 나은 급여를 받고 더 많은 업무를 하는 직장으로 나아가거나 이전 직장으로 복귀하는 데 중요한 단계이다. 하지만 미국에 있는 모든 중증 정신장애 환자가 지속적으로 직업 훈련을 받을 수 있는 것은 아니다.

중증 심리장애를 가진 사람을 위한 또 하나의 대안 취업 형태는 **보호 취업**이다. 여기에서는 직업 관리사와 상담사가 지역사회 내 직장을 찾도록 도와주고 그 직장에 다니는 동안 심리적 지원을 제공한다(Solar, 2014: Bell et al., 2011). 거주치료시설과 같이 보호 취업 기회는 단기로 종종 이루어진다.

지역사회 치료는 어떻게 실패하는가 효과적인 지역사회 프로그램이 조현병 환자와 기타 중증 정신장애 환자의 회복에 도움이 된다는 점은 분명하다. 그렇지만 실제 필요한 환자의 절반 정도만이 적절한 지역사회 정신건강 서비스를 받고 있다(Addington et al., 2015; Burns & Drake, 2011). 사실 조현병 환자와 기타 정신장애 환자의 40~60%는 어떠한 치료도 받지 못하고 있다(NIH, 2014; Torrey, 2001). 여기에는 서비스 간 열악한 조정과 서비스 부족이라는 두 가지 원인이 있다.

열악한 서비스 조정 지역사회의 다양한 정신건강 단체들 간에 의사소통은 종종 제대로 이루어지지 않고 있다. 예를 들면 근처에 거주치료시설이 생겨도 지역사회 정신건강센터의 치료자는 모르고 있다. 게다가 지역사회기관에서 환자가 동일한 직원과 지속적으로 관계를 맺지 않기 때문에 지속적인 서비스를 받지 못한다. 또 다른 문제는 주립병원과 지역사회 정신건강센터 간의 의사소통이 빈약하다는 것인데, 특히 퇴원 시점에서 그러하다(Torrey, 2001).

의사소통과 조정의 어려움 다루는 것을 돕기 위해 지역사회 치료자들의 대다수가 조현병 환자와 기타 중증 정신장애 환자의 **사례관리자**(case manager)가 된다(Mas-Expósito et al., 2014; Burns, 2010). 이들은 가용한 지역사회 서비스를 조정하며 내담자들을 지역사회 내에서 안내해 주고, 내담자의 법적인 권리가 보호받도록 도와준다. 앞에서 언급한 사회복지사들처럼 그들은 치료와 조언을 제공하고 문제해결과 사회기술을 가르치며 적절하게 약 복용을 했는지 확인하고 건강관리에 필요한 사항에 지속적으로 주의를 기울인다. 이제 많은 전문가들은 효과적인 사례관리가 지역사회 프로그램의 성공에서 핵심이라고 믿고 있다.

서비스 부족 중증 정신장애 환자들에게 가용한 지역사회 프로그램 — 지역사회 정신건강센터에서 거주치료시설과 보호작업장에 이르기까

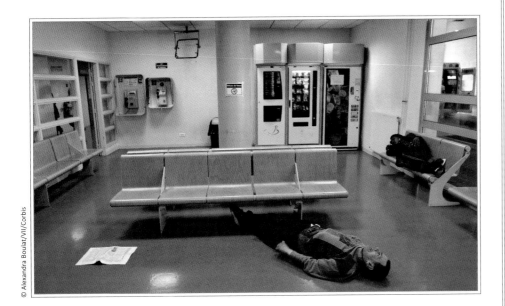

긴 여정
조현병 환자가 파리 근처 델라퐁텐 병원 응급실 바닥에 누워 있다. 다양한 좋은 약이 개발되었지만 이 환자의 모습을 통해서 중증 정신장애 환자들의 치료에서 아직도 해야 될 일이 많이 남아 있음을 생각하게 한다.

지—이 매우 부족하다(Zipursky, 2014; Burns & Drake, 2011). 게다가 일반적으로 설립되어 있는 지역사회 정신건강센터가 중증 장애 환자들에게 적절한 서비스를 제공하지 못하고 있다. 불안장애나 사회 적응 문제 등 장애가 덜한 사람들에게 노력을 기울이는 듯하다. 지역사회 정신건강센터에서 치료받는 환자의 일부만이 조현병이나 다른 정신장애 환자들이다(Torrey, 2001).

중증 정신장애 환자에 대한 서비스 부족에는 많은 원인이 있다. 아마도 일차적인 문제는 경제적인 것이다(Feldman et al., 2014; Covell et al., 2011). 실제 심리적 장애를 가진 사람이 사용할 수 있는 공공 기금은 과거보다 더 많다. 1963년에 한 지역에 사용된 예산은 10억 달러였지만 오늘날에는 공공 기금으로 거의 1,710억 달러가 정신장애 환자를 위해 매년 사용되고 있다(Rampell, 2013; Gill, 2010; Redick et al., 1992). 이러한 증액이 인플레이션과 실제 달러 가치를 계산해 보면 그만큼 많이 증액된 것은 아니지만 어쨌든 증액된 것이다. 그렇지만 추가 금액의 아주 일부만이 중증 정신장애 환자 지역사회 치료 프로그램으로 가게 된다. 그중 대다수가 약 처방, 사회보장 장애보험과 같은 매달 지급액, 요양소와 종합병원의 정신장애 환자에 대한 서비스, 장애가 덜 심한 사람에 대한 지역사회 서비스 등으로 사용된다. 장기 중증 장애 환자를 위한 지역사회 서비스 제공 재정 부담은 연방 정부나 주 정부보다는 지방기관과 비영리기관에 부과됨으로써 지역사회 자원은 언제나 이러한 어려움을 피할 수 없게 된다.

지역사회 치료가 충분하지 않으면 어떤 결과로 이어지는가
지역사회가 필요한 서비스를 제공하지 않고 가족이 개인적으로 치료를 감당할 수 없다면 조현병과 기타 중증 장애를 가진 사람은 어떻게 되는가?(그림 12-4 참조) 기술한 바와 같이 많은 사람들이 치료를 받지 못한다. 즉 주립병원이나 중소병원에서 단기간 치료를 받고 나면 조기에 퇴원시키는데, 대부분 어떤 추후 치료가 없다(Burns & Drake,

그림 12-4
조현병 환자들은 어디에 사는가
지도감독 없는 주거에서 3분의 1 이상이 거주하며 6%가 지도감독하에 있고 5%가 거리나 노숙자 쉼터에 있다(출처 : Kooyman & Walsh, 2011; Torrey, 2001).

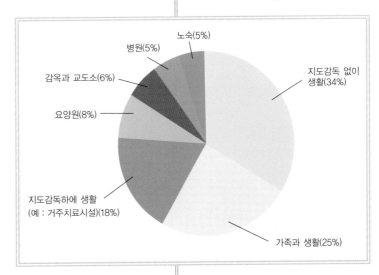

노숙(5%)
병원(5%)
지도감독 없이 생활(34%)
감옥과 교도소(6%)
요양원(8%)
지도감독하에 생활
(예 : 거주치료시설)(18%)
가족과 생활(25%)

집이라고 부르는 장소
조현병과 양극성장애에서 회복된 사람이 시카고에 있는 자신의 새 아파트 거실에서 요가 자세를 하고 있다. 이 남자는 이런 사람들이 아파트를 찾도록 도와주는 지역연합 프로그램의 도움을 받았다.

2011; Gill, 2011).

많은 중증 정신장애 환자들은 가정으로 돌아가서 약 복용을 하고 정서적·재정적 지원을 받지만 이외의 치료 방법은 없다(Barrowclough & Lobban, 2008). 약 8%가 요양소나 휴양시설과 같은 대체기관에 들어가서 요양 관리와 약물치료를 받는다(Torrey, 2001). 18%의 환자는 위탁가정, 기숙사 및 유사 기관 등 비전문가가 지도감독을 제공하는 사설 거주시설에 배치되어 있다(Lindenmayer & Khan, 2012). 중증 정신장애 환자의 34%는 전혀 지도감독을 받지 못하는 기관에서 생활한다. 그중 일부는 거의 혼자 생활하려고 해보지만 대부분 독립적으로 생활할 수 없고 결국 가난하고 열악한 지역에 위치한 원룸(single-room occupancy hotels, SROs) 혹은 하숙집을 전전하게 된다. 이들은 기준에 못 미치고 안전하지 않은 환경에서 거주하고 있다(Bowen et al., 2015; Bhavsar et al., 2014).

결론적으로 중증 정신장애 환자 대다수가 노숙자가 된다(Ogden, 2014; Kooyman & Walsh, 2011). 미국 내 40~80만 명에 이르는 노숙자가 있으며 이 중 약 3분의 1은 중증 정신장애이며 대부분 조현병 환자이다. 이들 대다수가 병원에서 퇴원한 사람이다. 나머지는 아직 병원에 입원해 본 적이 없는 젊은 사람들이다. 또 다른 135,000명이 넘는 중증 정신장애 환자들은 장애로 인해 법규를 어기고 교도소에 수감되어 있다(Morrissey & Cuddeback, 2008; Peters, et al., 2008)(언론보도 참조). 확실히 탈원화와 지역사회 건강운동은 이 사람들에게는 실패한 것이며, 실제로 많은 사람들은 병원으로 되돌아갔을 때 편안함을 느낀다.

지역사회 치료의 비전 매우 심각한 문제에도 불구하고 적절한 지역사회 관리는 조현병과 기타 중증 정신장애 환자들이 회복하는 데 커다란 잠재력을 갖고 있으며, 임상가들과 많은 정부 관리들은 지속적으로 지역사회 치료가 더 가용되도록 하기 위해 압력을 가하고 있다. 게다가 전 세계적으로 더 나은 지역사회 치료를 하도록 압력을 가하는 많은 국가 이익단체들이 형성되었다. 예를 들어 **미국정신질환자연맹**(National Alliance on Mental Illness, NAMI)이 300명의 회원을 가지고 1979년에 시작되었는데 현재는 1,000개가 넘는 지부를 가지고 약 200,000명의 회원으로 확장되었다(NAMI, 2014). 주로 중증 정신장애 환자의 가족으로 구성되어 있으며 회원들을 지원하고 입법부에 강력한 영향력을 발휘하고 있다. 이 밖에도 조현병과 기타 중증 정신장애 환자들이 지역사회 정신건강센터에서 더 잘 치료받을 수 있도록 압력을 행사한다.

오늘날 전 세계적으로 지역사회 관리는 중증 정신장애를 회복시키는 주요 치료 중의 하나이다. 미국과 다른 나라들 모두에서 잘 조정된 지역사회 치료는 심각한 정신장애 문제를 해결하는 데 중요한 부분으로 간주되고 있다(Wise, 2014; Burns & Drake, 2011).

언론보도

'대안' 정신건강 관리

Merrill Balassone, 워싱턴포스트, 2010년 12월 6일 게재

18세 조현병 환자가 격리병실의 두꺼운 유리를 거칠게 치고 있다.

한 여인이 대상도 없이 방의 불을 꺼달라고 고래고래 소리를 지르고 있다.

24세 남자가 침대 밑으로 기어들어가 누군가 자신을 해치려 하는 소리가 들린다며 두려워하고 있다.

이것은 정신과 병동의 상황이 아니다. 스타니슬라우스 지역(캘리포니아의 교소도) 정신건강 B동의 상황이다. 쉐리프의 대리인인 데이비드 프로스트는 건물을 둘러보고 나서는 다음과 같이 말했다. "여기 있는 사람들은 다루기 어려운 사람들이 아니고 도움이 필요한 사람들이다."

스타니슬라우스 지역만 이러한 것이 아니다. 전문가들은 미국 교도소와 감옥은 가장 커다란 정신건강 기관, 새로운 병원이 되었다고 말한다. 병원이 아닌 교도소나 감옥에 수감된 캘리포니아 정신질환자의 수가 거의 4배 정도가 된다. 범죄 및 약물 전문가인 심리학자 해리 K. 웩슬러는 수감자의 16~20%가 정신질환자라고 말한다.

"이것은 국가적인 비극이라고 생각한다. 감옥은 가장 나중에 가야 할 곳이다. 정신질환은 사회에서 거부되고 고용이 잘 되지 않기 때문에 쉽게 노숙자가 되고 사법 문제에 쉽게 연루되게 된다."

감옥과 교도소 직원들이 정신적 개입에 잘 준비가 되어 있지 않다. 이에 프로스트는 동의했다. 그는 심리학 학위가 있음에도 "나는 정신건강 전문가가 아니다. 나는 법을 집행하는 공무원이다."라고 말한다. 최근 그는 수감소에 들어가서 수감된 사람들에게 그들이 약을 복용하고 있는지 마음이 어떤지를 질문하였다.

정신질환을 가진 범법자들은 다른 수감자들보다 재범률이 더 높은데(사법 세계에서는 '우수고객'이라고 부른다) 이는 재발 이후에도 정신과적 치료를 거의 받지 못하기 때문이라고 하였다. 웩슬러는 수감자들의 자살 가능성이 높다고 하였다. 감옥의 엄격한 규칙에 순응하지 못하다 보니 벌로 독방에 있게 되기 쉽다.

오전 4시 30분에 그리고 다시 12시간 후에 … 감옥에서 의료진이 다양한 수십 개 알약을 준다. 말 그대로 약 먹다 보면 시간이 다 간다. 한 범죄심리학자는 "당신들은 수감된 사람들을 정신건강 치료 대상자로 만들고 있다. 그 사람들은 그 일을 하도록 훈련되지 않았다. 이 집단은 자신들이 필요로 하는 것을 얻고 있지 않

도우려고 하다 쉐리프의 대리인 데이비드 프로스트가 캘리포니아 주 스타니슬라우스 지역 교도소의 공공안전센터의 정신건강 B동에서 수감자와 이야기를 나누고 있다.

다."고 말했다. 병원 공간 부족 때문에 경찰은 종종 정신적으로 문제 있는 사람이 사소한 도둑질이나 노상방뇨 등 경범죄를 저지를 때 병원 대신에 감옥에 보내도록 압력을 받는다.

국가적으로 공인된 해결책으로 정신건강 치료 법정이라는 것이 있는데 여기에서는 위법자들에게 감옥에 갈 것인지 약 처방을 포함한 치료를 받을 것인지를 선택하게 한다. (이러한 프로그램은) 정신적으로 문제가 있는 위법자들의 재범률을 낮추고 사회로 보다 쉽게 돌아가도록 하는 데 성공하였다. 그러나 동시에 (예산 삭감 때문에) 정신건강 치료 법정에 새로운 위법자가 들어오지 못하도록 압력이 가해지고 있다.

"우리는 매일 정신적으로 문제가 있는 사람들을 감옥에 보낼 것인지 거리로 내보낼 것인지를 결정하는 어려움에 처해 있다."고 프로스트는 말했다.

▶ 요약

조현병과 기타 중증 정신장애는 어떻게 치료하는가 20세기 중반까지만 해도 조현병과 기타 중증 정신장애의 주요 치료는 시설화와 보호관리였다. 1950년대에 환경치료와 토큰 경제 프로그램이라는 두 가지 병원 접근이 개발되었다. 이 방법은 증상 개선에 도움이 되었다. 1950년대 항정신병 약물의 발견은 조현병과 정신증이 나타나는 다른 장애 치료에 혁명이 되었다. 오늘날 치료의 거의 대부분이 되고 있다. 이론가들은 1세대 약물인 전통적인 항정신병 약물은 뇌의 과도한 도파민 활동을 감소시키는 작용을 한다고 믿는다. 이 약물은 조현병 양성 증상을 음성 증상에 비해 보다 완벽하고 신속하게 감소시킨다.

전통적인 항정신병약물은 또한 운동 문제와 같은 부작용을 심하게 유발시킨다. 만발성 운동장애의 경우 전통적 항정신병 약물을 오랜 기간 복용하는 사람의 10% 이상에서 증상이 나타나며 제거가 어렵거나 불가능하다. 최근 비전형 항정신병 약물이 개발되었다. 이 약물은 전통적 약물에 비해 보다 효과가 있고 운동장애와 같은 부작용을 덜 유발하는 듯하다.

오늘날 심리치료도 항정신병 약물과 혼합하여 자주 성공적으로 사용된다. 인지행동치료, 가족치료와 사회치료가 효과가 있다.

조현병과 기타 중증 정신장애에 대한 지역사회 치료 접근은 1960년대에 시작되었다. 미국의 탈원화 정책으로 인해 수천만 명의 환자들이 주립 기관으로부터 지역사회로 빠져나왔다. 효과적인 지역사회 프로그램의 핵심 요소는 지역사회 정신건강센터, 단기 입원(사후관리가 뒤따름), 낮병원, 거주시설, 직업 훈련과 지지 및 사례관리 서비스를 조화롭게 제공하는 것이다. 그러나 미국 전역의 조현병과 중증 정신장애 환자들을 위한 지역사회 관리의 질과 재원은 부족해서 종종 '회전문 현상'으로 이어진다. 한 연구 결과에 따르면 이 장애를 가진 많은 사람들은 노숙자가 되거나 감옥에 갇힌다. 이러한 문제에도 불구하고 적절한 지역사회 관리의 치료 잠재력은 여전히 임상가들과 정책입안자들의 관심을 끌고 있다.

종합

중요한 교훈

기괴하고 두려운 장애인 조현병은 20세기 전반에 걸쳐 매우 열심히 연구되었다. 그렇지만 항정신병 약물이 발견된 이후에서야 임상가들은 원인에 대한 실제적인 통찰을 얻게 되었다. 대부분의 다른 심리적 장애처럼 임상이론가들은 조현병이 여러 요소의 조합으로 일어나는 것이라 생각하고 있다. 동시에 연구자들은 심리적·사회문화적 요인보다는 생물학적 영향을 더 성공적으로 규명하고 있다. 생물학적 탐색이 특정 유전자, 뇌 생화학 및 구조 이상, 바이러스 감염과 같은 것에 관련되어 있는 반면에 대부분 심리학적·사회문화적 연구들은 가족 갈등과 낙인찍기 등과 같은 일반적인 요인을 찾아낼 수 있었다. 이 장애에 대한 완벽한 이해를 하려면 연구자들은 더 정밀하게 심리적·사회문화적 요인을 규명해 내야 한다.

조현병과 기타 정신병들의 치료는 최근 몇 년 동안 많이 발전하였다. 좌절과 실패의 시간이 지나고 임상가들은 이 장애에 대항해서 사용할 무기 저장고—약물치료, 기관 프로그램, 심리치료, 그리고 지역사회 프로그램—를 가지게 되었다. 항정신병 약물이 치료의 문을 열 수 있게 하였다는 것은 매우 분명하지만, 대부분 여러 가지 다른 치료가 치료 과정에서 도움이 된다. 개인의 특별한 요구를 충족시키기 위해서는 다양한 접근이 조합되어야 한다.

조현병과 기타 중증 정신장애에 대해 연구하면서 임상가들은 중요한 교훈을 얻게 되었다. 생물학적 원인에 대한 증거가 아무리 많아도 심리장애에 대한 생물학적 접근에는 오류가 있다는 것이다. 1960년대에 약리학적 발견을 토대로 수십만 명의 조현병과 기타 중증 정신장애 환자들이 지역사회로 돌아오게 되었다. 그 이후 이들에 대한 심리적 · 사회문화적 욕구에는 거의 관심이 기울여지지 않고 병리적인 측면에만 과도하게 집중되어 왔다. 임상가들은 이 교훈을 기억해야 하는데, 특히 오늘날처럼 약물치료가 심리적 문제의 유일한 치료로 의료보험과 정부의 우선순위가 매겨져 있는 상황에서는 그러하다.

19세기 말 임상연구의 개척자인 Emil Kraepelin이 조현병을 기술하였을 당시에는 희생자들의 13%만이 치료가 되는 것으로 추정되었다. 오늘날에는 지역사회 관리의 부족에도 불구하고 더 많은 사람들에게서 — 최소 3배 정도 — 호전이 나타나고 있다(Pinna et al., 2014). Kraepelin 이후로 임상 분야에서는 확실한 발전이 일어났지만 아직까지도 갈 길은 멀다. 연구에 따르면 재발률 — 부분적 재발과 완전한 재발 모두 포함 — 이 심각한 수준으로 증가되었다(Zipursky, 2014). 이 장애를 가진 사람들의 대다수가 효과적인 지역사회 개입을 전혀 혹은 거의 못 받고 있으며 심지어 수만 명의 환자들은 노숙자나 죄수가 된다는 사실이 받아들여지지 않고 있다. 조현병과 기타 중증 정신장애를 가진 모든 사람들의 욕구를 반영하는 것이 정부 관리와 임상 전문가들의 책임이다.

핵심용어

거주치료시설
긴장증
낮병원
도파민 가설
만발성 운동장애
망상
무욕증
보호작업장
부적절한 정서

비전형 항정신병 약물
사례관리자
사회치료
사후 관리
신경이완제
양성 증상
연상 이완
운동성 실어증
음성 증상

적극적 지역사회 치료
정신병적 약물중독자(MICA)
정신병
제한된 정서
조현병
조현병 스펙트럼 장애
조현병 유발 어머니
주립병원
지역사회 정신건강센터

추체외로장애 효과
탈원화
토큰 경제 프로그램
페노티아진
표출 정서
항정신병 약물
형식적 사고장애
환각
환경치료

속성퀴즈

1. 조현병은 무엇이며 유병률은 어떠한가? 사회 경제 수준과 성별과의 관련성은 어떠한가?

2. 조현병의 양성 증상, 음성 증상과 정신 운동 증상이 무엇인가?

3. 조현병의 유전적, 생화학적, 뇌 구조와 바이러스의 관련성에 대해 설명하고 연구에서 어떻게 지지되고 있는지 논의하라.

4. 조현병 설명에서 정신역동, 인지, 다문화, 사회적 낙인, 가족과 관련된 주요 특징은

무엇인가?

5. 20세기 조현병과 기타 중증 정신장애 환자들에 대한 기관의 관리는 어떠한지 기술하라. 환경치료와 토큰 경제 프로그램은 얼마나 효과적인가?

6. 항정신병 약물이 뇌에서 어떻게 작용하는가? 전통적 항정신병 약물과 비전형 항정신병 약물은 어떻게 다른가?

7. 조현병 치료에서 항정신병 약물은 얼마나 효과적인가? 전형적 약물의 부작용은 어떤

것이 있는가?

8. 조현병이나 기타 정신장애 환자에게 도움이 되는 심리치료 기법은 무엇인가?

9. 탈원화는 무엇인가? 조현병이나 기타 중증 정신장애 환자에게 도움이 되는 지역사회 관리의 결정적인 특징은 무엇인가?

10. 지역사회 정신건강 서비스가 중증 정신장애 환자들에게 충분하지 않다. 어떠한 상황이며, 그 이유는 무엇인가?

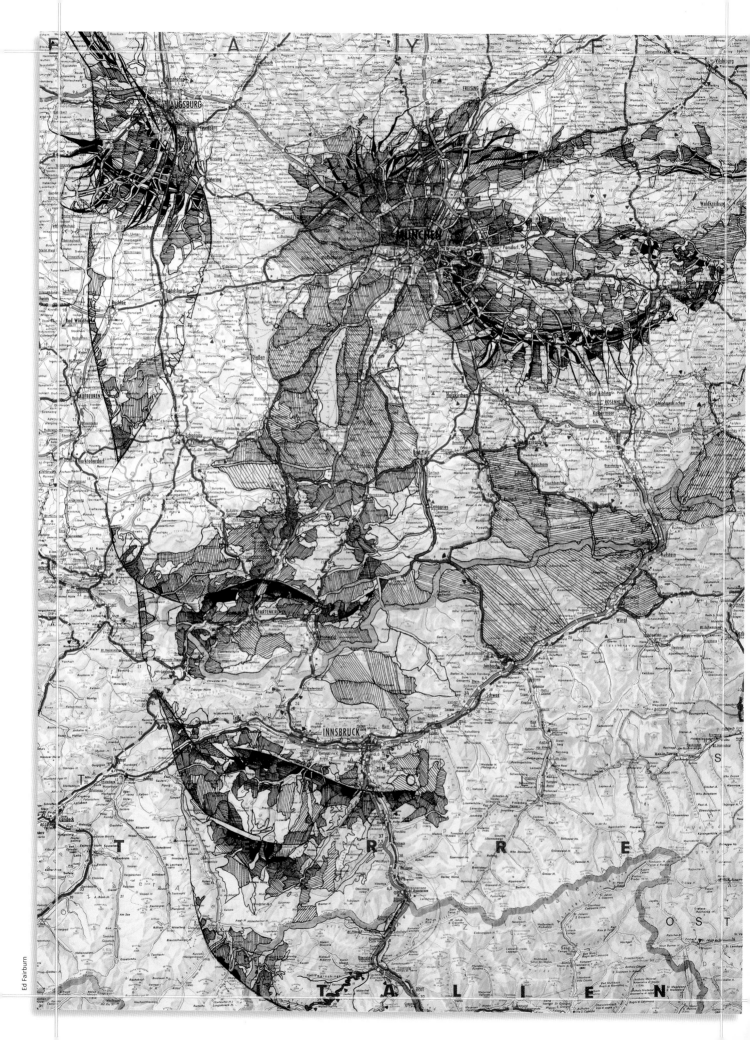

성격장애

편집인 채용면접 당시 프레더릭은 말했다. "이 일은 개인 역량이 중요한 일 같습니다. 저는 특별한 재능을 가진 사람입니다. 이 자리에서 많은 일을 할 것이며 신문사와 저는 머지않아 이 도시 기자 정신의 기준이 될 것이라고 확신합니다." 채용면접위원들은 감명받았다. 프레더릭의 자신감은 강력했으며 그의 자신감과 담대함이 특히 갈채를 받았다.

몇 년 후 많은 사람들이 프레더릭을 다르게 평가하였다. 그는 거만하고 이기적이며 차갑고 병적으로 자기중심적이며 다른 사람을 지치게 하였다. 편집자로서 일은 잘하였다(그가 생각하는 것만큼 대단한 것은 아니지만). 그러나 그의 업무 성과는 얼토당토않은 성격에는 못 미쳤다. 상사, 후배, 동료들은 그의 교묘한 조작, 감정 폭발, 비난을 절대로 못 받아들임, 끊임없는 잘난 체와 거창한 계획에 진절머리를 냈다. 이제 프레더릭은 사람들의 눈 밖에 나버렸다.

확실히 프레더릭은 매력이 많았다. 다른 사람들이 어떻게 해야 중요하게 느끼는지, 언제 자신의 목적을 피력해야 하는지 잘 알고 있었다. 그래서 언제나 친구들과 추종자들이 따랐다. 그러나 실제 그들은 단지 지나가는 사람에 불과하였고, 프레더릭은 결국 그들에게 싫증을 내거나 자신의 이기적인 해석이나 원대한 계획 중 어떤 한 가지라도 그들이 열정을 보이지 않으면 그들에게 배신감을 느꼈다. 혹은 그들이 무언가라도 프레더릭에게 줄 것이 있을 때까지만 관계를 맺었다.

똑똑하고 성공했음에도 프레더릭은 언제나 자신이 받는 것 이상을 받아야 한다고 느꼈다. 학교에서는 더 높은 성적, 직장에서는 더 큰 보상, 여자친구로부터의 더 큰 관심. 약간의 비판이라도 받으면 격노하였으며 그 비난은 자신의 우수한 지능, 기술이나 외모를 질투하는 것이라고 확신하였다. 얼핏 보기에 프레더릭은 사회적으로 많은 것을 하고 있는 것으로 보였다. 일상에서도 자신이 깊고 의미 있는 연애를 하고 있다고 느꼈으며, 자신은 부드럽고 사려 깊으며 상대에게 헌신적이라고 생각했다. 그러나 프레더릭은 언제나 몇 주 혹은 몇 달이 지나지 않아 상대에게 싫증을 내었고 차갑거나 비열하게 변하였다. 종종 사귀는 사람이 있는 상태에서 다른 여성과 사귀기도 하였다. 헤어졌다고 해서 — 일반적으로 불쾌하거나 때때로 아주 지저분하게 헤어졌는데 — 결코 슬퍼하거나 후회하지 않았으며 이전 상대에 대해 거의 생각하지 않았다. 그는 언제나 자기밖에 없었다.

우리 모두는 하나의 성격 — 독특하고 지속적인 내적 경험과 외부 행동 패턴 — 을 가지고 있다. 우리는 예측 가능하고 일관된 방식으로 행동하는 경향이 있다. 종종 성격 특질이라고 불리는 이러한 일관성은 유전적 특성, 학습된 반응 혹은 이 둘의 조합의 결과이다. 우리의 성격은 또한 융통성이 있다. 경험에서 배운다. 주변 환경에 반응하면서 무엇이 더 효과적인지 알아내기 위해 다양한 반응을 시도한다. 이것이 성격장애를 가진 사람들이 가지지 못하는 유연성이다.

성격장애(personality disorder)를 가진 사람은 자기감, 정서 경험, 목표, 공감 능력 및 친밀감 형성 능력 등이 손상된 매우 경직된 내적 경험과 외부 행동을 보인다(APA, 2013). 다르게 말해서 일반적으로 사람들에게서 기대되는 것과 달리 보다 극단적이고 역기능적인 성격 특질을 나타내며, 이것은 결국 자신이나 타인에게 심각한 어려움과 심리적 고통을 유발시킨다.

프레더릭은 이러한 장애를 가지고 있다. 그의 인생 대부분에서 자기애, 과대성, 감정 폭발과 무심함이 매우 심하게 나타나며 그의 기능을 지배하였다. 성격장애를 가진 사람의 경직된 특질은 종종 심리적 고통을 가져오고 사회적 혹은 직업적 어려움으로 이어지기도 한다. 또한 이러한 장애는 타인에게도 고통을 줄 수 있다. 이는 프레더릭의 동료와 여자친구들이 혼란과 분란을 경험하는 것을 생각해 보면 알 수 있다.

성격장애 일부는 아동기에 시작하지만 일반적으로는 청소년기나 초기 성인기에 드러난다(APA, 2013). 이것들은 치료하기 가장 어려운 심리적 장애 중 하나이다. 이 장애를 가진 많은 사람들은 자신의 성격 문제를 알지도 못하고 자신의 사고방식이나 행동이 경직되어 있다는 문제를 탐색하지도 못한다. 조사에 따르면 미국 전체 성인의 10~15%가 성격장애를 가지는 것으로 추정된다(APA, 2013, Sansone & Sansone, 2011).

성격장애를 가진 사람들은 흔히 **동반이환**이라고 부르는 또 다른 병리를 가진다. 이 장의 후반부에서 보겠지만, 예를 들면 회피성 성격장애를 가진 사람은 모든 관계를 극도로 부끄러워하는데, 이런 사람은 사회불안장애도 동시에 가지고 있다. 혹은 사회불안장애가 성격장애로 가는 단계가 되기도 한다. 또한 일부 생물학적 요소가 양쪽 모두에 사전 경향성을 만들어 내기도 한다. 이러한 관계의 이유가 무엇이든 간에 연구에 의하면 성격장애의 존재가 심리적 문제를 성공적으로 회복할 기회를 어렵게 만든다고 한다(Fok et al., 2014).

*DSM-IV-TR*과 같이 *DSM-5*는 10개의 성격장애를 구분해 놓고 이를 다시 3개의 집단 혹은 군집으로 묶어 놓았다(APA, 2013). 기묘한 행동을 주 특징으로 하는 군집에는 편집성·조현성·조현형 성격장애가 포함된다. 두 번째 집단은 극적인 행동을 주 특징으로 하는데 반사회성·경계성·연극성·자기애성 성격장애로 구성된다. 마지막 군집은 높은 수준의 불안을 특징으로 하는데 회피성·의존성·강박성 성격장애를 포함하고 있다.

이러한 10개 장애는 문제가 되는 성격 증상을 특징에 따라 집단으로 묶은 것이다. 예를 들어 앞으로 보게 될 **편집성 성격장애**는 다른 사람이 자신을 해칠 것이라는 근거 없는 의심을 가지고 친구를 의심하고 별것 아닌 사건에 위험한 의미를 부여하며 앙심을 품기도 하고 배우자를 끊임없이 의심하기도 한다.

*DSM*에 수록된 10개의 성격장애는 범주적 접근을 취하고 있다. 불을 켰다 껐다 하는 것처럼 이러한 접근은 다음과 같은 가정을 하고 있다. (1) 문제가 되는 성격 특질은 있거나 없거나 둘 중의 하나이다. (2) 한 개인이 성격장애를 가지고 있거나 없거나 둘 중 하나이다. (3) 하나의 성격장애를 가진 사람은 그 외의 다른 성격 문제는 뚜렷하게 나타내지 않는다.

그러나 이러한 가정은 임상 현장에서 너무도 쉽게 모순에 부딪히게 된다. 사실 *DSM-5*에 있는 성격장애는 너무 많이 중복되어서 서로 구분하기 어렵고(그림 13-1 참조), 장애를 가진 사람을 진단하는 데 있어서 불일치가 일어나기도 한다. 때로는 특정 개인이 하나 이상의 성격장애를 가지고 있는 것으로 진단내려지기도 한다(APA, 2013). 이러한 불일치는 현재 *DSM-5* 10개 성격장애 범주의 타당도(정확성)와 신뢰도(일치성)에 대해 심각한 의문을 제기하기도 한다.

임상 장면에서 현재 범주를 줄이고 성격장애를 구분하는 다른 방법을 적용하자는 운동이 일어나고 있다. 이들은 성격장애는 기능 장애 유형이 아니고 **정도**에 차이가 있으며 어떤 특징의 유무가 아닌 성격 특질의 심각도에 의해 분류해야 한다고 생각한다. 이를 **차원적 접근**이라고 한다(Morey, Skodol, & Oldham, 2014). 차원적 접근에서 각각의 특질은 문제가 되지 않는 수준에서 매우 문제가 되는 수준까지 연속선을 이루고 있다. 성격장애를 가

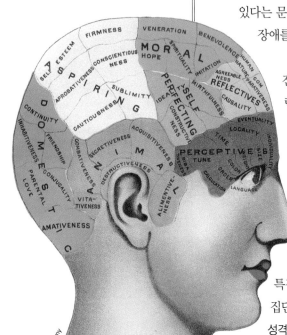

ImageZoo/Alamy

성격의 초기 명칭
19세기에 유행했던 골상학 이론에서 Franz Joseph Gall(1758~1828)은 성격의 특정 부위를 담당하는 영역을 나타낸 뇌 그림을 제시하였다. 골상학자들은 사람의 머리에 있는 구획과 감정들로 성격을 평가하려고 하였다.

▶**성격장애** 개인의 자기감, 정서 경험, 목표, 공감 능력 및 친밀감 형성 능력을 지속적으로 손상시키는 경직되고 극단적인 성격 특질 패턴

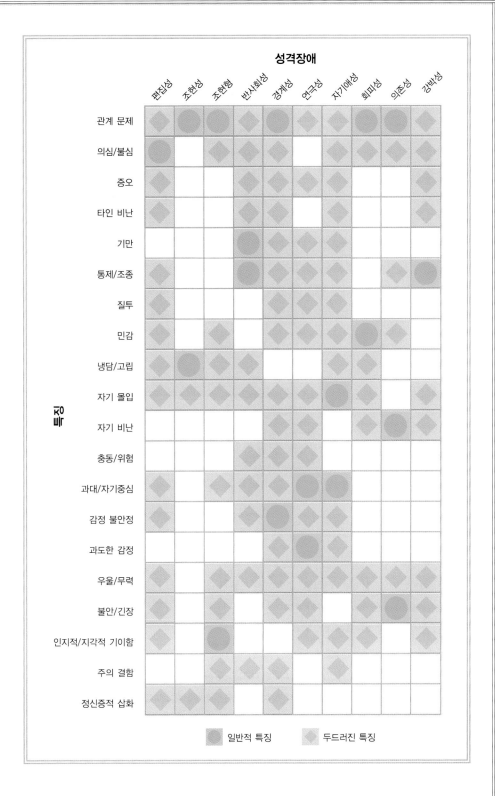

그림 13-1
DSM-5 성격장애의 일반적 특징과 두드러진 특징
다양한 장애의 증상은 종종 매우 많이 중복되기 때문에 잘못된 진단이 자주 내려지고 한 사람의 내담자에게 여러 개의 진단이 동시에 붙여지기도 한다.

진 사람들은 일반적인 사람들에게서는 나타나지 않는 극단적인 문제행동을 나타낸다(표 13-1 참조).

범주적 접근에 문제가 있고 차원적인 접근에 대한 기대가 커지면서 성격장애를 어떻게 분류할 것인가에 대한 *DSM-5*의 틀이 처음에는 매우 많이 변화되었었다. 거대한 차원적 체계가 제시되었는데, 성격장애를 분류하는 데 다른 많은 성격 문제들을 함께 고려하도록 하여 임상가들이 각 문제 특징의 심각도를 평가하도록 하였다. 그러나 이러한 제안 자

표 13-1

진단 체크리스트

성격장애

1. 장기적으로 경직된 형태로 내적 경험과 행동에 광범위하게 걸쳐서 보이는 행동으로 최소한 다음 중 두 가지 이상에서 역기능을 나타냄 • 인지 • 정서 • 사회적 상호작용 • 충동성

2. 드러나는 양상이 동일 문화에 속한 다른 사람과 현저히 다름

3. 현격한 스트레스 혹은 손상을 경험함

출처 : APA, 2013.

체가 임상 현장에서 엄청난 비난과 염려를 불러일으켰고, 결국에는 *DSM-5*의 틀을 만들던 사람들이 마음을 바꾸어 기존의 10개 범주를 유지하게 되었다. 동시에 이들은 대안적 차원의 접근을 기술함으로써 미래에 이루어질 성격장애 분류의 방향에 대한 인식하고 있었다 (Anderson et al., 2014).

이 장의 대부분 논의들은 현재 사용되는 *DSM-5*의 10개 범주에 따라 이루어질 것이다. 그렇지만 이 장의 뒷부분에서는 *DSM-5*에 포함된 새로운 대안적－차원적－접근에 대해 살펴보게 될 것이다.

이미 알고 있는 바와 같이 성격장애에 대한 진단이 너무 쉽게 남용되고 있다. 우리는 스스로나 우리가 알고 있는 사람들에 대해 이 장애를 끼워 맞추기 쉬우며 우리 혹은 그들이 성격장애를 가지고 있다는 결론을 내리고 싶은 유혹을 느낄 것이다. 대부분의 경우에 그러한 해석은 틀리다. 우리는 모두 성격 특질을 가지고 있다. 잘 적응하지 못하고 스트레스를 받으며 유연성이 결여되어 있을 때에 한해서 진단을 고려할 수 있다.

> 왜 비전문적인 심리학에서는 성격장애에 특별한 관심을 두는가?

▶ **요약**

성격장애와 *DSM-5* 성격장애를 가진 사람들은 지속적이고 경직된 내적 경험과 행동 패턴을 가지고 있다. 그들의 성격 특질은 그 문화에 속한 일반적인 사람들에 비해 매우 극단적이고 역기능적이기 때문에 주변과 심각한 문제를 일으킨다. 보통 성인의 10~15%가 이 장애를 가지고 있다고 본다. *DSM-5* 연구자들은 성격장애를 분류하는 데 차원적 접근을 제안했고 후속 연구를 통해 *DSM* 이후 버전에는 이 접근이 포함될 가능성을 열어 놓았다.

'기묘한' 성격장애

'기묘한' 성격장애 군집에는 **편집성, 조현성과 조현형 성격장애**가 포함된다. 이 장애를 가진 사람들은 전형적으로 괴상하거나 기이한 행동을 보이는데, 극도의 의심, 사회적 고립과 특이한 사고방식이나 지각방식과 같이 조현병에서 보이는 것과 유사하지만 그 정도로 심하지는 않다. 이러한 행동은 종종 개인을 고립시킨다. 어떤 임상가들은 이러한 성격장애가 실제로 조현병과 관련되어 있다고 생각한다(Rosell et al., 2014). 사실 조현형 성격장애는 *DSM-5*에서 두 번 제시된다. 한 번은 조현병 스펙트럼 장애(414쪽 참조)이고 한 번은 성격장애이다(APA, 2013). 직접적이든 아니든, 기괴한 군집의 성격장애를 가진 사람은 종종 조현병 진단이 부가적으로 붙여지기도 하고 혹은 조현병을 가진 가까운 친척이 있기도 하다 (Chemerinski & Siever, 2011).

임상가들은 기묘한 성격장애의 증상에 대해 많이 연구하였지만, 원인이나 치료법을 성공적으로 밝혀내지는 못하고 있다. 사실 이 장애를 가진 사람들은 거의 치료를 받으려 하지 않는다.

▶편집성 성격장애 타인에 대한 불신과 의심을 주 특징으로 하는 성격장애

편집성 성격장애

앞에서 기술된 것처럼 **편집성 성격장애**(paranoid personality disorder)를 가진 사람들은 다른 사람을 매우 불신하고 그들의 동기를 의심한다(APA, 2013). 그들은 모든 사람이 자신을 해

숨은 뜻 읽어내기

명언

"나는 반전 편집증을 가지고 있다. 사람들이 나를 행복하게 해주려고 계획하는 것 같다."

J. D. 샐린저, 소설가

치려는 의도를 가지고 있다고 믿기 때문에 가까운 관계를 피한다. 자신의 생각과 능력에 대해서는 과도하게 신뢰하는데, 에두아르도의 사례에서 살펴볼 수 있다.

유전공학 회사의 연구원인 에두아르도는 이제 더 이상 참을 수 없었다. 그는 주요 연구에서 연구 절차를 벗어나 심한 위법을 하는 상사에게 시달렸다. 그는 이것이 어디에서 왔는지 알았다. 그는 질투심 많고 협박적인 실험실 동료들에 의해 '쫓겨났다'. 이번에 에두아르도는 조용히 있지 않았다. 그는 상사와 다른 3명의 연구실 연구원과의 면담을 요구했다.

회의 초반 에두아르도는 자신을 비난한 사람의 이름이 밝혀질 때까지 방을 나가지 않을 것이라고 주장했다. 실제로 그는 자신이 연구 설계에 중요한 방법적 변화를 가져왔고 이러한 변화가 엄청난 의학적 이득을 가져올 것이라는 점을 인지하고 있었다. 에두아르도는 재빠르게 실험실 동료들에게 초점을 옮겼다. 그는 다른 연구자들이 자신의 미래 지향적 아이디어에 겁을 먹었고, 자신을 몰아낼 방법을 찾아내서 비생산적이고 압력이 적은 상황에서 계속 일하려 했다고 비난했다. 자신을 쫓아내려는 의도가 분명했는데, 언제나 자신에게 차가웠으며 그들의 잘못을 고치려 하거나 건설적 비판을 하려고 할 때마다 매우 불쾌하게 대했다고 말했다. 그들은 항상 자신을 비웃고 등 뒤에서 욕하고 한 번 이상씩은 자신의 노트를 복사하거나 없애려고 해서 이 점에 대해 항상 주목하고 있었다고 하였다.

다른 연구원들은 에두아르도의 의혹에 놀랐다. 그들은 언제나 비우호적인 태도로 행동하는 것은 자신들이 아니고 에두아르도라고 지적했다. 그는 두 달 전부터 어느 누구와도 말하지 않았으며 정기적으로 대놓고 인상을 쓰거나 문을 심하게 닫는 등 사람들을 적대시하였다고 하였다. 그다음 에두아르도의 감독관인 리사가 말했다. 그녀는 객관적인 견해로 에두아르도의 비난은 사실이 아니라고 말했다. 첫째, 그의 동료 중 누구도 그에 대해 정보를 주지 않았다. 그녀는 일상적으로 연구실 카메라로 촬영된 비디오를 검토했는데 그가 굶겨야 할 쥐에게 먹이를 주는 것을 알게 되었다. 둘째, 그녀는 사실을 말하는 것은 에두아르도가 아니고 동료들이라고 하였다. 사실 그녀는 에두아르도의 냉정하고 무관심한 태도에 대해 연구실 외부 사람들로부터 많은 불만을 들었다. 나중에 사무실에서 사적으로 리사는 에두아르도에게 그를 내보낼 수밖에 없다고 말했다. 에두아르도는 분노했지만 완전히 놀라지 않았다. 과거 두 직장 생활도 유사하게 매우 나쁘게 끝났다.

공감제로

외국인과 자유주의자들에 대한 신나치 범죄를 저지른 사람이 독일 법정에서 순서를 기다리고 있다. 임상가들은 종종 극단적인 인종주의자, 동성애 혐오자와 다른 종류의 강한 편견들을 접한다. 특히 편집성, 반사회성과 다른 성격장애 중에서 특히 많다. 유명한 발달심리학자인 사이먼 배런코언은 자신의 저서 '공감제로 : 분노와 폭력, 사이코패스의 뇌과학(*Zero Degrees of Empathy*)'에서 이러한 행동의 공통 요소는 공감의 완벽한 결여라고 주장했다.

어디서나 조심하고 경계하지만 에두아르도 같은 사람은 자신이 끊임없이 어떤 속임수의 목표물이 될 것이라고 생각한다(그림 13-2 참조). 그들은 어느 것에서나 '숨겨진' 의미를 찾는데, 보통 얕잡아 보거나 위협하는 의미로 해석한다. 한 연구에서 역할연기를 시켜 보면 편집성 성격장애를 가진 사람은 통제집단의 사람보다 다른 사람의 행동에서 악의적인 의도를 더 많이 읽어 낸다(Turkat et al., 1990). 또한 역할연기의 주제로 분노를 자주 선택한다.

편집성 성격장애를 가진 사람은 가까운 사람의 충성심이나 신뢰를 쉽게 의심하며, 차갑게 굴고 항상 거리를 둔다. 예를 들어, 한 여성은 상처받는 것이 두려워 사람을 믿지 않기도 하고, 한 남편은 증거도 없이 아내가 의심된다고 주장하였다. 정확하지 않고 부적절하지만 그들의 의심은 망상이 아니고 그 생각들이 그렇게 괴상하거나 견고한 것이 아니어서 현실과 완전히 동떨어진 것은 아니었다(Millon, 2011).

이 장애를 가진 사람은 특히 일과 관련하여 다른 사람의 약점과 실수에 비판적이다(McGurk et al., 2013). 그러나 자신의 잘못은 인지할 수 없으며 비판에 매우 민감하다. 종종 자신의 삶에 문제가 생기면 타인을 비난하면서 반복적으로 앙심을 품기도 한다(Rotter,

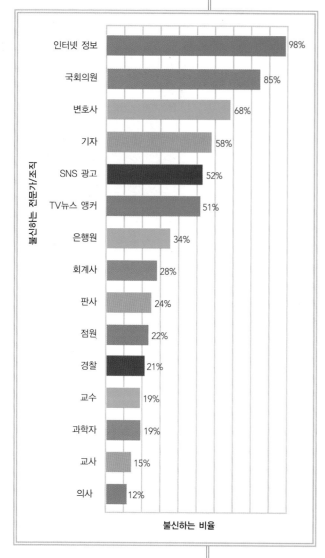

그림 13-2
당신은 누구를 의심하는가
불신과 의심이 편집성 성격장애의 핵심이기는 하지만 이 장애를 갖지 않은 사람들도 놀라울 만큼 의심을 가지고 있다. 다양한 조사를 통해 응답자 대다수가 인터넷 정보, 국회의원, 변호사, 기자, SNS 광고와 텔레비전 뉴스를 믿지 않는다고 하였다(출처 : YouGov, 2014; Harris Interactive, 2013, 2006; Press TV, 2013; Mancx, 2012).

2011). 미국 성인의 4.4%가 이러한 장애를 경험하는 것으로 알려져 있으며, 여성에 비해 남성에게서 더 많이 나타난다(APA, 2013; Sansone & Sansone, 2011).

이론가들은 편집성 성격장애를 어떻게 설명하는가 다른 성격장애와 마찬가지로 편집성 성격장애에 대해서는 체계적인 연구가 거의 없다(Triebwasser et al., 2013). 이 장애에 대한 가장 오래된 설명은 정신역동이론으로, 요구적인 부모와의 초기 상호작용 패턴에서 원인을 찾는데, 특히 거리감이 있고 경직된 아버지와 과도하게 통제하는 거부적인 어머니와 관련이 있다고 본다(Caligor & Clarkin, 2010; Williams, 2010). 거의 모든 성격이론에 대한 정신역동적 설명은 아동기 동안 반복된 양육 문제와 애정결핍이라는 동일한 방식으로 전개된다는 것을 보게 될 것이다. 정신역동적 관점에 따르면 한 개인은 부모의 지속적인 비합리적 요구의 결과로 자신의 환경을 악의적인 것으로 보게 된다. 다른 사람을 불신하기 때문에 언제나 정신을 바짝 차리고 있어야 하며, 극단적인 분노 감정을 발달시키는 듯하다. 또한 자신의 감정을 타인에게 투사하고 그 결과로 피해의식이 증가한다(Koenigsberg et al., 2001). 유사하게 어떤 인지이론가들은 편집성 성격장애를 가진 사람이 일반적으로 "사람들은 악하다.", "사람들은 기회만 주면 공격하려고 한다."라는 부적응적인 신념을 광범위하게 가지고 있다고 주장한다(Beck & Weishaar, 2014; Weishaar & Beck, 2006).

생물학적 이론가들은 편집성 성격장애는 유전적 소인을 가진다고 가정한다(APA, 2013; Bernstein & Useda, 2007). 한 초기 연구에서는 3,810명의 오스트레일리아 쌍생아를 대상으로 의심에 대한 자기 보고를 하게 하였는데, 한쪽의 쌍생아가 의심을 심하게 하면 다른 쌍생아도 의심을 한다고 하였다(Kendler et al., 1987). 그러나 쌍생아 간 유사성은 공통된 환경 경험에서 오는 것일 수도 있다.

편집성 성격장애의 치료 편집성 성격장애를 가진 사람은 전통적으로 자신을 도움이 필요한 사람으로 보지 않기 때문에 거의 치료를 받으러 오지 않는다(Millon, 2011). 또한 치료를 받는 사람들도 환자는 약자라고 생각하며 치료자를 불신하고 그들에게 저항하려고 한다(Kellett & Hardy, 2014). 이 장애 치료가 대부분의 다른 성격장애와 마찬가지로 효과가 제한적이고 변화가 더디게 일어난다는 것은 놀라운 일이 아니다(Piper & Joyce, 2001).

관계를 가장 중시하는 정신역동치료자인 대상관계치료자들은 환자의 분노를 과거의 것으로 보고 정신역동기법을 적용하여 만족스러운 관계에 대한 그들의 깊은 바람이 어떻게 드러나는지 알아본다(Caligor & Clarkin, 2010). 인지행동 접근이 편집성 성격장애 치료에 사용되는데, 종종 통합적인 인지행동 접근과 합쳐서 사용된다. 행동적 측면에서 치료자들은 불안 감소 훈련을 통해 대인관계 문제해결 능력이 향상되도록 돕는다. 인지적 측면에서는 치료자가 내담자로 하여금 다른 사람의 말과 행동에 대해 더 현실적인 해석을 하도록 하며 다른 사람의 관점을 잘 깨달을 수 있도록 한다(Kellett & Hardy, 2014). 치료를 통해 제한적으로는 도움을 받는 듯하다(Birkeland, 2013).

조현성 성격장애

조현성 성격장애(schizoid personality disorder)를 가진 사람은 지속적으로 사회적 관계를 피하기도 하고 (타인으로부터) 배제되기도 하며 감정 표현이 거의 없다(APA, 2013). 편집성 성격장애를 가진 사람처럼 이들은 다른 사람과 친밀한 관계를 맺지 않는다. 그러나 사회적 접촉을 피하는 이유는 불신이나 의심 같은 편집증과는 관련이 없고 실제로 혼자 있고 싶기 때문이다. 엘리의 사례를 보자.

> 엘리는 지역 기술훈련소에 다니는 학생이다. 지난 몇 년 동안 여러 가지 인터넷 인증 프로그램에 등록되어 있었고 또 다른 프로그램에 등록하려고 하였다. 자신의 아들이 왜 '실제' 학위 과정에 들어가지 않는지 답답해하던 어머니는 치료를 받으라고 했다. 외톨이 특성상 엘리는 일반적인 사회관계를 좋아하지 않았으며 다른 사람들과 친밀한 관계를 맺으려는 욕구도 없었다. 엘리가 관계를 보는 방식은 그저 '내가 다니는 학교에 너도 왔다가 집에 가는구나.' 하는 수준이었다.
>
> 통상 대부분 낮 시간에는 잠을 잤고 저녁, 밤과 주말에는 컴퓨터 실습실에서 같은 반이 아닌 인터넷에서 만난 사람들과 채팅하며 시간을 보냈다. 채팅하던 사람들이 엘리를 만나고 싶어 했으나 언제나 거절했다. 채팅룸에서 나누는 것 외에 그다지 상대에 대해 알고 싶은 것이 없다고 전했다. 그는 가족관계도 비슷하다고 말했다. 외향적인 남동생과 여동생이 있었는데 동생들은 엘리를 존중하는 것 같은데도 엘리는 별로 마음이 없었고 몇 년 전에 가정을 떠난 아버지에 대해서는 최근에는 완전히 잊은 것 같았다.
>
> 심각한 수준의 사회적 관심 결여가 두드러졌는데 자기에 완전히 몰입된 행동이 자주 나타났다. 사회나 가족 관계에서 아주 최소한의 역할만을 하였다. 점점 더 자신을 성공과 성취의 가능성으로부터 또는 타인으로부터 고립시켰다. 인생에는 아무런 사건도 없고 그저 고독의 시간만이 연장될 뿐이었다.
>
> (Millon, 2011)

엘리와 같은 사람은 종종 '고독한 사람'으로 묘사되는데 친구관계를 만들거나 유지하기 위해 노력을 기울이지 않고 성관계에도 관심이 없으며 심지어 가족에게도 무심하다. 다른 사람과 접촉이 거의 혹은 전혀 필요 없는 직업을 구한다. 필요할 때는 어느 정도 관계를 형성할 수 있지만 혼자 있는 것을 좋아하며, 많은 사람들이 혼자 산다. 당연히 이들의 사회기술은 취약하다. 결혼을 하게 되면 친밀함 결여는 엘리의 사례처럼 부부나 가족관계에 문제를 일으키게 된다.

조현성 성격장애를 가진 사람은 주로 자신에게 초점이 맞추어져 있고 칭찬이나 비난에도 영향을 받지 않는다. 어떤 감정도 거의 나타내지 않으며 즐거움이나 분노도 거의 표현하지 않는다. 관심이나 수용이 필요 없어 보이며, 보통 차갑고 유머가 없거나 둔한 사람으로

▶**조현성 성격장애** 사회적 관계를 지속적으로 회피하고 감정 표현을 거의 하지 않는 것을 특징으로 하는 성격장애

다크 나이트
2008년도 매우 크게 유행한 영화 '다크 나이트'의 이 장면에서 브루스 웨인은 자신의 전환된 자아이면서 유일한 진정한 친구인 배트맨과 직면한다. 1980년대 작가이자 예술가인 프랭크 밀러는 이 영화와 이 영화의 속편인 '다크 나이트 라이즈'에서 배트맨을 관계를 형성하거나 지속하지 못하는 고립된 사람으로 묘사하면서 범죄와 싸우는 캐릭터에 혁명을 일으켰다. 일부 임상가들은 '다크 나이트' 버전의 배트맨은 조현성 성격장애를 묘사하고 있다고 주장하였다.

Warner Bros Pictures/Lengendary Pict./DC Comics/Syncopy/Stephan Vaughn/Newscom

보인다. 이 장애는 성인 전체의 3.1%에서 나타나는 것으로 추정된다(APA, 2013; Sansone & Sansone, 2011). 여성보다 남성에게서 약간 더 많이 나타나며 남성들이 이로 인해 더 많은 어려움을 겪는다.

이론가들은 조현성 성격장애를 어떻게 설명하는가 많은 정신역동이론가들, 특히 대상관계이론가들은 조현성 성격장애는 충족되지 못한 접촉 욕구에 뿌리가 있다고 가정한다(Caligor & Clarkin, 2010). 이 장애를 가진 사람의 부모는 편집성 성격장애를 가진 사람의 부모처럼 자녀를 수용하지 않거나 심지어는 학대한다. 편집성 증상을 가진 사람은 주로 그러한 양육에 대해 불신감으로 반응하는 데 비해, 조현성 성격장애인 사람은 사랑을 주고받지 못하는 상태가 된다. 그들은 모든 관계를 회피하는 것으로 대처한다.

당연히 인지이론가들은 조현성 성격장애를 가진 사람은 사고 결함을 가지고 있다고 가정한다. 이들의 생각은 모호하고 공허하며 환경을 살펴서 정확한 지각에 도달하는 데 어려움을 가진다. 타인의 정서적 단서를 파악하지 못하여 정서에 반응할 수가 없다. 이 이론에서 예상할 수 있는 바와 같이 조현성 성격장애를 가진 아동은 지능 수준과 상관없이 언어와 운동 발달이 느리다(APA, 2013; Wolff, 2000, 1991).

조현성 성격장애의 치료 이들의 사회적 고립은 조현성 성격장애를 가진 대부분의 사람들이 알코올중독과 같은 다른 장애로 인해 치료를 받기 전까지는 치료를 받지 못하게 한다(Mittal et al., 2007). 이 내담자들은 감정적으로 치료자와 떨어져 있으려 하며, 치료에 관심을 두지 않아서 치료에 제한이 있다(Colli et al., 2014).

인지행동치료자들은 때때로 이 장애를 가진 사람이 더 긍정적이고 만족스러운 사회적 상호작용을 하도록 도와줄 수 있다(Beck & Weishaar, 2011; Beck et al., 2004). 인지기법에는 내담자에게 감정 목록을 생각하도록 하거나 즐거운 경험을 글로 적거나 기억하게 하는 방법이 포함된다. 행동기법으로 치료자는 때때로 내담자들에게 역할연기, 노출기법, 숙제와 같은 도구를 활용해서 사회기술을 가르친다. 집단치료는 안정된 환경 속에서 사회적 접촉을 제공하기 때문에 이 사람들이 참여하기를 거부하기는 하지만, 외적으로 볼 때는 유용하다(Piper & Joyce, 2001). 조현성 성격장애를 가진 사람에게 약물치료는 제한적으로만 도움을 준다(Silk & Jibson, 2010).

조현형 성격장애

조현형 성격장애(schizotypal personality disorder)를 가진 사람은 광범위한 대인관계 문제를 가지는데, 친밀한 관계에 대한 극단적인 불편감, 기묘한 사고 및 지각 경험과 행동적 특이성이 특징적으로 나타난다(APA, 2013). 사람들이 가까이 있으면 불안해하며 고립되기를 좋아하고 친한 친구가 별로 없다. 41세 캐빈의 사례를 통해 이 장애를 살펴보겠다.

캐빈은 고등학교 졸업 후 20년간 창고빌딩 야간 경비로 일하고 있다. 성공한 전문 직업인인 부모는 캐빈이 주변과 단절되어 있고 어떠한 변화의 동기도 갖고 있지 않은 삶에 대해 항상 염려하고 있다. 부모가 치료를 받게 하였고 캐빈은 그저 하라는 대로 하였다. 그는 자신의 직업이 좋다고 했는데, 혼자서 조용한 공간에 있을 수 있기 때문이었다. 텅빈 창고는 아무도 사

▶**조현형 성격장애** 친밀한 관계에서 극도의 불편감을 느끼며 기이한 사고와 지각 및 특이한 행동을 특징으로 하는 성격장애

용하지 않고 아무도 없어서 좋고 편하다고 했다.

면담을 하면서 캐빈은 동떨어져 있었으며 상담자를 쳐다보지 않았고 묻는 말에 한 단어나 짧은 문장으로만 대답했으며 첫 번째 질문이 반복되거나 두 번째 질문을 할 때까지 가만히 있었다. 짧고 기묘한 대답을 했는데 거의 어떤 사람과도 관계를 맺지 않은 채 살고 있으며 남동생과만 주요 명절에 만나며 최소한의 관계를 가지고 있었다. 고등학교 때 함께했던 여학생에 대한 기억만을 가지고 혼자 살고 있는 것이었다. "졸업하고 나서는 한 번도 그녀를 만난 적이 없어요."라고 간략하게 말했다. 그러나 어떤 외로움도 보이지 않았으며 인생의 어떤 측면에 대해서도 전혀 감정이 없어 보였다.

캐빈은 종종 자신의 마음과 신체가 분리되는 것 같았다. 마치 의식이 인격이 없는 혹은 정체감이 없는 인간 존재 위에 둥둥 떠 있는 것 같은 무존재감 혹은 비실제감을 느꼈다. 행동적으로는 단정하지 못하고 굼떴으며 표현이 없었다. 외부 세상에 대해 관심도 없고 무심하며 동기도 없고 둔감했다. 대부분의 사람들은 그를 이상한 사람이라고 여겼다. 배경 속에 파묻혀 버렸거나 자기 속에 몰입해 있는 혹은 외부 세상을 잃어버린 사람같이 보였다. 이상한 '텔레파시'가 신비한 혹은 멀리 떨어진 타인과 의사소통을 가능하게 해 주었다. 캐빈은 너무 많은 자극에 직면하게 되면 간혹 와해되어버렸다. 완전히 사라져서 백지가 되어 의식을 잃고 외부 세상의 모든 압력을 차단해버렸다.

(Millon, 2011)

캐빈의 경우처럼 조현형 성격장애를 갖진 사람의 사고와 행동은 눈에 띄게 손상될 수 있다. 증상으로는 관계사고(관련 없는 사건인데 자신과 중요한 방식으로 연결되어 있다고 믿는 것)와 신체 환각(외부적인 '힘'이나 존재를 감지하는 것과 같은 능력)이 포함된다. 이 장애를 가진 많은 사람은 자신이 특별한 초감각을 가지고 있다고 보며 어떤 사람들은 다른 사람을 조정하는 마술적 통제력을 가지고 있다고 믿는다. 조현형적 특성의 예를 들면 반복적으로 깡통을 일렬로 줄을 맞추거나 옷장을 과도하게 정리하기도 하고 이상한 옷차림을 하는 것 등이 있다. 이러한 사람의 정서는 부적절하고 밋밋하거나 유머가 없다.

조현형 성격장애를 가진 사람은 종종 주의집중을 유지하는 데 어려움을 가진다. 이와 관련하여 이들의 대화는 보통 모호하고 연상이 이완되어 내용이 연결되지 않으며 이리저리 흩어져 있다(Millon, 2011). 캐빈처럼 목적 없이 표류하기도 하고 하는 일 없이 생산성 없는 삶을 살기도 한다(Hengartner et al., 2014). 자신의 능력 수준에 못 미치는, 부담이 없거나 다른 사람과 상호작용이 필요 없는 일을 선택하는 경향이 많다. 연구에 의하면 전체 인구 중 3.9% 정도가 조현형 성격장애를 가지고 있는 것으로 추정되며, 남성이 여성보다 약간 더 많다(Rosell et al., 2014; Sansone & Sansone, 2011).

이론가들은 조현형 성격장애를 어떻게 설명하는가 조현형 성격장애 증상은 조현병과 매우 유사해서 연구자들은 두 가지 장애에서 유사한 요소가 작용하고 있다고 가정하고 있다 (Hazlett et al., 2015; Rosell et al., 2015). 연구에 의해 실제로 조현병적 양상과 같은 조현형

Sipa Press

성격장애를 가진 사람의 폭발
비디오 화면 속의 버지니아공과대학의 학생인 조승희는 자신이 살아오면서 멸시를 당해 왔으며 복수하고자 한다는 강한 의지를 표출하고 있다. 2007년 4월 16일, 이 영상을 만들어 NBC 뉴스에 보낸 후 그는 교정에서 총격을 가해 자신을 포함해서 32명을 죽이고 25명에게 부상을 입혔다. 대부분의 임상가들은 그가 한없는 분노와 증오, 극단적인 사회적 고립, 지속적인 불신, 이상한 사고, 위협하는 행동과 거만함, 타인을 무시하는 행동을 보인다고 하면서 반사회성 · 경계성 · 편집성 · 조현성 · 조현형 · 자기애성 성격장애의 특징을 종합적으로 가지고 있다고 의견의 일치를 보았다.

증상이 가족 갈등과 부모의 심리적 장애와 관련되어 있다는 것이 밝혀졌다. 또한 조현병에
서처럼 주의력과 단기기억 결함이 조현형 성격장애 발병에 기여하는 것도 알게 되었다. 예
를 들어 두 가지 장애를 가진 각각의 연구 참여자들은 선행자극이 모니터에 제시되고 사
라진 직후에 시자극을 규명해 내야 하는 **역행차폐** 과제 수행이 저조하였다. 두 장애를 가진
사람들은 처음에 온 자극을 억제하고 두 번째 오는 자극에 초점을 맞추는 데 어려움이 있
었다. 마지막으로 연구자들은 이러한 성격장애를 도파민 신경전달물질 과활성화, 뇌실 확
장, 측두엽 축소와 회백질 손실 등과 같은 조현병에서 발견된 것과 동일한 생물학적 요인
들과 관련짓기 시작하였다(Lener et al., 2015; Ettinger et al., 2014). 제12장에서 본 바와 같
이 이러한 생물학적 요소는 유전적 기초를 가지고 있다는 증거가 있다.

이러한 결과들이 조현형 성격장애와 조현병 간의 밀접한 관련성을 시사해 주고 있기는
하지만 성격장애는 기분장애와도 관련된다(Lentz et al., 2010). 성격장애를 가진 사람의 반
정도가 삶의 어느 시점에서 주요우울장애를 경험한다. 더욱이 주요우울장애를 가진 사람
의 가족들이 조현형 성격장애를 가질 비율이 일반적인 수준보다 높다. 반대도 마찬가지이
다. 따라서 이 성격장애가 조현병과만 관련되지는 않는다.

조현형 성격장애의 치료 조현형 성격장애의 치료는 편집성 성격장애와 조현성 성격장애처
럼 어렵다. 대부분의 치료자들은 내담자들이 자신의 생각과 힘의 한계를 인식하고 세상과
'다시 연결되도록' 도와야 한다는 점에 동의한다. 그래서 치료자들은 예를 들면 시간 엄수
와 같이 분명한 한계를 설정하여 내담자들이 자신의 관점이 아닌 치료자의 관점에서 보게
되는 지점을 인식하도록 돕는 작업을 한다. 다른 치료적 목표들을 보면, 긍정적·사회적
접촉을 증가시키고 외로움을 덜어 주며 과도한 자극을 줄여 주어 그 사람이 자신의 개인적
감정을 좀 더 잘 인지할 수 있도록 돕는다(Colli et al., 2014; Sperry, 2003).

인지행동치료자들은 인지적 기법과 행동적 기법을 조합해서 조현형 성격장애를 가진
사람이 더 효과적으로 기능하도록 돕는다. 인지적 개입을 사용해서 내담자들로 하여금 자
신의 비정상적인 사고나 지각을 객관적으로 평가하도록 가르치고 부적절한 것을 무시하
도록 한다(Beck & Weishaar, 2011; Weishaar & Beck, 2006). 치료자들은 내담자의 괴상하거
나 마술적인 예언을 추적해서 그것들의 부정확함을 지적해 준다. 내담자들이 대화를 하면
서 궤도를 벗어나기 시작하면 치료자들은 그들이 말하려는 것을 요약해 보라고 요청할 수
도 있다. 또한 말하기 교습, 사회기술 훈련과 옷 입기와 매너와 같은 특정 행동기법을 내
담자가 배워서 다른 사람들과 더 편안하고 잘 어울리도록 돕기도 한다(Farmer & Nelson-
Gray, 2005).

항정신병 약물을 조현형 성격장애를 가진 사람에게 주기도 하는데, 이 역시 조현병과의
유사성 때문이다. 낮은 용량의 약물이 어떤 사람에게는 사고 문제의 일부분을 감소시키면
서 도움이 되기도 한다(Rosenbluth & Sinyor, 2012).

▶ 요약

'기묘한' 성격장애 *DSM-5* 안에 있는 이 세 가지 성격장애는 조현병처럼 심한 수준은 아니지만 조현
병에서 보이는 기묘한 혹은 특이한 행동을 나타낸다. 일부 임상가들은 이 성격장애들이 조현병과 관련
되어 있다고 믿는다.

편집성 성격장애를 가진 사람은 불신과 의심을 광범위하게 나타낸다. 조현성 성격장애를 가진 사람은 사회적 관계를 지속적으로 회피하며 정서 표현을 거의 하지 않는다. 조현형 성격장애를 가진 사람은 친밀한 관계에서 극도의 불편감을 느끼는 등 대인관계 문제를 가지며 매우 기이한 형태의 사고와 행동을 나타낸다. 이 세 가지 장애를 가진 사람은 통상 치료에 잘 반응하지 않으며 치료 성과도 기껏해야 중간 수준 정도이다.

'극적인' 성격장애

'극적인' 성격장애 군집에는 반사회성, 경계성, 연극성과 자기애성 성격장애가 포함된다. 이 문제를 가진 사람의 행동은 매우 연극적이고 정서적이며 변덕스러워 진정으로 마음을 주고 만족스러운 관계를 가지는 것이 거의 불가능하다.

이 성격장애들은 다른 장애보다 흔하게 진단된다. 반사회성과 경계성 성격장애가 좀 더 많이 연구되었는데, 이들이 다른 사람들과 많은 문제를 일으키기 때문이기도 하다. 기묘한 성격장애들과 마찬가지로 이 장애의 원인은 잘 알려져 있지 않다. 치료 효과는 거의 없거나 중간 정도의 범위에 걸쳐 있다.

반사회성 성격장애

때때로 '정신병질' 혹은 '사회병질'이라고 묘사되기도 하는 **반사회성 성격장애**(antisocial personality disorder)를 가진 사람은 지속적으로 다른 사람의 권리를 침해하고 무시한다(APA, 2013). 물질사용장애와는 별도로 이 장애는 성인 범죄행동과 밀접하게 관련된다. *DSM-5* 기준에 따르면 이 진단에 해당하는 사람은 최소 18세 이상이어야 한다. 그러나 반사회성 성격장애를 가진 대부분의 사람은 15세 이전에 무단결석, 가출, 동물이나 사람에 대한 잔혹행동, 기물 파괴 등과 같은 비행 양상을 나타낸다.

반사회성 성격장애의 주요 연구자인 Robert Hare는 전문가로서 레이라는 죄수와 만났던 초기 경험을 다음과 같이 회상하였다.

1960년대 초반, 나는 브리티시컬럼비아교도소에 유일한 심리학자로 고용되었다. 사무실에 들어간 지 한 시간도 지나지 않아 첫 번째 환자가 방문하였다. 그는 키가 크고 날씬하며 검은 머리를 한 30대 남자였다. 그의 분위기는 들떠 있는 것 같았고 너무 직접적이고 강렬하게 쳐다보아서 이전에 만났던 사람인지 의심스러울 정도였다. 그 시선은 온화하지 않았다. 다른 사람들처럼 은근슬쩍 눈치를 보면서 부드러운 분위기를 만들려 하지도 않았다.

내 소개를 기다리지도 않고―레이라고 하는―수감자는 대화를 시작했다. "안녕하십니까, 박사님. 어떠세요? 봐요. 나는 문제가 있어요. 도움이 필요해요. 진심으로 당신과 함께 대화를 나누고 싶어요."

진정한 심리치료자로서 일하려는 열망을 가지고 나는 그에게 말해 보라고 하였다. 그러자 그는 칼을 꺼내서 내 코앞에 흔들어 댔고 시종일관 강렬한 시선 접촉을 하면서 미소를 지었다.

내가 벨을 누르지 않으려 한다고 판단이 되자 그는 내가 아니고 자신의 '부하'(교도소 용어로, 동성애 관계에서 수동적 역할을 하는 사람을 의미)에게 집적대는 다른 수감자에게 쓸 것이라고 설명하였다. 그가 그렇게 말하는 이유를 바로 알아채지는 못했지만, 나는 곧 그가 내

(계속)

악명 높은 무시
2009년 수십 억의 자선기금까지 포함하여 수천 명의 투자자의 돈을 횡령한 혐으로 버나드 매도프는 150년을 선고받았다. 다른 사람이나 다른 것들에 대한 엄청난 무시를 하는 행동을 두고 일부 임상가들은 매도프가 반사회성 성격장애를 보인다고 하였다.

▶**반사회성 성격장애** 다른 사람의 권리를 침범하고 무시하는 행동 패턴을 보이는 성격장애

가 교도소에서 어떤 업무로 고용되어 있는지를 탐색하고 있다는 것을 알았다.

첫 번째 만남에서부터 레이는 교도소에서 보낸 나의 8개월이라는 기간을 참혹하게 만들었다. 그는 지속적으로 내 시간을 요구하였고 자신을 위해 이런저런 일을 하게 만들려고 조종하려는 시도가 끝이 없었다. 한번은 요리를 하고 싶다고 설득하여 (대놓고 칼을 만들었던) 기계실에서 다른 곳으로 이동하도록 자신을 돕게 만들었다. 내가 고려하지 않았던 것은 주방에는 술을 만들 수 있는 설탕, 감자, 과일과 다른 양념 재료가 있다는 점이었다. 업무 이동을 하도록 제안하고 몇 달 후, 간수 책상 바로 아래에서 강력한 폭발이 일어났다. 소란이 가라앉은 후 우리는 바닥 아래에서 술을 증류하는 정교한 장치를 발견했다. 무언가 문제가 생겨서 항아리 하나가 터진 것이었다. 최대한 보안이 된 교도소 내 증류기의 존재가 특별한 일이 아니라고 해도 교도관의 자리 아래에 증류기를 놓는 대담함은 많은 사람들을 뒤흔들어 놓았다. 레이가 밀주 제조의 핵심이라는 것이 밝혀지고 그는 독방에서 한참을 보내야 했다.

일단 '구멍(독방)'에서 나오자 레이는 아무 일도 없었던 것처럼 내 방에 나타났고 주방에서 자동차 정비로 옮겨달라고 요청하였다. 그는 자신이 기술을 가지고 세상에 나가서 생활할 준비가 필요하다고 하였다. 훈련을 받으면 사회에 나가 자동차 수리공장을 할 수 있을 것이라고 하였고, 나는 첫 번째 그의 업무 전환에서 경험한 아픔을 여전히 가지고 있었지만 결국에는 그에게 굴복하였다.

나는 심리학 박사과정을 위해 교도소를 떠나기로 하였고, 내가 떠나기 한 달 전쯤 레이는 내게 지붕 공사 계약자로 일하는 우리 아버지로 하여금 자신에게 가석방 조건의 일환인 직업을 제공해 주도록 요청해달라고 하였다.

레이는 나쁜 뿐 아니라 모든 사람을 속이는 데 믿을 수 없을 만큼 놀라운 능력을 가지고 있었다. 그는 때때로 가장 경험이 많고 냉소적인 교도소 직원들까지도 일시적으로 무장해제시킬 수 있을 만큼 부드럽고 직접적으로 거짓말할 수 있었다. 내가 그를 만났을 때 그는 이미 많은 범죄 기록을 가지고 있었다(그리고 이후에도 많은 범죄를 저질렀다). 성인기 절반을 감옥에서 보냈으며 많은 범죄는 폭력적인 것이었다. 그는 끊임없이 거짓말을 하였고 매사에 게으름을 부렸으며, 그의 거짓말을 자료를 통해 직면시켜도 조금도 개의치 않았다. 단지 주제만 바꾸어서 이리저리 피해 다녔다. 최종적으로 나는 그가 내 아버지 공장의 직업 훈련생이 될 수 없을 것이라고 확신하였고 레이의 요청을 거절하였는데, 그러자 내가 동요될 정도로 무례하게 굴었다.

교도소를 떠나 대학으로 가기 전에 교도소 직원들이 기관 안에 있는 정비소에서 차를 정비하는 혜택을 나도 이용하였다. 레이는 여전히 거기에서 일하고 있었고 내게 감사했다(그는 "반갑다."라고 말했었다). 차는 아름답게 채색되어 있었고 모터와 동력 전달장치가 수리되어 있었다.

차 지붕에 온갖 물건들을 싣고 뒷자리 침대에 아기를 눕힌 채 아내와 나는 온타리오로 향하였다. 첫 번째 문제는 내가 밴쿠버를 떠나자마자 발생하였는데, 모터에서 약간의 소리가 났다. 나중에 중간 정도의 경사에 이르렀을 때 라디에이터가 끓어오르기 시작하였다. 자동차 수리공은 기화기의 프로트실에서 볼베어링을 찾아냈고 라디에이터 호스 중 하나를 누가 일부러 손댄 흔적이 있다고 하였다. 이 문제들은 쉽게 해결되었지만, 우리가 긴 언덕을 내려갈 때 더 큰 문제가 발생하였다. 브레이크 페달에 액체가 고이면서 맥없이 바닥으로 떨어져버렸다. 브레이크 없이, 긴 언덕에 걸쳐 있었다. 운이 좋게도 서비스센터에서 수리를 받았고 그곳에서 우리는 브레이크 라인이 절단되어 천천히 누수가 일어난 것을 알게 되었다. 아마도 레이가 정비소에서 일한 것과 차를 정비받은 것은 우연의 일치였을 것이다. 그렇지만 차의 소유주가 누구인지 알게 해 준 교도소 '전보'가 있었다는 점은 확신하고 있다.

(Hare, 1993)

숨은 뜻 읽어내기

이전의 관점

19세기 반사회성 성격장애는 '도덕적 정신 이상'으로 불렸다.

레이처럼 반사회성 성격장애를 가진 사람은 반복적으로 거짓말을 한다(APA, 2013). 많은 사람들이 직업을 유지할 수 없는데, 이들은 자주 결근하고 갑자기 일을 그만두기도 한다(Hengartner et al., 2014). 보통 돈에 무심하며 종종 빚을 갚지 않는다. 충동적이어서 결과를 생각하지 않고 행동한다(Lang et al., 2015). 또한 불안정하고 공격적이며 쉽게 싸움을 건다. 많은 사람들이 이리저리 떠돌며 산다. 무모함은 또 다른 일반적인 특징인데, 반사회성 성격장애를 가진 사람은 자신의 안전이나 다른 사람의 안전, 심지어 자신의 자녀의 안전도 고려하지 않는다. 그들은 자기중심적이며 친밀한 관계 형성에 어려움이 있다. 보통 다른 사람을 이용해서 개인적 이익을 취하는 요령을 터득한다. 자신이 일으킨 고통이나 손상에 대해 거의 신경 쓰지 않기 때문에 임상가들은 대체적으로 이들은 도덕적 양심이 결여되어 있다고 말한다. 이들은 자신의 희생자들을 약하다고 생각하고, 사기당하고 강탈당하거나 신체적으로 해를 당할 만하다고 생각한다(심리전망대 참조).

조사에 따르면 미국 인구의 3.6%가 반사회성 성격장애 준거에 부합한다(Sansone & Sansone, 2011). 대략 남성에게서 여성의 4배 정도 더 많이 나타난다.

이 장애를 가진 사람들은 자주 체포되기 때문에 연구자들이 교도소에서 반사회적 패턴을 가진 사람을 관찰할 기회가 많다(Pondé et al., 2014). 사실 교도소에 있는 사람의 약 40%가 이 장애 진단기준에 부합한다(Naidoo & Mkize, 2012). 도시 감옥에 있는 남성들 중에서 반사회적 성격을 가진 사람은 과거 폭력범죄로 체포되었던 경우가 매우 많다(De Matteo et al., 2005). 이 장애를 가진 많은 사람들의 범죄행동은 40세가 넘어서면 감소하지만, 일부는 평생 범죄 활동을 지속하기도 한다(APA, 2013).

연구들과 임상적 관찰을 통해서 보면 알코올중독과 물질사용장애가 다른 집단보다 반사회성 성격장애를 가진 사람에게서 더 높게 나타난다(Brook et al., 2014; Reese et al., 2010). 술이나 마약류 중독과 물질남용이 사람의 억제력을 느슨하게 하여 반사회성 성격장애 발달을 촉발할 수 있다. 이 성격장애는 물질남용에 더 취약하게 만드는 것 같다. 혹은 반사회성 성격장애와 물질남용이 뿌리 깊은 위험 추구 욕구와 같은 동일한 원인에서 기인

> 우리 사회의 다양한 기관 ― 회사, 정부, 과학, 종교 ― 은 거짓말을 어떻게 보는가? 이러한 관점은 개인에게 어떤 영향을 주는가?

숨은 뜻 읽어내기

성격 섭취

빅토리아시대 후반에 많은 영국 부모들은 아기들이 우유를 마실 때 성격과 도덕적 반듯함을 흡입한다고 믿었다. 그래서 어머니가 돌볼 수 없는 경우에 좋은 성격을 가진 유모를 찾는 것이 중요했다.

(Asimov, 1997)

유명한 소시오패스

TV 시청자들은 반사회성 성격장애 증상을 가진 인물을 좋아하는 것 같다. '소프라노스'(왼쪽)의 전설적 인물인 토니 소프라노는 '브레이킹 배드'(오른쪽)의 전설적인 인물인 월터 화이트만큼이나 어디서나 TV 시청자들의 마음속에 남아 있을 것 같다.

대량학살 : 폭력은 어디에서 오는가

20 12년에 젊은 남자가 코네티컷 주 뉴타운에 있는 샌디훅초등학교에 들어가 26명에게 총을 난사해 죽였는데 그중 20명은 어린아이였다. 이 참사 이전에 콜로라도에서는 총기를 소지한 남성에게 영화 '배트맨'을 보던 12명의 극장 관객이, 위스콘신 시크교 사원에서는 6명의 신도가 살해당했다. 그리고 2015년 한 젊은 남성이 사우스캐롤라이나 주 찰스턴의 에마누엘 아프리카 감리교 목회 교회에서 성서 연구 모임에 참여한 9명을 총격하여 살해했다. 임상 분야는 개인이 대량 살인을 저지른 이유에 대해 다양한 이론을 제시했지만 이를 밝힌 연구와 효과적인 개입법은 아직 없는 상태이다(Montaldo, 2014; Friedman, 2013).

대량학살에 대해 당신은 어떻게 생각하는가? 개념적으로 정의해 보면 동일한 장소와 동일한 시간에 4명 이상이 살해되면 대량학살이라고 한다. 미연방수사국(FBI) 기록에 따르면 미국에서 대량학살은 2주에 한 번씩 일어나며, 그중 75%는 단독범행이며, 67%는 총을 사용하며 대부분 남성이 범인이다(Hoyer & Heath, 2012).

표면적이기는 하지만 대량학살 건수가 전반적으로 늘고 있는 것은 아니다(O'Neil, 2012). 그렇지만 특정 종류의 대량학살(예 : 학교)과 대량 살상은 증가하고 있다. 대량학살 사전에 특정한 문제—종교적 혹은 인종적 증오감정—가 있기는 하지만 두 가지 일반적 패턴이 증가되고 있다. 이 중 한 가지 패턴인 소위 '코만도식(pseudocommando) 대량학살'과 같은 사건은 증가하고 있다. 코만도식 대량학살은 "사전에 범행을 계획하고 무기를 장착한 채 대낮에 나타나 사람들을 죽인다. 탈출계획은 없으며 범행 중에 자신도 죽을 것이라 생각한다"(Knoll, 2010). 다른 패턴으로는 사람들을 무차별적으로 죽이는 '(스스로 자행하는) 무분별 학살'도 증가하는 추세이다(Bowers et al., 2010; Mullen, 2004).

이론가들은 코만도식, 무차별적 또는 다른

국가적 애도 … 다시하다 2015년 워싱턴 D.C 교회에서 기도회가 진행되는 동안 회중은 2일 전 사우스캐롤라이나 찰스턴에 있는 에마누엘 아프리카 감리교 목회 교회에서 성경 공부에 참여했다가 총에 맞아 숨진 9명의 사진을 들고 있다.

유형의 대량학살을 설명하는 데 여러 요인을 포함시키는데, 총의 가용성, 따돌림, 약물남용, 폭력적인 매체나 비디오 게임의 노출, 가정 문제, 전염효과가 이에 해당된다(Towers et al., 2015). 사실 총기 통제, 매체 폭력 등의 요인을 감안한다고 해도 대부분의 임상가들을 포함하여 거의 모든 사람은 대량학살자가 정신장애를 겪고 있다고 생각한다(Auxemery, 2015; Fox & Levin, 2014). 어떤 정신장애인가? 이에 대해서는 일치된 견해는 없다. 다음의 사항이 고려될 수 있다.

● 반사회성, 경계성, 편집성 혹은 조현형 성격장애
● 조현병이나 심각한 양극성장애
● 간헐적 폭발장애—충동조절장애로서 반복적으로 나타나며 외부의 언어적·행동적 촉발에 의한 것이 아님
● 심각한 우울, 스트레스 및 불안 장애

몇몇 장애가 원인으로 제시되기는 하지만 대량학살에 대한 연구가 많지 않아 확실한 결과는 제시하지 못하고 있다. 한편 몇몇 변인이 여러 연구에서 공통적으로 제시되고 있는데 스스로 핍박을 받았거나 학대를 받았다는 감정과 이에 대해 복수하고자 하는 욕망 등이 해당된다(Fox & Levin, 2014; Knoll, 2010). 사실 대량학살자들이 어떤 심리적 장애를 가지고 있든 이러한 감정에 의해 충동을 느끼게 된다. 많은 임상연구자들은 진단보다는 특정 감정을 찾아내고 이해하는 것에 초점을 맞추어야 한다고 반복적으로 점점 더 강력하게 주장한다.

확실히 임상연구는 거대한 사회적 문제 영역에 초점을 확대시켜야 한다. 대량학살자 중 소수만이 살아남기 때문에 연구하기가 어렵지만 임상 분야에는 다른 어려운 영역에서도 유용한 자료들을 찾아내 왔다. 실제로 앞부분에서 언급한 끔찍한 사건 이후에 임상연구자 사회에서 이에 대한 연구 및 참여가 매우 높아졌다.

할 수도 있다. 흥미롭게도 이 장애를 가진 약물 사용자들은 약물을 시작하고 지속하는 이유에 대해 약물의 오락적 측면을 자주 이야기한다.

이론가들은 반사회성 성격장애를 어떻게 설명하는가 반사회성 성격장애에 대한 설명으로 정신역동적·행동적·생물학적 모델이 있다. 다른 성격장애와 마찬가지로 정신역동이론가들은 이 장애가 유아기 부모의 애정결핍에서 시작되어 기본적인 신뢰 상실로 이어진다고 하였다(Meloy & Yakeley, 2010; Sperry, 2003). 이런 관점에서 어떤 아동—반사회성 성격장애를 발달시키는—은 초기 부적절감에 대해 정서적 거리두기로 반응하고 권력과 파괴를 사용해서 다른 사람과 연결을 꾀한다. 정신역동적 이론을 지지하는 연구자들은 이 장애를 가진 사람들이 다른 사람들보다 아동기에 더 많은 스트레스를 받았고 특히 가난, 가정 폭력, 아동 학대, 부모 갈등과 이혼이 있었다는 것을 발견하였다(Kumari et al., 2014; Martens, 2005).

많은 행동이론가들은 반사회성 증상이 **모델링**이나 모방을 통해서 학습된다고 하였다(Gaynor & Baird, 2007). 그 증거로 연구자들은 반사회성 성격장애를 가진 사람의 부모가 반사회성 성격장애를 가지고 있는 비율이 더 높다는 점을 지적하였다(APA, 2013). 다른 행동주의자들은 어떤 부모들은 무심결에 자녀의 공격행동을 강화함으로써 반사회적 행동을 가르친다고 하였다(Kazdin, 2005). 아동이 부모의 요구나 명령에 대해 잘못 행동하거나 폭력적으로 반응하면 부모는 평정을 잃게 된다. 별 의미를 두지 않고 그들은 자녀에게 완고함과 심지어 폭력을 가르치고 있는 것이다.

인지적 관점에서 반사회성 성격장애를 가진 사람은 타인의 요구를 경시하는 태도를 가지고 있다고 본다(Elwood et al., 2004). 이러한 인생 철학은 우리가 인지하는 것보다 우리 사회에 더 많이 만연해 있다고 일부 학자들은 주장한다(표 13-2 참조). 인지이론가들은 나아가 이 장애를 가진 사람은 자신의 관점이 아닌 다른 사람의 관점을 수용하는 데 실제적인 어려움을 가진다고 주장한다(Herpertz & Bertsch, 2014).

마지막으로 연구에 따르면 생물학적 요인이 반사회성 성격장애에서 주요한 역할을 한다. 연구자들은 반사회적인 사람, 특히 충동적이고 공격적인 사람은 다른 사람에 비해 낮은 세로토닌 활동을 보인다고 하였다(Thompson et al., 2014). 이미 아는 바와 같이 충동성과 공격성은 모두 낮은 세로토닌 활동과 관련 있으며(252쪽 참조), 반사회성 성격장애를 가진 사람에게서 이러한 생물학적 요소가 존재한다는 것은 놀라운 일은 아니다.

다른 연구들을 보면, 이 장애를 가진 사람들은 전두엽 기능 결함을 나타낸다고 한다(Liu et al., 2014). 다른 기능 중에서 전두엽은 사람들이 계획하고 현실적인 책략을 실행하도록 하며 동정·판단 및 공감과 같은 특성을 경험하게 해 준다. 당연히 이런 특성은 반사회성 성격장애를 가진 사람들에게 부족한 것이다.

또 다른 연구에서 연구자들은 반사회성 성격장애를 가진 사람이 다른 사람보다 불안을 덜 경험하고 학습에 중요한 요소가 결여되어 있다는 점을 발견하였다(Blair et al., 2005). 이를 통해 왜 이들이 부정적 생활 경험으로 학습하거나 다른 사람의 정서적 단서에 주의를 돌리는 데 어려움을 겪는지 설명할 수 있다. 반사회성 성격장애를 가진 사람은 왜 다른 사람보다 불안을 덜 경험하는가? 대답은 생물학적 실제에서 다시 찾을 수 있다. 이 장애를 가진 연구 참여자들은 종종 경고나 스트레스 상황에서 뇌와 신체 각성이 더 낮게 나타난다(Thompson et al., 2014; Perdeci et al., 2010). 아마도 낮은 각성 때문에 이 사람들은 위협이나 정시적 상황에서 쉽게 주의가 돌려지고 영향을 받지 않게 되는 것 같다.

신체적 과소 각성으로 인해 반사회성 성격장애를 가진 사람은 다른 사람들보다 쉽게 위

> 오늘날 사회에서 개인의 요구를 경시하는 태도와 사건은 어떤 것이 있는가?

표 13-2

미국의 연간 증오범죄	
공격받는 집단	보고된 사건 수
인종/민족 집단	4,119
LGBT* 집단	1,318
종교집단	1,166
장애인 집단	102

*보편적으로 사용되는 레즈비언, 게이, 양성애자와 성전환자의 첫글자

출처 : U.S. Department of Justice, Federal Bureau of Investigation, 2013, 2012

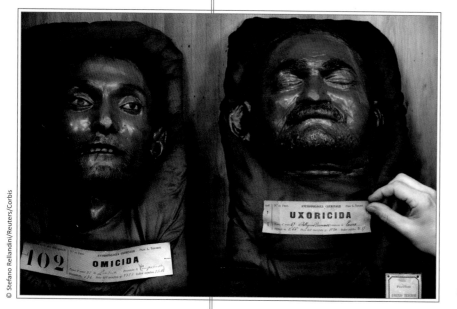

전혀 새롭지 않은 장애
이탈리아 토리노의 롬브로소박물관에서 직원이 왁스로 덮인 머리에 '아내 살인자'라고 쓰인 이름표를 부착하고 있다. 유럽 전역의 교도소에서 가져온 수백 명의 머리는 박물관의 선반을 따라 가며 각각 'Ladro(도둑)' 또는 'Omicida(살인자)' 같은 이름표가 붙어 있다. 이 전시는 19세기 정신 의학자 체사레 롬 브로소의 잔인하지만 범죄와 관련된 반사회적 행동의 본질에 대한 선구자적인 연구에서 나온 것이다.

험에 빠지고 아슬아슬함을 추구한다는 점은 생각해 볼 만하다. 즉 그들은 흥분과 각성에 대한 필요성에 부응하기 위해 반사회적 활동에 이끌릴 수 있다. 이 생각은 앞에서 살펴본 바와 같이 반사회성 성격장애가 자극추구 행동으로 이어지는 경우가 자주 있다는 것이 지지 증거가 된다.

반사회성 성격장애의 치료 반사회성 성격장애를 가진 사람의 치료는 일반적으로 효과가 없다(Black, 2015). 치료의 주요 장애물은 양심 결핍과 변화에 대한 동기 부족이다(Colli et al., 2014; Kantor, 2006). 치료를 받는 대부분이 고용주나 학교 혹은 법에 의해 강제적으로 오게 되고, 혹은 또 다른 심리적 장애가 발생했을 때 치료에 관심을 가지게 된다(Agronin, 2006).

일부 인지치료자들은 반사회성 성격장애를 가진 사람들로 하여금 도덕적 주제나 타인의 요구에 대해 생각해 보도록 이끌려고 노력한다(Beck & Weishaar, 2011; Weishaar & Beck, 2006). 유사하게 수많은 병원과 교도소에서 이 장애를 가진 사람들을 위해 다른 사람에 대한 책임감을 가르치는 구조화된 환경인 치료적 공동체를 만들려고 노력하였으나 허사였다(Harris & Rice, 2006). 어떤 환자들은 이러한 접근에서 도움을 받지만, 대부분은 그렇지 않다. 최근 몇 년 동안 임상가들은 반사회적 성격장애를 가진 사람을 치료하는 데 정신과적 약물, 특히 비전형 항정신병 약물을 사용하였다. 일부 보고에 의하면 약물이 이 장애의 일부 특성을 줄이는 데 도움이 되지만 이러한 주장에 대한 체계적인 연구가 더 필요하다(Brown et al., 2014; Thompson et al., 2014).

경계성 성격장애

경계성 성격장애(borderline personality disorder)를 가진 사람은 불안정성을 보이는데, 주요 기분의 변화, 불안정한 자기상과 충동성 등을 나타낸다(APA, 2013). 이러한 특성이 결합되어 관계를 매우 불안정하게 만든다(Paris, 2010, 2005). 엘렌 파버는 전형적인 문제를 경험하고 있다.

35세 독신 보험회사 임원인 엘린 파버는 우울증과 차를 타고 절벽으로 떨어지는 생각 때문에 대학병원 정신과 응급실에 왔다. 약간 체격이 있고 말투가 또렷하며 세련된 여성인 파버는 심각한 스트레스에 시달리고 있었다. 6개월 동안 우울감과 에너지 및 흥미 결핍이 지속되어 왔다고 하였다. 그녀는 자신의 몸이 납덩이 같고 최근에는 하루에 15~20시간을 침대에서 보낸다고 하였다. 매일 폭식을 하는데 초콜릿 케이크나 과자 한 상자를 다 먹어 치운다고 하였다. 청소년기 이후부터 간헐적으로 폭식을 하였으나 최근에는 빈도가 늘어서 지난 몇 달 동안 9kg의 체중 증가가 있었다. 과거 그녀의 체중은 다이어트를 하는 것에 따라 변화가 매우 많았다.

▶**경계성 성격장애** 대인관계, 자기상 및 기분에서의 반복적인 불안정성과 충동행동을 특징으로 하는 성격장애

파버는 재정적 어려움 때문에 증상이 생겼다고 하였다. 그녀는 응급실에 오기 2주 전 직장에서 해고당해서 가지고 있는 돈이 조금 밖에 없다고 하였다. 더 구체적으로 질문하자 이전 사장에게 150,000달러와 여러 은행에 100,000달러를 따로 빚지고 있었다. 연이어 질문해 보니 그녀는 언제나 돈 관리가 어려웠고 27세에 파산 선고를 받았다. 30~33세까지 회사의 신용카드로 주마다 '미친 듯이 쇼핑'을 하여 150,000달러의 빚을 지게 된 것이었다. 그녀는 만성적 외로움, 고독감과 슬픔을 돈으로 달래려 하였다. 일시적인 해방을 경험하면서 며칠에 한 번씩 값비싼 보석, 시계나 똑같은 신발 여러 켤레를 충동적으로 사들였다.

평생 동안 공허감 외에도 파버는 삶에서 만성적인 불확실감을 가지고 있었다. 원하는 것이 무엇이며 누구와 친하고 싶은지 분명하지 않았다. 많은 남성, 여성들과 단기간의 짧고 강렬한 관계를 맺었으나, 그녀의 욱하는 성질로 인해 잦은 다툼과 몸싸움이 일어났다. 자신의 어린 시절이 행복하고 걱정이 없었다고 생각했지만, 우울해지면 어머니로부터 받은 언어적 · 신체적 학대가 떠오르기 시작하였다.

(Spitzer et al., 1994, pp. 395-397)

엘렌 파버와 같이 경계성 성격장애를 가진 사람은 매우 우울했다가 불안하기도 하고 불안정한 상태가 몇 시간에서 며칠 혹은 그 이상 지속된다(표 13-3 참조). 쉽게 분노를 일으키는데 때때로 신체적 공격이나 폭력이 나타나기도 한다(Martino et al., 2015; Scott et al., 2014). 그러나 이들의 충동적 분노는 종종 자신을 향하면서 자신에게 신체적 손상을 입힌다. 많은 사람들이 깊은 공허감에 시달린다.

경계성 성격장애는 복합적인 장애로서 임상 장면에서 더 흔하게 나타난다. 정신병원 응급실에 있는 많은 환자가 이 장애를 가진 사람들인데 의도적으로 자해를 하기도 한다. 그들의 충동적이고 자기 파괴적인 행동으로는 알코올과 약물 남용에서 비행, 난잡한 성관계와 위험한 운전 등이 포함된다(Kienast et al., 2014; Coffey et al., 2011). 많은 사람들이 소위 자해 혹은 자기손상행동을 하는데 신체를 훼손하거나 화상을 입히기도 하고 머리를 박기도 한다(Turner et al., 2015). 제7장에서 본 것과 같이 이러한 행동은 전형적으로 즉각적인 신체적 고통을 동반하며, 경계성 성격장애를 가진 사람은 종종 신체적 불편감이 정서적

표 13-3

성격장애 비교

	군집	유사장애	치료에 대한 반응
편집성	기묘한	조현병, 망상장애	약간
조현성	기묘한	조현병, 망상장애	약간
조현형	기묘한	조현병, 망상장애	약간
반사회성	극적인	품행장애	거의 없는
경계성	극적인	우울장애, 양극성장애	중간
연극성	극적인	신체증상장애, 우울장애	약간
자기애성	극적인	순환성장애(경도 양극성장애)	거의 없는
회피성	불안한	사회불안장애	중간
의존성	불안한	분리불안장애, 우울장애	중간
강박성	불안한	강박장애	중간

고통을 덜어 주는 것처럼 느낀다. 이는 정서적 흥분 상태에서 주의를 다른 곳으로 돌리게 해 주어 '정서적 과부하' 상태에서 기운을 '차리게' 해 주기도 한다(Sadeh et al., 2014). 많은 사람들이 자신의 공허감, 무료함과 정체감 혼란과 같은 만성적 감정을 해소하려고 자신에게 해를 입히려는 시도를 한다. 흉터와 타박상이 이들에게 정서적 어려움에 대한 일련의 구체적 증거가 되기도 한다(Paris, 2010, 2005).

자살 위협과 시도도 많이 나타난다(Amore et al., 2014; Zimmerman et al., 2014). 연구에 따르면 경계성 성격장애를 가진 사람의 75%가 최소 한 번 이상 자살시도를 하는데, 보통 10%는 실제 자살을 한다. 이 장애를 가진 사람들은 보통 자살시도 후에 응급실을 가게 되면서 처음 치료에 들어가게 된다.

경계성 성격장애를 가진 사람들은 관계에서 심한 갈등을 자주 경험하는데, 이들은 남들과 항상 감정을 공유하지는 않는다. 단지 짧은 첫 만남 후에 다른 사람의 인격과 능력에 대해 이상화하기도 한다. 또한 관계에서 경계를 침범한다(Lazarus et al., 2014). 자신의 기대가 충족되지 않으면 쉽게 거부당했다고 느끼고 노여워하는데, 그러면서도 여전히 관계에 매달려 있다(Berenson et al., 2011). 사실 이 장애를 가진 사람들은 버림받는 것에 대한 지속적인 두려움을 가지고 있으며 실제적인 혹은 상상 속의 버림을 받지 않기 위해 필사적인 노력을 기울인다(Gunderson, 2011). 때때로 이들은 파트너가 떠나지 못하게 하려고 신체를 훼손하거나 다른 자기 파괴적인 행동을 한다.

경계성 성격장애를 가진 사람은 극적인 정체감 혼란을 경험한다. 자신에 대한 불안정감으로 인해 목표가 빠르게 변하고 열정적 우정과 성적인 지향성에 있어서까지 급속하게 변화가 일어난다(Westen et al., 2011; Skodol, 2005). 때로는 자신이 아무것도 아닌 것처럼 느껴지면서 앞에서 기술한 공허감에 빠진다.

조사에 따르면 전체 성인의 5.9%가 경계성 성격장애로 고통받고 있다(Zanarini et al., 2014; Sansone & Sansone, 2011). 진단을 받은 환자의 75% 정도가 여성이다(Gunderson, 2011). 과정은 사람마다 다르지만, 가장 일반적인 패턴은 젊은 시절에 불안정감과 자살 위험을 보이다가 나이가 들어가면서 나아진다(APA, 2013). 경계성 성격장애를 가진 사람의 혼란스럽고 불안정한 관계 특성을 감안해 볼 때, 이 장애가 다른 성격장애보다 직무 수행을 더 많이 방해한다는 것은 놀라운 일은 아니다(Hengartner et al., 2014).

영화 속 성격장애

베스트셀러 회고록에 기초한 1999년 영화 '처음 만나는 자유'의 한 장면에서 수잔나 케이슨(왼쪽, 위노나 라이더가 연기함)이 정신과 병동에서 리사 로위(안젤리나 졸리가 연기함)에게 위협받고 있다. 케이슨은 최근에 자살시도를 하였고 경계성 성격장애라는 진단을 병원에서 받았으며, 로위의 진단은 반사회성 성격장애였다. 그러나 로위의 분노, 극적인 기분 변화, 충동성과 다른 증상은 실제로 케이슨보다 경계성 성격장애 특징에 더 잘 들어맞는다.

이론가들은 경계성 성격장애를 어떻게 설명하는가 경계성 성격장애를 가진 수많은 사람들이 버림받음에 대한 두려움으로 심한 고통을 받기 때문에 정신역동이론가들은 이 장애를 초기 부모관계에서 살펴보았다(Gabbard, 2010). 예를 들어 대상관계이론가들은 초기에 부모로부터 수용받지 못하여 자존감 상실, 의존성 증가, 분리에 대한 대처 능력 부족 등이 나타난다고 가정하였다(Caligor & Clarkin, 2010).

연구들을 통해 이 장애를 가진 사람의 초기 아동기는 이러한 관점에 일치한다는 점이 밝혀졌다. 많은 사례에서 이러한 사람들의 부모는 이들을 돌보지 않았거나 거부하였으며 언어적으로 학대하거나 부적절하게 행동하였다

Suzanne Tenner/Columbia Tristar/The Kobal Collection

(Martín-Blanco et al., 2014). 이들의 아동기는 종
종 부모가 여러 번 바뀌거나 이혼, 죽음 혹은 신
체적·성적 학대와 같은 외상들로 특징지어진다
(Newnham & Janca, 2014; Huang et al., 2010). 동
시에 신체적 학대, 성적 학대 혹은 심리적 학대를
당한 사람들 대다수가 경계성 성격장애로 이어지
지 않았다는 것을 인지하는 것은 중요하다(Skodol,
2005).

경계성 성격장애의 몇 가지 특징은 **편도체**(뇌에
서 유일하게 두려움 및 기타 부정적 감정과 밀접
하게 관련된 뇌 구조)의 과도한 반응과 계획, 자
기통제, 의사결정과 관련된 영역인 **전전두엽**의 낮
은 활성화 같은 생물학적 비정상성과도 연관된다
(Mitchell et al., 2014; Stone, 2014). 더욱이 특히

어려움 속의 공주
짧은 인생 동안, 특히 그녀의 수많은 자선 노력
과 인간적 행동으로 수백만 명의 사람들에게 존
경을 받았던 다이애나 왕세자비는 책과 인터뷰
를 통해 심리적인 문제 또한 가지고 있었음이
드러났다. 1997년 그녀의 죽음 이후 그녀의 문
제를 진단하고 설명하는 것은 임상 현장의 내
외부에서 공통된 관행이 되었다. 그녀의 자해
행동, 경계성 성격장애 가능성과 섭식행동 문
제 등이 가장 주목을 받았다.

충동적인 경계성 성격장애를 가진 사람들—자살시도를 하거나 타인에게 매우 공격적인
사람들—은 뇌의 세로토닌 활동이 낮았다(Soloff et al., 2014). 이러한 생물학적 발견과 함
께 경계성 성격장애를 가진 사람의 가족은 일반집단에 비해 동일한 성격장애 발생 비율이
거의 5배가 되었다(Amad et al., 2014; Torgersen, 2000, 1984).

현재 많은 이론가들은 경계성 성격장애를 설명하는 데 **생물사회이론**을 사용한다(Neacsiu
& Linehan, 2014). 이 관점에 따르면 장애는 내부적인 힘(예 : 정서를 규명하고 통제하는
것의 어려움, 사회기술 결핍, 비정상적인 신경전달물질 반응)과 외부적인 힘(예 : 아동의
정서를 처벌하거나 방임하거나 하찮게 여기거나 무시하는 환경)의 조합으로 나타난다. 만
약 아동이 자신의 감정을 인식하고 통제하는 데 생래적인 어려움을 가지고 있으며 부모는
아이들에게 강한 감정은 무시하라고 가르친다면, 아동은 결코 정서적 각성을 적절하게 인
식하고 조절하거나 정서적 불편을 감내하는 법을 배울 수 없다(Herpertz & Bertsch, 2014;
Lazarus et al., 2014). 바꾸어 말하면 이러한 아동은 경계성 성격장애를 발달시킬 위험에 처
해 있게 되는 것이다(Gill & Warburton, 2014).

생물사회이론은 섭식장애를 설명하는 이론과 유사하다. 제9장에서 본 바와 같이, 이론
가인 Hilde Bruch는 부모가 아동의 내적 단서에 정확하게 반응하지 않으면 아동은 배고픔
의 신호를 어떻게 보내야 하는지 배울 수가 없으며 이로 인해 섭식장애가 발달될 위험이
커진다고 보았다. 경계성 성격장애를 가진 많은 사람들이 섭식장애도 보인다는 점은 그리
놀랍지 않다(Gabriel & Waller, 2014). 엘린 파버의 역기능적인 섭식 패턴이 한 예가 될 것
이다.

마지막으로 일부 사회문화이론가들은 경계성 성격장애 사례는 특히 빠르게 변화하는
문화에서 발생한다고 주장한다. 문화가 안정성을 잃으면 필수 불가결하게 그에 속한 사람
들은 정체성 문제, 공허감, 높은 수준의 불안과 버림받음에 대한 불안을 가지게 된다. 가족
이 해체되면서 소속감은 사라지게 된다. 이러한 사회적 변화가 오늘날 이 장애가 증가하는
데 기여하고 있는 것 같다(Millon, 2011).

경계성 성격장애의 치료 심리치료는 실제로 경계성 성격장애를 가진 사람에게 어느 정도

숨은 뜻 읽어내기

'경계성'은 어디쯤인가?
1938년 정신분석가인 Adolph Stern이
'경계성'이라는 용어를 처음 소개했다. 그는
'신경증적' 환자보다 조금 더 심각한 환자를
묘사하는 데 이 용어를 사용했다. 그 이후
현재까지 사용되고 있다.

치료 효과가 있다(McMain, 2015; Neville, 2014). 그러나 경계성 환자의 의존과 분노를 공감하는 것과 이들의 사고방식에 도전하는 것 사이에서 균형을 잡는 것은 치료자에게 매우 어려운 일이다(Goodman et al., 2014). 이 장애를 가진 내담자의 불안정한 대인관계 태도 역시 치료자들로 하여금 협력적인 치료관계를 수립하기 어렵게 만든다. 더욱이 경계성 성격장애를 가진 내담자들은 내담자-치료자 관계의 경계를 침범할 수도 있다(예 : 치료자의 응급 전화번호를 덜 급한 상황에 사용)(Colli et al., 2014).

지난 20여 년 동안 **변증법적 행동치료(DBT)**라고 하는 경계성 성격장애 환자의 통합적 치료가 많은 연구들에서 지지되어 현재 많은 임상 현장에서 치료로 선택되고 있다(Linehan et al., 2015, 2006, 2002, 2001). DBT는 심리학자인 Marsha Linehan 박사가 개발한 치료법으로 주로 인지행동치료 모델에서 발전하였다(언론보도 참조). 다른 장애들에 적용되는 것과 동일한 인지행동기법, 즉 숙제, 심리교육, 사회기술 교습, 치료자 모델링, 목표 설정, 내담자와 치료자가 함께 내담자의 사고방식을 점검하는 것이 포함된다.

더불어 DBT는 인본주의 접근과 현대 정신역동적 접근을 상당 부분 차용하고 있어서 내담자-치료자 관계 자체를 치료적 상호작용의 중심에 놓고 동시에 적절한 치료적 경계를 견고히 세우면서 내담자가 수용되고 타당성을 인정받는 환경을 제공한다. 실제로 DBT 치료자들은 정기적으로 경계성 성격장애 내담자들과 그들이 경험하는 정서적 동요에 공감해 주면서 내담자의 불평이나 요구 속에서 핵심이 되는 진리를 찾아내고 타당한 욕구를 표현하는 대안 방법을 모색한다.

DBT에는 사회기술 훈련집단이 추가될 수 있다(Roney & Cannon, 2014). 거기에서 내담자는 안전한 환경에서 타인과 관계 맺는 새로운 방식을 훈련하며 동시에 다른 집단원들로부터 타당성을 검증받고 동시에 지지를 받는다.

경계성 성격장애에 대한 다른 치료법보다 DBT가 연구에서 더 많이 지지되었다(Neacsiu & Linehan, 2014; Roepke et al., 2011). DBT 치료를 받는 많은 내담자들은 스트레스 감내력이 증가되었고 새롭고 더 적절한 사회기술을 발달시켰으며 삶 속에서 좀 더 효과적으로 반응하며 보다 안정된 정체감을 발달시킨다. 또한 자해행동이나 입원 횟수가 다른 치료를 받는 사람에 비해 훨씬 줄어들기도 한다(Linehan, 2015). 또한 DBT 내담자들은 이 치료에 더 많이 남아 있으며 화를 덜 내고 사회적으로 더 만족하며 직무수행이 향상되면서 약물남용도 감소된다(Rizvi et al., 2011).

항우울제, 항양극성 약물, 항불안제와 항정신병 약물도 경계성 성격장애를 가진 사람의 정서적·공격적 폭풍을 잠재우는 데 도움을 준다(Bridler et al., 2015; Knappich et al., 2014). 그러나 이 장애를 가진 사람들의 수많은 자살시도를 감안해 볼 때 외래 환자의 약물 사용은 논쟁의 여지가 있다(Gunderson, 2011). 오늘날 많은 전문가들은 경계성 성격장애 환자에 대한 약물치료는 반드시 심리치료적 접근과 함께 이루어져야 한다고 믿으며, 실제로 많은 내담자들이 심리치료와 약물치료 결합 형태에서 도움을 받는 듯하다(Omar et al., 2014).

"너는 오늘 나를 이해해 줘야 할 거야. 내가 오늘 정신차렸거든."

언론보도

치료자로서의 환자

Benedict Carey, 뉴욕타임스, 2011년 6월 23일 게재

68세인 마샤 M. 리네한은 지난주 처음으로 대중 앞에서 자신의 살아온 이야기를 꺼내 놓았다. 리네한 박사는 때로는 경계성 성격장애로 인해, 또는 이해할 수 없는 자기 파괴적 충동으로 인해 만성적으로 자살하려는 사람들을 구원하려는 사명으로 나섰다. "솔직히 내가 스스로를 치료했던 시점이 실감이 나지 않아요. 오랜 세월 동안 정말로 내가 필요로 했지만 찾을 수 없었던 치료법을 제가 개발한 것은 사실이라고 생각해요."

그녀는 갇힌 방 안에서 벽에 머리를 부딪혀 가는 힘겨운 과정 속에서 정신장애의 주요한 비극을 알게 되었다.

심리학자 마샤 리네한

Damon Winter/The New York Times/Redux Pictures

1961년 3월 9일 마샤는 17세의 나이로 요양기관에 들어갔고 곧바로 가장 심한 중중 환자 병동인 톰슨투 병동의 안정실에 수용되었다. 병원 직원이 보기에 별다른 대안이 없어 보였다. 소녀는 습관적으로 스스로를 잔인하게 공격했는데 담배로 팔목을 지지고, 팔다리 및 복부를 무조건 손에 잡히는 날카로운 물건으로 그어 댔다.

안정실에는 그런 흉기가 없었다. 그러나 죽고 싶은 충동은 깊어져만 갔다.

"나는 지옥에 있었어요. 그리고 나는 맹세를 했지요. 내가 나가면 다시 와서 여기 있는 것들을 다 없애버릴 거라고."라고 그녀가 말했다.

급진적 수용

외부 세상에 나갈 기회가 거의 주어지지 않던 끔찍한 20년의 세월이 지나고 수용소를 떠난 것은 1967년이었다. "교회에서 무릎을 꿇고 있던 어느 날 십자가를 보는데 주변이 다 금색으로 변하고 갑자기 무언가 내 안으로 들어오는 것 같았어요. 정말 전율이 느껴지는 경험이었지요. 내 방으로 뛰어들어 가서 말했지요. 나는 나를 사랑한다. 나는 변화되었다."

무엇이 달라졌는가?

심리학 공부를 해서 1971년에 로욜라에서 박사학위를 받았고 해답을 발견했다. 겉으로 보기에도 분명해 보였다. 스스로를 있는 그대로 수용했다. 현재 그녀가 급진적 수용이라고 하는 기본 아이디어가 버팔로자살클리닉에서 환자를 치료하고 연구를 해 가면서 더욱 견고해졌다.

어떤 치료도 빠른 변화를 일으키거나 갑작스러운 통찰 혹은 사소한 수준일지라도 전율을 느끼게 하는 종교적 비전을 줄 수는 없었다. 그러나 리네한 박사는 그러는 척하는 것이 아니고 진정으로 삶을 수용하는 것과 현실이 어떠하든 변화해야 된다는 필요성이라는 서로 달라보이는 2개의 원칙을 하나로 묶어 치료의 기초를 형성해 냈다.

그녀는 자신이 젊은 시절 받았던 진단인 경계성 성격장애를 가진 사람들을 치료하기로 결심했다.

그러나 미국 가톨릭대학교에서 1977년 워싱턴대학교로 옮기는 학문적 사다리를 올라가면서 수용과 변화만으로 충분하지 않다는 것을 자신의 경험을 통해 이해하였다. 그녀는 수년 동안 심리치료를 통해 지지와 지침을 얻었다.

리네한 박사가 개발한 고유의 치료 방법 — 현재는 변증법적 치료 혹은 DBT라고 함 — 에는 일상 기술이 포함되어 있다. 다른 행동치료에서 일상생활 기술을 차용해 오고, 거기에 부적절한 감정이 느껴질 때 정반대로 행동하는 '반대로 행동하기'와 마음챙김 명상 같은 요소를 덧붙였다.

1980~1990년대 워싱턴대학교와 여러 곳의 연구자들이 변증법적 치료 회기에 주마다 참석한 자살 위기에 있는 수백 명의 경계성 성격장애 환자를 추적하였다. 다른 전문가 치료를 받은 유사한 환자와 비교할 때 리네한 박사의 접근은 우세한 결과를 보였다. 환자들이 더 적은 자살시도를 하였고 병원에 덜 입원하였으며 치료에 더 오랫동안 잘 참여하였다. DBT는 범법자, 섭식장애와 약물중독 환자를 포함한 치료가 어려운 환자들에게 광범위하게 적용되고 있다.

아마도 리네한 박사는 스스로 과거를 이겨내고 자신의 과거를 대중 앞에 공개하는 가장 뛰어난 단계에 이른 것이다. "나는 지금 아주 행복한 사람입니다. 물론 여전히 기분이 오르락내리락하지요. 그렇지만 다른 사람들처럼 그런 수준입니다."

▶연극성 성격장애 과도한 정서 표현과 관심 추구 행동을 주 특징으로 하는 성격장애. '히스테리성 성격장애'라고도 함

연극성 성격장애

예전에는 히스테리성 성격장애라고 불렸던 **연극성 성격장애**(histrionic personality disorder)를 가진 사람은 극히 감정적이어서 보통 "정서적으로 장전되어 있다."고 묘사되며 끊임없이 주목의 대상이 되기를 추구한다(APA, 2013). 이들의 과장된 기분과 결핍이 삶을 심각할 정도로 복잡하게 만든다. 루신다의 사례를 보자.

이혼을 하게 되어 불행해진 루신다는 상담을 받기로 결정했다. 그녀는 속이 비치는 블라우스와 극히 짧은 치마의 매우 도발적인 복장을 입고 첫 번째 회기에 도착하였다. 머리에 공을 많이 들였으며 아주 세심하고 진한 화장을 하였다.

별거에 대해 이야기를 나누기 시작하면서 루신다는 자신을 신디라고 불러 달라고 요청하였다. "내 가장 친한 친구들은 나를 그렇게 불러요. 그러고 나면 나는 당신과 내가 아주 좋은 친구가 될 것이라는 생각이 들 것 같아요."라고 말했다. 그녀는 남편 모건이 갑자기 자신을 버렸다고 말했다. "아마 어떤 젊은 매춘부가 세뇌했을지도 모르지요." 그녀는 연극톤으로 자신들의 결별을 설명해 나갔다. 5분 정도 동안 그녀의 목소리는 속삭이다가 고통스럽게 울다가 또다시 속삭임으로 바뀌었다. 어떤 부분에서는 손을 극적으로 흔들어 대다가 다른 부분에서는 아무 말도 안 하고 가만히 앉아 있었다. 그녀는 무대 중앙에 있는 것처럼 보였다.

루신다는 모건이 처음 이혼을 원한다고 말했을 때 뭐가 무엇인지 알 수 없었다고 말했다. 통증이 선명히 느껴졌었다. 어쨌든 그들은 '믿지 못할 만큼 그리고 다시 있을 수 없으리만큼' 친밀했고 그는 자신에게 너무 헌신적이었다고 했다. 처음에 그녀는 심지어 없어져버려야겠다는 생각을 했다고 말했다. 그러나 물론 그녀는 자신이 힘을 내야 한다는 것을 알고 있었다. 많은 사람들이 그녀가 강해지기를 원했다. 많은 사람들이 그녀를 의지했는데, 특히 그녀의 '친애하는 친구들'과 그녀의 여동생이 그러했다. 그녀는 그들 모두와 깊고 특별한 관계를 가졌다.

그녀는 치료사에게 모건이 없다면 정서적으로 그리고 다른 모든 면에서 그녀를 보살필 사람이 필요하다고 말했다. 그리고 치료사에게 자신이 30세의 여성처럼 보이는지 물었다. 대답하기를 거부하자 그녀는 말했다. "선생님이 대답하면 안 되는 것을 알아요."

치료사가 모건과의 대화를 되짚어 살펴보려 시도했을 때, 루신다는 "그런 잔인한 이야기를 우리가 해야 되는 건가요?" 하며 '잔인'이라는 말을 강조하면서 자신이 '정신적 잔혹함'을 말하고 있다고 대답했다. 모건은 어쨌든 결혼생활을 하는 동안 자신의 부적절함과 가치 없음을 일깨웠으며 자신의 인생에서 좋은 모든 것은 그에게 기인한다고 말했다. 치료사가 이것이 그녀가 방금 모건과 결혼생활에 대해 말한 장미빛 그림과 모순된 것 같다고 말하자 그녀는 신속하게 주제를 바꾸었다.

회기가 끝나갈때 치료사는 자신이 모건을 만나는 것이 좋겠다는 의견을 말했다. 그녀는 "그러면 그에게 경쟁자가 있다는 것을 알게 될거야!"라면서 좋아했다.

며칠 후 치료사가 모건을 만났을 때 아주 다른 이야기를 들었다. 그는 "나는 정말로 신디를 사랑했고 여전히 그렇습니다. 하지만 그녀는 언제나 자제심을 잃고 폭발을 해요. 내가 나쁘다거나 내가 그녀를 걱정하지 않는다고 말합니다. 그녀는 내가 종종 직장에서 너무 많은 시간을 보낸다는 불평을 하고 제게 일주일에 30시간 이상을 절대로 일하지 말라고 강요를 하죠. 자신을 만족시키기에 시간이 너무 적다고 해요. 나는 이제 그녀와 더 이상 인생을 함께할 수 없어요. 완전히 지쳐버렸어요."

모건은 또한 루신다는 친한 친구가 거의 없다고 했다. 그녀와 여동생은 한 달에 한 번 정도 전화를 하고 일년에 2번 정도 만난다고 했다. 그는 그녀가 사람들로부터 많은 관심을 받는 점을 인정했다. 그러나 그는 "그녀가 어떻게 옷을 입고 얼마나 꾸준히 유혹하는지 보세요. 그렇게 하면 한동안 사람들의 관심을 끌어 사람들을 주변에 있게 하지요."라고 말했다.

숨은 뜻 읽어내기

명언

"자신을 사랑하는 것이 낭만적인 삶의 시작이다."

오스카 와일드, 이상적인 남편, 1895

연극성 성격장애를 가진 사람은 언제나 '무대 위'에 있는 상태로, 연극적인 제스처와 행동을 나타내며 거창한 언어로 자신의 일상을 기술한다. 다른 사람에게 매력적이고 인상적으로 보이기 위해 지속적으로 자신을 바꾼다. 최근 유행에 따라 자신의 외양을 바꿀 뿐 아니라 자신의 의견이나 신념도 바꾼다. 사실 이들의 말에는 상세한 부분과 본질이 빠져 있고 실제로 자신이 누군가라는 감각도 결여되어 보인다.

승인받고 칭찬받는 것이 이 사람들의 생명줄이다. 언제나 자신의 과장된 감정 상태를 지켜봐 줄 누군가가 있어야 한다. 허영심이 많고 자기중심적이며 요구적이고 오랜 시간 만족 지연을 하지 못하는 이들은 자신이 주목받지 못하게 되는 사소한 사건에 대해서도 과잉 반응한다. 어떤 사람은 다른 사람을 조종하려는 의도에서 종종 자살시도를 하기도 한다(APA, 2013).

이 장애를 가진 사람은 자신의 신체적 질환이나 피로감을 과장하면서 주의를 끌기도 한다. 또한 매우 친밀하게 행동하며 성적 유혹을 통해 자신의 목적을 달성하려고도 한다. 대부분은 자신의 외모가 어떻고 다른 사람들이 어떻게 지각하는지에 강박적으로 집착하면서 눈에 띄는 화려한 옷차림을 한다. 관계의 깊이를 과장해서 실제로는 그냥 아는 정도의 사람인데 자신과 그들이 친밀한 관계라고 생각한다. 종종 감정적으로 흥분을 주기는 하지만 자신에게 잘해 주지 않는 낭만적 파트너에게 빠지기도 한다.

이 장애는 남성보다는 여성에게서 더 많이 나타나는 것으로 알려져 있으며, 임상가들은 오랫동안 '히스테리적 아내'라고 기술해 왔다(Anderson et al., 2001). 그러나 연구에 의하면 과거 진단에서 성에 따른 편견이 있었음이 드러났다(APA, 2013). 연극적 특성과 반사회적 특성을 함께 가지고 있는 사람의 사례를 평가할 때 임상가들은 남성보다 여성에게 연극성 성격장애 진단을 더 많이 내렸다. 최근 통계치에 따르면 성인의 1.8%가 이 성격장애를 가지고 있으며 남녀가 동일한 비율을 가진다(APA, 2013; Sansone & Sansone, 2011).

이론가들은 연극성 성격장애를 어떻게 설명하는가 정신역동적 관점은 원래 히스테리 사례를 설명하기 위해 발달하였고(제8장 참조), 이 정신역동이론가들이 여전히 연극성 성격장애에 강한 흥미를 가지고 있다는 것은 놀랄 만한 일은 아니다. 대부분의 정신역동이론가들에 따르면, 이 장애를 가진 사람은 아동기에 차갑고 통제하는 부모 밑에서 사랑받지 못한다는 감정과 버려짐에 대한 두려움을 가졌다(Horowitz & Lerner, 2010; Bender et al., 2001). 깊이 자리 잡은 상실의 두려움을 방어하기 위해 극적으로 행동하면서 다른 사람이 적극적으로 도와야 하는 위기 상황을 만들어 내는 것을 학습한 것이다.

인지적인 설명에서는 연극성 성격장애를 가진 사람에게서 보이는 본질 결여와 극도의 암시성에 대해 다루었다. 인지 이론에 따르면 이들은 자기 초점화되어 있고 감정적이기 때문에 전반적으로 세상에 대해 아는 바가 점점 더 적어진다. 결코 학습한 적이 없는 상세한 부분에 대한 기억 부재로 인해 이들은 세상에 대한 방향성을 얻기 위해서는 육감이나 다른 사람에게 의존해야만 한다(Blagov et al., 2007). 일부 인지이론가들은 이 장애를 가진 사람들이 자신을 스스로 돌보기에 무력하다는 생각을 가지고 있기 때문에 자신의 욕구에 부응

© Jim Sugar/Corbis

간헐적인 히스테리 증상

이 열렬한 해리 포터 팬들은 이 책의 시리즈가 나오자 한밤중임도 잊고 지나치게 호들갑을 떨며 흥분해 있다. 졸도, 전율, 심지어 전환 증상과 유사한 반응이 1940년대 아이돌 음악공연에서 매우 보편적으로 나타났다. 이 팬들의 행동이 매체를 통해 성격장애나 신체형 장애에 붙이는 것과 같이 광란적 혹은 연극적이라는 이름이 붙어 보도되는 것은 놀랄 일이 아니다.

숨은 뜻 읽어내기

명언

"연극성 성격을 가진 사람은 매사에 너무 많은 의미를 부여하고 우울한 사람은 너무 적게 부여한다."

메이슨 쿨리, 미국 격언작가

숨은 뜻 읽어내기

허영의 초상화

1746~1766년 동안 덴마크의 프레더릭 5세는 칼 필로라는 화가에게 자신의 초상화를 최소 70번 그리게 하였다.

(Shaw, 2004).

해 줄 다른 사람을 찾는다고 가정한다(Weishaar & Beck, 2006; Beck et al., 2004).

사회문화적, 특히 다문화적 이론가들은 연극성 성격장애는 부분적으로 문화적 규준과 기대에서 기인한다고 믿는다. 최근까지 우리 사회는 소녀들이 자라면서도 여전히 어린아이 같음과 의존성을 유지할 것을 장려한다. 허영심 있고 극적이며 이기적인 이들의 성격은 실제로는 이미 사회가 규정한 여성성이 극대화된 것이라고 할 수 있다(Fowler et al., 2007). 유사하게 일부 임상가들은 연극성 성격장애가 성적으로 드러내는 것을 장려하지 않는 아시아와 다른 문화에서는 더 적게 진단되고, 성적으로 드러내는 것에 관대한 히스패닉계 미국인과 라틴아메리카 문화에서 더 많이 진단된다고 주장한다(Patrick, 2007; Trull & Widiger, 2003). 그러나 연구자들이 이 주장에 대해 체계적으로 연구하지는 않았다.

연극성 성격장애의 치료 연극성 성격장애를 가진 사람은 다른 성격장애를 가진 사람들보다 스스로 치료를 받으러 오는 경우가 많아 보인다(Tyrer et al., 2003). 그러나 이들이 나타내는 요구, 감정 폭발과 유혹 등으로 인해 이들에 대한 치료는 매우 어렵다. 또 다른 문제는 이들이 단지 치료자를 기쁘게 하려는 의도로 치료에서 중요한 통찰을 얻었거나 변화가 일어난 척한다는 점이다. 이러한 문제를 해결하기 위해서 치료자는 객관성을 유지하면서 엄격한 치료적 경계를 유지해야 한다(Colli et al., 2014; Blagov et al., 2007).

인지치료자들은 이 장애를 가진 사람들이 자신이 무기력하다는 신념을 바꾸고 더 낮고 정확한 사고방식을 가지고 문제를 잘 해결하도록 돕기 위해 애쓴다(Weishaar & Beck, 2006; Beck et al., 2004). 정신역동적 치료와 다양한 집단치료도 적용될 수 있다(Horowitz & Lerner, 2010). 이러한 모든 접근 속에서 치료자는 궁극적으로 내담자로 하여금 극도의 의존성을 인지하고 내적 만족을 추구하여 좀 더 독립적이 되도록 돕는 데 목적을 둔다. 임상 사례 보고에 따르면 어떤 접근들은 유용하기도 하다. 약물치료는 일부 환자가 경험하는 우울 증상을 완화하려는 목적 외에는 그다지 성공적이지 않다(Bock et al., 2010; Grossman, 2004).

자기애성 성격장애

자기애성 성격장애(narcissistic personality disorder)를 가진 사람은 일반적으로 거드름을 피우며 많은 존중을 요구하고 다른 사람에게 공감하지 못한다(APA, 2013). 자신의 탁월한 성공, 권력 혹은 아름다움에 대해 확신하며 주변 사람들로부터 지속적인 관심과 칭송을 기대한다. 이 장 초반에서 살펴본 프레더릭이 그러한 사람이다. 다음 사례인 30세의 예술가 스티븐은 결혼하였으며 한 아이를 가지고 있다.

> 스티븐은 아내가 부부상담이 필요하다고 주장해서 치료자에게 왔다. 아내에 따르면 스티븐은 '이기적이고 자신의 일에만 빠져 있는' 사람이었다. 집의 모든 일은 '오직 그의 평안, 기분과 욕구에 따라 움직여야만' 했다. 그는 약간의 수입을 제외하면 결혼생활에 기여하는 바가 전혀 없다고 아내는 주장하였다. 그는 '보통'의 책임을 모두 게을리하였으며 '허드렛일은 언제나 모두 그녀에게' 던져졌다. 그녀는 '주방장과 설거지하는 사람의 역할'에 신물이 났고, '그의 어머니 노릇'과 '숙식을 제공하는 하녀 노릇'에 지쳤다고 하였다.
>
> 스티븐의 아내는 긍정적 측면으로 그가 기본적으로 점잖고 재능이 많고 똑똑하며 천성이 좋은 사람이라고 하였다. 그러나 이로는 충분하지 않았다. 그녀는 남편이 자신과 무언가를

▶**자기애성 성격장애** 과대망상, 선망 욕구, 공감 결여를 주 특징으로 하는 성격장애

나눌 수 있기를 원했다. 그러나 반대로, 그녀가 생각하기에 남편은 '아내가 아닌 어머니'를 원했다. 그는 '성장을 원하지 않았고 애정을 주는 방법을 몰랐다. 단지 좋을 때만 취하고, 그 이상도 그 이하도 아니었다.'

스티븐은 서글서글하고 자만하며 다소 다른 사람을 경시하는 젊은이의 모습을 가지고 있었다. 상업 작가로 취직하였으나 저녁시간과 주말에는 진지한 그림 그리기에 집중하기를 원했다. 창조적인 작업을 통하여 '스스로 충족하는 데' 자신의 모든 여가시간과 에너지를 쏟아야 한다고 주장하였다.

현재 동료들과 사회적으로 아는 사람들과의 관계는 즐겁고 만족스러웠지만 대부분의 사람이 자신을 '다소 자기중심적이고 차갑고 속물 근성이 있다'고 본다는 점은 받아들였다. 그는 자신의 생각과 감정을 타인과 어떻게 나누어야 할지 모른다는 점도 인식하였으며 사람들보다는 자신에게 더 많은 관심이 있으며 아마도 언제나 다른 사람과 함께하는 것보다 자기만의 '즐거움을 선호'한다는 점도 알고 있었다.

(Millon, 1969, pp. 261-262)

자기애성 성격장애를 가진 사람들은 자신의 성취와 재능을 과장하면서 다른 사람들이 자신을 우월하게 봐 주기를 기대하고 거만해 보이기도 한다. 이들은 친구나 동료를 매우 고르며 자신의 문제는 특별한 것이어서 다른 '특별한' 상위 계층 사람들만이 이해할 수 있는 것이라고 믿는다. 매력이 있어서 첫인상에 호감을 주는 경우가 많다. 그러나 결코 장기적인 관계를 맺지 못한다(Campbell & Miller, 2011).

스티븐과 같이 자기애성 성격장애를 가진 사람은 다른 사람의 감정에 거의 관심이 없다. 그들은 그러한 감정에 공감조차 할 수 없을 것이다(Marcoux et al., 2014; Roepke & Vater, 2014). 많은 사람들이 자신의 목적을 위해 다른 사람을 이용하고 아마도 부분적으로는 질투심에서 그럴 수도 있으며 동시에 다른 사람들이 자신을 시기한다고 믿는다. 일부 사람들은 화가 나거나 창피한 상황에서 경험하는 비난 혹은 좌절에 대해 거드름으로 반응한다(APA, 2013). 또 다른 사람들은 차가운 무심함으로 나타내기도 한다. 또 다른 사람들은 극단적인 비관주의와 우울감으로 가득 차 있기도 하다. 이들에게는 기분 좋은 시기와 좌절감의 시기가 번갈아 나타난다(Ronningstam, 2011).

> 왜 사람들은 거들먹거리는 사기꾼, 즉 모조예술품 사기꾼, 보석 도둑에게 현혹되는가?

성인의 약 6.2%에서 자기애성 성격장애가 나타나며 75%가 남성이다(APA, 2013; Sansone & Sansone, 2011). 자기애적인 행동과 사고는 10대에서 보편적으로 나타나며, 이는 정상적인 반응이며 대부분 성인기 자기애로 이어지지는 않는다(마음공학 참조).

이론가들은 자기애성 성격장애를 어떻게 설명하는가 다른 사람들보다 정신역동이론가들이 자기애성 성격장애에 대한 이론을 잘 형성하고 있는데, 이들은 역시 차갑고 거부적인 부모에서부터 문제가 시작된다고 가정한다. 이러한 배경을 가진 일부 사람들은 불만족스럽고 거부적이며 무가치하고 세상에 대해 경계하는 마음으로 방어하며 삶을 보낸다(Roepke & Vater, 2014; Bornstein, 2005). 반복적으로 자신이 실제로는 완벽하고 이상적이라고 말하며 다른 사람들의 찬양을 촉구한다. 대상관계이론가들(관계를 강조하는 정신역동이론가들)은 과도한 자기상은 스스로 전적으로 충족되어 부모나 다른 누구와의 따뜻한 관계가 불필요하게 되는 것이라고 해석한다(Celani, 2014; Diamond & Meehan, 2013). 정신역동이론가들의 이론을 지지하는 연구가 보고되었는데, 학대받거나 부모가 다른 곳에 입양시키거나 이혼하거나 사망한 아동이 나중에 자기애성 성격장애를 발달시킬 위험성이 특히 높다고 하였다(Kernberg, 2010, 1992, 1989). 또한 일부 연구들에서 이 장애를 가진 사람들은 다른 사람들이 자신에게 근본적으로 도움이 되지 않는다고 생각되며 다양한 척도 중에서 거부 점수와 수치심 점수가 상대적으로 높게 나타난다고 하였다(Ritter et al., 2014; Bender et al., 2001).

많은 인지행동이론가들은 자기애성 성격장애는 초기에 지나치게 부정적으로 대우받았기보다는 지나치게 긍정적으로 대우받은 사람들에게서 발생한다고 가정한다. 어떤 사람들은 자신을 찬양하거나 맹목적으로 사랑하는 부모가 사소한 성취나 아무것도 아닌 것에 반복적으로 보상을 주면서 '자기 가치를 과대평가하도록' 가르칠 때 자신을 우위에 놓는 태도가 습득된다고 하였다(Millon, 2011; Sperry, 2003).

마지막으로 많은 사회문화이론가들은 자기애성 성격장애와 '자기애의 시대'를 연관지어 이야기한다(Paris, 2014). 이들에 따르면 어떤 사회에서 가족 가치와 사회적 기준이 주기적으로 붕괴되면서 자기중심적이고 물질주의적인 젊은 세대가 나타나게 된다. 특히 자기표현, 개인주의와 경쟁이 조장되는 서구사회는 자기애

> 서구사회의 어떤 특성이 오늘날 자기애적 행동의 증가에 기여하고 있을까?

의 세대가 나타날 소지가 더 높다. 사실 인터넷으로 시행된 전 세계를 대상으로 한 연구에서 미국 답변자들의 자기애 점수가 가장 높았으며, 그다음 순서가 유럽, 캐나다, 아시아와 중동이었다(Foster, et al., 2003).

자기애성 성격장애의 치료 자기애성 성격장애는 치료하기 가장 어려운 성격 패턴 중 하나이다. 내담자는 자신의 취약점을 인지할 수 없으며, 타인에 대한 자신의 행동을 평가할 수도 없고, 타인의 피드백을 받아들이지도 못한다(Campbell & Miller, 2011). 치료자에게 찾아오는 내담자는 다른 장애가 있기 때문인데, 우울증이 일반적이다(APA, 2013). 일단 치료에 들어와도 치료자가 자신의 우월감을 지지하도록 조정하려고 하기도 한다. 또한 어떤 사람들은 자신의 과장된 태도를 치료자에게 투사하여 치료자에 대한 애증의 태도를 발달시키기도 한다(Colli et al., 2014; Shapiro, 2004).

정신역동적 치료자들은 이 장애를 가진 사람들이 자신의 근본적인 불안정감과 방어를 인식하고 훈습하도록 돕는다(Diamond & Meehan, 2013; Messer & Abbass, 2010). 인지치료자들은 이 내담자들의 자기중심적 사고에 초점을 맞추는데, 다른 사람의 의견에 대해 초점의 방향을 다시 잡아 비판을 더 합리적으로 해석하도록 가르쳐 공감 능력을 길러주고 "모 아니면 도"라는 생각을 교정해 준다(Beck & Weishaar, 2014; Beck et al., 2004). 그러나 어느 접근도 확실하게 성공적이지는 않다(Paris, 2014).

Richard Cline/The New Yorker Collection/www.cartoonbank.com

"당신에게 반했지만 결국에는 내 자신에게 매료된 것이지요."

숨은 뜻 읽어내기

몰래 보기

22% 규칙적으로 상점 유리 같은 곳을 통해 자신의 모습을 점검하는 사람들의 비율

69% 이따금씩 몰래 보는 사람들의 비율

9% 절대로 공개적인 장소의 유리나 거울에서 자신을 보지 않는 사람들의 비율

(출처 : Kanner, 2005, 1995)

마음공학

셀카 : 자기애적인가, 아닌가

예술세계에서 사람들은 수세기 동안 자화상을 그려 왔다. 그러나 최근 몇 년 동안 디지털 기술은 자화상의 사촌격인 셀카의 시대를 열었다. 말하자면 모든 휴대전화 사용자가 셀카를 찍는다. 실제로 10대 중 90% 이상이 온라인에 자신의 사진을 게시했다(Pew Research Foundation, 2014). 이 셀프 사진들로 인해 옥스퍼드영어사전에서 'selfie'라는 단어는 '올해의 단어'로 선출되는 수준까지 되었다.

셀카 현상이 커짐에 따라 셀카에 대한 의견이 강해졌다. 사람들은 좋아하거나 싫어하는 것 같다. 이것은 심리학 분야에서도 마찬가지이다. 일부 심리학자들은 셀카를 자기애적 행동의 한 형태로 간주하지만 다른 사람들은 이를 좀 더 긍정적으로 본다.

첫째, 부정적인 관점은 이러하다. 많은 사회문화이론가들은 자기애성 성격장애와 사회적인 '자기애의 시대' 사이에 관계가 있다고 본다(Paris, 2014). 그들은 사회의 사회적 가치가 주기적으로 붕괴되어 자기중심적이고 물질주의적인 젊은 세대를 형성한다고 본다. 이 이론가 중 일부는 오늘날의 셀카세대가 자기애의 현재 시대에 대한 완벽한 예라고 생각한다. 이 이론은 많은 지지를 얻었지만 연구에 의해 뒷받침되지 않았다. 예를 들어, 한 연구 팀은 셀카 게시 숫자와 자기애성 성격 척도 점수 간에 전혀 관계가 없음을 발견했다(Alloway, 2014; Alloway et al., 2014).

Peter Bernik/Shutterstock

자기애적 관점에 대해 지지되지 않는다고 해서 셀카, 특히 반복된 셀카행동이 완전히 문제가 없다는 것을 의미하지는 않는다. 영향력 있는 공학심리학자인 Sherry Turkle(2013)은 자신의 사진을 찍는 유사 반사 본능은 환경에 보다 깊이 몰입하고 일어나는 일들을 깊이 있게 경험하는 데 한계를 가져다준다고 하였다(Eisold, 2013). Turkle은 셀카를 끝없이 게시하는 사람들은 비록 임상적 자기애의 수준까지는 아닐지라도 자신의 가치를 외부에서 확인받으려 한다고 하였다.

심리학자들은 또한 너무 많은 '셀카'를 게시하는 것은 SNS상 프로필을 보는 사람들을 불편하게 할 수도

> 행동의 다른 유행, 즉 디지털 혹은 다른 것들은 우리 사회가 현재 자기애의 시대에 있음을 시시하는가?

있다고 한다(Miller, 2013). 예를 들어 연구에 따르면 종종 페이스북에 사진을 지나치게 게시하는 친구 및 가족에 대한 부정적인 견해를 가지는 것으로 나타났다(Houghton, 2013).

긍정적인 측면에서 살펴보면 많은 심리학자들은 셀카 유행에 대한 비판과 우려가 과장되어 있다고 생각한다. 미디어심리학자인 Pamela Rutledge(2013)는 셀카를 '과학기술이 가능하게 해 준 자기 표현의 불가피한 산물'로 보았다. 그녀는 셀카를 찍는 행동은 디지털 이전 세대 사람들에게는 그저 혼란스러운 것이라고 생각했다. 또한 결론 내리기를 디지털 세대의 사람들에게 셀카 유행은 정체감 탐색을 향상시켜 주고 자신의 흥미를 찾는 데 도움이 되며 예술적 표현을 발달시키고 자신의 일상경험에 대한 의미있는 내러티브 창출을 도우며 보다 현실적인 신체상을 반영하는 데도 도움이 된다고 하였다(예 : 맨얼굴로 찍은 셀카 게시). 치료에서 셀카는 내담자가 스스로 꺼리는 문제를 이끌어 내는 발판이 될 수도 있다(Sifferlin, 2013).

간단히 말해서 앞서 읽은 다른 과학기술 동향처럼 셀카 현상은 지금까지 심리학연구자와 현장 전문가로부터 여러 점수가 혼합된 평가를 받았다.

▶ 요약

'극적인' 성격장애 DSM-5의 네 가지 성격장애는 매우 극적이고 감정적이거나 불안정한 증상이 주 특징이다. 반사회성 성격장애를 가진 사람은 타인의 권리를 무시하고 침해하는 패턴을 보인다. 효과적인 치료법은 알려져 있지 않다. 경계성 성격장애를 가진 사람은 불안정한 대인관계 패턴을 보이며 자기상과 기분도 불안정하며 극단적인 충동성을 동반한다. 특히 변증법적 행동치료(DBT)가 도움이 되고 증상 개선을 시키는 것 같다. 연극성 성격장애를 가진 사람은 극단적인 감정성과 관심추구 패턴을 보인다. 간혹 치료로 도움을 받은 임상 사례가 보고되고 있다. 마지막으로 자기애성 성격장애를 가진 사람은 과대성, 존경에 대한 요구와 공감 결여 패턴을 보인다. 가장 치료하기 어려운 장애 중 하나이다.

'불안한' 성격장애

'불안한' 성격장애의 군집에는 회피성·의존성·강박성 성격장애가 포함된다. 이 패턴을 가진 사람들은 보통 불안하고 겁먹은 행동을 나타낸다. 이 패턴을 가진 사람은 불안장애나 우울장애와 유사한 증상을 많이 보이지만 이 군집과 이러한 장애들 간의 직접적인 연관성이 밝혀지지는 않았다(O'Donohue et al., 2007). 다른 모든 성격장애와 마찬가지로 연구에 의해 다양하게 지지되지는 못하고 있다. 동시에 이 장애에 대한 치료는 중간 정도 도움이 된다고 보는데, 다른 성격장애보다는 훨씬 나은 수준이다.

회피성 성격장애

회피성 성격장애(avoidant personality disorder)를 가진 사람은 사회적 상황에서 매우 불편해하고 억제되어 있으며 부적절감에 압도되며 부정적 평가에 극도로 민감하다(APA, 2013). 거절에 대한 두려움이 너무 커서 거절당할 기회, 혹은 자신이 수용될 기회를 전혀 만들지 않는다.

말콤이 상담을 받으러 오게 된 것은 아마도 교수가 주관한 파티에서 다른 사람들과 전혀 어울릴 수 없는 자신에 대해 자각하게 된 일이 계기가 된 것 같다. 컴퓨터공학 대학원 1학기생인 말콤은 아무 말도 못하면서 새로운 학생이 들어와서 친밀하게 잘 어울리는 것을 지켜보았다. 절박하게 함께 어울리고 싶었지만 스스로 말하기를 "다른 사람과 어떻게 대화를 이어 나가야 할지 정말 아무것도 모르겠고 넋이 나간 것 같았다."고 했다. 거기에서 빠져 나가는 것만이 최선이라고 느꼈다. 그다음 월요일에 대학교 상담센터를 방문하였는데 그날 오전 첫 번째 강의에 들어가서 세상에서 겪어 본 가장 최악의 상황을 겪어야만 했고 그제서야 자신이 이 집단에서 어쨌든 해 나가야 한다는 것을 깨닫게 되면서 상담센터에 오게 되었다. 학부에 다닐 때는 컴퓨터 실습실에서 혼자 대부분의 시간을 새로운 프로그램을 만들면서 보냈고, 아무도 자신을 쳐다보지 않고 판단하지도 않는 상황을 즐기면서 지냈다. 이제는 강의 보조를 해야 되는 상황에서 여러 명의 청중 앞에서 자신이 바보 같게 되는 위험을 지속적으로 감내해야 된다는 것을 느꼈다.

　과거 사적인 관계에 대해 묻자 모든 상호작용이 좌절과 염려의 원천이 되었다고 하였다. 대학에 들어가기 위해 집을 떠나는 순간부터 혼자 살았고 혼자서 일하고 다른 사람과 대화하는 것이 불가능하다고 느꼈다. 사람들이 거부할 것이라고 미리 예상하였고, 이로 인해 강한 침울감을 경험하였다. 관계를 맺고 수용되기를 원하지만 말콤은 모든 정서적 관계로부터 안

▶회피성 성격장애 부적절감에 압도되고 부정적 평가에 극도로 민감하며, 사회적 상황에서 불편감을 지속적으로 느끼며 제약을 가지는 것을 주 특징으로 하는 성격장애

전 거리를 유지하였다. 지지를 받을 수 있는 원천인 다른 사람으로부터 거리를 유지하였다. 그는 비웃음을 당하게 되는 상황에 조심하는 방법을 터득했고 다른 사람이 보이는 아주 사소한 화까지도 민감하게 지각하였다.

(Millon, 2011)

말콤과 같은 사람은 사회적 접촉을 적극적으로 회피한다. 이러한 고립의 중심에는 비판, 승인받지 못함이나 거부에 대한 두려움이 있고 사회기술 부족은 그만큼 심하지는 않다. 사회적 상황에서 자신 없어 하고 바보 같은 말을 하거나 얼굴이 붉어지거나 잘못 행동해서 난처하게 되는 것을 두려워한다. 친밀한 관계에서도 수치를 당하거나 비웃음당할 것을 두려워하면서 매우 조심스러워한다.

이 장애를 가진 사람은 자신을 다른 사람보다 못하고 다른 사람에게 매력적이지 않다고 여긴다. 새로운 상황에서 일어날 수 있는 어려움을 과도하게 생각하기 때문에 위험을 감수하거나 새로운 활동을 시도하려 하지 않는다. 실제로는 친밀한 관계를 갈망하지만 친한 친구가 거의 없다. 따라서 자주 우울감과 외로움을 느낀다. 이에 대해 대체물로 공상이나 상상의 내적 세계를 발달시킨다(Millon, 2011).

회피성 성격장애는 **사회불안장애**와 유사하고(제4장 참조) 이 장애 중 하나를 가진 대다수의 사람들은 다른 장애도 경험한다(Eikenaes et al., 2015, 2013). 수치당할 것에 대한 두려움과 자신감 부족을 공통적으로 가진다. 어떤 이론가들은 두 장애의 가장 중요한 차이는 사회불안장애를 가진 사람은 일차적으로 사회적 **환경**을 두려워하지만, 성격장애를 가진 사람은 친밀한 사회적 **관계**를 두려워하는 경향이라고 하였다(Lampe & Sunderland, 2015; Kantor, 2010). 그렇지만 다른 이론가들은 두 장애가 서로 동일한 정신병리를 반영하므로 합쳐져야 한다고 생각한다(Eikenaes et al., 2015, 2013).

성인의 2.4% 정도가 회피성 성격장애를 가지고 있으며 여성만큼 남성에게서도 흔하다

숨은 뜻 읽어내기

수줍은 마음

미국 인구의 약 48%가 어느 정도는 스스로를 수줍음이 있다고 여긴다.

(Carducci, 2000)

그저 단계에 지나지 않는다

이 어린이는 다른 어린이들이 지나가는 학교의 계단에 홀로 앉아 있다. 그러한 행동은 사람들과 있는 것이 고통스러울 정도로 수줍고 위축되며 매우 당황스럽고 불편하다는 것의 신호일 수 있다. 어린 시절의 기질은 종종 성인의 성격과 관련이 있지만, 연구 결과에 따르면 아동기에 통상 보일 수 있는 부분인 극도의 수줍음이 성인기 회피성 혹은 의존성 성격장애 발달을 예측하는지는 명확하지 않다.

(APA, 2013; Sansone & Sansone, 2011). 많은 아동과 10대들이 다른 사람을 부끄러워하며 피하지만, 이는 일반적인 정상 발달의 일부일 뿐이다.

이론가들은 회피성 성격장애를 어떻게 설명하는가 이론가들은 종종 회피성 성격장애가 불안장애와 유사한 원인—초기 외상, 조건화된 두려움, 좌절된 믿음 혹은 생화학적 비정상성—을 가진다고 보고 있다. 그러나 사회불안장애를 제외하고는 불안장애와 성격장애를 직접적으로 연결한 연구는 없다(Herbert, 2007). 회피성 성격장애에 대한 정신역동·인지·행동적 설명이 임상들에게 가장 유명하다.

정신역동이론가들은 주로 회피성 성격장애를 가진 사람들이 일반적으로 느끼는 수치심에 초점을 둔다(Svartberg & McCullough, 2010). 일부는 배변 훈련과 같은 아동기 경험과 관련된 수치심에서 근거를 찾으려 한다. 부모가 배변 사건에 대해 반복적으로 벌을 주거나 비웃으면 아동은 부정적 자기상을 형성하게 된다. 이로 인해 삶 전반에 걸쳐서 사랑받지 못한다는 감정을 가지게 되고 타인의 사랑을 믿지 못하게 된다.

인지이론가들은 타인에게 판단받는 것에 대한 두려움에 초점을 두는데, 비판과 거부로 가득 찬 아동기를 보내면서 생겨나는 것으로 보았다. 이러한 아동기 경험을 가진 사람은 거부될 것이라 기대하고 자신의 기대에 맞추어 다른 사람의 반응을 오해석한다. 그 결과 긍정적 피드백도 평가 절하하면서 회피성 성격장애의 토대가 되는 사회적 관계에 대해 두려움을 가지게 된다(Lampe, 2015; Weishaar & Beck, 2006). 몇몇 연구에서 이 장애를 가진 참여자들에게 아동기를 회상하라고 했을 때 이들의 답변은 정신역동이론과 인지이론을 지지하였다(Carr & Francis, 2010; Herbert, 2007). 이들의 답변의 예를 보면, 비판받고 거부당하고 고립된 느낌과 부모로부터 거의 격려받지 못했고 부모의 사랑과 자부심을 거의 경험하지 못하였다.

마지막으로 행동이론가들은 회피성 성격장애를 가진 사람들이 정상적인 사회기술 습득에 실패함으로써 이 장애를 지속적으로 보인다고 한다. 이러한 입장을 지지하여 몇몇 연구에서는 실제로 회피성 성격장애를 가진 사람들이 사회기술 결함을 보인다고 하였다(Kantor, 2010; Herbert, 2007). 그러나 대부분의 행동주의자들은 이러한 사회기술 결함은 수많은 사회적 상황을 피한 결과로 발달하게 된다는 데 동의한다.

회피성 성격장애의 치료 회피성 성격장애를 가진 사람은 수용과 애정을 기대하고 치료에 온다. 그러나 치료를 유지하기 위해서는 도전이 필요한데, 그로 인해 대다수가 회기에 오지 않기 시작한다. 종종 이들은 치료자의 진실성을 의심하고 치료자가 거부할 것을 두려워하기 시작한다. 따라서 다른 몇몇 성격장애와 마찬가지로 치료자의 주요 임무는 내담자의 신뢰를 얻는 것이다(Colli et al., 2014; Leichsenring & Salzer, 2014).

신뢰를 형성하게 되면 치료자가 회피성 성격장애를 가진 사람을 사회불안장애나 다른 불안장애를 가진 사람처럼 대하는 경향이 있다. 이러한 접근들은 못해도 중간 정도의 성공은 한다(Kantor, 2010; Porcerelli et al., 2007). 정신역동치료자들은 내담자로 하여금 무의식적 갈등을 인식하고 해소하도록 돕는다(Leichsenring & Salzer, 2014). 인지치료자들은 불편한 신념과 사고를 변화시켜 자기상을 향상시키도록 돕는다(Rees & Pritchard, 2015, 2013; Weishaar & Beck, 2006). 행동치료자들은 사회기술 훈련과 사회적 접촉을 점차적으로 늘려가는 노출치료를 한다(Herbert, 2007). 집단치료, 특히 인지행동원칙을 따르는 집단은 내

담자에게 사회적 상호작용을 연습할 기회를 부차적으로 제공해 준다(Herbert et al., 2005). 항불안제와 항우울제가 때때로 이 장애를 가진 사람의 사회불안을 감소시켜 주는 데 도움이 된다(Ripoll et al., 2011).

의존성 성격장애

▶의존성 성격장애 사람에게 매달리고 복종적이며, 분리되는 것을 두려워하며, 지속적으로 돌보아 줄 것을 요구하는 것을 주 특징으로 하는 성격장애

의존성 성격장애(dependent personality disorder)를 가진 사람은 지속적이고 과도하게 보살펴 줄 것을 요구한다(APA, 2013). 그 결과로 그들은 부모, 배우자나 다른 친밀한 관계에 매달리고 순종적이며 분리되는 것을 두려워한다. 사소한 결정도 스스로 할 수 없을 만큼 남에게 의존한다. 매튜는 그러한 사례이다.

> 매튜는 34세 된 독신 남성으로 어머니와 살고 있으며 회계사로 일하고 있다. 여자친구와 헤어진 이후 매우 불행한 상태이다. 그의 어머니는 그의 결혼 계획에 반대하였다. 매튜는 덫에 걸린 것처럼 느껴졌고 어머니와 여자친구 사이에서 선택을 강요받는 것 같았다. 그리고 피는 물보다 진하다는 이유로 어머니 뜻에 반하는 결정을 하지 못하였다. 어머니는 매사에 자신의 뜻대로 하는 매우 지배적인 여성이었다. 매튜는 어머니 의견에 반대하는 것을 두려워하였는데, 그렇게 하면 어머니가 자신을 지지하지 않을 것이고 자신을 부양해 주지 않을 것을 겁냈다. 증오와 어머니의 판단이 가장 옳다는 생각 속에서 갈팡질팡하였다. 자신의 판단은 형편없는 것이라고 생각하였다.
>
> 매튜는 교육 수준이나 재능에 비해 몇 단계 낮은 업무에서 일하고 있다. 몇 번이나 승진 기회를 반납하였는데, 다른 사람을 감독하거나 독립적인 결정을 내리는 책임을 지지 싶지 않다는 이유에서였다. 그는 동일한 사장 밑에서 10년 동안 일하였고 그와 잘 지냈으며 믿을 만하고 거슬리지 않는 직원으로 높이 평가되었다. 친한 친구가 2명 있는데 아주 어린 시절부터 친구였다. 이 중 한 사람과 거의 매일 점심을 함께했고, 친구가 아파서 결근하게 되면 상실감을 느꼈다.
>
> 매튜는 4명의 아이 중 막내였고 어린 시절 심각한 분리불안을 가졌는데, 어머니와 같은 방에 있지 않으면 잠을 잘 자지 못하였다. 경미한 수준의 학교 거부가 있었고 가끔 '외박'을 하려면 집에 가고 싶은 마음이 들어 견디기 어려웠다. 아동기에 자기주장을 하지 못하여 다른 아이들에게 놀림을 받았고 '아기'라고 불리는 일이 자주 있었다. 대학시절 1년—집에 대한 향수 때문에 집으로 돌아옴—을 제외하고는 항상 집에서 살았다.
>
> (Spitzer et al., 1994, pp. 179-180)

타인에게 의지하는 것은 정상적이고 건강한 것이지만, 의존성 성격장애를 가진 사람은 아주 단순한 문제에도 지속적으로 도움을 요구하며 극도의 부적절감과 무력감을 나타낸다. 자신을 돌보지 못할 것이라는 두려움에 친구나 친척들에게 필사적으로 매달린다.

앞에서 본 바와 같이 회피성 성격장애를 가진 사람은 관계를 주도하는 데 어려움을 보인다. 이와 반대로 의존성 성격장애를 가진 사람은 **분리**에 어려움을 가진다. 이러한 사람은 완벽한 무력감을 느끼고 친밀한 관계가 끝나면 망연자실하면서 허전함을 메우기 위해 다른 관계를 곧바로 찾아 나선다. 많은 사람들이 신체적·심리적으로 자신을 학대하는 파트너와의 관계에 지속적으로 매달린다(Loas et al., 2015, 2011).

이 장애를 가진 사람은 자신의 능력과 판단에 대한 확신 결여로 인해 거의 다른 사람의 의견에 반대하지 않고 심지어 자신에게 중요한 결정도 타인이 하게 한다(Millon, 2011). 어

숨은 뜻 읽어내기

명언

"인정을 갈망하는 것은 인간 본성의 가장 기본 원칙이다."

윌리엄 제임스

디에서 살지, 어떤 직업을 가질지, 어떤 이웃과 사귈지 결정하는 데 부모나 배우자에게 의존한다. 거부를 두려워하기 때문에 승인받지 못할까 봐 지나치게 민감하여 다른 사람의 바람이나 기대에 항상 맞추려 노력한다. 심지어 불쾌하거나 힘이 드는 업무를 자청하기도 한다.

의존성 성격장애를 가진 많은 사람은 불편감, 외로움과 슬픔을 느낀다. 종종 스스로를 싫어하기도 한다. 이들은 우울, 불안과 섭식장애에 취약하다(Bornstein, 2012, 2007). 분리불안과 무력감으로 인해 특히 자살사고에 취약하게 되는데, 특히 관계가 끝나갈 때 그렇다(Bornstein, 2012; Kiev, 1989).

연구들에 따르면 전체 인구의 1%가 의존성 성격장애를 경험한다(APA, 2013; Sansone & Sansone, 2011). 몇 년 동안 임상가들은 남성보다 여성에게서 이러한 패턴이 더 많이 나타난다고 믿었다. 그러나 일부 연구들에 따르면 이 장애는 남성에게서도 공통적으로 나타난다(APA, 2013).

이론가들은 의존성 성격장애를 어떻게 설명하는가 정신역동적 설명에 따르면 이 성격장애는 우울증과 매우 유사하다(Svartberg & McCullough, 2010). 예를 들면 Freud 학파 이론가들은 구강기에 해결되지 않은 갈등이 평생 동안 돌봄에 대한 욕구를 일으키게 만들어 의존성 성격장애 가능성에 취약하게 된다고 한다(Bornstein, 2012, 2007, 2005). 유사하게 대상관계이론가들은 초기 부모 상실이나 거부가 정상적인 애착과 분리 경험을 방해하여 일부 아동이 평생 동안 지속적으로 유기불안을 가지게 된다고 하였다(Caligor & Clarkin 2010). 반대로 다른 정신역동이론가들은 이 장애를 가진 사람의 많은 부모들이 과도하게 개입하고 과잉보호하여 자녀의 의존, 불안정감과 분리불안을 증가시킨다고 하였다(Sperry, 2003).

행동주의자들은 의존성 성격장애를 가진 사람의 부모는 무의식적으로 매달림과 '충성' 행동을 강화하고 동시에 독립적인 행동에 대해서는 사랑을 철회하는 식으로 처벌한다고 한다. 다른 측면에서 일부 부모의 의존행동이 자녀에게 모델이 된다고도 본다(Bornstein, 2012, 2007).

마지막으로 인지이론가들은 이 장애를 유발하고 지속하게 하는 두 가지 부적응적인 태도를 밝혔는데 다음과 같다. (1) "나는 이 세상을 헤쳐 가기에 적절하지 않고 무기력하다." (2) "내가 대처하려면 보호해 줄 사람을 찾아야 한다." 양분(흑백)논리가 중요한 역할을 한다. "내가 의존하려면 나는 완벽하게 무력해야 한다.", "내가 독립적이 되려면 나는 외로워야 한다." 이러한 사고는 이들이 독립하려는 노력을 저해한다(Borge et al., 2010; Weishaar & Beck, 2006).

"내 자존감은 아주 낮아. 그저 그녀가 가는 곳 주변을 따라다닐 뿐이야."

의존성 성격장애의 치료 치료에서 이 성격장애를 가진 사람은 보통 자신의 행복에 대한 모든 책임을 임상가에게 돌린다(Colli et al., 2014; Gutheil, 2005). 따라서 치료의 주요 과제는 내담자로 하여금 자신에 대한 책임을 스스로 감당하도록 돕는 것이다. 배우자나 부모의 지배적인 행동이 내담자의 증상을 키우고 있기 때문에 일부 임상가들은 부부치료나 가족치료를 권하거나 파트너나 부모와 분리해서 치료하기도 한다(Lebow & Uliaszek, 2010;

Nichols, 2004).

의존성 성격장애 치료는 적어도 중간 정도로는 효과적이다. 이 패턴에 대한 정신역동치료는 치료자에 대한 의존 욕구의 전이 등과 같이 우울한 사람에 대한 치료와 동일한 문제들에 초점을 맞춘다(Svartberg & McCullough, 2010). 인지행동치료자들은 행동적 개입과 인지적 개입을 결합해서 내담자가 자신의 삶을 통제하도록 돕는다. 행동 목표로 치료자는 종종 내담자가 관계에서 자신의 생각을 더 잘 표현하도록 자기주장 훈련을 한다(Farmer & Nelson-Gray, 2005). 인지적 목표로 치료자는 내담자가 자신이 무능하고 무력하다는 생각에 도전하도록 한다(Borge et al., 2010; Beck et al., 2004). 우울증을 동반하는 경우 항우울제 치료가 도움이 된다(Fava et al., 2002).

마지막으로 회피성 성격장애와 같이 집단치료 형태도 도움이 될 수 있는데, 집단을 통해 내담자가 많은 동료들의 지지를 받을 기회를 얻을 수 있다(Perry, 2005; Sperry, 2003). 또한 집단원들이 서로 감정을 표현하고 문제를 해결하는 더 나은 방법을 연습하는 모델이 되어 줄 수도 있다.

강박성 성격장애

강박성 성격장애(obsessive-compulsive personality disorder)를 가진 사람은 순서, 완벽, 통제에 너무 몰입되어 모든 융통성, 개방성과 효용성을 상실하게 된다(APA, 2013). 모든 것을 '정확하게' 하려는 염려로 인해 생산성이 저하된다. 조셉의 사례가 그러하다.

몇 달 동안 잠을 잘 못 자고 움직이기도 어려워지고 업무 처리에서 우유부단함을 보여 온 조셉은 치료를 받으라는 충고를 받았다. 처음 봤을 때 그는 극도의 자기 불신과 죄책감, 오랫동안의 긴장과 확산된 불안을 보고하였다. 언제나 이런 증상을 경험해 왔다는 것이 치료 초반에 밝혀졌다. 증상들이 이전보다 더 두드러진 것뿐이었다.

갑작스럽게 불편감이 증가한 이유는 그의 학문적 지위에서 다가올 변화 때문이었다. 대학에 행정관이 새롭게 바뀌었는데, 그는 학과장을 사임하고 일반 학과 교수로 돌아가도록 요청받았다. 처음 회기에서 조셉은 대부분 다시 학생을 만나는 것에 대한 두려움에 대해 이야기하였다. 자신이 수업 자료를 잘 정리할지 걱정하였고 강의를 잘 진행할 수 있을지, 흥미롭게 강의할 수 있을지 염려하였다. 이러한 문제들에 집착하면서 현재 책무에 집중하여 끝맺음을 하는 데 방해를 받는다고 하였다.

조셉은 자신에게 요구된 '강등'에 대해 새로운 대학 행정관에게 분노를 한순간도 표현하지 않았다. 반복해서 "그들의 판단이 합리적이었다."며 "완벽하게 확신한다."고 하였다. 그러나 그들과 대면하였을 때 그는 자신이 말을 더듬고 심하게 몸을 떨고 있는 것을 알았다.

조셉은 두 아들 중 둘째였고 형보다 세 살이 적었다. 아버지는 성공한 기술자였고 어머니는 고등학교 교사였다. 모두 '일 처리를 잘하고 질서정연하며 엄격한' 부모였다. 가정생활은 '매우 잘 계획되어' 있었고 '주당 및 하루에 할 일의 계획표'가 붙어 있었다. 그리고 '미리 1년이나 2년 후 휴가 계획이 세워져 있었다.' 형은 신체적으로나 지적 혹은 사회적으로 도전할 수가 없는 '미덕의 귀감'이었다. 꼼꼼하고 양심적이며 조직적이고 질서정연하여 완벽주의적인 부모와 반대가 되는 것을 피할 수 있었고, 때때로 부모로부터 좋은 처우를 받기도 하였다. 조셉은 부모의 말에 복종하였고 부모의 말을 성경말씀처럼 따랐으며 부모의 승인을 얻기 전에는 어떤 결정도 하려 하지 않았다. 6~7세가 되기 전에 형과 싸웠던 일을 기억하였지만, 그는 '그 당시 분노를 자제하였고 부모를 다시는 난처하게 하지 않았다.'

(Millon, 2011, 1969, pp. 278-279)

▶강박성 성격장애 정리 정돈, 완벽주의와 통제에 초점을 과도하게 맞추면서 유연하거나 개방적이지 못하고 일의 효율성이 떨어지는 것을 주 특징으로 하는 성격장애

규칙과 순서, 올바르게 일을 하는 것에 신경쓰느라 조셉은 더 큰 그림을 보는 데 어려움이 있었다. 과제에 직면할 때 강박성 성격장애를 가진 사람들은 정리와 세부적인 것에 초점을 맞추어서 활동의 요점을 파악하지 못한다. 결과적으로 그들의 업무는 종종 계획보다 늦어지고(일부는 업무를 마치지 못하기도 한다) 여가 활동이나 우정을 등안시하곤 한다.

이 성격장애를 가진 사람은 비합리적으로 높은 기준을 자신과 타인에게 부여한다. 이들의 행동은 양심 수준을 훨씬 능가한다. 자신의 수행에 결코 만족할 수 없지만, 일반적으로 다른 사람들은 너무 부주의하거나 능력이 부족하여 일을 제대로 하지 못한다고 확신하면서 협력하여 작업하거나 도움을 구하기를 거절한다. 실수하는 것을 매우 두려워하기 때문에 결정 내리기를 주저한다.

이 사람들은 경직되어 있고 엄격한데, 특히 자신의 도덕 · 윤리와 가치에서 그렇다. 엄격한 개인적 기준을 가지고 살아가며 다른 사람을 평가하는 척도로 이를 사용한다. 정서를 표현하는 데 어려움을 가지며 관계는 때때로 단조롭고 피상적이다(Cain et al., 2015). 또한 돈과 시간에 인색하다. 일부는 낡거나 소용없는 것을 버리지 못하기도 한다.

연구에 의하면 전체 성인 인구의 7.9%가 강박성 성격장애를 보이는 것으로 알려져 있다. 백인이고 교육을 받고 결혼하였고 직장을 가진 사람이 이 진단을 좀 더 자주 받는다(APA, 2013, Sansone & Sansone, 2011). 남성이 여성보다 2배 정도 이 장애를 더 많이 나타낸다.

많은 임상가들은 강박성 성격장애와 **강박장애**가 밀접하게 관련되어 있다고 믿는다. 분명히 2개의 장애는 몇 개의 특징을 공유한다. 더욱이 이 장애 중 하나를 겪는 많은 사람들이 다른 장애 진단기준에도 부합한다(Pinto et al., 2014; Gordon et al., 2013). 그러나 성격장애를 가진 사람은 강박장애보다 주요우울장애, 범불안장애나 물질사용장애를 겪을 가능성이 더 크다는 것은 주목할 만하다(APA, 2013; Pena-Garijo et al., 2013). 사실 연구자들은 강박성 성격장애와 강박장애 사이에 특별한 관련성을 찾아내지 못하였다(Starcevic & Brakoulias, 2014; Gordon et al., 2013).

배변 분노

Freud에 따르면 배변 훈련은 종종 아동에게 분노를 일으킨다. 부모가 너무 심하게 훈련하려고 하면 아동은 항문기에 고착되어 나중에 강박적 기능을 하기 쉽다.

이론가들은 강박성 성격장애를 어떻게 설명하는가 두 장애 간의 연관성에 의심이 있기는 하지만, 강박성 성격장애에 대한 대부분의 설명들은 강박장애 설명에서 많은 부분을 차용하고 있다. 다른 많은 성격장애와 마찬가지로 정신역동 설명이 우세하고 연구 증거는 제한되어 있다.

Freud 학파 이론가들은 강박성 성격장애를 가진 사람은 항문기 **퇴행**이라고 한다. 즉 항문기 단계의 과도하게 엄격한 배변 훈련 때문에 이들은 분노에 가득 차 이 단계에 고착된 채 남아 있다. 분노를 통제하기 위해 배변 운동을 하려는 본능과 분노 두 가지 모두에 지속적으로 저항한다. 바꾸어 말하면 이들은 극도로 질서정연하며 자제되어 있고 대다수는 열정적인 수집광이기도 하다. 다른 정신역동이론가들은 통제와 독립에 대한 부모와의 초기 투쟁이 이 성격장애의 뿌리에 있는 공격 충동에 불을 붙인다고 주장한다(Millon, 2011; Bartz et al., 2007).

인지이론가들은 강박성 성격장애의 근원에 대해 거의 이야기하지 않았지만, 비합리적인 사고 과정이 이를 유지하도록 도모한다고 가정한다(Weishaar & Beck, 2006; Beck et al., 2004). 예를 들면 이들은 "모 아니면 도"의 논리를 강조하며, 이것은 경직성과 완벽주의로 이어진다. 유사하게 이 장애를 가진 사람들은 잠재적인 실수나 오류로 인한 결과를 과장하는 경향이 있다고 한다.

강박성 성격장애의 치료 강박성 성격장애를 가진 사람은 일반적으로는 자신에게 무언가 잘못이 있다고 믿지 않는다. 그래서 이들은 다른 장애, 특히 불안이나 우울로 고통받지 않는 한 또는 누군가 자신과 친밀한 사람이 치료를 권유하기 전에는 치료를 받으려 하지 않는다(Bartz et al., 2007).

이 사람들은 종종 정신역동치료나 인지치료에 잘 반응한다(Messer & Abbass, 2010; Weishaar & Beck, 2006). 정신역동이론가들은 전통적으로 이들이 기저에 깔린 감정과 불안정감을 인정하고 경험하며 수용하고 자신의 개인적 한계를 받아들이면서 위험을 감수하도록 도와주려고 노력한다. 인지치료자들은 내담자가 자신의 이분법적인 사고, 완벽주의, 우유부단함, 인색함과 만성적 걱정을 변화시키도록 돕는 데 초점을 둔다. 많은 임상가들은 강박성 성격장애를 가진 사람들은 강박불안장애를 가진 사람과 같이, 세로토닌을 항진시키는 항우울제인 SSRI에 잘 반응한다. 그러나 연구에서 이 문제에 대해 아직 깊이 있게 다루지 않았다(Pinto et al., 2008).

▶ 요약

'불안한' 성격장애 *DSM-5* 성격장애 중 3개는 불안하고 두려워하는 행동 특징을 보인다. 회피성 성격장애를 가진 사람은 지속적으로 불편감을 느끼고 사회성 상황에서 제한되어 있으며 부적절감에 압도되며 부정적 평가에 극단적으로 민감하다. 의존성 성격장애를 가진 사람은 지속적으로 보살핌을 필요로 하며 복종적이며 매달리며 분리불안을 가지고 있다. 강박성 성격장애는 순서, 완벽주의와 통제에 너무 집착해서 융통성, 개방성과 효율성을 상실하게 된다. 여러 가지 치료책략이 이 장애를 가진 사람들에게 사용되고 있으며 약간에서 중간 정도까지 효과가 있는 듯하다.

다문화적 요소 : 연구에서 간과되다

*DSM-5*의 현재 기준에 따르면 성격장애로 진단된 패턴은 "개인의 문화에 대한 기대와 현저하게 벗어나야 한다"(APA, 2013). 이 진단에서 문화의 중요성을 감안할 때 이러한 문제에 대해 다문화 연구가 거의 이루어지지 않고 있다. 임상이론가는 의문을 가지고 있지만 이 영역에 문화적 차이가 있다는 증거는 거의 없다(Iacovino et al., 2014).

다문화 연구의 부족과 관련하여 특히 우려되는 부분은 극심한 기분 변화, 강렬한 분노의 폭발, 자해행동, 공허감, 관계 문제의 특징을 가지고 있는 경계성 성격장애이다. 많은 이론가들은 성별 및 기타 문화적 차이가 이 장애의 발달과 진단 모두에서 특히 중요할 수 있다고 보고 있다.

경계성 성격장애 진단을 받는 사람 중 약 75%는 여성이다. 여성이 생물학적으로 질환에 더 취약하거나 진단 편견이 작용할 수도 있지만, 이 성별 차이는 대신에 많은 여성들이 아동기에 겪는 비정상적인 외상의 반영일 수도 있다(Daigre et al., 2015). 예를 들어 성격장애를 가진 사람들의 어린 시절이 정서적인 외상, 희생양, 폭력, 학대, 때때로 성적 학대로 가득 차 있는 경향이 있음을 기억해 보라. 많은 이론가들이 이런 종류의 경험이 경계성 성격

너무 작은 관심
다문화 집단 사람들이 보여 주듯이 우리는 다문화 국가와 세계에 살고 있다. 심리학 분야는 다양한 종류의 문화적 및 인종적 차이에 대해 상당히 많은 연구를 하였다. 그러나 임상연구자들은 성격의 발달, 특징 및 치료에서의 다문화적인 차이에 대해 상대적으로 거의 주목하지 않고 있다.

장애 발달의 전제 조건이며, 우리 사회의 여성들이 특히 그러한 경험을 겪게 되는데, 사실상 그 장애를 외상후 스트레스장애의 특별한 형태로 보고 치료해야 한다고 주장한다(Sherry & Whilde, 2008; Hodges, 2003). 그러나 체계적인 연구가 없다면 이와 같은 대안적인 설명은 여전히 검증되지 않고 해당 치료법도 발달되지 않은 상태로 남게 된다.

이와 관련하여 일부 다문화이론가들은 경계성 성격장애는 한계에 도달해 있고 아무런 힘도 없고 사회적으로 실패한 것 같은 지속적 감정에 대한 반응일 수 있다(Sherry & Whilde, 2008; Miller, 1999, 1994). 즉 그것은 심리적 요인보다 사회적 불평등(성 차별, 인종 차별, 또는 동성애 공포증을 포함)에 기인한 것일 수 있다.

그러한 가능성을 감안할 때 지난 10년 동안 경계성 성격장애에 대한 다문화 연구가 최소 일부라도 실시는 되었다는 것은 가장 환영할 만한 일이다(De Genna & Feske, 2013). 한 연구에서 연구자들은 인종적으로 다양한 미국 내 임상집단에서 성격장애 비율을 평가하였다(Chavira et al., 2003). 이 연구에 따르면 히스패닉계 미국인 내담자가 백인 또는 아프리카계 미국인 내담자보다 경계성 성격장애 진단에 해당된다는 것이 발견되었다. 히스패닉계 미국인이 다른 문화집단보다 이 장애를 나타낼 확률이 높을 수 있는가? 그리고 만약 그렇다면 왜 그러한가?

마지막으로 일부 다문화이론가들은 경계성 성격장애의 특징이 특정 문화권에서는 완벽하게 수용 가능한 특질과 행동일 수 있다고 주장했다(APA, 2013). 예를 들어, 푸에르토리코 문화에서 남성은 분노, 침략 및 성적 매력과 같은 매우 강한 감정을 나타내도록 기대된다(Sherry & Whilde, 2008; Casimir & Morrison, 1993). 이러한 문화 기반 특성은 히스패닉계 미국인 내담자들 사이에서 발견되는 경계성 성격장애의 비율이 더 높다는 것을 설명할 수 있는가? 그리고 이러한 문화적 특성은 다른 문화집단에서는 통상 여성 대 남성 비율이 3대 1인데 비해 히스패닉계에서는 남성과 여성이 유사한 비율을 보이는 이유를 설명하는 데 도움이 될 수 있는가?(Chavira et al., 2003)

▶ **요약**

다문화적 요인 : 연구에서 간과되다 성격장애에 대한 이 분야의 관심이 증가하고 있음에도 불구하고 성별 및 기타 다문화적 영향에 대한 연구는 상대적으로 거의 이루어지지 않았다. 그럼에도 불구하고 많은 임상가들은 다문화적 요인이 성격장애의 이해, 진단 및 치료에 핵심적인 역할을 할 수 있다고 믿고 있으며 연구자들은 최근 이 가능성을 연구하기 시작했다.

성격장애를 분류할 더 나은 방법이 있는가

오늘날 대부분의 임상가들은 성격장애가 중요하고 문제가 된다고 생각한다. 이 장 앞부분에서 기술한 바와 같이 *DSM-5*의 성격장애들은 특히 진단하기 어렵고 오진단하기 쉬우며, 범주에 대한 타당도(정확성)와 신뢰도(일치성)에 심각한 문제가 있다. 특히 다음의 문제를

숨은 뜻 읽어내기

명언
"30대가 되면 우리 대부분은 성격이 석고처럼 굳어져서 결코 다시는 유연해지지 않으려 한다."
월리엄 제임스,
Principles of Psychology, 1890

고려해 보자.

1. *DSM-5* 성격장애를 진단하는 일부 준거는 직접적으로 관찰할 수 없다. 예를 들어 조현성 성격장애와 편집성 성격장애를 구분하려면 임상가는 그 사람이 친밀한 관계 형성을 두려워하는지뿐만이 아니고 왜 그러는지를 질문해야 한다. 다시 말하면 진단은 종종 임상가 개인의 인상에 따라 크게 좌우된다.
2. 임상가들은 정상 성격 양식이 선을 넘어 성격장애라고 불릴 만하게 될 때 이를 판단하는 데 있어서 많은 차이를 보인다. 심지어 일부는 성격 특질이 문제를 일으킨다고 해도 정신장애로 보는 것은 잘못이라고 생각하기도 한다.
3. *DSM* 군집 내 성격장애 혹은 군집 간에서도 매우 유사한 점이 있다. 따라서 성격장애를 가진 사람들이 *DSM-5* 내 여러 가지 성격장애 진단기준에 부합하는 것은 흔한 일이다(Moore et al., 2012).
4. 아주 다른 성격을 가진 사람들이 동일한 *DSM-5* 성격장애 진단을 받을 수도 있다.

이러한 문제에 비추어 *DSM-5*의 성격장애 접근에 대한 주된 비판은 분류체계가 성격을 차원이 아닌 범주로 구분하였다는 점이다. 점점 더 많은 이론가들이 성격장애가 역기능 유형보다는 역기능 정도에 따라 더 다르다고 생각한다. 즉 장애는 주요 성격 특질(혹은 차원)이 있는지, 없는지보다는 증상의 심각도로 구분할 것을 제안하고 있다(Morey et al., 2014). 이러한 접근에서 각 주요 특질(예 : 불일치, 부정직 혹은 자기몰입)은 정상과 비정상 간에 명백한 경계가 없이 연속선상에서 다양하게 나타날 수 있다. 성격장애를 가진 사람은 몇몇 주요 특질을 매우 심하게 — 일반집단에서는 흔하게 보이지 않는 정도 — 보이는 사람이라고 하겠다(정보마당 참조).

임상가들이 성격 문제를 가진 사람을 규명하는 데 도움이 되는 성격 차원에는 어떤 것들이 있는가? 일부 이론가들은 '성격 5요인' 이론에서 규명된 차원에 비추어야 한다고 생각하는데, 이는 성격이론가들에 의해 가장 많이 연구된 차원이론이다.

'성격 5요인' 이론과 성격장애

주요 핵심 연구에 따르면 성격의 기본 구조는 5개의 '큰 특질' 혹은 요인인 신경증, 외향성, 경험에 대한 개방성, 우호성, 성실성으로 구성된다(Curtis et al., 2014; Zuckerman, 2011). '성격 5요인'이라고 하는 각 요소들은 몇 개의 하위 요인으로 구성된다. 예를 들어 불안과 증오는 신경증 요인의 하위 요인이며 낙천성과 호의는 외향성의 하위 요인이다. 이론적으로 모든 사람은 성격의 5개 주요 특질의 조합으로 요약될 수 있다. 어떤 사람은 높은 수준의 신경증과 우호성, 중간 정도의 외향성과 낮은 성실성과 경험에 대한 개방성을 가질 수 있다. 반대로 다른 사람은 높은 수준의 우호성과 성실성, 중간 정도의 신경증과 외향성, 그리고 낮은 수준의 경험에 대한 개방성을 가질 수 있다.

성격 5요인 모델의 많은 지지자들은 5개의 주요 요인의 높고 낮음 혹은 중간에 걸쳐 있는 것으로 성격장애를 가진 모든 사람을 설명하고, 현재 *DSM*에서 사용하는 성격장애 범주들을 배제하는 것이 최선이라고 주장한다(Glover et al., 2012; Lawton et al., 2011). 따라서 현재 회피성 성격장애에 부합되는 사람은 높은 수준의 신경증, 중간 정도의 우호성과 성실성 그리고 매우 낮은 수준의 외향성과 새로운 경험에의 개방성으로 바꾸어 설명할 수

숨은 뜻 읽어내기

명언

"우리는 평생에 걸쳐 성격을 형성해 나간다."

알베르 카뮈

숨은 뜻 읽어내기

언제 사람들은 과도하게 화를 내는가?

67%	자신이 공격적인 운전자라고 여기는 젊은 성인의 비율
30%	자신이 공격적인 운전자라고 여기는 노년층의 비율
14%	작년 한 해 동안 다른 운전자에게 소리를 지르거나 경적을 울린 운전자의 비율
7%	화가 치밀어 올랐을 때 상대 운전자에게 삿대질을 한 운전자의 비율
2%	운전자가 다른 운전자에게 주먹을 휘두른 운전자의 비율

(출처 : National Highway Traffic Safety Administration, 2010; OFWW, 2004; Kanner, 2005, 1995; Herman, 1999)

거짓말

거짓말은 의도적으로 다른 사람을 속이기 위한 거짓 진술이다. 모두 거짓말을 한다. 그러나 거짓말이 있고 '거짓말'이 있다. 심리학자들은 종종 거짓말을 **일상적 거짓말**, **강박적인 거짓말**, **사회병질적 거짓말**로 구분한다. 강박적 거짓말과 사회병질적 거짓말은 묶어서 **병리적 거짓말**이라고 한다.

일상적 거짓말쟁이 : 거의 모두가 때때로 거짓말을 한다.

강박적인 거짓말쟁이 : 어떤 사람은 거짓으로 얻은 것이 없어도 꾸준히 거짓말한다.

사회병질적 거짓말쟁이 : 어떤 사람은 다른 사람을 전혀 고려하지 않고 끊임없이 자신의 이익을 얻기 위해 거짓말을 한다.

과도한 거짓말은 관계를 해칠 수 있다

41% 나는 다른 사람들로부터 신뢰를 잃어서 중요한 관계를 잃은 적이 있다.

38% 나는 거짓말 때문에 직장에서 문제가 되었었다.

47% 나는 거짓말을 했을때 한 사람 이상에게 들킨 적이 있다.

(TAD, 2014)

병리적 거짓말과 성격장애

병리적인 거짓말쟁이는 종종…

- 전혀 맞지 않는 거짓말을 한다.
- 관심을 얻으려고 거짓말을 한다.
- 믿지 못할 이야기를 한다.
- 대부분 거짓말을 한다.
- 진실을 말할 능력이 없는 것 같다.
- 상황을 모면하려고 거짓말을 한다.
- 거짓말을 해서 자신을 희생양으로 포장한다.

병리적인 거짓말은 보통 다음의 특성을 보인다

- 반사회성 성격장애
- 경계성 성격장애
- 연극성 성격장애
- 자기애성 성격장애

(Meyer, 2010)

일상적 거짓말

모른 사람들은 간혹 거짓말을 한다. 거짓말의 속성, 동기와 빈도는 사람마다 다르다.

일상적 거짓말의 동기

위해적 동기
- 보상을 얻으려고
- 이익을 얻으려고
- 칭송을 받으려고
- 남을 조정하려고

방어적 동기
- 난처함이나 처벌을 피하려고
- 자기나 남을 보호하려고
- 난처한 상황을 모면하려고
- 사생활을 보호하려고

(Meyer, 2010; DePaulo et al., 2004, 1996; Feldman et al., 2002)

어떤 종류의 의사소통 수단에서 가장 거짓말을 많이 하는가?

이메일	문자	대면 만남	전화통화
14%	21%	27%	37%

(Meyer, 2010; Hancock et al., 2004)

누가 하는가?

다른 사람의 마음에 상처주지 않으려고 하는 것은 괜찮다.

채용되려고 거짓말할 수 있다.

65%

85%

25%

보험회사에서 하는 거짓말은 괜찮다.

(Saad, 2011; Meyer, 2010; Boyle, 2003; CAIF, 2003; Robinson et al., 1998)

뇌와 거짓말

- 거짓말을 할 때 뇌의 전전두 피질은 더욱더 활성화된다.
- 연구자들에 따르면 연구 참여자가 거짓말을 할 때 fMRI의 전전두 피질을 관찰할 때 활성화된 것이 나타났다.
- 주의 : 거짓말 탐지기를 속일 수 있는 것처럼 참가자들은 fMRI 정확성을 낮출 수 있다.

(Curley, 2013)

얼마나 많은 사람들에게 거짓말을 하는가?

부모	온라인 데이트 사이트	친구	형제자매	배우자	의사	이력서
86%	81%	75%	73%	69%	45%	33~40%

(Benjamin, 2012; Statistic Brain, 2012; Meyer, 2010; Kluger, 2002)

있다. 유사하게 자기애성 성격장애로 현재 진단된 사람은 성격 5요인 이론의 차원적 접근에 따라 매우 높은 수준의 신경증과 외향성, 중간 정도의 성실성과 새로운 경험에의 개방성, 매우 낮은 수준의 우호성을 나타내는 것으로 묘사될 수 있다.

특질에 따라 명시된 성격장애 : 또 다른 차원적 접근

성격장애에 대한 '성격 5요인' 접근은 현재 많은 연구가 이루어지고 있으며 미국 이외 많은 나라들의 의학 및 정신과적 진단 분류체계인 세계보건기구의 국제질병분류체계(ICD)의 다음 개정판에 사용되기 위한 만반의 준비를 하고 있다(Aldhous, 2012). 또한 앞에서 본 바와 같이 *DSM-5*의 구조 안에는 미래 *DSM*의 새로운 개편이 가능하도록 하는 대안적인 범주적 접근이 설계되어 있다.

이러한 접근은 유의하게 기능을 손상시키는 특질을 가진 사람에게 붙이는 **특질에 따라 명시된 성격장애**(personality disorder-trait specified, PDTS)라고 하는 진단명으로부터 시작되고 있다(APA, 2013). 이 진단을 내릴 때 임상가들은 문제가 되는 특질을 규명해서 목록을 만들고 그로 인해 발생하는 문제의 심각도를 평정하게 된다. 이 제안에 따르면 PDTS 진단을 위한 5개 문제 특성군, 즉 부정적 정서성, 애착 상실, 적대성, 탈억제, 정신병적 경향성이 있다.

- **부정적 정서** 부정적 정서를 보이는 사람은 자주 그리고 강하게 부정적 감정을 경험한다. 특히 정서 불안정성(불안정한 정서), 불안함, 분리불안, 경직성(반복된 실패에도 불구하고 특정 행동을 반복함), 복종, 증오, 우울감, 의심과 강한 정서 반응(정서적으로 각성되는 상황에서 과한 반응을 보임)의 특성 중 한두 가지를 나타낸다.
- **애착 상실** 애착 상실을 보이는 사람은 다른 사람과 사회적 상호작용에서 위축되는 경향을 보인다. 제한된 정서 반응(정서적으로 각성되는 상황에서 반응이 거의 없음), 우울감, 의심, 위축, 무감동(사물에 대한 흥미나 기쁨을 느끼지 못함), 친밀감 회피의 특질을 일부는 보일 수 있다. 위 목록 중 '우울감'과 '의심'의 두 항목은 부정적 정서에도 동일하게 포함되어 있다.
- **적대성** 적대성을 보이는 사람은 다른 사람과 반대되는 방식으로 행동한다. 조작, 속임수, 과대성, 관심 추구, 냉정, 증오의 특질 중 일부를 보인다('증오'가 포함되는데 부정적 정서에도 중복되어 있음).
- **탈억제** 탈억제를 보이는 사람은 충동적으로 행동하며 미래의 가능한 결과들에 대해 숙고하지 않는다. 무책임, 충동성, 산만, 위험 추구, 미완성과 무질서의 특질 중 일부를 보인다.
- **정신병적 경향성** 정신병적 경향성을 보이는 사람은 특이하고 기묘한 경험을 한다. 그들은 특이한 신념과 경험, 자기중심성, 인지적 지각적 조절 문제(기묘한 사고과정 혹은 감각 경험)의 특성 일부를 나타낸다.

어떤 사람이 5개 군 중 하나에서 유의미하게 손상이 되었다면 혹은 이 군들을 구성하는 25개 특질 중 단 하나에서라도 손상을 보인다면 그 사람은 특질에 따라 명시된 성격장애 진단에 부합하게 된다. 그러한 경우 진단가는 어떤 특질이 손상되었는지 밝히게 된다.

예를 들어 479쪽에 기술된 34세 불행한 회계사인 매튜를 생각해 보자. 알다시피 매튜

▶**특질에 따라 명시된 성격장애(PDTS)** 이 성격장애는 *DSM-5*의 미래 개정판에 포함될 가능성을 두고 현재 연구 중으로, 이 진단을 받는 사람은 한 가지 혹은 그 이상의 문제 특질의 결과로 자신의 기능을 발휘하는 데 유의미한 손상을 가짐

는 평생 어머니, 친구와 직장 동료들에게 극단적으로 의존했던 인생을 살펴볼 때 *DSM-5* 현재 범주적 접근에서 의존성 성격장애 진단에 부합된다. 그러나 대신에 *DSM-5*에서 연구 중인 차원적 접근을 사용해서 진단가는 매튜가 부정적 정서 특질군에 속하는 몇 개 특질이 손상되었음을 관찰할 수 있을 것이다. 예를 들면 매튜는 '분리불안'에 해당된다고 할 수 있다. 이 특성으로 인해 대학을 마치지 못하였고 혼자 살지 못하였으며 여자친구와 결혼도 못하였고 어머니 의견에 반대하지도 못하였다. 승진도 하지 못하였으며 사회생활도 넓히지 못하였다. 더욱이 매튜는 '불안', '복종'과 '우울감' 특질에 문제가 있었다. 이러한 가정을 바탕으로 치료자는 그에게 특질에 따라 명시된 성격장애—분리불안, 불안, 복종과 우울에 문제가 있음이라는 진단을 부여할 수도 있다.

차원적 접근에 따르면 임상가가 특질에 따라 명시된 성격장애 진단을 부여할 때 이 사람의 각각의 특질에서 부여되는 역기능 정도를 평가해야 한다. 5점 척도를 사용하는데 '거의 혹은 전혀 손상되지 않음(0점)'에서 '극단적으로 손상된(4점)'까지로 평가한다.

다시 매튜의 사례를 보자. 매튜는 *DSM-5*에서 제안하는 25개 특성 중 대부분은 0점을 받을 것이고 불안과 우울은 3점, 분리불안과 복종은 4점을 받을 것이다. 모두 합하면 다음의 복잡하지만 정보가가 있는 진단을 내릴 수 있게 된다.

역기능적인 만화

오늘날의 애니메이션 영화 캐릭터는 종종 중요한 성격 결함이나 장애를 나타낸다. 앵그리버드의 경우와 같이 단일한 역기능적 특징을 보이는가 하면 '사우스파크'에 나오는 꼬마들과 같이 문제적 특질을 '집단'으로 보일 수 있다. 일부 비평가들은 후자(특히 카트맨, 왼쪽에서 두 번째)가 만성적인 심술, 권위를 존중하지 않음, 불손, 다른 사람의 감정 무시, 전반적으로 양심 결핍과 문제를 일으키는 경향성 등을 보인다고 하였다.

특질에 따라 명시된 성격장애

분리불안 : 4점

복종 : 4점

불안 : 3점

우울 : 3점

기타 특질 : 0점

성격장애에 대한 이러한 차원적 접근은 현재 *DSM-5* 범주적 접근보다 훨씬 낫다. 그러나 임상 현장에서 활발하게 사용되기에는 아직 갈 길이 멀다. 많은 임상가들은 이러한 변화가 진단가들에게 너무 많은 재량권을 주게 되어 그들로 하여금 성격장애를 너무 넓게 진단하게 할 것이라고 생각한다. 또한 다른 사람들은 새롭게 제안된 체계에서 요구하는 사항이 너무 복잡하고 난해하다고 염려한다. 오직 시간과 연구만이 이 대안적인 체계가 실제로 성격장애를 진단하고 분류하는 데 유용한지를 결정할 수 있을 것이다.

▶ 요약

성격장애를 분류할 더 나은 방법이 있는가 *DSM-5* 성격장애들은 통상 잘못 진단되며 범주의 타당도와 신뢰도에 심각한 문제가 있음이 드러났다. 범주적 접근으로 인한 심각한 문제를 감안하여 오늘날 많은 이론가들은 성격장애들은 차원적 접근으로 분류되고 기술되어야 한다고 생각한다. 이러한 접근 중 하나인 '성격 5요인' 모델이 국제질병분류체계의 개정판에 실릴 것이다. 또 다른 분류인 '특질에 따라 명시된 성격장애'도 *DSM-5* 이후 버전에 포함될 가능성을 가지고 현재 연구 중이다.

종합

성격장애가 재발견되고 재고되다

20세기 전반기 동안 임상가들은 우리가 성격이라고 부르는 독특하고 영속적인 패턴이 있다고 깊이 믿었고, 중요한 성격 특질을 정의하려고 하였다. 또한 사람들이 자신을 발견하고 반동을 발달시키는 상황 속에서 얼마나 쉽사리 변화되는지 발견하였다. 성격 개념은 적합성을 상실한 듯했으며, 한동안은 거의 그저 원을 그리며 맴도는 지겨운 단어가 되어버렸다. 성격장애의 임상적 범주도 유사하게 거부되었다. 정신역동과 인본주의 이론가들이 임상 분야를 지배하면서 성격장애들은 유용한 임상적 범주로 간주되었다. 그러나 다른 모델들의 영향력이 커짐에 따라 인기는 줄었다.

과거 25년 동안 성격과 성격장애에 대한 관심이 다시 크게 일어났다. 사례들 속에서 임상가들은 경직된 성격 특질이 주요한 문제가 된다고 가정하였다. 체계적인 연구를 바탕으로 새로운 객관적 검사를 개발하였고, 이 장애를 평가할 수 있는 면담기법을 개발하였다. 아직까지 반사회성 성격장애와 경계성 성격장애에 대한 연구만 많이 이루어졌다. 그러나 *DSM-5* 최신판에서 제안한 ― 차원적 ― 분류는 자연스럽게 연구자들의 관심을 집중시키고 있으며 임상가들은 "다양한 성격장애가 얼마나 흔한가?", "현재 범주가 얼마나 유용한가?", "어느 치료가 가장 효과적인가?"와 같은 당면한 질문에 더 나은 대답을 얻을 수 있게 되었다.

가장 중요한 문제 중 하나는 "어떤 사람들은 왜 문제가 되는 성격을 발달시키는가?"이다. 앞에서 본 바와 같이 생물학적·사회문화적 이론과 달리 심리학 이론들에서 가장 많은 의견을 내놓았다. 그러나 제시된 설명들은 그리 정교하지 않고 연구에 의해 강력하게 지지되지 못하였다. 최근에는 생물학적 설명에 대해 열광하면서 유전적·생물학적 요인에 대한 연구가 많이 이루어지고 있는데, 흐름이 변화되면서 연구자들은 생물학적 원인과 심리적 원인 간의 상호작용에 대해 밝힐 수 있게 되었다. 사회문화적 요인도 연구되기를 희망하고 있다. 다문화적 문제를 포함한 사회문화적 요인이 이 장애에 중요한 역할을 하므로 더 면밀하게 살펴져야만 하는데, 특히 성격장애로 진단되는 패턴이 한 사람이 속한 사회의 기대로부터 얼마나 다른지에 대한 정의부터 해야 할 것이다.

*DSM-5*에서 제안한 차원적 분류 접근은 궁극적으로 성격장애를 이해하고 진단하며 치료하는 데 중요한 변화를 가져올 것이다. 또한 미래에는 이 장애들을 설명하고 치료하는 데 유의미한 변화가 나타날 것이다. 이제 임상가들은 성격장애를 재발견하였으며 가장 적절하게 그들에 대해 생각하고 설명하고 치료하는 방법이 무엇인지를 결정해야만 한다.

핵심용어

강박성 성격장애	변증법적 행동치료(DBT)	의존성 성격장애	차원적
경계성 성격장애	성격	자기애성 성격장애	특질에 따라 명시된 성격장애
동반이환	성격장애	조현성 성격장애	편집성 성격장애
반사회성 성격장애	성격 특질	조현형 성격장애	항문기 퇴행
범주적	연극성 성격장애	성격 5요인 이론	회피성 성격장애

속성퀴즈

1. 성격장애가 무엇인가?

2. 각각의 성격장애에서 발생하는 사회적 관계 문제를 기술하라.

3. '괴상한' 성격장애 세 가지는 무엇이며 각각의 증상은 무엇인가?

4. 편집성·조현성·조현형 성격장애를 설명하고 적용할 수 있는 치료법은 무엇인가?

5. '극적인' 성격장애는 무엇이며 각각의 장애 증상은 어떠한가?

6. 이론가들은 반사회성 성격장애와 경계성 성격장애를 어떻게 설명하는가? 이 장애들의 주요 치료법은 무엇이며 얼마나 효과적인가?

7. 연극성 성격장애와 자기애성 성격장애의 주된 설명과 치료법은 무엇인가? 이러한 설명과 치료법은 연구들에 의해 얼마나 강하게 지지받고 있는가?

8. 회피성·의존성·강박성 성격장애를 포함하는 DSM-IV-TR의 군집 이름은 무엇인가? 이 장애에 대한 주된 설명과 치료법은 무엇이며, 어느 정도 연구에 의해 지지받고 있는가?

9. 성격장애를 진단할 때 임상가들이 부딪히는 문제는 무엇인가? 이 문제의 원인은 무엇인가?

10. 성격장애를 규명하기 위해 가정된 두 가지 차원적 접근을 기술하라.

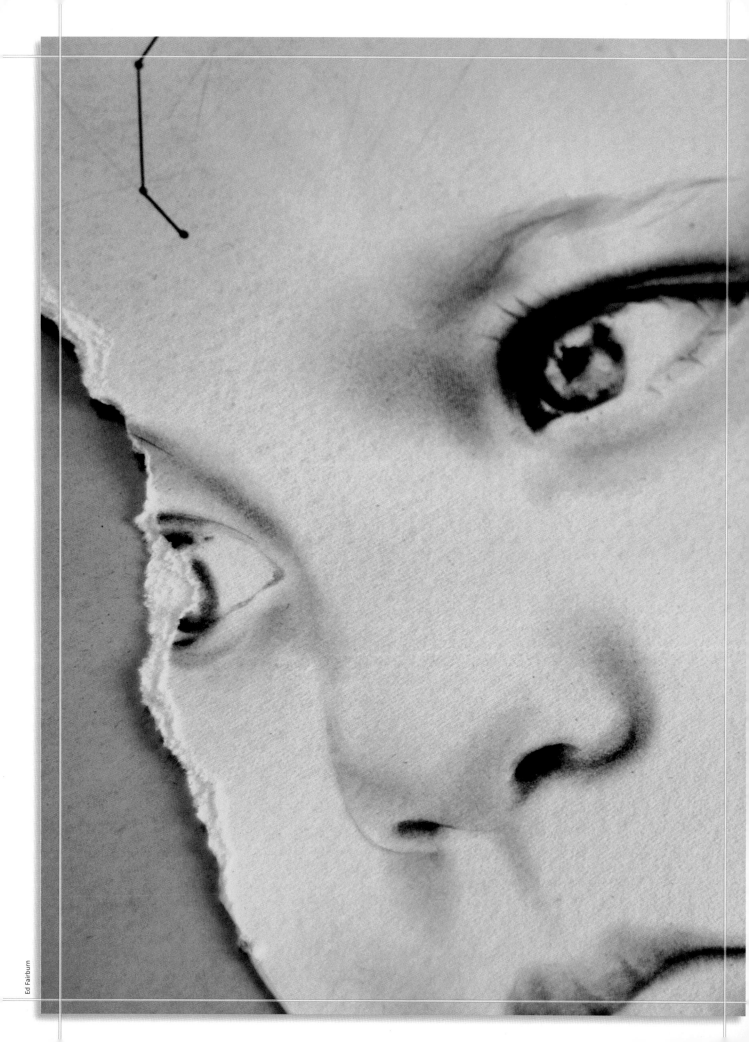

아동·청소년기에 일반적으로 보이는 장애

7세 빌리는 '언제나 기분이 좋지 않고 아프다'고 한다는 이유로 어머니에 의해 정신건강 클리닉에 의뢰되었다. 어머니에 따르면 빌리는 그다지 즐거운 적이 없었고 다른 아이들과도 놀지 않는 아이였다. 어린이집을 다니기 시작하면서부터 복통, 두통과 다른 신체 증상을 호소하였다.

빌리는 1학년 때는 잘 지냈지만 2학년이 되자 공부하는 데 어려움을 나타냈다. 숙제하는 데 시간이 많이 소요되었고 완벽하게 숙제를 하기 위해서는 여러 번 반복해야만 했다. 빌리는 잦은 신체 증상 호소 때문에 아침에 학교가기가 어려웠다. 집에 있으라고 하면 학교 성적이 떨어질까 봐 걱정하였다. 학교에 가서는 공부하기 힘들 때가 많았고 그러한 상황 속에서 빌리는 무력함을 느꼈다.

빌리의 걱정은 학교에만 국한되지 않았다. 종종 부모에게 칭얼대고 매달렸다. 부모가 집에 늦게 오거나 자기를 빼고 어디에 가면 부모에게 무슨 일이 생길까 봐 두려워하였다.

어머니는 빌리가 실제로 행복한 적이 없다는 것은 알고 있었지만, 최근 6개월 동안 빌리가 점점 더 우울해한다고 느꼈다. 너무 피곤해서 아무것도 할 수 없다면서 집에 누워 있는 일이 많았다. 노는 것에도 흥미가 없었고 즐거워하지도 않았다. 입맛도 줄었다. 밤에 잠들기 힘들어하였고 종종 한밤중에 깨었다가 아침 일찍 일어나기도 하였다. 3주 전에 처음으로 죽고 싶다는 이야기를 하였다.

(Spitzer et al., 1994)

리키 스미스는 일곱 살이다. 클리닉에 처음 전화하면서 리키의 어머니는 아들이 '통제 불능'이라고 말했다. 그녀는 리키가 '어디에서나' 그리고 '끊임없이 문제가 일으킨다'고 했다.

리키의 선생님은 항상 리키에게 소리를 지르며 어머니에게 메모를 보냈다. 리키는 처음에는 왜 선생님이 자신에게 소리 쳤는지 몰랐지만 대부분 주의를 기울이지 않았거나 학급 규칙을 따르지 않는다고 말했다.

리키는 친구가 몇 명 있었지만 종종 혼자 있게 된다고 말했다. 이것은 선생님이 과제를 완성하도록 학교 생활의 대부분을 교실의 한 구석에서 보내도록 했기 때문이다. 불행히도 과제는 거의 완료되지 못했다. 리키는 교실에서 지루하고 슬프며 피곤하고 화났다고 말했다.

리키는 어머니가 소리를 많이 질렀다고 말했다. 그는 아무도 자신에게 소리치지 않고 '원하는 어디든 갈 수 있는' 자전거를 타고 있을 때가 가장 행복하다고 느꼈다고 말했다.

어머니는 리키가 교실에서 거의 참을성이 없다고 말했다. 무언가를 하도록 요청받았을 때 울고 발을 쿵쿵 구르며, 선생님에게 무례한 행동을 했다. 또한 아들은 통상 집에서 '통제 불능'이라고 말했다. 아들은 그녀의 말을 듣지 않았고 그가 원하는 것을 얻을 때까지 종종 집안을 뛰어 돌아다녔다. 그녀와 아들은 종종 숙제, 집안일, 그리고 나쁜 행동으로 인해 논쟁을 했다. … 게다가 리키는 종종 학교 교재 대부분을 잊고 잃어버렸다. 정리정돈을 하지 않았으며 장기적인 결과에 거의 주의를 기울이지 않았다. 또한 슈퍼마켓이나 교회와 같은 공공 장소에서 통제하는 데도 어려움을 보였다. 리키의 선생님은 주의가 매우 산만하고 집중력이 부족하다고 했다. 리키는 점점 더 많이 자리를 이탈하여 돌아다녔고 선생님은 끊임없이 주의를 주어야 했다.

(Kearney, 2013, pp. 62-64)

빌리와 리키는 모두 심리적 장애를 나타내고 있다. 이들의 장애는 아동의 가족 결속을 방해하고 학업과 사회적 관계에도 어려움을 주는데, 각 장애에는 각각의 독특한 원인과 방

숨은 뜻 읽어내기

도움이 필요한 아동

심각한 정서적 문제를 가진 아동의 절반 이상이 고등학교를 중도 탈락하고 있다.

(ASCA , 2010; Planty et al., 2008; Gruttadaro, 2005)

식이 있다. 주요우울장애에 부합하는 빌리는 복통 및 다른 신체질환과 함께 주로 슬픔, 걱정과 완벽주의로 고통받고 있다. 이에 비해 리키의 주요 문제는 주의력결핍 과잉행동장애(ADHD)에 부합하는 집중하지 못하고 심하게 활동적이며 충동적인 것이다.

비정상적 기능은 삶의 어느 시점에도 나타날 수 있다. 그렇지만 어떤 비정상적 패턴은 특정 기간(예 : 아동기 혹은 노년기)에 시작하는 것 같다. 이 장에서는 아동기 혹은 초기 청소년기에 시작하는 일반적인 장애에 대해 다룰 것이다. 다음 장에서는 노인에게서 더 보편적으로 나타나는 문제를 살펴볼 것이다.

아동기와 청소년기

사람들은 종종 아동기를 걱정이 없고 행복한 시절로 생각하지만, 한편으로는 두렵고 힘들 수도 있다(그림 14-1 참조). 실제로 모든 문화에서 아동은 새로운 사람이나 상황에 부딪힐 때 일종의 정서적 · 행동적 문제를 경험한다. 조사에 따르면 걱정은 보편적인 경험으로, 미국 아동의 절반 정도가 학교, 건강, 개인의 안정 등 다양한 걱정거리를 가지고 있다(Jovanovic et al., 2014; Szabo & Lovibond, 2004). 야뇨, 악몽, 떼쓰기, 안절부절못함은 많은 아동이 경험하는 문제이다. 청소년도 어려움을 가질 수 있다. 신체적 · 성적 변화, 사회 및 학업적 압력과 학교폭력, 개인적 회의와 유혹 등으로 인해 10대 청소년은 예민하고 혼란감과 위축감을 느낄 수 있다.

> 집단 따돌림의 모든 피해자는 그로 인해 큰 스트레스를 받지만 어떤 사람들은 다른 사람보다 더 큰 상처를 입게 된다. 왜 그럴까?

아동 · 청소년의 특징적인 문제는 집단 따돌림이다(정보마당 참조). 전 세계적으로 집단 따돌림이 어린 조사대상자들이 호소하는 인종차별, AIDS, 성이나 알코올에 대한 또래 압력보다도 가장 주요한 어려움이라고 반복적으로 보고되고 있다(Hong et al., 2015; Isolan et al., 2013; Smith, 2011, 2010). 일반적으로 4분의 1 이상의 학생이 자주 집단 따돌림을 당한다고 보고하였고, 70%의 학생이 최소한 한 번은 피해를 입었다고 보고하였으며, 피해자가 되었을 때 수치심, 불안과 학교에 대한 혐오를 느꼈다고 하였다. 최근의 기술 발전으로 인해 아동 · 청소년이 집단 따돌림을 당하는 방법이 더 다양해졌는데, 소위 사이버 따돌림이라고 하는 것으로 이메일, 문자 혹은 페이스북을 통해 괴롭히고 수치심을 주는 양상이며, 최근에 급증하고 있다(Sampasa-Kanyinga et al., 2014).

그림 14-1

부모는 자녀의 스트레스를 알고 있는가? 8~17세에 이르는 아동의 부모 대상 대규모 조사에 의하면 언제나 그런 것은 아니다. 예를 들면 아동의 44%가 학교생활에 어려움이 있다고 보고하였는데 부모는 34%만이 자신의 아이가 학교생활에 어려움이 있다고 보고하였다(출처 : Munsey, 2010).

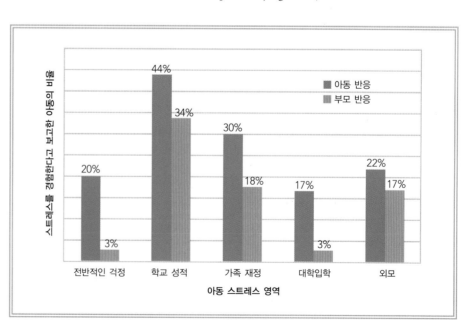

보편적인 문제와 심리적 어려움을 넘어서 북아메리카 아동·청소년의 최소 4분의 1이 진단 가능한 심리적 장애를 경험하고 있다(NIMH, 2015; Winter & Bienvenu, 2011). 성인 심리장애의 대부분에서 여성의 수가 더 많지만, 아동에게서는 남자아이들이 더 많다.

아동기에 보이는 어떤 장애—아동기 불안장애, 아동기 우울, 파괴적 행동장애—는 분명하게 구분되기도 하지만, 성인기 장애도 유사하게 존재한다. 그러나 배설장애와 같은 다른 아동기 장애는 성인이 되면 사라지거나 아주 다른 형태로 변화된다. 또한 출생 시 혹은 아동기에 시작되어 평생 지속되는 장애도 있다. 여기에는 자폐스펙트럼장애와 지적장애가 포함되는데, 전자는 환경에 대한 반응 결핍을, 후자는 전반적인 지능 결함을 주 특징으로 한다.

아동기 불안장애

아동기에 어느 정도의 불안은 정상적이다. 아동은 학교에 가기 시작하는 것과 같은 일상적인 사건에 겁을 먹기도 하고, 새집으로 이사하는 것과 같은 특별한 상황에서 겁을 먹기도 한다. 또한 세대마다 아동은 새로운 불안 원인에 직면하게 된다. 예를 들어, 오늘날 아동은 반복적으로 집과 학교에서 인터넷과 사회연결망(SNS) 중독, 유괴, 약물과 테러 등의 위험에 대한 경고를 듣게 된다.

또한 부모의 문제 혹은 부적절함이 아동의 부적응에 큰 영향을 끼친다. 예를 들어, 부모가 높은 수준의 불안으로 반응하거나 아동을 과보호하게 되면 아동은 상대적으로 높은 불안을 가지고 세상에 반응하게 된다(Platt, Williams, & Ginsburg, 2015). 유사하게 부모가 반복적으로 아동을 거부하거나 실망시키거나 회피한다면 아동에게 세상은 불유쾌하고 불안한 장소가 될 것이다. 그리고 부모가 이혼하거나 심각한 병에 걸리거나 오랫동안 자녀와 격리되어야 한다면, 어린 시절의 불안이 초래될 수 있다. 이러한 환경 문제 외에도 일부 어린이는 불안한 기질을 띠기 쉽다는 유전적 증거가 있다(Rogers et al., 2013).

일부 아동은 오랫동안 불안해하면서 억눌려 있다. 이들은 불안장애를 겪고 있을 수 있

숨은 뜻 읽어내기

따돌림의 대상

설문 조사에 따르면 중·고등학교에 다니는 게이, 레즈비언, 트랜스젠더 또는 양성애자 10명 중 9명이 신체적 및/또는 언어적으로 따돌림을 당한다(McKinley, 2010). 따돌림은 조롱에서부터 구타에 이르기까지 다양하다.

복합 외상

보스턴 지역의 많은 어린이가 2013년 보스턴 마라톤 폭탄 테러의 여파로 외상후 스트레스장애 및/또는 기타 심리적 장애를 일으켰다. 장애는 (개인적으로나 텔레비전으로) 폭탄으로 인한 참상을 목격했을 뿐 아니라 폭탄 테러 다음 날 경찰이 실시한 용의자들에 대한 집 수색에 의해서도 발생했다(Comer, 2014). 사진 속 한 여성이 SWAT 팀이 집에 들어가 수색하도록 집에서 아이를 데리고 나오고 있다.

아동 · 청소년 집단 따돌림

집단 따돌림이란 다른 약한 사람을 협박하거나 상처를 입히거나 지배하기 위해 강제, 위협 또는 강요하는 행위를 말한다. 이는 특히 어린이와 청소년 사이에서 일반적이다. LGBT 개인과 같은 특정 소수집단의 구성원은 왕따를 당할 가능성이 더 크다. 지난 10년 동안 임상가와 교육자들은 왕따가 이전에 생각했던 것보다 훨씬 더 일반적이며 해롭다는 것을 알게 되었다.

집단 따돌림의 유형

신체적 ➔ 구타, 밀기, 발 걸기

언어적 ◀ 별명 부르기, 모욕하기, 성적 묘사, 위협

나쁜 소문 내기, 이상한 이미지 올리기, 집단에서 밀어내기
관계/사회적

집단 따돌림은 아래와 같은 행동을 보일 경향성이 있다

- 반사회적 행동
- 학교 성적 저하
- 학교에 흉기를 소지하고 감
- 음주
- 흡연
- 약물 사용

(Hertz & Donato, 2013; CDC, 2011)

집단 따돌림의 영향

- 우울
- 자살 사고와 시도
- 불안
- 낮은 자존감
- 수면 문제
- 신체 증상
- 약물 사용과 남용
- 학교 문제 및/혹은 학교 공포
- 반사회적 행동

(CDC, 2013, 2011; Hertz & Donato, 2013)

집단 따돌림의 증가

39%	47%
50대 이상	50대 이하

10대에 집단 따돌림을 당한 경험이 있는 사람

(Harris Interactive, 2014; Ratliffe, 2013; NFER, 2010)

학교 집단 따돌림

학교에서 많은 따돌림이 발생한다. 모든 학교 따돌림 중 약 **3분의 2**는 복도, 운동장, 화장실, 식당 또는 버스에서 발생한다. 교사가 있는 동안 교실에서 전체의 **3분의 1**이 발생한다(BSA, 2014). 학교 폭력의 **40%**가 보고되지 않는 것으로 추산된다(BSA, 2014).

학교 집단 따돌림의 속성

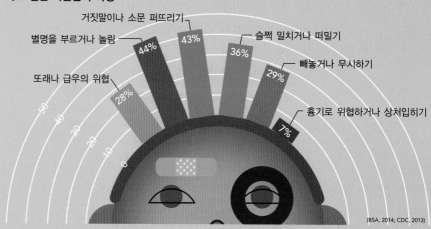

- 거짓말이나 소문 퍼뜨리기 43%
- 별명을 부르거나 놀림 44%
- 슬쩍 밀치거나 떠밀기 36%
- 또래나 급우의 위협 28%
- 빼놓거나 무시하기 29%
- 흉기로 위협하거나 상처입히기 7%

(BSA, 2014; CDC, 2013)

학교 집단 따돌림 방지 프로그램의 특징

- 학생에 대한 지도감독 강화
- 집단 따돌림의 결과 전달
- 학교 전체에 집단 따돌림 방지책 마련
- 학교 직원, 부모와 전문가들의 협업
- 집단 따돌림의 위험 요인 규명

학교 집단 따돌림 방지 프로그램은 집단 따돌림을 **25%**까지 감소시킨다(BSA, 2014).

(CDC, 2013; Hertz & Donato, 2013)

사이버 따돌림

사이버 따돌림은 이메일, 문자 메시지, 웹사이트 및 앱, 인스턴트 메시징, 대화방 또는 게시된 비디오 또는 사진(CDC, 2013)을 통해 발생한다. 모든 어린이와 청소년의 약 **40%**는 적어도 한 번은 온라인으로 괴롭힘을 당했다. 약 **21%**가 정기적으로 온라인으로 괴롭힘을 당하고 있다. 소녀들은 소년들보다 정기적으로 사이버 위협을 받는 확률이 2배이다(BSA, 2014, NSPCC, 2013, Sedghi, 2013, Hinduja & Patchin, 2010).

👍 Like

10대 때 왜 온라인에서 괴롭혔는가?

그럴만해서	58%
되갚아 주려고	58%
재미로	28%
망신을 주려고	21%
그들이 원해서	14%
친구들에게 과시하려고	11%

0 10 20 30 40 50 60

(BSA, 2014, Knowthenet, 2013)

소셜미디어와 사이버 따돌림

37%	자신의 SNS에 사건을 적어 놓는 사람
17%	처음부터 부모에게 말하는 사람
1%	처음부터 선생님에게 말하는 사람
95%	SNS상에서 다른 사람의 사이버 따돌림을 목격한 사용자들
35%	다른 사람의 SNS상 사이버 따돌림을 통상 무시하는 목격자

100 80 60 40 20 0

(BSA, 2014, Knowthenet, 2013)

다. 조사에 따르면 모든 아동과 청소년의 14~25%가 불안장애를 나타낸다(Mash & Wolfe, 2015; Mian, 2014). 일부 아동기 불안장애는 성인 증상과 유사하다. 예를 들어, 아동기 특정공포증은 성인기 공포증과 동일하게 보고 다룬다(Pilecki & McKay, 2011). 실제로 많은 치료받지 않은 아동기 공포가 성인기까지 이어진다.

전형적으로 인지 증상보다는 칭얼대기, 수면 어려움과 복통 등과 같은 행동과 신체 증상이 우세하게 나타난다(Morris & Ale, 2011; Schulte & Petermann, 2011). 이들의 불안은 도대체 어떻게 살아야 하나와 같은 광범위한 염려보다는 유령이나 천둥과 같은 특정적이거나 때로는 상상의 대상과 사건에 초점이 맞춰져 있다(APA, 2013, Davis & Ollendick, 2011). 그리고 이들은 현재 사건과 상황에 의해서 촉발되는 경우보다 더 많다(Felix et al., 2011).

분리불안장애

아동기 장애 중 가장 흔한 불안장애 중 하나인 **분리불안장애**(separation anxiety disorder)도 이 안에 포함된다(APA, 2013). 이 질환은 어린 시절에는 흔하지만(유치원 때부터 시작됨), 모든 어린이의 4% 이상이 경험한다(Mash & Wolfe, 2015; APA, 2013). 이 문제를 가진 아동은 가정이나 부모에게서 떨어질 때마다 극단적인 불안과 종종 공황 상태를 느낀다. 요나의 증상은 어린이집에서 시작되어 유치원까지 지속되었다.

Steve Stoner/Fort Morgan Times/AP Photo

바로 그 첫날!
처음 유치원에 가는 날은 아이와 아마도 어머니에게도 아주 괴로운 날일 것이다. 부모에게서 일시적으로 떨어져 학교에 가는 것에 대한 불안 반응은 어린 아동에게 일반적이다.

4세의 요나는 부모와 할아버지 댁에 가는 30분간 차에서 울기 시작했다. 이것이 그의 첫 번째 밤샘 주말이 되었을 것이다. 할머니가 요나를 돌보기 위해 집으로 오는 화요일 오후에는 항상 힘들었다. 그래서 어머니가 요나를 놀이에 데리고 나가려고 하였으나 번번이 이것은 전혀 새로운 차원의 문제를 일으켰다.

요나는 차에 타지 않을 것이라고 소리쳤다. "나는 엄마하고 있을 거야. 나를 보내면 다시는 안 볼 거야. 내가 없으며 어떻게 될 것 같아? 할머니가 나를 계속 데리고 있으면 어떻게 해! 내가 죽으면 어떻게 돼?" 요나의 아버지는 격분해서 아들을 끌어다 차에 태웠다. 요나는 할아버지 댁에 가는 내내 울었다. 절대 문 앞에서 떨어지지 않으려는 것처럼 어머니에게 매달려 있었다.

요나는 마침내 할아버지 댁에 들어갔다. 결국 부모는 떠났다. 2시간 후에 할머니로부터 전화가 왔다. 부모가 간 이후 요나가 쉬지 않고 울어서 달랠 수가 없다고 하였다. 마지못해 어머니는 요나를 데려와 부부의 주말 휴양 여행을 취소하기로 했다.

그날 밤 요나는 부모 사이에서 자는 것을 주장하면서 자기 방에 가지 않았다. 이것은 과거에 때때로 용인했던 것이었지만, 그날 밤부터는 일상의 수면 패턴이 되었다. 다음 몇 달 동안 요나는 부모가 놀러 나가거나 휴가를 가려고 시도할 때마다 히스테리를 부렸다.

5개월 후 요나는 유치원에 가기 시작했다. 그 첫날은 두 시간 수업이었다. 원장이 전화를 걸어 요나를 데려가라고 했다. 어머니는 그다지 놀라지 않았다. 아들은 울고 비명을 지르며 유치원 전체를 발버둥을 치며 뒹굴었고 어머니가 차에서 내렸을때 최고조에 도달했다. 사람 좋은 원장은 요나의 끊임없는 울음소리가 다른 모든 어린이에게 영향을 미쳤다고 설명했다. "아마 내일은 요나가 나아질 것"이라고 말했다. 그러나 그다음 날, 요나의 반응은 똑같았다. 그리고 다음 날, 그리고 다음날에도.

▶**분리불안장애** 집, 부모 혹은 다른 애착 대상으로부터 분리될 때 보이는 극단적인 불안과 공황을 주요 특징으로 하는 장애

표 14-1

진단 체크리스트

분리불안장애

1. 애착 대상으로부터 분리되었을 때 발달적으로 부적절하고 과도한 두려움이나 불안을 보임

2. 과도한 불안은 다음에서 세 가지 이상을 나타낼 때 진단됨 • 반복적인 분리와 관련된 과도한 흥분 • 반복적으로 상실에 대해 걱정함 • 반복적으로 분리가 유발되는 상황을 두려워함 • 반복적으로 집에서 나가는 것을 거부함 • 반복적으로 떨어져 자는 것을 거부함 • 반복적으로 분리와 관련된 악몽을 꿈 • 반복적으로 분리로 유발되는 신체적 증상을 보임

3. 개별 증상은 아동의 경우 최소 4주 이상 지속되어야 하며 성인은 최소 6개월 이상 지속되어야 함

4. 유의미한 불편감을 주거나 손상을 야기함

출처 : APA, 2013.

요나와 같은 아동은 가족과 떨어져 여행하는 데 큰 어려움을 겪으며, 친구 집에 가거나 심부름 가거나 캠프나 학교에 가기를 자주 거부한다. 또한 일부는 종종 분노발작을 일으키거나 울거나 부모에게서 떨어지지 않으려 매달린다(표 14-1 참조). 아동은 부모로부터 분리되거나 부모가 사고를 당하거나 병이 나서 부모를 잃을까 봐 두려워한다. 부모 근처에 있으면서 분리의 위협이 없는 한 아동은 아주 정상적으로 기능한다. 그러나 분리의 신호가 나타나자마자 증상을 극적으로 나타내기 시작한다.

분리불안장애는 학교 가기를 두려워해서 자주 오랫동안 집에 머물러 있는 **학교공포증**이나 등교 거부와 같은 양상으로 발전하게 된다(APA, 2013). 그러나 많은 학교공포증 사례에서 학교나 학업에 대한 두려움, 우울과 학교에 있는 특정 사물이나 사람에 대한 두려움 등 분리불안 외 다른 것이 발생한다.

아동기 불안장애의 치료

아동·청소년 불안장애의 높은 유병률에도 불구하고 3분의 2 정도의 불안장애 아동은 치료를 받지 않는다(Winter & Bienvenu, 2011). 치료받는 아동은 주로 정신역동·행동주의·인지·인지행동·가족·집단치료를 단독 혹은 병행해서 받는 것이 일반적이다. 각각의 접근은 어느 정도 효과가 있지만 인지행동치료의 효과를 입증한 연구가 가장 많다(James et al., 2015; Mohatt et al., 2014). 이러한 치료는 제4장에서 본 바와 같이 성인기 불안에 대한 접근과 유사하지만 당연히 아동의 인지 능력, 독특한 생활 환경과 자신의 삶에 대한 제한성 등을 감안해서 조절한다. 이 밖에 임상가들은 불안한 아동을 치료하기 위해 심리교육, 부모교육과 학교 개입을 제공하기도 한다(Lewin, 2011).

임상가들은 또한 아동기 불안장애의 많은 사례에서 약물치료를 사용하기도 하는데, 특히 항불안제와 항우울제를 심리치료와 병행해서 사용한다(Mohatt et al., 2014). 약물치료는 도움이 되는 듯하지만, 연구에서 주목받은 것은 아주 최근의 일이다(Comer et al., 2011, 2010).

아동은 일반적으로 자신의 감정이나 동기를 인식하는 데 어려움이 있기 때문에 많은 치료자들, 특히 정신역동치료자들은 치료의 일환으로 **놀이치료**(play therapy)를 사용한다(Landreth, 2012). 이 접근에서 많은 아동은 장남감을 가지고 놀고 그림을 그리며 이야기를 만드는데, 그 속에서 자신의 삶에서 느끼는 갈등과 관련된 감정을 드러낸다. 그리고 나면 치료자들은 아동이 갈등을 훈습하는 데 도움이 되도록 더 많은 놀이와 상상을 끄집어내면서 아동의 감정과 행동을 변화시킨다. 또한 아동은 종종 최면하기에 좋은 대상이기 때문에, 일부 치료자들은 아동의 과도한 두려움을 극복하기 위해 **최면치료**를 사용한다.

Bruce Eric Kaplan/The New Yorker Collection/www.cartoonbank.com

"이번 주에는 기필코 옷장 안을 살펴보고서 모든 유령을 없애버릴 거야."

▶놀이치료 그림, 놀이, 이야기 만들기 등을 통해 갈등 상황에서 경험하는 감정을 간접적으로 표현하도록 도와주는 치료 접근

▶ 요약

아동기 불안장애 아동기 및 청소년기에는 정서적 및 행동적 문제가 흔하다. 어린이들 사이의 특별한 염려는 따돌림을 당하는 것이다. 또한 미국 아동 및 청소년의 20% 이상은 진단 가능한 심리적 장애가

있다.

불안장애는 특히 아동과 청소년에게서 흔하다. 문제는 성인 장애와 유사하기도 하고, 부모로부터 떨어질 때마다 과도한 불안 혹은 공황을 나타내는 분리불안장애처럼 아동 특유의 패턴을 보이기도 한다. 놀이치료와 같은 다양한 치료법이 아동기 불안장애에 적용된다.

아동기 우울장애와 양극성장애

이 장의 앞부분에서 설명한 빌리와 같이 아동의 2%와 청소년의 8%가 주요우울장애를 경험한다(Mash & Wolfe, 2015). 청소년의 20%가 10대를 지나는 동안 최소 하나의 우울 삽화를 경험한다. 또한 최근 임상가들은 많은 아동과 청소년이 양극성장애를 경험한다고 믿고 있다.

주요우울장애

아주 어린 아동은 임상적 우울을 일으키는 인지 능력(예 : 미래에 대한 지각)이 결여되어 있다(Hankin et al., 2008). 그럼에도 불구하고 생활 환경이나 생물학적 소인이 심각하면 아주 어린 아동일지라도 심각한 수준으로 기분이 가라앉는 것을 경험한다(Tang et al., 2014). 어린 연령의 우울은 부정적 생활사건(특히 상실), 주요한 변화, 거부 혹은 지속적인 학대로 촉발된다. 아동기 우울은 보통 두통, 복통, 안절부절못함, 장난감과 게임에 대한 흥미 없음으로 나타난다(AACAP, 2013).

임상적 우울은 어린 아동보다 10대에게서 더 흔하다. 환경의 영향을 가장 많이 받는 청소년기는 힘들고 혼란스러운 시기이며 불안, 신체와 호르몬 변화가 극심하고 기분 변화가 잦으며 관계가 복잡하고 새로운 탐색을 하는 시기이다(마음공학 참조). 어떤 10대들에게는 이러한 '정상적인' 청소년기 혼란이 임상적 우울과 교차되어 나타나기도 한다. 사실 제7장에서 본 바와 같이 자살사고와 시도는 특히 청소년기에 많다. 매년 8명 중 1명의 10대가 자살을 생각하는데, 우울이 이러한 생각과 시도를 하게 만드는 원인이다(Nock et al., 2013; Spirito & Esposito-Smythers, 2008).

흥미로운 것은 13세 이전에는 소년과 소녀 간 우울 발생률에 차이가 없지만 16세 소녀들은 소년들에 비해 2배 더 우울하다(Frost et al., 2015; Merinkangas et al., 2010). 왜 이러한 성차 변화가 나타나는가? 몇 가지 요인이 제시되는데, 호르몬 변화와 소년에 비해 소녀들이 스트레스를 받는 경험이 더 많다는 사실이다. 이러한 성차에 대해 10대 소녀들이 자신의 신체에 불만족하기 때문이라고 설명하기도 한다. 소년들은 근육량이 늘고 다른 몸의 변화가 사춘기와 함께 나타나는데, 소녀들은 사춘기 동안 그리고 사춘기를 지나면서 나타나는 체지방과 체중 증가를 혐오하게 된다. 여성미의 기준으로 과도하게 마른 체형을 요구함으로써 많은 청소년기 소녀들은 자신의 몸에 갇혀 낮은 자존감과 함께 우울을 경험한다(Stice et al., 2000). 또한 제9장에서 본 바와 같이 많은 소녀들이 섭식장애를 가진다.

수년 동안 아동기와 10대의 우울은 성인기 우울에 효과적인 치료, 이

애도 캠프

사랑하는 사람을 잃은 아동과 10대를 위한 '애도 캠프'가 여러 지역에서 생겼다. 이라크전에서 삼촌이 사망한 사진 속의 어린 소녀가 이 프로그램에서 가방 속에 삼촌의 죽음에 대한 자신의 감정을 상징하는 조각들을 넣고 있다.

를 테면 인지행동치료와 항우울제에 잘 반응할 것이라고 간주했다. 그리고 실제로 많은 연구들을 통해 이러한 접근의 효과가 입증되었다(Straub et al., 2014; Vela et al., 2011). 그러나 최근 연구들에서 10대에 대한 이러한 접근에 의문이 제기되었다.

먼저, 최근 발표된 연구에 의하면, 미국 국립정신위생연구소는 최근에 6년 기간의 청소년 우울증 치료연구(Treatments for Adolescents with Depression Study, TADS)를 지원하였는데, 이 연구에서 10대를 대상으로 인지행동치료 단독, 항우울제 단독, 인지행동과 항우울제 치료 통합과 위약치료를 비교하였다(TADS, 2010, 2007, 2004). 이 연구에서 세 가지 주요 결과가 산출되었다. 첫째, 항우울제 단독이나 인지행동치료 단독은 항우울제와 인지행동치료의 통합치료만큼 효과적이지 못했다. 둘째, 항우울제 단독치료가 인지행동치료에 비해 10대 우울증에 더 도움이 되는 듯했다. 셋째, 인지행동치료 단독은 위약치료보다 약

마음공학

늘어 가는 부모의 걱정

부모는 자녀의 건강, 안전, 성적, 미래에 대해 항상 염려하고 있다. 그러나 오늘날의 디지털 세계에서 부모의 불안은 기존의 일반적인 걱정에 자녀의 온라인 경험과 행동에 대한 걱정이 더해져 새로운 걱정거리가 늘고 있다(Fondas, 2014).

자녀가 인터넷을 하고 있을때 정확하게 부모가 걱정하는 것은 무엇인가? 누가 가장 걱정을 많이 하는가? 연구자인 Danah Boyd와 Eszter Hargittai(2013)는 미국 전역에 1,000명 이상의 부모를 대상으로 설문 조사를 한 결과, 안전이 부모의 핵심 걱정임을 알게 되었다. 조사 대상 부모 중 3분의 2는 10~14세 사이의 자녀가 온라인에서 만날 수 있는 낯선 사람들로부터 상처를 입는 것에 대해 '극도로 우려했다'고 밝혔다. 또한 많은 부모가 온라인 음란물(57 %), 온라인 폭력(35%), 온라인 따돌림의 희생자(32%) 또는 범죄자(17%)에 노출된 자녀에 대해 극도로 우려를 표현하였다. 설문 조사에 참여한 부모 중 거의 모든

사람이 각 영역에 대해 어느 정도의 우려를 표명했다. 이러한 불안 영역은 부모에 따라 고르게 분포되지는 않았다. 아프리카계 미국인, 히스패닉계 미국인 및 아시아계 미국 부모는 백인 미국 부모보다 이러

> 오늘날 부모는 자녀의 온라인 경험과 행동에 대한 우려를 해결하기 위해 무엇을 할 수 있는가?

한 우려를 가질 가능성이 훨씬 컸다. 도시 부모는 교외와 지방 부모보다 더 두려워하였다. 저소득층 부모는 부유한 부모보다 온라인 따돌림에 대해 더 불안해했다.

어머니들은 온라인에서 따돌림당하는 자녀에 대해 아버지보다 더 두려움을 나타냈다. 딸의 부모는 자녀들이 유해한 낯선 사람을 만나고 온라인 폭력에 노출된 것에 대해 아들의 부모보다 더 염려했다. 그리고 정치적으로 보수적이거나 온건한 부모는 자녀가 포르노를 보거나 온라인에서 낯선 사람을 만나는 것에 대해 진보적인 부모보다 훨씬 더 많은 불안감을 나타냈다.

인터넷 초기에 부모는 자녀의 온라인을 사용하는 시간과 접근을 감독하고 제한함으로써 이러한 종류의 우려를 해결하였다. 그러나 스마트폰을 소유한 미국 청소년의 수(거의 절반)가 증가하고 집 밖에 많은 장소에서 컴퓨터 및 태블릿 PC에 쉽게 접근할 수 있는 10대가 늘어남에 따라 '좋은 옛날'은 이제 사라졌다(Fondas, 2014). 이에 따라 부모의 불안이 계속해서 커지고 있다.

간 더 효과가 있었다. 많은 연구자들은 TADS 연구대상자들의 어떠한 특성이 인지행동치료의 저조한 결과의 원인이라고 믿는다. 그러나 다른 임상이론가들은 TADS 연구가 정교하게 수행되었으며, 많은 우울한 10대들이 실제로 성인보다 인지행동치료에 덜 반응한다고 믿는다.

두 번째 발견은 항우울성 약물이 일부 우울한 아동과 10대에게 위험할 수 있다는 것이다. 제7장에서 본 바와 같이 미국식품의약국(FDA)에서는 2004년에 다양한 임상보고에 근거하여 그 약이 비록 소수이기는 하지만 실제로 특정 아동·청소년에게서, 특히 처음 몇 달 동안 자살 가능성을 높일 위험이 있다고 결론을 내렸고, 모든 항우울제 용기에 아동에게 자살사고와 행동 위험성을 증가시킬 수 있다는 복약 주의사항을 달도록 명령 내렸다.

미국 식품의약국의 지시에 대한 논쟁이 뒤따랐다. 대부분의 임상가들은 약이 실제로 어린 환자의 2~4%에서 자살 사고와 시도 위험성을 높였다는 데 동의함에도 불구하고 많은 사람들은 이 약을 복용한 대다수 아동의 실제 전반적인 자살 위험이 감소되었다는 사실을 주지하였다(Isacsson & Rich, 2014; Vela et al., 2011). 예를 들면, 어린이와 청소년에게 제공된 항우울제 처방 수가 급상승함에 따라 어린이와 청소년의 자살은 2004년까지 10년간 30% 감소했다.

TADS 연구 결과와 항우울제 안정성에 대한 의문이 지속적으로 해결되면서 최근 두 가지 결과를 통해 다시 연구의 중요성, 특히 실제 치료에 대한 연구의 중요성이 강조되었다. 특정 연령, 성별, 인종 혹은 문화적 배경에서 적용되는 치료가 다른 집단에는 효과가 없거나 혹은 문제가 될 수 있음이 재인식되었다.

AP Photo/*The Free Lance-Star*, Mike Morones

분리와 우울
이라크로 파병 가는 아버지에게 3세 아이가 안겨 있다. 최근 연구에 따르면 장기간의 가족 간 이별은 아동에게 우울을 일으킨다고 한다. 이라크와 아프가니스탄 전쟁 동안 뒤에 남겨진 군인 가족의 수천 명 아동에 대해 임상가들은 우려하고 있다.

> **숨은 뜻 읽어내기**
>
> **명언**
> "젊음이 행복이라는 것은 착각이다. 그것을 잃은 사람들의 착각이다."
>   W. 서머셋 모음, *인간의 굴레*, 1915

양극성장애와 파괴적 기분조절부전장애

몇십 년 동안 양극성장애는 성인에게만 한정된 기분장애이며, 발병연령은 10대 후반이라고 하였다(APA, 2013). 그러나 1990년대 중반부터 임상이론가들은 180도 달라져서 많은 사람들이 많은 아동이 양극성장애를 나타낸다고 생각하게 되었다. 1994~2003년 동안 미국 내 진단 패턴을 살펴보면 미국에서 양극성장애로 진단받고 치료받는 아동과 청소년의 수가 아주 어린 아동까지 포함하여 1994~2003년 사이에 40배 늘었다(Moreno et al., 2007). 예를 들어 양극성장애 아동의 사설 방문 횟수는 1994년 2만 명에서 2003년 80만 명으로 증가했다. 그리고 2003년 이후 계속 증가했다(Mash & Wolfe, 2015).

많은 이론가들은 이 수치가 아동 양극성장애 유병률의 증가를 반영한 것이 아니고 새로운 진단 경향성을 반영한 것이라고 생각하고 있다. 문제는 이러한 새로운 진단 경향성이 정확한가 여부이다. 많은 임상 이론가들은 양극성장애 진단이 아동·청소년에게 과하게 적용되고 있다고 믿고 있다(Mash & Wolfe, 2015; Paris, 2014). 이들은 그 명칭이 갑작스럽게 행동이나 감정을 폭발시키고 공격적인 거의 모든 아동에게 적용되는 임상적 '잡동사니 주머니'라고 주장하였다. 사실 우울에 동반하는 분노와 공격 증상이 양극성장애로 진단받는 대부분 아동에게 나타나는 보편적인 모습이다(Roy et al., 2013). 아동은 성인 양극성장애처럼 조증이나 기분 변화 증상이 두드러지지 않는다.

DSM-5 연구 팀은 아동기 양극성장애 명칭이 사실 과거 몇십 년 동안에 지나치게 남용

아이들은 제대로 치료를 받고 있는가 런던에서 어린이 집단이 지적장애가 있는 어린이들에게 성인 약물을 처방하고 고용량으로 처방하는 것에 대해 항의하고 있다. 어린 시절 양극성장애 치료를 받는 어린이의 약 절반이 항정신병 약물을 복용한다.

표 14-2

진단 체크리스트
파괴적 기분조절부전장애

1. 최소 1년 동안 대다수 또래와 다르게 상황에 매우 부적절한 심각하고 반복적인 감정폭발을 보임

2. 폭발이 일주일에 3회 이상, 둘 이상의 서로 다른 상황에서 나타남(가정, 학교, 또래들)

3. 폭발 사이 기간에 반복적으로 불안정하거나 화난 기분을 보임

4. 6~18세 사이에 최초 진단을 받음

출처 : APA, 2013.

되어 왔다는 결론을 내렸다. 이 문제를 해결하기 위해 *DSM-5*에는 **파괴적 기분조절부전장애**(disruptive mood dysregulation disorder)라는 새로운 범주가 포함되었는데, 이 범주는 심각한 분노 패턴을 가진 아동을 대상으로 한 것이다(표 14-2 참조). 이러한 아동은 앞으로는 이 진단을 더 많이 받게 될 것이며 아동 양극성장애 진단은 줄어들 것이다.

이 논쟁의 결과는 중요한데, 특히 현재 진단 흐름은 성인용 양극성장애 약물치료를 받는 아동의 증가를 동반하고 있다(Toteja et al., 2014; Chang et al, 2010; Grier et al., 2010). 양극성장애로 치료받는 아동의 절반 정도가 항정신병 약물치료를 받으며, 3분의 1은 항양극성 약물 혹은 기분 안정제를 처방받고, 나머지 많은 아동이 항우울제나 흥분제를 복용하며, 다수가 이러한 약들을 섞어서 복용하기도 한다. 아직까지 이 약물들은 거의 아동들에게 사용하도록 승인되지 않았다.

> ### ▶ 요약
>
> **아동기 우울장애와 양극성장애** 전체 어린이의 2%와 청소년의 8%가 우울을 경험한다. 최근 몇 년 동안 TADS 연구와 식품의약국 복약 규칙으로 인해 10대 우울증에 가장 적절한 치료가 무엇인지에 대한 의문이 제기되었다. 과거 20년 동안 양극성장애 진단을 받은 아동과 청소년의 수가 엄청나게 증가하였다. 이러한 진단은 *DSM-5*가 새로운 아동기 범주인 파괴적 기분조절부전장애를 추가함으로써 감소될 것으로 기대된다.

적대적 반항장애와 품행장애

▶**파괴적 기분조절부전장애** 심각한 수준의 반복적인 기분폭발을 특징으로 하는 아동기 장애로서 지속적으로 불안정감이나 화난 기분을 동반함

▶**적대적 반항장애** 아동기 장애로서, 분노와 악의에 차서 반복적으로 성인과 논쟁하고 성미를 부리며 욕설을 함

대부분의 아동은 가끔씩 규칙을 어기고 잘못된 행동을 한다. 그러나 지속적으로 극단적인 증오와 적대감을 보인다면 적대적 반항장애나 품행장애 진단에 부합하게 된다. **적대적 반항장애**(oppositional defiant disorder)를 가진 아동은 종종 논쟁적이고 반항하며 화를 내고 불안정하며 어떤 경우에는 적개심을 나타내기도 한다(APA, 2013). 예를 들면 반복적으로 성인과 논쟁하고 어른이 지키라고 하는 규율을 무시하며 다른 사람을 고의적으로 화나게

하며 화를 많이 내고 증오심을 보인다. 아동의 10%가 적대적 반항장애 진단에 부합된다 (Mash & Wolfe, 2015; Wilkes & Nixon, 2015). 이 장애는 사춘기 이전에는 소녀보다 소년에게서 더 흔하지만 사춘기 이후에는 성차가 사라진다.

　　품행장애(conduct disorder) 아동은 더 심각한 문제를 보이고 반복적으로 다른 사람의 기본 권리를 침해한다(APA, 2013). 이들은 종종 공격적이고 타인이나 동물에게 신체적으로 잔혹하게 하며, 의도적으로 타인의 기물을 파괴하고 학교를 결석하거나 가출한다(표 14-3 참조). 많은 아동이 훔치고 위협하거나 타인을 괴롭히고 절도, 서류 위조, 가택이나 차량 침입, 노상 강도 혹은 무장 강도와 같은 범죄를 저지른다. 연령이 높아질수록 강간이나 매우 드물지만 살인과 같은 신체 폭력 행위도 저지른다. 데렉이라고 하는 15세 소년의 임상 면담에서 나타나는 품행장애 증상은 다음과 같다.

　　4주 전 절도로 체포된 데렉이 면담을 통해 심각한 문제에 연루되었음이 드러났다. 데렉은 몇몇 친구들과 편의점에 들어가서 온갖 것을 훔쳐 차에 싣다가 잡혔다. 이와 비슷한 무리들과 CD 매장과 옷가게에서도 유사한 일을 자행했다. 데렉은 친구들이 가게에서 빠져나오고 자신만 남겨 두었기 때문에 잡혔다고 친구들을 탓하였다. 그는 절도죄로 기소되었는데, 경찰이 그를 발견했을 때는 캔디바 3개와 감자칩 1봉지만을 가지고 있었다. 데렉은 10대 중 한 사람이 던진 유리 상자 때문에 상점 직원이 다친 것에 대한 어떠한 염려나 도둑질에 대한 후회를 전혀 보이지 않았다. 점원의 부상에 대해 알려 주었을 때 데렉은 "내가 하지 않은 일인데 왜 신경을 쓰겠어요?"라고 하였다.

　　심리학자는 데렉에게 과거의 다른 법규 위반과 이 문제가 과거부터 있어 왔는지 질문하였다. 10개월 전 데렉은 유리창을 깨뜨리고 차를 부수는 등 학교 기물 파괴로 체포되었었다. 초범이었기 때문에 6개월의 보호관찰 판결을 받았다. 이 밖에 데렉은 절도를 시도하고, 주말에 마리화나를 사용하였으며 훔친 차로 돌아다니고 학교에 결석하였으며 자기가 잡히지 않았다는 것에 대해 으쓱대며 자랑하였다. 데렉은 학기가 시작된 이래로 23일(50%)이나 학교를 빠졌다. 또한 이웃 아파트에 침입하였고 성인 같은 성적 행위를 하였다고 했다. 거의 모든 면담 시간을 허세를 부리는 데 소요하였다.

(Kearney, 1999, pp. 87-88)

　　품행장애는 일반적으로 7~15세 사이에 시작된다(APA, 2013). 아동의 약 10%가 진단에 부합하며 이 중 4분의 3은 소년이다(Mash & Wolfe, 2015; Nock et al., 2006). 상대적으로 경미한 품행장애 아동은 종종 시간이 지나면 좋아지지만, 심각한 사례들은 성인기까지 지속되고 반사회성 성격장애나 다른 심리적 문제로 이어진다. 일반적으로 이른 나이에 품행장애가 발병할수록 예후가 좋지 않다. 연구에 의하면 품행장애를 보이는 아동의 80%는 처음에는 적대적 반항장애 패턴을 나타낸다(APA, 2013; Lahey, 2008). 품행장애 아동의 3분의 1은 이후에 바로 언급될 장애인 주의력결핍 과잉행동장애를 함께 보이기도 한다(Jiron, 2010).

　　일부 임상이론가들은 실제로 몇 가지 종류의 품행장애가 있다고 생각하는데 이를 살펴보면 (1) 외현-파괴 패턴은 공개적으로 공격적이고 대립적인 행동을 나타낸다. (2) 외현-비파괴 패턴은 공개적으로 무례하기는 하지만 대립적인 행동은 보이지 않는다. (3) 내현-파괴 패턴은 타인의 소유물을 침해하고 침입하고 방화하는 것과 같은 비밀스러운 파괴행동이 특징적으로 나타난다. (4) 내현-비파괴 패턴은 학교에 무단결석하는 것과 같이 비밀

▶**품행장애** 아동기 장애로서, 반복적으로 다른 사람의 기본 권리를 침해하고 공격성을 나타내며 때때로 다른 사람의 재산을 파괴하고 도둑질하거나 가출함

표 14-3

진단 체크리스트

품행장애

1. 다른 사람의 기본 권리나 연령에 맞는 주요한 사회적 규범이나 규칙을 위반하는 반복적이고 지속적인 행동 패턴을 보임

2. 과거 12개월 동안 아래 중 최소 3개 이상에 해당됨(최소한 1개는 6개월 내에 나타남) •타인을 자주 괴롭히거나 위협함 •신체적 싸움을 자주 일으킴 •위험한 무기를 사용함 •다른 사람에게 신체적으로 잔혹하게 함 •동물에게 신체적으로 잔혹하게 함 •피해자와 대면한 상태에서 도둑질을 함 •다른 사람에게 성적 행위를 강요함 •불을 지름 •의도적으로 다른 사람의 재산을 파괴함 •다른 사람의 집, 건물, 차를 파괴함 •다른 사람에게 자주 거짓말을 함 •피해자와 대치하지 않은 상황에서 귀중품을 훔침 •13세 이전부터 야간 통행금지에도 불구하고 자주 집에 들어오지 않음 •최소 두 번 이상 가출함 •13세 이전에 잦은 무단결석이 시작되었음

3. 심각한 장애가 초래됨

출처 : APA, 2013.

"너의 대입 지원서에서 하고 싶은 이야기가 이것이니?"

스럽게 비공격적인 행동을 보인다(McMahon et al., 2010; McMahon & Frick, 2007, 2005).

또한 다른 연구자들은 특정 사례의 품행장애에서 보이는 공격 패턴을 구분하기도 한다. 관계 폭력이라고 하는데, 이들은 사회적으로 고립되고 일차적으로 사회적으로 잘못된 행동, 즉 다른 사람에 대한 악담을 하고 헛소문을 퍼뜨리며 친구관계를 조종하는 행동을 한다(Ostrov et al., 2014). 관계 폭력은 소년보다는 소녀들 사이에서 보다 많다.

많은 품행장애 아동은 학교를 중단하고 위탁가정에 가거나 감옥에 투옥된다(Weyandt et al., 2011). 8~18세 사이의 아동이 법규를 위반할 때 법률체제에서는 이를 **청소년 비행**이라고 부른다(Wiklund et al., 2014; Jiron, 2010). 소녀의 비율이 높아지고 있지만 소녀보다 소년이 청소년 범죄에 더 많이 연류된다. 1990년대부터 서서히 높아진 이후로 심각한 범죄로 체포되는 10대는 최소 과거 10년 동안 3배가 되었다(U. S. Department of Justice, 2014, 2010).

품행장애의 원인은 무엇인가

품행장애의 많은 사례, 특히 파괴적 행동을 특징으로 하는 사례들은 유전적이고 생물학적 요인과 관련 있다(Kerekes et al., 2014; Wallace et al., 2014). 또한 수많은 사례가 약물남용, 가난, 외상 사건과 또래 폭력이나 지역사회 폭력과 관련된다(Wymbs et al., 2014; Weyandt et al., 2011). 그러나 대부분의 품행장애는 부모-자녀 관계, 부적절한 양육, 가족 갈등, 부부 갈등 및 가족 간 증오와 관련된다(Mash & Wolfe, 2015; Henggeler & Sheidow, 2012). 이 아동들은 부모로부터 거부당하거나 부모가 떠나거나 강압적이고 학대하거나 부모로부터 적절하고 지속적인 지도감독을 받지 못한 경우가 많아, 이러한 요소가 품행 문제를 야기한 것 같다. 부모가 반사회적일 때 이 장애에 더 취약해지고, 과도한 분노를 보이거나 약물과 관련되거나 기분장애 혹은 조현병을 가지고 있을 때도 그러하다(Advokat et al., 2014).

임상가들은 품행장애를 어떻게 다루는가

공격행동은 연령에 따라 다르기 때문에 품행장애 치료는 13세 이전에 해야 가장 효과적이다(APA, 2013). 사회문화적인 개입에서부터 아동 중심적 개입에 이르기까지 수많은 개입이 최근 몇 년 동안 개발되었다. 앞으로 보게 될 것처럼 이 중 몇 가지는 중간 정도(때로는 약간 정도) 성공을 하지만, 이 중 어느 것도 이 어려운 문제의 분명한 대답이 되지는 못한다. 오늘날 임상가들은 넓은 범위의 치료 프로그램 중에서 몇 가지 접근을 결합해서 사용한다.

사회문화적 치료 품행 문제에서 가족 요소의 중요성을 감안하여 치료자들은 보통 가족 개입 방법을 사용한다. 유치원생에게 사용하는 하나의 접근은 **부모-자녀 상호작용치료**이다(Hembree-Kigin & McNeil, 2013; Zisser & Eyberg, 2010). 여기에서 치료자들은 부모가 아동과 긍정적으로 상호작용하고 적절하게 제한을 주고 일관되게 행동하며 훈육 결정에서

숨은 뜻 읽어내기

남녀 차이 좁히기

폭력으로 체포되는 10대의 3명 중 1명이 여성이다.

(Department of Justice, 2008; Scelfo, 2005)

공정하고 아동에 대한 좀 더 적절한 기대를 가지도록 가르친다. 치료자들은 또한 아동에게 사회기술을 가르친다. 아주 어린 아동에 대한 가족 개입인 비디오 모델링은 비디오를 이용해서 동일한 방식을 가르친다(Webster-Stratton & Reid, 2010).

아동이 학령기에 다다르면 치료자들은 종종 **부모 관리 훈련**이라고 하는 가족 개입을 사용한다. 이 접근을 보면 (1) 부모는 좀 더 효과적으로 자녀를 다루는 법을 배우고, (2) 부모와 자녀가 함께 행동 지향 가족치료에 참여한다(Kazdin, 2012, 2010, 2002; Forgatch & Patterson, 2010). 전통적으로 가족과 치료자는 변화시킬 특별한 목표행동을 정한다. 그러고 나서 매뉴얼, 치료실습, 과제의 도움을 받아 부모로 하여금 문제행동을 더 잘 찾아내고 일관성 있게 바람직하지 않은 행동에 보상하지 않고 적절한 행동에 보상하는 법을 배우게 한다. 취학 전 가족 개입과 마찬가지로 부모 관리 훈련도 종종 효과를 거둔다.

지역사회의 거주치료, 학교 프로그램과 같은 사회문화적 접근은 일부 아동이 향상되는 데 도움이 된다. **위탁돌봄치료**와 같은 접근을 보면 비행을 저지른 품행장애 소년과 소녀가 소년사법체계에 의해 지역사회의 위탁가정에 보내진다(Henggeler & Sheidow, 2012). 거기

> 왜 감호소에서 많은 10대 범법자들의 비행행동이 강화되는가?

에 있는 동안 아동, 양부모, 생물학적 부모가 모두 훈련과 치료 개입을 받으며 아동의 위탁 관리가 종료된 후에 아동과 생물학적 부모에 대해 더 많은 치료가 제공된다.

사회문화적 개입과 반대로 소위 **청소년훈련센터**와 같은 기관에 수용해서 개입하는 프로그램은 크게 성공하지 못하고 있다(Stahlberg et al, 2010; Heilbrun et al., 2005). 사실 이러한 기관들은 어린 범법자들을 재사회화하기보다는 비행행동을 강화하는 데 기여하는 것으로 보인다.

아동 중심 치료 품행장애 아동에게 일차적으로 초점을 맞춘 치료, 특히 인지행동적 개입이 최근에는 성공을 거두었다(Kazdin, 2015, 2012, 2010, 2007). **문제해결기술 훈련** 접근에서 치료자는 아동에게 구조적인 사고와 긍정적 사회행동을 가르치는 데 도움이 되는 모델링, 연습, 역할연기와 체계적 보상 등을 조합해서 사용한다. 치료 과정에서 임상가들은 아동과 게임을 하거나 과제를 풀고, 그들이 학습한 내용과 게임에서 배운 기술을 실제 상황에 적용하도록 도모한다.

또 다른 아동 중심 접근은 **대처 능력 프로그램**으로, 품행장애 아동은 집단 회기에 참여해서 자신의 분노를 더 효과적으로 관리하고 문제를 해결하며 사회기술을 쌓고 목표를 설정하며 또래 압력에 대처하는 방법을 배우게 된다. 연구에 따르면 이러한 아동 중심 접근이 공격행동을 감소시키고 청소년기의 약물사용을 예방한다(Lochman et al., 2012, 2011, 2010). 최근 품행장애 아동을 치료하는 데 각성제가 사용되기도 한다. 연구에 의하면 가정과 학교에서 보이는 이들의 공격행동을 감소시키는 데 도움이 되기도 한다(Gorman et al., 2015).

예방 품행 문제를 다루는데 가장 기대가 큰 접근은 초기 단계 아동기에 시작하는 **예방 프로그램**이다(Hektner et al., 2014). 이 프로그램은 품행장애가 발달하기 전에 바람직하

예방 : 스케어드 스트라이트 프로그램

아동이나 청소년이 반사회적 패턴을 발달시키기를 기다리기 전에 더 좋은 예방 프로그램이 필요하다고 임상가들은 주장하고 있다. 한 프로그램에서 '위기' 아동은 근처 교도소를 방문하는데 그곳에서 재소자들이 자신의 약물, 범죄조직 생활과 기타 반사회적 행동이 어떠했으며 어떻게 해서 감옥까지 오게 되었는지를 이야기해 준다.

Craig Schreiner/Wisconsin State Journal/AP Photo

지 않은 사회적 환경을 변화시키려 하는 것이다. 젊은이에게 훈련 기회를 제공하고 여가시설과 건강 관리를 제공하여 가난에서 오는 스트레스를 경감시켜 주며 부모의 아동 양육기술을 향상시켜 준다. 이러한 모든 접근은 가족이 교육을 받고 함께할 때 가장 효과가 좋다.

배설장애

배설장애를 가진 아동은 반복적으로 옷이나 침대, 바닥에 대소변을 본다. 이들은 이미 신체 기능을 통제할 만한 연령에 도달해 있고 이들의 증상이 신체적 질환에 의해 일어나지는 않는다.

유뇨증

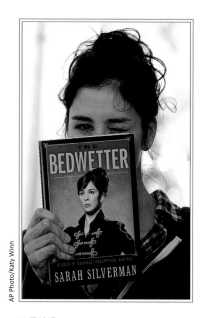

오줌싸개
유명한 코미디언인 사라 실버맨이 2010년 베스트셀러인 *The Bedwetter*라는 책을 들고 있다. 그녀의 일대기에서 자신이 유뇨증이 있었으며 여러 가지 정서 문제—자기과시, 고통과 유머가 언제나 뒤섞여 있는—를 겪었다고 기술하였다.

유뇨증(enuresis)은 반복적이고 불수의적으로(혹은 어떤 경우는 의도적으로) 잠자리나 옷에 소변을 본다. 전형적으로는 밤에 나타나지만, 낮에도 발생한다. 아동 나이가 최소 5세는 돼야 이 진단을 내릴 수 있다(APA, 2013). 이 문제는 입원, 학교 입학이나 가족 문제와 같은 스트레스 사건에 의해 촉발된다. 어떤 경우에는 신체나 심리적 학대의 결과이기도 하다(심리전망대 참조).

유뇨증의 발병률은 연령과 함께 감소한다. 5세 아동의 33%가 침대에 소변을 실수한 적이 있으며 10%가 유뇨증 진단기준에 해당되는 데 비해, 10세 아동은 3~5%, 15세가 되면 1%가 된다(Mash & Wolfe, 2015; APA, 2013). 유뇨증은 전형적으로 가까운 친족(부모, 형제)이 동일한 장애를 가졌을 때 나타날 가능성이 크다.

연구에 의하면 여러 가지 설명 중에서 한 가지 설명만을 가지고 유뇨증을 설명하는 것은 바람직하지 않다(Kim et al., 2014; Friman, 2008). 정신역동이론가들은 광범위한 불안과 기저에 있는 갈등에서 오는 증상으로 설명한다. 가족이론가들은 가족 간 상호작용 문제를 지적한다. 행동주의자들은 이 문제를 부적절하거나 비현실적인 혹은 강압적인 배변 훈련의 결과로 본다. 생물학적 이론가들은 이 장애를 가진 아동이 종종 작은 방광 용량이나 취약한 방광 근육을 가진다고 생각한다.

유뇨증의 사례 대부분은 치료 없이 스스로 교정된다(Axelrod et al., 2014; Christophersen & Friman, 2010). 널리 쓰이는 고전적 조건형성 접근인 **종소리와 전지기법**을 살펴보면, 종과 전지가 표면이 금속으로 된 패드와 연결되어 있는 기구를 아동이 잘 때 아동 밑에 놓는다(Mowrer & Mowrer, 1938). 한 방울의 소변이라도 떨어지면 종이 울려서 아동은 젖기 시작하자마자 깨어난다. 이렇게 종소리(무조건적인 자극)가 방광이 꽉 차는 감각(조건 자극)과 연합되어 깨어나는 반응을 일으킨다. 나중에는 방광이 꽉 찼을 때만 아동이 잠을 깬다.

다른 효과적인 행동치료기법은 **마른 침대 훈련**으로 이 속에서 아동은 보존 통제 훈련을 받는데, 밤에 주기적으로 깨어 화장실에 가고 적절하게 보상을 받는다. 종소리와 전지 기법과 같은 이러한 행동 접근은 종종 효과를 본다.

유분증

유분증(encopresis)은 반복해서 옷에 배변하는 것으로, 유뇨증보다는 덜 나타나며 연구도 잘되어 있지 않다(Mash & Wolfe, 2015; APA, 2013). 이 문제는 보통 깨어 있는 시간에 나타나며 밤 수면 중에 나타나지는 않는다. 보통 불수의적이며 4세 이후에 나타나며 전체 아

▶**유뇨증** 반복적으로 옷이나 잠자리에 소변을 보는 문제를 나타내는 장애

▶**유분증** 반복적으로 옷과 같이 부적절한 곳에 변을 보는 아동기 장애

표 14-4

아동기 장애 비교

발병연령	아동 유병률	아동 내 유병률	우세 성별	가족력 영향	성인기 회복
분리불안장애	12세 이전	4~10%	여	있음	보통
품행장애	7~15세	1~10%	남	있음	자주
ADHD	12세 이전	5%	남	있음	자주
유뇨증	5~8세	5%	남	있음	보통
유분증	4세 이후	1.5~3%	남	불분명	보통
특정학습장애	6~9세	5%	남	있음	자주
자폐스펙트럼장애	0~3세	1.6%	남	있음	때때로
지적장애	10세 이전	1~3%	남	불분명	때때로

동의 약 1.5~3%에 영향을 준다(표 14-4 참조). 이 장애는 여자아이보다는 남자아이에게
서 더 흔하다.

　유분증은 심각한 사회성 문제, 수치심과 난처함을 일으킨다(NLM, 2015; Mosca &
Schatz, 2013). 이 문제로 고통받는 아동은 보통 숨기려 하고 난처해질 수 있는 캠프나 학교
와 같은 상황을 피하려 한다. 이 문제는 변비, 부적절한 배변 훈련이나 이 요소들의 결합과
같은 생물학적 요인과 스트레스에서 기인한다. 신체적 문제가 종종 이 장애와 관련되기 때
문에 의학적 검사가 우선적으로 실시된다.

　가장 일반적이고 성공적인 유분증 치료는 행동적 접근과 의학적 접근 혹은 이 둘을 조
합한 접근이다(NLM, 2015; Collins et al., 2012; Christophersen & Friman, 2010). 또 다
른 특징적인 치료들 중에서 현장 전문가들은 아동에게 바이오피드백 훈련을 적용해서
(125~126쪽 참조) 장이 꽉 차면 더 잘 탐지하도록 도와주고, 고섬유소 섭취, 미네랄 오일,
하제와 윤활제 등을 사용해서 정기적으로 장 기능을 자극하여 변비를 없애도록 해 준다.
가족치료도 도움이 되는 것으로 입증되었다.

"내가 네 나이 때 치료를 시작했으면 좋았을 텐데."

심리전망대

아동 학대

너무 많은 아동에게 영향을 미치고 심리적 발달에 엄청난 영향을 주는 문제가 '아동 학대'인데, 이는 아동을 괴롭히거나 파괴하려는 의도로 아동에게 성인이 신체적 또는 심리적으로 과도하게 폭력을 사용하는 것을 말한다. 미국 아동의 최소 5%는 매년 신체적 학대를 겪고 있다(Mash & Wolfe, 2015). 설문조사에 따르면 10명의 어린이 중 1명은 칼이나 총으로 차이거나 물리고 부딪히거나 두들겨 맞거나 위협을 받는 등 심각한 폭력의 희생자가 되고 있다. 사실, 일부 연구자들은 신체적 학대와 방임은 아동의 주요 사망 원인이라고 믿고 있다.

전반적으로 소녀와 소년은 육체적으로 거의 동일한 비율로 학대당하고 있다. 이러한 학대가 모든 사회경제적 집단에서 발생하지만, 가난한 사람들 사이에서는 분명히 더 일반적이다(Romero-Martínez et al., 2014; Fowler et al., 2013).

학대자는 일반적으로 자녀의 부모이다(Ben-Natan et al., 2014). 임상연구자들은 학대하는 부모가 종종 빈약한 충동 조절, 낮은 자신감, 더 높은 우울 수준, 부족한 양육기술을 가지고 있음을 알게 되었다(Easterbrooks et al., 2013; Tolan et al., 2006). 많은 사람이 자신들도 아동기 때 학대를 당하였고 역할 모델이 없었다고 한다(Romero-Martínez et al., 2014; McCaghy et al., 2006). 어떤 경우에는 부부간의 불화나 실업과 같은 스트레스 요인을 가지고 있다(Bor et al., 2013).

연구에 따르면 아동 학대의 희생자는 불안, 우울증, 야간 유뇨증, 학교에서의 수행 및 행동 문제와 같은 즉각적인 심리적 영향을 받을 수 있다고 한다(Keeshin et al., 2014; Buckingham & Daniolos, 2013). 그들은 또한 사회적인 수용의 결여, 청소년기와 성인기 동안의 체포 증가, 성인기에 더 많은 수의 의학적·심리적 장애, 보다 많은 알코올 및 기타 물질의 남용, 충동적이고 위험을 감수하는 행동의 증가, 범죄적 폭력의 위험 증가, 실업률 증가, 자살 증가 비율을 경험한다(Afifi et al., 2014;

Sujan et al., 2014; Faust et al., 2008). 더욱이 학대받는 사람의 3분의 1 정도가 학대하거나 방임하거나 부적절한 부모가 된다(Romero-Martínez et al., 2014; Yaghoubi-Doust, 2013).

아동 학대의 두 가지 형태, 즉 심리적 및 성적 학대에 특별한 주의를 기울여 살펴보겠다. 심리적 학대에는 심한 거부, 과도한 징계, 희생양과 조소, 고립, 심리적인 문제를 가진 어린이에게 도움을 제공하는 것의 거부 등이 포함된다. 아마도 모든 형태의 신체적인 학대와 방임은 같이 나타나기도 하고 종종 단독으로 발생하기도 한다. '아동 성 학대', 즉 성인의 성적 욕망을 충족시키기 위해 아동을 이용하는 것은 가정 외부 또는 내부에서 발생할 수 있다(Murray, Nguyen, & Cohen, 2014; Faust et al., 2008). 설문 조사에 따르면 여성 13%와 남성 4%가 어릴 때 성인과 성관계를 맺을 것을 강요받았으며, 이들은 대부분 부모 또는 양부모였다(Mash & Wolfe, 2015). 아동 성 학대는 사회경제적 계층, 인종 및 종족 집단에 무관하며 모두에게 공통적으로 나타나는 것 같다(Murray et al., 2014).

아동 학대에 대한 다양한 치료법이 사용되고 있는데 학부모 단체가 후원하는 집단도 이에 포함된다. 이 치료법에서는 부모가 그들의 행동에 대한 통찰력을 개발하고 학대를 대체할 수 있는 방안에 대한 교육을 제공하며 대처 및 양육 기술을 가르치는 데 도움을 준다(PA, 2014; Miller et al., 2007; Tolan et al., 2006). 또한 종종 가정 방문과 부모 훈련의 형태인 예방 프로그램 효과가 유효한 것으로 나타났다(Beasley et al., 2014; Rubin et al., 2014).

연구에 따르면 학대당한 어린이에게 문제가 되는 심리적 요인은 가능한 조기에 발견해 내야 한다(Murray et al., 2014; Roesler & McKenzie, 1994). 임상가와 교육자들이 매우 가치 있는 조기 탐지 프로그램을 출발시켰는데 이 속에는 (1) 모든 아동에게 아동 학대에 대해 교육하고, (2) 학대 상황을 피하거나 도망칠 수 있는 기술을 가르치며, (3) 어린이가 학대를 당하면 다른 성인에게 알리도록 권장하고, (4) 학대는 절대로 그들 자신의 잘못이 아니라는 것을 확신시키는 내용이 포함된다(Miller et al., 2007; Finkelhor et al., 1995).

"기억이 너무 생생해서 지금도 그 냄새와 맛을 느낄 수 있어요." 이 말은 배우이자 영화 제작자인 타일러 페리(왼쪽)가 아동기에 경험한 신체 및 성 학대에 대해 회상하면서 한 말이다. 이와 유사하게 너무도 유명한 연예인이자 프로듀서인 오프라 윈프리(오른쪽)도 자신이 당한 성 학대를 자신의 팬들에게 공개하였다. 이 두 사람은 아동 학대에 대한 관심을 일으키기 위해 협력하였다.

AP Photo/Chris Pizzello

▶ 요약

품행장애와 배설장애 적대적 반항장애와 품행장애를 가진 아동은 규칙을 위반하고 매우 공격적으로 행동한다. 적대적 반항장애를 가진 아동은 반복적으로 성인과 논쟁하고 성미를 부리고 강한 분노와 적개심을 느낀다. 품행장애 아동은 더 심한 패턴으로 반복적으로 타인의 기본권을 침해하고 종종 폭력적이고 잔인해지며 의도적으로 기물을 파괴하고 훔치고 도망친다. 품행장애를 치료하는 임상가들은 부모-자녀 상호작용치료, 부모 관리 훈련, 위탁돌봄치료, 문제해결기술 훈련과 대처 능력 프로그램과 같은 접근을 사용해서 치료한다. 많은 예방프로그램이 개발되었다.

배설장애 - 유뇨증과 유분증 - 아동은 반복적으로 적절하지 않은 장소에 소변을 보거나 배변을 한다. 종소리와 전지기법과 같은 행동 접근이 유뇨증에 효과적인 치료법이다.

신경발달장애

신경발달장애(neurodevelopmental disorder)는 출생 시 또는 어린 시절에 발생하는 개인의 행동, 기억력, 집중력 및/또는 학습 능력에 영향을 미치는 뇌 기능 장애 집단이다. 앞에서 본 바와 같이 많은 장애가 아동기에 처음으로 나타났다가 나이가 들어 가면서 잠잠해진다. 그러나 신경발달장애는 종종 사람의 삶 전체에 중요한 영향을 미친다. 예를 들어, 신경발달장애 중 하나인 주의력결핍 과잉행동장애가 있는 사람의 절반 이상이 성인기까지 특정 형태의 장애를 지속적으로 가지고 있다. 더욱이 자폐스펙트럼장애 및 지적장애를 가진 사람들의 대다수는 성인기 전반에 걸쳐 변하지 않은 형태로 장애 증상을 계속해서 나타낸다. 이 장애들에 대해 연구자들이 많은 연구를 했다. 모든 사례에 적용되는 것은 아니지만 임상가들은 이 문제를 가진 사람의 삶에서 주요한 차이를 만들어 낼 수 있는 일련의 치료법을 발달시켰다.

주의력결핍 과잉행동장애

주의력결핍 과잉행동장애(attention-deficit/hyperactivity disorder, ADHD)를 보이는 아동은 과제 수행에 어려움이 있고, 과도하게 활동적이며 충동적으로 행동하거나 두 가지를 모두 나타내기도 한다(APA, 2013)(표 14-5 참조). ADHD는 이 장 앞부분 사례의 리키처럼 아동이 학교에 다니기 시작할 때부터 종종 나타난다. 스티브는 아주 어린 시기부터 증상을 나타낸 아동이다.

스티브의 어머니는 아들이 무언가 문제를 일으키지 않은 시점을 기억하지 못한다. 아기였을 때부터 지나치게 활동적이어서 유아용 침대에서 거의 가만히 있지 않았다. 빗장과 나사가 항상 느슨해져서 주기적으로 조여 주어야 했다. 스티브는 언제나 약이 있는 곳이나 주방 싱크대 밑과 같이 들어가지 말라는 장소에 들어가 있었다. 한번은 세탁 세제를 삼켜서 응급실에 가야만 한 적도 있었다. 사실 스티브는 여러 번 사고를 일으켰고 형이나 여동생에 비해 어설펐다. 언제나 빠르게 움직이는 모습이었다. 어머니는 스티브가 기는 단계에서 뛰는 단계로 넘어가는 시기가 매우 짧았다고 회상하였다.

유치원에 가면서부터 문제가 실제로 시작되었다. 학교에 간 이후부터 스티브의 삶은 비참하였고 교사들 역시 마찬가지였다. 스티브는 할당된 과제를 하거나 지시에 따르지 못하였다. 교사의 허락도 없이 교실을 돌아다니거나 옆에 앉은 아이와 이야기를 하였다. 교사가 앉아서 선생님이 하는 말을 잘 들으라고 할 때도 스티브는 여전히 몸을 움직이고 있었다. 연필로 두

(계속)

▶**신경발달장애** 출생 시 또는 어린 시절에 출현하여 사람의 행동, 기억력, 집중력 및/또는 학습 능력에 영향을 주는 뇌 기능에 장애를 보이는 집단

▶**주의력결핍 과잉행동장애(ADHD)** 주의집중의 어려움, 과잉행동과 충동행동 혹은 두 가지 모두 나타나는 장애

드리거나 안절부절못하기도 하고, 창문 밖을 쳐다보거나 공상에 빠져 있었다. 스티브는 유치원에 가기 싫어하였고 오래 사귀는 친구가 거의 없었다. 사실 학교 규칙과 요구는 스티브가 수행하기 불가능해 보였다. 이러한 부조화의 효과가 현재 스티브의 학업과 태도에서 그대로 드러났다. 학업적으로 매우 뒤처져 있었고 새로운 개념을 습득하는 데 매우 큰 어려움을 보였으며 교사의 어떤 지시에도 따르지 않았고 말대꾸하기 시작하였다.

(Gelfand, Jenson & Drew, 1982, p. 256)

ADHD 증상은 종종 서로 맞물려 있다. 주의집중에 어려움을 가진 아동은 동시에 여러 가지 지시를 잘 듣고 과제를 끝내기도 전에 주의가 이리저리 분산된다. 또한 끊임없이 움직이는 아동은 과제를 수행하거나 적절한 판단을 하는 데 어려움을 보인다. 많은 경우 이 증상 중 하나가 다른 것들보다 더 두드러진다. ADHD 아동의 절반 정도가 학교 문제나 의사소통 문제를 나타내며 학교 공부를 잘하지 못하고, 많은 수가 다른 아이들과 상호작용하는 데 어려움을 보이며, 약 80%가 행동 문제를 보이고 종종 아주 심각하기도 하다(Mash & Wolfe, 2015; Goldstein, 2011). 불안이나 기분 문제를 동반하는 경우도 많다(Humphreys et al., 2015; Tsang et al., 2015).

숨은 뜻 읽어내기

ADHD와 학교생활

• ADHD 아동의 90% 이상이 학업과 관련하여 낮은 성취를 나타낸다. 평균적으로 다른 아이들에 비해 낮은 성적을 받거나 낙제점을 받는다.

• ADHD 아동의 4분의 1 이상이 고등학교를 졸업하지 못한다.

(Rapport et al., 2008)

표 14-5

진단 체크리스트

주의력결핍 과잉행동장애

1. 다음 중 한두 가지의 증상을 보임
   (a) 부주의에 관한 다음 증상 가운데 여섯 가지(또는 그 이상) 증상이 6개월 동안 부적응적이고 발달 수준에 맞지 않는 정도로 지속됨
   - 세부적인 것에 세밀한 주의를 기울이지 못하고, 부주의한 실수를 자주 함
   - 과제나 놀이 시 지속적으로 주의집중하는 데 자주 어려움을 보임
   - 다른 사람이 앞에서 말할 때 귀 기울여 듣지 않는 것처럼 보임
   - 학교 활동이나 집안일, 숙제 등 해야 할 일에서 지시를 따르지 못하고 끝마치지 못함
   - 과제나 활동을 체계적으로 조직하는 능력이 부족함
   - 지속적인 정신적 노력을 필요로 하는 과제를 피하고 싫어하며 하기를 주저함
   - 과제나 활동에 필요한 것을 자주 잃어버림
   - 외부 자극에 쉽게 주의가 분산됨
   - 매일 하는 일상적인 활동을 자주 잊어버림
   (b) 과잉행동-충동에 관한 다음 증상 가운데 여섯 가지(또는 그 이상) 증상이 6개월 동안 부적응적이고 발달 수준에 맞지 않는 정도로 지속됨
   - 가만히 앉아 있기가 어렵고 손발을 계속 움직이거나 몸을 꿈틀거림
   - 교실 혹은 유사한 장소에서 가만히 앉아 있지 못하고 일어나 돌아다님
   - 장소에 적절하지 않게 과도하게 뛰어다니거나 기어오름
   - 놀거나 여가 활동을 할 때 조용히 하는 데 어려움을 보임
   - 마치 모터가 달려서 돌진하는 것처럼 계속적으로 움직임
   - 말을 너무 많이 함
   - 질문이 끝나기도 전에 대답을 불쑥 해버림
   - 차례를 기다리지 못함
   - 자주 다른 사람을 방해하거나 불쑥 끼어듦
2. 일부 증상이 12세 이전에 있었음
3. 증상으로 인한 장애가 두 가지 또는 그 이상의 장면에서 일어남
4. 유의미한 기능 손상을 경험함

출처 : APA, 2013.

학령기 아동의 약 5%가 ADHD를 나타내며 이 중 70%가 남자아이들이다(APA, 2013; Merikangas et al., 2011). 일반적으로 장애는 아동기 전반에 걸쳐 지속된다. 많은 아동이 중기 청소년기에 이르면서 증상이 뚜렷이 감소된다. 그러나 증상 아동의 60%는 성인기까지 ADHD가 지속된다(Weyandt et al., 2014). 안절부절못함과 과잉행동 증상은 성인 사례에서는 그리 두드러지지 않는다.

ADHD는 평가하기 어려운 장애이다(Batstra et al., 2014). 이상적으로 볼 때, 아동의 행동이 정신진단 분류체계 준거에 맞으려면 여러 환경에 걸쳐 과잉행동과 부주의 문제가 나타나야 하기 때문에 여러 환경(학교, 가정, 친구관계) 속에서 관찰되어야 한다(Burns et al., 2014; APA, 2013). 더욱이 이 장애를 가진 아동은 종종 자신의 증상에 대해 잘 기술하지 않기 때문에 부모와 교사로부터 자료를 얻는 것이 중요하다. 마지막으로 진단적 면담, 평정척도와 심리평가 등이 ADHD를 평가하는 데 도움이 됨에도 불구하고, 불행하게도 연구에 따르면 많은 아동이 정신건강 전문가가 아닌 소아과 의사나 가족 주치의로부터 진단을 받는데, 진단의 단지 3분의 1 정도만이 심리검사나 교육 평가에 기초해서 이루어진다(Millichap, 2010).

ADHD의 원인은 무엇인가 오늘날 임상가들은 일반적으로 ADHD를 몇 가지 요인이 상호작용하는 장애로 생각한다. 생물학적 요인들이 많은 사례에서 규명되었고, 특히 신경전달물질 도파민의 비정상적 활동과 뇌의 선조체 영역의 비정상성이 규명되었다(Advokat et al., 2014; Hale et al., 2010). 이 장애는 또한 높은 수준의 스트레스와 가족 기능 문제와도 관련된다(Montejo et al., 2015; Rapport et al., 2008). 또한 사회문화이론가들은 ADHD 증상과 진단 그 자체가 사회 문제를 만들고 부가적인 증상을 만들어 낸다고 한다. 즉 과잉행동적인 아동은 특히 동료나 부모에 의해서 부정적으로 평가되고 자신도 부정적으로 평가한다(Martin, 2014; Chandler, 2010).

AP Photo/The Patriot-News, Dan Gleiter

주의력 놀이
광범위한 기법이 주의력결핍 과잉행동장애 아동을 이해하고 치료하는 데 사용되고 있다. '주의력 놀이'라고 하는 컴퓨터게임도 이 안에 포함된다. 사진에서 행동 전문가가 지켜보는 가운데 아동이 뇌파를 측정하는 자전거 헬멧을 쓰고 주의를 요하는 과제를 수행하고 있다.

ADHD는 어떻게 치료하는가 ADHD 아동과 청소년 중 약 80%가 치료를 받는다(Winter & Bienvenu, 2011). 그러나 가장 효과적인 ADHD 치료가 무엇인가에 대한 의견은 매우 분분하다. 가장 일반적으로 적용되는 접근은 약물치료, 행동치료 혹은 이 두 치료의 결합 형태이다(Sibley et al., 2014).

수백만 명의 ADHD 아동과 성인은 수십 년 동안 흥분제로 사용되어 온 **메틸페니데이트**(methylphenidate)나 다른 흥분제로 치료받고 있다. 많은 제약회사들에서 새로운 메틸페니데이트를 만들어 내고 있지만 이 약은 여전히 **리탈린**(ritalin)이라는 이름으로 대중에게 알려져 있다. 연구가들이 ADHD 아동을 조용하게 하는 데 이 약이 효과가 있고, 아동이 주의를 집중하고 복잡한 과제를 해결하고 학교 공부를 더 잘하며 공격성을 통제하는 데 도움이 된다는 것을 확인시켜 줌에 따라 이 약의 사용은 엄청나게 증가되었다. 추정에 따르면 1990년 이후로 최소 3배는 증가한 것 같다(Mash & Wolfe, 2015; Sibley et al., 2014). 미국에 약 220만 명의 어린이가 있으며 이 중 3%가 ADHD로 인해 리탈린이나 다른 흥분제

▶**메틸페니데이트** ADHD를 치료하는 데 일반적으로 사용되는 흥분제로, '리탈린'이라는 이름으로 더 잘 알려짐

> 지난 몇십 년 동안 ADHD 진단과 치료에서 눈에 보이는 증가가 나타났다. 그 이유는 무엇인가?

를 규칙적으로 복용한다. 종합적으로 볼 때, 흥분제 약물은 ADHD의 가장 일반적인 치료이다.

광범위하게 사용되기는 하지만 리탈린과 다른 약물은 몇 가지 우려를 낳고 있다. 많은 임상가들은 장기 복용에서 일어날 수 있는 효과를 염려한다(Berg et al., 2014; Waugh, 2013). 다른 이들은 약물연구의 긍정적인 결과(대부분 백인 아동을 대상으로 시행됨)가 소수집단 아동에게 적용할 수 있는 것인지에 대해 의문을 제기한다. 두 번째로, 미국에서 ADHD가 과잉 진단되고 있고 이로 인해 이 약물이 현재 실제 ADHD를 겪고 있지 않은 많은 아동에게도 처방되고 있다는 점에 대해 우려를 표하고 있다(Batstra et al., 2014; Rapport et al., 2008).

행동치료는 ADHD 사례에 광범위하게 적용되고 있다. 부모와 교사들은 아동이 주의를 기울이거나 자기 통제를 할 때 보상하는 방법을 배우며 종종 아동에게 토큰 경제 프로그램을 시행한다(Coates et al., 2015; DePaul et al., 2011). 이러한 조작적 조건형성치료는 많은 아동에게 도움이 되며 특히 흥분제와 결합해서 사용할 때 더욱 그러하다(Sibley et al., 2014; Dendy, 2011). 연구에 의하면 행동치료와 약물치료의 결합은 두 가지 치료를 받은 아동이 더 소량의 약물을 처방받는다는 면에서도 바람직한데, 이는 이 아동들이 약물의 부작용 효과를 덜 받는다는 것을 의미한다(Hoza et al., 2008).

ADHD의 다문화적 요소 이 책 전반에 걸쳐 다양한 심리적 장애를 진단받고 치료받는 데 인종이 어떻게 영향을 미치는지 살펴보았을 것이다. 따라서 인종이 ADHD에도 영향을 미칠 것이라는 점은 그리 놀랄 일이 아니다.

많은 연구에 따르면 주의와 활동성 문제를 가진 흑인 아동과 히스패닉계 미국인 아동은 유사한 증상을 가진 백인 아동에 비해 ADHD로 덜 평가되고 덜 진단되며 치료도 덜 받는 것 같다(Morgan et al., 2014; Bussing et al., 2005, 2003, 1998). 더욱이 ADHD로 진단되어 치료받는 아동 중에서 소수인종의 아동은 백인 아동에 비해 ADHD 치료에 효과가 있다고 하는 흥분제 약물이나 행동치료 및 약물치료의 결합치료를 덜 받는다(Pham et al., 2010). 마지막으로 ADHD에 대해 흥분제치료를 받는 아동 중에서 소수민족 아동은 백인 아동에 비해 최근에 개발된 더 효과가 좋은 장기 지속형 흥분제 처방을 덜 받는다(Sugrue et al., 2014; Cooper, 2004).

부분적으로 이러한 인종 차이는 경제적 요인과 관련된다. 연구들을 통해 지속적으로 가난한 아동이 부유한 아동에 비해 ADHD 진단을 덜 받고 효과적인 치료도 덜 받으며, 평균적으로 소수민족 가정은 백인 가정에 비해 수입이 더 적고 보험 혜택이 더 적다고 밝혀졌다. 일부 임상가들은 사회적 편견과 고정관념이 진단과 치료에서 인종 차이를 야기한다고 생각한다. 미국 사회는 종종 백인 아동이 나타내는 ADHD 증상을 의학적 문제로 간주하는데, 흑인 아동이나 히스패닉계 미국인 아동의 증상은 빈약한 양육, 낮은 지능, 약물 사

행동적 개입

ADHD 아동을 위한 교육과 치료 프로그램에는 행동주의 원리가 사용된다. 행동주의 원리에는 목표행동과 프로그램 보상이 분명하게 명시되고 아동이 적절한 행동을 보일 때 체계적으로 강화를 제공한다.

Jose Azel/Aurora

용이나 폭력 문제로 간주한다(Duval-Harvey & Rogers, 2010; Kendall & Hatton, 2002). 이 주장은 모든 증상이 동일할 때 교사가 백인 아동에게는 ADHD라고 결론을 내리지만, 흑인 아동이나 히스패닉계 미국인 아동은 다른 종류의 어려움으로 결론을 내린다는 사실로도 지지된다. 또한 백인 부모가 흑인 부모와 히스패닉계 미국인 부모에 비해 자신의 자녀가 ADHD를 가지고 있다고 더 많이 믿거나 ADHD 진단과 치료를 더 많이 찾는 듯하다(Hillemeier et al, 2007; Raymond, 1997; Samuel et al., 1997).

이유(경제적 불이익, 사회적 편견, 인종에 대한 고정관념이나 다른 이유 등)가 어떻든 간에 소수인종 아동은 적절한 ADHD 진단과 치료를 덜 받는다. 오늘날 많은 임상이론가들은 ADHD가 일반적으로 과잉 진단되고 과잉 치료될 가능성에 대해 분명하게 경고하지만, 사회의 어떤 장벽으로 인해 실제로 아동이 과소 진단과 과소 치료를 받을 수 있다는 점을 인식하는 것도 중요하다.

자폐스펙트럼장애

자폐스펙트럼장애(autism spectrum disorder)는 1943년 정신과 의사인 Leo Kanner에 의해 처음으로 밝혀진 것으로 타인에 대한 극도의 무반응과 심각한 의사소통 결함과 지나치게 경직되고 반복적인 행동, 흥미와 활동을 특징으로 한다(APA, 2013)(표 14-6 참조). 이 증상은 아주 어린 나이에 나타나는데, 보통 3세 이전에 나타난다. 10년 전 이 장애는 어린이 2,000명 중 1명 정도의 비율로 나타난다고 하였다. 그러나 최근 자폐스펙트럼장애 진단이 꾸준히 증가하여 이러한 패턴을 보이는 아동은 68명 중 1명이다(CDC, 2015, 2014). 제니도 그러한 아이이다.

(학교에서) 제니는 다른 사람들, 특히 동급생에게는 반응이 없었으며 누구와도 거의 눈을 마주 치지 않았다. 혼자 있을 때 제니는 보통 서서 목구멍에 손을 대고 혀를 내밀며 이상하지만 작은 소음을 냈다. 이는 혼자 남아 있게 되면 몇 시간이고 지속되었다. 앉아 있을 때, 제니는 의자를 앞뒤로 흔들었지만 절대 떨어지지는 않았다. 그녀의 운동 능력은 뛰어났으며, 하라고 하면 크레용을 사용하고 종이로 만드는 것을 할 수 있었다. 그러나 그녀의 손재주는 그녀가 무언가를 향해 공격적으로 접근할 때 분명하게 드러났다. 제니는 종종 사람들의 액세서리와 안경을 잡아 방에 내던졌다. 이렇게 하는데 2초도 걸리지 않았다. … 제니는 무언가 또는 새로운 사람과 만나게 될 때 가장 공격적이었다….

제니는 작은 소리로 소리만 낼 뿐 말을 하지는 않았다. 그녀의 목소리 크기는 거의 변하지 않았다. … 다른 사람들과 의사소통하기 위해 노력하지 않았으며 종종 다른 사람들을 망각해버렸다. … 표현력이 부족함에도 불구하고 제니는 다른 사람들의 간단한 요청을 이해하고 따랐다. 그녀는 점심을 먹거나 욕실을 사용하거나 교실에서 물건을 꺼내라고 했을 때 쉽게 따랐다….

제니는 자신이 원하거나 필요로 하는 사진이 담긴 '그림책'을 가지고 있었다. … 책을 보여주고 짚어 보라고 했을 때 자신이 원하는 것이 없으면 책을 책상 위에 밀어 넣었고 원하는 것이 있으면 5개의 사진 중 하나(즉 도시락 상자, 쿠키, 물컵, 좋아하는 장난감 또는 화장실) 중 하나를 가리켰다….

부모는 제니가 항상 '이런 식'이었다고 말했다. … 두 사람은 제니가 다른 아기들과 다르게 안기기를 거부하였고 3세까지 말하지 못하였다고 했다….

(Kearney, 2013, pp. 125-126)

표 14-6

진단 체크리스트

자폐스펙트럼장애

1. 사회적 의사소통과 사회적 상호작용에서 지속적인 결함을 보이며 다음의 증상을 모두 가지고 있음
   - 사회-정서적 상호작용 결함
   - 비언어적 의사소통 행동 결함
   - 관계를 만들고 유지하는 능력 결함

2. 제한적이고 반복적이며 상동증적인 행동이나 관심, 활동이 다음 항목 가운데 2개 항목이 나타남
   - 상동증적 혹은 반복적인 언어, 동작 운동 혹은 대상의 사용
   - 틀에 박힌 일이나 규칙에 지나치게 집착하거나 변화에 과도하게 저항함
   - 매우 제한적이고 고정되어 있으며 비정상적인 흥미
   - 감각 입력에 대한 과잉 반응이나 과소 반응, 혹은 환경 감각에 특이한 관심을 보임

3. 매우 어린 연령에 시작함

4. 유의한 손상을 보임

출처 : APA, 2013.

▶**자폐스펙트럼장애** 타인에 대한 극단적인 무반응, 심각한 의사소통 결함과 과도한 반복적이고 경직된 행동, 흥미와 활동을 특징으로 하는 발달장애

© Robin Nelson/ZUMA Press/Corbis

세상으로부터 차단되다
자폐스펙트럼장애를 가진 8세 아동이 야구 연습장 그물에 있는 구멍으로 멍하니 쳐다보고 있다. 운동장에 있는 아이들이나 활동을 보고 있는 것은 아닌 것 같다.

모든 자폐스펙트럼장애의 약 80%가 남자아이에게서 나타난다. 이 장애를 가진 아동의 90%가 성인기까지 심각한 장애를 나타낸다. 직장생활, 가정생활을 비롯하여 독립적인 생활을 유지하지 못한다(Sicile-Kira, 2014). 더욱이 고기능 자폐 성인도 친밀감과 공감을 보이는 데 문제가 있으며 흥미와 활동에도 제한이 있다.

반응과 사회적 상호작용 결핍 — 극단적인 냉담함, 타인에 대한 관심 결여, 낮은 공감 능력, 다른 사람과 관심을 공유하는 능력 부족 — 은 자폐의 주요 특징으로 오랫동안 알려져 왔다. 제니와 같이 이 장애를 가진 아동은 일반적으로 유아기 동안 부모에게 다가가지를 않는다. 안아 주면 등을 구부리고 자신의 주변에 누가 있는지 인지하지도 못하고 관심도 나타내지 않는다. 유사하게 또래 아이들과 다르게 놀이를 할 때 사회적 경험을 하지 않고 다른 사람들이 이들을 보는 것처럼 자신을 보지 못하며 다른 사람들을 흉내 내거나 비슷하게 하려는 욕구를 보이지 않는다(Bodison, 2015; Boyd et al., 2011).

의사소통 문제가 자폐스펙트럼장애에서 다양한 형태로 나타난다. 이 장애를 가진 아동의 반 정도가 말을 하거나 언어기술을 발달시키지 못한다(Paul & Gilbert, 2011). 말을 하더라도 경직되고 반복적인 언어 패턴을 보인다. 가장 일반적인 언어 문제 중 한 가지가 **반향어**인데, 다른 사람이 한 문구를 그대로 따라 한다. 동일한 억양으로 반복하지만 이해는 하지 못한다. 어떤 아동은 듣고 나서 며칠 동안 그 문장을 반복하기도 한다(지연 반향어). 다른 특이한 언어 양상은 다른 사람에게 공감하거나 타인의 참조 틀을 이해하는 데 어려움이 있기 때문에 자폐를 가진 사람은 **대명사를 바꾸어서** 말하거나 이를 혼동하는 이상한 언어를 사용한다. 예를 들면, '나'라고 해야 할 상황에서 '너'라고 한다. 마크는 배가 고프면 "너 저녁 먹고 싶니?"라고 말한다.

비언어적 행동도 언어적 의사소통에서 특이하게 나타난다. 예를 들면 말할 때 적절한 음조를 사용하지 않는다. 자폐적인 사람들이 얼굴 표정이나 신체 제스처가 적거나 거의 없는 것은 매우 흔하다. 또한 상당수가 상호작용할 때 눈맞춤을 유지하지 못한다. 예를 들면 제니는 "거의 누구와도 눈을 마주치지 않는다."고 사례에서 기술되었다.

자폐적인 사람들은 언어 특성 외에도 경직되고 반복적인 행동, 흥미 및 활동 양상을 광범위하게 보인다. 전형적으로 사물, 사람이나 일상의 사소한 변화에도 쉽게 흥분하고 반복적인 행동을 보이며 변화시키려는 시도에 저항한다. 제니는 어떤 것 혹은 새로운 것을 대하게 될 때 가장 공격적이 된다.

유사하게 다른 자폐 아동도 부모가 낯선 안경을 쓰거나 방의 의자 위치가 달라지거나 동요의 단어가 바뀌면 분노발작을 일으키기도 한다. Kanner(1943)는 이러한 반응을 **상동 보속성**이라고 하였다. 더욱이 많은 자폐 아동은 플라스틱 뚜껑, 고무줄, 단추, 물과 같은 특정 사물에 강하게 애착되어 있다. 아이들은 이러한 물건을 모으고 가지고 다니고 계속해서 그 물건을 가지고 논다. 어떤 아이들은 움직임에 매료되어서 선풍기와 같이 빙빙 도는 물건을 몇 시간이고 지켜보기도 한다.

자폐를 가진 사람의 운동 반응도 비정상적이다. 뛰어오르고 팔을 펄럭이고 손과 손가락을 꼬고 흔들고 돌리고 얼굴을 찡그리는 등의 행동을 보인다. 이 행동은 **자기자극 행동**으로 불린다. 어떤 아동은 **자해행동**을 보이는 데, 반복해서 벽에 머리를 쿵쿵 박거나 머리카락을 잡아당기거나 스스로 자신을 물어뜯는 등의 행동을 한다(Aman & Farmer, 2011).

이 장애 증상은 자극에 대한 매우 손상되고 모순된 반응 패턴이다(심리전망대 참조). 때때로 자폐를 가진 사람은 시각 자극이나 소리에 과도하게 자극되어 이를 없애려고 애쓰는 것으로 보이기도 하고(과잉 반응으로 불림), 어떤 때는 과소 자극이 되어 자기자극 행동을 보이는 듯하다(과소 반응으로 불림). 예를 들어, 탄산수가 펑하고 열리는 소리가 나도 이런 큰 소리에 반응하는 데 실패하기도 한다.

자폐스펙트럼 장애의 원인은 무엇인가 자폐증에 대한 다양한 설명이 있다. 이 장애는 사회문화적 설명이 강조되는 장애 중 하나이다. 사실 초기 이러한 설명은 연구자들로 하여금 잘못된 생각을 하게 만들었다. 생물학적·심리학적 영역의 좀 더 최근 연구들을 통해 임상이론가들은 인지적 문제와 뇌의 비정상성이 자폐의 일차적인 원인이라고 생각하게 되었다.

사회문화적 원인 처음에 이론가들은 역기능적 가족과 사회적 스트레스가 자폐의 원인이라고 생각했었다. 예를 들어, 자폐가 처음 규명되었을 때 Kanner(1954, 1943)는 부모의 특정 성격이 발달에 부정적인 분위기를 조성하여 장애가 일어나도록 한다고 하였다. 똑똑하지만 차가운 부모를 '냉장고 부모(refrigerator parent)'라고 하였다. 이러한 주장은 부모 자신의 자기상과 대중에 거대한 영향을 미쳤지만, 어떤 연구도 경직되고 차갑고 거부적이거나 손상된 부모가 문제라는 가설을 지지하지 못하였다(Sicile-Kira, 2014; Vierck &

심리전망대

특별한 재능

영화 '레인 맨'에서 더스틴 호프만이 자폐를 연기한 덕택에 대부분의 사람들이 서번트증후군을 잘 알고 있다. 호프만이 연기한 서번트기술은 이쑤시개가 마룻바닥에 떨어지자마자 246개라는 것을 바로 계산해 내는 것, G로 시작하는 전화번호 목록을 모두 외우는 것, 엄청난 속도로 수 계산을 해내는 것 등이었는데, 이 능력들은 자폐나 지적장애를 가지지 않은 일반 사람들이 가지기에도 놀라운 것이다.

서번트(프랑스어로 '학습된' 혹은 '영리한'의 의미)는 특별한 능력을 가진 주요 정신장애나 지적장애를 가진 사람이다. 종종 이러한 능력은 장애라는 측면에서 놀라운 것이지만 때로는 어떤 기준에서 보더라도 놀라운 것이다(Treffert, 2014; Yewchuk, 1999). 일반적인 서번트 능력은 날짜 계산인데, 예를 들면 2050년의 새해와 같은 특정 날짜가 어느 요일에 해당하는지를 계산하는 것이다. 이러한 사람이 흔히 보이는 음악 능력은 클래식 작품 한 곡을 한 번만 듣고서도 틀리지 않고 완벽하게 연주하는 것이

다. 어떤 사람은 몇 년 전에 보았던 장면을 똑같이 그려 낼 수도 있다.

어떤 이론가들은 서번트기술을 실제로 특별한 형태의 인지 능력이라고 생각하지만 또 다른 이론가들은 그 기술을 단지 특정 인지 결함의 긍정적 측면일 뿐이라고 생각한다(Treffert, 2014; Howlin, 2012; Scheuffgen et al., 2000). 예를 들면 특별하다고 하는 기억기술은 자폐에서 흔히 보이는 매우 협소하고 강력한 초점 두기로 인해 활성화되었을 수도 있다.

Imke Lass/Redux Pictures

특별한 통찰 세계적으로 가장 큰 성취를 이룬 자폐를 가진 사람 중 한 사람이 콜로라도주립대학교 교수인 템플 그랜딘 박사이다. 개인적 견해와 독특한 시각화 기술을 적용해서 그랜딘은 가축의 마음과 감각에 대한 통찰을 발달시켰고, 이를 통해 인도적으로 동물을 다루는 기구나 설비를 고안해 냈다. 실제로 그녀는 자폐적인 서번트와 동물이 인지적 유사성을 가진다고 주장하였다.

Silverman, 2011).

또한 일부 임상이론가들은 높은 수준의 사회적·환경적 스트레스가 자폐의 원인이라고
하였다. 그러나 이러한 주장도 연구에 의해 지지되지 못하였다. 자폐가 있는 아동과 그렇
지 않은 아동을 비교한 결과, 부모 사망, 이혼, 별거, 재정 문제나 환경적 자극 비율에서 어
떠한 차이도 나타나지 않았다(Landrigan, 2011).

심리적 원인 어떤 이론가들에 따르면 자폐를 가진 사람은 정상적 의사소통과 상호작용을
불가능하게 하는 주요한 지각적·인지적 어려움을 가진다. 영향력 있는 설명 중 하나에 따
르면 이 장애를 가진 사람은 **마음이론**(theory of mind)을 발달시키지 못한다. 마음이론이란
사람들은 모르는 정보가 아닌 자신의 신념, 의도와 정신 상태에 의거해서 행동한다는 인식
을 의미한다(Begeer et al., 2015; Kimhi et al., 2014).

3~5세가 되면 대부분의 아동은 다른 사람의 입장을 고려할 수 있으며, 그 사람이 무엇
을 할지 예상하는 데 이를 사용할 수 있다. 어느 정도 다른 사람의 마음을 읽는 법을 배운
다. 예를 들어, 우리는 제시카가 그릇 안에 구슬을 넣는 것을 보고, 제시카가 낮잠을 자는
사이에 프랭크가 옆 방으로 구슬을 옮기는 것을 보았다고 하자. 제시카는 프랭크가 옮긴
것을 모르기 때문에 나중에 그릇에서 구슬을 찾을 것이라는 점을 안다. 정상 아동은 제시
카의 행동을 정확하게 예측할 것이다. 자폐를 가진 사람은 그렇지 않을 것이다. 구슬이 실
제로 어디에 있는지 자신이 알기 때문에 제시카가 옆 방에 가서 찾을 것이라고 예상할 것이
다. 그 사람에게 제시카의 정신 과정은 중요하지 않다.

연구에 의하면 자폐를 가진 사람이 이러한 제약을 가진 유일한 사람은 아닐지라도 이들
은 일종의 '마음 맹목(mind-blindness)'을 가진다(Loukusa et al., 2014). 따라서 이들은 다른
사람의 관점을 포함한 언어를 사용하고 가상극을 하거나 관계를 발달시키고 사람 간 상호
작용에 참여하는 데 어려움을 가진다. 자폐를 가진 사람은 왜 이런저런 인지적 제약을 가
지는가? 일부 이론가들은 이들이 적절한 인지 발달을 방해하는 초기 생물학적 문제를 겪
는다고 믿는다.

생물학적 원인 몇 년 동안 연구자들은 어떤 생물학적 비정상성이 마음이론의 결함과 다른
자폐 특징을 야기하는지 알아보려 노력하였다. 아직까지도 상세한 생물학적 설명을 발달
시키지는 못하였으나 몇 가지 가능한 단서들을 밝혀냈다. 첫째, 자폐를 가진 사람의 친척
에 대한 조사에서 유전적 요인 가능성이 제시되었다(Egawa et al., 2015). 예를 들어, 형제자
매에서 자폐 유병률은 10명당 1명까지 나타나는데, 이는 정상집단에 비해 매우 높은 수치
이다(Risch et al., 2014). 이 밖에 일란성 쌍생아에서 자폐 유병률은 60%가 된다.

어떤 연구에 의하면 자폐는 태내기 문제나 **출산 시 문제**와 관련 있다(Reichenberg et al.,
2011). 예를 들면, 어머니가 임신 시 풍진(독일에서는 홍역)이 있을 때 장애가 생길 기회
는 더 많아진다. 임신 전후에 독성 화학물질에 노출되거나 출산 시 합병증을 일으킬 수가
있다.

마지막으로 연구자들은 자폐를 일으키는 특정 **생물학적 이상**을 규명하였다. 일련의 연
구에서는 **소뇌**(cerebellum)를 언급하였다(Mosconi et al., 2015; Pierce & Courchesne, 2002,
2001). 뇌 사진과 부검을 통해 자폐를 가진 사람의 소뇌에서 초기에 이상 발달이 일어난다
고 밝혀졌다. 과학자들은 오래전부터 소뇌가 몸 움직임을 통합한다고 알아 왔지만, 최근에
는 주의를 빠르게 이동하는 능력을 통제하는 데 도움이 된다고 주장하였다. 소뇌가 비정상

▶**마음이론** 사람들은 정보가 아니고 그 사람
나름의 신념, 의도 및 서로 다른 마음 상태에
근거해서 행동을 한다는 것을 인지하는 것

▶**소뇌** 신체 운동을 조절하고 주의를 빠르게
이동하는 능력을 통제하는 데 도움이 되는 뇌
영역

적으로 발달한 사람은 자폐의 주요 특징인 주의 수준을 조절하고 언어나 표정 단서에 따라 사회적 정보를 이해하는 데 큰 어려움을 가질 것이다.

유사하게 뇌 사진을 통해서 자폐를 가진 많은 아동의 뇌 용량과 백질이 증가되거나 뇌 변연계, 뇌간 핵과 편도핵에 구조 이상이 있다는 점이 밝혀졌다(Travers et al., 2015; Bauman, 2011). 이 장애를 가진 많은 사람들은 언어와 운동 과제를 수행할 때 뇌 측두엽과 전두엽의 활동이 감소된다(Taylor et al., 2014).

이러한 결과들을 통해 많은 연구자들은 자폐가 사실은 여러 가지 생물학적 원인에서 기인한다고 믿고 있다(NINDS, 2015). 아마도 관련된 모든 생물학적 요소(유전적, 태내, 출산과 출생 이후)는 뇌에 신경전달물질 이상—'최종 공통 경로'—과 같은 어떤 문제를 공통적으로 일으켜서 인지적 문제와 다른 문제들을 일으키는 것 같다.

마지막으로 과거 20년 동안 매우 많은 주목을 받아 왔으나 밝혀지지 않은 자폐스펙트럼장애에 대한 생물학적 설명(MMR 백신 이론)을 살펴보는 것도 의미가 있을 것이다. 1998년에 한 연구 팀에 의해 출생 후 문제—홍역, 유행성 이하선염, 풍진 백신(MMR 백신)—가 일부 아동에게서 자폐 증상을 발생시킨다는 연구가 발표되었다(Wakefield et al., 1998). 특히 연구자들은 12~15개월 사이에 이 백신을 맞은 아동에게서 그러하다고 하였는데, 몸 전체에 홍역 바이러스가 증가되고 강력한 위장 장애를 유발하여 그 것이 궁극적으로 자폐스펙트럼장애를 일으킨다고 하였다.

그러나 1998년 이후 시행된 모든 연구들은 이 결과와 반대였다(Taylor et al., 2014; Ahearn, 2010). 첫째, 역학연구에서 반복적으로 MMR 백신을 맞은 아동과 그렇지 않은 아동 간 자폐 유병률에 차이가 없었다. 둘째, 연구에 따르면 자폐를 가진 아동은 그렇지 않은 아동보다 체내에 홍역 바이러스를 더 많이 가지고 있지 않았다. 셋째, 자폐 아동이 이

> 왜 많은 사람들은 이렇게도 많은 반대 증거에도 불구하고 아직도 MMR 백신이 자폐스펙트럼장애를 일으킨다고 믿고 있는가?

이론에서 제기하는 특별한 위장 장애를 가지고 있지 않았다. 마지막으로 원래 연구를 다시 재검토한 결과 방법론적으로 문제가 있었고 실제로 MMR 백신과 자폐스펙트럼장애 간 관련성을 시연해 보이는 데 실패하였다(*Lancet*, 2010). 불행하게도 이렇게 확실한 반박에도 불구하고 많은 사람들은 자신의 아이들에게 매우 심각한 질병 위험에 노출되어 있음에도 MMR 백신을 접종하는 데 주저하고 있다.

임상가와 교육자는 자폐스펙트럼장애를 어떻게 치료하는가 아직까지 자폐적인 패턴을 완전히 바꿀 수 있다고 알려진 치료는 없지만, 치료는 자폐를 가진 사람이 환경에 더 잘 적응하는 데 도움을 준다. 특히 도움이 되는 치료는 인지행동치료, 의사소통 훈련, 부모교육과 지역사회 통합치료이다. 또한 정신과 약물과 특정 비타민이 다른 접근들과 함께 결합될 때 도움이 된다(Sicile-Kira, 2014; Ristow et al., 2011).

인지행동치료 부정적이고 역기능적인 것들을 줄이고 말, 사회기술, 교실 활동, 자조기술을 새로 혹은 적절하게 가르치기 위한 행동 접근이 35년 이상 자폐증 사례에 사용되어 왔다. 가장 많이 사용되는 것은 모델링과 조작적 조건형성이다. 모델링에서 치료자들은 바람직한 행동을 시연하고 이 장애를 가진 사람들이 흉내 내도록 한다. 조작적 조건형성에서는 행동을 강화하는 데 먼저 학습해야 할 행동을 단계별로 잘라서 각 단계를 분명하고 일관되

의사소통학습

행동주의자들은 자폐증 아동에게 의사소통을 가르치는 데 성공하였다. 언어치료자들이 행동주의 기법과 의사소통 보드를 조합해서 사용하여 3세 자폐 아동에게 자신을 더 잘 표현하고 다른 사람을 이해하는 방식을 가르치고 있다.

게 보상하여 (배워야 할) 행동을 완성한다. 세심한 계획과 실행을 통해 이 절차는 더 기능적인 행동을 창출해 낼 수 있다.

선구자적인 장기 종단연구에서 자폐증 아동의 두 집단을 비교했다(Lovaas, 2003, 1987; McEachin et al., 1993). 19명은 집중 행동치료를 받았고 19명이 통제집단이었다. 아동이 3세 때 치료가 시작되었다. 7세가 되면서 행동집단은 학교 수행이 좋아졌고 지능검사에서도 통제집단보다 높은 점수를 나타냈다. 많은 아동이 정규교실에서 수업할 수 있게 되었다. 향상은 아동이 10대가 되었을 때까지도 유지되었다. 이러한 결과에 비추어 많은 임상가들이 자폐스펙트럼장애 치료에 조기 행동 프로그램을 선호하고 있다(Boyd et al., 2014).

자폐스펙트럼장애 아동 치료자들, 특히 행동치료자들은 아주 어린 나이에 개입을 시작할 때 가장 큰 효과를 얻는 것 같다(Estes et al., 2015). 아주 어린 자폐 아동은 종종 집에서 치료를 시작해서 3세가 되면 집 밖에서 하는 특별 프로그램에 참여한다. 연방법에 의하면 태어나면서부터 22세까지 학교에서 적절한 교육을 무료로 받을 수 있어야 하는 10개 장애 중 하나로 자폐스펙트럼장애가 포함되어 있다. 전통적으로 교육, 건강 혹은 사회복지기관 서비스는 3세까지 제공된다. 그 이후는 각 주의 교육부서가 어떤 서비스를 제공할지 결정한다.

최근 자폐 유병률 증가를 감안하여 특별시설을 갖춘 교실에서 자폐 아동을 훈련하고 교육하려 한다(Iadarola et al., 2015). 그러나 대부분의 지역은 자폐를 가진 학생의 욕구를 충족시킬 만큼 설비가 잘 갖추어지지 않았다. 교육과 치료가 결합된 특별학교에 다니는 학생이 가장 운이 좋은 학생이다. 이러한 학교들에서 특별 훈련을 받은 교사가 아동이 세상과 상호작용하며 기술을 향상시키도록 돕고 있다. 기능이 좋은 자폐 아동은 낮 시간 중 최소 일부분이라도 일반 교실로 돌아가서 시간을 보내기도 한다(Harford & Marcus, 2011).

의사소통 훈련 집중행동치료가 시행된다고 해도 자폐를 가진 사람의 절반 정도는 말을 하지 못한다. 따라서 수화나 동시에 따라 하기 등과 같은 다른 형태의 의사소통을 가르쳐야 한다. 사물이나 요구를 대표할 수 있는 글자, 그림이나 상징을 사용하는 '의사소통판'이나 컴퓨터와 같은 **보완적 의사소통체계**(augmentative communication system)를 사용하는 법을 배우기도 한다(Lerna et al., 2014; Prelock et al., 2011). 예를 들어 '배고프다'라는 의미를 표현하기 위해 포크 그림을 가리키거나 '음악을 듣고 싶다'라는 의미로 라디오를 가리킬 수 있다. 예를 들면, 제니의 사례에서 '그림책'을 사용했던 것을 기억해 보라.

부모 교육 오늘날 치료 프로그램에는 다양한 방식의 부모교육이 포함된다. 예를 들어 행동 프로그램에는 종종 부모가 행동기법을 집에서 적용할 수 있도록 부모교육이 포함된다(Bearss et al., 2015; Sicile-Kira, 2014). 부모용 매뉴얼과 교사 가정방문이 이 프로그램에 포함된다. 연구를 통해 훈련된 부모로 인해 얻는 행동적 이득은 교사가 하는 것과 유사하거나 도리어 크다고 밝혀졌다.

부모 훈련 프로그램에 더하여 개인치료와 지지집단이 자폐 아동의 부모가 자신의 감정과 욕구를 더 잘 다루도록 돕는 데 사용될 수 있다(Clifford & Minnes, 2013; Hastings, 2008). 수많은 부모 연합과 단체들이 정서적 지지와 실제적인 도움을 제공하고 있다.

▶**보완적 의사소통 체계** 자폐스펙트럼 장애, 지적장애 혹은 뇌성마비 아동의 의사소통 기술을 향상시키기 위해 사용하는 방법으로 그림, 상징, 글자 혹은 단어들을 가리키는 방법을 교육함

지역사회 통합 오늘날 많은 자폐에 대한 학교 기반·가정 기반 프로그램들은 자조기술, 자기관리 기술, 생활기술, 사회기술 및 작업기술을 가능한 한 빨리 가르쳐 아동이 지역사회에 더 잘 적응하도록 돕는다. 또한 많은 종류의 집단 거주지와 보호 작업장이 세심하게 운영되고 있어, 자폐를 가진 청소년과 젊은이들이 이용할 수 있다. 집단 거주지와 보호 작업장, 그리고 관련 프로그램들은 자폐를 가진 청소년과 젊은이들이 지역사회의 일원이 되게 하며 언제나 자녀를 돌보고 감독해야 하는 부모의 염려를 줄여 준다.

AP Photo/Daily Herald, Bev Horne

아이패드 혁신
교사가 지켜보는 가운데 아동이 아이패드로 공부하고 있다. 자폐스펙트럼장애의 훈련과 치료에서 주요한 새로운 경향은 태블릿 PC의 사용이다. 이는 효과적인 보완적 의사소통 체계이기도 하고 많은 인지적 자극을 제공하고 즐거움을 준다.

지적장애

26세 된 에디 머피를 통해 우리는 지적장애라는 진단에 대해 살펴볼 수 있다.

> 지적장애는 무엇인가? 말하기 어렵다. 추측건대 사고하는 데 어려움을 가진 것을 의미하는 것 같다. 어떤 사람들은 특정 사람의 외양만 보고 지적장애인지 아닌지 구분할 수 있다고 한다. 그렇게 생각한다면 당신은 사물에 대해 깊이 탐색하고 사고하면서 얻게 되는 이점을 누리지 못하는 것이다. 그들이 어떻게 생겼고 어떻게 말하고 어떠한 검사 점수를 보였는지에 의해 사람을 판단하게 되면, 사람 내면에 있는 것을 절대로 알지 못한다.
>
> (Bogdan & Taylor, 1976, p. 51)

살아온 많은 시간 동안 에디는 지적장애로 불렸고, 특별기관을 통해 관리와 교육을 받았다. 성인기 동안 임상가들은 에디의 지적 능력이 생각보다 더 높다는 것을 알게 되었다. 그러나 그러는 동안 아동기와 청소년기를 지적장애라고 불린 채 보냈으며, 그의 말을 통해 이 장애로 진단된 사람들이 자주 직면해야 하는 어려움이 드러났다.

*DSM-5*에서 '정신지체'라는 용어가 **지적장애**라는 용어로 대체되었다. 이용어는 다양한 집단에 사용되는데, 병원에 수용되어 있는 몸을 잘 가누지 못하는 아동, 특별 직업 프로그램에서 일하는 젊은이, 단순노동을 하면서 가족을 부양하는 성인 남녀가 모두 포함된다. 100명 중 3명 정도가 이 진단 기준에 해당한다(NLM, 2015; APA, 2013). 남성이 4분의 3이고 대다수가 경도 수준의 장애에 해당된다.

적응행동에 어려움이 있고 전반적인 **지능**이 평균에 훨씬 못 미치면 **지적장애**(intellectual disability, ID) 진단이 내려진다(APA, 2013). 낮은 지능지수 (70 미만의 지능지수) 외에도 지적장애를 가진 사람은 의사소통, 가정생활, 자발성, 직업이나 안전과 같은 영역에서 큰 어려움을 가진다. 또한 증상이 18세 이전에 나타나야 한다 (표 14-7 참조).

지능 평가하기 교육자들과 임상가들은 지능검사를 시행하여 지능을 평가한다(제3장 참조). 이 검사에는 다양한 질문과 지식, 추론과 의사결정과 같은 지능의 여러 측면과 관련된

표 14-7

진단 체크리스트

지적장애

1. 추리, 문제해결, 계획, 추상적 사고, 판단, 학업, 경험 학습 등과 같은 지적기능의 결함. 이는 임상적 평가와 개별 표준화 지능검사 모두에서 확인되어야 함

2. 가정, 학교, 일터, 지역사회 등의 여러 환경에서 의사소통, 사회참여, 독립생활과 같은 일상생활 활동 중 한 가지 이상에서 적응 기능 결함을 보임. 동일 연령에서 기대되는 행동에 미치지 못하며 학교, 일터 혹은 독립생활을 하기 위해서는 지속적인 도움이 필요함

3. 지적 및 적응 결함이 발달시기에 시작됨(18세 이전)

출처 : APA, 2013.

▶**지적장애(ID)** 지적기능과 적응 능력이 보통 수준에 훨씬 못 미치는 것을 특징으로 하는 장애. 이전에는 '정신지체'라고 함

Don Ryan/AP Photo

헤드스타트 시행
가난한 지역 아동의 지능지수와 학업 수행은 어린 아동의 일상 환경을 풍부하게 해 주면 향상될 수 있다. 오리건 주의 헤드스타트 프로그램에 속한 교실에서 교사들은 더 많은 자극을 주고 유치원 아동의 일상을 풍부하게 하도록 노력하고 있다.

과제들이 포함된다. 한 가지 혹은 두 가지 이상의 기능 문제를 가지는 것이 반드시 낮은 지능을 반응하는 것은 아니다(심리전망대 참조). 개인의 전반적인 검사 점수 혹은 **지능지수**(intelligence quotient, IQ)는 전반적인 지적 능력을 반영하는 것으로 여긴다.

많은 이론가들은 지능지수가 실제로 타당한지 의문을 가지고 있다. 실제로 우리가 측정하려는 것을 측정하는가? 지능지수와 학교 수행 간의 상관은 어느 정도 높은데(약 .50) 이것은 높은 지능을 가진 아동은 공부를 더 잘하지만 낮은 지능을 가진 많은 아동은 공부를 못한다는 것을 의미한다(Sternberg et al., 2001). 동시에 상관관계가 완벽하지 않다는 것도 의미한다. 즉 어떤 아동의 학교 성적은 지능지수로 기대할 수 있는 것에 비해 높기도 하고 낮기도 하다. 더욱이 극단적으로 낮은 지능지수에 대해서는 지능검사가 정확하지 않아 심각한 수준의 지적장애를 가진 사람을 적절하게 평가하기가 어렵다(AAIDD, 2013, 2010).

> 지능검사가 평가하지 못하는 다른 종류의 지능이 존재하는가?

또한 지능검사는 제3장에서 본 바와 같이 사회문화적 편향과도 관련된다. 중산층 가정에서 자란 아동은 검사에서 이득을 얻는데 이 아동은 정기적으로 지능검사와 유사한 언어 및 사고방식에 노출된다. 분명히 일종의 지적 능력을 필요로 하는 것임에도 불구하고 검사는 가난하고 우범지역에 사는 사람들의 생존에 필요한 '실제 상황'은 거의 평가하지 않는다. 또한 문화적으로 소수인 사람들이나 영어가 모국어가 아닌 사람들에게 이 검사는 불리하다.

지능검사가 언제나 지능을 정확하고 객관적으로 측정하는 것이 아니라면, 지적장애 진단 또한 편향될 수 있다. 즉 어떤 사람은 검사의 결함, 문화적 차이, 검사 상황의 불편함 혹은 검사자의 편향 등으로 인해 편파된 진단을 받을 수도 있다.

적응적 기능 평가하기 진단가들은 지적장애를 진단할 때 지능지수 70점이라는 절단점에만 의존해서는 안 된다. 낮은 지능지수를 가진 사람들 중에서도 스스로 삶을 꾸려 가고 기능할 수 있는 사람들이 있는가 하면 그렇지 않은 사람들도 있다.

> 브라이언은 저소득층 가정에서 태어났다. 그는 집과 지역사회에서 언제나 적절하게 기능해 왔다. 어머니가 퇴근할 때까지 매일 혼자서 옷을 입고 식사하고 자신을 잘 관리하였다. 또한 친구들과도 잘 어울렸다. 그러나 학교에서 브라이언은 숙제를 하거나 모임에 참여하기를 거부하였고 교실에서 잘하지 못하였으며 때때로 멍한 상태로 있기도 하였다. 교사가 학교 심리학자에게 그를 의뢰하였다. 지능지수 60이라는 판정을 받았다.
>
> 제프리는 중산층 가정에서 태어났다. 언제나 발달이 늦었으며 안고 서고 말하기가 모두 늦었다. 영아와 유아기 동안 특별 자극 프로그램에 참여하였고, 가정에서도 특별한 도움과 관심을

▶**지능지수(IQ)** 이론적으로 한 사람의 전반적 지적 능력을 대표한다고 보는 지능검사에서 산출된 점수

기울였다. 아직도 제프리는 혼자서 옷 입는 데 어려움이 있고 다치거나 길을 잃을까 봐 뒷마당에 혼자 둘 수가 없다. 학교 공부는 제프리에게 너무 어렵다. 담임교사는 천천히 해야 했고 개별적인 지시를 주어야만 하였다. 제프리는 6세 때 받은 지능검사에서 60점을 받았다.

브라이언은 학교 외의 환경에서는 잘 적응하는 듯하다. 그러나 제프리의 한계는 더 전반적이다. 낮은 지능지수 외에도 제프리는 집과 그 밖의 어느 곳에서도 어려움에 부딪친다. 따라서 지적장애 진단은 브라이언보다는 제프리에게 더 적절하다.

적응행동을 평가하는 몇몇 척도가 개발되었다. 그러나 여기에서도 몇몇 사람들은 척도에서 예측하는 것보다 훨씬 잘 기능하는가 하면 어떤 사람들은 그렇지 못하다. 그래서 지적장애를 적절하게 진단하기 위해 임상가들은 그 사람의 배경과 지역사회 기준을 고려하면서 각 개인을 일상 속에서 관찰해야 한다. 하지만 그렇다고 해도 임상가들이 특정 문화

심리전망대

읽기와 '일기와 익기'

전체 아동 중 15~20% — 여자아이보다는 남자아이에게서 — 는 학습, 의사소통이나 통합과 같은 영역에서 또래에 비해 늦게 발달하거나 기능이 부진하다(APA, 2013; Goldstein et al., 2011). 이 아동들은 지적장애가 아니며 실제 매우 영리하기도 하지만 이러한 문제로 인해 학교 공부, 일상생활에 어려움이 있으며 어떤 경우에는 사회적 상호작용에도 영향을 받는다. 유사한 문제가 그 아동의 친척에게서도 보일 수 있다(APA, 2013; Watson et al., 2008). *DSM-5*에 따르면 이 아동들은 특정학습장애, 의사소통장애나 발달성 협응장애를 겪고 있다(APA, 2013).

'특정학습장애' 아동은 수학, 쓰기나 읽기기술 습득에 유의미한 손상을 보인다. 미국 전역에 걸쳐 특수학급에 배치된 아동 중 이러한 문제를 가진 아동은 가장 많은 수를 차지한다(Watson et al., 2008). 이러한 아동 중 일부는 읽고 있는 문장의 의미를 이해하는 데 어려움을 보이기도 하고 부정확하게 읽거나 느리게 읽기도 하는데, '난독증'이라고 알려져 있다(Boets, 2014). 또 다른 아동은 숫자를 기억하거나 계산하기 혹은 수학적으로 추론하는 데 매우 큰 어려움을 가진다.

'의사소통장애'에는 언어장애, 말소리장애와 아동기 발병 유창성장애(말더듬)가 포함된다(APA, 2013). '언어장애'를 가진 아동은 구어나 문어를 습득해서 사용하고 이해하는 데 지속적

특수 안경 난독증에 대한 여러 가지 설명 중 하나는 이 장애를 가진 일부 사람들은 시각처리 문제를 뚜렷하게 보인다는 것이다. 그래서 그림 속 아동이 끼고 있는 것과 같은 다양한 3차원 안경들이 개발되어 장애를 진단하고 치료하는 데 도움을 주고 있다.

Sojka Libor/CTK via AP Images

인 어려움을 가진다. 예를 들면 언어를 사용해서 자신의 생각을 표현하는 데 매우 큰 제한을 가지며 새로운 단어를 학습하는 데 큰 어려움을 겪는다. 말을 할 때 짧고 단순한 문장으로만 말하거나 언어 발달에서 일반적인 지체를 보인다. '말소리장애'를 가진 아동은 발성이나 언어 유창성에 지속적인 어려움을 가진다. 예를 들면 연령에 적합한 올바른 발성을 내지 못하여 마치 아기가 말하는 것 같은 소리를 낸다. '말더듬' 아동은 발성에서 유창성과 타이밍에 문제가

있으며 말할 때 어떤 소리를 반복하거나 길게 하거나 특정 소리를 불쑥 끼워 넣는다. 또한 말을 마치기 전에 잠시 멈추거나 과도하게 근육을 긴장시키면서 말한다.

마지막으로 '발달성 협응장애'를 가진 아동은 운동 활동을 통합하는 능력이 자신의 연령에 훨씬 못 미치는 수준이다(APA, 2013). 이 장애를 가진 어린 아동은 손놀림이 투박하고 운동화 끈을 조이거나 단추를 채우거나 바지 지퍼를 올리는 기술을 매우 느리게 배운다. 이 장애를 가진 연령이 높은 아동은 퍼즐을 맞추고 모양을 만들고 공놀이를 하거나 그림이나 글자를 쓰는 데 큰 어려움을 보인다.

다양한 장애와 유전적 결함, 뇌의 비정상성, 출생 시 손상, 감각이나 지각적 기능 결함 및 학습 결핍 등을 관련시킨 연구가 이루어졌다(Richlan, 2014; APA, 2013; Yeates et al., 2010; Golden, 2008). 그러나 요인 각각을 연구한 결과들은 제한적이어서 여전히 이 장애들의 정확한 원인은 밝혀지지 않은 상태이다.

이 장애 중 일부는 특정 치료 접근에 잘 반응한다(McArthur et al., 2013; Feifer, 2010; Miller, 2010). 예를 들어 읽기치료는 경미한 수준의 읽기장애에 매우 도움이 된다. 언어치료를 통해 말소리장애의 많은 사례가 완벽하게 치료되기도 하였다. 또한 다양한 장애가 어떠한 치료를 받지 않아도 성인기 전에 사라지기도 한다.

▶경도 지적장애 교육이 가능하고 성인으로 자신을 스스로 돌볼 수 있는 지적장애 수준(IQ 50~70)

나 지역사회의 준거에 익숙하지 않아서 이러한 판단은 주관적이 될 수 있다.

지적장애의 특징은 무엇인가 지적장애의 가장 일관된 특징은 매우 늦게 학습한다는 것이다(Sturmey & Didden, 2014; AAIDD, 2013, 2010). 이 밖에 문제 영역으로는 주의, 단기기억, 계획 능력과 언어가 있다. 지적장애로 시설에 있는 사람들은 특히 이러한 어려움을 가지는 것 같다. 많은 기관에서 자극 없는 환경과 병원 직원들과만 이루어지는 최소한의 상호작용이 이러한 어려움을 심화시키고 있다. 전통적으로 지적장애를 경도(IQ 50~70), 중등도(IQ 35~49), 고도(IQ 20~34), 최고도(IQ 20 미만)의 네 가지 수준으로 구분한다.

경도 지적장애 지적장애를 가진 모든 사람의 80~85%가 **경도 지적장애**(mild ID) 범주(IQ 50~70)에 해당한다. 때때로 이들은 학교 수업에서 도움을 받을 수 있고 성인이 되면 자립할 수도 있어서 '교육 가능 지적장애'라고도 한다. 경도 지적장애는 아동이 학교에 입학하여 평가받기까지는 잘 인지되지 않는다. 이 사람들은 어느 정도 일반적인 언어, 사회, 놀이 기술을 나타내지만 학업적·사회적 욕구가 점차적으로 증가되어 한계가 드러나는데, 이러한 스트레스 상황에서는 도움을 필요로 한다. 흥미롭게도 경도 지적장애를 가진 사람의 지적 수행은 종종 나이가 들면서 향상되는 것 같다. 심지어 어떤 사람들은 학교를 졸업할 때는 지적장애라는 낙인 자체에서 벗어나 지역사회에서 잘 기능하게 된다(Sturmey & Didden, 2014; Sturmey, 2008). 이들이 가지는 직업은 비숙련공이거나 중간 정도의 기술을 요하는 업무이다.

지적장애 연구에서는 사회문화적·심리적 측면에서 원인을 주로 연구하는데, 특히 아동기 동안 가난하고 자극이 없는 환경, 부적절한 부모-자녀 상호작용, 그리고 불충분한 학습 경험을 연구한다(Sturmey & Didden, 2014; Sturmey, 2008). 이러한 관계는 충분한 환경과 결핍 환경을 비교하는 연구에서 관찰된다. 실제로 몇몇 지역사회 프로그램은 지능이 낮은 아동의 환경 촉진을 도모하기 위해 요원을 가정으로 파견하는데, 이들의 개입은 아동의 기능 향상에 기여하기도 한다. 지속적으로 운영되었을 때 이러한 프로그램은 개인의 이후 학교 수행과 성인 역할 향상에 도움도 된다(Ramey et al., 2012; Ramey & Ramey, 2007,

동물과 연계

쿠바 하나바에 있는 국립아쿠아리움에서 돌고래, 바다거북, 바다사자를 쓰다듬고 만지는 수업시간이다. 이 시간은 많은 자폐 아동과 지적장애 아동이 더 독립적이고 자발적이며 사교적으로 되도록 하는 데 도움이 된다.

AP Photo/Javier Galeano

2004, 1992).

사회문화적·심리적 요인이 경도 지적장애의 주된 원인이기는 하지만, 몇 가지 생물학적 요인도 최소한 영향을 미친다. 연구에서 보고된 예를 들면, 어머니의 중등도 음주, 약물 사용이나 임신기 영양불량이 아동의 지적 잠재력을 낮추기도 한다(Hart & Ksir, 2014). 유사하게 초기 아동기의 영양불량은 시간이 한참 지난 후에 섭식을 개선하면 부분적으로 약간은 개선된다고 해도 지적 발달을 해치게 된다.

중등도·고도·최고도 지적장애 지적장애를 가진 사람의 약 10%는 **중등도 지적장애**(moderate ID)에 해당한다(IQ 35~49). 전형적으로 언어 발달과 학령 전기 놀이에서 결함을 분명히 보이기 때문에 경도 지적장애에 비해 이른 시기에 진단을 받는다. 중학교 시기가 되면 읽기와 셈하기 습득에서 현저한 저하를 보인다. 그러나 성인기가 되면 중등도 지적장애를 가진 사람들은 어느 정도의 상호작용기술을 습득하고 스스로 자신을 보살피고 직업 훈련이 가능하며 지도감독하에서 비숙련 혹은 반숙련 업무의 직장생활을 할 수 있다. 대부분 이러한 사람들은 지도감독을 받으면 지역사회에서 잘 기능한다(AAIDD, 2013, 2010).

지적장애를 가진 사람의 약 3~4%는 **고도 지적장애**(severe ID)를 나타낸다(IQ 20~34). 전형적으로 유아기 동안 기본 운동과 의사소통에 결함을 나타낸다. 학교에 가서도 두세 단어만을 사용해서 말을 할 수 있다. 보통 세심한 지도감독을 필요로 하며 약간의 직업 훈련이 가능하기도 하고, 구조화된 보호작업장에서 아주 기초적인 일을 수행할 수도 있다. 이들은 대체적으로 말하는 것보다는 이해력이 더 높다. 대부분은 집단 주거나 요양원 혹은 가족과 함께 주거하는 경우에는 지역사회에서 잘 기능할 수 있다(AAIDD, 2013, 2010).

지적장애의 약 1~2%는 **최고도 지적장애**(profound ID)에 해당된다(IQ 20 미만). 이 수준의 지체는 아주 어린 시기 혹은 태어날 때부터 알아차릴 수 있다. 훈련을 하면 걷기, 약간의 말하기와 스스로 먹기 같은 기초기술을 배우거나 조금 나아질 수 있다. 매우 구조화된 상황이 필요한데 일대일 보호를 포함하여 밀착 지도감독과 세밀한 도움하에서 그나마 최대치까지 발달시킬 수 있다(AAIDD, 2013, 2010).

고도와 최고도 지적장애는 종종 심각한 신체장애를 포함한 더 큰 증상군의 일부로 종종 나타난다. 신체적 문제는 종종 낮은 지적 기능보다도 더 문제가 되며 어떤 경우에는 매우 치명적일 수도 있다.

지적장애의 생물학적 원인은 무엇인가 앞에서 기술한 것처럼 많은 사례에서 생물학적 요인이 작용하기는 하지만 경도 지적장애의 일차적인 원인은 환경적이다. 반대로 가족과 사회적 환경이 크게 영향을 미친다고 하더라도 중등도·고도·최고도 지적장애의 일차적인 원인은 생물학적 원인이다(Sturmey & Didden, 2014; Fletcher, 2011). 지적장애의 주된 생물학적 요인은 염색체 이상, 대사 장애, 태내 문제, 출생 시 문제와 아동기 질병과 손상이다.

염색체 원인 지적장애를 일으키는 염색체장애의 가장 일반적 장애는 처음으로 이를 밝힌 영국 의사 Langdon Down의 이름을 따른 **다운증후군**(Down syndrome)이다. 다운증후군은 1,000명의 신생아 중 1명 정도의 발병률을 보이지만, 이 비율은 산모 나이가 35세를 넘어가면 크게 증가한다. 연령이 높은 산모들은 양수진단을 받도록 권장되는데, 임신 4개월 시

▶**중등도 지적장애** 지능지수 35~49에 해당하며 돌보는 것을 배울 수 있고 직업 훈련을 할 수 있는 지적장애 수준

▶**고도 지적장애** 지능지수 20~34에 해당하고 주의 깊은 지도감독이 필요하며 구조화된 보호 환경에서 기초 작업을 수행하는 것을 배울 수 있음

▶**최고도 지적장애** 지능지수 20 미만에 해당하며 매우 구조화된 환경에서 밀착된 지도감독이 필요함

▶**다운증후군** 21번째 염색체 이상에서 기인한 지적장애

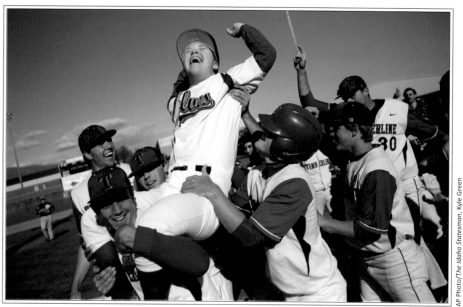

더 높은 곳에 도달하다
오늘날 다운증후군 환자는 삶에서 많은 것을 배우고 성취할 수 있는 사람으로 본다. 다운증후군을 앓고 있는 10대 청소년인 에디 고든은 팀버라인 고교 야구 팀원들로부터 축하의 헹가레를 받고 있다. 그는 명예로운 선두타자로 이제 막 베이스를 돌았다.

기에 다운증후군과 기타 염색체 이상을 알아보게 된다.

다운증후군을 가진 사람은 머리가 작고, 얼굴이 평평하고 찢어진 눈, 높이 솟은 광대뼈를 가지고 있으며 몇몇 사람들은 혀가 돌출되기도 한다. 이런 경우는 분명하게 발음하는 데 영향을 주기도 한다. 가족에게 매우 다정하고 애정을 보이는데 일반적인 수준의 성격 특성을 벗어나지는 않는다.

몇 가지 염색체 이상 형태가 다운증후군을 일으킨다(NICHD, 2015). 가장 일반적인 형태(전체 사례의 94%)는 21 **상염색체**인데 21번째 염색체가 2개가 아닌 3개이다. 다운증후군을 가진 사람의 대부분은 지능지수가 35~55이다. 어린 나이에 나타나며 40세가 되면 치매 신호를 보이기도 한다(Powell, et al., 2014; Lawlor et al., 2001). 연구에 따르면 다운증후군과 조기 치매는 종종 함께 나타나는데 이들을 유발하는 유전자가 각기 21번째 염색체 근방에 위치하기 때문이다(Rohn et al., 2014; Lamar et al., 2011).

취약 X 증후군은 지적장애를 유발하는 두 번째로 일반적인 원인이다. 취약 X 염색체(즉 취약하여 손상될 가능성이 큰 유전 이상을 가진 X 염색체)를 가지고 태어난 아동은 경도에서 중등도 수준의 지적 기능 문제, 언어 손상을 나타내며 어떤 경우에는 행동 문제도 나타낸다(Hahn et al., 2015; Hagerman, 2011). 전형적으로 이 사람들은 부끄러움이 많고 불안하다.

대사 문제 원인 대사장애에는 신체 손상이나 화학물질 배설에 문제가 있다. 대사장애는 지적·발달적 문제에 영향을 미치는데, 보통 각각의 부모에게서 1개씩 나온 2개의 결함 열성 유전자 쌍으로 인해 야기된다. 정상 유전자와 짝이 된 열성 유전자는 문제가 없지만 결함 유전자끼리 짝이 되는 경우 아동에게서 심각한 문제를 일으킨다.

지적장애를 일으키는 가장 일반적인 대사장애는 **페닐케톤뇨증(PKU)**인데, 14,000명 중 1명꼴로 나타난다. PKU 아기는 출생 시에는 정상이지만 아미노산인 페닐알라닌을 배설시키지 못한다. 화학물질이 쌓여서 신체에 독이 되는 물질로 바꾸고 고도 지적장애 증상과 다른 증상을 일으킨다(NICHD, 2015; Waisbren, 2011). 오늘날 유아들은 PKU 선별검사를 받고 생후 3개월 전에 특별 섭식을 시작한다면 정상 지능으로 발달할 수 있다.

취약 유전자 결합으로 생긴 또 다른 대사이상장애인 테이삭스병(Tay-Sachs disease)을 가진 아동은 정신 기능, 시력과 운동 능력을 2~4세 사이에 점차적으로 잃어 가고 결국에는 죽음에 이르게 된다. 동유럽 유대인 가계는 30명 중 1명 꼴로 이 장애의 원인이 되는 취약 유전자를 가진다. 따라서 유대인 부부 900명 중 1명은 테이삭스병 아이를 가질 위험에 처해 있다.

태내기, 출산 관련 원인 태아가 발달함에 따라 산모의 주요 신체 문제가 아동의 정상 발달을 위협할 수 있다(AAIDD, 2013, 2010; Bebko & Weiss, 2006). 예를 들어 산모가 요오드를 너무 적게 섭취하면 아이는 크레틴병을 일으킬 수 있는데, 비정상적인 갑상선 호르몬, 늦은 발달, 지적장애와 난쟁이 같은 외모로 나타난다. 이 장애는 최근에는 드문데 대부분의 음식에 들어가는 소금에 요오드가 들어 있기 때문이다. 또한 이 장애를 가지고 태어난 유아에게 신속하게 갑상선 추출물을 주어 정상 발달을 유도할 수 있다.

다른 태내기 문제가 지적장애를 일으킬 수도 있다. 제10장에서 본 바와 같이 임신부가 너무 많은 술을 마시게 되면 아동은 낮은 지능을 포함한 심각한 문제들을 가진 **치명적 알코올증후군**(fetal alcohol syndrome)을 가지기 쉽다(Bakoyiannis et al., 2014; Hart & Ksir, 2014). 실제로 임신 시 알코올 소비의 안전한 수준이 어느 정도인가가 연구에서 밝혀지지 않았다. 또한 임신 시 임신부의 감염(예 : 풍진, 매독)은 지적장애와 같은 아동기 문제를 야기할 수 있다.

출산 시 문제도 지적장애를 일으킬 수 있다. 출산 동안 혹은 직후에 산소 결핍이 일정 기간 지속되면 아기의 뇌에 손상과 지체를 일으킬 수 있다. 미숙아 출산이 언제나 아동에게 만성적인 문제를 가져오는 것은 아니지만, 연구자들은 1.6kg 미만으로 태어난 경우 때때로 지적장애가 된다는 사실을 밝혀냈다(AAIDD, 2013, 2010; Taylor, 2010).

아동기 문제 출생 이후, 특히 약 6세까지 어떤 손상과 사고는 지적 기능에 영향을 미칠 수 있고 어떤 경우에는 지적장애로 이어질 수도 있다. 독성물질, 사고로 인한 심각한 뇌손상, 과도한 엑스레이 노출과 특정 약물에 대한 과도노출은 특히 위험하다(AAIDD, 2013, 2010; Evans, 2006). 예를 들어 납이 포함된 색료나 자동차 매연에 과도한 노출로 인한 납중독 같은 심각한 경우는 아동에게 지적장애를 야기할 수 있다. 수은, 방사능, 아질산염과 농약도 동일하게 작용한다. 더불어 뇌막염이나 뇌염과 같은 어떤 감염도 적절하게 진단되고 치료받지 않는다면 지적장애를 일으킬 수 있다(AAIDD, 2013, 2010; Durkin et al., 2000).

지적장애를 가진 사람들에 대한 개입 지적장애를 가진 사람들의 삶의 질은 사회문화적 요소, 즉 누구와 살고, 어디에서 살고, 어떻게 교육받으며, 가정과 지역사회에서 성장이 가능한가에 따라 크게 달라진다. 따라서 이들에 대한 개입 프로그램은 편안하고 자극을 촉진하는 주거를 제공하고 적절한 교육과 사회경제적 기회를 제공하려 노력한다. 동시에 지적장애를 가진 사람들의 자기상과 자존감을 향상시켜 주어야 한다. 일단 이러한 욕구가 충족되면 일반적인 심리적 혹은 생물학적 치료가 어떤 경우에는 도움이 될 수 있다.

적절한 주거는 어떠해야 하는가 최근 몇십 년까지 지적장애 아동의 부모는 가능한 한 어린 나이에 공공기관 — **주립(특수)학교**(state school) — 에 이들을 보내어 살게 하였다(Harris, 2010). 과밀화된 기관은 기본적인 보살핌을 제공하지만 수용된 사람들은 무시되고 자주 학대받으며 사회에서 고립되었다.

숨은 뜻 읽어내기

X 염색체에 대하여

• 23번째 염색체는 가장 작은 인간 염색체로, 이 염색체의 비정상성은 취약 X 증후군을 일으킨다.

• 23번째 염색체는 성별을 결정하기 때문에 성염색체라고도 부른다.

• 남성에서 23번째 염색체 쌍은 X와 Y 염색체로 구성되어 있다.

• 여성에서 23번째 염색체 쌍은 2개의 X로 구성되어 있다.

▶**치명적 알코올증후군** 낮은 지능, 출산 시 저체중, 손과 머리의 비정상성을 포함한 아동 문제들이 임신 당시 어머니의 과도한 음주에서 기인함

▶**주립(특수)학교** 지적장애인을 위해 주에서 지원하는 기관

생활교육

정상화 운동은 지적장애를 가진 사람들에게 정상적이고 독립적인 생활에 필요한 기술을 가르칠 것을 촉구하였다. 심리학자(왼쪽)가 '당신과 나'라고 하는 국가 프로그램의 일환으로 지적장애를 가진 젊은이에게 요리기술을 가르치고 있다. 이 프로그램은 또한 데이트, 자존감, 사회기술과 성교육 수업도 제공한다.

1960~1970년대 대중은 더 광범위한 **탈원화** 운동(제12장 참조)의 일환으로 이렇게 열악한 상태에 대해 점차 인식하게 되었고 지적장애를 가진 사람들이 주립(특수)학교에서 풀려나야 한다고 주장하였다(Harris, 2010). 대부분 적절한 준비나 지도감독 없이 사회로 방출되었다. 조현병 환자의 탈원화와 같이 실제로 지역사회에 그대로 방치된 것이다. 종종 이들은 적응하는 데 실패하여 다시 시설로 돌아가야만 했다.

그 이후로 이러한 개혁은 자급자족을 가르치고 집단원들이 환자 보호에 더 많은 시간을 쓰고 교육과 의료 서비스를 제공하는 소규모 기관과 다른 형태의 **지역 주거**(집단 거주, 사회복지시설, 대형기관의 지역 지점, 독립 주거시설) 창출로 이어졌다. 이러한 장소들은 덴마크와 스웨덴에서 시작된 **정상화**(normalization) 원리를 따르고 있다. 그들은 융통성 있는 일과, 정상 발달 경험 등 사회의 나머지 사람들이 즐기는 것과 유사한 삶의 환경을 조성하려 노력하는데, 이 속에는 자기 결정, 성적 만족과 경제적 자유의 기회 등이 모두 포함된다(Merrick et al., 2014; Hemmings, 2010).

오늘날 지적장애 아동 대다수가 기관보다는 가정에서 생활한다. 그러나 성인기 동안 부모가 나이가 들어감에 따라 가족은 점점 더 그 사람이 필요로 하는 기회와 지지를 지원할 능력이 부족해진다. 지역사회 주거가 그들 중 일부에게 적절한 대안이 되었다. 대부분 지적장애를 가진 사람들이 이제는 경도 지적장애를 포함해서 가정이나 지역사회 주거 중 한 곳에서 성인의 삶을 보낸다(Sturmey & Didden, 2014; Sturmey, 2008).

가장 효과적인 교육 프로그램은 무엇인가 조기 개입의 전망이 크고 밝기 때문에 지적장애 교육 프로그램은 조기 연령에 시작하게 된다. 적절한 교육은 지적장애 정도에 따라 다르다. 교육자들은 아동이 학교에 들어가면 특별분리교육이나 통합교육 중 어느 것이 더 효과적인지에 대해 뜨겁게 논쟁한다(McKenzie et al., 2013; Hardman et al., 2002). **특별교육**(special education)에서 지적장애 아동은 특별하게 설계된 교육 프로그램을 받는다. 반대로 **통합교육**(mainstreaming) 혹은 **주류화**(inclusion)에서는 지적장애가 아닌 아동과 정규교실에서 함께 생활한다. 어떤 접근도 일관되게 우세하지는 않다. 어떤 아동과 어떤 학습 영역에는 통합교육이 더 낫고, 다른 아동과 영역에는 특별분리교육이 더 낫다.

> 특별교육 학급과 비교할 때 통합교육이 가지는 장점은 무엇인가? 또 반대의 경우는 어떠한가?

교사 준비성은 통합교육과 특별교육을 결정하는 데 중요한 요인이다. 많은 교사들은 지적장애 아동, 특히 부가적인 문제가 있는 아동에게 충분한 교육과 지원을 제공할 만큼 준비되어 있지 않다고 보고하고 있다. 단기 교사교육과정이 이러한 어려움을 해결하는 데 도움이 되는 것 같다(Hallahan et al., 2014; Campbell et al., 2003).

지적장애인들과 일하는 교사들은 종종 자조 능력, 의사소통 기술, 사회기술, 학업기술을 향상시키는 데 조작적 조건형성 원리를 사용한다(Sturmey & Didden, 2014; Sturmey, 2008; Ardoin et al., 2004). 학습 과제를 여러 단계로 잘라서 각 단계에 향상이 있을 때마다

▶**정상화** 기관과 지역사회 주거시설은 일반 사회와 유사한 삶과 기회를 지적장애를 가진 사람들에게 제공해 주어야 한다는 원칙

▶**특별교육** 지적장애 아동의 교육 방법으로 이들만을 위해 여러 가지를 종합하여 특별히 고안된 교육

▶**주류화** 지적장애 아동을 정규 학교 교실에 배치하는 것. '통합교육'으로 알려져 있음

긍정적 보상을 제공하다. 더불어 많은 기관, 학교와 개인 가정에서는 **토큰 경제 프로그램**—기관에 수용된 조현병과 다른 심각한 정신장애 환자 치료에 사용되었던 조작적 조건형성 프로그램—을 사용한다.

치료는 언제 필요한가 다른 사람과 마찬가지로 지적장애인들도 정서행동 문제를 경험한다. 이들 중 30%는 지적장애 외 다른 심리적 장애도 가지고 있다(Sturmey & Didden, 2014; Bouras & Holt, 2010). 어떤 사람들은 낮은 자존감, 대인관계 문제, 지역사회 생활 적응의 어려움으로 고통받고 있다. 이러한 문제들은 어느 정도 개인이나 집단치료로 도움을 받을 수 있다. 또한 많은 지적장애인들은 정신 약물도 복용한다(Sturmey & Didden, 2014). 많은 임상가들은 단순히 이들을 좀 더 쉽게 관리하기 위해 너무 자주 약을 사용한다고 주장한다.

개인적·사회적·직업적 성장의 기회를 어떻게 늘릴 수 있는가 사람들은 삶을 개선하기 위해 효능감을 느낄 필요가 있다. 지적장애를 가진 사람들은 지역사회 속에서 스스로 결정하고 성장할 기회가 주어졌을 때 이러한 감정을 가지게 되는 것 같다. 정상화 운동이 시작된 덴마크와 스웨덴이 이러한 영역의 선도자가 되어 지적장애인들이 위험을 감수하면서 독자적으로 기능하도록 유소년 클럽을 발달시켰다. 장애인 올림픽 프로그램에서는 지적장애인들이 목표를 적극적으로 설정하여 환경에 참여하고 다른 사람들과 상호작용하도록 독려한다(Crawford et al., 2015; Marks et al., 2010).

사회화, 성, 결혼은 지적장애인과 이들의 가족에게 어려운 문제이지만 적절한 훈련과 연습을 통해 피임약 사용법을 배우고 가족계획을 책임감 있게 수립할 수 있게 된다. 지적장애시민국가협회가 이러한 문제에 대한 안내를 제공하고 몇몇 임상가들이 데이트 기술 프로그램을 개발하였다(AAIDD, 2013, 2010, 2008; Segal, 2008).

일부에서는 지적장애인들의 결혼을 제한하자고 한다. 그러나 이러한 법은 강제되지 않으며 실제로 경도 지적장애인들은 결혼을 한다. 대중적인 믿음과는 반대로 결혼은 매우 성공적이기도 하다. 또한 어떤 사람들은 아이를 양육할 능력이 없지만 스스로 혹은 특별한 도움이나 지역사회 서비스를 이용해서 자녀를 잘 양육할 수 있는 사람도 많다(Sturmey & Didden, 2014; AAIDD, 2013, 2010; Sturmey, 2008).

마지막으로 장애 정도와 상관없이 지적장애를 가진 성인은 직업을 유지하면서 얻는 개인적·재정적 보상을 필요로 한다(AAIDD, 2013, 2010; Kiernan, 2000). 많은 사람이 **보호작업장**(sheltered workshop)에서 일하는데, 그곳에서 이들은 보호받고 지도감독을 받으며 자신의 능력에 맞게 속도와 수준을 조절하여 훈련받는다. 워크숍에서 훈련을 받은 후 경도 혹은 중등도 지적장애를 가진 많은 사람들이 정규직으로 옮긴다.

지적장애인들을 위한 훈련 프로그램이 지난 35년 이상 질적으

AP Photo/Joe Klamar

취직, 독립, 자존
28세 웨이터가 슬로바키아의 카페에서 음료를 나르고 있다. 이 사람은 이 카페에서 일하는 5명의 지적장애 웨이터 중 한 사람이다.

▶**보호작업장** 다양한 심리적 결함을 가진 사람들의 속도와 수준에 맞추어 직업기회와 훈련 기회를 제공하는, 보호되고 지도감독이 제공되는 작업장

정상적인 욕구
지적장애를 가진 사람의 사회적·성적 욕구는 정상이며 많은 사람들이 사진 속의 커플같이 친밀감을 표현할 능력을 충분히 가지고 있다.

Stephanie Maze/Stephanie Maze Photography

로 향상하였지만 그 수는 매우 적다. 결과적으로 대부분의 사람들이 교육 훈련과 직업 훈련의 전 과정을 다 받지 못한다. 지적장애인들이 노동자로서, 한 인간으로서 자신의 잠재력을 더 충분히 성취하기 위해서는 부가적인 프로그램이 필요하다.

> **▶ 요약**
>
> **신경발달장애** 신경발달장애는 매우 어린 아동기 혹은 출생 시에 발생한 뇌 기능 장애군으로 행동, 기억, 집중력과 학습 능력 등에 영향을 미친다.
>
>   주의력결핍 과잉행동장애(ADHD)를 가진 아동은 과제에 집중하지 못하고 과잉행동을 하며 충동적이기도 하고 둘 다 동시에 나타내기도 한다. 리탈린 및 다른 흥분성 약물과 행동 프로그램이 효과적인 치료방법이다. 이 장애는 많은 경우 성인기까지 이어진다.
>
>   가장 많은 연구가 이루어진 자폐스펙트럼장애를 가진 사람들은 극단적으로 타인에게 반응하지 않으며 의사소통기술이 부족하고 매우 경직되고 반복적인 방식으로 행동한다. 자폐스펙트럼장애에 대한 가장 선도적인 설명에서는 마음이론 발달의 실패와 같은 인지적 결함, 소뇌 비정상 발달과 같은 생물학적 비정상성을 제시한다. 어떤 치료도 자폐적인 패턴을 전적으로 바꾸어 놓을 수는 없지만, 행동치료, 의사소통 훈련, 부모교육과 교육 및 지역사회 통합치료 형태에서 의미 있는 도움을 받을 수 있다.
>
>   지적장애인들은 지적 능력과 적응 능력에서 평균에 훨씬 못 미친다. 대략 100명 중 3명이 이 진단에 해당된다. 지적장애의 가장 일반적인 수준인 경도 지적장애는 주로 과소 자극, 부적절한 부모-자녀 상호작용, 불충분한 초기 학습 경험과 같은 환경적 요인과 일차적으로 관련된다. 중등도ㆍ고도ㆍ최고도 지적장애는 가족과 사회 환경에 의해 지대하게 영향을 받기는 하지만, 생물학적 원인이 일차적인 원인이다. 주요한 생물학적 원인으로는 염색체 이상, 대사장애, 태내기 문제, 출산 시 문제, 아동기 질병과 손상 등이 있다.
>
>   오늘날 지적장애인들을 위한 개입 프로그램은 정상화 원칙을 따른다. 가정이나 작업기관 혹은 집단거주 중 어느 곳이건 편안하고 자극을 촉진하는 주거가 중요하다고 강조한다. 다른 중요한 개입으로는 적절한 교육, 심리적 문제 치료, 사회화, 성, 결혼, 양육과 직업기술을 제공하는 훈련 프로그램 등이 있다. 교육 영역에서 가장 중요한 논쟁 중 하나는 지적장애인들이 특별교육에서 더 도움을 받는지, 통합교육에서 더 도움을 받는지에 대한 것이다. 아직까지 한 가지 접근이 다른 접근보다 우세하다는 확실한 연구 결과는 얻지 못하고 있다.

종합

임상가들이 아동기와 청소년기를 발견하다

20세기 초반에 정신건강 전문가들은 실질적으로 아동을 무시하였다. 고작해야 아동을 작은 성인으로 보고 이들의 심리적 문제를 성인 문제로 생각하고 다루었다(Peterson & Roberts, 1991). 오늘날 젊은이의 문제와 특별한 요구가 많은 연구자들과 임상가들의 관심을 받고 있다. 온갖 종류의 주요 모델이 이 문제를 설명하고 치료하는 데 사용되고 있지만, 사회문화적 견해—특히 가족적 관점—가 특별히 중요한 역할을 하는 것으로 간주되고 있다.

  아동과 청소년은 자신의 삶을 통제하는 데 제한이 있기 때문에 가족의 태도와 반응에 의해 특히 영향을 받는다. 임상가들은 젊은이의 문제를 다루는 것이니만큼 태도와 반응을 다루어야 한다. 품행장애, ADHD, 지적장애와 다른 아동기와 청소년기 문제 치료는 전통적으로 임상가들이 가족을 교육하고 가족과 작업하지 않는 한 실패하게 된다.

  동시에 아동과 청소년과 작업하는 임상가들은 문제를 야기할 수 있는 특정 모델 중 하나에 초점을 맞추도록 배워 왔다. 몇 년 동안 자폐증은 가족 요소로 배타적으로 설명되면서 이론가들과 치료자들을 잘못 이끌었고 아동기 장애로 이미 피폐해진 부모의 고통을 가중시켰다. 유사하게 과거 사회문화모델은 전문가들로 하여금 새로운 경험에 직면하는 어린 아동의 불안과 또래의 인정에 집착하면서 가지게 되는 10대의 우울을 필수적인 것으로 잘못 수용하도록 하였다.

어린 세대에 대한 임상적 관심의 증가는 어린 사람들의 인권과 법적 권리에 대한 관심을 불러일으켰다. 더 나아가 임상가들와 교육자들은 힘없는 집단의 권리와 안전을 도모하도록 정부기관에 요청하게 되었다. 이렇게 함으로써 그들은 아동 학대와 방임, 성적 학대, 영양 불량과 치명적 알코올증후군에 반대하는 더 큰 교육적 자원을 확보하려는 투쟁이 강화되기를 원하였다.

어린 세대의 문제와 학대가 더 큰 관심을 받게 되고 이들에 대한 특별한 요구가 더 구체화되었다. 그래서 아동과 청소년의 심리장애 연구와 치료가 빠른 속도로 이루어지는 듯하다. 이제 임상가들과 공무원들은 이 집단을 '발견'하였기에 요구와 중요성을 다시 과소평가할 것 같지는 않다.

핵심용어

경도 지적장애	보호작업장	정상화	파괴적 기분조절부전장애
고도 지적장애	분리불안장애	주립학교	페닐케톤뇨증(PKU)
놀이치료	소뇌	주의력결핍 과잉행동장애(ADHD)	품행장애
다운증후군	신경발달장애	중등도 지적장애	풍진
마음이론	열성 유전자	지능지수(IQ)	통합교육
매독	유뇨증	지적장애(ID)	특수교육
메틸페니데이트(리탈린)	유분증	최고도 지적장애	
반향어	자폐스펙트럼장애	취약 X 증후군	
보완적 의사소통 체계	적대적 반항장애	치명적 알코올증후군	

속성퀴즈

1. 다양한 아동기 장애들의 유병률과 남녀 비율은 어떠한가?
2. 아동기 불안과 기분장애의 종류에는 어떤 것이 있는가? 이 장애에 대한 최근의 대표적인 설명은 무엇인가?
3. 파괴적 기분조절부전장애란 무엇인가? 그리고 DSM-5에 이 새로운 범주가 포함됨으로써 추후 아동기 양극성장애의 진단에 어떠한 영향을 미칠 것이라고 생각하는가?
4. 적대적 반항장애와 품행장애는 무엇인가? 어떤 요소가 품행장애를 일으키며 이 장애는 어떻게 치료할 수 있는가?
5. 주의력결핍 과잉행동장애의 증상은 무엇인가? 최근 치료는 무엇이고 어떠한 효과가 있는가?
6. 유뇨증과 유분증은 무엇인가? 이 장애는 어떻게 치료하는가?
7. 자폐스펙트럼장애는 무엇이며 가능한 원인은 어떤 것이 있는가? 자폐 치료의 전반적인 목표는 무엇이며 어떤 개입이 이 장애를 가진 사람에게 가장 도움이 되는가?
8. 지적장애의 각 수준을 기술하라.
9. 지적장애의 원인은 무엇인가? 중등도·고도·최고도 지적장애의 원인은 무엇인가?
10. 지적장애를 가진 사람에게 도움이 되는 주거, 교육 프로그램, 치료와 지역사회 프로그램에는 어떤 종류가 있는가?

노화와 인지의 장애

해리는 58세로 완벽하게 건강한 것처럼 보였다. … 해리는 작은 도시에 있는 시립 하수처리 공장에서 일했는데, 일하던 중에 그의 명확한 정신질환 증상이 처음 나타났다. 작은 응급상황에 대응하는 동안 그는 액체의 흐름을 통제하는 레버를 당기는 정확한 지시에 관해 혼란을 느꼈다. 결과적으로, 수천 갤런의 미처리 하수가 강으로 방류되었다. 해리는 능숙하고 근면한 근로자였기 때문에 이 상황에 대한 조사를 한 후 그가 저지른 오류의 원인은 독감 때문인 것으로 파악되었고, 실수에 대해 눈감아주었다.

몇 주 뒤 해리는 아내가 사오라고 했던 빵 굽는 접시를 사가지고 집으로 갔는데, 사실 그는 이틀 전 밤에도 동일한 접시를 집에 사갔던 것을 잊어버렸었다. 이틀 뒤 밤에 그는 딸이 시간대를 바꿔서 지금은 낮에 일한다는 사실을 잊은 채 식당에서 일하는 자신의 딸을 데리러 갔다. 한 달 뒤 그는 전화회사에서 점원과 매우 이상한 말다툼을 벌였는데, 이미 3일 전에 냈던 요금을 지불하려 했던 것이다….

몇 개월이 지나 해리의 아내는 정신을 차리기 어려웠다. 그녀는 남편의 문제가 악화되고 있다는 점을 알 수 있었다. 그녀는 효과적인 도움을 줄 수 없었을 뿐 아니라 해리는 화를 잘 내고 때로는 아내의 행동을 의심했다. 그는 자신에게 문제가 없다고 주장했고, 그녀는 매 순간 그가 자신을 가까이에서 관찰한다는 점을 알았다. … 때때로 그는 갑자기 화를 냈다. 명확한 이유 없이 갑자기 감정이 폭발했다. … 아내에게 더욱 힘든 점은 해리가 대화를 반복한다는 점이었다. 그는 과거의 이야기를 반복했고 때로는 더 최근에 나눴던 말의 각 문구와 문장을 반복했다. 그는 주제 선택 면에서 맥락과 연속성이 거의 없었다.

해리가 처음 하수를 방류한 일이 묵인된 지 2년 후, 그는 전혀 다른 사람이 된 게 분명해 보였다. 대체로 그는 어딘가에 정신이 팔려 있었고 일반적으로 얼굴에 공허한 미소를 띠었으며, 가끔 하는 말은 의미가 없이 공허했다. … 그의 아내는 점차 매일 아침 남편을 일으키고 화장실에 가도록 하고, 옷 입히는 일을 맡게 되었다.

해리의 상태는 서서히 계속 악화되었다. 아내가 일하는 학교에서 학기가 시작되면, 해리의 딸이 며칠간 그와 함께 머물렀으며, 이웃들이 일정한 도움을 줄 수 있었다. 하지만 가끔 그는 여전히 길을 배회하고 다녔다. 그런 경우 만나는 모든 사람 ― 오랜 친구와 낯선 이들 ― 에게 동일하게 "안녕하세요. 좋은 날이네요."라고 인사했다. 그가 하는 대화는 이 정도였으며, 다만 "좋은, 좋은, 좋은"이란 말을 반복할 수 있었다. … 해리가 커피 주전자를 전자 스토브에 올려놓아 녹게 했을 때, 아내는 도움이 절실히 필요하게 되어, 그를 또 다른 의사에게 데려갔다. 또다시 해리의 건강은 좋은 것으로 확인되었다. 하지만 의사는 뇌 스캔을 지시했고 결국 해리가 '피크─알츠하이머병'에 걸렸다는 결론이 내려졌다….

해리는 퇴역군인이었기 때문에 … 집에서 대략 400마일 떨어져 있는 지역 내 퇴역군인병원에 입원할 자격이 있었다….

병원에서 간호사는 매일 해리가 자원봉사자의 도움을 받아 의자에 앉았다 일어나도록 했고, 그가 충분히 먹는지를 확인했다. 그는 여전히 체중이 감소했고 약해졌다. 아내가 찾아오면 눈물을 흘렸지만 말을 하지 않았으며, 그녀를 인식한다는 어떤 신호도 나타내지 않았다. 1년 뒤 눈물을 흘리는 증상도 멈추었다. 해리의 아내는 더 이상 방문할 여력이 없었다. 해리가 빵 조각이 목에 걸린 것이 결국 폐렴으로 발전해 사망한 것은 65세 생일이 막 지났을 때였다.

(Heston, 1992, pp. 87─90)

주제 개관

해리는 알츠하이머병의 한 형태를 겪었다. 이 용어는 우리 사회의 거의 모든 사람에게 익숙하다. 모든 사람이 10년마다 두려워하는 질환이 있으며, 그런 질환을 진단받기 싫어하는 이유는 마치 사형선고를 받는 것과 같기 때문이다. 이렇게 진단받기 두려워하는 질환은 암이며, 그다음이 에이즈이다. 하지만 이런 질환과 관련해 의학은 놀라울 정도의 발전을 이루었으며, 현재 그런 질환이 진행 중인 환자들은 개선될 희망이 있다. 반면에 알츠하이머병은 치유 불가능하며 거의 치료되지 않는데, 뒷부분에서 보겠지만, 현재 연구자들은 알츠하이머병을 이해하고 병의 진행을 역전시키거나 적어도 늦추는 면에서만 큰 진전을 이루었다.

알츠하이머병이 특히 두려운 점은, 결국 신체적 사망에 이르게 할 뿐 아니라 해리의 경우처럼 서서히 진행되는 정신적 사망, 즉 기억 및 이와 관련된 인지력의 진행성 퇴화 때문이다. 이전에 치매라 불린 중요한 인지 퇴화는 이제 신경인지장애로 분류된다. *DSM-5*에 열거된 신경인지장애의 유형은 여러 가지이지만(APA, 2013) 알츠하이머병이 가장 흔한 유형이다.

현재 신경인지장애는 노인들 사이에서 가장 널리 알려지고 또 두려움의 대상인 정신적 문제이지만, 유일한 문제는 아니다. 실제로 다양한 심리적 장애가 노년의 삶과 긴밀히 관련되어 있다. 유아기 질환과 같이 몇몇 노인의 장애는 일차적으로 노년기에 일어날 가능성이 있는 압박에 의해 일어나며, 다른 장애들은 독특한 외상적 경험, 그리고 신경인지장애와 같은 다른 질환은 생물학적 이상에 의해 일어난다.

노년과 스트레스

우리 사회에서 노년이란 일반적으로 65세가 지난 연령으로 정의된다. 이런 정의에 따르면 미국 내 대략 4,300만 명의 사람들이 '노인'이며, 이는 전체 인구의 13.6% 이상을 나타낸다. 이는 1900년 이래로 14배가 증가한 수준이다(CDC, 2014; NCHS, 2014)(그림 15-1 참조). 또한 2030년까지 미국 인구 중 노인은 7,000만 명이 될 것으로 추산되었다. 10년 내에 전반적인 노인 인구가 증가 중일 뿐 아니라 85세 이상의 수는 2배를 넘어설 것이다. 실제로 85세 이상의 사람들은 전 세계 대부분의 나라와 미국의 인구 유형 중 가장 빠른 증가를 보인다. 노인 여성은 노인 남성보다 거의 3 : 2의 비율로 높다(NCHS, 2014).

유아기 때처럼 노년기에는 특수한 압박감과 특유의 혼란, 주요 생물학적 변화가 일어난다(Gerst-Emerson et al., 2014). 사람들은 나이를 먹으면서 질병에 걸리거나 상처를 입기 쉬워진다(Nunes et al., 2014). 65세 이상 성인의 반 정도는 2~3개 이상의 만성질환을 앓고 있으며, 15%는 4개 이상을 앓고 있다(NCHS, 2014). 게다가 상실(배우자, 친구, 성인인 자녀, 기존에 하던 활동과 역할, 청력과 시력의 상실)로 인한 스트레스와 싸운다. 많은 사람들은 은퇴를 한 후 목적의식을 상실한다(Murayama et al., 2014). 몇몇 사람들은 아끼던 애완동물과 소유물의 상실에 적응해야 한다.

노화에 대한 스트레스가 반드시 심리적 문제를 초래하는 것은 아니다(심리전망대 참조). 실제로 사회적 접촉을 찾아 돌아다니거나 그들의 삶에 대한 통제감을 유지하는 몇몇 노인들은 학습 및 발전의 기회와 같이 노화에 따른 변화를 이용한다(Murayama et al., 2014). 예컨대 비슷한 흥미를 가진 비슷한 연령의 사람들과 연결하기 위해 인

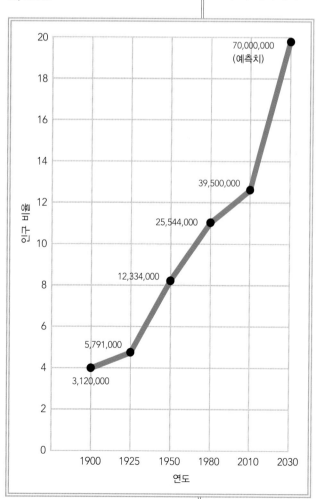

그림 15-1

상승

미국 내 65세 이상 노인 인구는 20세기 초에 비해 14배로 증가하였다. 총인구에서의 비율은 1900년에 4%에서 2010년에는 13%가 되었다. 현재는 13.6%이며, 2030년에는 20%가 될 것으로 예측된다(출처 : CDC, 2014; NCHS, 2014; U.S. Census Bureau, 2012; Cummings & Coffey, 2011; Edelstein et al., 2008).

터넷을 사용하는 고령자(흔히 신체적 제한이 있는)의 수는 2000~2004년 사이에 2배로 증가했고, 2004~2007년 사이에 재차 2배로 증가했으며, 2010년까지 또다시 2배로 증가했다(Oinas-Kukkonen & Mantila, 2010). 하지만 그 밖의 경우 노년의 스트레스는 심리적 장애를 유도한다. 여러 연구에서 노인의 20% 이상이 정신장애의 기준에 부합하며, 절반 정도의 노인이 정신보건 서비스의 혜택을 받지만 실제로 혜택을 받는 비율은 20% 미만인 것으로 나타났다(APA, 2014). 노인의 정신건강에 몰두하는 심리학 분야인, **노인심리학**(geropsychology)은 거의 지난 40년간 발전했으며, 현재 4%의 임상가만이 노인을 대상으로 진료한다(APA, 2014; Fiske et al., 2011).

노인의 심리적 문제는 두 가지 부류로 나눌 수 있다. 한 부류는 모든 연령대의 사람들에게 흔하지만 노인에게서 발생할 경우 주로 노화 과정과 관련이 있는 질환들로 구성된다. 이런 질환에는 우울증, 불안증, 물질관련장애가 있다. 다른 부류는 두뇌 이상으로 인해 일어나는 섬망 및 경도신경인지장애, 주요신경인지장애와 같은 신경인지장애로 구성된다. 해리의 사례에서처럼 이러한 두뇌 이상은 대개 노화와 관련이 있지만 때로는 젊은 사람들에게서 나타날 수도 있다. 이런 심리적 문제 중 하나를 앓고 있는 노인은 다른 문제도 나타내는 경우가 많다. 예를 들어 신경인지장애를 앓는 사람들은 불안증과 우울증도 경험한다(Lebedeva et al., 2014).

> 노인기에 진입한 사람들이 평화를 갖고 긍정적인 기대를 하는 것에 어떤 태도나 활동이 도움이 될까?

▶노인심리학 노인의 정신건강과 관련된 심리학

심리전망대

최고령 노인

의사들은 노화가 심리적 문제로 반드시 이어질 필요가 없다고 말한다. 그리고 노화가 분명히 신체적 문제로 항상 이어지지도 않는다.

미국에는 현재 약 65,000명의 '센터네리언(centenarian)', 즉 100세 이상의 사람들이 있다. 흔히 '초고령 노인'으로 불리는 이들에 대해 연구한 연구자들은 이들이 80대와 90대 초의 사람들보다 평균적으로 더 건강하며, 정신도 더 맑고, 더 민첩한 것을 알게 되어 놀랐다(da Rosa et al., 2014; Zhou et al., 2011). 인지력 감퇴를 경험하는 사람들도 분명히 있지만, 절반 이상은 여전히 완벽하게 정신이 초롱초롱하다. 사실 초고령 노인 대부분은 여전히 일을 하고 있으며 성적으로 적극적이고 야외 생활과 예술을 즐길 수 있다. 이들에게 가장 두려운 것은 무엇인가? 심각한 인지력 감퇴를 두려워한다. 한 연구에 따르면 90대 이상의 사람들 대부분은 죽음을 두려워하는 것보다 정신황폐의 가능성을 더 두려워한다(Boeve et al., 2003).

몇몇 과학자들은 이렇게 장수하는 사람들은 자신들을 장애나 종말감염에 강하게 하는 '장수(longevity)' 유전자를 보유하고 있다고 생각한다(Garatachea et al., 2014; He et al., 2014). 실제로 100세 이상의 사람들은 아주 오랫동안 살다 간 친척이 있을 가능성이 다른 노인들보다 20배 이상 있었다(D.I., 2014). 이들이 인생의 도전을 낙관주의와 도전의식으로 대하는 것을 돕는, 바쁜 생활양식과 '활발한' 성격을 지적하는 과학자들도 있다(da Rosa et al., 2014; Martin et al., 2010, 2009). 100세 이상인 이들 자신은 오랜 세월 유지해 온 좋은 마음의 틀(frame of mind, 정신 구조)이나 규칙적인 행동(예 : 건강에 좋은 음식을 먹고, 규칙적인 운동을 하고 금연하는 것) 덕분이라고 흔히 생각한다(D.I., 2014). 한 은퇴한 수학 및 과학 교사는 "앉아 있을 수 없다. … 계속 움직여야 한다."고 말했다(Duenwald, 2003).

클럽에 오신 걸 환영합니다 100세 여성과 99세 남성이 코네티컷 주 우드브릿지에서 100세 축하를 위한 파티에서 담소를 나누고 있다.

Peter Casolino/Alamy

사별과 성별

1,140만 명 미국의 과부 수

280만 명 미국의 홀아비 수

(U.S. Census Bureau, 2010, 2005; Etaugh, 2008)

노년의 우울장애

우울증은 노인이 겪는 흔한 정신건강 문제 중 하나이다. 노인이 겪는 우울증의 특징은 젊은 사람들이 겪는 것과 동일하며, 깊은 슬픔의 감정과 공허함, 낮은 자존감, 죄책감, 비관론, 식욕 감퇴와 수면장애가 있다. 우울증은 배우자나 친한 친구를 잃거나 심각한 신체 질환의 진행과 같은 트라우마를 최근 경험한 사람들에게 특별히 흔히 나타난다(Draper, 2014).

오스카는 주요우울장애가 발병한 83세의 기혼 남성이었다. 그는 치료를 시작하기 대략 1년 반 전에, 형이 사망했다고 말했다. 그 몇 개월 뒤에는 그가 유아기부터 알고 지내던 2명의 친구가 죽었다. 이런 상실로 인해 그는 갈수록 불안해했고 점점 더 비관적이게 되었다. 그는 "자신의 삶이 끝나는 것에 관해서도 생각한다."는 점을 마지못해 인정하였다.

치료 기간 중 … 오스카는 자기 형과의 관계에 대해 논의했다. 그는 형이 앓던 질환이 심해지면서 신체적으로 저하되는 모습을 지켜보는 게 얼마나 미칠 일인지에 대해 논의했다. 형의 임종 장면과 '그가 마지막 숨을 거둘 때'의 순간을 설명했다. 그는 형이 원했을 방식으로 장례를 이행하지 못한 점에 대해 죄책감을 느꼈다. 처음에 호쾌하고 애정 어렸던 형과의 관계를 설명했다가도, 곧 형이 행동한 여러 방식을 못마땅해했음을 알아챘다. 이후 치료 과정에서 그는 고인이 된 친구 2명과의 지난 관계의 다양한 측면을 검토했다. 그는 슬픔이 가라앉는 데 오랜 시간이 걸렸다고 말했다. … 오스카의 삶은 형의 집을 방문하고 친구들과 산책을 하는 것으로 이뤄져 있었다. … 아내는 그에게 다른 친구들과 가족을 방문할 것을 권했지만, 우울증이 심해질수록 그렇게 하기가 점점 더 어려워졌다.

(Hinrichsen 1999, p. 433)

전체적으로 대략 20%의 사람들이 노년의 일정 시기에 우울증을 경험한다(APA, 2014; Mathys & Belgeri, 2010). 이 비율은 노인 여성의 경우 가장 높다. 노인 간에 이런 비율은 젊은 성인들과 거의 비슷하며 몇몇 연구에 따르면 좀 더 낮다(Dubovsky & Dubovsky, 2011). 하지만 지역사회에 있는 노인과 대비해서 사립요양원에 있는 노인의 경우 급격히 높아진

도움 주기

가치 없다는 느낌과 자존감이 낮아지는 것을 예방하기 위해 어떤 노인들은 새로운 기술이나 사업계획 등을 배우고자 하는 젊은이들에게 그들의 전문성을 제공한다. 사진 속의 노인은 규칙적으로 초등학교에서 1학년 학생에게 수학을 가르친다.

다(32%나 된다)(CDC, 2014; Mathys & Belgeri, 2010).

몇몇 연구들은 우울증이 노인들이 심각한 의학적 문제를 겪을 가능성을 높인다고 제시한다(Taylor, 2014; Coffey & Coffey, 2011). 예를 들어 고혈압이 있으며 우울증에 걸린 노인은 같은 조건의 우울증이 없는 노인보다 뇌졸중을 앓을 가능성이 거의 3배가 높다. 이와 유사하게 우울증을 앓는 노인은 심장병, 고관절 골절, 폐렴, 그 밖의 감염과 질병으로부터 서서히 회복되거나 완전히 회복되지 못한다. 어떤 이들은 노인들의 경우 임상적 우울증의 증가가 사망률과 관련이 있는지 의심하기도 한다(Aziz & Steffens, 2013).

> 긍정적인 생각이 건강을 유지시켜 주는가? 아니면 건강이 긍정적인 생각을 유발하는가?

제7장에서 살펴보았듯이 노인은 젊은 사람들보다 자살할 가능성이 더 크며, 이들의 자살은 주로 우울증과 관련이 있다(Draper, 2014). 미국에서 전반적인 자살률은 100,000명당 12.1명이고, 노인 중 비율은 100,000명당 16명이다.

젊은 성인들과 마찬가지로 우울증을 앓는 노인은 인지행동치료, 대인관계치료, 항우울증 약물이나 이런 접근법들의 조합으로 도움을 받을 수 있다(Cleare et al., 2015; Dines et al., 2014). 개인치료와 집단치료 형식 모두 이용될 수 있다. 우울증이 있는 절반 이상의 노인들이 이런 치료로 개선되었다. 그러나 노년에는 몸이 약을 다르게 소모분해하기 때문에 노인들에게는 가끔씩 항우울제를 효과적이고 안전하게 사용하기 어렵다(Dubovsky & Dubovsky, 2011). 또한 노인들 사이에서 항우울제는 약간의 인지장애를 일으킬 위험이 높다. 심각한 우울증을 앓고 있고 다른 치료로는 도움을 받지 못한 노인에게는 일정한 수정을 한 전기충격요법이 이용되어 왔다(Coffey & Kellner, 2011).

Dan Reiland/The Eau Claire Leader-Telegram/AP Photo

음악의 힘
이 요양원의 거주자가 아이팟으로 음악을 듣기 시작할 때의 표정은 음악이 많은 노인들의 신체적 · 정서적 기능을 향상시키는 데 도움을 준다는 것을 발견한 반복된 연구들을 지지해 준다.

노년의 불안장애

불안도 노인에게 흔한 질환이다(APA, 2014). 어떤 시점에서든 미국 내 무려 11%의 노인이 적어도 하나의 불안장애를 경험한다. 연구에 의하면 일반적인 불안장애는 매우 흔하며 모든 노인의 7%까지 영향을 준다(ADAA, 2014). 불안증의 유병률 역시 노년의 전반에 걸쳐 증가한다. 예를 들어 85세 이상인 사람들은 65~84세인 사람들보다 높은 비율의 불안을 보고한다. 노인의 불안은 의사에 의해 인식되지 않는 경우가 많고, 그래서 보고되지 않은 탓에 이런 모든 수치들은 사실 낮은 것일지 모른다(APA, 2014; Jeste et al., 2005).

특정 사람들의 불안 수준을 높일 수 있는 노화에 관련한 많은 것들이 있다(Bower et al., 2015; Lenze et al., 2011). 예를 들어 건강의 쇠퇴가 주로 지적되며, 실제로 심각한 질환이나 손상을 경험한 노인들은 건강하거나 손상을 입지 않은 노인보다 더 많은 불안을 보고한다. 하지만 연구자들은 노년에 이런 문제를 경험한 사람들이 불안해하는 반면, 비슷한 상황을 마주한 다른 사람들은 차분한 상태를 유지하는 이유를 밝혀내지 못했다(정보마당 참조).

불안장애를 앓는 노인들은 다양한 종류의 심리치료, 특히 인지행동치료를 받아 왔다(Bower et al., 2015; McKenzie & Teri, 2011). 많은 사람들이 젊은 환자들과 똑같이 항불안제 또는 일정한 항우울제를 복용한다. 그러나 다시 말하지만 노인에게는 이런 모든 약들을 주의해서 사용해야 한다(Dubovsky & Dubovsky, 2011).

숨은 뜻 읽어내기

배우자의 상실

배우자를 여읜 남성들은 배우자를 여읜 여성보다 더한 우울증과 다른 심리적 장애, 그리고 신체적 질병을 겪는다(Etaugh, 2008; Fields, 2004; Wortman et al., 2004; Canetto, 2003).

노령화 인구

미국 내 그리고 전 세계의 노인 비율 및 인구수는 계속 늘어나고 있다. 이러한 상승세는 각 사회가 노령화 관련 건강관리, 주택, 경제, 그리고 관련 영역의 문제에 특별한 주의를 기울여야 한다는 중대한 결과를 초래한다. 특히나 노인 인구 및 비율의 증가에 따라 노령화 관련 심리적 어려움을 겪게 될 인구수 및 비율 또한 함께 증가하게 된다.

전 세계 노인인구비율의 증가

전 세계적으로 2047년에는 노인들이 아동의 수보다 우세하게 될 것이다.

(MarketWatch, 2014; United Nations, 2013; WHO, 2012)

세계 노인 인구
2013 6억 500만 명
2050(추정치) 20억 명

세계 인구 비율
2013 12%
2050(추정치) 21%

(United Nations, 2013; WHO, 2012)

기대수명의 증가

1950: 65, 42
2013: 78, 68
2050(추정치): 83, 75

= 선진국
= 개발도상국

(United Nations, 2013)

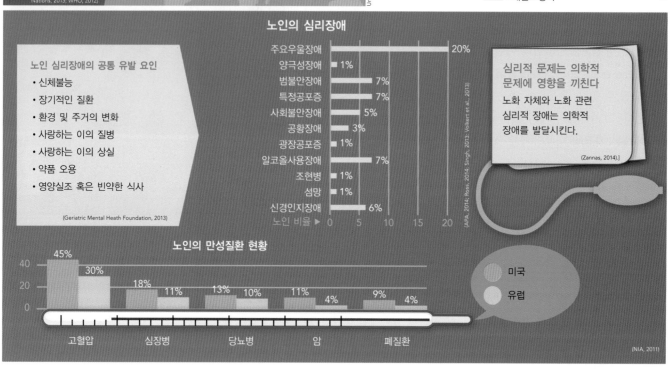

노인의 심리장애

노인 심리장애의 공통 유발 요인
- 신체불능
- 장기적인 질환
- 환경 및 주거의 변화
- 사랑하는 이의 질병
- 사랑하는 이의 상실
- 약품 오용
- 영양실조 혹은 빈약한 식사

(Geriatric Mental Heath Foundation, 2013)

주요우울장애 20%
양극성장애 1%
범불안장애 7%
특정공포증 7%
사회불안장애 5%
공황장애 3%
광장공포증 1%
알코올사용장애 7%
조현병 1%
섬망 1%
신경인지장애 6%

노인 비율 ▶ 0 5 10 15 20

(APA, 2014; Ross, 2014; Singh, 2014; Volkert et al. 2013)

심리적 문제는 의학적 문제에 영향을 끼친다
노화 자체와 노화 관련 심리적 장애는 의학적 장애를 발달시킨다.

(Zannas, 2014.)

노인의 만성질환 현황

고혈압 45% 30%
심장병 18% 11%
당뇨병 13% 10%
암 11% 4%
폐질환 9% 4%

미국
유럽

(NIA, 2011)

노인 인구 그 자체도 노화한다

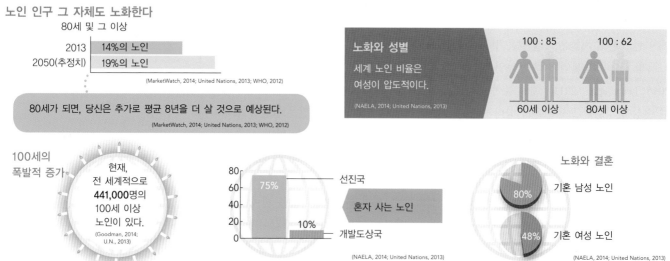

80세 및 그 이상
2013 14%의 노인
2050(추정치) 19%의 노인

(MarketWatch, 2014; United Nations, 2013; WHO, 2012)

80세가 되면, 당신은 추가로 평균 8년을 더 살 것으로 예상된다.

(MarketWatch, 2014; United Nations, 2013; WHO, 2012)

노화와 성별
세계 노인 비율은 여성이 압도적이다.

100 : 85   100 : 62
60세 이상   80세 이상

(NAELA, 2014; United Nations, 2013)

100세의 폭발적 증가
현재, 전 세계적으로 **441,000**명의 100세 이상 노인이 있다.

(Goodman, 2014; U.N., 2013)

75% 선진국
혼자 사는 노인
10% 개발도상국

(NAELA, 2014; United Nations, 2013)

노화와 결혼
80% 기혼 남성 노인
48% 기혼 여성 노인

(NAELA, 2014; United Nations, 2013)

노년의 물질남용

알코올남용 및 다른 형태의 물질사용장애가 노인들에게 중요한 문제이지만, 이런 패턴의 유병률은 사실상 65세 이후 감소하며, 아마도 그 원인은 건강 쇠퇴나 소득 하락인 듯하다 (Thompson, 2015). 노화가 때로는 상당한 스트레스를 주는 시기일 수 있으며, 스트레스를 받는 시기 동안 우리 사회에서 사람들은 자주 술이나 약물에 빠진다는 사실에도 불구하고, 대다수 노인은 알코올이나 다른 물질을 오용하지 않는다. 노인들 간의 물질남용의 비율에 관한 정확한 자료를 모을 수 없는 이유는 많은 노인들은 그런 문제를 겪는다고 의심하거나 인정하지 않기 때문이다.

조사를 통해 노인의 3~7%, 특히 남성은 매년 알코올 관련 장애를 지닌 것으로 확인된다 (Trevisan, 2014). 30세 미만인 남성은 60세 이상인 남성보다 알코올남용과 관련된 행동 문제, 가령 반복되는 낙상, 현기증이나 의식 상실, 비밀 음주나 사회적 위축을 나타낼 가능성이 4배 더 높다. 하지만 보호시설에 있는 노인 환자들의 음주 문제 비율은 높다. 예를 들어 종합병원과 정신병원에 입원한 노인의 알코올 문제 비율은 15~49%이며, 사립요양시설에 있는 환자 중 알코올 관련 문제에 대한 추산 비율은 10~20%이다(McConnaughey, 2014; Klein & Jess, 2002).

연구자들은 수년간, 아마도 20대부터 알코올 관련 문제가 있었던 문제성 노인 음주자와 50~60대 전까지는 그런 음주 패턴을 시작하지 않은 음주자(때때로 '후발성 알코올중독'이라고 불림)를 종종 구별한다(Thompson, 2015; Volfson & Oslin, 2011). 후자의 집단은 일반적으로 배우자의 죽음이나 혼자 살기, 원치 않는 은퇴와 같이 나이가 들어 발생한 부정적인 사건에 반응해 남용적 음주를 시작한다. 노인의 알코올사용장애는 젊은 성인의 경우처럼(제10장 참조) 해독, 안타부스, 익명의 알코올중독자모임(AA), 인지행동치료와 같은 접근법을 통해 많이 치료된다(APA, 2014).

노인에게 일어나는 주요 남용 문제는 처방전이 필요한 약물의 오용이다(NIH, 2014). 대부분 이런 문제는 의도치 않게 발생한다. 미국에서는 50세 이상의 사람들이 전체 처방전 약

정신건강을 위한 경기

노인학자들은 노인이 즐겁고도 개인적으로 의미 있는 활동을 추구해야 할 필요가 있다고 제시한다. 이런 점을 염두에 두고 이 사진들을 보자. 왼쪽 사진에 있는 사람들은 노인올림픽에서 경기를 통한 경쟁을 하고 있다고 할 수 있다. 오른쪽 사진의 노신사는 사라토가(캘리포니아의 도시)의 경마장에서 경기를 보다가 일간 경기 통계자료를 머리에 얹은 채 쉬고 있다.

의 77%, 일반 의약품의 61%를 구매한다(NCHS, 2014; Statistic Brain, 2014). 65세 이상의 노인은 젊은 사람보다 2배의 처방전을 받는다(Dubovsky & Dubovsky, 2011). 약 절반이 적어도 5개의 처방전 약과 2개의 일반 의약품을 복용한다(NCHS, 2014). 요컨대 약을 혼동하거나 복용량을 제대로 살피지 않을 위험이 높다. 이런 문제를 해결하는 데 도움을 주기 위해 의사와 약사들은 종종 약을 간소화하고, 노인에게 그들의 처방에 관해 교육하며 지시를 명확히 알려 주고, 그들이 바람직하지 않은 효과를 관찰하도록 가르치는 노력을 한다. 그러나 때때로 의사들 스스로 처방 약 오용, 노인에 대한 약물 과잉 처방 혹은 현명하지 않게 특정 약을 혼합한 경우 이에 대한 책임을 지게 될 것이다(Metsälä & Vaherkoski, 2014).

> 의료행위나 환자 교육, 가족 개입에서의 어떤 변화가 노인들의 처방 약물남용을 줄일 수 있을까?

그러나 증가 중인 것으로 보이는 또 다른 약물 관련 문제는 사립요양원에서 강력한 약을 오용하는 것이다. 연구를 통해 항정신병 약들이 현재 미국 내 전체 사립요양원 환자들의 거의 30%(많은 거주자들이 정신병적 기능을 나타내지 않는데도) 정도에 제공되고 있는 것으로 나타났다(Mort et al., 2014; Lagnado, 2007). 분명한 점은 이런 강력하고 (일부 노인 환자들에게) 위험한 약들이 환자들을 진정시키고 관리하기 위해 제공되는 경우가 많다는 것이다.

노년의 정신병적 장애

노인은 젊은 사람들에 비해 높은 비율의 정신병 증상을 나타낸다(Colijn et al., 2015; Devanand, 2011). 나이 든 사람들 사이에서 이런 증상의 원인은 일반적으로 다음 절에서 살펴볼 인지장애와 같은 잠재적 의학적 상태에 의한 것이다. 일부 노인들은 조현병이나 망상장애를 앓기도 한다.

실제로 조현병은 젊은 사람들보다 노인들 사이에서 덜 흔하다. 사실 조현병이 있는 많은 사람들은 자신의 증상이 노년에 약해지는 것을 발견한다(Dickerson et al., 2014). 뷰티풀 마인드라는 영화와 책의 주인공인, 1994년 노벨상 수상자 존 내쉬가 노년에 놀랍게 개선된

"갑자기 모든 사람이 나보다 젊어 보이기 시작했어요."

점을 떠올려보면, 30년 넘게 조현병이 있던 사람들이 특히 사회적 기술이나 작업 능력과 같은 영역에서 때때로 나아지기도 한다. 노년기에 처음으로 조현병이 나타나는 사람들 중에서 여성이 남성보다 적어도 2배 정도 많다(Ames et al., 2010).

노인들 사이에서 발견되는 또 다른 종류의 정신병적 장애는 망상장애이며, 이 경우 사람들은 허위(거짓)지만 이상하지 않은(역주 : 말이 되는) 믿음을 심화시킨다(Colijn et al., 2015). 이런 장애는 대부분의 연령대에서 드물지만(10,000명 중 대략 2명) 노인의 경우 유병률이 증가하는 것으로 나타난다(APA, 2013). 망상장애가 있는 노인은 학대에 대한 깊은 의심을 키우는데, 그들은 다른 사람들(주로 가족 구성원, 의사, 친구)이 자신을 상대로 음모를 꾸미고 속이며 염탐하고 비방한다고 믿는다. 이들은 성급하고 화를 내거나 우울해질 수 있으며 이런 생각 때문에 법적 조치를 취할 수도 있다. 이런 장애가 어째서 노인들 사이에서 증가하는가는 불명확하지만, 일부 임상가들은 많은 노인들이 씨름하는 청력 약화, 사회적 고립, 높은 스트레스, 빈곤의 심화와 관련이 있다고 주장한다.

▶ 요약

노년의 장애   노인들의 문제는 주로 나이의 증가에 수반하는 변화, 상실과 그 밖의 스트레스와 관련이 있다. 절반 정도의 노인이 정신보건 서비스 혜택을 받지만, 실질적인 혜택은 20% 미만만 받는다. 이런 연령집단에서 우울증은 공통된 정신건강 문제이다. 노인들은 불안장애를 앓을 수 있다. 4~6%는 매년 알코올사용장애를 나타내며 다른 많은 사람들은 처방받은 약을 오용한다. 또한 일부 노인들은 조현병이나 망상장애와 같은 정신병적 장애를 나타낸다.

인지장애

우리 대부분은 때때로 우리가 기억과 다른 정신적 능력을 잃고 있다고 걱정한다(Glauberman, 2014). 열쇠 없이 문 밖을 나가고, 친한 사람을 만나도 이름을 기억하지 못하거나, 특정 영화를 본 것을 기억하지 못한다. 실제로 이런 불상사는 스트레스나 노화의 흔하고 매우 정상적인 특징이다. 사람들은 중년을 거치면서, 이러한 기억 문제와 주의력의 실수가 증가하고, 60~70세가 될 때까지 이런 일이 정기적으로 일어날 수 있다(마음공학 참조). 하지만 때때로 사람들은 훨씬 더 광범위하고 문제가 되는 기억 및 다른 인지적 변화를 경험한다.

제5장에서 당신은 기억 및 그와 관련된 인지적 과정의 문제들이 생물학적 원인 없이, 해리장애의 형태로 일어날 수 있다는 점을 확인했다. 하지만 대체로 주요한 인지적 문제는, 특히 노년에 나타날 때 생물학적 요인과 연관된다. 노인에게 나타나는 주요 인지장애는 섬망과 주요신경인지장애, 그리고 경도신경인지장애이다.

섬망

섬망(delirium)은 환경에 대한 주의력과 방향감의 주요 장애이다(표 15-1 참조). 개인의 환경에 관한 의식이 불명확해짐에 따라 주의력을 집중하고 체계적인 방식으로 사고하기가 매우 어려워지며, 이로 인해 오해, 환상, 때로는 환각이 일어난다(Lin et al., 2015). 환자들은 한밤중에 아침이라고 믿거나 실제로는 병실에서 있으면서 집에 있다고 믿을 수 있다.

이런 엄청난 혼란의 상태는 보통 단기간, 일반적으로 몇 시간이나 며칠간 진행된다

▶**섬망** 급속히 진행되는 의식의 혼탁으로, 집중력, 주의력에 큰 어려움을 겪고 그에 이어 사고의 흐름에 어려움이 발생

표 15-1

진단 체크리스트
섬망

1. 몇 시간 혹은 며칠 동안, 개인은 환경에의 구조와 주의집중에 있어 빠른 속도로 오르내리는 혼탁을 경험함

2. 개인은 또한 주요인지변화를 보임

출처 : APA, 2013.

(APA, 2013). 아동을 포함한 어떤 집단에서든 일어날 수 있지만, 노인들 사이에서 가장 흔하다. 55세 이상의 1%와 85세 이상의 14%와 비교했을 때, 비노령 집단의 0.5% 미만이 섬망을 경험한다(Tune & DeWitt, 2011). 실제로 노인이 일반 질환을 치료하기 위해 병원에 갔을 때 10명 중 1명은 섬망 증상을 나타낸다. 적어도 또 다른 10%는 병원에 머무는 동안 섬망이 심해진다(Bagnall & Faiz, 2014; Inouye, 2006; Inouye et al., 2003). 수술을 위해 입원한 약 17%의 환자들에게 섬망이 일어난다(de Castro et al., 2014). 75세 이상의 요양원 거주자의 60%가 섬망을 경험하는 데 비해, 가정건강 서비스 지원을 받으면서 독립적으로 살고 있는 비슷한 사람들의 35%가 그것을 경험한다(Tune & DeWitt, 2011).

발열, 특정 질병과 감염, 영양 부족, 두뇌 손상, 뇌졸중, 스트레스(수술로 인한 외상 포함)가 섬망을 일으킬 수 있다(Lawlor & Bush, 2014; Eeles & Bhat, 2010). 처방 약과 같은 특

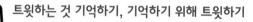

마음공학

트윗하는 것 기억하기, 기억하기 위해 트윗하기

페이스북과 트위터 같은 소셜미디어 사이트나 보통 인터넷은 주로 젊은 세대들의 영역으로 여겨진다. 그러나 온라인에 들어가 소셜 네트워킹 사이트에 참여하는 노인들이 증가하고 있다(Pew Internet, 2014). 전체 노인 중 45% 정도는 현재 페이스북을 사용하며, 9%는 핀터레스트를, 5%는 트위터를, 1%는 인스타그램을 사용하는데, 이는 모두 전년도보다 상당히 증가한 수치이다.

노인들 사이의 소셜 네트워킹은 그저 흥미로운 통계 그 이상이다. 완전히 치료적일 수 있다는 것이다. 몇몇 연구들은 온라인 활동이 실제로 노인들의 인지적 기능, 협동 기능, 사회적 기쁨, 그리고 감정을 유지하고 긍정적으로 향상시키는 데 도움을 준다고 하였다(Piatt, 2013; Szalavitz, 2013). 임상이론가들은 이 현상에 대해 몇 개의 가능성 있는 설명을 내놓았다. 가령 이것은 인터넷 활동으로부터 파생된 인지적 자극이 기억력과 다른 인지적 능력들을 활성화시킨 것이거나, 소셜 네트워킹을 통한 인터넷에 의해 제공된 가족과 세상과의 개입이 사회적 정서적 욕구를 직접적으로 만족시켜 준 것으로 보인다. 이유가 무엇이든, 더 많은 연구들은 인터넷과 연결된 노인들이 온라인 활동을 추구하지 않는 노인들보다 더 자주 기분이 좋고 기능적이라고 나타냈다.

일례로 이탈리아의 한 연구는 크레모나와 브레시아에 있는 시내의 2인 노인요양시설 거주자들에게 초점을 맞추어 관찰하였다. 노인 거주자들 중 몇몇은 노트북을 제공받고, 온라인 사용 방법을 배우고, 페이스북, 트위터 그리고 다른 소셜 네트워킹 사이트에 계정을 만들었다. 요양시설의 다른 노인 거주자들과 비교했을 때, 소셜 네트워크를 이용한 노인들은 더 좋은 기억력과 주의집중 시간을 보였고, 전반적으로 '더 민감'해지고 반응이 빨라진 것으로 밝혀졌다.

또 다른 연구에서 애리조나 대학교의 연구자들은 68~91세 사이의 성인 42명을 소집해, 그중 14명을 페이스북을 하도록 교육시켰다(Piatt, 2013; Wohltmann, 2013). 연구는 14명의 참가자가 정신적 '업데이트' 기술—그들의 작업기억에 있는 정보들을 신속히 추가하거나 삭제하는 능력—에서의 향상을 포함해 인지수행 부분에서 25%의 향상을 보였음을 발견했다.

많은 노인들은 인터넷과 소셜 네트워킹을 '나와는 맞지 않다'거나 '늙은 개에게 새로운 기술을 가르칠 수 없다'며 거부한다. 그러나 쌓이는 연구들은 그들이 좀 더 나은 정신건강과 기능을 위해 인터넷과 소셜 네트워킹을 사용하고 싶어 하는 것 같다고 제안했다.

정 물질에 의한 중독이 일어날 수도 있다. 부분적으로 노인들은 이런 문제에 많이 직면해 있기 때문에 젊은 사람들보다 섬망을 겪을 가능성이 더 크다. 만일 임상가가 섬망을 정확히 식별한다면, 감염을 치료하거나 환자의 약 처방을 변경함으로써 문제를 해결하기 수월할 수 있다. 하지만 증후군으로는 무슨 질환인지 인식하기 어려운 게 보통이다(Traynor et al., 2015). 예를 들어 내과 병동에 관한 한 가지 주요한 연구를 통해, 입원 의사들은 15개의 연속적인 섬망의 사례 중 단 하나만 발견하는 것으로 확인되었다(Cameron et al., 1987). 이런 종류의 부정확한 진단 때문에 섬망이 있는 노인들의 사망률이 높아진다(Dasgupta & Brymer, 2014).

알츠하이머병과 다른 신경인지장애

신경인지장애(neurocognitive disorder)가 있는 사람들은 기억 및 학습, 주의력, 시지각, 계획 및 의사결정, 언어 능력, 또는 사회적 인식과 같은 인지기능의 적어도 하나(흔히 하나 이상)의 심각한 저하를 경험한다(APA, 2013). 특정 형태의 신경인지장애가 있는 사람들은 성격 변화를 겪을 수 있으며—가령 그들은 부적절하게 행동할 수 있다—그들의 증상은 꾸준히 악화될 수 있다.

한 사람의 인지력 감퇴가 상당하고 독립적으로 있을 수 있는 능력을 상당히 방해한다면, **주요신경인지장애**(major neurocognitive disorder)라는 진단이 적절하다. 만일 그 감퇴가 보통이고 독립 기능을 방해하지 않는다면 적절한 진단은 **경도신경인지장애**(mild neurocognitive disorder)이다(표 15-2 참조).

현재 전 세계에서 신경인지장애에 걸린 사람들은 4,400만 명이며, 매년 460만 명의 새로운 사례가 나타나고 있다(Hollingworth et al., 2011). 이 사례들의 수는 2050년까지 치료법이 나오지 않는다면 1억 3,500만 명에 달할 것으로 예상된다(Sifferlin, 2013). 신경인지장애의 발생은 나이와 긴밀히 연관되어 있다(그림 15-2 참조). 65세 이상인 사람들 사이에서 유병률은 대략 1~2%이며 85세 이상인 사람들의 경우 50% 가까이 증가한다(ASHA, 2015; Apostolova & Cummings, 2008).

앞에서 언급했듯이 **알츠하이머병**(Alzheimer's disease)은 모든 사례의 약 3분의 2를 설명하는 신경인지장애의 가장 흔한 유형이다(Burke, 2011). 알츠하이머병은 때때로 중년에 나타나지만(조발성), 압도적 다수의 사례에서 그것은 65세 이후에 발생하며(만발성), 그 유병

표 **15-2**

진단 체크리스트
주요신경인지장애
1. 개인은 다음 인지기능의 범주 중 적어도 하나 이상의 상당한 감퇴를 보임 •기억과 학습 •주의 •시각적 지각 •계획과 의사결정 •언어 능력 •사회적 인식
2. 인지적 결함이 개인의 일상적인 독립생활에 방해가 됨
경도신경인지장애
1. 개인은 다음 인지기능의 범주 중 적어도 하나 이상의 가벼운 감퇴를 보임 •기억과 학습 •주의 •시각적 지각 •계획과 의사결정 •언어 능력 •사회적 인식
2. 인지적 결함이 개인의 일상적인 독립생활에 방해가 되지는 않음
출처 : APA, 2013.

▶**신경인지장애** 적어도 한 가지 이상의 인지기능이 심각하게 저하되는 장애

▶**주요신경인지장애** 인지기능이 심각하게 저하되어 자립 능력에 지장을 주는 신경인지장애

▶**경도신경인지장애** 중등도의 인지기능 저하가 나타나지만 독립적으로 생활할 수 있는 수준의 신경인지장애

▶**알츠하이머병** 가장 흔한 치매의 한 유형으로, 주요 증상으로 기억장애를 보임

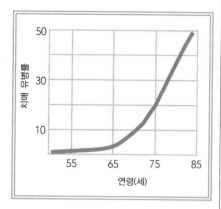

그림 15-2
치매와 연령
60세 이하에서는 1% 이하가 치매를 경험하지만, 85세에는 50%로 증가한다(출처 : ASHA, 2015; Advokat et al., 2014; Ames at al., 2010; Nussbaum & Ellis, 2003).

표 15-3

진단 체크리스트
알츠하이머병으로 인한 신경 인지장애
1. 개인은 주요 또는 경도 신경인지장애의 특징을 보임
2. 기억 손상이 주요한 특징임
3. 알츠하이머병에 대한 유전적 조짐이나 가족력은 진단을 유력하게 만들지만, 진단의 필수조건은 아님
4. 증상은 다른 질병이나 의학적 문제로 인한 것이 아님
출처 : APA, 2013.

률은 70대 후반과 80대 초 사람들에서 현저하게 증가한다(Zhao et al., 2014). 또한 알츠하이머병에 걸린 사람들의 적어도 17%가 주요우울장애를 경험한다(Chi et al., 2014).

알츠하이머병은 기억장애가 가장 현저한 인지기능장애로, 점진적으로 진행하는 질병이다(APA, 2013). 기술적으로 말하면 환자는 이 증후군의 초기의 경미한 단계에서 알츠하이머병에 기인한 경도신경인지장애라는 *DSM-5* 진단을 받으며, 후기의 더 심각한 단계에서는 알츠하이머병에 기인한 주요신경인지장애라는 진단을 받는다(표 15-3 참조).

알츠하이머병은 1907년 이 질환을 공식적으로 식별한 독일 의사인 Alois Alzheimer의 이름에서 따온 것이다. Alzheimer는 1901년에 최초로 오귀스트 D라는 새로운 환자가 그의 치료를 받을 때 이 증후군을 처음으로 인식했다.

1901년 11월 25일, 정신질환 면에서 개인이나 가족 병력이 없는 여성이 독일 프랑크푸르트에 있는 정신병원에 남편에 의해 입원하게 됐는데, 그는 최근 몇 개월간 아내에게 일어난 변덕스러움과 실수를 더 이상 무시하거나 숨기지 않았다. 처음에 설명할 수 없는 분노의 폭발이 일어나고 그다음 이상한 일련의 기억 문제가 일어났다. 그녀는 점차 자기 집에 있는 물건을 정리하지 못하고 주방에서 놀랄 만한 실수를 저지르기 시작했다. 정신질환과 뇌전증을 보는 프랑크푸르트 병원인 시립정신병원에 도착했을 때 그녀의 상태는 호기심이 일어날 정도로 심각했다. 주치의이며 노련한 의사인 Alois Alzheimer는 다음 내용으로 새 파일을 작성하기 시작했다.

그녀는 무기력한 표정으로 침대에 앉는다.
"이름이 무엇입니까?"
"오귀스트."
"성은 무엇입니까?"
"오귀스트."
"남편의 이름은 무엇입니까?"
"오귀스트, 같아요."
"여기에 얼마 동안 있었나요?"
(그녀는 기억하려 애쓰는 듯 보인다.)
"3주요."

그날은 그녀가 병원에 있은 지 이틀째 되는 날이었다. 37세의 신경병리학자이며 임상가인 Alzheimer 박사는 … 자신의 새로운 환자에게서 놀랄 만한 증상의 집합, 즉 심각한 방향감 장애, 이해력 감소, 실어증(언어 손상), 망상증, 환각, 단기 기억의 상실을 관찰했는데, 그가 그녀의 전체 이름 Frau Auguste D_____를 말하고 그녀에게 이름을 적어 보라고 했을 때, 환자는 의사가 나머지 이름을 반복해서 불러 주기 전까지, 'Frau'까지만 적었다.

그는 그녀에게 이름을 다시 말해 주었다. 그녀는 'Augu'까지 쓰고 다시 멈췄다.

Alzheimer 박사가 세 번째로 알려 주자, 그녀는 자기 이름 전체와 초성 'D'를 쓴 다음 포기하고 의사에게 "내 자신을 잃어버렸어요."라고 말했다.

그녀의 상태는 개선되지 않았다. 그 시점에서 그녀의 남은 인생 동안 안전을 보장하고 가능한 한 청결하게 해 주고 편안하게 해 주는 것 이외에, 누구도 그리고 다른 어떤 병원도 프라우 D를 위해 해 줄 수 있는 일은 아무것도 없었다는 것이 분명해졌다. 4년 반이 지나 그녀는 점점 더 방향감 장애가 심해졌고, 섬망이 심해지고 생각의 일관성을 상실했다. 그녀는 적대적인 경우가 많았다.

Alzheimer 박사는 이후 발표한 보고서에 다음과 같이 언급했다. "그녀의 몸짓은 완벽한 무력함을 나타냈다. 그녀는 시간과 장소에 대해 방향감을 상실했다. 때때로 그녀는 자신이 아무엇도 이해하지 못하며 혼란스럽고 완전히 정신을 놓은 상태라고 말했다. … 종종 그녀는 몇 시간 동안 끔찍한 목소리로 비명을 질렀다."

1904년 11월, 병에 걸린 지 3년 반이 되어, 오귀스트 D는 몸져누워 실금 상태였고 거의 움직이지 못했다. … 1905년 10월부터 무릎을 가슴까지 올려 태아 자세로 웅크린 채 중얼거리지만 말은 하지 못했고 먹을 때는 도움이 필요했다.

(Shenk, 2001, pp. 12-14)

알츠하이머병이 있는 몇몇 사람들은 20년 정도 생존할 수 있지만, 발병부터 사망까지 대개는 8~10년이 걸린다(Advokat et al., 2014; Soukup, 2006). 이것은 보통 경미한 기억 문제, 주의력 실수, 언어와 소통 문제로 시작한다. 증상이 악화됨에 따라 복잡한 문제를 완료하거나 중요한 약속을 기억하기 어려워진다. 결국 환자들은 간단한 일을 못하고 장기기억을 잊어버리며, 성격의 변화도 매우 눈에 띄게 된다. 예를 들어 신사가 전에 없이 공격적이게 될 수 있다.

알츠하이머병이 있는 사람들은 처음에는 자신에게 문제가 있다는 것을 부인하지만, 얼마 지나지 않아 자신의 정신 상태에 관해 불안해하고 우울해지며 동요한다. 버지니아 출신의 한 여성은 질병이 진행됨에 따른 자신의 기억상실을 다음과 같이 설명한다.

내가 알고 있는 매우 적절한 뭔가를 찾으려고 방황하지만 잠시 뒤 내가 찾고 있던 게 뭔지를 잊어버리는 경우가 매우 많다. … 일단 생각이 상실되면 모든 것이 상실되고 나는 중요했던 게 뭔지 파악하려 헤맬 뿐이다.

(Shenk, 2001, p. 43)

신경인지 증상이 심해짐에 따라 알츠하이머병이 있는 사람들은 자신의 한계점을 점점 더 자각하지 못하게 된다. 이들은 질환의 말기에는 타인으로부터 멀어지고, 시간과 장소에 관해 더욱 혼란을 느끼게 되며 방황하고 판단력이 매우 약해진다. 결국 그들은 타인에게 완전히 의존하게 된다. 이들은 과거에 관한 거의 모든 지식을 잃고 가까운 친척의 얼굴도 인식하지 못하게 된다. 또한 이들은 밤에 더욱 불편해져서 낮에 자주 졸게 된다(Ferman et al., 2015). 이 질환의 말기에는 지속적인 간호를 필요로 하게 된다.

알츠하이머병 환자들은 일반적으로 말기가 되기 전까지 꽤 좋은 건강 상태를 유지한다. 하지만 그들의 정신 기능이 쇠퇴함에 따라, 활동성이 떨어지고 많은 시간을 앉거나 침대에 누운 채 보내게 된다. 이는 폐렴과 같은 질병이 심해지기 쉬우며, 이로 인해 사망에 이를 수도 있도록 만든다(Park et al., 2014). 매년 미국에서 84,000명이 알츠하이머병으로 사망한다(NCHS, 2014). 이는 미국에서 여섯 번째 주요 사망 원인이며, 세 번째 노인 사망 원인이다(CDC, 2015).

대부분의 경우 알츠하이머병은 사망 후에만 명확히 진단될 수 있으며, 이때 환자의 두뇌 안에 과다한 신경섬유매듭, 노인성 반점과 같은 구조적 변화를 충분히 조사할 수 있다. **노인성 반점**(senile plaques)은 해마와 대뇌 피질, 다른 특정 두뇌 영역은 물론 일부 혈관 근처 내 세포들 '간'의 공간 안에 형성되는 베타-아밀로이드 단백질로 알려진 작은 분자로 구성

▶노인성 반점 나이를 먹어 가면서 어떤 뇌세포들 사이의 공간에 베타-아밀로이드 단백질이 형성된 것. 알츠하이머 환자들에게 이러한 반점이 과도하게 많음

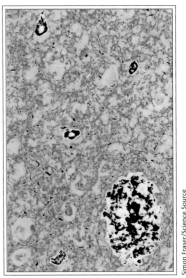

Simon Fraser/Science Source

생물학적 장본인
알츠하이머병에 걸린 사람의 뇌 조직에서 과도한 양의 반점(희고 둥근 부분)과 신경섬유매듭(검은 부분)이 보인다.

된 구형 모양의 반점들이다. 반점의 형성 역시 노화의 정상적인 부분이지만, 알츠하이머병이 있는 환자들의 경우 발생 빈도가 매우 높아진다(Zhao et al., 2014; Selkoe, 2011, 2000, 1992). 해마와 다른 일정한 뇌 영역의 세포 '내'에서 발견되는 단백질 섬유가 엉켜 있는 것인 **신경섬유매듭**(neurofibrillary tangle)도 노령화에 따라 모든 사람에게서 발생하지만, 역시 알츠하이머병 환자들의 경우 그 수가 매우 많다.

과다한 수의 매듭과 반점이 알츠하이머병에서 하는 역할에 대해 과학자들은 충분히 이해하고 있지 못하지만, 그들은 그것이 매우 중요하다고 의심하고 있다. 이 질병에 대한 오늘날의 선구적 설명은 이들 반점과 매듭 그리고 그 형성에 기여할지도 모르는 요인에 집중되어 있다.

알츠하이머병의 유전적 원인은 무엇인가 알츠하이머병의 유전학적 이론을 이해하기 위해서 단백질의 성격과 역할을 우선 평가해야 한다. 단백질은 모든 살아 있는 세포(물론 뇌 세포도 포함)의 기본 성분이다. 단백질은 탄소와 수소, 산소, 질소, 황의 사슬로 구성된 대분자(large molecule)이다. 각기 상이한 기능을 가진 상이한 종류의 단백질이 많이 있다. 총괄해서 단백질은 유기체의 적절한 기능을 위해 필요하다.

알츠하이머병 환자의 뇌에서 아주 많이 발견되는 반점과 매듭은 2개의 주요 단백질이 광적으로 행동하기 시작할 때 발생하는 것 같다. 베타–아밀로이드 단백질에 의한 비정상적 활동성은 앞에서 봤듯이 반복되는 반점 형성의 원인이다. 다른 단백질 타우에 의한 비정상적 활동성은 매듭이 과도하게 형성되는 원인이다. 선도적 이론들 중 하나는 베타–아밀로이드 단백질에 의해 형성된 많은 반점들은 뇌의 타우 단백질을 분해하기 시작해서 매듭과 많은 뉴런의 사망을 초래한다고 주장한다(Khan, 2015; Hughes, 2011).

일련의 사건들의 원인은 무엇인가? 유전 요인이 주요 장본인이다. 그러나 원인이 되는 유전 요인은 알츠하이머병의 조발성 및 만발성 유형에 따라 다르다.

조발성 알츠하이머병 앞에서 언급했듯이 알츠하이머병이 65세 이전에 발병하는 사례는 상대적으로 적다. 그런 사례는 전형적으로 유전이다. 연구자들은 알츠하이머병의 이런 형태는 2개의 단백질, 즉 베타–아밀로이드 전구체 단백질(베타–APP)과 프레세닐린 단백질 생산을 맡은 유전자의 이상(abnormality)에 의해 야기될 수 있다는 것을 알게 되었다. 몇몇 가계는 돌연변이, 즉 이들 유전자의 하나 또는 모두의 이상 형태를 전달하는 것이 분명한데. 이 돌연변이는 궁극적으로 이상 베타–아밀로이드 단백질 축적과 반점 형성으로 이어진다(Zhao et al., 2014).

만발성 알츠하이머병 알츠하이머 사례의 압도적 다수는 65세 이후에 발생하며 유전되지 않는다. 이 알츠하이머병의 만발성 형태는 유전적 · 환경적 · 생활양식적 요인의 결합에 의해 생기는 것처럼 보인다. 그러나 만발성 알츠하이머병에서 작동하는 유전적 요인은 조발성 알츠하이머병에 포함된 것들과는 다르다.

아폴리포단백질 E(ApoE) 유전자라 부르는 유전자는 혈류로 다양한 지방을 운반하는 데 도움이 되는 단백질을 생산

▶**신경섬유매듭** 나이를 먹어 가면서 어떤 뇌세포 안에 단백질 섬유가 꼬여 있게 되는 것. 알츠하이머 환자들에게 이러한 매듭이 과도하게 많음

알츠하이머병 검사

신경심리학자는 알츠하이머병 같은 신경인지장애 확인을 도와주기 위해 정신운동시험(손동작 따라하기 테스트)을 통해 환자에게 안내를 한다.

하는 것을 보통 맡고 있다. 이 유전자는 다양한 형태를 취한다. 인구의 약 30%는 ApoE-4 라는 형태를 유전적으로 물려받고 있는데, 이들은 알츠하이머병의 발병에 특히 취약한 것 같다(Shu et al., 2014; Hollingworth et al., 2011). 분명히 ApoE-4 유전자 형태는 베타-아밀 로이드 단백질의 과도 형성을 촉진해서, 반점 형성에 박차를 가하고, 그리하여 타우 단백 질의 분해와 수많은 매듭의 형성, 뉴런의 대량 사망, 그리고 궁극적으로 알츠하이머병에 박차를 가한다.

비록 ApoE-4 유전자 형태가 알츠하이머병의 발병의 주요 기여 인자인 것처럼 보이지 만, 이 유전자 형태를 가진 모든 사람들이 이 질병에 걸리는 것은 아님을 아는 것이 중요하 다. 분명히 다른 요인(아마도 환경적, 생활양식, 또는 스트레스 관련 요인)도 만발성 알츠 하이머병의 사례에 주요한 영향을 미친다(Chin-Chan et al., 2015; Nation et al., 2011).

알츠하이머병의 대체유전이론 앞서 읽어 봤듯이 알츠하이머병에 대한 선도적 유전이론들 은 비정상적 베타-아밀로이드 단백질의 구축과 반점을 형성하는 ApoE-4 같은 유전자 형 태를 설명하는데, 이는 결론적으로 타우 단백질의 비정상적 활동과 다양한 매듭으로 이 어진다. 그러나 최근들어 몇몇 연구자들은 비정상적 타우 단백질의 활동이 언제나 비정 상적 베타-아밀로이드 단백질의 형성으로 끝나는 것은 아니라고 믿게 되었다(Peterson et al., 2014; Karch, Jeng, & Goate, 2013). 이 연구자들은 매듭 형성과 타우 단백질의 비정상 적 특징과 직접적으로 연관이 있어 보이는 알츠하이머 환자들의 다른 유전자 형태들을 발 견해 냈다. 그러므로 알츠하이머병의 발병과 매듭의 다양한 형성에 대한 수많은 유전적 요 인이 있음을 의미하는 것이리라. (1) 처음 만들어지는 베타-아밀로이드 단백질 형성과 반 점에 의해 시작되는 유전자 형태와, (2) 매듭 형성과 타우 단백질의 비정상적 특징을 좀 더 직접적으로 촉진시키는 유전자 형태가 그것이다.

뇌 구조와 생화학적 활성도가 알츠하이머병에 어떻게 관련되어 있는가 우리는 유전적 요인 이 사람들을 알츠하이머병에 걸리기 쉽게 할지도 모른다는 것을 알고 있지만, 어떤 뇌 구 조나 생화학적 이상이 알츠하이머병을 촉진하고 어떤 요인에서 유래하는지에 대해 알아 야 할 필요가 여전히 있다. 연구자들은 여러 가능성을 식별했다.

일부 뇌 구조들은 기억에 특히나 중요한 것처럼 보인다. 단기기억에서 가장 중요한 구 조는 이마 바로 뒤에 있는 **전전두엽 피질**과, **측두엽**(해마와 편도체를 포함), **간뇌**(유두체와 시 상, 시상하부를 포함)가 있다. 연구에 의해 알츠하이머병의 사례에는 이들 뇌 구조의 하나 또는 그 이상의 손상 또는 기능장애가 포함된다는 것이 밝혀졌다(Hsu et al., 2015; Ishii & Iadecola, 2015)(그림 15-3 참조).

마찬가지로 일정한 생화학적 활성이 기억에서 특히 중요한 것 같다. 새로운 정보가 획 득되고 저장되기 위해서는 일정한 단백질이 핵심 뇌 세포에서 생산되어야 한다. 몇몇 화학 물질—가령 아세틸콜린과, 글루타메이트, RNA(리보핵산), 칼슘—이 이들 기억연계 단백질의 생산을 맡고 있다. 연구자들은 이들 어떠한 화학물질의 활동이 방해받는다면, 단백질의 제 대로 된 생산이 막히게 되고 기억의 형성이 방해받게 됨을 발견하였다(Canas et al., 2014; Berridge, 2011). 이에 따라 그들은 이들 화학물질에 의한 비정상적 활성이 알츠하이머병의 증상을 불러일으킴을 발견하였다.

그림 15-3
뇌의 노화
노인기가 되면 뇌는 기억, 학습, 추론 등의 인지기능에 일정 부분 변화를 겪게 된다. 이러한 변화의 양이 알츠하이머 환자에게서는 과도하게 진행되는 것이다(출처 : Selkoe, 2011, 1992).

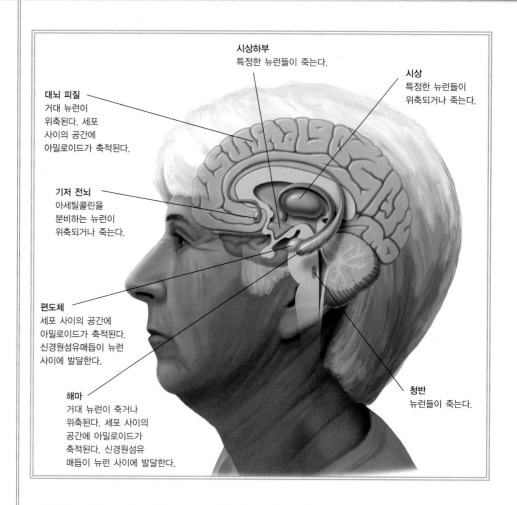

시상하부
특정한 뉴런들이 죽는다.

시상
특정한 뉴런들이 위축되거나 죽는다.

대뇌 피질
거대 뉴런이 위축된다. 세포 사이의 공간에 아밀로이드가 축적된다.

기저 전뇌
아세틸콜린을 분비하는 뉴런이 위축되거나 죽는다.

편도체
세포 사이의 공간에 아밀로이드가 축적된다. 신경원섬유매듭이 뉴런 사이에 발달한다.

해마
거대 뉴런이 죽거나 위축된다. 세포 사이의 공간에 아밀로이드가 축적된다. 신경원섬유 매듭이 뉴런 사이에 발달한다.

청반
뉴런들이 죽는다.

알츠하이머병에 대한 다른 설명 자연에서 발견된 특정 물질이 독소로 작용해 두뇌를 손상시키고, 알츠하이머병의 발병의 원인이 된다는 것이 몇몇 연구에 의해 밝혀졌다. 예를 들어 연구자들은 일부 알츠하이머병 환자들의 두뇌에서 높은 수준의 아연을 검출했다(Xu et al., 2014; Schrag et al., 2011). 이런 발견이 특별한 주의를 끈 이유는 일부 동물연구에서 아연이 알츠하이머병 환자의 뇌에서 발견되는 반점과 유사하게, 베타-아밀로이드 단백질의 응고를 촉발한다는 점이 관찰되었기 때문이다.

또 다른 설명에 따르면, 환경적 독소인 납이 알츠하이머병 진행의 원인이 될 수 있다(Lee & Freeman, 2014; Ritter, 2008). 납은 1976~1991년간 휘발유 상품에서 점차 배제되어 사람들의 혈액 내 납 수준을 80% 떨어뜨렸다. 하지만 오늘날 많은 노인들은 1960~1970년대에 높은 수준의 납에 노출되어, 정기적으로 자동차가 배출하는 공기오염물질을 흡입했고 이런 노출이 여러 신경 세포를 손상시키거나 파괴시켰을 수 있다. 일부 연구에서는 이러한 납과 다른 오염물질의 초기 흡입이 이 사람들의 현재 인지기능에 부정적 영향을 미친 것으로 나타났다(Richardson et al., 2014).

마지막으로 알츠하이머병에 대한 다른 두 가지 설명이 제시되어 왔다. 하나는 **자가면역이론**이다. 알츠하이머병이 있는 사람들의 면역체계에서 발견되는 특정한 불규칙성을 토대로, 일부 연구자들은 뇌세포의 노화에 따른 변화로 자가면역 반응(즉 면역계가 자신에게 잘못 공격함)이 촉발되어 이런 질환이 유도된다고 생각했다(Marchese et al., 2014). 다른 설명은 **바이러스 이론**이다. 알츠하이머병은 느리게 작용하는 바이러스에 의해 일어나는 것으로 알려진 또 다른 형태의 신경인지장애인 **크로이츠펠트-야콥병**과 유사하기 때문에, 일부 연구자들은 비슷한 바이러스가 알츠하이머병을 일으킬 수 있다고 제안한다 (Head, 2013; Prusiner, 1991). 하지만 알츠하이머 환자의 뇌에서 이런 바이러스는 검출되지 않았다.

알츠하이머병에 대한 평가와 예측　앞서 보았듯이 대부분의 알츠하이머병의 사례는 해부가 시행되는, 사망 후에만 명확히 진단될 수 있다. 하지만 살아 있는 뇌 안의 이상을 밝혀 주는 뇌 스캔이 현재 평가도구로 흔히 쓰

> 앞으로 치료 가능성이 없는 병에 걸릴 것이라는 것을 알게 되는 것이 모르는 것보다 더 나을까?

이고 있으며 임상가들이 알츠하이머병을 진단하는 데 상당한 자신감을 갖도록 해 준다 (Haris et al., 2015). 또한 몇몇 연구 팀들은 이제 알츠하이머병과 신경인지장애의 다른 유형에 잘 걸릴 것 같은 사람들을 식별할 수

있는 도구를 개발하려 하고 있다.

예컨대 한 가지 전도유망한 연구 노선은 뇌연구자인 Lisa Mosconi와 동료들의 실험에서 나타난다(Mosconi et al., 2014, 2010, 2008; Mosconi, 2013). 특수한 종류의 PET 스캔을 이용한 연구에서 수십 명의 노인 연구 참가자들의 해마의 특정 부위의 활동을 조사한 다음, 24년 동안 이 사람들에 대한 사후연구를 실시했다(해마는 기억에 주요 역할을 한다는 것을 상기하라). 결과적으로 연구 참가자의 43%에서 알츠하이머병에 기인한 경도신경인지장애나 주요신경인지장애가 발생했다. 연구자들은 이런 인지장애가 생긴 사람들은 건강을 유지한 참가자들보다 초기 PET 스캔상 낮은 해마 활동성을 나타냈다는 점을 발견했다. 전반적으로 증상이 발생하기 몇 년 전에 실시한 특수 PET 스캔은 71%의 정확도로 경도신경인지장애를, 83%의 정확도로 주요신경인지장애를 예측했다.

곧 알게 되겠지만 알츠하이머병과 다른 종류의 신경인지장애에 대한 가장 효과적인 중재는 이런 문제를 차단하도록 돕는 것, 또는 적어도 초기에 적용되는 것이다. 분명한 점은 가능한 한 조기에, 가급적 증상이 발병하기 몇 년 전에 질환을 식별할 도구를 얻는 게 중요하다는 것이다(Rabin, 2013). 이런 점이 평가와 진단 면에서의 연구 발전이 기대되는 점이다.

다른 형태의 신경인지장애　알츠하이머병 외에도 많은 신경인지장애가 있다(APA, 2013). 예컨대 혈관성 신경인지장애는 뇌의 특정 영역으로의 혈류가 차단되어 그 영역이 손상되는 뇌혈관장애, 즉 뇌졸중에 뒤따라 일어날 수 있다(Jia et al., 2014). 많은 경우 환자는 뇌졸중을 자각하지 못할 수 있다(Moorhouse & Rockwood, 2010). 알츠하이머병처럼 이 장애는 진행성이지만 그 증상은 점진적이기보다 갑자기 시작된다. 또한 알츠하이머 환자에게 일반적으로 나타나는 광범위한 인지장애와 달리, 뇌졸중의 영향을 받지 않은 사람의 인지기능은 뇌의 영역에서 계속 정상 상태일 수 있다. 몇몇 사람들은 알츠하이머병과 혈관성 신경인지장애 모두를 앓는다.

피크병으로도 알려진 **전두측두엽 신경인지장애**는 전두엽과 측두엽에 영향을 미치는 희귀 장애이다. 이 장애는 알츠하이머병과 비슷한 임상적 양상을 보이지만, 두 질환은 해부를 통해 구별할 수 있다.

Richard Falco/SIPA Press

미끄러져 사라지는
신경인지장애의 하나인 알츠하이머병이 어느 정도 진행된 사람들은 단기기억의 문제로 인해 종종 그림을 그리거나 간단한 일을 수행하는 것에 어려움을 겪는다. 뿐만 아니라 장기기억의 손상으로 인해 친밀한 친척이나 친구를 알아보지 못하는 경우도 있다.

게임의 일부?
전미 풋볼리그의 영웅인 존 맥키가 수퍼볼 V
와 명예의 전당 반지를 보여 주고 있다. 맥키는
2011년 69세의 나이에 전두측두엽 신경인지장
애로 극도의 혼란과 하루종일 조력을 받아야 하
는 상태로 있다가 사망하였다. 신경인지장애의
많은 사례들이 맥키와 같이 두부 손상이 반복적
으로 일어나는 스포츠의 결과물이다.

AP Photo/Steve Ruark

크로이츠펠트-야콥병이라고도 하는 프라이온병으로 인한 신경인지장애는 그 증상으로 몸의
경련을 포함한다. 앞서 읽었듯이 이 장애는 병이 진행되기 전에 몇 년간 몸 안에서 살 수 있
있는, 느리게 작용하는 바이러스에 의해 일어난다. 하지만 일단 병이 시작되면 빠르게 진
행한다.

헌팅턴병으로 인한 신경인지장애는 성격이 변하고 기분장애를 동반하며 시간이 지나면
서 기억 문제가 악화되는 진행형 유전질환이다. 헌팅턴병을 앓는 사람들은 심각한 수축과
경련과 같은 운동 문제를 나타낸다. 헌팅턴병 환자의 자녀에게 이 병이 발병할 가능성은
50%이다.

떨림과 경직, 불안정을 특징으로 하며 서서히 진행되는 신경장애인 파킨슨병은 특히 여
러 사례가 진행된 사람들이나 노인에게 파킨슨병으로 인한 신경인지장애를 일으킬 수 있다.

마지막으로 다른 신경인지장애는 HIV 감염, 외상성 뇌손상, 물질남용, 또는 뇌막염, 진행
된 매독과 같은 다양한 질병에 의해 일어날 수 있다.

파킨슨병의 희생자
오늘날 파킨슨병의 희생자로 가장 유명한 두 사
람인 전설적인 권투선수 무하마드 알리(왼쪽)와
배우 마이클 J. 폭스(오른쪽)가 관련 재정 마련
을 위한 의회에서 증언하기에 앞서, 이 병이 사
람들의 삶에 미치는 파괴적인 결과에 대해 활발
히 이야기하고 있다.

AP Photo/Kenneth Lambert

**현재 알츠하이머병과 다른 신경인지장애에 어떤 치
료법이 이용 가능한가** 알츠하이머병과 대다수 다른
형태의 신경인지장애의 인지적 특징에 대한 치료
는 기껏해야 약간의 도움이 되어 왔다. 약물 요법과
인지기법, 행동 중재, 돌보미 지원, 사회문화적 접
근법을 포함한 많은 접근법이 적용되었다.

약물치료 알츠하이머병 환자에게 현재 처방되는 약
물은 기억에 중요한 역할을 하는 신경전달물질인
아세틸콜린과 글루타메이트에 영향을 주기 위해
설계된다. 이런 약에는 도네페질(아리셉트), 리바스
티그민(엑셀론), 갈란타민(라자딘), 메만틴(나멘다)이

있다. 이런 약을 복용하는 일부 알츠하이머병 환자들의 단기기억력과 추리력은 약간 개선
되는데, 언어 이용 및 압박을 견디는 능력 면에서도 마찬가지이다(Jessen, 2014). 약의 효능
이 제한적이며 부작용이 문제될 수 있겠지만, 이런 약들은 미국식품의약국(FDA)에 의해
승인되어 왔다. 임상가들은 이런 약들이 초기의 좀 더 경미한 단계의 알츠하이머병인 사람
들에게 가장 훌륭하게 활용될 수 있다고 믿는다. 비타민 E만 복용하거나 이런 약과 함께 복
용하는 또 다른 접근법도 좀 더 경미한 단계의 알츠하이머병에 걸린 사람들의 인지 감퇴
를 늦추는 데 도움이 되는 것 같다(Dysken et al., 2014, 2009). 현재 그 밖에 가능한 약물치
료가 연구되고 있다(Medina & Avila, 2014).

여기에서 논의되는 약들은 환자에게 알츠하이머병이 생긴 후 각각 처방된다. 이와 반대
로 여러 연구에서 다른 종류의 문제를 대상으로 하는, 시장에서 입수할 수 있는 특정 물질
이 알츠하이머병의 발병을 막거나 늦추는 데 도움이 될 수 있는 것으로 나타났다. 예를 들
어 일정 연구들에서 여성의 성 호르몬인 에스트로겐을 폐경 후 몇 년간 복용한 여성들은 알
츠하이머병의 발생 위험을 반으로 줄인 것으로 나타났으며(Li et al., 2014; Kawas et al.,
1997), 그 밖의 연구에서는 (애드빌, 모트린, 뉴프린, 그 밖의 통증 완화제에서 발견되는
약인) 이부프로펜과 나프로신과 같은 비스테로이드성 항염증 약물을 장기간 사용하면 알츠하
이머병의 위험을 줄이는 데 도움을 줄 수 있는 것으로 나타났다. 다만 이런 가능성에 관한
연구 결과들은 일관성이 없다(Advokat et al., 2014).

인지기법 인지치료는 알츠하이머병에 적용되어 왔으며, 일부 일시적 성공을 거두었다
(Nelson & Tabet, 2015). 예를 들어 일본에서 이 질환이 있는 여러 사람들은 수업(역주 : 인
지치료 관련 수업)에 정기적으로 모여, 간단한 계산을 하고 에세이와 소설을 소리 내어 읽
는다. 이런 접근법의 지지자들은 이 방식이 정신운동 역할을 하기에 기억, 추리, 판단과 관
련된 두뇌의 부분을 재활하는 데 도움을 준다고 주장한다. 같은 맥락에서 일부 연구를 통
해 컴퓨터 기반 인지 자극 프로그램을 포함한 인지적 활동이 알츠하이머병의 발생을 막거
나 늦추는 데 실제로 도움을 줄 수 있는 것으로 나타났다(Szalavitz, 2013). 80세 환자 700명
을 대상으로 한 한 연구에서 정신적으로 활동하지 않은 참가자들에 비해 5년간 인지 활동
(가령 편지 쓰기, 신문이나 책 읽기, 콘서트나 연극 관람하기)을 한 연구 참가자들에게서
알츠하이머병의 발생 가능성이 낮다는 점이 발견되었다(Wilson
et al., 2012, 2007).

행동 중재 행동 중재도 알츠하이머 환자들에게 적용되어 왔으
며, 약간의 성공을 거두었다. 첫째, 신체 운동은 모든 연령 및
건강 상태의 사람들에게 인지기능을 향상시키는 데 도움이 된
다는 것은 많은 연구에서 점점 더 명확해지고 있다. 게다가 규
칙적 신체 운동은 알츠하이머병과 신경인지장애의 다른 유형
의 발생 위험을 감소시키는 데 도움이 될 수 있다는 증거가 있다
(Paillard et al., 2015; Nation et al., 2011). 이에 상응해서 신체 운
동은 흔히 이 장애를 가진 사람의 치료 프로그램의 일환이기도
하다.

다양한 종류의 행동 중재가 알츠하이머병 환자가 보여 주는
특정 증상을 개선하는 데 도움을 주기 위해 사용되었다. 이 접

인지강화건강센터
다수의 노인 거주 시설 프로그램에 인지강화건
강센터가 포함되고 있다. 이곳에서는 노인들이
컴퓨터 앞에 앉아 기억과 인지 훈련을 위한 컴
퓨터 프로그램을 하고 있다. 임상가들은 '인지
체조'가 특정한 노화의 증상을 예방하거나 기능
을 유지해 주기를 바라고 있다.

© Christina Koci Hernandez/SFC/San Francisco Chronicle/Corbis

부양자의 엄청난 부담
한 여인이 알츠하이머병을 앓고 있는 쌍둥이를 위로하고 있다. 신경인지장애가 있는 가까운 친지를 돌보는 심리적·신체적 부담은 대개 돌보는 사람에게 엄청난 타격을 준다.

치료적 환경
몇몇 장기 요양기관은 건물 자체를 노인 거주자들의 인지적·정서적 욕구에 맞게 설계하였다. 이 시설에서 알츠하이머병을 앓고 있는 여성은 자극을 주는 물건에 끌려 이를 만지려고 하는데, 이와 동시에 그 방의 안정적인 색과 장식으로 인해 안심하고 있다.

근법들은 일반적으로 가족에게 스트레스를 주는 일상의 환자 행동, 가령 밤에 돌아다니기, 방광 조절 상실, (자신에 대한) 주의 요구, 부족한 신체수발(personal care)을 변화시키는 데 초점을 맞춘다(Lancioni et al., 2011; Lindsey, 2011). 행동치료자들은 더 긍정적인 행동을 형성하기 위해 언제·어떻게 강화를 적용하는가에 대해 가족 구성원들을 교육하는 데 역할놀이 훈련과 모델링, 실무를 조합해 활용한다.

돌보미에 대한 지원 돌봄(caregiving)은 알츠하이머병 및 다른 유형의 신경인지장애 환자의 가까운 친척들에게 큰 부담이 될 수 있다(Kang et al., 2014). 알츠하이머병이 있는 사람들 중 거의 90%가 친척의 간호를 받는다(Alzheimer's Association, 2014, 2007). 점점 더 정신을 잃고 무력해지며 병들어 가는 누군가를 돌보는 건 힘든 일이다. 그리고 당신이 사랑하는 누군가의 정신적·신체적 쇠퇴를 목격하는 것은 매우 고통스러운 일이다.

알츠하이머병에 걸린 사람을 시설에 수용하는 가장 흔한 이유 중 하나는 압도된 보호자들이 환자를 가정에 데리고 있는 것의 어려움에 더 이상 대처할 수 없다는 점이다(Di Rosa et al., 2011; Apostolova & Cummings, 2008). 여러 보호자들은 우울증과 분노를 경험하며 그들 자신의 신체적·정신적 건강도 나빠지는 경우가 많다(Kang et al., 2014). 이제 임상가들은 알츠하이머병과 다른 형태의 신경인지장애를 치료하는 데 있어 가장 중요한 측면 중 하나는 보호자의 정기적인 휴식, 질병에 관한 교육, 심리치료에 대한 욕구를 비롯한 정서적 욕구에 초점을 맞추는 것이라는 점을 인정한다(Mittelman & Bartels, 2014). 일부 임상가들은 보호자 지원단체를 제공한다.

사회문화적 접근법 최근 사회문화적 접근법이 치료 면에서 중요한 역할을 한다(Fouassier et al., 2015; Pongan et al., 2012)(언론보도 참조). 신경인지장애를 가진 환자들을 위한 여러 주간돌봄시설들이 발전되어 왔으며,

언론보도

감정에 초점 맞추기

Pam Belluck, 뉴욕타임스, 2011년 1월 1일 게재

마가렛 낸스는 순화해서 말하면 어려운 사례였다. 격정적이고 전투적이며, 흔히 먹기를 꺼리면서, 그녀는 요양원의 직원들과 동료 거주자를 때리곤 했는데 이 때문에 요양원 몇몇은 그녀를 쫓아냈다. 그러나 베티튜드 요양원이 그녀를 받아들이라는 긴급한 간청에 동의했을 때 그 모든 것이 바뀌었다.

베티튜드는 전형적인 요양원 규칙을 무시하고 알츠하이머병에 걸린 96세의 낸스가 새벽 2시에도 그녀가 원할 때면 언제든지 자고 목욕하고 식사하도록 허용했다. 그녀는 초콜릿을 무한정 먹는 것을 포함해서 아무리 건강에 좋지 않더라도 무엇이든 먹을 수도 있었다.

그리고 그녀에게 아기 인형이 주어졌는데, 이것은 매우 신경쓰이게 하는 것이어서 낸스가 흔히 인형이 몇 숟가락 '먹은' 후에야 자신도 먹는 데 동의하면서, 자신의 '아기'를 안고 흔들고 어루만지고 먹일 때 얼마나 차분해지는지를 보기 전까지는 감독자가 반대했던 조치였다.

베티튜드의 치매 환자들은 술을 '밤에 한 모금' 마시는 것을 포함해서 편안해지는 것이라면 실질적으로 무엇이든 허용되었다고 연구 책임자 테나 알론조는 말했다. "어떤 악행을 하든 우리는 당신 편이다."라고 그녀는 말했다.

이것은 요양원으로는 특이한 태도이지만, 베티튜드는 최신 과학을 실제로 따르고 있는 것이다. 연구에 의하면 알츠하이머병 환자에게 긍정적 정서체험(emotional experience)을 하게 하는 것은 고통과 행동 문제를 감소시킨다고 한다. 다른 연구는 행동이나 기분에 영향을 미치기 위해서는 방과 건물을 표면적으로 변화시킬 것을 권장한다. 알츠하이머 시설에서 조명을 밝게 하는 것은 우울증과 인지 황폐, 기능적 능력의 상실을 감소시킨다.

친척에 의하거나 가정에서 돌봄을 받고 있는 치매 환자를 위한 한 프로그램은 환자들이 한때 즐겼던 것(꽃꽂이, 사진 앨범 정리, 콩 까기)과 관련이 있는 특정 활동을 만든다.

"낚시를 좋아했던 한 신사는 여전히 낚시 도구 상자를 조립할 수 있어서 우리는 그에게 매일 조립하도록 플라스틱 낚시 도구 상자를 주었다."고 이 프로그램 개발자이며 존스홉킨스대학교의 사회학자인 로라 N. 기틀린은 말했다.

보통에서 중증에 이르는 치매 환자 약 30명을 거느린 베티튜드는 개별화된 돌봄에 초점을 맞추는 이 프로그램을 12년 전에 도입했다. 베티튜드는 일어서는 것에 방해가 되는, 앉는 부분이 푹 들어간 휠

적합한 활동 찾기 프랑스의 알츠하이머 환자를 위한 요양원의 한 정원에서 환자가 토마토를 따고 있다. 이 환자의 원예에 대한 관심을 알게 된 후 직원들은 그녀가 활동적이 되고 기쁨과 만족을 느낄 수 있도록 치료적인 정원을 마련해 주었다.

체어에서 침대가드(낮아지고 매트에 의해 보호되는 침대도 있음)에 이르는, 제한하는 것이라고 잠재적으로 여겨지는 것은 무엇이든 제거했다. 이로 인해 통증 완화에 초점을 맞추면서 주로 '직원 편의'를 위해 고려된 항정신병약과 약물치료가 극적으로 감소했다고 알론조는 말했다.

그것은 독립감을 보호하기 위해 거주자들을 화장실로 데리고 가면서, 가급적이면 그들로 하여금 기저귀에서 벗어나도록 고무했다. 베티튜드는 활동 프로그램도 변경했다. 하우스 키퍼를 포함해서 직원들이 일대일 활동, 즉 블록 쌓기, 색칠하기, 단순히 대화 나누기를 수행했다.

요즘에는 수백 명의 애리조나 의사와 의대생, 다른 요양원의 직원들이 베티튜드의 훈련을 받았고, 일리노이의 몇몇 요양원은 그것을 채택하고 있다.

> 알츠하이머병이 생물학적으로 유발되는 병이라면, 왜 증가하는 환자들의 평온 수준은 이렇게 차이가 나는 것일까?

Stéphane Audras/REA/Redux Pictures

애완동물, 그 이상
알츠하이머병에 걸린 주인이 스무스 콜리 종의 개인 벨라를 쓰다듬고 있다. 벨라는 신경인지장애 환자들이 길을 잃었을 때 집에 데려다주는 등의 다양한 일을 돕도록 훈련받은 개 중 하나이다.

낮 동안 외래 환자를 위한 치료 프로그램과 활동을 제공하고 밤에는 그들의 집과 가족에 돌려보낸다. 신경인지 손상으로 고통받는 사람들이 쾌적한 아파트에 살며, 필요한 관리를 받고, 자신들의 삶에 기쁨과 자극을 줄 다양한 활동에 참가하는 등 그들의 불편한 점에 맞추어 설계된 여러 **조력생활시설(assisted-living facility)**이 있다. 여러 연구를 통해 이런 시설들이 시설 거주자의 인지적 쇠퇴를 늦추고 그들의 삶의 기쁨을 증진하는 데 도움을 주는 경우가 많은 것으로 나타났다. 게다가 알츠하이머 환자들의 팔목에 감기는 추적 신호나 GPS 추적기가 들어 있는 신발 같은 실용적 물건의 증가는 마음대로 벗어날 수도 있는 환자를 찾도록 도와주기 위해 개발되었다(Cavallo et al., 2015; Schiller, 2014).

알츠하이머병과 다른 형태의 신경인지장애를 이해하고 치료하는 과정에서 밝혀진 진전 상황을 감안할 때 연구자들은 앞으로 중대하게 발전할 것을 기대하고 있다. 이들 장애의 원인인 두뇌의 변화는 엄청나게 복잡하지만, 진행 중인 많은 연구를 통해 대다수 연구자들은 굉장한 도약의 순간이 머지않았다고 믿는다.

▶ 요약

인지장애 노인들은 다른 연령대의 사람들보다 주의집중, 정체감, 집중력, 연속적인 사고의 어려움을 특징적으로 보이는 장애인 섬망을 경험할 가능성이 높다. 인지기능의 심한 저하가 특징인 신경인지장애는 노인집단에서 매우 증가하고 있다.

신경인지장애는 가장 흔한 장애인 알츠하이머병을 비롯하여 다양한 유형이 있다. 알츠하이머병은 뇌의 노인성 반점과 신경섬유매듭의 독특한 증가와 관련이 있다. 만발성 알츠하이머병에 대한 영향력 있는 이론에 의하면 가장 흔한 알츠하이머병의 원인이 유전자 중 하나인 ApoE-4를 유전적으로 가지고 태어난 경우 발병에 취약해지는 것이다. ApoE-4 유전자가 베타-아밀로이드 단백질의 과도한 생성을 촉진하는 것은 분명하고, 이는 반점의 형성을 촉발하며, 이는 다시 타우 단백질의 분해, 수많은 매듭 형성, 뉴런의 죽음, 그리고 마침내 알츠하이머병으로 이어지는 경로를 밟는다.

이 병에는 아연, 납 등의 독성물질, 면역체계의 문제, 특정 종류의 바이러스 등의 다른 원인들도 있다.

연구자들은 알츠하이머병과 다른 유형의 신경인지장애 환자를 평가하는 방법을 발전시켜 누가 이러한 병에 걸릴 가능성이 높은지까지도 알아낼 수 있게 되었다. 알츠하이머병에 대한 약물·인지·행동적 치료는 성공률이 낮다. 오히려 간병인의 필요성을 역설하는 것이 치료의 중요한 요소이다. 뿐만 아니라 주간보호센터와 같은 사회문화적 접근법이 중요하다. 다가오는 몇 년 안에 주요한 치료적 혁신이 기대된다.

숨은 뜻 읽어내기

최대 나이

인간이 생존 가능한 최대 나이는 122세로 생각된다(Basaraba, 2014; Durso et al., 2010).

노인의 정신건강에 영향을 미치는 문제

노인에 관한 연구와 치료가 진전됨에 따라 임상가들 사이에서 세 가지 문제, 즉 인종 및 민족적 소수집단에 속한 노인들이 직면한 문제, 장기 돌봄의 불충분함, 고령화사회에서 의료에 대한 건강 유지 접근법이 거론된다.

첫째, 미국에서 인종과 민족으로 인한 차별은 오랫동안 문제였으며(제2장 참조), 그 결과 많은 사람들, 특히 노인이 고통을 겪는다. 노인과 소수민족집단 내 구성원이 되는 것은 많은 관찰자들에게 일종의 '이중 위험'으로 간주된다. 소수민족집단 내 노인 여성의 경우, 때때로 이런 차별을 '삼중 위험'이라 부른다. 왜냐하면 노인 여성들은 노인 남성들보다 더 많이 혼자 살며, 미망인이고 빈곤하기 때문이다. 임상가들은 진료를 하고 그들의 정신적 건강 문제를 진단하고 치료할 때 자신의 노인 환자들의 인종, 민족, 성별을 고려해야 한다(Ng et al., 2014; Sirey et al., 2014)(그림 15-4 참조).

소수민족집단 내 몇몇 노인들은 자신들의 의료 및 정신건강 돌봄에 방해가 되는 언어 장벽에 부딪친다. 다른 이들은 의료 서비스를 구하지 못하게 하는 문화적 신념을 지니고 있을 수 있다. 추가로 여러 소수민족집단 내 구성원들은 다수파의 시설을 믿지 않으며, 자신들의 문화와 특정 욕구에 민감한 의료 및 정신건강 서비스에 관해 알지 못한다(Ayalon & Huyck, 2001). 결과적으로 소수인종 및 소수민족집단의 노인 구성원들이 주로 가족 구성원이나 친구들에게 치료나 의료 면에서 의존하는 경우가 흔해진다.

오늘날 8~20%의 노인들이 자신의 자녀나 다른 친척들과 함께 사는데, 일반적으로 그 이유는 증가하는 건강 문제 때문이다(Keefer, 2014; Span, 2009). 미국에서 이러한 동거 형태는 백인 노인보다 소수민족집단 출신인 노인에서 더 흔하다. 아시아계 미국 노인은 자녀들과 함께 살 가능성이 크고, 흑인과 히스패닉계 미국인은 그럴 가능성이 적으며, 백인은 가능성이 가장 적다(Etaugh, 2008; Armstrong, 2001).

둘째, 노인은 장기 요양을 필요로 하며, 이는 부분적으로 관리를 받는 아파트에서 가정 외부 및 가벼운 장애의 노인을 위한 노인 주거단지, 능숙한 의료진과 간호사가 24시간 돌봐 주는 요양원에서 제공하는 서비스를 다양하게 지칭하는 일반적 용어이다(Samos et al., 2010). 이런 거주시설 내 돌봄의 질은 매우 다양하다.

미국에서는 보통 약 4%의 노인이 실제로 사립요양원에 살지만(150만 명), 85세 이상의

그림 15-4

인종과 노인

노인은 인종이나 민족적으로 다양해지고 있다. 오늘날 미국의 경우 65세 이상의 80%가 백인이다. 그런데 2050년이 되면 이 수치는 59%까지 줄어든다(출처 : NCHS, 2014; Pirkl, 2009; Hobbs, 1997).

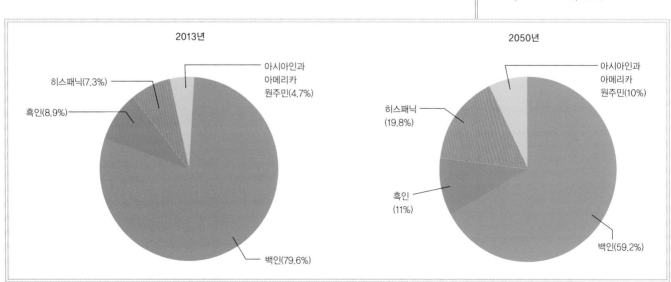

Paula Solloway/Alamy

조금이라도 움직이면 낫다
모든 종류의 신체적 운동이 인지기능의 향상에 도움이 된다는 연구에 따라 여기 보이는 노인들이 영국 웨스트요크셔 지방 브래드퍼드에 있는 지역사회센터의 도미니크회에서 진행하는 '팔 걸이 의자' 운동 프로그램에 참여하고 있다.

노인 약 20%는 결국 이런 시설에 머물게 된다(CDC, 2015). 요컨대 많은 노인들이 '시설에 넣어질까' 두려워하며 살고 있다. 이들은 이사를 하고 독립성을 잃고 의료 환경에서 살게 될까 두려워한다. 많은 이들은 장기 요양시설의 비용도 걱정한다. 24시간 간호하는 곳은 값이 비싸며 요양원 가격도 계속 오르고 있다. 오늘날 이용 가능한 대부분의 건강보험은 장기 입소비용을 충분히 감당하지 못한다(Durso et al., 2010). 이런 문제를 걱정하는 것은 노인의 정신건강에 크게 해로울 수 있으며, 아마도 우울증과 불안증은 물론 가족의 갈등을 유도할 것이다.

마지막으로 임상과학자들은 현재 젊은 성인 세대에서 자신의 고령화 과정에 대한 건강 유지 또는 웰니스 증진 접근법을 취해야 한다고 제안한다. 다시 말해 이들은 신체적·정신적 건강을 촉진하는 일, 즉 금연, 적절히 균형 잡히고 건강한 음식 섭취, 규칙적인 운동, 긍정적인 사회적 관계 유지, 스트레스 관리와 다른 정신건강 프로그램의 이용 등을 해야 한다(CDC, 2014). 노인이 신체 및 정신 건강이 좋아지면 변화와 부정적 사건에 더 쉽게 대처할 것이라는 믿음이 증가하고 있다.

<table>
<tr><td colspan="2">숨은 뜻 읽어내기</td></tr>
<tr><td colspan="2">**다양한 수명**</td></tr>
<tr><td>79년</td><td>인간의 평균 수명</td></tr>
<tr><td>200년</td><td>몇몇 바다조개의 수명</td></tr>
<tr><td>90년</td><td>범고래의 수명</td></tr>
<tr><td>50년</td><td>박쥐의 수명</td></tr>
<tr><td>2년</td><td>쥐의 수명</td></tr>
<tr><td>17일</td><td>수컷 집파리의 수명</td></tr>
<tr><td colspan="2">(Durso et al., 2010; CDC, 2011)</td></tr>
</table>

▶ **요약**

노인의 정신건강에 영향을 미치는 문제 노인의 문제를 연구하고 치료하는 과정에서 임상가들은 세 가지 문제, 즉 인종 및 민족적 소수집단에 속한 노인들이 직면한 문제, 장기 보호의 불충분함, 고령화 사회에서 의료에 대한 건강 유지의 필요성을 고민하게 되었다.

종합

임상가들이 노인을 발견하다

20세기 초에 정신건강 전문가들은 노인에게 거의 관심을 두지 않았다. 하지만 아동의 문제처럼 노인의 문제는 이제 연구자와 임상가의 관심을 받게 되었다. 최신 연구는 우리가 노인의 정신적 문제를 이해하고 치료하는 방식 면에서 중요한 변화를 거론한다. 임상가들은 더 이상 노인의 우울증이나 불안증을 단순히 어쩔 수 없는 것으로 받아들이지 않는다. 그들은 더 이상 노인의 처방약 오용의 위험을 간과하지 않는다. 그리고 그들은 더 이상 섬망의 위험이나 신경인지장애의 유병률을 과소평가하지 않는다. 마찬가지로 노인심리학자들은 노인의 정신적 행복의 열쇠로서 노인의 건강관리와 재정적 요구를 다루는 일의 중요성을 더욱 인식하게 되었다.

노인 인구가 더 오래 살고 많이 증가함에 따라 이 연령대 사람들의 특별한 욕구가 더욱 눈에 띄게 된다. 이렇게 해서 이들의 정신적 문제에 대한 연구와 치료는 아마도 빠른 속도로 진행될 것이다. 임상가들과 공무원들은 이들의 욕구와 중요성을 또다시 과소평가하지 않으려 한다.

특히 긴급한 사항은 신경인지장애와 치매가 노인과 그 가족에게 미치는 파괴적 효과이다. 이 장 전체에서 설명했듯이 뇌의 복잡성으로 인해 알츠하이머병과 다른 신경인지장애를 이해하고 진단하고 치료하기 어렵다. 하지만 연구자들은 정기적으로 중요한 발견을 하고 있다. 현재까지 이런 연구는 대개 생물학적 연구였지만, 이들 장애가 환자와 가족에게 워낙 큰 영향을 미치는 탓에 오늘날의 심리적 · 사회문화적 탐구도 급속히 증가하기 시작했다.

핵심용어

갈란타민	만발성 알츠하이머병	아연	칼슘
건강유지 접근	메만틴	아폴리포단백질 E(ApoE) 유전자	크로이츠펠트-야콥병
경도신경인지장애	바이러스 이론	알츠하이머병	타우 단백질
글루타메이트	베타-아밀로이드 단백질	자가면역 이론	파킨슨병
납	베타-아밀로이드 전구체 단백질	장기 요양	프레세닐린
노인성 반점	비타민 E	조력생활시설	피크병
노인심리학	섬망	조발성 알츠하이머병	헌팅턴병
도네페질	신경섬유매듭	주간돌봄시설	혈관성 신경인지장애
리바스티그민	신경인지장애	주요신경인지장애	ApoE-4
리보핵산(RNA)	아세틸콜린	차별	

속성퀴즈

1. 노인심리학이란 무엇인가? 노인에게 어떤 특별한 압력이나 곤란한 점이 있는가?
2. 노인에게 우울장애는 얼마나 흔한가? 노인 우울장애의 원인은 무엇이고 어떻게 치료하는가?
3. 노인에게서 불안장애는 얼마나 흔한가? 이론가들은 노인의 불안장애 원인을 무엇이라 설명하고, 임상가들은 어떻게 치료하는가?
4. 노인기의 일부 기간에 나타나게 되는 약물 남용 유형에 대해 기술하고 설명하라.
5. 노인이 경험하게 되는 정신병적 장애에는 어떤 종류가 있는가?
6. 섬망이란 무엇인가?
7. 노인에게서 신경인지장애는 얼마나 흔한가? 알츠하이머병을 유발하는 질환이나 문제에는 어떤 것이 있는가?
8. 알츠하이머병의 가능한 원인은 무엇인가?
9. 알츠하이머병을 예측할 수 있는가? 알츠하이머병과 기타 다른 신경인지장애를 위한 개입 방법에는 어떤 것들이 있는가?
10. 임상가들은 노인과 관련하여 어떤 특별한 주제에 대해 걱정하는가?

법, 사회, 그리고 정신건강 직종

조 디에게
나는 레이건을 죽이려고 하기 때문에 살해당할 가능성이 매우 커. 바로 그 때문에 지금 당신에게 이 편지를 쓰고 있어. 잘 알겠지만, 나는 당신을 매우 사랑해. 지난 7개월 동안 당신이 내게 관심을 가져 줄지도 모른다는 실낱 같은 희망을 가지고 당신에게 수많은 시, 편지, 그리고 메시지를 보냈지. … 조디, 이상하게 들릴지도 모르지만 당신의 마음을 얻고 일생을 당신과 함께 보낼 수만 있다면, 레이건을 해치려는 생각은 즉시 버릴 수 있어. 내가 지금 이 일을 하려는 이유는 당신에게 확실한 인상을 주고 싶기 때문이야. 나는 지금 이 모든 것이 당신을 위해서임을 알아주길 바라. 내 자유와 인생을 희생하면서까지 당신의 마음을 바꾸고 싶어. 이 편지는 힐튼 호텔을 나서기 한 시간 전에 쓰고 있어. 조디, 제발 자신의 마음을 들여다봐. 그리고 당신의 존중과 사랑을 얻기 위해 이 역사적 사건을 만들 기회를 줘. 사랑해.

존 힝클리

존 힝클리는 1981년 3월에 여배우인 조디 포스터에게 이 편지를 썼다. 이 편지를 쓴 직후, 그는 워싱턴 힐튼 호텔 밖에서 권총을 준비한 채 대기하다가 로널드 레이건 대통령이 호텔 밖으로 나오자마자 총격을 가했다. 비밀경호원들이 레이건을 리무진에 태웠고, 경찰과 대통령의 언론 담당비서는 도로 위에 쓰러졌다. 대통령은 총에 맞았고 해질녘쯤 거의 모든 미국 사람들은 정신장애가 있던 콜로라도 출신인 이 젊은 남성의 이름과 얼굴을 알게 되었다.

이 책 전체에서 보았듯이, 개인의 심리적 역기능은 고립된 상태에서 발생하지 않는다. 개인은 사회의 그리고 사회적 압력의—때로는 원인이 되기도 함—영향을 받으며 친척, 친구, 그리고 아는 사람들의 생활에 영향을 끼친다. 존 힝클리의 사건은 개인의 역기능이 알지 못하는 사람들의 권리와 생활에까지 영향을 끼칠 수 있음을 명백하게 보여 준다.

마찬가지로 임상과학자들과 임상가들은 고립된 상태에서 일하지 않는다. 그들은 심리적 문제가 있는 사람들을 연구하고 치료하면서, 사회의 다른 기관에 영향을 주고 영향을 받는다. 예를 들어 우리는 정부가 정신 약물의 사용을 어떻게 제한하는지, 임상가가 어떻게 탈원화의 정부 정책 수행을 돕는지 그리고 어떻게 임상가가 베트남, 이라크와 아프가니스탄 참전용사(이전에는 베트남 참전용사)의 심리적 어려움에 사회적 관심을 불러일으켰는지 보아 왔다.

즉 다른 내담자와 같이 임상가들도 복잡한 사회체계 내에서 활동한다. 이상행동을 이해하기 위해서 그 행동이 발생하는 사회적 문맥을 이해해야만 하는 것처럼, 이 행동이 연구되고 치료되어 온 문맥을 이해해야만 한다. 이 장에서는 정신건강 분야와 3대 주요 사회기관, 즉 입법 및 사법 체계, 경영/경제 영역 그리고 기술 분야 간 관련성에 초점을 맞출 것이다.

법과 정신건강

입법부와 사법부는 정신건강 직종에 특히 강한 영향력을 가진다. 오랜 세월 동안 두 기관—총체적으로 **법적 분야**—은 공익과 개인의 권리를 보호해야 하는 책임을 져 왔다. 때로 법

관련 수의 증가

미국에서 매년 약 100만 건의 법정 사례에
정신건강 임상가가 참석하는 것으로 추정
된다.

(Kanbarn & Benedek, 2010)

▶**법정심리학** 심리학적 연구 및 임상과 사법
제도 간의 통합을 꾀하는 심리학. 법정신의학
(forensic psychiatry) 분야와도 관련됨

▶**감호조치** 범죄자가 정신적으로 불안정하다
고 판단하여 치료를 위한 정신건강 기관에 보
내는 법적 절차

▶**정신이상에 의한 무죄(NGRI)** 범죄자가
범죄 당시 비정상이었기 때문에 유죄가 아니
라는 판결

암살 미수범

당시 미국 대통령이었던 로널드 레이건을 저격
하다 현장에서 체포된 존 힝클리가 정신이상에
의한 무죄판결을 받은 것보다 더 많은 논쟁과
법적 활동을 일으킨 사건은 드물다.

AP/Wide World Photos

분야와 정신건강 분야는 밀접한 관계를 가지면서, 개인의 권리를 보호하고, 문제가 있는
개인과 사회 전반의 필요를 충족시켰고, 때로는 의견 충돌을 통해 상대 분야에 의지를 관
철시키려 했다.

이 두 기관의 관계는 임상 전문가의 두 가지 역할을 보여 준다. 임상 전문가는 피의자들
의 정신 상태에 대한 평가를 통해 형사사법제도에서 일정 역할을 담당했는데, 힝클리 사건
과 몇천 개의 사건에 소환된 것이 그 예이다. 이를 법 안에서의 심리학이라 부른다. 즉 임상
가와 연구자가 법률체계 내에서 기능한다. 또 한 가지 역할은 심리학 안에서의 법으로 볼 수
있다. 입법과 사법 체계가 특정 정신건강 측면을 관장하면서 임상 영역 내에서 기능한다.
예를 들어 법정에서는 개인의 의지에 반해 치료를 강요할 수 있다. 또한 법은 환자의 권리
를 보호한다.

정신건강 분야와 법률과 사법 체계 간의 교차점을 **법정심리학**(forensic psychology)이라고
부른다(APA, 2015). 법정심리학자 또는 정신과 의사(또는 관련된 정신건강 전문의)는 증언
및 목격자 증언의 신뢰도에 대한 연구 또는 탈주 중인 연쇄살인범의 성격 프로파일 구성과
같은 다양한 활동을 한다.

임상가는 형사사법제도에 어떤 영향을 주는가

공정하고 적절한 법 집행을 위해 법정은 피고가 범죄에 **책임**이 있는지 그리고 법정에서 자
신을 변호할 **능력**이 있는지 판단해야 한다. 책임이 없다면 유죄판결이나 처벌은 부적절하
다. 법정은 심각한 정신적 문제가 있는 사람들은 자신의 행동에 책임을 질 수 없거나, 법정
에서 자신들을 변호할 수 없기 때문에 전형적인 방식으로 처벌받아서는 안 된다고 본다.
비록 법정이 정신적 불안정에 대한 최종 판결을 내리지만, 그들의 결정은 정신건강 전문가
의 의견에 크게 좌우된다.

기소된 사람들이 정신적으로 불안정하다고 판정되면 정신병원에 이송되는데, 이 과정
을 **감호조치**(criminal commitment)라고 부른다. 감호조치에는 몇 가지 형태가 있다. 첫째,
**범행 당시 정신적으로 불안정했기 때문에 범죄에 책임이 없다고 판단될 수 있다. 정신이상
에 의한 무죄**(not guilty by reason of insanity, NGRI)를 탄원할 수 있고 자신의 주장에 대한
근거로 법정에 정신건강 전문가를 소환할 수 있다. 무죄가 확정되면
풀려날 정도로 개선될 때까지 치료를 받아야만 한다.

두 번째 형태의 감호조치에서는 개인이 **재판받을** 당시 정신적으로
불안정하고, 따라서 재판 과정을 이해하지 못하기 때문에 자신을 스
스로 변호할 수 없다고 판단된다. 이 경우에는 피의자가 재판을 이해
할 능력이 될 때까지 치료를 받는다. 이때도 정신건강 전문가의 증언
으로 피고인의 정신 기능을 판단한다.

정신이상에 대한 판단은 논쟁을 불러일으켰다. 어떤 사람들은 이
런 판결은 벌을 받아야 하는 범죄자가 도망칠 수 있게 해 주는 법체계
의 구멍이라고 여긴다. 다른 사람들은 정신적 불안정의 경우, 정상참
작을 하지 않는 한 법체계가 정의로울 수 없다고 주장한다. 감호조치
의 실행은 나라마다 다르다. 이 장에서는 감호조치가 미국에서 어떻
게 작용하는지 살펴볼 것이다. 나라마다 원칙과 과정에서 다소 차이
가 있지만, 대부분의 나라에서 다음의 주제와 판단 때문에 씨름한다.

감호조치와 범행 당시 정신이상 존 힝클리의 사건을 다시 한 번 생각해 보자. 그가 대통령을 향해 총을 쐈을 때 그는 정신이상이었는가? 만약 정신이상이었다면 자신의 행동에 책임을 져야 하는가? 1982년 6월 21일, 4명의 사람을 총으로 쏜 15개월 후, 재판장은 힝클리가 정신이상을 이유로 유죄가 아니라고 판결을 내렸다. 따라서 미수범 힝클리는 1835년 앤드류 잭슨에게 총을 쏜 화가인 리처드 로렌스와 1912년 전 대통령이었던 테디 루스벨트를 쏜 술집 주인 존 슈랭크와 같이 정신이상을 이유로 무죄판결을 받았다.

'정신이상'이 **법률** 용어임을 인식해야 한다. 형사사건에서 사용되는 '정신이상'은 임상가가 아니라 입법자에 의해 정의되었다. 피고인은 정신병을 앓을 수도 있지만, 이것이 곧 정신이상이라는 법률 용어의 정의를 충족시키지는 않는다. 현대에서 사용하는 정신이상에 대한 정의는 1843년 영국에서 발생한 다니엘 맥노튼 살인사건으로 거슬러 올라간다. 맥노튼은 영국 총리 로버트 필을 총으로 살해하려고 시도하던 중 그의 비서인 에드워드 드러먼드를 총으로 살해했다. 맥노튼은 망상 증상을 뚜렷이 보였기 때문에 배심원은 정신이상에 의한 무죄로 판결을 내렸다. 대중은 이 결정을 반대했고, 화가 난 대중은 영국 입법자에게 정신이상에 따른 무죄항변에 대한 명확한 정의를 요구했다. **맥노튼검사**(M'Naghten test) 또는 **맥노튼 원칙**(M'Naghten rule)이라고 알려진 법률은 범행 당시 정신장애를 경험하는 것이 그 사람이 미쳤음을 의미하는 것은 아니라고 명시한다. 피고인은 또한 옳고 그름을 판단할 수 없어야만 한다. 미국의 주 그리고 연방 법원에서도 이 검사를 수용하였다.

19세기 후반 맥노튼 원칙에 찬성하지 않았던 미국의 몇 개 주와 연방 법원에서는 다른 검사, 즉 **불가항력적 충동검사**(irresistible impulse test)를 도입했다. 1834년 오하이오 주에서 처음 사용된 이 검사는 개인 행동의 통제 불가 정도를 평가한다. 통제 불가능한 '분노발작' 동안 범행을 저지른 사람은 정신이상이라 간주되며 무죄가 된다.

오랫동안 주와 연방 법원은 피고인의 정신 상태를 결정하는 데 맥노튼검사와 불가항력적 충동검사 중 한 가지를 이용하였다. **더럼검사**(Durham test)라고 불리는 세 번째 검사 또한 잠시 동안 많이 쓰였으나 곧 법정에서 사라졌다. 1954년 더럼 대 **미국연방정부** 사건에서 내려진 대법원의 판결에 기초한 이 검사는 '불법행위가 정신장애 또는 지적장애의 결과'라면 범죄에 대한 책임이 없음을 기술한다. 이 검사는 법정 판결의 유연성을 도모했으나 너무 유연한 판결을 초래하였다. 정신이상에 따른 무죄항변은 알코올중독자 또는 다른 약물중독 그리고 더 나아가 *DSM-I*에 열거된 정신생리학적 장애인 두통 또는 궤양 같은 문제에까지 적용되었다.

1955년 미국법률협회(ALI)는 맥노튼검사, 불가항력적 충동검사, 그리고 더럼검사의 관점을 결합한 검사를 개발했다. **미국법률협회 검사**(American Law Institute test)는 범행 당시 옳고 그름을 구별하지 못하거나 자신을 스스로 통제하지 못하고 법을 따르기 불가능한 정신장애 또는 지적장애를 가지고 있다면 범행에 책임이 없음을 명시했다. 이 새로운 검사는 한동안 정신이상의 법적 검사로 가장 널리 수용되었다. 하지만 힝클리 판결 후에 '유연한' ALI 지침에 대한 대중의 반발로 인해 더 엄격한 기준이 요구되기 시작했다.

이런 논란에 대응하여 1983년 미국정신의학회는 범행 당시 옳고 그름을 분별하지 못할 경우에만 정신이상으로 무죄판결을 내릴 것을 권장했다. 자기 자신을 통제하지 못하거나 법을 따를 수 없는 것은 정신이상 판결로 충분하지 않다고 보았다. 축약하면 협회는 맥노튼검사로 회귀를 권했다. 이 검사는 현재 모든 연방법정 사건과 절반 정도의 주법정 사건에 적용된다. 정신이상 탄원을 전부 기각해 온 아이다호, 캔자스, 몬태나, 네바다, 그리고

▶ **맥노튼검사** 범죄자의 범죄 행위가 정신이상 때문에 옳고 그름을 판단하지 못한 결과였는지 증명하기 위한 법적 검사

▶ **불가항력적 충동검사** 범죄자가 범죄 당시 정신이상으로 통제 불가능한 '격정발작(fit of passion)'에 의한 충동에 이끌렸는지 판단하기 위한 법적 검사

▶ **더럼검사** 범죄자가 범죄를 저지를 당시 그 행동이 정신장애나 결함의 영향이었는지 판단하기 위한 법적 검사

▶ **미국법률협회 검사** 정신이상으로 인해 범죄 당시 사리 판단이 불가능하거나 범행 충동을 통제하지 못하는 상태였는지 살펴보는 법적 검사

숨은 뜻 읽어내기

명언

"존 힝클리는 살아 있는 한 사회에 위협이 될 것이라고 생각한다. 그는 시한폭탄이다."
미국 변호사, 1982

"의심할 여지없이 존 힝클리는 우주에서 가장 덜 위험한 사람이다."
존 힝클리의 변호사가 자신의 의뢰인에 대한 권리 증진을 신청하며, 2003

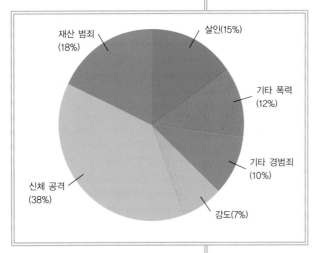

그림 16-1
정신이상에 의한 무죄판결을 받은 사람들의 범죄
몇 개 주에서 정신이상에 의한 무죄판결 사례에 대한 고찰을 보면, 이로 인해 방면된 사람들이 모두 공격적 범죄로 기소되었음을 보여 준다(출처 : Novak et al., 2007; APA 2003; Steadman et al., 1993; Callahan et al., 1991).

숨은 뜻 읽어내기

33년 후

60세인 존 힝클리는 워싱턴 D.C.에 있는 성엘리자베스병원의 환자이다. 연방판사는 그에게 매달 버지니아에 있는 어머니의 집에서 머물 수 있게 17일간의 휴가를 준다. 이 기간 동안 어머니의 집을 떠나려면 GPS가 부착된 휴대전화를 가지고 다녀야 한다.

유타를 제외한 주법정에서는 더 유연한 ALI 기준이 사용된다.

조현병이 주가 되는 심각한 정신장애를 앓고 있는 사람들은 옳고 그름을 말할 수 없고 자신의 행동을 통제할 수 없다. 따라서 정신이상으로 무죄를 선고받은 피고인의 3분의 2가 조현병으로 진단받았다는 사실은 놀랍지 않다(Almeida et al., 2010; Steadman et al., 1993). 무죄선고를 받은 피고인의 대다수는 과거에 입원 또는 체포 아니면 둘 다에 대한 기록이 있다. 정신이상으로 소송된 절반 정도는 백인이고, 86%는 남성이다. 그들의 평균 나이는 32세이다. 피고인이 정신이상으로 무죄판결을 받은 사건은 매우 다양하다. 하지만 65% 정도는 폭력 범죄이다. 무죄선고를 받은 15% 정도는 살인으로 기소됐다(그림 16-1 참조).

정신이상에 의한 무죄항변에 의해 제기된 문제는 무엇인가 정신이상검사의 발전에도 불구하고 정신이상에 의한 무죄항변에 대한 비판은 계속된다(MacKinnon & Fiala, 2015; Slovenko, 2011, 2004, 2002). 한 가지 비판은 법과 인간 행동 과학의 근본적인 차이에 대한 것이다. 법은 개인은 자유의지를 가지며 자신의 행동에 대해 전반적인 책임이 있다고 가정한다. 반면에 인간 행동 모델은 물리적 또는 심리적 힘이 개인의 행동을 결정한다고 가정한다. 그러므로 불가피하게 정신이상과 책임감의 법적 정의는 임상연구에 의해 제시된 것과 다르다.

두 번째 비판은 이상행동에 관한 불확실한 과학적 지식과 관련된다. 정신이상에 의한 무죄항변 재판 동안 피고 측 임상가의 증언은 원고에 의해 고용된 임상가의 증언과 상충하기 쉽고, 배심원은 주장의 차이를 보이는 '전문가'에 대해 판단을 내려야 한다(Bartol & Bartol, 2015). 전문가의 의견 일치도가 낮다는 사실은 어떤 영역에서 임상 지식이 불완전함을 보여 주는 것이므로, 전문가의 의견이 중요한 법적 결정에 영향을 주어서는 안 된다는 사람들도 있다. 다른 사람들은, 임상가가 맥노튼 원칙에 의해 정의된 정상과 이상의 차이를 좀 더 믿을 만하게 구분할 수 있게 심리적 척도를 개발하는 등(Pinals & Mossman, 2012; Rogers, 2008) 이 분야가 크게 발달하고 있음을 근거로 이를 반박한다.

이런 척도에도 불구하고 임상가는 법적 정신이상을 판결하는 데 극복하기 어려운 문제에 직면한다. 즉 사건 발생 몇 주, 몇 달 또는 몇 년 전의 피고인의 정신 상태를 평가해야만 한다. 정신 상태는 시간 경과와 공간 변화에 의해 변할 수 있기 때문에 임상가는 범행 당시 정신 상태에 대한 평가가 정확하다고 확신하기 어렵다.

정신이상에 의한 무죄항변에 대한 가장 많은 비판은 이 제도로 위험한 범죄자가 처벌을 피할 수도 있다는 것이다. 정신이상으로 인해 사면받은 사람이 무죄선고 후 몇 달 안에 치료시설에서 해방된다고 생각하지만 실제 그런 예는 매우 드물다(Asmar, 2014; Steadman et al., 1993; Callahan et al, 1991). 조사에 의하면 정신이상에 의한 무죄항변을 주장한 피고자의 비율이 실제로는 1% 미만이지만 대중은 30~40%로 과대평가한다. 또한 매우 소수만이 심리적 증상을 위조하거나 과장하며 정신이상에 의한 무죄항변을 주장한 피고의 4분의 1만이 실제로 무죄로 판명된다. 마지막으로 미국에서 피고 400명 중 1명 정도만이 정신이상으로 인해 무죄로 판결받으며, 대부분의 사건에서 검사는 판결의 적절성에 동의한다(심리전망대 참조).

미국 역사에서 정신이상에 의한 무죄항변 사례들은 장기 투옥되는 경우가 많다. 사실

심리전망대

정신이상에 의한 무죄판결을 받은 사람들의 범죄

1977 미시간에서 프랜신 휴스는 남편인 미키가 술에 취해 인사불성인 상태로 누워 있는 침대에 휘발유를 붓고 불을 붙였다. 재판에서 그녀는 남편이 자신을 14년 동안 반복적으로 폭행해 왔고, 남편은 만약 그녀가 떠나면 그녀를 죽이겠다고 협박해 왔다고 했다. 배심원은 그녀에게 일시적 정신이상에 의한 무죄를 선고했고, 그녀는 학대받는 많은 여성의 상징이 되었다.

1978 뉴욕 시의 연쇄살인범인 데이비스 버코비츠는 개가 그에게 살인하라는 악마적 메시지를 주었다고 주장했다. 2명의 정신과 의사가 그를 정신병 환자로 평가했지만, 그는 유죄판결을 받았다. 재판이 끝난 한참 뒤, 그는 망상이 사실은 가짜였다고 진술했다.

1979 힐사이드 2인조 교살범 중 한 사람인 케네스 비안치는 정신이상에 의한 무죄항변을 호소했지만, 사촌과 함께 1977년 후반부터 1978년 초 로스앤젤레스 지역에서 여성들을 성폭행하고 살인한 혐의로 유죄판결을 받았다. 그는 다중성격장애를 가졌다고 주장했다.

1980 12월 마크 데이비드 채프먼은 존 레논을 살해했다. 채프먼은 나중에 그가 록음악의 전설을 살해한 이유는 레논이 '끝났다'고 믿었기 때문이라고 했다. 정신이상에 의한 무죄항변을 하면서, 그는 자신이 그 시대의 '호밀 밭의 파수꾼'(J. D. 샐린저의 소설)이며 모세와 자신을 비교하며 신의 목소리를 들었다고 기술했다. 채프먼은 살인에 대한 유죄선고를 받았다.

1981 여배우 조디 포스터에 대한 사랑을 입증하기 위해 존 힝클리는 로널드 레이건 대통령의 암살을 시도했다. 힝클리는 정신이상에 의한 무죄를 선고받았고, 아직까지 워싱턴에 있는 성 엘리자베스정신병원에 수감되어 있다.

1992 밀워키에서 대량학살을 한 31세 제프리

정신이상 항변 거부 2012년 제임스 홈즈가 영화 관람객 12명을 사살하고 70명을 부상 입힌 며칠 후 콜로라도의 법정에 앉아 있다. 2015년 배심원들은 정신이상에 의한 무죄항변을 받아들이지 않고 그에게 살인과 살인미수에 대한 유죄판결을 내렸다.

AP Photo/Denver Post, RJ Sangosti

다머는 15명의 청년을 살해한 혐의로 기소되었다. 다머는 몇몇 피해자들에게 약물을 투여했고, 엽 절제술을 실행했다. 피해자의 몸을 절단하고 심지어 먹기 위해 저장해 두었다. 정신이상에 의한 무죄항변을 했음에도 불구하고, 배심원은 기소된 대로 유죄를 선고했다. 그는 1995년 또 다른 수감자의 폭행으로 죽었다.

1994 1993년 6월 23일, 24세인 로레나 비트는 남편이 잠든 사이, 30센티미터의 부엌칼로 그의 성기를 절단했다. 재판에서 피고 측 변호사는 그녀가 오랜 기간 존 보비트의 학대로 인해 정신병에 시달렸고, 그가 술에 취해 집에 들어와 그녀를 강간하고 난 후, 그녀는 '불가항력적 충동'에 사로잡혀 그의 성기를 절단했다고 주장했다. 1994년 배심원은 일시적 정신이상에 의한 무죄를 선고했다. 그녀는 주립정신병원에 수감되었고 몇 달 후에 풀려났다.

2003 2002년 10월 3주 동안 존 앨런 무하

마드와 리 말보는 워싱턴 D.C.에서 총기로 10명을 살해했고, 3명에게 부상을 입혔다. 말보의 변호사는 아직 10대인 말보는 중년인 무하마드에 의해 영향을 받아 범행을 저질렀으며, 따라서 말보가 정신이상에 의한 무죄판결을 받아야 한다고 주장했다. 그러나 배심원은 말보에게 살인죄로 인한 무기징역을 선고했다.

2006 2001년 6월 20일, 36세인 안드레아 예이츠는 자신의 자녀 5명을 목욕탕에서 익사시켰다. 예이츠는 산후우울증과 산후정신병을 앓고 있었다. 그녀는 자신이 악마이기 때문에 좋은 엄마가 아니며, 아이들이 정상적으로 자라고 있지 않다고 믿었다. 이로 인해 그녀는 정신이상에 의한 무죄판결을 주장했다. 첫 번째 유죄판결이 번복되고, 예이츠는 2006년에 정신이상에 의한 무죄판결을 받아 치료를 위한 정신건강 시설에 보내졌다.

2011 2002년 브라이언 데이비드 미첼은 엘리자베스 스마트라는 14세 여학생을 유괴해서 9개월 동안 감금했다. 수년에 걸친 연장 끝에 미첼은 유괴범으로 법정에 섰다. 그는 자신의 범죄가 망상에 의한 행동(신의 계시)이었다고 주장하며 정신이상에 의한 무죄판결을 주장했다. 5시간의 장고 끝에, 배심원들은 그를 유괴죄로 판결했다. 그는 2011년에 종신형을 받았다.

2012 2012년 6월 20일 신경과학 박사과정 생이었던 제임스 홈즈는 콜로라도 주 유로라에 있는 극장으로 들어가 관객들에게 총을 발사해 12명을 사살하고 70명에게 부상을 입혔다. 체포되고 감금된 몇 달 동안 전과기록이 없었던 홈즈는 3번의 자살시도를 하였다. 홈즈는 정신이상에 의한 무죄판결을 주장했으나, 배심원들은 살인과 살인미수로 유죄판결을 내렸다. 그는 종신형을 받았다.

정신병원에서의 치료가 형 집행 기간보다 긴 경우가 많다(Bartol & Bartol, 2015). 입원으로 증상이 호전되는 일이 드물기 때문에 임상가는 범죄자가 다시 범행을 저지르지 않을 것이라 예측하기를 주저한다.

하지만 최근에는 범죄자가 전보다 빨리 정신병원에서 퇴원한다. 이는 약물과 다른 치료

AP Photo/Douglas D. Pizac

지능적으로 속인 사이코패스
2002년 브라이언 데이비스 미첼은 14세의 엘리자베스 스마트를 집에서 칼로 위협해 유괴하고 9개월 동안 감금하였다. 잡힌 지 7년 동안, 미첼은 법정에 설 능력이 없다고 주장했다. 2010년 연방 법정 판사는 그를 '지능적으로 속인 사이코패스'라고 칭하며, 법정에 서게 했다. 미첼은 정신이상에 의한 무죄를 주장했으나, 유괴에 대한 유죄판결을 받고 종신형을 받았다.

의 효과성 증가, 장기입원을 반대하는 입장을 가진 사람들의 증가, 그리고 환자의 권리를 강조하는 추세 때문이다(Slovenko, 2011, 2009, 2004). 1992년 포차 대 루이지애나 주의 사건에서 미국 대법원은 입원한 범죄

> 일단 환자가 범죄 때문에 정신기관에 입원하게 되면, 왜 임상가는 이 사람들의 재범 가능성이 낮다고 판단하길 꺼리는 것일까?

자가 지속해서 '정신이상'을 보이는지, 아닌지를 결정하는 근거와 단지 위험하다는 이유로 범죄자를 정신병원에 무기한으로 둘 수 없다고 분명하게 밝혔다. 어떤 주에서는 퇴원 후에도 범죄자를 통제한다. 몇몇 주에서는 사회성 치료를 권장하거나 환자를 가까이서 감시할 수 있으며, 필요시 재입원시킬 수 있다(Swanson & Swartz, 2014).

다른 어떤 판결이 가능한가 지난 수십 년 동안 14개 주에서는 **유죄이나 정신병이 있는**(guilty but mentally ill)이라는 판결을 추가하였다. 이 판결을 받은 피고인들은 범행 당시 정신병을 갖고 있었지만, 그 병이 범행과 관련이 없거나 범행의 원인이 아닌 경우이다. '유죄이나 정신병이 있는' 선택은 판사들이 보기에 위험한 사람을 유죄로 판결할 수 있고 필요한 치료를 받게 할 수 있다. '유죄이나 정신병이 있는' 피고인들은 만약 필요하다면 치료를 받을 수 있는 가능성하에 감옥에 수감된다.

이 판결문은 초반에 지대한 관심을 불러일으켰으나, 법률 그리고 임상가는 점점 더 이에 대해 불만족하기 시작했다. 정신이상에 의한 무죄판결의 수는 줄어들지 않았고, 이 판결문은 실제와 모의재판에서 배심원을 혼동시켰다(Bartol & Bartol, 2015). 또한 비판가들이 지적했듯이 판결에 상관없이 모든 죄수에게 적절한 정신건강 보호가 제공되어야 한다는 것이었다. 즉 '유죄이나 정신병이 있는'이라는 선택은 유죄판결과 이름만 다르다고 주장했다.

어떤 주에서는 유죄이나 한정책임능력이라는 판결문을 선택한다. 이 판결문에서는 피고인의 정신이상을 법정에서 범행에 대한 유죄 여부를 결정지을 때 참고할 정보로 간주한다(Slovenko, 2011; Leong, 2000). 피고 측 변호인은 피고인의 정신 상태를 고려할 때 피고인에게 특정 범행을 저지르려는 의도가 없었음을 주장한다. 이 경우 1급 모살(계획적 살인) 대신에 과실치사(의도하지 않은 불법 살인)로 보아 죄가 경감된다. 1978년 조지 모스콘 샌프란시스코 시장과 하비 밀크 도시감독관을 총살한 댄 화이트의 사건은 이 판결문에 대해 잘 보여 준다.

▶ **유죄이나 정신병이 있는** 피고가 저지른 범죄는 유죄이나, 정신장애를 앓고 있으므로 투옥 동안 치료를 받아야 함을 기술하는 판결

> 피고 측 변호사인 더글라스 슈미트는 애국심이 충만하고, 시민의식을 가진 고교시절 운동선수, 훈장을 받았던 참전용사, 전 소방관, 경찰관, 그리고 도시감독관이었던 댄 화이트와 같은 사람은 어떤 이상이 있지 않는 한 그런 범행을 저지를 수 없다고 주장했다. 그는 머리를 관통한 마지막 두 발이 보여 주는 잔혹성은 화이트가 이성을 잃었음을 보여 주며 화이트는 '한정책임능력' 상태였기 때문에 범행에 대한 완전한 책임이 없다고 했다. 화이트가 조지 모스콘 시장과 하비 밀크 감독관을 살해하기는 했지만, 계획된 범행은 아니었으며 총을 쐈던 그날, 화이트는 살인을 계획하거나 그 일을 원하는 것조차 불가능한 상태였다고 강조했다.
> 법정신의학 분야에서 유명한, 샌프란시스코에 있는 캘리포니아주립대의 헤이스팅스법대 법과 정신의학 교수인 마틴 블라인더는 화이트의 변호로 명성을 얻었다. 블라인더 박사는 화이트가 "트윙키(역주 : 초콜릿 바의 일종), 코카콜라와 같은 정크푸드를 많이 먹었다. … 먹으면 먹을수록 우울해졌고, 우울을 극복하고자 더 많은 정크푸드를 섭취했다."라고 배심원들에게 설명했다. 슈미트는 후에 이에 대해 블라인더 박사에게 설명해 달라고 부탁했다. 블라인

더 박사는 "정크푸드가 아니었다면, 살인이 발생하지 않았을 것이라 생각한다."라고 대답했고, 블라인더 박사는 트윙키 변호사로 불리게 되었다….

댄 화이트는 자발적 과실치사로 판결받았고 7년 8개월을 선고받았다(그는 1984년 1월 6일 가석방되었다). 화이트가 조지 모스콘 시장과 하비 밀크 감독관을 살해할 의사가 없었다는 정신의학적 증언으로 배심원을 설득한 것이다.

이 판결에 분노하여 시청 앞에서 소리 지르고, 시위하고, 쓰레기를 투척하고, 경찰차를 불태운 군중은 대부분 동성연애자들이었다. 게이 감독관이었던 하비 밀크는 그들을 위해 많은 일을 해 왔고, 그의 죽음은 샌프란시스코 인권보호운동에 심각한 차질을 주었다. 하지만 이 결과에 분노한 것은 게이단체뿐만이 아니었다. 대부분의 샌프란시스코 시민들은 이 판결에 분노를 느꼈다.

(Coleman, 1984, pp. 65-70)

정의가 구현되지 않을 가능성이 크기 때문에 많은 법전문가들은 '한정책임능력'에 대해 반대해 왔다. 실제로 댄 화이트 판결 이후 캘리포니아를 포함한 많은 주에서 이 판결문을 없앴다(Gado, 2008).

성범죄자법은 무엇인가 1937년 미시간에서 최초로 '정신장애 성범죄자법'을 통과시킨 후부터 많은 주에서 성범죄자를 특별법 범주에 포함시켰다(Perillo et al., 2014; Ewing 2011). 이 주들에서는 반복적으로 성범죄로 유죄판결을 받은 사람은 정신병을 앓고 있다고 간주하여 그들을 정신장애 성범죄자로 분류하였다.

이렇게 분류된 사람들은 형사범죄로 유죄판결을 받았고 자신의 행동에 대해 책임을 지도록 판결받았다. 그러나 정신장애 성범죄자들은 감옥 대신에 정신건강 시설에 보내졌다. 부분적으로 이 법들은 성범죄자가 정신적으로 이상이 있다는 법조인의 믿음을 반영한다. 실제로 이 법들은 성범죄자가 감옥에 갔을 때 받을 수 있는 신체적 학대로부터 이들을 보호해 준다.

Bill Nation

정의의 구현?

댄 화이트가 조지 모스콘 시장과 하비 밀크 감독관을 살해한 것이 모사 살인이 아닌 자발적 과실치사로 판결이 난 후, 샌프란시스코에서 대규모 시위가 일어났다. 많은 사람들은 1979년 사례가 '한정책임능력'의 문제를 보여 준다고 본다.

▶재판에 서는 것이 부적격 피고가 법규를 이해하고 법적 절차를 진행하지 못하거나, 변호사를 위임하여 적절한 변론을 준비하지 못할 만큼 정서가 불안한 상태

하지만 지난 20여 년 동안 대부분의 주에서는 정신장애 성범죄자 법을 수정했거나 폐지시켰고, 현재는 오직 몇 개 주만이 그 법을 고수하고 있다. 이 변화에는 몇 가지 이유가 있다. 첫째, 각 주의 법은 정신장애 성범죄자로 분류하기 전에 적절한 치료를 제공할 것을 요구하지만, 실제로 임상가가 이런 치료를 제공하기가 매우 어렵다(Marshall et al., 2011). 둘째, 인종 편견이 정신장애 성범죄자라는 분류를 사용하는 데 영향을 준다는 증거가 있다. 백인이 다른 인종집단보다 이 분류로 판결될 가능성이 높기 때문에, 피고가 백인인 경우 이 분류는 투옥을 대체하는 좋은 대안이기 때문이다. 백인들은 동일 범죄로 기소된 흑인이나 히스패닉 계통 인종보다 2배나 더 정신장애 성범죄자로 분류된다.

하지만 정신장애 성범죄자 법률이 호응을 잃은 주된 이유는 아동 성범죄의 수가 나라 전역에서 증가하고 있는 추세에 따라(Laws & Ward, 2011), 성범죄자의 권리와 필요에 대한 주 의회와 법정의 관심이 줄었기 때문이다. 실제로 성범죄 수 증가에 따른 대중의 분노를 반영하여, 21개의 주와 연방정부는 성폭력 가해자법(혹은 성범죄 위험법)을 통과시켰다. 이런 새로운 법에서는 성범죄로 유죄판결을 받은 특정 성범죄자가 감옥에서 형을 받고 풀려나기 전, 판사가 '정신이상' 또는 '성격장애'로 인해 '성폭력 가해행동'을 할 위험이 있다고 판단하면, 이들을 치료를 위해 강제로 정신병원에 보낸다(Perillo et al., 2014; Miller, 2010). 성범죄자가 감옥에 가는 대신 치료를 받는 '정신장애 성범죄자 법'과는 반대로, 성폭력 가해자 법은 특정 성범죄자가 감옥에서 형을 받을 뿐 아니라 강제적 일정 기간 동안 치료받을 것을 요구한다. 성폭력 가해자 법은 1997년 캔자스 주 대 헨드릭스의 사건을 통해 5대 4로 대법원에 의해 합헌성이 인정되었다.

감호조치와 재판에 서기에 부적격함 범행 당시의 정신 상태와 상관 없이, 피고인이 **재판에 서는 것이 부적격**(mentally incompetent)하다고 판단할 수 있다. 적합하다는 것은 피고인이 자신이 직면한 기소를 이해하고 변호사와 함께 자신을 적합하게 변호할 수 있다는 것을 뜻한다(Ragatz et al., 2014; Reisner et al., 2013). 적격성의 최소 기준은 더스키 대 미국(1960) 사례의 대법원 판정에 의해 명시되어 왔다.

적격성 문제는 검사, 구속경찰, 판사보다는 주로 피고인의 변호사에 의해 제기된다(Reisner et al., 2013). 법정은 입원시설에 심리학적 평가를 의뢰할 수 있다(표 16-1 참조). 미국에서는 매년 60,000건 정도의 역량 평가가 실시된다(Bartol & Bartol, 2015). 이 평가를 받는 20% 정도의 피고인들은 재판에 설 만한 역량이 되지 않는다고 판정받는다. 법정이 피고인이 역량이 없다고 판단하면, 피고인은 재판에 설 만한 역량을 갖출 때까지 정신건강

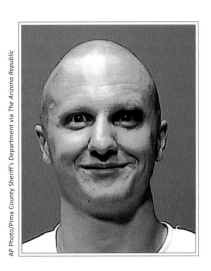

AP Photo/Pima County Sheriff's Department via The Arizona Republic

재판에 서는 것이 부적격함
2011년 애리조나의 투손에서 발생한 총기난사 사건일에 경찰에서 찍은 제러드 러프너의 사진이다. 재판부는 러프너가 재판받기 부적격하다고 판결했다.

표 16-1

다문화 문제 : 인종 그리고 법정심리학

- 정신장애가 있는 소수민족은 정신장애가 있는 백인보다 정신건강 시설이 아닌 감옥에 더 많이 보내진다.

- 재판에 설 수 있는 역량을 평가받은 피고인 중 소수민족 피고인은 백인 피고인보다 더 많이 입원 환자 평가에 의뢰된다.

- 소수민족 피고인과 백인 피고인들이 재판에 서기 위한 역량을 평가받을 때 소수민족 피고인들은 더 많이 재판에 설 역량이 부족한 것으로 평가된다.

- 뉴욕 주에서 강제적 외래 입원 명령을 받은 사람들 중 42%는 흑인이고, 34%는 백인이며, 21%는 히스패닉계 미국인이다. 반면 이 세 집단은 각각 뉴욕 인구의 17%, 61%, 16%를 차지한다.

출처 : Haroules, 2007; Pinals et al., 2004; Grekin et al., 1994; Arvanites, 1989.

시설에 보내진다.

최근 가장 유명한 재판 적격성 판단 사례는 제레드 리 러프너의 사례이다. 2011년 1월 8일, 러프너는 애리조나 주 투손 시에 있는 쇼핑센터에서 열린 정당대회에 참석해서 20명에게 총격을 가하였다. 6명이 사망하고 14명이 상해를 입었는데, 그중 미국 하원의원 가브리엘 기퍼즈도 포함되어 있었다. 총격의 목표였던 기퍼즈는 머리에 총상을 입었으나 살아났다. 러프너는 5주에 걸친 정신평가를 받았으며, 판사는 러프너가 재판을 받기 부적합하다는 판결을 내렸다. 18개월 동안 항정신정 약물로 치료를 받은 후 러프너는 재판에서 적합하다는 판결을 받았다. 2012년 11월 러프너는 살인죄를 인정했고, 종신형을 선고받았다.

감호조치의 많은 사건은 정신이상에 의한 무죄판결이 아닌 재판에 서는 것이 부적격 판정이 원인이다(Rosech et al., 2010). 하지만 현재 미국에서 정신치료를 받기 위해 시설에 수감되어 있는 대다수의 범죄자는 이 두 부류에 속하지 않는다. 그들은 유죄판결을 받은 재소자로, 감옥 안에 있는 정신건강 병동 또는 정신병원에서 교도관에 의해 정신적 문제로 치료가 필요하다고 판단된 자들이다(Metzner & Dvoskin, 2010)(그림 16-2 참조).

무죄인 피고인이 재판에 서기에 부적격하다고 판결받아 정신건강 시설에서 범죄 혐의를 반박할 기회도 없이 몇 년을 보낼 수도 있다. 실제로 어떤 피고인들은 유죄판결로 수감되는 기간보다 더 오랫동안 정신건강 시설에서 역량 판결을 받기 위해 기다린다. 이런 문제는 대법원이 부적격한 피고인을 무기한으로 수감할 수 없다고 결정한 잭슨 대 인디애나 주 사건(1972)을 통해 줄어들었다. 일정 기간 내에 피고인은 역량이 있어 재판을 받거나 방면되거나 강제처분하에 정신건강 시설로 이송된다.

1970년대 초까지 대부분의 주에서는 재판에 서는 것이 부적격 판정을 받은 피고인들을 '정신이상으로 범죄를 저지른' 사람들을 위한 안전한 시설에 수감해야 했다. 하지만 최근 법하에선 법정이 더 큰 유연성을 가지고 있다. 혐의가 비교적 가벼울 때 피고인들은 감옥에서 정신건강 보호기관으로 옮겨지기 때문에, 감옥 전환이라고 불리는 합의 아래 외래 환자로 치료받는다(Hernandez, 2014).

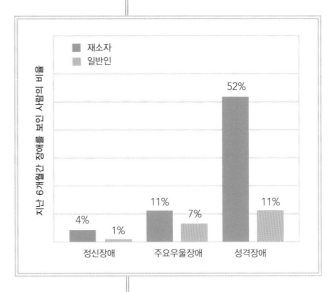

그림 16-2
교도소와 정신건강
서구 여러 나라에서 진행된 연구에 따르면, 수감 중인 사람들이 일반인보다 심리장애 유병률이 높다. 예를 들어, 수감인의 경우 비수감인보다 조현병이 4배가 높고, 성격장애(특히 반사회성 성격장애)는 5배가 높다(출처 : Andreoli et al., 2014; Butler et al., 2006; Fazel & Danesh, 2002).

외래 환자 돌봄
캘리포니아의 정신건강 치료기관에서 수감인들이 치료를 기다리고 있다. 미국에서 심리치료를 받는 범죄인의 대다수는 수감되게 만든 범죄와는 거의 혹은 전혀 상관없는 심리장애를 가진 사람들이다.

▶ **요약**

임상가는 형사사법제도에 어떤 영향을 주는가 정신건강 전문가와 입법 및 사법 제도가 상호작용하는 하나의 형태는 임상가가 피의자의 정신 상태를 평가하는 것이다. 임상가의 평가는 판사와 배심원들이 피고인이 범행에 책임이 있는지, 그리고 법정에서 자신을 변호하는 것이 가능한지를 결정하는 데 도움을 줄 수 있다.

피고인들이 범행을 저질렀을 당시 정신적으로 불안정했음이 인정되면, 피고인들은 정신이상에 의한 무죄가 되고 감옥 대신 정신치료시설로 보내진다(감호조치). 연방법원과 절반 수의 주법원에서 정신이상은 맥노튼검사에 따라 결정된다. 다른 주에서는 더 융통성 있는 미국법률협회 검사를 따른다.

정신이상에 의한 무죄항변은 여러 이유로 비판되어 왔고, 어떤 주에서는 '유죄이나 정신병이 있는'이라는 추가적인 옵션을 만들었다. 또 다른 판결 선택 중 하나는 한정책임능력이다. 또한 점점 증가하고 있는 성범죄자들은 정신장애 성범죄자 법 대신 성폭력 가해자 법 아래 재판받고 판결을 받는다.

범행 당시 피고인의 정신 상태와 상관없이, 그들은 자신이 직면한 기소 또는 법적 절차를 완전히 이

(계속)

▶강제처분 특정 개인에게 정신건강치료를 받
게 하는 법적 절차

해하지 못하기에 재판에 서는 것이 부적격하다고 판단될 수 있다. 이 경우 피고인들은 보통 재판을 받
기에 적합할 때까지 정신과 시설에 보내진다.

입법 및 사법 체계는 정신건강 보호에 어떤 영향을 주는가

임상과학과 현장이 법률 시스템에 영향을 끼치는 것과 같이 법률 시스템은 임상 현장에 주
요한 영향을 준다. 첫 번째로 법정과 입법부는 특정 사람들에게 강제로 정신건강치료를 받
게 하는 **강제처분**(civil commitment) 과정을 신설하였다. 중증 정신장애를 가진 사람들은
대개 자발적으로 치료를 찾지만, 다수는 자신의 문제를 인식하지 못하거나 치료에 관심이
없다. 이런 사람들을 위해 강제처분 지침이 실행되었다.

두 번째로 법률 시스템은 주를 대신하여 치료 동안 환자의 권리를 보호할 책임이 있다.
이 보호는 강압적으로 그리고 자발적으로 입원한 환자뿐 아니라 외래치료를 받는 환자까
지 포함한다.

강제처분 매년 미국에서는 정신장애를 가진 많은 사람들이 의무적으로 치료를 받는다. 보
통은 정신병원에 수감되지만, 45개의 주에서는 환자를 단체 치료 프로그램에 넣도록 하는
외래 환자 강제처분법을 가지고 있다(Morrissey et al., 2014; Swanson & Swartz, 2014). 강제
처분은 오랫동안 논쟁거리가 되었다. 어떤 면에서 법은 정신병자로 의심되는 사람보다 범
죄자로 의심되는 사람을 더 많이 보호한다(Strachan, 2008; Burton, 1990).

왜 강제로 입원시키는가 우리의 법 시스템은 개인이 **치료가 필요하고 자신 또는 다른 사람들
에게 위험**하다고 판단될 때 강제 입원을 허용한다. 자살 충동이 있거나 충동적이면(예 : 자
신이 화학제품에 면역이 있다는 것을 증명하기 위해 세제를 마시는 것) 위험할 수 있다. 타
인을 해치려 하거나 무의식적으로 타인을 위험에 처하게 한다면 다른 사람들에게 위험할
수 있다. 장애가 있는 사람들에 대한 주의 통제권은 개인과 사회의 이익을 보호해야 하는
의무에서 기인한다.

강제처분 과정 강제처분법은 주마다 다르다. 하지만 기본 과정은 주에 상관없이 공통적이
다. 가족이 먼저 처분 과정을 시작한다. 예를 들어 정신이상행동과 반복되는 공격을 보이
는 아들을 정신병시설에 보내기 위해 부모는 먼저 아들을 설득하려고 노력한다. 아들이 거
부하면 부모는 법정에 가서 강제처분 이행 신청을 할 수 있다. 아들이 미성년자이면 과정
은 간단하다. 이 경우 대법원은 정신건강 전문가가 처분이 필요하다고 판단하면, 청문 과
정은 불필요하다고 규정했다. 하지만 만약 아들이 성인이라면 더 복잡한 과정이 필요하다.
일반적으로 법정에서는 정신검사를 요구하며, 변호사를 통해서만 그 책무이행의 불이행
을 수락한다.

대법원은 강제처분이 이행되기 전 개인이 정신장애가 있다는 '명확하고 타당한' 증거
가 반드시 있어야 하며, 강제처분에 대한 주의 기준을 충족시켜야 한다고 규정했다. 규정
은 어떤 기준이 사용되어야 한다고 제시하지 않는다. 그 기준은 각 주에서 결정한다. 하
지만 주 기준이 어떻든 임상가들은 개인이 그 기준을 충족시킨다는 명확하고 타당한 근
거를 제공해야만 한다. 법정에서는 범행을 저질렀다는 확신이 75% 이상일 때 증거가 명확

AFP/AFP/Getty Images

자신에게 위험한

사람들은 '자신에게 위험한'이라는 용어가 전적으로 자살 위험이 있는 사람을 일컫는다고 생각한다. 그러나 자신을 위험에 처하게 하는 방법은 다양하며, 치료가 필요하므로 강제처분이 필요하다. 이 사진들은 어떤 남자가 동물 두 마리에게 설교하기 위해 가시 철사 울타리를 넘어 들어가서 사자에게 공격당하는 사진이다.

하고 타당하다고 판결한다. 이는 범죄자가 유죄판결을 받기 위해 요구되는 100% 확신보다 훨씬 낮다.

응급 입원 많은 상황은 즉각적 행동을 요구한다. 위험할 때에는 강제처분을 기다릴 수 없다. 예를 들어 자살 충동을 느끼거나 다른 사람에게 위험한 행동을 하라는 환청을 듣는 응급 환자를 생각해 보자. 그 사람에게는 즉각적 치료와 끊임없는 감시가 필요하다. 이런 상황에서 환자의 동의 없이 치료가 수행될 수 없다면 결과는 참혹할 것이다.

그러므로 많은 주에서 임상가에게 특정 환자를 처분하고 처방할 수 있는 임시 권한을 준다. 이전에는 2명의 의사(어떤 주에서는 꼭 정신과 의사일 필요는 없음)에게 진단서를 요구했다. 최근에는 다른 직종의 정신건강 전문가의 진단서도 용인된다. 치료자들은 환자의 정신 상태가 환자뿐 아니라 다른 사람도 위험에 처하게 할 수 있다는 것을 반드시 명시해야 한다. 전통적으로 진단서를 2명 의사 진단서(two-physician certificates), 또는 2PC라고 명명했다. 응급 입원 기간은 주마다 다르지만 보통 3일로 제한한다. 더 오랜 기간 입원이 필요하다고 판단되면, 응급 입원 동안 정식 입원 과정 절차를 시작할 수 있다.

누가 위험한가 과거에는 정신병을 가진 사람들이 폭력적이거나 위험한 행동을 하는 경우가 일반인들보다 더 적었다. 이 낮은 비율은 대다수의 정신장애인들이 시설에 거주했다는 사실과 연관이 있다. 하지만 탈원화의 결과로, 중증 정신장애를 가진 수백, 수천 명의 사람들이 사회에서 살고 있고, 그중 많은 수는 제한된 치료를 받거나 아예 치료를 받지 않고 있다. 일부는 자신에게 또는 다른 사람들에게 위험하다.

정신장애를 가진 사람들의 90%는 폭력적이거나 위험하지는 않지만, 현재 연구들은 최소한 중증 정신장애와 폭력적 행동 간에 상관관계가 있음을 보여 준다(Glied & Frank, 2014; Palijan et al; 2010). 폭력과 가장 강하게 연결된 장애로는 심각한 물질사용장애, 충동통제장애, 반사회성 성격장애 그리고 조현병이 있다(Ten Have et al., 2014; Volavka, 2013). 이 중 물질사용장애가 가장 영향을 미치는 요소로 보인다. 예를 들어, 물질사용장애와 동

© Reuters Newmedia Inc./Corbis

예측의 실패
학교 카페의 감시카메라를 통해 1999년 콜롬비아고등학교의 학교 총기난사사건을 벌이고 있는 딜런 클리볼드와 에릭 해리스를 볼 수 있다. 이 청소년들이 폭력적인 웹사이트를 만들고 다른 친구를 협박하고 법을 위반했으며 이 중 한 소년은 심리 문제 때문에 치료를 받았으나, 전문가는 이 폭력행동을 예측할 수도, 예방할 수도 없었다.

반된 조현병은 조현병 단독보다 폭력과의 관련성이 높다.

위험하다는 판단을 내리면 강제처분을 결정하게 된다. 하지만 정신건강 전문가는 누가 폭력행동을 할 것인지 정확히 예측할 수 있는가? 연구는 정신과 의사나 심리학자가 누가 후에 폭행을 할 것인지에 대한 **장기 예측**은 잘하지 못함을 보여 준다(Pistone, 2013; Mills et al., 2011; Palijan et al., 2010). 임상가는 환자의 폭력 가능성을 과대평가한다. 반면에 연구들은 임상가가 단기 예측—즉각적 폭행의 예측—은 좀 더 정확하게 한다고 보고한다(Stanislaus, 2013; Otto & Douglas, 2010). 통계적 접근법과 객관적인 사실에 근거한 새로운 평가기술을 개발하면서 연구자들이 이전보다 정확하게 예측할 수 있게 되었다(Pinals & Mossman, 2012).

강제처분의 문제는 무엇인가 강제처분은 몇 가지 측면에서 비판되어 왔다(Evans & Salekin, 2014; Falzer, 2011; Winick, 2008). 첫째, 사람의 위험성을 평가하는 것은 어렵다. 위험에 대한 판단이 정확하지 않다면, 사람의 자유를 제한하는 것을 어떻게 정당화할 수 있는가? 둘째, '정신병' 그리고 '위험'에 대한 법적 정의는 애매모호하다. 이 용어의 정의는 너무 광범위해서 어느 누구에게도 적용될 수 있다. 실제로 자유주의자들은 구소련과 현재 중국에서 당과 반대되는 정치적 견해를 가진 사람을 정신병원에 감금하는 것처럼 사람을 통제하기 위해 강제처분을 오용하는 것에 대해 우려한다. 세 번째 문제는 강제처분의 가치에 관한 것이다. 연구는 강제로 치료를 시작한 많은 사람들이 치료에 잘 반응하지 않는다고 보고한다.

강제처분의 동향 강제처분법에 대한 융통성은 1962년에 절정에 다다랐다. 그해 로빈슨 대 캘리포니아 주 사건에서 대법원은 약물중독으로 고통받는 사람들을 투옥하는 것은 잔인하고 이례적인 벌을 금지하는 헌법을 위반하는 것으로 보고, 정신병원으로 강제처분할 것을 권고했다. 이 법은 다양한 '사회적 이단자'에 대한 강제처분을 증가시켰으며, 이들은 한번 입원하면 퇴원이 매우 어려웠다.

1960년대 후반과 1970년대 초반, 기자·시민 자유주의자 등은 부당하게 정신병원에 많은 사람을 수감하는 편의성에 반대 의사를 표현하였다. 대중이 이런 문제를 더 많이 인식함에 따라 주 입법부에서는 강제처분에 대한 좀 더 엄격한 기준을 통과시키기 시작했다(Pekkanen, 2007, 2002). 예를 들어 어떤 주에서는 위험도의

> 사회는 일반적으로 정신병동에 있었던 사람들을 어떻게 보고 대하는가?

평가 전, 관찰이 필요한 특정 행동 유형에 대해 자세한 정보를 제공해야 했다. 이런 변화로 강제처분의 비율은 감소하고 석방 비율은 증가하였다.

환자의 권리 보호하기 지난 20여 년 동안 법정 판결과 주와 연방 법은 정신장애가 있는 환자의 권리(특히 **치료받을 권리**와 **치료 거부권**)를 확장시켜 왔다(Lepping & Raveesh, 2014).

숨은 뜻 읽어내기

지식의 오류

75%	위험성이 있는 내담자에 대한 법적 책임에 대해 잘 모르고 있는 심리학자의 비율
90%	자신의 법적 지식이 옳다고 확신하는 심리학자의 비율

(Thomas, 2014)

치료받을 권리는 어떻게 보호받는가 사람들이 정신병원에 수감되나 치료를 받지 못하게 되면, 시설은 무죄한 사람들의 감옥이 된다. 1960년대 후반과 1970년대 대부분의 주립정신병원이 그와 같았다. 환자와 보호자들은 주가 환자의 **치료받을 권리**(right to treatment)를 존중할 것을 요구하기 시작했다. 1972년 연방 법원은 앨라배마 주에 수감된 환자에 대한 소송인 와이어트 대 스티크니의 사건에서, 연방 정부는 주 정부가 강제적으로 수감된 모든 사람들에게 '적절한 치료'를 제공할 의무가 있다고 규정했다. 주립병원의 환경이 너무 끔찍했기 때문에 판사는 주 정부가 다음의 기준, 즉 더 많은 치료자, 더 나은 주거 환경, 사생활 보호, 사회적 상호작용과 운동 증가, 그리고 신체적 제한과 적절한 약물 사용을 충족해야 한다고 판결하였다. 그 후 다른 주에서도 이 기준을 적용하기 시작했다.

1975년 오코너 대 도널드슨의 사건을 통해 대법원은 또 다른 중요한 법률을 만들었다. 플로리다정신병원에 14년 이상 수감이 되었던 케네스 도널드슨은 석방에 대한 소송을 제기했다. 그는 자신과 다른 환자들이 질이 나쁜 치료를 받고, 근무자들에게 무시당하고, 개인적 자유를 제한받고 있다고 주장했다. 대법원은 청원에 따라 병원 관리자에게 벌금을 부과하였고, 기관은 환자를 정기적으로 검진하도록 명령했다. 또한 주 정부는, 환자가 위험하지 않고 스스로 살 수 있거나 책임을 갖고 도울 의향이 있는 가족 또는 친구들이 있다면, 그들의 뜻에 반대하여 시설에 계속해서 수용할 수 없다고 규정했다.

환자의 권리 보호를 위해 의회는 1986년 정신병을 가진 사람들을 위한 보호와 옹호법을 통과시켰다. 이 법은 모든 주에서 **보호와 옹호 시스템**을 설치하도록 하였고, 환자를 위해 일하며 남용과 방치 가능성을 조사하고 이런 문제를 법적으로 해결하는 힘을 가진 공적 옹호자(public advocate)를 양산하였다.

최근 몇 년 동안 공적 옹호자는 병원에서 쫓겨나 지지 기반이 없는 지역사회에 살고 있는 중증 정신장애를 가진 수천 명에게도 치료받을 권리가 확장되어야 한다고 주장하고 있다. 이들 대부분은 갈 곳이 없고, 자신을 돌보는 것이 불가능하기 때문에 노숙자가 되거나 감옥을 옮겨 다닌다(Ogden, 2014; Althouse, 2010). 수많은 공적 옹호자들은 지역사회 정신건강의 약속 이행을 촉구하며 국가 전역에 있는 연방과 주 대리기관을 대상으로 소송을 제기하고 있다(제12장 참조).

치료 거부권은 어떻게 보호받는가 지난 20여 년 동안 법정은 환자, 특히 시설에 있는 환자에게 **치료 거부권**(right to refuse treatment)이 있다고 보았다 (Ford & Rotter, 2014; Perlin, 2004, 2000). 치료 거부권 규정은 생물학적 치료에 대한 것이다. 이 치료는 정신치료보다 환자의 동의 없이 실행될 수 있고, 위험할 수 있기 때문이다. 예를 들어 주 정부는 환자에게 복구 불가능한 — 때문에 가장 위험한 — 외과 치료인 **정신외과 수술**을 거부할 수 있는 권리를 준다.

어떤 주에서는 환자가 중증 우울증에 많이 사용되는 치료인 **전기충격요법(ECT)**을 거부할 권리를 주었다(제6장 참조). 하지만 정신외과 수술보다 ECT에 대한 거부권은 복잡하다. ECT는 심각한 우울증을 갖고 있는 사람에게 매우 효과적이지만, 이것은 환자의 정서를 불안하게 할 수도 있

병원 방치

최근에 일부 지역에서는 치료를 받고 인간적인 대접을 받는 등 환자의 권리에 좀 더 관심을 둔다. 그러나 다른 빈곤지역에서는 아직도 갈 길이 멀다. 이 사진은 인도네시아 자카르타의 정신장애 환자를 위한 정부보호기관을 보여 준다.

© John Stanmeyer/VII/Corbis

정신장애인의 사형 집행
미국에서 가장 의견이 분분했던 사형 집행은 1979년 아칸소 주에서 가게 점원을 죽여 사형을 선고받고, 판결 직후 조현병을 일으킨 찰스 싱글턴이었다. 미국에서는 자신이 왜 사형을 당하는지 이해하지 못하는 사람에게 사형을 허락하지 않으므로, 주 행정가들은 싱글턴이 정신증이 낫도록 약을 복용하기를 원했다. 여러 해의 항소 동안 미국 대법원은 마침내 2003년 약 복용을 명령했고, 이미 자발적으로 약을 복용했던 싱글턴은 2004년 치사주사를 맞고 사형되었다.

Neemah Aaron/AP Photo

고 오용될 수도 있다. 오늘날 많은 주에서는 환자에게, 특히 자발적 환자에게 ECT를 거부할 권리를 부여한다. 환자에게 치료의 본질에 대해 정확히 알려 주어야 하며 동의서를 받아야만 한다. 많은 주에서 장기 수감 환자에게 강제적으로 ECT를 실행할 수 있게 허락하는 반면, 다른 주에서는 가까운 친척이나 제삼자의 동의를 요구한다.

과거에 환자들은 항정신병 약물을 거부할 권리가 없었다. 하지만 앞에서 기술했듯이 많은 항정신병 약물이 매우 강력하고 어떤 것은 부작용이 심하다. 부작용에 대한 정보가 더 많이 축적되면서, 어떤 주에서는 환자에게 치료 거부권을 주고 있다. 일반적으로 이런 주에서는 의사가 환자에게 약물치료의 목적을 설명하고 동의서를 받아야 한다. 환자의 거부가 부적절하거나 위험하다고 판단되면, 주는 정신과 의사, 의학 위원회, 또는 지방 법원이 이 결정을 뒤집을 수 있게 허락한다. 환자는 이 과정에서 변호사 또는 다른 환자 옹호자로부터 도움을 받을 수 있다.

환자가 가질 수 있는 다른 권리는 무엇인가 법정 판결은 지난 수십 년 동안 환자의 권리를 보호해 왔다. 예를 들어 정신병원, 특히 개인병원에서 일하는 환자는 최소한 **최저 임금**을 받도록 규정했다. 또한 법정은 주립정신병원에서 퇴원한 환자가 갱생지도와 집단 거주와 같은 적절한 공동체 생활을 할 수 있는 권리를 갖도록 규정했다. 점차적으로 정신장애를 갖고 있는 사람들이 가능한 한 **최소한의 제한**이 가해지는 시설에서 치료받을 수 있는 권리를 갖게 되었다. 예를 들어 정신건강센터 공동체의 입원 환자 프로그램이 있다면, 환자는 정신병원 대신 그 시설에 배치되어야만 한다.

'권리' 논쟁 정신장애가 있는 사람도 항상 보호되어야 하는 시민권을 가진다. 하지만 많은 임상가는 환자의 권리에 대한 규정과 법이 의도하지 않게 환자의 회복에 대한 기회를 박탈함을 우려한다. 약물치료에 대한 거부권을 생각해 보자. 약물치료가 중증 정신장애를 가진 환자의 회복을 도울 수 있다면 환자는 회복될 권리가 있지 않은가? 환자가 정신이 혼란스럽기 때문에 약물치료를 거부하는 것이면 양심적인 치료자는 법적 문제가 해결될 때까지 약물치료를 미룰 것인가?

이런 관심에도 불구하고 임상 장면에서 항상 환자의 권리를 효과적으로 보호하지는 못한다는 사실을 기억해야 한다. 지난 몇 년 동안 많은 환자들은 약물을 과도하게 처방받았고 부적절한 치료를 받았다. 또한 현재 우리가 가진 지식으로 임상가가 환자의 권리를 제한하는 것이 정당한지 의문을 가져야 한다. 치료자는 현재 치료법으로 환자를 도울 수 있다고 확신할 수 있는가? 임상가는 치료가 부작용을 초래하는지 예측할 수 있는가? 임상가들 사이에서의 의견이 일치하지 않을 때에는 환자, 보호자, 그리고 외부 평가자가 결정을 내리는 것이 적절해 보인다.

> ▶ **요약**
>
> **입법 및 사법 체계는 정신건강 보호에 어떤 영향을 주는가** 법정은 강제처분이라는 과정을 통해 범죄자가 아닌 사람에게 정신병원 치료를 위한 영장을 발부할 수 있다. 사회는 치료가 필요하거나, 자신 또는 다른 사람에게 위험하다고 판단되는 사람의 강제처분을 허용한다. 강제처분을 관리하는 법은 주마다 다르지만, 대법원은 최소한의 증거 기준, 즉 범죄 사실에 대한 불가피한, 명확하고 설득력 있는 증거를 명시하였다.
>
> 법정과 입법기관은 환자에게 주어진 법적 권리를 명기함으로써 정신건강 직종에 큰 영향을 주었다. 치료받을 권리와 치료 거부권이 가장 많은 관심을 받아 왔다.

임상과 법적 분야는 어떤 다른 방식으로 상호작용하는가

정신건강 전문가와 법적 전문가들은 여러 다른 방식으로 서로의 일에 영향을 줄 수 있다. 지난 20여 년 동안 그들은 의료과실 소송, 전문가 영역, 배심원 선발, 그리고 법적 주제에 대한 심리학적 연구의 네 가지 주요 영역에서 교류하였다.

의료과실 소송 최근 몇 년 동안 치료자를 상대로 수많은 **의료과실 소송**(malpractice suit)이 일어났다. 환자의 자살시도, 환자와의 성적 교류, 치료동의서 부재, 약물치료에 대한 관리 부재, 효과를 향상시킬 약물치료 부재, 부적절한 치료 종결, 그리고 잘못된 강제 입원 소송 등이 그것이다(Sher, 2015; Reich & Schatzberg, 2014). 연구들은 의료과실 소송 또는 소송에 대한 두려움이 치료 결정과 실행에 중대한 영향을 줄 수 있음을 시사한다(Appelbaum, 2011; Feldman et al., 2005).

전문가 영역 지난 20여 년 동안 입법과 사법 체계는 여러 분야의 전문가를 구분하는 경계에 대한 변화를 가져왔다. 특히 심리학자의 권한이 많아졌고, 정신의학과 심리학의 경계가 모호해졌다. 예를 들어 많은 주에서 심리학자들이 이전에는 정신과 의사만이 가졌던 주립병원에 환자를 입원시키는 권한을 가지게 되었다.

> 대부분의 정신과 의사는 심리학자에게 처방권을 주는 데 반대한다. 왜 일부 심리학자들도 이에 반대할까?

1991년 의회의 지지하에 미 국방부(DOD)는 정신과 의사와 심리학자 사이의 가장 큰 차이점 — 심리학자에게 금지되었던 약물 처방권 — 에 대해 재고하기 시작했다. 미 국방부는 심리학자를 대상으로 연습 훈련 프로그램을 실시했다. 이 훈련 프로그램이 성공함에 따라 미국심리학회는 심리학자가 특별 교육 프로그램을 이수하고 통과하면 약물 처방권을 받는 제도를 신청했다. 뉴멕시코, 루이지애나, 일리노이, 그리고 미국 영토인 괌은 현재 특수 약리학 훈련을 받은 심리학자에게 처방권을 주고 있다(APA, 2014).

배심원 선발 지난 30년 동안 재판에서 심리학적 조언을 위해 임상가를 찾는 변호사가 증가하고 있다(Crouter, 2015; Hope, 2010). '배심원 전문가'라고 불리는 새로운 임상 전문가가 생겨났다. 그들은 변호사에게 어떤 배심원 후보자가 그들 편에 설 것인지, 그리고 재판 동안 어떤 전략이 배심원의 지지를 얻을 것인지 조언한다. 배심원 전문가는 조사, 면담, 배심원의 배경과 태도의 분석, 재판의 실험적 법령을 기반으로 제안을 한다. 하지만 치료자의 조언이 변호사의 직감보다 더 설득력이 있는지 또는 그 둘 중 어떤 판단이 특별히 정확한지 명확하지 않다.

법적 주제에 대한 심리학적 연구 심리학자는 때때로 연구를 통해 형사사법제도에서 매우 중요한 주제에 대한 전문적 지식을 축적해 왔다. 반대로 이런 연구들은 시스템이 어떻게 작동하는지에 영향을 주었다. 두 가지 심리학적 연구, 목격자 진술과 범행의 유형은 특히 주목받아 왔다.

목격자 진술 범죄 사건에서 목격자의 진술은 영향력이 매우 크다. 때로 이를 기반으로 피고인이 유죄인지 무죄인지 결정된다. 하지만 목격자 진술은 얼마나 정확한가? 최근에 많

Zhou Junxiang/Imaginechina via AP Images

소송에 대한 두려움
다른 사람을 돕다가 소송당하는 것을 두려워하는 사람은 심리학자만이 아니다. 중국 상하이에 있는 백화점의 에스컬레이터에서 떨어진 여성은 목격자가 많았음에도 방치되었다. 그 이유는 무엇인가? 소송에 대한 두려움 때문이다. 중국을 비롯해 많은 나라에서 착한 사마리아인이 오히려 소송을 당하는 경우가 많아지고 있다.

▶**의료과실 소송** 치료 과정 중 부적절한 결정이나 수행을 한 치료자에 대한 법적 소송

Chuck Burton/AP Photo

증인의 오류
심리학적 연구들은 증인의 증언이 타당하지 않을 때가 있음을 보여 준다. 사진 속의 여성은 1984년 자신을 강간한 사람이라고 지명했던 남성과 이야기하고 있다. DNA 결과로 다른 남성이 그녀를 강간했음이 밝혀졌고, 그 남성은 석방되었다. 이 남성은 그 사이 11년간 감옥에서 수감생활을 했다.

은 죄수들(대부분 사형선고를 받은)이 DNA 증거를 통해 그들이 범인이 아님을 밝히고 유죄판결이 전복되면서 그 중요도가 높아졌다. 잘못된 판결의 75%가 정확하지 않은 목격자 진술에 근거했음이 연구를 통해 밝혀졌다(Wise et al., 2014).

대부분의 목격자는 자신이 본 무엇 또는 사람에 대해 진실을 말하려고 노력한다. 하지만 연구는 목격자 진술이 신뢰할 수 없음을 보여 준다. 왜냐하면 대부분의 범죄는 예측이 어렵고 순간적으로 발생하므로 기억하기 어려운 사건이기 때문이다(Houston et al., 2013). 예를 들어 범행 동안 조명이 어두울 수 있거나 다른 방해물이 있을 수 있다. 목격자는 자신의 안전 또는 방관자로서 다른 생각을 하고 있었을 수 있다. 그러한 생각은 그 사건에 대한 후기기억을 크게 손상시킬 수 있다.

더 나아가 실험실 연구에서 연구자들은 잘못된 정보 소개를 통해 목격한 사건의 세부사항을 기억하려 하는 연구 참가자를 쉽게 속일 수 있다는 것을 발견했다(Morgan et al., 2013; Laney & Loftus, 2010). 연구자의 간단한 암시로 정지 신호가 양보 신호로, 흰색 차가 파란색 차로, 미키마우스가 미니마우스로 변했다(Pickel, 2004; Loftus, 2003). 게다가 실험실 연구 결과들은 암시성이 높은 사람들이 목격한 사건을 가장 기억하지 못했다고 보고했다(Liebman et al., 2002).

실제 가해자를 밝혀낼 때 사용된 방법에 따라 정확도가 크게 달라진다는 것을 발견했다(Bartol & Bartol, 2015; Garrett, 2011). 예를 들어 경찰에서 전통적으로 사용하는 목격자 줄세우기 방법은 믿을 만하지 못하며, 그 방법을 사용하면서 생긴 증인의 오류가 지속됨을 보고한다(Wells et al., 2015, 2011; Wells, 2008). 연구자들은 또한 목격자의 확신이 정확도와 상관이 없음을 알게 되었다(Wise et al., 2014; Ghetti et al., 2004). '절대적으로 확신하는' 목격자가 '어느 정도 확신하는' 목격자에 비해 더 정확하지 않을 수 있다. 하지만 목격자의 확신 정도는 배심원들의 목격자에 대한 믿음에 영향을 끼친다.

목격자 기억에 대한 심리학적 연구로 증인들의 증언을 존중하거나 의존하는 법 시스템이 사라진 것은 아니다. 그럴 필요는 없다. 실험실 연구와 실제 사건은 매우 다르며, 연구가 시사하는 바는 조심스럽게 해석되어야 한다. 목격자연구는 이제 시작 단계이다. 예를 들어 최면술과 최면술로 인한 거짓 기억에 대한 연구 결과에 따라 많은 주에서는 목격자의 증언이 처음에 최면술의 도움을 받은 경우, 목격자가 사건에 대해 증언하는 것을 금지시켰다.

범죄의 유형 점점 더 많은 TV 쇼, 영화, 그리고 책에서 임상가가 가해자의 심리 프로파일을 경찰에게 제공함으로써 범죄 수사에서 중요한 역할을 하는 것을 보여 준다. "범인은 백인이고, 30대이며, 동물 학대의 역사가 있고, 친구가 별로 없으며 감정 폭발을 한다." 최근 몇 년 동안 범죄행동 유형과 프로파일링의 연구는 증가하였다. 하지만 이것은 미디어와 예술작품이 시사하는 것처럼 많은 것을 밝혀내거나 영향력이 있지는 않다(Kocsis & Palermo, 2013; Salfati, 2011).

긍정적인 점은 연구자들이 다양한 범죄자의 심리학적 특징에 대한 정보를 수집하였는데, 실제로 특정 범죄—예를 들어 연쇄살인 또는 연쇄성범죄—의 가해자에게 공통적인

숨은 뜻 읽어내기

심리학 프로파일러가 나오는 유명한 TV 시리즈

크리미널 마인드

NCIS

멘탈리스트

로 앤 오더 : 특별 희생자 팀

로 앤 오더 : 범죄의도

특징과 배경이 있다고 보고한다(심리전망대 참조). 가끔 이런 특징을 보이는 것은 사실이지만 모두 이런 특징을 가지는 것은 아니므로 특정 범죄에 프로파일 정보를 적용하는 것은 잘못될 수 있다(Hickey, 2015; Aamodt, 2014). 경찰은 점점 더 많이 범죄심리분석가에게 자문을 구하고 있는데, 프로파일링의 한계를 인지하는 한 이런 자문은 유용해 보인다(Kocsis & Palermo, 2013).

프로파일링 정보의 한계는 2002년 10월 3주 동안 10명을 총살하고 3명에게 치명상을 입힌, 워싱턴을 공포에 떨게 했던 저격수 사건에서 잘 드러난다. FBI 심리학자들의 프로파일링은 저격수의 단독 범행을 예측했다. 그러나 실제로는 중년 남성인, 존 앨런 무하마드와 10대 소년인 리 보이드 말보 2명이 공동으로 범행을 저지른 것으로 밝혀졌다. 프로파일러들은 자극을 추구하는 젊은이가 범인일 것이라고 예측했지만, 무하마드는 41세였다. 프

심리전망대

연쇄살인범 : 미친 것인가, 나쁜 것인가

2001년 후반 미국 동부 전역에 탄저균으로 오염된 편지가 배달되어 5명이 죽었고 13명이 심각한 병에 걸렸다. 몇 년의 조사 끝에 2008년 조사 팀은 62세의 연구자인 브루스 아이빈스를 잡았다. 즉각 그는 살인죄로 기소되었으나, 2008년 7월 29일 약물 과다 복용으로 자살했다. FBI가 끔찍한 사건의 가해자를 찾은 것처럼 보였다.

아이빈스의 자살은 그가 저지른 범죄에 대해, 혹은 그가 유죄 또는 무죄인지에 대한 의문을 남겼으나, FBI는 그를 탄저균 살인자라고 결론지었다. 따라서 그는 몇 년 동안 미국인을 현혹시키고 두렵게 만들던 연쇄살인범(유나바머라 불리는 시어도어 카진스키, 테드 번디, 샘의 아들이라 불리는 데이비드 버코비츠, 존 웨인 게이시, 제프리 다머, BTK 살인자라 불리는 데니스 레이더) 중 한 사람으로 간주된다.

FBI는 미국에 약 35~100명의 연쇄살인범이 있다고 추정한다(FBI, 2014). 1990년 이후로 전 세계적으로 3,900명의 살인자가 밝혀졌다(Aamodt, 2014).

각 살인자는 방법이 좀 다르지만, 공통적인 특징을 갖고 있는 듯 보인다(Hickey, 2015; FBI, 2014; Fox & Levin, 2014). 대부분(절대 전체는 아니다)은 25세 이상 34세 이하의 백인 남성이고, 평균 이상의 지능을 가지고 있고, 일반적으로 깔끔하며 말을 잘하고 매력적이며 교활하게 남을 조절하는 사람이다.

대다수의 연쇄살인범은 중증 성격장애를 가진 듯 보인다(Hickey, 2015; Dogra et al., 2012; Waller, 2010). 양심이 없고 사람과 사

우편을 통한 연쇄살인 2001년 위험물질을 취급하는 특수요원들이 박테리아를 통해 감염 질병을 일으키는 탄저균을 찾기 위해 상원 건물의 수색을 마치고 그곳을 떠나면서, 자신의 동료를 소독해 주고 있다.

회의 규정을 무시하는 것이 — 반사회성 성격장애의 주요한 특징 — 전형적인 특징이다. 자기애적 사고도 보인다. 살인자에게 자신이 특별하다는 감정은, 자기는 잡히지 않을 것이라는 비현실적인 믿음을 줄 수 있다(Kocsis, 2008; Wright et al., 2006). 역설적이게도 바로 이런 믿음이 그를 잡히게 만든다.

성기능부전과 환상을 가지고 있는 경우도 있다(FBI, 2014; Arndt et al., 2004). 연구들은 주로 성적이고 새디스트적인 선명한 환상이 살인자의 행동을 조정함을 보여 준다(Homant & Kennedy, 2006). 어떤 임상가들은 또한 살인자가 순간적으로 자기보다 약한 사람을 조정하거나 해치거나 없애는 것을 통해 무기력함을 극복하려 한다고 믿는다(Fox & Levin, 2014). 많은 살인자가 어린아이일 때 신체적·성적으로 학대당한 역사를 가지고 있다(Hickey, 2015; Wright et al., 2006).

이러한 프로파일과 추측에도 임상이론가들은 아직 연쇄 살인범이 왜 그런 행동을 하는지 이해하지 못한다. 하지만 대부분은 매우 존경받는 변론 전문가인 파크 디에츠의 주장에 동의한다. "그들이 다시 사회로 풀려나는 것을 상상하고 싶지 않다"(Douglas, 1996, p. 349).

잘못된 프로파일

2002년 버지니아의 홈디포(역주 : 집 짓고 수리하는 물건을 파는 대규모 상점) 근처에서 수많은 경찰들이 메릴랜드의 워싱턴 D.C. 근처와 버지니아에서 10명을 살해한 연쇄살인범에 대한 단서를 찾고 이들을 검거하기 위해 수색을 펼치고 있다. 이 사건의 심리적 프로파일링은 거의 도움이 되지 못했을 뿐 아니라 오도하기까지 하였다.

AP Photo/Doug Mills

로파일러들은 공격자가 백인일 것이라고 믿었지만, 무하마드와 말보 둘 다 백인은 아니었다. 남성 공격자일 것이라는 예측은 정확했지만, 그 당시 여성 연쇄살인범은 비교적 흔치 않았다.

> ▶ **요약**
>
> **임상–법정 상호교류 양상** 정신건강과 법적 전문가들은 네 가지 다른 영역에서 서로 교류한다. 첫째, 최근에 임상가를 대상으로 한 의료과실 소송이 증가하고 있다. 둘째, 입법과 사법 체계는 전문가 영역을 재정의하게 만들었다. 셋째, 변호사들은 배심원의 선택과 사건 전략에 대해 정신건강 전문가의 조언을 구한다. 넷째, 심리학자들은 목격자 진술과 범죄의 유형과 같은 법적 문제를 연구한다.

임상가는 어떤 윤리원칙을 지켜야 하는가

법적 그리고 정신건강 시스템에 대한 논쟁은 임상가들이 전반적으로 무신경하며 의무로만 환자의 권리와 요구를 배려한다는 인상을 줄 수 있다. 이는 사실이 아니다. 대다수의 임상가는 의뢰인을 배려하고 그들의 권리와 존엄성을 존중하는 동시에 그들을 돕기 위해 애쓴다(Pope & Vasquez, 2016, 2011). 사실 임상가들이 서비스 제공 시 입법과 법정 시스템에만 전적으로 의존하는 것은 아니다. 임상가들은 임상 분야의 전문가를 위한 윤리적 지침을 지속적으로 발전시키고 수정해 나가면서 스스로 자신을 통제한다. 많은 법적 결정은 이미 임상가들이 따르고 있는 전문적인 지침에 법의 힘을 부여하는 역할을 한다.

정신건강 분야 안에 각 전문직종은 고유의 **윤리강령**(code of ethics)을 가지고 있다. 미국 심리학회의 강령(2014, 2010, 2002)이 가장 대표적이다. 다른 정신건강 전문가와 공무원들 사이에 높게 평가되는 이 강령은 다음과 같은 특정 지침을 포함한다.

1. 심리학자는 자기계발 서적, DVD, TV, 라디오 프로그램, 신문, 잡지, 메일을 통해, 그리고 다른 방법으로 책임을 갖고 전문적으로 적절한 심리학 문헌과 사례들에 기초한 조언을 주어야 한다. 심리학자는 개인 웹페이지, 블로그, 전자그룹, 방명록, 또는

▶**윤리강령** 윤리행동에 대한 이론 및 규칙 전반을 일컬으며, 전문가의 의사결정이나 행동에 대한 지침으로 이루어짐

대화방과 같이 인터넷상으로 조언과 의견 제언 시에도, 동일한 윤리적 강령에 의해 통제받는다. 하지만 인터넷에 기초한 전문적 조언과 전문적 훈련이나 배경이 없는 사람들에 의한 조언의 증가로 통제가 어려워지고 있다.

2. 심리학자는 부정한 연구를 수행하거나 다른 사람의 업적을 표절하거나 잘못된 자료를 출판할 수 없다. 지난 30년 동안 심리학을 포함한 모든 과학에서 과학적 사기 또는 위법 사건이 발생하였다. 이런 사건들은 주요 이슈에 대한 오해를 불러일으켰고, 과학 연구를 오도하였으며, 대중의 신뢰를 잃게 만들었다. 안타깝게도 잘못된 결과가 만들어 낸 영향은 대중과 다른 과학자의 사고에 오랫동안 영향을 줄 수 있다.

3. 심리학자는 장애인 또는 성별, 인종, 언어, 사회경제적 지위, 또는 성적 지향성(예 : 이성, 동성, 양성) 등에서 자신과 다른 환자에 대한 자신의 한계를 인지해야 한다. 이 지침은 심리치료자에게 추가적인 훈련 또는 감독이 필요하며, 더 경험이 풍부한 동료에게 자문을 하거나 의뢰인을 더 적절한 전문가에게 소개할 것을 요구한다.

4. 법적 사건에서 평가하고 진술하는 심리학자는 충분한 정보를 가지고 평가해야 하고 적절하게 결론을 입증해야 한다. 적절한 평가가 불가능하다면, 심리학자는 자신의 진술이 제한적임을 분명히 밝혀야 한다.

5. 심리학자는 성적으로 또는 다른 방식으로 의뢰인과 학생을 이용해서는 안 된다. 이 지침은 사회적 문제인 성희롱과 의뢰인을 성적으로 착취하는 치료자와 관련 있다. 이 지침에서는 치료가 종결된 후 최소한 2년 이상 의뢰인과 성관계를 금지하고 있다. 성적 관계는 2년이 지난 후에도 지극히 극단적인 경우에서만 허락된다. 또한 심리학자는 이전에 성관계를 가졌던 사람을 의뢰인으로 받을 수 없다.

　연구는 의뢰인이 치료자와의 성적 관계를 통해 큰 감정적 상처를 받고 고통스러워할 수 있다고 보고한다(Pope & Vasquez, 2016, 2011; Pope & Wedding, 2014). 얼마나 많은 치료자가 실제로 의뢰인과 성관계를 가졌는가? 여러 조사에 의하면, 약 4~5%의 치료자가 환자와 어떤 형태로던 성적 관계를 맺고 있으며, 이는 10년 전 10%에 비해 떨어진 수치이다.

　대다수의 치료자가 의뢰인과 성적 행위를 하지 않지만, 개인 감정을 가질 수는 있다. 조사에 의하면 80%에 달하는 치료자가 최소한 가끔 의뢰인에게 성적 매력을 느꼈다고 대답했다(Pope & Vasquez, 2016, 2011; Pope & Wedding, 2014). 치료자 중 일부는 기분에 따라 행동하지만 다수는 죄책감, 불안을 느끼거나 성적 끌림에 대해 고민한다. 이 때문에 오늘날 많은 임상 훈련 프로그램에 성적 윤리 훈련이 우선적으로 포함된다.

6. 심리학자는 비밀보장의 원칙을 지켜야 한다. 모든 주와 연방 법정은 치료자가 **비밀보장**(confidentiality)을 할 수 있도록 법을 유지해 왔다(Fisher, 2013; Nagy, 2011). 평안한 상태에서 효과적인 치료를 받기 위해, 의뢰인은 치료자와의 사적 대화 내용이 다른

Barry Brecheisen/Wireimage/Getty Images

심리학적 조언을 제공할 때의 윤리
오늘날 심리학자들은 심리학적 이론이나 결과에 근거해 조언을 해야 한다는 윤리강령을 지켜야 한다. 2006년 매우 유명한 필 맥그로('닥터 필')는 텔레비전과 책을 통해 자신의 판단에 따라 자유롭게 조언을 하기 위해 텍사스 심리면허를 포기했다.

▶비밀보장 임상가는 내담자로부터 얻은 정보를 누설하지 않아야 한다는 원칙

기관윤리
2007년 심리학회 연차대회 때 이 시위자들은 심리학자들이 테러리스트로 의심되는 사람들에게 심문하는 방법을 향상시키는 일(예 : 고통스러운 질문)에 관여하는 것에 반대하고 있다. 이런 우려에도 여러 해 동안 APA가 국방부와 CIA를 도와 심문 기술을 개발하고, 심문자에게 조언하고, 심리학자가 이런 심문에 관여할 수 있게 전문가 가이드라인을 변경시키게 도왔음을 보여 준다. 이 발표는 APA 리더십에 변화를 가져왔고, 국가 안전 심문에 직간접적으로 참여했던 심리학자의 회원자격을 박탈하기 위한 투표를 하게 했다.

▶**보호 의무** 누군가가 환자의 희생자가 될 위험에 처해 있다면 임상가는 그 사람의 보호를 위해 비밀보장의 약속을 깨야 한다는 지침
▶**고용인 지원 프로그램** 기업이 근로자에게 제공하는 정신건강 프로그램
▶**스트레스 감소 세미나** 기업이 제공하는 워크숍이나 집단회기로, 정신건강 전문가가 고용인에게 적응하고, 문제를 해결하고 스트레스를 줄이는 방법을 가르침. '문제해결 세미나'라고도 알려져 있음

사람에게 전달되지 않을 것임을 믿을 수 있어야 한다. 하지만 비밀보장의 원칙을 지킬 수 없는 경우가 있다(Pope & Vasquez, 2016, 2011). 예를 들어 수련 중 치료자는 감독자와 주기적으로 사례에 대해 의논해야 한다. 그러한 논의가 있다는 것을 의뢰인에게 반드시 알려야 한다.

두 번째 예외는 위험이 큰 외래 환자의 경우이다. 1976년에 발생한 **타라소프 대 캘리포니아대학교** 사건은 캘리포니아대학병원의 외래 환자 사례였다. 의뢰인-치료자 관계에 영향을 준 가장 중요한 사건 중 하나로, 내담자는 치료자에게 그의 전 여자친구인, 타냐 타라소프를 해치고 싶다고 털어놨다. 치료가 종결되고 며칠 후에 그 환자는 실제로 타냐 타라소프를 칼로 찔러 살해했다.

이 경우에 비밀보장을 하지 않았어야 하는가? 사실 치료자는 비밀보장을 지켜질 수 없다고 판단했다. 대학 경찰에게 알렸지만 경찰은 내담자에게 몇 가지 질문을 한 후 풀어줬다. 병원과 치료자를 상대로 건 소송에서 피해자의 부모는 치료자가 그들과 딸에게 내담자가 타라소프를 해치려 한다고 경고했어야만 했다고 주장했다. 캘리포니아대법원은 이에 대해 다음과 같이 동의했다. "공적 위험이 발생하면 보호받을 특권은 더 이상 유효하지 않다."

따라서 심리학자를 위한 윤리강령은, 치료자는 '의뢰인 또는 다른 사람을 위험으로부터 보호해야 할' 필요가 있을 경우 **보호 의무**(duty to protect) — 의뢰인의 동의가 없어도 비밀을 밝힐 책임 — 가 있다고 명시한다. 타라소프 판결 이후로 대다수의 주에서는 치료자의 비밀보장에 대한 규정을 분명히 하고 이들을 법정 소송에서 보호하기 위해 '보호 의무'법을 통과시켰다(Knoll, 2015).

정신건강, 기업, 그리고 경제

정신건강 전문가는 입법과 사법기관 외에 다른 사회적 기관들과도 상호 교류한다. 기업과 경제 분야는 임상과 연구에 영향을 주고받는 두 가지 다른 영역이다.

정신건강 서비스를 일터에 도입하기

치료되지 않은 정신장애는 일과 연관된 장애나 상해를 일으키는 질병 중 상위 10위 안에 들어간다(Negrini et al., 2014; Kemp, 1994). 실제 직장인의 약 3분의 1 정도가 일에 지장을 줄 만큼 심각한 심리적 문제를 경험했다고 보고한다(Larsen et al., 2010). 심리적 문제는 60%의 결근, 90% 이상의 산업재해, 65%의 퇴사의 원인이다. 알코올중독 및 다른 약물과 관련된 장애는 특히 손해가 많다. 기업에서는 임상 전문가에게 이런 문제를 예방하고 개선하는 데 도움을 구한다.

일터에서 정신건강 치료를 제공하는 두 가지 방법으로는 고용인 지원 프로그램과 문제해결 세미나가 있다(Sledge & Lazar, 2014; Merrick et al., 2011; Daw, 2001). **고용인 지원 프로그램**(employee assistance program)은 기업에서 제공하는 정신건강 서비스로, 회사에 고용된 정신건강 전문가 또는 외부 정신건강 에이전시에 의해 운영된다. **스트레스 감소 세미나**(stress-reduction seminar)와 **문제해결 세미나**(problem-solving seminar)는 정신건강 전문가가 고용인에게 문제를 해결하고 스트레스를 다스리는 기술을 가르치는 워크숍 또는 집단회기이다. 사업가들은 고용인 지원 프로그램과 스트레스 감소 세미나가 장기적으로 볼 때 업무를 방해하는 심리적 문제를 예방하고, 고용인 보험 소송을 줄임으로써 비용을 절약

한다고 믿는다.

정신건강의 경제성

우리는 정부에 의한 경제적 결정이 중증 정신장애를 가진 사람의 치료에 얼마나 영향을 줄 수 있는지 목격해 왔다. 예를 들어 입원 환자를 예정보다 일찍 퇴원하도록 만든 탈원화 운동의 주 원인은 주와 연방 정부의 비용 감소 대책의 일환이었다. 정부기관에 의한 지원 결정은 의뢰인과 치료 프로그램에 영향을 줄 수 있다.

제12장에서 기술했듯이 정신장애를 가진 사람들을 위한 국가 보조금은 1963년 10억에서 최근 1,710억으로 지난 50년간 급격하게 상승하였다(Rampell, 2013; Gill, 2010). 그중 약 30%는 약물에 사용되고, 나머지는 직접 정신건강 서비스보다는 생활보조금, 주택 보조 등으로 사용되고 있다(Feldman et al., 2014). 결과적으로 정신건강 서비스에 대한 국가 보조금은 부족하다. 심각한 정신장애를 가진 사람들이 보조금 제한에 가장 영향을 많이 받는다. 지역사회 서비스를 받기 위한 대기자가 2002년에 20만 명에서 2008년 39만 3,000명으로 증가하였고(Daly, 2010), 최근 점점 그 수가 증가하고 있다.

현재 모든 정신건강 서비스의 3분의 2 정도만 정부 자금으로 운영되며, 수백억 달러에 달하는 나머지 정신건강 비용은 환자 개인 그리고 보험회사가 부담한다(Rampell, 2013; Nordal, 2010; Mark et al., 2008, 2005). 개인보험회사의 경제적 역할은 치료자에게 큰 영향을 미친다. 제1장에서 기술했듯이 대부분의 보험회사는 비용을 줄이기 위해 내담자가 어떤 치료자를 선택할 것인지와 회기 비용, 그리고 내담자가 상환받을 수 있는 회기 수를 결정하는 **관리의료 프로그램**(managed care program)을 개발해 왔다(Lustig et al., 2013; Turner, 2013). 이런 보험 플랜은 보험회사에서 일하는 임상가가 내담자의 치료 프로그램을 감독하고 보험 지속 여부를 추천하는 **동료평가체계**(peer review system)를 통해 비용을 통제한다. 일반적으로 보험사들은 치료자로부터 환자에 대한 개인적 정보를 포함하는 보고서 또는 회기 노트를 요구한다.

> 보험회사가 치료 방법이나 빈도 및 기간에 대해 결정할 때 어떤 문제가 생길 수 있는가?

제1장에서 기술했듯이 많은 임상가와 환자는 관리의료 프로그램과 동료평가체계를 반기지 않는다. 치료자에게 요구하는 보고서가 개인 정보 보호를 위해 익명으로 작성되어도 비밀보장이 어렵고, 짧은 보고서를 통해 치료의 효과를 전달하기 어렵다고 믿기 때문이다. 또한 특정 사례의 경우 장기 치료가 필요해도 관리의료 프로그램이 치료 회기를 줄일 것이라 생각한다. 또한 보험회사는 장기적 개선에 더 효과적일 수 있는 비싼 접근법보다는 단기간에 결과를 얻는 치료를 선호할 수 있다(예 : 약물치료). 의료계에서처럼 관리의료 프로그램 때문에 정신건강 서비스를 그만두어야 하는 환자의 불평을 쉽게 들을 수 있다. 간단히 말해서 많은 치료자들은 현재 시스템에서 치료자에 의해서가 아니라 보험회사에 의해서 치료가 통제되고 있음에 불안해한다.

미국에서 관리의료와 다른 보험 프로그램에서 보험적

▶**관리의료 프로그램** 보험회사가 치료 비용, 방법, 공급자, 기간의 많은 부분을 관리하는 건강 관리 지원체계

▶**동료평가체계** 보험회사에서 급여를 받는 임상가가 주기적으로 환자의 향상 정도를 검토하고 보험 혜택의 지속 및 종결을 제안해야 하는 체계

경제적 악순환

그룹홈 거주자들과 정신건강 옹호자들이 노스 캐롤라이나 주 롤리에 있는 입법부 건물 앞에서 메디케이드 비용 변화에 대해 시위하고 있다. 이 변화로 심각한 정신장애를 앓는 거주자들이 그룹홈에서 쫓겨나 갈 곳이 없게 되었다.

AP Photo/Gerry Broome

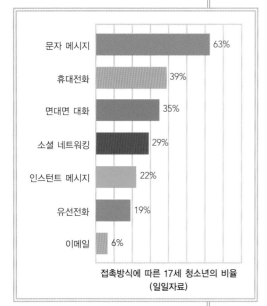

접촉방식에 따른 17세 청소년의 비율
(일일자료)

접촉방식	비율
문자 메시지	63%
휴대전화	39%
면대면 대화	35%
소셜 네트워킹	29%
인스턴트 메시지	22%
유선전화	19%
이메일	6%

그림 16-3
이 시대의 청소년들은 친구들과 어떻게 연락을 하는가
미국 청소년을 대상으로 한 대규모 설문연구는 고교 3년생의 63%가 친구들과 매일 문자를 주고받으며, 35%는 직접 친구들을 만나고, 6%는 이메일을 한다고 보고한다(출처 : Pew internet, 2013).

용범위와 관련된 또 다른 문제는 정신건강 관련 상환이 의학적 질환에 대한 상환보다 작다는 것이다(Sipe et al., 2015). 최근 정부는 보험회사에게 정신적 문제와 신체적 문제에 대해 같은 보험적용범위를 제공하게 만드는 **등가 법령**을 통과시켰다(19쪽 참조). 오바마케어라고 알려진 적절한 의료서비스 시행령(ACA)의 정신건강 규정은 정신건강케어를 모든 보험이 반드시 제공해야 하는 '필수 건강 혜택' 10개 중 1개로 지정했다(SAMHSA, 2014; Calmes & Pear, 2013). 이 법은 정신건강관련 조사를 하고 정신건강 문제가 있는 사람이 새로 보험에 가입하거나 기존 보험을 유지할 수 있게 명시한다. 이 모두는 바람직해 보이지만, 이 규정이 지켜질지, 그리고 심리적 문제가 있는 사람들에게 더 나은 치료를 제공할 수 있게 해줄지는 아직 알 수 없다.

기술발전과 정신건강

기술은 지속적으로 변화하며, 다른 영역과 마찬가지로 정신건강 분야도 이 변화의 속도에 맞추기 위해 노력해야 한다. 이것은 새로운 일이 아니다. 기술은 지난 25년, 50년, 100년 전에 비해 상당히 변화하였다. 새로운 것은 현대사회의 급격한 기술변화 속도이다. 이 책에서 살펴 봤겠지만, 우리가 살고 있는 디지털과 고도연결망 세상은 정적이든 부적이든 정신건강 영역에 큰 영향을 주고 있다(마음공학 참조).

현대사회의 기술 변화의 본질과 깊이에 대해서 잠시 생각해 보자. 전 세계적으로는 31억, 미국에서만 3억 1,000만이 넘게 인터넷을 사용하고 있다(IWS, 2015). 인터넷은 사람들이 정보를 얻고 배포하는 주요 수단이 되었다. 인터넷과 더불어 휴대전화도 확장되었다. 전 세계 인구의 90%인 약 68억이 휴대전화를 소유하고 있다(Fernholz, 2014). 휴대전화 사용자의 80%가 넘는 사람들이 여러 서비스 중 가장 최근 기술인 문자기능을 사용하고 있다(Duggan, 2013)(그림 16-3 참조).

비디오게임도 디지털 사회의 추세로 떠오르고 있다. 약 60%의 미국인이 컴퓨터나 휴대전화 혹은 콘솔을 통해 게임을 한다(ESA, 2015). 게임은 사회적 경험인데, 과반수 이상이 다른 사람들과 만나서 게임을 하며, 많은 수가 MMOGs(Massively Multiplayer Online

범위를 확장
아동이 멀리 떨어진 지역에 있는 치료사(스크린의 왼쪽)와 의사(스크린의 오른쪽)를 만나고 있다. 스카이프를 통한 원거리치료는 사이버심리 치료에서 급격히 증가하고 있다.

AP Photo/Nati Harnik

마음공학

디지털 시대의 새로운 윤리

미국심리학회의 윤리강령은 인터넷을 통해 일하는 심리학자(예 : 사이버심리치료)는 전통적인 방식으로 일하는 심리학자들과 같은 윤리적인 규제를 지켜야 한다고 기술한다. 한 가지를 제외하면 문제가 없다. 그것은 온라인에서 일하는 것은 윤리강령이 포함하지 못하는 새로운 윤리이슈를 일으키고 있다는 것이다.

대표적인 임상이론가인 Kenneth Pope와 Danny Wedding(2014)은 지난 10년 동안 심리학자가 디지털 시대에 치료를 제공함으로써 발생할 수 있는 윤리적 딜레마와 문제를 정리하였다. 예를 들어, 보스턴에 사는 치료자가 스카이프를 통해 애틀랜타에 사는 내담자와 치료회기를 가졌다고 하자. 간단해 보이지만 이 사례는 상당히 복잡한 법적 그리고 윤리적 문제를 일으킨다. 매사추세츠 주에 사는 치료자가 조지아 주의 면허 없이 환자를 볼 수 있는가? 치료자는 비밀보장, 보호 의무, 기타 치료자 의무와 관련해 매사추세츠 주의 법을 따라야 하는가? 조지아 주의 법을 따라야 하는가? 치료자가 사는 주의 법이 내담자가 살고 있는 주의 법과 다르면 어떻게 할 것인가? 원거리 온라인치료는 치료자의 의료과실보험에 의해 커버되는가? 등의 문제가 있다.

"이런! 당신의 파일을 모두 지웠네요. 어제까지 말한 것을 다시 말씀해 주실래요?"

많은 치료자들은 사이버심리치료를 하지 않기 때문에 디지털 우려와 관련이 없다고 생각한다. 그러나 치료자들은 컴퓨터를 이용해 회기노트를 기록하고 내담자 청구정보를 보관하며, 심리적 평가에 대한 점수를 매긴다. 아마도 치료자들은 다음과 같은 개인정보 유출이 여러 번 일어났었던 것을 알면 생각이 달라질 것이다(Pope &Wedding, 2014).

- 내담자의 비밀정보가 담긴 랩탑이 해킹을 당했거나 사무실이나 차 트렁크에서 도난을 당했다.
- 바이러스 등이 치료자의 컴퓨터를 감염시켜서 비밀정보가 담긴 파일을 웹사이트에 올려 모든 사람이 내담자의 주소를 알게 되었다.
- 어떤 사람이 비행장이나 비행기 안에서 치료자의 옆자리에 앉아 개인정보가 담긴 치료자의 모니터를 보고 있다.
- 내담자의 개인정보가 담긴 이메일을 동료에게 보냈으나, 실수로 잘못된 이메일 주소로 전달되었다.
- 치료자가 자료를 완전히 지우는 방법을 사용하지 않았기 때문에 내담자의 비밀정보가 복구될 수 있는지 모르고 컴퓨터를 팔았다.

> 정신건강 분야가 새로운 기술을 점점 더 많이 사용하게 됨으로써 발생할 또 다른 윤리적 문제는 무엇인가?

치료자가 내담자를 치료하는 디지털 시대에는 새로운 윤리적 우려와 잠재적인 문제가 있다. 심리학자의 윤리강령은 빠른 시기 내에 이런 문제를 다루어야 한다. 개별 치료사도 마찬가지이다. Pope와 Wedding(2014)이 지적하듯이 "내담자에 대한 가장 민감하고 개인적인 정보를 디지털 기구로 다루려면, 가장 기본적인 원칙 '먼저, 해가 되지 않게 하라.'를 기억해야 한다." 💬

Game)라는 가상게임공간에서 상호작용을 하고 있다.

마지막으로 모든 연령대 간 사회적 연결망(페이스북, 트위터, 핀터레스트, 텀블러, 인스타그램 등)이 급격히 확산되고 있다. 사회관계망 사용자의 수는 전 세계적으로 20억이 넘으며 점점 더 증가하고 있다(eBizMBA, 2015; Statista, 2015). 예를 들어 급속하게 성장하는

"난 당신이 온라인에서 어떨까 무척 궁금해요."

온라인 사회관계망과 블로깅 서비스로 10년의 역사도 안 된 트위터를 보자. 다수의 친구 동료에게 짧은 문자 메시지를 보내고 받게 한다. 현재 하루에 약 5억 개의 트윗이 전송된다(DMR, 2015).

이런 기술의 변화와 경향, 그리고 그것이 우리의 삶에 주는 영향을 생각했을 때, 정신건강 분야의 초점이나 도구, 연구 방향이 점점 더 급격하게 확장되어 가고 있는 것은 놀라운 일이 아니다. 이 책을 통해 보았겠지만, 디지털 세상은 이상행동에 대한 새로운 **촉발제**로 기능한다. 예를 들어 인터넷 도박은 도박장애 문제를 악화시키고 있다(366~367쪽 참조). 사회관계망과 문자의 오용은 학교 폭력, 성적 노출, 소아성애증(394쪽, 494쪽 참조)의 문제를 유발했고, 폭력적인 비디오게임은 반사회적 행동의 발생에 기여한다.

비슷하게 빠르게 성장하는 디지털 세상은 임상치료에 큰 영향을 주고 있다. **사이버심리치료**, 즉 스카이프를 통해 가능한 원격치료(60쪽 참조), 가상현실증강치료(175쪽 참조), 인터넷 기반 지지 집단(60, 71쪽 참조) 그리고 셀 수 없이 많은 정신건강 앱(22쪽 참조)은 정신건강케어에 주요 방법이 되었다. 사이버심리치료의 방법은 장점도 많지만 낮은 질 통제, 부정확한 정보의 확산 등 심각한 문제를 가지고 있다.

분명하게 기술변화는 정신건강 영역에 심각한 도전이 되고 있다. 이 책에서 논의했던 기술적 적용 중 일부는 연구가 잘되었지만, 일부는 상당한 연구가 필요하다. 그러나 기술과 정신건강 사이의 관계는 확산될 것이 분명하다. 때문에 이 분야에 종사하는 사람이라면 이런 성장과 적용에 대해 충분히 이해하고 준비가 되어 있어야 한다.

전문가

임상연구자와 치료자의 행동은 사회의 다른 분야와 영향을 주고받을 뿐 아니라 그들의 개인적 필요 및 목표와 밀접하게 관련이 있다(정보마당 참조). 임상 전문가의 장단점, 지혜, 임상기술의 유무는 의뢰인의 선택과 상호작용에 영향을 미친다. 또한 어떻게 개인적 경험이 때로 전문적 기준을 무시하게 하는지, 그리고 극단적인 경우 임상과학자에게 비윤리적인 연구를 하게 하고 임상치료자가 의뢰인과 성적 행위를 하게 하는지 살펴보았다.

치료자에 대한 정신건강 조사에서 치료자의 84%가량이 최소한 한 번 이상 치료를 받았다고 보고한다(Pope & Wedding, 2014; Pope et al, 2006; Pope & Tabachnick, 1994). 주된 이유는 다른 의뢰인과 비슷하게 감정적 문제, 우울증, 불안이다. 왜 그렇게 많은 치료자가 심리적 문제를 경험하는지 그 이유는 명확하지 않다. 아마도 직업상 스트레스를 많이 받기 때문일 것이다. 연구에 따르면 치료자는 어느 정도 소진을 경험한다(Caly, 2011; Rosenberg & Pace, 2006). 또는 치료자가 자신의 부정적 감정을 더 빨리 깨닫거나 문제에 대한 치료를 더 많이 찾기 때문이다. 혹은 개인적 문제를 가진 사람들이 임상치료를 직업으로 선택할 확률이 더 많을 수 있다. 이유가 어떠하든 치료자의 심리적 이슈가 그들이 어떻게 의뢰인의 말을 듣고 반응하는지에 영향을 미친다.

이상심리학의 과학과 전문가는 이상 기능을 이해하고, 예측하고, 변화를 추구한다. 하지만 정신건강연구자와 임상가는 사람이고 사회에서 살고 있으며 사람들에게 서비스를 제공하고 있다는 사실을 잊어서는 안 된다. 그러므로 이 책에서 기술한 전문가들의 사실,

개인적 및 전문적 문제

다른 사람들과 마찬가지로 임상가들도 개인적인 욕구, 관점, 목표와 문제를 가지며, 이것들은 그들이 하는 일에 영향을 준다. 치료자들은 이런 요소가 내담자와의 상호작용에 주는 영향—Freud가 **역전이**라 명명함—을 최소화하려고 노력한다. 하지만 연구들은 적어도 어느 정도까지 치료자의 개인적인 이슈들이 환자를 어떻게 다루느냐에 영향을 줌을 시사한다.

초반기

초보 치료자에게 공통적인 사건

- 개인적인 디스트레스 경험
- 다른 사람의 디스트레스를 목격하는 것
- 다른 사람들의 정서와 행동을 관찰하는 것, 심리적인 마인드를 갖는 것
- 읽기
- 치료받기
- 다른 사람에게 자신 있게 대하는 것
- 다른 사람의 행동을 따라 하는 것
- 멘토에게 배우는 것

(Farber et al., 2005)

임상직업

임상심리학자는 자신의 직업에 얼마나 만족하는가?

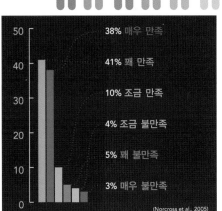

- 38% 매우 만족
- 41% 꽤 만족
- 10% 조금 만족
- 4% 조금 불만족
- 5% 꽤 불만족
- 3% 매우 불만족

(Norcross et al., 2005)

사람들이 치료자가 되는 다섯 가지 이유

- 다른 사람 돕기
- 다른 사람을 이해하고 돕기
- 다른 사람을 이해하기
- 지적인 자극
- 전문적인 자율성

(Farber et al., 2005; Norcross & Farber, 2005)

임상심리학자는 어떻게 전문적인 시간을 보내는가?

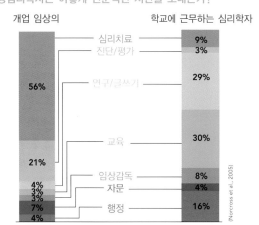

개업 임상의 / 학교에 근무하는 심리학자

	개업 임상의	학교에 근무하는 심리학자
심리치료	56%	9%
진단/평가		3%
연구/글쓰기	21%	29%
교육	4%	30%
임상감독	3%	8%
자문	3%	4%
행정	7%	16%
	4%	

(Norcross et al., 2005)

임상작업에서의 윤리

심리학자의 윤리강령이 금지하기는 하지만 일부 심리학자들은 자신의 내담자와 성적인 관계를 맺는다. 이는 직업적으로 절대 하면 안 되는 신뢰와 경계의 위반이며, 내담자에게 심각한 심리적이 위해를 가하게 된다.

누가 내담자와 성적관계를 갖는가?

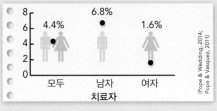

- 4.4% 모두
- 6.8% 남자
- 1.6% 여자

치료자

(Pope & Wedding, 2014; Pope & Vasquez, 2011; Pope, 1994, 1988)

내담자에 주는 영향

- 양가감정
- 죄책감
- 허전함과 외로움
- 성적 혼란
- 불신
- 역할과 경계에 대한 혼란
- 정서적인 피해
- 억압된 분노
- 자살위험의 증가
- 인지적 기능장애

(Pope & Wedding, 2014; Pope & Vasquez, 2011; Pope et al., 2006)

치료받는 임상가

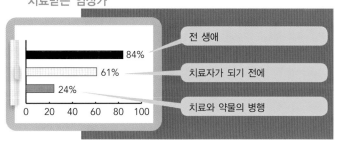

- 84% 전 생애
- 61% 치료자가 되기 전에
- 24% 치료와 약물의 병행

? ? ?
우수한 치료자가 치료자를 찾을 때 고려하는 것

- 역량
- 따뜻함과 배려
- 임상적 경험과 전문가적 명성
- 개방성
- 치료 스타일
- 융통성

(Norcross et al., 2009)

정서적 측면

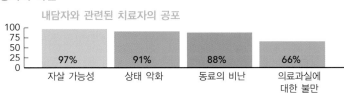

내담자와 관련된 치료자의 공포

자살 가능성	상태 악화	동료의 비난	의료과실에 대한 불만
97%	91%	88%	66%

내담자에 대한 치료자의 분노

내담자를 향한 분노를 표출	내담자에 대한 분노를 상상	내담자에게 실망감을 표현
90%	63%	52%

(Pope & Vasquez, 2011; Pope & Tabachnick, 1993; Pope et al., 1987)

오도, 주장 및 좌절은 당연한 결과이다. 이런 것을 고려할 때 인간 행동의 연구와 치료가 지금과 다를 수 있다고 보는가?

> ▶ **요약**
>
> **윤리적·경제적·기술적 그리고 개인적 요소** 임상 전문가들에게는 윤리강령이 있다. 심리학자의 윤리강령에는 부당 연구를 금하며, 내담자와 학생을 상대로 성적이나 다른 방식으로 이득을 취하는 행위를 금지하는 조항이 있다. 또한 환자의 비밀보장에 대한 가이드라인도 있다. 타라소프 대 캘리포니아 대학교 사례는 치료자가 환자 및 주변인을 위험으로부터 보호해야 할 때와 비밀보장을 지킬 수 없는 때를 결정하게 도와준다.
>
> 임상 활동과 연구는 상업 및 경제와도 연결된다. 임상가는 일터에서 발생하는 심리적 문제를 해결하게 돕는다. 또한 사 보험회사들이 조직한 관료의료 프로그램은 치료의 길이, 질과 특성에 영향을 주었다.
>
> 최근 엄청난 기술 발전은 정신건강 영역에도 영향을 주었다. 특히 새로운 정신병리, 새로운 형태의 치료 및 다양한 사이버심리치료가 나타나는 데 일조하였다.
>
> 마지막으로 정신건강 활동은 임상 서비스를 제공하는 사람의 개인적 욕구, 가치 및 목적에 의해 영향을 받는다. 이런 요소는 그들이 선택, 방향 및 질에까지 영향을 준다.

종합

더 큰 시스템 내에서 기능하기

한때 임상연구자와 전문가는 독립적으로 일을 했다. 하지만 오늘날 이들의 활동은 입법, 사법, 경제 그리고 기술발전과 깊은 연관이 있다. 이렇게 상호작용이 증가하는 이유 중 하나는 임상 분야가 사회에서 존경을 받으면서 자연스럽게 수용되었기 때문이다. 현재 치료자는 여러 가지 방법으로 수백만 명의 사람을 돕는다. 그들은 교육에서부터 사회의 거의 모든 분야에 대해 의견을 내고, 넓게는 전문지식의 출처가 되었다. 어떤 분야가 이런 위치를 얻게 되면, 이 분야는 필연적으로 다른 분야에 영향을 주게 된다. 또한 대중 감시체제가 이 분야에 관심을 갖고 활동을 주시하기 시작한다.

오늘날 정신적 문제가 있는 사람이 치료자에게 도움을 요청할 때 이들은 상호 연결된 복잡한 시스템에 들어가게 된다. 이들의 개인적 문제가 사회 구조 안에서 확대되는 것처럼, 이들에 대한 치료 또한 시스템의 많은 부분—치료자의 가치와 요구, 법적·경제적 영향력, 사회적 태도, 그리고 다른 힘—에 의해 영향을 받는다. 이런 요소들은 또한 임상연구에 영향을 끼친다.

개인의 심리적 필요에 대한 시스템의 영향은 각 구성원에 대한 가족의 영향처럼 긍정적이거나 부정적일 수 있다. 예를 들어 시스템이 의뢰인의 권리와 비밀을 보호할 때, 이는 의뢰인을 돕는다. 경제적·법적 또는 다른 사회의 영향력이 치료 선택을 제한하거나, 예상보다 빨리 치료를 종결하거나, 낙인을 찍을 때 시스템은 개인의 문제를 가중시킨다.

사회에서 정신건강 전문가의 엄청난 증가와 영향 때문에 이것의 강점과 약점을 이해하는 것이 중요하다. 이 책에서 기술했듯이 이 분야는 특히 지난 몇십 년 동안 많은 지식을 쌓아 왔다. 하지만 정신건강 전문가들은 자신이 아는 것과 할 수 있는 것을 과대평가하는 경향이 있다. 임상 분야에서 일하는—직접적이든 간접적이든—모든 사람은 우리의 지식이 아직 미숙하고 불완전하다는 것을 인식하고 있어야 한다. 사회는 행동에 대해 관심이 많고 정보와 도움을 필요로 한다. 하지만 우리는 이 분야가 아직도 **정보를 모으고 있다는 것**

숨은 뜻 읽어내기

기업과 정신건강

2009~2012년 미국 약물회사는 의사에게 강의, 연구, 자문, 여행과 식비로 40억 달러를 지불하였다. 가장 혜택을 많이 받은 사람들의 절반이 정신과 전문의였다.

(Weber & Ornstein, 2012)

숨은 뜻 읽어내기

심리연구와 대법원

청소년의 변화하는 특성, 인지적 제한, 예민한 감수성에 대한 수많은 연구를 근거로 2010년 대법원은 18세 이상의 청소년에게 살인을 제외하고는 가석방 없는 감금형을 내리면 안 된다고 규정했다.

을 알고 있어야 한다.

핵심용어

감호조치	미국법률협회(ALI) 검사	스트레스 감소 세미나	전문적 경계
강제처분	배심원 선발	심리 프로파일	정신이상에 의한 무죄
고용인 지원 프로그램	법정심리학	위험	정신장애 성범죄자
관리의료 프로그램	보호 의무	유죄이나 정신병이 있는	치료 거부권
더럼검사	불가항력적 충동검사	유죄이나 한정책임능력	치료받을 권리
동료평가체계	비밀보장	윤리강령	2명 의사진단서(2PC)
맥노튼검사	사이버심리치료	의료과실 소송	
목격자 진술	성폭력 가해자법	재판에 서는 것이 부적격	

속성퀴즈

1. 맥노튼검사, 불가항력적 충동검사, 더럼검사, 미국법률협회 검사(ALI)에 대해 간단히 기술하라. 어떤 검사가 최근에 피고가 정신이상에 의한 무죄임을 결정하는 데 사용되는가?

2. 유죄이나 정신병이 있는, 한정책임능력, 정신장애 성범죄자, 성폭력 가해자 법에 대해 설명하라.

3. 피고가 재판을 받기 어려울 정도로 정신적으로 무능한지, 아닌지를 결정하는 절차가 필요한 이유는 무엇인가?

4. 강제처분의 이유는 무엇이고, 어떻게 진행되는가? 강제처분에 대한 비판은 무엇인가?

5. 재판법에서 정신장애를 가진 환자에게 어떤 권리가 주어지는가?

6. 입법·사법부 체계는 임상심리학자의 전문가 영역 발달에 어떤 영향을 주는가?

7. 임상연구자들이 목격자 진술과 범죄의 유형에 대해 알아낸 것은 무엇인가? 범죄 사례에서 심리 프로파일의 정확도와 영향력은 어느 정도인가?

8. 심리학자의 윤리강령에서 포함하는 중요한 주제는 무엇인가? 어떤 조건에서 치료자는 비밀보장의 원칙을 깰 수 있는가?

9. 비즈니스 환경에서 사용되는 심리 문제의 예방과 치료 프로그램은 어떤 것이 있는가?

10. 정신건강 관리에 대한 보험과 재정 지원에 대한 최근 추세는 어떠한가?

용어해설

가계연구 장애가 있는 개인의 얼마나 많은 친척과 어떤 친척이 동일 장애를 갖고 있는지를 조사하는 연구설계

가설 특정 변인들 사이에 특정한 관련성이 있으리라는 예감 혹은 예측

가족체계이론 가족을 하나의 체계로 보고, 그 안에서 구성원들이 무언의 규칙에 의해 일정한 방식으로 상호작용한다고 보는 이론

가족치료 치료자가 가족의 모든 구성원과 만나서 치료적 방향으로 변화시키고자 하는 치료 형태

감마 아미노부티르산(GABA) 신경전달물질로, GABA의 낮은 활동은 범불안장애와 관련 있음

감호조치 범죄자가 정신적으로 불안정하다고 판단하여 치료를 위한 정신건강 기관에 보내는 법적 절차

강간 동의하지 않은 사람이나 미성년자에게 강제로 성교나 성적 행위를 가하는 것

강박사고 반복적으로 경험되며 침투적으로 느껴지고 불안을 유발하는 지속적인 사고, 아이디어, 충동 혹은 이미지

강박성 성격장애 정리 정돈, 완벽주의와 통제에 초점을 과도하게 맞추면서 유연하거나 개방적이지 못하고 일의 효율성이 떨어지는 것을 주 특징으로 하는 성격장애

강박장애 자꾸 떠오르는 원치 않는 사고나 반복적이고 경직된 행동을 수행해야 한다는 욕구 또는 이 둘 다를 갖는 장애

강박행동 반복적이고 경직된 행동이나 정신 활동으로 불안을 방지하거나 줄이기 위한 목적이 있음

강제처분 특정 개인에게 정신건강치료를 받게 하는 법적 절차

개별 기술적 이해 특정 개인의 행동에 대한 이해

거주치료센터 이전에 약물의존이었던 사람들이 약물이 없는 환경에서 치료를 받으면서 생활하고, 일하고, 사회화할 수 있도록 하는 장소. '치료공동체'라고도 함

거주치료시설 조현병이나 기타 중증 장애를 가진 환자들을 위한 주거시설. 준전문가가 관리하며 '집단 주거' 혹은 '쉼터'라고도 함

게슈탈트치료 Fritz Perls가 개발한 인본주의 심리치료로, 임상가는 역할 연기와 자기 발견 연습 등의 기법을 활용하여 내담자의 자기 인식과 자기 수용을 적극적으로 증진시킴

경계성 성격장애 대인관계, 자기상 및 기분에서의 반복적인 불안정성과 충동행동을 특징으로 하는 성격장애

경도신경인지장애 중등도의 인지기능 저하가 나타나지만 독립적으로 생활할 수 있는 수준의 신경인지장애

경도 지적장애 교육이 가능하고 성인으로 자신을 스스로 돌볼 수 있는 지적장애 수준(IQ 50~70)

경두개 자기자극법(TMS) 사람의 머리 또는 그 위에 전기 마그네틱 코일을 놓고 뇌로 전류를 보내는 치료

경험적으로 지지된 치료 임상 현장에서 어떤 특정 장애에 대해 연구를 통해 그 효과성이 증명된 치료를 규명하고, 그에 맞는 지침서를 개발하며 이를 임상가에게 전달하려는 운동. '근거에 기초한 치료'라고도 함

고도 지적장애 지능지수 20~34에 해당하고 주의 깊은 지도감독이 필요하며 구조화된 보호 환경에서 기초 작업을 수행하는 것을 배울 수 있음

고문 희생자를 사실상 무기력 상태로 만들기 위해 잔인, 모욕, 혼돈 책략을 사용하는 것

고용인 지원 프로그램 기업이 근로자에게 제공하는 정신건강 프로그램

고전적 조건형성 근접한 시차로 반복하여 발생한 두 사건이 개인의 마음에서 함께 연결되어 동일한 반응을 낳게 되는 학습 과정

고착 Freud에 의하면 원초아, 자아, 초자아가 적절하게 성숙되지 않고 초기 발달 단계에 고정된 상태

고혈압 만성적으로 높은 혈압

공포 개인의 안녕에 대한 심각한 위협에 대해서 중추신경계가 보이는 생리적 · 정서적 반응

공포증 특정한 대상, 활동, 상황에 대한 지속적이고 비합리적인 공포

공황발작 갑자기 발생하여 수 분 내 최고조에 이르고 점진적으로 사라지는 단기적인 공황 삽화

공황장애 반복적이고 예기치 못한 공황발작이 특징인 불안장애

과학적 방법 현상을 잘 이해하기 위해서 세심한 관찰을 통해 체계적으로 정보를 수집하고 평가하는 과정

관리의료 프로그램 보험회사가 의료 서비스의 성격과 범위, 비용을 통제하는 의료보험체계

관상동맥 심장질환 관상동맥이 막혀 발생하는 심장질환

관음장애 예상치 못한 사람이 옷을 벗는 것을 몰래 관찰하거나 성행위하는 것을 엿보는 것에 대한 반복적이고 강렬한 욕구가 있고, 그러한 욕망에 따라 행동하기도 하는 변태성욕장애

관찰자 역할 성행위 중 그들의 수행과 즐거움이 감소될 정도로 자신의 성적 수행에 초점을 두는 것을 경험하는 마음의 상태

광장공포증 공황 같은 증상 또는 당황스러운 증상이 발생했을 때 도망가기 어렵거나, 도움을 받지 못할 수 있는 공공장소나 상황에 놓이는 것을 두려워하는 불안장애

교감신경계 심장 박동 수를 빠르게 하고 각성과 공포로 경험되는 기타 몸의 변화들을 산출하는 자율신경계의 신경섬유들

규범 사회적으로 적절한 품행을 규정하는 규칙

근육 수축 두통 두개골을 둘러싼 근육의 수축으로 인한 두통. '긴장성 두통'이라고도 함

근전도계 인체 내 근육 긴장 수준에 대해 피드백을 제공하는 장치

금단 약물을 만성적으로 사용하던 사람이 이를 중단하거나 용량을 감소시켰을 때 불쾌하거나 때로는 위험한 반응이 나타나는 것

급성 스트레스장애 외상 사건 직후 공포 및 관련 증상을 경험하고 그 증상이 1개월 미만으로 지속되는 불안장애

긍정심리학 긍정적 느낌과 특질, 능력의 연구와 증진

기관심의위원회(IRB) 연구기관의 윤리위원회로 연구 참여자들의 인권과 안전을 보호하는 권한을 가짐

기분안정제 양극성장애로 고통받는 사람들의 기분의 안정을 도와주는 향정신성 약물

기억 과거 사건과 과거 학습에 대한 회상 능력

긴장증 특정 형태의 조현병에서 나타나는 정신운동 증상의 극단적 패턴으로, 긴장성 혼미, 경직이나 특정 자세가 포함됨

길항약물 중독성이 있는 약물의 영향을 막고 변화시켜 주는 약물

꿈 수면 중에 형성되는 일련의 생각이나 심상

남성성욕감퇴장애 성적 관심의 지속적인 감소나 결여로 인해 저조한 성생활을 보이는 남성 성기능부전

내담자 중심 치료 Carl Rogers가 개발한 인본주의 치료법으로, 치료자는 내담자에게 수용, 정확한 공감, 진솔함을 전달함으로써 도움을 줌. '인간중심치료'로도 알려져 있음

내분비계 성장과 성행위와 같은 중요한 활동의 조절을 돕는 인체 내 분비선체계

내성 뇌와 신체가 특정 약물의 규칙적인 사용에 적응하여 이전의 효과를 얻기 위해서는 더

많은 용량을 필요로 하게 되는 것

노르에피네프린 신경전달물질로, 이 물질의 비정상적 활동은 우울 및 공황장애와 관련이 있음

노인성 반점 나이를 먹어 가면서 어떤 뇌세포들 사이의 공간에 베타-아밀로이드 단백질이 형성된 것. 알츠하이머 환자들에게 이러한 반점이 과도하게 많음

노인심리학 노인의 정신건강과 관련된 심리학

노출 및 반응 방지 강박장애에 대한 행동치료로, 불안을 유발하는 생각이나 상황에 노출시킨 다음 강박행동을 하지 못하도록 함. '노출 및 의례 방지'라고도 함

노출장애 자신의 성기를 다른 사람들에게 보여주는 것에 대한 욕구나 상상 또는 그러한 욕구로 인한 행동을 반복적으로 하는 변태성욕장애

노출치료 두려워하는 대상이나 상황에 노출시키는 행동치료

놀이치료 놀이치료 그림, 놀이, 이야기 만들기 등을 통해 갈등 상황에서 경험하는 감정을 간접적으로 표현하도록 도와주는 치료 접근

농축 코카인 순화법을 사용하여 곧 피울 수 있도록 만들어진 강력한 코카인 덩어리

뇌심부 자극(DBS) 페이스 메이커가 브로드만 영역 25에 이식된 전극에 동력을 넣어 해당 뇌 영역을 자극하는 치료

뉴런 신경세포

다문화심리학 문화, 인종, 성, 그와 유사한 요인들이 우리의 행동에 미치는 영향을 조사하고, 그러한 요인들이 이상행동에 미치는 영향을 집중적으로 연구하는 분야

다문화적 관점 문화마다 구성원들의 행동을 설명하는 데 도움이 되는 가치와 신념 및 특별한 외적 압력이 있다는 견해. '문화적 다양성 관점'이라고도 함

다운증후군 21번째 염색체 이상에서 기인한 지적장애

다차원위험이론 이론의 하나로 이 이론에서는 결합하여 어떤 장애를 유발하는 것으로 사료되는 몇몇 위험 요인들을 규명하고 있음. 위험요인이 많으면 많을수록 특정 장애를 발달시킬 위험을 높아짐

단극성 우울증 조증의 과거력이 없는 우울증

단일피험자 실험설계 실험 참가자 한 사람을 독립변인의 조작 전과 후에 관찰하고 측정하는 실험방법

대마초 대마(삼)에서 얻어진 약물. 환각, 억제, 흥분 효과를 혼합적으로 유발

대인관계치료 대인관계의 문제를 규명하고 변화시키는 것이 회복을 이끄는 데 도움이 될 것

이라는 믿음에 기초한 단극성 우울증 치료

더럼검사 범죄자가 범죄를 저지를 당시 그 행동이 정신장애나 결함의 영향이었는지 판단하기 위한 법적 검사

도덕치료 19세기에 사용된 정신장애에 대한 치료적 접근으로 도덕적 지도와 인도적이고 환자를 존중하는 치료를 강조

도박장애 광범위한 생활 문제를 야기하는 지속적이고 반복적인 도박행위를 보이는 장애

도파민 가설 조현병이 도파민 신경전달물질의 과다 활동으로 발생한다는 이론

독립변인 실험에서 다른 변인에 영향을 주는지를 알아보기 위해서 조작되는 변인

동료평가체계 보험회사에서 급여를 받는 임상가가 주기적으로 환자의 향상정도를 검토하고 보험 혜택의 지속 및 종결을 제안해야 하는 체계

동반상승 효과 약리학에서 하나 이상의 약물이 신체에 동시에 작용하여 효과가 증대되는 것

리튬 자연에서는 무기염으로 존재하는 금속 원소로 양극성장애의 치료에 효과적임

림프구 림프체계 및 혈류를 순환하는 백혈구로, 항원과 암세포를 확인하고 파괴시키는 것을 도움

마리화나 대마류의 마약 중 하나로 꽃봉오리, 잎에서 추출

마음이론 사람들은 정보가 아니고 그 사람 나름의 신념, 의도 및 서로 다른 마음 상태에 근거해서 행동을 한다는 것을 인지하는 것

마찰도착장애 동의하지 않은 사람과 접촉하거나 비비는 것에 대한 반복적이고 강력한 성적 욕구, 환상, 행동이 나타나는 변태성욕장애

만발성 운동장애 오랜 기간 전형적 항정신병 약물을 복용한 환자 일부에서 나타나는 추체외로장애 효과

망상 반대 증거가 있는데도 굳건히 가지고 있는 이상한 잘못된 믿음

맥노튼검사 범죄자의 범죄 행위가 정신이상 때문에 옳고 그름을 판단하지 못한 결과였는지 증명하기 위한 법적 검사

메스암페타민 강한 암페타민류의 마약으로 인기가 급격히 높아져, 근래 주요한 건강과 법적 문제가 발생하고 있음

메타돈 유지 프로그램 헤로인 의존에 대한 치료적 접근으로 내담자들은 대체 약물인 메타돈을 합법적이고 의학적인 감독하에 처방받음

메틸페니데이트 ADHD를 치료하는 데 일반적으로 사용되는 흥분제로, '리탈린'이라는 이름으로 더 잘 알려짐

면역체계 항원 및 암세포를 확인하고 파괴하

는 신체 내 세포 및 활동들의 네트워크

모델 과학자들이 관찰한 바를 설명하고 해석할 수 있도록 돕는 가정 및 개념의 조합. '패러다임'이라고도 함

모델링 관찰과 모방을 통하여 반응을 배우는 학습 과정

모르핀 높은 중독성을 가진 아편 추출 물질로 진통 효과가 탁월함

무망감 현재 상황이나 문제, 기분이 변하지 않을 것이라는 비관적 믿음

무선할당 실험 참여자들이 통제집단이나 실험집단에 무선으로 할당되도록 하는 선발 절차

무월경 월경주기의 부재

무조건적인 긍정적 존중

문화 민족이 공통적으로 가진 역사, 가치관, 제도, 관습, 기술, 과학기술과 예술

문화-민감치료 소수집단 구성원들이 경험하는 특유의 문제를 다루려는 접근

물질사용장애 반복적인 물질사용으로 인한 부적응적인 행동과 반응 패턴을 말하며, 물질에 대한 내성과 금단 증상을 포함

물질 중독 물질 섭취 동안 혹은 직후에 발생하는 일시적인 바람직하지 않은 행동이나 심리적 변화의 총체

물품음란장애 무생물 대상의 사용을 포함해서 강한 성적 흥분, 환상, 행동을 반복해서 보이는 변태성욕장애

미국법률협회 검사 정신이상으로 인해 범죄 당시 사리 판단이 불가능하거나 범행 충동을 통제하지 못하는 상태였는지 살펴보는 법적 검사

미상핵 감각 정보를 사고와 행동으로 전환하는 것을 돕는 기저핵으로 알려진 뇌 영역 내 구조물

미주신경자극 몸에 이식한 맥 발생기가 사람의 미주신경에 전기신호를 보내면 그 신경은 뇌를 자극하는 치료

밀착된 가족 패턴 각자의 생활사에 과도한 수준으로 관여되어 있고 지나친 관심을 보이는 가족체계

바비튜레이트 중독성의 진정 수면성 약물로 불안을 감소시키고 수면을 도움

바이오피드백 내담자에게 나타나는 생리 반응에 대한 정보를 제공하며 자발적으로 반응을 조절하도록 훈련하는 치료기법

반사회성 성격장애 다른 사람의 권리를 침범하고 무시하는 행동 패턴을 보이는 성격장애

반응평정도구 정서, 사회기술, 또는 인지 과정과 같은 특정 기능 영역의 반응을 측정하도록 고안된 검사

반의도성 자살 피해자가 간접적·숨겨진·부분적인 또는 무의식적인 역할을 하는 죽음

발기장애 성행위 동안 발기의 시작 및 유지를 지속적으로 실패하는 성기능부전

발모광 머리카락, 눈썹, 속눈썹, 몸의 다른 부위의 털을 반복해서 뽑는 장애. '털뽑기장애'라고도 함

범불안장애 다양한 사건과 활동에 대한 지속적이고 과도한 불안과 걱정이 특징인 장애

법정심리학 심리학적 연구 및 임상과 사법제도 간의 통합을 꾀하는 심리학. 법정신의학(forensic psychiatry) 분야와도 관련됨

벤조디아제핀 가장 일반적인 항불안제로, 바리움과 자낙스가 있음

변태성욕장애 성도착이 심각한 스트레스를 초래하며 사회적 직업 활동을 방해하고 자신이나 타인을 현재나 과거에 위험 상태로 몰아넣는 장애

보상 중추 도파민이 풍부한 뇌 경로 중 하나로, 활성화되면 쾌락을 느낌

보완적 의사소통 체계 자폐스펙트럼 장애, 지적장애 혹은 뇌성마비 아동의 의사소통 기술을 향상시키기 위해 사용하는 방법으로 그림, 상징, 글자 혹은 단어들을 가리키는 방법을 교육함

보호 의무 누군가가 환자의 희생자가 될 위험에 처해 있다면 임상가는 그 사람의 보호를 위해 비밀보장의 약속을 깨야 한다는 지침

보호작업장 경쟁적인 작업을 할 만큼 준비가 되지 않은 환자들을 위한 지도감독 작업장

복내측 시상하부(VMH) 활성화 시 배고픔을 감소시키는 시상하부 영역

복장도착장애 다른 성의 의복을 입는 것에 대하여 반복적이고 강렬한 성적 욕구, 환상, 행동이 나타나는 변태성욕장애

부교감신경계 인체기관의 정상 기능 유지를 돕는 자율신경계의 신경섬유군. 흥분 후 기관의 기능을 둔화시켜 정상적인 패턴의 신체 과정으로 돌아가도록 도움

부적절한 정서 상황에 맞지 않는 감정을 보이는 조현병의 증상

분류체계 증상이나 지침에 대한 기술을 포함하는 범주나 장애의 목록

분리불안장애 집, 부모 혹은 다른 애착 대상으로부터 분리될 때 보이는 극단적인 불안과 공황을 주요 특징으로 하는 장애

불가항력적 충동검사 범죄자가 범죄 당시 정신이상으로 통제 불가능한 '격정발작(fit of passion)'에 의한 충동에 이끌렸는지 판단하기 위한 법적 검사

불면증 잠을 이루거나 유지하는 데 있어서의 어려움

불안 위협이나 위험이 있을 것 같은 모호한 느낌에 대해서 중추신경계가 보이는 생리적·정서적 반응

불안 민감성 신체감각에 집중하고 신체감각을 비논리적으로 평가하며 위험한 것으로 해석하는 성향

비밀보장 임상가는 내담자로부터 얻은 정보를 누설하지 않아야 한다는 원칙

비합리적인 기본 가정 Albert Ellis에 의하면, 다양한 심리적 문제가 있는 사람들이 가진 부정확하고 부적절한 신념

사례관리자 조현병이나 기타 중증 정신장애 환자들에게 전반적인 서비스를 제공하는 지역사회 치료자. 치료, 조언, 약물 복용, 지도와 환자 권리 보호 등의 역할을 함

사례연구 한 사람의 삶과 심리적 문제를 상세하게 기술함

사이버심리치료 스카이프나 아바타 등 컴퓨터 기술을 활용한 치료

사정지연 오르가슴에 도달하는 것을 반복적으로 실패하거나 정상적인 성적 흥분 후 오르가슴에 도달하는 데 지연시간이 긴 것을 특징으로 하는 성기능부전

사회기술훈련 바람직한 행동의 역할 연기와 예행연습을 통해 사람들이 사회기술과 자기주장을 배우거나 향상시키도록 돕는 치료적 접근

사회불안장애 당혹감을 느낄 수 있는 사회적 또는 수행 상황에 대한 심각하고 지속적인 공포

사후 관리 지역사회의 퇴원 후 관리와 치료 프로그램

삼환계 분자 구조 내에 3개의 원을 가진 이미프라민과 같은 항우울제 약물

상관관계 사건이나 특성이 함께 변화하는 정도

상관관계법 사건이나 특성이 함께 변화하는 정도를 알아보기 위해 사용되는 연구 절차

상징적 상실 정신분석이론에 의하면 가치 있는 대상의 상실로, 예를 들어 실직을 무의식적으로 사랑하는 사람의 상실로 해석하는 것. '상상의 상실'이라고도 함

상태 의존 학습 학습이 그것이 일어난 상태 및 상황과 연합되어 동일한 상태 및 상황하에서 가장 잘 회상되는 것

생물학적 한계검사 연구자나 치료자의 감독하에 참가자나 내담자가 운동을 강하게 하거나 공황을 유도할 수 있는 과제를 수행해서 공황을 경험하도록 하는 절차

선택적 세로토닌 재흡수 억제제(SSRIs) 다른

신경전달물질에 영향을 주지 않는 상태에서 세로토닌의 활동만을 증가시키는 2세대 항우울제군

섬망 급속히 진행되는 의식의 혼탁으로, 집중력, 주의력에 큰 어려움을 겪고 그에 이어 사고의 흐름에 어려움이 발생

성격검사 전반적인 성격 특성을 측정하도록 고안된 검사로, 행동, 믿음, 감정에 대한 기술을 포함함. 피검사자는 기술 문제에 대해 자신의 특성인지 아닌지를 평가함

성격장애 개인의 자기감, 정서 경험, 목표, 공감 능력 및 친밀감 형성 능력을 지속적으로 손상시키는 경직되고 극단적인 성격 특질 패턴

성기-골반통증/삽입장애 삽입 중 심각한 신체적 불편감을 호소하는 성기능부전

성기능부전 인간의 성적 반응주기 중 어떤 영역에서 정상적인 기능을 보이지 못하는 것으로 특징지어지는 장애

성도착증 사람이 아닌 대상, 아동, 동의하지 않은 성인, 또는 고통이나 굴욕의 경험 등에 대한 반복적이고 강렬한 성적 욕구, 환상 및 성적 행동을 특징으로 하는 장애

성별-민감치료 서구 사회의 여성이 경험하는 압력에 맞춘 치료 접근으로' 여성주의 치료'라고도 불림

성별 불쾌감 자신의 태생적 성별에 대해 지속적으로 극도의 불편감을 느끼며 다른 성이 되기를 강력하게 바람

성적가학장애 타인에게 고통을 가하는 행위를 포함해 강한 성적 충동, 환상, 행동이 반복되는 변태성욕장애

성적피학장애 굴욕을 당하거나 맞거나 묶이거나 기타 고통을 당하는 것에 대하여 반복적이고 강렬한 성적 욕구나 환상, 행동이 나타나는 변태성욕장애

성전환 수술 성기관, 외모 및 결과적으로 성 정체감을 바꾸는 수술. '성 재할당 수술'이라고도 함

세로토닌 비정상적인 활동이 우울증, 강박장애, 섭식장애와 관련된 신경전달물질

소뇌 신체 운동을 조절하고 주의를 빠르게 이동하는 능력을 통제하는 데 도움이 되는 뇌 영역

소아성애장애 사춘기 이전의 아동을 바라보고 만지고 성적인 행위를 하는 것에 대한 반복적이고 강렬한 성적 욕구나 환상이 있고, 그러한 욕구나 환상을 실행하기도 하는 변태성욕장애

수용기 뉴런에서 신경전달물질을 수용하는 곳

수용소 정신질환자를 돌보기 위한 시설의 일종으로 16세기에 처음 많아졌고, 이들 수용소

의 대대수는 나중에 실질적인 감옥이 되었음

수집광 물건을 보관해야 한다고 느끼고 물건을 폐기하려고 하면 매우 고통스러워하고 그 결과 물건을 과도하게 쌓아두게 되는 장애

수행 불안 성행위 중에 경험하는 부적절한 수행에 대한 공포와 긴장

순환성장애 많은 기간 경조증 증상과 경미한 우울 증상을 보이는 것이 특징인 장애

스트레스 감소 세미나 기업이 제공하는 워크숍이나 집단회기로, 정신건강전문가가 고용인에게 적응하고, 문제를 해결하고 스트레스를 줄이는 방법을 가르침. '문제해결 세미나'라고도 알려져 있음

스트레스 관리 프로그램 범불안장애 및 다른 불안장애를 치료하는 방법으로, 내담자에게 스트레스를 줄이고 통제하는 기술을 가르침

시냅스 하나의 신경세포와 또 다른 신경세포의 수상돌기 사이의 작은 공간

시상하부 배고픔 및 식욕을 포함한 다양한 신체 기능의 유지를 돕는 뇌 영역

시상하부-뇌하수체-부신(HPA) 축 뇌와 신체가 각성 및 공포를 생성하게끔 하는 경로. 스트레스 시 시상하부가 뇌하수체로 신호를 보내고 뇌하수체는 부신으로 신호를 보냄. 이에 따라 스트레스 호르몬이 다양한 신체기관으로 분비됨

신경발달장애 출생 시 또는 어린 시절에 출현하여 사람의 행동, 기억력, 집중력 및/또는 학습 능력에 영향을 주는 뇌 기능에 장애를 보이는 집단

신경섬유매듭 나이를 먹어 가면서 어떤 뇌세포 안에 단백질 섬유가 꼬여 있게 되는 것. 알츠하이머 환자들에게 이러한 매듭이 과도하게 많음

신경성 식욕부진증 과도한 날씬함에의 추구와 지나친 체중 감소를 특징으로 하는 장애

신경성 폭식증 잦은 폭식 후 스스로 토하거나 다른 형태의 지나친 보상행동이 나타나는 장애. '폭식-하제사용증후군'으로도 알려짐

신경심리검사 개인의 인지, 지각, 운동 수행을 통해 뇌 손상을 감지하는 검사

신경이완제 전통적인 항정신병 약물을 의미하는데, 신경학적 장애 증상과 유사한 효과를 자주 발생시키기 때문에 붙여진 이름임

신경인지장애 적어도 한 가지 이상의 인지기능이 심각하게 저하되는 장애

신경전달물질 신경세포에서 분비되어 시냅스 공간을 넘어 이웃 신경세포의 수상돌기에 위치한 수용체에서 흡수되는 화학물질

신경촬영기법 CT 스캔, PET 스캔, 그리고 MRI와 같은 뇌 구조 또는 뇌 활동의 이미지를 제공하는 신경학적 검사. 또는 '뇌 스캐닝'이라고도 함

신경학적 검사 뇌 구조 또는 뇌 활동을 직접적으로 측정하는 검사

신뢰도 검사 또는 연구 결과의 일관성

신체이형장애 외모에 확실한 결함이나 흠이 있다는 믿음에 사로잡혀 있는 장애. 지각된 결함이나 흠은 상상이나 심하게 과장된 것임

신체증상장애 현재 경험하고 있는 신체 증상 때문에 극도로 고통받고 근심하고 불안해하며 증상들로 인해 개인의 삶이 심각하게 그리고 지나치게 와해되는 특징을 보이는 장애

실존치료 내담자로 하여금 자신의 삶에 대한 책임을 받아들여서 보다 큰 의미와 가치를 지닌 삶을 살도록 격려하는 치료

실험 한 변인이 조작되고 그 효과를 관찰하는 연구 절차

실험집단 실험에서 독립변인에 노출된 참여자들

심리경험 사후보고 외상 사고의 피해자가 외상 경험에 대한 감정 및 반응을 표현할 수 있도록 도와주는 위기 개입의 한 형태. '위기상황 스트레스 해소활동'이라고도 함

심인적 관점 심리적 기능 이상이 주로 심리적 원인에서 비롯된다는 견해

아날로그실험 실험자가 실험 참가자들에게 이상행동과 같은 행동을 유발하여 실험을 하는 실험방법

아편 높은 중독성을 가진 물질로 양귀비의 꽃봉오리에서 추출

아편유사제 아편 또는 아편 추출 마약으로 모르핀, 헤로인, 코데인 등이 포함

안구운동 민감소실 및 재처리(EMDR) 회피하는 사물이나 상황에 대한 이미지를 연상하며 안구를 좌우로 리듬을 타 움직이게 하는 행동적 노출치료

안와전두 피질 배설, 성행위, 폭력, 기타 원초적 활동을 포함한 충동이 정상적으로 발생하는 뇌 영역

알츠하이머병 가장 흔한 치매의 한 유형으로, 주요 증상으로 기억장애를 보임

알코올 맥주, 와인, 고량주 등을 포함하여 에틸알코올이 들어간 모든 음료

암페타민 실험실에서 조제된 각성제

야간 음경 팽창(NPT) 수면 중 발기

약물순화법 가공된 코카인으로부터 순수한 코카인 알칼로이드를 분리하거나 유리시켜서, 그것을 불꽃의 열로 증발시킨 다음 파이프를 통해 들이마시는 것

양극성장애 조증과 우울이 교체되거나 혼재되어 나타나는 장애

양성 증상 정상적 사고, 감정이나 행동에 과도하거나 괴상한 것이 덧붙는 조현병 증상

엔도르핀 통증과 정서적 긴장을 완화시키는 신경전달물질. '신체 자체의 아편'이라고 부르기도 함

여성극치감장애 여성이 오르가슴을 거의 경험하지 못하거나 반복적으로 매우 지연된 상태에서 갖게 되는 장애

여성 성적 관심/흥분장애 성에 대한 관심이나 성적 활동의 저하나 부족을 특징으로 하는 여성 성기능부전으로, 어떤 경우 성적 활동 시 제한된 흥분과 성적 감각을 보임

역학연구 특정 전집에서 장애의 발병률과 유병률을 측정하는 연구

연극성 성격장애 과도한 정서 표현과 관심추구 행동을 주 특징으로 하는 성격장애. '히스테리성 성격장애'라고도 함

예방 장애가 생기기 전에 막는 것을 목적으로 하는 개입

오르가슴 재교육 새롭고 더 적절한 성적 자극을 대상으로 하여 반응하도록 하는 성도착 치료 절차의 하나

오염변인 실험에서 독립변인 외 다른 변인이 종속변인에 영향을 미치는 변인

외상후 스트레스장애(PTSD) 외상 사건 이후 공포 및 관련 증상을 계속적으로 경험하는 불안장애

외측 시상하부(LH) 시상하부의 한 부분으로, 활성화되면 배고픔을 유발함

욕구기 성관계를 갖고자 하는 욕구, 성적 환상, 다른 사람에게 성적 매력을 보이는 등으로 구성된 성 반응주기의 단계

우울 현저한 슬픔, 에너지 부족, 낮은 자기 가치감, 죄책감 또는 관련 증상이 특징인 침체되고 슬픈 상태

우울장애 단극성 우울증이 특징인 장애군

운동성 실어증 말이나 말 내용의 감소, 조현병 증상으로 언어빈곤이라고도 함

원초아 Freud에 의하면 본능의 욕구, 추동, 충동을 일으키는 심리적 힘

월경전불쾌감장애 월경 전 주에 심각한 우울관련 증상을 반복해서 경험하는 것이 특징인 장애

위궤양 위와 십이지장 벽에 생긴 병변

위기중재 심리적 위기에 빠진 사람이 상황을 더 정확하게 바라보고 더 나은 결정을 하며 보다 건설적으로 행동해서 위기를 극복하도록 돕는 치료적 접근

유뇨증 반복적으로 옷이나 잠자리에 소변을 보는 장애

유분증 반복적으로 옷과 같이 부적절한 곳에 변을 보는 아동기 장애

유전자 유전적으로 물려받은 특성 및 특질을 통제하는 염색체 부분

유죄이나 정신병이 있는 피고가 저지른 범죄는 유죄이나, 정신장애를 앓고 있으므로 투옥 동안 치료를 받아야 함을 기술하는 판결

윤리강령 윤리행동에 대한 이론 및 규칙 전반을 일컬으며, 전문가의 의사결정이나 행동에 대한 지침으로 이루어짐

융합 해리성 정체성장애에서 두 가지 이상의 하위 인격이 통합되는 것

은폐설계 참여자들이 자신이 실험집단인지 통제집단인지를 모르도록 한 실험설계

음성 증상 정상 사고, 감정이나 행동에 결핍을 보이는 조현병 증상

의료과실 소송 치료 과정 중 부적절한 결정이나 수행을 한 치료자에 대한 법적 소송

의존성 성격장애 사람에게 매달리고 복종적이며, 분리되는 것을 두려워하며, 지속적으로 돌보아 줄 것을 요구하는 것을 주 특징으로 하는 성격장애

이분법적 사고 문제 및 해결을 이것 아니면 저것의 양자택일 관점으로 보는 것

이상심리학 기능의 비정상적 양상을 기술하고 예측하며 설명하고 변화시키기 위하여 이상행동을 과학적으로 연구하는 분야

이완훈련 자신의 의지로 이완하는 법을 가르치는 치료 절차로, 스트레스 상황에서 스스로 진정할 수 있게 됨

이인성/비현실감장애 이인성, 비현실감 혹은 이 둘 모두의 지속적이고 반복적인 삽화로 특징지어지는 해리성 장애

이차적 이득 정신역동이론의 개념으로, 신체적 증상이 타인으로부터 친절함을 유도해 내거나 원치 않는 활동에 대한 핑계를 제공하는 식의 이득을 창출할 때 이를 이차적 이득이라 함

이차전달자 뉴런이 신경전달물질 정보를 받은 직후와 뉴런이 반응하기 바로 직전에 나타나는 뉴런 내 화학 변화

익명의 알코올중독자모임(AA) 알코올 남용이나 의존인 사람들을 위해 지지와 지도를 제공하는 자조집단

인위성장애 확인 가능한 신체적 병인이 없는 질환으로, 이 장애를 가진 환자들은 환자 역할을 하기 위해 증상을 의도적으로 만들어 내거나 거짓으로 꾸미는 것으로 여겨짐

인지삼재 Aaron Beck이 우울의 원인으로 제시한 세 가지 유형의 부정적 사고. 개인의 경험, 자신, 미래에 대한 부정적 관점으로 이루어짐

인지치료 Aaron Beck이 개발한 치료 방안으로, 사람들이 자신의 잘못된 사고 과정을 인지하고 이를 변화하도록 이끄는 치료

인터넷게임장애 지속적이며 반복적으로 과도한 인터넷 활동, 특히 게임을 하는 것이 특징인 장애. DSM-5에서 추가 연구가 필요하다고 권고하고 있음

일차적 이득 정신역동이론의 개념으로, 신체적 증상이 개인의 내적 갈등 인식을 막는 이득을 창출할 때 이를 일차적 이득이라 함

임상 검사 개인에 대해 더 많은 정보를 추론하기 위해 개인의 다양한 심리적 기능에 대한 정보를 모으는 도구

자극 일반화 어떤 자극에 대한 반응이 그와 유사한 자극에 대해서도 발생하는 현상

자기 부담 심리치료 상담 서비스에 대하여 직접 상담자/치료자에게 비용을 지불하는 형태의 심리치료

자기실현 개인이 자신의 선함과 성장에 대한 잠재력을 달성하는 인본주의적 과정

자기애성 성격장애 과대망상, 선망 욕구, 공감 결여를 주 특징으로 하는 성격장애

자기최면 불유쾌한 사건들을 잊기 위해 자신에게 최면을 거는 과정

자동적 사고 우울, 불안, 또는 다른 형태의 심리적 역기능의 유발을 돕는 다양한 불쾌한 사고

자살 의도적이고 직접적이며 의식적으로 스스로 목숨을 끊는 행위

자살예방 프로그램 자살의 위험에 놓인 사람을 찾아내서 위기개입을 제공하는 프로그램

자아 Freud에 의하면 이성을 사용하며 현실의 원칙에 따라 작동하는 심리적 힘

자아방어기제 정신분석이론에 의하면 수용할 수 없는 원초아의 충동을 통제하고 그로 인한 불안을 감소시키기 위한 자아의 전략

자연실험 실험자가 아니라 자연이 독립변인을 조작한 실험

자위 포만 성도착적인 대상에 대해 구체적으로 상상하며 긴 시간 동안 자위를 하도록 하는 행동치료. 이 절차는 지루함을 유발하여 대상과 지루함을 연합시킴

자유연상 환자가 아무 생각이나 느낌, 심상을 중요하지 않은 것 같아도 떠오르는 대로 묘사하도록 하는 것

자율신경계(ANS) 중추신경계를 신체 내 다른 모든 기관에 연결하는 신경섬유망

자조집단 비슷한 문제를 가진 사람들이 모여서 임상가의 직접적인 지도 없이 서로 돕고 지지하는 집단. '상호조력집단'이라고도 함

자폐스펙트럼장애 타인에 대한 극단적인 무반응, 심각한 의사소통 결함과 과도한 반복적이고 경직된 행동, 흥미와 활동을 특징으로 하는 발달장애

재발방지 훈련 BSCT와 비슷한 알코올남용 치료적 접근으로 환자가 위험한 상황과 그에 대한 반응을 미리 계획하는 것

재판에 서는 것이 부적격 피고가 법규를 이해하고 법적 절차를 진행하지 못하거나, 변호사를 위임하여 적절한 변론을 준비하지 못할 만큼 정서가 불안한 상태

저항 심리치료에 온전하게 참여하기를 무의식적으로 거부하는 것

적대적 반항장애 아동기 장애로, 분노와 악의에 차서 반복적으로 성인과 논쟁하고 성미를 부리며 욕설을 함

전기충격요법(ETC) 주로 우울증 환자에게 사용되는 생물학적 치료의 한 형태로, 환자의 머리에 부착된 전극에 전류를 흐르도록 하여 뇌발작을 유발함

전이 정신역동이론가에 의하면 환자가 현재 혹은 과거 자신의 삶에서 중요한 사람들에 대한 감정을 심리치료자에게 돌리는 것

전환장애 심리사회적 욕구나 갈등이 극심한 신체 증상으로 전환되어 수의적 운동 기능 혹은 감각 기능에 영향을 끼치는 신체형 장애

절정기 개인의 성적 쾌락의 절정과 성적 긴장감이 골반 부분에 수축되어 있던 근육을 리드미컬하게 풀어지게 하는 성적 반응주기의 단계

정상화 기관과 지역사회 주거시설은 일반 사회와 유사한 삶과 기회를 지적장애를 가진 사람들에게 제공해 주어야 한다는 원칙

정신분석 무의식적 심리역동이 정신병리의 원인이라고 주장하는 이론 혹은 이상심리치료법

정신 상태 검사 내담자의 비정상적인 기능의 정도와 본질이 드러나도록 구성된 면담 질문과 관찰

정신생리성 장애 심리사회 및 신체적 요인이 함께 상호작용하여 나타나는 질병. DSM-IV-TR에서는 이를 '의학적 상태에 영향을 미치는 심리적 요인'이라고 분류함. '정신신체성 장애'라고도 함

정신생리학적 검사 심리적 문제의 지표로 (심박 수와 근육 긴장과 같은) 신체적 반응을측정하는 검사

정신신경면역학 스트레스, 신체 면역체계, 질

병 간의 관계에 대한 연구

정신약물학자 주로 약을 처방하는 정신과 의사

정신외과 수술 정신장애의 치료를 위한 뇌 수술로, '신경외과 수술'이라고도 함

정신이상에 의한 무죄(NGRI) 범죄자가 범죄 당시 비정상적이었기 때문에 유죄가 아니라는 판결

정신증 핵심적인 부분에서 현실과의 접촉이 상실된 상태

정화 내적 갈등을 정리하고 문제를 극복하기 위하여 과거의 억압되었던 감정을 재경험하는 것

제I형 양극성장애 완전한 조증 및 주요우울 삽화가 특징인 양극성장애의 한 유형

제II형 양극성장애 가벼운 조증과 주요우울 삽화가 특징인 양극성장애의 한 유형

조건형성 학습의 단순한 형태

조기사정 남자가 삽입 직전이나 삽입과 동시에 또는 그 직후와 같이 본인이 원하기 전에 오르가슴에 도달하고 사정하게 되는 장애

조작적 조건형성 만족스러운 결과를 가져온 행동이 반복될 가능성이 큰 학습 과정

조증 다행감이나 광적인 활동 상태 혹은 삽화로, 세계가 자신을 위해 존재한다는 과장된 믿음을 보임

조현병 성격, 사회 및 직업 기능이 지각 이상, 비정상적 정서와 운동 비정상성으로 인해 퇴화되는 정신장애

조현병 유발 어머니 조현병을 유발한다고 보이는 어머니 유형으로, 차갑고 지배적이며 자녀의 요구에는 관심이 없음

조현성 성격장애 사회적 관계를 지속적으로 회피하고 감정 표현을 거의 하지 않는 것을 특징으로 하는 성격장애

조현형 성격장애 친밀한 관계에서 극도의 불편감을 느끼며 기이한 사고와 지각 및 특이한 행동을 특징으로 하는 성격장애

종단연구 동일한 연구 참여자를 장기간 여러 번 관찰하는 연구

종속변인 실험에서 독립변인의 조작과 함께 변화할 것으로 예상되는 변인

주간보호소 낮 동안에만 병원과 같은 치료를 제공하는 프로그램으로, '낮병원'으로 알려짐

주류화 지적장애 아동을 정규 학교 교실에 배치하는 것. '통합교육'으로 알려져 있음

주립병원 미국의 주에서 운영하는 공립정신병 질환자 시설

주립(특수)학교 지적장애인을 위해 주에서 지원하는 기관

주요신경인지장애 인지기능이 심각하게 저하

되어 자립 능력에 지장을 주는 신경인지장애

주요우울장애 기능에 지장을 초래하는 단극성 우울증의 심각한 형태로, 약물이나 일반적인 의학적 상태와 같은 요인이 유발한 것이 아님

주의력결핍 과잉행동장애(ADHD) 주의집중의 어려움, 과잉행동과 충동행동 혹은 두 가지 모두 나타나는 장애

죽음에 이르지 않은 자살 죽음에 이르지 않은 자살시도

준비성 어떤 공포를 발달하게 하는 소질

준실험 연구자가 이미 세상에 존재하는 통제집단과 실험집단을 활용하는 실험. '혼합설계'라고도 함

중등도 지적장애 지능지수 35~49에 해당하며 돌보는 것을 배울 수 있고 직업 훈련을 할 수 있는 지적장애 수준

중성화 받아들일 수 없는 생각을 만회하기 위해서, 내적으로 시정하는 방식으로 생각하거나 행동함으로써 원치 않는 생각을 없애려는 시도

증후군 일반적으로 함께 발생하는 증상의 집합

지능검사 개인의 지능을 측정하도록 설계된 검사

지능지수(IQ) 이론적으로 한 사람의 전반적 지적 능력을 대표한다고 보는 지능검사에서 산출된 점수

지속성 우울장애 단극성 우울증의 만성적 형태로 주요 우울증 또는 가벼운 우울 증상이 계속 또는 반복되는 것이 특징

지시된 자위 흥분장애나 극치감장애가 있는 여성에게 효율적으로 자위를 하고 결국 성교 동안 어떻게 오르가슴에 도달하는지 가르치는 기법

지역사회 정신건강센터 심리적인 문제에 대한 약물치료, 심리치료와 응급 관리를 제공하고 지역사회 치료를 조정하는 치료기관

지역사회 정신보건치료 지역사회의 보호 지원을 강조하는 치료적 접근

지적장애(ID) 지적기능과 적응 능력이 보통 수준에 훨씬 못 미치는 것을 특징으로 하는 장애. 이전에는 '정신지체'라고 함

진단 어떤 사람의 문제가 특정 장애를 반영한다는 결정

진전섬망(DTs) 알코올의존인 사람에게서 경험되는 극적인 금단 증상. 혼란과 의식의 혼탁, 두려운 환시 등이 나타남

진정 수면성 약물 적은 용량으로도 불안을 감소시키고, 많은 용량을 사용하면 수면 효과가 있음. '항불안제'라고도 함

질병불안장애 심각한 의학적 질병을 가지고 있

거나 이런 질병을 발전시키고 있는 것은 아닐까 만성적으로 불안해하고 그런 생각에 몰두해 있는 것을 특징으로 보이는 장애. '건강염려증'으로도 알려짐

집단치료 비슷한 문제를 가진 사람들이 함께 치료자와 만나 자신들의 문제에 대해서 작업하는 치료 형태

천공술 이상행동의 치료를 위해 두개골을 둥글게 잘라낸 고대의 수술법

천식 기도와 기관지가 좁아지는 것을 특징으로 하는 의학적 문제로 숨 가쁨, 쌕쌕거림, 기침, 숨 막힘을 야기함

청반 정서 조절에 관여하는 것으로 보이는 뇌의 작은 부위. 청반의 많은 뉴런이 노르에피네프린을 사용함

체계적 둔감화 공포증을 가진 내담자들이 두려워하는 대상이나 상황에 차분하게 반응할 수 있도록 돕기 위해서 이완훈련과 공포위계를 사용하는 행동치료

체액 그리스나 로마인들이 정신과 신체의 기능에 영향을 미친다고 본 신체의 화학물질

체인적 관점 심리적 기능 이상이 신체적 원인에서 비롯된다는 견해

체중 결정점 시상하부에 의해 일부 조절되는, 개인이 유지하려고 하는 체중수준

초자아 Freud에 의하면 한 사람의 가치와 이상을 대표하는 심리적 힘

최면치료 환자에게 최면을 걸어 망각된 사건을 회상하도록 하거나 기타 다른 치료적 활동을 수행하도록 하는 치료

최고도 지적장애 지능지수 20 미만에 해당하며 매우 구조화된 환경에서 밀착된 지도감독이 필요함

추체외로장애 효과 몸을 심하게 흔들고 괴상하게 얼굴을 씰룩이며, 몸을 비틀고 극도로 안절부절못 하는 등의 비정상적 움직임을 의미하며, 전형적 항정신병 약물에 의해 종종 나타남

치료 이상행동을 보다 정상적 행동으로 변화시키는 체계적 절차

치료 거부권 특정 형태의 치료를 거부할 수 있는 법적 권리

치료받을 권리 본의 아닌 범죄를 저지른 범죄자가 적절한 치료를 받을 수 있도록 하는 법적 관리

치명적 알코올증후군 낮은 지능, 출산 시 저체중, 손과 머리의 비정상성을 포함한 아동 문제들이 임신 당시 어머니의 과도한 음주에서 기인함

커플치료 장기적 관계에 있는 두 사람을 대상

으로 하는 치료 형태

코르사코프증후군 극심한 혼동과 기억장애로 특징지어지는 알코올 관련 질병

코르티코스테로이드 스트레스 시 부신에서 분비되는 호르몬의 총칭. 코르티솔도 여기에 포함됨

코카인 코카나무에서 얻는 중독성 각성제. 자연 상태에서 얻는 각성제 중 가장 강력함

타당도 검사 또는 연구 결과의 정확도, 즉 검사 또는 도구가 실제로 측정하거나 주장하는 것을 보여 주는 정도

탈원화 1960년대에 시작된 조치로 수많은 정신질환 환자들이 공립정신병원에서 풀려남

태아알코올증후군 임신부의 임신 중 과도한 알코올 섭취로 인해 태아에게 나타나는 정신적·신체적 문제

테트라하이드로칸나비놀(THC) 대마초 물질의 주요 활성 성분

토큰 경제 프로그램 행동 프로그램의 일종으로 물건이나 권리 등으로 교환할 수 있는 토큰을 부여하면서 일상생활에서 바람직한 행동을 체계적으로 강화하는 것

통제집단 실험에서 독립변인에 노출되지 않는 참여자들

투사검사 애매모호한 자극으로 구성된 검사

특별교육 지적장애 아동의 교육 방법으로 이들만을 위해 여러 가지를 종합하여 특별히 고안된 교육

특질에 따라 명시된 성격장애(PDTS) 이 성격장애는 *DSM-5*의 미래 개정판에 포함될 가능성을 두고 현재 연구 중으로, 이 진단을 받는 사람은 한 가지 혹은 그 이상의 문제 특질의 결과로 자신의 기능을 발휘하는 데 유의미한 손상을 가짐

특정공포증 특정 대상이나 상황에 대한 심각하고 지속적인 공포

파괴적 기분조절부전장애 심각한 수준의 반복적인 기분폭발을 특징으로 하는 아동기 장애로, 지속적으로 불안정감이나 화난 기분을 동반함

페노티아진 항히스타민 약물로 최초로 효과가 입증된 항정신병 약물

편두통 머리의 한 측면에서 발생하는 극도로 심각한 두통. 때때로 어지러움, 메스꺼움, 구토를 유발함

편집성 성격장애 타인에 대한 불신과 의심을 주 특징으로 하는 성격장애

평가 내담자 또는 연구 참가자에 대한 관련 정보를 모으고 해석하는 과정

폭식장애 지나치게 많은 양의 음식을 통제 불능으로 섭취하는 삽화

폭식증 빈번한 폭식을 특징으로 하나 극단적 보상행동을 보이지 않는 장애

표준화 수많은 사람의 검사 결과를 근거로 기준을 만들어 개인의 점수를 평가할 수 있도록 만든 것

표출 정서 가정에서 표출되는 비난, 거부, 증오의 일반적 수준. 조현병에서 회복된 사람 중 가족에서 표출 정서 비율이 높으면 재발 가능성이 더 큼

품행장애 아동기 장애로, 반복적으로 다른 사람의 기본 권리를 침해하고 공격성을 나타내며 때때로 다른 사람의 재산을 파괴하고 도둑질하거나 가출함

피부뜯기장애 반복해서 피부를 뜯는 장애로, 그 결과 상당한 흉이나 상처가 생김

하위 성격 해리성 정체성장애로 고생하는 사람들에게 발견되는 둘 혹은 그 이상의 뚜렷이 구분되는 성격. '대체성격'으로도 알려짐

학습된 무기력 강화에 대한 어떤 통제권도 갖고 있지 않다는 과거 경험에 기초한 지각

합리적 정서치료 Albert Ellis가 개발한 인지치료로, 내담자가 자신의 심리장애를 유발하는 비합리적 가정과 사고를 찾아내 이를 변화시키도록 도와줌

항원 박테리아나 바이러스 같은 신체의 낯선 침입자

항정신병 약물 크게 혼란되거나 왜곡된 사고를 교정하는 데 도움이 되는 약물

해독 체계적이고 의학적인 감독하에서의 약물 중단

해리성 기억상실 개인의 중요한 사건 및 정보를 회상하지 못하는 것을 특징으로 하는 장애

해리성 정체성장애 두 가지 이상의 구분되는 인격체를 발전시키는 장애. '다중성격장애'로도 알려짐

해리장애 분명한 신체적 원인을 가지지 않은 기억에서의 큰 변화를 특징으로 하는 장애

행동의학 의학적 문제의 치료와 예방을 위해 심리적 개입 및 신체적 개입을 통합한 치료 분야

향정신성 약물 일차적으로 뇌에 작용하여 다수의 정신기능장애의 증상을 감소시키는 약물

헤로인 아편 추출 물질 중 가장 중독성이 강한 약물 중 하나

형식적 사고장애 사고의 조직 및 생산에서 나타나는 장애

혐오치료 내담자가 마약 섭취와 같은 바람직하지 않은 행동을 할 때 불쾌한 자극을 반복적으로 제시하는 치료

호르몬 내분비샘에서 혈관으로 분비되는 화학 물질

홍수법 내담자를 두려워하는 대상에 반복적이고 강도 높게 노출시켜 그 대상이 실제로는 해가 없다는 것을 경험하게 하는 공포증 치료법

화해운동 모든 치료자가 공통적으로 사용하고 있는 전략을 규명하려는 운동

환각 실제 자극이 없음에도 상상적인 장면, 소리, 혹은 감각 경험이 실제처럼 경험되는 것

환각제 지각이 강해지고 헛것이나 환각을 경험하는 등 감각 지각에 주로 강력한 변화를 유발하는 물질. '마약'이라고도 함

환경치료 환자가 자기 존중, 개인적 책임감, 의미 있는 활동을 할 수 있는 환경을 구축함으로써 회복을 도울 수 있다는 신념을 기본으로 기관치료를 제공하는 인본주의적 치료법

회고분석 임상가나 연구자가 자살한 개인의 과거에서 자살 관련 정보를 취합한 심리적 부검

회피성 성격장애 부적절감에 압도되고 부정적 평가에 극도로 민감하며, 사회적 상황에서 불편감을 지속적으로 느끼며 제약을 가지는 것을 주 특징으로 하는 성격장애

훈습 갈등을 직면하고 감정을 재해석하여 문제를 극복한 정신분석과정

흥분기 골반 영역의 변화, 일반적인 생리적 각성, 심장 박동, 근육 긴장, 혈압, 그리고 호흡률의 증가를 보이는 성적 반응주기의 단계

DSM-5 정신장애의 진단 및 통계편람의 최신판으로 2013년에 출판됨

LSD(리세르그산 디에틸아미드) 맥각알칼로이드에서 추출된 환각물질

MAO 억제제 모노아민 옥시다제 효소의 활성화를 방지하는 항우울제

A유형 성격 적대성, 냉소성, 의욕 넘침, 성급함, 경쟁, 야망으로 특징된 성격 형태

B유형 성격 긴장이 적고, 덜 공격적이며, 시간에 대해 덜 걱정하는 성격 형태

2세대 항정신병 약물 상대적으로 새로운 항정신병 약물로서 생물학적 활동이 전통적인 항정신병 약물과 다름. '비전형 항정신병 약물'이라고도 함

참고문헌

AA World Services. (2014). *2011 membership survey*. New York: Author.

AACAP (American Academy of Child & Adolescent Psychiatry). (2013). *Facts for families guide: The depressed child*. Washington, DC: AACAP.

AAIDD (American Association of Intellectual and Developmental Disabilities). (2008). *Sexuality*. Washington, DC: AAIDD.

AAIDD (American Association of Intellectual and Developmental Disabilities). (2010). *Intellectual disability: Definition, classification, and system of supports* (11th ed.). Washington, DC: AAIDD.

AAIDD (American Association of Intellectual and Developmental Disabilities). (2013). *Definition of intellectual disability*. Washington, DC: AAIDD.

Aamodt, M. G. (2014, September 6). *Serial killer statistics*. Retrieved from Aamodt website: http://maamodt.asp.radford.edu/serial_killer_information_center/project_description.htm.

Abbas, A. A., Kisely, S. R., Town, J. M., Leichsenring, F., Driessen, E., De Maat, S., . . . Crowe, E. (2014). Short-term psychodynamic psychotherapies for common mental disorders. *Cochrane Database of Systematic Reviews, 7*, CD004687.

Abbey, A. (2002). Alcohol-related sexual assault: A common problem among college students. *Journal of Studies on Alcohol, 14*, 118–128.

Abbey, A., Wegner, R., Woerner, J., Pegram, S. E., & Pierce, J. (2014). Review of survey and experimental research that examines the relationship between alcohol consumption and men's sexual aggression perpetration. *Trauma, Violence & Abuse, 15*(4), 265–282.

Abbey, S. E. (2005). Somatization and somatoform disorders. In J. L. Levenson (Ed.), *The American Psychiatric Publishing textbook of psychosomatic medicine* (pp. 271–296). Washington, DC: American Psychiatric Publishing.

Abel, G. G., Becker, J. V., & Cunningham-Rathner, J. (1984). Complications, consent, and cognitions in sex between children and adults. *International Journal of Law and Psychiatry, 7*, 89–103.

Abel, G. G., Jordan, A., Hand, C. G., Holland, L. A., & Phipps, A. (2001). Classification models of child molesters utilizing the Abel Assessment for child sexual abuse interest. *Child Abuse & Neglect, 25*(5), 703–718.

Aboujaoude, E., Savage, M. W., Starcevic, V., & Salame, W. O. (2015). Cyberbullying: Review of an old problem gone viral. *The Journal of Adolescent Health: Official Publication of the Society for Adolescent Medicine, 57*(1), 10–18.

Abraham, K. (1911). Notes on the psychoanalytic investigation and treatment of manic-depressive insanity and allied conditions. In *Selected papers on psychoanalysis* (pp. 137–156). New York: Basic Books. [Work republished 1960]

Abraham, K. (1916). The first pregenital stage of the libido. In *Selected papers on psychoanalysis* (pp. 248–279). New York: Basic Books. [Work republished 1960].

Abraham, S., & Llewellyn-Jones, D. (1984). *Eating disorders: The facts*. New York: Oxford University Press.

Abramowitz, J. S., & Braddock, A. E. (2011). *Hypochondriasis and health anxiety. Advances in psychotherapy—Evidence-based practice*. Cambridge, MA: Hogrefe Publishing.

Abramowitz, J. S., Deacon, B. J., & Whiteside, S. P. H. (2011). *Exposure therapy for anxiety: Principles and practice*. New York: Guilford Press.

Abramowitz, J. S., McKay, D., & Taylor, S. (Eds.). (2008). *Obsessive-compulsive disorder: Subtypes and spectrum conditions*. Oxford, England: Elsevier.

Abramson, L. Y., Alloy, L. B., Hankin, B. L., Haeffel, G. J., MacCoon, D. G., & Gibb, B. E. (2002). Cognitive vulnerability—Stress models of depression in a self-regulatory and psychobiological context. In I. H. Gotlib & C. L. Hammen (Eds.), *Handbook of depression* (pp. 268–294). New York: Guilford Press.

Abramson, L. Y., Metalsky, G. I., & Alloy, L. B. (1989). Hopelessness depression: A theory-based subtype of depression. *Psychological Review, 96*(2), 358–372.

Abramson, L. Y., Seligman, M. E., & Teasdale, J. D. (1978). Learned helplessness in humans: Critique and reformulation. *Journal of Abnormal Psychology, 87*(1), 49–74.

Achalia, R. M., Chaturvedi, S. K., Desai, G., Rao, G. N., & Prakash, O. (2014). Prevalence and risk factors associated with tardive dyskinesia among Indian patients with schizophrenia. *Asian Journal of Psychiatry, 9*, 31–35.

Acosta, M. C., Haller, D. L., & Schnoll, S. H. (2005). Cocaine and stimulants. In R. J. Frances, A. H. Mack, & S. I. Miller (Eds.), *Clinical textbook of addictive disorders* (3rd ed., pp. 184–218). New York: Guilford Press.

Acosta, M. C., Haller, D. L., & Schnoll, S. H. (2011). Cocaine and stimulants. In R. J. Frances, A. H. Mack, & S. I. Miller (Eds.), *Clinical textbook of addictive disorders* (3rd ed., pp. 184–218). New York: Guilford Press.

ADAA (Anxiety and Depression Association of America). (2014). *Facts and statistics*. Silver Spring, MD: ADAA.

Adam, K. S., Bouckoms, A., & Streiner, D. (1982). Parental loss and family stability in attempted suicide. *Archives of General Psychiatry, 39*(9), 1081–1085.

Adams, C. E., Awad, G. A., Rathbone, J., Thornley, B., & Soares-Weiser, K. (2014). Chlorpromazine versus placebo for schizophrenia. *Cochrane Database of Systematic Reviews, 1*, CD000284.

Adams, J. G. (2013). Sexual assault (Ch. 128). In J. G. Adams (Ed.), *Emergency medicine: Clinical essentials* (2nd ed.). Elsevier Health Services. [Kindle edition].

Adams, R. E., & Boscarino, J. A. (2005). Stress and well-being in the aftermath of the World Trade Center attack: The continuing effects of a communitywide disaster. *Journal of Community Psychology, 33*(2), 175–190.

Addington, J., Heinssen, R. K., Robinson, D. G., Schooler, N. R., Marcy, P., Brunette, M. F., . . . Kane, J. M. (2015). Duration of untreated psychosis in community treatment settings in the United States. *Psychiatric Services* (Washington, D.C.), *66*(7), 753–756.

Advokat, C. D., Comaty, J. E., & Julien, R. M. (2014). *Julien's primer of drug action*. New York: Worth Publishers.

AFA (Alzheimer's Foundation of America). (2014). *About dementia*. New York: AFA.

Affatati, V., Di Nicola, V., Santoro, M., Bellomo, A., Todarello, G., & Todarello, O. (2004). Psychotherapy of gender identity disorder: Problems and perspectives. *Medica Psicosomatica, 49*(1–2), 57–64.

Afifi, T. O., MacMillan, H. L., Boyle, M., Taillieu, T., Cheung, K., & Sareen, J. (2014). Child abuse and mental disorders in Canada. *Canadian Medical Association Journal, 186*(9), E324–E332.

AFSP (American Foundation for Suicide Prevention). (2014). Facts and figures for 2010: Suicide deaths. Retrieved from AFSP website: https://www.afsp.org/understanding-suicide/facts-and-figures.

AFSP (American Foundation for Suicide Prevention). (2014). Facts and figures for 2011: Suicide deaths. Retrieved from AFSP website: https://www.afsp.org/understanding-suicide/facts-and-figures.

Agras, S. (1985). *Panic: Facing fears, phobias, and anxiety*. New York: W. H. Freeman.

Agronin, M. E. (2006). Personality disorders. In D. V. Jeste & J. H. Friedman (Eds.), *Psychiatry for neurologists*. Totowa, NJ: Humana Press.

Aguilera, A., Garza, M. J., & Muñoz, R. F. (2010). Group cognitive-behavioral therapy for depression in Spanish: Culture-sensitive manualized treatment in practice. *Journal of Clinical Psychology, 66*(8), 857–867.

AHA (American Heart Association). (2011). Heart disease and stroke statistics—2010 update: A report from the American Heart Association. *Circulation, 121*, e-46–e-215.

Ahearn, W. H. (2010). What every behavior analyst should know about the "MMR uses autism" hypothesis. *Behavior Analysis in Practice, 3*(1), 46–50.

Ahern, G. L., Herring, A. M., Labiner, D. M., Weinand, M. E., & Hutzler, R. (2000). Affective self-report during the intracarotid sodium amobarbital test: Group differences. *Journal of the International Neuropsychological Society, 6*(6), 659–667.

Ahlers, C. J., Schaefer, G. A., Mundt, I. A., Roll, S., Englert, H., Willich, S. N., & Beier, K. M. (2011). How unusual are the contents of paraphilias? Paraphilia-associated sexual arousal patterns in a community-based sample of men. *Journal of Sexual Medicine, 8*(5), 1362–1370.

AI (Amnesty International). (2000). *Torture worldwide: An affront to human dignity*. New York: Amnesty International.

Aiken, C. B. (2010). Neuroprotection in bipolar depression. In M. C. Ritsner (Ed.), *Brain protection in schizophrenia, mood and cognitive disorders* (pp. 451–483). New York: Springer Science + Business Media.

Aiken, L. R. (1985). *Psychological testing and assessment* (5th ed.). Boston: Allyn & Bacon.

Ajdacic-Gross, V., Ring, M., Gadola, E., Lauber, C., Bopp, M., Gutzwiller, F., & Rössler, W. (2008). Suicide after bereavement: An overlooked problem. *Psychological Medicine, 38*(5), 673–676.

Akhtar, S., Wig, N. H., Verma, V. K., Pershod, D., & Verma, S. K. (1975). A phenomenological analysis of symptoms in obsessive-compulsive neuroses. *British Journal of Psychiatry, 127*, 342–348.

Akinbami, L. J., Moorman, J. E., & Liu, X. (2011, January 12). Asthma prevalence, health care use, and mortality: United States, 2005–2009. *National Health Statistics Report, 32*, 1–14.

Akins, C. K. (2004). The role of Pavlovian conditioning in sexual behavior: A comparative analysis of human and nonhuman animals. *International Journal of Comparative Psychology, 17*(2–3), 241–262.

Albala, I., Doyle, M., & Appelbaum, P. S. (2010). The evolution of consent forms for research: A quarter century of changes. *IRB: Ethics & Human Research, 32*(3), 7–11.

Alcalar, N., Ozkan, S., Kucucuk, S., Aslay, I., & Ozkan, M. (2012). Association of coping style, cognitive errors and cancer-related variables with depression in women treated for breast cancer. *Japanese Journal of Clinical Oncology, 42*(10), 940–947.

Alcántara, C., & Gone, J. P. (2008). Suicide in Native American communities: A transactional ecological formulation of the problem. In M. M. Leach & F. T. L. Leong (Eds.), *Suicide among racial and ethnic minority groups: Theory, research, and practice* (pp. 173–199). New York: Routledge/Taylor & Francis Group.

Aldhous, P. (2012, December 3). Personality disorder revamp ends in "horrible waste." *New Scientist.*

Alegría, M., Atkins, M., Farmer, E., Slaton, E., & Stelk, W. (2010). One size does not fit all: Taking diversity, culture and context seriously. *Administration and Policy in Mental Health and Mental Health Service Research, 37*(1-2), 48–60.

Alegría, M., Fortuna, L. R., Lin, J. Y., Norris, F. H., Gao, S., Takeuchi, D. T., . . . Valentine, A. (2013). Prevalence, risk, and correlates of posttraumatic stress disorder across ethnic and racial minority groups in the United States. *Medical Care, 51*(12), 1114–1123.

Alegría, M., Molina, K. M., & Chen, C. (2014). Neighborhood characteristics and differential risk for depressive and anxiety disorders across racial/ethnic groups in the United States. *Depression & Anxiety, 31*(1), 27–37.

Alegría, M., Mulvaney-Day, N., Torres, M., Polo, A., Cao, Z., & Canino, G. (2007). Prevalence of psychiatric disorders across Latino subgroups in the United States. *American Journal of Public Health, 97*(1), 68–75.

Alegría, M., Mulvaney-Day, N., Woo, M., & Miruell-Fuentes, E. A. (2012). Psychology of Latino adults: Challenges and an agenda for action. In E. C. Chang & C. A. Downey (Eds.). *Handbook of race and development in mental health* (pp. 279–306). New York: Springer Science & Business Media.

Alexander, J. F., Sexton, T. L., & Robbins, M. S. (2002). The developmental status of family therapy in family psychology intervention science. In H. A. Liddle, D. A. Santiseban, R. F. Levant, & J. H. Bray (Eds.), *Family psychology: Science-based interventions* (pp. 17–40) Washington, DC: American Psychological Association.

Alfano, C. A., & Beidel, D. C. (Eds.). (2011). *Social anxiety in adolescents and young adults: Translating developmental science into practice.* Washington, DC: American Psychological Association.

Algars, M., Santtila, P., Jern, P., Johansson, A., Westerlund, M., & Sandnabba, N. K. (2011). Sexual body image and its correlates: A population-based study of Finnish women and men. *International Journal of Sexual Health, 23*(1), 26–34.

Ali, M. M., Dwyer, D. S., & Rizzo, J. A. (2011). The social contagion effect of suicidal behavior in adolescents: Does it really exist? *Journal of Mental Health Policy and Economics, 14*(1), 3–12.

Ali, S., Jabeen, S., Pate, R. J., Shahid, M., Chinala, S., Nathani, M., & Shah, R. (2015). Conversion disorder—mind versus body: A review. *Innovations in Clinical Neuroscience, 12*(5-6), 27–33.

Alisic, E., Zalta, A. K., van Wesel, F., Larsen, S. E., Hafstad, G. S., Hassanpour, K., & Smid, G. E. (2014). Rates of post-traumatic stress disorder in trauma-exposed children and adolescents: Meta-analysis. *British Journal of Psychiatry, 204,* 335–340.

Allan, N. P., Capron, D. W., Raines, A. M., & Schmidt, N. B. (2014). Unique relations among anxiety sensitivity factors and anxiety, depression, and suicidal ideation. *Journal of Anxiety Disorders, 28*(2), 266–275.

Allan, R. (2014). John Hunter: Early association of Type A behavior with cardiac mortality. *The American Journal of Cardiology, 114*(1), 148–150.

Allderidge, P. (1979). Hospitals, madhouses and asylums: Cycles in the care of the insane. *British Journal of Psychiatry, 134,* 321–334.

Allen, D. F. (Ed.). (1985). *The cocaine crisis.* Plenum Press: New York.

Allison, R. (2010). Aligning bodies with minds: The case for medical and surgical treatment of gender dysphoria. *Journal of Gay & Lesbian Mental Health, 14*(2), 139–144.

Alloway, T. P. (2014, May 11). Selfies, Facebook, and narcissism: What's the link? *Psychology Today.*

Alloway, T. P., Runac, R., Qureshi, M., & Kemp, G. (2014). Is Facebook linked to selfishness? Investigating the relationships among social media use, empathy, and narcissism. *Social Networking, 3*(3), 150–158.

Almeida, J., Graca, O., Vieira, F., Almeida, N., & Santos, J. C. (2010). Characteristics of offenders deemed not guilty by reason of insanity in Portugal. *Medicine, Science, and the Law, 50*(3), 136–139.

Alonzo, D., Thompson, R. G., Stohl, M., & Hasin, D. (2014). The influence of parental divorce and alcohol abuse on adult offspring risk of lifetime suicide attempt in the United States. *The American Journal of Orthopsychiatry, 84*(3), 316–320.

Alridge, J. (2012, May 17). How many people commit suicide due to depression. *Examiner.com.*

Alter, C. (2013, September 23). FDA to regulate health apps. *Time, Inc.*

Alter, C. (2014, March 10). Holder urges use of drug to combat heroin overdoses. *Time.*

Althof, S. E. (2007). Treatment of rapid ejaculation: Psychotherapy, pharmacotherapy, and combined therapy. In S. R. Leiblum, *Principles and practice of sex therapy* (4th ed., pp. 212–240). New York: Guilford Press.

Althof, S. E., Rosen, R. C., Perelman, M. A., & Rubio-Aurioles, E. (2013). Standard operating procedures for taking a sexual history. *Journal of Sexual Medicine, 10,* 26–35.

Althouse, R. (2010). Jails are nation's largest institutions for mentally ill. *National Psychologist, 19*(6), 1, 5.

Alvarenga, M. S., Koritar, P., Pisciolaro, F., Mancini, M., Cordás, T. A., & Scagliusi, F. B. (2014). Eating attitudes of anorexia nervosa, bulimia nervosa, binge eating disorder and obesity without eating disorder female patients: Differences and similarities. *Physiology & Behavior, 131,* 99–104.

Alzheimer's Association. (2007). Care in the U.S. Graph cited in *Newsweek, CXLIX*(25), 56.

Alzheimer's Association. (2014). *Alzheimer's disease.* New York: ALZ.org. Retrieved from Alzheimer's Assocation website: http://www.alz.org/alzheimers_disease_1973.asp.

AMA (American Medical Association). (2011). *Physician characteristics and distribution in the U.S.* Chicago, IL: AMA Press.

Amad, A., Ramoz, N., Thomas, P., Jardri, R., & Gorwood, P. (2014). Genetics of borderline

personality disorder: Systematic review and proposal of an integrative model. *Neuroscience & Biobehavioral Reviews, 40,* 6–19.

Aman, M. G., & Farmer, C. A. (2011). Self-injury, aggression, and related problems. In E. Hollander, A. Kolevzon, & J. T. Coyle (Eds.), *Textbook of autism spectrum disorders.* (pp. 179–187). Arlington, VA: American Psychiatric Publishing, Inc.

Ambresin, A., Vust, S., Lier, F., & Michaud, P. (2014). Adolescents with an eating disorder: An evidence-based approach on the role of parents. *Revue Médicale Suisse, 10*(412-413), 66–68.

American Association of Fundraising Counsel. (2010). *Giving USA: 2009.* Chicago, IL: Author.

Ames, D., Chiu, E., Lindesay, J., & Shulman, K. I. (2010). *Guide to the psychiatry of old age.* New York: Cambridge University Press.

Amianto, F., Abbate-Doga, G., Morando, S., Sobrero, C., & Fassino, S. (2011). Personality traits that differentiate individuals with anorexia nervosa and their healthy siblings. *Clinician's Research Digest, 29*(2).

Amore, M., Innamorati, M., Vittorio, C. D., Weinberg, I., Turecki, G., Sher, L., . . . Pompili, M. (2014). Suicide attempts in major depressed patients with personality disorder. *Suicide & Life Threatening Behavior, 44*(2), 155–166.

ANAD (National Association of Anorexia Nervosa and Associated Disorders). (2014). *Binge eating disorder: The "new" eating disorder: Binge eating disorder (BED).* Retrieved from ANAD website: http://www.anad.org/get-information/get-informationbinge-eating.

ANAD (National Association of Anorexia Nervosa and Associated Disorders). (2015). *Eating disorders statistics.* Naperville, IL: ANAD.

an der Heiden, W., & Häfner, H. (2011). Course and outcomes. In D. R. Weinberg & P. Harrison (Eds.), *Schizophrenia* (pp. 104–141). Hoboken, NJ: Wiley-Blackwell.

Anders, S. L., Frazier, P. A., & Shallcross, S. L. (2012). Prevalence and effects of life event exposure among undergraduate and community college students. *Journal of Counseling Psychology, 59*(3), 449–457.

Anderson, G., Berk, M., Dean, O., Moylan, S., & Maes, M. (2014). Role of immune-inflammatory and oxidative and nitrosative stress pathways in the etiology of depression: Therapeutic implications. *CNS Drugs, 28*(1), 1–10.

Anderson, J., Snider, S., Sellbom, M., Krueger, R., & Hopwood, C. (2014). A comparison of the DSM-5 Section II and Section III personality disorder structures. *Psychiatry Research, 216*(3), 363–372.

Anderson, K. G., Sankis, L. M., & Widiger, S. A. (2001). Pathology versus statistical infrequency: Potential sources of gender bias in personality disorder criteria. *Journal of Nervous and Mental Disease, 189*(10), 661–668.

Anderson, N. (2014, July 1). Sex offense statistics show U.S. college reports are rising. *Washington Post.*

Anderson, P. L., Price, M., Edwards, S. M., Obasaju, M. A., Schmertz, S. K., Zimand, E., & Calamaras, M. R. (2013). Virtual reality exposure therapy for social anxiety disorder: A randomized controlled trial. *Journal of Consulting And Clinical Psychology, 81*(5), 751–760.

Andreasen, N. C., & Black, D. W. (2006). *Introductory textbook of psychiatry* (4th ed.). Washington, DC: American Psychiatric Publishing.

Andreoli, S. B., Dos Santos, M. M., Quintana, M. I., Ribeiro, W. S., Blay, S. L.,

Taborda, J. G., & de Jesus Mari, J. (2014). Prevalence of mental disorders among prisoners in the state of Sao Paulo, Brazil. *PLOS ONE, 9*(2), e88836.

Andresen, J. (2000). Meditation meets behavioral medicine: The story of experimental research on meditation. *Journal of Consciousness Studies, 7*(11–12), 17–73.

Andrews, J. A., & Hops, H. (2010). The influence of peers on substance use. In L. Scheier (Ed.), *Handbook of drug use etiology: Theory, methods, and empirical findings* (pp. 403–420). Washington, DC: American Psychological Association.

Andrews, V. (1998, December 14). Abducted by aliens? Or just a little schizoid? *HealthScout.*

Anestis, M. D., & Anestis J. C. (2015). Suicide rates and state laws regulating access and exposure to handguns. *American Journal of Public Health*, e1–e10. [Advance electronic publication.]

Annunziato, R. A., Lee, J. N., & Lowe, M. R. (2007). A comparison of weight-control behaviors in African American and Caucasian women. *Ethnicity & Disease, 17*, 262–267.

Anonymous. (1996). First person account: Social, economic, and medical effects of schizophrenia. *Schizophrenia Bulletin, 22*(1), 183.

Anonymous. (2006). On madness: A personal account of rapid cycling bipolar disorder. *British Journal of General Practice, 56*(530), 726–728.

Antal, H., Hossain, M. J., Hassink, S., Henry, S., Fuzzell, L., Taylor, A., & Wysocki, T. (2015). Audio-video recording of health care encounters for pediatric chronic conditions: Observational reactivity and its correlates. *Journal of Pediatric Psychology, 40*(1), 144–153.

Antony, M. M. (2014). Behavior therapy. In D. Wedding & R. J. Corsini (Eds.), *Current psychotherapies* (10th ed., pp. 193–230). Independence, KY: Cengage Publications.

Antony, M. M., & Barlow, D. H. (Eds.). (2004). *Handbook of assessment and treatment planning for psychological disorders.* New York: Guilford Press.

Antony, M. M., & Barlow, D. H. (Eds.). (2010). *Handbook of assessment and treatment planning for psychological disorders* (2nd ed.). New York: Guilford Press.

Antony, M. M., & Roemer, L. (2011). *Behavior therapy.* Washington, DC: American Psychological Association.

APA (American Psychiatric Association). (2000). *DSM-IV text revision.* Washington, DC: Author.

APA (American Psychiatric Association). (2003). Questions and answers on using "insanity" as a legal defense. *HealthyMinds.org.* Arlington, VA: American Psychiatric Association.

APA (American Psychiatric Association). (2013, May 13). *DSM-5 field trials.* Washington, DC: Author.

APA (American Psychiatric Association). (2013). *Diagnostic and statistical manual of mental disorders* (5th ed.). Washington, DC: Author.

APA (American Psychiatric Association). (2013). *The people behind DSM-5.* Washington, DC: Author.

APA (American Psychological Association). (1996). *Statement on the disclosure of test data.* Washington, DC: American Psychological Association.

APA (American Psychological Association). (2002). *Ethical principles of psychologists and code of conduct.* Washington, DC: Author.

APA (American Psychological Association). (2010). *Ethical principles of psychologists and code of conduct.* Washington, DC: Author.

APA (American Psychological Association). (2010). *Gender and stress: Stress on the rise for women.* Retrieved from APA website: http://www.apa.org.

APA (American Psychological Association). (2014). *APA applauds landmark Illinois law allowing psychologists to prescribe medications.* Washington, DC: Author.

APA (American Psychological Association). (2014). *Ethical principles of psychologists and code of conduct.* Washington, DC: Author.

APA (American Psychological Association). (2014). *Mental and behavioral health and older Americans.* Washington, DC: American Psychiatric Publishing, Inc. Retrieved from APA website: http://www.apa.org/about/gr/issues/aging/mental-health.aspx.

APA (American Psychological Association). (2015). *Eating disorders.* Washington, DC: APA.

APA (American Psychological Association). (2015). *Forensic psychology.* Washington, DC: Author.

Apfelbaum, B. (2000). Retarded ejaculation: A much misunderstood syndrome. In S. R. Leiblum & R. C. Rosen (Eds.), *Principles and practice of sex therapy* (3rd ed.). New York: Guilford Press.

Apostolova, L. G., & Cummings, J. L. (2008). Neuropsychiatric aspects of Alzheimer's disease and other dementing illnesses. In S. C. Yudofsky & R. E. Hales (Eds.), *The American psychiatric publishing textbook of neuropsychiatry and behavioral neurosciences* (5th ed.). Washington, DC: American Psychiatric Publishing.

Appelbaum, P. S. (2011). Law and psychiatry: Reforming malpractice: The prospects for change. *Psychiatric Services, 62*(1), 6–8.

Appelbaum, P. S. (2011). Law and psychiatry: SSRIs, suicide, and liability for failure to warn of medication risks. *Psychiatric Services, 62*(4), 347–349.

Apter, A., & Wasserman, D. (2007). Suicide in psychiatric disorders during adolescence. In R. Tatarelli, M. Pompili, & P. Girardi (Eds.), *Suicide in psychiatric disorders.* New York: Nova Science Publishers.

Arcelus, J., Witcomb, G. L., & Mitchell, A. (2014). Prevalence of eating disorders amongst dancers: A systemic review and meta-analysis. *European Eating Disorders Review, 22*(2), 92–101.

Archer, D. (2013). Reading between the (head) lines: Smartphone Addiction. *Psychology Today.* Retrieved from Psychology Today website: http://www.psychologytoday.com/blog/reading-between-the-headlines/2013077/smartphone-addiction.

Archer, D. F., Labrie, F., Bouchard, C., Portman, D. J., Koltun, W., Cusan, L., . . . Balser, J. (2015). Treatment of pain at sexual activity (dyspareunia) with intravaginal dehydroepiandrosterone (prasterone). *Menopause, 22*(9), 950–963.

Ardjmand, A., Rezayof, A., & Zarrindast, M-R. (2011). Involvement of central amygdala NMDA receptor mechanism in morphine state-dependent memory retrieval. *Neuroscience Research, 69*(1), 25–31.

Ardoin, S. P., Martens, B. K., Wolfe, L. A., Hilt, A. M., & Rosenthal, B. D. (2004). A method for conditioning reinforcer preferences in students with moderate mental retardation. *Journal of Developmental and Physical Disabilities, 16*(1), 33–51.

Arias, E., Anderson, R. N., Kung, H. C., Murphy, S. L., & Kochanek, K. D. (2003). Deaths: Final data for 2001. *National Vital Statistics Reports, 52.* Hyattsville, MD: National Center for Health Statistics.

Arias, I., Sorlozano, A., Villegas, E., de Dios Luna, J., McKenney, K., Cervilla, J., . . . Gutierrez, J. (2012). Infectious agents associated with schizophrenia: A meta-analysis. *Schizophrenia Research, 136* (1-3), 128–136.

Arieti, S. (1974). *Interpretation of schizophrenia.* New York: Basic Books.

Arieti, S., & Bemporad, J. (1978). *Severe and mild depression: The psychotherapeutic approach.* New York: Basic Books.

Aring, C. D. (1974). The Gheel experience: Eternal spirit of the chainless mind! *Journal of the American Medical Association, 230*(7), 998–1001.

Aring, C. D. (1975). Gheel: The town that cares. *Family Health, 7*(4), 54–55, 58, 60.

Armitage, R., & Arnedt, J. T. (2011). Sleep and circadian rhythms: An understudied area in treatment resistant depression. In J. F. Greden, M. B. Riba, & M. G. McInnis (Eds.), *Treatment resistant depression: A roadmap for effective care* (pp. 183–192). Arlington, VA: American Psychiatric Publishing.

Armour, C., Karstoft, K., & Richardson, J. D. (2014). The co-occurrence of PTSD and dissociation: Differentiating severe PTSD from dissociative-PTSD. *Social Psychiatry and Psychiatric Epidemiology, 49*(8), 1297–1306.

Armstrong, M. J. (2001). Ethnic minority women as they age. In J. D. Garner & S. O. Mercer (Eds.), *Women as they age* (2nd ed., pp. 97–114). New York: Haworth.

Arndt, W. B., Hietpas, T., & Kim, J. (2004). Critical characteristics of male serial murderers. *American Journal of Criminal Justice, 29*(1), 117–131.

Arnold, S. M., Ivleva, E. I., Gopal, T. A., Reddy, A. P., Jeon-Slaughter, H., Sacco, C. B., . . . Tamminga, C. A. (2014). Hippocampal volume is reduced in schizophrenia and schizoaffective disorder but not in psychotic bipolar I disorder demonstrated by both manual tracing and automated parcellation (FreeSurfer). *Schizophrenia Bulletin.* [Electronic publication.]

Aronow, E., Weiss, K. A., & Reznikoff, M. (2001). *A practical guide to the Thematic Apperception Test: The TAT in clinical practice.* New York: Routledge.

Arvanites, T. M. (1989). The differential impact of deinstitutionalization on white and nonwhite defendants found incompetent to stand trial. *Bulletin of the American Academy of Psychiatry Law, 17*, 311–320.

ASAPS (American Society for Aesthetic Plastic Surgery). (2015). Cosmetic surgery. *National Data Bank Statistics for 2014.*

Asberg, M., Traskman, L., & Thoren, P. (1976). 5 HIAA in the cerebrospinal fluid: A biochemical suicide predictor? *Archives of General Psychiatry, 33*(10), 1193–1197.

ASCA (American School Counselor Association). (2010). *Report on Counseling.* Alexandria, VA: Author.

Ash, R. (2001). *The top 10 of everything 2002* (American ed.). New York: DK Publishing.

ASHA (American Speech-Language-Hearing Association). (2015). *Dementia.* Rockville, MD: ASHA.

Ashraf, N., & Thevasagayam, M. S. (2014). Munchausen syndrome by proxy presenting as hearing loss, *Journal of Laryngology & Otology, 128*(6), 540–542.

Ashton, J. R., & Donnan, S. (1981). Suicide by burning as an epidemic phenomenon: An analysis of 82 deaths and inquests in England and Wales in 1978–9. *Psychological Medicine, 11*(4), 735–739.

Asimov, I. (1997). *Isaac Asimov's book of facts.* New York: Random House (Wings Books).

Asmar, M. (2014, February 6). What happens when accused killers plead insanity? *Denver Westword.*

Asnis, G. M., Kohn, S. R., Henderson, M., & Brown, N. L. (2004). SSRIs versus non-SSRIs in post-traumatic stress disorder: An update with recommendations. *Drugs, 64*(4), 383–404.

Assumpção, A. A., Garcia, F. D., Garcia, H. D., Bradford, J. W., & Thibaut, F. (2014). Pharmacologic treatment of paraphilias. *The Psychiatric Clinics of North America, 37*(2), 173–181.

Astbury, J. (2010). The social causes of women's depression: A question of rights violated? In D. C. Jack & A. Ali (Eds.), *Silencing the self across cultures: Depression and gender in the social world* (pp. 19–45). New York: Oxford University Press.

Atack, J. R. (2010). GABAA receptor α2/α3 subtype-selective modulators as potential nonsedating anxiolytics. In M. B. Stein, & T. Steckler (Eds.), *Behavioral neurobiology of anxiety and its treatment,* (pp. 331–360). New York: Springer Science + Business Media.

A-Tjak, J. L., Davis, M. L., Morina, N., Powers, M. B., Smits, J. J., & Emmelkamp, P. G. (2015). A meta-analysis of the efficacy of acceptance and commitment therapy for clinically relevant mental and physical health problems. *Psychotherapy and Psychosomatics, 84*(1), 30–36.

Auxemery, Y. (2015). The mass murderer history: Modern classifications, sociodemographic and psychopathological characteristics, suicidal dimensions, and media contagion of mass murders. *Comprehensive Psychiatry, 56,* 149–154.

Avramopoulos, D., Pearce, B. D., McGrath, J., Wolyniec, P., Wang, R., Eckart, N., . . . Pulver, A. E. (2015). Infection and inflammation in schizophrenia and bipolar disorder: A genome wide study for interactions with genetic variation. *PLOS ONE, 10*(3), e0116696.

Axelrod, M. I., Tornehl, C., & Fontanini-Axelrod, A. (2014). Enhanced response using a multicomponent urine alarm treatment for nocturnal enuresis. *Journal for Specialists in Pediatric Nursing, 19*(2), 172–182.

Ayalon, L., & Huyck, M. H. (2001). Latino caregivers of relatives with Alzheimer's disease. *Clinical Gerontology, 24*(3–4), 93–106.

Ayd, F. J., Jr. (1956). A clinical evaluation of Frenquel. *Journal of Nervous and Mental Disease, 124,* 507–509.

Ayllon, T. (1963). Intensive treatment of psychotic behavior by stimulus satiation and food reinforcement. *Behavioral Research and Therapy, 1,* 53–62.

Ayllon, T., & Michael, J. (1959). The psychiatric nurse as a behavioural engineer. *Journal of Experimental Analytical Behavior, 2,* 323–334.

Ayoub, C. C. (2006). Munchausen by proxy. In T. G. Plante (Ed.), *Mental disorders of the new millenium: Biology and function* (Vol. 3, pp. 173–193). Westport, CT: Praeger Publishers/Greenwood Publishing.

Ayoub, C. C. (2010). Munchausen by proxy. In J. M. Brown & E. A. Campbell (Eds.), *The Cambridge handbook of forensic psychology* (pp. 690–699). New York: Cambridge University Press.

Ayoub, C. C. (2010). Munchausen by proxy. In R. J. Shaw & D. R. DeMaso (Eds.), *Textbook of pediatric psychosomatic medicine* (pp. 185–198). Arlington, VA: American Psychiatric Publishing.

Aziz, R., & Steffens, D. C. (2013). What are the causes of late-life depression? *Psychiatric Clinics of North America, 36*(4), 497–516.

Azorin, J., Belzeaux, R., & Adida, M. (2014). Negative symptoms in schizophrenia: Where we have been and where we are heading. *CNS Neuroscience & Therapeutics, 20*(9), 801–808.

Babchishin, K. M., Hanson, R. K., & Vanzuylen, H. (2014). Online child pornography offenders are different: A meta-analysis of the characteristics of online and offline sex offenders against children. *Archives of Sexual Behavior, 44*(1), 45–66.

Baca-Garcia, E., Perez-Rodriguez, M. M., Keyes, K. M., Oquendo, M. A., Hasin, D. S., Grant, B. F., & Blanco, C. (2011). Suicidal ideation and suicide attempts among Hispanic subgroups in the United States: 1991–1992 and 2001–2002. *Journal of Psychiatric Research, 45*(4), 512–518.

Bachelor, A. (1988). How clients perceive therapist empathy: A content analysis of "received" empathy. *Psychotherapy: Theory, Research, Practice, Training, 25*(2), 227–240.

Bacon, T., Farhall, J., & Fossey, E. (2014). The active therapeutic processes of acceptance and commitment therapy for persistent symptoms of psychosis: Clients' perspectives. *Behavioural and Cognitive Psychotherapy, 42*(4), 402–420.

Baer, L., & Blais, M. A. (Eds.). (2010). *Handbook of clinical rating scales and assessment in psychiatry and mental health.* Totowa, NJ: Humana Press.

Bagby, E. (1922). The etiology of phobias. *Journal of Abnormal Psychology, 17,* 16–18.

Bagnall, N., & Faiz, O. D. (2014). Delirium, frailty and IL-6 in the elderly surgical patient. *Langenbeck's Archives of Surgery/Deutsche Gesellschaft Für Chirurgie, 399*(6), 799–800.

Bai, Y., Chiou, W., Su, T., Li, C., & Chen, M. (2014). Pro-inflammatory cytokine associated with somatic and pain symptoms in depression. *Journal of Affective Disorders, 155,* 28–33.

Baig, M. R., Levin, T. T., Lichtenthal, W. G., Boland, P. J., & Breitbart, W. S. (2015). Factitious disorder (Munchausen's syndrome) in oncology: Case report and literature review. *Psycho-Oncology.* [Advance publication.]

Bailey, R. L., Gahche, J. J., Miller, P. E., Thomas, P. R., & Dwyer, J. T. (2013). Why U.S. adults use dietary supplements. *JAMA Internal Medicine, 173*(5), 355–361.

Bakalar, N. (2010) Happiness may come with age, study says. *New York Times, 159*(55, 058).

Bakalar, N. (2013, July 31). Moon phases tied to sleep cycles. *New York Times.*

Baker, K. (2010). From "it's not me" to "it was me, after all": A case presentation of a patient diagnosed with dissociative identity disorder. *Psychoanalytic Social Work, 17*(2), 79–98.

Baker, R. (1992). Psychosocial consequences for tortured refugees seeking asylum and refugee status in Europe. In M. Basoglu (Ed.), *Torture and its consequences: Current treatment approaches* (pp. 83–106). Cambridge, England: Cambridge University Press.

Baker, R. (2011). *Understanding panic attacks and overcoming fear* (3rd ed.). Oxford, UK: Lion Hudson.

Bakoyiannis, I., Gkioka, E., Pergialiotis, V., Mastroleon, I., Prodromidou, A., Vlachos, G. D., & Perrea, D. (2014). Fetal alcohol spectrum disorders and cognitive functions of young children. *Reviews in the Neurosciences, 25*(5), 631–639.

Balassone, M., (2011). Jails, prisons increasingly taking care of mentally ill. *Washington Post, 134*(49).

Baldessarini, R. J., & Tondo, L. (2007). Psychopharmacology for suicide prevention. In R. Tatarelli, M. Pompili, & P. Girardi (Eds.), *Suicide in psychiatric disorders.* New York: Nova Science Publishers.

Baldessarini, R. J., & Tondo, L. (2011). Psychopharmacology for suicide prevention. In M. Pompili & R. Tatarelli (Eds.), *Evidence-based practice in suicidology: A source book* (pp. 243–264). Cambridge MA: Hogrefe Publishing.

Baldinger, P., Lotan, A., Frey, R., Kasper, S., Lerer, B., & Lanzenberger, R. (2014). Neurotransmitters and electroconvulsive therapy. *The Journal of ECT, 30*(2), 116–121.

Baldwin, D. S., Ajel, K., Masdrakis, V. G., Nowak, M., & Rafiq, R. (2013). Pregabalin for the treatment of generalized anxiety disorder: An update. *Neuropsychiatric Disease and Treatment, 9,* 883–892.

Bales, D. L., Timman, R., Andrea, H., Busschbach, J. V., Verheul, R., & Kamphuis, J. H. (2014). Effectiveness of day hospital mentalization-based treatment for patients with severe borderline personality disorder: A matched control study. *Clinical Psychology & Psychotherapy.* [Advance online publication.]

Balhara, Y. S. (2014). A chart review based comparative study of retention rates for two dispensing regimens for buprenorphine for subjects with opioid dependence at a tertiary care substance use disorder treatment center. *Journal of Opioid Management, 10*(3), 200–206.

Bancroft, J., Loftus, J., & Long, J. S. (2003). Distress about sex: A national survey of women in heterosexual relationships. *Archives of Sexual Behavior, 32*(3), 193–208.

Bandelow, B., & Baldwin, D. S. (2010). Pharmacotherapy for panic disorder. In D. J. Stein, E. Hollander, & B. O. Rothbaum (Eds.), *Textbook of anxiety disorders* (2nd ed., pp. 399–416). Arlington, VA: American Psychiatric Publishing.

Bandelow, B., Reitt, M., Röver, C., Michaelis, S., Görlich, Y., & Wedekind, D. (2015). Efficacy of treatments for anxiety disorders: A meta-analysis. *International Clinical Psychopharmacology, 30*(4), 183–192.

Bandura, A. (1971). Psychotherapy based upon modeling principles. In A. E. Bergin & S. L. Garfield (Eds.), *Handbook of psychotherapy and behavior change.* New York: Wiley.

Bandura, A. (1977). Self-efficacy: Toward a unifying theory of behavioral change. *Psychological Review, 84*(2), 191–215.

Bandura, A. (2011). But what about that gigantic elephant in the room? In R. M. Arkin (Ed.), *Most underappreciated: 50 prominent social psychologists describe their most unloved work* (pp. 51–59). New York: Oxford University Press.

Bandura, A., & Rosenthal, T. (1966). Vicarious classical conditioning as a function of arousal level. *Journal of Personality and Social Psychology, 3,* 54–62.

Bandura, A., Adams, N. E., & Beyer, J. (1977). Cognitive processes mediating behavioral change. *Journal of Personality and Social Psychology, 35*(3), 125–139.

Bandura, A., Roth, D., & Ross, S. (1963). Imitation of film-mediated aggressive models. *Journal of Abnormal and Social Psychology, 66,* 3–11.

Barber, A. (1999, March). Some yet-to-be exploited niches in the women's magazine market. *American Demographics.*

Barcott, B., & Scherer, M. (2015, May 25). The great pot experiment. *Time,* pp. 38–45.

Bareggi, S. R., Bianchi, L., Cavallaro, R., Gervasoni, M., Siliprandi, F., & Bellodi, L. (2004). Citalopram concentrations and response in obsessive-compulsive disorder: Preliminary results. *CNS Drugs, 18*(5), 329–335.

Barker, K. K. (2014). Mindfulness meditation: Do-it-yourself medicalization of every moment. *Social Science & Medicine (1982), 106,* 168–176.

Barlow, D. H. (2014). *Clinical handbook of psychological disorders: A step-by-step treatment manual* (5th ed.) New York: Guilford Press.

Barlow, M. R. (2011). Memory for complex emotional material in dissociative identity disorder. *Journal of Trauma & Dissociation, 12*(1), 53–66.

Barlow, M. R., & Chu, J. A. (2014). Measuring fragmentation in dissociative identity disorder: The integration measure and relationship to switching and time in therapy. *European Journal of Psychotraumatology, 5*(1). doi:10.3402/ejpt. v5.22250.

Barnes, A. (2004). Race, schizophrenia, and admission to state psychiatric hospitals. *Administration and Policy in Mental Health, 31*(3), 241–252.

Barnes, D. H. (2010). Suicide. In R. L. Hampton, T. P. Gullotta, & R. L. Crowel (Eds.), *Handbook of African American Health* (pp. 444–460). New York: Guilford Press.

Barnes, G. E., & Prosen, H. (1985). Parental death and depression. *Journal of Abnormal Psychology, 94*(1), 64–69.

Barnes, T. R. E., & Marder, S. R. (2011). Principles of pharmacological treatment in schizophrenia. In D. R. Weinberg & P. Harrison (Eds.), *Schizophrenia* (pp. 515–524). Hoboken, NJ: Wiley-Blackwell.

Barr, A. M., Boyda, H., & Procysbyn, R. C. (2011). Withdrawal. In M. C. Olmstead (Ed.), *Animal models of drug addiction. Springer protocols: Neuromethods* (pp. 431–459). Totowa, NJ: Humana Press.

Barrera, T. L., Wilson, K. P., & Norton, P. J. (2010). The experience of panic symptoms across racial groups in a student sample. *Journal of Anxiety Disorders, 24*(8), 873–878.

Barron, E., Sharma, A., Le Couteur, J., Rushton, S., Close, A., Kelly, T., . . . Le Couteur, A. (2014). Family environment of bipolar families: A UK study. *Journal of Affective Disorders, 152–154,* 522–525.

Barrowclough, C., & Lobban, F. (2008). Family intervention. In K. T. Mueser & D. V. Jeste (Eds.), *Clinical handbook of schizophrenia* (pp. 214–225). New York: Guilford Press.

Bartholomew, R. (2014). *Mass hysteria in schools: Worldwide since 1566.* Jefferson, NC: McFarland.

Bartol, C. R., & Bartol, A. M. (2015). *Psychology and Law: Research and Practice.* Los Angeles: Sage Publications.

Barton, A. (2004). Women and community punishment: The probation hostel as a semipenal institution for female offenders. *Howard J. Criminal Justice, 43*(2), 149–163.

Bartrop, R. W., Lockhurst, E., Lazarus, L., Kiloh, L. G., & Penny, R. (1977). Depressed lymphocyte function after bereavement. *Lancet, 1,* 834–836.

Bartz, J., Kaplan, A., & Hollander, E. (2007). Obsessive-compulsive personality disorder. In W. O'Donohue, K. A. Fowler, S. O. Lilienfeld (Eds.). *Personality disorders: Toward the DSM-V.* Los Angeles: Sage Publications.

Basaraba, S. (2014). How long can humans live? Maximum human lifespan: Actual vs. theoretical longevity. *About.com.* Retrieved from About.com website: http://www.about.com.

Basoglu, M., Jaranson, J. M., Mollica, R., & Kastrup, M. (2001). Torture and mental health: A research overview. In E. Gerrity, T. M. Keane, & F. Tuma (Eds.), *The mental health consequences of torture* (pp. 35–62). New York: Kluwer Academic/ Plenum Publishers.

Bass, C., & Glaser, D. (2014). Early recognition and management of fabricated or induced illness in children. *Lancet, 383*(9926), 1412–1421.

Basson, R. (2007). Sexual desire/arousal disorders in women. In S. R. Leiblum (Ed.), *Principles and practice of sex therapy* (4th ed., pp. 25–53). New York: Guilford Press.

Bateman, A. W. (2011). Borderline personality disorder. In J. C. Norcross, G. R. VandenBos, & D. K. Freedheim (Eds.), *History of psychotherapy: Continuity and change* (2nd ed., pp. 588–600). Washington, DC: American Psychological Association.

Bates, G. W., Thompson, J. C., & Flanagan, C. (1999). The effectiveness of individual versus group induction of depressed mood. *Journal of Psychology, 133*(3), 245–252.

Batstra, L., Nieweg, E. H., Pij, S., Van Tol, C. G., & Haddeis-Algra, M. (2014). Childhood ADHD: A stepped diagnosis approach. *Journal of Psychiatric Practice, 20*(3),169–177.

Baucom, B. R., Atkins, D. C., Rowe, L. S., Doss, B. D., & Christensen, A. (2015). Prediction of treatment response at 5-year follow-up in a randomized clinical trial of behaviorally based couple therapies. *Journal of Consulting and Clinical Psychology, 83*(1), 103–114.

Baucom, B. R., Atkins, D. C., Simpson, L. E., & Christensen, A. (2009). Prediction of response to treatment in a randomized clinical trial of couple therapy: A 2-year follow-up. *Journal of Consulting and Clinical Psychology, 77*(1), 160–173.

Baucom, D. H., & Boeding, S. (2013). The role of theory and research in the practice of cognitive-behavioral couple therapy: If you build it, they will come. *Behavior Therapy, 44*(4), 592–602.

Baucom, D. H., Epstein, N. B., Kirby, J. S., & LaTaillade, J. J. (2010). Cognitive-behavioral couple therapy. In K. S. Dobson (Ed.), *Handbook of cognitive-behavioral therapies* (3rd ed., pp. 411–444). New York: Guilford Press.

Bauer, S., Percevic, R., Okon, E., Meermann, R., & Kordy, H. (2003). Use of text messaging in the aftercare of patients with bulimia nervosa. *European Eating Disorders Review, 11*(3), 279–290.

Baum, A., Trevino, L. A., & Dougall, A. L. (2011). Stress and the cancers. In R. J. Contrada & A. Baum (Eds.), *The handbook of stress science: Biology, psychology, and health* (pp. 411–423). New York: Springer Publishing.

Baum, A., Wallander, J. L., Boll, T. J., & Frank, R. G. (Eds.). (2004). *Handbook of clinical health psychology, Vol. 3: Models and perspectives in health psychology.* Washington, DC: American Psychological Association.

Bauman, M. L. (2011). Neuroanatomy of the brain in autism spectrum disorders. In E. Hollander, A. Kolevzon, & J. T. Coyle (Eds.), *Textbook of autism spectrum disorders.* (pp. 355–361). Arlington, VA: American Psychiatric Publishing, Inc.

Baxter, L. R., Jr., Ackermann, R. F., Swerdlow, N. R., Brody, A., Saxena, S., Schwartz, J. M., . . . Phelps, M. E. (2000). Specific brain system mediation of obsessive-compulsive disorder responsive to either medication or behavior therapy. In W. K. Goodman, M. V. Rudorfer, & J. D. Maser (Eds.), *Obsessive-compulsive disorder: Contemporary issues in treatment* (pp. 573–609). Mahwah, NJ: Lawrence Erlbaum.

Baxter, L. R., Jr., Clark, E. C., Iqbal, M., & Ackermann, R. F. (2001). Cortical-subcortical systems in the mediation of obsessive-compulsive disorder: Modeling the brain's mediation of a classic "neurosis." In D. G. Lichter & J. L. Cummings (Eds.), *Frontal-subcortical circuits in psychiatric*

and neurological disorders (pp. 207–230). New York: Guilford Press.

Baxter, L. R., Jr., Schwartz, J. M., Bergman, K. S., Szuba, M. P., Guze, B. H., Mazziotta, J. C., . . . Phelps, M. E. (1992). Caudate glucose metabolic rate changes with both drug and behavior therapy for obsessive-compulsive disorder. *Archives of General Psychiatry, 49,* 681–689.

Baxter, L. R., Jr., Schwartz, J. M., Guze, B. H., Bergman, K., & Szuba, M. P. (1990). PET imaging in obsessive compulsive disorder with and without depression. Symposium: Serotonin and its effects on human behavior (1989, Atlanta, GA). *Journal of Clinical Psychiatry, 51*(Suppl.), 61–69.

Beardslee, W. R., Brent, D. A., Weersing, V. R., Clarke, G. N., Porta, G., Hollon, S. D., . . . Garber, J. (2013). Prevention of depression in at-risk adolescents: Longer-term effects. *JAMA Psychiatry, 70*(11), 1161–1170.

Bearss, K., Burrell, T. L., Stewart, L., & Scahill, L. (2015). Parent training in autism spectrum disorder: What's in a name? *Clinical Child and Family Psychology Review, 18*(2), 170–182.

Beasley, L. O., Silovsky, J. F., Owora, A., Burris, L., Hecht, D., DeMoraes-Huffine, P., . . . Tolma, E. (2014). Mixed-methods feasibility study on the cultural adaptation of a child abuse prevention model. *Child Abuse & Neglect, 38*(9), 1496–1507.

Bebbington, P. E., & Kuipers, E. (2011). Schizophrenia and psychosocial stresses. In D. R. Weinberg & P. Harrison (Eds.), *Schizophrenia* (pp. 599–624). Hoboken, NJ: Wiley-Blackwell.

Bebko, J. M., & Weiss, J. A. (2006). Mental retardation. In M. Hersen & J. C. Thomas (Series Eds.) & R. T. Ammerman (Vol. Ed.), *Comprehensive handbook of personality and psychopathology, Vol. 3: Child psychopathology* (pp. 233– 253). Hoboken, NJ: Wiley.

Beck, A. T. (1967). *Depression: Clinical, experimental and theoretical aspects.* New York: Harper & Row.

Beck, A. T. (1991). Cognitive therapy: A 30-year retrospective. *American Psychologist, 46*(4), 368–375.

Beck, A. T. (2002). Cognitive models of depression. In R. L. Leahy & E. T. Dowd (Eds.), *Clinical advances in cognitive psychotherapy: Theory and application* (pp. 29–61). New York: Springer.

Beck, A. T. (2004). Cognitive therapy, behavior therapy, psychoanalysis, and pharmacotherapy: A cognitive continuum. In M. J. Mahoney, P. De-Vito, D. Martin, & A. Freeman (Eds.), *Cognition and psychotherapy* (2nd ed., pp. 197– 220). New York: Springer Publishing.

Beck, A. T., & Emery, G., with Greenberg, R. L. (1985). Differentiating anxiety and depression: A test of the cognitive content-specificity hypothesis. *Journal of Abnormal Psychology, 96,* 179–183.

Beck, A. T., & Weishaar, M. E. (2011). Cognitive Therapy. In R. J. Corsini & D. Wedding (Eds.), *Current psychotherapies* (9th ed.). Belmont, CA: Brooks/Cole.

Beck, A. T., & Weishaar, M. E. (2014). Cognitive therapy. In D. Wedding & R. J. Corsini (Eds.), *Current psychotherapies* (10th ed., pp. 231–264). Independence, KY: Cengage Publications.

Beck, A. T., Rush, A. J., Shaw, B. F., & Emery, G. (1979). *Cognitive therapy of depression.* New York: Guilford Press.

Beck, A. T., Ward, C. H., Mendelson, M., Mock, J. E., & Erbaugh, J. (1962). Reliability of psychiatric diagnosis: 2. A study of consistency of clinical judgments and ratings. *American Journal of Psychiatry, 119*, 351–357.

Becker, A. E., Burwell, R. A., Gilman, R. E., Herzog, D. B., & Hamburg, P. (2002). Eating behaviors and attitudes following prolonged exposure to television among ethnic Fijian adolescent girls. *British Journal of Psychiatry, 180*, 509–514.

Becker, A. E., Burwell, R. A., Narvara, K., & Gilman, S. E. (2003). Binge eating and binge eating disorder in a small scale indigenous society: The view from Fiji. *International Journal of Eating Disorders, 34*, 423–431.

Becker, A. E., Fay, K. E., Agnew-Blais, J., Khan, A. N., Striegel-Moore, R. H., & Gilman, S. E. (2011). Social network media exposure and adolescent eating pathology in Fiji. *British Journal of Psychiatry, 198*(1), 43–50.

Becker, A. E., Fay, K. E., Gilman, S. E., & Stiegel-Moore, R. (2007). Facets of acculturation and their diverse relations to body shape concerns in Fiji. *International Journal of Eating Disorders, 40*(1), 42–50.

Becker, A. E., Grinspoon, S. K., Klibanski, A., & Herzog, D. B. (1999). Eating disorders. *New England Journal of Medicine, 340*, 1092–1098.

Becker, A. E., Roberts, A. L., Perloe, A., Bainivualiku, A., Richards, L. K., Gilman, S. E., & Striegel-Moore, R. H. (2010). Youth health-risk behavior assessment in Fiji: The reality of global school-based student health survey content adapted for ethnic Fijian girls. *Ethnicity & Health, 15*(2), 181–197.

Becker, J. V., Johnson, B. R., Parthasarathi, U., & Hategan, A. (2012). Gender identity disorders and paraphilias. In J. A. Bourgeois, U. Parthasarathi, & A. Hategan (Eds.), *Psychiatry review and Canadian certification exam preparation guide* (pp. 305–315). Arlington, VA: American Psychiatric Publishing.

Becker, P. M. (2015). Hypnosis in the management of sleep disorders. *Sleep Medicine Clinics, 10*(1), 85–92.

Becvar, D. S., & Becvar, R. J. (2012). *Family therapy: A systemic integration* (8th ed.). Boston: Pearson.

Begeer, S., Howlin, P., Hoddenbach, E., Clauser, C., Lindauer, R., Clifford, P., . . . Koot, H. M. (2015). Effects and moderators of a short theory of mind intervention for children with autism spectrum disorder: A randomized controlled trial. *Autism Research*. [Electronic publication.]

Behrman, A. (2014). Types of depression. *About.com*. Retrieved from About.com website: http://depression.about.com/od/mooddisordertypes/p/depression.

Beier, E. G., & Young, D. M. (1984). *The silent language of psychotherapy: Social reinforcement of the unconscious processes* (2nd ed.). Hawthorne, New York: Aldine.

Bekkouche, N. S., Holmes, S., Whittaker, K. S., & Krantz, D. S. (2011). Stress and the heart: Psychosocial stress and coronary heart disease. In R. J. Contrada & A. Baum (Eds.), *The handbook of stress science: Biology, psychology, and health* (pp. 385–398). New York: Springer Publishing.

Belendiuk, K. A., & Riggs, P. (2014). Treatment of adolescent substance use disorders. *Current Treatment Options in Psychiatry, 1*(2), 175–188.

Bell, K., Lee, J., Foran, S., Kwong, S., & Christopherson, J. (2010). Is there an "ideal cancer" support group? Key findings from a qualitative study of three groups. *Journal of Psychosocial Oncology, 28*(4), 432–449.

Bell, M. D., Choi, J., & Lysaker, P. (2011). Psychological interventions to improve work outcomes for people with psychiatric disabilities. In R. Hagen, D. Turkington, T. Berge, & R. W. Grawe (Eds.), *BT for psychosis: A symptom-based approach, International Society for the Psychological Treatments of the Schizophrenias and Other Psychoses* (pp. 210–230). New York: Routledge/Taylor & Francis Group.

Belleville, G., Cousineau, H., Levrier, K., & St-Pierre-Delorme, M-E. (2011). Meta-analytic review of the impact of cognitive-behavior therapy for insomnia on concomitant anxiety. *Clinical Psychology Review, 31*(4), 638–652.

Bender, D. S., Farber, B. A., & Geller, J. D. (2001). Cluster B personality traits and attachment. *Journal of the American Academy of Psychoanalysis, 29*(4), 551–563.

Bender, E. (2006, June 16). APA, AACAP suggest ways to reduce high suicide rates in Native Americans. *Psychiatric News, 41*(12), 6.

Benjamin, K. (2012, May 7). 60% of people can't go 10 minutes without lying. *Mental Floss.com*. Retrieved from Mental Floss.com website: http://mentalfloss.com/article/30609/60.

Ben-Natan, M., Sharon, I., Barbashov, P., Minasyan, Y., Hanukayev, I., Kajdan, D., & Klein-Kremer, A. (2014). Risk factors for child abuse: Quantitative correlational design. *Journal of Pediatric Nursing, 29*(3), 220–227.

Bennett, M. D., & Olugbala, F. K. (2010). Don't bother me, I can't cope: Stress, coping, and problem behaviors among young African American males. In W. E. Johnson, Jr. (Ed.), *Social work with African American males: Health, mental health, and social policy* (pp. 179–194). New York: Oxford University Press.

Bennett, M. P. (1998). The effect of mirthful laughter on stress and natural killer cell cytotoxicity. *Dissertation Abstracts International: Section B: The Sciences and Engineering, 58*(7–B), 3553.

Berenson, K. R., Downey, G., Rafaeli, E., Coifman, K. G., & Leventhal Paquin, N. (2011). The rejection-rage contingency in borderline personality disorder. *Journal of Abnormal Psychology, 120*(3), 681–690.

Berg, A., Brätane, E., Odland, H. H., Brudvik, C., Rosland, B., & Hirth, A. (2014). Cardiovascular risk assessment for the use of ADHD drugs in children. *Tidsskrift for den Norske Laegeforening, 134*(7), 710–714.

Bergado-Acosta, J. R., Müller, I., Richter-Levin, G., & Stork, O. (2014). The GABA-synthetic enzyme GAD65 controls circadian activation of conditioned fear pathways. *Behavioural Brain Research, 260*, 92–100.

Bergink, V., Bouvy, P. F., Vervoort, J. P., Koorengevel, K. M., Steegers, E. P., & Kushner, S. A. (2012). Prevention of postpartum psychosis and mania in women at high risk. *American Journal of Psychiatry, 169*(6), 609–615.

Bergler, E. (1951). *Neurotic counterfeit sex.* New York: Grune & Stratton.

Bergner, R. M., & Bunford, N. (2014). *Mental disorder is a disability concept, not a behavioral one: An empirical investigation.* Athens, OH: Ohio University.

Berk, S. N., & Efran, J. S. (1983). Some recent developments in the treatment of neurosis. In C. E. Walker (Ed.), *The handbook of clinical psychology: Theory, research, and practice* (Vol. 2). Homewood, IL: Dow Jones-Irwin.

Berlim, M. T., McGirr, A., Van den Eynde, F., Fleck, M. P., & Giacobbe, P. (2014). Effectiveness and acceptability of deep brain stimulation (DBS) of the subgenual cingulate cortex for treatment-resistant depression: A systematic review and

exploratory meta-analysis. *Journal of Affective Disorders, 159*, 31–38.

Berman, A. L. (1986). Helping suicidal adolescents: Needs and responses. In C. A. Corr & J. N. McNeil (Eds.), *Adolescence and death.* New York: Springer.

Bernstein, D. P., & Useda, J. D (2007). Paranoid personality disorder. In W. O'Donohue, K. A. Fowler, & S. O. Lilienfeld (Eds.). *Personality disorders: Toward the DSM-V.* Los Angeles: Sage Publications.

Berrettini, W. (2006). Genetics of bipolar and unipolar disorders. In D. J. Stein, D. J. Kupfer, & A. F. Schatzberg (Eds.), *The American Psychiatric Publishing textbook of mood disorders.* Washington, DC: American Psychiatric Publishing.

Berridge, M. J. (2011). Calcium signaling and Alzheimer's disease. *Neurochemical Research, 36*(7), 1149–1156.

Berry, M. D., & Berry, P. D. (2013). Contemporary treatment of sexual dysfunction: Reexamining the biopsychosocial model. *Journal of Sexual Medicine, 10*, 2627–2643.

Berry, S. M., Broglio, K., Bunker, M., Jayewardene, A., Olin, B., & Rush, A. J. (2013). A patient-level meta-analysis of studies evaluating vagus nerve stimulation therapy for treatment-resistant depression. *Medical Devices: Evidence and Research,* 617–635.

Berthoud, H. (2012). The neurobiology of food intake in an obesogenic environment. *Proceedings of the Nutrition Society, 71*(4), 478–487.

Bertozzi, S., Londero, A. P., Fruscalzo, A., Driul, L., & Marchesoni, D. (2010). Prevalence and risk factors for dyspareunia and unsatisfying sexual relationships in a cohort of primiparous and secondiparous women after 12 months postpartum. *International Journal of Sexual Health, 22*(1), 47–53.

Berzofsky, M., Krebs, C., Langton, L., Planty, M., & Smiley-McDonald, H. (2013). *Female victims of sexual violence, 1994–2010.* Washington, DC: Bureau of Justice Statistics.

Beutler, L. E. (2000). David and Goliath: When empirical and clinical standards of practice meet. *American Psychologist, 55*(9), 997–1007.

Beutler, L. E. (2002). The dodo bird is extinct. *Clinical Psychology: Science and Practice, 9*(1), 30–34.

Beutler, L. E. (2011). Prescriptive matching and systematic treatment selection. In J. C. Norcross, G. R. VandenBos, & D. K. Freedheim (Eds.), *History of psychotherapy: Continuity and change* (2nd ed., pp. 402–407). Washington, DC: American Psychological Association.

Beutler, L. E., Clarkin, J. F., & Bongar, B. (2000). *Guidelines for the systematic treatment of the depressed patient.* New York: Oxford University Press.

Beutler, L. E., Williams, R. E., Wakefield, P. J., & Entwistle, S. R. (1995). Bridging scientist and practitioner perspectives in clinical psychology. *American Psychologist, 50*(12), 984–994.

Bharani, N., & Lantz, M. S. (2008). New-onset agoraphobia in late life. *Clinical Geriatrics, 1/17/08*, 17–20.

Bhattacharya, R., Cross, S., & Bhugra, D. (Eds.). (2010). *Clinical topics in cultural psychiatry.* London: Royal College of Psychiatrists.

Bhavsar, V., Boydell, J., Murray, R., & Power, P. (2014). Identifying aspects of neighbourhood deprivation associated with increased incidence of schizophrenia. *Schizophrenia Research, 156*(1), 115–121.

Bhutta, M. R., Hong, M. J., Kim, Y., & Hong, K. (2015). Single-trial lie detection using a combined fNIRS-polygraph system. *Frontiers in Psychology, 6,* 709.

Bianchini, O., Porcelli, S., Nespeca, C., Cannavò, D., Trappoli, A., Aguglia, E., . . . Serretti, A. (2014). Effects of antipsychotic drugs on insight in schizophrenia. *Psychiatry Research, 218*(1-2), 20–24.

Bigdeli, T. B., Maher, B. S., Zhao, Z., Sun, J., Medeiros, H., Akula, N., . . . Fanous, A. H. (2013). Association study of 83 candidate genes for bipolar disorder in chromosome 6q selected using an evidence-based prioritization algorithm. *American Journal of Medical Genetics. Part B, Neuropsychiatric Genetics, 162B*(8), 898–906.

Bills, C. B., & Li, G. (2005). Correlating homicide and suicide. *International Journal of Epidemiology, 34*(4), 837–845.

Bina, R. (2014). Seeking help for postpartum depression in the Israeli Jewish orthodox community: Factors associated with use of professional and informal help. *Women & Health, 54*(5), 455–473.

Binet, A., & Simon, T. (1916). *The development of intelligence in children (The Binet-Simon Scale).* Baltimore: Williams & Wilkins.

Biran, J., Tahor, M., Wircer, E., & Levkowitz, G. (2015). Role of developmental factors in hypothalamic function. *Frontiers in Neuroanatomy, 9,* 47.

Birkeland, S. F. (2013). Psychopharmacological treatment and course in paranoid personality disorder: A case series. *International Clinical Psychopharmacology, 28*(5), 283–285.

Biron, M., & Link, S. (2014). Stress, appraisal and work routine in wartime: Do men and women differ? *Anxiety, Stress, and Coping, 27*(2), 229–240.

Birrell, P. (2011). Review of memory matters: Contexts for understanding sexual abuse recollections. *Journal of Trauma & Dissociation, 12*(1), 107–109.

Bisaga, A., Sullivan, M. A., Glass, A., Mishlen, K., Pavlicova, M., Haney, M., . . . Nunes, E. V. (2015). The effects of dronabinol during detoxification and the initiation of treatment with extended release naltrexone. *Drug and Alcohol Dependence, 154,* 38–45.

Bisson, J. I., & Deahl, M. P. (1994). Psychological debriefing and prevention of post-traumatic stress: More research is needed. *British Journal of Psychiatry, 165*(6), 717–720.

Bisson, J. I., Jenkins, P. L., Alexander, J., & Bannister, C. (1997). Randomised controlled trial of psychological debriefing for victims of acute burn trauma. *British Journal of Psychiatry, 171,* 78–81.

Bitter, J. R. (2013). *Theory and practice of family therapy and counseling.* Independence, KY: Cengage Learning.

Björgvinsson, T., & Hart, J. (2008). Obsessive-compulsive disorder. In M. Hersen & J. Rosqvist (Eds.), *Handbook of psychological assessment, case conceptualization, and treatment, Vol. 1: Adults* (pp. 237–262). Hoboken, NJ: John Wiley & Sons.

Björkenstam, C., Johansson, L., Nordström, P., Thiblin, I., Fugelstad, A., Hallqvist, J., & Ljung, R. (2014). Suicide or undetermined intent? A register-based study of signs of misclassification. *Population Health Metrics, 12,* 11.

BJS (Bureau of Justice Statistics). (2013, March 7). *Female victims of sexual violence, 1994–2010* (NCJ 240655). Retrieved from http://www.bjs.gov/index.cfm?tv=pbdetail&iid=4594.

Black Youth Project. (2011). *The attitudes and behavior of young Black Americans: Research summary.* Retrieved from Black Youth Project website: www.blackyouthproject.com/survey findings.

Black, D. W. (2015). The natural history of antisocial personality disorder. *Canadian Journal of Psychiatry, 60*(7), 309–314.

Black, D. W., McCormick, B., Losch, M. E., Shaw, M., Lutz, G., & Allen, J. (2012). Prevalence of problem gambling in Iowa: Revisiting Shaffer's adaptation hypothesis. *Annals of Clinical Psychiatry, 24*(4), 279–284.

Black, M. C., Basile, K. C., Breiding, M. J., Smith, S. G., Walters, M. L., Merrick, M. T., . . . Stevens, M. R. (2011) *The National Intimate Partner and Sexual Violence Survey (NISVS): 2010 summary report.* Atlanta, GA: National Center for Injury Prevention and Control, CDC.

Blackmore, D. E., Hart, S. L., Albiani, J. J., & Mohr, D. C. (2011). Improvements in partner support predict sexual satisfaction among individuals with multiple sclerosis. *Rehabilitation Psychology, 56*(2), 117–122.

Blagov, P. S., Fowler, K. A., & Lilienfeld, S. O. (2007). Histrionic personality disorder. In W. O'Donohue, K. A. Fowler, & S. O. Lilienfeld (Eds.). Personality *disorders: Toward the DSM-V.* Los Angeles: Sage Publications.

Blair, J., Mitchell, D., & Blair, K. (2005). *The psychopath: Emotion and the brain.* Malden, MA: Blackwell Publishing.

Blais, M. A., & Baer, L. (2010). Understanding rating scales and assessment instruments. In L. Baer & M. A. Blais (Eds.), *Handbook of clinical rating scales and assessment in psychiatry and mental health* (pp. 1–6). Totowa, NJ: Humana Press.

Blanchard, J. J., Kring, A. M., Horan, W. P., & Gur, R. (2011). Toward the next generation of negative symptom assessments: The collaboration to advance negative symptom assessment in schizophrenia. *Schizophrenia Bulletin, 37*(2), 291–299.

Blanken, I., Leusink, P., van Diest, S., Gijs, L., & van Lankveld, J. M. (2015). Outcome predictors of internet-based brief sex therapy for sexual dysfunctions in heterosexual men. *Journal of Sex & Marital Therapy, 45*(5), 531–543.

Blashfield, R. K., Keele, J. W., Flanagan, E. H., & Miles, S. R. (2014). The cycle, of classification: DSM-I through DSM-5. *Annual Review of Clinical Psychology, 10,* 25–51.

Blass, R. B. (2014). On the "fear of death" as the primary anxiety: How and why Klein differs from Freud. *International Journal of Psycho-Analysis, 95*(4), 613–627.

Blatt, S. J. (2004). Developmental origins (distal antecedents). In S. J. Blatt, *Experiences of depression: Theoretical, clinical, and research perspectives* (pp. 187–229). Washington, DC: American Psychological Association.

Bleiberg, K. L., & Markowitz, J. C. (2014). Interpersonal psychotherapy for depression. In D. H. Barlow (Ed.), *Clinical handbook of psychological disorders: A step-by-step treatment manual* (5th ed., Ch. 8). New York: Guilford Press.

Bliss, E. L. (1980). Multiple personalities: A report of 14 cases with implications for schizophrenia and hysteria. *Archives of General Psychiatry, 37*(12), 1388–1397.

Bliss, E. L. (1980). *Multiple personality, allied disorders and hypnosis.* New York: Oxford University Press.

Blodgett, J. C., Maisel, N. C., Fuh, I. L., Wilbourne, P. L., & Finney, J. W. (2014). How effective is continuing care for substance use disorders? A meta-analytic review. *Journal of Substance Abuse Treatment, 46*(2), 87–97.

Bloom, B. L. (1984). *Community mental health: A general introduction* (2nd ed.). Monterey, CA: Brooks/Cole.

Blow, F. C., Zeber, J. E., McCarthy, J. F., Valenstein, M., Gillon, L., & Bingham, C. R. (2004). Ethnicity and diagnostic patterns in veterans with psychoses. *Social Psychiatry and Psychiatric Epidemiology, 39*(10), 841–851.

Blow, J., & Cooper, T. V. (2014). Predictors of body dissatisfaction in a Hispanic college student sample. *Eating Behaviors, 15*(1), 1–4.

BLS (Bureau of Labor Statistics). (2015). *Economic News Release. Table A-3. Employment status of the Hispanic or Latino population by sex and age.* Retrieved from http://www.bls.gov/news.release.empsit.t03.htm.

Bluglass, K. (2001). Treatment of perpetrators. In G. Adshead & D. Brooke (Eds.), *Munchausen's syndrome by proxy: Current issues in assessment, treatment and research* (pp. 175–184). London: Imperial College Press.

Blum, K., Braverman, E. R., Holder, J. M., Lubar, J. F., Monastra, V. J., Miller, D., & Comings, D. E. (2000). Reward deficiency syndrome: A biogenetic model for the diagnosis and treatment of impulsive, addictive, and compulsive behaviors. *Journal of Psychoactive Drugs, 32*(Suppl.), 1–68.

Blum, K., Cull, J. G., Braverman, E. R., & Comings, D. E. (1996). Reward deficiency syndrome. *American Scientist, 84*(2), 132–144.

Blum, K., Noble, E. P., Sheridan, P. J., Montgomery, A., Ritchie, T., Jagadeeswaran, P., . . . Cohn, J. B. (1990). Allelic association of human dopamine D2 receptor gene in alcoholism. *Journal of the American Medical Association, 263*(15), 2055–2060.

Bock, C., Bukh, J. D., Vinberg, M., Gether, U., & Kessing, L. V. (2010). The influence of comorbid personality disorder and neuroticism on treatment outcome in first episode depression. *Psychopathology, 43*(3), 197–204.

Bodell, L. P., & Mayer, L. E. S. (2011). Percent body fat is a risk factor for relapse in anorexia nervosa: A replication study. *International Journal of Eating Disorders, 44*(2), 118–123.

Bodison, S. C. (2015). Developmental dyspraxia and the play skills of children with autism. *The American Journal of Occupational Therapy, 69*(5), 6905185060p1-6.

Boets, B. (2014, July 14). Dyslexia: Reconciling controversies within an integrative developmental perspective. *Trends in Cognitive Sciences, 18*(10), 501–503.

Boeve, B., McCormick, J., Smith, G., Ferman, T., Rummans, T., Carpenter, T., . . . Petersen, R. (2003). Mild cognitive impairment in the oldest old. *Neurology, 60*(3), 477–480.

Bogdan, R., & Taylor, S. (1976, January). The judged, not the judges: An insider's view of mental retardation. *American Psychologist, 31*(1), 47–52.

Bokor, G., & Anderson, P. D. (2014). Obsessive-compulsive disorder. *Journal of Pharmacy Practice, 27*(2), 116–130.

Bolgar, H. (1965). The case study method. In B. B. Wolman (Ed.), *Handbook of clinical psychology.* New York: McGraw-Hill.

Bonanno, G. A. (2004). Loss, trauma, and human resilience. *American Psychologist, 59*(1), 20–28.

Bonanno, G. A., & Mancini, A. D. (2012). Beyond resilience and PTSD: Mapping the heterogeneity of responses to potential trauma. *Psychological Trauma: Theory, Research, Practice, and Policy, 4*(1), 74–83.

Bonelli, R. M., & Koenig, H. G. (2013). Mental disorders, religion and spirituality 1990 to 2010: A systematic evidence-based review. *Journal of Religion & Health, 52*(2), 657–673.

Bonetta, L. (2010). Study supports methadone maintenance in therapeutic communities. *NIDA Notes, 23*(3).

Boone, K. (2011). Somatoform disorders, factitious disorder, and malingering. In M. R. Schoenberg & J. G. Scott (Eds.), *The little black book of neuropsychology: Syndrome-based approach* (pp. 551–565). New York: Springer Science + Business Media.

Boone, L., Claes, L., & Luyten, P. (2014). Too strict or too loose? Perfectionism and impulsivity: The relation with eating disorder symptoms using a person-centered approach. *Eating Behaviors, 15*(1), 17–23.

Boone, L., Soenens, B., & Luyten, P. (2014). When or why does perfectionism translate into eating disorder pathology? A longitudinal examination of the moderating and mediating role of body dissatisfaction. *Journal of Abnormal Psychology, 123*(2), 412–418.

Bor, W., Stallman, H., Collerson, E., Boyle, C., Swenson, C. C., McDermott, B., & Lee, E. (2013). Therapy implications of child abuse in multi-risk families. *Australasian Psychiatry, 21*(4), 389–392.

Borden, L. A., Martens, M. P., McBride, M. A., Sheline, K. T., Bloch, K. K., & Dude, K. (2011). The role of college students' use of protective behavioral strategies in the relation between binge drinking and alcohol-related problems. *Psychology of Addictive Behaviors, 25*(2), 346–351.

Borge, F., Hoffart, A., Sexton, H., Martinsen, E., Gude, T., Hedley, L. M., & Abrahamsen, G. (2010). Pre-treatment predictors and in-treatment factors associated with change in avoidant and dependent personality disorder traits among patients with social phobia. *Clinical Psychology & Psychotherapy, 17*(2), 87–99.

Borge, L., Røssberg, J. I., & Sverdrup, S. (2013). Cognitive milieu therapy and physical activity: Experiences of mastery and learning among patients with dual diagnosis. *Journal of Psychiatric and Mental Health Nursing, 20*(10), 932–942.

Borges, S., Chen., Y., Laughren, T. P., Temple, R., Patel, H. D., David, P. A., . . . Khin, N. A. (2014). Review of maintenance trials for major depressive disorder: A 25-year perspective from the US Food and Drug Administration. *The Journal of Clinical Psychiatry, 75*(3), 205–214.

Borkovec, T. D., Alcaine, O. M., & Behar, E. (2004). Avoidance theory of worry and generalized anxiety disorder. In R. G. Heimberg, C. L. Turk, & D. S. Mennin (Eds.), *Generalized anxiety disorder: Advances in research and practice* (pp. 77–108). New York: Guilford Press.

Bornstein, R. F. (2005). Psychodynamic theory and personality disorders. In S. Strack (Ed.), *Handbook of personality and psychopathology* (pp. 164–180). Hoboken, NJ: Wiley.

Bornstein, R. F. (2007). Dependent personality disorder. In W. O'Donohue, K. A. Fowler, S. O. Lilienfeld (Eds.). *Personality disorders: Toward the DSM-V.* Los Angeles: Sage Publications.

Bornstein, R. F. (2007). Might the Rorschach be a projective test after all: Social projection of an undesired trait alters Rorschach oral dependency scores. *Journal of Personality Assessment, 88*(3), 354–367.

Bornstein, R. F. (2012). Illuminating a neglected clinical issue: Societal costs of interpersonal dependency and dependent personality disorder. *Journal of Clinical Psychology, 68*(7), 766–781.

Borzekowski, D. L. G., Schenk, S., Wilson, J. L., & Peebles, R. (2010). e-Ana and e-Mia: A content analysis of pro-eating disorder web sites. *American Journal of Public Health, 100*(8), 1526–1534.

Bosco, D., Plastino, M., Colica, C., Bosco, F., Arianna, S., Vecchio, A., . . . Consoli, D. (2012). Opioid antagonist natrexone for the treatment of pathological gambling in Parkinson disease. *Clinical Neuropharmacology, 35*(3), 118–120.

Bott, E. (1928). Teaching of psychology in the medical course. *Bulletin of the Association of American Medical Colleges, 3,* 289–304.

Bouman, T. K. (2008). Hypochondriasis. In J. S. Abramowitz, D. McKay, & S. Taylor (Eds.), *Obsessivecompulsive disorder: Subtypes and spectrum conditions.* Oxford, England: Elsevier.

Bouras, N., & Holt, G. (Eds.). (2010). *Mental health services for adults with intellectual disability: Strategies and solutions. The Maudsley Series.* New York, Psychology Press.

Bourin, M., Malinge, M., & Guitton, B. (1995). Provocative agents in panic disorder. *Therapie 50*(4), 301–306. [French].

Bourne, E. J., Brownstein, A., & Garano, L. (2004). *Natural relief for anxiety: Complementary strategies for easing fear, panic and worry.* Oakland, CA: New Harbinger Publications.

Boutros, N. N., Mucci, A., Diwadkar, V., & Tandon, R. (2014). Negative symptoms in schizophrenia. *Clinical Schizophrenia & Related Psychoses, 8*(1), 28–35B.

Bowden, S. C., Saklofske, D. H., & Weiss, L. G. (2011). Invariance of the measurement model underlying the Wechsler Adult Intelligence Scale-IV in the United States and Canada. *Educational and Psychological Measurement, 71*(1), 186–199.

Bowen, E. A., Bowen, S. K., & Barman-Adhikari, A. (2015). Prevalence and covariates of food insecurity among residents of single-room occupancy housing in Chicago, IL, USA. *Public Health Nutrition,* 1–9. [Electronic publication.]

Bowen, S., Witkiewitz, K., Clifasefi, S. L., Grow, J., Chawla, N., Hsu, S. H., . . . Larimer, M. E. (2014). Relative efficacy of mindfulness-based relapse prevention, standard relapse prevention, and treatment as usual for substance use disorders: A randomized clinical trial. *JAMA Psychiatry, 71*(5), 547–556.

Bower, B. (2013, November 2). The bright side, of sadness. *Science News.*

Bower, E. S., Wetherell, J. L., Mon, T., & Lenze, E. J. (2015). Treating anxiety disorders in older adults: Current treatments and future directions. *Harvard Review of Psychiatry, 23*(5), 329–342.

Bower, G. H. (1981). Mood and memory. *American Psychologist, 36*(2), 129–148.

Bowers, T. G., Holmes, E. S., & Rhom, A. (2010). The nature of mass murder and autogenic massacre. *Journal of Police and Criminal Psychology, 25,* pp. 59–66.

Boyd, B. A., Conroy, M. A., Asmus, J., McKenney, E. (2011). Direct observation of peer-related social interaction: Outcomes for young children with autism spectrum disorders. *Exceptionality, 19*(2), 94–108.

Boyd, B. A., Hume, K., McBee, M. T., Alessandri, M., Gutierrez, A., Johnson, L., . . . Odom, S. L. (2014). Comparative efficacy of LEAP, TEACCH, and non-model-specific special education programs for preschoolers with autism spectrum disorders. *Journal of Autism and Developmental Disorders, 44*(2), 366–380.

Boyd, D., & Hargittai, E. (2013). Connected and concerned: Variation in parents' online safety concerns. *Policy & Internet, 5*(3), 245–269.

Boyle, M. (2003, May 26). Liar! Liar! *Fortune.*

Boyle, R. (2011, May 6). Computer scientists induce schizophrenia in a neural network, causing it to make ridiculous claims. *Popular Science.*

Boysen, G. A., & VanBergen, A. (2013). A review of published research on adult dissociative identity disorder: 2000–2010. *The Journal of Nervous and Mental Disease, 201*(1), 5–11.

Boysen, G. A., & VanBergen, A. (2014). Simulation of multiple personalities: A review of research comparing diagnosed and simulated dissociative identity disorder. *Clinical Psychology Review, 34*(1), 14–28.

BPS (British Psychological Society). (2007). *Statement on the conduct of psychologists providing expert psychometric evidence to courts and lawyers.* Leicester, UK: British Psychological Society.

Bradford, J. M. W., Fedoroff, P., & Firestone, P. (2008). Sexual violence and the clinician. In R. I. Simon & K. Tardiff (Eds.), *Textbook of violence assessment and management* (pp. 441–460). Arlington, VA: American Psychiatric Publishing.

Brady, J. E., & Li, G. (2014). Trends in alcohol and other drugs detected in fatally injured drivers in the United States, 1999–2010. *American Journal of Epidemiology, 179*(6), 1093.

Brainerd, C. J., Reyna, V. F., & Ceci, S. J. (2008). Developmental reversals in false memory: A review of data and theory. *Psychological Bulletin, 134*(3), 343–382.

Brambrink, D. K. (2004). A comparative study for the treatment of anxiety in women using electromyographic biofeedback and progressive relaxation and coping with stress: A manual for women. *Dissertation Abstracts International: Section B: The Sciences and Engineering, 65*(6-B), 3146.

Brand, B. L., Loewenstein, R. J., & Spiegel, D. (2014). Dispelling myths about dissociative identity disorder treatment: An empirically based approach. *Psychiatry, 77*(2), 169–189.

Bratskeir, K. (2013, September 16). The habits of supremely happy people. *Huffington Post.*

Brauhardt, A., Rudolph, A., & Hilbert, A. (2014). Implicit cognitive processes in binge-eating disorder and obesity. *Journal of Behavior Therapy and Experimental Psychiatry, 45*(2), 285–290.

Braun, D. L. (1996, July 28). Interview. In S. Gilbert, More men may seek eating-disorder help. *New York Times.*

Braxton, L. E., Calhoun, P. S., Williams, J. E., & Boggs, C. D. (2007). Validity rates of the Personality Assessment Inventory and the Minnesota Multiphasic Personality Inventory-2 in a VA medical center setting. *Journal of Personality Assessment, 88*(1), 5–15.

Breitbart, W., Pessin, H., & Kolva, E. (2011). Suicide and desire for hastened death in people with cancer. In D. W. Kossane, M. Maj, & N. Sartorius (Eds.), *Depression and cancer, World Psychiatric Association titles on depression* (pp. 125–150). Hoboken, NJ: Wiley-Blackwell.

Bremner, J. D. (2002). *Does stress damage the brain? Understanding trauma-related disorders from a mind-body perspective.* New York: Norton.

Bremner, J. D., & Charney, D. S. (2010). Neural circuits in fear and anxiety. In D. J. Stein, E. Hollander & B. O. Rothbaum (Eds.), *Textbook of anxiety disorders* (2nd ed., pp. 55–71). Arlington, VA: American Psychiatric Publishing.

Bremner, J. D., Vythilingam, M., Vermetten, E., Vaccarino, V., & Charney, D. S. (2004). Deficits in hippocampal and anterior cingulate functioning during verbal declarative memory encoding in midlife major depression. *American Journal of Psychiatry, 161*(4), 637–645.

Brenot, P. (2011). Can a sexual symptom be fixed without taking account of the couple? *Sexologies:*

European Journal of Sexology and Sexual Health, 20(1), 20–22.

Brent, D. A. (2001). Assessment and treatment of the youthful suicidal patient. In H. Hendin & J. J. Mann (Eds.), *The clinical science of suicide prevention* (Vol. 932, pp. 106–131). New York: Annals of the New York Academy of Sciences.

Breslau, J., Aguilar-Gaxiola, S., Kendler, K. S., Su, M., Williams, D., & Kessler, R. C. (2006). Specifying race-ethnic differences in risk for psychiatric disorder in a USA national sample. *Psychological Medicine, 36,* 57–68.

Bressi, C., Nocito, E. P., Milanese, E. A., Fronza, S., Della Valentina, P., Castagna, L., . . . Capra, G. A. (2014). Efficacy of short-term psychodynamic psychotherapy vs treatment as usual in a sample of patients with anxiety and depressive disorders. *Rivista Di Psichiatria, 49*(1), 28–33.

Brewer, J. (2014). Mindfulness in the military. *American Journal of Psychiatry, 171,* 803–806.

Brewerton, T. D., & Costin, C. (2011). Long-term outcome of residential treatment for anorexia nervosa and bulimia nervosa. *Eating Disorders: The Journal of Treatment & Prevention, 19*(2), 132–144.

Bridler, R., Häberle, A., Müller, S. T., Cattapan, K., Grohmann, R., Toto, S., . . . Greil, W. (2015). Psychopharmacological treatment of 2195 in-patients with borderline personality disorder: A comparison with other psychiatric disorders. *European Neuropsychopharmacology, 25*(6), 763–772.

Briki, M., Monnin, J., Haffen, E., Sechter, D., Favrod, J., Netillard, C., . . . Vandel, P. (2014). Metacognitive training for schizophrenia: A multicentre randomised controlled trial. *Schizophrenia Research, 157*(1-3), 99–106.

Brisch, R., Saniotis, A., Wolf, R., Bielau, H., Bernstein, H., Steiner, J., . . . Gos, T. (2014). The role of dopamine in schizophrenia from a neurobiological and evolutionary perspective: Old fashioned, but still in vogue. *Frontiers In Psychiatry, 5,* 47.

Britt, R. R. (2005, January 6). The odds of dying. *LiveScience.com.*

Brockmann, H., Zobel, A., Schuhmacher, A., Daamen, M., Joe, A., Biermann, K., . . . Boecker, H. (2011). Influence of 5-HTTLPR polymorphism on resting state perfusion in patients with major depression. *Journal of Psychiatric Research, 45*(4), 442–451.

Brook, J. S., Lee, J. Y., Rubenstone, E., Brook, D. W., & Finch, S. J. (2014). Triple comorbid trajectories of tobacco, alcohol, and marijuana use as predictors of antisocial personality disorder and generalized anxiety disorder among urban adults. *American Journal of Public Health, 104*(8), 1413–1420.

Brooks, A. C. (2013, December 14). A formula for happiness. *New York Times.*

Brooks, G. R., & Richardson, F. C. (1980). Emotional skills training: A treatment program for duodenal ulcer. *Behavior Therapist, 11*(2), 198–207.

Brooks, L., McCabe, P., & Schneiderman, N. (2011). Stress and cardiometabolic syndrome. In R. J. Contrada & A. Baum (Eds.), *The handbook of stress science: Biology, psychology, and health* (pp. 399–409). New York: Springer Publishing.

Brophy, M. (2010). Sex, lies, and virtual reality. In D. Monroe (Ed.), *Porn: How to think with kink, Philosophy for everyone* (pp. 204–218). Hoboken, NJ: Wiley-Blackwell.

Brown, A. (2012, April 27). *Chronic pain rates shoot up until Americans reach late 50s: Low-income and obese Americans more likely to have chronic pain.*

Retrieved from Gallup website:http://www.gallup.com/poll/154169.

Brown, A. S. (2012). Maternal infection and schizophrenia. In A. S. Brown & P. H. Patterson (Eds.), *The origins of schizophrenia* (pp. 25–57). New York: Columbia University Press.

Brown, D., Larkin, F., Sengupta, S., Romero-Ureclay, J. L., Ross, C. C., Gupta, N., . . . Das, M. (2014). Clozapine: An effective treatment for seriously violent and psychopathic men with antisocial personality disorder in a UK high-security hospital. *CNS Spectrums, 19*(5), 391–402.

Brown, G. K., Stirman, S. W., & Spokas, M. (2010). Relapse prevention of suicide attempts: Application of cognitive therapy. In S. Richards & M. G. Perri (Eds.), *Relapse prevention for depression* (pp. 177–198). Washington, DC: American Psychological Association.

Brown, G. K., Wenzel, A., & Rudd, M. D. (2011). Cognitive therapy for suicidal patients. In K. Michel & D. A. Jobes (Eds.), *Building a therapeutic alliance with the suicidal patient* (pp. 273–291). Washington, DC: American Psychological Association.

Brown, G. W. (2002). Social roles, context and evolution in the origins of depression. *Journal of Health and Social Behavior, 43*(3), 255–276.

Brown, G. W., & Harris, T. O. (1978). *Social origins of depression: A study of psychiatric disorder in women.* London: Tavistock.

Brown, J. H., Henteleff, P., Barakat, S., & Rowe, C. J. (1986). Is it normal for terminally ill patients to desire death? *American Journal of Psychiatry, 143*(2), 208–211.

Brown, R. J., Schrag, A., & Trimble, M. R. (2005). Dissociation, childhood interpersonal trauma, and family functioning in patients with somatization disorder. *American Journal of Psychiatry, 162*(5), 899–905.

Brown, T. A., Holland, L. A., & Keel, P. K. (2014). Comparing operational definitions of DSM-5 anorexia nervosa for research contexts. *The International Journal of Eating Disorders, 47*(1), 76–84.

Brownley, K. A., Peat, C. M., La Via, M., & Bulik, C. M. (2015). Pharmacological approaches to the management of binge eating disorder. *Drugs, 75*(1), 9–32.

Bruch, H. (1962). Perceptual and conceptual disturbances in anorexia nervosa. *Psychosomatic Medicine, 24,* 187–194.

Bruch, H. (1973). *Eating disorders: Obesity, anorexia nervosa and the person within.* New York: Basic Books.

Bruch, H. (1978). *The golden cage: The enigma of anorexia nervosa.* Cambridge, MA: Harvard University Press.

Bruch, H. (1991). The sleeping beauty: Escape from change. In S. I. Greenspan & G. H. Pollock (Eds.), *The course of life, Vol. 4: Adolescence.* Madison, CT: International Universities Press.

Bruch, H. (2001). *The golden cage: The enigma of anorexia nervosa.* Cambridge, MA: Harvard University Press.

Bruffaerts, R., Demyttenaere, K., Kessler, R. C., Tachimori, H., Bunting, B., Hu, C., . . . Scott, K. M. (2015). The associations between preexisting mental disorders and subsequent onset of chronic headaches: A worldwide epidemiologic perspective. *The Journal of Pain, 16*(1), 42–52.

Brumberg, J. J. (1988). *Fasting girls: The history of anorexia nervosa.* New York: Penguin Books.

Brunelin, J., Fecteau, S., & Suaud-Chagny, M-F. (2013). Abnormal striatal dopamine

transmission in schizophrenia. *Current Medicinal Chemistry, 20*(3), 397–404.

Bryant, R. A., Creamer, M., O'Donnell, M., Silove, D., McFarlane, A. C., & Forbes, D. (2015). A comparison of the capacity of DSM-IV and DSM-5 acute stress disorder definitions to predict posttraumatic stress disorder and related disorders. *The Journal of Clinical Psychiatry, 76*(4), 391–397.

Bryant, R. A., Moulds, M. L., Guthrie, R. M., & Nixon, R. D. V. (2005). The additive benefit of hypnosis and cognitive-behavioral therapy in treating acute stress disorder. *Journal of Consulting and Clinical Psychology, 73*(2), 334–340.

Bryner, J. (2011). Close friends less common today, study finds. *Live Science.* Retrieved from Live Science website: http://www.livescience.com/16879.

BSA (Boy Scouts of America). (2014). *Bullying statistics in America.* Retrieved from BSA website: http://nobullying.com/bullying-statistics/.

Buckingham, E. T., & Daniolos, P. (2013). Longitudinal outcomes for victims of child abuse. *Current Psychiatry Reports, 15*(2), 342.

Budney, A. J., Vandrey, R. L., & Fearer, S. (2011). Cannabis. In J. H. Lowinson & P. Ruiz (Eds.), *Substance abuse: A comprehensive textbook* (5th ed.). Philadelphia, PA: Lippincott, Williams, & Wilkins.

Buhlmann, U., Glaesmer, H., Mewes, R., Fama, J. M., Wilhelm, S., Brähler, E., & Rief, W. (2010). Updates on the prevalence of body dysmorphic disorder: A population-based survey. *Psychiatry Research, 178*(1), 171–175.

Bullen, C., Howe, C., Laugesen, M., McRobbie, H., Parag, V., Williman, J., & Walker, N. (2013). Electronic cigarettes for smoking cessation: A randomised controlled trial. *The Lancet, 382,* 1629–1637.

Bunaciu, L., Feldner, M. T., Babson, K. A., Zvolensky, M. J., & Eifert, G. H. (2012). Biological sex and panic-relevant anxious reactivity to abrupt increases in bodily arousal as a function of biological challenge intensity. *Journal of Behavior Therapy and Experimental Psychiatry, 43*(1), 526–531.

Bureau of Labor Statistics (BLS). (2011). *Occupational Outlook Handbook, 2010–11 Edition, Counselors.* Retrieved from http://www.bls.gov/oco/ocos067.htm.

Bureau of Labor Statistics (BLS). (2011). *Occupational Outlook Handbook, 2010–11 Edition, Psychologists.* Retrieved from http://www.bls.gov/oco/ocos056.htm.

Bureau of Labor Statistics (BLS). (2011). *Occupational Outlook Handbook, 2010–11 Edition, Social Workers.* Retrieved from http://www.bls.gov/oco/ocos060.htm.

Burgess, J. L. (2001). Phosphine exposure from a methamphetamine laboratory investigation. *Journal of Toxicology & Clinical Toxicology, 39,* 165.

Burijon, B. N. (2007). *Biological bases of clinical anxiety.* New York: W. W. Norton & Company.

Burke, A. (2011). Pathophysiology of behavioral and psychological disturbances in dementia. In P. McNamara (Ed.), *Dementia, Vols. 1–3: History and incidence. Science and biology, treatments and developments* (pp. 135–158). Santa Barbara, CA: Praeger/ABC-CLIO.

Burns, G. L., Servera, M., Bernad, M. M., Carrillo, J. M., & Geiser, C. (2014). Ratings of ADHD symptoms and academic impairment by mothers, fathers, teachers, and aides: Construct validity within and across settings as well as occasions. *Psychological Assessment, 26*(4), 1247–1258.

Burns, J. K., Tomita, A., & Kapadia, A. S. (2014). Income inequality and schizophrenia: Increased schizophrenia incidence in countries with high levels of income inequality. *International Journal of Social Psychiatry, 60*(2), 185–196.

Burns, T. (2010). Modern community care strategies for schizophrenia care: Impacts on outcome. In W. F. Gattaz & G. Busatto (Eds.), *Advances in schizophrenia research 2009* (pp. 417–427). New York: Springer Science + Business Media.

Burns, T., & Drake, B. (2011). Mental health services and patients with schizophrenia. In D. R. Weinberg & P. Harrison (Eds.), *Schizophrenia* (pp. 625–643). Hoboken, NJ: Wiley-Blackwell.

Burton, V. S. (1990). The consequences of official labels: A research note on rights lost by the mentally ill, mentally incompetent, and convicted felons. *Community Mental Health Journal, 26*(3), 267–276.

Busch, F. N., Milrod, B. L., & Shear, K. (2010). Psychodynamic concepts of anxiety. In J. Stein, E. Hollander, & B. O. Rothbaum (Eds.), *Textbook of anxiety disorders* (2nd ed., pp. 117–128). Arlington, VA: American Psychiatric Publishing.

Busch, F. N., Rudden, M. G., & Shapiro, T. (2004). *Psychodynamic treatment of depression.* Washington, DC: American Psychiatric Publishing.

Bushman, B. J., Baumeister, R. F., & Stack, A. D. (1999). Catharsis, aggression, and persuasive influence: Self-fulfilling or self-defeating prophecies? *Journal of Personality and Social Psychology, 76*(3), 367–376.

Bussing, R., Koro-Ljungberg, M. E., Gary, F., Mason, D. M., & Garvan, C. W. (2005). Exploring help-seeking for ADHD symptoms: A mixed-methods approach. *Harvard Review of Psychiatry, 13*(2), 85–101.

Bussing, R., Zima, B. T., & Belin, T. R. (1998). Differential access to care for children with ADHD in special education programs. *Psychiatric Services, 49*(9), 1226–1229.

Bussing, R., Zima, B. T., Gary, F. A., & Garvan, C. W. (2003). Barriers to detection, help-seeking, and service use for children with ADHD symptoms. *Journal of Behavioral Health Services & Research, 30*(2), 176–189.

Butcher, J. N. (2010). Personality assessment from the nineteenth to the early twenty-first century: Past achievements and contemporary challenges. *Annual Review of Clinical Psychology, 6,* 1–20.

Butcher, J. N. (2011). *A beginner's guide to the MMPI-2* (3rd ed.) Washington, DC: American Psychological Association.

Butler, T., Andrews, G., Allnutt, S., Sakashita, C., Smith, N. E., & Basson, J. (2006). "Mental disorders in Australian prisoners: A comparison with a community sample": Corrigendum. *Australian and New Zealand Journal of Psychiatry, 40*(8).

Byers, A. L., Covinsky, K. E., Neylan, T. C., & Yaffe, K. (2014). Chronicity of posttraumatic stress disorder and risk of disability in older persons. *JAMA Psychiatry, 71*(5), 540–546.

Bylsma, L. M., Taylor-Clift, A., & Rottenberg, J. (2011). Emotional reactivity to daily events in major and minor depression. *Journal of Abnormal Psychology, 120*(1), 155–167.

Cable, A. (2008, November 14). Divorced from reality: All three accounts of the Second Life love triangle that saw a woman separate from her husband for having a cyber-affair. *Daily Mail, UK.*

Cachelin, F. M., Phinney, J. S., Schug, R. A., & Striegel-Moore, R. M. (2006). Acculturation and eating disorders in a Mexican American community sample. *Psychological Women Quarterly, 30*(4), 340–347.

Cadet, J. L., Bisagno, V., & Milroy, C. M. (2014). Neuropathology of substance use disorders. *Acta Neuropathologica, 127*(1), 91–107.

Cadge, W., & Fair, B. (2010). Religion, spirituality, health, and medicine: Sociological intersections. In C. E. Bird, P. Conrad, A. M. Fremont, & S. Timmermans (Eds.), *Handbook of medical sociology* (6th ed., pp. 341–362). Nashville, TN: Vanderbilt University Press.

CAIF (Coalition Against Insurance Fraud). (2003). Cited in *Accenture.* Retrieved from Accenture website: http://newsroom.accenture.com/article_display.cfm?article_id=3970.

Cain, N. M., Ansell, E. B., Simpson, H. B., & Pinto, A. (2015). Interpersonal functioning in obsessive-compulsive personality disorder. *Journal of Personality Assessment, 97*(1), 90–99.

Caligor, E., & Clarkin, J. F. (2010). An object relations model of personality and personality pathology. In J. F. Clarkin, P. Fonagy, & G. O. Gabbard (Eds.), *Psychodynamic psychotherapy for personality disorders: A clinical handbook* (pp. 3–36). Arlington, VA: American Psychiatric Publishing.

Calkins, S. D., & Dollar, J. M. (2014). Emotion: Commentary. A biopsychosocial perspective on maternal psychopathology and the development of child emotion regulation. *Journal of Personality Disorders, 28*(1), 70–77.

Callahan, L. A., Steadman, H. J., McGreevy, M. A., & Robbins, P. C. (1991). The volume and characteristics of insanity defense pleas: An eight-state study. *Bulletin of the American Academy of Psychiatry Law, 19*(4), 331–338.

Calmes, J., & Pear, R. (2013, November 8). Rules to require equal coverage for mental ills. *New York Times.*

Calugi, S., El Ghoch, M., Conti, M., & Dalle Grave, R. (2014). Depression and treatment outcome in anorexia nervosa. *Psychiatry Research, 218*(1-2), 195–200.

Cameron, D. J., Thomas, R. I., Mulvihill, M., & Bronheim, H. (1987). Delirium: A test of the Diagnostic and Statistical Manual III criteria on medical inpatients. *Journal of the American Geriatrics Society, 35,* 1007–1010.

Campbell, D. (2010). Pre-suicide states of mind. In P. Williams (Ed.), *The psychoanalytic therapy of severe disturbance, Psychoanalytic ideas* (pp. 171– 183). London: Karnac Books.

Campbell, J., Gilmore, L., & Cuskelly, M. (2003). Changing student teachers' attitudes towards disability and inclusion. *Journal of Intellectual & Developmental Disability, 28,* 369–379.

Campbell, S., Marriott, M., Nahmias, C., & MacQueen, G. M. (2004). Lower hippocampal volume in patients suffering from depression: A meta-analysis. *American Journal of Psychiatry, 161*(4), 598–607.

Campbell, W. K., & Miller, J. D. (Eds.). (2011). *The handbook of narcissism and narcissistic personality disorder: Theoretical approaches, empirical findings, and treatments.* Hoboken, NJ: John Wiley & Sons.

Canas, P. M., Simões, A. P., Rodrigues, R. J., & Cunha, R. A. (2014). Predominant loss of glutamatergic terminal markers in a b-amyloid peptide model of Alzheimer's disease. *Neuropharmacology, 76* Pt A, 51–56.

Canetta, S., Sourander, A., Surcel, H., Hinkka-Yli-Salomäki, S., Leiviskä, J., Kellendonk, C., . . . Brown, A. S. (2014). Elevated maternal C-reactive protein and increased risk of schizophrenia in a national birth cohort. *American Journal of Psychiatry, 171*(9), 960–968.

Canetto, S. S. (2003). Older adulthood. In L. Slater, J. H. Daniel, & A. Banks (Eds.) *The complete guide to women and mental health* (pp. 56–64). Boston: Beacon Press.

Capitán, L., Simon, D., Kaye, K., & Tenorio, T. (2014). Facial feminization surgery: The forehead. Surgical techniques and analysis of results. *Plastic and Reconstructive Surgery, 134*(4), 609–619.

Capuzzi, D., & Gross, D. R. (Eds.). (2008). *Youth at risk: A prevention resource for counselors, teachers, and parents.* Alexandria, VA: American Counseling Association.

Carducci, B. (2000). Shyness: The new solution. *Psychology Today, 33*(1), 38–45.

CareerBuilder. (2012, April 18). 37% of companies use social networks to research potential job candidates. *CareerBuilder.* Retrieved from CareerBuilder website: http://www.careerbuilder.com/share/aboutus/pressreleasesdetail.

Carey, B. (2008, February 10). Making sense of the great suicide debate. *New York Times.* New York Times website: www.nytimes.com.

Carey, B. (2010, November 22). In cybertherapy, avatars assist with healing. *New York Times.*

Carey, B. (2011). Need therapy? A good man is hard to find. *The New York Times,* May 22. 160(55, 413).

Carlson, L. (2012). Mindfulness-based interventions for physical conditions: A narrative review evaluating levels of evidence. *ISRN Psychiatry,* 651583.

Caron, J., Julien, M., & Huang, J. H. (2008). Changes in suicide methods in Quebec between 1987 and 2000: The possible impact of Bill C-17 requiring safe storage of firearms. *Suicide & Life-Threatening Behavior, 38*(2), 195–208.

Carr, S. N., & Francis, A. J. P. (2010). Do early maladaptive schemas mediate the relationship between childhood experiences and avoidant personality disorder features? A preliminary investigation in a non-clinical sample. *Cognitive Therapy and Research, 34*(4), 343–358.

Carrobles, J. A., Gámez-Guadix, M., & Almendros, C. (2011). Sexual functioning, sexual satisfaction, and subjective and psychological well-being in Spanish women. *Anals de Psicologia, 27*(1), 27–33.

Carroll, K. M. (2008). Cognitive-behavioral therapies. In H. D. Kleber & M. Galanter (Eds.), *The American Psychiatric Publishing textbook of substance abuse treatment* (4th ed., pp. 349–360). Arlington, VA: American Psychiatric Publishing.

Carroll, K. M., & Kiluk, B. D. (2012). Integrating psychotherapy and pharmacotherapy in substance abuse treatment. In F. Rotgers, J. Morgenstern, & S. T. Walters (Eds.), *Treating substance abuse: Theory and technique* (3rd ed., pp. 319–354). Guilford Press: New York.

Carroll, M. E., & Meisch, R. A. (2011). Acquisition of drug self-administration. In M. C. Olmstead (Ed.), *Animal models of drug addiction. Springer protocols: Neuromethods* (pp. 237–265). Totowa, NJ: Humana Press.

Carroll, R. A. (2007). Gender dysphoria and transgender experiences. In S. R. Leiblum (Ed.), *Principles and practice of sex therapy* (4th ed., pp. 477–508). New York: Guilford Press.

Carroll, R. A. (2011). Psychological aspects of erectile dysfunction. In K. T. McVary (Ed.), *Contemporary treatment of erectile dysfunction: A clinical guide.* New York: Springer.

Carruthers, H. R., Morris, J., Tarrier, N., & Whorwell, P. J. (2010). The Manchester Color Wheel: Development of a novel way of identifying color choice and its validation in healthy, anxious and depressed individuals. *BMC Medical Research Methodology, 10,* 12.

Carvalho, J. P., & Hopko, D. R. (2011). Behavioral theory of depression: Reinforcement as a mediating variable between avoidance and depression. *Journal of Behavior Therapy and Experimental Psychiatry, 42*(2), 154–162.

Carvalho, J. P., Verissimo, A., & Nobre, P. J. (2013). Cognitive and emotional determinants characterizing women with persistent genital arousal disorder. *Journal of Sexual Medicine, 10,* 1549–1558.

Casey, P. (2001). Multiple personality disorder. *Primary Care Psychiatry, 7*(1), 7–11.

Cash, T. F., & Henry, P. E. (1995). Women's body images: The results of a national survey in the U. S. A. *Sex Roles, 33*(1/2), 19–28.

Casimir, G. J., & Morrison, B. J. (1993). Re-thinking work with "multicultural populations." *Community Mental Health Journal, 29,* 547–559.

Catanesi, R., Martino, V., Candelli, C., Troccoli, G., Grattagliano, I., Di Vella, G., & Carabellese, F. (2013). Posttraumatic stress disorder: Protective and risk factors in 18 survivors of a plane crash. *Journal of Forensic Sciences, 58*(5), 1388–1392.

Cauwels, J. M. (1983). *Bulimia: The binge-purge compulsion.* New York: Doubleday.

Cavallo, F., Aquilano, M., & Arvati, M. (2015). An ambient assisted living approach in designing domiciliary services combined with innovative technologies for patients with Alzheimer's disease: A case study. *American Journal of Alzheimer's Disease and Other Dementias, 30*(1), 69–77.

Cayman, S. (2014). *Sex facts: 369 facts to blow you away.* Chichester, UK: Summersdale.

CBC. (2008, May 13). The world's worst natural disasters: Calamities of the 20th and 21st centuries. *CBC News.*

CDC (Centers for Disease Control and Prevention). (2010, December 3). QuickStats: Percentage of adults who had migraines or severe headaches, pain in the neck, lower back, or face/jaw, by sex. National Health Interview Survey, 2009. *Morbidity and Mortality Weekly Report, 59*(47), 1557.

CDC (Centers for Disease Control and Prevention). (2010). *Alzheimer's disease.* Atlanta, GA: CDC.

CDC (Centers for Disease Control and Prevention). (2010). *Chronic liver disease or cirrhosis.* Hyattsville, MD: NCHS.

CDC (Centers for Disease Control and Prevention). (2010). *Heart disease facts.* Retrieved from www.cdc.gov/heartdisease/facts.htm.

CDC (Centers for Disease Control and Prevention). (2010). *Suicide rates among persons ages 10 years and older, by race/ethnicity and sex, United States, 2002–2006. National Suicide Statistics at a Glance.* Atlanta, GA: CDC.

CDC (Centers for Disease Control and Prevention). (2011). Cited in NVSS, Deaths: Final Data for 2007. *National Vital Statistics Reports, 58*(19). Hyattsville, MD: National Center for Health Statistics.

CDC (Centers for Disease Control and Prevention). (2011). *Death rates from suicide by selected characteristics: 1990 to 2007.* Suitland, MD: US Department of Commerce, Bureau of the Census.

CDC (Centers for Disease Control and Prevention). (2011). *Health disparities and inequalities report—United States, 2011.* Atlanta, GA: Author.

CDC (Centers for Disease Control and Prevention). (2011). *High blood pressure facts.* Retrieved from http://www.cdc.gov/bloodpressure/facts.htm.

CDC (Centers for Disease Control and Prevention). (2011). *Key sleep disorders.* Retrieved from www.cdc.gov/sleep/about_sleep/key_disorders.htm.

CDC (Centers for Disease Control and Prevention). (2011). *Measuring bullying victimization, perpetration, and bystander experiences: A compendium of assessment tools.* Atlanta, GA: CDC, Division of Violence Prevention.

CDC (Centers for Disease Control and Prevention). (2011). *United States Life Tables.* Atlanta, GA: National Center for Health Statistics.

CDC (Centers for Disease Control and Prevention). (2012). *An estimated 1 in 10 U.S. adults report depression.* Washington, DC: Author.

CDC (Centers for Disease Control and Prevention). (2012). *Sexual violence: Facts at a Glance.* Atlanta, GA: CDC.

CDC (Centers for Disease Control and Prevention). (2013, May 2). Morbidity and Mortality Weekly Report, April 26. Cited in T. Parker-Pope, Suicide rates rise sharply in U.S. *The New York Times.*

CDC (Centers for Disease Control and Prevention). (2013). *Alcohol-related disease impact (ARDI).* Atlanta, GA: CDC.

CDC (Centers for Disease Control and Prevention). (2013). *Asthma: Basic information.* Retrieved from http://www.cdc.gov/asthma/faqs.html.

CDC (Centers for Disease Control and Prevention). (2013). *Chronic liver disease and cirrhosis.* Retrieved from CDC website: http://www.cdc.gov/fastats/liver-disease.htm.

CDC (Centers for Disease Control and Prevention). (2013). *Leading causes of death.* Atlanta, GA: CDC.

CDC (Centers for Disease Control and Prevention). (2013). *Prescription sleep aid use among adults: United States, 2005–2010* (Number 127). Retrieved from http://www.cdc.gov/nchs/data/databriefs/db127.htm.

CDC (Centers for Disease Control and Prevention). (2013). *Statistics overview: HIS Surveillance Report: Diagnoses of HIV infection and AIDS in the United States and dependent areas, 2011, Vol. 23.* Atlanta, GA: CDC.

CDC (Centers for Disease Control and Prevention). (2013). *Suicide and self-inflicted injury.* Atlanta, GA: CDC.

CDC (Centers for Disease Control and Prevention). (2013). *Understanding bullying: Fact sheet.* Retrieved from http://www.cdc.gov/violenceprevention.

CDC (Centers for Disease Control and Prevention). (2014). *CDC and Million Hearts recognize 2013 hypertension control champions.* Retrieved from http://www.cdc.gov/media/releases/2014/p0205-million-hearts.html.

CDC (Centers for Disease Control and Prevention). (2014). *Data and statistics.* Washington, DC: CDC.

CDC (Centers for Disease Control and Prevention). (2014). *Heart disease facts.* Retrieved from http://www.cdc.gov/heartdisease/facts.html.

CDC (Centers for Disease Control and Prevention). (2014). *Morbidity and Mortality Weekly Report (MMWR). QuickStats: Percentage of users of long-term care services with a diagnosis of depression, by provider type—National study of long-term care providers, United States, 2011 and 2012.* Retrieved from http://www.cdc.gov/mmwr/preview/mmwrhtml/mm6304a7.htm.

CDC (Centers for Disease Control and Prevention). (2014). *National prevention strategy: America's plan for better health and wellness.* Retrieved from http://www.cdc.gov/features/preventionstrategy.

CDC (Centers for Disease Control and Prevention). (2014). *National suicide statistics at a glance.* Atlanta, GA: CDC.

CDC (Centers for Disease Control and Prevention). (2014). *New CDC study finds dramatic increase in e-cigarette-related calls to poison centers.* Retrieved from http://www.cdc.gov/media/releases/2014/p0403.

CDC (Centers for Disease Control and Prevention). (2014). *Older persons' health.* Washington, DC: CDC.

CDC (Centers for Disease Control and Prevention). (2014). *Traumatic brain injury in the United States: Fact Sheet.* Atlanta, GA: CDC.

CDC (Centers for Disease Control and Prevention). (2014, March 27). *CDC estimates 1 in 68 children has been identified with autism spectrum disorder.* CDC Newsroom, CDC Media Relations.

CDC (Centers for Disease Control and Prevention). (2015). *Autism and developmental disabilities monitoring (ADDM) network.* Retrieved from http://www.cdc.gov/ncbddd/autism/addm.html.

CDC (Centers for Disease Control and Prevention). (2015). *Chronic liver disease and cirrhosis.* Atlanta, GA: CDC. Retrieved from http://www.cdc.gov/nchs/fastats/liver-disease.htm.

CDC (Centers for Disease Control and Prevention). (2015). *FastStats: Adolescent Health.* Retrieved from http://www.cdc.gov//nchs/fastats/adolescent-health.htm.

CDC (Centers for Disease Control and Prevention). (2015). *Leading causes of death.* Retrieved from http://www.cdc.gov/nchs/fastats/leading-causes-of-death.htm.

CDC (Centers for Disease Control and Prevention). (2015). *Nursing home care.* Retrieved from http://www.cdc.gov/nchs/fastats/nursing-home-care.htm.

CDC (Centers for Disease Control and Prevention). (2015). *Vital signs: Leading causes of death, prevalence of diseases and risk factors, and use of health services among Hispanics in the United States—2009–2013.* Retrieved from http://www.cdc.gov/mmwr/preview/mmwrhtml/mm6417a5.htm.

Celani, D. P. (2014). A Fairbairnian structural analysis of the narcissistic personality disorder. *Psychoanalytic Review, 101*(3), 385–409.

Cénat, J. M., & Derivois, D. (2015). Long-term outcomes among child and adolescent survivors of the 2010 Haitian earthquake. *Depression & Anxiety, 32*(1), 57–63.

Centeno, D. (2011, June 13). Is Weiner's sexting scandal a valid ground for divorce? *New York Divorce News.*

Cerel, J., Moore, M., Brown, M. M., van de Venne, J., & Brown, S. L. (2015). Who leaves suicide notes? A six-year population-based study. *Suicide & Life-Threatening Behavior, 45*(3), 326–334.

CFJ (Center for Family Justice). (2012). *Sexual violence facts.* Bridgeport, CT: CFJ.

Chacón, F., & Vecina, M. L. (2007). The 2004 Madrid terrorist attack: Organizing a large-scale psychological response. In E. K. Carll (Ed.), *Trauma psychology: Issues in violence, disaster, health, and illness* (Vol. 1). Westport, CT: Praeger Publishers.

Chan, A. L. (2013, April 8). Mindfulness meditation benefits: 20 reasons why it's good for your mental and physical health. *Huffington Post.*

Chandler, C. (2010). *The science of ADHD: A guide for parents and professionals.* Hoboken, NJ: Wiley-Blackwell.

Chandola, T., & Marmot, M. G. (2011). Socioeconomic status and stress. In R. J. Contrada & A.

Baum (Eds.), *The handbook of stress science: Biology, psychology, and health* (pp. 185–193). New York: Springer Publishing.

Chandra, A., Mosher, W. D., & Copen, C. (2011). Sexual behavior, sexual attraction, and sexual identity in the United States: Data from the 2006–2008 national survey of family growth. *National Health Statistics Reports, Report 36*.

Chang, K. D., Singh, M. K., Wang, P. W., & Howe, M. (2010). Management of bipolar disorders in children and adolescents. In T. A. Ketter (Ed.), *Handbook of diagnosis and treatment of bipolar disorders* (pp. 389–424). Arlington, VA: American Psychiatric Publishing.

Charney, D. S., Woods, S. W., Goodman, W. K., & Heninger, G. R. (1987). Neurobiological mechanisms of panic anxiety: Biochemical and behavioral correlates of yohimbine-induced anxiety. *American Journal of Psychiatry, 144*(8), 1030–1036.

Charney, D. S., Woods, S. W., Price, L. H., Goodman, W. K., Glazer, W. M., & Heninger, G. R. (1990). Noradrenergic dysregulation in panic disorder. In J. C. Ballenger (Ed.), *Neurobiology of panic disorder*. New York: Wiley-Liss.

Chase, M. (1993, May 28). Psychiatrists declare severe PMS a depressive disorder. *Wall Street Journal*, pp. B1, B6.

Chassin, L., Collins, R. L., Ritter, J., & Shirley, M. C. (2001). Vulnerability to substance use disorders across the life span. In R. E. Ingram & J. M. Price (Eds.), *Vulnerability to psychopathology: Risk across the lifespan* (pp. 165–172). New York: Guilford Press.

Chaudhry, M., & Ready, R. (2012). Differential effects of test anxiety and stress on the WAIS-IV. *Journal of Young Investigators, 24*(5), 60–66.

Chavira, D. A., Grilo, C. M., Shea, M. T., Yen, S., Gunderson, J. G., Morey, L. C., . . . McGlashan, T. H. (2003). Ethnicity and four personality disorders. *Comprehensive Psychiatry, 44*(6), 483–491.

Chekki, C. (2004, November 10). Treaty 3 cries for help. *The Chronicle Journal* (Thunder Bay, Ontario, Canada), p. A3.

Chemerinski, E., & Siever, L. J. (2011). The schizophrenia spectrum personality disorders. In D.R. Weinberger & P. Harrison (Eds.). *Schizophrenia*. Hoboken, NJ: Wiley-Blackwell.

Chen, C-H., Suckling, J., Lennox, B. R., Ooi, C., & Bullmore, E. T. (2011). A quantitative meta-analysis of fMRI studies in bipolar disorder. *Bipolar Disorders, 13*(1), 1–15.

Chen, C., O'Brien, M. S., & Anthony, J. C. (2005). Who becomes cannabis dependent soon after onset of use? Epidemiological evidence from the United States: 2000–2001. *Drug and Alcohol Dependence, 79*(1), 11–22.

Chen, L., Zhang, G., Hu, M., & Liang, X. (2015). Eye movement desensitization and reprocessing versus cognitive-behavioral therapy for adult posttraumatic stress disorder: Systematic review and metaanalysis. *The Journal of Nervous and Mental Disease, 203*(6), 443–451.

Chen, S., Zhou, R., Cui, H., & Chen, X. (2013). Deficits in cue detection underlie event-based prospective memory impairment in major depression: An eye tracking study. *Psychiatry Research, 209*(3), 453–458.

Cheng, A. T. A., Hawton, K., Lee, C. T. C., & Chen, T. H. H. (2007). The influence of media reporting of the suicide of a celebrity on suicide rates: A population-based study. *International Journal of Epidemiology, 36*(6), 1229–1234.

Cherner, R. A., & Reissing, E. D. (2013). A psychophysiological investigation of sexual arousal in women with lifelong vaginismus. *Journal of Sexual Medicine, 10*, 1291–1303.

Cherry, K. (2010). 10 facts about Sigmund Freud. *About.com*. Retrieved from About.com website: http://www.psychology.about.com/od/sigmund-freud/tp/facts-about-freud.htm.

Cherry, K. (2014). Employment of psychologists. *About.com*.

Cherry, K. (2014). How to become a counselor. *About.com*.

Cherry, K. (2014). Introduction to classical conditioning: *About.com*. Retrieved from About. com website: http://psychology.about.com/od/behavioralpsychology/a/classconditioning.

Cherry, K. (2014). Psychology employment trends. *About.com*.

Cherry, K. (2014). What is biological preparedness? *About.com*. Retrieved from About.com website: http://psychology.about.com/od/bindex/g/biological-preparedness.

Cherry, K. (2015). What is a projective test? *About Education*. Retrieved from About.com website: http://psychology.about.com/od/psychologicaltesting.

Cherry, K. (2015). What is personality testing? *About Education*. Retrieved from About.com website: http://psychology.about.com/od/personality-testing.

Cherry, K. E., Sampson, L., Nezat, P. F., Cacamo, A., Marks, L. D., & Galea, S. (2015). Long-term psychological outcomes in older adults after disaster: Relationships to religiosity and social support. *Aging & Mental Health, 19*(5), 430–443.

Chi, S., Yu, J., Tan, M., & Tan, L. (2014). Depression in Alzheimer's disease: Epidemiology, mechanisms, and management. *Journal of Alzheimer's Disease, 42*(3), 739–755.

Chien, W. T., & Thompson, D. R. (2014). Effects of a mindfulness-based psychoeducation programme for Chinese patients with schizophrenia: 2-year follow-up. *British Journal of Psychiatry, 205*(1), 52–59.

Chiesa, A., & Serretti, A. (2014). Are mindfulness-based interventions effective for substance use disorders? A systematic review of the evidence. *Substance Use & Misuse, 49*(5), 492–512.

Chin-Chan, M., Navarro-Yepes, J., & Quintanilla-Vega, B. (2015). Environmental pollutants as risk factors for neurodegenerative disorders: Alzheimer and Parkinson diseases. *Frontiers in Cellular Neuroscience, 9*, 124.

Chiu, L. H. (1971). Manifested anxiety in Chinese and American children. *Journal of Psychology, 79*, 273–284.

Chollet, J., Saragoussi, D., Clay, E., & François, C. (2013). A clinical research practice datalink analysis of antidepressant treatment patterns and health care costs in generalized anxiety disorder. *Value in Health, 16*(8), 1133–1139.

Christensen, A., Atkins, D. C., Baucom, B., & Yi, J. (2010). Marital status and satisfaction five years following a randomized clinical trial comparing traditional versus integrative behavioral couple therapy. *Journal of Consulting and Clinical Psychology, 78*(2), 225–235.

Christensen, A., Doss, B. D., & Jacobson, N. S. (2014). *Reconcilable differences: Rebuild your relationship by rediscovering the partner you love—without losing yourself* (2nd ed.). New York: Guilford Publications.

Christensen, B. S., Gronbaek, M., Osler, M., Pedersen, B. V., Graugaard, C., & Frisch, M. (2011). Sexual dysfunctions and difficulties in Denmark: Prevalence and associated sociodemographic factors. *Archives of Sexual Behavior, 40*(1), 121–132.

Christensen, J. (2014, February 4). How heroin kills you. *CNN*.

Christiansen, E., Agerbo, E., Bilenberg, N., & Stenager, E. (2015). SSRIs and risk of suicide attempts in young people: A Danish observational register-based historical cohort study, using propensity score. *Nordic Journal of Psychiatry, 1*–9. [Advance electronic publication.]

Christodoulou, M. (2012). Pro-anorexia websites pose public health challenge. *The Lancet, 379*, 110.

Christophersen, E. R., & Friman, P. C. (2010). *Elimination disorders in children and adolescents*. Cambridge, MA: Hogrefe Publishing.

Chun, S., Westmoreland, J. J., Bayazitov, I. T., Eddins, D., Pani, A. K., Smeyne, R. J., . . . Zakharenko, S. S. (2014). Specific disruption of thalamic inputs to the auditory cortex in schizophrenia models. *Science* (New York, N.Y.), *344*(6188), 1178–1182.

Chung, P. H., Ross, J. D., Wakhlu, S., & Adinoff, B. (2012). Neurobiological bases of addiction treatment. In S. T. Walters & F. Rotgers (Eds.), *Treating substance abuse: Theory and technique* (3rd Ed., pp. 281–318). New York: Guilford Press.

Chung, T., Sealy, L., Abraham, M., Ruglovsky, C., Schall, J., & Maisto, S. A. (2014). Personal network characteristics of youth in substance use treatment: Motivation for and perceived difficulty of positive network change. *Substance Abuse, 36*(3), 380–388.

Church, D. (2014). Reductions in pain, depression, and anxiety symptoms after PTSD remediation in veterans. *Explore, 10*(3), 162–169.

Ciraulo, D. A., Evans, J. A., Qiu, W. Q., Shader, R. I., & Salzman, C. (2011). Antidepressant treatment of geriatric depression. In D. A. Ciraulo & R. I. Shader, *Pharmacotherapy for depression* (2nd ed., pp. 125–183). New York: Springer Science + Business Media.

Ciraulo, D. A., Shader, R. I., & Greenblatt, D. J. (2011). Clinical pharmacology and therapeutics of antidepressants. In D. A. Ciraulo & R. I. Shader (Eds.), *Pharmacotherapy of depression* (2nd ed., pp. 33–124). New York: Springer Science + Business Media.

CISCRP (Center for Information and Study on Clinical Research Participation). (2013). *Clinical trial facts and figures for health professionals*. Boston, MA: CISCRP.

Clark, D. A., & Beck, A. T. (2010). *Cognitive therapy of anxiety disorders: Science and practice*. New York: Guilford Press.

Clark, D. A., & Beck, A. T. (2012). *The anxiety and worry workbook: The cognitive behavioral solution*. New York: Guilford Press.

Clark, R., DeYoung, C. G., Sponheim, S. R., Bender, T. L., Polusny, M. A., Erbes, C. R., & Arbisi, P. A. (2013). Predicting post-traumatic stress disorder in veterans: Interaction of traumatic load with COMT gene variation. *Journal of Psychiatric Research, 47*(12), 1849–1856.

Clark, T. T. (2014). Perceived discrimination, depressive symptoms, and substance use in young adulthood. *Addictive Behaviors, 39*(6), 1021–1025.

Clarke, D. E., Narrow, W. E., Regier, D. A., Kuramoto, S. J., Kupfer, D. J., Kuhl, E. A., . . . Kraemer, H.C. (2013). DSM-5 field trials in the United States and Canada, Part I: Study design, sampling strategy, implementation, and analytic approaches. *American Journal of Psychiatry, 170*, 43–58.

Clarke, J. C., & Saunders, J. B. (1988). *Alcoholism and problem drinking: Theories and treatment.* Sydney: Pergamon Press.

Clarke, M., Roddy, S., & Cannon, M. (2012). Obstetric complications and schizophrenia: Historical overview and new directions. In A. S. Brown & P. H. Patterson (Eds.), *The origins of schizophrenia* (pp. 96–119). New York: Columbia University Press.

Claudino, A. M., & Morgan, C. M. (2012), Unravelling binge eating disorder. In J. Alexander and J. Treasure (Eds.), *A collaborative approach to eating disorders* (pp. 236–248). New York: Routledge/ Taylor & Francis Group.

Clausen, L., Rosenvinge, J. H., Friborg, O., & Rokkedal, K. (2011). Validating the Eating Disorder Inventory-3 (EDI-3): A comparison between 561 female eating disorders patients and 878 females from the general population. *Journal of Psychopathology and Behavioral Assessment, 33*(1), 101–110.

Clay, R. A. (2011). A new day for parity. *Monitor on Psychology, 42*(1), 18–19.

Clay, R. A. (2011). Is stress getting to you? *Monitor on Psychology, 42*(1), 58–63.

Cleare, A., Pariante, C. M., Young, A. H., Anderson, I. M., Christmas, D., Cowen, P. J., . . . Uher, R. (2015). Evidence-based guidelines for treating depressive disorders with antidepressants: A revision of the 2008 British Association for Psychopharmacology guidelines. *Journal of Psychopharmacology, 29*(5), 459–525.

Clifford, T., & Minnes, P. (2013). Who participates in support groups for parents of children with autism spectrum disorders? The role of beliefs and coping style. *Journal of Autism and Developmental Disorders, 43*(1), 179–187.

Clinton, A. B., Fernandez, L., & Alicea, G. (2010). Interviewing, bias, and cultural considerations in Prevention Program Evaluation. Paper presented at APA 118th Annual Convention, San Diego, California, August 12–15.

Cloninger, C. F., & Svrakic, D. M. (2005). Personality disorders. In E. H. Rubin & C. F. Zorumski (Eds.), *Adult psychiatry* (2nd ed., pp. 290–306). Oxford, England: Blackwell Publishing.

CNCS (Corporation for National & Community Service). (2013). *New federal report finds 1 in 4 Americans volunteer.* Washington, DC: CNCS.

Coates, J., Taylor, J. A., & Sayal, K. (2015). Parenting interventions for ADHD: A systematic literature review and meta-analysis. *Journal of Attention Disorders, 19*(10), 831–843.

Cocotas, A. (2013, March 22). Chart of the day: Kids send a mind boggling number of texts every month. *Business Insider.*

Coffey, C. E., & Kellner, C. H. (2011). Electroconvulsive therapy. In C. E. Coffey, J. L. Cummings, M. S. George, & D. Weintraub (Eds.), *The American Psychiatric Publishing textbook of geriatric neuropsychiatry.* Arlington, VA: American Psychiatric Publishing, Inc.

Coffey, M. J., & Coffey, C. E. (2011). Mood disorders. In C. E. Coffey, J. L. Cummings, M. S. George, & D. Weintraub (Eds.), *The American Psychiatric Publishing textbook of geriatric neuropsychiatry.* Arlington, VA: American Psychiatric Publishing, Inc.

Coffey, S. F., Schumacher, J. A., Baschnagel, J. S., Hawk, L. W., & Holloman, G. (2011). Impulsivity and risk-taking in borderline personality disorder with and without substance use disorders. *Personality Disorders: Theory, Research, and Treatment, 2*(2), 128–141.

Cohen-Kettenis, P. T. (2001). Gender identity disorder in DSM? *Journal of the American Academy of Child & Adolescent Psychiatry, 40*(4), 391.

Cohen, N. (2009, July 28). "A Rorschach cheat sheet on Wikipedia?" *New York Times,* p. A1.

Cohen, S. (2002). Psychosocial stress, social networks, and susceptibility to infection. In H. G. Koenig & H. J. Cohen (Eds.), *The link between religion and health: Psychoneuroimmunology and the faith factor* (pp. 101–123). New York: Oxford University Press.

Cohen, S., Daniel O'Leary, K., Foran, H. M., & Kliem, S. (2014). Mechanisms of change in brief couple therapy for depression. *Behavior Therapy, 45*(3), 402–417.

Colburn, D. (1996, November 19). Singer's suicide doesn't lead to "copycat" deaths. *Washington Post Health,* p. 5.

Coleman, L. (1984). *The reign of error: Psychiatry, authority, and law.* Boston: Beacon.

Coleman, M. (2014, March 1). Philip Seymour Hoffman autopsy reveals actor died of toxic drug mix. *Rolling Stone.*

Colijn, M. A., Nitta, B. H., & Grossberg, G. T. (2015). Psychosis in later life: A review and update. *Harvard Review of Psychiatry, 23*(5), 354–367.

Colletti, G., Lynn, S. J., & Laurence, J.-R. (2010). Hypnosis and the treatment of dissociative identity disorder. In S. J. Lynn, J. W. Rhue, & I. Kirsch (Eds.), *Handbook of clinical hypnosis* (2nd ed., pp. 433–451). Washington, DC: American Psychological Association.

Colli, A., Tanzilli, A., Dimaggio, G., & Lingiardi, V. (2014). Patient personality and therapist response: An empirical investigation. *American Journal of Psychiatry, 171*(1), 102–108.

Collins, R. W., Levitt, M. A., Birnbaum, A. H., & Wruck, M. (2012). Encopresis: A medical and family approach. *Pediatric Nursing, 38*(4), 236–237.

Comas-Díaz, L. (2011). Multicultural approaches to psychotherapy. In J. C. Norcross, G. R. VandenBos, & D. K. Freedheim (Eds.), *History of psychotherapy: Continuity and change* (2nd ed., pp. 243–267). Washington, DC: American Psychological Association.

Comas-Díaz, L. (2011). Multicultural psychotherapies. In R. J. Corsini & D. Wedding (Eds.), *Current psychotherapies* (9th ed.). Belmont, CA: Brooks/ Cole.

Comas-Díaz, L. (2012). *Multicultural care: A clinician's guide to cultural competence. Psychologists in independent practice* (Div. 42). Washington, DC: American Psychological Association.

Comas-Díaz, L. (2014). Multicultural psychotherapy. In F. T. L. Leong (Ed.), *APA handbook of multicultural psychology* (Ch. 25). Washington, DC: American Psychological Association.

Comas-Díaz, L. (2014). Multicultural theories of psychotherapy. In D. Wedding & R. J. Corsini (Eds.), *Current psychotherapies* (10th ed., pp. 533– 568). Independence, KY: Cengage Publications.

Combs, D. R., Basso, M. R., Wanner, J. L., & Ledet, S. N. (2008). Schizophrenia. In M. Hersen & J. Rosqvist (Eds.), *Handbook of psychological assessment, case conceptualization and treatment, Vol. 1: Adults* (pp. 352–402). Hoboken, NJ: John Wiley & Sons.

Comer, J. S., Dantowitz, A., Chou, T., Edison, A. L., Elkins, R. M., Kerns, C., . . . Green, J. G. (2014). Adjustment among area youth after the Boston Marathon bombing and subsequent manhunt. *Pediatrics, 134*(1), 7–14.

Comer, J. S., Mojtabai, R., & Olfson, M. (2011). National trends in the antipsychotic treatment of psychiatric outpatients with anxiety disorders. *American Journal of Psychiatry, 168*(10), 1057–1065.

Comer, J. S., Olfson, M., & Mojtabai, R. (2010). National trends in child and adolescent psychotropic polypharmacy in office-based practice, 1996–2007. *Journal of the American Academy of Child & Adolescent Psychiatry, 49*(10), 1001–1010.

Comer, R. (1973). *Therapy interviews with a schizophrenic patient.* Unpublished manuscript.

Cone, J. E., Li, J., Kornblith, E., Gocheva, V., Stellman, S. D., Shaikh, A., . . . Bowler, R. M. (2015). Chronic probable PTSD in police responders in the World Trade Center health registry ten to eleven years after 9/11. *American Journal of Industrial Medicine, 58*(5), 483–493.

Conner, K. R., & Weisman, R. L. (2011). Embitterment in suicide and homicide-suicide. In M. Linden & A. Maercker (Eds.), *Embitterment: Societal, psychological, and clinical perspectives* (pp. 240–247). New York: Springer-Verlag Publishing.

Conrad, N. (1992). Stress and knowledge of suicidal others as factors in suicidal behavior of high school adolescents. *Issues in Mental Health Nursing, 13*(2), 95–104.

Constantino, J. N. (2011). Social impairment. In E. Hollander, A. Kolevzon & J. T. Coyle (Eds.), *Textbook of autism spectrum disorders* (pp. 139–145) Arlington, VA: American Psychiatric Publishing, Inc.

Conti, A. A. (2014). Western medical rehabilitation through time: A historical and epistemological review. *The Scientific World Journal, 2014,* 432506.

Conwell, Y., Caine, E. D., & Olsen, K. (1990). Suicide and cancer in late life. *Hospital Community Psychiatry, 43,* 1334–1338.

Cook, B. L., Zuvekas, S. H., Carson, N., Wayne, G. F., Vesper, A., & McGuire, T. G. (2014). Assessing racial/ethnic disparities in treatment across episodes of mental health care. *Health Services Research, 49*(1), 206–229.

Cook, C. H. (2014). Suicide and religion. *The British Journal of Psychiatry, 204,* 254–255.

Cool Infographics. (2013). Social network overload. Retrieved from Cool Infographics website: http://www.coolinfographics.com/ blog/2013/4/2/social-network-overload.

Coon, D., & Mitterer, J. O. (2007). *Introduction to psychology: Gateways to mind and behavior* (11th ed.). Belmont, CA: Wadsworth.

Coons, P. M., & Bowman, E. S. (2001). Ten-year follow-up study of patients with dissociative identity disorder. *Journal of Trauma & Dissociation, 2*(1), 73–89.

Cooper, J. L. (2004). Treatment for children with attention-deficit/hyperactivity disorder. *Dissertation Abstracts International: Section B: The Sciences and Engineering, 65*(5-B), 2338.

Cooper, M. (2008). *Essential research findings in counselling and psychotherapy: The facts are friendly.* Los Angeles, CA: Sage Publications.

Cooper, R. (2014). On deciding to have a lobotomy: Either lobotomies were justified or decisions under risk should not always seek to maximize expected utility. *Medicine, Health Care, and Philosophy, 17*(1), 143–154.

Cooper, R., Hildebrandt, S., & Gerlach, A. L. (2014). Drinking motives in alcohol use disorder patients with and without social anxiety disorder. *Anxiety, Stress and Coping, 27*(1), 113–122.

Cooper, W. O., Callahan, S. T., Shintani, A., Fuchs, D. C., Shelton, R. C., Dudley, J. A., . . . Ray, W. A. (2014). Antidepressants and suicide attempts in children. *Pediatrics, 133*(2), 204–210.

Copley, J. (2008, May 8). Psychology of heavy metal music. *Suite101.com*. Retrieved from Suite101.com website: www.suite101.com.

Cordeau, D., & Courtois, F. (2014). Sexual disorders in women with MS: Assessment and management. *Annals of Physical and Rehabilitation Medicine, 57*(5), 337–347.

Corega, C., Vaida, L., Festila, D. G., Rigoni, G., Albanese, M., D'Agostino, A., . . . Bertossi, D. (2014). Dental white spots associated with bulimia nervosa in orthodontic patients. *Minerva Stomatologica.* [Electronic publication.]

Corey, G. (2004). *Theory and practice of counseling and psychotherapy (with web site, chapter quiz booklet, and InfoTrac.* Stanford, CT: Wadsworth Publishing.

Corey, G. (2012). *Theory and practice of counseling and psychotherapy.* Belmont, CA: Brooks Cole.

Corey, G. (2016). *Theory and practice of group counseling* (9th ed.). Independence, KY: Cengage Publications.

Corrie, S., & Callanan, M. M. (2001). Therapists' beliefs about research and the scientist-practitioner model in an evidence-based health care climate? A qualitative study. *British Journal of Medical Psychology, 74*(2), 135–149.

Corter, A., & Petrie, K. J. (2011). Expressive writing in patients diagnosed with cancer. In I. Nyklicek, A. Vingerhoets, & M. Zeelenberg (Eds.), *Emotion regulation and well-being* (pp. 297– 306). New York: Springer Science + Business Media.

Corves, C., Engel, R. R., Davis, J., & Leucht, S. (2014). Do patients with paranoid and disorganized schizophrenia respond differently to antipsychotic drugs? *Acta Psychiatrica Scandinavica, 130*(1), 40–45.

Cosgrove, K. P. (2010). Imaging receptor changes in human drug abusers. In D. W. Self & J. K. Staley (Eds.), *Behavioral neuroscience of drug addiction* (pp. 199–217). New York: Springer Publishing.

Costa, E. (1983). Are benzodiazepine recognition sites functional entities for the action of endogenous effectors or merely drug receptors? *Advances in Biochemistry & Psychopharmacology, 38,* 249–259.

Costa, E. (1985). Benzodiazepine-GABA interactions: A model to investigate the neurobiology of anxiety. In A. H. Tuma & J. Maser (Eds.), *Anxiety and the anxiety disorders.* Hillsdale, NJ: Lawrence Erlbaum.

Costa, R., Carvalho, M., Cantini, J., Freire, R., & Nardi, A. (2014). Demographics, clinical characteristics and quality of life of Brazilian women with driving phobia. *Comprehensive Psychiatry, 55*(2), 374–379.

Costantino, G., Dana, R. H., & Malgady, R. G. (2007). *TEMAS (Tell-Me-A-Story) assessment in multicultural societies.* Mahwah, NJ: Lawrence Erlbaum.

Costantino, G., Malgady, R. G., Colon-Malgady, G., & Bailey, J. (1992). Clinical utility of the TEMAS with nonminority children. *Journal of Personality Assessment, 59*(3), 433–438.

Courtet, P., Samalin, L., & Olié, E. (2011). Antidepressants in bipolar disorder. *L'encéphale, 37 Suppl 3,* S196–S202.

Couturier, J., & Lock, J. (2006). Eating disorders: Anorexia nervosa, bulimia nervosa, and binge eating disorder. In T. G. Plante (Ed.), *Mental disorders of the new millennium, Vol. 3: Biology and function.* Westport, CT: Praeger Publishers.

Covell, N. H., Essock, S. M., & Frisman, L. K. (2011). Economics of the treatment of schizophrenia. In D. R. Weinberg & P. Harrison (Eds.), *Schizophrenia* (pp. 687–699). Hoboken, NJ: Wiley-Blackwell.

Covington, M. A., He, C., Brown, C., Naci, L., McClain, J. T., Fjordbak, B. S., . . .

Brown, J. (2005). Schizophrenia and the structure of language: The linguist's view. *Schizophrenia Research, 77*(1), 85–98.

Coyne, J. C. (2001). Depression and the response of others. In W. G. Parrott (Ed.), *Emotions in social psychology: Essential readings* (pp. 231–238). Philadelphia: Psychology Press/Taylor & Francis.

CPA (Canadian Psychological Association). (2009). *Canadian Psychological Association position on publication and dissemination of psychological tests.* Ontario, Canada: Canadian Psychological Association.

Crabtree, S. (2011). *U.S. seniors maintain happiness highs with less social time* (Gallup poll 151457). *Gallup.* Retrieved from Gallup website: http://www.gallup.com/poll/151457.

Craig, K. J., & Chamberlain, S. R. (2010). The neuropsychology of anxiety disorders. In D. J. Stein, E. Hollander, & B. O. Rothbaum (Eds.), *Textbook of anxiety disorders* (2nd ed., pp. 87–102). Arlington, VA: American Psychiatric Publishing.

Craig, T., & Power, P. (2010). Inpatient provision in early psychosis. In P. French, J. Smith, D. Shiers, M. Reed, & M. Rayne (Eds.), *Promoting recovery in early psychosis: A practice manual* (pp. 17–26). Hoboken, NJ: Wiley-Blackwell.

Crandall, C. S., Preisler, J. J., & Aussprung, J. (1992). Measuring life event stress in the lives of college students: The Undergraduate Stress Questionnaire (USQ). *Journal of Behavioral Medicine, 15*(6), 627–662.

Craske, C. M., & Barlow, D. H. (2014). Panic disorder and agoraphobia. In D. H. Barlow, *Clinical handbook of psychological disorders* (5th ed.), (pp. 1–61). New York: Guilford Press.

Craske, M. G. (2010). *Cognitive–behavioral therapy.* Washington, DC: American Psychological Association.

Crawford, C., Burns, J., & Fernie, B. A. (2015). Psychosocial impact of involvement in the Special Olympics. *Research in Developmental Disabilities, 45-46,* 93–102.

CRCC (Cleveland Rape Crisis Center). (2014). *Sexual violence on college campuses.* Retrieved from CRCC website: http://www.clevelandrapecrisis.org/resources/statistics/sexual-violence-on-college-campuses.

Crighton, A. H., Wygant, D. B., Applegate, J. C., Umlauf, R. L., & Granacher, R. P. (2014). Can brief measures effectively screen for pain and somatic malingering? Examination of the Modified Somatic Perception Questionnaire and Pain Disability Index. *Spine Journal, 14*(9), 2042–2050.

Crits-Christoph, P., Lundy, C., Stringer, M., Gallop, R., & Gastfriend, D. R. (2015). Extended-release naltrexone for alcohol and opioid problems in Missouri parolees and probationers. *Journal of Substance Abuse Treatment, 56,* 54–60.

Cronin, E., Brand, B. L., & Mattanah, J. F. (2014). The impact of the therapeutic alliance on treatment outcome in patients with dissociative disorders. *European Journal of Psychotraumatology, 5d,* 22676.

Crosby, A. E., Espitia-Hardeman, V., Hill, H. A., Ortega, L., & Clavel-Arcas, C. (2009). Alcohol and suicide among racial/ethnic populations—17 states, 2005–2006. *Journal of the American Medical Association, 302*(7), 733–734.

Crouter, F. (2015). *The psychology of jury selection.* Koko Books. [Electronic publication.]

Crow, T. J. (1980). Positive and negative schizophrenic symptoms and the role of dopamine: II. *British Journal of Psychiatry, 137,* 383–386.

Crow, T. J. (1985). The two-syndrome concept: Origins and current status. *Schizophrenia Bulletin, 11*(3), 471–486.

Crow, T. J. (1995). Brain changes and negative symptoms in schizophrenia. *Psychopathology, 28*(1), 18–21.

Crow, T. J. (2008). The "big bang" theory of the origin of psychosis and the faculty of language. *Schizophrenia Research, 102*(1–3), 31–52.

Crystal, S., Kleinhaus, K., Perrin, M., & Malaspina, D. (2012). Advancing paternal age and the risk of schizophrenia. In A. S. Brown & P. H. Patterson (Eds.), *The origins of schizophrenia* (pp. 140–155). New York: Columbia University Press.

Cuddeback, G. S., Shattell, M. M., Bartlett, R., Yoselle, J., & Brown, D. (2013). Consumers' perceptions of transitions from assertive community treatment to less intensive services. *Journal of Psychosocial Nursing and Mental Health Services, 51*(8), 39–45.

Cuijpers, P., Karyotaki, E., Weitz, E., Andersson, G., Hollon, S. D., & van Straten, A. (2014). The effects of psychotherapies for major depression in adults on remission, recovery and improvement: A meta-analysis. *Journal of Affective Disorders, 159,* 118–126.

Cuijpers, P., Sijbrandij, M., Koole, S. L., Andersson, G., Beekman, A. T., & Reynolds, C. (2014). Adding psychotherapy to antidepressant medication in depression and anxiety disorders: A meta-analysis. *World Psychiatry: Official Journal of the World Psychiatric Association (WPA), 13*(1), 56–67.

Cukrowicz, K. C., Cheavens, J. S., Van Orden, K. A., Ragain, R. M., & Cook, R. L. (2011). Perceived burdensomeness and suicide ideation in older adults. *Psychology and Aging, 26*(2), 331–338.

Cullen, A. E., Fisher, H. L., Roberts, R. E., Pariante, C. M., & Laurens, K. R. (2014). Daily stressors and negative life events in children at elevated risk of developing schizophrenia. *British Journal of Psychiatry, 204,* 354–360.

Culp, A. M., Clyman, M. M., & Culp, R. E. (1995). Adolescent depressed mood, reports of suicide attempts, and asking for help. *Adolescence, 30*(120), 827–837.

Culver, J. L., & Pratchett, L. C. (2010). Adjunctive psychosocial interventions in the management of bipolar disorders. In T. A. Ketter (Ed.), *Handbook of diagnosis and treatment of bipolar disorders* (pp. 661–676). Arlington, VA: American Psychiatric Publishing.

Cummings, J. L., & Coffey, C. E. (2011). Geriatric neuropsychiatry. In C. E. Coffey, J. L. Cummings, M. S. George, & D. Weintraub (Eds.), *The American Psychiatric Publishing textbook of geriatric neuropsychiatry.* Arlington, VA: American Psychiatric Publishing, Inc.

Cunha, M., & Paiva, M. J. (2012). Text anxiety in adolescents: The role of self-criticism and acceptance and mindfulness skills. *The Spanish Journal of Psychology, 15*(2), 533–543.

Cunningham, C. L., Groblewski, P. A., & Voorhees, C. M. (2011). Place conditioning. In M. C. Olmstead (Ed.), *Animal models of drug addiction. Springer protocols: Neuromethods* (pp. 167–189). Totowa, NJ: Humana Press.

Curley, A. (2013). The truth about lies: The science of deception. *BrainFacts.org.*

Curtis, R. G., Windsor, T. D., & Soubelet, A. (2014). The relationship between Big-5 personality traits and cognitive ability in older adults: A review. *Neuropsychology, Development, and Cognition. Section B, Aging, Neuropsychology and Cognition, 22*(1), 42–71.

Cutler, D. M., Glaeser, E. L., & Norberg, K. E. (2001). Explaining the rise in youth suicide. In J. Gruber (Ed.), *Risky behavior among youths: An economic analysis* (pp. 219–269). Chicago: University of Chicago Press.

Cutright, P., & Fernquist, R. M. (2001). The relative gender gap in suicide: Societal integration, the culture of suicide and period effects in 20 developed countries, 1955–1994. *Social Science Research, 30*(1), 76–99.

Cutting, J. (2015). First rank symptoms of schizophrenia: Their nature and origin. *History of Psychiatry, 26*(2), 131–146.

Cynkar, A. (2007). The changing gender composition of psychology. *The Monitor, 38*(6), 46.

Dagan, M., Sanderman, R., Schokker, M. C., Wiggers, T., Baas, P. C., van Haastert, M., & Hagedoorn, M. (2011). Spousal support and changes in distress over time in couples coping with cancer: The role of personal control. *Journal of Family Psychology, 25*(2), 310–318.

D'Agata, F., Caroppo, P., Amianto, F., Spalatro, A., Caglio, M. M., Bergui, M., . . . Fassino, S. (2015). Brain correlates of alexithymia in eating disorders: A voxel-based morphometry study. *Psychiatry and Clinical Neurosciences*. [Advance publication.]

Daigre, C., Rodríguez-Cintas, L., Tarifa, N., Rodríguez-Martos, L., Grau-López, L., Berenguer, M., . . . Roncero, C. (2015). History of sexual, emotional or physical abuse and psychiatric comorbidity in substance-dependent patients. *Psychiatry Research, 229*(3), 743–749.

Daine, K., Hawton, K., Singaravelu, V., Stewart, A., Simkin, S., & Montgomery, P. (2013). The power of the web: A systematic review of studies of the influence of the internet on self-harm and suicide in young people. *PLOS ONE, 8*(10), e77555.

Daitch, C. (2011). *Anxiety disorders: The go-to guide for clients and therapists*. New York: W. W. Norton & Co.

Daley, D. C., Marlatt, G. A., & Douaihy, A. (2011). Relapse prevention. In J. H. Lowinson & P. Ruiz (Eds.), *Substance abuse: A comprehensive textbook* (5th ed.). Philadelphia, PA: Lippincott, Williams, & Wilkins.

Dallman, M. F., & Hellhammer, D. (2011). Regulation of the hypothalamo-pituitary-adrenal axis, chronic stress, and energy: The role of brain networks. In R. J. Contrada & A. Baum (Eds.), *The handbook of stress science: Biology, psychology, and health* (pp. 11–36). New York: Springer Publishing.

Daly, M., Baumeister, R. F., Delaney, L., & MacLachlan, M. (2014). Self-control and its relation to emotions and psychobiology: Evidence from a Day Reconstruction Method study. *Journal of Behavioral Medicine, 37*(1), 81–93.

Daly, R. (2010). Shift to community care slowing in many states. *Psychiatric News, 45*(15), 8.

Dana, R. H. (2000). Culture and methodology in personality assessment. In I. Cuellar & F. A. Paniagua (Eds.), *Handbook of multicultural mental health* (pp. 97–120). San Diego, CA: Academic.

Dana, R. H. (2005). *Multicultural assessment: Principles, applications, and examples*. Mahwah, NJ: Lawrence Erlbaum.

Daniels, C. W. (2002). Legal aspects of polygraph admissibility in the United States. In M. Klener (Ed.), *The handbook of polygraph testing*. San Diego, CA: Academic.

Danquah, M. N-A. (1998). *Willow weep for me: A black woman's journey through depression*. New York: W. W. Norton.

Darke, S., Williamson, A., Ross, J., & Teesson, M. (2005). Attempted suicide among heroin users: 12-month outcomes from the Australian Treatment Outcome Study (ATOS). *Drug and Alcohol Dependence, 78*(2), 177–186.

D'Arienzo, J. A. (2010). Inoculation training for trauma and stress-related disorders. In S. S. Fehr (Ed.), *101 interventions in group therapy* (rev. ed., pp. 431–435). New York: Routledge/Taylor & Francis Group.

da Rosa, G., Martin, P., Gondo, Y., Hirose, N., Ishioka, Y., & Poon, L. (2014). Examination of important life experiences of the oldest-old: Cross-cultural comparisons of U.S. and Japanese centenarians. *Journal of Cross-Cultural Gerontology, 29*(2), 109–130.

Dasgupta, M., & Brymer, C. (2014). Prognosis of delirium in hospitalized elderly: Worse than we thought. *International Journal of Geriatric Psychiatry, 29*(5), 497–505.

da Silva, R. P., do Olival, G. S., Stievano, L. P., Toller, V. B., Jordy, S. S., Eloi, M., & Tilbery, C. P. (2015). Validation and cross-cultural adaptation of sexual dysfunction modified scale in multiple sclerosis for Brazilian population. *Arquivos De Neuro-Psiquiatria, 73*(8), 681–687.

Davey, M. (2010, May 13). Online talk, suicides and a thorny court case. *New York Times*.

Davey, M. (2010, May 14). *Did he encourage suicide online?* Retrieved from NDTV website: www.ndtv.com.

Davidson, L., & Chan, K. K. S. (2014). Common factors: Evidence-based practice and recovery. *Psychiatric Services, 65*(5), 675–677.

Davidson, L., Rakfeldt, J., & Strauss, J. (2010). *The roots of the recovery movement in psychiatry: Lessons learned*. Hoboken, NJ: John Wiley & Sons.

Davis, C. (2015). The epidemiology and genetics of binge eating disorder (BED). *CNS Spectrums*, 1–8.

Davis, M. (1992). Analysis of aversive memories using the fear potentiated startle paradigm. In M. Butters & L. R. Squire (Eds.), *The neuropsychology of memory* (2nd ed.). New York: Guilford Press.

Davis, R. E., Couper, M. P., Janz, N. K., Caldwell, C. H., & Resnicow, K. (2010). Interviewer effects in public health surveys. *Health Education Research, 25*(1), 14–26.

Davis, T. E., III, & Ollendick, T. H. (2011). Specific phobias. In D. McKay & E. A. Storch (Eds.), *Handbook of child and adolescent anxiety disorders* (pp. 231–244). New York: Springer Science & Business Media.

Daw, J. (2001). APA's disaster response network: Help on the scene. *Monitor on Psychology, 32*(10), 14–15.

Day, E., & Strang, J. (2011). Outpatient versus inpatient opioid detoxification: A randomized controlled trial. *Journal of Substance Abuse Treatment, 40*(1), 56–66.

Day, J. M. (2010). Religion, spirituality, and positive psychology in adulthood: A developmental view. *Journal of Adult Development, 17*(4), 215–229.

DeAngelis, T. (1993, September). Controversial diagnosis is voted into latest DSM. *APA Monitor, 24*(9), 32–33.

Deas, D., Gray, K., & Upadhyaya, H. (2008). Evidence-based treatments for adolescent substance use disorders. In R. G. Steele, T. D. Elkin, M. C. Roberts (Eds.), *Handbook of evidence-based therapies for children and adolescents*, (pp. 429–444). New York: Springer.

Deb, P., Li, C., Trivedi, P. K., & Zimmer, D. M. (2006). The effect of managed care on use of health care services: Results from two contemporaneous household surveys. *Health Economics, 15*(7), 743–760.

de Beurs, D. P., Bosmans, J. E., de Groot, M. H., de Keijser, J., van Duijn, E., de Winter, R. P., & Kerkhof, A. M. (2015). Training mental health professionals in suicide practice guideline adherence: Cost-effectiveness analysis alongside a randomized controlled trial. *Journal of Affective Disorders, 186*, 203–210.

De Block, A., & Adriaens, P. R. (2013). Pathologizing sexual deviance: A history. *Journal of Sex Research, 50*(3/4), 276–298.

de Castro, S. M., Ünlü, Ç., Tuynman, J. B., Honig, A., van Wagensveld, B. A., Steller, E. P., & Vrouenraets, B. C. (2014). Incidence and risk factors of delirium in the elderly general surgical patient. *American Journal of Surgery, 208*(1), 26–32.

De Genna, N. M., & Feske, U. (2013). Phenomenology of borderline personality disorder: The role of race and socioeconomic status. *The Journal of Nervous and Mental Disease, 201*(12), 1027–1034.

Degortes, D., Zanetti, T., Tenconi, E., Santonastaso, P., & Favaro, A. (2014). Childhood obsessive-compulsive traits in anorexia nervosa patients, their unaffected sisters and healthy controls: A retrospective study. *European Eating Disorders Review, 22*(4), 237–242.

Dehn, M. J. (2013) *Essentials of processing assessment*. Hoboken, NJ: Wiley.

Deitz, S. M. (1977). An analysis of programming DRL schedules in educational settings. *Behavioral Research and Therapy, 15*(1), 103–111.

De La Garza, R., II, & Kalechstein, A. D. (2012). Polydrug abuse. In T. R. Kosten, T. F. Newton, De La Garza, R. II & Haile, C. N. (Eds.), *Cocaine and methamphetamine dependence: Advances in treatment* (pp. 155–173). Arlington, VA: American Psychiatric Publishing.

Delahanty, D. L. (2011). Toward the predeployment detection of risk for PTSD. *American Journal of Psychiatry, 168*(1), 9–11.

de Leede-Smith, S., & Barkus, E. (2013). A comprehensive review of auditory verbal hallucinations: Lifetime prevalence, correlates, and mechanisms in healthy and clinical individuals. *Frontiers in Human Neurosciences, 7*, 367.

De Leo, D., & Evans, R. (2004). *International suicide rates and prevention strategies*. Cambridge, MA: Hogrefe & Huber.

de l'Etoile, S. K. (2002). The effect of musical mood induction procedure on mood state-dependent word retrieval. *Journal of Music Therapy, 39*(2), 145–160.

Delforterie, M. J., Larsen, J. K., Bardone-Cone, A. M., & Scholte, R. J. (2014). Effects of viewing a pro-Ana website: An experimental study on body satisfaction, affect, and appearance self-efficacy. *Eating Disorders, 22*(4), 321–336.

Delinsky, S. S. (2011). Body image and anorexia nervosa. In T. F. Cash & L. Smolak, *Body image: A handbook of science, practice, and prevention* (Chap. 32). New York: Guilford Press.

Dell, P. F. (2010). Involuntariness in hypnotic responding and dissociative symptoms. *Journal of Trauma & Dissociation, 11*(1), 1–18.

De Matteo, D., Heilbrun, K., & Marczyk, G. (2005). Psychopathy, risk of violence, and protective factors in a noninstitutionalized and noncriminal sample. *International Journal of Forensic Mental Health, 4*(2), 147–157.

Dendy, C. A. Z. (2011). *Teaching teens with ADD, ADHD & executive function deficits: A quick reference guide for teachers and parents* (2nd ed.). Bethesda, MD: Woodbine House.

Dennis, C. (2014). The process of developing and implementing a telephone-based peer support program for postpartum depression: Evidence from two randomized controlled trials. *Trials, 15,* 131.

Dennis, J. P., & Brown, G. K. (2011). Suicidal older adults: Suicide risk assessments, safety planning, and cognitive behavioral therapy. In K. H. Sorocco & S. Lauderdale (Eds.), *Cognitive behavior therapy with older adults: Innovations across care settings* (pp. 95–123). New York: Springer Publishing.

DePaulo, B. (2013, April 5). *On getting married and (not) getting happier: What we know.* DePaulo website: http://belladepaulo.com/2013/04/05/on-getting-married-and-not-getting-happpier.

DePaulo, B. (2013, March 15). Marriage and happiness: 18 long-term studies. *Psychology Today.*

DePaulo, B. M., Ansfield, M, E., Kirkendol, S. E., & Boden, J. M. (2004). Serious lies. *Basic and Applied Social Psychology, 26*(2–3), 147–167.

DePaulo, B. M., Kashy, D. A., Kirkendol, S. E., Wyer, M. M., & Epstein, J. A. (1996). Lying in everyday life. *Journal of Personality and Social Psychology, 70*(5), 979–995.

Derenne, J. L., & Beresin, E. V. (2006). Body image, media, and eating disorders. *Academic Psychiatry, 30*(3), 257–261.

Dervic, K., Brent, D. A., & Oquendo, M. A. (2008). Completed suicide in childhood. *Psychiatric Clinics of North America, 31*(2), 271–291.

de Schipper, L. J., Vermeulen, M., Eeckhout, A. M., & Foncke, E. J. (2014). Diagnosis and management of functional neurological symptoms: The Dutch experience. *Clinical Neurology and Neurosurgery, 122,* 106–112.

Desmet, M. (2013). Some preliminary notes on an empirical test of Freud's theory on depression. *Frontiers in Psychology, 4,* 158.

de Sutter, P., Day, J., & Adam, F. (2014). Who are the orgasmic women? Exploratory study among a community sample of French-speaking women. *Sexologies, 23*(3), E51–e57. [Electronic publication.]

Devanand, D. P. (2011). Psychosis. In C. E. Coffey, J. L. Cummings, M. S. George, & D. Weintraub (Eds.), *The American Psychiatric Publishing textbook of geriatric neuropsychiatry.* Arlington, VA: American Psychiatric Publishing, Inc.

DeVeaugh-Geiss, J., Moroz, G., Biederman, J., Cantwell, D. P., Fontaine, R., Greist, J. H., . . . Landau, P. (1992). Clomipramine hydrochloride in childhood and adolescent obsessive compulsive disorder. A multicenter trial. *Journal of the American Academy of Child & Adolescent Psychiatry, 31*(1), 45–49.

Devineni, T., & Blanchard, E. B. (2005). A randomized controlled trial of an internet-based treatment for chronic headache. *Behavioral Research and Therapy, 43,* 277–292.

Dewitte, M., Van Lankveld, J., & Crombez, G. (2011). Understanding sexual pain: A cognitive-motivational account. *Pain, 152*(2), 251–253.

De Witte, N. A., Crunelle, C. L., Sabbe, B., Moggi, F., & Dom, G. (2014). Treatment for outpatients with comorbid schizophrenia and substance use disorders: A review. *European Addiction Research, 20*(3), 105–114.

Dey, J. K., Ishii, M., Phillis, M., Byrne, P. J., Boahene, K. O., & Ishii, L. E. (2015). Body dysmorphic disorder in a facial plastic and reconstructive surgery clinic: Measuring prevalence, assessing comorbidities, and validating a feasible

screening instrument. *JAMA Facial Plastic Surgery, 17*(2), 137–143.

Dhabhar, F. S. (2011). Effects of stress on immune function: Implications for immunoprotection and immunopathology. In R. J. Contrada & A. Baum (Eds.), *The handbook of stress science: Biology, psychology, and health* (pp. 47–63). New York: Springer Publishing.

Dhabhar, F. S. (2014). Effects of stress on immune function: The good, the bad, and the beautiful. *Immunologic Research, 58*(2–3), 193–210.

Dhejne, C., Lichtenstein, P., Boman, M., Johansson, A. L. V., Langström, N., & Landén, M. (2011). Long-term follow-up of transsexual persons undergoing sex reassignment surgery: Cohort study in Sweden. *PLOS ONE, 6*(2), e16885.

D.I. (Daily Infographic). (2014). *Secrets of the world's oldest people.* Retrieved from D.I. website: http://www.dailyinfographic.com.

Diamond, D., & Meehan, K. B. (2013). Attachment and object relations in patients with narcissistic personality disorder: Implications for therapeutic process and outcome. *Journal of Clinical Psychology, 69*(11), 1148–1159.

Dickens, B. M., Boyle, J. M., Jr., & Ganzini, L. (2008). Euthanasia and assisted suicide. In A. M. Viens & P. A. Singer (Eds.), *The Cambridge textbook of bioethics* (pp. 72–77). New York: Cambridge University Press.

Dickerson, F. B., Schroeder, J., Stallings, C., Origoni, A., Katsafanas, E., Schwienfurth, L. A., . . . Yolken, R. (2014). A longitudinal study of cognitive functioning in schizophrenia: Clinical and biological predictors. *Schizophrenia Research, 156*(2/3), 248–253.

Dickerson, F. B., Stallings, C., Origoni, A., Schroeder, J., Khushalani, S., & Yolken, R. (2014). Mortality in schizophrenia: Clinical and serological predictors. *Schizophrenia Bulletin, 40*(4), 796–803.

Dickerson, F. B., Tenhula, W. N., & Green-Paden, L. D. (2005). The token economy for schizophrenia: Review of the literature and recommendations for future research. *Schizophrenia Research, 75*(2–3), 405–416.

Dickinson, T., Cook, M., Playle, J., & Hallett, C. (2012). "Queer" treatments: Giving a voice to former patients who received treatments for their "sexual deviations." *Journal of Clinical Nursing, 21*(9–10), 1345–1354.

DiClemente, C. C., Garay, M., & Gemmell, L. (2008). Motivational enhancement. In H. D. Kleber & M. Galanter (Eds.), *The American Psychiatric Publishing textbook of substance abuse treatment* (4th ed., pp. 361–371). Arlington, VA: American Psychiatric Publishing.

Di Florio, A., Jones, L., Forty, L., Gordon-Smith, K., Blackmore, E. R., Heron, J., . . . Jones, I. (2014). Mood disorders and parity: A clue to the aetiology of the postpartum trigger. *Journal of Affective Disorders, 152-154,* 334–339.

DiGangi, J. A., Gomez, D., Mendoza, L., Jason, L. A., Keys, C. B., & Koenen, K. C. (2013). Pretrauma risk factors for posttraumatic stress disorder: A systematic review of the literature. *Clinical Psychology Review, 33*(6), 728–744.

Dilts, S. L., Jr., & Dilts, S. L. (2005). Opioids. In R. J. Frances, S. I. Miller, & A. H. Mack (Eds.), *Clinical textbook of addictive disorders* (3rd ed., pp. 138–156). New York: Guilford Publications.

Dilts, S. L., Jr., & Dilts, S. L. (2011) Opioids. In R. J. Frances, S. I. Miller, & A. H. Mack (Eds.), *Clinical textbook of addictive disorders* (3rd ed., Chap. 7). New York: Guilford Press.

Dimidjian, S., Martell, C. R., Herman-Dunn, R., & Hubley, S. (2014). Behavioral activation for depression. In D. H. Barlow, *Clinical handbook of psychological disorders* (5th ed., Ch. 9). New York: Guilford Press.

Dimsdale, J. E., & Creed, F. H. (2010). The proposed diagnosis of somatic symptom disorders in DSM-V to replace somatoform disorders in DSM-IV—A preliminary report. *Journal of Psychosomatic Research, 68*(1), 99–100.

Dimsdale, J. E., Sharma, N., & Sharpe, M. (2011). What do physicians think of somatoform disorders? *Psychosomatics: Journal of Consultation Liaison Psychiatry, 52*(2), 154–159.

Di Narzo, A. F., Kozlenkov, A., Roussos, P., Hao, K., Hurd, Y., Lewis, D. A., . . . Dracheva, S. (2014). A unique gene expression signature associated with serotonin 2C receptor RNA editing in the prefrontal cortex and altered in suicide. *Human Molecular Genetics, 23*(18), 4801–4813.

Dines, P., Hu, W., & Sajatovic, M. (2014). Depression in later-life: An overview of assessment and management. *Psychiatria Danubina, 26*(Suppl. 1), 78–84.

Ding, Y., Naganawa, M., Gallezot, J., Nabulsi, N., Lin, S., Ropchan, J., . . . Laruelle, M. (2014). Clinical doses of atomoxetine significantly occupy both norepinephrine and serotonin transports: Implications on treatment of depression and ADHD. *Neuroimage, 86,* 164–171.

Dingfelder, S. F. (2010). Time capsule: The first modern psychology study. *Monitor on Psychology, 41*(7).

Di Rosa, M., Kofahl, C., McKee, K., Bien, B., Lamura, G., Prouskas, C., Döhner, H., & Mnich, E. (2011). A typology of caregiving situations and service use in family careers of older people in six European countries: The EUROFAMCARE study. *GeroPsych: The Journal of Gerontopsychology and Geriatric Psychiatry, 24*(1), 5–18.

Dixon, L. B., & Schwarz, E. C. (2014). Fifty years of progress in community mental health in U.S.: The growth of evidence-based practices. *Epidemiology and Psychiatric Sciences, 23*(1), 5–9.

DMR. (2015, May). *By the numbers: 150+ amazing Twitter statistics.* Retrieved from Expanded Ramblings website: http://expandedramblings.com/index.php.

Doctor, R. M., & Neff, B. (2001). Sexual disorders. In H. S. Friedman (Ed.), *Specialty articles from the encyclopedia of mental health.* San Diego: Academic Press.

Dodes, L. M., & Khantzian, E. J. (2005). Individual psychodynamic psychotherapy. In R. J. Frances, A. H. Mack, & S. I. Miller (Eds.), *Clinical textbook of addictive disorders* (3rd ed., pp. 457–473). New York: Guilford Press.

Dodes, L. M., & Khantzian, E. J. (2011). Individual psychodynamic psychotherapy. In R. J. Frances, S. I. Miller, & A. H. Mack (Eds.), *Clinical textbook of addictive disorders* (3rd ed., Chap. 21). New York: Guilford Press.

Dogra, T. D., Leenaars, A. A., Chadha, R. K., Manju, M., Lalwani, S., Sood, M., . . . Behera, C. (2012). A psychological profile of a serial killer: A case report. *Omega, 65*(4), 299–316.

Dohrmann, R. J., & Laskin, D. M. (1978). An evaluation of electromyographic feedback in the treatment of myofascial pain-dysfunction syndrome. *Journal of the American Medical Association, 96,* 656–666.

Dolak, K., & Murphy, E. (2012, March 23). Whitney Houston cause of death: How cocaine contributes to heart disease. *ABC News.*

Dolan, E. (2011). *Facebook use and social anxiety: Are social behaviors different online and offline?* Retrieved from Associated Content website: www.associatedcontent.com.

Dole, V. P., & Nyswander, M. (1965). A medical treatment for heroin addiction. *Journal of the American Medical Association, 193,* 646–650.

Dole, V. P., & Nyswander, M. (1967). Heroin addiction, a metabolic disease. *Archives of Internal Medicine, 120,* 19–24.

Dolezsar, C. M., McGrath, J. J., Herzig, A. M., & Miller, S. B. (2014). Perceived racial discrimination and hypertension: A comprehensive systematic review. *Health Psychology, 33*(1), 20–34.

Domino, M. E. (2012). Does managed care affect the diffusion of psychotropic medications? *Health Economics, 21*(4), 428–443.

Dominus, S. (2012, March 7). What happened to the girls in Le Roy? *New York Times.*

Dorahy, M. J., Brand, B. L., Sar, V., Krüger, C., Stavropoulos, P., Martínez-Taboas, A., . . . Middleton, W. (2014). Dissociative identity disorder: An empirical overview. *The Australian and New Zealand Journal of Psychiatry, 48*(5), 402–417.

Dorahy, M. J., & Huntjens, R. J. C. (2007). Memory and attentional processes in dissociative identity disorder: A review of the empirical literature. In D. Spiegel, E. Vermetten, & M. Dorahy (Eds.), *Traumatic dissociation: Neurobiology and treatment* (pp. 55–75). Washington, DC: American Psychiatric Publishing.

Dossat, A. M., Bodell, L. P., Williams, D. L., Eckel, L. A., & Keel, P. K. (2015). Preliminary examination of glucagon-like peptide-1 levels in women with purging disorder and bulimia nervosa. *International Journal of Eating Disorders, 48*(2), 199–205.

Douglas, J. (1996). *Mind hunter: Inside the FBI's elite serial crime unit.* New York: Pocket Star.

Downey, L. A., Sands, H., Jones, L., Clow, A., Evans, P., Stalder, T., & Parrott, A. C. (2015). Reduced memory skills and increased hair cortisol levels in recent Ecstasy/MDMA users: Significant but independent neurocognitive and neurohormonal deficits. *Human Psychopharmacology, 30*(3), 199–207.

Dozier, C. L., Iwata, B. A., & Worsdell, A. S. (2011). Assessment and treatment of foot-shoe fetish displayed by a man with autism. *Journal of Applied Behavior Analysis, 44*(1), 133–137.

Draguns, J. G. (2006). Culture in psychopathology—psychopathology in culture: Taking a new look at an old problem. In T. G. Plante (Ed.), *Mental disorders of the new millennium, Vol. 2: Public and social problems.* Westport, CT: Praeger Publishers.

Drake, R. E., Luciano, A. E., Mueser, K. T., Covell, N. H., Essock, S. M., Xie, H., & McHugo, G. J. (2015). Longitudinal course of clients with co-occurring schizophrenia-spectrum and substance use disorders in urban mental health centers: A 7-year prospective study. *Schizophrenia Bulletin.* [Electronic publication.]

Draper, B. M. (2014). Suicidal behaviour and suicide prevention in later life. *Maturitas, 79*(2), 179–183.

Dray, J., Gilchrist, P., Singh, D., Cheesman, G., & Wade, T. D. (2014). Training mental health nurses to provide motivational interviewing on an inpatient eating disorder unit. *Journal of Psychiatric and Mental Health Nursing, 21*(7), 652–657.

Dreisbach, S. (2011). Shocking body-image news: 97% of women will be cruel to their bodies today. *Glamour.* Retrieved from Glamour website: http://www.glamour.com/health-fitness/2011/02.

Drescher, J. (2015). Queer diagnoses revisited: The past and future of homosexuality and gender diagnoses in DSM and ICD. *International Review of Psychiatry* (Abingdon, England), 1-10. [Electronic publication.]

Drouin, M., & Landgraff, C. (2012). Texting, sexting, attachment, and intimacy in college students' romantic relationships. *Computers in Human Behavior, 28,* 444–449.

Druss, B. G., & Bornemann, T. H. (2010). Improving health and health care for persons with serious mental illness: The window for US Federal policy change. *Journal of the American Medical Association, 303*(19), 1972–1973.

Dubovsky, S., & Dubovsky, A. (2011). Geriatric neuropsychopharmacology: Why does age matter? In C. E. Coffey, J. L. Cummings, M. S. George, & D. Weintraub (Eds.), *The American Psychiatric Publishing textbook of geriatric neuropsychiatry.* Arlington, VA: American Psychiatric Publishing, Inc.

Dubowitz, T., Bates, L. M., & Acevedo-Garcia, D. (2010). The Latino health paradox: Looking at the intersection of sociology and health. In C. E. Bird, P. Conrad, A. M. Fremont, & S. Timmermans (Eds.), *Handbook of medical sociology* (6th ed., pp. 106–123). Nashville, TN: Vanderbilt University Press.

Duckworth, K., & Halpern, L. (2014). Peer support and peer-led family support for persons living with schizophrenia. *Current Opinion in Psychiatry, 27*(3), 216–221.

Duenwald, M. (2003, March 18). "Oldest old" still show alertness. *New York Times.*

Dugas, M. J., Brillon, P., Savard, P., Turcotte, J., Gaudet, A., Ladouceur, R., Leblanc, R., & Gervais, N. J. (2010). A randomized clinical trial of cognitive-behavioral therapy and applied relaxation for adults with generalized anxiety disorder. *Behavior Therapy, 41*(1), 46–58.

Dugas, M. J., Buhr, K., & Ladouceur, R. (2004). The role of intolerance of uncertainty in etiology and maintenance. In R. G. Heimberg, C. L. Turk, & D. S. Mennin (Eds.), *Generalized anxiety disorder: Advances in research and practice* (pp. 143–163). New York: Guilford Press.

Dugas, M. J., Laugesen, N., & Bukowski, W. M. (2012). Intolerance of uncertainty, fear of anxiety, and adolescent worry. *Journal of Abnormal Child Psychology, 40*(6), 863–870.

Duggan, M. (2013). *Cell phone activities 2013.* Washington, DC: Pew Research Center.

Duhig, M., Gunasekara, I., & Patterson, S. (2015). Understanding readmission to psychiatric hospital in Australia from the service user's perspective: A qualitative study. *Health & Social Care in the Community.* [Electronic publication.]

Dukart, J., Regen, F., Kherif, F., Colla, M., Bajbouj, M., Heuser, I., . . . & Draganski, B. (2014). Electroconvulsive therapy-induced brain plasticity determines therapeutic outcome in mood disorders. *Proceedings of the National Academy of Sciences of the United States of America, 111*(3), 1156–1161.

Duman, R. S. (2014). Pathophysiology of depression and innovative treatments: Remodeling glutamatergic synaptic connections. *Dialogues in Clinical Neuroscience, 16*(1), 11–27.

Dunbar, F. (1948). *Synopsis of psychosomatic diagnosis and treatment.* St. Louis: Mosby.

Duncan, B. L., Miller, S. D., Wampold, B. E., & Hubble, M. A. (Eds.). (2010). *The heart and soul of change: Delivering what works in therapy* (2nd ed.). Washington, DC: American Psychological Association.

Dunn, J. (2013). Mysticism, motherhood, and pathological narcissism? A Kohutian analysis of Marie de l'Incarnation. *Journal of Religion and Health, 52*(2), 642–665.

Dunner, D. L., Aaronson, S. T., Sackeim, H. A., Janicak, P. G., Carpenter, L. L., Boyadjis, T., . . . Demitrack, M. A. (2014). A multisite, naturalistic, observational study of transcranial magnetic stimulation for patients with pharmacoresistant major depressive disorder: Durability of benefit over a 1-year follow-up period. *The Journal of Clinical Psychiatry, 75*(12), 1394–1401.

Dunsmoor, J. E., Ahs, F., Zielinski, D. J., & LaBar, K. S. (2014). Extinction in multiple virtual reality contexts diminishes fear reinstatement in humans. *Neurobiology of Learning and Memory, 113,* 157–164.

DuPaul, G. J., & Kern, L. (2011). Assessment and identification of attention-deficit/hyperactivity disorder. In G. J. DuPaul & K. Lee (2011). *Young children with ADHD: Early identification and intervention* (2nd ed., pp. 23–46). Washington, DC: American Psychological Association.

DuPaul, G. J., & Kern, L. (2011). Preschool-based behavioral intervention strategies. In G. J. DuPaul & K. Lee (2011). *Young children with ADHD: Early identification and intervention* (2nd ed., pp. 87–106). Washington, DC: American Psychological Association.

DuPaul, G. J., & Kern, L. (2011). Support for families. In G. J. DuPaul & K. Lee (2011). *Young children with ADHD: Early identification and intervention* (2nd ed., pp. 167–183). Washington, DC: American Psychological Association.

Durbin, A., Rudoler, D., Durbin, J., Laporte, A., & Callaghan, R. C. (2014). Examining patient race and area predictors of inpatient admission for schizophrenia among hospital users in California. *Journal of Immigrant and Minority Health, 16*(6), 1025–1034.

Düring, S., Glenthøj, B. Y., Andersen, G. S., & Oranje, B. (2014). Effects of dopamine d2/d3 blockade on human sensory and sensorimotor gating in initially antipsychotic-naive, first-episode schizophrenia patients. *Neuropsychopharmacology, 39*(13), 3000–3008.

Durkheim, E. (1897). *Suicide.* New York: Free Press. [Work republished 1951.]

Durkin, K. F., & Hundersmarck, S. (2008). Pedophiles and child molesters. In E. Goode & D. A. Vail (Eds.), *Extreme deviance.* Los Angeles: Pine Forge Press.

Durkin, M. S., Khan, N. Z., Davidson, L. L., Huq, S., Munir, S., Rasul, I., & Zaman, S. S. (2000). Prenatal and postnatal risk factors for mental retardation among children in Bangladesh. *American Journal of Epidemiology, 152,* 1024–1032.

Durso, S., Bowker, L., Price, J., & Smith. S. (2010). *Oxford American handbook of geriatric medicine.* New York: Oxford University Press.

Duval-Harvey, J., & Rogers, K. M. (2010). Attention-deficit/hyperactivity disorder. In R. L. Hampton, T. P. Gullotta, & R. L. Crowel (Eds.), *Handbook of African American health* (pp. 375–418). New York: Guilford Press.

Dygdon, J. A., & Dienes, K. A. (2013). Behavioral excesses in depression: A learning theory hypothesis. *Depression & Anxiety, 30*(6), 598–605.

Dyl, J., Kittler, J., Phillips, K. A., & Hunt, J. I. (2006). Body dysmorphic disorder and other clinically significant body image concerns in adolescent psychiatric inpatients: Prevalence and clinical characteristics. *Child Psychiatry and Human Development, 36*(4), 369–382.

Dysken, M. W., Guarino, P. D., Vertrees, J. E., Asthana, S., Sano, M., Llorente, M., . . . Vatassery, G. (2014). Vitamin E and memantine in Alzheimer's disease: Clinical trial methods and baseline data. *Alzheimer's & Dementia, 10*(1), 36–44.

Dysken, M. W., Kirk, L. N., & Kuskowski, M. (2009). Changes in vitamin E prescribing for Alzheimer patients. *American Journal of Geriatric Psychiatry, 17*(7), 621–624.

Easterbrooks, M. A., Bartlett, J. D., Raskin, M., Goldberg, J., Contreras, M. M., Kotake, C., . . . Jacobs, F. H. (2013). Limiting home visiting effects: Maternal depression as a moderator of child maltreatment. *Pediatrics, 132*(2), 126–133.

eBizMBA. (2015, July). *Top 15 most popular social networking sites.* Retrieved from eBizMBA website: http://www.ebizmba.com.

Edelstein, B. A., Stoner, S. A., & Woodhead, E. (2008). Older adults. In M. Hersen & J. Rosqvist (Eds.), *Handbook of psychological assessment, case conceptualization and treatment, Vol. 1: Adults.* Hoboken, NJ: Wiley.

Edoka, I. P., Petrou, S., & Ramchandani, P. G. (2011). Healthcare costs of paternal depression in the postnatal period. *Journal of Affective Disorders, 133*(1-2), 356–360.

Eeles, E., & Bhat, R. S. (2010). Delirium. In H. M. Fillit, K. Rockwood, & K. Woodhouse (Eds.), *Brocklehurst's textbook of geriatric medicine and gerontology* (7th ed.). Philadelphia, PA: Saunders Publishers.

Egawa, J., Watanabe, Y., Sugimoto, A., Nunokawa, A., Shibuya, M., Igeta, H., . . . Someya, T. (2015). Whole-exome sequencing in a family with a monozygotic twin pair concordant for autism spectrum disorder and a follow-up study. *Psychiatry Research, 229*(1-2), 599–601.

Eggers, A. E. (2014). Treatment of depression with deep brain stimulation works by altering in specific ways the conscious perception of the core symptoms of sadness or anhedonia, not by modulating network circuitry. *Medical Hypotheses, 83*(1), 62–64.

Ehnvall, A., Parker, G., Hadzi, P. D., & Malhi, G. (2008). Perception of rejecting and neglectful parenting in childhood relates to lifetime suicide attempts for females—but not for males. *Acta Psychiatrica Scandinavica, 117*(1), 50–56.

Eich, T. S., Nee, D. E., Insel, C., Malapani, C., & Smith, E. E. (2014). Neural correlates of impaired cognitive control over working memory in schizophrenia. *Biological Psychiatry, 76*(2), 146–153.

Eifert, G. H., Greco, L. A., Heffner, M., & Louis, A. (2007). Eating disorders: A new behavioral perspective and acceptance-based treatment approach. In D. W. Woods & J. W. Kanter (Eds.), *Understanding behavior disorders: A contemporary behavioral perspective.* Reno, NV: Context Press.

Eikenaes, I., Hummelen, B., Abrahamsen, G., Andrea, H., & Wilberg, T. (2013). Personality functioning in patients with avoidant personality disorder and social phobia. *Journal of Personality Disorders, 27*(6), 746–763.

Eikenaes, I., Pedersen, G., & Wilberg, T. (2015). Attachment styles in patients with avoidant personality disorder compared with social

phobia. *Psychology and Psychotherapy.* [Electronic publication.]

Eisold, K. (2013, December 21). Hidden motives: A look at the hidden factors that really drive our social interactions. *Psychology Today.*

Eker, C., Simsek, F., Yilmazer, E. E., Kitis, O., Cinar, C., Eker, O. D., . . . Gonul, A. S. (2014). Brain regions associated with risk and resistance for bipolar I disorder: A voxel-based MRI study of patients with bipolar disorder and their healthy siblings. *Bipolar Disorders, 16*(3), 249–261.

Ekern, J. (2014, April 28). *Eating disorder statistics and research.* Retrieved from Eating Disorder Hope website: http:www.eatingdisorderhope.com.

Ekman, P. (1971). Universals and cultural differences in facial expressions of emotion. In J. Cole (Ed.), *Nebraska Symposium on Motivation* (vol. 1, pp. 207–282). Lincoln, NE: University of Nebraska Press.

Ellenberger, H. F. (1970). *The discovery of the unconscious.* New York: Basic Books.

Ellenberger, H. F. (1972). The story of "Anna O.": A critical review with new data. *Journal of the History of the Behavioral Sciences, 8,* 267–279.

Ellis, A. (1962). *Reason and emotion in psychotherapy.* Secaucus, NJ: Lyle Stuart.

Ellis, A. (2002). The role of irrational beliefs in perfectionism. In G. L. Flett & P. L. Hewitt (Eds.) *Perfectionism: Theory, research, and treatment* (pp. 217–229). Washington, DC: American Psychological Association.

Ellis, A. (2005). Rational-emotive therapy. In R. Corsini & D. Wedding (Eds.), *Current psychotherapies* (7th ed., pp. 166–201). Boston: Thomson/Brooks-Cole.

Ellis, A. (2008). Rational emotive behavior therapy. In R. J. Corsini & D. Wedding (Eds.), *Current psychotherapies* (8th ed.). Belmont, CA: Thomson Brooks/Cole.

Ellis, A. (2014). Rational emotive behavior. In D. Wedding & R. J. Corsini (Eds.), *Current psychotherapies* (10th ed., pp. 151–192). Independence, KY: Cengage Publications.

Ellis, C. C., Peterson, M., Bufford, R., & Benson, J. (2014). The importance of group cohesion in inpatient treatment of combat-related PTSD. *International Journal of Group Psychotherapy, 64*(2), 208–226.

Elwood, C. E., Poythress, N. G., & Douglas, K. S. (2004). Evaluation of the Hare P-SCAN in a non-clinical population. *Personality and Individual Differences, 36*(4), 833–843.

Emig, D., Ivliev, A., Pustovalova, O., Lancashire, L., Bureeva, S., Nikolsky, Y., . . . Bessarabova, M. (2013). Drug target prediction and repositioning using an integrated network-based approach. *PLOS ONE, 8*(4), e60618.

Emmelkamp, P. G. (2011). Effectiveness of cybertherapy in mental health: A critical appraisal. *Studies in Health Technology and Informatics, 16,* 73-78.

Emmelkamp, P. M. (1982). Exposure in vivo treatments. In A. Goldstein & D. Chambless (Eds.), *Agoraphobia: Multiple perspectives on theory and treatment.* New York: Wiley.

Emmons, K. K. (2010). *Black dogs and blue words: Depression and gender in the age of self-care.* Piscataway, NJ: Rutgers University Press.

Enatescu, V., Enatescu, I., Craina, M., Gluhovschi, A., Papava, I., Romosan, R., . . . Bernad, E. (2014). State and trait anxiety as a psychopathological phenomenon correlated with postpartum depression in a Romanian sample: A pilot study. *Journal of*

Psychosomatic Obstetrics & Gynaecology, 35(2), 55–61.

Endrass, T., Kloft, L., Kaufmann, C., & Kaufmann, N. (2011). Approach and avoidance learning in obsessive-compulsive disorder. *Depression & Anxiety, 28*(2), 166–172.

Engel, J. (2009). Migraines/chronic headaches. In W. T. O'Donohue & L. W. Tolle (Eds.), *Behavioral approaches to chronic disease in adolescence: A guide to integrative care* (pp. 155–161). New York: Springer Science + Business Media.

Engqvist, I., & Nilsson, K. (2014). The recovery process of postpartum psychosis from both the woman's and next of kin's perspective: An interview study in Sweden. *Open Nursing Journal, 8,* 8–16.

Epstein, R. (2001). In her own words. *Psychology Today, 34*(6), 36–37, 87.

Erikson, E. (1963). *Childhood and society.* New York: Norton.

Erlangsen, A., Vach, W., & Jeune, B. (2005). The effect of hospitalization with medical illnesses on the suicide risk in the oldest old: A population-based register study. *Journal of the American Geriatrics Society, 53*(5), 771–776.

Ernsberger, P. (2009). Does social class explain the connection between weight and health? In E. Rothblum & S. Solovay (Eds.), *The fat studies reader* (pp. 25–36). New York: University Press.

ESA (Entertainment Software Association). (2015). *2014 sales, demographic, and usage data: Essential facts about the computer and video game industry.* Washington, DC: ESA.

Escobar, J. I. (1995). Transcultural aspects of dissociative and somatoform disorders. *Psychiatric Clinics of North America, 18*(3), 555–569.

Escobar, J. I. (2004, April 15). Transcultural aspects of dissociative and somatoform disorders. *Psychiatric Times, XXI*(5), p. 10.

Escobar, J. I., Canino, G., Rubio-Stipec, M., & Bravo, M. (1992). Somatic symptoms after a natural disaster: A prospective study. *American Journal of Psychiatry, 149*(7), 965–967.

Escobar, J. I., Gara, M., Silver, R. C., Waitzkin, H., Holman, A., & Compton, W. (1998). Somatisation disorder in primary care. *British Journal of Psychiatry, 173,* 262–266.

Escobar, J. I., Randolph, E. T., Puente, G., Spiwak, F., Asamen, J. K., Hill, M., & Hough, R. L. (1983). Post-traumatic stress disorder in Hispanic Vietnam veterans: Clinical phenomenology and sociocultural characteristics. *Journal of Nervous and Mental Disease, 171,* 585–596.

Espada, J. P., Gonzálvez, M. T., Orgilés, M., Lloret, D., & Guillén-Riquelme, A. (2015). Meta-analysis of the effectiveness of school substance abuse prevention programs in Spain. *Psicothema, 27*(1), 5–12.

Estes, A., Munson, J., Rogers, S. J., Greenson, J., Winter, J., & Dawson, G. (2015). Long-term outcomes of early intervention in 6-year-old children with autism spectrum disorder. *Journal of the American Academy of Child and Adolescent Psychiatry, 54*(7), 580–587.

Etaugh, C. (2008). Women in the middle and later years. In F. L. Denmark & M. A. Paludi (Eds.), *Psychology of women: A handbook of issues and theories* (2nd ed.). Westport, CT: Praeger Publishers.

Etkin, A. (2010). Functional neuroanatomy of anxiety: A neural circuit perspective. In M. B. Stein & T. Steckler (Eds.), *Behavioral neurobiology of anxiety and its treatment. Current topics in behavioral neurosciences* (pp. 251–277). New York: Springer Science + Business Media.

Ettinger, U., Meyhöfer, I., Steffens, M., Wagner, M., & Koutsouleris, N. (2014). Genetics, cognition, and neurobiology of schizotypal personality: A review of the overlap with schizophrenia. *Frontiers in Psychiatry, 5,* 18.

Evans, G. W. (2006). Child development and the physical environment. *Annual Review of Psychology, 57,* 423–451.

Evans, J., & Waller, G. (2011). The therapeutic alliance in cognitive behavioural therapy for adults with eating disorders. In J. Alexander & J. Treasure (Eds.), *A collaborative approach to eating disorders* (pp. 163–176). New York: Taylor & Francis.

Evans, M., Donelle, L., & Hume-Loveland, L. (2012). Social support and online postpartum depression discussion groups: A content analysis. *Patient Education and Counseling, 87*(3), 405–410.

Evans, S. A., & Salekin, K. L. (2014). Involuntary civil commitment: Communicating with the court regarding "danger to other". *Law and Human Behavior, 38*(4), 325–336.

Everson, S. A., Goldberg, D. E., Kaplan, G. A., Cohen, R. D., Pukkata, E., Tuomilehto, J., & Salonen, J. T. (1996). Hopelessness and risk of mortality and incidence of myocardial infarction and cancer. *Psychosomatic Medicine, 58,* 113–121.

Ewing, C. P. (2011). *Justice perverted: Sex offense law, psychology, and public policy.* New York: Oxford University Press.

Fábrega, H., Jr. (1990). The concept of somatization as a cultural and historical product of Western medicine. *Psychosomatic Medicine, 52*(6), 653–672.

Fábrega, H., Jr. (2010). Understanding the evolution of medical traditions: Brain/behavior influences, enculturation, and the study of sickness and healing. *Neuropsychoanalysis, 12*(1), 21–27.

Fairbank, J. A., & Keane, T. M. (1982). Flooding for combat-related stress disorders: Assessment of anxiety reduction across traumatic memories. *Behavior Therapist, 13,* 499–510.

Fairburn, C. G. (1985). Cognitive-behavioural treatment for bulimia. In D. M. Garner & P. E. Garfinkel (Eds.), *Handbook of psychotherapy for anorexia nervosa and bulimia.* New York: Guilford Press.

Fairburn, C. G. (2013). *Overcoming binge eating: The proven program to learn why you binge and how you can stop* (2nd ed.). New York: Guilford Press.

Fairburn, C. G., Agras, W. S., Walsh, B. T., Wilson, G. T., & Stice, E. (2004). Prediction of outcome in bulimia nervosa by early change in treatment. *American Journal of Psychiatry, 161*(12), 2322–2324.

Fairburn, C. G., Bailey-Straebler, S., Basden, S., Doll, H. A., Jones, R., Murphy, R., . . . Cooper, Z. (2015). A transdiagnostic comparison of enhanced cognitive behavior therapy (CBT-E) and interpersonal psychotherapy in the treatment of eating disorders. *Behavior Research and Therapy, 70,* 64–71.

Fairburn, C. G., & Cooper, Z. (2014). Eating disorders: A transdiagnostic protocol. In D. H. Barlow, *Clinical handbook of psychological disorders* (5th ed., Ch. 17). New York: Guilford Press.

Fairburn, C. G., Cooper, Z., Shafran, R., & Wilson, G. T. (2008). Eating disorders: A transdiagnostic protocol. In D. H. Barlow (Ed.), *Clinical handbook of psychological disorders: A step-by-step treatment manual* (4th ed.). New York: Guilford Press.

Faje, A. T., Fazeli, P. K., Miller, K. K., Katzman, D. K., Ebrahimi, S., Lee, H., . . . Klibanski, A. (2014). Fracture risk and areal bone mineral density in adolescent females with anorexia nervosa. *International Journal of Eating Disorders, 47*(5), 458–466.

Falco, M. (2014). Autism rates now 1 in 68 U.S. children: CDC. *CNN.com.* Retrieved from CNN website: http://www.cnn.com/2014/03/27/health/cdc-autism.

Falzer, P. R. (2011). Expertise in assessing and managing risk of violence. The contribution of naturalistic decision making. In K. L. Mosier & U. M. Fischer (Eds.), *Informed by knowledge: Expert performance in complex situations. Expertise: Research and applications* (pp. 313–328). New York: Psychology Press.

Fang, A., & Wilhelm, S. (2015). Clinical features, cognitive biases, and treatment of body dysmorphic disorder. *Annual Review of Clinical Psychology, 11,* 187–212.

faqs.org. (2014). *Asylums.* Retrieved from FAQS website: http://www.faqs.org/health/topics/99/asylums.html.

Farber, B. A., Manevich, I., Metzger, J., & Saypol, E. (2005). Choosing psychotherapy as a career: Why did we cross that road? *Journal of Clinical Psychology, 61*(8), 1009–1031.

Farberow, N. L., & Litman, R. E. (1970). *A comprehensive suicide prevention program.* Unpublished final report, Suicide Prevention Center of Los Angeles, Los Angeles.

Fareed, A., Vayalapalli, S., Stout, S., Casarella, J., Drexler, K., & Bailey, S. P. (2011). Effect of methadone maintenance treatment on heroin craving, a literature review. *Journal of Addictive Diseases, 30*(1), 27–38.

Farkas, M. (2013). Pedophilia. *Psychiatria Hungarica: A Magyar Pszichiátriai Társaság Tudományos Folyóirata, 28*(2), 180–188.

Farmer, R. F., & Nelson-Gray, R. O. (2005). Behavioral treatment of personality disorders. In R. F. Farmer & R. O. Nelson-Gray (Eds.), *Personalityguided behavior therapy* (pp. 203–243). Washington, DC: American Psychological Association.

Faubion, S. S., & Rulo, J. E. (2015). Sexual dysfunction in women: A practical approach. *American Family Physician, 92*(4), 281–288.

Faust, D., & Ahern, D. C. (2012). Clinical judgment and prediction. In D. Faust (Ed.), *Coping with psychiatric and psychological testimony: Based on the original work by Jay Ziskin* (6th ed.) (pp. 147–208). New York: Oxford University Press.

Faust, J., Chapman, S., & Stewart, L. M. (2008). Neglected, physically abused, and sexually abused children. In D. Reitman (Ed.), *Handbook of psychological assessment, case conceptualization, and treatment, Vol. 2: Children and adolescents.* Hoboken, NJ: John Wiley & Sons.

Fava, M., Farabaugh, A. H., Sickinger, A. H., Wright, E., Alpert, J. E., Sonawalla, S., . . . Worthington, J. J., III. (2002). Personality disorders and depression. *Psychological Medicine, 32*(6), 1049–1057.

Fawcett, J. (2007). What has the "black box" done to reduce suicide? *Psychiatric Annals, 37*(10), 657, 662.

Fay, B. P. (1995). The individual versus society: The cultural dynamics of criminalizing suicide. *Hastings International and Comparative Law Review, 18,* 591–615.

Fazel, S., & Danesh, J. (2002). Serious mental disorder in 23,000 prisoners: A systematic review of 62 surveys. *Lancet, 359*(9306), 545–550.

Fazel, S., Grann, M., Kling, B., & Hawton, K. (2011). Prison suicide in 12 countries: An ecological study of 861 suicides during 2003–2007. *Social Psychiatry and Psychiatric Epidemiology, 46*(3), 191–195.

FBI (Federal Bureau of Investigation). (2010). About hate crime statistics, 2010. *Uniform crime reports.* http://www.fbi.gov/about-us/cjis/ucr/hate-crime/2010/index.

FBI (Federal Bureau of Investigation). (2010). Cyber investigations. Retrieved from http://www.fbi.gov/cyberinvest/cyberhome.

FBI (Federal Bureau of Investigation). (2012). *2012 hate crime statistics: Incidents and offenses.* Washington, DC: FBI.

FBI (Federal Bureau of Investigation). (2012). *Uniform crime reports: Crime in the United States.* Retrieved from http://www.fbi.gov/about-us/cjis/ucr.

FBI (Federal Bureau of Investigation). (2013, November 25). *Latest hate crime statistics: Annual report shows slight decrease.* Washington, DC: FBI.

FBI (Federal Bureau of Investigation). (2014) *Ten-year arrest trends. Totals, 2003–2012.* Washington, DC: Department of Justice, Criminal Justice Information Services.

FDA (Federal Drug Administration). (2014). *Consumer update: Understanding antidepressant medications.* Retrieved from http://www.fda.gov/forconsumers/consumerupdates/ucm095980.html.

FDA (Federal Drug Administration). (2014). *Development and approval process (drugs).* Retrieved from http://www.fda.gov/drugs/developmentapprovalprocess.

Federoff, J. P., & Marshall, W. L. (2010). Paraphilias. In D. McKay, J. S. Abramowitz, & S. Taylor (Eds.), *Cognitive-behavioral therapy for refractory cases: Turning failure into success* (pp. 369–384). Washington, DC: American Psychological Association.

Feifer, S. G. (2010). Assessing and intervening with children with reading disorders. In D. C. Miller (Ed.), *Best practices in school neuropsychology: Guidelines for effective practice, assessment, and evidence-based intervention* (pp. 483–505). Hoboken, NJ: John Wiley & Sons.

Feldman, M. D. (2004). *Playing sick? Untangling the web of Munchausen syndrome, Munchausen by proxy, malingering and factitious disorder.* New York: Routledge.

Feldman, M. D., & Feldman, J. M. (1995). Tangled in the web: Countertransference in the therapy of factitious disorders. *International Journal of Psychiatry in Medicine, 25,* 389.

Feldman, M. D., Ford, C. V., & Reinhold, T. (1994). *Patient or pretender: Inside the strange world of factitious disorders.* New York: Wiley.

Feldman, R. A., Bailey, R. A., Muller, J., Le, J., & Dirani, R. (2014). Cost of schizophrenia in the medicare program. *Population Health Management, 17*(3), 190–196.

Feldman, R. S., Forrest, J. A., & Happ, B. R. (2002). Self-presentation and verbal deception: Do self-presenters lie more? *Basic and Applied Social Psychology, 24*(2), 163–170.

Feldman, S. R., Moritz, S. H., & Benjamin, G. A. H. (2005). Suicide and the law: A practical overview for mental health professionals. *Women & Therapy, 28*(1), 95–103.

Felix, E., Hernández, L. A., Bravo, M., Ramirez, R., Cabiya, J., & Canino, G. (2011). Natural disaster and risk of psychiatric disorders in Puerto Rican children. *Journal of Abnormal Child Psychology, 39*(4), 589–600.

Fenichel, M. (2011). *Online psychotherapy: Technical difficulties, formulations and processes.* Retrieved from

Fenichel website: http://www.fenichel.com/technical.shtml.

Fennig, S., Fennig, S., & Roe, D. (2002). Cognitive-behavioral therapy for bulimia nervosa: Time course and mechanisms of change. *General Hospital Psychiatry, 24*(2), 87–92.

Ferman, T. J., Smith, G. E., Dickson, D. W., Graff-Radford, N. R., Lin, S., Wszolek, Z., . . . Boeve, B. F. (2014). Abnormal daytime sleepiness in dementia with Lewy bodies compared to Alzheimer's disease using the Multiple Sleep Latency Test. *Alzheimer's Research & Therapy, 6*(9), 76.

Fernholz, T. (2014, February 25). *More people around the world have cell phones than ever had land-lines.* Quartz.com. Retrieved from Quartz website: http://qz.com/179897.

Fernquist, R. M. (2007). How do Durkheimian variables impact variation in national suicide rates when proxies for depression and alcoholism are controlled? *Archives of Suicide Research, 11*(4), 361–374.

Ferrari, R. (2006). *The whiplash encyclopedia: The facts and myths of whiplash.* Boston: Jones and Bartlett.

Fichter, M. M., Quadflieg, N., & Hedlund, S. (2008). Long-term course of binge eating disorder and bulimia nervosa: Relevance for nosology and diagnostic criteria. *International Journal of Eating Disorders, 41*, 577–586.

Field, A. P., & Purkis, H. M. (2012). Associative learning and phobias. In M. Haselgrove (Ed.), *Clinical applications of learning theory* (pp. 49–73). New York: Psychology Press.

Fields, J. (2004). *America's families and living arrangements, 2003.* Current Population Reports, P20-553. Washington, DC: U.S. Census Bureau.

Fieve, R. R. (1975). *Moodswing.* New York: Morrow.

Figley, C. R. (1978). Symptoms of delayed combat stress among a college sample of Vietnam veterans. *Military Medicine, 143*(2), 107–110.

Filip, M., Frankowska, M., Sadakierska-Chudy, A., Suder, A., Szumiec, Ł., Mierzejewski, P., . . . Cryan, J. F. (2015). GABAB receptors as a therapeutic strategy in substance use disorders: Focus on positive allosteric modulators. *Neuropharmacology, 88*, 36–47.

Fine, C. G., & Madden, N. E. (2000). Group psychotherapy in the treatment of dissociative identity disorder and allied dissociative disorders. In R. H. Klein & V. L. Schermer (Eds.), *Group psychotherapy for psychological trauma* (pp. 298–325). New York: Guilford Press.

Fink, D. S., Hu, R., Cerdá, M., Keyes, K. M., Marshall, B. L., Galea, S., & Martins, S. S. (2015). Patterns of major depression and non-medical use of prescription opioids in the United States. *Drug and Alcohol Dependence, 153*, 258–264.

Fink, G. (2011). Stress controversies: Posttraumatic stress disorder, hippocampal volume, gastroduodenal ulceration. *Journal of Neuroendocrinology, 23*(2), 107–117.

Fink, M. (2007). What we learn about continuation treatments from the collaborative electroconvulsive therapy studies. *Journal of ECT, 23*(4), 215–218.

Fink, M. (2014). What was learned: Studies by the consortium for research in ECT (CORE) 1997–2011. *Acta Psychiatrica Scandinavica, 129*(6), 417–426.

Fink, M., Kellner, C. H., & McCall, W. V. (2014). The role of ECT in suicide prevention. *The Journal of ECT, 30*(1), 5–9.

Finkelhor, D., Asdigian, N., & Dziuba-Leatherman, J. (1995). Victimization prevention programs for children: A follow-up. *American Journal of Public Health, 85*(12), 1684–1689.

Finnegan, L. P., & Kandall, S. R. (2008). Perinatal substance abuse. In H. D. Kleber & M. Galanter (Eds.), *The American Psychiatric Publishing textbook of substance abuse treatment* (4th ed., pp. 565–580). Arlington, VA: American Psychiatric Publishing.

Fischer, B. A. (2012). Maltreatment of people with serious mental illness in the early 20th century: A focus on Nazi Germany and eugenics in America. *The Journal of Nervous and Mental Disease, 200*(12), 1096–1100.

Fischer, S., Meyer, A. H., Dremmel, D., Schlup, B., & Munsch, S. (2014). Short-term cognitive-behavioral therapy for binge eating disorder: Long-term efficacy and predictors of long-term treatment success. *Behaviour Research and Therapy, 58*, 36–42.

Fisher, M. A. (2013). *The ethics of conditional confidentiality: A practical model for mental health professionals.* New York: Oxford University Press.

Fisher, P. L., & Wells, A. (2011). Conceptual models of generalized anxiety disorder. *Psychiatric Annals, 41*(2), 127–132.

Fiske, A., Zimmerman, J. A., & Scogin, F. (2011). Geropsychology mentoring: A survey of current practices and perceived needs. *Educational Gerontology, 37*(5), 370–377.

Fitz, A. (1990). Religious and familial factors in the etiology of obsessive-compulsive disorder: A review. *Journal of Psychological Theology, 18*(2), 141–147.

Flaherty, E. G., & Macmillan, H. L. (2013). Caregiver-fabricated illness in a child: A manifestation of child maltreatment. *Pediatrics, 132*(3), 590–597.

Flanagan, D. P., Ortiz, S. O., & Alfonso, V. C. (2013). *Essentials of cross-battery assessment.* Hoboken, NJ: Wiley.

Flavin, D. K., Franklin, J. E., & Frances, R. J. (1990). Substance abuse and suicidal behavior. In S. J. Blumenthal & D. J. Kupfer (Eds.), *Suicide over the life cycle: Risk factors, assessment, and treatment of suicidal patients.* Washington, DC: American Psychiatry Press.

Fletcher, R. J. (Ed.). (2011). *Psychotherapy for individuals with intellectual disability.* Kingston, NY: NADD Press.

Flor, H. (2014). Psychological pain interventions and neurophysiology: Implications for a mechanism-based approach. *American Psychologist, 69*(2), 188–196.

Floyd, A., Dedert, E., Ghate, S., Salmon, P., Weissbecker, I., Studts, J. L., . . . Sephton, S. E. (2011). Depression may mediate the relationship between sense of coherence and quality of life in lung cancer patients. *Journal of Health Psychology, 16*(2), 249–257.

Fogley, R., Warman, D., & Lysaker, P. H. (2014). Alexithymia in schizophrenia: Associations with neurocognition and emotional distress. *Psychiatry Research, 218*(1–2), 1–6.

Fok, M. L., Stewart, R., Hayes, R. D., & Moran, P. (2014). The impact of co-morbid personality disorder on use of psychiatric services and involuntary hospitalization in people with severe mental illness. *Social Psychiatry and Psychiatric Epidemiology, 49*(10), 1631–1640.

Folsom, D. P., Fleisher, A. S., & Depp, C. A. (2006). Schizophrenia. In D. V. Jeste & J. H. Friedman (Eds.), *Psychiatry for neurologists* (pp. 59–66). Totowa, NJ: Humana Press.

Fonareva, I., & Oken, B. S. (2014). Physiological and functional consequences of caregiving for relatives with dementia. *International Psychogeriatrics, 26*(5), 725–747.

Fondas, N. (2014, January 10). The custom-fit workplace: Choose when, where, and how to work. *Psychology Today.* Retrieved from Psychologty Today website: http://www.psychology-today.co /blog.

Foo, X. Y., Alwi, M. M., Ismail, S. F., Ibrahim, N., & Osman, Z. J. (2014). Religious commitment, attitudes toward suicide, and suicidal behaviors among college students of different ethnic and religious groups in Malaysia. *Journal of Religion & Health, 53*(3), 731–746.

Forcano, L., Alvarez, E., Santamaría, J. J., Jimenez-Murcia, S., Granero, R., Penelo, E., . . . Fernández-Aranda, F. (2010). Suicide attempts in anorexia nervosa subtypes. *Comprehensive Psychiatry, 52*(4), 352–358.

Ford, E., & Rotter, M. (2014). *Landmark cases in forensic psychiatry.* New York: Oxford University Press.

Ford, T. (2000). The influence of womanist identity on the development of eating disorders and depression in African American female college students. *Dissertation Abstracts International: Section A: Humanities and Social Sciences, 61*, 2194.

Foreyt, J. P., Poston, W. S. C., & Goodrick, G. K. (1996). Future directions in obesity and eating disorders. *Addictive Behavior, 21*(6), 767–778.

Forgas, J. F. (2013). Don't worry, be sad! On the cognitive, motivational, and interpersonal benefits of negative mood. *Current Directions in Psychological Science, 22*(3), 225–232.

Forgas, J. F. (2014, June 4). Four ways sadness may be good for you. *Greater Good.*

Forgatch, M. S., & Patterson, G. R. (2010). Parent management training—Oregon model: An intervention for antisocial behavior in children and adolescents. In J. R. Weisz & A. E. Kazdin (Eds.), *Evidence-based psychotherapies for children and adolescents* (2nd ed., pp. 159–177). New York: Guilford Press.

Forsén Mantilla, E., Bergsten, K., & Birgegård, A. (2014). Self-image and eating disorder symptoms in normal and clinical adolescents. *Eating Behaviors, 15*(1), 125–131.

Fortune, S. A., & Hawton, K. (2007). Suicide and deliberate self-harm in children and adolescents. *Paediatrics & Child Health, 17*(11), 443–447.

Foster, J. D., Campbell, W. K., & Twenge, J. M. (2003). Individual differences in narcissism: Inflated self-views across the lifespan and around the world. *Journal of Research in Personality, 37*, 469–486.

Fouassier, D., Suarez, F. G., Hamon, C., & Decoene, H. (2014). [A support group for Alzheimer's patients in a day care center]. *Soins Gérontologie* (106), 18–22.

Fowler, K. A., O'Donohue, W., Lilienfeld, S. O. (2007). Introduction: Personality disorders in perspective. In W. O'Donohue, K. A. Fowler, S. O. Lilienfeld (Eds.), *Personality disorders: Toward the DSM-V.* Los Angeles: Sage Publications.

Fowler, P. J., Henry, D. B., Schoeny, M., Landsverk, J., Chavira, D., & Taylor, J. J. (2013). Inadequate housing among families under investigation for child abuse and neglect: Prevalence from a national probability sample. *American Journal of Community Psychology, 52*(1–2), 106–114.

Fox, D. (2010, June 10). The insanity virus. *Discover, 31*(5).

Fox, J. A., & Levin, J. (2014). *Extreme killing: Understanding serial and mass murder* (3rd ed.). Los Angeles: Sage Publications.

Fox, M. D., Buckner, R. L., White, M. P., Greicius, M. D., & Pascual-Leone, A. (2012). Efficacy of transcranial magnetic stimulation targets for depression is related to intrinsic functional connectivity with the subgenual cingulate. *Biological Psychiatry, 72*(7), 595–603.

Frances, A. J. (2013). Frances's letter to editor. *New York Times.*

Frances, A. J. (2013, January 16). Bad news: DSM5 refuses to correct somatic symptom disorder. *Psychology Today* Blogs: DSM5 in distress.

Frances, A. J. (2013, July 3). Back to normal. *Psychology Today* Blogs: DSM5 in distress. Retrieved from Psychology Today website: http://www.psychologytoday.com/blog/dsm5-in-distress/201307/back-normal.

Frank, J. D. (1973). *Persuasion and healing* (Rev. ed.). Baltimore: Johns Hopkins University Press.

Franklin, M. E., & Foa, E. B. (2014). Obsessive compulsive disorder. In D. H. Barlow (Ed.), (2014). *Clinical handbook of psychological disorders: A step-by-step treatment manual* (5th ed., pp. 155–205). New York: Guilford Press.

Frazier, A. D., & Cross, T. L. (2011). Debunking the myths of suicide in gifted children. In J. L. Jolly, D. J. Treffinger, T. F. Inman, & J. F. Smutny (Eds.), *Parenting gifted children: The authoritative guide from the National Association for Gifted Children* (pp. 517–524). Waco, TX: Prufrock Press.

Frederickson, J. (2013). *Co-creating change: Effective dynamic therapy techniques.* Kansas City, MO: Seven Leaves Press.

Freitag, F. (2013). Managing and treating tension-type headache. *Medical Clinics of North America, 97*(2), 281–292.

Freud, S. (1894). The neuropsychoses of defense. In J. Strachey (Ed.), *The standard edition of the complete psychological works of Sigmund Freud* (Vol. 3). London: Hogarth Press. (Work republished 1962).

Freud, S. (1914). On narcissism. In *Complete psychological works* (Vol. 14). London: Hogarth Press. [Work republished 1957.]

Freud, S. (1915). A case of paranoia counter to psychoanalytic theory. In *Complete psychological works* (Vol. 14). London: Hogarth Press. [Work republished 1957.]

Freud, S. (1917). *A general introduction to psychoanalysis* (J. Riviere, Trans.). New York: Liveright. (Work republished 1963).

Freud, S. (1917). Mourning and melancholia. In *Collected papers* (Vol. 4, pp. 152–172). London: Hogarth Press and the Institute of Psychoanalysis. [Work republished 1950.]

Freud, S. (1924). The loss of reality in neurosis and psychosis. In *Sigmund Freud's collected papers* (Vol. 2, pp. 272–282). London: Hogarth Press.

Freud, S. (1933). *New introductory lectures on psychoanalysis.* New York: Norton.

Freud, S. (1961). *The future of an illusion.* New York: W. W. Norton.

Frey, R. (2005). Hallucination. In S. L. Chamberlin & B. Narins (Eds.), *Gale encyclopedia of neurological disorders.* Farmington Hills, MI: Thomson Gale.

Fried, E. I., Nesse, R. M., Guille, C., & Sen, S. (2015). The differential influence of life stress on individual symptoms of depression. *Acta Psychiatrica Scandinavica, 131*(6), 465–471.

Friedman, M. (2013). Mass murder: Is there a mental health issue? *Huffington Post.* Retrieved from Huffington Post website: http://www.huffingtonpost.com/michael-friedman-lmsw/mental.

Friedman, M., & Rosenman, R. (1959). Association of specific overt behavior pattern with blood and cardiovascular findings. *Journal of the American Medical Association, 169,* 1286.

Friedman, M., & Rosenman, R. (1974). *Type A behavior and your heart.* New York: Knopf.

Friedrich, F., Gross, R., Wrobel, M., Klug, G., Unger, A., Fellinger, M., . . . Wancata, J. (2014). Burden of mothers and fathers of

persons with schizophrenia. *Psychiatrische Praxis, 42*(04), 208–215.

Friman, P. C. (2008). Evidence-based therapies for enuresis and encopresis. In R. G. Steele, T. D. Elkin, & M. C. Roberts (Eds.), *Handbook of evidence-based therapies for children and adolescents: Bridging science and practice.* New York: Springer.

Fromberger, P., Jordan, K., & Müller, J. L. (2013). Pedophilia: Etiology, diagnostics and therapy. *Der Nervenarzt, 84*(9), 1123–1135.

Fromm-Reichmann, F. (1948). Notes on the development of treatment of schizophrenia by psychoanalytic psychotherapy. *Psychiatry, 11,* 263–273.

Frosch, W. A., Robbins, E. S., & Stern, M. (1965). Untoward reactions to lysergic acid diethylamide (LSD) resulting in hospitalization. *New England Journal of Medicine, 273,* 1235–1239.

Frost, A., Hoyt, L. T., Chung, A. L., & Adam, E. K. (2015). Daily life with depressive symptoms: Gender differences in adolescents' everyday emotional experiences. *Journal of Adolescence, 43,* 132–141.

Frost, R. O., & Steketee, G. (2001). Obsessive-compulsive disorder. In H. S. Friedman (Ed.), *Specialty articles from the encyclopedia of mental health.* San Diego: Academic Press.

Frost, R. O., Steketee, G., & Tolin, D. F. (2012). Diagnosis and assessment of hoarding disorder. *Annual Review of Clinical Psychology, 8,* 219–242.

Fugl-Meyer, K. S., Bohm-Starke, N., Petersen, C. D., Fugl-Meyer, A., Parish, S., & Giraldi, A. (2013). Standard operating procedures for female genital sexual pain. *Journal of Sexual Medicine, 10,* 83–93.

Fukumoto, M., Hashimoto, R., Ohi, K., Yasuda, Y., Yamamori, H., Umeda-Yano, S., . . . Takeda, M. (2014). Relation between remission status and attention in patients with schizophrenia. *Psychiatry and Clinical Neurosciences, 68*(3), 234–241.

Gabbard, G. O. (2010). Therapeutic action in the psychoanalytic psychotherapy of borderline personality disorder. In J. F. Clarkin, P. Fonagy, G. O. Gabbard (Eds.), *Psychodynamic psychotherapy for personality disorders: A clinical handbook.* Arlington, VA: American Psychiatric Publishing, Inc.

Gabriel, C., & Waller, G. (2014). Personality disorder cognitions in the eating disorders. *Journal of Nervous and Mental Disease, 202*(2), 172–176.

Gadalla, T. M. (2009). Eating disorders in men: A community-based study. *International Journal of Men's Health, 8*(1), 72–81.

Gado, M. (2008). The insanity defense: Twinkies as a defense. *trutv.com.* Retrieved from Tru TV website: http://www.trutv.com/library/crime/criminal_mind/psychology/insanity.

Galanter, M. (2014). Alcoholics Anonymous and twelve-step recovery: A model based on social and cognitive neuroscience. *American Journal on Addictions, 23*(3), 300–307.

Galanter, M., & Kleber, H. D. (Eds.). (2008). *The American Psychiatric Publishing textbook of substance abuse treatment* (4th ed.). Arlington, VA: American Psychiatric Publishing.

Galderisi, S., Vignapiano, A., Mucci, A., & Boutros, N. N. (2014). Physiological correlates of positive symptoms in schizophrenia. *Current Topics in Behavioral Neurosciences, 21,* 103–128.

Galea, S., Ahern, J., Resnick, H., Kilpatrick, D., Bucuvalas, M., Gold, J., & Vlahov, D. (2002). Psychological sequelae of the September

11 terrorist attacks in New York City. *New England Journal of Medicine, 13,* 982–987.

Galea, S., Ahern, J., Resnick, H., Kilpatrick, D., Bucuvalas, M., Gold, J., & Vlahov, D. (2007). Psychological sequelae of the September 11 terrorist attacks in New York City. In B. Trappler (Ed.), *Modern terrorism and psychological trauma* (pp. 14–24). New York: Gordian Knot Books/ Richard Altschulerr & Associates.

Galling, B., Garvia, M. A., Osuchukwu, U., Hagi, K., & Correll, C. U. (2015). Safety and tolerability of antipsychotic-mood stabilizer co-treatment in the management of acute bipolar disorder: Results from a systematic review and exploratory meta-analysis. *Expert Opinion on Drug Safety, 14*(8), 1181–1199.

Gallo, L. C., Penedo, F. J., de los Monteros, K. E., & Arguelles, W. (2009). Resiliency in the face of disadvantage: Do Hispanic cultural characteristics protect health outcomes? *Journal of Personality, 77*(6), 1707–1746.

Gallup Poll. (2005). Three in four Americans believe in paranormal. *Gallup News Service.* http://www.gallup.com/poll/16915/three-four-americans-believe-paranormal.aspx.

Gallup Poll. (2013). *Most Americans practice charitable giving, volunteerism.* Retrieved from Gallup website: http://www.gallup.com/poll/166250.

Gallup Poll. (2013, May 29). *U.S. support for euthanasia hinges on how it's described.* (Poll 162815). Retrieved from Gallup website: http://www.gallup.com/poll/162815.

Gallup Poll. (2013, December 19). *In U.S., 40% get less than recommended amount of sleep.* (Poll 166553). Retrieved from Gallup website: http://www.gallup.com/poll/166553.

Galvez, J. F., Thommi, S., & Ghaemi, S. N. (2011). Positive aspects of mental illness: A review in bipolar disorder. *Journal of Affective Disorders, 28*(3), 185–190.

Gamble, A. L., Harvey, A. G., & Rapee, R. M. (2010). Specific phobia. In D. J. Stein, E. Hollander, & B. O. Rothbaum (Eds.), *Textbook of anxiety disorders* (2nd ed., pp. 525–541). Arlington, VA: American Psychiatric Publishing.

Gamwell, L., & Tomes, N. (1995). *Madness in America: Cultural and medical perceptions of mental illness before 1914.* Ithaca, NY: Cornell University Press.

Gao, K., Kemp, D. E., Wang, Z., Ganocy, S. J., Conroy, C., Serrano, M. B., . . . Calabrese, J. R. (2010). Predictors of nonstabilization during the combination therapy of lithium and divalproex in rapid cycling bipolar disorder: A post-hoc analysis of two studies. *Psychopharmacology Bulletin, 43*(1), 23–38.

Garatachea, N., Rodríguez, G., Pareja-Galeano, H., Sanchis-Gomar, F., Lucia, A., Santos-Lozano, A., . . . Emanuele, E. (2014). PTK2 rs7460 and rs7843014 polymorphisms and exceptional longevity: A functional replication study. *Rejuvenation Research, 17*(5), 430–438.

Garb, H. N. (2006). The conjunction effect and clinical judgment. *Journal of Social and Clinical Psychology, 25*(9), 1048–1056.

Garb, H. N. (2010). Clinical judgment and the influence of screening on decision making. In A. J. Mitchell & J. C. Coyne (Eds.), *Screening for depression in clinical practice: An evidence-based guide* (pp. 113–121). New York: Oxford University Press.

Gard, D. E., Cooper, S., Fisher, M., Genevsky, A., Mikels, J. A., & Vinogradov, S. (2011). Evidence for an emotion maintenance deficit in schizophrenia. *Psychiatry Research, 187*(1-2), 24–29.

Gard, D. E., Sanchez, A. H., Starr, J., Cooper, S., Fisher, M., Rowlands, A., & Vinogradov, S. (2014). Using self-determination theory to understand motivation deficits in schizophrenia: The 'why' of motivated behavior. *Schizophrenia Research, 156*(2-3), 217–222.

Garfield, J. B., Lubman, D. I., & Yücel, M. (2014). Anhedonia in substance use disorders: A systematic review of its nature, course and clinical correlates. *Australian and New Zealand Journal of Psychiatry, 48*(1), 36–51.

Garner, D. M. (1991). *Eating disorder inventory-2.* Odessa, FL: Psychological Assessment Resources.

Garner, D. M. (1997). The 1997 body image survey results. *Psychology Today, 30*(1), 30–44.

Garner, D. M. (2005). *Eating Disorder Inventory TM-3 (EDI TM-3).* Lutz, Florida: Psychological Assessment Resources, Inc. (PAR).

Garner, D. M., Garfinkel, P. E., Schwartz, D., & Thompson, M. (1980). Cultural expectations of thinness in women. *Psychological Reports, 47*, 483–491.

Garner, D. M., Olmsted, M. P., & Polivy, J. (1984). *The EDI.* Odessa, FL: Psychological Assessment Resources.

Garrett, B. L. (2011). *Convicting the innocent: Where criminal prosecutions go wrong.* Cambridge, MA: Harvard University Press.

Gaudiano, B. A. (2013, September 29). Psychotherapy's image problem. *New York Times.*

Gay, P. (1999, March 29). Psychoanalyst Sigmund Freud. *Time,* pp. 66–69.

Gay, P. (2006). *Freud: A life for our time.* New York: W. W. Norton & Co.

Gaynor, S. T., & Baird, S. C. (2007). Personality disorders. In D. W. Woods & J. W. Kanter (Eds.), *Understanding behavior disorders: A contemporary behavioral perspective.* Reno, NV: Context Press.

Gebhard, P. H. (1965). Situational factors affecting human sexual behavior. In F. Beach (Ed.), *Sex and behavior.* New York: Wiley.

Geddes, J. R., & Miklowitz, D. J. (2013). Treatment of bipolar disorder. *Lancet, 381*(9878), 1672–1682.

Geddes, J. R., Stroup, S., & Lieberman, J. A. (2011). Comparative efficacy and effectiveness in the drug treatment of schizophrenia. In D. R. Weinberg & P. Harrison (Eds.), *Schizophrenia* (pp. 525–539). Hoboken, NJ: Wiley-Blackwell.

Gelernter, J., & Kranzler, H. R. (2008). Genetics of addiction. In H. D. Kleber & M. Galanter (Eds.), *The American Psychiatric Publishing textbook of substance abuse treatment* (4th ed., pp. 17–27). Arlington, VA: American Psychiatric Publishing.

Gelfand, D. M., Jenson, W. R., & Drew, C. J. (1982). *Understanding child behavior disorders.* New York: Holt, Rinehart & Winston.

Gelfand, L., & Radomsky, A. (2013). Beliefs about control and the persistence of cleaning behaviour: An experimental analysis. *Journal of Behavior Therapy and Experimental Psychiatry, 44*(2), 172–178.

Gelkopf, M., Solomon, Z., & Bleich, A. (2013). A longitudinal study of changes in psychological responses to continuous terrorism. *The Israel Journal of Psychiatry and Related Sciences, 50*(2), 100–109.

Gentile, J. P., Dillon, K. S., & Gillig, P. M. (2013). Psychotherapy and pharmacotherapy for patients with dissociative identity disorder. *Innovations in Clinical Neuroscience, 10*(2), 22–29.

Gentile, J. P., Snyder, M., & Marie Gillig, P. (2014). Stress and trauma: Psychotherapy and pharmacotherapy for depersonalization/derealization disorder. *Innovations in Clinical Neuroscience, 11*(7-8), 37–41.

George, W. H., Davis, K. C., Heiman, J. R., Norris, J., Stoner, S. A., Schacht, R. L., . . . Kajumulo, K. F. (2011). Women's sexual arousal: Effects of high alcohol dosages and self-control instructions. *Hormones and Behavior, 59*(5), 730–738.

Gerard, N., Delvenne, V., & Nicolis, H. (2012). [The contagion of adolescent suicide: Culture, ethical and psychosocial aspects.] *Revue Médicale de Bruxelles, 33*(3), 164–170.

Geriatric Mental Health Foundation. (2013, October 7). *Causes and risk factors for senior mental illness.* Retrieved from A Place for Mom website: http://www.aplaceformom.com/blog.

Gerrity, E., Keane, T. M., & Tuma, F. (2001). Introduction. In E. Gerrity, T. M. Keane, & F. Tuma (Eds.), *The mental health consequences of torture* (pp. 3–12). New York: Kluwer Academic/Plenum Publishers.

Gershon, E. S., & Nurnberger, J. I. (1995). Bipolar illness. In J. M. Oldham & M. B. Riba (Eds.), *American Psychiatric Press review of psychiatry* (Vol. 14). Washington, DC: American Psychiatric Press.

Gerst-Emerson, K., Shovali, T. E., & Markides, K. S. (2014). Loneliness among very old Mexican Americans: Findings from the Hispanic established populations epidemiologic studies of the elderly. *Archives of Gerontology and Geriatrics, 59*(1), 145–149.

Gheorghiu, V. A., & Orleanu, P. (1982). Dental implant under hypnosis. *American Journal of Clinical Hypnosis, 25*(1), 68–70.

Ghetti, S., Schaaf, J. M., Qin, J., & Goodman, G. S. (2004). Issues in eyewitness testimony. In W. T. O'Donohue & E. R. Levensky (Eds.), *Handbook of forensic psychology: Resource for mental health and legal professionals* (pp. 513–554). New York: Elsevier Science.

Giesbrecht, T., & Merckelbach, H. (2009). Betrayal trauma theory of dissociative experiences: Stroop and directed forgetting findings. *American Journal of Psychology, 122*(3), 337–348.

Gifford, M., Friedman, S., & Majerus, R. (2010). *Alcoholism.* Santa Barbara, CA: Greenwood Press/ABC-CLIO.

Gilbert, K. L., Quinn, S. C., Ford, A. F., & Thomas, S. B. (2011). The urban context: A place to eliminate health disparities and build organizational capacity. *Journal of Prevention & Intervention in the Community, 39*(1), 77–92.

Gilbert, S. (2011). Eating disorders in women of African descent. In J. Alexander & J. Treasure (Eds.), *A collaborative approach to eating disorders* (pp. 249–261). New York: Taylor & Francis.

Gilbert, S. C., Keery, H., & Thompson, J. K. (2005). The media's role in body image and eating disorders. In J. H. Daniel & E. Cole (Eds.), *Featuring females: Feminist analyses of media* (pp. 41–56). Washington, DC: American Psychological Association.

Gill, A. D. (1982). Vulnerability to suicide. In E. L. Bassuk, S. C. Schoonover, & A. D. Gill (Eds.), *Lifelines: Clinical perspectives on suicide.* New York: Plenum Press.

Gill, D., & Warburton, W. (2014). An investigation of the biosocial model of borderline personality disorder. *Journal of Clinical Psychology, 70*(9), 866–873.

Gill, R. E. (2010, January/February). Practice opportunities available despite shrinking mental health dollars. *The National Psychologist, 1*, 3.

Gilman, S. E. (2013). Commentary: The causal and nosological status of loss in major depression. *Epidemiology, 24*(4), 616–618.

Giraldi, A., Rellini, A. H., Pfaus, J., & Laan, E. (2013). Female sexual arousal disorders. *Journal of Sexual Medicine, 10*, 58–73.

Girden, E. R., & Kabacoff, R. I. (2011). *Evaluating research articles: From start to finish* (3rd ed.). Thousand Oaks, CA: Sage Publications.

Girón, M., Nova-Fernández, F., Mañá-Alvarenga, S., Nolasco, A., Molina-Habas, A., Fernández-Yañez, A., . . . Gómez-Beneyto, M. (2015). How does family intervention improve the outcome of people with schizophrenia? *Social Psychiatry and Psychiatric Epidemiology, 50*(3), 379–387.

Gist, R., & Devilly, G. J. (2010). Early intervention in the aftermath of trauma. In G. M. Rosen & B. C. Frueh (Eds.), *Clinician's guide to posttraumatic stress disorder* (pp. 153–175). Hoboken, NJ: John Wiley & Sons.

Gjini, K., Boutros, N. N., Haddad, L., Aikins, D., Javanbakht, A., Amirsadri, A., & Tancer, M. E. (2013). Evoked potential correlates of post-traumatic stress disorder in refugees with history of exposure to torture. *Journal of Psychiatric Research, 47*(10), 1492–1498.

Glasser, M. (2010). The history of managed care and the role of the child and adolescent psychiatrist. *Child and Adolescent Psychiatric Clinics of North America, 19*(1), 63–74.

Glauberman, N. (2014, January 29). On losing it (or not). *New York Times.*

Glied, S., & Frank, R. G. (2014). Mental illness and violence: Lessons from the evidence. *American Journal of Public Health, 104*(2), e5–e6.

Glina, S., Sharlip, I. D., & Hellstrom, W. J. G. (2013). Modifying risk factors to prevent and treat erectile dysfunction. *Journal of Sexual Medicine, 10*, 115–119.

Gloster, A. T., Gerlach, A. L., Hamm, A., Höfler, M., Alpers, G. W., Kircher, T., . . . Reif, A. (2015). 5HTT is associated with the phenotype psychological flexibility: Results from a randomized clinical trial. *European Archives of Psychiatry and Clinical Neuroscience, 265*(5), 399–406.

Gloster, A. T., Klotsche, J., Gerlach, A. L., Hamm, A., Ströhle, A., Gauggel, S., . . . Wittchen, H. U. (2014). Timing matters: change depends on the stage of treatment in cognitive behavioral therapy for panic disorder with agoraphobia. *Journal of Consulting and Clinical Psychology, 82*(1), 141–153.

Gloster, A. T., Wittchen, H-U., Einsle, F., Lang, T., Helbig-Lang, S., Fydrich, T., . . . Arolt, V. (2011). Psychological treatment for panic disorder with agoraphobia, A randomized controlled trial to examine the role of therapist-guided exposure in situ in CBT. *Journal of Consulting and Clinical Psychology, 79*(3), 406–420.

Glover, N. G., Crego, C., & Widiger, T. A. (2011). The clinical utility of the Five Factor Model of personality disorder. *Personality Disorders, 3*(2), 176–184.

Glovin, D. (2014, September 9). Baseball caught looking as fouls injure 17,500 fans a year. *Bloomberg.*

Godley, M. D., Godley, S. H., Dennis, M. L., Funk, R. R., Passetti, L. L., & Petry, N. M. (2014). A randomized trial of assertive continuing care and contingency management for adolescents with substance use disorders. *Journal of Consulting and Clinical Psychology, 82*(1), 40–51.

Gola, H., Engler, H., Schauer, M., Adenauer, H., Riether, C., Kolassa, S., . . . Kolassa, I. (2012). Victims of rape show increased cortisol responses to trauma reminders: A study in individuals with war- and torture-related PTSD. *Psychoneuroendocrinology, 37*(2), 213–220.

Gold, J. M., Kool, W., Botvinick, M. M., Hubzin, L., August, S., & Waltz, J. A. (2014). Cognitive effort avoidance and detection in people with schizophrenia. *Cognitive, Affective & Behavioral Neuroscience, 15*(1), 145–154.

Gold, S. N., & Castillo, Y. (2010). Dealing with defenses and defensiveness in interviews. In D. L. Segal & M. Hersen (Eds.), *Diagnostic interviewing* (pp. 89–102). New York: Springer Publishing.

Golden, C. J. (2008). Neurologically impaired children. In D. Reitman (Ed.), *Handbook of psychological assessment, case conceptualization, and treatment, Vol. 2: Children and adolescents*. Hoboken, NJ: John Wiley & Sons.

Goldenberg, I., Goldenberg, H., & Goldenberg Pelavin, E. (2014). Family therapy. In D. Wedding & R. J. Corsini (Eds.), *Current psychotherapies* (10th ed., pp. 373–410). Independence, KY: Cengage Publications.

Goldfinger, K., & Pomerantz, A. M. (2014). *Psychological assessment and report writing* (2nd ed.). Los Angeles, CA: Sage Publications.

Goldiamond, I. (1965). Self-control procedures in personal behavior problems. *Psychological Reports, 17*, 851–868.

Goldin, P. R., Ziv, M., Jazaieri, H., Hahn, K., Heimberg, R., & Gross, J. J. (2013). Impact of cognitive behavioral therapy for social anxiety disorder on the neural dynamics of cognitive reappraisal of negative self-beliefs: randomized clinical trial. *JAMA Psychiatry, 70*(10), 1048–1056.

Goldin, P. R., Ziv, M., Jazaieri, H., Werner, K., Kraemer, H., Heimberg, R. G., & Gross, J. J. (2012, May 14). Cognitive reappraisal self-efficacy mediates the effects of individual cognitive-behavioral therapy for social anxiety disorder. *Journal of Consulting and Clinical Psychology, 80*(6),1034–1040.

Goldstein, D. J., Potter, W. Z., Ciraulo, D. A., & Shader, R. I. (2011). Biological theories of depression and implications for current and new treatments. In D. A. Ciraulo & R. I. Shader (Eds.), *Pharmacotherapy of depression* (2nd ed., pp. 1–32). New York: Springer Science + Business Media.

Goldstein, I. (2014). Unfair: Government-approved sexual medicine treatments only available for men. *Journal of Sexual Medicine, 11*, 317–320.

Goldstein, S. (2011). Attention-deficit/hyperactivity disorder. In S. Goldstein, & C. R. Reynolds (Eds.), *Handbook of neurodevelopmental and genetic disorders in children* (2nd ed., pp. 131–150). New York: Guilford Press.

Goldston, D. B., Molock, S. D., Whitbeck, B., Murakami, J. L., Zayas, L. H., & Hall, G. C. N. (2008). Cultural considerations in adolescent suicide prevention and psychosocial treatment. *American Psychologist, 63*(1), 14–31.

Gómez-Gil, E., Esteva, I., Almaraz, M. C., Pasaro, E., Segovia, S., & Guillamon, A. (2010). Familiarity of gender identity disorder in non-twin siblings. *Archives of Sexual Behavior, 39*(2), 546–552.

Gonçalves, J. B., Lucchetti, G., Menezes, P. R., & Vallada, H. (2015). Religious and spiritual interventions in mental health care: A systematic review and meta-analysis of randomized controlled clinical trials. *Psychological Medicine*. [Advance online publication.]

Gonidakis, F., Kravvariti, V., & Varsou, E. (2014). Sexual function of women suffering from anorexia nervosa and bulimia nervosa. *Journal of Sex & Marital Therapy, 41*(4), 368–378.

González, H. M., Tarraf, W., Whitfield, K. E., & Vega, W. A. (2010). The epidemiology of major depression and ethnicity in the United States. *Journal of Psychiatric Research, 44*, 1043–1051.

Good, G. E., & Brooks, G. R. (Eds.). (2005). *The new handbook of psychotherapy and counseling with men: A comprehensive guide to settings, problems, and treatment approaches* (Rev. & abridged ed.). San Francisco, CA: Jossey-Bass.

Goodman, G., Edwards, K., & Chung, H. (2014). Interaction structures formed in the psychodynamic therapy of five patients with borderline personality disorder in crisis. *Psychology & Psychotherapy, 87*(1), 15–31.

Goodman, M. (2013). Patient highlights: Female genital plastic/cosmetic surgery. *Journal of Sexual Medicine, 10*(8), 2125–2126.

Goodman, S. (2014). How many people live to 100 across the globe? *The Centenarian*. Retrieved from Centenarian website: http://www.thecentenarian.co.uk.

Goodwin, C. J., & Goodwin, K. A. (2012). *Research in psychology: Methods and design*. Hoboken, NJ: Wiley.

Gordon, D., Heimberg, R., Tellez, M., & Ismail, A. (2013). A critical review of approaches to the treatment of dental anxiety in adults. *Journal of Anxiety Disorders, 27*(4), 365–378.

Gordon, O. M., Salkovskis, P. M., Oldfield, V. B., & Carter, N. (2013). The association between obsessive compulsive disorder and obsessive compulsive personality disorder: Prevalence and clinical presentation. *British Journal of Clinical Psychology, 52*(3), 300–315.

Gorenstein, D. (2013, May 17). How much is the DSM-5 worth? Marketplace.org.

Gorman, D. A., Gardner, D. M., Murphy, A. L., Feldman, M., Bélanger, S. A., Steele, M. M., . . . Pringsheim, T. (2015). Canadian guidelines on pharmacotherapy for disruptive and aggressive behaviour in children and adolescents with attention-deficit hyperactivity disorder, oppositional defiant disorder, or conduct disorder. *Canadian Journal of Psychiatry, 60*(2), 72–76.

Goshen, C. E. (1967). *Documentary history of psychiatry: A source book on historical principles*. New York: Philosophy Library.

Gosling, S. (2011). Cited in M. L. Phillips, *Using social media in your research*. Washington, DC: American Psychological Association.

Goss, K., & Allan, S. (2009). Shame, pride and eating disorders. *Clinical Psychology & Psychotherapy, 16*(4), 303–316.

Goto, S., Terao, T., Hoaki, N., & Wang, Y. (2011). Cyclothymic and hyperthymic temperaments may predict bipolarity in major depressive disorder: A supportive evidence for bipolar II1/2 and IV. *Journal of Affective Disorders, 129*(1-3), 34–38.

Gottesman, I. I. (1991). *Schizophrenia genesis*. New York: Freeman.

Gouin, J-P, Glaser, R., Loving, T. J., Malarkey, W. B., Stowell, J., Houts, C., & Kiecolt-Glaser, J. K. (2009). Attachment avoidance predicts inflammatory responses to marital conflict. *Brain, Behavior, and Immunity, 23*(7), 898–904.

Gozlan, O. (2011). Transsexual surgery: A novel reminder and a navel remainder. *International Forum of Psychoanalysis, 20*(1), 45–52.

Graham, J. R. (2006). *MMPI-2: Assessing personality and psychopathology* (4th ed.). New York: Oxford University Press.

Graham, J. R. (2014). *MMPI-2: Assessing personality and psychopathology* (5th ed.). New York: Oxford University Press.

Granholm, E., Holden, J., Link, P. C., & McQuaid, J. R. (2014). Randomized clinical trial of cognitive behavioral social skills training for schizophrenia: Improvement in functioning and experiential negative symptoms. *Journal of Consulting and Clinical Psychology, 82*(6), 1173–1185.

Granitz, P. (2014, January 12). Four years after earthquake, many in Haiti remain displaced. *NPR*.

Granot, M., Zisman-Ilani, Y., Ram, E., Goldstick, O., & Yovell, Y. (2011). Characteristics of attachment style in women with dyspareunia. *Journal of Sex & Marital Therapy, 37*(1), 1–16.

Grant, J. E., Odlaug, B. L., Chamberlain, S. R., Keuthen, N. J., Lochner, C., & Stein, D. (2012). Skin picking disorder. *The American Journal of Psychiatry, 169*(11), 1143–1149.

Grant, J. E., Redden, S. A., Leppink, E. W., & Odlaug, B. L. (2015). Skin picking disorder with co-occurring body dysmorphic disorder. *Body Image, 15*, 44–48.

Gray, E. (2014, February 4). Heroin gains popularity as cheap doses flood the U.S. *Time.com*.

Gray, H. (1959). *Anatomy of the human body* (27th ed.). Philadelphia: Lea & Febiger.

Gray, J. A., & McNaughton, N. (1996). The neuropsychology of anxiety: Reprise. In D. A. Hope (Ed.), *The Nebraska symposium on motivation* (Vol. 43). Lincoln: University of Nebraska Press.

Gray, N. A., Zhou, R., Du, J., Moore, G. J., & Manji, H. K. (2003). The use of mood stabilizers as plasticity enhancers in the treatment of neuropsychiatric disorders. *Journal of Clinical Psychiatry, 64*(Suppl. 5), 3–17.

Grayson, J. (2014). *Freedom from obsessive-compulsive disorder*. (Updated ed.). Berkley, MI: Berkley Trade.

Green, E. K., Hamshere, M., Forty, L., Gordon-Smith, K., Fraser, C., Russell, E., . . . Craddock, N. (2013). Replication of bipolar disorder susceptibility alleles and identification of two novel genome-wide significant associations in a new bipolar disorder case-control sample. *Molecular Psychiatry, 18*(12), 1302–1307.

Green, M. J., Girshkin, L., Teroganova, N., & Quidé, Y. (2014). Stress, schizophrenia and bipolar disorder. *Current Topics in Behavioral Neurosciences, 18*, 217–235.

Green, S. A. (1985). *Mind and body: The psychology of physical illness*. Washington, DC: American Psychiatric Press.

Green, S. M., Haber, E., Frey, B. N., & McCabe, R. E. (2015). Cognitive-behavioral group treatment for perinatal anxiety: A pilot study. *Archives of Women's Mental Health, 18*(4), 631–638.

Greenberg, G. (2011, December 27). Inside the battle to define mental illness. *Wired Magazine*.

Greenfield, S. F., Back, S. E., Lawson, K., & Brady, K. T. (2011). Women and addiction. In J. H. Lowinson & P. Ruiz (Eds.), *Substance abuse: A comprehensive textbook* (5th ed.). Philadelphia, PA: Lippincott, Williams, & Wilkins.

Greening, L., Stoppelbein, L., Fite, P., Dhossche, D., Erath, S., Brown, J., Cramer, R., & Young, L. (2008). Pathways to suicidal behaviors in childhood. *Suicide & Life-Threatening Behavior, 38*(1), 35–45.

Greer, S., Kramer, M. R., Cook-Smith, J. N., & Casper, M. L. (2014). Metropolitan racial residential segregation and cardiovascular mortality: Exploring pathways. *Journal of Urban Health, 91*(3), 499–509.

Gregg, L., Haddock, G., Emsley, R., & Barrowclough, C. (2014). Reasons for substance use and their relationship to subclinical psychotic and affective symptoms, coping, and substance use in a nonclinical sample. *Psychology of Addictive Behaviors, 28*(1), 247–256.

Grekin, P. M., Jemelka, R., & Trupin, E. W. (1994). Racial differences in the criminalization of the mentally ill. *Bulletin of the American Academy of Psychiatry Law, 22*, 411–420.

Griebel, G., & Holmes, A. (2013). 50 years of hurdles and hope in anxiolytic drug discovery. *Nature Reviews. Drug Discovery, 12*(9), 667–687.

Grier, B. C., Wilkins, M. L., & Jeffords, E. H. (2010). Diagnosis and treatment of pediatric bipolar disorder. In P. C. McCabe & S. R. Shaw (Eds.), *Psychiatric disorders: Current topics and interventions for educators* (pp. 17–27). Thousand Oaks, CA: Corwin Press.

Griffin, R. M. (2014). E-cigarettes 101. *WebMD*. Retrieved from WebMD website: http://www/webmd/com/smoking-cessation.

Grigg, J. R. (1988). Imitative suicides in an active duty military population. *Military Medicine, 153*(2), 79–81.

Grill, J. D., & Monsell, S. E. (2014). Choosing Alzheimer's disease prevention clinical trial populations. *Neurobiology of Aging, 35*(3), 466–471.

Grilo, C. M., Masheb, R. M., Brody, M., Toth, C., Burke-Martindale, C. H., & Rothschild, B. S. (2005). Childhood maltreatment in extremely obese male and female bariatric surgery candidates. *Obesity Research, 13*, 123–130.

Grilo, C. M., Masheb, R. M., White, M. A., Gueorguieva, R., Barnes, R. D., Walsh, B. T., . . . Garcia, R. (2014). Treatment of binge eating disorder in racially and ethnically diverse obese patients in primary care: Randomized placebo-controlled clinical trial of self-help and medication. *Behaviour Research and Therapy, 58*, 1–9.

Grimm, J. W. (2011). Craving. In M. C. Olmstead (Ed.), *Animal models of drug addiction. Springer protocols: Neuromethods* (pp. 311–336). Totowa, NJ: Humana Press.

Grob, G. N. (1966). *State and the mentally ill: A history of Worcester State Hospital in Massachusetts, 1830–1920.* Chapel Hill: University of North Carolina Press.

Groër, M. W., Kane, B., Williams, S. N., & Duffy, A. (2015). Relationship of PTSD symptoms with combat exposure, stress, and inflammation in American soldiers. *Biological Research for Nursing, 17*(3), 303–310.

Groër, M. W., Meagher, M. W., & Kendall-Tackett, K. (2010). An overview of stress and immunity. In K. Kendall-Tackett (Ed.), *The psychoneuroimmunology of chronic disease: Exploring the links between inflammation, stress, and illness* (pp. 9–22). Washington, DC: American Psychological Association.

Grohol, J. (2012). Top 25 psychiatric medication prescriptions for 2011. *Psych Central*. Retrieved from Psych Central website: http://psychcentral.com/lib/top-25-psychiatric-medication-prescriptions-for-2011/00012586.

Grossman, L. A. (2013). The origins of American health libertarianism. *Yale Journal of Health Policy, Law, and Ethics, 13*(1), 76–134.

Grossman, R. (2004). Pharmacotherapy of personality disorders. In J. J. Magnavita (Ed.), *Handbook of personality disorders: Theory and practice.* Hoboken, NJ: Wiley.

Grover, S., Chakrabarti, S., Ghormode, D., Agarwal, M., Sharma, A., & Avasthi, A. (2015). Catatonia in inpatients with psychiatric disorders: A comparison of schizophrenia and mood disorders. *Psychiatry Research, 229*(3), 919–925.

Grubin, D. (2010). Polygraphy. In J. M. Brown & E. A. Campbell (Eds.), *The Cambridge handbook of forensic psychology* (pp. 276–282). New York: Cambridge University Press.

Grucza, R. A., Przybeck, T. R., & Cloninger, C. R. (2007). Prevalence and correlates of binge eating disorder in a community sample. *Comprehensive Psychiatry, 48*, pp. 124–131.

Gruttadaro, D. (2005). Federal leaders call on schools to help. *NAMI Advocate, 3*(1), 7.

Guarnieri, P. (2009). Towards a history of the family care of psychiatric patients. *Epidemiologia e Psichiatria Sociale, 18*(1), 34–39.

Guimón, J. (2010). Prejudice and realities in stigma. *International Journal of Mental Health, 39*(3), 20–43.

Guintivano, J., Arad, M., Gould, T. D., Payne, J. L., & Kaminsky, Z. A. (2014). Antenatal prediction of postpartum depression with blood DNA methylation biomarkers. *Molecular Psychiatry, 19*(5), 560–567.

Gunderson, J. G. (2011). Borderline personality disorder. *New England Journal of Medicine, 364*(21), 2037–2042.

Güngörmüs, Z., Tanriverdi, D., & Gündoğan, T. (2014, May). The effect of religious belief on the mental health status and suicide probability of women exposed to violence. *Journal of Religion & Health, 54*, 1573–1583.

Guterman, J. T., Martin, C. V., & Rudes, J. (2011). A solution-focused approach to frotteurism. *Journal of Systemic Therapies, 30*(1), 59–72.

Gutheil, T. G. (2005). Boundary issues and personality disorders. *Journal of Psychiatric Practice, 11*(2), 88–96.

Gutman, D. A., & Nemeroff, C. B. (2011). Stress and depression. In R. J. Contrada & A. Baum (Eds.), *The handbook of stress science: Biology, psychology, and health* (pp. 345–357). New York: Springer Publishing.

Guttmacher Institute. (2011). *Insurance coverage of contraceptives.* New York: Guttmacher Institute.

Haagen, J. G., Smid, G. E., Knipscheer, J. W., & Kleber, R. J. (2015). The efficacy of recommended treatments for veterans with PTSD: A metaregression analysis. *Clinical Psychology Review, 40*, 184–194.

Haaken, J., & Reavey, P. (Eds.). (2010). *Memory matters: Contexts for understanding sexual abuse recollections.* New York: Routledge/Taylor & Francis Group.

Haas, M. H., Chance, S. A., Cram, D. F., Crow, T. J., Luc, A., & Hage, S. (2014). Evidence of pragmatic impairments in speech and proverb interpretation in schizophrenia. *Journal of Psycholinguistic Research.* [Electronic publication.]

Haberman, C. (2007). It's not the stress, it's how you deal with it. *New York Times, 156*(54), 109.

Haddad, P. M., & Mattay, V. S. (2011). Neurological complications of antipsychotic drugs. In D. R. Weinberg & P. Harrison (Eds.), *Schizophrenia* (pp. 561–576). Hoboken, NJ: Wiley-Blackwell.

Haddock, G., & Spaulding, W. (2011). Psychological treatment of psychosis. In D. R. Weinberg & P. Harrison (Eds.), *Schizophrenia* (pp. 666–686). Hoboken, NJ: Wiley-Blackwell.

Hadland, S. E., & Baer, T. E. (2014). The racial and ethnic gap in substance use treatment: Implications for U.S. healthcare reform. *Journal of Adolescent Health, 54*(6), 627–628.

Häfner, H. (2015). What is schizophrenia? 25 years of research into schizophrenia—the Age Beginning Course Study. *World Journal of Psychiatry, 5*(2), 167–169.

Häfner, H., & an der Heiden, W. (1988). The mental health care system in transition: A study in organization, effectiveness, and costs of complementary care for schizophrenic patients. In C. N. Stefanis & A. D. Rabavilis (Eds.), *Schizophrenia: Recent biosocial developments.* New York: Human Sciences Press.

Hagerman, R. J. (2011). Fragile X syndrome and fragile X–associated disorders. In S. Goldstein & C. R. Reynolds (Eds.), *Handbook of neurodevelopmental and genetic disorders in children* (2nd ed., pp. 276–292). New York: Guilford Press.

Hagihara, A., Abe, T., Omagari, M., Motoi, M., & Nabeshima, Y. (2014). The impact of newspaper reporting of hydrogen sulfide suicide on imitative suicide attempts in Japan. *Social Psychiatry and Psychiatric Epidemiology, 49*(2), 221–229.

Hahn, L. J., Brady, N. C., Warren, S. F., & Fleming, K. K. (2015). Do children with fragile X syndrome show declines or plateaus in adaptive behavior? *American Journal on Intellectual and Developmental Disabilities, 120*(5), 412–432.

Haile, C. N. (2012). History, use, and basic pharmacology of stimulants. In T. R. Kosten, T. F. Newton, De La Garza, R. II, & Haile, C. N. (Eds.), *Cocaine and methamphetamine dependence: Advances in treatment* (pp. 13–84). Arlington, VA: American Psychiatric Publishing.

Hale, J. B., Reddy, L. A., Wilcox, G., McLaughlin, A., Hain, L., Stern, A., Henzel, J., & Eusebo, E. (2010). In D. C. Miller (Ed.), *Best practices in school neuropsychology: Guidelines for effective practice, assessment, and evidencebased intervention* (pp. 225–279). Hoboken, NJ: John Wiley & Sons.

Haliburn, J. (2005). Australian and New Zealand clinical practice guidelines for the treatment of anorexia nervosa. *Australian and New Zealand Journal of Psychiatry, 39*(7), 639–640.

Haliburn, J. (2010). Adolescent suicide and SSRI antidepressants. *Australasian Psychiatry, 18*(6), 587.

Hall, K. (2007). Sexual dysfunction and childhood sexual abuse: Gender differences and treatment implications. In S. R. Leiblum (Ed.), *Principles and practice of sex therapy* (4th ed., pp. 350–370). New York: Guilford Press.

Hall, K. (2010). The canary in the coal mine: Reviving sexual desire in long-term relationships. In S. R. Leiblum (Ed.), *Treating sexual desire disorders: A clinical casebook* (pp. 61–74). New York: Guilford Press.

Hall, L., with Cohn, L. (1980). *Eat without fear.* Santa Barbara, CA: Gurze.

Hall, L., & Cohn, L. (2010). *Bulimia: A guide to recovery.* Carlsbad, CA: Gurze Books.

Hall-Flavin, D. K. (2011). *Nervous breakdown: What does it mean?* Rochester, MN: Mayo Foundation for Medical Education and Research.

Hallquist, M. N., Deming, A., Matthews, A., & Chaves, J. F. (2010). Hypnosis for medically unexplained symptoms and somatoform disorders. In S. J. Lynn, J. W. Rhue, & I. Kirsch (Eds.), *Handbook of clinical hypnosis* (2nd ed., pp. 615–639). Washington, DC: American Psychological Association.

Halverson, J. L., Bhalla, R. V., Andrew, L. B., Moraille-Bhalla, P., Leonard, R. C., Bienenfeld, D., . . . Walaszek, A. (2015). Depression: Practice essentials, background, pathophysiology, etiology, epidemiology, prognosis, patient education. *Medscape.* Retrieved from Medscape website: http://emedicine.medscape.com/article/286759-overview.

Hamilton, L. D., & Meston, C. M. (2013). Chronic stress and sexual function in women. *Journal of Sexual Medicine, 10*, 2443–2454.

Hammen, C. L., & Krantz, S. (1976). Effect of success and failure on depressive cognitions. *Journal of Abnormal Psychology, 85*(8), 577–588.

Hampel, P., Gemp, S., Mohr, B., Schulze, J., & Tlach, L. (2014). Long-term effects of a cognitive-behavioral intervention on pain coping among inpatient orthopedic rehabilitation of chronic low back pain and depressive symptoms. *Psychotherapie, Psychosomatik, Medizinische Psychologie, 64*(11), 439–447.

Hancock, J., Thom-Santelli, J., & Ritchie, T. (2004). *Deception and design: The impact of communication technology on lying behavior.* Paper presented at Computer-Human Interaction Conference in Vienna, Austria, April 2004.

Hankin, B. L., Grant, K. E., Cheeley, C., Wetter, E., Farahmand, F. K., & Westerholm, R. I. (2008). Depressive disorders. In D. Reitman (Ed.), *Handbook of psychological assessment, case conceptualization, and treatment, Vol. 2: Children and adolescents.* Hoboken, NJ: John Wiley & Sons.

Hanna, D., Kershaw, K., & Chaplin, R. (2009). How specialist ECT consultants inform patients about memory loss. *Psychiatric Bulletin, 33*(11), 412–415.

Hansson, L., Middelboe, T., Sorgaard, K. W., Bengtsson, T. A., Bjarnason, O., Merinder, L., . . . Vinding, H. R. (2002). Living situation, subjective quality of life and social network among individuals with schizophrenia living in community settings. *Acta Psychiatrica Scandinavica, 106*(5), 343–350.

Hansson, L., Stjernswärd, S., & Svensson, B. (2014). Perceived and anticipated discrimination in people with mental illness—an interview study. *Nordic Journal of Psychiatry, 68*(2), 100–106.

Hanstede, M., Gidron, Y., & Nyklícek, I. (2008). The effects of a mindfulness intervention on obsessive-compulsive symptoms in a non-clinical student population. *The Journal of Nervous and Mental Disease, 196*(10), 776–779.

Hardin, S. B., Weinrich, S., Weinrich, M., Garrison, C., Addy, C., & Hardin, T. L. (2002). Effects of a long-term psychosocial nursing intervention on adolescents exposed to catastrophic stress. *Issues in Mental Health Nursing, 23*(6), 537–551.

Hardman, M. L., Drew, C. J., & Egan, M. W. (2002). *Human exceptionality: Society, school and family.* Boston: Allyn & Bacon.

Hare, R. D. (1993). *Without conscience: The disturbing world of the psychopaths among us.* New York: Pocket Books.

Harenski, C. L., Thornton, D. M., Harenski, K. A., Decety, J., & Kiehl, K. A. (2012). Increased frontotemporal activation during pain observation in sexual sadism: Preliminary findings. *Archives of General Psychiatry, 69*(3), 283–292.

Haris, M., Yadav, S. K., Rizwan, A., Singh, A., Cai, K., Kaura, D., . . . Borthakur, A. (2015). T1rho MRI and CSF biomarkers in diagnosis of Alzheimer's disease. *NeuroImage: Clinical, 7*, 598–604.

Harklute, A. (2010, July 26). Computer uses in clinical psychology. *eHOW.* Retrieved from eHOW website: www.ehow.com/print/list_6775537_computer-uses-clinical-psychology.html.

Harlapur, M., Abraham, D., & Shimbo, D. (2010). Cardiology. In J. M. Suls, K. W. Davidson, & R. M. Kaplan, (Eds.), *Handbook of health psychology and behavioral medicine* (pp. 411–425). New York: Guilford Press.

Haroules, B. (2007). Involuntary commitment is unconstitutional. In A. Quigley (Ed.), *Current controversies: Mental health.* Detroit: Greenhaven Press/Thomson Gale.

Harper, K. N., & Brown, A. S. (2012). Prenatal nutrition and the etiology of schizophrenia. In A. S. Brown & P. H. Patterson (Eds.), *The origins of schizophrenia* (pp. 58–95). New York: Columbia University Press.

Harrington, A. (2012). The fall of the schizophrenogenic mother. *The Lancet, 379*(9823), 1292–1293.

Harrington, B. C., Jimerson, M., Haxton, C., & Jimerson, D. C. (2015). Initial evaluation, diagnosis, and treatment of anorexia nervosa and bulimia nervosa. *American Family Physician, 91*(1), 46–52.

Harris Interactive. (2013). *Are Americans still serving up family dinners?* (Harris Poll #82). New York: Harris Interactive.

Harris International. (2011). *Large majorities support doctor assisted suicide for terminally ill patients in great pain.* (Poll No. 9, January 25, 2011). New York: Harris Interactive.

Harris International. (2013, July 16). *Less than half of Americans trust federal government with personal info.* (Poll No. 45). New York: Harris Interactive.

Harris International. (2014, February 19). *6 in 10 Americans say they or someone they know have been bullied.* (Harris Poll, No. 17)., New York: Harris Interactive.

Harris Poll. (2006, August 8). *Doctors and teachers most trusted among 22 occupations and professions: Fewer adults trust the president to tell the truth* (Harris Poll, No. 61). Retrieved from Harris Interactive website: http://www.harrisinteractive.com/harris_poll.

Harris Poll. (2008, February 8). *Three in ten Americans with a tattoo say having one makes them feel sexier* (Harris Poll, No. 15). New York: Harris Interactive.

Harris, G. (2008, January 24). F.D.A. requiring suicide studies in drug trials. *New York Times.* Retrieved from New York Times website: http://www.nytimes.com.

Harris, G. T., & Rice, M. E. (2006). Treatment of psychopathy: A review of empirical findings. In C. J. Patrick (Ed.), *Handbook of psychopathy.* New York: Guilford Press.

Harris, J. C. (2010). *Intellectual disability: A guide for families and professionals.* New York: Oxford University Press.

Harrison, E., & Petrakis, I. (2011). Naltrexone pharmacotherapy. In J. H. Lowinson & P. Ruiz (Eds.), *Substance abuse: A comprehensive textbook* (5th ed.). Philadelphia, PA: Lippincott, Williams, & Wilkins.

Hart, C., & Ksir, C. (2014). *Drugs, society, and human behavior* (15th ed.). East Windsor, NJ: McGraw-Hill Higher Education.

Hart, C., Ksir, C., & Ray, O. (2010). *Drugs, society, and human behavior.* New York: McGraw-Hill Humanities.

Hartberg, C. B., Sundet, K., Rimol, L. M., Haukvik, U. K., Lange, E. H., Nesvag, R., . . . Agartz, I. (2011). Subcortical brain volumes relate to neurocognition in schizophrenia and bipolar disorder and healthy controls. *Progress in Neuro-Psychopharmacology & Biological Psychiatry, 35*(4), 1122–1130.

Hartford, D., & Marcus, L. M. (2011). Educational approaches. In E. Hollander, A. Kolevzon & J. T. Coyle (Eds.), *Textbook of autism spectrum disorders.* (pp. 537–553). Arlington, VA: American Psychiatric Publishing, Inc.

Hartmann, A. S., Thomas, J. J., Greenberg, J. L., Matheny, N. L., & Wilhelm, S. (2014). A comparison of self-esteem and perfectionism in anorexia nervosa and body dysmorphic disorder. *The Journal of Nervous and Mental Disease, 202*(12), 883–888.

Hartmann, U., & Waldinger, M. D. (2007). Treatment of delayed ejaculation. In S. R. Leiblum (Ed.), *Principles and practice of sex therapy* (4th ed., pp. 241–276). New York: Guilford Press.

Hartney, E. (2014). *Addictions: Can marijuana cause infertility?* Retrieved from About.com website: http://addictions.about.com/od/legalissues/f/Can-Marijuana-Cause-Infertility.htm.

Harvey, P. D. (2014). Disability in schizophrenia: Contributing factors and validated assessments. *Journal of Clinical Psychiatry, 75*(Suppl. 1), 15–20.

Hashimoto, K. (2014). Targeting of NMDA receptors in new treatments for schizophrenia. *Expert Opinion on Therapeutic Targets, 18*(9), 1049–1063.

Hastings, R. P. (2008). Stress in parents of children with autism. In E. McGregor, M. Núñez, K. Cebula, & J. C. Gómez (Eds.), *Autism: An integrated view from neurocognitive, clinical, and intervention research.* Malden, MA: Blackwell Publishing.

Hawken, E. R., & Beninger, R. J. (2014). The amphetamine sensitization model of schizophrenia symptoms and its effect on schedule-induced polydipsia in the rat. *Psychopharmacology, 231*(9), 2001–2008.

Hawkins, J. R. (2004). The role of emotional repression in chronic back pain: A study of chronic back pain patients undergoing psychodynamically oriented group psychotherapy as treatment for their pain. *Dissertation Abstracts International: Section B: The Sciences and Engineering, 64*(8-B), 4038.

Hawks, E., Blumenthal, H., Feldner, M. T., Leen-Feldner, E. W., & Jones, R. (2011). An examination of the relation between traumatic event exposure and panic-relevant biological challenge responding among adolescents. *Behavior Therapy, 42*(3), 427–438.

Hayaki, J., Friedman, M. A., & Brownell, K. D. (2002). Shame and severity of bulimic symptoms. *Eating Behaviors, 3*(1), 73–83.

Hayden, L. A. (1998). Gender discrimination within the reproductive health care system: Viagra v. birth control. *Journal of Law and Health, 13*, 171–198.

Hayes, S. C., & Lillis, J. (2012). *Acceptance and commitment therapy: Theories of psychotherapy series.* Washington, DC: American Psychological Association.

Hayes, S. C., Levin, M. E., Plumb-Vilardaga, J., Villatte, J. L., & Pistorello, J. (2013). Acceptance and commitment therapy and contextual behavioral science: Examining the progress of a distinctive model of behavioral and cognitive therapy. *Behavior Therapy, 44*(2), 180–198.

Hayes, S. C., Luoma, J. B., Bond, F. W., Masuda, A., & Lillis, J. (2006). Acceptance and commitment therapy: Model, processes and outcomes. *Behavioral Research and Therapy, 44*, 1–25.

Hayes-Skelton, S. A., Roemer, L., Orsillo, S. M., & Borkovec, T. D. (2013). A contemporary view of applied relaxation for generalized anxiety disorder. *Cognitive Behaviour Therapy, 42*(4), 292–302.

Haynes, S. G., Feinleib, M., & Kannel, W. B. (1980). The relationship of psychosocial factors to coronary heart disease in the Framingham study: III. Eight-year incidence of coronary heart disease. *American Journal of Epidemiology, 111*, 37–58.

Hazlett, E. A., Rothstein, E. G., Ferreira, R., Silverman, J. M., Siever, L. J., & Olincy,

A. (2015). Sensory gating disturbances in the spectrum: Similarities and differences in schizo-typal personality disorder and schizophrenia. *Schizophrenia Research, 161*(2–3), 283–290.

HBIGDA (Harry Benjamin International Gender Dysphoria Association). (2001). The standards of care for gender identity disorders (6th version). *International Journal of Transgenderism, 5*(1).

He, Y., Lu, X., Wu, H., Cai, W., Yang, L., Xu, L., . . . Kong, Q. (2014). Mitochondrial DNA content contributes to healthy aging in Chinese: A study from nonagenarians and centenarians. *Neurobiology of Aging, 35*(7), 1779.e1–4.

Head, M. W. (2013). Human prion diseases: Molecular, cellular and population biology. *Neuropathology, 33*(3), 221–236.

Healey, J., Lussier, P., & Beauregard, E. (2013). Sexual sadism in the context of rape and sexual homicide: An examination of crime scene indicators. *International Journal of Offender Therapy and Comparative Criminology, 57*(4), 402–424.

Hedaya, R. J. (2011). Health matters: Connecting you to the sources of health. Panic disorders: Part 2. *Psychology Today*. Retrieved from Psychology Today website: http://www.psychologytoday.com/blog/health-matters/201102.

Heeramun-Aubeeluck, A., & Lu, Z. (2013). Neurosurgery for mental disorders: A review. *African Journal of Psychiatry, 16*(3), 177–181.

Heffron, T. M. (2014). *Insomnia Awareness Day facts and stats.* Retrieved from Sleep Education website: http://www.sleepeducation.com/news/2014/03/10/insomnia-awareness-day.

Hegerl, U., Schönknecht, P., & Mergl, R. (2012). "Are antidepressants useful in the treatment of minor depression: A critical update of the current literature": Erratum. *Current Opinion in Psychiatry, 25*(2), 163.

Heilbrun, K., Goldstein, N. E. S., & Redding, R. E. (Eds.). (2005). *Juvenile delinquency: Prevention, assessment, and intervention* (pp. 85–110). New York: Oxford University Press.

Heiman, J. R. (2002). Sexual dysfunction: Overview of prevalence, etiological factors, and treatments. *Journal of Sex Research, 39*(1), 73–78.

Heiman, J. R. (2007). Orgasmic disorders in women. In S. R. Leiblum (Ed.), *Principles and practice of sex therapy* (4th ed., pp. 84–123). New York: Guilford Press.

Heiman, J. R., Gladue, B. A., Roberts, C. W., & LoPiccolo, J. (1986). Historical and current factors discriminating sexually functional from sexually dysfunctional married couples. *Journal of Marital & Family Therapy, 12*(2), 163–174.

Heimberg, R. G., Brozovich, F. A., & Rapee, R. M. (2010). A cognitive-behavioral model of social anxiety disorder: Update and extension. In S. G. Hofmann & P. M. DiBartolo (Eds.), *Social anxiety: Clinical, developmental, and social perspectives.* New York: Academic Press.

Heimberg, R. G., Hofmann, S. G., Liebowitz, M. R., Schneier, F. R., Smits, J. J., Stein, M. B., . . . Craske, M. G. (2014). Social anxiety disorder in DSM-5. *Depression & Anxiety, 31*(6), 472–479.

Heimberg, R. G., & Magee, L. (2014). Social anxiety disorder. In D. H. Barlow (Ed.), *Clinical handbook of psychological disorders: A step-by-step treatment manual* (5th ed., pp. 114–154). New York: Guilford Press.

Heine, C., & Browning, C. J. (2014). Mental health and dual sensory loss in older adults: A systematic review. *Frontiers in Aging Neuroscience, 6*, 83.

Heir, T., Piatigorsky, A., & Weisaeth, L. (2010). Posttraumatic stress symptom clusters associations with psychopathology and functional impairment. *Journal of Anxiety Disorders, 24*(8), 936–940.

Hektner, J. M., August, G. J., Bloomquist, M. L., Lee, S., & Klimes-Dougan, B. (2014). A 10-year randomized controlled trial of the Early Risers conduct problems preventive intervention: Effects on externalizing and internalizing in late high school. *Journal of Consulting and Clinical Psychology, 82*(2), 355–360.

Hembree, E. A., & Foa, E. B. (2010). Cognitive behavioral treatments for PTSD. In G. M. Rosen & B. C. Frueh (Eds.), *Clinician's guide to posttraumatic stress disorder* (pp. 177–203). Hoboken, NJ: John Wiley & Sons.

Hembree-Kigin, T. L., & McNeil, C. B. (2013). *Parent-Child interaction therapy (Clinical Child Psychology Library)*. New York: Springer Science + Business Media.

Hemmings, C. (2010). Service use and outcomes. In N. Bouras (Ed.), *Mental health services for adults with intellectual disability: Strategies and solutions. The Maudsley Series* (pp. 75–88). New York: Psychology Press.

Henderson, K., Buchholz, A., Obeid, N., Mossiere, A., Maras, D., Norris, M., . . . Spettigue, W. (2014). A family-based eating disorder day treatment program for youth: Examining the clinical and statistical significance of short-term treatment outcomes. *Eating Disorders, 22*(1), 1–18.

Henderson, V. (2010). Diminishing dissociative experiences for war veterans in group therapy. In S. S. Fehr (Ed.), *101 interventions in group therapy* (rev. ed., pp. 217–220). New York: Routledge/Taylor & Francis Group.

Hengartner, M., Müller, M., Rodgers, S., Rössler, W., & Ajdacic-Gross, V. (2014). Occupational functioning and work impairment in association with personality disorder trait-scores. *Social Psychiatry and Psychiatric Epidemiology, 49*(2), 327–335.

Henggeler, S. W., & Sheidow, A. J. (2012). Empirically supported family-based treatments for conduct disorder and delinquency in adolescents. *Journal of Marital & Family Therapy, 38*(1), 30–58.

Henn, F. (2013). Using brain imaging to understand the response to cognitive therapy in panic disorder. *American Journal of Psychiatry, 170*, 1235–1236.

Herbenick, D., Reece, M., Schick, V., Sanders, S. A., Dodge, B., & Fortenberry, J. D. (2010). Sexual behavior in the United States: Results from a national probability sample of men and women ages 14–94. *Journal of Sexual Medicine, 7*(5), 255–265.

Herbenick, D., Schick, V., Reece, M., Sanders, S. A., Smith, N., Dodge, B., & Fortenberry, J. D. (2013). Characteristics of condom and lubricant use among a nationally representative probability sample of adults ages 18–59 in the United States. *Journal of Sexual Medicine, 10*, 474–483.

Herbert, J. D. (2007). Avoidant personality disorder. In W. O'Donohue, K. A. Fowler, & S. O. Lilienfeld (Eds.). *Personality disorders: Toward the DSM-V.* Los Angeles: Sage Publications.

Herbert, J. D., Gaudiano, B. A., Rheingold, A., Harwell, V., Dalrymple, K., & Nolan, E. M. (2005). Social skills training augments the effectiveness of cognitive behavior group therapy for social anxiety disorder. *Behavior Therapy, 36*, 125–138.

Herman, N. J. (1999). Road rage: An exploratory analysis. *Michigan Sociological Review, 13*, 65–79.

Hermes, E. A., Hoff, R., & Rosenheck, R. A. (2014). Sources of the increasing number of Vietnam era veterans with a diagnosis of PTSD using VHA services. *Psychiatric Services, 65*(6), 830–832.

Hernandez, P. (2014, June 24). Jail diversion for mental health inmates. *Houston Public Media*, Houston, TX. Retrieved from Houston Public Media website: http://www.houstonpublicmedia.org/news.

Herne, M. A., Bartholomew, M. L., & Weahkee, R. L. (2014). Suicide mortality among American Indians and Alaska natives, 1999–2009. *American Journal of Public Health*, (S3), S336–S342.

Herning, R. I., Better, W. E., Tate, K., & Cadet, J. L. (2005). Cerebrovascular perfusion in marijuana users during a month of monitored abstinence. *Neurology, 64*, 488–493.

Herpertz, S. C., & Bertsch, K. (2014). The social-cognitive basis of personality disorders. *Current Opinion in Psychiatry, 27*(1), 73–77.

Herrick, A. L., Marshal, M. P., Smith, H. A., Sucato, G., & Stall, R. D. (2011). Sex while intoxicated: A meta-analysis comparing heterosexual and sexual minority youth. *Journal of Adolescent Health, 48*(4), 306–309.

Hertz, M. F., & Donato, I. (2013). Bullying and suicide: A public health approach. *Journal of Adolescent Health, 53*, S1-S3.

Herzig, H. (2004). *Medical information.* Somerset, England: Somerset and Wessex Eating Disorders Association.

Herzog, T., Zeeck, A., Hartmann, A., & Nickel, T. (2004). Lower targets for weekly weight gain lead to better results in inpatient treatment of anorexia nervosa: A pilot study. *European Eating Disorders Review, 12*(3), 164–168.

Hess, A. (2009 June 16). *Huffington Post:* Sometimes a cigar is just a nipple is just sexist. *Washington City Paper.*

Heston, L. L. (1992). *Mending minds: A guide to the new psychiatry of depression, anxiety, and other serious mental disorders.* New York: W. H. Freeman.

Heylens, G., De Cuyper, G., Zucker, J. J., Schelfaut, C., Elaut, E., Vanden Bossche, H., . . . T'Sjoen, G. (2012). Gender identity disorder in twins: A review of the case report literature. *Journal of Sexual Medicine, 9*(3), 751–757.

Hickey, E. W. (2015). *Serial murderers and their victims* (7th ed.). Belmont, CA: Wadsworth.

Hickling, E. J., & Blanchard, E. B. (2007). Motor vehicle accidents and psychological trauma. In E. K. Carll (Ed.), *Trauma psychology: Issues in violence, disaster, health, and illness* (Vol. 2). Westport, CT: Praeger Publishers.

Hicks, B. M., Iacono, W. G., & McGue, M. (2014). Identifying childhood characteristics that underlie premorbid risk for substance use disorders: Socialization and boldness. *Development and Psychopathology, 26*(1), 141–157.

Hicks, K. (2014). A biocultural perspective on fictive kinship in the Andes: Social support and women's immune function in El Alto, Bolivia. *Medical Anthropology Quarterly, 28*(3), 440–445.

Higgins, E. S., & George, M. S. (2007). *The neuroscience of clinical psychiatry: The pathophysiology of behavior and mental illness.* Philadelphia: Wolters Kluwer/Lippincott Williams & Wilkins.

Higgins, S. T., Budney, A. J., Bickel, W. K., Hughes, J., Foerg, F., & Badger, G. (1993). Achieving cocaine abstinence with a behavioral approach. *American Journal of Psychiatry, 150*(5), 763–769.

Higgins, S. T., Sigmon, S. C., & Hiel, S. H. (2014). Drug use disorders. In D. H. Barlow, *Clinical handbook of psychological disorders* (5th ed., Ch. 14). New York: Guilford Press.

Higgins, S. T., Silverman, K., & Washio, Y. (2011). Contingency management. In M. Galanter & H. D. Kleber (Eds.), *Psychotherapy for the treatment of substance abuse* (pp. 192–218). Arlington, VA: American Psychiatric Publishing.

Hilbert, A., Hartmann, A. S., Czaja, J., & Schoebi, D. (2013). Natural course of preadolescent loss of control eating. *Journal of Abnormal Psychology, 122*(3), 684–693.

Hildebrandt, T., & Alfano, L. (2009). A review of eating disorders in males: Working towards an improved diagnostic system. *International Journal of Child and Adolescent Health, 2*(2), 185–196.

Hillemeier, M. M., Foster, E. M., Heinrichs, B., & Heier, B. (2007). Racial differences in parental reports of attention-deficit/hyperactivity disorder behaviors. *Journal of Developmental & Behavioral Pediatrics, 28*(5), 353–361.

Hinduja, S., & Patchin, J. W. (2010). Bullying, cyberbullying, and suicide. *Archives of Suicide Research, 14*(3), 206–221.

Hinrichsen, G. A. (1999). Interpersonal psychotherapy for late-life depression. In M. Duffy (Ed.), *Handbook of counseling and psychotherapy with older adults*. New York: Wiley.

Hinton, D. E., & Lewis-Fernández, R. (2011). The cross-cultural validity of posttraumatic stress disorder: Implications for DSM-5. *Depression & Anxiety, 28*(9), 783–801.

Hirsch, C. R., Hayes, S., Mathews, A., Perman, G., & Borkovec, T. (2012). The extent and nature of imagery during worry and positive thinking in generalized anxiety disorder. *Journal of Abnormal Psychology, 121*(1), 238–243.

Hobbs, F. B. (1997). *The elderly population. U.S. Census Bureau: The official statistics.* Washington, DC: U.S. Census Bureau.

Hodges, S. (2003). Borderline personality disorder and posttraumatic stress disorder: Time for integration? *Journal of Counseling & Development, 81*(4), 409–417.

Hodgson, R. J., & Rachman, S. (1972). The effects of contamination and washing in obsessional patients. *Behavioral Research and Therapy, 10,* 111–117.

Hofer, H., Frigerio, S., Frischknecht, E., Gassmann, D., Gutbrod, K., & Müri, R. M. (2013). Diagnosis and treatment of an obsessive-compulsive disorder following traumatic brain injury: A single case and review of the literature. *Neurocase, 19*(4), 390–400.

Hoff, P. (2015). The Kraepelinian tradition. *Dialogues in Clinical Neuroscience, 17*(1), 31–41.

Hoffman, J. (2011, Sept. 25). When your therapist is only a click away. *New York Times,* 160.

Hoffman, R. E., Grasemann, U., Gueorguieva, R., Quinlan, D., Lane, D., & Miikkulainen, R. (2011). Using computational patients to evaluate illness mechanisms in schizophrenia. *Biological Psychiatry, 69*(10), 997–1005.

Hofmann, S. G., & Barlow, D. H. (2014). Evidence-based psychological interventions and the common factors approach: The beginnings of a rapprochement? *Psychotherapy* (Chicago), *51*(4), 510–513.

Hogan, R. A. (1968). The implosive technique. *Behavioral Research and Therapy, 6,* 423–431.

Hogan, T. P. (2014). *Psychological testing: A practical introduction* (3rd ed.). Hoboken, NJ: Wiley.

Hogarty, G. E. (2002). *Personal therapy for schizophrenia and related disorders: A guide to individualized treatment.* New York: Guilford Press.

Hoge, C. W., Grossman, S. H., Auchterlonie, J. L., Riviere, L. A., Milliken, C. S., & Wilk, J. E. (2014). PTSD treatment for soldiers after combat deployment: Low utilization of mental health care and reasons for dropout. *Psychiatric Services, 65*(8), 997–1004.

Hoge, E. A., Bui, E., Marques, L., Metcalf, C. A., Morris, L. K., Robinaugh, D. J., . . . Simon, N. M. (2013). Randomized controlled trial of mindfulness meditation for generalized anxiety disorder: Effects on anxiety and stress reactivity. *The Journal of Clinical Psychiatry, 74*(8), 786–792.

Hogebrug, J., Koopmans, P. P., van Oostrom, I., & Schellekens, A. (2013). [Neurosyphilis, the great imitator: A diagnostic challenge]. *Nederlands Tijdschrift Voor Geneeskunde, 157*(30), A6033.

Holden, R. R., & Bernstein, I. H. (2013). Internal consistency: Reports of its death are premature. *Behavior Research Methods, 45*(4), 946–949.

Holinger, P. C., & Offer, D. (1982). Prediction of adolescent suicide: A population model. *American Journal of Psychiatry, 139,* 302–307.

Holinger, P. C., & Offer, D. (1991). Sociodemographic, epidemiologic, and individual attributes. In L. Davidson & M. Linnoila (Eds.), *Risk factors for youth suicide.* New York: Hemisphere.

Holinger, P. C., & Offer, D. (1993). *Adolescent suicide.* New York: Guilford Press.

Hollingworth, P., Harold, D., Jones, L., Owen, M. J., & Williams, J. (2011). Alzheimer's disease genetics: Current knowledge and future challenges. *International Journal of Geriatric Psychiatry, 26*(8), 793–802.

Hollon, S. D., & Cuijpers, P. (2013). Reviewing psychological treatments for adult depression. *Canadian Journal of Psychiatry, 58*(7), 373–375.

Hollon, S. D., & Ponniah, K. (2010). A review of empirically supported psychological therapies for mood disorders in adults. *Depression & Anxiety, 27*(10), 891–932.

Holm-Denoma, J. M., Hankin, B. L., & Young, J. F. (2014). Developmental trends of eating disorder symptoms and comorbid internalizing symptoms in children and adolescents. *Eating Behaviors, 15*(2), 275–279.

Holmes, L. (2014, July 14). Sadness is not depression. *About.com.*

Holmes, T. H., & Rahe, R. H. (1967). The Social Readjustment Rating Scale. *Journal of Psychosomatic Research, 11,* 213–218.

Holmes, T. H., & Rahe, R. H. (1989). The Social Readjustment Rating Scale. In T. H. Holmes & E. M. David (Eds.), *Life change, life events, and illness: Selected papers.* New York: Praeger.

Holowka, D. W., Marx, B. P., Gates, M. A., Litman, H. J., Ranganathan, G., Rosen, R. C., & Keane, T. M. (2014). PTSD diagnostic validity in Veterans Affairs electronic records of Iraq and Afghanistan veterans. *Journal of Consulting and Clinical Psychology, 82*(4), 569–579.

Holt, H., Beutler, L. E., Kimpara, S., Macias, S., Haug, N. A., Shiloff, N., . . . Stein, M. (2015). Evidence-based supervision: Tracking outcome and teaching principles of change in clinical supervision to bring science to integrative practice. *Psychotherapy* (Chicago, Ill.), *52*(2), 185–189.

Holtom-Viesel, A., & Allan, S. (2014). A systematic review of the literature on family functioning across all eating disorder diagnoses in comparison to control families. *Clinical Psychology Review, 34*(1), 29–43.

Hölzel, L., Härter, M., Reese, C., & Kriston, L. (2011). Risk factors for chronic depression—A systematic review. *Journal of Affective Disorders, 129*(1-3), 1–13.

Homant, R. J., & Kennedy, D. B. (2006). Serial murder: A biopsychosocial approach. In W. Petherick (Ed.), *Serial crime: Theoretical and practical issues in behavioral profiling* (pp. 189–228). San Diego, CA: Elsevier.

Hong, J. S., Kral, M. J., & Sterzing, P. R. (2015). Pathways from bullying perpetration, victimization, and bully victimization to suicidality among school-aged youth: A review of the potential mediators and a call for further investigation. *Trauma, Violence & Abuse, 16*(4), 379–390.

Hope, L. (2010). Eyewitness testimony. In G. J. Towl & D. A. Crighton (Eds.), *Forensic psychology* (pp. 160–177). Hoboken, NJ: Wiley-Blackwell.

Hopfer, C. (2011). Club drug, prescription drug, and over-the-counter medication abuse: Description, diagnosis, and intervention. In Y. Kaminer & K. C. Winters (Eds), *Clinical manual of adolescent substance abuse treatment* (pp. 187–212). Arlington, VA: American Psychiatric Publishing.

Hopko, D. R., Robertson, S. M. C., Widman, L., & Lejuez, C. W. (2008). Specific phobias. In M. Hersen & J. Rosqvist (Eds.), *Handbook of psychological assessment, case conceptualization, and treatment, Vol. 1: Adults* (pp. 139–170). Hoboken, NJ: John Wiley & Sons.

Horney, K. (1937). *The neurotic personality of our time.* New York: Norton.

Horowitz, J. A., Damato, E. G., Duffy, M. E., & Solon, L. (2005). The relationship of maternal attributes, resources, and perceptions of postpartum experiences to depression. *Research in Nursing & Health, 28*(2), 159–171.

Horowitz, J. A., Damato, E., Solon, L., Metzsch, G., & Gill, V. (1995). Postpartum depression: Issues in clinical assessment. *Journal of Perinatal Medicine, 15*(4), 268–278.

Horowitz, M. J., & Lerner, U. (2010). Treatment of histrionic personality disorder. In J. F. Clarkin, P. Fonagy, & G. O. Gabbard (Eds.), *Psychodynamic psychotherapy for personality disorders: A clinical handbook* (pp. 289–310). Arlington, VA: American Psychiatric Publishing.

Horton, M. A. (2008). *The incidence and prevalence of SRS among US residents.* Out & Equal Workplace Summit, San Francisco, CA September 2008. Retrieved from http://www.gender.net/taw/thb-cost.html:prevalence.

Horwitz, A. G., Czyz, E. K., & King, C. A. (2014). Predicting future suicide attempts among adolescent and emerging adult psychiatric emergency patients. *Journal of Clinical Child & Adolescent Psychology, 53,* 1–11.

Horwitz, A. V., & Wakefield, J. C. (2007, December 9). Sadness is not a disorder. *The Philadelphia Inquirer,* pp. C1, C5.

Horwitz, A. V., & Wakefield, J. C. (2012). *The loss of sadness: How psychiatry transforms normal sorrow into depressive disorder.* New York: Oxford University Press.

Horwitz, S. (2014, March 9). The hard lives—and high suicide rate—of Native American children on reservations. *The Washington Post.*

Hoste, R. R., Lebow, J., & Le Grange, D. (2014). A bidirectional examination of expressed emotion among families of adolescents with bulimia nervosa. *International Journal of Eating Disorders.* [Electronic publication.]

Hou, Y., Hu, P., Zhang, Y., Lu, Q., Wang, D., Yin, L., . . . Zou, X. (2014). Cognitive behavioral therapy in combination with systemic family therapy improves mild to moderate postpartum depression. *Revista Brasileira De Psiquiatria* (São Paulo, Brazil: 1999*), 36*(1), 47–52.

Houghton, D. (2013, August 12). Cited in T. Miller, Too many selfies on Facebook can damage relationships: Study. *New York Daily News.*

Houle, J. N., & Light, M. T. (2014). The home foreclosure crisis and rising suicide rates, 2005 to 2010. *American Journal of Public Health, 104*(6), 1073–1079.

Houston, K. A., Clifford, B. R., Phillips, L. H., & Memon, A. (2013). The emotional eyewitness: The effects of emotion on specific aspects of eyewitness recall and recognition performance. *Emotion, 13*(1), 118–128.

Howell, E. F. (2011). *Understanding and treating dissociative identity disorder: A rational approach.* New York: Routledge/Taylor & Francis Group.

Howes, O. D., & Murray, R. M. (2014). Schizophrenia: An integrated sociodevelopmental-cognitive model. *Lancet, 383*(9929), 1677–1687.

Howland, J., Rohsenow, D. J., Greece, J. A., Littlefield, C. A., Almeida, A., Heeren, T., . . . Hermos, J. (2010). The effects of binge drinking on college students' next-day academic test-taking performance and mood state. *Addiction, 105*(4), 655–665.

Howland, R. H. (2012). Dietary supplement drug therapies for depression. *Journal of Psychosocial Nursing and Mental Health Services, 50*(6), 13–16.

Howland, R. H. (2014). Vagus nerve stimulation. *Current Behavioral Neuroscience Reports, 1*(2), 64–73.

Howlin, P. (2012). Understanding savant skills in autism. *Developmental Medicine & Child Neurology, 54*(6), 484.

Hoyer, M., & Heath, B. (2012, December 19). A mass killing in U.S. occurs every 2 weeks. *USA Today.*

Hoza, B., Kaiser, N., & Hurt, E. (2008). Evidence-based treatments for attention-deficit/hyperactivity disorder (ADHD). In R. G. Steele, T. D. Elkin, & M. C. Roberts (Eds.), *Handbook of evidence-based therapies for children and adolescents: Bridging science and practice.* New York: Springer.

Hróbjartsson, A., Thomsen, A. S., Emanuelsson, F., Tendal, B., Rasmussen, J. V., Hilden, J., . . . Brorson, S. (2014). Observer bias in randomized clinical trials with time-to-event outcomes: Systematic review of trials with both blinded and non-blinded outcome assessors. *International Journal of Epidemiology, 43*(3), 937–948.

Hsiao, C., & Tsai, Y. (2014). Caregiver burden and satisfaction in families of individuals with schizophrenia. *Nursing Research, 63*(4), 260–269.

Hsu, J., Lee, W., Liao, Y., Lirng, J., Wang, S., & Fuh, J. (2015). Posterior atrophy and medial temporal atrophy scores are associated with different symptoms in patients with Alzheimer's disease and mild cognitive impairment. *PLOS ONE, 10*(9), e0137121.

Hsu, J., Lirng, J., Wang, S., Lin, C., Yang, K., Liao, M., & Chou, Y. (2014). Association of thalamic serotonin transporter and interleukin-10 in bipolar I disorder: A SPECT study. *Bipolar Disorders, 16*(3), 241–248.

Hsu, M. C., Schubiner, H., Lumley, M. A., Stracks, J. S., Clauw, D. J., & Williams, D. A. (2010). Sustained pain reduction through affective self-awareness in fibromyalgia: A randomized controlled trial. *Journal of General Internal Medicine, 25*(10), 1064–1070.

Hsu, W., Lin, S. J., Chang, S., Tseng, Y., & Chiu, N. (2014). Examining the diagnostic criteria for Internet addiction: Expert validation. *Journal of the Formosan Medical Association, Taiwan Yi Zhi.*

Hu, W., Zhou, P., Zhang, X., Xu, C., & Wang, W. (2015). Plasma concentrations of adrenomedullin and natriuretic peptides in patients with essential hypertension. *Experimental and Therapeutic Medicine, 9*(5), 1901–1908.

Huang, C., Cheng, M., Tsai, H., Lai, C., & Chen, C. (2014). Genetic analysis of GABRB3

at 15q12 as a candidate gene of schizophrenia. *Psychiatric Genetics, 24*(4), 151–157.

Huang, J-J., Yang, Y-P., & Wu, J. (2010). Relationships of borderline personality disorder and childhood trauma. *Chinese Journal of Clinical Psychology, 18*(6), 769–771.

Hucker, A., & McCabe, M. P. (2014). A qualitative evaluation of online chat groups for women completing a psychological intervention for female sexual dysfunction. *Journal of Sex & Marital Therapy, 40*(1), 58-68.

Hucker, A., & McCabe, M. P. (2015). Incorporating mindfulness and chat groups into an online cognitive behavioral therapy for mixed female sexual problems. *Journal of Sex Research, 52*(6), 627–639.

Hucker, S. J. (2008). Sexual masochism: Psychopathology and theory. In D. R. Laws & W. T. O'Donohue (Eds.), *Sexual deviance: Theory, assessment, and treatment* (2nd ed., pp. 250–263). New York: Guilford Press.

Hucker, S. J. (2011). Hypoxyphilia. *Archives of Sexual Behavior, 40*(6), 1323–1326.

Hudd, S., Dumlao, J., Erdmann-Sager, D., Murray, D., Phan, E., Soukas, N., & Yokozuka, N. (2000). Stress at college: Effects on health habits, health status and self-esteem. *College Student Journal, 34*(2), 217–227.

Hudson, J. L., & Rapee, R. M. (2004). From anxious temperament to disorder: An etiological model of generalized anxiety disorder. In R. G. Heimberg, C. L. Turk, & D. S. Mennin (Eds.), *Generalized anxiety disorder: Advances in research and practice* (pp. 51–74). New York: Guilford Press.

Hugdahl, K. (1995). *Psychophysiology: The mind-body perspective.* Cambridge, MA: Harvard University Press.

Hughes, K., Bullock, A., & Coplan, R. J. (2014). A person-centred analysis of teacher-child relationships in early childhood. *British Journal of Educational Psychology, 84*(Pt 2), 253–267.

Hughes, S. (2011). Untangling Alzheimer's. *The Pennsylvania Gazette, 109*(4), 30–41.

Huh, J., Le, T., Reeder, B., Thompson, H. J., & Demiris, G. (2013). Perspectives on wellness self-monitoring tools for older adults. *International Journal of Medical Informatics, 82*(11), 1092–1103.

Huijding, J., Borg, C., Weijmar-Schultz, W., & de Jong, P. J. (2011). Automatic affective appraisal of sexual penetration stimuli in women with vaginismus or dyspareunia. *Journal of Sexual Medicine, 8*(3), 806–813.

Humphrey, J. A. (2006). *Deviant behavior.* Upper Saddle River, NJ: Pearson/Prentice Hall.

Humphreys, K. L., Gleason, M. M., Drury, S. S., Miron, D., Nelson, C. E., Fox, N. A., & Zeanah, C. H. (2015). Effects of institutional rearing and foster care on psychopathology at age 12 years in Romania: Follow-up of an open, randomised controlled trial. *The Lancet Psychiatry, 2*(7), 625–634.

Humphry, D., & Wickett, A. (1986). *The right to die: Understanding euthanasia.* New York: Harper & Row.

Hunsley, J., & Lee, C. M. (2014). *Introduction to clinical psychology: An evidence-based approach* (2nd ed.). Hoboken, NJ: Wiley-Blackwell.

Hunt, C., & Andrews, G. (1995). Comorbidity in the anxiety disorders: The use of a life-chart approach. *Journal of Psychiatric Research, 29*(6), 467–480.

Hurd, N. M., Varner, F. A., Caldwell, C. H., & Zimmerman, M. A. (2014). Does perceived racial discrimination predict changes in psychological distress and substance use over time? An

examination among Black emerging adults. *Developmental Psychology, 50*(7), 1910–1918.

Hurlbert, D. F. (1991). The role of assertiveness in female sexuality: A comparative study between sexually assertive and sexually nonassertive women. *Journal of Sex & Marital Therapy, 17*(3), 183–190.

Hurlbert, D. F. (1993). A comparative study using orgasm consistency training in the treatment of women reporting hypoactive sexual desire. *Journal of Sex & Marital Therapy, 19,* 41–55.

Hurst, C. S., Baranik, L. E., & Daniel, F. (2012). College student stressors: A review of the qualitative research. *Stress and Heart, 29,* 275–285.

Hyde, J. S. (1990). *Understanding human sexuality* (4th ed.). New York: McGraw-Hill.

Hyde, J. S. (2005). The genetics of sexual orientation. In J. S. Hyde (Ed.), *Biological substrates of human sexuality.* Washington, DC: American Psychological Association.

Iacovino, J. M., Jackson, J. J., & Oltmanns, T. F. (2014). The relative impact of socioeconomic status and childhood trauma on Black-White differences in paranoid personality disorder symptoms. *Journal of Abnormal Psychology, 123*(1), 225–230.

Iadarola, S., Hetherington, S., Clinton, C., Dean, M., Reisinger, E., Huynh, L., & Kasari, C. (2015). Services for children with autism spectrum disorder in three, large urban school districts: Perspectives of parents and educators. *Autism; The International Journal of Research and Practice, 19*(6), 694–703.

Iglesias, E. B., Fernández del Río, E., Calafat, A., & Fernández-Hermida, J. R. (2014). Attachment and substance use in adolescence: A review of conceptual and methodological aspects. *Adicciones, 26*(1), 77–86.

Igwe, M. N. (2013). Dissociative fugue symptoms in a 28-year-old male Nigerian medical student: A case report. *Journal of Medical Case Reports, 7,* 143.

Ihle, W., Jahnke, D., Heerwagen, A., & Neuperdt, C. (2005). Depression, anxiety, and eating disorders and recalled parental rearing behavior. *Kindheit Entwicklung, 14*(1), 30–38.

Ilahan, D. P., Kauffman, J. M., & Pullen, P. C. (2014). *Exceptional learners: An introduction to Special Education Access Card Package 13th.* New York: Pearson Education.

Ingram, R. E., Nelson, T., Steidtmann, D. K., & Bistricky, S. L. (2007). Comparative data on child and adolescent cognitive measures associated with depression. *Journal of Consulting and Clinical Psychology, 75*(3), 390–403.

Inman, A. G., & DeBoer Kreider, E. (2013). Multicultural competence: Psychotherapy practice and supervision. *Psychotherapy, 50*(3), 346–350.

Inouye, S. K. (2006). Delirium in older persons. *New England Journal of Medicine, 354*(11), 1157–1165.

Inouye, S. K., Bogardus, S. T., Jr., Williams, C. S., Leo-Summers, L., & Agostini, J. V. (2003). The role of adherence on the effectiveness of nonpharmacologic interventions: Evidence from the delirium prevention trial. *Archives of Internal Medicine, 163,* 958–964.

Insel, T. R., & Lieberman, J. A. (2013). *DSM-5 and RDoC: Shared interests.* Retrieved from http://www.nimh.nih.gov/news/science-news/2013.

Isacsson, G., & Adler, M. (2012). Randomized clinical trials underestimate the efficacy of antidepressants in less severe depression. *Acta Psychiatrica Scandinavica, 125*(6), 453–459.

Isacsson, G., Reutfors, J., Papadopoulos, F. C., Ösby, U., & Ahlner, J. (2010). Antidepressant medication prevents suicide in depression. *Acta Psychiatrica Scandinavica, 122*(6), 454–460.

Isacsson, G., & Rich, C. L. (2014). Antidepressant drugs and the risk of suicide in children and adolescents. *Pediatric Drugs, 16*(2), 115–122.

Isasi, C. R., Ostrovsky, N. W., & Wills, T. A. (2013). The association of emotion regulation with lifestyle behaviors in inner-city adolescents. *Eating Behaviors, 14*(4), 518–521.

Ishii, M., & Iadecola, C. (2015). Metabolic and non-cognitive manifestations of Alzheimer's disease: The hypothalamus as both culprit and target of pathology. *Cell Metabolism.* [Electronic publication.]

Islam, M. M., Conigrave, K. M., Day, C. A., Nguyen, Y., & Haber, P. S. (2014). Twenty-year trends in benzodiazepine dispensing in the Australian population. *Internal Medicine Journal, 44*(1), 57–64.

Isolan, L., Salum, G. A., Osowski, A. T, Zottis, G. H., & Manfro, G. G. (2013). Victims and bully-victims but not bullies are groups associated with anxiety symptomatology among Brazilian children and adolescents. *European Child & Adolescent Psychiatry, 22*(10), 641–648.

Isomaa, R., and Isomaa, A.-L. (2014). And then what happened? A 5-year follow-up of eating disorder patients. *Nordic Journal of Psychiatry, 68*(8), 567–572.

Ito, Y., & Sagara, J. (2014). Gender differences in measures of mental health associated with a marital relationship. *Shinrigaku Kenkyu: The Japanese Journal of Psychology, 84*(6), 612–617.

Iwadare, Y., Usami, M., Suzuki, Y., Ushijima, H., Tanaka, T., Watanabe, K., . . . Saito, K. (2014). Posttraumatic symptoms in elementary and junior high school children after the 2011 Japan earthquake and tsunami: Symptom severity and recovery vary by age and sex. *The Journal of Pediatrics, 164*(4), 917–921.e1.

IWS (Internet World Stats). (2011). *Top 20 countries with the highest number of internet users.* Retrieved from Internet World Stats website: http://www.internetworldstats.com/top20.htm.

IWS (Internet World Stats). (2015). *Internet users in the world: Distribution by world regions, 2014 Q4.* Retrieved from Internet World Stats website: http://www.internetworldstats.com/stats.htm.

Iza, M., Wall, M. M., Heimberg, R. G., Rodebaugh, T. L., Schneier, F. R., Liu, S., & Blanco, C. (2014). Latent structure of social fears and social anxiety disorders. *Psychological Medicine, 44*(2), 361–370.

Jablensky, A. (2000). Epidemiology of schizophrenia: The global burden of disease and disability. *European Archives of Psychiatry and Clinical Neuroscience, 250*, 274–285.

Jabr, F. (2013, October 15). How the brain gets addicted to gambling. *Scientific American.*

Jackson, B. R., & Bergeman, C. S. (2011). How does religiosity enhance well being? The role of perceived control. *Psychology of Religion and Spirituality, 3*(2), 149–161.

Jackson, M. L., Sztendur, E. M., Diamond, N. T., Byles, J. E., & Bruck, D. (2014). Sleep difficulties and the development of depression and anxiety: A longitudinal study of young Australian women. *Archives of Women's Mental Health, 17*(3), 189–198.

Jackson, S. L. (2012). *Research methods and statistics: A critical thinking approach.* (4th ed.). Independence, KY: Cengage Learning.

Jacob, M., Larson, M., & Storch, E. (2014). Insight in adults with obsessive-compulsive disorder. *Comprehensive Psychiatry, 55*(4), 896–903.

Jacobi, C., & Fittig, E. (2010). In W. S. Agras (Ed.), *The Oxford handbook of eating disorders. Oxford library of psychology* (pp. 123–136). New York: Oxford University Press.

Jacobs, D. (2011). *Analyzing criminal minds: Forensic investigative science for the 21st century. Brain, behavior, and evolution.* Santa Barbara, CA: Praeger/ABC-CLIO.

Jacobs, M. (2003). *Sigmund Freud.* London: Sage.

Jacobson, G. (1999). The inpatient management of suicidality. In D. G. Jacobs (Ed.), *The Harvard Medical School guide to suicide assessment and intervention.* San Francisco: Jossey-Bass.

Jaffe, S. L., & Klein, M. (2010). Medical marijuana and adolescent treatment. *American Journal on Addictions, 19*(5), 460–461.

Jager, L. R., & Leek, J. T. (2013). Empirical estimates suggest most published medical research is true. Ithaca, NY: Cornell University Library.

Jäger, M., Frasch, K., & Becker, T. (2013). [Syndromal versus nosological diagnosis]. *Der Nervenarzt, 84*(9), 1081.

James, A. C., James, G., Cowdrey, F. A., Soler, A., & Choke, A. (2015). Cognitive behavioural therapy for anxiety disorders in children and adolescents. *The Cochrane Database of Systematic Reviews, 2*, CD004690.

James, S. D. (2014, February 12). Neknomination deadly drinking game takes off on Internet. *ABC News online.*

James, W. (1890). *Principles of psychology* (Vol. 1). New York: Holt, Rinehart & Winston.

Jamison, K. R. (1995, February). Manic-depressive illness and creativity. *Scientific American,* pp. 63–67.

Jamison, K. R. (1995). *An unquiet mind.* New York: Vintage Books.

Janis, R. A. (2015). Collaborating with Alexander Scriabine and the Miles Institute for Preclinical Pharmacology. *Biochemical Pharmacology.* [Electronic publication.]

Jansen, R., Penninx, B. H., Madar, V., Xia, K., Milaneschi, Y., Hottenga, J. J., . . . Sullivan, P. F. (2015). Gene expression in major depressive disorder. *Molecular Psychiatry.* [Electronic publication.]

Janssen, S. J., Hearne, T. L., & Takarangi, M. T. (2015). The relation between self-reported PTSD and depression symptoms and the psychological distance of positive and negative events. *Journal of Behavior Therapy and Experimental Psychiatry, 48*, 177–184.

Janus, S. S., & Janus, C. L. (1993). *The Janus report on sexual behavior.* New York: Wiley.

Jefferson, D. J. (2005, August 8). America's most dangerous drug. *Newsweek, 146*(6), 40–48.

Jenike, M. A. (1992). New developments in treatment of obsessive-compulsive disorder. In A. Tasman & M. B.
Riba (Eds.), *Review of psychiatry* (Vol. 11). Washington, DC: American Psychiatric Press.

Jensen, M. P., Day, M. A., & Miró, J. (2014). Neuromodulatory treatments for chronic pain: Efficacy and mechanisms. *Nature Reviews Neurology, 10*(3), 167–178.

Jensen, M. P., Ehde, D. M.,. Gertz, K. J., Stoelb, B. L., Dillworth, T. M., Hirsh, A. T., . . . Kraft, G. H. (2011). Effects of self-hypnosis training and cognitive restructuring on daily pain intensity and catastrophizing in individuals with multiple sclerosis and chronic pain. *International Journal of Clinical and Experimental Hypnosis, 59*(1), 45–63.

Jessen, F. (2014). Therapy for patients with dementia: Treatment strategies in the elderly. *Der Internist, 55*(7), 769–774.

Jeste, D. V., Blazer, D. G., & First, M. (2005). Aging-related diagnostic variations: Need for diagnostic criteria appropriate for elderly psychiatric patients. *Biological Psychiatry, 58*(4), 265–271.

Jhanjee, S. (2014). Evidence based psychosocial interventions in substance use. *Indian Journal of Psychological Medicine, 36*(2), 112–118.

Jia, J., Zhou, A., Wei, C., Jia, X., Wang, F., Li, F., . . . Dong, X. (2014). The prevalence of mild cognitive impairment and its etiological subtypes in elderly Chinese. *Alzheimer's & Dementia, 10*(4), 439–447.

Jiang, W., Krishnan, R., Kuchibhatla, M., Cuffe, M. S., Martsberger, C., Arias, R. M., & O'Connor, C. M. (2011). Characteristics of depression remission and its relation with cardiovascular outcome among patients with chronic heart failure (from the SAD-HART-CHF Study). *American Journal of Cardiology, 107*(4), 545–551.

Jiann, B.-P., Su, C.-C., & Tsai, J.-Y. (2013). Is female sexual function related to the male partners' erectile function? *Journal of Sexual Medicine, 10*, 420–429.

Jimenez, D. E., Alegria, M., Chen, C.-N., Chan, D., & Laderman, M. (2010). Prevalence of psychiatric illnesses in older ethnic minority adults. *Journal of the American Geriatrics Society, 38*(2), 256–264.

Jiron, C. (2010). Assessing and intervening with children with externalizing disorders. In D. C. Miller (Ed.), *Best practices in school neuropsychology: Guidelines for effective practice, assessment, and evidence-based intervention* (pp. 359–386). Hoboken, NJ: John Wiley & Sons.

Joe, S., Ford, B. C., Taylor, R. J., & Chatters, L. M. (2014). Prevalence of suicide ideation and attempts among Black Americans in later life. *Transcultural Psychiatry, 51*(2), 190–208.

Johansson, A., Sundborn, E., Höjerback, T., & Bodlund, O. (2010). A five-year follow-up study of Swedish adults with gender identity disorder. *Archives of Sexual Behavior, 39*(6), 1429–1437.

Johnson, D. P., & Whisman, M. A. (2013). Gender differences in rumination: A meta-analysis. *Personality and Individual Differences, 55*(4), 367–374.

Johnson, D. P., Whisman, M. A., Corley, R. P., Hewitt, J. K., & Friedman, N. P. (2014). Genetic and environmental influences on rumination and its covariation with depression. *Cognition & Emotion, 28*(7), 1270–1286.

Johnson, L. A. (2005, July 21). Lobotomy back in spotlight after 30 years. *Netscape News.*

Johnson, S., Sathyaseelan, M., Charles, H., & Jacob, K. S. (2014). Predictors of disability: A 5-year cohort study of first-episode schizophrenia. *Asian Journal of Psychiatry, 9*, 45–50.

Johnson, W. E., Jr. (Ed.). (2010). *Social work with African American males: Health, mental health, and social policy.* New York: Oxford University Press.

Johnston, L. D., O'Malley, P. M., Miech, R. A., Bachman, J. G., & Schulenberg, J. E. (2014). *Monitoring the future national results on drug use, 1975–2013: Overview, key findings on adolescent drug use.* Ann Arbor, MI: Institute for Social Research, University of Michigan.

Jones, M. C. (1968). Personality correlates and antecedents of drinking patterns in males. *Journal of Consulting and Clinical Psychology, 32*, 2–12.

Jones, M. C. (1971). Personality antecedents and correlates of drinking patterns in women. *Journal of Consulting and Clinical Psychology, 36,* 61–69.

Joshi, S. V., Hartley, S. N., Kessler, M., & Barstead, M. (2015). School-based suicide prevention: Content, process, and the role of trusted adults and peers. *Child and Adolescent Psychiatric Clinics of North America, 24*(2), 353–370.

Jovanovic, T., Nylocks, K. M., Gamwell, J. L., Smith, A., Davis, T. A., Norrholm, S. D., & Bradley, B. (2014). Development of fear acquisition and extinction in children: Effects of age and anxiety. *Neurobiology of Learning and Memory, 113,* 135–142.

Juan, W., Ziao-Juan, D., Jia-Ji, W., Xin-Wang, W., & Liang, X. (2011). How do risk-taking behaviors relate to suicide ideation and attempts in adolescents? *Clinician's Research Digest, 29*(1).

Juckel, G. (2014). Serotonin: From sensory processing to schizophrenia using an electrophysiological method. *Behavioural Brain Research, 277,* 121–124.

Judge, C., O'Donovan, C., Callaghan, G., Gaoatswe, G., & O'Shea, D. (2014). Gender dysphoria: Prevalence and co-morbidities in an Irish adult population. *Frontiers in Endocrinology, 5,* 87.

Kabat-Zinn, J. (2005). *Wherever you go, there you are: Mindfulness meditation in everyday life.* New York: Hyperion.

Kagan, J. (2003). Biology, context and developmental inquiry. *Annual Review of Psychology, 54,* 1–23.

Kagan, J. (2007). The limitations of concepts in developmental psychology. In G. W. Ladd (Ed.), *Appraising the human developmental sciences: Essays in honor of Merrill-Palmer Quarterly* (pp. 30–37). Detroit, MI: Wayne State University Press.

Kahn, A. P., & Fawcett, J. (1993). *The encyclopedia of mental health.* New York: Facts on File.

Kaij, L. (1960). Alcoholism in twins: Studies on the etiology and sequels of abuse of alcohol. Stockholm: Almquist & Wiksell.

Kaiser Family Foundation. (2010). *Distribution of U.S. population by race/ethnicity, 2010 and 2050.* Menlo Park, CA: Author.

Kalin, N. H. (1993, May). The neurobiology of fear. *Scientific American,* pp. 94–101.

Kalmbach, D. A., Kigsberg, S. A., & Ciesla, J. A. (2014). How changes in depression and anxiety symptoms correspond to variations in female sexual response in a nonclinical sample of young women: A daily diary study. *Journal of Sexual Medicine, 11*(12), 2915–2927.

Kambam, P., & Benedek, E. P. (2010). Testifying: The expert witness in court. In E. P. Benedek, P. Ash, & C. L. Scott (Eds.), *Principles and practice of child and adolescent forensic mental health* (pp. 41–51). Arlington, VA: American Psychiatric Publishing.

Kang, H. S., Myung, W., Na, D. L., Kim, S. Y., Lee, J., Han, S., . . . Kim, D. K. (2014). Factors associated with caregiver burden in patients with Alzheimer's disease. *Psychiatry Investigation, 11*(2), 152–159.

Kangelaris, K. N., Vittinghoff, E., Otte, C., Na, B., Auerbach, A. D., & Whooley, M. A. (2010). Association between a serotonin transporter gene variant and hopelessness among men in the Heart and Soul Study. *Journal of General Internal Medicine, 25*(10), 1030–1037.

Kanner, B. (1995). *Are you normal? Do you behave like everyone else?* New York: St. Martin's Press.

Kanner, B. (1998, February). Are you normal? Turning the other cheek. *American Demographics.*

Kanner, B. (2005). *Are you normal about sex, love, and relationships?* New York: St. Martin's Press.

Kanner, L. (1943). Autistic disturbances of affective contact. *Nervous Child, 2,* 217.

Kanner, L. (1954). To what extent is early infantile autism determined by constitutional inadequacies? In *Genetics and the Inheritance of Integrated Neurological and Psychiatric Patterns.* Baltimore: Williams and Wilkins.

Kantor, M. (2006). The psychopathy of everyday life. In T. G. Plante (Ed.), *Mental disorders of the new millennium, Vol. 1: Behavioral issues.* Westport, CT: Praeger Publishers.

Kantor, M. (2010). *The essential guide to overcoming avoidant personality disorder.* Santa Barbara, CA: Praeger/ABC-CLIO.

Kantrowitz, B., & Springen, K. (2004, August 9). What dreams are made of. *Newsweek, 144*(6), 40–47.

Kaplan, H. S. (1974). *The new sex therapy: Active treatment of sexual dysfunction.* New York: Brunner/Mazel.

Karch, C. M., Jeng, A. T., & Goate, A. M. (2013). Calcium phosphatase calcineurin influences tau metabolism. *Neurobiology of Aging, 34*(2), 374–386.

Kashdan, T. B., Adams, L., Savostyanova, A., Ferssizidis, P., McKnight, P. E., & Nezlek, J. B. (2011). Effects of social anxiety and depressive symptoms on the frequency and quality of sexual activity: A daily process approach. *Behaviour Research and Therapy, 49*(5), 352–360.

Kass, A. E., Kolko, R. P., & Wilfley, D. E. (2013). Psychological treatments for eating disorders. *Current Opinion in Psychiatry, 26*(6), 549–555.

Kassel, J. D., Wardle, M. C., Heinz, A. J., & Greenstein, J. E. (2010). Cognitive theories of drug effects on emotion. In J. D. Kassel (Ed.), *Substance abuse and emotion* (pp. 61–82). Washington, DC: American Psychological Association.

Kaufman, L. (2014, February 4). In texting era, crisis hotlines put help at youths' fingertips. *New York Times.*

Kaufman, S. B. (2013, October 3). The real link between creativity and mental illness. *Scientific American.*

Kawas, C., Resnick, S., Morrison, A., Brookmeyer, R., Corrada, M., Zonderman, A., . . . Metter, E. (1997). A prospective study of estrogen replacement therapy and the risk of developing Alzheimer's disease: The Baltimore Longtitudinal Study of Aging. *Neurology, 48*(6), 1517–1521.

Kaye, W. H. (2011). Neurobiology of anorexia nervosa. In D. Le Grange & J. Lock (Eds.), *Eating disorders in children and adolescents: A clinical handbook.* New York: Guilford Publications.

Kaye, W. H., Frank, G. K., Bailer, U. F., Henry, S. E., Meltzer, C. C., Price, J. C., . . . Wagner, A. (2005). Serotonin alterations in anorexia and bulimia nervosa: New insights from imaging studies. *Physiological Behavior, 85*(1), 73–81.

Kaye, W. H., Wierenga, C. E., Bailer, U. F., Simmons, A. N., & Bischoff-Grethe, A. (2013). Nothing tastes as good as skinny feels: The neurobiology of anorexia nervosa. *Trends in Neurosciences, 36*(2), 110–120.

Kazano, H. (2012). Asylum: The huge psychiatric hospital in the 19th century U.S. *Seishin Shinkeigaku Zasshi = Psychiatria Et Neurologia Japonica, 114*(10), 1194–1200.

Kazdin, A. E. (2002). Psychosocial treatments for conduct disorder in children and adolescents. In P. E. Nathan & J. M. Gorman (Eds.), *A guide to treatments that work* (2nd ed., pp. 57–85). London: Oxford University Press.

Kazdin, A. E. (2005). *Parent management training: Treatment for oppositional, aggressive, and antisocial behavior in children and adolescents.* New York: Oxford University Press.

Kazdin, A. E. (2006). Assessment and evaluation in clinical practice. In R. J. Sternberg, C. D. Goodheart, & A. E. Kazdin (Eds.), *Evidence-based psychotherapy: Where practice and research meet* (pp. 153–177). Washington, DC: American Psychological Association.

Kazdin, A. E. (2007). Psychosocial treatments for conduct disorder in children and adolescents. In P. E. Nathan & J. M. Gorman (Eds.), *A guide to treatments that work* (3rd ed., pp. 71–104). New York: Oxford University Press.

Kazdin, A. E. (2010). Problem-solving skills training and parent management training for oppositional defiant disorder and conduct disorder. In J. R. Weisz, & A. E. Kazdin (Eds.), *Evidence-based psychotherapies for children and adolescents* (2nd ed., pp. 211–226). New York: Guilford Press.

Kazdin, A. E. (2012). *Behavior modification in applied settings* (7th ed.). Long Grove, IL: Waveland Press.

Kazdin, A. E. (2013). Evidence-based treatment and usual care: Cautions and qualifications. *JAMA Psychiatry, 70*(7), 666–667.

Kazdin, A. E. (2015). Clinical dysfunction and psychosocial interventions: The interplay of research, methods, and conceptualization of challenges. *Annual Review of Clinical Psychology, 11,* 25–52.

Kearney, C. A. (2013). *Casebook in child behavior disorders* (5th ed.). Independence, KY: Cengage Publications.

Kedmey, D. (2013, June 5). Avatar therapy may silence schizophrenia sufferers' demons. *Time.*

Keefer, A. (2015, January 28). Elderly living with family. *Livestrong.com.* Retrieved from Live Strong website: http://www.livestrong.com/article/95828.

Keel, P. K., & McCormick, L. (2010). Diagnosis, assessment, and treatment planning for anorexia nervosa. In C. M. Grilo & J. E. Mitchell (Eds.), *The treatment of eating disorders: A clinical handbook* (pp. 3–27). New York: Guilford Press.

Keen, E. (1970). *Three faces of being: Toward an existential clinical psychology.* By the Meredith Corp. Reprinted by permission of Irvington Publishers.

Keeshin, B. R., Strawn, J. R., Luebbe, A. M., Saddaña, S. N., Wehry, A. M., DelBello, M. P., & Putnam, F. W. (2014). Hospitalized youth and child abuse: A systematic examination of psychiatric morbidity and clinical severity. *Child Abuse & Neglect, 38*(1), 76–83.

Kelleher, E., & Campbell, A. (2011). A study of consultant psychiatrists' response to patients' suicide. *Irish Journal of Psychological Medicine, 28*(1), 35–37.

Keller, W. R., Fischer, B. A., McMahon, R., Meyer, W., Blake, M., & Buchanan, R. W. (2014). Community adherence to schizophrenia treatment and safety monitoring guidelines. *Journal of Nervous and Mental Disease, 202*(1), 6–12.

Kellett, S., & Hardy, G. (2014). Treatment of paranoid personality disorder with cognitive analytic therapy: A mixed methods single case experimental design. *Clinical Psychology & Psychotherapy, 21*(5), 452–464.

Kelley, M. L., Linden, A. N., Milletich, R. J., Lau-Barraco, C., Kurtz, E. D., D'Lima, G. M., . . . Sheehan, B. E. (2014). Self and partner alcohol-related problems among ACOAs and non-ACOAs: Associations with depressive symptoms and motivations for alcohol use. *Addictive Behaviors, 39*(1), 211–218.

Kelly, M. A., & Barry, L. M. (2010). Identifying and alleviating the stresses of college students through journal writing. In K. M. T. Collins, A. J. Onwuegbuzie, & Q. G. Jiao (Eds.), *Toward a broader understanding of stress and coping: Mixed methods approaches. Research on stress and coping in education* (pp. 343–370). Greenwich, VT: IAP Information Age Publishing.

Kemp, C. G., & Collings, S. C. (2011). Hyperlinked suicide: Assessing the prominence and accessibility of suicide websites. *Crisis: Journal of Crisis Intervention and Suicide Prevention, 32*(3), 143–151.

Kemp, D. R. (1994). *Mental health in the workplace: An employer's and manager's guide.* Westport, CT: Quorum Books.

Kendall-Tackett, K. A. (2010). *Depression in new mothers: Causes, consequences, and treatment alternatives* (2nd ed.). New York: Routledge/Taylor & Francis Group.

Kendall, J., & Hatton, D. (2002). Racism as a source of health disparity in families with children with attention deficit hyperactivity disorder. *Advances in Nursing Science, 25*(2), 22–39.

Kendler, K. S., Heath, A., & Martin, N. G. (1987). A genetic epidemiologic study of self-report suspiciousness. *Comprehensive Psychiatry, 28*(3), 187–196.

Kendler, K. S., Neale, M. C., Kessler, R. C., Heath, A. C., & Eaves, L. J. (1993). Panic disorder in women: A population-based twin study. *Psychological Medicine, 23,* 397–406.

Kendler, K. S., Ochs, A. L., Gorman, A. M., Hewitt, J. K., Ross, D. E., & Mirsky, A. F. (1991). The structure of schizotypy: A pilot multitrait twin study. *Psychiatry Research, 36*(1), 19–36.

Kendler, K. S., Walters, E. E., Neale, M. C., Kessler, R. C., Heath, A. C., & Eaves, L. J. (1995). The structure of the genetic and environmental risk factors for six major psychiatric disorders in women: Phobia, generalized anxiety disorder, panic disorder, bulimia, major depression, and alcoholism. *Archives of General Psychiatry, 52*(5), 374–383.

Kenedi, C., Sames, C., & Paice, R. (2013). A systematic review of factitious decompression sickness. *Undersea Hyperbaric Medicine, 40*(3), 267–274.

Kennedy, J. L., Altar, C. A., Taylor, D. L., Degtiar, I., & Hornberger, J. C. (2014). The social and economic burden of treatment-resistant schizophrenia: A systematic literature review. *International Clinical Psychopharmacology, 29*(2), 63–76.

Kerber, K., Taylor, K., & Riba, M. B. (2011). Treatment resistant depression and comorbid medical problems: Cardiovascular disease and cancer. In J. F. Greden, M. B. Riba, & M. G. McInnis (Eds.), *Treatment resistant depression: A roadmap for effective care* (pp. 137–156). Arlington, VA: American Psychiatric Publishing.

Kerekes, N., Lundström, S., Chang, Z., Tajnia, A., Jern, P., Lichtenstein, P., . . . Anckarsäter, H. (2014). Oppositional defiant- and conduct disorder-like problems: Neurodevelopmental predictors and genetic background in boys and girls, in a nationwide twin study. *Peer Journal, 22*(2), e359.

Kern, M. L., & Friedman, H. S. (2011). Personality and pathways of influence on physical health. *Social and Personality Psychology Compass, 5*(1), 76–87.

Kernberg, O. F. (1989). Narcissistic personality disorder in childhood. *Psychiatric Clinics of North America, 12*(3), 671–694.

Kernberg, O. F. (1992). *Aggression in personality disorders and its perversions.* New Haven, CT: Yale University Press.

Kernberg, O. F. (1997). Convergences and divergences in contemporary psychoanalytic technique and psychoanalytic psychotherapy. In J. K. Zeig (Ed.), *The evolution of psychotherapy: The third conference.* New York: Brunner/Mazel.

Kernberg, O. F. (2005). Object relations theories and technique. In E. S. Person, A. M. Cooper, & G. O. Gabbard (Eds.), *The American Psychiatric Publishing textbook of psychoanalysis* (pp. 57–75). Washington, DC: American Psychiatric Publishing.

Kernberg, O. F. (2010). Narcissistic personality disorder. In J. F. Clarkin, P. Fonagy, & G. O. Gabbard (Eds.), *Psychodynamic psychotherapy for personality disorders: A clinical handbook* (pp. 257–287). Arlington, VA: American Psychiatric Publishing.

Kerr, C. E., Sacchet, M. D., Lazar, S. W., Moore, C. I., & Jones, S. R. (2013). Mindfulness starts with the body: Somatosensory attention and top-down modulation of cortical alpha rhythms in mindfulness meditation. *Frontiers in Human Neuroscience, 7*(12), 1–15.

Kerr, J. H., Lindner, K. J., & Blaydon, M. (2007). *Exercise dependence.* London: Routledge.

Kessler, R. C. (2002). Epidemiology of depression. In I. H. Gotlib & C. L. Hammen (Eds.), *Handbook of depression* (pp. 23–42). New York: Guilford Press.

Kessler, R. C., Adler, L. A., Barkley, R., Biederman, J., Conners, C. K., Faraone, S. V., . . . Zaslavsky, A. M. (2005). Patterns and predictors of attention-deficit/hyperactivity disorder persistence into adulthood: Results from the National Comorbidity Survey Replication. *Biological Psychiatry, 57*(11), 1442–1451.

Kessler, R. C., Avenevoli, S., Green, J., Gruber, M. J., Guyer, M., He, Y., . . . Merikangas, K. R. (2009). National comorbidity survey replication adolescent supplement (NCS-A): III. concordance of DSM-IV/CIDI diagnoses with clinical reassessments. *Journal of the American Academy of Child & Adolescent Psychiatry, 48*(4), 386–399.

Kessler, R. C., Chiu, W. T., Jin, R., Ruscio, A. M., Shear, K., & Walters, E. E. (2006). The epidemiology of panic attacks, panic disorder, and agoraphobia in the National Comorbidity Survey Replication. *Archives of General Psychiatry, 63,* 415–424.

Kessler, R. C., Demier, O., Frank, R. G., Olfson, M., Pincus, H. A., Walters, E. E., . . . Zaslavsky, A. M. (2005). Prevalence and treatment of mental disorders, 1990 to 2003. *New England Journal of Medicine, 352*(24), 2515–2523.

Kessler, R. C., DuPont, R. L., Berglund, P., & Wittchen, H. U. (1999). Impairment in pure and comorbid generalized anxiety disorder and major depression at 12 months in two national surveys. *American Journal of Psychiatry, 156*(12), 1915–1923.

Kessler, R. C., Gruber, M., Hettema, J. M., Hwang, I., Sampson, N., & Yonkers, K. A. (2010). Major depression and generalized anxiety disorder in the National Comorbidity Survey follow-up survey. In D. Goldberg, K. S. Kendler, P. J. Sirovatka, & D. A. Regier (Eds.), *Diagnostic issues in depression and generalized anxiety disorder: Refining the research agenda for DSM-V* (pp. 139–170). Washington, DC: American Psychiatric Association.

Kessler, R. C., McGonagle, K. A., Zhao, S., Nelson, C. B., Hughes, M., Eshleman, S., . . . Kendler, K. S. (1994). Lifetime and 12-month prevalence of DSM-III-R psychiatric disorders among persons aged 15–54 in the United States: Results from the National Comorbidity Survey. *Archives of General Psychiatry, 51*(1), 8–19.

Kessler, R. C., Petukhova, M., Sampson, N. A., Zaslavsky, A. M., & Wittchen, H. (2012). Twelve–month and lifetime prevalence and lifetime morbid risk of anxiety and mood disorders in the United States. *International Journal of Methods in Psychiatric Research, 21*(3), 169–184.

Kessler, R. C., Ruscio, A. M., Shear, K., & Wittchen, H-U. (2010). Epidemiology of anxiety disorders. In M. B. Stein & T. Steckler (Eds.), *Behavioral neurobiology of anxiety and its treatment. Current topics in behavioral neurosciences* (pp. 21–35). New York: Springer Science + Business Media.

Kety, S. S. (1988). Schizophrenic illness in the families of schizophrenic adoptees: Findings from the Danish national sample. *Schizophrenia Bulletin, 14*(2), 217–222.

Kety, S. S., Rosenthal, D., Wender, P. H., & Schulsinger, F. (1968). The types and prevalence of mental illness in the biological and adoptive families of schizophrenics. *Journal of Psychiatric Research, 6,* 345–362.

Keuthen, N. J., Koran, L. M., Aboujaoude, E., Large, M. D., Serpe, R. T. (2010). The prevalence of pathologic skin picking in US adults. *Comprehensive Psychiatry, 51*(2), 183–186.

Keuthen, N. J., Rothbaum, B. O., Welch, S. S., Taylor, C., Falkenstein, M., Heekin, M., . . . Jernike, M. A. (2010). Pilot trial of dialectical behavior therapy-enhanced habit reversal for trichotillomania. *Depression & Anxiety, 27*(10), 953–959.

Keuthen, N. J., Siev, J., & Reese, H. (2012). Assessment of trichotillomania, pathological skin picking, and stereotypic movement disorder. In J. E. Grant, D. J. Stein, D. W. Woods, & N. J. Keuthen (Eds.), *Trichotillomania, skin picking, and other body-focused repetitive behaviors* (pp. 129–150). Arlington, VA: American Psychiatric Publishing.

Keys, A., Brozek, J., Henschel, A., Mickelson, O., & Taylor, H. L. (1950). *The biology of human starvation.* Minneapolis: University of Minnesota Press.

Keyser-Marcus, L., Alvanzo, A., Rieckmann, T., Thacker, L., Sepulveda, A., Forcehimes, A., . . . Svikis, D. S. (2015). Trauma, gender, and mental health symptoms in individuals with substance use disorders. *Journal of Interpersonal Violence, 30*(1), 3–24.

Khan, A. (2015). The amyloid hypothesis and potential treatments for Alzheimer's disease. *Journal of Quality Research in Dementia, 4.* Retrieved from Alzheimers website: http://www.alzheimers.org.uk.

Khatri, N., Marziali, E., Techernokov, I., & Shepherd, N. (2014). Comparing telehealth-based and clinic-based group cognitive behavioral therapy for adults with depression and anxiety: A pilot study. *Clinical Interventions in Aging, 9,* 765–770.

Khoury, B., Lecomte, T., Fortin, G., Masse, M., Therien, P., Bouchard, V., . . . Hofmann, S. G. (2013) Mindfulness-based therapy: A comprehensive meta-analysis. *Clinical Psychology Review, 33*(6), 763–771.

Kibler, J. L., Joshi, K., & Hughes, E. E. (2010). Cognitive and behavioral reactions to stress among adults with PTSD: Implications for immunity and health. In K. Kendall-Tackett (Ed.), *The psychoneuroimmunology of chronic disease: Exploring the links between inflammation, stress, and illness* (pp. 133–158). Washington, DC: American Psychological Association.

Kibria, A. A., & Metcalfe, N. H. (2014). A biography of William Tuke (1732–1822): Founder of the modern mental asylum. *Journal of Medical Biography*. [Electronic publication.]

Kiecolt-Glaser, J. K., Garner, W., Speicher, C., Penn, G. M., Holliday, J., & Glaser, R. (1984). Psychosocial modifiers of immunocompetence in medical students. *Psychosomatic Medicine, 46*, 7–14.

Kiecolt-Glaser, J. K., Glaser, R., Gravenstein, S., Malarkey, W. B., & Sheridan, J. (1996). Chronic stress alters the immune response to influenza virus vaccine in older adults. *Proceedings of the National Academy of Science, 93*, 3043–3047.

Kiecolt-Glaser, J. K., McGuire, L., Robles, S. F., & Glaser, R. (2002). Psychoneuroimmunology: Psychological influences on immune function and health. *Journal of Consulting and Clinical Psychology, 70*(3), 537–547.

Kienast, T., Stoffers, J., Bermpohl, F., & Lieb, K. (2014). Borderline personality disorder and comorbid addiction: Epidemiology and treatment. *Deutsches Ärzteblatt International, 111*(16), 280–286.

Kiernan, W. (2000). Where we are now: Perspectives on employment of persons with mental retardation. *Focus on Autism and Other Developmental Disabilities, 15*(2), 90–96.

Kiesler, D. J. (1966). Some myths of psychotherapy research and the search for a paradigm. *Psychological Bulletin, 65*, 110–136.

Kiesler, D. J. (1995). Research classic: Some myths of psychotherapy research and the search for a paradigm: Revisited. *Psychotherapy Research, 5*(2), 91–101.

Kiev, A. (1989). Suicide in adults. In J. G. Howells (Ed.), *Modern perspectives in the psychiatry of the affective disorders*. New York: Brunner/Mazel.

Kikuchi, H., Fujii, T., Abe, N., Suzuki, M., Takagi, M., Mugikura, S., . . . Mori, E. (2010). Memory repression: Brain mechanisms underlying dissociative amnesia. *Journal of Cognitive Neuroscience, 22*(3), 602–613.

Kim, D. R., Epperson, C. N., Weiss, A. R., & Wisner, K. L. (2014). Pharmacotherapy of postpartum depression: An update. *Expert Opinion on Pharmacotherapy, 15*(9), 1223–1234.

Kim, E. S., Chopik, W. J., & Smith, J. (2014). Are people healthier if their partners are more optimistic? The dyadic effect of optimism on health among older adults. *Journal of Psychosomatic Research, 76*(6), 447–453.

Kim, J., Han, J. Y., Shaw, B., McTavish, F., & Gustafson, D. (2010). The roles of social support and coping strategies in predicting breast cancer patients' emotional well-being: Testing mediation and moderation models. *Journal of Health Psychology, 15*(4), 543–552.

Kim, J. M., Park, J. W., & Lee, C. S. (2014). Evaluation of nocturnal bladder capacity and nocturnal urine volume in nocturnal enuresis. *Journal of Pediatric Urology, 10*(3), 559–563.

Kim, S., Ha, J. H., Yu, J., Park, D., & Ryu, S. (2014). Path analysis of suicide ideation in older people. *International Psychogeriatrics/IPA, 26*(3), 509–515.

Kim, S. M., Baek, J. H., Han, D. H., Lee, Y. S., & Yurgelun-Todd, D. A. (2015). Psychosocial-environmental risk factors for suicide attempts in adolescents with suicide ideation: Findings from a sample of 73,238 adolescents. *Suicide & Life-Threatening Behavior, 45*(4), 477–487.

Kimball, A. (1993). Nipping and tucking. In Skin deep: Our national obsession with looks. *Psychology Today, 26*(3), 96.

Kimhi, Y., Agam Bem-Artzi, G., Ben-Moshe, I., & Bauminger-Zviely, N. (2014). Theory of mind and executive function in preschoolers with typical development versus intellectually

able preschoolers with autism spectrum disorder. *Journal of Autism and Developmental Disorders, 44*(9), 2341–2354.

King, A. P., Erickson, T. M., Giardino, N. D., Favorite, T., Rauch, S. A., Robinson, E., . . . Liberzon, I. (2013). A pilot study of group mindfulness-based cognitive therapy (MBCT) for combat veterans with posttraumatic stress disorder (PTSD). *Depression & Anxiety, 30*(7), 638–645.

King, L. (2002, March 19). Interview with Russell Yates. *Larry King Live, CNN.*

King, R. A. (2003). Psychodynamic approaches to youth suicide. In R. A. King & A. Apter (Eds.), *Suicide in children and adolescents* (pp. 150–169). New York: Cambridge University Press.

Kingsberg, S. A., Tkachenko, N., Lucas, J., Burbrink, A., Kreppner, W., & Dickstein, I. B. (2013). Characterization of orgasmic difficulties by women: Focus group evaluation. *Journal of Sexual Medicine, 10*, 2242–2250.

Kinon, B. J., Kollack-Walker, S., Jeste, D., Gupta, S., Chen, L., Case, M., . . . Stauffer, V. (2015). Incidence of tardive dyskinesia in older adult patients treated with olanzapine or conventional antipsychotics. *Journal of Geriatric Psychiatry and Neurology, 28*(1), 67–79.

Kirkcaldy, B. D., Richardson, R., & Merrick, J. (2010). Suicide risk. In J. M. Brown & E. A. Campbell (Eds.), *Cambridge Handbook of Forensic Psychology*. Cambridge: Cambridge University Press.

Kirmayer, L. J. (2001). Cultural variations in the clinical presentation of depression and anxiety: Implications for diagnosis and treatment. *Journal of Clinical Psychiatry, 62*(Suppl. 13), 22–28.

Kirmayer, L. J. (2002). The refugee's predicament. *Evolution Psychiatrique, 67*(4), 724–774.

Kirmayer, L. J. (2003). Failures of imagination: The refugee's narrative in psychiatry. *Anthropology and Medicine, 10*(2), 167–185.

Kiume, S. (2013). *Top 10 mental health apps: World of Psychology*. Retrieved from Wordpress website: http://mobilesocialwork.wordpress.com.

Kleespies, P. M., Van Orden, K. A., Bongar, B., Bridgeman, D., Bufka, L. F., Galper, D. I., Hillbrand, M., & Yufit, R. I. (2011). Psychologist suicide: Incidence, impact, and suggestions for prevention, intervention, and postvention. *Professional Psychology: Research and Practice, 42*(3), 244–251.

Klein, D. F. (1964). Delineation of two drug-responsive anxiety syndromes. *Psychopharmacologia, 5*, 397–408.

Klein, D. F., & Fink, M. (1962). Psychiatric reaction patterns to imipramine. *American Journal of Psychiatry, 119*, 432–438.

Klein, W. C., & Jess, C. (2002). One last pleasure? Alcohol use among elderly people in nursing homes. *Health & Social Work, 27*(3), 193–203.

Kleinman, A. (1987). Anthropology and psychiatry: The role of culture in cross-cultural research on illness. *British Journal of Psychiatry, 151*, 447–454.

Kleinman, A. (2004). Culture and depression. *New England Journal of Medicine, 351*(10), 951–953.

Kleinplatz, P. J. (2010). "Desire disorders" or opportunities for optimal erotic intimacy? In S. R. Leiblum (Ed.), *Treating sexual desire disorders: A clinical casebook* (pp. 92–113). New York: Guilford Press.

Kline, N. S. (1958). Clinical experience with iproniazid (Marsilid). *Journal of Clinical and Experimental Psychopathology, 19*(1, Suppl.), 72–78.

Kluft, R. P. (1987). The simulation and dissimulation of multiple personality disorder. *American Journal of Clinical Hypnosis, 30*(2), 104–118.

Kluft, R. P. (1988). The dissociative disorders. In J. Talbott, R. Hales, & S. Yudofsky (Eds.), *Textbook of psychiatry*. Washington, DC: American Psychiatric Press.

Kluft, R. P. (1991). Multiple personality disorder. In A. Tasman & S. M. Goldfinger (Eds.), *American Psychiatric Press review of psychiatry* (Vol. 10). Washington, DC: American Psychiatric Press.

Kluft, R. P. (1999). An overview of the psychotherapy of dissociative identity disorder. *American Journal of Psychotherapy, 53*(3), 289–319.

Kluft, R. P. (2000). The psychoanalytic psychotherapy of dissociative identity disorder in the context of trauma therapy. *Psychoanalytical Inquiry, 20*(2), 259–286.

Kluft, R. P. (2001). Dissociative disorders. In H. S. Friedman (Ed.), *Specialty articles from the encyclopedia of mental health*. San Diego: Academic Press.

Kluger, J. (2002, June 2). Pumping up your past. *Time.*

Knappich, M., Hörz-Sagstetter, S., Schwerthöffer, D., Leucht, S., & Rentrop, M. (2014). Pharmacotherapy in the treatment of patients with borderline personality disorder: Results of a survey among psychiatrists in private practices. *International Clinical Psychopharmacology, 29*(4), 224–228.

Knatz, S., Murray, S. B., Matheson, B., Boutelle, K. N., Rockwell, R., Eisler, I., & Kaye, W. H. (2015) A brief, intensive application of multi-family-based treatment for eating disorders. *Eating Disorders, 23*(4), 315–324.

Knecht, T. (2014). "Biastophilia"—rape as a form of paraphilia? *Archiv für Kriminologie, 233*(3–4), 130–135.

Knekt, P., Heinonen, E., Härkäpää, K., Järvikoski, A., Virtala, E., Rissanen, J., . . . The Helsinki Psychotherapy Study Group. (2015). Randomized trial on the effectiveness of long- and short-term psychotherapy on psychosocial functioning and quality of life during a 5-year-follow-up. *Psychiatry Research, 229*(1–2), 381–388.

Knoll, J. L. (2010). The "pseudocommando" mass murderer: Part I, the psychology of revenge and obliteration. *Journal of the American Academy of Psychiatry and the Law, 38*, 87–94.

Knoll, J. L. (2015). The psychiatrist's duty to protect. *CNS Spectrums, 20*(3), 215–222.

Knott, L. (2011). Delusions and hallucinations. *Patient.co.uk*. Retrieved from Patient website: http://www.patient.co.uk/print/1715.

Knott, L. (2011). Hypnagogic hallucinations. *Patient.co.uk*. Retrieved from Patient website: http://www.patient.co.uk/print/2297.

Knowthenet. (2013). Nineteen year old males revealed as top trolling target. *Knowthenet.org*, Retrieved from Know the Net website: http://www.knowthenet.org.uk/articles/nineteen-year-old-males-.

Knudson, R. M. (2006). Anorexia dreaming: A case study. *Dreaming, 16*(1), 43–52.

Koch, W. J., & Haring, M. (2008). Posttraumatic stress disorder. In M. Hersen & J. Rosqvist (Eds.), *Handbook of psychological assessment, case conceptualization, and treatment, Vol. 1: Adults* (pp. 263–290). Hoboken, NJ: John Wiley & Sons.

Kochunov, P., & Hong, L. E. (2014). Neurodevelopmental and neurodegenerative models of schizophrenia: White matter at the center stage. *Schizophrenia Bulletin, 40*(4), 721–728.

Kocsis, R. N. (2008). *Serial murder and the psychology of violent crimes*. Totowa, NJ: Humana Press.

Kocsis, R. N., & Palermo, G. B. (2013). Disentangling criminal profiling: Accuracy, homology, and the myth of trait-based profiling. *International*

Journal of Offender Therapy and Comparative Criminology, December 12, 2013.

Koczor, C. A., Ludlow, I., Hight, R., Jiao, Z., Fields, E.,Ludaway, T., . . . Lewis, W. (2015). Ecstasy (MDMA) alters cardiac gene expression and DNA methylation: Implications for circadian rhythm dysfunction in the heart. *Toxicological Sciences*. [Advance publication.]

Koenen, K. C., Lyons, M. J., Goldberg, J., Simpson, J., Williams, W. M., Toomey, R., . . . Tsuang, M. T. (2003). Co-twin control study of relationships among combat exposure, combat-related PTSD, and other mental disorders. *Journal of Traumatic Stress, 16*(5), 433–438.

Koenig, H. G. (2015). Religion, spirituality, and health: A review and update. *Advances in Mind-Body Medicine, 29*(3), 19–26.

Koenigsberg, H. W., Harvey, P., Mitropoulou, V., New, A. Goodman, M., Silverman, J., . . . Siever, L. J. (2001). Are the interpersonal and identity disturbances in the borderline personality disorder criteria linked to the traits of affectivity and impulsivity? *Journal of Personality Disorders, 15*, 358–370.

Koetting, C. (2015). Caregiver-fabricated illness in a child. *Journal of Forensic Nursing, 11*(2), 114–117.

Koetzle, D. (2014). Substance use and crime: Identifying and treating those in need. *International Journal of Offender Therapy and Comparative Criminology, 58*(6), 635–637.

Koh, M., Nishimatsu, Y., & Endo, S. (2000). Dissociative disorder. *Journal of International Society of Life Information Science, 18*(2), 495–498.

Koh, Y. W., Chui, C. Y., Tang, C. K., & Lee, A. M. (2014). The prevalence and risk factors of paternal depression from the antenatal to the postpartum period and the relationships between antenatal and postpartum depression among fathers in Hong Kong. *Depression Research and Treatment, 2014*, 127632.

Kohen, D. P., & Olness, K. (2011). *Hypnosis and hypnotherapy with children* (4th ed.). New York: Routledge/Taylor & Francis Group.

Kohut, H. (1977). *The restoration of the self.* New York: International Universities Press.

Kohut, H. (2001). On empathy. *European Journal for Psychoanalytic Therapy and Research, 2*(2), 139–146.

Kok, R., Avendano, M., Bago d'Uva, T., & Mackenbach, J. (2012). Can reporting heterogeneity explain differences in depressive symptoms across Europe? *Social Indicators Research, 105*(2), 191–210.

Kokish, R., Levenson, J. S., & Blasingame, G. D. (2005). Post-conviction sex offender polygraph examination: Client-reported perceptions of utility and accuracy. *Sexual Abuse: A Journal of Research and Treatment, 17*(2), 211–221.

Komaroff, A. L., Masuda, M., & Holmes, T. H. (1986). The Social Readjustment Rating Scale: A comparative study of Negro, white, and Mexican Americans. *Journal of Psychosomatic Research, 12*, 121–128.

Komaroff, A. L., Masuda, M., & Holmes, T. H. (1989). The Social Readjustment Rating Scale: A comparative study of Black, white, and Mexican Americans. In T. H. Holmes and E. M. David (Eds.), *Life change, life events, and illness.* New York: Praeger.

Konrath, S. (2013, December 18). Harnessing mobile media for good. *Psychology Today.*

Koo, K. H., Nguyen, H. V., Gilmore, A. K., Blayney, J. A., & Kaysen, D. L. (2014). Post-traumatic cognitions, somatization, and PTSD severity among Asian American and white college women in sexual trauma histories. *Psychological*

Trauma: Theory, Research, Practice and Policy, 6(4), 337–344.

Kooyman, I., & Walsh, E. (2011). Societal outcomes in schizophrenia. In D. R. Weinberg & P. Harrison (Eds.), *Schizophrenia* (pp. 644–665). Hoboken, NJ: Wiley-Blackwell.

Kopelowicz, A., Liberman, R. P., & Zarate, R. (2008). Psychosocial treatments for schizophrenia. In K. T. Mueser & D. V. Jeste (Eds.), *Clinical handbook of schizophrenia* (pp. 243–269). New York: Guilford Press.

Korda, J. B., Goldstein, S. W., & Goldstein, I. (2010). The role of androgens in the treatment of hypoactive sexual desire disorder in women. In S. R. Leiblum (Ed.), *Treating sexual desire disorders: A clinical casebook* (pp. 201–218). New York: Guilford Press.

Kosinski, M., Stillwell, D., & Graepel, T. (2013). Private traits and attributes are predictable from digital records of human behavior. *Proceedings of the National Academy of Sciences of the United States of America, 110*(15), 5802–5805.

Koskinen, S. M., Ahveninen, J., Kujala, T., Kaprio, J., O'Donnell, B. F., Osipova, D., . . . Rose, R. J. (2011). A longitudinal twin study of effects of adolescent alcohol abuse on the neurophysiology of attention and orienting. *Alcoholism, Clinical and Experimental Research, 35*(7), 1339–1350.

Koss, M. P. (1993). Rape: Scope, impact, interventions, and public policy responses. *American Psychologist, 48*(10), 1062–1069.

Koss, M. P. (2005). Empirically enhanced reflections on 20 years of rape research. *Journal of Interpersonal Violence, 20*(1), 100–107.

Koss, M. P., Abbey, A., Campbell, R., Cook, S., Norris, J., Testa, M., . . . White, J. (2008). Revising the SES: A collaborative process to improve assessment of sexual aggression and victimization: Erratum. *Psychology of Women Quarterly, 32*(4), 493.

Koss, M. P., & Heslet, L. (1992). Somatic consequences of violence against women. *Archives of Family Medicine, 1*(1), 53–59.

Koss, M. P., White, J. W., & Kazdin, A. E. (2011). Violence against women and children: Perspectives and next steps. In M. P. Koss, J. W. White, & A. E. Kazdin (Eds.), *Violence against women and children, Vol. 2: Navigating solutions* (pp. 261–305). Washington, DC: American Psychological Association.

Kosten, T. R., George, T. P., & Kleber, H. D. (2005). The neurobiology of substance dependence: Implications for treatment. In R. J. Frances, A. H. Mack & S. I. Miller (Eds.), *Clinical textbook of addictive disorders* (3rd ed., pp. 3–15). New York: Guilford Press.

Kosten, T. R., George, T. P., & Kleber, H. D. (2011). The neurobiology of substance dependence: Implications for treatment. In R. J. Frances, S. I. Miller, & A. H. Mack (Eds.), *Clinical textbook of addictive disorders* (3rd ed., Chap. 1). New York: Guilford Press.

Kosten, T. R., Sofuoglu, M., & Gardner, T. J. (2008). Clinical management: Cocaine. In H. D. Kleber & M. Galanter (Eds.), *The American Psychiatric Publishing textbook of substance abuse treatment* (4th ed., pp. 157–168). Arlington, VA: American Psychiatric Publishing.

Koukopoulos, A., & Sani, G. (2014). DSM-5 criteria for depression with mixed features: A farewell to mixed depression. *Acta Psychiatrica Scandinavica, 129*(1), 4–16.

Koutra, K., Triliva, S., Roumeliotaki, T., Basta, M., Simos, P., Lionis, C., & Vgontzas, A. N. (2015). Impaired family

functioning in psychosis and its relevance to relapse: A two-year follow-up study. *Comprehensive Psychiatry, 62*, 1–12.

Kposowa, A. J., McElvain, J. P., & Breault, K. D. (2008). Immigration and suicide: The role of marital status, duration of residence, and social integration. *Archives of Suicide Research, 12*(1), 82–92.

Krack, P., Hariz, M. I., Baunez, C., Guridi, J., & Obeso, J. A. (2010). Deep brain stimulation: From neurology to psychiatry? *Trends in Neurosciences, 33*(10), 474–484.

Kraemer, K. M., McLeish, A. C., & Johnson, A. L. (2014). Associations between mindfulness and panic symptoms among young adults with asthma. *Psychology, Health & Medicine*, 1–10.

Kraines, S. H., & Thetford, E. S. (1972). *Help for the depressed.* Springfield, IL: Thomas.

Kramer, J., Boon, B., Schotanus-Dijkstra, M., van Ballegooijen, W., Kerkhof, A., & van der Poel, A. (2015). The mental health of visitors of web-based support forums for bereaved by suicide. *Crisis, 36*(1), 38–45.

Kramer, U., & Meystre, C. (2010). Assimilation process in a psychotherapy with a client presenting schizoid personality disorder. *Schweizer Archiv für Neurologie und Psychiatrie, 161*(4), 128–134.

Krapohl, D. J. (2002). The polygraph in personnel screening. In M. Kleiner (Ed.), *The handbook of polygraph testing.* San Diego, CA: Academic.

Krasnova, H., Wenninger, H., Widjaja, T., & Buxmann, P. (2013). Envy on Facebook: A hidden threat to users' life satisfaction? *Internationale Tagung Wirtschaftsinformatik, 27.02.* Retrieved from http://www.aisel.sidnrt.org/wi2013.

Krebs, G., Turner, C., Heyman, I., & Mataix-Cols, D. (2012). Cognitive behavior therapy for adolescents with body dysmorphic disorder: A case series. *Behavioural and Cognitive Psychotherapy, 40*(4), 452–461.

Kring, A. M., & Neale, J. M. (1996). Do schizophrenic patients show a disjunctive relationship among expressive, experiential, and psychophysiological components of emotion? *Journal of Abnormal Psychology, 105*(2), 249–257.

Krippner, S., & Paulson, C. M. (2006). Posttraumatic stress disorder among U.S. combat veterans. In T. G. Plante (Ed.), *Mental disorders of the new millennium: Vol. 2. Public and social problems.* Westport, CT: Praeger Publishers.

Kroemer, N. B., Guevara, A., Vollstädt-Klein, S., & Smolka, M. N. (2013). Nicotine alters food-cue reactivity via networks extending from the hypothalamus. *Neuropsychopharmacology, 38*(11), 2307–2314.

Kroon Van Diest, A. M., Tartakovsky, M., Stachon, C., Pettit, J. W., & Perez, M. (2014). The relationship between acculturative stress and eating disorder symptoms: Is it unique from general life stress? *Journal of Behavioral Medicine, 37*(3), 445–457.

Krueger, R. B. (2010). The DSM diagnostic criteria for sexual masochism. *Archives of Sexual Behavior, 39*(2), 346–356.

Krueger, R. G., & Kaplan, M. S. (2002). Behavioral and psychopharmacological treatment of the paraphilic and hypersexual disorders. *Journal of Psychiatric Practice, 8*(1), 21–32.

Kubera, M., Obuchowicz, E., Goehler, L., Brzeszcz, J., & Maes, M. (2011). In animal models, psychosocial stress-induced (neuro) inflammation, apoptosis and reduced neurogenesis are associated to the onset of depression. *Progress in Neuro-Psychopharmacology & Biological Psychiatry, 35*(3), 744–759.

Kuhn, R. (1958). The treatment of depressive states with G-22355 (imipramine hydrochloride). *American Journal of Psychiatry, 115,* 459–464.

Kuhn, T. S. (1962). *The structure of scientific revolutions.* Chicago: University of Chicago Press.

Kukla, L., Selesova, P., Okrajek, P., & Tulak, J. (2010). Somatoform dissociation and symptoms of traumatic stress in adolescents. *Activitas Nervosa Superior, 52*(1), 29–31.

Kulka, R. A., Schlesenger, W. E., Fairbank, J. A., Hough. R. L., Jordan, B. K., Marmar, C. R., & Weiss, D. S. (1990). *Trauma and the Vietnam War generation: Report of findings from the National Vietnam Veterans Readjustment Study.* New York: Brunner/Mazel.

Kumari, V., Uddin, S., Premkumar, P., Young, S., Gudjonsson, G. H., Raghuvanshi, S., . . . Das, M. (2014). Lower anterior cingulate volume in seriously violent men with antisocial personality disorder or schizophrenia and a history of childhood abuse. *Australian and New Zealand Journal of Psychiatry, 48*(2), 153–161.

Kunst, J. (2014, February 7). A headshrinker's guide to the galaxy: Psychoanalysis wisdom for everyday life. *Psychology Today.*

Kunst, M. J. J. (2011). Affective personality type, post-traumatic stress disorder symptom severity and post-traumatic growth in victims of violence. *Stress & Health: Journal of the International Society for the Investigation of Stress, 27*(1), 42–51.

Kurita, H., Maeshima, H., Kida, S., Matsuzaka, H., Shimano, T., Nakano, Y., . . . Arai, H. (2013). Serum dehydroepiandrosterone (DHEA) and DHEA-sulfate (S) levels in medicated patients with major depressive disorder compared with controls. *Journal of Affective Disorders, 146*(2), 205–212.

Kuyper, L., & Wijsen, C. (2014). Gender identities and gender dysphoria in the Netherlands. *Archives of Sexual Behavior, 43*(2), 377–385.

Kyaga, S., Landén, M., Boman, M., Hultman, C. M., Långström, N., & Lichtenstein, P. (2013). Mental illness, suicide and creativity: 40-year prospective total population study. *Journal of Psychiatric Research, 47*(1), 83–90.

Kyaga, S., Lichtenstein, P., Boman, M., Hultman, C., Långström, N., & Landén, M. (2011). Creativity and mental disorder: Family study of 300,000 people with severe mental disorder. *British Journal of Psychiatry, 199*(5), 373–379.

Laan, E., Rellini, A. H., & Barnes, T. (2013). Standard operating procedures for female orgasmic disorder: Consensus of the International Society for Sexual Medicine. *Journal of Sexual Medicine, 10,* 74–82.

Ladwig, K., Lederbogen, F., Albus, C., Angermann, C., Borggrefe, M., Fischer, D., & Herrmann-Lingen, C. (2014). Position paper on the importance of psychosocial factors in cardiology: Update 2013. *German Medical Science, 12,* Doc. 9.

Lagnado, L. (2007, December 4). Prescription abuse seen in U.S. nursing homes. *Wall Street Journal Online.* Retrieved from Wall Street Journal website: http://online.wsj.com/article/SB11967291901831252.html.

Lahey, B. B. (2008). Oppositional defiant disorder, conduct disorder, and juvenile delinquency. In S. P. Hinshaw & T. P. Beauchaine (Eds.), *Child and adolescent psychopathology* (pp. 335– 369). Hoboken, NJ: Wiley.

Lahmann, C., Henningsen, P., & Noll-Hussong, M. (2010). Somatoform pain disorder—Overview. *Psychiatria Danubina, 22*(3), 453–458.

Lai, C. Y., Zauszniewski, J. A., Tang, T., Hou, S. Y., Su, S. F., & Lai, P. Y. (2014). Personal beliefs, learned resourcefulness, and adaptive functioning in depressed adults. *Journal of Psychiatric and Mental Health Nursing, 21*(3), 280–287.

Lai, M. H., Maniam, T., Chan, L. F., & Ravindran, A. V. (2014). Caught in the web: A review of web-based suicide prevention. *Journal of Medical Internet Research, 16*(1), e30.

Lake, C. R. (2012). *Schizophrenia is a misdiagnosis: Implications for the DSM-5 and ICD11.* New York: Springer Science & Business Media.

Lake, N. (2014). *The caregivers: A support group's stories of slow loss, courage, and love.* New York: Scribner.

Lakhan, S. E., & Vieira, K. F. (2008). Nutritional therapies for mental disorders. *Nutrition Journal, 7,* 2.

Lamar, M., Foy, C. M. L., Beacher, F., Daly, E., Poppe, M., Archer, N., . . . Murphy, D. G. M. (2011). Down syndrome with and without dementia: An in vivo proton Magnetic Resonance Spectroscope study with implications for Alzheimer's disease. *NeuroImage, 57*(1), 63–68.

Lambdin, B. H., Masao, F., Chang, O., Kaduri, P., Mbwambo, J., Magimba, A., . . . Bruce, R. D. (2014). Methadone treatment for HIV prevention-feasibility, retention, and predictors of attrition in Dar es Salaam, Tanzania: A retrospective cohort study. *Clinical Infectious Diseases, 59*(5), 735–74.

Lambert, M. J. (2010). Using outcome data to improve the effects of psychotherapy: Some illustrations. In M. J. Lambert, *Prevention of treatment failure, The use of measuring, monitoring, and feedback in clinical practice* (pp. 203–242). Washington, DC: American Psychological Association.

Lambert, M. J., Shapiro, D. A., & Bergin, A. E. (1986). The effectiveness of psychotherapy. In S. L. Garfield & A. E. Bergin (Eds.), *Handbook of psychotherapy and behavioral change* (3rd ed.). New York: Wiley.

Lambert, M. J., Weber, F. D., & Sykes, J. D. (1993, April). Psychotherapy versus placebo. Poster presented at the annual meeting of the Western Psychological Association, Phoenix, AZ.

Lampe, L. (2015). Social anxiety disorders in clinical practice: Differentiating social phobia from avoidant personality disorder. *Australasian Psychiatry, 23*(4), 343–346.

Lampe, L., & Sunderland, M. (2015). Social phobia and avoidant personality disorder: Similar but different? *Journal of Personality Disorders, 29*(1), 115–130.

Lamprecht, F., Kohnke, C., Lempa, W., Sack, M., Matzke, M., & Munte, T. F. (2004). Event-related potentials and EMDR treatment of posttraumatic stress disorder. *Neuroscience Research, 49*(2), 267–272.

Lancet. (2010, February 2). Retraction—Ileal-lymphoid-nodular hyperplasia, non-specific colitis, and pervasive developmental disorder in children. *The Lancet.*

Lancioni, G. E., Singh, N. N., O'Reilly, M. F., Sigafoos, J., Bosco, A., Zonno, N., & Badagliacca, F. (2011). Persons with mild or moderate Alzheimer's disease learn to use urine alarms and prompts to avoid large urinary accidents. *Research in Developmental Disabilities, 32*(5), 1998–2004.

Landau, E. (2012, September 27). Smartphone apps become "surrogate therapists." *CNN.com.*

Landreth, G. L. (2012). *Play therapy: The art of relationship* (3rd ed.). New York: Routledge/Taylor & Francis Group.

Landrigan, P. J. (2011). Environment and autism. In E. Hollander, A. Kolevzon, & J. T. Coyle (Eds.), *Textbook of autism spectrum disorders* (pp. 247–264). Arlington, VA: American Psychiatric Publishing, Inc.

Lane, C. (2013, May 4). The NIMH withdraws support for DSM-5. *Psychology Today.*

Lane, K. L., Menzies, H. M., Bruhn, A. L., & Crnobori, M. (2011). Managing challenging behaviors in school: Research-based strategies that work. What works for specialneeds learners. New York: Guilford Press.

Laney, C., & Loftus, E. F. (2010). False memory. In J. M. Brown & E. A. Campbell (Eds.), *The Cambridge handbook of forensic psychology* (pp. 187–194). New York: Cambridge University Press.

Lang, E. V. (2010). Procedural hypnosis. In A. F. Barabasz, K. Olness, R. Boland, & S. Kahn (Eds.), *Medical hypnosis primer: Clinical and research evidence* (pp. 87–90). New York: Routledge/Taylor & Francis Group.

Lang, F. U., Otte, S., Vasic, N., Jäger, M., & Dudeck, M. (2015). [Impulsiveness among short-term prisoners with antisocial personality disorder.] *Psychiatrische Praxis, 42*(5), 274–277.

Lang, J. (1999, April 16). Local jails dumping grounds for mentally ill. *Detroit News.*

Lang, P. J., McTeague, L. M., & Bradley, M. M. (2014). Pathological anxiety and function/dysfunction in the brain's fear/defense circuitry. *Restorative Neurology and Neuroscience, 32*(1), 63–77.

Långström, N., & Seto, M. C. (2006). Exhibitionist and voyeuristic behavior in a Swedish national population survey. *Archives of Sexual Behavior, 35,* 427–435.

Långström, N., & Zucker, K. J. (2005). Transvestic fetishism in the general population: Prevalence and correlates. *Journal of Sex & Marital Therapy, 31*(2), 87–95.

Lanier, C. (2010). Structure, culture, and lethality: An integrated model approach to American Indian suicide and homicide. *Homicide Studies: An Interdisciplinary & International Journal, 14*(1), 72–78.

Lanning, K. V. (2001). *Child molesters: A behavioral analysis* (4th ed.). Washington, DC: National Center for Missing and Exploited Children.

Lapidus, K. B., Kopell, B. H., Ben-Haim, S., Rezai, A. R., & Goodman, W. K. (2013). History of psychosurgery: A psychiatrist's perspective. *World Neurosurgery, 80*(3-4), S27.e1-16.

Larsen, A., Boggild, H., Mortensen, J. T., Foldager, L., Hansen, J., Christensen, A., Arendt, M., & Munk-Jorgensen, P. (2010). Mental health in the workforce: An occupational psychiatric study. *International Journal of Social Psychiatry, 56*(6), 578–592.

Laska, K. M., Gurman, A. S., & Wampold, B. E. (2013). Expanding the lens of evidence-based practice in psychotherapy: A common factors perspective. *Psychotherapy* (Chicago), *51*(4), 467–481.

Latzer, Y., Katz, R., & Spivak, Z. (2011). *Facebook users more prone to eating disorders.* Retrieved from New Media website: http://newmedia-eng.haifa.ac.il/.

Laumann, E. O., Gagnon, J. H., Michael, R. T., & Michaels, S. (1994). *The social organization of sexuality.* Chicago: University of Chicago Press.

Laumann, E. O., Nicolosi, A., Glasser, D. B., Paik, A., Gingell, C., Moreira, E., & Wang, T. (2005). Sexual problems among women and men aged 40–80 years: Prevalence and correlates identified in the Global Study of Sexual Attitudes and Behaviors. *International Journal of Impotence Research, 17*, 39–57.

Laumann, E. O., Paik, A., & Rosen, R. C. (1999). Sexual dysfunction in the United States: Prevalence and predictors. *Journal of the American Medical Association, 281*(13), 1174.

Laursen, T. M., Nordentoft, M., & Mortensen, P. B. (2014). Excess early mortality in schizophrenia. *Annual Review of Clinical Psychology, 10*, 425–448.

Lavender, J. M., Wonderlich, S. A., Peterson, C. B., Crosby, R. D., Engel, S. G., Mitchell, J. E., . . . Berg, K. C. (2014). Dimensions of emotion dysregulation in bulimia nervosa. *European Eating Disorders Review, 22*(3), 212–216.

Lavin, M. (2008). Voyeurism: Psychopathology and theory. In D. R. Laws & W. T. O'Donohue (Eds.), *Sexual deviance: Theory, assessment, and treatment* (2nd ed., pp. 305–319). New York: Guilford Press.

Lawlor, A., & Kirakowski, J. (2014). When the lie is the truth: Grounded theory analysis of an online support group for factitious disorder. *Psychiatry Research, 218*(1-2), 209–218.

Lawlor, B. A., McCarron, M., Wilson, G., & McLoughlin, M. (2001). Temporal lobe-oriented CT scanning and dementia in Down's syndrome. *International Journal of Geriatric Psychiatry, 16*(4), 427–429.

Lawlor, P. G., & Bush, S. H. (2014). Delirium diagnosis, screening and management. *Current Opinion in Supportive and Palliative Care, 8*(3), 286–295.

Lawrence, P. J., & Williams, T. I. (2011). Pathways to inflated responsibility beliefs in adolescent obsessive-compulsive disorder: A preliminary investigation. *Behavioral and Cognitive Psychotherapy, 39*(2), 229–234.

Laws, D. R., & Ward, T. (2011). *Desistance from sex offending: Alternatives to throwing away the keys.* New York: Guilford Press.

Lawson, W. B. (2008). Schizophrenia in African Americans. In K. T. Mueser & D. V. Jeste (Eds.), *Clinical handbook of schizophrenia* (pp. 616–623). New York: Guilford Press.

Lawton, E. M., Shields, A. J., & Oltmanns, T. F. (2011). Five-factor model personality disorder prototypes in a community sample: Self- and informant-reports predicting interview-based DSM diagnoses. *Personality Disorders, 2*(4), 279–292.

Lazarov, O., Robinson, J., Tang, Y. P., Hairston, I. S., Korade-Mirnics, Z., Lee, V. M., . . . Sisodia, S. S. (2005). Environmental enrichment reduces A-beta levels and amyloid deposition in transgenic mice. *Cell, 120*(5), 572–574.

Lazarus, A. A. (1965). The treatment of a sexually inadequate man. In L. P. Ullman & L. Krasner (Eds.), *Case studies in behavior modification.* New York: Holt, Rinehart & Winston.

Lazarus, R. S., & Folkman, S. (1984). *Stress, appraisal, and coping.* New York: Springer Publishing.

Lazarus, S. A., Cheavens, J. S., Festa, F., & Zachary Rosenthal, M. (2014). Interpersonal functioning in borderline personality disorder: A systematic review of behavioral and laboratory-based assessments. *Clinical Psychology Review, 34*(3), 193–205.

Le, Q. A., Doctor, J. N., Zoellner, L. A., & Feeny, N. C. (2014). Cost-effectiveness of prolonged exposure therapy versus pharmacotherapy and treatment choice in posttraumatic stress disorder (the Optimizing PTSD Treatment Trial): A doubly randomized preference trial. *Journal of Clinical Psychiatry, 75*(3), 222–230.

Leahy, R. L. (2004). Cognitive-behavioral therapy. In R. G. Heimberg, C. J. Turk, & D. S. Mennin (Eds.), *Generalized anxiety disorder: Advances in research and practice.* New York: Guilford Press.

Lebedeva, A., Westman, E., Lebedev, A. V., Li, X., Winblad, B., Simmons, A., . . . Aarsland, D. (2014). Structural brain changes associated with depressive symptoms in the elderly with Alzheimer's disease. *Journal of Neurology, Neurosurgery, & Psychiatry, 85*(8), 930–935.

Lebow, J. L., Chambers, A. L., Christensen, A., & Johnson, S. M. (2012). Research on the treatment of couple distress. *Journal of Marital & Family Therapy, 38*(1), 145–168.

Lebow, J. L., & Uliaszek, A. A. (2010). Couples and family therapy for personality disorders. In J. J. Magnavita (Ed.), *Evidence-based treatment of personality dysfunction: Principles, methods, and processes* (pp. 193–221) Washington, DC: American Psychological Association.

Leclerc, A., Turrini, T., Sherwood, K., & Katzman, D. K. (2013). Evaluation of a nutrition rehabilitation protocol in hospitalized adolescents with restrictive eating disorders. *Journal of Adolescent Health, 53*(5), 585–589.

LeCroy, C. W., & Holschuh, J. (2012). *First person accounts of mental illness and recovery.* Hoboken, NJ: Wiley.

Ledoux, S., Miller, P., Choquet, M., & Plant, M. (2002). Family structure, parent-child relationships, and alcohol and other drug use among teenagers in France and the United Kingdom. *Alcohol Alcoholism, 37*(1), 52–60.

Lee, D. E. (1985). Alternative self-destruction. *Perceptual and Motor Skills, 61*(3, Part 2), 1065–1066.

Lee, E. B., An, W., Levin, M. E., & Twohig, M. P. (2015). An initial meta-analysis of acceptance and commitment therapy for treating substance use disorders. *Drug and Alcohol Dependence, 155*, 1–7.

Lee, J., & Freeman, J. L. (2014). Zebrafish as a model for investigating developmental lead (Pb) neurotoxicity as a risk factor in adult neurodegenerative disease: A mini-review. *Neurotoxicology, 43*, 57–64.

Lee, S., Yoon, S., Kim, J., Jin, S., & Chung, C. K. (2014). Functional connectivity of resting state EEG and symptom severity in patients with post-traumatic stress disorder. *Progress in Neuro-Psychopharmacology & Biological Psychiatry, 51*, 51–57.

Lee, T. (2011). A review on thirty days to hope & freedom from sexual addiction: The essential guide to beginning recovery and relapse prevention. *Sexual Addiction & Compulsivity, 18*(1), 52–55.

Leeman, R. F., Hoff, R. A., Krishnan-Sarin, S., Patock-Peckham, J. A., & Potenza, M. N. (2014). Impulsivity, sensation-seeking, and part-time job status in relation to substance use and gambling in adolescents. *Journal of Adolescent Health, 54*(4), 460–466.

Leenaars, A. A. (2004). Altruistic suicide: A few reflections. *Archives of Suicide Research, 8*(1), 1–7.

Leenaars, A. A. (2007). Gun-control legislation and the impact of suicide. *Crisis, 28*(Suppl. 1), 50–57.

Leenaars, A. A., & Lester, D. (2004). The impact of suicide prevention centers on the suicide rate in the Canadian provinces. *Crisis, 25*(2), 65–68.

Leff, J., Williams, G., Huckvale, M., Arbuthnot, M., & Leff, A. (2013). Computer-assisted therapy for medication-resistant auditory hallucinations: Proof-of-concept study. *British Journal of Psychiatry: The Journal of Mental Science, 202*, 428–433.

Leff, J., Williams, G., Huckvale, M., Arbuthnot, M., & Leff, A. P. (2014). Avatar therapy

for persecutory auditory hallucinations: What is it and how does it work? *Psychosis, 6*(2), 166–176.

Leiblum, S. R. (2007). Sex therapy today: Current issues and future perspectives. In S. R. Leiblum (Ed.), *Principles and practice of sex therapy* (4th ed., pp. 3–22). New York: Guilford Press.

Leiblum, S. R. (2010). Introduction and overview: Clinical perspectives on and treatment for sexual desire disorders. In S. R. Leiblum (Ed.), *Treating sexual desire disorders: A clinical casebook* (pp. 1–22). New York: Guilford Press.

Leichsenring, F., & Salzer, S. (2014). A unified protocol for the transdiagnostic psychodynamic treatment of anxiety disorders: An evidence-based approach. *Psychotherapy, 51*(2), 224–245.

Lekander, M. (2002). Ecological immunology: The role of the immune system in psychology and neuroscience. *European Psychiatry, 7*(2), 98–115.

Lemma, A., Target, M., & Fonagy, P. (2011). The development of a brief psychodynamic intervention (dynamic interpersonal therapy) and its application to depression: A pilot study. *Psychiatry: Interpersonal and Biological Processes, 74*(1), 41–48.

Lemogne, C., Mayberg, H., Bergouignan, L., Volle, E., Delaveau, P., Lehéricy, S., Allilaire, J-F., & Fossati, P. (2010). Self-referential processing and the prefrontal cortex over the course of depression: A pilot study. *Journal of Affective Disorders, 124*(1-2), 196–201.

Lener, M. S., Wong, E., Tang, C. Y., Byne, W., Goldstein, K. E., Blair, N. J., . . . Hazlett, E. A. (2015). White matter abnormalities in schizophrenia and schizotypal personality disorder. *Schizophrenia Bulletin, 41*(1), 300–310.

Lentz, V., Robinson, J., & Bolton, J. M. (2010). Childhood adversity, mental disorder comorbidity, and suicidal behavior in schizotypal personality disorder. *Journal of Nervous and Mental Disease, 198*(11), 795–801.

Lenze, E. J., Wetherell, J. L., & Andreescu, C. (2011). Anxiety disorders. In C. E. Coffey, J. L. Cummings, M. S. George, & D. Weintraub (Eds.), *The American Psychiatric Publishing textbook of geriatric neuropsychiatry.* Arlington, VA: American Psychiatric Publishing, Inc.

Leong, F. T. L. (2013). *APA handbook of multicultural psychology: APA handbooks in psychology.* Washington, DC: American Psychological Association.

Leong, F. T. L. (2014). *APA handbook of multicultural psychology, Vol. 2: Applications and training.* Washington, DC: American Psychological Association.

Leong, G. B. (2000). Diminished capacity and insanity in Washington State: The battle shifts to admissibility. *Journal of the American Academy of Psychiatry and the Law, 28*(1), 77–81.

Lepp, A., Barkley, J. E., & Karpinski, A. C. (2014). The relationship between cell phone use, academic performance, anxiety, and satisfaction with life in college students. *Computers in Human Behavior, 31*, 343–350.

Lepping, P., & Raveesh, B. N. (2014). Overvaluing autonomous decision-making. *British Journal of Psychiatry, 204*(1), 1–2.

Lerna, A., Esposito, D., Conson, M., & Massagli, A. (2014). Long-term effects of PECS on social-communicative skills of children with autism spectrum disorders: A follow-up study. *International Journal of Language & Communication Disorders, 49*(4), 478–485.

Lerner, A. G., Rudinski, D., Bor, O., & Goodman, C. (2014) Flashbacks and HPPD: A clinical-oriented concise review. *The Israel Journal of Psychiatry and Related Sciences, 51*(4), 296–301.

Lerner, J. S., Li, Y., & Weber, E. U. (2013). The financial costs of sadness. *Psychological Sciences, 24*(1), 72–79.

Lester, D. (1985). The quality of life in modern America and suicide and homicide rates. *Journal of Social Psychology, 125*(6), 779–780.

Lester, D. (2000). *Why people kill themselves: A 2000 summary of research on suicide.* Springfield, IL: Charles C. Thomas.

Lester, D. (2011). Evidence-based suicide prevention by helplines: A meta-analysis. In M. Pompili & R. Tatarelli (Eds.), *Evidence-based practice in suicidology: A source book* (pp. 139–151). Cambridge MA: Hogrefe Publishing.

Lester, D. (2011). Evidence-based suicide prevention by lethal methods restriction. In M. Pompili & R. Tatarelli (Eds.), *Evidence-based practice in suicidology: A source book* (pp. 233–241). Cambridge MA: Hogrefe Publishing.

Lester, D., Innamorati, M., & Pompili, M. (2007). Psychotherapy for preventing suicide. In R. Tatarelli, M. Pompili, & P. Girardi (Eds.), *Suicide in psychiatric disorders.* New York: Nova Science Publishers.

Leung, G. M., Leung, T. K., & Ng, M. T. (2013). An outcome study of gestalt-oriented growth workshops. *International Journal of Group Psychotherapy, 63*(1), 117–125.

Levi, F., La Vecchia, C., Lucchini, F., Negri, E., Saxena, S., Maulik, P. K., & Saraceno, B. (2003). Trends in mortality from suicide, 1965–99. *Acta Psychiatrica Scandinavica, 108*(5), 341–349.

Levin, M. E., Pistorello, J., Hayes, S. C., Seeley, J. R., & Levin, C. (2015). Feasibility of an acceptance and commitment therapy adjunctive web-based program for counseling centers. *Journal of Counseling Psychology, 62*(3), 529–536.

Levin, M. E., Pistorello, J., Seeley, J. R., & Hayes, S. C. (2014). Feasibility of a prototype web-based acceptance and commitment therapy prevention program for college students. *Journal of American College Health, 62*(1), 20–30.

Levine, D. S., Himle, J. A., Taylor, R. J., Abelson, J. M., Matusko, N., Muroff, J., & Jackson, J. (2013). Panic disorder among African Americans, Caribbean blacks and non-Hispanic whites. *Social Psychiatry and Psychiatric Epidemiology, 48*(5), 711–723.

Levine, M. P., & Smolak, L. (2010) Cultural influences on body image and the eating disorders. In W. S. Agras (Ed.), *The Oxford handbook of eating disorders. Oxford library of psychology* (pp. 223–246). New York: Oxford University Press.

Levinson, D. F., & Nichols, W. E. (2014). *Major depression and genetics.* Stanford, CA: Stanford, School of Medicine.

Levinson, H. (2011, November 8). The strange and curious history of lobotomy. *BBC News Magazine.*

Levy, R. A., Ablon, J. S., & Kächele, H. (2011). *Psychodynamic psychotherapy research: Evidence-based practice and practice-based evidence (Current Clinical Psychiatry).* Totowa, NJ: Humana Press.

Levy, T. B., Barak, Y., Sigler, M., & Aizenberg, D. (2011). Suicide attempts and burden of physical illness among depressed elderly inpatients. *Archives of Gerontology and Geriatrics, 52*(1), 115–117.

Leweke, F. M., Gerth, C. W., Koethe, D., Klosterkotter, J., Ruslanova, I., Krivogorsky, B., . . . Yolken, R. H. (2004). Antibodies to infectious agents in individuals with recent onset schizophrenia. *European Archives of Psychiatry and Clinical Neuroscience, 254*(1), 4–8.

Lewin, A. B. (2011). Parent training for childhood anxiety. In D. McKay & E. A. Storch (Eds.), *Handbook of child and adolescent anxiety disorders* (pp. 405–417). New York: Springer Science & Business Media.

Lewinsohn, P. M., Antonuccio, D. O., Steinmetz, J. L., & Teri, L. (1984). *The coping with depression course.* Eugene, OR: Castalia.

Lewinsohn, P. M., Clarke, G. N., Hops, H., & Andrews, J. (1990). Cognitive-behavioral treatment for depressed adolescents. *Behavior Therapist, 21,* 385–401.

Lewinsohn, P. M., Youngren, M. A., & Grosscup, S. J. (1979). Reinforcement and depression. In R. A. Depue (Ed.), *The psychobiology of the depressive disorders.* New York: Academic Press.

Lewis, R. W., Fugl-Meyer, K. S., Corona, G., Hayes, R. D., Laumann, E. O., Moreira, E. D., Jr., . . . Segraves, T. (2010). Definitions/epidemiology/risk factors for sexual dysfunction. *Journal of Sexual Medicine, 7,* 1598–1607.

Leyfer, O., Gallo, K. P., Cooper-Vince, C., & Pincus, D. B. (2013). Patterns and predictors of comorbidity of DSM-IV anxiety disorders in a clinical sample of children and adolescents. *Journal of Anxiety Disorders, 27*(3), 306–311.

Li, H., Lu, Q., Xiao, E., Li, Q., He, Z., & Mei, X. (2014). Methamphetamine enhances the development of schizophrenia in first-degree relatives of patients with schizophrenia. *Canadian Journal of Psychiatry, 59*(2), 107–113.

Li, L., Wu, M., Liao, Y., Ouyang, L., Du, M., Lei, D., . . . Gong, Q. (2014). Grey matter reduction associated with posttraumatic stress disorder and traumatic stress. *Neuroscience & Biobehavioral Reviews, 43,* 163–172.

Li, Q., Xiang, Y., Su, Y., Shu, L., Yu, X., Chiu, H. F., . . . Si, T. (2014). Antipsychotic polypharmacy in schizophrenia patients in China and its association with treatment satisfaction and quality of life: Findings of the third national survey on use of psychotropic medications in China. *Australian and New Zealand Journal of Psychiatry, 49*(2), 129–136.

Li, R., Cui, J., & Shen, Y. (2014). Brain sex matters: Estrogen in cognition and Alzheimer's disease. *Molecular and Cellular Endocrinology, 389*(1-2), 13–21.

Li, R., & El-Mallakh, R. S. (2004). Differential response of bipolar and normal control lymphoblastoid cell sodium pump to ethacrynic acid. *Journal of Affective Disorders, 80*(1), 1–17.

Liebman, J. I., McKinley-Pace, M. J., Leonard, A. M., Sheesley, L. A., Gallant, C. L., Renkey, M. E., & Lehman, E. B. (2002). Cognitive and psychosocial correlates of adults' eyewitness accuracy and suggestibility. *Personality and Individual Differences, 33*(1), 49–66.

Liera, S. J., & Newman, M. G. (2014). Re-thinking the role of worry in generalized anxiety disorder: Evidence supporting a model of emotional contrast avoidance. *Behavior Therapy, 45*(3), 283–299.

Lightdale, H. A., Mack, A. H., & Frances, R. J. (2008). Psychodynamics. In H. D. Kleber & M. Galanter (Eds.), *The American Psychiatric Publishing textbook of substance abuse treatment* (4th ed., pp. 333–347). Arlington, VA: American Psychiatric Publishing.

Lightdale, H. A., Mack, A. H., & Frances, R. J. (2011). Psychodynamic psychotherapy. In M. Galanter & H. D. Kleber (Eds.), *Psychotherapy for the treatment of substance abuse* (pp. 219–247). Arlington, VA: American Psychiatric Publishing.

Lilenfeld, L. R. R. (2011). Personality and temperament. In R. A. H. Adan & W. H. Kaye (Eds.), *Behavioral neurobiology of eating disorders. Current topics in behavioral neurosciences* (pp. 3–16). New York: Springer-Verlag Publishing.

Lin, H., Eeles, E., Pandy, S., Pinsker, D., Brasch, C., & Yerkovich, S. (2015). Screening in delirium: A pilot study of two screening tools, the Simple Query for Easy Evaluation of Consciousness and Simple Question in Delirium. *Australasian Journal on Ageing.* [Electronic publication.]

Lin, L., & DeCusati, F. (2015). Muscle dysmorphia and the perception of men's peer muscularity preferences. *American Journal of Men's Health.* [Electronic publication.]

Lindau, S. T., Schumm, L. P., Lamann, E. O., Levinson, W., O'Muircheartaigh, C. A., & Waite, L. J. (2007). A study of sexuality and health among older adults in the United States. *New England Journal of Medicine, 357,* 762–774.

Lindenmayer, J. P., & Khan, A. (2012). Psychopathology. In J. A. Lieberman, T. S. Stroup, & D. O Perkins (Eds.), *Essentials of schizophrenia* (pp. 11–54). Arlington, VA: American Psychiatric Publishing.

Lindert, J., von Ehrenstein, O. S., Grashow, R., Gal, G., Braehler, E., & Weisskopf, M. G. (2014). Sexual and physical abuse in childhood is associated with depression and anxiety over the life course: Systematic review and meta-analysis. *International Journal of Public Health, 59*(2), 359–372.

Lindhiem, O., Bernard, K., & Dozier, M. (2011). Maternal sensitivity: Within-person variability and the utility of multiple assessments. *Child Maltreatment, 16*(1), 41–50.

Lindner, M. (1968). *Hereditary and environmental influences upon resistance to stress.* Unpublished doctoral dissertation, University of Pennsylvania, Philadelphia.

Lindsay, J., Sykes, E., McDowell, I., Verreault, R., & Laurin, D. (2004). More than the epidemiology of Alzheimer's disease: Contributions of the Canadian Study of Health and Aging. *Canadian Journal of Psychiatry, 49*(2), 83–91.

Lindsey, P. (2011). Managing behavioral and psychological symptoms of dementia. In P. McNamara (Ed.), *Dementia, Vols. 1–3: History and incidence. Science and biology, treatments and developments* (pp. 73–91). Santa Barbara, CA: Praeger/ABC-CLIO.

Linehan, M. M., Cochran, B. N., & Kehrer, C. A. (2001). Dialectical behavior therapy for borderline personality disorder. In D. H. Barlow (Ed.), *Clinical handbook of psychological disorders* (3rd ed., pp. 470–522). New York: Guilford Press.

Linehan, M. M., Comtois, K. A., Murray, A., Brown, M. Z., Gallop, R. J., Heard, H. L., . . . Lindenboim, M. S. (2006). Two-year randomized trial + follow-up of dialectical behavior therapy vs. therapy by experts for suicidal behaviors and borderline personality disorder. *Archives of General Psychiatry, 63,* 757–766.

Linehan, M. M., Dimeff, L. A., Reynolds, S. K., Comtois, K. A., Welch, S. S., Heagerty, P., & Kivlahan, D. R. (2002). Dialectical behavior therapy versus comprehensive validation therapy plus 12-step for the treatment of opioid dependent women meeting criteria for borderline personality disorder. *Drug and Alcohol Dependence, 67*(1), 13–26.

Linehan, M. M., Korslund, K. E., Harned, M. S., Gallop, R. J., Lungu, A., Neacsiu, A. D., . . . Murray-Gregory, A. M. (2015). Dialectical behavior therapy for high suicide risk in individuals with borderline personality disorder: A randomized clinical trial and component analysis. *JAMA Psychiatry, 72*(5), 475–482.

Litjens, R. W., Brunt, T. M., Alderliefste, G., & Westerink, R. S. (2014). Hallucinogen persisting perception disorder and the serotonergic system: A comprehensive review including new MDMA-related clinical cases. *European Neuropsychopharmacology, 24*(8), 1309–1323.

Liu, A. (2007). *Gaining: The truth about life after eating disorders.* New York: Warner Books.

Liu, H., Liao, J., Jiang, W., & Wang, W. (2014). Changes in low-frequency fluctuations in patients with antisocial personality disorder revealed by resting-state functional MRI. *PLOS ONE, 9*(3), e89790.

Liu, X. V., Holtze, M., Powell, S. B., Terrando, N., Larsson, M. K., Persson, A., . . . & Erhardt, S. (2014). Behavioral disturbances in adult mice following neonatal virus infection or kynurenine treatment: Role of brain kynurenic acid. *Brain, Behavior, and Immunity, 36,* 80–89.

Lizarraga, L. E., Phan, A. V., Cholanians, A. B., Herndon, J. M., Lau, S. S., & Monks, T. J. (2014). Serotonin reuptake transporter deficiency modulates the acute thermoregulatory and locomotor activity response to 3,4-(6)-methylenedioxymethamphetamine, and attenuates depletions in serotonin levels in SERT-KO rats. *Toxicological Sciences, 139*(2), 421–431.

Loas, G., Baelde, O., & Verrier, A. (2015). Relationship between alexithymia and dependent personality disorder: A dimensional analysis. *Psychiatry Research, 225*(3), 484–488.

Loas, G., Cormier, J., & Perez-Dias, F. (2011). Dependent personality disorder and physical abuse. *Psychiatry Research, 185*(1-2), 167–170.

Lochman, J. E., Barry, T., Powell, N., & Young, L. (2010). Anger and aggression. In D. W. Nangle, D. J. Hansen, C. A. Erdley & P. J. Norton (Eds.), *Practitioner's guide to empirically based measures of social skills* (pp. 155–166). New York: Springer Publishing Co.

Lochman, J. E., Boxmeyer, C. L., Powell, N. P., Barry, T. D., & Pardini, D. A. (2010). Anger control training for aggressive youths. In J. R. Weisz, & A. E. Kazdin (Eds.), *Evidence-based psychotherapies for children and adolescents* (2nd ed., pp. 227–242). New York: Guilford Press.

Lochman, J. E., Powell, N., Boxmeyer, C., Andrade, B., Stromeyer, S. L., & Jimenez-Camargo, L. A. (2012). Adaptations to the coping power program's structure, delivery settings, and clinician training. *Psychotherapy, 49*(2), 135–142.

Loewenthal, K. (2007). *Religion, culture and mental health.* New York: Cambridge University Press.

Loftus, E. F. (1993). The reality of repressed memories. *American Psychologist, 48,* 518–537.

Loftus, E. F. (2001). Imagining the past. *Psychologist, 14*(11), 584–587.

Loftus, E. F. (2003). Make-believe memories. *American Psychologist, 58*(11), 867–873.

Loftus, E. F. (2003). Our changeable memories: Legal and practical implications. *Nature Reviews Neuroscience, 4,* 231–234.

Loftus, E. F., & Cahill, L. (2007). Memory distortion: From misinformation to rich false memory. In J. S. Nairne (Ed.), *The foundations of remembering: Essays in honor of Henry L. Roediger, III.* New York: Psychology Press.

Lombardi, G., Celso, M., Bartelli, M., Cilotti, A., & Del Popolo, G. (2011). Female sexual dysfunction and hormonal status in multiple sclerosis patients. *Journal of Sexual Medicine, 8*(4), 1138–1146.

Long, J., Huang, G., Liang, W., Liang, B., Chen, Q., Xie, J., . . . Su, L. (2014). The prevalence of schizophrenia in mainland China: Evidence from epidemiological surveys. *Acta Psychiatrica Scandinavica, 130*(4), 244–256.

Loomer, H. P., Saunders, J. C., & Kline, N. S. (1957). A clinical and pharmacodynamic evaluation of iproniazid as a psychic energizer. *America Psychiatric Association Research Report, 8,* 129.

López, S. R., & Guarnaccia, P. J. (2000). Cultural psychopathology: Uncovering the social world of mental illness. *Annual Review of Psychology, 51,* 571–598.

López, S. R., & Guarnaccia, P. J. (2005). Cultural dimensions of psychopathology: The social world's impact on mental illness. In B. A. Winstead & J. E. Maddux, *Psychopathology: Foundations for a contemporary understanding* (pp. 19–37). Mahwah, NJ: Lawrence Erlbaum.

Lopez Molina, M. A., Jansen, K., Drews, C., Pinheiro, R., Silva, R., & Souza, L. (2014). Major depressive disorder symptoms in male and female young adults. *Psychology, Health & Medicine, 19*(2), 136–145.

LoPiccolo, J. (1991). Post-modern sex therapy for erectile failure. In R. C. Rosen & S. R. Leiblum (Eds.), *Erectile failure: Diagnosis and treatment.* New York: Guilford Press.

LoPiccolo, J. (1995). Sexual disorders and gender identity disorders. In R. J. Comer, *Abnormal psychology* (2nd ed.). New York: W. H. Freeman.

LoPiccolo, J. (1997). Sex therapy: A post-modern model. In S. J. Lynn & J. P. Garske (Eds.), *Contemporary psychotherapies: Models and methods* (2nd ed.). Columbus, OH: Merrill.

LoPiccolo, J. (2002). Postmodern sex therapy. In F. W. Kaslow (Ed.), *Comprehensive handbook of psychotherapy: Integrative/eclectic* (Vol. 4, pp. 411–435). New York: Wiley.

LoPiccolo, J. (2004). Sexual disorders affecting men. In L. J. Haas (Ed.), *Handbook of primary care psychology* (pp. 485–494). New York: Oxford University Press.

LoPiccolo, J., & Van Male, L. M. (2000). Sexual dysfunction. In A. E. Kazdin (Ed.), *Encyclopedia of psychology* (Vol. 7, pp. 246–251). Washington, DC: Oxford University Press/American Psychological Association.

Lorand, S. (1968). Dynamics and therapy of depressive states. In W. Gaylin (Ed.), *The meaning of despair.* New York: Jason Aronson.

Lorentzen, S., Fjeldstad, A., Ruud, T., Marble, A., Klungsøyr., O., Ulberg, R., & Høglend, P. A. (2015). The effectiveness of short- and long-term psychodynamic group psychotherapy on self-concept: Three years follow-up of a randomized clinical trial. *International Journal of Group Psychotherapy, 65*(3), 362–385.

Loukusa, S., Mäkinen, L., Kuusikko-Gauffin, S., Ebeling, H., & Moilanen, I. (2014). Theory of mind and emotion recognition skills in children with specific language impairment, autism spectrum disorder and typical development: Group differences and connection to knowledge of grammatical morphology, word-finding abilities and verbal working memory. *International Journal of Language & Communication Disorders, 49*(4), 498–507.

Lovaas, O. I. (1987). Behavioral treatment and normal educational/intellectual functioning in young autistic children. *Journal of Consulting and Clinical Psychology, 55,* 3–9.

Lovaas, O. I. (2003). *Teaching individuals with developmental delays: Basic intervention techniques.* Austin, TX: Pro-Ed.

Lovejoy, M. (2001). Disturbances in the social body: Differences in body image and eating problems among African-American and white women. *Gender & Society, 15*(2), 239–261.

Lublin, N. (2014, February 4). Cited in L. Kaufman, In texting era, crisis hotlines put help at youths' fingertips. *New York Times.*

Luborsky, E. B., O'Reilly-Landry, M., & Arlow, J. A. (2011). Psychoanalysis. In R. J. Corsini & D. Wedding (Eds.), *Current psychotherapies* (9th ed.). Belmont, CA: Brooks/Cole.

Luborsky, L. B. (1973). Forgetting and remembering (momentary forgetting) during psychotherapy. In M. Mayman (Ed.), *Psychoanalytic research and psychological issues* (Monograph 30). New York: International Universities Press.

Luborsky, L. B., Barrett, M. S., Antonuccio, D. O., Shoenberger, D., & Stricker, G. (2006). What else materially influences what is represented and published as evidence? In J. C. Norcross, L. E. Beutler, & R. F. Levant (Eds.), *Evidence-based practices in mental health: Debate and dialogue on the fundamental questions* (pp. 257–298). Washington, DC: American Psychological Association.

Luborsky, L. B., Rosenthal, R., Diguer, L., Andrusyna, T. P., Berman, J. S., Levitt, J. T., . . . Krause, E. D. (2002). The dodo bird verdict is alive and well—mostly. *Clinical Psychology: Science and Practice, 9*(1), 2–12.

Luborsky, L. B., Singer, B., & Luborsky, L. (1975). Comparative studies of psychotherapies. *Biological Psychiatry, 32,* 995–1008.

Lucas, G. (2006). Object relations and child psychoanalysis. [French]. *Revue Française de Psychanalyse, 70*(5), 1435–1473.

Lucka, I., & Dziemian, A. (2014). Pedophilia—a review of literature, casuistics, doubts. *Psychiatria Polska, 48*(1), 121–134.

Ludwig, A. M. (1995). *The price of greatness: Resolving the creativity and madness controversy.* New York: Guilford Press.

Lund, I. O., Brendryen, H., & Ravndal, E. (2014). A longitudinal study on substance use and related problems in women in opioid maintenance treatment from pregnancy to four years after giving birth. *Substance Abuse: Research and Treatment, 8,* 35–40.

Lundberg, U. (2011). Neuroendocrine measures. In R. J. Contrada & A. Baum (Eds.), *The handbook of stress science: Biology, psychology, and health* (pp. 531–542). New York: Springer Publishing.

Lundqvist, D., & Ohman, A. (2005). Emotion regulates attention: The relation between facial configurations, facial emotion, and visual attention. *Visual Cognition, 12*(1), 51–84.

Lundqvist, T. (2010). Imaging cognitive deficits in drug abuse. In D. W. Self & J. K. Staley (Eds.), *Behavioral neuroscience of drug addiction* (pp. 247–275). New York: Springer Publishing.

Lustig, S. L., Blank, A. R., Cirelli, R. J., Friedman, S. R., Green, F. C., Lopez, W. M., . . . Shampaine, V. C. (2013). Optimizing managed care peer reviews: Turning a "Doc to Doc" talk into better advocacy for psychiatric inpatients. *Psychiatric Services* (Washington, D.C.), *64*(8), 800–803.

Lyman, B. (1982). The nutritional values and food group characteristics of foods preferred during various emotions. *Journal of Psychology, 112,* 121–127.

Lynn, S. J., & Deming, A. (2010). The "Sybil tapes": Exposing the myth of dissociative identity disorder. *Theory & Psychology, 20*(2), 289–291.

Lysaker, P. H., Leonhardt, B. L., Brüne, M., Buck, K. D., James, A., Vohs, J., . . . Dimaggio, G. (2014). Capacities for theory of mind, metacognition, and neurocognitive function are independently related to emotional recognition in schizophrenia. *Psychiatry Research, 219*(1), 79–85.

Lysaker, P. H., Vohs, J., Hamm, J. A., Kukla, M., Minor, K. S., de Jong, S., . . . Dimaggio, G. (2014). Deficits in metacognitive capacity distinguish patients with schizophrenia from those with prolonged medical adversity. *Journal of Psychiatric Research, 55,* 126–132.

Macauley, A. (2010, December 3). Judging the bodies in ballet. *New York Times.*

MacDonald, W. L. (1998). The difference between blacks' and whites' attitudes toward voluntary euthanasia. *Journal for the Scientific Study of Religion, 37*(3), 411–426.

Mack, A., & Joy, J. (2001). *Marijuana as medicine? The science beyond the controversy.* Washington, DC: National Academy Press.

MacKinnon, B., & Fiala, A. (2016). *Ethics: Theory and contemporary issues, concise edition* (8th ed.) Independence, KY: Cengage Learning.

MacLaren, V. V. (2001). A qualitative review of the Guilty Knowledge Test. *Journal of Applied Psychology, 86*(4), 674–683.

MacLean, J., Kinley, D. J., Jacobi, F., Bolton, J. M., & Sareen, J. (2011). The relationship between physical conditions and suicidal behavior among those with mood disorders. *Journal of Affective Disorders, 130*(1-2), 245–250.

MacNeill, L. P., & Best, L. A. (2015). Perceived current and ideal body size in female undergraduates. *Eating Behaviors, 18,* 71–75.

Magee, C. L. (2007). The use of herbal and other dietary supplements and the potential for drug interactions in palliative care. *Palliative Medicine, 21*(6), 547–548.

Mäkinen, M., Puukko-Viertomies, L-R., Lindberg, N., Siirnes, M. A., & Aalberg, V. (2012). Body dissatisfaction and body mass in girls and boys transitioning from early to mid-adolescence: Additional role of self-esteem and eating habits. *BMC Psychiatry, 12,* 35.

Malhi, G. S., Tanious, M., Das, P., Coulston, C. M., & Berk, M. (2013). Potential mechanisms of action of lithium in bipolar disorder. Current understanding. *CNS Drugs, 27*(2), 135–153.

Maller, R. G., & Reiss, S. (1992). Anxiety sensitivity in 1984 and panic attacks in 1987. *Journal of Anxiety Disorders, 6*(3), 241–247.

Malm, U. I., Ivarsson, B. R., & Allebeck, P. (2014). Durability of the efficacy of integrated care in schizophrenia: A five-year randomized controlled study. *Psychiatric Services (Washington, D.C.), 65*(8), 1054–1057.

Mamarde, A., Navkhare, P., Singam, A., & Kanoje, A. (2013). Recurrent dissociative fugue. *Indian Journal of Psychological Medicine, 35*(4), 400–401.

Manchanda, S. C., & Madan, K. (2014). Yoga and meditation in cardiovascular disease. *Clinical Research in Cardiology, 103*(9), 675–680.

Mancx. (2012, July 17). *Mancx survey: 98% of Americans distrust information on the internet.* San Francisco, CA: Mancx.

Mandal, A. (2014). Hallucination types. *News-Medical.* Retrieved from News-Medical website: http://www.news-medical.net/health/hallucination-types.aspx.

Mandrioli, R., & Mercolini, L. (2015). Discontinued anxiolytic drugs (2009–214). *Expert Opinion on Investigational Drug, 24*(4), 557–573.

Manfredi, C., Caselli, G., Rovetto, F., Rebecchi, D., Ruggiero, G. M., Sassaroli, S., & Spada, M. M. (2011). Temperament and parental styles as predictors of ruminative brooding and worry. *Personality and Individual Differences, 50*(2), 186–191.

Manji, H. K., & Zarate, C. A., Jr. (Eds.). (2011). *Behavioral neurobiology of bipolar disorder and its treatment.* Current topics in behavioral neurosciences. New York: Springer Science + Business Media.

Mann, A. P., Accurso, E. C., Stiles-Shields, C., Capra, L., Labuschagne, Z., Karnik, N. S., & Le Grange, D. (2014). Factors associated with substance use in adolescents with eating disorders. *Journal of Adolescent Health, 55*(2), 182–187.

Mann, J. J., & Currier, D. (2007). Neurobiology of suicidal behavior. In R. Tatarelli, M. Pompili, & P. Girardi (Eds.), *Suicide in psychiatric disorders.* New York: Nova Science Publishers.

Mann, M. (2009). The secrets behind the ten happiest jobs. *Excelle.* Retrieved from Excelle website: http://www.excelle.monster.com/benefits/articles/4033.

Mann, R. E., Ainsworth, F., Al-Attar, Z., & Davies, M. (2008). Voyeurism: Assessment and treatment. In D. R. Laws & W. T. O'Donohue (Eds.), *Sexual deviance: Theory, assessment, and treatment* (2nd ed., pp. 320–335). New York: Guilford Press.

Manton, A., Wolf, L. A., Baker, K. M., Carman, M. J., Clark, P. R., Henderson, D., & Zavotsky, K. E. (2014). Ethical considerations in human subjects research. *Journal of Emergency Nursing, 40*(1), 92–94.

Manuel-Logan, R. (2011). Facebook helps stave off memory loss in elderly. *allfacebook.com.* Retrieved from Allfacebook website: http://allfacebook.com/facebook-helps-stave-off-memory-loss-in-elderly_b39329.

Marceaux, J. C., & Melville, C. L. (2011). Twelve-step facilitated versus mapping-enhanced cognitive-behavioral therapy for pathological gambling: A controlled study. *Journal of Gambling Studies, 27*(1), 171–190.

Marchand, W. R. (2014). Neural mechanisms of mindfulness and meditation: Evidence from neuroimaging studies. *World Journal of Radiology, 6*(7), 471–479.

Marchese, M., Cowan, D., Head, E., Ma, D., Karimi, K., Ashthorpe, V., . . . Sakic, B. (2014). Autoimmune manifestations in the 3xTg-AD model of Alzheimer's disease. *Journal of Alzheimer's Disease, 39*(1), 191–210.

Marcoux, L., Michon, P., Lemelin, S., Voisin, J. A., Vachon-Presseau, E., & Jackson, P. L. (2014). Feeling but not caring: Empathic alteration in narcissistic men with high psychopathic traits. *Psychiatry Research, 224*(3), 341–348.

Margo, J. L. (1985). Anorexia nervosa in adolescents. *British Journal of Medical Psychology, 58*(2), 193–195.

Maris, R. W. (2001). Suicide. In H. S. Friedman (Ed.), *Specialty articles from the encyclopedia of mental health.* San Diego: Academic Press.

Mark, T. L., Coffey, R. M., Vandivort-Warren, R., Harwood, H. J., & King, E. C. (2005, March 29). U.S. spending for mental health and substance treatment, 1991–2001. *Health Affairs, 24,* 133.

Mark, T. L., Harwood, H. J., McKusick, D. C., King, E. D., Vandivort-Warren, R., & Buck, J. A. (2008). Mental health and substance abuse spending by age, 2003. *Journal of Behavioral Health Services & Research, 35*(3), 279–289.

MarketWatch. (2014). Packaging for an aging population. *MarketWatch* press release, July 10, 2014.

Markota, M., Sin, J., Pantazopoulos, H., Jonilionis, R., & Berretta, S. (2014). Reduced dopamine transporter expression in the amygdala of subjects diagnosed with schizophrenia. *Schizophrenia Bulletin, 40*(5), 984–991.

Marks, B., Sisirak, J., Heller, T., & Wagner, M. (2010). Evaluation of community-based health promotion programs for Special Olympics athletes. *Journal of Policy and Practice in Intellectual Disabilities, 7*(2), 119–129.

Marks, I. M. (1977). Phobias and obsessions: Clinical phenomena in search of a laboratory model. In J. Maser and M. Seligman (Eds.), *Psychopathology: Experimental models.* San Francisco: Freeman.

Marks, I. M. (1987). *Fears, phobias and rituals: Panic, anxiety and their disorders.* New York: Oxford University Press.

Marks, I. M., & Gelder, M. G. (1967). Transvestism and fetishism: Clinical and psychological changes during faradic aversion. *British Journal of Psychiatry, 113,* 711–730.

Marks, J. W. (2014). *Peptic ulcer disease.* Retrieved from MedicineNet website: http://www.medicinenet.com/peptic_ulcer/article.

Marlatt, G. A., Kosturn, C. F., & Lang, A. R. (1975). Provocation to anger and opportunity for retaliation as determinants of alcohol consumption in social drinkers. *Journal of Abnormal Psychology, 84*(6), 652–659.

Marques, F. de A., Legal, E.-J., & Hofelmann, D. A. (2012). Body dissatisfaction and common mental disorders in adolescents. *Revista Paulista de Pediatria, 30*(4), 553–561.

Marsh, R., Horga, G., Parashar, N., Wang, Z., Peterson, B., & Simpson, H. (2014). Altered activation in fronto-striatal circuits during sequential processing of conflict in unmedicated adults with obsessive-compulsive disorder. *Biological Psychiatry, 75*(8), 615–622.

Marshall, J. J. (1997). Personal communication.

Marshall, T., Jones, D. P. H., Ramchandani, P. G., Stein, A., & Bass, C. (2007). Intergenerational transmission of health benefits in somatoform disorders. *British Journal of Psychiatry, 191*(4), 449–450.

Marshall, W. L., & Marshall, L. E. (2015). Psychological treatment of the paraphilias: A review and an appraisal of effectiveness. *Current Psychiatry Reports, 17*(6). 47.

Marshall, W. L., Marshall, L. E., Serran, G. A., & O'Brien, M. D. (2011). *Rehabilitating sexual offenders: A strength-based approach.* Washington, DC: American Psychological Association.

Marshall, W. L., Serran, G. A., Marshall, L. E., & O'Brien, M. D. (2008). Sexual deviation. In M. Hersen & J. Rosqvist (Eds.), *Handbook of psychological assessment, case conceptualization and treatment, Vol. 1: Adults.* Hoboken, NJ: John Wiley & Sons.

Marsiglia, F. F., & Smith, S. J. (2010). An exploration of ethnicity and race in the etiology of substance use: A health disparities approach. In L. Scheier (Ed.), *Handbook of drug use etiology: Theory, methods, and empirical findings* (pp. 289–304). Washington, DC: American Psychological Association.

Marston, W. M. (1917). Systolic blood pressure changes in deception. *Journal of Experimental Psychology, 2,* 117–163.

Martell, C. R., Dimidjian, S., & Herman-Dunn, R. (2010). *Behavioral activation for depression: A clinician's guide.* New York: Guilford Press.

Martens, W. H. J. (2005). Multidimensional model of trauma and correlated antisocial personality disorder. *Journal of Loss and Trauma, 10*(2), 115–129.

Martin, A. J. (2014, May 12). The role of ADHD in academic adversity: Disentangling ADHD effects from other personal and contextual factors. *School Psychology Quarterly*.

Martin, A. L., Huelin, R., Wilson, D., Foster, T. S., & Mould, F. J. (2013). A systematic review assessing the economic impact of sildenafil citrate (Viagra) in the treatment of erectile dysfunction. *Journal of Sexual Medicine, 10*, 1389–1400.

Martin, D. M., Gálvez, V., & Loo, C. K. (2015). Predicting retrograde autobiographical memory changes following electroconvulsive therapy: Relationships between individual, treatment, and early clinical factors. *The International Journal of Neuropsychopharmacology* 1–8. [Advance publication]

Martin, L. A., Neighbors, H. W., & Griffith, D. M. (2013). The experience of symptoms of depression in men vs. women: Analysis of the National Comorbidity Survey Replication. *JAMA Psychiatry, 70*(10), 1100–1106.

Martin, P., Baenziger, J., MacDonald, M., Siegler, I. C., & Poon, L. W. (2009). Engaged lifestyle, personality, and mental status among centenarians. *Journal of Adult Development, 16*(4), 199–208.

Martin, P., MacDonald, M., Margrett, J., & Poon, L. W. (2010). Resilience and longevity: Expert survivorship of centenarians. In P. S. Fry & L. M. Corey (Eds.), *New frontiers in resilient aging: Life-strengths and well-being in late life* (pp. 213–238). New York: Cambridge University Press.

Martin, P. L. (2000). Potency and pregnancy in Japan: Did Viagra push the pill? *Tulsa Lawyers Journal, 35*, 651–677.

Martin, S. A., Atlantis, E., Lange, K., Taylor, A. W., O'Loughlin, P., Wittert, G. A., and members of the Florey Adelaide Male Ageing Study (FAMAS). (2014). Predictors of sexual dysfunction incidence and remission in men. *Journal of Sexual Medicine, 11*, 1136–1147.

Martín-Blanco, A., Soler, J., Villalta, L., Feliu-Soler, A., Elices, M., Pérez, V., . . . Pascual, J. C. (2014). Exploring the interaction between childhood maltreatment and temperamental traits on the severity of borderline personality disorder. *Comprehensive Psychiatry, 55*(2), 311–318.

Martino, F., Caselli, G., Berardi, D., Fiore, F., Marino, E., Menchetti, M., . . . Sassaroli, S. (2015). Anger rumination and aggressive behaviour in borderline personality disorder. *Personality and Mental Health*. [Electronic publication.]

Martins, M. V., Peterson, B. D., Almeida, V., Mesquita-Guimarães, J., & Costa, M. E. (2014). Dyadic dynamics of perceived social support in couples facing infertility. *Human Reproduction* (Oxford, England), *29*(1), 83–89.

Martinsen, M., & Sundgot-Borgen, J. (2013). Higher prevalence of eating disorders among adolescent elite athletes than controls. *Medicine & Science in Sports and Exercise, 45*(6), 1188–1197.

Martlew, J., Pulman, J., & Marson, A. G. (2014). Psychological and behavioural treatments for adults with non-epileptic attack disorder. *Cochrane Database of Systematic Reviews, 2*, CD006370.

Mas-Expósito, L., Amador-Campos, J. A., Gómez-Benito, J., Mauri-Mas, L., & Lalucat-Jo, L. (2015). Clinical case management for patients with schizophrenia with high care needs. *Community Mental Health Journal, 51*(2), 165–170.

Mash, E. J., & Wolfe, D. A. (2015). *Abnormal child psychology* (6th ed.). Independence, KY: Cengage Publications.

Maslow, A. H. (1970). *Motivation and personality* (2nd ed.). New York: Harper & Row.

Masters, W. H., & Johnson, V. E. (1966). *Human sexual response*. Boston: Little, Brown.

Masters, W. H., & Johnson, V. E. (1970). *Human sexual inadequacy*. Boston: Little, Brown.

Mathew, J., & McGrath, J. (2002). Readability of consent forms in schizophrenia research. *Australian and New Zealand Journal of Psychiatry, 36*(4), 564–565.

Mathis, C. E. G. (2014). Anorexia Nervosa Health Center pro-anorexia web sites: The thin web line. *WebMD*. Retrieved from WebMD website: http://www.webmd.com/mental-health/eating-disorders/anorexia.

Mathys, M., & Belgeri, M. T. (2010). Psychiatric disorders. In L. C. Hutchison & R. B. Sleeper (Eds.), *Fundamentals of geriatric pharmacotherapy: An evidencebased approach*. Bethesda, MD: American Society of Health-Systems Pharmacists.

Matsumoto, D. (Ed.). (2001). *The handbook of culture and psychology*. New York: Oxford University Press.

Matsumoto, D. (2007). Culture, context, and behavior. *Journal of Personality, 75*(6), 1285–1320.

Matsumoto, D., & Hwang, H. S. (2011). Culture, emotion, and expression. In M. J. Gelfand, C-Y Chiu, & Y-Y. Hong (Eds.), *Advances in culture and psychology (Vol. 1), Advances in culture and psychology* (pp. 53–98). New York: Oxford University Press.

Matsumoto, D., & Hwang, H. S. (2012). Culture and emotion: The integration of biological and cultural contributions. *Journal of Cross-Cultural Psychology, 43*(1), 91–118.

Matsumoto, D., & Juang, L. (2008). *Culture and psychology* (4th ed.). Australia: Thomson Wadsworth.

Matsunaga, H., & Seedat, S. (2011). Obsessive-compulsive spectrum disorders: Crossnational and ethnic issues. In E. Hollander, J. Zohar, P. J. Sirovatka, & D. A. Regier (Eds.), *Obsessive-compulsive spectrum disorders: Refining the research agenda for DSM-V* (pp. 205–221). Washington, DC: American Psychiatric Publishing.

Maurice, W. L. (2007). Sexual desire disorders in men. In S. R. Leiblum (Ed.), *Principles and practice of sex therapy* (4th ed., pp. 181–210). New York: Guilford Press.

Mauthner, N. S. (2010). "I wasn't being true to myself": Women's narratives of postpartum depression. In D. C. Jack & A. Ali (Eds.), *Silencing the self across cultures: Depression and gender in the social world* (pp. 459–484). New York: Oxford University Press.

Mayberg, H. S., Lozano, A. M., Voon, V., McNeely, H. E., Seminowicz, D., Hamani, C., . . . Kennedy, S. H. (2005). Deep brain stimulation for treatment-resistant depression. *Neuron, 45*, 651–660.

Mayo, C., & George, V. (2014). Eating disorder risk and body dissatisfaction based on muscularity and body fat in male university students. *Journal of American College Health, 62*(6), 407–415.

Maza, C. (2015, April 13). Tribes battle high teen suicide rates on native American reservations. *CSMonitor*. Retrieved from CS Monitor website: http://www.csmonitor.com/USA/USA-update/2015/0413.

McAfee. (2014). *Study reveals majority of adults share intimate details via unsecured digital devices*. Santa Clara, CA: Author.

McAnulty, R. D. (2006). Pedophilia. In R. D. McAnulty & M. M. Burnette (Eds.), *Sex and sexuality, Vol. 3: Sexual deviation and sexual offenses*. Westport, CT: Praeger Publishers.

McArthur, G., Castles, A., Kohnen, S., Larsen, L., Jones, K., Anandakumar, T., & Banales, E. (2013, October 13). Sight word and phonics training in children with dyslexia. *Journal of Learning Disabilities, 48*(4), 391–407.

McBride, J. J., Vlieger, A. M., & Anbar, R. D. (2014). Hypnosis in paediatric respiratory medicine. *Paediatric Respiratory Reviews, 15*(1), 82–85.

McCabe, C., & Mishor, Z. (2011). Antidepressant medications reduce subcortical-cortical resting-state functional connectivity in healthy volunteers. *Neuroimage, 57*(4), 1317–1323.

McCaghy, C. H., Capron, T. A., Jamieson, J. D., & Carey, S. H. (2006). *Deviant behavior: Crime, conflict, and interest groups* (7th ed.). New York: Pearson/Allyn & Bacon.

McCance-Katz, E. F. (2010). Drug interactions in the pharmacological treatment of substance use disorders. In E. V. Nunes, J. Selzer, P. Levounis, & C. A. Davies (Eds.), *Substance dependence and co-occurring psychiatric disorders: Best practices for diagnosis and treatment* (pp. 18-1– 18-36). Kingston, NJ: Civic Research Institute.

McCarthy, B., & McCarthy, E. (2012). *Sexual awareness: Your guide to healthy couple sexuality* (5th ed.). New York: Routledge/Taylor & Francis Group.

McCarthy, D. E., Curtin, J. J., Piper, M. E., & Baker, T. B. (2010). Negative reinforcement: Possible clinical implications of an integrative model. In J. D. Kassel (Ed.), *Substance abuse and emotion* (pp. 15–42). Washington, DC: American Psychological Association.

McClelland, S. (1998, September 21). Grief crisis counsellors under fire: Trauma teams were quick to descend on Peggy's Cove. Susan McClelland asks whether they do more harm than good. *Ottawa Citizen*, p. A4.

McCloud, A., Barnaby, B., Omu, N., Drummond, C., & Aboud, A. (2004). Relationship between alcohol use disorders and suicidality in a psychiatric population: In-patient prevalence study. *British Journal of Psychiatry, 184*(5), 439–445.

McClure, E. A., Gipson, C. D., Malcolm, R. J., Kalivas, P. W., & Gray, K. M. (2014). Potential role of N-acetylcysteine in the management of substance use disorders. *CNS Drugs, 28*(2), 95–106.

McConnaughey, J. (2014, May 17). Alcohol use may worsen in nursing homes. *ABC News*. Retrieved from ABC News website: http://abcnews.go.com/health.

McCrady, B. S. (2014). Alcohol use disorders. In D. H. Barlow, *Clinical handbook of psychological disorders* (5th ed., Ch. 13). New York: Guilford Press.

McDermott, B. E., Leamon, M. H., Feldman, M. D., & Scott, C. L. (2012). Factitious disorder and malingering. In J. A. Bourgeois, U. Parthasarathi, & A. Hategan (Eds.), *Psychiatry review and Canadian certification exam preparation guide* (pp. 267–276). Arlington, VA: American Psychiatric Publishing.

McDermott, B. M., & Jaffa, T. (2005). Eating disorders in children and adolescents: An update. *Current Opinions in Psychiatry, 18*(4), 407–410.

McDonald, J. A., Terry, M. B., & Tehranifar, P. (2014). Racial and gender discrimination, early life factors, and chronic physical health conditions in midlife. *Women's Health Issues: Official Publication of the Jacobs Institute of Women's Health, 24*(1), e5–e59.

McDowell, D. (2005). Marijuana, hallucinogens, and club drugs. In R. J. Frances, A. H. Mack, & S.

I. Miller (Eds.), *Clinical textbook of addictive disorders* (3rd ed., pp. 157–183). New York: Guilford Press.

McDowell, D. (2011). Marijuana, hallucinogens, and club drugs. In R. J. Frances, S. I. Miller, & A. H. Mack (Eds.), *Clinical textbook of addictive disorders* (3rd ed., paperback, Ch. 8). New York: Guilford Press.

McEachin, J. J., Smith, T., & Lovaas, O. I. (1993). Long-term outcome for children with autism who received early intensive behavioral treatment. *American Journal of Mental Retardation, 97*(4), 359–372.

McEvoy, P. M. (2007). Effectiveness of cognitive behavioural group therapy for social phobia in a community clinic: A benchmarking study. *Behavioral Research and Therapy, 45*(12), 3030–3040.

McFeeters, D., Boyda, D., & O'Neill, S. (2015). Patterns of stressful life events: Distinguishing suicide ideators from suicide attempters. *Journal of Affective Disorders, 175,* 192–198.

McGlothlin, J. M. (2008). *Developing clinical skills in suicide assessment, prevention, and treatment.* Alexandria, VA: American Counseling Association.

McGoldrick, M., Loonan, R., & Wohlsifer, D. (2007). Sexuality and culture. In S. R. Leiblum (Ed.), *Principles and practice of sex therapy* (4th ed., pp. 416–441). New York: Guilford Press.

McGrath, R. E., & Carroll, E. J. (2012). The current status of "projective" "tests". In H. Cooper, P. M. Camic, D. L. Long, A. T. Panter, D. Rindskopf, & K. J. Sher (Eds.), *APA handbook of research methods in psychology. Vol. 1: Foundations, planning, measures, and psychometrics* (pp. 329–348). Washington, DC: American Psychological Association.

McGuffin, P. (2014). Different genetic factors influence specific symptom dimensions of DSM-IV major depression. *Evidence-Based Mental Health, 17*(1), 18.

McGuffin, P., Katz, R., Watkins, S., & Rutherford, J. (1996). A hospital-based twin register of the heritability of DSM-IV unipolar depression. *Archives of General Psychiatry, 53,* 129–136.

McGuire, P. A. (2000, February). New hope for people with schizophrenia. *Monitor on Psychology, 31*(2), 24–28.

McGurk, S. R., Mueser, K. T., Mischel, R., Adams, R., Harvey, P. D., McClure, M. M., . . . Siever, L. J. (2013). Vocational functioning in schizotypal and paranoid personality disorders. *Psychiatry Research, 210*(2), 498–504.

McIlvaine, R. (2011, January 25). 3-D software becoming safeware to returning soldiers with PTSD. *Army News Service.*

McKay, D., Gosselin, J. T., & Gupta, S. (2008). Body dysmorphic disorder. In J. S. Abramowitz, D. McKay, & S. Taylor (Eds.), *Obsessive-compulsive disorder: Subtypes and spectrum conditions.* Oxford, England: Elsevier.

McKay, D., Taylor, S., & Abramowitz, J. S. (2010). Cognitive-behavioral therapy and refractory cases: What factors lead to limited treatment response? In D. McKay, J. S. Abramowitz & S. Taylor (Eds.), *Cognitive-behavioral therapy for refractory cases: Turning failure into success* (pp. 3–10). Washington, DC: American Psychological Association.

McKenna, K., Gallagher, K. S., Forbes, P. W., & Ibeziako, P. (2015). Ready, set, relax: Biofeedback-assisted relaxation training (BART) in a pediatric psychiatry consultation service. *Psychosomatics, 56*(4), 381–389.

McKenzie, G., & Teri, L. (2011). Psychosocial therapies. In C. E. Coffey, J. L. Cummings, M. S. George, & D. Weintraub (Eds.), *The American Psychiatric Publishing textbook of geriatric neuropsychiatry.* Arlington, VA: American Psychiatric Publishing, Inc.

McKenzie, J. A., McConkey, R., & Adnams, C. (2013). Intellectual disability in Africa: Implications for research and service development. *Disability and Rehabilitation, 35*(20), 1750–1755.

McKinley, J. (2010, October 4). Several recent suicides put light on pressures facing gay teenagers. *New York Times.*

McLaughlin, K. A., Nandi, A., Keyes, K. M., Uddin, M., Aiello, A. E., Galea, S., & Koenen, K. C. (2012). Home foreclosure and risk of psychiatric morbidity during the recent financial crisis. *Psychological Medicine, 42*(7), 1441–1448.

McLay, R. N. (2013). How does virtual-reality therapy for PTSD work? *Scientific American, 24*(5).

McLay, R. N., Daylo, A. A., & Hammer, P. S. (2006). No effect of lunar cycle on psychiatric admissions or emergency evaluations. *Military Medicine,* 17(12), 1239–1242.

McLean, D., Thara, R., John, S., Barrett, R., Loa, P., McGrath, J., & Mowry, B. (2014). DSM-IV 'Criterion A' schizophrenia symptoms across ethnically different populations: Evidence for differing psychotic symptom content or structural organization? *Culture, Medicine and Psychiatry, 38*(3), 408–426.

McMahon, C. G., Jannini, E., Waldinger, M., & Rowland, D. (2013). Standard operating procedures in the disorders of orgasm and ejaculation. *Journal of Sexual Medicine, 1,* 204–229.

McMahon, R. J., & Frick, P. J. (2005). Evidence-based assessment of conduct problems in children and adolescents. *Journal of Clinical Child & Adolescent Psychology, 34,* 477–505.

McMahon, R. J., & Frick, P. J. (2007). Conduct and oppositional disorders. In E. J. Mash & R. A. Barkley (Eds.), *Assessment of childhood disorders* (4th ed., pp. 132–183). New York: Guilford Press.

McMahon, R. J., Witkiewitz, K., & Kotler, J. S. (2010). Predictive validity of callous-unemotional traits measured in early adolescence with respect to multiple antisocial outcomes. *Journal of Abnormal Psychology, 119*(4), 752–763.

McMain, S. F. (2015). Advances in the treatment of borderline personality disorder: An introduction to the special issue. *Journal of Clinical Psychology, 71*(8), 741–746.

McManus, M. A., Hargreaves, P., Rainbow, L., & Alison, L. J. (2013). Paraphilias: Definition, diagnosis and treatment. *F1000prime Reports, 5,* 36.

McNally, R. J. (2004, April 1). Psychological debriefing does not prevent posttraumatic stress disorder. *Psychiatric Times,* p. 71.

McNally, R. J., Clancy, S. A., Barrett, H. M., & Parker, H. A. (2005). Reality monitoring in adults reporting repressed, recovered, or continuous memories of childhood sexual abuse. *Journal of Abnormal Psychology, 114*(1), 147–152.

McNally, R. J., & Geraerts, E. (2009). A new solution to the recovered memory debate. *Perspectives on Psychological Science, 4*(2), 126–134.

McNeil, E. B. (1967). *The quiet furies.* Englewood Cliffs, NJ: Prentice Hall.

McPherson, M., Smith-Lovin, L., & Brashears, M. (2006). Social isolation in America: Changes in core discussion networks over two decades. *American Sociological Review, 71,* 353–375.

McSweeney, S. (2004). Depression in women. In L. Cosgrove & P. J. Caplan (Eds.), *Bias in psychiatric diagnosis* (pp. 183–188). Northvale, NJ: Jason Aronson.

Meana, M. (2012). *Sexual dysfunction in women. Advances in psychotherapy—Evidence-based practice.* Cambridge, MA: Hogrefe Publishing.

Medina, M., & Avila, J. (2014). New perspectives on the role of tau in Alzheimer's disease: Implications for therapy. *Biochemical Pharmacology, 88*(4), 540–547.

Mednick, S. A. (1971). Birth defects and schizophrenia. *Psychology Today, 4,* 48–50.

Meersand, P. (2011). Psychological testing and the analytically trained child psychologist. *Psychoanalytic Psychology, 28*(1), 117–131.

Mehta, D., Newport, D. J., Frishman, G., Kraus, L., Rex-Haffner, M., Ritchie, J. C., . . . Binder, E. B. (2014). Early predictive biomarkers for postpartum depression point to a role for estrogen receptor signaling. *Psychological Medicine,* 1–14.

Meichenbaum, D. H. (1975). A self-instructional approach to stress management: A proposal for stress inoculation training. In I. Sarason & C. D. Spielberger (Eds.), *Stress and anxiety* (Vol. 2). New York: Wiley.

Meichenbaum, D. H. (1977). *Cognitive-behavior modification: An integrative approach.* New York: Plenum Press.

Meichenbaum, D. H. (1993). Stress inoculation training: A 20-year update. In P. M. Lehrer & R. L. Woolfolk (Eds.), *Principles and practice of stress management* (2nd ed.). New York: Guilford Press.

Meijer, E. H., & Verschuere, B. (2010). The polygraph and the detection of deception. *Journal of Forensic Psychology Practice, 10*(4), 325–338.

Meinhard, N., Kessing, L. V., & Vinberg, M. (2014). The role of estrogen in bipolar disorder, a review. *Nordic Journal of Psychiatry, 68*(2), 81–87.

Meloy, J. R., & Yakeley, J. (2010). Psychodynamic treatment of antisocial personality disorder: Psychodynamic psychotherapy for personality disorders: A clinical handbook. In J. F. Clarkin, P. Fonagy, & G. O. Gabbard (Eds.), *Psychodynamic psychotherapy for personality disorders: A clinical handbook* (pp. 311–336). Arlington, VA: American Psychiatric Publishing.

Meltzer, H. Y. (2011). Evidence-based treatment for reducing suicide risk in schizophrenia. In M. Pompili & R. Tatarelli (Eds.), *Evidence-based practice in suicidology: A source book* (pp. 317–328). Cambridge MA: Hogrefe Publishing.

Melville, J. (1978). *Phobias and obsessions.* New York: Penguin.

Mendes, E. (2010). Uptick in high cholesterol and high blood pressure in U.S. *Gallup.* Retrieved from Gallup website: http://www.gallup.com/poll/127055.

Merenda, R. R. (2008). The posttraumatic and sociocognitive etiologies of dissociative identity disorder: A survey of clinical psychologists. *Dissertation Abstracts International: Section B: The Sciences and Engineering, 68*(8-B), 55–84.

Merikangas, K. R., He, J-P., Brody, D., Fisher, P. W., Bourdon, K., & Koretz, D. (2010). Prevalence and treatment of mental disorders among US children in the 2001–2004 NHANES. *Pediatrics, 125*(1), 75–81.

Merikangas, K. R., He, J., Rapoport, J., Vitiello, B., & Olfson, M. (2013). Medication use in U.S. youth with mental disorders. *JAMA Pediatrics, 167*(2), 141–148.

Merikangas, K. R., Jin, R., He, J-P., Kessler, R. C., Lee, S., Sampson, N. A., . . . & Zarkov, Z. (2011). Prevalence and correlates of bipolar spectrum disorder in the World Mental Health Survey Initiative. *Archives of General Psychiatry, 68*(3), 241–251.

Merikangas, K. R., & Swanson, S. A. (2010). Comorbidity in anxiety disorders. In M. B. Stein & T. Steckler (Eds.), *Behavioral neurobiology of anxiety and its treatment: Current topics in behavioral neurosciences* (pp. 37–59). New York: Springer Science + Business Media.

Merkl, A., Schubert, F., Quante, A., Luborzewski, A., Brakemeier, E-L., Grimm, S., Heuser, I., & Baibouj. M. (2011). Abnormal cingulate and prefrontal cortical neurochemistry in major depression after electroconvulsive therapy. *Biological Psychiatry, 69*(8), 772–779.

Merrick, E. S., Hodgkin, D., Hiatt, D., Horgan, C. M., Greenfield, S. F., & McCann, B. (2011). Integrated employee assistance program: Managed behavioral health plan utilization by persons with substance use disorders. *Journal of Substance Abuse Treatment, 40*(3), 299–306.

Merrick, J., Uldall, P., & Volther, J. (2014). Intellectual and developmental disabilities: Denmark, normalization, and de-institutionalization. *Frontiers in Public Health, 2,* 161.

Merrill, J. E., Carey, K. B., Lust, S. A., Kalichman, S. C., & Carey, M. P. (2014). "Do students mandated to intervention for campus alcohol–related violations drink more than non–mandated students?" *Psychology of Addictive Behaviors, 28*(4), 1265–1270.

Messer, S. B., & Abbass, A. A. (2010). Evidence-based psychodynamic therapy with personality disorders. In J. J. Magnavita (Ed.), *Evidence-based treatment of personality dysfunction: Principles, methods, and processes* (pp. 79–111) Washington, DC: American Psychological Association.

Messias, E. (2014). Standing on the shoulders of Pinel, Freud, and Kraepelin: A historiometric inquiry into the histories of psychiatry. *Journal of Nervous and Mental Disease, 202*(11), 788–792.

Metsälä, E., & Vaherkoski, U. (2014). Medication errors in elderly acute care: A systematic review. *Scandinavian Journal of Caring Sciences, 28*(1), 12–28.

Metzl, J. M. (2004). Voyeur nation? Changing definitions of voyeurism, 1950–2004. *Harvard Review of Psychiatry, 12*(q), 127–131.

Metzner, J. L., & Dvoskin, J. A. (2010). Correctional psychiatry. In R. I. Simon & L. H. Gold (Eds.), *The American Psychiatric Publishing textbook of forensic psychiatry* (2nd ed., pp. 395– 411). Arlington, VA: American Psychiatric Publishing.

Meyer, P. (2010). *Liespotting: Proven techniques to detect deception.* New York: St. Martin's Griffin.

Meyer, V. (1966). Modification of expectations in cases with obsessional rituals. *Behavioral Research and Therapy, 4,* 273–280.

MHA (Mental Health America). (2008). *Americans reveal top stressors, how they cope.* Alexandria, VA: Author.

MHA (Mental Health America). (2010). *Americans reveal top stressors.* New Mexico Health Association.

MHF (Mental Health Foundation). (2015). *Schizophrenia.* England: MHF.

MHF (Mental Health of the Future). (2014). *Suicide statistics and facts.* Retrieved from GenPsych website: http://www.genpsych.com/suicide-statistics-and-facts.

MHFA (Mental Health Foundation of Australia). (2014). *Sadness and depression.* Richmond, Canada: MHFA.

Mian, N. D. (2014). Little children with big worries: Addressing the needs of young, anxious children and the problem of parent engagement. *Clinical Child and Family Psychology Review, 17*(1), 85–96.

Michal, M. (2011). Review of depersonalization: A new look at a neglected syndrome. *Journal of Psychosomatic Research, 70*(2), 199.

Midgley, N., Cregeen, S., Hughes, C., & Rustin, M. (2013). Psychodynamic psychotherapy as treatment for depression in adolescence. *Child and Adolescent Psychiatric Clinics of North America, 22*(1), 67–82.

Millan, M. J., Fone, K., Steckler, T., & Horan, W. P. (2014). Negative symptoms of schizophrenia: Clinical characteristics, pathophysiological substrates, experimental models and prospects for improved treatment. *European Neuropsychopharmacology, 24*(5), 645–692.

Miller, A. (2015). The purpose of a clinical interview in a psychological assessment. *Chron.com.* Retrieved from Chron. com website: http://work.chron.com/purpose-clinical-interview-psychological.

Miller, A. L., McEvoy, J. P., Jeste, D. V., & Marder, S. R. (2012). Treatment of chronic schizophrenia. In J. A. Lieberman, T. S. Stroup, & D. O Perkins (Eds.), *Essentials of schizophrenia* (pp. 225–243). Arlington, VA: American Psychiatric Publishing.

Miller, D. C. (Ed.). (2010). *Best practices in school neuropsychology: Guidelines for effective practice, assessment, and evidence-based intervention.* Hoboken, NJ: John Wiley & Sons.

Miller, D. N. (2011). *Child and adolescent suicidal behavior: School-based prevention, assessment, and intervention. The Guilford practical intervention in the schools series.* New York: Guilford Press.

Miller, J. A. (2010). Sex offender civil commitment: The treatment paradox. *California Law Review, 98,* 2093-2128.

Miller, K. L., Dove, M. K., & Miller, S. M. (2007). *A counselor's guide to child sexual abuse: Prevention, reporting and treatment strategies.* Paper based on a program presented at the Association for Counselor Education and Supervision Conference, Columbus, OH.

Miller, M., & Kantrowitz, B. (1999, January 25). Unmasking Sybil: A re-examination of the most famous psychiatric patient in history. *Newsweek,* pp. 66–68.

Miller, N. E. (1948). Studies of fear as an acquirable drive: I. Fear as motivation and fear-reduction as reinforcement in the learning of new responses. *Journal of Experimental Psychology, 38,* 89–101.

Miller, P. M., Ingham, J. G., & Davidson, S. (1976). Life events, symptoms, and social support. *Journal of Psychiatric Research, 20*(6), 514–522.

Miller, S. G. (1994). Borderline personality disorder from the patient's perspective. *Hospital Community Psychiatry, 45*(12), 1215–1219.

Miller, S. G. (1999). Borderline personality disorder in cultural context: Commentary on Paris. *Psychiatry, 59*(2), 193–195.

Miller, T. (2013, August 12). Too many selfies on Facebook can damage relationships: Study. *New York Daily News.*

Miller, W. D., Sadegh-Nobari, T., & Lillie-Blanton, M. (2011). Healthy starts for all: Policy prescriptions. *American Journal of Preventive Medicine, 40*(1, Suppl 1), S19–S37.

Miller, W. R., & Seligman, M. E. (1975). Depression and learned helplessness in man. *Journal of Abnormal Psychology, 84*(3), 228–238.

Millichap, J. G. (2010). *Attention deficit hyperactivity disorder handbook: A physician's guide to ADHD* (2nd ed.). New York: Springer Science + Business Media.

Millier, A., Schmidt, U., Angermeyer, M. C., Chauhan, D., Murthy, V., Toumi, M., & Cadi-Soussi, N. (2014). Humanistic burden in schizophrenia: A literature review. *Journal of Psychiatric Research, 54,* 85–93.

Millon, T. (1969). *Modern psychopathology: A biosocial approach to maladaptive learning and functioning.* Philadelphia: Saunders.

Millon, T. (2011). *Disorders of personality: Introducing a DSM/ICD spectrum from normal to abnormal* (3rd ed.). Hoboken, NJ: John Wiley Sons.

Mills, J. F., Kroner, D. F., & Morgan, R. D. (2011). *Clinician's guide to violence risk assessment.* New York: Guilford Press.

Milner, A., Page, A., Morrell, S., Hobbs, C., Carter, G., Dudley, M., . . . Taylor, R. (2014). The effects of involuntary job loss on suicide and suicide attempts among young adults: Evidence from a matched case-control study. *The Australian and New Zealand Journal of Psychiatry, 48*(4), 333–340.

Milner, A., Spittal, M. H., Pirkis, J., & LaMontagne, A. D. (2013). Suicide by occupation: Systematic review and meta-analysis. *British Journal of Psychiatry: The Journal of Mental Science, 203*(6), 409–416.

Milrod, C. (2014). How young is too young: Ethical concerns in genital surgery of the transgender MTF adolescent. *Journal of Sexual Medicine, 11,* 338–346.

Miner, I. D., & Feldman, M. D. (1998). Factitious deafblindness: An imperceptible variant of factitious disorder. *General Hospital Psychiatry, 20,* 48–51.

Minnes, S., Singer, L., Min, M. O., Wu, M., Lang, A., & Yoon, S. (2014). Effects of prenatal cocaine/polydrug exposure on substance use by age 15. *Drug and Alcohol Dependence, 134,* 201–210.

Mintem, G. C., Horta, B. L., Domingues, M. R., & Gigante, D. P. (2015). Body size dissatisfaction among young adults from the 1982 Pelotas birth cohort. *European Journal of Clinical Nutrition, 69*(1), 55–61.

Minuchin, S. (1974). *Families and family therapy.* Cambridge, MA: Harvard University Press.

Minuchin, S. (1987). My many voices. In J. K. Zeig (Ed.), *The evolution of psychotherapy.* New York: Brunner/Mazel.

Minuchin, S. (2007). Jay Haley: My teacher. *Family Process, 46*(3), 413–414.

Minuchin, S., Lee, W-Y., & Simon, G. M. (2006). *Mastering family therapy: Journeys of growth and transformation* (2nd ed.). Hoboken, NJ: John Wiley & Sons.

Minzenberg, M. J., Yoon, J. H., & Carter, C. S. (2011). Schizophrenia. In R. E. Hales, S. C. Yudofsky, & G. O. Gabbard (Eds.), *Essentials of psychiatry* (3rd ed., pp. 111–150). Arlington, VA: American Psychiatric Publishing.

Miranda, J., Siddique, J., Belin, T. R., & Kohn-Wood, L. P. (2005). Depression prevalence in disadvantaged young black women: African and Caribbean immigrants compared to US-born African Americans. *Social Psychiatry and Psychiatric Epidemiology 40*(4), 253–258.

Miret, M., Nuevo, R., Morant, C., Sainz-Cortón, E., Jiménez-Arriero, M. A., López-Ibor, J. J., et al. (2011). The role of suicide risk in the decision for psychiatric hospitalization after a suicide attempt. *Crisis: Journal of Crisis Intervention and Suicide Prevention, 32*(2), 65–73.

Mirone, V., Longo, N., Fusco, F., Mangiapia, F., Granata, A. M., & Perretti, A. (2001). Can the BC reflex evaluation be useful for the diagnosis of primary premature ejaculation? *International Journal of Impotence Research, 13,* S47.

Mishak, P. B. (2014). IQ test, cognitive abilities test, predictive index test, general mental ability test, general intelligence test, mental aptitude test: Your basic guide to acing any eligibility index test. Amazon Media, EU. [Kindle version].

Mitchell, A. E., Dickens, G. L., & Picchioni, M. M. (2014). Facial emotion processing in borderline personality disorder: A systematic review and meta-analysis. *Neuropsychology Review, 24*(2), 166–184.

Mitchell, A. J. (2010). Overview of depression scales and tools. In J. Mitchell & J. C. Coyne (Eds.), *Screening for depression in clinical practice: An evidence-based guide* (pp. 29–56). New York: Oxford University Press.

Mitchell, A. J. (2010). Why do clinicians have difficulty detecting depression? In A. J. Mitchell & J. C. Coyne (Eds.), *Screening for depression in clinical practice: An evidence-based guide* (pp. 57–82). New York: Oxford University Press.

Mitchell, J. E., & Crow, S. J. (2010). Medical comorbidities of eating disorders. In W. S. Agras (Ed.), *The Oxford handbook of eating disorders. Oxford library of psychology* (pp. 259–266). New York: Oxford University Press.

Mitchell, J. T. (1983). When disaster strikes . . . the critical incident stress debriefing process. *Journal of Emergency Medical Services, 8*, 36–39.

Mitchell, J. T. (2003). *Crisis intervention & CISM: A research summary.* Retrieved from ICISF website: http://www.icisf.org/articles/cism_research_summary.pdf.

Mitka, M. (2011). Study looks at PTSD among workers in Twin Towers during 9/11 attack. *Journal of the American Medical Association, 305*(9), 874–875.

Mittal, V. A., Kalus, O., Bernstein, D. P., & Siever, L. J. (2007). Schizoid personality disorder. In W. O'Donohue, K. A. Fowler, & S. O. Lilienfeld (Eds.), *Personality disorders: Toward the DSM-V.* Los Angeles: Sage Publications.

Mittelman, M. S., & Bartels, S. J. (2014). Translating research into practice: Case study of a community-based dementia caregiver intervention. *Health Affairs (Project Hope), 33*(4), 587–595.

Moberg, T., Nordström, P., Forslund, K., Kristiansson, M., Asberg, M., & Jokinen, J. (2011). Csf 5-hiaa and exposure to and expression of interpersonal violence in suicide attempters. *Journal of Affective Disorders, 125*(1-3), 388–392.

Modlin, T. (2002). Sleep disorders and hypnosis: To cope or cure? *Sleep and Hypnosis, 4*(1), 39–46.

Moffatt, F. W., Hodnett, E., Esplen, M. J., & Watt-Watson, J. (2010). Effects of guided imagery on blood pressure in pregnant women with hypertension: A pilot randomized controlled trial. *Birth: Issues in Perinatal Care, 37*(4), 296–306.

Mohatt, J., Bennett, S. M., & Walkup, J. T. (2014). Treatment of separation, generalized, and social anxiety disorders in youths. *American Journal of Psychiatry, 171*(7), 741–748.

Mohler, H., & Okada, T. (1977). Benzodiazepine receptor: Demonstration in the central nervous system. *Science, 198*(4319), 849–851.

Mohler, H., Richards, J. G., & Wu, J.-Y. (1981). Autoradiographic localization of benzodiazepine receptors in immunocytochemically identified c-aminobutyric synapses. *Proceedings of the National Academy of Science, 78,* 1935–1938.

Mokros, A., Osterheider, M., Hucker, S. J., & Nitschke, J. (2011). Psychopathy and sexual sadism. *Law and Human Behavior, 35*(3), 188–199.

Mokros, A., Schilling, F., Weiss, K., Nitschke, J., & Eher, R. (2014). Sadism in sexual offenders: Evidence for dimensionality. *Psychological Assessment, 26*(1), 138–147.

Mola, J. R. (2015). Erectile dysfunction in the older adult male. *Urologic Nursing, 35*(2), 87–93.

Moldavsky, D. (2004, June 1). Transcultural psychiatry for clinical practice. *Psychiatric Times, XXI*(7), p. 36.

Möller, J., Björkenstam, E., Liung, R., & Yngwe, M. A. (2011). Widowhood and the risk of psychiatric care, psychotropic medication and all-cause mortality: A cohort study of 658,022 elderly people in Sweden. *Aging & Mental Health, 15*(2), 259–266.

Momtaz, B. (2014, February 4). Cited in L. Kaufman, In texting era, crisis hotlines put help at youths' fingertips. *New York Times.*

Mond, J., Hall, A., Bentley, C., Harrison, C., Gratwick-Sarll, K., & Lewis, V. (2014). Eating-disordered behavior in adolescent boys: Eating disorder examination questionnaire norms. *International Journal of Eating Disorders, 47*(4), 335–341.

Monroe, S. M. (2010). Recurrence in major depression: Assessing risk indicators in the context of risk estimates. In C. S. Richards & L. C. Perri (Eds.), *Relapse prevention for depression* (pp. 27–49). Washington, DC: American Psychological Association.

Monroe, S. M., Slavich, G. M., & Gotlib, I. H. (2014). Life stress and family history for depression: The moderating role of past depressive episodes. *Journal of Psychiatric Research, 49,* 90–95.

Monson, C. M., Fredman, S. J., & Taft, C. T. (2011). Couple and family issues and interventions for veterans of the Iraq and Afghanistan wars. In J. I. Ruzek, P. P. Schnurr, J. J. Vasterling, & M. J. Friedman (Eds.), *Caring for veterans with deployment-related stress disorders* (pp. 151–169). Washington, DC: American Psychological Association.

Montaldo, C. (2014). *Multiple murderers.* Retrieved from About.com website: http://crime.about.com/od/serial/a/killer_types.htm.

Montejo, A.-L., Perahia, D. G. S., Spann, M. E., Wang, F., Walker, D. J., Yang, C. R., & Detke, M. J. (2011). Sexual function during long-term duloxetine treatment in patients with recurrent major depressive disorder. *Journal of Sexual Medicine, 8*(3), 773–782.

Montejo, J. E., Durán, M., Del Mar Martínez, M., Hilari, A., Roncalli, N., Vilaregut, A., . . . Ramos-Quiroga, J. A. (2015). Family functioning and parental bonding during childhood in adults diagnosed with ADHD. *Journal of Attention Disorders.* {Electronic publication.]

Moon, J. R., Glymour, M. M., Vable, A. M., Liu, S. Y., & Subramanian, S. V. (2014). Short- and long-term associations between widowhood and mortality in the United States: Longitudinal analyses. *Journal of Public Health (Oxford, England), 36*(3), 382–389.

Moore, C. E., Radcliffe, J. D., & Liu, Y. (2014). Vitamin D intakes of adults differ by income, gender and race/ethnicity in the U.S.A., 2007 to 2010. *Public Health Nutrition, 17*(4), 756–763.

Moore, C. E., Radcliffe, J. D., & Liu, Y. (2014). Vitamin D intakes of children differ by race/ethnicity, sex, age, and income in the United States, 2007 to 2010. *Nutrition Research, 34*(6), 499–506.

Moore, E. A., Green, M. J., & Carr, V. J. (2012). Comorbid personality traits in schizophrenia: Prevalence and clinical characteristics. *Journal of Psychiatric Research, 46*(3), 353–359.

Moore, P. J., Chrabaszcz, J. S., Peterson, R. A., Rohrbeck, C. A., Roemer, E. C., & Mercurio, A. E. (2014). Psychological resilience: The impact of affectivity and coping on state anxiety and positive emotions during and after the Washington, DC sniper killings. *Anxiety, Stress, and Coping, 27*(2), 138–155.

Moorhouse, P. A., & Rockwood, K. (2010). Vascular cognitive impairment. In H. M. Fillit, K. Rockwood, & K. Woodhouse. (Eds.), *Brocklehurst's textbook of geriatric medicine and gerontology* (7th ed.). Philadelphia, PA: Saunders Publishers.

Moreno, C., Laje, G., Blanco, C., Jiang, H., Schmidt, A. B., & Olfson, M. (2007). National trends in the outpatient diagnosis and treatment of bipolar disorder in youth. *Archives of General Psychiatry, 64*(9), 1032–1039.

Morey, L. C., Skodol, A. E., & Oldham, J. M. (2014). Clinician judgments of clinical utility: A comparison of DSM-IV-TR personality disorders and the alternative model for DSM-5 personality disorders. *Journal of Abnormal Psychology, 123*(2), 398–405.

Morgan, C. A., Southwick, S., Steffian, G., Hazlett, G. A., & Loftus, E. F. (2013). Misinformation can influence memory for recently experienced, highly stressful events. *International Journal of Law and Psychiatry, 36*(1), 11–17.

Morgan, C. D., & Murray, H. A. (1935). A method of investigating fantasies: The Thematic Apperception Test. *Archives of Neurological Psychiatry, 34,* 289–306.

Morgan, J. F. (2012). Male eating disorders. In J. Alexander and J. Treasure (Eds.), *A collaborative approach to eating disorders* (pp. 272–278). New York: Routledge/Taylor & Francis Group.

Morgan, L., Brittain, B., & Welch, J. (2015). Medical care following multiple perpetrator sexual assault: A retrospective review. *International Journal of STD & AIDS, 26*(2), 86–92.

Morgan, M., Lockwood, A., Steinke, D., Schleenbaker, R., & Botts, S. (2012). Pharmacotherapy regimens among patients with post-traumatic stress disorder and mild traumatic brain injury. *Psychiatric Services, 63*(2), 182–185.

Morgan, P. L., Hillemeier, M. M., Farkas, G., & Maczuga, S. (2014). Racial/ethnic disparities in ADHD diagnosis by kindergarten entry. *Journal of Child Psychology and Psychiatry, and Allied Disciplines, 55*(8), 905–913.

Morris, T. L., & Ale, C. M. (2011). Social anxiety. In D. McKay & E. A. Storch (Eds.), *Handbook of child and adolescent anxiety disorders* (pp. 289–301). New York: Springer Science & Business Media.

Morrison, A. P., Pyle, M., Chapman, N., French, P., Parker, S. K., & Wells, A. (2014). Metacognitive therapy in people with a schizophrenia spectrum diagnosis and medication resistant symptoms: A feasibility study. *Journal of Behavior Therapy and Experimental Psychiatry, 45*(2), 280–284.

Morrison, A. P., Turkington, D., Pyle, M., Spencer, H., Brabban, A., Dunn, G., . . . Hutton, P. (2014). Cognitive therapy for people with schizophrenia spectrum disorders not taking antipsychotic drugs: A single-blind randomised controlled trial. *Lancet, 383*(9926), 1395–1403.

Morrissey, J. P., & Cuddeback, G. S. (2008). Jail diversion. In K. T. Mueser & D. V. Jeste (Eds.), *Clinical handbook of schizophrenia* (pp. 524–532). New York: Guilford Press.

Morrissey, J. P., Desmarais, S. L., & Domino, M. E. (2014). Outpatient commitment and its alternatives: Questions yet to be answered. *Psychiatric Services, 65*(6), 812–815.

Mort, J. R., Sailor, R., & Hintz, L. (2014). Partnership to decrease antipsychotic medication use in nursing homes: Impact at the state level. *South Dakota Medicine, 67*(2), 67–69.

Mosca, N. W., & Schatz, M. L. (2013). Encopresis: Not just an accident. *NASN School Nurse, 28*(3), 218–221.

Mosconi, L. (2013). Glucose metabolism in normal aging and Alzheimer's disease: Methodological and physiological considerations for PET studies. *Clinical and Translational Imaging: Reviews in Nuclear Medicine and Molecular Imaging, 1*(4), 217–233.

Mosconi, L., Berti, V., Glodzik, L., Pupi, A., De Santi, S., & de Leon, M. J. (2010). Pre-clinical detection of Alzheimer's disease using FDG-PET, with or without amyloid imaging. *Journal of Alzheimer's Disease, 20*(3), 843–854.

Mosconi, L., De Santi, S., Li, J., Tsui, W. H., Li, Y., Boppana, M., . . .de Leon, M. J. (2008). Hippocampal hypometabolism predicts cognitive decline from normal aging. *Neurobiology of Aging, 29*(5), 676–692.

Mosconi, L., Murray, J., Davies, M., Williams, S., Pirraglia, E., Spector, N., . . . de Leon, M. J. (2014). Nutrient intake and brain biomarkers of Alzheimer's disease in at-risk cognitively normal individuals: A cross-sectional neuroimaging pilot study. *BMJ Open, 4*(6), E004850.

Mosconi, M. W., Wang, Z, Schmitt, L. M., Tsai, P., & Sweeney, J. A. (2015). The role of cerebellar circuitry alterations in the pathophysiology of autism spectrum disorders. *Frontiers in Neuroscience, 9*, 296.

Moscovitch, D. A., Rowa, K., Paulitzki, J. R., Ierullo, M. D., Chiang, B., Antony, M. M., & McCabe, R. E. (2013). Self-portrayal concerns and their relation to safety behaviors and negative affect in social anxiety disorder. *Behaviour Research and Therapy, 51*(8), 476–486.

Moskowitz, E. S. (2001). *In therapy we trust: America's obsession with self-fulfillment.* Baltimore: Johns Hopkins University Press.

Moskowitz, E. S. (2008). *In therapy we trust: America's obsession with self-fulfillment.* Baltimore, MD: Johns Hopkins University Press.

Mott, J. M., Barrera, T. L., Hernandez, C., Graham, D. P., & Teng, E. J. (2014). Rates and predictors of referral for individual psychotherapy, group psychotherapy, and medications among Iraq and Afghanistan veterans with PTSD. *The Journal of Behavioral Health Services & Research, 41*(2), 99–109.

Mowrer, O. H. (1939). A stimulus-response analysis of anxiety and its role as a reinforcing agent. *Psychological Review, 46*, 553–566.

Mowrer, O. H. (1947). On the dual nature of learning: A reinterpretation of "conditioning" and "problem-solving." *Harvard Education Review, 17*, 102–148.

Mowrer, O. H., & Mowrer, W. M. (1938). Enuresis: A method for its study and treatment. *American Journal of Orthopsychiatry, 8*, 436–459.

Moyano, O. (2010). A case of depersonalization-derealization in adolescence: Clinical study of dissociative disorders. *Neuropsychiatrie de l'Enfance et de l'Adolescence, 58*(3), 126–131.

Mucha, S. M., Varghese, L. A., French, R. E., & Shade, D. A. (2014). Separating fact from factitious hemoptysis: A case report. *Critical Care Nurse, 34*(4), 36–42.

Mueller, S. E., Petitjean, S., Boening, J., & Wiesbeck, G. A. (2007). The impact of self-help group attendance on relapse rates after alcohol detoxification in a controlled study. *Alcohol Alcoholism, 42*(2), 108–112.

Mulder, R. T. (2010), Antidepressants and suicide: Population benefit vs. individual risk. *Acta Psychiatrica Scandinavica, 122*(6), 442–443.

Mulhauser, G. (2010). *Disadvantages of counselling or therapy by email.* Retrieved from http://counselling resource.com/counselling-service/online-disadvantages.html.

Mullen, P. E. (2004). The autogenic (self-generated) massacre. *Behavioral Sciences & the Law, 22*(3), 311–323.

Müller, C. A., Schäfer, M., Schneider, S., Heimann, H. M., Hinzpeter, A., Volkmar, K., Förg, A., Heinz, A., & Hein, J. (2010). Efficacy and safety of levetiracetam for outpatient alcohol detoxification. *Pharmacopsychiatry, 43*(5), 184–189.

Müller, N. (2014). Immunology of schizophrenia. *Neuroimmunomodulation, 21*(2-3), 109–116.

Munsey, C. (2010). The kids aren't all right. *Monitor on psychology, 41*(1), 22–25.

Murayama, Y., Ohba, H., Yasunaga, M., Nonaka, K., Takeuchi, R., Nishi, M., . . . Fujiwara, Y. (2014). The effect of intergenerational programs on the mental health of elderly adults. *Aging & Mental Health, 1–9.*

Murdock, K. K. (2013). Texting while stressed: Implications for students' burnout, sleep, and well-being. *Psychology of Popular Media Culture, 2*, 207–221.

Murphy, L., Mitchell, D., & Hallett, R. (2011). A comparison of client characteristics in cyber and in-person counseling. *Studies in Health Technology and Informatics, 167*, 149–153.

Murphy, R., Straebler, S., Cooper, Z., & Fairburn, C. G. (2010). Cognitive behavioral therapy for eating disorders. *Psychiatric Clinics of North America, 33*(3), 611–627.

Murphy, W. D., & Page, I. J. (2006). Exhibitionism. In R. D. McAnulty & M. M. Burnette (Eds.), *Sex and sexuality, Vol. 3: Sexual deviation and sexual offenses.* Westport, CT: Praeger Publishers.

Murray, D. E., Durazzo, T. C., Mon, A., Schmidt, T. P., & Meyerhoff, D. J. (2015). Brain perfusion in polysubstance users: Relationship to substance and tobacco use, cognition, and self-regulation. *Drug and Alcohol Dependence, 150*, 120–128.

Murray, K. E., & Nyp, S. S. (2011). Postpartum depression. *Journal of Developmental & Behavioral Pediatrics, 32*(2), 175.

Murray, L. K., Nguyen, A., & Cohen, J. A. (2014). Child sexual abuse. *Child and Adolescent Psychiatric Clinics of North America, 23*(2), 321–337.

Musa, R., Draman, S., Jeffrey, S., Jeffrey, I., Abdullah, N., Halim, N. M., . . . Sidi, H. (2014). Post tsunami psychological impact among survivors in Aceh and West Sumatra, Indonesia. *Comprehensive Psychiatry, 55 Suppl 1*, S13–S16.

Musiat, P., & Schmidt, U. (2010). Self-help and stepped care in eating disorders. In W. S. Agras (Ed.), *The Oxford handbook of eating disorders.* (pp. 386–401) New York: Oxford University Press.

Musikantow, R. (2011). Thinking in circles: Power and responsibility in hypnosis. *American Journal of Clinical Hypnosis, 54*(2), 83–85.

Nace, E. P. (2005). Alcohol. In R. J. Frances, A. H. Mack, & S. I. Miller (Eds.), *Clinical textbook of addictive disorders* (3rd ed., pp. 75–104). New York: Guilford Press.

Nace, E. P. (2011). Alcohol. In R. J. Frances, S. I. Miller, & A. H. Mack (Eds.), *Clinical textbook of addictive disorders* (3rd ed., paperback). New York: Guilford Press.

Naeem, F., Farooq, S., & Kingdon, D. (2014). Cognitive behavioural therapy (brief versus standard duration) for schizophrenia. *Cochrane Database of Systematic Reviews, 4*, CD010646.

NAELA (National Academy of Elder Law Attorneys). (2014). *Aging and special needs statistics.* Retrieved from NAELA website: http://www.naela.org/public/about_NAELA/Media/.

Nagy, T. F. (2011) Avoiding harm and exploitation. In T. F. Nagy, *Essential ethics for psychologists: A primer for understanding and mastering core issues* (pp. 127–144). Washington, DC: American Psychological Association.

Nagy, T. F. (2011). *Essential ethics for psychologists: A primer for understanding and mastering core issues.* Washington, DC: American Psychological Association.

Nagy, T. F. (2011). Ethics in research and publication. In T. F. Nagy, *Essential ethics for psychologists: A primer for understanding and mastering core issues* (pp. 199–216). Washington, DC: American Psychological Association.

NAHIC (National Adolescent Health Information Center). (2006). *Fact sheet on suicide: Adolescents & young adults.* San Francisco, CA: University of California, San Francisco.

Naidoo, S., & Mkize, D. L. (2012). Prevalence of mental disorders in a prison population in Durban, South Africa. *African Journal of Psychiatry, 15*(1), 30–35.

Nair, G., Evans, A., Bear, R. E., Velakoulis, D., & Bittar, R. G. (2014). The anteromedial GPi as a new target for deep brain stimulation in obsessive compulsive disorder. *Journal of Clinical Neuroscience, 21*(5), 815–821.

Nairn, S. (2012). A critical realistic approach to knowledge: Implications for evidence-based practice in and beyond nursing. *Nursing Inquiry, 19*(1), 6–17.

Najman, J. M., Khatun, M., Mamun, A., Clavarino, A., Williams, G. M., Scott, J., . . . Alati, R. (2014). Does depression experienced by mothers leads to a decline in marital quality: A 21-year longitudinal study. *Social Psychiatry and Psychiatric Epidemiology, 49*(1), 121–132.

NAMI (National Alliance on Mental Illness). (2014). *Find your local NAMI.* Arlington, VA: NAMI.

NAMI (National Alliance on Mental Illness). (2014). *The impact and cost of mental illness: The case of depression.* Arlington, VA: NAMI.

NAMI (National Alliance on Mental Illness). (2014). *The PACT advocacy guide.* Arlington, VA: NAMI.

Naninck, E. F. G., Lucassen, P. J., & Bakker, J. (2011). Sex differences in adolescent depression: Do sex hormones determine vulnerability? *Journal of Neuroendocrinology, 23*(5), 383–392.

Nardi, A. E., Valenca, A. M., Nascimento, I., & Zin, W. A. (2001). Hyperventilation challenge test in panic disorder and depression with panic attacks. *Psychiatry Research, 105*, 57–65.

Nathan, D. (2010). *Sybil exposed: The extraordinary story behind the famous multiple personality case.* New York: Free Press.

Nation, D. A., Hong, S., Jak, A. J., Delano-Wood, L., Mills, P. J., Bondi, M. W., & Dimsdale, J. E. (2011). Stress, exercise, and Alzheimer's disease: A neurovascular pathway. *Medical Hypotheses, 76*(6), 847–854.

National Center for PTSD. (2008). Appendix A. Case examples from Operation Iraqi Freedom. *Iraq War Clinician Guide.* Washington, DC: Department of Veteran Affairs.

National Highway Traffic Safety Administration. (2010). Early estimate of motor vehicle traffic fatalities for the first half (January-June) of 2010. *Traffic Safety Facts.* Washington, DC: U.S. Department of Transportation.

National Highway Traffic Safety Administration. (2010). *Fatality analysis reporting system*

(FARS). Retrieved from NHTSA website: http://www.nhtsa.gov/FARS.

Nauert, R. (2014. May 7). Virtual reality therapy may reduce PTSD symptoms. *Psych Central.*

Nawata, H., Ogomori, K., Tanaka, M., Nishimura, R., Urashima, H., Yano, R., . . . Kuwabara, Y. (2010). Regional cerebral blood flow changes in female to male gender identity disorder. *Psychiatry and Clinical Neurosciences, 64*(2), 157–161.

Nazarian, M., & Craske, M. G. (2008). Panic and agoraphobia. In M. Hersen & J. Rosqvist (Eds.), *Handbook of psychological assessment, case conceptualization, and treatment, Vol. 1: Adults* (pp. 171–203). Hoboken, NJ: John Wiley & Sons.

NBC (National Broadcasting Company). (2012, February 2). Mystery teen illness grows in upstate New York. *NBC Nightly News.*

NCASA (National Center on Addiction and Substance Abuse at Columbia University). (2007, March). *Wasting the best and the brightest: Substance abuse at America's colleges and universities.* Washington, DC: Author.

NCHS (National Center for Health Statistics). (2014). *Health, United States, 2013; with special feature on prescription drugs.* Hyattsville, MD: NCHS.

NCHS (National Center for Health Statistics). (2014). *Older persons' health.* Hyattsville, MD: NCHS.

NCVS (National Crime Victimization Survey). (2013). *Data collection: National Crime Victimization Survey.* Washington, DC: Bureau of Justice Statistics.

NCVS (National Crime Victimization Survey). (2014). *National Crime Victimization Survey, 2013.* Washington, DC: Bureau of Justice Statistics.

NCVS (National Crime Victimization Survey). (2014). *Rape trauma syndrome.* Washington, DC: Bureau of Justice Statistics.

Neacsiu, A. D., & Linehan, M. M. (2014). Dialectical behavior therapy for borderline personality disorder. In D. H. Barlow (Ed.), *Clinical handbook of psychological disorders* (5th ed., pp. 394–461). New York: Guilford Press.

Neeleman, J., Wessely, S., & Lewis, G. (1998). Suicide acceptability in African- and white Americans: The role of religion. *Journal of Nervous and Mental Disease, 186*(1), 12–16.

Negrini, A., Perron, J., & Corbière, M. (2014). The predictors of absenteeism due to psychological disability: A longitudinal study in the education sector. *Work, 48*(2), 175–184.

Nelson, L., & Tabet, N. (2015). Slowing the progression of Alzheimer's disease: What works? *Ageing Research Reviews, 23*(Pt B), 193–209.

Nemecek, S. (1996, September). Mysterious maladies. *Scientific American,* 24–26.

Nenadic-Šviglin, K., Nedic, G., Nikolac, M., Kozaric-Kovacic, D., Stipcevic, T., Seler, D. M., & Pivac, N. (2011). Suicide attempt, smoking, comorbid depression, and platelet serotonin in alcohol dependence. *Alcohol, 45*(3), 209–216.

Neumark-Sztainer, D. R., Wall, M. M., Haines, J. I., Story, M. T., Sherwood, N. E., & van den Berg, P. A. (2007). Shared risk and protective factors for overweight and disordered eating in adolescents. *American Journal of Preventative Medicine, 33*(5), 359–369.

Neville, C. (2014). Psychological therapies for borderline personality disorder. *Nursing Times, 110*(4), 25.

Newcomb, M. E., & Mustanski, B. (2014). Diaries for observation or intervention of health

behaviors: Factors that predict reactivity in a sexual diary study of men who have sex with men. *Annals of Behavioral Medicine: A Publication of the Society of Behavioral Medicine, 47*(3), 325–334.

Newman, M. G., Castonguay, L. G., Borkovec, T. D., Fisher, A. J., Boswell, J. F., Szkodny, L. E., & Nordberg, S. S. (2011). A randomized controlled trial of cognitive-behavioral therapy for generalized anxiety disorder with integrated techniques from emotion-focused and interpersonal therapies. *Journal of Consulting and Clinical Psychology, 79*(2), 171–181.

Newnham, E. A., & Janca, A. (2014). Childhood adversity and borderline personality disorder: A focus on adolescence. *Current Opinion in Psychiatry, 27*(1), 68–72.

Neziroglu, F., McKay, D., Todaro, J., & Yaryura-Tobias, J. A. (1996). Effect of cognitive behavior therapy on persons with body dysmorphic disorder and comorbid Axis II diagnoses. *Behavior Therapist, 27,* 67–77.

Neziroglu, F., Roberts, M., & Yaryura-Tobias, J. A. (2004). A behavioral model for body dysmorphic disorder. *Psychiatric Annals, 34*(12), 915–920.

Nezlek, J. B., Hampton, C. P., & Shean, G. D. (2000). Clinical depression and day-to-day social interaction in a community sample. *Journal of Abnormal Psychology, 109*(1), 11–19.

Nezu, A. M., Nezu, C., M., & Xanthopoulos, M. S. (2011). Stress reduction in chronically ill patients. In R. J. Contrada & A. Baum (Eds.), *The handbook of stress science: Biology, psychology, and health* (pp. 475–485). New York: Springer Publishing.

NFER (National Foundation for Educational Research). (2010). *Tellus4 national report* (DCSF Research Report 218). Retrieved from NFER website: http://www.nfer.ac.uk/publications/TEL01/.

Ng, J. H., Bierman, A. C., Elliott, M. N., Wilson, R. L., Xia, C., & Scholle, S. H. (2014). Beyond black and white: Race/ethnicity and health status among older adults. *The American Journal of Managed Care, 20*(3), 239–248.

NIA (National Institute of Aging). (2011). *Global health and aging.* Bethesda, MD: Author.

NIAAA (National Institute on Alcohol Abuse and Alcoholism). (2015). *Alcohol facts and statistics.* Retrieved from NIAAA website: http://www.niaaa.nih.gov/alcohol-health/overview-alcohol-consumption/alcohol-facts-and-statistics.

NICHD (National Institute of Child Health and Human Development). (2015). *What causes Down syndrome?* Washington, DC: NICHD.

NICHD (National Institute of Child Health and Human Development). (2015). *What causes phenylketonuria (PKU)?* Washington, DC: NICHD.

Nichols, M. P. (2013). *The essentials of family therapy* (6th ed.). Boston: Pearson.

Nichols, W. C. (2004). Integrative marital and family treatment of dependent personality disorders. In M. M. MacFarlane (Ed.), *Family treatment of personality disorders: Advances in clinical practice* (pp. 173–204). Binghamton, NY: Haworth Clinical Practice Press.

Nicholson, C., & McGuinness, T. M. (2014). Gender dysphoria and children. *Journal of Psychosocial Nursing and Mental Health Services, 52*(8), 27–30.

Nickel, R., Ademmer, K., & Egle, U. T. (2010). Manualized psychodynamic-interactional group therapy for the treatment of somatoform pain

disorders. *Bulletin of the Menninger Clinic, 74*(3), 219–237.

NIDA (National Institute of Drug Abuse). (2014). *Heroin: Why does heroin use create special risk for contracting HIV/AIDS and hepatitis B and C?* Retrieved from NISA website: http://www.drug-abuse.gov/publications/research-reports/heroin.

NIDA (National Institute on Drug Abuse). (2015). *DrugFacts: Marijuana.* Retrieved from NSA website: http://www.drugabuse.gov/publications/drugfacts/marijuana.

NIH (National Institutes of Health). (2011). Herbal medicine. *MedlinePlus.* Retrieved from http://www.nlm.nih.gov/medlineplus.herbal-medicine.html.

NIH (National Institutes of Health). (2014, January 3). *Severe mental illness tied to higher rates of substance use.* Retrieved from http://www.nih.gov/news/health/jan2014/nida-03.htm.

NIH (National Institutes of Health). (2014, July). *Prescription and illicit drug abuse.* Retrieved from http://nihseniorhealth.gov/drugabuse/improperuse/01.html.

NIH (National Institutes of Health). (2015). Cells and DNA. *Genetics Home Reference.* Retrieved from http://ghr.nlm.nih.gov/handbook/basics.

NIH (National Institutes of Health). (2015). *Cocaine. Also called: Blow, C, Coca, Coke, Crack, Flake, Snow.* Retrieved from https://www.nlm.nih.gov/medlineplus/cocaine.html.

NIJ (National Institute of Justice). (2010). *Human subject and privacy protection.* Retrieved from http://www.nij.gov/funding/humansubjects.

Nillni, Y. I., Rohan, K. J., & Zvolensky, M. J. (2012). The role of menstrual cycle phase and anxiety sensitivity in catastrophic misinterpretation of physical symptoms during a CO_2 challenge. *Archives of Women's Mental Health,* August 25, pp. 1–10.

NIMH (National Institute of Mental Health). (2004). *Depression and cancer.* Bethesda, MD: Author.

NIMH (National Institute of Mental Health). (2004). *Depression and heart disease.* Bethesda, MD: Author.

NIMH (National Institute of Mental Health). (2004). *Depression and stroke.* Bethesda, MD: Author.

NIMH (National Institute of Mental Health). (2010). *Questions and answers about the NIMH Treatment for Adolescents with Depression Study (TADS).* Retrieved from http://www.nimh.nih.gov/trials/practical/tads/questions-and-answers.shtml.

NIMH (National Institute on Mental Health). (2010). *Schizophrenia.* Retrieved from http://www.nimh/nih/gov/statistics/1SCHIZ.shtml.

NIMH (National Institute of Mental Health). (2010). *Use of mental health services and treatment among adults.* Retrieved from http://www.nimh.nih.gov/statistics/3USE_MT_ADULT.shtml.

NIMH (National Institute of Mental Health). (2011). *Agoraphobia among adults.* Bethesda, MD: Author.

NIMH (National Institute of Mental Health). (2011). *Army study to assess risk and resilience in service members: A partnership between NIMH and the U.S. Army.* Retrieved from http://www.nimh/nih/gov/index.shtml.

NIMH (National Institute of Mental Health). (2011). *Director's blog: Antidepressants: A complicated picture.* Retrieved from http://www.nimh.nih.gov/about/director/2011/antidepressants.

NIMH (National Institute of Mental Health). (2011). *Generalized anxiety disorder among adults.* Bethesda, MD: Author.

NIMH (National Institute of Mental Health). (2011). *Treatment for Adolescents with Depression Study (TADS).* Retrieved from http://www.nimh.nih.gov/trials/practical/tads.index.shtml.

NIMH (National Institute of Mental Health). (2012). *Percentage of Americans with phobias.* Bethesda: MD: NIMH.

NIMH (National Institute of Mental Health). (2013). *Panic disorder: When fear overwhelms.* Retrieved from http://www.nimh.nih.gov/health/publications.

NIMH (National Institute of Mental Health). (2014). *Bipolar disorder among adults.* Retrieved from http://www.nimh.nih.gov/statistics/1bipolar_adult.shtml.

NIMH (National Institute of Mental Health). (2014). *Panic disorder among adults.* Bethesda, MD: NIMH.

NIMH (National Institute of Mental Health). (2014). *Social phobia among adults.* Bethesda, MD: NIMH.

NIMH (National Institute of Mental Health). (2014). *Specific phobia among adults.* Bethesda, MD: NIMH.

NIMH (National Institute of Mental Health). (2015). *Any disorder among children.* Retrieved from http://www.nimh.nih.gov/health/statistics/prevalence/_148474.pdf.

NIMH (National Institute of Mental Health). (2015). *Women and depression.* Retrieved from http://psychcentral.com/lib/women-and-depression.

NINDS (National Institute of Neurological Disorders and Stroke). (2015). *NIINDS autism information page.* Bethesda, MD: NINDS.

NISVS (National Intimate Partner and Sexual Violence Survey). (2010). *NISVS summary report.* Atlanta, GA: CDC.

Nitschke, J., Mokros, A., Osterheider, M., & Marshall, W. L. (2013). Sexual sadism: Current diagnostic vagueness and the benefit of behavioral definitions. *International Journal of Offender Therapy and Comparative Criminology, 57*(12), 1441–1453.

Niv, N., Shatkin, J. P., Hamilton, A. B., Unützer, J., Klap, R., & Young, A. S. (2010). The use of herbal medications and dietary supplements by people with mental illness. *Community Mental Health Journal, 46*(6), 563–569.

Nivoli, A. M. A., Colom, F., Murru, A., Pacchiarotti, I., Castro-Loli, P., González-Pinto, A., . . . Vieta, E. (2011). New treatment guidelines for acute bipolar depression: A systematic review. *Journal of Affective Disorders, 129*(1-3), 14–26.

NLM (National Library of Medicine). (2015). *Encopresis.* Retrieved from MedlinePlus website: https://www.nlm.nih.gov/medlineplus/ency/article/001570.htm.

NLM (National Library of Medicine). (2015). *Intellectual disability.* Retrieved from MedlinePlus website: https://www.nlm.nih.gov/medlineplus/ency/article/001523.htm.

NMHA (National Mental Health Association). (1999, June 5). Poll. *U.S. Newswire.*

Nobel Media. (2014). *Facts on the Nobel Prize.* Nobelprize.org.

Nock, M. K., Green, J. G., Hwang, I., McLaughlin, K. A., Sampson, N. A., Zaslavsky, A. M., & Kessler, R. C. (2013). Prevalence, correlates, and treatment of lifetime suicidal behavior among adolescents: Results from the National Comorbidity Survey Replication

Adolescent Supplement. *JAMA Psychiatry, 70*(3), 300–310.

Nock, M. K., Kazdin, A. E., Hiripi, E., & Kessler, R. C. (2006). Prevalence, subtypes, and correlates of DSM-IV conduct disorder in the National Comorbidity Survey Replication. *Psychological Medicine, 36*(5), 699–710.

Nock, M. K., Stein, M. B., Heeringa, S. G., Ursano, R. J., Colpe, L. J., Fullerton, C. S., . . . Kessler, R. C. (2014). Prevalence and correlates of suicidal behavior among soldiers: Results from the Army Study to Assess Risk and Resilience in Servicemembers (Army STARRS). *JAMA Psychiatry, 71*(5), 514–522.

Noeker, M. (2004). Factitious disorder and factitious disorder by proxy. *Praxis der Kinderpsychologie und Kinderpsychiatrie, 53*(7), 449–467.

Noh, Y. (2009). Does unemployment increase suicide rates? the OECD panel evidence. *Journal of Economic Psychology, 30*(4), 575–582.

Nolen-Hoeksema, S. (1990). *Sex differences in depression.* Stanford, CA: Stanford University Press.

Nolen-Hoeksema, S. (2000). The role of rumination in depressive disorders and mixed anxiety/depressive symptoms. *Journal of Abnormal Psychology, 109,* 504–511.

Nolen-Hoeksema, S. (2002). Gender differences in depression. In I. H. Gotlib & C. L. Hammen (Eds.), *Handbook of depression* (pp. 492–509). New York: Guilford Press.

Noll-Hussong, M., Herberger, S., Grauer, M., Otti, A., & Gündel, H. (2013). Aspects of post-traumatic stress disorder after a traffic accident. *Versicherungsmedizin/Herausgegeben Von Verband Der Lebensversicherung-Unternehmen, 65*(3), 132–135.

Nonacs, R. M. (2007). Postpartum depression. *eMedicine Clinical Reference.* Retrieved from Emedicine website: http://www.emedicine.com/med/topic 3408.htm.

Noonan, D. (2003, June 16). A healthy heart. *Newsweek, 141*(24), 48–52.

Noonan, S. (2014). Veterinary wellness: Mindfulness-based stress reduction. *Canadian Veterinary Journal, 55,* 134–135.

Norcross, J. C. (Ed.) (2011). *Psychotherapy relationships that work evidence-based responsiveness* (2nd ed.). New York: Oxford University Press.

Norcross, J. C., Bike, D. H., & Evans, K. L. (2009). The therapist's therapist: A replication and extension 20 years later. *Psychotherapy Theory, Research, Practice, Training, 46*(1), 32–41.

Norcross, J. C., & Beutler, L. E. (2014). Integrative psychotherapies. In D. Wedding & R. J. Corsini (Eds.), *Current psychotherapies* (10th ed., pp. 499–532). Independence, KY: Cengage Publications.

Norcross, J. C., & Farber, B. A. (2005). Choosing psychotherapy as a career: Beyond "I want to help people." *Journal of Clinical Psychology, 61*(8), 939–943.

Norcross, J. C., & Goldfried, M. R. (Eds.). (2005). *Handbook of psychotherapy integration* (2nd ed.). New York: Oxford University Press.

Norcross, J. C., Karpiak, C. P., & Santoro, S. O. (2005). Clinical psychologists across the years: The division of clinical psychology from 1960 to 2003. *Journal of Clinical Psychology, 61*(12), 1467–1483.

Norcross, J. C., & Lambert, M. J. (2011). Psychotherapy relationships that work II. *Psychotherapy, 48*(1), 4–8.

Nord, M., & Farde, L. (2011). Antipsychotic occupancy of dopamine receptors in schizophrenia. *CNS Neuroscience & Therapeutics, 17*(2), 97–103.

Nordal, K. (2010, January-February). Interview with R. Gill. Practice opportunities available despite shrinking dollars. *National Psychologist, 1–3.*

North, C. S. (2005). Somatoform disorders. In E. H. Rubin & C. F. Zorumski (Eds.), *Adult psychiatry* (2nd ed., pp. 261–274). Oxford, England: Blackwell Publishing.

North, C. S., & Pfefferbaum, B. (2013). Mental health response to community disasters: A systematic review. *JAMA, 310*(5), 507–518.

Norton, A. (2011). Imagined smells can precede migraines. *Reuters.* Retrieved from Reuters website: http://www.reuters.com/assets/print?aid=USTRE79D4L120111014.

Novak, B., McDermott, B. E., Scott, C. L., & Guillory, S. (2007). Sex offenders and insanity: An examination of 42 individuals found not guilty by reason of insanity. *Journal of the American Academy of Psychiatry and the Law, 35*(4), 444–450.

Nowak, D. E., & Aloe, A. M. (2014). The prevalence of pathological gambling among college students: A meta-analytic synthesis, 2005–2013. *Journal of Gambling Studies, 30*(4), 819–843.

NPD Group. (2008). Entertainment Trends Report. Cited by Mike Antonucci in *San Jose Mercury News,* April 3, 2008.

NRC (National Research Council). (2014). Cited in C. Kruttschnitt, W. D. Kalsbeek, & C. C. House (Eds.). *Estimating the incidence of rape and sexual assault.* Washington, DC: Committee on National Statistics, Division of Behavioral and Social Sciences and Education.

NREPP (National Registry of Evidence-based Programs and Practices). (2014). *SAMHSA's national registry of evidence-based programs and practices.* Retrieved from http://www.nrepp.samhsa.gov/.

NSDUH (National Survey on Drug Use and Health). (2010). *Results from the 2009 National Survey on Drug Use and Health: Volume 1. Summary of national findings.* (Office of Applied Studies, NSDUH Series H-38a.) Rockville, MD: Substance Abuse and Mental Health Services Administration.

NSDUH (National Survey on Drug Use and Health). (2013). *Results from the 2012 National Survey on Drug Use and Health: Mental health findings,* NSDUH Series H-47, HHS Publication No. (SMA) 13-4805. Rockville, MD: Substance Abuse and Mental Health Services Administration.

NSF (National Sleep Foundation). (2014). *How much sleep do we really need?* Arlington, VA: NSF.

NSF (National Sleep Foundation). (2014). *Information about children's sleep for parents and teachers.* Retrieved from NSF website: http://www.sleepforkids.org/hml/uskids.html.

NSPCC (National Society for the Prevention of Cruelty to Children). (2013, August 11). Reported in *BBC News,* One in five children bullied online, says NSPCC survey.

Nugent, A. C., Bain, E. E., Carlson, P. J., Neumeister, A., Bonne, O., Carson, R. E., . . . Drevets, W. C. (2013). Reduced post-synaptic serotonin type 1A receptor binding in bipolar depression. *European Neuropsychopharmacology, 23*(8), 822–829.

Nunes, B. P., de Oliveira Saes, M., Siqueira, F. V., Tomasi, E., Silva, S. M., da Silveira, D. S., . . . Thumé, E. (2014). Falls and self-assessment of eyesight among elderly people: A population-based study in a south Brazilian municipality. *Archives of Gerontology and Geriatrics, 59*(1), 131–135.

Nunes, K. L., Hermann, C. A., Renee Malcom, J., & Lavoie, K. (2013). Childhood sexual victimization, pedophilic interest, and sexual recidivism. *Child Abuse & Neglect, 37*(9), 703–711.

Nussbaum, R. L., & Ellis, C. E. (2003). Alzheimer's disease and Parkinson's disease. *New England Journal of Medicine, 348,* 1356–1364.

NVSR (National Vital Statistics Reports). (2010, August 9). *Births: Final data for 2007, 58*(24).

NVSR (National Vital Statistics Reports). (2010). *Deaths: Final Data for 2007. National vital statistics reports, 58*(19). Hyattsville, MD: National Center for Health Statistics.

NVSR (National Vital Statistics Reports). (2011). *Deaths: Preliminary data for 2009. National vital statistics reports, 59*(4). Hyattsville, MD: National Center for Health Statistics.

O'Brien, C. P. (2013). Cited in NPR Staff, With addiction, breaking a habit means resisting a reflex. *Weekend Edition Sunday.* Retrieved from NPR website: http://www.npr.org/2013/10/20/238297311/with-addiction-breaking.

O'Brien, C. P., O'Brien, T. J., Mintz, J., & Brady, J. P. (1975). Conditioning of narcotic abstinence symptoms in human subjects. *Drug and Alcohol Dependence, 1,* 115–123.

Odlaug, B. L., & Grant, J. E. (2012). Pathological skin picking. In J. E. Grant, D. J. Stein, D. W. Woods, & N. J. Keuthen (Eds.), *Trichotillomania, skin picking, and other body-focused repetitive behaviors* (pp. 21–41). Arlington, VA: American Psychiatric Publishing, Inc.

O'Donohue, W., Fowler, K. A., & Lilienfeld, S. O. (Eds.). (2007). *Personality disorders: Toward the DSM-V.* Los Angeles: Sage Publications.

Oelschlager, J. R. (2014). *Sleep and college life.* Melbourne, FL: Florida Institute of Technology.

OFWW (Obesity, Fitness & Wellness Week). (2004, December 25). Drivers admit to experiencing road rage. *Obesity, Fitness & Wellness Week,* 1209.

Ogden, L. P. (2014). "Waiting to go home": Narratives of homelessness, housing and home among older adults with schizophrenia. *Journal of Aging Studies, 29,* 53–65.

Ogle, C. M., Rubin, D. C., & Siegler, I. C. (2014). Cumulative exposure to traumatic events in older adults. *Aging & Mental Health, 18*(3), 316–325.

O'Hara, M. W., & Wisner, K. L. (2014). Perinatal mental illness: Definition, description and aetiology. *Best Practice & Research. Clinical Obstetrics & Gynaecology, 28*(1), 3–12.

Ohman, A., & Mineka, S. (2003). The malicious serpent: Snakes as a prototypical stimulus for an evolved module of fear. *Current Directions in Psychological Science, 12*(1), 5–9.

Ohring, R., Graber, J. A., & Brooks-Gunn, J. (2002). Girls' recurrent and concurrent body dissatisfaction: Correlates and consequences over 8 years. *International Journal of Eating Disorders, 31*(4), 404–415.

Oinas-Kukkonen, H., & Mantila, L. (2010). *Lisa, Lisa the machine says I have performed an illegal action. Should I tell the police? A survey and observations of inexperienced elderly internet users.* Paper submitted to Journal of the Southern Association for Information Systems.

OJJDP (Office of Juvenile Justice and Delinquency Prevention). (2010, February). *In Focus: Girls' delinquency.* NCJ228414. Washington, DC: OJJDP.

Okawa, J. B., & Hauss, R. B. (2007). The trauma of politically motivated torture. In E. K. Carll (Ed.), *Trauma psychology: Issues in violence, disaster, health, and illness* (Vol. 1). Westport, CT: Praeger Publishers.

Okpokoro, U., Adams, C. E., & Sampson, S. (2014). Family intervention (brief) for schizophrenia. *Cochrane Database of Systematic Reviews, 3,* CD009802.

Ollendick, T. H. (2014). Advances toward evidence-based practice: where to from here? *Behavior Therapy, 45*(1), 51–55.

Olmsted, M. P., Kaplan, A. S., & Rockert, W. (1994). Rate and prediction of relapse in bulimia nervosa. *American Journal of Psychiatry, 151*(5), 738–743.

Olmsted, M. P., Kaplan, A. S., & Rockert, W. (2005). Defining remission and relapse in bulimia nervosa. *International Journal of Eating Disorders, 38*(1), 1–6.

Olson, D. (2011). FACES IV and the Circumplex Model: Validation study. *Journal of Marital & Family Therapy, 37*(1), 64–80.

Omar, H., Tejerina-Arreal, M., & Crawford, M. J. (2014). Are recommendations for psychological treatment of borderline personality disorder in current U.K. guidelines justified? Systematic review and subgroup analysis. *Personality and Mental Health, 8*(3), 228–237.

Omori, Y., Mori, C., & White, A. H. (2014). Self-stigma in schizophrenia: A concept analysis. *Nursing Forum, 49*(4), 259–266.

O'Neill, H. (2012, December 15). No rise in mass killings, but their impact is huge. *Associated Press.*

Ong, C., Pang, S., Sagayadevan, V., Chong, S. A., & Subramaniam, M. (2015). Functioning and quality of life in hoarding: A systemic review. *Journal of Anxiety Disorders, 32,* 17–30.

Onwuteaka-Philipsen, B. D., Brinkman-Stoppelenburg, A., Penning, C., de Jong-Krul, G. J. F., van Delden, J. J. M., & van der Heide, A. (2012). Trends in end-of-life practices before and after the enactment of the euthanasia law in the Netherlands from 1990 to 2010: A repeated cross-sectional survey. *The Lancet, 380*(9845), 908–915.

Opinion Research Corporation. (2004). National Survey Press Release. May 17, 2004.

Opinion Research Corporation Poll/CNN. (2011, March 18-20). Disaster preparedness and relief. *PollingReport.com.*

Oquendo, M. A., Dragatsi, D., Harkavy-Friedman, J., Dervic, K., Currier, D., Burke, A. K., . . . Mann, J. J. (2005). Protective factors against suicidal behavior in Latinos. *Journal of Nervous and Mental Disease, 193*(7), 438–443.

Oquendo, M. A., Lizardi, D., Greenwald. S., Weissman, M. M., & Mann, J. J. (2004). Rates of lifetime suicide attempt and rates of lifetime major depression in different ethnic groups in the United States. *Acta Psychiatrica Scandinavica, 110*(6), 446–451.

Oquendo, M. A., Russo, S. A., Underwood, M. D., Kassir, S. A., Ellis, S. P., Mann, J. J., & Arango, V. (2006). Higher post mortem prefrontal 5-HT2A receptor binding correlates with lifetime aggression in suicide. *Biological Psychiatry, 59,* 235–243.

Orbach, I., & Iohan, M. (2007). Stress, distress, emotional regulation and suicide attempts in female adolescents. In R. Tatarelli, M. Pompili, & P. Girardi (Eds.), *Suicide in psychiatric disorders.* New York: Nova Science Publishers.

Ordemann, G. J., Opper, J., & Davalos, D. (2014). Prospective memory in schizophrenia: A review. *Schizophrenia Research, 155*(1-3), 77–89.

O'Riley, A. A., Van Orden, K. A., He, H., Richardson, T. M., Podgorski, C., & Conwell, Y. (2014). Suicide and death ideation in older adults obtaining aging services. *The American Journal of Geriatric Psychiatry, 22*(6), 614–622.

ORR (Office of Refugee Resettlement). (2006). *Office of Refugee Resettlement (ORR). Services for Survivors of Torture Program: Program description.* Retrieved from http://www.acf.hhs.gov/programs/orr/programs/services_survivors_torture.htm.

ORR (Office of Refugee Resettlement). (2011). *Services for survivors of torture.* Retrieved from http://www.acf.hhs.gov/programs/orr/programs/services_survivors_torture. htm.

Orri, M., Paduanello, M., Lachal, J., Falissard, B., Sibeoni, J., & Revah-Levy, A. (2014). Qualitative approach to attempted suicide by adolescents and young adults: The (neglected) role of revenge. *PLOS ONE, 9*(5), e96716.

Ostrov, J. M., Kamper, K. E., Hart, E. J., Godleski, S. A., & Blakely-McClure, S. J. (2014). A gender-balanced approach to the study of peer victimization and aggression subtypes in early childhood. *Development and Psychopathology, 26*(3), 575–587.

O'Sullivan, L F., Brotto, L. A., Byers, S., Majerovich, J. A., & Wuest, J. A. (2014). Prevalence and characteristics of sexual functioning among sexually experienced middle to late adolescents. *Journal of Sexual Medicine, 11,* 630–641.

Ott, J., van Trotsenburg, M., Kaufmann, U., Schrögendorfer, K., Haslik, W., Huber, J. C., & Wenzl, R. (2010). Combined hysterectomy/salpingo-oophorectomy and mastectomy is a safe and valuable procedure for female-to-male transsexuals. *Journal of Sexual Medicine, 7*(6), 2130–2138.

Otto, R. K., & Douglas, K. S. (Eds.). (2010). *Handbook of violence risk assessment.* New York: Routledge/Taylor & Francis Group.

Ouellette, S. C., & DiPlacido, J. (2001). Personality's role in the protection and enhancement of health: Where the research has been, where it is stuck, how it might move. In A. Baum, T. A. Revenson, & J. E. Singer (Eds.), *Handbook of health psychology.* Mahwah, NJ: Lawrence Erlbaum.

Overton, D. (1964). State-dependent or "dissociated" learning produced with pentobarbital. *Journal of Comparative Physiology and Psychology, 57,* 3–12.

Overton, D. (1966). State-dependent learning produced by depressant and atropine-like drugs. *Psychopharmacologia, 10,* 6–31.

Owens, G. P., Held, P., Blackburn, L., Auerbach, J. S., Clark, A. A., Herrera, C. J., . . . Stuart, G. L. (2014). Differences in relationship conflict, attachment, and depression in treatment-seeking veterans with hazardous substance use, PTSD, or PTSD and hazardous substance use. *Journal of Interpersonal Violence, 29*(7), 1318–1337.

Owens, M., Herbert, J., Jones, P. B., Sahakian, A. J., Wilkinson, P. O., Dunn, V. J., . . . Goodyer, I. M. (2014). Elevated morning cortisol is a stratified population-level biomarker for major depression in boys only with high depressive symptoms. *Proceedings of the National Academy of Sciences of the United States of America, 111*(9), 3638–3643.

Ozden, A., & Canat, S. (1999). Factitious hemoptysis. *Journal of American Child and Adolescent Psychiatry, 38,* 356–357.

PA (Parents Anonymous). (2014). *Asking for help is a sign of strength.* Retrieved from PA website: http://www.parentsanonymous.org.

Pace, T. W. W., & Heim, C. M. (2011). A short review on the psychoneuroimmunology of post-traumatic stress disorder: From risk factors to medical comorbidities. *Brain, Behavior, and Immunity, 25*(1), 6–13.

Pacik, P. T. (2014). Understanding and treating vaginismus: A multimodal approach. *International Urogynecology Journal, 25*(12), 1613–1620.

Paczynski, R. P., & Gold, M. S. (2011). Cocaine and crack. In J. H. Lowinson & P. Ruiz (Eds.), *Substance abuse: A comprehensive textbook* (5th ed.). Philadelphia, PA: Lippincott Williams & Wilkins.

Padwa, L. (1996). *Everything you pretend to know and are afraid someone will ask.* New York: Penguin.

Pagliari, C., Burton, C., McKinstry, B., Szentatotai, A., David, D., Serrano Blanco, A., . . . Wolters, M. (2012). Psychosocial implications of avatar use in supporting therapy for depression. *Studies in Health Technology and Informatics, 181,* 329–333.

Paillard, T., Rolland, Y., & de Souto Barreto, P. (2015). Protective effects of physical exercise in Alzheimer's disease and Parkinson's disease: A narrative review. *Journal of Clinical Neurology, 11*(3), 212–219.

Palamar, J. J., & Kamboukos, D. (2014). An examination of sociodemographic correlates of ecstasy use among high school seniors in the United States. *Substance Use & Misuse, 49*(13), 1774–1783.

Palijan, T. Z., Radeljak, S., Kovac, M., & Kovacevic, D. (2010). Relationship between comorbidity and violence risk assessment in forensic psychiatry—The implication of neuroimaging studies. *Psychiatria Danubina, 22*(2), 253–256.

Palley, W. (2014, February 7). Data point: Digital distractions help drive Millennials to mindfulness. *JWT Intelligence.*

Pankevich, D. E., Teegarden, S. L., Hedin, A. D., Jensen, C. L., & Bale, T. L. (2010). Caloric restriction experience reprograms stress and orexigenic pathways and promotes binge eating. *Journal of Neuroscience, 30*(48), 16399–16407.

Paris, J. (2005). Borderline personality disorder. *Canadian Medical Association Journal, 172*(12), 1579–1583.

Paris, J. (2010). Estimating the prevalence of personality disorders in the community. *Journal of Personality Disorders, 24*(4), 405–411.

Paris, J. (2012). The rise and fall of dissociative identity disorder. *Journal of Nervous and Mental Disease, 200*(12), 1076–1079.

Paris, J. (2014). Modernity and narcissistic personality disorder. *Personality Disorders, 5*(2), 220–226.

Parish, B. S., & Yutsy, S. H. (2011). Somatoform disorders. In R. E. Hales, S. C. Yudofsky, & G. O. Gabbard, *Essentials of psychiatry* (3rd ed., pp. 229–254). Arlington, VA: American Psychiatric Publishing.

Park, A. (2014, March 27). U.S. autism rates jump 30% from 2012. *Time.com.*

Park, J. E., Lee, J., Suh, G., Kim, B., & Cho, M. J. (2014). Mortality rates and predictors in community-dwelling elderly individuals with cognitive impairment: An eight-year follow-up after initial assessment. *International Psychogeriatrics, 26*(8), 1295–1304.

Park, M., & Unützer, J. (2014). Hundred forty eight more days with depression: The association between marital conflict and depression-free days. *International Journal of Geriatric Psychiatry, 29*(12), 1271–1277.

Parker, G., & Hyett, M. (2010). Screening for depression in medical settings: Are specific scales useful? In A. J. Mitchell & J. C. Coyne (Eds.), *Screening for depression in clinical practice: An evidence-based guide* (pp. 191–201). New York: Oxford University Press.

Parker, S., Nichter, M., Vuckovic, N., Sims, C., & Ritenbaugh, C. (1995). Body image and weight concerns among African American and white adolescent females: Differences that make a difference. *Human Organization, 54*(2), 103–114.

Parker, T. S., Blackburn, K. M., Perry, M. S., & Hawks, J. M. (2012). Sexting as an intervention: Relationship satisfaction and motivational considerations. *American Journal of Family Therapy, 41*(1), 1–12.

Parrott, A. C., Montgomery, C., Wetherell, M. A., Downey, L. A., Stough, C., & Scholey, A. B. (2014). MDMA, cortisol, and heightened stress in recreational ecstasy users. *Behavioural Pharmacology, 25*(5-6), 458–472.

Paslakis, G., Graap, H., & Erim, Y. (2015). Media exposure and posttraumatic stress disorder: Review and implications for psychotherapy. [German] *Psychotherapie, Psychosomatik, Medizinische Psychologie.* [Advance publication.]

Patel, S. R., Humensky, J. L., Olfson, M., Simpson, H. B., Myers, R., & Dixon, L. B. (2014). Treatment of obsessive-compulsive disorder in a nationwide survey of office-based physician practice. *Psychiatric Services* (Washington, D.C.), *65*(5), 681–684.

Patrick, C. J. (2007). Antisocial personality disorder and psychopathy. In W. O'Donohue, K. A. Fowler, & S. O. Lilienfeld (Eds.), *Personality disorders: Toward the DSM-V.* Los Angeles: Sage Publications.

Patterson, D. (2011). The linkage between secondary victimization by law enforcement and rape case outcomes. *Journal of Interpersonal Violence, 26*(2), 328–347.

Patterson, P. H. (2012). Animal models of the maternal infection risk factor for schizophrenia. In A. S. Brown & P. H. Patterson (Eds.), *The origins of schizophrenia* (pp. 255–281). New York: Columbia University Press.

Paul, G. L. (1967). The strategy of outcome research in psychotherapy. *Journal of Counseling Psychology, 31,* 109–118.

Paul, G. L. (2000). Milieu therapy. In A. E. Kazdin (Ed.), *Encyclopedia of psychology* (Vol. 5, pp. 250–252). New York: Oxford University Press.

Paul, G. L., & Lentz, R. (1977). *Psychosocial treatment of the chronic mental patient.* Cambridge, MA: Harvard University Press.

Paul, R., & Gilbert, K. (2011). Development of language and communication. In E. Hollander, A. Kolevzon & J. T. Coyle (Eds.), *Textbook of autism spectrum disorders* (pp. 147–157). Arlington, VA: American Psychiatric Publishing, Inc.

Paykel, E. S. (2003). Life events and affective disorders. *Acta Psychiatrica Scandinavica, 108*(Suppl. 418), 61–66.

Paykel, E. S. (2003). Life events: Effects and genesis. *Psychological Medicine, 33*(7), 1145–1148.

Paykel, E. S. (2006). Editorials: Depression: Major problem for public health. *Epidemiologia e Psichiatria Sociale, 15*(1), 4–10.

Paykel, E. S. (2008). Basic concepts of depression. *Dialogues in Clinical Neuroscience, 10*(3), 279–289.

Paykel, E. S., & Cooper, Z. (1992). Life events and social stress. In E. S. Paykel (Ed.), *Handbook of affective disorders.* New York: Guilford Press.

Payne, A. F. (1928). *Sentence completion.* New York: New York Guidance Clinics.

Pear, R. (2013, December 11). Fewer psychiatrists seen taking health insurance. *New York Times.*

Pearl, R. L., White, M. A., & Grilo, C. M. (2014). Overvaluation of shape and weight as a mediator between self-esteem and weight bias internalization among patients with binge eating disorder. *Eating Behaviors, 15*(2), 259–261.

Pearlson, G. D., & Ford, J. M. (2014). Distinguishing between schizophrenia and other psychotic disorders. *Schizophrenia Bulletin, 40*(3), 501–503.

Pearson, C. (2013, May 21). Oklahoma tornado PTSD: How survivors are coping. *Huffington Post.*

Pekkanen, J. (2002, July 2). Dangerous minds. *Washingtonian.*

Pekkanen, J. (2007). Involuntary commitment is essential. In A. Quigley (Ed.), *Current controversies: Mental health.* Detroit: Greenhaven Press/Thomson Gale.

Pelissolo, A., & Moukheiber, A. (2013). Open-label treatment with escitalopram in patients with social anxiety disorder and fear of blushing. *Journal of Clinical Psychopharmacology, 33*(5), 695–698.

Pena-Garijo, J., Edo Villamón, S., Meliá de Alba, A., & Ruipérez, M. Á. (2013). Personality disorders in obsessive-compulsive disorder: A comparative study versus other anxiety disorders. *Thescientificworldjournal, 2013,* 856846.

Pendery, M. L., Maltzman, I. M., & West, L. J. (1982). Controlled drinking by alcoholics? New findings and a reevaluation of a major affirmative study. *Science, 217*(4555), 169–175.

Peng, T. (2008, November 22). Pro-anorexia groups spread to Facebook. *Newsweek.*

Perdeci, Z., Gulsun, M., Celik, C., Erdem, M., Ozdemir, B., Ozdag, F., & Kilic, S. (2010). Aggression and the event-related potentials in antisocial personality disorder. *Bulletin of Clinical Psychopharmacology, 20*(4), 300–306.

Perilla, J. L., Norris, F. H., & Lavizzo, E. A. (2002). Ethnicity, culture, and disaster response: Identifying and explaining ethnic differences in PTSD six months after Hurricane Andrew. *Journal of Social and Clinical Psychology, 21,* 20–45.

Perillo, A. D., Spada, A. H., Calkins, C., & Jeglic, E. L. (2014). Examining the scope of questionable diagnostic reliability in sexually violent predator (SVP) evaluations. *International Journal of Law and Psychiatry, 37*(2), 190–197.

Perlin, M. L. (2000). *The hidden prejudice: Mental disability on trial.* Washington, DC: American Psychological Association.

Perlin, M. L. (2004). "Salvation" or a "lethal dose"? Attitudes and advocacy in right to refuse treatment cases. *Journal of Forensic Psychology Practice, 4*(4), 51–69.

Perrin, M., Vandeleur, C. L., Castelao, E., Rothen, S., Glaus, J., Vollenweider, P., & Preisig, M. (2014). Determinants of the development of post-traumatic stress disorder, in the general population. *Social Psychiatry and Psychiatric Epidemiology, 49*(3), 447–457.

Perry, J. C. (2005). Dependent personality disorder. In G. O. Gabbard, J. S. Beck & J. Holmes (Eds.), *Oxford textbook of psychotherapy* (pp. 321– 328). New York: Oxford University Press.

Pervanidou, P., & Chrousos, G. P. (2012). Posttraumatic stress disorder in children and adolescents: Neuroendocrine perspectives. *Science Signaling, 5*(245), pt6.

Peteet, J. R., Lu, F. G., & Narrow, W. E. (Eds.). (2011). *Religious and spiritual issues in psychiatric diagnosis: A research agenda for DSM-V.* Washington, DC: American Psychiatric Association.

Peterlin, B. L., Rosso, A. L., Sheftell, F. D., Libon, D. J., Mossey, J. M., & Merikangas, K. R. (2011). Post-traumatic stress disorder, drug abuse and migraine: New findings from the National Comorbidity Survey Replication (NCS-R). *Cephalalgia, 31*(2), 235–244.

Peters, R. H., Sherman, P. B., & Osher, F. C. (2008). Treatment in jails and prisons. In K. T. Mueser & D.V. Jeste (Eds.), *Clinical handbook of schizophrenia* (pp. 354–364). New York: Guilford Press.

Petersen, J. L., & Hyde, J. S. (2011). Gender differences in sexual attitudes and behaviors: A review of meta-analytic results and large datasets. *Journal of Sex Research, 48*(2-3), 149–165.

Petersen, L., Mortensen, P. B., & Pedersen, C. B. (2011). Paternal age at birth of first child and risk of schizophrenia. *American Journal of Psychiatry, 168*(1), 82–88.

Petersen, L., Sørensen, T. A., Kragh Andersen, P., Mortensen, P. B., & Hawton, K. (2014). Genetic and familial environmental effects on suicide attempts: A study of Danish adoptees and their biological and adoptive siblings. *Journal of Affective Disorders, 155,* 273–277.

Peterson, D., Munger, C., Crowley, J., Corcoran, C., Cruchaga, C., Goate, A. M., . . . Kauwe, J. K. (2014). Variants in PPP3R1 and MAPT are associated with more rapid functional decline in Alzheimer's disease: The Cache County Dementia Progression Study. *Alzheimer's & Dementia, 10*(3), 366–371.

Peterson, L., & Roberts, M. C. (1991). Treatment of children's problems. In C. E. Walker (Ed.), *Clinical psychology: Historical and research foundations.* New York: Plenum Press.

Petrie, K. J., Fontanilla, I., Thomas, M. G., Booth, R. J., & Pennebaker, J. W. (2004). Effect of written emotional expression on immune function in patients with human immunodeficiency virus infection: A randomized trial. *Psychosomatic Medicine, 66*(2), 272–275.

Petrovich, G. D. (2011). Learning and the motivation to eat: Forebrain circuitry. *Physiology & Behavior, 104*(4), 582–589.

Pew Internet. (2013). *Social networking fact sheet.* Washington, DC: Pew Internet & American Life Project.

Pew Research Center. (2010). *8% of online Americans use Twitter.* Washington, DC: Author.

Pew Research Center. (2010). *Mobile Access 2010.* Washington, DC: Author.

Pew Research Center. (2010). Women, men and the new economics of marriage. *Pew Social Trends.* Retrieved from Pew Social Trends website: http://www.pewsocialtrends.org/2010/01/19.

Pew Research Center. (2011). Twitter, launched five years ago, delivers 350 billion tweets a day. *Media Mentions.* Washington, DC: Pew Internet & American Life Project.

Pew Research Center. (2013). 10 findings about women in the workplace. *Pew Social Trends.* Retrieved from Pew Social Trends website: http://www.pewsocialtrends.org/2013/12/11.

Pew Research Center. (2013). 50 years after the march on Washington, many racial divides remain: Personal experiences with discrimination. *Pew Social Trends.* Retrieved from Pew Social Trends website: http://www.pewsocialtrends.org/2013/08/22.

Pew Research Center. (2013). *Majority now supports legalizing marijuana.* Washington, DC: Pew Research Center for the People & the Press.

Pew Research Center. (2013). Modern parenthood. *Pew Social Trends.* Retrieved from Pew

Social Trends website: http://www.pewsocialtrends.org/2013/03/14.

Pew Research Center. (2015, August 4). *Texting is most common way teens get in touch with closest friend.* Retrieved from Pew Internet website: http://www.pewinternet.org.

Pew Research Internet Project. (2014). *Social media update 2013: Main findings.* Washington, DC: Pew. Retrieved from Pew Internet website: http://www.pewinternet.org/2013/12/30/social-media-update-2013.

Pfeffer, C. R. (2003). Assessing suicidal behavior in children and adolescents. In R. A. King & A. Apter (Eds.), *Suicide in children and adolescents* (pp. 211–226). Cambridge, England: Cambridge University Press.

Pfefferbaum, B., Newman, E., & Nelson, S. D. (2014). Mental health interventions for children exposed to disasters and terrorism. *Journal of Child and Adolescent Psychopharmacology, 24*(1), 24–31.

Pham, A. V., Carlson, J. S., & Koschiulek, J. F. (2010). Ethnic differences in parental beliefs of attention-deficit/hyperactivity disorder and treatment. *Journal of Attention Disorders, 13*(6), 584–591.

Phillips, D. P. (1974). The influence of suggestion on suicide: Substantive and theoretical implications of the Werther effect. *American Sociological Review, 39,* 340–354.

Phillips, D. P., & Ruth, T. E. (1993). Adequacy of official suicide statistics for scientific research and public policy. *Suicide & Life-Threatening Behavior, 23*(4), 307–319.

Phillips, K., Keane, K., & Wolfe, B. E. (2014). Peripheral brain derived neurotrophic factor (BDNF) in bulimia nervosa: A systematic review. *Archives of Psychiatric Nursing, 28*(2), 108–113.

Phillips, K. A., McElroy, S. L., Keck, P. E., Jr., Pope, H. G., Jr., & Hudson, J. I. (1993). Body dysmorphic disorder: 30 cases of imagined ugliness. *American Journal of Psychiatry, 150*(2), 302–308.

Phillips, M. L. (2011). Treating postpartum depression. *Monitor on Psychology, 42*(2).

Phillips, M. L. (2011). *Using social media in your research.* Washington, DC: American Psychological Association.

Piatt, A. (2013). Facebook may improve working memory, cognition in elderly. *Neuropsychology.* Retrieved from Neuropsychology website: http://www.neuropsychology.com/2013/03/03/working-memory-.

Pickel, K. L. (2004). When a lie becomes the truth: The effects of self-generated misinformation on eyewitness memory. *Memory, 12*(1), 14–26.

Pickert, K. (2014, February 3). The art of being mindful, *Time.*

Pickover, C. A. (1999). *Strange brains and genius: The secret lives of eccentric scientists and madmen.* New York: HarperCollins/Quill.

Pierce, K., & Courchesne, E. (2001). Evidence for a cerebellar role in reduced exploration and stereotyped behavior in autism. *Biological Psychiatry, 49*(8), 655–664.

Pierce, K., & Courchesne, E. (2002). "A further support to the hypothesis of a link between serotonin, autism and the cerebellum": Reply. *Biological Psychiatry, 52*(2), 143.

Pieters, S., Van Der Zwaluw, C. S., Van Der Vorst, H., Wiers, R. W., Smeets, H., Lambrichs, E., . . . Engels, R. E. (2012). The moderating effect of alcohol-specific parental rule-setting on the relation between the dopamine D2 receptor gene (DRD2), the l-opioid receptor gene (OPRM1) and alcohol use in

young adolescents. *Alcohol and Alcoholism* (Oxford, Oxfordshire), 47(6), 663–670.

Pietrzak, R. H., el-Gabalawy, R., Tsai, J., Sareen, J., Neumeister, A., & Southwick, S. M. (2014). Typologies of posttraumatic stress disorder in the U.S. adult population. *Journal of Affective Disorders, 162,* 102–106.

Pigott, H. E., Leventhal, A. M., Alter, G. S., & Boren, J. J. (2010). Efficacy and effectiveness of antidepressants: Current status of research. *Psychotherapy and Psychosomatics, 79*(5), 267–279.

Pike, K. M., Carter, J. C., & Olmsted, M. P. (2010). Cognitive-behavioral therapy for anorexia nervosa. In C. M. Grilo & J. E. Mitchell (Eds.), *The treatment of eating disorders: A clinical handbook* (pp. 83–107). New York: Guilford Press.

Pike, K. M., Dunne, P. E., & Addai, E. (2013). Expanding the boundaries: Reconfiguring the demographics of the "typical" eating disordered patient. *Current Psychiatry Reports, 15*(11), 411.

Pilecki, B., & McKay, D. (2011). Cognitive behavioral models of phobias and pervasive anxiety. In D. McKay & E. A. Storch (Eds.), *Handbook of child and adolescent anxiety disorders* (pp. 39–48). New York: Springer Science & Business Media.

Pillay, B., Lee, S. J., Katona, L., Burney, S., & Avery, S. (2014). Psychosocial factors predicting survival after allogeneic stem cell transplant. *Supportive Care in Cancer, 22*(9), 2547–2555.

Pinals, D. A., & Mossman, D. (2012). *Evaluation for civil commitment: Best practices in forensic mental health assessment.* New York: Oxford University Press.

Pinals, D. A., Packer, I., Fisher, B., & Roy, K. (2004). Relationship between race and ethnicity and forensic clinical triage dispositions. *Psychiatric Services 55,* 873–878.

Pinkham, A. E. (2014). Social cognition in schizophrenia. *Journal of Clinical Psychiatry, 75*(Suppl 2), 14–19.

Pinna, F., Sanna, L., Perra, V., Pisu Randaccio, R., Diana, E., & Carpiniello, B. (2014). Long-term outcome of schizoaffective disorder: Are there any differences with respect to schizophrenia? *Rivista Di Psichiatria, 49*(1), 41–49.

Pinto, A., Eisen, J. L., Mancebo, M. C., & Rasmussen, S. A. (2008). Obsessive-compulsive personality disorder. In J. S. Abramowitz, D. McKay, & S. Taylor (Eds.), *Obsessive-compulsive disorder: Subtypes and spectrum conditions.* Oxford, England: Elsevier.

Pinto, A., Steinglass, J. E., Greene, A. L., Weber, E. U., & Simpson, H. B. (2014). Capacity to delay reward differentiates obsessive-compulsive disorder and obsessive-compulsive personality disorder. *Biological Psychiatry, 75*(8), 653–659.

Pipe, R. T. (2010). Something for everyone: Busty Latin anal nurses in leather and glasses. In D. Monroe (Ed.), *Porn: How to think with kink. Philosophy for everyone* (pp. 193–203). Hoboken, NJ: Wiley-Blackwell.

Piper, A., & Merskey, H. (2004). The persistence of folly: A critical examination of dissociative identity disorder. Part I. The excesses of an improbable concept. *Canadian Journal of Psychiatry, 49*(9), 592–600.

Piper, A., & Merskey, H. (2004). The persistence of folly: Critical examination of dissociative identity disorder. Part II: The defence and decline of multiple personality or dissociative identity disorder. *Canadian Journal of Psychiatry, 49*(10), 678–683.

Piper, A., & Merskey, H. (2005). Reply: The persistence of folly: A critical examination of dissociative identity disorder. *Canadian Journal of Psychiatry, 50*(12), 814.

Piper, W. E., & Joyce, A. S. (2001). Psychosocial treatment outcome. In W. J. Livesley (Ed.), *Handbook of personality disorders: Theory, research, and treatment* (pp. 323–343). New York: Guilford Press.

Pirkl, J. J. (2009). The demographics of aging. *Transgenerational Design Matters*. Retrieved from Transgenerational Design Matters website: http://transgenerational.org/aging/demographics.htm.

Pistone, R. A. (2012). A critical review of research methods used in: "in use of risk assessment instruments to predict violence and antisocial behavior in 73 samples involving 24,827 people". *Global Journal of Health Science, 5*(1), 87–89.

Planty, M., Hussar, W., Snyder, T., Provasnik, S., Kena, G., Dinkes, R., . . . Kemp, J. (2008). *The condition of education 2008*. Washington, DC: National Center for Education Statistics.

Platt, R., Williams, S. R., & Ginsburg, G. S. (2015). Stressful life events and child anxiety: Examining parent and child mediators. *Child Psychiatry and Human Development*. [Electronic publication.]

Plaud, J. J. (2007). Sexual disorders. In P. Sturmey (Ed.), *Functional analysis in clinical treatment. Practical resources for the mental health professional* (pp. 357–377). San Diego, CA: Elsevier Academic Press.

Plaza, I., Demarzo, M. M. P., Herrera-Mercadal, P., & Garcia-Campayo, J. (2013). Mindfulness-based mobile applications: Literature review and analysis of current features. *Journal of Medical Internet Research, 1*(2), e24.

Pletcher, M. J., Vittinghoff, E., Kalhan, R., Richman, J., Safford, M., Sidney, S., Lin, F., & Kertesz, S. (2012). Association between marijuana exposure and pulmonary function over 20 years. *Journal of the American Medical Association, 307*(2), 173–181.

Pocklington, A. J., O'Donovan, M., & Owen, M. J. (2014). The synapse in schizophrenia. *European Journal of Neuroscience, 39*(7), 1059–1067.

Pole, N., Best, S. R., Weiss, D. S., Metzler, T., Liberman, A. J., & Fagan, J. (2001). Effects of gender and ethnicity on duty-related posttraumatic stress symptoms among urban police officers. *Journal of Nervous and Mental Disease, 189*(7), 442–448.

Pollack, M. H. (2005). The pharmacotherapy of panic disorder. *Journal of Clinical Psychiatry, 66*(4), 23–27.

Polo, A. J., Alegria, M., Chen, C-N., & Blanco, C. (2011). The prevalence and comorbidity of social anxiety disorder among United States Latinos: A retrospective analysis of data from 2 national surveys. *Journal of Clinical Psychiatry, 72*(8), 1096–1105.

Pompili, M., Innamorati, M., Girardi, P., Tatarelli, R., & Lester, D. (2011). Evidence-based interventions for preventing suicide in youths. In M. Pompili & R. Tatarelli (Eds.), *Evidence-based practice in suicidology: A source book* (pp. 171–209). Cambridge MA: Hogrefe Publishing.

Pompili, M., Lester, D., Leenaars, A. A., Tatarelli, R., & Girardi, P. (2008). Psychache and suicide: A preliminary investigation. *Suicide & Life-Threatening Behavior, 38*(1), 116–121.

Pondé, M. P., Caron, J., Mendonça, M. S., Freire, A. C., & Moreau, N. (2014). The relationship between mental disorders and types of crime in inmates in a Brazilian prison. *Journal of Forensic Sciences, 59*(5), 1307–1314.

Pongan, É., Padovan, C., Coste, M., Krolak-Salmon, P., & Rouch, I. (2012). Caring for young patients with Alzheimer's disease or associated disorders in day care centers of the Rhône-Alpes region. *Gériatrie et Psychologie Neuropsychiatrie du Vieillissement, 10*(3), 343–348.

Ponniah, K., Magiati, I., & Hollon, S. D. (2013). An update on the efficacy of psychological therapies in the treatment of obsessive-compulsive disorder in adults. *Journal of Obsessive-Compulsive and Related Disorders, 2*(2), 207–218.

Pope, H. G., Jr., Poliakoff, M. B., Parker, M. P., Boynes, M., & Hudson, J. I. (2007). Is dissociative amnesia a culture-bound syndrome? Findings from a survey of historical literature: Reply. *Psychological Medicine, 37*(7), 1065–1067.

Pope, K. S. (1988). How clients are harmed by sexual contact with mental health professionals. *Journal of Counseling & Development, 67*, 222–226.

Pope, K. S. (1994). *Sexual involvement with therapists: Patient assessment, subsequent therapy, forensics*. Washington, DC: APA.

Pope, K. S., Keith-Spiegel, P., & Tabachnick, B. G. (2006). Sexual attraction to clients: The human therapist and the (sometimes) inhuman training system. *Training and Education in Professional Psychology, 5*(2), 96–111.

Pope, K. S., & Tabachnick, B. G. (1993). Therapists' anger, hate, fear and sexual feelings: National survey of therapists' responses, client characteristics, critical events, formal complaints and training. *Professional Psychology: Research and Practice, 24*, 142–152.

Pope, K. S., & Tabachnick, B. G. (1994). Therapists as patients: A national survey of psychologists' experience, problems, and beliefs. *Professional Psychology: Research and Practice, 25*, 247–258.

Pope, K. S., Tabachnick, B. G., & Keith-Spiegel, P. (1987). Ethics of practice: The beliefs and behaviors of psychologists as therapists. *American Psychologist, 42*, 993–1006.

Pope, K. S., & Vasquez, M. J. T. (2011). *Ethics in psychotherapy and counseling: A practical guide* (4th ed.). Hoboken, NJ: John Wiley & Sons.

Pope, K. S., & Vasquez, M. J. T. (2016). *Ethics in psychotherapy and counseling: A practical guide* (5th ed.). Hoboken, NJ: Wiley.

Pope, K. S., & Wedding, D. (2014). Contemporary challenges and controversies. In D. Wedding & R. J. Corsini (Eds.), *Current psychotherapies* (10th ed., pp. 569–604). Independence, KY: Cengage Publications.

Porcerelli, J., Dauphin, B., Ablon, J. S., Leitman, S., & Bambery, M. (2007). Psychoanalysis of avoidant personality disorder: A systematic case study. *Psychotherapy, 44*, 1–13.

Poretz, M., & Sinrod, B. (1991). *Do you do it with the lights on?* New York: Ballantine Books.

Posmontier, B. (2010). The role of midwives in facilitating recovery in postpartum psychosis. *Journal of Midwifery & Women's Health, 55*(5), 430–437.

Pössel, P., & Black, S. W. (2014). Testing three different sequential mediational interpretations of Beck's cognitive model of the development of depression. *Journal of Clinical Psychology, 70*(1), 72–94.

Post, R. M. (2005). The impact of bipolar depression. *Journal of Clinical Psychiatry, 66*(Suppl. 5), 5–10.

Post, R. M. (2011). Treatment of bipolar depression. In D. A. Ciraulo & R. I. Shader (Eds.), *Pharmacotherapy of depression* (2nd ed., pp. 197–237). New York: Springer Science + Business Media.

Post, R. M., Ballenger, J. C., & Goodwin, F. K. (1980). Cerebrospinal fluid studies of neurotransmitter function in manic and depressive illness. In J. H. Wood (Ed.), *The neurobiology of cerebrospinal fluid* (Vol. 1). New York: Plenum Press.

Post, R. M., Lake, C. R., Jimerson, D. C., Bunney, J. H., Ziegler, M. G., & Goodwin, F. K. (1978). Cerebrospinal fluid norepinephrine in affective illness. *American Journal of Psychiatry, 135*(8), 907–912.

Potkin, S. G., Keator, D. B., Kesler-West, M. L., Nguyen, D. D., van Erp, T. M., Mukherjee, J., . . . Preda, A. (2014). D2 receptor occupancy following lurasidone treatment in patients with schizophrenia or schizoaffective disorder. *CNS Spectrums, 19*(2), 176–181.

Poulin, M. J., Holman, E. A., & Buffone, A. (2012). The neurogenetics of nice: Receptor genes for oxytocin and vasopressin interact with threat to predict prosocial behavior. *Psychological Science, 23*(5), 446–452.

Poulos, C. X., Le, A. D., & Parker, J. L. (1995). Impulsivity predicts individual susceptibility to high levels of alcohol self-administration. *Behavioral Pharmacology, 6*(8), 810–814.

Poulsen, S., Lunn, S., Daniel, S. F., Folke, S., Mathiesen, B. B., Katznelson, H., & Fairburn, C. G. (2014). A randomized controlled trial of psychoanalytic psychotherapy or cognitive-behavioral therapy for bulimia nervosa. *American Journal of Psychiatry, 171*(1), 109–116.

Powell, D., Caban-Holt, A., Jicha, G., Robertson, W., Davis, R., Gold, B. T., . . . Head, E. (2014). Frontal white matter integrity in adults with Down syndrome with and without dementia. *Neurobiology of Aging, 35*(7), 1562–1569.

Pratley, R. E., Fleck, P., & Wilson, C. (2014). Efficacy and safety of initial combination therapy with alogliptin plus metformin versus either as monotherapy in drug–naïve patients with type 2 diabetes: A randomized, double–blind, 6–month study. *Diabetes, Obesity and Metabolism, 16*(7), 613–621.

Prelock, P. A., Paul, R., & Allen, E. M. (2011). Evidence-based treatments in communication for children with autism spectrum disorders. In B. Reichow, P. Doehring, D.V. Cicchetti & F. R. Volkmar (Eds.), *Evidence-based practices and treatments for children with autism* (pp. 93–169). New York: Springer Science + Business Media.

PressTV. (2013, January 9). New U.S. poll reveals 85% of Americans distrust congressmen. *PressTV*. Retrieved from Press TV website: http://www.presstv.ir/detail/2013/01/09/282571.

Preti, A. (2011). Animal model and neurobiology of suicide. *Progress in Neuro-Psychopharmacology & Biological Psychiatry, 35*(4), 818–830.

Preti, A. (2011). Do animals commit suicide? Does it matter? *Crisis: Journal of Crisis Intervention and Suicide Prevention, 32*(1), 1–4.

Preuss, U. W., Wurst, F. M., Ridinger, M., Rujescu, D., Fehr, C., Koller, G., . . . Zill, P. (2013). Association of functional DBH genetic variants with alcohol dependence risk and related depression and suicide attempt phenotypes: Results from a large multicenter association study. *Drug and Alcohol Dependence, 133*(2), 459–467.

Price, M. (2011). Upfront: Marijuana addiction a growing risk as society grows more tolerant. *Monitor on Psychology, 42*(5), 13.

Princeton Survey Research Associates. (1996). *Healthy steps for young children: Survey of parents*. Princeton: Author.

Prochaska, J. O., & Norcross, J. C. (2003). *Systems of psychotherapy: A transtheoretical analysis* (5th ed.). Pacific Grove, CA: Brooks/Cole.

Prochaska, J. O., & Norcross, J. C. (2006). *Systems of psychotherapy: A transtheoretical analysis*. (6th ed.) Pacific Grove, CA: Brooks/Cole.

Prochaska, J. O., & Norcross, J. C. (2010). *Systems of psychotherapy: A transtheoretical analysis* (7th ed.). Pacific Grove, CA: Brooks/Cole.

Prochaska, J. O., & Norcross, J. C. (2013). *Systems of psychotherapy: Transtheoretical analysis* (8th ed.). Independence, KY: Cengage Learning.

Prochwicz, K., & Sobczyk, A. (2011). [Dancing manias. Between culture and medicine]. *Psychiatria Polska, 45*(2), 277–287.

Protopopescu, X., Pan, H., Tuesher, O., Cloitre, M., Goldstein, M., Engelien, W., . . . Stern, E. (2005). Differential time courses and specificity of amygdala activity in posttraumatic stress disorder subjects and normal control subjects. *Biological Psychiatry, 57*(5), 464–473.

PROUD2BME. (2012, March 26). *Overall, do social networking sites like Facebook and Twitter help or hurt your body confidence?* Retrieved from PROUD2BME website: http://proud2bme.org.

Pruchno, R. (2014). All in the family: Prison or treatment for people with mental illness? *Psychology Today.* Retrieved from *Psychology Today* website: http://www.psychologytoday.com/blog.

Prusiner, S. B. (1991). Molecular biology of prion diseases. *Science, 252,* 1515–1522.

PRWeb. (2013). *Weight loss market in U.S. up 1.7% to $61 billion.* Beltville, MD: PrWeb. Retrieved from PR Web website: http://www.prweb.com/releases/2013/4/prweb10629316.htm.

Puhl, R. M., Latner, J. D., O'Brien, K., Luedicke, J., Danielsdottir, S., & Forhan, M. (2015). A multinational examination of weight bias: Predictors of anti-fat attitudes across four countries. *International Journal of Obesity, 39*(7), 1166–1173.

Punamäki, R., Qouta, S. R., & El Sarraj, E. (2010). Nature of torture, PTSD, and somatic symptoms among political ex-prisoners. *Journal of Traumatic Stress, 23*(4), 532–536.

Purcell, S. M., Moran, J. L., Fromer, M., Ruderfer, D., Solovieff, N., Roussos, P., . . . Sklar, P. (2014). A polygenic burden of rare disruptive mutations in schizophrenia. *Nature, 506*(7487), 185–190.

Putnam, F. W. (1984). The psychophysiologic investigation of multiple personality disorder. *Psychiatric Clinics of North America, 7,* 31–40.

Putnam, F. W. (2000). Dissociative disorders. In A. J. Sameroff, M. Lewis, & S. M, Miller (Eds.), *Handbook of developmental psychopathology* (2nd ed., pp. 739–754). New York: Kluwer Academic/Plenum Press.

Putnam, F. W. (2006). Dissociative disorders. In D. Cicchetti & D. J. Cohen (Eds.), *Developmental psychopathology, Vol. 3: Risk, disorder, and adaptation* (2nd ed., pp. 657–695). Hoboken, NJ: John Wiley & Sons.

Putnam, F. W., Zahn, T. P., & Post, R. M. (1990). Differential autonomic nervous system activity in multiple personality disorder. *Journal of Psychiatric Research, 31*(3), 251–260.

Quah, S. (2014). Caring for persons with schizophrenia at home: Examining the link between family caregivers' role distress and quality of life. *Sociology of Health & Illness, 36*(4), 596–612.

Quas, J. A., Malloy, L. C., Melinder, A., Goodman, G. S., D'Mello, M., & Schaaf, J. (2007). Developmental differences in the effects of repeated interviews and interviewer bias on young children's event memory and false reports. *Developmental Psychology, 43*(4), 823–837.

Queinec, R., Beitz, C., Contrad, B., Jougla, E., Leffondré, K., Lagarde, E., &

Encrenaz, G. (2011). Copycat effect after celebrity suicides: Results from the French national death register. *Psychological Medicine: Journal of Research in Psychiatry and the Allied Sciences, 41*(3), 668–671.

Quillian, L., & Pager, D. (2010). Estimating risk: Stereotype amplification and the perceived risk of criminal victimization. *Social Psychology Quarterly, 73*(1), 79–104.

Qureshi, N. A., & Al-Bedah, A. M. (2013). Mood disorders and complementary and alternative medicine: A literature review. *Neuropsychiatric Disease and Treatment, 9,* 639–658.

Rabin, R. C. (2013, July 29). Concerns about dementia screening. *New York Times,* D4.

Rabinowitz, J., Werbeloff, N., Caers, I., Mandel, F. S., Stauffer, V., Ménard, F., . . . Kapur, S. (2014). Determinants of antipsychotic response in schizophrenia: Implications for practice and future clinical trials. *Journal of Clinical Psychiatry, 75*(4), e308–e316.

Raboch, J., Jr., & Raboch, J. (1992). Infrequent orgasm in women. *Journal of Sex & Marital Therapy, 18*(2), 114–120.

Rachman, S. (1966). Sexual fetishism: An experimental analog. *Psychological Record, 18,* 25–27.

Rachman, S. (1993). Obsessions, responsibility and guilt. *Behavioral Research and Therapy, 31*(2), 149–154.

Radford, B. (2009). Rorschach test: Discredited but still controversial. *Live Science,* July 31, 2009.

Ragatz, L., Vitacco, M. J., & Tross, R. (2014). Competency to proceed to trial evaluations and rational understanding. *International Journal of Offender Therapy and Comparative Criminology.* [Electronic publication.]

Ragland, J. D., Ranganath, C., Harms, M. P., Barch, D. M., Gold, J. M., Layher, E., . . . Carter, C. S. (2015). Functional and neuroanatomic specificity of episodic memory dysfunction in schizophrenia: A functional magnetic resonance imaging study of the relational and item-specific encoding task. *JAMA Psychiatry, 72*(9), 909–916.

RAINN (Rape, Abuse & Incest National Network). (2009). *Campus safety.* Retrieved from RAINN website: https://www.rainn.org/public-policy/campus-safety.

Raj, V., Rowe, A. A., Fleisch, S. B., Paranjape, S. Y., Arain, A. M., & Nicolson, S. E. (2014). Psychogenic pseudosyncope: Diagnosis and management. *Autonomic Neuroscience: Basic and Clinical, 184,* 66–72.

Rajkumar, R. P., & Kumaran, A. K. (2015). Depression and anxiety in men with sexual dysfunction: A retrospective study. *Comprehensive Psychiatry, 60,* 114–118.

Rametti, G., Carrillo, B., Gómez-Gil, E., Jungue, C., Segovia, S., Gomez, A., & Guillamon, A. (2011). White matter microstructure in female to male transsexuals before cross-sex hormonal treatment. A diffusion tensor imaging study. *Journal of Psychiatric Research, 45*(2), 199–204.

Ramey, C. T., & Ramey, S. L. (1992). Effective early intervention. *Mental Retardation, 30*(6), 337–345.

Ramey, C. T., & Ramey, S. L. (2004). Early learning and school readiness: Can early intervention make a difference? *Merrill-Palmer Quarterly, 50*(4), 471–491.

Ramey, C. T., & Ramey, S. L. (2007). Early learning and school readiness: Can early intervention make a difference? In G. W. Ladd, (Ed.), *Appraising the human developmental sciences: Essays*

in honor of Merrill-Palmer Quarterly, *Landscapes of childhood* (pp. 329–350). Detroit, MI: Wayne State University Press.

Ramey, C. T., Sparling, J., & Ramey, S. (2012). Abecedarian: The ideas, the approach, and the findings. *CreateSpace Independent Publishing Platform.*

Ramirez, E., Ortega, A. R., Chamorro, A., & Colmenero, J. M. (2014). A program of positive intervention in the elderly: Memories, gratitude and forgiveness. *Aging & Mental Health, 18*(4), 463–470.

Rampell, C. (2013, July 2). Most U.S. health spending is exploding—but not for mental health. *New York Times.*

Ramsey, C. M., Spira, A. P., Mojtabai, R., Eaton, W. W., Roth, K., & Lee, H. B. (2013). Lifetime manic spectrum episodes and all-cause mortality: 26-year follow-up of the NIMH Epidemiologic Catchment Area Study. *Journal of Affective Disorders, 151*(1), 337–342.

Ramsland, K. & Kuter, R. (2011). Eve and Sybil. *Multiple Personalities: Crime and Defense.* Crime Library on truTV.com. Retrieved from TruTV: http://www.trutv.com/library/crime/criminal_mind/psychology/multiples/3.html.

RAND Corporation. (2008, April 17). 1 in 5 Iraq, Afghanistan vets has PTSD, major depression. *Science Blog.* Retrieved from Science Blog website: http://www.scienceblog.com/cms/1-5-iraqa-fghanistan-vet-has-ptsd-major-depression-rand-15954.html.

RAND Corporation. (2010). Studies' estimate of PTSD prevalence rates for returning service members vary widely. Retrieved from RAND website: http://www.rand.org/pubs/research_briefs/RB9509.html.

Randolph, J. J., Zheng, H., Avis, N. E., Greendale, G. A., & Harlow, S. D. (2015). Masturbation frequency and sexual function domains are associated with serum reproductive hormone levels across the menopausal transition. *The Journal of Clinical Endocrinology and Metabolism, 100*(1), 258–266.

Rao, N. P., & Remington, G. (2014). Targeting the dopamine receptor in schizophrenia: Investigational drugs in Phase III trials. *Expert Opinion on Pharmacotherapy, 15*(3), 373–383.

Rapee, R. M. (2014). Preschool environment and temperament as predictors of social and nonsocial anxiety disorders in middle adolescence. *Journal of the American Academy of Child and Adolescent Psychiatry, 53*(3), 320–328.

Rapport, M. D., Kofler, M. J., Alderson, R. M., & Raiker, J. S. (2008). Attention-deficit/hyperactivity disorder. In D. Reitman (Ed.), *Handbook of psychological assessment, case conceptualization, and treatment, Vol. 2: Children and adolescents.* Hoboken, NJ: John Wiley & Sons.

Rashid, T., & Seigman, M. (2014). Positive psychotherapy. In D. Wedding & R. J. Corsini (Eds.), *Current psychotherapies* (10th ed., pp. 461–498). Independence, KY: Cengage Publications.

Rasic, D., Hajek, T., Alda, M., & Uher, R. (2014). Risk of mental illness in offspring of parents with schizophrenia, bipolar disorder, and major depressive disorder: A meta-analysis of family high-risk studies. *Schizophrenia Bulletin, 40*(1), 28–38.

Raskin, D. C., & Honts, C. R. (2002). The comparison question test. In M. Kleiner (Ed.), *The handbook of polygraph testing.* San Diego, CA: Academic.

Raskin, N. J, Rogers, C. R., & Witty, M. C. (2014). Client-centered therapy. In D. Wedding & R. J. Corsini (Eds.), *Current psychotherapies* (10th ed., pp. 95–150). Independence, KY: Cengage Publications.

Ratcliffe, R. (2014). How do other countries tackle bullying? *The Guardian*. Retrieved from The Guardian website: http://www.theguardian/teacher-network/teacher-blog/2013.

Rathbone, C. J., Ellis, J. A., Baker, I., & Butler, C. R. (2014). Self, memory, and imagining the future in a case of psychogenic amnesia. *Neurocase, 21*(6), 727–737.

Rathbone, J. (2001). *Anatomy of masochism*. New York: Kluwer Academic/Plenum.

Rauch, S. M., Eftekhari, A., & Ruzek, J. I. (2012). Review of exposure therapy: A gold standard for PTSD treatment. *Journal of Rehabilitation Research & Development, 49*(5), 679–687.

Raveneau, G., Feinstein, R., Rosen, L. M., & Fisher, M. (2014). Attitudes and knowledge levels of nurses and residents caring for adolescents with an eating disorder. *International Journal of Adolescent Medicine and Health, 26*(1), 131–136.

Ravitz, P., Watson, P., & Grigoriadis, S. (2013). *Psychotherapy essentials to-go: Interpersonal therapy for depression*. New York: W. W. Norton.

Raviv, S. (2010). *Being Ana*. Bloomington, IN: iUniverse.

Raymond, K. B. (1997). The effect of race and gender on the identification of children with attention deficit hyperactivity disorder. *Dissertation Abstracts International: Section A: Humanities and Social Sciences, 57*(12-A), 5052.

Raz, M. (2013). *The lobotomy letters: The making of American psychosurgery (Rochester Studies in medical history)*. NY: University of Rochester Press.

Razali, S. M., & Yusoff, M. M. (2014). Medication adherence in schizophrenia: A comparison between outpatients and relapse cases. *East Asian Archives of Psychiatry, 24*(2), 68–74.

Reamer, F. G. (2013). Social work in a digital age: Ethical and risk management challenges. *Social Work, 58*(2), 163–172.

Reas, D. L., Rø, Ø., Karterud, S., Hummelen, B., & Pedersen, G. (2013). Eating disorders in a large clinical sample of men and women with personality disorders. *International Journal of Eating Disorders, 46*(8), 801–809.

Recordon, N., & Kohl, J. (2014). [Sex therapy for sexual dysfunctions.] *Revue Médicale Suisse, 10*(422), 651–653.

Redding, A. J. (2014). *Cognitive behavioral therapy: A guide and techniques to CBT*. Amazon Digital Services. [Kindle version].

Redick, R. W., Witkin, M. J., Atay, J. E., & Manderscheid, R. W. (1992). Specialty mental health system characteristics. In R. W. Manderscheid & M. A. Sonnenschein (Eds.), *Mental health, United States, 1992*. Washington, DC: U.S. Department of Health and Human Services.

Redmond, D. E. (1977). Alterations in the function of the nucleus locus coeruleus: A possible model for studies of anxiety. In I. Hanin & E. Usdin (Eds.), *Animal models in psychiatry and neurology*. New York: Pergamon Press.

Redmond, D. E. (1979). New and old evidence for the involvement of a brain norepinephrine system in anxiety. In W. E. Fann, I. Karacan, A. D. Pokorny, & R. L. Williams (Eds.), *Phemenology and treatment of anxiety*. New York: Spectrum.

Redmond, D. E. (1981). Clonidine and the primate locus coeruleus: Evidence suggesting anxiolytic and anti-withdrawal effects. In H. Lal & S. Fielding (Eds.), *Psychopharmacology of clonidine*. New York: Alan R. Liss.

Redmond, D. E. (1985). Neurochemical basis for anxiety and anxiety disorders: Evidence from drugs which decrease human fear or anxiety. In A.

H. Tuma & J. Maser (Eds.), *Anxiety and the anxiety disorders*. Hillsdale, NJ: Lawrence Erlbaum.

Rees, C. S., & Pritchard, R. (2013). Brief cognitive therapy for avoidant personality disorder. *Psychotherapy*. [Advance online publication.]

Rees, C. S., & Pritchard, R. (2015). Brief cognitive therapy for avoidant personality disorder. *Psychotherapy, 52*(1), 45–55.

Reese, J., Kraschewski, A., Anghelescu, I., Winterer, G., Schmidt, L. G., Gallinat, J., . . . Wernicke, C. (2010). Haplotypes of dopamine and serotonin transporter genes are associated with antisocial personality disorder in alcoholics. *Psychiatric Genetics, 20*(4), 140–152.

Regal, C. (2015). Erectile dysfunction. *HealthCentral*. Retrieved from Health Central website: http://www.healthcentral.com/slideshows.

Regier, D. A., Narrow, W. E., Clarke, D. E., Kraemer, H. C., Kuramoto, S. J., Kuhl, E. A. & Kupfer, D. J. (2013). DSM-5 field trials in the United States and Canada, Part II: Test-retest reliability of selected categorical diagnoses. *American Journal of Psychiatry, 170*, 59–70.

Regier, D. A., Narrow, W. E., Kuhl, E. A., & Kupfer, D. J. (Eds.). (2011). *The conceptual evolution of DSM-5*. Arlington, VA: American Psychiatric Publishing.

Regier, D. A., Narrow, W. E., Rae, D. S., Manderscheid, R. W., Locke, B. Z., & Goodwin, F. K. (1993). The de facto U.S. Mental and Addictive Disorders Service System: Epidemiologic Catchment Area prospective 1-year prevalence rates of disorders in services. *Archives of General Psychiatry, 50*, 85–94.

Reich, J., & Schatzberg, A. (2014). An empirical data comparison of regulatory agency and malpractice legal problems for psychiatrists. *Annals of Clinical Psychiatry, 26*(2), 91–96.

Reichenberg, A., Gross, R., Kolevzon, A., & Susser, E. S. (2011). Parental and perinatal risk factors for autism. In E. Hollander, A. Kolevzon & J. T. Coyle (Eds.), *Textbook of autism spectrum disorders*. (pp. 239–246) Arlington, VA: American Psychiatric Publishing, Inc.

Reif, S., George, P., Braude, L., Dougherty, R. H., Daniels, A. S., Ghose, S. S., & Delphin-Rittmon, M. E. (2014). Residential treatment for individuals with substance use disorders: Assessing the evidence. *Psychiatric Services* (Washington, D.C.), *65*(3), 301–312.

Reinares, M., Sánchez-Moreno, J., & Fountoulakis, K. N. (2014). Psychosocial interventions in bipolar disorder: What, for whom, and when. *Journal of Affective Disorders, 156*, 46–55.

Reinecke, A., Cooper, M., Favaron, E., Massey-Case, R., & Harmer, C. (2011). Attentional bias in untreated panic disorder. *Psychiatry Research, 185*(3), 387–393.

Reisch, T., Seifritz, E., Esposito, F., Wiest, R., Valach, L., & Michel, K. (2010). An fMRI study on mental pain and suicidal behavior. *Journal of Affective Disorders, 126*(1-2), 321–325.

Reisner, A. D., Piel, J., & Makey, M., Jr. (2013). Competency to stand trial and defendants who lack insight into their mental illness. *Journal of the American Academy of Psychiatry and the Law, 41*(1), 85–91.

Reitan, R. M., & Wolfson, D. (1996). Theoretical, methodological, and validational bases of the Halstead-Reitan neuropsychological test battery. In I. Grant & K. M. Adams (Eds.), *Neuropsychological assessment of neuropsychiatric disorders* (2nd ed., pp. 3–42). New York: Oxford University Press.

Reitan, R. M., & Wolfson, D. (2005). The effect of age and education transformations on neuropsychological test scores of persons with diffuse

or bilateral brain damage. *Applied Neuropsychology, 12*(4), 181–189.

Remberk, B., Bazyn´ska, A. K., Bronowska, Z., Potocki, P., Krempa-Kowalewska, A., Niwin´ski, P., & Rybakowski, F. (2015). Which aspects of long-term outcome are predicted by positive and negative symptoms in early-onset psychosis? An exploratory eight-year follow-up study. *Psychopathology, 48*, 47–55.

Remington, G., Foussias, G., Fervaha, G., & Agid, O. (2014). Schizophrenia, cognition, and psychosis. *JAMA Psychiatry, 71*(3), 336–337.

Renaud, J., Berlim, M. T., McGirr, A., Tousignant, M., & Turecki, G. (2008). Current psychiatric morbidity, aggression/impulsivity, and personality dimensions in child and adolescent suicide: A case-control study. *Journal of Affective Disorders, 105*(1–3), 221–228.

Reuters. (2010, April 8). *They walk among us: 1 in 5 believe in aliens?* Retrieved from Reuters website: http://www.reuters.com/assets/print?aid.

Rhéaume, C., Arsenault, B. J., Després, J., Faha, Boekholdt, S. M., Wareham, N. J., . . . Chir, M. (2014). Impact of abdominal obesity and systemic hypertension on risk of coronary heart disease in men and women: The EPIC-Norfolk Population Study. *Journal of Hypertension, 32*(11), 2224–2230.

Rhebergen, D., & Graham, R. (2014). The relabelling of dysthymic disorder to persistent depressive disorder in DSM-5: Old wine in new bottles? *Current Opinion in Psychiatry, 27*(1), 27–31.

Rice, C. E., Rosanoff, M., Dawson, G., Durkin, M. S., Croen, L. A., Singer, A., & Yeargin-Allsopp, M. (2012). Evaluating changes in the prevalence of the autism spectrum disorders (ASDs). *Public Health Reviews, 34*(2), 1–22. [Electronic publication.]

Richard, M. (2005). Effective treatment of eating disorders in Europe: Treatment outcome and its predictors. *European Eating Disorders Review, 13*(3), 169–179.

Richards, S. B., Taylor, R., & Ramasamy, R. (2014). *Single subject research: Applications in educational and clinical settings* (2nd ed.). Independence, KY: Cengage.

Richardson, J. R., Roy, A., Shalat, S. L., von Stein, R. T., Hossain, M. M., Buckley, B., . . . German, D. C. (2014). Elevated serum pesticide levels and risk for Alzheimer disease. *JAMA Neurology, 71*(3), 284–290.

Richlan, F. (2014). Functional neuroanatomy of developmental dyslexia: The role of orthographic depth. *Frontiers in Human Neuroscience, 8*, 347.

Richtel, M. (2010, November 21). Growing up digital, wired for distraction. *New York Times*.

Rieber, R. W. (1999, March). Hypnosis, false memory, and multiple personality: A trinity of affinity. *History of Psychiatry, 10*(37), 3–11.

Rieber, R. W. (2002). The duality of the brain and the multiplicity of minds: Can you have it both ways? *History of Psychiatry 13*(49, pt1), 3–18.

Rieber, R. W. (2006). *The bifurcation of the self: The history and theory of dissociation and its disorders*. New York: Springer Science + Business Media.

Ries, R. K. (2010). Suicide and substance abuse. In E. V. Nunes, J. Selzer, P. Levounis, & C. A. Davies (Eds.), *Substance dependence and co-occurring psychiatric disorders: Best practices for diagnosis and treatment* (pp. 1–14). Kingston, NJ: Civic Research Institute.

Riesch, S. K., Jacobson, G., Sawdey, L., Anderson, J., & Henriques, J. (2008). Suicide ideation among later elementary school-aged youth. *Journal of Psychiatric and Mental Health Nursing, 15*(4), 263–277.

Riina, E. M., & McHale, S. M. (2014). Bidirectional influences between dimensions of coparenting and adolescent adjustment. *Journal of Youth and Adolescence, 43*(2), 257–269.

Ringer, J. (2010). "I'm not fat," says ballerina faulted for too many sugerplums. *Today.com.*

Ringer, J. (2014). Cited in P. Catton, Book in hand, a ballerina takes her bow. *Wall Street Journal Online.* Retrieved from Wall Street Journal Online website: http://online.wsj. com/news/articles/ SB1000142405270230418.

Ringer, J. (2014, February 28). Cited in R. Ritzel, Opinions—Dancing through it: My journey in the ballet by Jenifer Ringer. *The Washington Post.*

Ringer, J. (2014, January 30). Cited in G. Kourlas, Jenifer Ringer talks about leaving New York City Ballet. *TimeOut New York.*

Ringstrom, P. A. (2014). *A relational psychoanalytic approach to couples psychotherapy (Relational Perspectives book series).* New York: Routledge.

Ringwood, S. (2013). Cheap and cheerful--can cybertherapy be compassionate too? Commentary on Fairburn & Wilson and Bauer & Moessner. *The International Journal of Eating Disorders, 46*(5), 522–524.

Ripoll, L. H., Triebwasser, J., & Siever, L. J. (2011). Evidence-based pharmacotherapy for personality disorders. *International Journal of Neuropsychopharmacology, 14*(9), 1257–1288.

Risch, N., Hoffmann, T. J., Anderson, M., Croen, L. A., Grether, J. K., & Windham, G. C. (2014). Familial recurrence of autism spectrum disorder: Evaluating genetic and environmental contributions. *American Journal of Psychiatry, 171*(11), 1206–1213.

Ristow, A., Westphal, A., & Scahill, L. (2011). Treating hyperactivity in children with pervasive developmental disorders. In E. Hollander, A. Kolevzon, & J. T. Coyle (Eds.), *Textbook of autism spectrum disorders* (pp. 479–486). Arlington, VA: American Psychiatric Publishing.

Ritter, K., Vater, A., Rüsch, N., Schröder-Abé, M., Schütz, A., Fydrich, T., . . . Roepke, S. (2014). Shame in patients with narcissistic personality disorder. *Psychiatry Research, 215*(2), 429–437.

Ritter, M. (2008, January 27). Lead linked to aging in older brains. *YAHOO! News.*

Ritter, M. R., Blackmore, M. A., & Heimberg, R. G. (2010). Generalized anxiety disorder. In D. McKay, J. S. Abramowitz, & S. Taylor (Eds.), *Cognitive-behavioral therapy for refractory cases: Turning failure into success* (pp. 111–137). Washington, DC: American Psychological Association.

Rivett, M. (2011). Embracing change in clinical practice. *Journal of Family Therapy, 33*(1), 1–2.

Rizvi, S. L., Dimeff, L. A., Skutch, J., Carroll, D., & Linehan, M. M. (2011). A pilot study of the DBT coach: An interactive mobile phone application for individuals with borderline personality disorder and substance use disorder. *Behavior Therapy, 42,* 589–600.

Robert, G., & Zadra, A. (2014). Thematic and content analysis of idiopathic nightmares and bad dreams. *Sleep, 37*(2), 409–417.

Robertson, C. A., & Knight, R. A. (2014). Relating sexual sadism and psychopathy to one another, non-sexual violence, and sexual crime behaviors. *Aggressive Behavior, 40*(1), 12–23.

Robinson, W. P., Shepherd, A., & Heywood, J. (1998). Truth, equivocation, concealment, and lies in job applications and doctor-patient communication. *Journal of Language and Social Psychology, 17*(2), 149–164.

Rocca, P., Montemagni, C., Zappia, S., Piterà, R., Sigaudo, M., & Bogetto, F. (2014). Negative symptoms and everyday functioning in schizophrenia: A cross-sectional study in a real world-setting. *Psychiatry Research, 218*(3), 284–289.

Roche, B., & Quayle, E. (2007). Sexual disorders. In D. W. Woods & J. W. Kanter (Eds.), *Understanding behavior disorders: A contemporary behavioral perspective.* Reno, NV: Context Press.

Roche, T. (2002, January 20). The Yates odyssey. *TIME.com: Nation.*

Rocks, T., Pelly, F., & Wilkinson, P. (2014). Nutrition therapy during initiation of refeeding in underweight children and adolescent inpatients with anorexia nervosa: A systematic review of the evidence. *Journal of the Academy of Nutrition and Dietetics, 114*(6), 897–907.

Rodav, O., Levy, S., & Hamdan, S. (2014). Clinical characteristics and functions of non-suicide self-injury in youth. *European Psychiatry, 29*(8), 503–508.

Rodriguez, B. F., Weisberg, R. B., Pagano, M. E., Machan, J. T., Culpepper, L., & Keller, M. B. (2004). Frequency and patterns of psychiatric comorbidity in a sample of primary care patients with anxiety disorders. *Comprehensive Psychiatry, 45*(2), 129–137.

Roelofs, K., Hoogduin, K. A. L., Keijsers, G. P. J., Naering, G. W. B., Moene, F. C., & Sandijck, P. (2002). Hypnotic susceptibility in patients with conversion disorder. *Journal of Abnormal Psychology, 111*(2), 390–395.

Roemer, L., & Orsillo, S. M. (2014). An acceptance-based behavioral therapy for generalized anxiety disorder. In D. H. Barlow, *Clinical handbook of psychological disorders* (5th ed.), (pp. 206–231). New York: Guilford Press.

Roepke, S., Schröder-Abé, M., Schütz, A., Jacob, G., Dams, A., Vater, A., . . . Lammers, C-H. (2011). Dialectic behavioural therapy has an impact on self-concept clarity and facets of self-esteem in women with borderline personality disorder. *Clinical Psychology & Psychotherapy, 18*(2), 148–158.

Roepke, S., & Vater, A. (2014). Narcissistic personality disorder: An integrative review of recent empirical data and current definitions. *Current Psychiatry Reports, 16,* 445.

Roesch, R. (1991). *The encyclopedia of depression.* New York: Facts on File.

Roesch, R., Zapf, P. A., & Hart, S. D. (2010). *Forensic psychology and law.* Hoboken, NJ: John Wiley & Sons.

Roesler, T. A., & McKenzie, N. (1994). Effects of childhood trauma on psychological functioning of adults sexually abused as children. *Journal of Nervous and Mental Disease, 182*(3), 145–150.

Rogers, C. R. (1951). *Client-centered therapy.* Boston: Houghton Mifflin.

Rogers, C. R. (1954). The case of Mrs. Oak: A research analysis. In C. R. Rogers & R. F. Dymond (Eds.), *Psychotherapy and personality change* (pp. 259–269). Chicago: University of Chicago Press.

Rogers, C. R. (1987). Rogers, Kohut, and Erickson: A personal perspective on some similarities and differences. In J. K. Zeig (Ed.), *The evolution of psychotherapy.* New York: Brunner/Mazel.

Rogers, J., Raveendran, M., Fawcett, G. L., Fox, A. S., Shelton, S. E., Oler, J. A., . . . Kalin, N. H. (2013). CRHR1 genotypes, neural circuits and the diathesis for anxiety and depression. *Molecular Psychiatry, 18*(6), 700–707.

Rogers, R. (2008). Insanity evaluations. In R. Jackson (Ed.), *Learning forensic assessment* (pp.

109–128). New York: Routledge/Taylor & Francis Group.

Rogler, L. H., Malgady, R. G., & Rodriguez, O. (1989). *Hispanics and mental health: A framework for research.* Malabar, FL: Krieger Publishing.

Roh, D., Chang, J., Kim, C., Cho, H., An, S. K., & Jung, Y. (2014). Antipsychotic polypharmacy and high-dose prescription in schizophrenia: A 5-year comparison. *Australian and New Zealand Journal of Psychiatry, 48*(1), 52–60.

Rohn, T. T., McCarty, K. L., Love, J. E., & Head, E. (2014). Is apolipoprotein E4 an important risk factor for dementia in persons with Down Syndrome? *Journal of Parkinson's Disease and Alzheimer's Disease, 1*(1), 7.

Romanelli, R. J., Wu, F. M., Gamba, R., Mojtabai, R., & Segal, J. B. (2014). Behavioral therapy and serotonin reuptake inhibitor pharmacotherapy in the treatment of obsessive-compulsive disorder: A systematic review and meta-analysis of head-to-head randomized controlled trials. *Depression & Anxiety, 31*(8), 641–652.

Romero-Martinez, A., Figueiredo, B., & Moya-Albiol, L. (2014). Childhood history of abuse and child abuse potential: The role of parent's gender and timing of childhood abuse. *Child Abuse & Neglect, 38*(3), 510–516.

Roney, T., & Cannon, J. (2014). Dialectical behavior group therapy for borderline personality disorder. *International Journal of Group Psychotherapy, 64*(3), 400–408.

Ronningstam, E. (2011). Narcissistic personality disorder: A clinical perspective. *Journal of Psychiatric Practice, 17*(2), 89–99.

Rook, K. S., August, K. J., & Sorkin, D. H. (2011). Social network functions and health. In R. J. Contrada & A. Baum (Eds.), *The handbook of stress science: Biology, psychology, and health* (pp. 123–135). New York: Springer Publishing.

Rose, T., Joe, S., & Lindsey, M. (2011). Perceived stigma and depression among black adolescents in outpatient treatment. *Children and Youth Services Review, 33*(1), 161–166.

Rosell, D. R., Futterman, S. E., McMaster, A., & Siever, L. J. (2014). Schizotypal personality disorder: A current review. *Current Psychiatry Reports, 16,* 452.

Rosell, D. R., Zaluda, L. C., McClure, M. M., Perez-Rodriguez, M. M., Strike, K. S., Barch, D. M., . . . Siever, L. J. (2015). Effects of the D1 dopamine receptor agonist dihydrexidine (DAR-0100A) on working memory in schizotypal personality disorder. *Neuropsychopharmacology, 40*(2), 446–453.

Rosellini, A. J., & Bagge, C. L. (2014). Temperament, hopelessness, and attempted suicide: Direct and indirect effects. *Suicide & Life-Threatening Behavior, 44*(4), 353–361.

Rosen, E. F., Anthony, D. L., Booker, K. M., Brown, T. L., Christian, E., Crews, R. C., . . . Petty, L. C. (1991). A comparison of eating disorder scores among African American and white college females. *Bulletin of Psychosomatic Society, 29*(1), 65–66.

Rosen, R. C. (2007). Erectile dysfunction: Integration of medical and psychological approaches. In S. R. Leiblum (Ed.), *Principles and practice of sex therapy* (4th ed., pp. 277–310). New York: Guilford Press.

Rosen, R. C., & Rosen, L. R. (1981). *Human sexuality.* New York: Knopf.

Rosenbaum, T. Y. (2007). Physical therapy management and treatment of sexual pain disorders. In S. R. Leiblum (Ed.), *Principles and practice of sex therapy* (4th ed., pp. 157–177). New York: Guilford Press.

Rosenbaum, T. Y. (2011). Addressing anxiety in vivo in physiotherapy treatment of women with severe vaginismus: A clinical approach. *Journal of Sex & Marital Therapy, 37*(2), 89–93.

Rosenberg, A., Ledley, D. R., & Heimberg, R. G. (2010). Social anxiety disorder. In D. McKay, J. S. Abramowitz, & S. Taylor (Eds.), *Cognitive-behavioral therapy for refractory cases: Turning failure into success* (pp. 65–88). Washington, DC: American Psychological Association.

Rosenberg, T., & Pace, M. (2006). Burnout among mental health professionals: Special considerations for the marriage and family therapist. *Journal of Marital & Family Therapy, 32*(1), 87–99.

Rosenbloom, S. (2007, December 17). On Facebook, scholars link up with data. *New York Times.*

Rosenblum, G. D., & Lewis, M. (1999). The relations among body image, physical attractiveness, and body mass in adolescence. *Child Development, 70*(1), 50–64.

Rosenbluth, M., & Sinyor, M. (2012). Off-label use of atypical antipsychotics in personality disorders. *Expert Opinion on Pharmacotherapy, 13*(11), 1575–1585.

Rosenhan, D. L. (1973). On being sane in insane places. *Science, 179*(4070), 250–258.

Rosenthal, R. (1966). *Experimenter effects in behavioral research.* New York: Appleton-Century-Crofts.

Rosenthal, R. N. (2011). Alcohol abstinence management. In J. H. Lowinson & P. Ruiz (Eds.), *Substance abuse: A comprehensive textbook* (5th ed.). Philadelphia, PA: Lippincott Williams & Wilkins.

Rosenthal, R. N., & Levounis, P. (2005). Polysubstance use, abuse, and dependence. In R. J. Frances, A. H. Mack, & S. I. Miller (Eds.), *Clinical textbook of addictive disorders* (3rd ed., pp. 245–270). New York: Guilford Press.

Roskar, S., Podlesek, A., Kuzmanic, M., Demsar, L. O., Zaletel, M., & Marusic, A. (2011). Suicide risk and its relationship to change in marital status. *Crisis: Journal of Crisis Intervention and Suicide Prevention, 32*(1), 24–30.

Rosky, J. W. (2013). The (f)utility of post-conviction polygraph testing. *Sexual Abuse: A Journal of Research and Treatment, 25*(3), 259–281.

Rosky, J. W. (2015). More polygraph futility: A comment on Jensen, Shafer, Roby, and Roby (2015). *Journal of Interpersonal Violence.* [Advance publication.]

Ross, C. A., & Gahan, P. (1988). Techniques in the treatment of multiple personality disorder. *American Journal of Psychotherapy, 42*(1), 40–52.

Ross, C. A., & Ness, L. (2010). Symptom patterns in dissociative identity disorder patients and the general population. *Journal of Trauma & Dissociation, 11*(4), 458–468.

Ross, S. (2014 October 20). Alcohol use disorders in the elderly. *Psychiatry Weekly.*

Rossi-Arnaud, C., Spataro, P., Saraulli, D., Mulligan, N. W., Sciarretta, A., Marques, V. S., & Cestari, V. (2014). The attentional boost effect in schizophrenia. *Journal of Abnormal Psychology, 123*(3), 588–597.

Rotenberg, K. J., Costa, P., Trueman, M., & Lattimore, P. (2012). An interactional test of the reformulated helplessness theory of depression in women receiving clinical treatment for eating disorders. *Eating Behaviors, 13*(3), 264–266.

Rothbaum, B. O., Foa, E. B., Riggs, D. S., Murdock, T., & Walsh, W. (1992). A prospective examination of posttraumatic stress disorder in rape victims. *Journal of Traumatic Stress, 5*(3), 455–475.

Rothbaum, B. O., Gerardi, M., Bradley, B., & Friedman, M. J. (2011). Evidence-based treatments for posttraumatic stress disorder in

Operation Enduring Freedom and Operation Iraqi Freedom military personnel. In J. I. Ruzek, P. P. Schnurr, J. J. Vasterling, & M. J. Friedman (Eds.), *Caring for veterans with deployment-related stress disorders* (pp. 215–239). Washington, DC: American Psychological Association.

Rothbaum, B. O., Price, M., Jovanovic, T., Norrholm, S. D., Gerardi, M., Dunlop, B., . . . Ressler, K. J. (2014). A randomized, double-blind evaluation of D-cycloserine or alprazolam combined with virtual reality exposure therapy for posttraumatic stress disorder in Iraq and Afghanistan War veterans. *American Journal of Psychiatry, 171*(6), 640–648.

Rothschild, A. J. (2010). Major depressive disorder, severe with psychotic features. In C. B. Taylor (Ed.), *How to practice evidence-based psychiatry: Basic principles and case studies.* (pp. 195–202). Arlington, VA: American Psychiatric Publishing.

Rotter, M. (2011). Embitterment and personality disorder. In M. Linden & A. Maercker (Eds.), *Embitterment: Societal, psychological, and clinical perspectives* (pp. 177–186). New York: Springer-Verlag Publishing.

Rowan, P. (2005, July 31). Cited in J. Thompson, "Hungry for love": Why 11 million of us have serious issues with food. *Independent on Sunday.*

Rowen, T. S. (2013). Sexual health for people with disabilities. *The Journal of Sexual Medicine, 10*(6), 1667–1668.

Rowland, D. L. (2012). *Sexual dysfunction in men. Advances in psychotherapy—Evidence-based practice.* Cambridge, MA: Hogrefe Publishing.

Roy, A. (1992). Genetics, biology, and suicide in the family. In R. W. Maris, A. L. Berman, J. T. Maltsberger, & R. I. Yufitet (Eds.), *Assessment and prediction of suicide* (pp. xxii, 697). New York: Guilford Press.

Roy, A. (2011). Combination of family history of suicidal behavior and childhood trauma may represent correlate of increased suicide risk. *Journal of Affective Disorders, 130*(1-2), 205–208.

Roy, A. K., Klein, R. G., Angelsante, A., Bar-Haim, Y., Hulvershorn, L., . . . Spindel, C. (2013). Clinical features of young children referred for impairing temper outbursts. *Journal of Child and Adolescent Psychopharmacology, 23*(9), 588–596.

Roy-Byrne, P. P., Arguelles, L., Vitek, M. E., Goldberg, J., Keane, T. M., True, W. R., & Pitman, R. K. (2004). Persistence and change of PTSD symptomatology: A longitudinal co-twin control analysis of the Vietnam Era Twin Registry. *Social Psychiatry and Psychiatric Epidemiology, 39*(9), 681–685.

Rubin, D. M., Curtis, M. L., & Matone, M. (2014). Child abuse prevention and child home visitation: Making sure we get it right. *JAMA Pediatrics, 168*(1), 5–6.

Rubinstein, S., & Caballero, B. (2000). Is Miss America an undernourished role model? *Journal of the American Medical Association, 283*(12), 1569.

Rubio-Aurioloes, E., & Bivalacqua, T. J. (2012). Standard operational procedures for low sexual desire in men. *Journal of Sexual Medicine, 10,* 94–107.

Rudd, M. D., Berman, L., Joiner, T. E., Nock, M., Mandrusiak, M., Van Orden, K., . . . Witte, T. (2006). Warning signs for suicide: Theory, research, and clinical application. *Suicide & Life-Threatening Behavior, 36,* 255–262.

Rudd, M. D., & Brown, G. K. (2011). A cognitive theory of suicide: Building hope in treatment and strengthening the therapeutic relationship. In K. Michel & D. A. Jobes (Eds.), *Building a therapeutic alliance with the suicidal patient* (pp. 169–181).

Washington, DC: American Psychological Association.

Rudd, M. D., Bryan, C. J., Wertenberger, E. G., Peterson, A. L., Young-McCaughan, S., Mintz, J., . . . Bruce, T. O. (2015). Brief cognitive-behavioral therapy effects on post-treatment suicide attempts in a military sample: Results of a randomized clinical trial with 2-year follow-up. *The American Journal of Psychiatry, 172*(5), 441–449.

Ruggero, C. J., Kotov, R., Callahan, J. L., Kilmer, J. N., Luft, B. J., & Bromet, E. J. (2013). PTSD symptom dimensions and their relationship to functioning in World Trade Center responders. *Psychiatry Research, 210*(3), 1049–1055.

Rüsch, N., Corrigan, P. W., Heekeren, K., Theodoridou, A., Dvorsky, D., Metzler, S., . . . Rössler, W. (2014). Well-being among persons at risk of psychosis: The role of self-labeling, shame, and stigma stress. *Psychiatric Services, 65*(4), 483–489.

Ruscio, A. M., Chiu, W. T., Roy-Byrne, P., Stang, P. E., Stein, D. J., Wittchen, H. U., & Kessler, R. C. (2007). Broadening the definition of generalized anxiety disorder: Effects on prevalence and associations with other disorders in the National Comorbidity Survey Replication. *Journal of Anxiety Disorders, 21*(5), 662–676.

Rusconi, E., & Mitchener-Nissen, T. (2013). Prospects of functional magnetic resonance imaging as lie detector. *Frontiers in Human Neuroscience,* 7594.

Rush, B. (2010). Selected writings of Benjamin Rush. In A. J. Milson, C. H. Bohan, P. L. Glanzer, & J. W. Null (Eds.), *American educational thought: Essays from 1640–1940* (2nd ed.), Readings in educational thought (pp. 53–70). Charlotte, NC: Information Age.

Russell, J. E. A. (2014, July 10). Practice mindfulness for better, and quite possibly longer, life. *Tampa Bay Times.*

Russo, F. (2014, January 14). What dreams are made of: Understanding why we dream (about sex and other things). *Time.*

Russo, N. F., & Tartaro, J. (2008). Women and mental health. In F. L. Denmark & M. A. Paludi (Eds.), *Psychology of women: A handbook of issues and theories* (2nd ed., pp. 440–483). Westport, CT: Praeger Publishers.

Rutledge, P. (2013, October 20). Positively media: How we connect and thrive through emerging technologies. *Psychology Today.*

Ruzek, J. I., & Batten, S. V. (2011). Enhancing systems of care for posttraumatic stress disorder: From private practice to large health care systems. In J. I. Ruzek, P. P. Schnurr, J. J. Vasterling, & M. J. Friedman (Eds.), *Caring for veterans with deployment-related stress disorders* (pp. 261–282). Washington, DC: American Psychological Association.

Ruzek, J. I., Schnurr, P. P., Vasterling, J. J., & Friedman, J. (Eds.). (2011). *Caring for veterans with deployment-related stress disorders.* Washington, DC: American Psychological Association.

Saad, G. (2011, November 30). How often do people lie in their daily lives? *Psychology Today.*

Saba, L. M., Flink, S. C., Vanderlinden, L. A., Israel, Y., Tampier, L., Colombo, G., . . . Tabakoff, B. (2015). The sequenced rat brain transcriptome—its use in identifying networks predisposing alcohol consumption. *The FEBS Journal.* [Electronic publication.]

Sacks, O. (2012). *Hallucinations.* New York: Vintage Books.

Sacks, O. (2012, November 3). Seeing things? Hearing things? Many of us do. *New York Times.*

Sadeh, N., Londahl-Shaller, E. A., Piatigorsky, A., Fordwood, S., Stuart, B. K., McNiel, D. E., . . . Yaeger, A. M. (2014). Functions of non-suicidal self-injury in adolescents and young adults with borderline personality disorder symptoms. *Psychiatry Research, 216*(2), 217–222.

Saedi, G. A. (2012, April 29). Millennial media: The media saturated generation Y. *Psychology Today.*

Sakinofsky, I. (2011). Evidence-based approaches for reducing suicide risk in major affective disorders. In M. Pompili & R. Tatarelli (Eds.), *Evidence-based practice in suicidology: A source book* (pp. 275–315). Cambridge, MA: Hogrefe Publishing.

Salari, A., Bakhtiari, A., & Homberg, J. R. (2015). Activation of GABA-A receptors during postnatal brain development increases anxiety- and depression-related behaviors in a time- and dose-dependent manner in adult mice. *European Neuropsychopharmacy: The Journal of the European College of Neuropsychopharmacology, 25*(8), 1260–1274.

Salfati, C. G. (2011). Criminal profiling. In B. Rosenfeld & S. D. Penrod (Eds.), *Research methods in forensic psychology* (pp. 122–134). Hoboken, NJ: John Wiley & Sons.

Salkovskis, P. M. (1985). Obsessional-compulsive problems: A cognitive-behavioural analysis. *Behavioral Research and Therapy, 23,* 571–584.

Salkovskis, P. M. (1999). Understanding and treating obsessive-compulsive disorder. *Behavioral Research and Therapy, 37*(Suppl. 1), S29–S52.

Salkovskis, P. M., Thorpe, S. J., Wahl, K., Wroe, A. L., & Forrester, E. (2003). Neutralizing increases discomfort associated with obsessional thoughts: An experimental study with obsessional patients. *Journal of Abnormal Psychology, 112*(4), 709–715.

Salzer, S., Winkelbach, C., Leweke, F., Leibing, E., & Leichsenring, F. (2011). Long-term effects of short-term psychodynamic psychotherapy and cognitive-behavioral therapy in generalized anxiety disorder: 12-month follow-up. *Canadian Journal of Psychiatry, 56*(8), 503–508.

Samek, D. R., Keyes, M. A., Hicks, B. M., Bailey, J., McGue, M., & Iacono, W. G. (2014). General and specific predictors of nicotine and alcohol dependence in early adulthood: Genetic and environmental influences. *Journal of Studies on Alcohol and Drugs, 75*(4), 623–634.

SAMHSA (Substance Abuse and Mental Health Services Administration). (2013). *Drug Abuse Warning Network, 2011: National estimates of drug-related emergency department visits.* HHS Publication No. (SMA) 13-4760, DAWN Series D-39. Rockville, MD: Substance Abuse and Mental Health Services Administration.

SAMHSA (Substance Abuse and Mental Health Services Administration). (2013). *National survey on drug use and health, 2011 and 2012.* Washington, DC: Department of Health and Human Services.

SAMHSA (Substance Abuse and Mental Health Services Administration). (2014). *Mental health parity and addiction equity.* Washington, DC: Department of Health and Human Services.

SAMHSA (Substance Abuse and Mental Health Services Administration). (2014). *Results from the 2013 National Survey on Drug Use and Health: Summary of national findings,* NSDUH Series H-48, HSS Publication No. (SMA) 14-4863. Rockville, MD: SAMHSA.

Samorodnitzky-Naveh, G., Geiger, S. B., & Levin, L. (2007). Patients' satisfaction with dental esthetics. *Journal of the American Dental Association, 138*(6), 805–808.

Samos, L. F., Aguilar, E., & Ouslander, J. G. (2010). Institutional long-term care in the United States. In H. M. Fillit, K. Rockwood, & K. Woodhouse (Eds.), *Brocklehurst's textbook of geriatric medicine and gerontology* (7th ed.). Philadelphia, PA: Saunders Publishers.

Sampasa-Kanyinga, H., Roumeliotis, P., & Xu, H. (2014). Associations between cyberbullying and school bullying victimization and suicidal ideation, plans and attempts among Canadian schoolchildren. *PLOS ONE, 9*(7), e102145.

Sample, I. (2005, November 30). Mental illness link to art and sex. *The Guardian.* Retrieved from The Guardian website: http://www.guardian.co.uk.

Samuel, V. J., Curtis, S., Thornell, A., George, P., Taylor, A., Brome, D. R., . . . Faraone, S. V. (1997). The unexplored void of ADHD and African-American research: A review of the literature. *Journal of Attention Disorders, 1*(4), 197–207.

Sanburn, J. (2013, September 13). Inside the National Suicide Hotline: Preventing the next tragedy. *Time.com.*

Sandler, I., Wolchik, S. A., Cruden, G., Mahrer, N. E., Ahn, S., Brincks, A., & Brown, C. H. (2014). Overview of meta-analyses of the prevention of mental health, substance use, and conduct problems. *Annual Review of Clinical Psychology, 10,* 243–273.

Sandler, M. (1990). Monoamine oxidase inhibitors in depression: History and mythology. *Journal of Psychopharmacology, 4*(3), 136–139.

Sanftner, J. L., & Tantillo, M. (2011). Body image and eating disorders: A compelling source of shame for women. In R. L. Dearing & J. P. Tangney (Eds.), *Shame in the therapy hour* (pp. 277–303). Washington, DC: American Psychological Association.

San Nicolas, A. C., & Lemos, N. P. (2015). Toxicology findings in cases of hanging in the City and County of San Francisco over the 3-year period from 2011 to 2013. *Forensic Science International, 255,* 146–55.

Sansone, A., Romanelli, F., Jannini, E. A., & Lenzi, A. (2015). Hormonal correlates of premature ejaculation. *Endocrine, 49*(2), 333–338.

Sansone, R. A., & Sansone, L. A. (2011). Personality disorders: A nation-based perspective on prevalence. *Innovations in Clinical Neuroscience, 8*(4), 13–18.

Santa-Cruz, N. (2010, June 10). Minority population growing in the United States, census estimates show. *Los Angeles Times.*

Santisteban, D. A., Muir-Malcolm, J. A., Mitrani, V. B., & Szapocznik, J. (2001). Chapter 16: Integrating the study of ethnic culture and family psychology intervention science. In H. A. Liddle, D. A. Santisteban, R. F. Levant, & J. H. Bray (Eds.), *Family psychology: Science-based interventions* (pp. 331–352). Washington, DC: American Psychological Association.

Sar, V., Onder, C., Kilincaslan, A., Zoroglu, S. S., & Alyanak, B. (2014). Dissociative identity disorder among adolescents: Prevalence in a university psychiatric outpatient unit. *Journal of Trauma & Dissociation, 15*(4), 402–419.

Sareen, J., Afifi, T. O., McMillan, K. A., & Asmundson, G. J. G. (2011). Relationship between household income and mental disorders: Findings from a population-based longitudinal study. *Archives of General Psychiatry, 68*(4), 419–426.

Sarin, F., & Wallin, L. (2014). Cognitive model and cognitive behavior therapy for schizophrenia: An overview. *Nordic Journal of Psychiatry, 68*(3), 145–153.

Sarver, N. W., Beidel, D. C., & Spitalnick, J. S. (2014). The feasibility and acceptability of virtual environments in the treatment of childhood social anxiety disorder. *Journal of Clinical Child & Adolescent Psychology, 43*(1), 63–73.

Satir, V. (1964). *Conjoint family therapy: A guide to therapy and technique.* Palo Alto, CA: Science & Behavior Books.

Satir, V. (1967). *Conjoint family therapy* (Rev. ed.). Palo Alto, CA: Science & Behavior Books.

Satir, V. (1987). Going behind the obvious: The psychotherapeutic journey. In J. K. Zeig (Ed.), *The evolution of psychotherapy.* New York: Brunner/Mazel.

Sauvageau, A. (2014). Current reports on autoerotic deaths: Five persistent myths. *Current Psychiatry Reports, 16*(1), 430.

Savitz, J., & Drevets, W. C. (2011). Neuroimaging and neuropathological findings in bipolar disorder. In C. A. Zarate, Jr. & H. K. Manji (Eds.), *Bipolar depression: Molecular neurobiology, clinical diagnosis and pharmacotherapy. Milestones in drug therapy* (pp. 201–225). Cambridge, MA: Birkhäuser.

Scelfo, J. (2005, June 13). Bad girls go wild. *Newsweek,* 66–67.

Schadenberg, A. (2012, September 25). Euthanasia is out of control in the Netherlands: New Dutch statistics. *LifeSite.* Retrieved from LifeSite website: http://www.lifesitenews.com/blogs/.

Schafer, J. A., Varano, S. P., Jarvis, J. P., & Cancino, J. M. (2010, July-August). Bad moon on the rise? Lunar cycles and incidents of crime. *Journal of Criminal Justice, 38*(4), 359–367.

Schattner, E., & Shahar, G. (2011). Role of pain personification in pain-related depression: An object relations perspective. *Psychiatry, 74*(1), 14–20.

Scheidt, C. E., Baumann, K., Katzev, M., Reinhard, M., Rauer, S., Wirsching, M., & Joos, A. (2014). Differentiating cerebral ischemia from functional neurological symptom disorder: A psychosomatic perspective. *BMC Psychiatry, 14*(1), 383–393.

Scheuerman, O., Grinbaum, I., & Garty, B. Z. (2013). Münchausen syndrome by proxy. *Harefuah, 152*(11), 639.

Scheuffgen, K., Happe, F., Anderson, M., & Frith, U. (2000). High "intelligence," low "IQ"? Speed of processing and measured IQ in children with autism. *Development and Psychopathology, 12*(1), 83–90.

Schienle, A., Hettema, J. M., Cáceda, R., & Nemeroff, C. B. (2011). Neurobiology and genetics of generalized anxiety disorder. *Psychiatric Annals, 41*(2), 133–123.

Schildkraut, J. J. (1965). The catecholamine hypothesis of affective disorders: A review of supporting evidence. *American Journal of Psychiatry, 122*(5), 509–522.

Schiller, B. (2014). *Hiding GPS inside shoes to keep track of wandering Alzheimer's patients.* New York: Co.Exist. Retrieved from Co.Exist website: http://www.fastcoexist.com/30225268.

Schilling, E. A., Lawless, M., Buchanan, L., & Aseltine, R. J. (2014). "Signs of Suicide" shows promise as a middle school suicide prevention program. *Suicide & Life-Threatening Behavior,* May 2, 2014.

Schmidt, A. F., Gykiere, K., Vanhoeck, K., Mann, R. E., & Banse, R. (2014). Direct and indirect measures of sexual maturity preferences differentiate subtypes of child sexual abusers. *Sexual Abuse, 26*(2), 107–128.

Schmidt, H. M., Munder, T., Gerger, H., Frühauf, S., & Barth, J. (2014). Combination of psychological interventions and phosphodiesterase-5 inhibitors for erectile dysfunction: A narrative review and meta-analysis. *Journal of Sexual Medicine, 11*, 1376–1391.

Schneider, K. J., & Krug, O. T. (2010). *Existential–humanistic therapy. Theories of psychotherapy.* Washington, DC: American Psychological Association.

Schneider, K. L., & Shenassa, E. (2008). Correlates of suicide ideation in a population-based sample of cancer patients. *Journal of Psychosocial Oncology, 26*(2) 49–62.

Schrag, M., Mueller, C., Oyoyo, U., Smith, M. A., & Kirsch, W. M. (2011). Iron, zinc and copper in the Alzheimer's disease brain: A quantitative meta-analysis. Some insight on the influence of citation bias on scientific opinion. *Progress in Neurobiology, 94*(3), 296–306.

Schreiber, F. R. (1973). *Sybil.* Chicago: Regnery.

Schreier, H. A., Ayoub, C. C., & Bursch, B. (2010). Forensic issues in Munchausen by Proxy. In E. P. Benedek, P. Ash, & C. L. Scott (Eds.), *Principles and practice of child and adolescent forensic mental health* (pp. 241–252). Arlington, VA: American Psychiatric Publishing.

Schroeder, M. J., & Hoffman, A. C. (2014). *Tobacco control: Electronic cigarettes and nicotine clinical pharmacology.* Retrieved from http://tobaccocontrol.bmj.com/content/23/suppl_2/ii30.

Schuch, J. J., Roest, A. M., Nolen, W. A., Penninx, B. H., & de Jonge, P. (2014). Gender differences in major depressive disorder: Results from the Netherlands study of depression and anxiety. *Journal of Affective Disorders, 156,* 156–163.

Schuel, H., Burkman, L. J., Lippes, J., Crickard, K., Mahony, M. C., Guiffrida, A., . . . Makriyannis, A. (2002). Evidence that anandamide-signalling regulates human sperm functions required for fertilization. *Molecular Reproduction and Development, 63,* 376–387.

Schulte, I. E., & Petermann, F. (2011). Somatoform disorders: 30 years of debate about criteria! What about children and adolescents? *Journal of Psychosomatic Research, 70*(3), 218–228.

Schultz, D. S., & Brabender, V. M. (2012). More challenges since Wikipedia: The effects of exposure to internet information about the Rorschach on selected comprehensive system variables. *Journal of Personality Assessment, 95*(2), 149–158.

Schultz, D. S., & Loving, J. L. (2012). Challenges since Wikipedia: The availability of Rorschach information online and internet users' reactions to online media coverage of the Rorschach-Wikipedia debate. *Journal of Personality Assessment, 94*(1), 73–81.

Schultz, G. (2007, May 24). Marital breakdown and divorce increases rates of depression, Stat-Can study finds. *LifeSiteNews.com.*

Schultz, L. T., Heimberg, R. G., & Rodebaugh, T. L. (2008). Social anxiety disorder. In M. Hersen & J. Rosqvist (Eds.), *Handbook of psychological assessment, case conceptualization, and treatment, Vol. 1: Adults* (pp. 204– 236). Hoboken, NJ: John Wiley & Sons.

Schulz, S., & Laessle, R. G. (2012). Stress-induced laboratory eating behavior in obese women with binge eating disorder. *Appetite, 58*(2), 457–461.

Schumm, J. A., Koucky, E. M., & Bartel, A. (2014). Associations between perceived social reactions to trauma-related experiences with PTSD

and depression among veterans seeking PTSD treatment. *Journal of Traumatic Stress, 27*(1), 50–57.

Schumm, J. A., Walter, K. H., Bartone, A. S., & Chard, K. M. (2015). Veteran satisfaction and treatment preferences in response to a posttraumatic stress disorder specialty clinic orientation group. *Behaviour Research and Therapy, 69,* 75–82.

Schwartz, C. E., Kunwar, P. S., Hirshfeld-Becker, D. R., Henin, A., Vangel, M. G., Rauch, S. L. . . . Rosenbaum, J. F. (2015). Behavioral inhibition in childhood predicts smaller hippocampal volume in adolescent offspring of parents with panic disorder. *Translational Psychiatry, 5,* e605.

Schwartz, M. (2011). The retrospective profile and the facilitated family retreat. In J. R. Jordan & J. L. McIntosh (Eds.), *Grief after suicide: Understanding the consequences and caring for the survivors. Series in death, dying and bereavement* (pp. 371–379). New York: Routledge/Taylor & Francis Group.

Schwartz, M. W. (2014). *Novel anti-diabetic actions of hypothalamic FGF19-FGFR1 signaling.* Washington, DC: NIH. Retrieved from http://grantome.com/grant/NIH/R01-DK101997-01.

Schwartz, N. (2011). Feelings-as-information. In P. Van Lange, A. W. Kruglanski, & E. T. Higgins (Eds.), *Handbook of theories of social psychology: Vol. 1.* London, UK: Sage.

Schwartz, S. (1993). *Classic studies in abnormal psychology.* Mountain View, CA: Mayfield Publishing.

Schwarzbach, M., Luppa, M., Forstmeier, S., König, H., & Riedel-Heller, S. G. (2014). Social relations and depression in late life—a systematic review. *International Journal of Geriatric Psychiatry, 29*(1), 1–21.

Scognamiglio, C., & Houenou, J. (2014). A meta-analysis of fMRI studies in healthy relatives of patients with schizophrenia. *Australian and New Zealand Journal of Psychiatry, 48*(10), 907–916.

Scott, L. N., Stepp, S. D., & Pilkonis, P. A. (2014). Prospective associations between features of borderline personality disorder, emotion dysregulation, and aggression. *Personality Disorders, 5*(3), 278–288.

Seaward, B. L. (2013). *Essentials of managing stress.* (3rd ed.). Burlington, MA: Jones & Bartlett Learning.

Sebert, K. R. (2014 July 17). Kesha reborn. *Elle Magazine* (UK edition).

Sedghi, A. (2013). 10 years of bullying data: What does it tell us? *The Guardian.* Retrieved from http://www.theguardian.com/news/datablog/2013/may/23/.

Segal, D. L., & Hersen, M. (Eds.). (2010). *Diagnostic interviewing.* New York: Springer Publishing.

Segal, D. L., June, A., & Marty, M. A. (2010). Basic issues in interviewing and the interview process. In D. L. Segal & M. Hersen (Eds.), *Diagnostic interviewing* (pp. 1–21). New York: Springer Publishing.

Segal, R. (2008). *The national association for retarded citizens.* Silver Spring, MD: The Arc.

Seiden, R. H. (1981). Mellowing with age: Factors influencing the nonwhite suicide rate. *International Journal of Aging and Human Development, 13,* 265–284.

Seligman, M. E. P. (1975). *Helplessness.* San Francisco: Freeman.

Seligman, M. E. P. (2002). *Authentic happiness: Using the new positive psychology to realize your potential for lasting fulfillment.* New York: Free Press.

Seligman, M. E. P., & Fowler, R. D. (2011). Comprehensive soldier fitness and the future of psychology. *American Psychologist, 66*(1), 82–86.

Selkoe, D. J. (1992). Alzheimer's disease: New insights into an emerging epidemic. *Journal of Geriatric Psychiatry, 25*(2), 211–227.

Selkoe, D. J. (2000). The origins of Alzheimer's disease: A is for amyloid. *Journal of the American Medical Association, 283*(12), 1615–1617.

Selkoe, D. J. (2011). Alzheimer's disease. *Cold Spring Harbor Perspectives in Biology, 3*(7).

Selling, L. S. (1940). *Men against madness.* New York: Greenberg.

Sennott, S. L. (2011). Gender disorder as gender oppression: A transfeminist approach to rethinking the pathologization of gender non-conformity. *Women & Therapy, 34*(1-2), 93–113.

Sergeant, S., & Mongrain, M. (2014). An online optimism intervention reduces depression in pessimistic individuals. *Journal of Consulting and Clinical Psychology, 82*(2), 263–274.

Seto, M. C. (2008). *Pedophilia and sexual offending against children: Theory, assessment, and intervention.* Washington, DC: American Psychological Association.

Seto, M. C., Kingston, D. A., & Bourget, D. (2014). Assessment of the paraphilias. *Psychiatric Clinics of North America, 37*(2), 149–161.

Seto, M. C., Lalumiere, M. L., Harris, G. T., & Chivers, M. L. (2012). The sexual responses of sexual sadists. *Journal of Abnormal Psychology, 121*(3), 739–753.

Shapiro, E. R. (2004). Discussion of Ernst Prelinger's "Thoughts on hate and aggression." *Psychoanalytic Study of the Child, 39,* 44–51.

Shapiro, J. R., Bauer, S., Andrews, E., Pisetsky, E., Bulik-Sullivan, B., Hamer, R. M., & Bulik, C. M. (2010). Text messaging in the treatment of bulimia nervosa. *Clinician's Research Digest, 28*(12).

Sharf, R. S. (2015). *Theories of psychotherapy and counseling: Concepts and cases.* Belmont, CA: Brooks/Cole.

Shaw, K. (2004). *Oddballs and eccentrics.* Edison, NJ: Castle Books.

Shaw, R. J., Spratt, E. G., Bernard, R. S., & DeMaso, D. R. (2010). Somatoform disorders. In R. J. Shaw & D. R. DeMaso (Eds.), *Textbook of pediatric psychosomatic medicine* (pp. 121–139). Arlington, VA: American Psychiatric Publishing.

Sheldon, P. (2008). The relationship between unwillingness-to-communicate and student's facebook use. *Journal of Media Psychology, 20*(2), 67–75.

Shenk, D. (2001). *The forgetting: Alzheimer's: Portrait of an epidemic.* New York: Doubleday.

Sher, L. (2015). Suicide medical malpractice: An educational overview. *International Journal of Adolescent Medicine and Health, 27*(2), 203–206.

Sher, L., Oquendo, M. A., Falgalvy, H. C., Grunebaum, M. F., Burke, A. K., Zalsman, G., & Mann, J. J. (2005). The relationship of aggression to suicidal behavior in depressed patients with a history of alcoholism. *Addictive Behavior, 30*(6), 1144–1153.

Sheras, P., & Worchel, S. (1979). *Clinical psychology: A social psychological approach.* New York: Van Nostrand.

Shergill, S. S., Brammer, M. J., Williams, S. R., Murray, R. M., & McGuire, P. K. (2000). Mapping auditory hallucinations in schizophrenia using functional magnetic resonance imaging. *Archives of General Psychiatry, 57*(11), 1033–1038.

Sherry, A., & Whilde, M. R. (2008). Borderline personality disorder. In M. Hersen & J. Rosqvist (Eds.), *Handbook of psychological assessment, case conceptualization and treatment, Vol. 1: Adults* (pp. 403–437). Hoboken, NJ: John Wiley & Sons.

Shinto, A. S., Kamaleshwaran, K. K., Srini-vasan, D., Paranthaman, S., Selvaraj, K., Pranesh, M. B., . . . Prakash, B. (2014). "Hyperfrontality" as seen on FDG PET in unmedicated schizophrenia patients with positive symptoms. *Clinical Nuclear Medicine, 39*(8), 694–697.

Shiraishi, N., Watanabe, N., Kinoshita, Y., Kaneko, A., Yoshida, S., Furukawa, T. A., & Akechi, T. (2014). Brief psychoeducation for schizophrenia primarily intended to change the cognition of auditory hallucinations: An exploratory study. *Journal of Nervous and Mental Disease, 202*(1), 35–39.

Shiratori, Y., Tachikawa, H., Nemoto, K., Endo, G., Aiba, M., Matsui, Y., & Asada, T. (2014). Network analysis for motives in suicide cases: A cross-sectional study. *Psychiatry and Clinical Neurosciences, 68*(4), 299–307.

Shnaider, P., Pukay-Martin, N. D., Fredman, S. J., Macdonald, A., & Monson, C. M. (2014). Effects of cognitive-behavioral conjoint therapy for PTSD on partners' psychological functioning. *Journal of Traumatic Stress, 27*(2), 129–136.

Shneidman, E. S. (1963). Orientations toward death: Subintentioned death and indirect suicide. In R. W. White (Ed.), *The study of lives*. New York: Atherton.

Shneidman, E. S. (1979). An overview: Personality, motivation, and behavior theories. In L. D. Hankoff & B. Einsidler (Eds.), *Suicide: Theory and clinical aspects*. Littleton, MA: PSG Publishing.

Shneidman, E. S. (1981). Suicide. *Suicide & Life-Threatening Behavior, 11*(4), 198–220.

Shneidman, E. S. (1985). *Definition of suicide*. New York: Wiley.

Shneidman, E. S. (1987, March). At the point of no return. *Psychology Today*.

Shneidman, E. S. (1993). *Suicide as psychache: A clinical approach to self-destructive behavior*. Northvale, NJ: Jason Aronson.

Shneidman, E. S. (2001). *Comprehending suicide: Landmarks in 20th-century suicidology*. Washington, DC: American Psychological Association.

Shneidman, E. S. (2005). Anodyne psychotherapy for suicide: A psychological view of suicide. *Clinical Neuropsychiatry, 2*(1), 7–12.

Shneidman, E. S., & Farberow, N. (1968). The Suicide Prevention Center of Los Angeles. In H. L. P. Resnick (Ed.), *Suicidal behaviors: Diagnosis and management*. Boston: Little, Brown.

Shriver, M. (2011). *Alzheimer's in America: The Shriver Report on women and Alzheimer's*. New York: Free Press.

Shriver, M. (2014). Maria Shriver reports on the latest Alzheimer's research, sparked by The Shriver Report. *The Shriver Report*, March 20, 2014.

Shu, H., Yuan, Y., Xie, C., Bai, F., You, J., Li, L., . . . Zhang, Z. (2014). Imbalanced hippocampal functional networks associated with remitted geriatric depression and apolipoprotein e4 allele in nondemented elderly: A preliminary study. *Journal of Affective Disorders, 164*, 5–13.

Shultz, J. M., Besser, A., Kelly, F., Allen, A., Schmitz, V., Hausmann, V., . . . Neria, Y. (2012). Psychological consequences of indirect exposure to disaster due to the Haiti earthquake. *Prehospital and Disaster Medicine, 27*(4), 359–368.

Sibley, M. H., Kuriyan, A. B., Evans, S. W., Waxmonsky, J. G., & Smith, B. H. (2014). Pharmacological and psychosocial treatments for adolescents with ADHD: An updated systematic review of the literature. *Clinical Psychology Review, 34*(3), 218–232.

Sibrava, N. J., Beard, C., Bjornsson, A. S., Moitra, E., Weisberg, R. B., & Keller, M. B. (2013). Two-year course of generalized anxiety disorder, social anxiety disorder, and panic disorder in a longitudinal sample of African American adults. *Journal of Consulting and Clinical Psychology, 81*(6), 1052–1062.

Sicile-Kira, C. (2014). *Autism spectrum disorder (revised): The complete guide to understanding autism*. New York: Perigee Trade.

Siemens Healthcare. (2013, May 6). *Survey: The value of knowing*. Press Release.

Siep, N., Jansen, A., Havermans, R., & Roefs, A. (2011). Cognitions and emotions in eating disorders. In R. A. H. Adan & W. H. Kaye (Eds.), *Behavioral neurobiology of eating disorders. Current topics in behavioral neurosciences* (pp. 17–33). New York: Springer-Verlag Publishing.

Sifferlin, A. (2013, May 15). Looking good on Facebook: Social media leads to spikes in plastic surgery requests. *Time*.

Sifferlin, A. (2013, September 6). Social media: Why selfies matter. *Time*.

Sifferlin, A. (2013, December 5). Dementia causes expected to triple in coming decades. *Time*.

Sifferlin, A. (2014, January 15). Mashed up memory: How alcohol speeds memory loss in men. *Time*.

Sigerist, H. E. (1943). *Civilization and disease*. Ithaca, NY: Cornell University Press.

Silbersweig, D. A., Stern, E., Frith, C., Cahill, C., Holmes, A., Grootoonk, S, . . . Frackowiak, R. S. J. (1995). A functional neuroanatomy of hallucinations in schizophrenia. *Nature, 378*, 176–179.

Silk, K. R., & Jibson, M. D. (2010). Personality disorders. In M. D. Rothschild & J. Anthony (Eds.), *The evidence-based guide to antipsychotic medications* (pp. 101–124). Arlington, VA: American Psychiatric Publishing.

Simard, V., Nielsen, T. A., Tremblay, R. E., Boivin, M., & Montplaisir, J. Y. (2008). Longitudinal study of bad dreams in preschool-aged children: Prevalence, demographic correlates, risk and protective factors. *Sleep, 31*(1), 62–70.

Simmon, J. (1990). Media and market study. In skin deep: Our national obsession with looks. *Psychology Today, 26*(3), 96.

Simon, R. (Ed.) (2011). *Psychotherapy Networker*. Retrieved from www.psychotherapynetworker.org.

Simonelli, C., Eleuteri, S., Petruccelli, F., & Rossi, R. (2014). Female sexual pain disorders: Dyspareunia and vaginismus. *Current Opinion in Psychiatry, 27*(6), 406–412.

Simonton, D. K. (2010). So you want to become a creative genius? You must be crazy! In D. H. Cropley, A. J. Cropley, J. C. Kaufman, & M. A. Runco (Eds.), *The dark side of creativity* (pp. 218–234). New York: Cambridge University Press.

Simple, J. (2009 July 29). Testing times for Wikipedia after doctor posts secrets of the Rorschach inkblots. *The Guardian*.

Simpson, H. B., Foa, E. B., Liebowitz, M. R., Huppert, J. D., Cahill, S., Maher, M. J., . . . Campeas, R. (2013). Cognitive-behavioral therapy vs risperidone for augmenting serotonin reuptake inhibitors in obsessive-compulsive disorder: A randomized clinical trial. *JAMA Psychiatry, 70*(11), 1190–1199.

Singh, A. (2013, July 16). Dementia rate in the elderly has dropped 24% in past 20 years: What this means for coming generations. *Medical Daily.com*.

Singh, D., McMain, S., & Zucker, K. J. (2011). Gender identity and sexual orientation in women with borderline personality disorder. *Journal of Sexual Medicine, 8*(2), 447–454.

Singh, G. K., & Siahpush, M. (2014). Widening rural-urban disparities in all-cause mortality and mortality from major causes of death in the USA, 1969–2009. *Journal of Urban Health, 91*(2), 272–292.

Singh, S. P., & Kunar, S. S. (2010). Cultural diversity in early psychosis. In P. French, J. Smith, D. Shiers, M. Reed, & M. Rayne (Eds.), *Promoting recovery in early psychosis: A practice manual* (pp. 66–72). Hoboken, NJ: Wiley-Blackwell.

Singh, S. P., Kumar, A., Agarwal, S., Phadke, S. R., & Jaiswal, Y. (2014). Genetic insight of schizophrenia: Past and future perspectives. *Gene, 535*(2), 97–100.

Singhal, A., Ross, J., Seminog, O., Hawton, K., & Goldacre, M. J. (2014). Risk of self-harm and suicide in people with specific psychiatric and physical disorders: Comparisons between disorders using English national record linkage. *Journal of the Royal Society of Medicine, 107*(5), 194–204.

Sinkus, M. L., Graw, S., Freedman, R., Ross, R. G., Lester, H. A., & Leonard, S. (2015). The human CHRNA7 and CHRFAM7A genes: A review of the genetics, regulation, and function. *Neuropharmacology, 96*(Pt B), 274–288.

Sinton, M. M., & Taylor, C. B. (2010). Prevention: Current status and underlying theory. In W. S. Agras (Ed.), *The Oxford handbook of eating disorders. Oxford library of psychology* (pp. 307–330). New York: Oxford University Press.

Sipahi, L., Uddin, M., Hou, Z., Aiello, A. E., Koenen, K. C., Galea, S., & Wildman, D. E. (2014). Ancient evolutionary origins of epigenetic regulation associated with posttraumatic stress disorder, *Frontiers in Human Neuroscience, 8*, 284.

Sipe, T. A., Finnie, R. C., Knopf, J. A., Qu, S., Reynolds, J. A., Thota, A. B., . . . Nease, D. J. (2015). Effects of mental health benefits legislation: A community guide systematic review. *American Journal of Preventive Medicine, 48*(6), 755–766.

Sirey, J. A., Franklin, A. J., McKenzie, S. E., Ghosh, S., & Raue, P. J. (2014). Race, stigma, and mental health referrals among clients of aging services who screened positive for depression. *Psychiatric Services, 65*(4), 537–540.

Sitt, D. (2013, June 18). Dear Technology . . . Signed Mindfully. *Psychology Today*.

Sizemore, C. C. (1991). *A mind of my own: The woman who was known as "Eve" tells the story of her triumph over multiple personality disorder*. New York: William Morrow.

Sizemore, C. C., & Pitillo, E. S. (1977). *I'm Eve*. Garden City, NY: Doubleday.

Sjolie, I. I. (2002). A logotherapist's view of somatization disorder and a protocol. *International Forum for Logotherapy, 25*(1), 24–29.

Skelton, M., Khokhar, W. A., & Thacker, S. P. (2015). Treatment for delusional disorder. *The Cochrane Database of Systematic Reviews, 5*, CD009785.

Skodol, A. E. (2005). The borderline diagnosis: Concepts, criteria, and controversies. In J. G. Gunderson & P. D. Hoffman (Eds.), *Understanding and treating borderline personality disorder* (pp. 3–19). Washington, DC: American Psychiatric Publishing.

Slater, M. D., Kelly, K. J., Lawrence, F. R., Stanley, L. R., & Comello, M. L. G. (2011). Assessing media campaigns linking marijuana non-use with autonomy and aspirations: "Be under your own influence" and ONDCP's "above the influence." *Prevention Science, 12*(1), 12–22.

Sledge, W. H., & Lazar, S. G. (2014). Workplace effectiveness and psychotherapy for mental, substance abuse, and subsyndromal conditions. *Psychodynamic Psychiatry, 42*(3), 497–556.

Sloan, D. M. (2002). Does warm weather climate affect eating disorder pathology? *International Journal of Eating Disorders, 32,* 240–244.

Slopen, N., Fitzmaurice, G. M., Williams, D. R., & Gilman, S. E. (2012). Common patterns of violence experiences and depression and anxiety among adolescents. *Social Psychiatry and Psychiatric Epidemiology, 47*(10), 1591–1605.

Slovenko, R. (2002). *Psychiatry in law/Law in psychiatry.* New York: Brunner-Routledge.

Slovenko, R. (2002). The role of psychiatric diagnosis in the law. *Journal of Psychiatry & Law, 30*(3), 421–444.

Slovenko, R. (2004). A history of the intermix of psychiatry and law. *Journal of Psychiatry & Law, 32*(4), 561–592.

Slovenko, R. (2009). *Psychiatry in law/Law in psychiatry* (2nd ed.). New York: Routledge/Taylor & Francis Group.

Slovenko, R. (2011). *Psychotherapy testimonial privilege in criminal cases.* Presentation at American College of Forensic Psychiatry conference, San Diego, CA. March 23, 2011.

Slovenko, R. (2011). The DSM in litigation and legislation. *Journal of the American Academy of Psychiatry and the Law, 39*(1).

Sluhovsky, M. (2007). *Believe not every spirit: Possession, mysticism, & discernment in early modern Catholicism.* Chicago: University of Chicago Press.

Sluhovsky, M. (2011). Spirit possession and other alterations of consciousness in the Christian Western tradition. In E. Cardeña & M. Winkelman (Eds.), *Altering consciousness: Multidisciplinary perspectives (Vols. 1 and 2): History, culture, and the humanities. Biological and Psychological perspectives* (pp. 73–88). Santa Barbara, CA: Praeger/ABC-CLIO.

Smart-Richman, L., Pek, J., Pascoe, E., & Bauer, D. J. (2010). Discrimination is bad for your health. *Clinician's Research Digest, 28*(11).

Smink, F. E., van Hoeken, D., & Hoek, H. W. (2013). Epidemiology, course, and outcome of eating disorders. *Current Opinion in Psychiatry, 26*(6), 543–548.

Smith, A. (2013, September 4). Suicides kill more inmates than homicide, overdoses, accidents combined. *NBC News.*

Smith, A. (2014). *6 new facts about Facebook.* Washington, DC: Pew Research Center.

Smith, M. L., & Glass, G. V. (1977). Meta-analysis of psychotherapy outcome studies. *American Psychologist, 32*(9), 752–760.

Smith, M. L., Glass, G. V., & Miller, T. I. (1980). *The benefits of psychotherapy.* Baltimore: Johns Hopkins University Press.

Smith, P. K. (2010). Bullying in primary and secondary schools: Psychological and organizational comparisons. In S. R. Jimerson, S. M. Swearer, & D. L. Espelage (Eds.), *Handbook of bullying in schools: An international perspective.* (pp. 137–150) New York: Routledge/Taylor & Francis Group.

Smith, P. K. (2011). Bullying in schools: Thirty years of research. In C. P. Monks, & I. Coyne (Eds.), *Bullying in different contexts* (pp. 36–60). New York: Cambridge University Press.

Smith, P. K., Thompson, F., & Davidson, J. (2014). Cyber safety for adolescent girls: Bullying, harassment, sexting, pornography, and solicitation. *Current Opinion in Obstetrics & Gynecology, 26*(5), 360–365.

Smith, T. (2008, January 29). Real-life fears faced in online world: Helping alter-egos in "second life" helps people cope. *CBS News.* Retrieved from

CBS News website: http:www.cbsnews.com/video/watch/?id=3764862.

Smith, T. W. (2007). *Job satisfaction in the United States.* Chicago, IL: University of Chicago.

Smyth, J. M., & Pennebaker, J. W. (2001). What are the health effects of disclosure? In A. Baum, T. A. Revenson, & J. E. Singer (Eds.), *Handbook of health psychology* (pp. 339–348). Mahwah, NJ: Lawrence Erlbaum.

Snyder, W. V. (1947). *Casebook of non-directive counseling.* Boston: Houghton Mifflin.

So, J. K. (2008). Somatization as cultural idiom of distress: Rethinking mind and body in a multicultural society. *Counselling Psychology Quarterly, 21*(2), 167–174.

Sobell, M. B., & Sobell, L. C. (1973). Individualized behavior therapy for alcoholics. *Behavior Therapist, 4*(1), 49–72.

Sobell, M. B., & Sobell, L. C. (1984). The aftermath of heresy: A response to Pendery et al.'s (1982) critique of "Individualized Behavior Therapy for Alcoholics." *Behavioral Research and Therapy, 22*(4), 413–440.

SOGC (Society of Obstetricians and Gynaecologists). (2014). *Female orgasms: Myths and facts.* Ottawa, ON: SOGC. Retrieved from SOGC website: http://sogc.org/publications.

Solar, A. (2014). A supported employment linkage intervention for people with schizophrenia who want a chance to work. *Australasian Psychiatry, 22*(3), 245–247.

Soliman, M., Santos, A. M., & Lohr, J. B. (2008). Emergency, inpatient, and residential treatment. In K. T. Mueser & D.V. Jeste (Eds.), *Clinical handbook of schizophrenia* (pp. 339–353). New York: Guilford Press.

Soloff, P. H., Chiappetta, L., Mason, N. S., Becker, C., & Price, J. C. (2014). Effects of serotonin-2A receptor binding and gender on personality traits and suicidal behavior in borderline personality disorder. *Psychiatry Research, 222*(3), 140–148.

Solter, V., Thaller, V., Bagaric, A., Karlovic, D., Crnkovic, D., & Potkonjak, J. (2004). Study of schizophrenia comorbid with alcohol addiction. *European Journal of Psychiatry, 18*(1), 15–22.

Sommers-Flanagan, J., & Sommers-Flanagan, R. (2013). *Clinical interviewing* (5th ed.). Hoboken, NJ: Wiley.

Soole, R., Kõlves, K., & De Leo, D. (2015). Suicide in children: A systematic review. *Archives of Suicide Research, 19*(3), 285–304.

Soto, J. A., Dawson-Andoh, N. A., & BeLue, R. (2011). The relationship between perceived discrimination and generalized anxiety disorder among African Americans, Afro Caribbeans, and non-Hispanic Whites. *Journal of Anxiety Disorders, 25*(2), 258–265.

Soukup, J. E. (2006). Alzheimer's disease: New concepts in diagnosis, treatment, and management. In T. G. Plante (Ed.), *Mental disorders of the new millennium, Vol. 3: Biology and function.* Westport, CT: Praeger Publishers.

Spada, M. M., Giustina, L., Rolandi, S., Fernie, B.A., & Caselli, G. (2015). Profiling metacognition in gambling disorder. *Behavioural and Cognitive Psychotherapy, 43*(5), 614–622.

Span, P. (2009, March 24). They don't want to live with you, either. *New York Times, The New Old Age Blog.*

Spanton, T. (2008, July 28). UFOs: We believe. *The Sun.* Retrieved from The Sun website: http://www.thesun.co.uk/sol/homepage/news/ufos/article1477122.ece.

Speaking of Research. (2011). *Facts.* Retrieved from Speaking of Research website: http://speakingofresearch.com/facts/.

Speaking of Research. (2011). *Statistics.* Retrieved from Speaking of Research website: http://speakingofresearch.com/facts/statistics/.

Spence, J., Titov, N., Johnston, L., Jones, M. P., Dear, B. F., & Solley, K. (2014). Internet-based trauma-focused cognitive behavioural therapy for PTSD with and without exposure components: A randomised controlled trial. *Journal of Affective Disorders, 162,* 73–80.

Sperry, L. (2003). *Handbook of diagnosis and treatment of DSM-IV-TR personality disorders* (2nd ed.). New York: Brunner-Routledge.

Spiegel, D. (2009). Coming apart: Trauma and the fragmentation of the self. In D. Gordon (Ed.), *Cerebrum 2009: Emerging ideas in brain science* (pp. 1–11). Washington, DC: Dana Press.

Spiegler, M. D., & Guevremont, D. C. (2003). *Contemporary behavior therapy.* Belmont, CA: Thomson/Wadsworth.

Spielberger, C. D. (1966). Theory and research on anxiety. In C. D. Spielberger (Ed.), *Anxiety and behavior.* New York: Academic Press.

Spielberger, C. D. (1972). Anxiety as an emotional state. In C. D. Spielberger (Ed.), *Anxiety: Current xtrends in theory and research* (Vol. 1). New York: Academic Press.

Spielberger, C. D. (1985). Anxiety, cognition, and affect: A state-trait perspective. In A. H. Tuma & J. Maser (Eds.), *Anxiety and the anxiety disorders.* Hillsdale, NJ: Lawrence Erlbaum.

Spirito, A., & Esposito-Smythers, C. (2008). Evidence-based therapies for adolescent suicidal behavior. In R. G. Steele, T. D. Elkin, & M. C. Roberts (Eds.), *Handbook of evidence-based therapies for children and adolescents: Bridging science and practice.* New York: Springer.

Spirito, A., Simon, V., Cancilliere, M. K., Stein, R., Norcott, C., Loranger, K., & Prinstein, M. J. (2011). Outpatient psychotherapy practice with adolescents following psychiatric hospitalization for suicide ideation or a suicide attempt. *Clinical Child Psychology and Psychiatry, 16*(1), 53–64.

Spitzer, R. L., Gibbon, M., Skodol, A. E., Williams, J. B. W., & First, M. B. (Eds.). (1994). *DSM-IV casebook: A learning companion to the diagnostic and statistical manual of mental disorders* (4th ed.). Washington, DC: American Psychiatric Press.

Spitzer, R. L., Skodol, A., Gibbon, M., & Williams, J. B. W. (1981). *DSM-III case book* (1st ed.). Washington, DC: American Psychiatric Press.

Spitzer, R. L., Skodol, A., Gibbon, M., & Williams, J. B. W. (1983). *Psychopathology: A case book.* New York: McGraw-Hill.

SPRC (Suicide Prevention Resource Center). (2013). *Suicide among racial/ethnic populations in the U.S.: American Indians/Alaska Natives.* Waltham, MA: Education Development Center, Inc.

Springman, R. E., Wherry, J. N., & Notaro, P. C. (2006). The effects of interviewer race and child race on sexual abuse disclosures in forensic interviews. *Journal of Child Sexual Abuse, 15*(3), 99–116.

Stacciarini, J. M. R., O'Keeffe, M., & Mathews, M. (2007). Group therapy as treatment for depressed Latino women: A review of the literature. *Issues in Mental Health Nursing, 28*(5), 473–488.

Stack, S. (2004). Emile Durkheim and altruistic suicide. *Archives of Suicide Research, 8*(1), 9–22.

Stack, S., & Wasserman, I. (2009). Gender and suicide risk: The role of wound site. *Suicide & Life Threatening Behavior, 39*(1), 13–20.

Stahl, S. M. (2014). *Prescriber's guide: Stahl's essential psychopharmacology.* New York: Cambridge University Press.

Stahlberg, O., Anckarsater, H., & Nilsson, T. (2010). Mental health problems in youths committed to juvenile institutions: Prevalences and treatment needs. *European Child & Adolescent Psychiatry, 19*(12), 893–903.

Staller, K. M., & Faller, K. C. (Eds.). (2010). *Seeking justice in child sexual abuse: Shifting burdens and sharing responsibilities.* New York: Columbia University Press.

Stanislaus, A. (2013). Assessment of dangerousness in clinical practice. *Missouri Medicine, 110*(1), 61–64.

Stanley, B., Molcho, A., Stanley, M., Winchel, R., Gameroff, M. J., Parsons, B., & Mann, J. J. (2000). Association of aggressive behavior with altered serotonergic function in patients who are not suicidal. *American Journal of Psychiatry, 157*(4), 609–614.

Stanley, I. H., Horn, M. A., & Joiner, T. E. (2015). Mental health service use among adults with suicide ideation, plans, or attempts: Results from a national survey. *Psychiatric Services* (Washington, D.C.), app.ips 201400593. [Electronic publication.]

Starcevic, V. (2015). Trichotillomania: Impulsive, compulsive or both? *Australian and New Zealand Journal of Psychiatry, 49*(7), 660–661.

Starcevic, V., & Brakoulias, V. (2014). New diagnostic perspectives on obsessive-compulsive personality disorder and its links with other conditions. *Current Opinion in Psychiatry, 27*(1), 62–67.

Stares, J. (2005, November). Einstein, eccentric genius, smoked butts picked up off street. *The Telegraph.*

Starr, L. R., Hammen, C., Connolly, N. P., & Brennan, P. A. (2014). Does relational dysfunction mediate the association between anxiety disorders and later depression? Testing an interpersonal model of comorbidity. *Depression & Anxiety, 31*(1), 77–86.

Starr, T. B., & Kreipe, R. E. (2014). Anorexia nervosa and bulimia nervosa: Brains, bones and breeding. *Current Psychiatry Reports, 16*(5), 441.

Statista. (2015). *Leading social networks worldwide as of March 2015.* Retrieved from The Statistics Portal website: http://www.statista.com/statistics/272014.

Statistic Brain. (2012). *Bipolar disorder statistics.* Retrieved from Statistic Brain website: http://www.statistic.brain.com.

Statistic Brain. (2012). *College student alcohol drinking statistics.* Retrieved from Statistic Brain website: http://www.statisticbrain.com/college-student-alcohol-drinking-statistics/.

Statistic Brain. (2012). *Lying statistics.* Retrieved from Statistic Brain website: http://www.statisticbrain.com.

Statistic Brain. (2013). *Sex offender statistics.* Retrieved from Statistic Brain website: http://www.statisticbrain.com/sex-offender-statistics.

Statistic Brain. (2014). *Retirement statistics.* Retrieved from Statistic Brain website: http://www.statisticbrain.com/retirement-statistics.

Steadman, H. J., Monahan, J., Robbins, P. C., Appelbaum, P., Grisso, T., Klassen, D., . . . Roth, L. (1993). From dangerousness to risk assessment: Implications for appropriate research strategies. In S. Hodgins (Ed.), *Mental disorder and crime.* New York: Sage.

Steadman, H. J., Osher, F. C., Robbins, C. P., Case, B., & Samuels, S. (2009). Prevalence of serious mental illness among jail inmates. *Psychiatric Services 60,* 761–765.

Steele, H. (2011). Multiplicity revealed in the Adult Attachment Interview: When integration and coherence means death. In V. Sinason (Ed.), *Attachment, trauma and multiplicity: Working with dissociative identity disorder* (2nd ed., pp. 37–46). New York: Routledge/Taylor & Francis Group.

Steenkamp, M. M., Litz, B. T., Hoge, C. W., & Marmar, C. R. (2015). Psychotherapy for military-related PTSD: A review of randomized clinical trials. *Journal of the American Medical Association, 314*(5), 489–500.

Stegmayer, K., Horn, H., Federspiel, A., Razavi, N., Bracht, T., Laimböck, K., . . . Walther, S. (2014). Supplementary motor area (SMA) volume is associated with psychotic aberrant motor behaviour in patients with schizophrenia. *Psychiatry Research, 223*(1), 49–51.

Stein, C. H., Leith, J. E., Osborn, L. A., Greenberg, S., Petrowski, C. E., Jesse, S, . . . May, M. C. (2015). Mental health system historians: Adults with schizophrenia describe changes in community mental health care over time. *The Psychiatric Quarterly, 86*(1), 33–48.

Stein, D. J., & Fineberg, N. A. (2007). *Obsessive-compulsive disorder.* Oxford, England: Oxford University Press.

Stein, D. J., Hollander, E., & Rothbaum, B. O. (2010). *Textbook of anxiety disorders* (2nd ed.). Arlington, VA: American Psychiatric Publishing.

Stein, D. J., & Williams, D. (2010). Cultural and social aspects of anxiety disorders. In D. J. Stein, E. Hollander, & B. O. Rothbaum (Eds.), *Textbook of anxiety disorders* (2nd ed., pp. 717–729). Arlington, VA: American Psychiatric Publishing.

Stein, J. (2003, August 4). Just say Om. *Time, 162*(5), pp. 48–56.

Stein, J. S., Johnson, P. S., Renda, C. R., Smits, R. R., Liston, K. J., Shahan, T. A., & Madden, G. J., (2013). Early and prolonged exposure to reward delay: Effects in impulsive choice and alcohol self-administration in male rats. *Experimental and Clinical Psychopharmacology, 21*(2), 172–180.

Steiner, H., Smith, C., Rosenkranz, R. T., & Litt, I. (1991). The early care and feeding of anorexics. *Child Psychiatry & Human Development, 21*(3), 163–167.

Steinhausen, H. C. (2002). The outcome of anorexia nervosa in the 20th century. *American Journal of Psychiatry, 159*(8), 1284–1293.

Steinhausen, H. C. (2009). Outcome of eating disorders. *Child and Adolescent Psychiatric Clinics of North America, 18*(1), 225–242.

Steinmetz, K. (2014, June 9). America's transition. *Time Magazine.*

Stekel, W. (2010). *Sadism and masochism: The psychopathology of sexual cruelty.* Chicago, IL: Solar Books/Solar Asylum.

Stene, L. E., & Dyb, G. (2015). Health service utilization after terrorism: A longitudinal study of survivors of the 2011 Utøya attack in Norway. *BMC Health Services Research, 15,* 158.

Stephens, R., Atkins, J., & Kingston, A. (2009). Swearing as a response to pain. *Neuro-Report, 20*(12). 1056–1060.

Stern, A. (1938). Psychoanalytic investigation and therapy in the borderline group of neuroses. *Psychoanalytical Quarterly, 7,* 467–489.

Sternberg, R. J., Grigorenko, E. L., & Bundy, D. A. (2001). The predictive value of IQ. *Merrill-Palmer Quarterly, 47*(1), 1–41.

Stevens, L. M., Lynm, C., & Glass, R. M. (2002). Postpartum depression. *Journal of the American Medical Association, 287*(6), 802.

Stevenson, R. W. D., & Elliott, S. L. (2007). Sexuality and illness. In S. R. Leiblum (Ed.), *Principles and practice of sex therapy* (4th ed., pp. 313–349). New York: Guilford Press.

Stewart, R. E., & Chambless, D. L. (2007). Does psychotherapy research inform treatment decisions in private practice. *Journal of Clinical Psychology, 63*(3), 267–281.

Stewart, T. M., & Williamson, D. A. (2008). Bulimia nervosa. In M. Hersen & J. Rosqvist (Eds.), *Handbook of psychological assessment, case conceptualization and treatment, Vol. 1: Adults.* Hoboken, NJ: John Wiley & Sons.

Stice, E., Hayward, C., Cameron, R. P., Killen, J. D., & Taylor, C. B. (2000). Body-image and eating disturbances predict onset of depression among female adolescents: A longitudinal study. *Journal of Abnormal Psychology, 109*(3), 438–444.

Stice, E., Marti, C. N., & Rohde, P. (2013). Prevalence, incidence, impairment, and course of the proposed DSM-5 eating disorder diagnoses in an 8-year prospective community study of young women. *Journal of Abnormal Psychology, 122*(2), 445–457.

Stice, E., & Presnell, K. (2010). Dieting and the eating disorders. In W. S. Agras (Ed.), *The Oxford handbook of eating disorders* (pp. 148–179). New York: Oxford University Press.

Stolberg, R. A., Clark, D. C., & Bongar, B. (2002). Epidemiology, assessment, and management of suicide in depressed patients. In I. H. Gotlib & C. L. Hammen (Eds.), *Handbook of depression* (pp. 581–601). New York: Guilford Press.

Stone, M. H. (2010). Sexual sadism: A portrait of evil. *Journal of the American Academy of Psychoanalysis & Dynamic Psychiatry, 38*(1), 133–157.

Stone, M. H. (2014). The spectrum of borderline personality disorder: A neurophysiological view. *Current Topics in Behavioral Neurosciences, 21,* 23–46.

Stoppler, M. C. (2014). Holiday depression and stress. *MedicineNet.com.*

Strachan, E. (2008). Civil commitment evaluations. In R. Jackson (Ed.), *Learning forensic assessment* (pp. 509–535). New York: Routledge/Taylor & Francis Group.

Strassberg, D. S., McKinnon, R. K., Sustaíta, M. A., & Rullo, J. (2013). Sexting by high school students: An exploratory and descriptive study. *Archives of Sexual Behavior, 42*(1), 15–21.

Stratemeier, M. W., & Vignogna, L. (2014). *Peptic ulcers.* Retrieved from emedicinehealth website: http://www.emedicinehealth.com.

Straub, J., Sproeber, N., Plener, P. L., Fegert, J. M., Bonenberger, M., & Koelch, M. G. (2014). A brief cognitive-behavioural group therapy programme for the treatment of depression in adolescent outpatients: A pilot study. *Child and Adolescent Psychiatry and Mental Health, 8*(1), 9.

Street, A. E., Bell, M. E., & Ready, C. B. (2011). Sexual assault. In D. M. Benedek, & G. H. Wynn (Eds.), *Clinical manual for management of PTSD.* (pp. 325–348) Arlington, VA: American Psychiatric Publishing.

Strickland, B. R., Hale, W. D., & Anderson, L. K. (1975). Effect of induced mood states on activity and self-reported affect. *Journal of Consulting and Clinical Psychology, 43*(4), 587.

Strober, M., Freeman, R., Lampert, C., Diamond, J., & Kaye, W. (2000). Controlled family study of anorexia nervosa and bulimia nervosa: Evidence of shared liability and transmission of partial syndromes. *American Journal of Psychiatry, 157*(3), 393–401.

Strober, M., Freeman, R., Lampert, C., Diamond, J., & Kaye, W. (2001). Males with anorexia nervosa: A controlled study of eating disorders in first-degree relatives. *International Journal of Eating Disorders, 29*(3), 264–269.

Strober, M., & Yager, J. (1985). A developmental perspective on the treatment of anorexia nervosa in adolescents. In D. M. Garner & P. E. Garfinkel (Eds.), *Handbook of psychotherapy for anorexia nervosa and bulimia.* New York: Guilford Press.

Stroup, T. S., Marder, S. R., & Lieberman, J. A. (2012). Pharmacotherapies. In J. A. Lieberman, T. S. Stroup, & D. O Perkins (Eds.), *Essentials of schizophrenia* (pp. 173–206). Arlington, VA: American Psychiatric Publishing.

Strümpfel, U. (2006). *Therapie der gefühle: For-schungsbefunde zur gestalttherapie.* Cologne, Germany: Edition Huanistiche Psychologie.

Stuart, S., Noyes, R., Jr., Starcevic, V., & Barsky, A. (2008). An integrative approach to somatoform disorders combining interpersonal and cognitive-behavioral theory and techniques. *Journal of Contemporary Psychotherapy, 38*(1), 45–53.

Stuber, J. P., Rocha, A., Christian, A., & Link, B. G. (2014). Conceptions of mental illness: Attitudes of mental health professionals and the general public. *Psychiatric Services, 65*(4), 490–497.

Štulhofer, A., Træen, B., & Carvalheira, A. (2013). Job-related strain and sexual health difficulties among heterosexual men from three European countries: The role of culture and emotional support. *Journal of Sexual Medicine, 10*, 747–756.

Stunkard, A. J. (1959). Eating patterns and obesity. *Psychiatric Quarterly, 33*, 284–295.

Sturmey, P. (2008). Adults with intellectual disabilities. In M. Hersen & J. Rosqvist (Eds.), *Handbook of psychological assessment, case conceptualization, and treatment, Vol. 1: Adults.* Hoboken, NJ: Wiley.

Sturmey, P., & Didden, R. (2014). *Evidence-based practice and intellectual disabilities.* Hoboken, NJ: Wiley.

Su, S., Wang, X., Kapuku, G. K., Treiber, F. A., Pollock, D. M., Harshfield, G. A., . . . Pollock, J. S. (2014). Adverse childhood experiences are associated with detrimental hemodynamics and elevated circulating endothelin-1 in adolescents and young adults. *Hypertension, 64*(1), 201–207.

Sue, D. W., & Sue, D. (2003) *Counseling the culturally diverse: Theory and practice* (4th ed.). New York: Wiley.

Sugrue, D., Bogner, R., & Ehret, M. J. (2014). Methylphenidate and dexmethylphenidate formulations for children with attention-deficit/hyperactivity disorder. *American Journal of Health-System Pharmacy, 71*(14). 1163–1170.

Sujan, A. C., Humphreys, K. L., Ray, L. A., & Lee, S. S. (2014, July 16). Differential association of child abuse with self-reported versus laboratory-based impulsivity and risk-taking in young adulthood. *Child Maltreatment, 19*(3-4), 145–155.

Suler, J. (2004). The online disinhibition effect. *Cyber Psychology and Behavior, 7*(3), 321–326.

Sullivan, E. L., Smith, M. S., & Grove, K. L. (2011). Perinatal exposure to high-fat diet programs energy balance, metabolism and behavior in adulthood. *Neuroendocrinology, 93*(1), 1–8.

Sullivan, E. M., Annest, J. L., Simon, T. R., Luo, F., & Dahlberg, L. L. (2015). Suicide trends among persons aged 10–24 years—United States, 1994–2012. *Morbidity and Mortality Weekly Report, 64*(8), 201–205.

Sullivan, H. S. (1953). *The interpersonal theory of psychiatry.* New York: Norton.

Sungur, M. Z., & Gündüz, A. (2014). A comparison of DSM-IV-TR and DSM-5 definitions for sexual dysfunctions: Critiques and challenges. *Journal of Sexual Medicine, 11*, 364–373.

Suokas, J. T., Suvisaari, J. M., Gissler, M., Löfman, R., Linna, M. S., Raevuori, A., & Haukka, J. (2013). Mortality in eating disorders: A follow-up study of adult eating disorder patients treated in tertiary care, 1995–2010. *Psychiatry Research, 210*(3), 1101–1106.

Suokas, J. T., Suvisaari, J. M., Grainger, M., Raevuori, A., Gissler, M., & Haukka, J. (2014). Suicide attempts and mortality in eating disorders: A follow-up study of eating disorder patients. *General Hospital Psychiatry, 36*(3), 355–357.

Suppes, T., Baldessarini, R. J., Faedda, G. L., & Tohen, M. (1991). Risk of recurrence following discontinuation of lithium treatment in bipolar disorder. *Archives of General Psychiatry, 48*(12), 1082–1088.

Sussman, S. (2010). Cognitive misperceptions and drug misuse. In L. Scheier (Ed.), *Handbook of drug use etiology: Theory, methods, and empirical findings* (pp. 617–629). Washington, DC: American Psychological Association.

Svartberg, M., & McCullough, L. (2010). Cluster C personality disorders: Prevalence, phenomenology, treatment effects, and principles of treatment. In J. F. Clarkin, P. Fonagy, & G. O. Gabbard (Eds.), *Psychodynamic psychotherapy for personality disorders: A clinical handbook* (pp. 337–367). Arlington, VA: American Psychiatric Publishing.

Swain, J., Hancock, K., Hainsworth, C., & Bowman, J. (2013). Acceptance and commitment therapy in the treatment of anxiety: A systematic review. *Clinical Psychology Review, 33*(8), 965–978.

Swan, L. K., & Heesacker, M. (2013). Evidence of a pronounced preference for therapy guided by common factors. *Journal of Clinical Psychology, 69*(9), 869–879.

Swanson, J. W., & Swartz, M. S. (2014). Why the evidence for outpatient commitment is good enough. *Psychiatric Services, 65*(6), 808–811.

Swartz, M. S., Frohberg, N. R., Drake, R. E., & Lauriello, J. (2012). Psychosocial therapies. In J. A. Lieberman, T. S. Stroup, & D. O Perkins (Eds.), *Essentials of schizophrenia* (pp. 207–224). Arlington, VA: American Psychiatric Publishing.

Syed-Abdul, S., Fernandez-Luque, L., Jian, W., Li, Y., Crain, S., Hsu, M., . . . Liou, D. (2013). Misleading health-related information promoted through video-based social media: Anorexia on YouTube. *Journal of Medical Internet Research, 15*(2), e30.

Syrjala, K. L., Jensen, M. P., Mendoza, M. E., Yi, J. C., Fisher, H. M., & Keefe, F. J. (2014). Psychological and behavioral approaches to cancer pain management. *Journal of Clinical Oncology, 32*(16), 1703–1711.

Szabo, M., & Lovibond, P. F. (2004). The cognitive content of thought-listed worry episodes in clinic-referred anxious and nonreferred children. *Journal of Clinical Child and Adolescent Psychology, 33*(3), 613–622.

Szalavitz, M. (2013, July 18). Apps for mastering your mood. *Time.*

Szalavitz, M. (2013, March 1). How Facebook improves memory. *Time.* Retrieved from Time website: http://healthland.time.com/2013/03/01.

Szasz, T. S. (1960). The myth of mental illness. *American Psychologist, 15*, 113–118.

Szasz, T. S. (1963). *The manufacture of madness.* New York: Harper & Row.

Szumilas, M., Wei, Y., & Kutcher, S. (2010). Psychological debriefing in schools. *Canadian Medical Association Journal, 182*(9), 883–884.

Tacón, A., & Caldera, Y. (2001). Behavior modification. In R. McComb & J. Jacalyn (Eds.), *Eating disorders in women and children: Prevention, stress management, and treatment* (pp. 263–272). Boca Raton, FL: CRC Press.

TAD [Truth About Deception]. (2014). Compulsive lying: Results summary. *TAD.* Retrieved from RAD website: http://www.truthaboutdeception.com/surveys/2-compulsive-lying.

TADS (Treatment for Adolescents with Depression Study Team, U.S.). (2004). Fluoxetine, cognitive behavioral therapy, and their combination for adolescents with depression: Treatment for Adolescents with Depression Study (TADS) randomized controlled trial. *Journal of the American Medical Association, 292*(7), 807–820.

TADS (Treatment for Adolescents with Depression Study Team, U.S.). (2007). The Treatment for Adolescents with Depression Study (TADS): Long-term effectiveness and safety outcomes. *Archives of General Psychiatry, 64*(10), 1132–1144.

TADS (Treatment for Adolescents with Depression Study Team, U.S.). (2010). *Treatment for Adolescents with Depression Study.* Retrieved from http://www.nimh.nih.gov/trials/practical/tads/index.shtml.

Taghva, A. S., Malone, D. A., & Rezai, A. R. (2013). Deep brain stimulation for treatment-resistant depression. *World Neurosurgery, 80*(3-4), S27.e17–24.

Takeuchi, H., Suzuki, T., Remington, G., Watanabe, K., Mimura, M., & Uchida, H. (2014). Lack of effect of risperidone or olanzapine dose reduction on subjective experiences in stable patients with schizophrenia. *Psychiatry Research, 218*(1-2), 244–246.

Tallis, F., Davey, G., & Capuzzo, N. (1994). The phenomenology of non-pathological worry: A preliminary investigation. In G. Davey & F. Tallis (Eds.), *Worrying: Perspectives on theory, assessment and treatment* (pp. 61–89). Chichester, England: John Wiley.

Tamminga, C. A., Shad, M. U., & Ghose, S. (2008). Neuropsychiatric aspects of schizophrenia. In S. C. Yudofsky & R. E. Hales (Eds.), *The American Psychiatric Publishing textbook of neuropsychiatry and behavioral neurosciences* (5th ed.). Washington, DC: American Psychiatric Publishing.

Tang, B., Liu, X., Liu, Y., Xue, C., & Zhang, L. (2014). A meta-analysis of risk factors for depression in adults and children after natural disasters. *BMC Public Health, 19*(14), 623.

Tantam, D. (2006). The machine as psychotherapist: Impersonal communication with a machine. *Advances in Psychiatric Treatment, 12*, 416–426.

Tasca, G. A., Hilsenroth, M., & Thompson-Brenner, H. (2014). Psychoanalytic psychotherapy or cognitive-behavioral therapy for bulimia nervosa. *American Journal of Psychiatry, 171*(5), 583–584.

Tashakova, O. (2011, March 25). Am I too fat? *Khaleej Times.*

Tashkin, D. P. (2001). Airway effects of marijuana, cocaine, and other inhaled illicit agents. *Current Opinions in Pulmonary Medicine, 7*(2), 43–61.

Taube-Schiff, M., & Lau, M. A. (2008). Major depressive disorder. In M. Hersen & J. Rosqvist (Eds.), *Handbook of psychological assessment, case conceptualization, and treatment, Vol. 1: Adults* (pp. 319–351). Hoboken, NJ: John Wiley & Sons.

Taycan, O., Sar, V., Celik, C., & Erdogan-Taycan, S. (2014). Trauma-related psychiatric comorbidity of somatization disorder among women in eastern Turkey. *Comprehensive Psychiatry, 55*(8), 1837–1846.

Taylor, B., Carswell, K., & Williams, A. C. (2013). The interaction of persistent pain and post-traumatic re-experiencing: A qualitative study in torture survivors. *Journal of Pain and Symptom Management, 46*(4), 546–555.

Taylor, L. E., Swerdfeger, A. L., & Eslick, G. D. (2014). Vaccines are not associated with autism: An evidence-based meta-analysis of case-control and cohort studies. *Vaccine, 32*(29), 3623–3629.

Taylor, M. J., Doesburg, S. M., & Pang, E. W. (2014). Neuromagnetic vistas into typical and atypical development of frontal lobe functions. *Frontiers in Human Neuroscience, 18*(8), 453.

Taylor, S. E. (2010). Health psychology. In R. F. Baumeister & E. J. Finkel (Eds.), *Advanced social psychology: The state of the science* (pp. 697–731). New York: Oxford University Press.

Taylor, S. E. (2010). Health psychology. In R. F. Baumeister & E. J. Finkel (Eds.), *Advanced social psychology: The state of the science* (pp. 697–731). New York: Oxford University Press.

Taylor, S. E. (2010). Health. In S. T. Fiske, D. T. Gilbert, & G. Lindzey (Eds.), *Handbook of social psychology, Vol. 1* (5th ed., pp. 698–723). Hoboken, NJ: John Wiley & Sons.

Taylor, S. F., Demeter, E., Phan, K. L., Tso, I. F., & Welsh, R. C. (2014). Abnormal GABAergic function and negative affect in schizophrenia. *Neuropsychopharmacology, 39*(4), 1000–1008.

Taylor, W. D. (2014). Depression in the elderly. *New England Journal of Medicine, 371*, 1228–1236.

Tellez, M., Potter, C., Kinner, D. G., Jensen, D., Waldron, E., Heimberg, R. G., . . . Ismail, A. I. (2015). Computerized tool to manage dental anxiety: A randomized clinical trial. *Journal of Dental Research, 94*(9 Suppl), 174S–80S.

Tenback, D. E., Bakker, P. R., & van Harten, P. N. (2015). [Risk factors for tardive movement disorders in schizophrenia]. *Tijdschrift Voor Psychiatrie, 57*(2), 120–124.

Ten Have, M., de Graaf, R., van Weeghel, J., & van Dorsselaer, S. (2014). The association between common mental disorders and violence: To what extent is it influenced by prior victimization, negative life events and low levels of social support? *Psychological Medicine, 44*(7), 1485–1498.

Ten Have, M., Nuyen, J., Beekman, A., & de Graaf, R. (2013). Common mental disorder severity and its association with treatment contact and treatment intensity for mental health problems. *Psychological Medicine, 43*(10), 2203–2213.

Ter Kuile, M. M., Bulté, I., Weijenborg, P. T. M., Beekman, A., Melles, R., & Onghena, P. (2009). Therapist-aided exposure for women with lifelong vaginismus: A replicated single-case design. *Journal of Consulting and Clinical Psychology, 77*(1), 149–159.

Ter Kuile. M. M., Melles, R., deGroot, H. E., Tuijnman-Raasveld, C. C., & van Lankveld, J. M. (2013). Therapist-aided exposure for women with lifelong vaginismus: A randomized waiting-list control trial of efficacy. *Journal of Consulting and Clinical Psychology, 81*(6), 1127–1136.

Thakker, J., & Ward, T. (1998). Culture and classification: The cross-cultural application of the DSM-IV. *Clinical Psychology Review, 18*, 501–529.

Thase, M. E., Trivedi, M. H., & Rush, A. J. (1995). MAOIs in the contemporary treatment of depression. *Neuropsychopharmacology, 12*(3), 185–219.

The Economist. (2010, December 16). Age and happiness: The U-bend of life. *The Economist.* Retrieved from Economist website: http://www.economist.com/node/17722567.

Thigpen, C. H., & Cleckley, H. M. (1957). *The three faces of Eve.* New York: McGraw-Hill.

Thomas, J. (2014, January/February). Most psychologists misinformed on "duty to warn." *The National Psychologist,* pp. 3–4.

Thomas, J., & Altareb, B. (2012). Cognitive vulnerability to depression: An exploration of dysfunctional attitudes and ruminative response styles in the United Arab Emirates. *Psychology & Psychotherapy, 85*(1), 117–121.

Thomasson, E. (2012, June 12). Right-to-die movement sees gain as world ages. *Reuters.*

Thompson, D. F., Ramos, C. L., & Willett, J. K. (2014). Psychopathy: Clinical features, developmental basis and therapeutic challenges. *Journal of Clinical Pharmacy and Therapeutics, 39*(5), 485–495.

Thompson, R. A., & Sherman, R. T. (2010). *Eating disorders in sport.* New York: Routledge/ Taylor & Francis Group.

Thompson, W. (2015). *Alcoholism: Practice essentials, background, pathophysiology.* Retrieved from Medscape website: http://emedicine.medscape.com/ article/285913-overview.

Thornton, L. M., Mazzeo, S. E., & Bulik, C. M. (2011). The heritability of eating disorders: Methods and current findings. In R. A. H. Adan & W. H. Kaye (Eds.), *Behavioral neurobiology of eating disorders. Current topics in behavioral neurosciences* (pp. 141–156). New York: Springer-Verlag Publishing.

Tiggemann, M., & Slater, A. (2013, September 5). NetTweens: The Internet and body image concerns in preteenage girls. *Journal of Early Adolescence.* [Online publication.]

Tilak, J. (2014, June 13). Canada is primed to be a global example for medical marijuana. *Business Insider.*

Tolan, P., Gorman-Smith, D., & Henry, D. (2006). Family violence. *Annual Review of Psychology, 57,* 557–583.

Tolmunen, T., Lehto, S. M., Julkunen, J., Hintikka, J., & Kauhanen, J. (2014). Trait anxiety and somatic concerns associate with increased mortality risk: A 23-year follow-up in aging men. *Annals of Epidemiology, 24*(6), 463–468.

Tondo, L., Vázquez, G. H., Baethge, C., Baronessa, C., Bolzani, L., Koukopoulos, A., . . . Baldessarini R. J. (2015). Comparison of psychotic bipolar disorder, schizoaffective disorder, and schizophrenia: An international, multisite study. *Acta Psychiatrica Scandinavica.* [Electronic publication.]

Torgersen, S. (1983). Genetic factors in anxiety disorders. *Archives of General Psychiatry, 40,* 1085–1089.

Torgersen, S. (1984). Genetic and nosological aspects of schizotypal and borderline personality disorders: A twin study. *Archives of General Psychiatry, 41,* 546–554.

Torgersen, S. (1990). Comorbidity of major depression and anxiety disorders in twin pairs. *American Journal of Psychiatry, 147,* 1199–1202.

Torgersen, S. (2000). Genetics of patients with borderline personality disorder. *Psychiatric Clinics of North America, 23*(1), 1–9.

Toro, J., Gila, A., Castro, J., Pombo, C., & Guete, O. (2005). Body image, risk factors for eating disorders and sociocultural influences in Spanish adolescents. *Eating and Weight Disorders, 10*(2), 91–97.

Torres, A. R., Shavitt, R. G., Torresan, R. C., Ferrão, Y. A., Miguel, E. C., & Fontenelle, L. F. (2013). Clinical features of pure obsessive-compulsive disorder. *Comprehensive Psychiatry, 54*(7), 1042–1052.

Torrey, E. F. (1991). A viral-anatomical explanation of schizophrenia. *Schizophrenia Bulletin, 17*(1), 15–18.

Torrey, E. F. (2001). *Surviving schizophrenia: A manual for families, consumers, and providers* (4th ed.). New York: HarperCollins.

Torrey, E. F., Bowler, A. E., Taylor, E. H., & Gottesman, I. I. (1994). *Schizophrenia and manicdepressive disorder.* New York: Basic Books.

Toteja, N., Gallego, J. A., Saito, E., Gerhard, T., Winterstein, A., Olfson, M., & Correll, C. U. (2013). Prevalence and correlates of antipsychotic polypharmacy in children and adolescents receiving antipsychotic treatment. *International Journal of Neuropsychopharmacology, 17*(7), 1095–1105.

Toth, S. L., Rogosch, F. A., Oshri, A., Gravener–Davis, J., Sturm, R., & Morgan– López, A. A. (2013). The efficacy of interpersonal psychotherapy for depression among economically disadvantaged mothers. *Development and Psychopathology, 25*(4 Pt 1), 1065–1078.

Touchette, E., Henegar, A., Godart, N. T., Pryor, L., Falissard, B., Tremblay, R. E., & Côté, S. M. (2011). Subclinical eating disorders and their comorbidity with mood and anxiety disorders in adolescent girls. *Psychiatry Research, 185*(1-2), 185–192.

Touyz, S. W., & Carney, T. (2010). Compulsory (involuntary) treatment for anorexia nervosa. In C. M. Grilo & J. E. Mitchell (Eds.), *The treatment of eating disorders: A clinical handbook* (pp. 212–224). New York: Guilford Press.

Towers, S., Gomez-Lievano, A., Khan, M., Mubayi, A., & Castillo-Chavez, C. (2015). Contagion in mass killings and school shootings. *PLOS ONE, 10*(7), e0117259.

Trapp, M., Trapp, E., Egger, J. W., Domej, W., Schillaci, G., Avian, A., . . . Baulmann, J. (2014). Impact of mental and physical stress on blood pressure and pulse pressure under normobaric versus hypoxic conditions. *PLOS ONE, 9*(5), e89005.

Trauer, J. M., Qian, M. Y., Doyle, J. S., Rajaratnam, S. W., & Cunnington, D. (2015). Cognitive behavioral therapy for chronic insomnia: A systematic review and meta-analysis. *Annals of Internal Medicine, 163*(3), 191–204.

Travers, B. G., Bigler, E. D., Tromp, D. M., Adluru, N., Destiche, D., Samsin, D., . . . Lainhart, J. E. (2015). Brainstem white matter predicts individual differences in manual motor difficulties and symptom severity in autism. *Journal of Autism and Developmental Disorders, 45*(9), 3030–3040.

Travis, C. B., & Meltzer, A. L. (2008). Women's health: Biological and social systems. In F. L. Denmark & M. A. Paludi (Eds.), *Psychology of women: A handbook of issues and theories* (2nd ed., pp. 353–399). Westport, CT: Praeger Publishers.

Travis, C. B., & Meltzer, A. L. (2008). Women's health: Biological and social systems. In F. L. Denmark & M. A. Paludi (Eds.), *Psychology of women: A handbook of issues and theories* (2nd ed., pp. 353–399). Westport, CT: Praeger Publishers.

Traynor, V., Cordato, N., Burns, P., Xu, Y., Britten, N., Duncan, K., . . . McKinnon, C. (2015). Is delirium being detected in emergency? *Australasian Journal on Ageing*. [Electronic publication.]

Treadway, M. T., & Pizzagalli, D. A. (2014). Imaging the pathophysiology of major depressive disorder—from localist models to circuit-based analysis. *Biology of Mood & Anxiety Disorders*, 4(1), 5.

Treffert, D. A. (2014). Savant syndrome: Realities, myths and misconceptions. *Journal of Autism and Developmental Disorders*, 44(3), 564–571.

Trevisan, L. A. (2014, May 9). Elderly alcohol use disorders: Epidemiology, screening, and assessment issues. *Psychiatric Times*.

Triebwasser, J., Chemerinski, E., Roussos, P., & Siever, L. J. (2013). Paranoid personality disorder. *Journal of Personality Disorders*, 27(6), 795–805.

Trifilieff, P., & Martinez, D. (2014). Blunted dopamine release as a biomarker for vulnerability for substance use disorders. *Biological Psychiatry*, 76(1), 4–5.

Tripoli, T. M., Sato, H., Sartori, M. G., de Arauio, F. F., Girao, M. J. B. C., & Schor, E. (2011). Evaluation of quality of life and sexual satisfaction in women suffering from chronic pelvic pain with or without endometriosis. *Journal of Sexual Medicine*, 8(2), 497–503.

True, W. R., & Lyons, M. J. (1999). Genetic risk factors for PTSD: A twin study. In R. Yehuda (Ed.), *Risk factors for posttraumatic stress disorder*. Washington, DC: American Psychiatric Press.

Trull, T. J., & Prinstein, M. (2012). *Clinical psychology*. Independence, KY: Cengage Learning.

Trull, T. J., & Widiger, T. A. (2003). Personality disorders. In G. Stricker, T. A. Widiger, & I. B. Wiener (Eds.), *Handbook of psychology: Clinical psychology*. New York: Wiley.

Tsai, J., Stroup, T. S., & Rosenheck, R. A. (2011). Housing arrangements among a national sample of adults with chronic schizophrenia living in the United States: A descriptive study. *Journal of Community Psychology*, 39(1), 76–88.

Tsai, J. L., Ying, Y. W., & Lee, P. A. (2001). Cultural predictors of self-esteem: A study of Chinese American female and male young adults. *Cultural Diversity & Ethnic Minority Psychology*, 7, 284–297.

Tsang, T. W., Kohn, M. R., Efron, D., Clarke, S. D., Clark, C. R., Lamb, C., & Williams, L. M. (2015). Anxiety in young people with ADHD: Clinical and self-report outcomes. *Journal of Attention Disorders*, 19(1), 18–26.

Tsuang, M., Domschke, K., Jerskey, B. A., & Lyons, M. J. (2004). Agoraphobic behavior and panic attack: A study of male twins. *Journal of Anxiety Disorders*, 18(6), 799–807.

Tsuang, M. T., Bar, J. L., Harley, R. M., & Lyons, M. J. (2001). The Harvard twin study of substance abuse: What we have learned. *Harvard Review of Psychiatry*, 9(6), 267–279.

Tuckey, M. R., & Scott, J. E. (2014). Group critical incident stress debriefing with emergency services personnel: A randomized controlled trial. *Anxiety, Stress, and Coping*, 27(1), 38–54.

Tune, L. E., & DeWitt, M. A. (2011). Delirium. In E. Coffey, J. L. Cummings, M. S. George, & D. Weintraub (Eds.), *The American Psychiatric Publishing textbook of geriatric neuropsychiatry*. Arlington, VA: American Psychiatric Publishing, Inc.

Turchik, J. A., & Hassija, C. M. (2014). Female sexual victimization among college students: Assault severity, health risk behaviors, and sexual functioning. *Journal of Interpersonal Violence*, 29(13), 2439–2457.

Turkat, I. D., Keane, S. P., & Thompson-Pope, S. K. (1990). Social processing errors among paranoid personalities. *Journal of Psychopathology and Behavioral Assessment*, 12(3), 263–269.

Turkle, S. (2012). *Alone together: Why we expect more from technology and less from each other*. New York: Basic Books.

Turkle, S. (2013, December 21). Cited in K. Eisold, Hidden motives: A look at the hidden factors that really drive our social interactions. *Psychology Today*.

Turkle, S. (2013, October 10). "We need to talk": Missed connections with hyperconnectivity. Cited in *NPR*. Retrieved from http://www.npr.org/2013/02/10/171490660.

Turner, B. H., Dixon-Gordon, K. L., Austin, S. B., Rodriguez, M. A., Rosenthal, M. Z., & Chapman, A. L. (2015). Non-suicidal self-injury with and without borderline personality disorder: Differences in self-injury and diagnostic comorbidity. *Psychiatry Research* 230(1), 28–35.

Turner, E. H., Matthews, A. M., Linardatos, E., Tell, R. A., & Rosenthal, R. (2008). Selective publication of antidepressant trials and its influence on apparent efficacy. *New England Journal of Medicine*, 358, 252–260.

Turner, L. J. (2013, October 9). The effect of Medicaid policies on the diagnosis and treatment of children's mental health problems in primary care. *Health Economics*.

Turner, S. M., Beidel, D. C., & Frueh, B. C. (2005). Multicomponent behavioral treatment of chronic combat-related post-traumatic stress disorder: Trauma management therapy. *Behavior Modification*, 29(1), 39–69.

Turney, K. (2011). Chronic and proximate depression among mothers: Implications for child well-being. *Journal of Marriage and Family*, 73(1), 149–163.

Turton, M. D., O'Shea, D., Gunn, I., Beak, S. A., Meeran, E. K., Choi, S. J. . . . Bloom, S. R. (1996, January 4). A role for glucagon-like peptide-1 in the central regulation of feeding. *Nature*, 379, 69–72.

Tusa, A. L., & Burgholzer, J. A. (2013). Came to believe: Spirituality as a mechanism of change in Alcoholics Anonymous: A review of the literature from 1992 to 2012. *Journal of Addictions Nursing*, 24(4), 237–246.

Tyrer, P., Mitchard, S., Methuen, C., & Ranger, M. (2003). Treatment rejecting and treatment seeking personality disorders: Type R and type S. *Journal of Personality Disorders*, 17(3), 263–268.

Tyson, A. S. (2006, December 20). Repeat Iraq tours raise risk of PTSD, Army finds. *Washington Post*. Retrieved from Washington Post website: http://www.washingtonpost.com.

U.S. Bureau of Justice Statistics (BJS). (2011). *Victims*. Retrieved from http://bjs.ojp.usdoj.gov/index.

U.S. Bureau of Labor Statistics (BLS). (2002). Counselors. In *Bureau of Labor Statistics, Occupational outlook handbook* (2004–05 ed.). Washington, DC: Author.

U.S. Bureau of Labor Statistics (BLS). (2002). Social workers. In *Bureau of Labor Statistics, Occupational outlook handbook* (2004–05 ed.). Washington, DC: Author.

U.S. Bureau of Labor Statistics (BLS). (2011). *Occupational Outlook Handbook, 2010-11 Edition, Counselors*. Retrieved from http://www.bls.gov/oco/ocos067.htm.

U.S. Bureau of Labor Statistics (BLS). (2011). *Occupational Outlook Handbook, 2010-11 Edition, Social Workers*. Retrieved from http://www.bls.gov/oco/ocos060.htm.

U.S. Bureau of Labor Statistics (BLS). (2014). *Occupational Outlook Handbook: Mental health counselors and marriage and family therapists*. Retrieved from http://www.bls.gov/ooh/.

U.S. Bureau of Labor Statistics (BLS). (2014). *Occupational Outlook Handbook: Psychologists*. Retrieved from http://www.bls.gov/ooh/.

U.S. Bureau of Labor Statistics (BLS). (2014). *Occupational Outlook Handbook: School and career counselors*. Retrieved from http://www.bls.gov/ooh/.

U.S. Bureau of Labor Statistics (BLS). (2014). *Occupational Outlook Handbook: Social workers*. Retrieved from http://www.bls.gov/ooh/.

U.S. Census Bureau. (2005). *Statistical abstract of the United States, 2006* (125th ed.). Washington, DC: Government Printing Office.

U.S. Census Bureau. (2010). *2010 Census data: Redistricting data*. Retrieved from http://2010.census.gov/2010census/data.

U.S. Census Bureau. (2010). Race and ethnicity. *American FactFinder*. (http://factfinder.census.gov/serviet/ACSSAFFPeople?).

U. S. Census Bureau. (2012). *The 2012 statistical abstract: The National Data Book*. Washington, DC: Author. Retrieved from http://www.census.gov/compendia/statab/.

U.S. Census Bureau. (2014). *Population projections. National population projections*. Retrieved from https://www.census.gov/population/projections/data/national.

U.S. Census Bureau. (2014). *USA QuickFacts: State and County QuickFacts*. Retrieved from http://quickfacts.census.gov/qfd/states/00000.html.

U.S. Department of Agriculture. (2014). Statistics received under Animal Welfare Act. Reported in *Speaking of Research*, 2014: USDA Statistics for Animals Used in Research in 2012.

U.S. Department of Justice. (2008). *Report: Girls study group, 2008*. Washington, DC: Author.

U.S. Department of Justice. (2010). Arrests. *Crime in the United States 2009*. http://www.fbi.gov/ucr/cius2009/arrests/index.html.

U.S. Department of Justice. (2010). National study of jail suicide: 20 years later. Washington, DC: National Institute of Corrections.

U.S. Department of Justice. (2014). *Crime in the United States 2013*. Retrieved from http://www.fbi.gov/about-us/cjis/ucr/crme-in-the-u.s./2013.

Udesky, L. (2014). Stroke and depression. *Health-Day*. Retrieved from Health-Day website: http://consumer.health-day.com/encyclopedia.

Ulrich, R. S. (1984). View from a window may influence recovery from surgery. *Science*, 224, 420–421.

Ungar, W. J., Mirabelli, C., Cousins, M., & Boydell, K. M. (2006). A qualitative analysis of a dyad approach to health-related quality of life measurement in children with asthma. *Social Science & Medicine*, 63(9), 2354–2366.

Unger, J. B., Schwartz, S. J., Huh, J., Soto, D. W., & Baezconde-Garbanati, L. (2014). Acculturation and perceived discrimination: Predictors of substance use trajectories from adolescence to emerging adulthood among Hispanics. *Addictive Behaviors*, 39(9), 1293–1296.

United Nations. (2013). *World population ageing 2013*. Geneva: UN, Department of Economic and Social Affairs, Population Division.

Urben, S., Baier, V., Mantzouranis, G., Pigois, E., Graap, C., Dutot, F., . . . Holzer, L. (2015). Predictors and moderators of clinical outcomes in adolescents with severe mental disorders after an assertive community treatment. *Child Psychiatry & Human Development*. [Electronic publication.]

Urcuyo, K. R., Boyers, A. E., Carver, C. S., & Antoni, M. H. (2005). Finding benefit in breast cancer: Relations with personality, coping, and concurrent well-being. *Psychology and Health, 20*(2), 175–192.

Uroševec´, S., Collins, P., Muetzel, R., Schissel, A., Lim, K. O., & Luciana, M. (2015). Effects of reward sensitivity and regional brain volumes on substance use initiation in adolescence. *Social Cognitive and Affective Neuroscience, 10*(1), 106–113.

Ursano, R. J., Boydstun, J. A., & Wheatley, R. D. (1981). Psychiatric illness in U.S. Air Force Vietnam prisoners of war: A five-year follow-up. *American Journal of Psychiatry, 138*(3), 310–314.

Ursano, R. J., McCarroll, J. E., & Fullerton, C. S. (2003). Traumatic death in terrorism and disasters: The effects of posttraumatic stress and behavior. In R. J. Ursano, C. S. Fullerton, & A. E. Norwood (Eds.), *Terrorism and disaster: Individual and community mental health interventions* (pp. 308–332). New York: Cambridge University Press.

USGS (U.S. Geological Survey). (2011, April 14). *Earthquakes with 1000 or more deaths since 1900.* Retrieved from http://earthquake/usgs/gov/earthquakes/world/world_deaths.php.

Vahia, V. N., & Vahia, I. V. (2008). Schizophrenia in developing countries. In K. T. Mueser & D. V. Jeste (Eds.), *Clinical handbook of schizophrenia* (pp. 549–555). New York: Guilford Press.

Valbak, K. (2001). Good outcome for bulimic patients in long-term group analysis: A single-group study. *European Eating Disorders Review, 9*(1), 19–32.

Valencia, M., Fresan, A., Juárez, F., Escamilla, R., & Saracco, R. (2013). The beneficial effects of combining pharmacological and psychosocial treatment on remission and functional outcome in outpatients with schizophrenia. *Journal of Psychiatric Research, 47*(12), 1886–1892.

Valenstein, E. S. (1986). *Great and desperate cures.* New York: Basic Books.

Vall, E., & Wade, T. D. (2015). Predictors of treatment outcome in individuals with eating disorders: A systematic review and meta-analysis. *International Journal of Eating Disorders.* [Electronic publication.]

van der Kruijs, S. M., Bodde, N. G., Carrette, E., Lazeron, R. C., Vonck, K. J., Boon, P. M., . . . Aldenkamp, A. P. (2014). Neurophysiological correlates of dissociative symptoms. *Journal of Neurology, Neurosurgery, & Psychiatry, 85*(2), 174–179.

van Deurzen, E. (2012). *Existential counseling and psychotherapy in practice.* Los Angeles, CA: Sage Publications.

van Duijl, M., Nijenhuis, E., Komproe, I. H., Gernaat, H. B. P. E., & de Jong, I. T. (2010). Dissociative symptoms and reported trauma among patients with spirit possession and matched healthy controls in Uganda. *Culture, Medicine and Psychiatry, 34*(2), 380–400.

Van Durme, K., Goossens, L., & Braet, C. (2012). Adolescent aesthetic athletes: A group at risk for eating pathology? *Eating Behaviors, 13*(2), 119–122.

van Geel, M., Vedder, P., & Tanilon, J. (2014). Relationship between peer victimization, cyberbullying, and suicide in children and adolescents: A meta-analysis. *JAMA Pediatrics, 168*(5), 435–442.

Van Orden, K. A., Witte, T. K., Selby, E. A., Bender, T. W., & Joiner, T. E., Jr. (2008). Suicidal behavior in youth. In J. R. Z. Abela & B. L. Hankin (Eds.), *Handbook of depression in children and adolescents.* New York: Guilford Press.

Van Praag, H. M. (2011). Commentary 4A on "Religious and spiritual issues in anxiety and adjustment disorders": A new psychiatric frontier? In J. R. Peteet, F. G. Lu, & W. E. Narrow (Eds.), *Religious and spiritual issues in psychiatric diagnosis: A research agenda for DSM-V* (pp. 97–99). Washington, DC: American Psychiatric Association.

van Son, G. E., van Koeken, D., van Furth, E. F., Donker, G. A., & Hoek, H. W. (2010). Course and outcome of eating disorders in a primary care-based cohort. *International Journal of Eating Disorders, 43*(2), 130–138.

Van Vonderen, K. E., & Kinnally, W. (2012). Media effects on body image: Examining media exposure in the broader context of internal and other social factors. *American Communication Journal, 14*(2), 41–57.

Vaz, S., Parsons, R., Passmore, A. E., Andreou, P., & Falkmer, T. (2013). Internal consistency, test-retest reliability and measurement error of the self-report version of the social skills rating system in a sample of Australian adolescents. *PLOS ONE, 8*(9), e73924.

Veale, D., & Bewley, A. (2015). Body Dysmorphic disorder. *BMJ (Clinical Research Ed.), 240,* h2278.

Veiga-Martínez, C., Perez-Alvarez, M., & Garcia-Montes, J. M. (2008). Acceptance and commitment therapy applied to treatment of auditory hallucinations. *Clinical Case Studies, 7,* 118–135.

Vela, R. M., Glod, C. A., Rivinus, T. M., & Johnson, R. (2011). Antidepressant treatment of pediatric depression. In D. A. Ciraulo & R. I. Shader, *Pharmacotherapy for depression* (2nd ed., pp. 355–374). New York: Springer Science + Business Media.

Verdeli, H. (2014). Interpersonal psychotherapy. In D. Wedding & R. J. Corsini (Eds.), *Current psychotherapies* (10th ed., pp. 339–372). Independence, KY: Cengage Publications.

Vetter, H. J. (1969). *Language behavior and psychopathology.* Chicago: Rand McNally.

Via, E., Cardoner, N., Pujol, J., Alonso, P., López-Sola, M., Real, E., . . . Harrison, B. (2014). Amygdala activation and symptom dimensions in obsessive-compulsive disorder. *British Journal of Psychiatry, 204*(1), 61–68.

Vialou, V., Bagot, R. C., Cahill, M. E., Ferguson, D., Robison, A. J., Dietz, D. M., . . . Nestler, E. J. (2014). Prefrontal cortical circuit for depression- and anxiety-related behaviors mediated by cholecystokinin: Role of DFosB. *The Journal of Neuroscience, 34*(11), 3878–3887.

Vickrey, B. G., Samuels, M. A., & Ropper, A. H. (2010). How neurologists think: A cognitive psychology perspective on missed diagnoses. *Annals of Neurology, 67*(4), 425–433.

Victor, S. E., & Klonsky, E. D. (2014). Correlates of suicide attempts among self-injurers: A meta-analysis. *Clinical Psychology Review, 34*(4), 282–297.

Vierck, E., & Silverman, J. M. (2011). Family studies of autism. In E. Hollander, A. Kolevzon, & J. T. Coyle (Eds.), *Textbook of autism spectrum disorders* (pp. 299–312). Arlington, VA: American Psychiatric Publishing, Inc.

Vitaro, F., Hartl, A. C., Brendgen, M., Laursen, B., Dionne, G., & Boivin, M. (2014). Genetic and environmental influences on

gambling and substance use in early adolescence. *Behavior Genetics, 44*(4), 347–355.

Vitelli, R. (2013). Can social media spread epidemics? *Psychology Today.* Retrieved from Psychology Today website: http://www.psychologytoday.com/blog/media-spotlight/201309/cann-social-media-spread-epidemics.

Voelker, R. (2010). Memories of Katrina continue to hinder mental health recovery in New Orleans. *Journal of the American Medical Association, 304*(8), 841–843.

Vogt, D. S., Dutra, L., Reardon, A., Zisserson, R., & Miller, M. W. (2011). Assessment of trauma, posttraumatic stress disorder, and related mental health outcomes. In J. I. Ruzek, P. P. Schnurr, J. J. Vasterling, & M. J. Friedman (Eds.), *Caring for veterans with deployment-related stress disorders* (pp. 59–85). Washington, DC: American Psychological Association.

Volavka, J. (2013). Violence in schizophrenia and bipolar disorder. *Psychiatria Danubina, 25*(1), 24–33.

Volfson, E., & Oslin, D. (2011). Addiction. In C. E. Coffey, J. L. Cummings, M. S. George, & D. Weintraub (Eds.), *The American Psychiatric Publishing textbook of geriatric neuropsychiatry.* Arlington, VA: American Psychiatric Publishing, Inc.

Volkert, J., Schulz, H., Härter, M., Wlodarczyk, O., & Andreas, S. (2013). The prevalence of mental disorders in older people in Western countries: A meta-analysis. *Ageing Research Reviews, 12,* 339–353.

Volkow, N. D., Fowler, J. S., & Wang, G. J. (2002). Role of dopamine in drug reinforcement and addiction in humans: Results from imaging studies. *Behavioral Pharmacology, 13,* 355–366.

Volkow, N. D., Fowler, J. S., & Wang, G. J. (2004). The addicted human brain viewed in the light of imaging studies: Brain circuits and treatment strategies. *Neuropharmacology, 47*(Suppl. 1), 3–13.

Volkow, N. D., Fowler, J. S., Wang, G. J., & Swanson, J. M. (2004). Dopamine in drug abuse and addiction: Results from imaging studies and treatment implications. *Molecular Psychiatry, 9*(6), 557–569.

Vos, J., Craig, M., & Cooper, M. (2015). Existential therapies: A meta-analysis of their effects on psychological outcomes. *Journal of Consulting and Clinical Psychology, 83*(1), 115–128.

Waddington, J. L., O'Tuathaigh, C. M. P., & Remington, G. J. (2011). Pharmacology and neuroscience of antipsychotic drugs. In D. R. Weinberg & P. Harrison (Eds.), *Schizophrenia* (pp. 483–514). Hoboken, NJ: Wiley-Blackwell.

Wade, T. D., & Tiggemann, M. (2013). The role of perfectionism in body dissatisfaction. *Journal of Eating Disorders, 1,* 2.

Wade, T. D., & Watson, H. J. (2012). Psychotherapies in eating disorders. In J. Alexander & J. Treasure (Eds.), *A collaborative approach to eating disorders* (pp. 125–135). New York: Taylor & Francis.

Wain, H., Kneebone, I. I., & Cropley, M., (2011). Attributional intervention for depression in two people with multiple sclerosis (MS): Single case design. *Behavioural and Cognitive Psychotherapy, 39*(1), 115–121.

Waisbren, S. E. (2011). Phenylketonuria. In S. Goldstein & C. R. Reynolds (Eds.), *Handbook of neurodevelopmental and genetic disorders in children* (2nd ed., pp. 398–424) New York: Guilford Press.

Wakefield, A. J., Murch, S. H., Anthony, A., Linnell, J., Casson, D. M., Malik, M., . . . Walker-Smith, J. A. (1998). Retracted: Il-eal-lymphoid-nodular hyperplasia, non-specific colitis, and pervasive developmental disorder in children. *The Lancet, 351*(9103), 637–641.

Wakefield, J. C. (2015). DSM-5, psychiatric epidemiology and the false positives problem. *Epidemiology and Psychiatric Sciences, 24*(3), 188–196.

Wakefield, J. C., & Horwitz, A. V. (2010). Normal reactions to adversity or symptoms of disorder? In G. M. Rosen & B. C. Frueh (Eds.), *Clinician's guide to post-traumatic stress disorder* (pp. 33–49). Hoboken, NJ: John Wiley & Sons.

Wallace, G. L., White, S. F., Robustelli, B., Sinclair, S., Hwang, S., Martin, A., & Blair, R. J. (2014). Cortical and subcortical abnormalities in youths with conduct disorder and elevated callous-unemotional traits. *Journal of the American Academy of Child and Adolescent Psychiatry, 53*(4), 456–465.

Waller, G., Gray, E., Hinrichsen, H., Mountford, V., Lawson, R., & Patient, E. (2014). Cognitive-behavioral therapy for bulimia nervosa and atypical bulimic nervosa: Effectiveness in clinical settings. *International Journal of Eating Disorders, 47*(1), 13–17.

Waller, S. (Ed.). (2010). *Serial killers: Being and killing. Philosophy for everyone.* Hoboken, NJ: Wiley-Blackwell.

Walsh, K., Resnick, H. S., Danielson, C. K., McCauley, J. L., Saunders, B. E., & Kilpatrick, D. G. (2014). Patterns of drug and alcohol use associated with lifetime sexual revictimization and current posttraumatic stress disorder among three national samples of adolescent, college, and household–residing women. *Addictive Behaviors, 39*(3), 684–689.

Walters, G. D. (2002). The heritability of alcohol abuse and dependence: A meta-analysis of behavior genetic research. *American Journal of Drug and Alcohol Abuse, 28*(3), 557–584.

Wambeam, R. A., Canen, E. L., Linkenbach, J., & Otto, J. (2014). Youth misperceptions of peer substance use norms: A hidden risk factor in state and community prevention. *Prevention Science, 15*(1), 75–84.

Wang, J., Korczykowski, M., Rao, H., Fan, Y., Pluta, J., Gur, R. C., . . . Detre, J. A. (2007). Gender difference in neural response to psychological stress. *Social Cognitive and Affective Neuroscience, 2*(3), 227–239.

Wang, L., Liu, L., Shi, S., Gao, J., Liu, Y., Li, Y., . . . Kendler, K. S. (2013). Cognitive trio: Relationship with major depression and clinical predictors in Han Chinese women. *Psychological Medicine, 43*(11), 2265–2275.

Wang, M., & Jiang, G-R. (2007). Psychopathological mechanisms and clinical assessment of dissociative identity disorder. *Chinese Journal of Clinical Psychology, 15*(4), 426–429.

Wang, P. S., Berglund, P., Olfson, M., Pincus, A., Wells, K. B., & Kessler, R. C. (2005). Failure and delay in initial treatment contact after first onset of mental disorders in the National Comorbidity Survey Replication. *Archives of General Psychiatry, 62,* 603–613.

Wang, P. S., Lane, M., Olfson, M., Pincus, H. A., Wells, K. B., & Kessler, R. C. (2005). Twelve-month use of mental health services in the United States. *Archives of General Psychiatry, 62,* 629–640.

Wang, S. S. (2007, September 25). Depression care: The business case. *Wall Street Journal Online.* Retrieved from Wall Street Journal Online website: http://blogs.wsj.com/health.

Wang, S. S. (2007, December 4). The graying of shock therapy. *Wall Street Journal Online.* Retrieved from Wall Street Journal Online website: http://online.wsg.com/public/article_print/SB119673737406312767.html.

Wang, Y., & Gorenstein, C. (2013). Psychometric properties of the Beck Depression Inventory-II: A comprehensive review. *Revista Brasileira De Psiquiatria, 35*(4), 416–431.

Wang, Y., Katzmarzyk, P. T., Horswell, R., Zhao, W., Li, W., Johnson, J., . . . Hu, G. (2014). Racial disparities in cardiovascular risk factor control in an underinsured population with Type 2 diabetes. *Diabetic Medicine, 31*(10), 1230–1236.

Washburn, I. J., Capaldi, D. M., Kim, H. K., & Feingold, A. (2014). Alcohol and marijuana use in early adulthood for at-risk men: Time-varying associations with peer and partner substance use. *Drug and Alcohol Dependence, 140,* 112–117.

Washton, A. M., & Zweben, J. (2008). Treating alcohol and drug problems in psychotherapy practice: Doing what works. New York: Guilford Press.

Watkins, E. R., & Nolen-Hoeksema, S. (2014). A habit-goal framework of depressive rumination. *Journal of Abnormal Psychology, 123*(1), 24–34.

Watson, D. (2012). Objective tests as instruments of psychological theory and research. In H. Cooper, P. M. Camic, D. L. Long, A. T. Panter, D. Rindskopf, & K. J. Sher (Eds.), *APA handbook of research methods in psychology. Vol. 1: Foundations, planning, measures, and psychometrics* (pp. 349–369). Washington, DC: American Psychological Association.

Watson, J. B., & Rayner, R. (1920). Conditioned emotional reaction. *Journal of Experimental Psychology, 3,* 1–14.

Watson, J. C., Goldman, R. N., & Greenberg, L. S. (2011). Humanistic and experiential theories of psychotherapy. In J. C. Norcross, G. R. VandenBos, & D. K. Freedheim (Eds.), *History of psychotherapy: Continuity and change* (2nd ed., pp. 141–172). Washington, DC: American Psychological Association.

Watson, P. J., & Shalev, A. Y. (2005). Assessment and treatment of adult acute responses to traumatic stress following mass traumatic events. *CNS Spectrums, 10*(2), 123–131.

Watson, T. S., Watson, T. S., & Ret, J. (2008). Learning, motor, and communication disorders. In D. Reitman (Ed.), *Handbook of psychological assessment, case conceptualization, and treatment, Vol. 2: Children and adolescents.* Hoboken, NJ: John Wiley & Sons.

Watt, T. T. (2002). Marital and cohabiting relationships of adult children of alcoholics: Evidence from the National Survey of Family and Households. *Journal of Family Issues, 23*(2), 246–265.

Waugh, J. L. (2013). Acute dyskinetic reaction in a healthy toddler following methylphenidate ingestion. *Pediatric Neurology, 49*(1), 58–60.

Weaver, M. F., & Schnoll, S. H. (2008). Hallucinogens and club drugs. In H. D. Kleber & M. Galanter (Eds.), *The American Psychiatric Publishing textbook of substance abuse treatment* (4th ed., pp. 191–200). Arlington, VA: American Psychiatric Publishing.

Weber, T., & Ornstein, C. (2013). Half of drug company payoffs go to one "specialty"—psychiatry. *ProPublica.* Retrieved from ProPublica website: http://www. psychsearch.net.

Webster-Stratton, C., & Reid, M. J. (2010). The Incredible Years parents, teachers, and children training series: A multifaceted treatment approach for young children with conduct disorders. In J. R. Weisz & A. E. Kazdin (Eds.), *Evidence-based psychotherapies for children and adolescents* (2nd ed., pp. 194–210). New York: Guilford Press.

Wechsler, H., Davenport, A., Dowdall, G., Moeykens, B., & Castillo, S. (1994). Health and behavioral consequences of binge drinking in college. *Journal of the American Medical Association, 272*(21), 1672–1677.

Wechsler, H., Lee, J. E., Kuo, M., Seibring, M., Nelson, T. F., & Lee, H. (2002). Trends in alcohol use, related problems and experience of prevention efforts among US college students 1993 to 2001: Results from the 2001 Harvard School of Public Health College Alcohol Study. *Journal of American College Health, 50,* 203–217.

Wechsler, H., & Nelson, T. F. (2008). What we have learned from the Harvard School of Public Health College Alcohol Study: Focusing attention on college student alcohol consumption and the environmental conditions that promote it. *Journal of Studies on Alcohol and Drugs, 69,* 481–490.

Wechsler, H., Seibring, M., Liu, I. C., & Ahl, M. (2004). Colleges respond to student binge drinking: Reducing student demand or limiting access. *Journal of American College Health, 52*(4), 159–168.

Weck, F., Neng, J. B., Richtberg, S., Jakob, M., & Stangier, U. (2015). Cognitive therapy versus exposure therapy for hypochondriasis (health anxiety): A randomized controlled trial. *Journal of Consulting and Clinical Psychology, 83*(4), 665–676.

Wedding, D., & Corsini, R. J. (2014). *Current psychotherapies* (10th ed.). Independence, KY: Cengage Publishing.

Weeks, D., & James, J. (1995). *Eccentrics: A study of sanity and strangeness.* New York: Villard.

Wei, Y., Szumilas, M., & Kutcheer, S. (2010). Effectiveness on mental health of psychological debriefing for crisis intervention in schools. *Educational Psychology Review, 22*(3), 339–347.

Weichman, J. (2014, February 4). Cited in L. Kaufman, In texting era, crisis hotlines put help at youths' fingertips. *New York Times.*

Weinberger, J. (2014, August 11). Common factors are not so common and specific factors are not so specified: Toward an inclusive integration of psychotherapy research. *Psychotherapy* (Chicago), 51(4), 514–518.

Weiner, R. (2014, September 13). Colleges ramp up efforts to prevent sex assaults. *USA Today.* Retrieved from USA Today website: http://www. usatoday.com/story/news/nation/2014/09/13/.

Weinshenker, N. (2014). *Teenagers and body image: What's typical and what's not?* New York: NYU Child Study Center. Retrieved from NYU website: http://www.education.com.

Weinstein, Y., & Shanks, D. R. (2010). Rapid induction of false memory for pictures. *Memory, 18*(5), 533–542.

Weishaar, M. E., & Beck, A. T. (2006). Cognitive theory of personality and personality disorders. In S. Strack (Ed.), *Differentiating normal and abnormal personality* (2nd ed., pp. 113–135). New York: Springer Publishing Co.

Weiss, D. E. (1991). *The great divide.* New York: Poseidon Press/Simon & Schuster.

Weiss, F. (2011). Alcohol self-administration. In M. C. Olmstead (Ed.), *Animal models of drug addiction. Springer protocols: Neuromethods* (pp. 133–165). Totowa, NJ: Humana Press.

Weissman, M. M., Livingston, B. M., Leaf, P. J., Florio, L. P., & Holzer, C., III. (1991). Affective disorders. In L. N. Robins & D. A. Regier (Eds.), *Psychiatric disorders in America: The*

Epidemiologic Catchment Area Study. New York: Free Press.

Weissman, S. W. (2000). America's psychiatric work force. *Psychiatric Times, 17*(11).

Wells, A. (2005). The metacognitive model of GAD: Assessment of meta-worry and relationship with DSM-IV generalized anxiety disorder. *Cognitive Therapy and Research, 29*(1), 107–121.

Wells, A. (2010). Metacognitive therapy: Application to generalized anxiety disorder. In D. Sookman & R. L. Leahy (Eds.), *Treatment resistant anxiety disorders: Resolving impasses to symptom remission* (pp. 1–29). New York: Routledge/Taylor & Francis Group.

Wells, A. (2011). Metacognitive therapy. In J. D. Herbert & E. M. Forman (Eds.), *Acceptance and mindfulness in cognitive behavior therapy: Understanding and applying the new therapies* (pp. 83–108). Hoboken, NJ: John Wiley & Sons Inc.

Wells, A. (2014). *Cognitive therapy of anxiety disorders: A practical guide* (2nd ed.). Hoboken, NJ: Wiley-Blackwell.

Wells, G. L. (2008). Field experiments on eyewitness identification: Towards a better understanding of pitfalls and prospects. *Law and Human Behavior, 32*(1), 6–10.

Wells, G. L., Steblay, N. K., & Dysart, J. E. (2011). *A test of the simultaneous vs. sequential lineup methods: An initial report of the AJS National Eyewitness Identification Field Studies.* Des Moines, Iowa: American Judicature Society.

Wells, G. L., Steblay, N. K., & Dysart, J. E. (2015). Double-blind photo lineups using actual eyewitnesses: An experimental test of a sequential versus simultaneous lineup procedure. *Law and Human Behavior, 39*(1), 1–14.

Welsh, C. J., & Liberto, J. (2001). The use of medication for relapse prevention in substance dependence disorders. *Journal of Psychiatric Practice, 7*(1), 15–31.

Werth, J. L., Jr. (2001). Policy and psychosocial considerations associated with non-physician assisted suicide: A commentary on Ogden. *International Journal of Eating Disorders, 25*(5), 403–411.

Werth, J. L., Jr. (2004). The relationships among clinical depression, suicide, and other actions that may hasten death. *Behavioral Sciences & the Law, 22*(5), 627–649.

Wertheimer, A. (2001). *A special scar: The experiences of people bereaved by suicide* (2nd ed.). East Sussex, England: Brunner-Routledge.

Wesner, A. C., Gomes, J. B., Detzel, T., Guimarães, L. P., & Heidt, E. (2015). Booster sessions after cognitive-behavioural group therapy for panic disorder: Impact on resilience, coping, and quality of life. *Behavioural and Cognitive Psychotherapy, 43*(5), 513–525.

Westen, D., Betan, E., & Defife, J. A. (2011). Identity disturbance in adolescence: Associations with borderline personality disorder. *Development and Psychopathology, 23*(1), 305–313.

Westermeyer, J. (1993). Substance use disorders among young minority refugees: Common themes in a clinical sample. *NIDA Research Monograph 130,* 308–320.

Westermeyer, J. (2001). Alcoholism and comorbid psychiatric disorders among American Indians. *American Indian and Alaska Native Mental Health Research, 10,* 27–51.

Westermeyer, J. (2004). Acculturation: Advances in theory, measurement, and applied research. *Journal of Nervous and Mental Disease, 192*(5), 391–392.

Westheimer, R. K., & Lopater, S. (2005). *Human sexuality: A psychosocial perspective* (2nd ed.). Baltimore, MD: Lippincott Williams & Wilkins.

Weyandt, L. L., Oster, D. R., Marraccini, M. E, Gundmundsdottir, B. G., Munro, B. A., Zavras, B. M., & Kuhar, B. (2014). Pharmacological interventions for adolescents and adults with ADHD: Stimulant and nonstimulant medications and misuse of prescription stimulants. *Psychology Research and Behavior Management, 7,* 223–249.

Weyandt, L. L., Verdi, G., & Swentosky, A. (2011). Oppositional, conduct, and aggressive disorders. In S. Goldstein, & C. R. Reynolds (Eds.), *Handbook of neurodevelopmental and genetic disorders in children* (2nd ed., pp. 151–170) New York: Guilford Press.

Wheeler, B. W., Gunnell, D., Metcalfe, C., Stephens, P., & Martin, R. M. (2008). The population impact on incidence of suicide and non-fatal self harm of regulatory action against the use of selective serotonin reuptake inhibitors in under 18s in the United Kingdom: Ecological study. *British Medical Journal, 336*(7643), 542.

Whiffen, V. E., & Demidenko, N. (2006). Mood disturbance across the life span. In J. Worell & C. D. Goodheart (Eds.), *Handbook of girls' and women's psychological health* (pp. 51–59). New York: Oxford University Press.

Whitaker, R. (2002). *Mad in America: Bad science, bad medicine, and the enduring mistreatment of the mentally ill.* Cambridge, MA: Perseus.

Whitaker, R. (2010). *Anatomy of an epidemic: Magic bullets, psychiatric drugs, and the astonishing rise of mental illness in America.* Norwalk, CT: Crown House Publishing Limited.

White, M. P., Alcock, I., Wheeler, B. W., & Depledge, M. H. (2013). Would you be happier living in a greener urban area? A fixed-effects analysis of panel data. *Psychological Science, 24*(6), 920–928.

White, P. (2009, July 31). Rorschach and Wikipedia: The battle of the inkblots. *The Globe and Mail.*

White House Task Force. (2014 April). *Not alone: The first report of the White House Task Force to protect students from sexual assault.* Washington, DC: The White House.

Whitney, S. D., Renner, L. M., Pate, C. M., & Jacobs, K. A. (2011). Principals' perceptions of benefits and barriers to school-based suicide prevention programs. *Children and Youth Services Review, 33*(6), 869–877.

Whitten, L. (2010). Marijuana linked with testicular cancer. *NIDA Notes, 23*(3).

Whitton, A., Henry, J., & Grisham, J. (2014). Moral rigidity in obsessive-compulsive disorder: Do abnormalities in inhibitory control, cognitive flexibility and disgust play a role? *Journal of Behavior Therapy and Experimental Psychiatry, 45*(1), 152–159.

WHO (World Health Organization). (2011). *Suicide rates per 100,000 by country, year and sex* (Table). Retrieved from http://www.who.int/mental_health/prevention/suicide_rates/en/.

WHO (World Health Organization). (2012). *10 facts on ageing and the life course.* Retrieved from http://www.who.int/features/factfiles/.

WHO (World Health Organization). (2012). *About ageing and life course.* Retrieved from http://www.who.int/ageing/about/ageing_life_course/en/.

WHO (World Health Organization). (2012). *Depression.* Fact Sheet no. 369. Retrieved from http://www.who.int/mediacentre/factsheets/fs369/en/.

WHO (World Health Organization). (2013). *Asthma.* Fact sheet 307. Retrieved from http://www.who.int/mediacentre/factsheets/fs307/en/.

WHO (World Health Organization). (2014). 7. *Addiction to nicotine.* Retrieved from http:www.who.int/tobacco/publications/gender/women_tob_epidemic/en/.

WHO (World Health Organization). (2014). *Gender and women's mental health.* Retrieved from http://www.who.int/mental–health/prevention/genderwomen/en/.

WHO (World Health Organization). (2014). *Tobacco.* (Fact Sheet 339). Retrieved from http://www.who.int/mediacentre/factsheets/fs339/en/.

Wiebking, C., & Northoff, G. (2013). Neuro-imaging in pedophilia. *Current Psychiatry Reports, 15*(4), 351.

Wiederman, M. W. (2001). "Don't look now": The role of self-focus in sexual dysfunction. *Family Journal: Counseling and Therapy for Couples and Families, 9*(2), 210–214.

Wierckx, K., Van Caenegem, E., Schreiner, T., Haraldsen, I., Fisher, A., Toye, K., . . . T'Sjoen, G. (2014). Cross-sex hormone therapy in trans persons is safe and effective at short-time follow-up: Results from the European network for the investigation of gender incongruence. *Journal of Sexual Medicine, 11*(8), 1999–2011.

Wiklund, G., Ruchkin, V. V., Koposov, R. A., & Af Klinteberg, B. (2014). Pro-bullying attitudes among incarcerated juvenile delinquents: Antisocial behavior, psychopathic tendencies and violent crime. *International Journal of Law and Psychiatry, 37*(3), 281–288.

Wilens, T. E., Yule, A., Martelon, M., Zulauf, C., & Faraone, S. V. (2014). Parental history of substance use disorders (SUD) and SUD in offspring: A controlled family study of bipolar disorder. *American Journal on Addictions, 23*(5), 440–446.

Wiley-Exley, E. (2007). Evaluations of community mental health care in low- and middle-income countries: A 10-year review of the literature. *Social Science & Medicine, 64*(6), 1231–1241.

Wilkes, T. C. R., & Nixon, M. K. (2015). Pharmacological treatment of children and adolescent disruptive behaviour disorders: Between the Scylla and Charybdis, what do the data say? *Canadian Journal of Psychiatry, 60*(2), 39–41.

Wilkinson, P., & Goodyer, I. (2011). Nonsuicidal self-injury. *European Child & Adolescent Psychiatry, 20*(2), 103–108.

Wilkinson, P., & Soares, I. (2014, February 18). Neknominate: "Lethal" drinking game sweeps social media. *CNN online.*

Wilkinson, T. (2011, January 12). Haiti still mired in post-quake problems. *Los Angeles Times.*

Williams, A. D., Grisham, J. R., Erskine, A., & Cassedy, E. (2012). Deficits in emotion regulation associated with pathological gambling. *British Journal of Clinical Psychology, 51*(2), 223–238.

Williams, C. L., & Butcher, J. N. (2011). *A beginner's guide to the MMPI-A.* Washington, DC: American Psychological Association.

Williams, P. (2010). Psychotherapeutic treatment of Cluster A personality disorders. In J. F. Clarkin, P. Fonagy, & G. O. Gabbard (Eds.), *Psychodynamic psychotherapy for personality disorders: A clinical handbook.* Arlington, VA: American Psychiatric Publishing, Inc.

Williams, P. G., Smith, T. W., Gunn, H. E., & Uchino, B. N. (2011). Personality and stress: Individual differences in exposure, reactivity, recovery, and restoration. In R. J. Contrada & A. Baum (Eds.), *The handbook of stress science: Biology, psychology, and health* (pp. 231–245). New York: Springer Publishing.

Williams, S., & Reid, M. (2010). Understanding the experience of ambivalence in anorexia nervosa: The maintainer's perspective. *Psychology & Health, 25*(5), 551–567.

Williams, T. M. (2008). *Black pain: It just looks like we're not hurting.* New York: Scribner.

Williams, W., Kunik, M. E., Springer, J., & Graham, D. P. (2013). Can personality traits predict the future development of heart disease in hospitalized psychiatric veterans? *Journal of Psychiatric Practice, 19*(6), 477–489.

Willick, M. S. (2001). Psychoanalysis and schizophrenia: A cautionary tale. *Journal of the American Psychoanalytical Association, 49*(1), 27–56.

Wills, T. A., & Ainette, M. G. (2010). Temperament, self-control, and adolescent substance use: A two-factor model of etiological processes. In L. Scheier (Ed.), *Handbook of drug use etiology: Theory, methods, and empirical findings* (pp. 127–146). Washington, DC: American Psychological Association.

Wilson, G. T. (2005). Psychological treatment of eating disorders. *Annual Review of Clinical Psychology, 1*(1), 439–465.

Wilson, G. T. (2010). Cognitive behavioral therapy for eating disorders. In W. S. Agras (Ed.), *The Oxford handbook of eating disorders. Oxford library of psychology* (pp. 331–347). New York: Oxford University Press.

Wilson, G. T. (2010). What treatment research is needed for bulimia nervosa? In C. M. Grilo & J. E. Mitchell (Eds.), *The treatment of eating disorders: A clinical handbook* (pp. 544–553). New York: Guilford Press.

Wilson, K. R., Jordan, J. A., Kras, A. M., Tavkar, P., Bruhn, S., Asawa, L. E., . . . Trask, E. (2010). Adolescent measures: practitioner's guide to empirically based measure of social skills. In D. W. Nangle, D. J. Hansen, C. A. Erdley, & P. J. Norton (Eds.), *Practitioner's guide to empirically based measures of social skills* (pp. 327–381). New York: Springer Publishing.

Wilson, R. S., Scherr, P. A., Schneider, J. A., Tang, Y., & Bennett, D. A. (2007). Relation of cognitive activity to risk of developing Alzheimer disease. *Neurology, 69*(20), 1911–1920.

Wilson, R. S., Segawa, E., Boyle, P. A., & Bennett, D. A. (2012). Influence of late-life cognitive activity on cognitive health. *Neurology, 78*(15), 1123–1129.

Wincze, J. P., Bach, A. K., & Barlow, D. H. (2008). Sexual dysfunction. In D. H. Barlow (Ed.), *Clinical handbook of psychological disorders: A step-by-step treatment manual* (4th ed.). New York: Guilford Press.

Winick, B. J. (2008). A therapeutic jurisprudence approach to dealing with coercion in the mental health system. *Psychiatric and Psychological Law, 15*(1), 25–39.

Winslade, W. J., & Ross, J. (1983). *The insanity plea.* New York: Scribner's.

Winstock, A. R., Lintzeris, N., & Lea, T. (2011). "Should I stay or should I go?" Coming off methadone and buprenorphine treatment. *International Journal of Drug Policy, 22*(1), 77–81.

Winter, E. C., & Bienvenu, O. J. (2011). Temperament and anxiety disorders. In D. McKay & E. A. Storch (Eds.), *Handbook of child and adolescent anxiety disorders* (pp. 203–212). New York: Springer Science & Business Media.

Wise, J. (2014). Community based treatment for schizophrenia is effective in low income countries. *British Medical Journal, 348,* g1984.

Wise, R. A., Sartori, G., Magnussen, S., & Safer, M. A. (2014). An examination of the causes and solutions to eyewitness error. *Frontiers in Psychiatry, 5,* 102.

Wiste, A., Robinson, E. B., Milaneschi, Y., Meier, S., Ripke, S., Clements, C. C., . . . Perlis, R. H. (2014). Bipolar polygenic loading and bipolar spectrum features in major depressive disorder. *Bipolar Disorders, 16*(6), 608–616.

Witherow, M. P., Chandraiah, S., Seals, S. R., & Bugan, A. (2015). Relational intimacy and sexual frequency: A correlation or a cause? A clinical study of heterosexual married women. *Journal of Sex & Marital Therapy,* 1-10. [Electronic publication.]

Witkiewitz, K. A., & Marlatt, G. A. (2004). Relapse prevention for alcohol and drug problems: That was zen, this is tao. *American Psychologist, 59*(4), 224–235.

Witkiewitz, K. A., & Marlatt, G. A. (Eds.). (2007). *Therapist's guide to evidence-based relapse prevention.* San Diego, CA: Elsevier.

Wittayanukorn, S., Qian, J., & Hansen, R. A. (2014). Prevalence of depressive symptoms and predictors of treatment among U.S. adults from 2005 to 2010. *General Hospital Psychiatry, 36*(3), 330–336.

Witthöft, M., & Hiller, W. (2010). Psychological approaches to origins and treatments of somatoform disorders. *Annual Review of Clinical Psychology, 6,* 257–283.

Wohltmann, J. (2013). *Should grandma join Facebook?* Presentation at International Neuropsychological Society Annual Meeting. Hawaii.

Wolberg, L. R. (1967). *The technique of psychotherapy.* New York: Grune & Stratton.

Wolberg, L. R. (2005). *The technique of psychotherapy.* Lanham, MD: Jason Aronson.

Wolf, M. R., & Nochajski, T. H. (2013). Child sexual abuse survivors with dissociative amnesia: What's the difference? *Journal of Child Sexual Abuse, 22*(4), 462–480.

Wolff, S. (1991). Schizoid personality in childhood and adult life I: The vagaries of diagnostic labeling. *British Journal of Psychiatry, 159,* 615–620.

Wolff, S. (2000). Schizoid personality in childhood and Asperger syndrome. In S. S. Sparrow, A. Klin, & F. R. Volkmar (Eds.), *Asperger syndrome* (pp. 278–305). New York: Guilford Press.

Wolitzky, D. L. (2011). Psychoanalytic theories of psychotherapy. In J. C. Norcross, G. R. VandenBos, & D. K. Freedheim (Eds.), *History of psychotherapy: Continuity and change* (2nd ed., pp. 65–100). Washington, DC: American Psychological Association.

Wolpe, J. (1958). *Psychotherapy by reciprocal inhibition.* Stanford, CA: Stanford University Press.

Wolpe, J. (1969). *The practice of behavior therapy.* Oxford, England: Pergamon Press.

Wolpe, J. (1987). The promotion of scientific psychotherapy: A long voyage. In J. K. Zeig (Ed.), *The evolution of psychotherapy.* New York: Brunner/Mazel.

Wolpe, J. (1990). *The practice of behavior therapy* (4th ed.). Elmsford, NY: Pergamon Press.

Wolpe, J. (1995). Reciprocal inhibition: Major agent of behavior change. In W. T. O'Donohue & L. Krasner (Eds.), *Theories of behavior therapy: Exploring behavior change.* Washington, DC: American Psychological Association.

Wolpe, J. (1997). From psychoanalytic to behavioral methods in anxiety disorders: A continuing evolution. In J. K. Zeig (Ed.), *The evolution of psychotherapy: The third conference.* New York: Brunner/Mazel.

Wolrich, M. K. (2011). Body dysmorphic disorder and its significance to social work. *Clinical Social Work Journal, 39*(1), 101–110.

Wolters, F. J. (2013). [Harvey and his theory of circulation]. *Nederlands Tijdschrift Voor Geneeskunde, 157*(48), A6715.

Wonderlich, S. A., Peterson, C. B., Crosby, R. D., Smith, T. L., Klein, M. H., Mitchell, J. E., & Crow, S. J. (2014). A randomized controlled comparison of integrative cognitive-affective therapy (ICAT) and enhanced cognitive-behavioral therapy (CBT-E) for bulimia nervosa. *Psychological Medicine, 44*(3), 543–553.

Wong, J. P. S., Stewart, S. M., Claassen, C., Lee, P. W. H., Rao, U., & Lam, T. H. (2008). Repeat suicide attempts in Hong Kong community adolescents. *Social Science & Medicine, 66*(2), 232–241.

Wong, M. M., Brower, K. J., & Zucker, R. A. (2011). Sleep problems, suicidal ideation, and self-harm behaviors in adolescence. *Journal of Psychiatric Research, 45*(4), 505–511.

Wong, Y., & Huang, Y. (2000). Obesity concerns, weight satisfaction and characteristics of female dieters: A study on female Taiwanese college students. *Journal of American College Nutrition, 18*(2), 194–199.

Woodside, D. B., Bulik, C. M., Halmi, K. A., Fichter, M. M., Kaplan, A., Berrettini, W. H., . . . Kaye, W. H. (2002). Personality, perfectionism, and attitudes towards eating in parents of individuals with eating disorders. *International Journal of Eating Disorders, 31*(3), 290–299.

Wooldridge, T., Mok, C., & Chiu, S. (2014). Content analysis of male participation in pro-eating disorder web sites. *Eating Disorders, 22*(2), 97–110.

Worthen, M., Rathod, S. D., Cohen, G., Sampson, L., Ursano, R., Gifford, R., . . . Ahern, J. (2014). Anger problems and post-traumatic stress disorder in male and female National Guard and Reserve Service members. *Journal of Psychiatric Research, 5552–5558.*

Wortman, C. M., Wolff, K., & Bonanno, G. A. (2004). Loss of an intimate partner through death. In D. J. Mashek & A. Aron (Eds.), *Handbook of closeness and intimacy* (pp. 305–320). Mahwah, NJ: Lawrence Erlbaum.

Wright, J. J., & O'Connor, K. M. (2015). Female sexual dysfunction. *The Medical Clinics of North America, 99*(3), 607–628.

Wright, L. W., Jr., & Hatcher, A. P. (2006). Treatment of sex offenders. In R. D. McAnulty & M. M. Burnette (Eds.), *Sex and sexuality, Vol. 3: Sexual deviation and sexual offenses.* Westport, CT: Praeger Publishers.

Wright, L. W., Jr., Hatcher, A. P., & Willerick, M. S. (2006). Violent sex crimes. In R. D. McAnulty & M. M. Burnette (Eds.), *Sex and sexuality, Vol. 3: Sexual deviation and sexual offenses.* Westport, CT: Praeger Publishers.

Wright, S. (2010). Depathologizing consensual sexual sadism, sexual masochism, transvestic fetishism, and fetishism. *Archives of Sexual Behavior, 39*(6), 1229–1230.

Writer, B. W., Meyer, E. G., & Schillerstrom, J. E. (2014). Prazosin for military combat-related PTSD nightmares: A critical review. *Journal of Neuropsychiatry and Clinical Neurosciences, 26*(1), 24–33.

Wroble, M. C., & Baum, A. (2002). Toxic waste spills and nuclear accidents. In A. M. La Greca, W. K. Silverman, E. M. Vernberg, & M. C. Roberts (Eds.). *Helping children cope with disasters and terrorism* (pp. 207–221). Washington, DC: American Psychological Association.

Wu, G., & Shi, J. (2005). The problem of AIM and countermeasure for improvement in interviews. *Psychological Science (China), 28*(4), 952–955.

Wurst, F. M., Kunz, I., Skipper, G., Wolfersdorf, M., Beine, K. H., & Thon, N. (2011). The therapist's reaction to a patient's suicide: Results of a survey and implications for health care professionals' well-being. *Crisis: Journal of Crisis Intervention and Suicide Prevention, 32*(2), 99–105.

Wyatt, G. W., & Parham, W. D. (2007). The inclusion of culturally sensitive course materials in graduate school and training programs. *Psychotherapy: Theory, Research, Practice, Training, 22*(2, Suppl.) Sum 1985, 461–468.

Wymbs, B. T., McCarthy, C. A., Mason, W. A., King, K. M., Baer, J. S., Vander Stoep, A., & McCauley, E. (2014). Early adolescent substance use as a risk factor for developing conduct disorder and depression symptoms. *Journal of Studies on Alcohol and Drugs, 75*(2), 279–289.

Xu, H., Finkelstein, D. I., & Adlard, P. A. (2014). Interactions of metals and Apolipoprotein E in Alzheimer's disease. *Frontiers in Aging Neuroscience, 6,* 121.

Yaghoubi-Doust, M. (2013). Reviewing the association between the history of parental substance abuse and the rate of child abuse. *Addiction & Health, 5*(3-4), 126–133.

Yakushev, I. B., & Sidorov, P. I. (2013). [Philippe Pinel and the psychiatry of late XVII—early XIX centuries]. *Probl Sotsialnoi Gig Zdravookhranenniiai Istor Med., (1), 57–59.

Yalom, I. D. (2014). Existential psychotherapy. In D. Wedding & R. J. Corsini (Eds.), *Current psychotherapies* (10th ed., pp. 299–338). Independence, KY: Cengage Publications.

Yap, M. H., Reavley, N., Mackinnon, A. J., & Jorm, A. F. (2013). Psychiatric labels and other influences on young people's stigmatizing attitudes: Findings from an Australian national survey. *Journal of Affective Disorders, 148*(2-3), 299–309.

Yeates, K. O., Ris, M. D., Taylor, H. G., & Pennington, B. F. (Eds.). (2010). *Pediatric neuropsychology: Research, theory, and practice* (2nd ed.) New York: Guilford Press.

Yehuda, R., & Bierer, L. M. (2007). Transgenerational transmission of cortisol and PTSD risk. *Progress in Brain Research, 167,* 121–135.

Yehuda, R., Flory, J. D., Bierer, L. M., Henn-Haase, C., Lehrner, A., Desarnaud, F., . . . Meaney, M. J. (2015). Lower methylation of glucocorticoid receptor gene promoter 1F in peripheral blood of veterans with posttraumatic stress disorder. *Biological Psychiatry, 77*(4), 356–364.

Yehuda, R., Golier, J. A., Bierer, L. M., Mikhno, A., Pratchett, L. C., Burton, C. L., . . . Mann, J. J. (2010). Hydrocortisone responsiveness in Gulf War veterans with PTSD: Effects on ACTH, declarative memory hippocampal [18F] FDG uptake on PET. *Psychiatry Research: Neuroimaging, 184*(2), 117–127.

Yewchuk, C. (1999). Savant syndrome: Intuitive excellence amidst general deficit. *Developmental Disabilities Bulletin, 27*(1), 58–76.

Yin, R. K. (2013). *Case study research: Design and methods (Applied social research methods).* London: Sage.

Yin, S. (2002, May 1). Coming up short. *American Demographics.*

Yontef, G., & Jacobs, L. (2014). Gestalt therapy. In D. Wedding & R. J. Corsini (Eds.), *Current*

psychotherapies (10th ed., pp. 299–338). Independence, KY: Cengage Publications.

Yoo, Y., Cho, O., & Cha, K. (2014). Associations between overuse of the internet and mental health in adolescents. *Nursing & Health Sciences, 16*(2), 193–200.

Yoon, H-K., Kim, Y-K., Lee, H-J., Kwon, D-Y. & Kim, L. (2012). Role of cytokines in atypical depression. *Nordic Journal of Psychiatry, 66*(3), 183–188.

Yoon, J. H., Fintzy, R., & Dodril, C. L. (2012). Behavioral interventions. In T. R. Kosten, T. F. Newton, R. De La Garza II, & C. N. Haile (Eds.), *Cocaine and methamphetamine dependence: Advances in treatment* (pp. 105–142). Arlington, VA: American Psychiatric Publishing.

Yoshida, K., Bies, R. R., Suzuki, T., Remington, G., Pollock, B. G., Mizuno, Y., . . . Uchida, H. (2014). Tardive dyskinesia in relation to estimated dopamine D2 receptor occupancy in patients with schizophrenia: Analysis of the CATIE data. *Schizophrenia Research, 153*(1-3), 184–188.

You, S., Van Orden, K. A., & Conner, J. R. (2011). Social connections and suicidal thoughts and behavior. *Psychology of Addictive Behaviors, 25*(1), 180–184.

YouGov. (2014). Truth in advertising: 50% don't trust what they see, read, and hear. *YouGov.* Retrieved from YouGov website: http://research.yougov.com/news/2014/04/08/truth-advertising-50-dont-trust-what-they-see-read.

Young, C., & Skorga, P. (2011). Aspirin with or without an anti-emetic for migraine headaches in adults. *International Journal of Evidence-Based Healthcare, 9*(1), 74–75.

Young, J. E., Rygh, J. L., Weinberger, A. D., & Beck, A. T. (2014). Cognitive therapy for depression. In D. H. Barlow, *Clinical handbook of psychological disorders* (5th ed., Ch. 7). New York: Guilford Press.

Young, K. S. (2011). CBT-IA: The first treatment model for internet addiction. *Journal of Cognitive Psychotherapy, 25*(4), 304–312.

Young, K. S., & de Abreu, C. N. (Eds.) (2011). *Internet addiction: A handbook and guide to evaluation and treatment.* Hoboken, NJ: John Wiley & Sons.

Young, L., & Kemper, K. J. (2013). Integrative care for pediatric patients with pain. *Journal of Alternative and Complementary Medicine, 19*(7), 627–632.

Young, S. L., Taylor, M., & Lawrie, S. M. (2015). "First do no harm." A systematic review of the prevalence and management of antipsychotic adverse effects. *Journal of Psychopharmacology (Oxford, England), 29*(4), 353–362.

Ystrom, E., Reichborn-Kjennerud, T., Neale, M. C., & Kendler, K. S. (2014). Genetic and environmental risk factors for illicit substance use and use disorders: Joint analysis of self and co-twin ratings. *Behavior Genetics, 44*(1), 1–13.

Yu, S., Zhu, L., Shen, Q., Bai, X., & Di, X. (2015). Recent advances in methamphetamine neurotoxicity mechanisms and its molecular pathophysiology. *Behavioural Neurology, 2015,* 103969.

Yu, Y., Vasselli, J. R., Zhang, Y., Mechanick, J. I., Korner, J., & Peterli, R. (2015). Metabolic vs. hedonic obesity: A conceptual distinction and its clinical implications. *Obesity Reviews, 16*(3), 234–247.

Yun, R. J., Stern, B. L., Lenzenweger, M. F., & Tiersky, L. A. (2013). Refining personality disorder subtypes and classification using finite mixture modeling. *Personality Disorders, 4*(2), 121–128.

Yusko, D. (2008). At home, but locked in war. Retrieved from *Times-Union (Albany) Online.*

Zakzanis, K. K., Campbell, Z., & Jovanovski, D. (2007). The neuropsychology of ecstasy (MDMA) use: A quantitative review. *Human Psychopharmacology: Clinical and Experimental, 22*(7), 427–435.

Zanarini, M. C., Horwood, J., Wolke, D., Waylen, A., Fitzmaurice, G., & Grant, B. F. (2011). Prevalence of DSM-IV borderline personality disorder in two community samples: 6,330 English 11-year-olds and 34,653 American adults. *Journal of Personality Disorders, 25*(5), 607–619.

Zannas, A. (2014, October 18). Why depression and aging are linked to increased disease risk. *European College of Neuropsychopharmacology.*

Zerbe, K. J. (2008). *Integrated treatment of eating disorders beyond the body betrayed.* New York: W. W. Norton.

Zerbe, K. J. (2010). Psycodynamic therapy for eating disorders. In C. M. Grilo & J. E. Mitchell (Eds.), *The treatment of eating disorders: A clinical handbook* (pp. 339–358). New York: Guilford Press.

Zerwas, S., Lund, B C., Von Holle, A., Thornton, L. M., Berrettini, W. H., Brandt, H., . . . Bulik. C. M. (2013). Factors associated with recovery from anorexia nervosa. *Journal of Psychiatric Research, 47*(7), 972–979.

Zeschel, E., Bingmann, T., Bechdolf, A., Krüger-Oezguerdal, S., Correll, C. U., Leopold, K., . . . Juckel, G. (2015). Temperament and prodromal symptoms prior to first manic/hypomanic episodes: Results from a pilot study. *Journal of Affective Disorders, 173,* 339–344.

Zhao, L. N., Lu, L., Chew, L. Y., & Mu, Y. (2014). Alzheimer's disease: A panorama glimpse. *International Journal of Molecular Sciences, 15,* 12631–12650.

Zheng, Y., Cleveland, H. H., Molenaar, P. M., & Harris, K. S. (2015). An alternative framework to investigating and understanding intraindividual processes in substance abuse recovery: An idiographic approach and demonstration. *Evaluation Review, 39*(2), 229–254.

Zhou, J. N., Hofman, M. A., Gooren, J. J. G., & Swaab, D. F. (1995). A sex difference in the human brain and its relation to transsexuality. *Nature, 378,* 68–70.

Zhou, J. N., Hofman, M. A., Gooren, L. J. G., & Swaab, D. F. (1997). A sex difference in the human brain and its relation to transsexuality. *International Journal of Transgenderism, 1*(1). Retrieved from http://www.symposion.com/ijt/ijtc0106.htm.

Zhou, X., Min, S., Sun, J., Kim, S. J., Ahn, J., Peng, Y., . . . Ryder, A. G. (2015). Extending a structural model of somatization to South Koreans: Culture values, somatization tendency, and the presentation of depressive symptoms. *Journal of Affective Disorders, 176,* 151–154.

Zhou, X., Peng, Y., Zhu, X., Yao, S., Dere, J., Chentsova-Dutton, Y. E., & Ryder, A. G. (2015). From culture to symptom: Testing a structural model of "Chinese somatization". *Transcultural Psychiatry.* [Advance publication.]

Zhou, Y., Flaherty, J. H., Huang, C., Lu, Z., & Dong, B. (2011). Association between body mass index and cognitive function among Chinese nonagenarians/centenarians. *Dementia and Geriatric Cognitive Disorders, 30*(6), 517–524.

Zhuo, J. N. (2010, November 29). Where anonymity breeds contempt. *New York Times.*

Zilboorg, G., & Henry, G. W. (1941). *A history of medical psychology.* New York: Norton.

Zimbardo, P. (1976). *Rational paths to madness.* Presentation at Princeton University, Princeton, NJ.

Zimmerman, M., Martinez, J., Young, D., Chelminski, I., Morgan, T. A., & Dalrymple, K. (2014). Comorbid bipolar disorder and borderline personality disorder and history of suicide attempts. *Journal of Personality Disorders, 28*(3), 358–364.

Zipursky, R. B. (2014). Why are the outcomes in patients with schizophrenia so poor? *Journal of Clinical Psychiatry, 75*(Suppl 2), 20–24.

Zisser, A., & Eyberg, S. M. (2010). Parent-child interaction therapy and the treatment of disruptive behavior disorders. In J. R. Weisz & A. E. Kazdin (Eds.), *Evidence-based psychotherapies for children and adolescents* (2nd ed., pp. 179–193). New York: Guilford Press.

Zoellner, T. (2000, November). "Don't get even, get mad." *Men's Health, 15*(9), 56.

Zoroya, G. (2013, December 10). PTSD hits civilians serving on war fronts, study finds. *USA Today.*

Zu, S., Xiang, Y., Liu, J., Zhang, L., Wang, G., Ma, X., . . . Li, Z. (2014). A comparison of cognitive-behavioral therapy, antidepressants, their combination and standard treatment for Chinese patients with moderate-severe major depressive disorders. *Journal of Affective Disorders, 152-154,* 262–267.

Zucker, K. J. (2010). Gender identity and sexual orientation. In M. K. Dulcan (Ed.), *Dulcan's textbook of child and adolescent psychiatry* (pp. 543–552). Arlington, VA: American Psychiatric Publishing.

Zucker, K. J., & Bradley, S. J. (1995). *Gender identity disorder and psychosexual problems in children and adolescents.* New York: Guilford Press.

Zucker, K. J., Bradley, S. J., Owen-Anderson, A., Kibblewhite, S. J., Wood, H., Singh, D., & Choi, K. (2012). Demographics, behavior problems, and psychosexual characteristics of adolescents with gender identity disorder or transvestic fetishism. *Journal of Sex & Marital Therapy, 38*(2), 151–189.

Zuckerman, M. (2011). Psychodynamic approaches. In M. Zuckerman, *Personality science: Three approaches to the causes and treatment of depression* (pp. 11–45). Washington, DC: American Psychological Association.

Zuckerman, M. (2011). Trait and psychobiological approaches. In M. Zuckerman (Ed.), *Personality Science: Three approaches and their applications to the causes and treatment of depression* (pp. 47–77). Washington, DC: American Psychological Association.

인용문 출처

다음 출처로부터의 아래 인용문의 재출판을 허가받았다(**굵은 글씨체**의 페이지 번호는 이 책에서의 인용 부분 페이지 번호임).

제1장

7쪽: Frank, Jerome D., M.D., Ph.D. *Persuasion and healing: A comparative study of psychotherapy*, pp. 2–3. © 1961, 1973 The Johns Hopkins University Press. Reprinted with permission of Johns Hopkins University Press.

제2장

40쪽: Spitzer, R. L., Skodol, A., Gibbon, M., & Williams, J. B. W. (1983). *Psychopathy: A case book*. New York: McGraw Hill. © McGraw-Hill Education; **51쪽:** Wolberg, L. R. (1967). *The technique of psychotherapy*. WB Saunders Co. Elsevier Health Science Books, p. 662. Reprinted with permission. **59쪽:** Republished with permission of Guilford Press, from *Cognitive therapy of depression*, Beck, A. T., Rush, A. J., Shaw, B. F., & Emery, G. (1979); permission conveyed through Copyright Clearance Center, Inc.; **67쪽:** Keen, E. (1970). *Three faces of being: Toward an existential clinical psychology*. New York: Meredith Corp, p. 200. Reprinted by permission of Ardent Media; **73쪽:** Sheras, P. & Worchel, S. (1979). *Clinical psychology: A social psychological approach*. New York: Van Nostrand, pp. 108–110.

제4장

117쪽: Republished with permission of University of Chicago Press, from *The case of Mrs. Oak: A research analysis. In Psychotherapy and personality change: Coordinated research studies in the client-centered approach*, C. R. Rogers & R. F. Dymond (Eds.), 1954; permission conveyed through Copyright Clearance Center, Inc.; **117, 121, 139쪽:** Ellis, A. (1962). *Reason and emotion in psychotherapy*. Kensington Publishing Corp. All rights reserved. Reprinted by arrangement with Kensington Publishing Corp. www.kensingtonbooks.com; **133쪽:** Reprinted from *Behavioral Research and Therapy, Vol. 6*, Hogan, R. A., The implosive technique, 423–431, copyright 1968, with permission from Elsevier; **134쪽:** Agras, W. S. (1985). *Panic: Facing fears, phobias, and anxiety*. New York: Worth Publishers, pp. 77–80. Reprinted with permission.

제5장

159쪽: Source: National Center for PTSD 2008 Appendix A. Case examples from Operation Iraqi Freedom. *Iraq War Clinician Guide*. Washington, DC: Department of Veteran Affairs; **164쪽:** Davis, M., Analysis of aversive memories using the fear potentiated startle paradigm. In N. Butters & L. R. Squire (Eds.), *The neuropsychology of memory*, 2nd ed. (1992). Copyright Guilford Press. Reprinted with permission of The Guilford Press; **180쪽:** Republished with permission of South-Western College Publishing, a division of Cengage Learning, from *Principles of psychology, Vol. 1*, James, W., 1890; permission conveyed through Copyright Clearance Center, Inc.

제6장

197쪽: From *Willow weep for me: A black woman's journey through depression* by Meri Nana-Ama Danquah. Copyright © 1998 by Meri Nana-Ama Danquah. Used by permission of W. W. Norton & Company, Inc. Copyright © Meri Danquah. Reprinted by permission of Anne Edelstein Literary Agency. All rights reserved; **212쪽:** Arieti, S., & Bemporad, J., 1978. *Severe and mild depression: The psychotherapeutic approach*. New York: Basic Books, pp. 275–284; **229~230쪽:** Anonymous. On madness: a personal account of rapid cycling bipolar disorder. *British Journal of General Practice* 2006, 56(530): 726–728. **212쪽:** Lorand, Dynamics and therapy of depressive states. *Psychoanalytic Review XXIV*, 1937, pp. 337–349. Copyright Guilford Press. Reprinted with permission of The Guilford Press; **220쪽:** Republished with permission of Guilford Press, from *Cognitive therapy of depression*, Beck, A. T., Rush, A. J., Shaw, B. F., & Emery, G. (1979); permission conveyed through Copyright Clearance Center, Inc.; **222쪽:** Republished with permission of Transaction Aldine, from *The silent language of psychotherapy: Social reinforcement of unconscious processes*, E. Beier & D. M. Young, 2nd edition, 1984; permission conveyed through Copyright Clearance Center, Inc.; **232~233쪽:** Excerpt from *An unquiet mind* by Kay Redfield Jamison, copyright © 1995 by Kay Redfield Jamison. Used by permission of Alfred A. Knopf, an imprint of the Knopf Doubleday Publishing Group, a division of Random House LLC. All rights reserved.

제7장

237쪽: Yusko, D. (2008). At home, but locked in war. Retrieved from: *Times Union (Albany) Online*. Reprinted with permission; **249쪽:** Gill, A. D. (1982). Vulnerability to suicide. In E. L. Bassuk, S. C. Schoonover, & A. D. Gill (Eds.), *Lifelines: Clinical perspectives on suicide*. New York: Plenum Press, p. 15; **254쪽:** Berman, A. L. (1986). Helping suicidal adolescents: Needs and responses. In C. A. Corr & J. N. McNeil (Eds.), *Adolescence and death*. New York: Springer.

제8장

287쪽: Reprinted from *Journal of Psychosomatic Research, Vol. 11*, Holmes, T. H., & Rahe, R. H., The Social Readjustment Rating Scale, 213–218. Copyright 1967, with permission from Elsevier; **287쪽:** Crandall, C. S., Preisler, J. J., & Aussprung, J. (1992). Measuring life event stress in the lives of college students: The Undergraduate Stress Questionnaire (USQ). *Journal of Behavioral Medicine, 15*(6), 627–662.

제9장

299쪽: Raviv, S. (2010). *Being Ana: A memoir of anorexia nervosa*. Bloomington: iUniverse. Used with permission from Shani Raviv; **303, 305쪽:** Hall, L., with Cohn, L. (1980). *Eat without fear*. Santa Barbara, CA: Gürze Books. Reprinted with permission; **321, 323쪽:** Republished with permission of Guilford Press, from Strober, M., & Yager, J., A developmental perspective on the treatment of anorexia nervosa in adolescents. In D. M. Garner & P. E. Garfinkel (Eds.), *Handbook of psychotherapy for anorexia nervosa and bulimia* (1985); permission conveyed through Copyright Clearance Center, Inc.

제10장

331쪽: Spitzer, R. L., Skodol, A., Gibbon, M., & Williams, J. B. W. (1983). *Psychopathology: A case book*. New York: McGraw-Hill. © McGraw-Hill Education; **343쪽:** Allen, D. F. (Ed.). (1987). *The cocaine crisis*. Plenum Press: New York; **348쪽:** Frosch, W. A., Robbins, E. S., & Stern, M. (1965). Untoward reactions to lysergic acid diethylamide (LSD) resulting in hospitalization. *New England Journal of Medicine, 273*, 1235–1239.

제11장

377, 386쪽: Spitzer, R. L., Skodol, A., Gibbon, M., & Williams, J. B. W. (1983). *Psychopathology: A case book*. New York: McGraw-Hill. © McGraw-Hill Education; **397, 401쪽:** Janus, S. S., & Janus, C. L. (1993). *The Janus report on sexual behavior*. New York: Wiley. Reprinted with permission of the Janus estate.

제12장

413쪽: Arieti, S. (1974). *Interpretation of schizophrenia.* New York: Basic Books. Reprinted with permission; **417쪽:** Anonymous, First person account: Social, economic, and medical effects of schizophrenia, *Schizophrenia Bulletin,* 1996, *22*(1), 183–185, by permission of Oxford University Press; **430쪽:** Excerpt from *Anatomy of an epidemic: Magic bullets, psychiatric drugs, and the astonishing rise of mental illness in America* by Robert Whitaker, copyright © 2010 by Robert Whitaker. Used by permission of Crown Books, an imprint of the Crown Publishing Group, a division of Random House LLC. All rights reserved.

제13장

455, 457, 477, 481쪽: Millon, T. (2011). *Disorders of personality: Introducing a DSM/ICD spectrum from normal to abnormal,* 3rd ed. Hoboken, NJ: Wiley. Reproduced with permission of John Wiley & Sons Inc.; **460쪽:** Hare, R. D. (1993). *Without conscience: The disturbing world of the psychopaths among us.* New York: Pocket Books. Copyright Guilford Press. Reprinted with permission of The Guilford Press; **473쪽:** Republished with permission of South-Western College Publishing, a division of Cengage Learning, from *Modern psychopathology: A biosocial approach to maladaptive learning and functioning,* Millon, T., 1969; permission conveyed through Copyright Clearance Center, Inc.

제14장

493, 503, 513쪽: Republished with permission of South-Western College Publishing, a division of Cengage Learning, from *Casebook in child behavior disorders,* Kearney, C. A., 5th ed. (2013); permission conveyed through Copyright Clearance Center, Inc.; **510쪽:** Republished with permission of South-Western College Publishing, a division of Cengage Learning, from *Understanding child behavior disorders,* Gelfand, D. M., Jenson, W. R., & Drew, C. J., 1982; permission conveyed through Copyright Clearance Center, Inc.

제15장

531쪽: Heston, L. L. (1992). *Mending minds: A guide to the new psychiatry of depression, anxiety, and other serious mental disorders.* New York: Worth Publishers, pp. 87–90. Reprinted with permission; **534쪽:** Hinrichsen, G. A. (1999). Interpersonal psychotherapy for late-life depression. In M. Duffy (Ed.), *Handbook of counseling and psychotherapy with older adults.* New York: Wiley; **543쪽:** Excerpt from *The forgetting: Alzheimer's: Portrait of an epidemic,* by David Shenk, copyright © 2001, 2002 by David Shenk. Used by permission of Doubleday, an imprint of the Knopf Doubleday Publishing Group, a division of Random House LLC. All rights reserved. Reproduced with permission of ICM Partners.

제16장

563쪽: Copyright 1984, Lee Coleman. Used by permission.

찾아보기

옮긴이

오경자

하버드대학교 심리학 박사
현 연세대학교 명예특임교수

정경미

하와이대학교 임상심리학 박사
현 연세대학교 심리학과 교수

송현주

연세대학교 심리학 박사
현 서울여자대학교 특수치료 전문대학원 부교수

양윤란

연세대학교 심리학 박사
현 마인드빅 상담센터 소장

송원영

심리학 박사(연세대학교)
현 건양대학교 심리상담치료학과 부교수

김현수

노던일리노이대학교 심리학 박사
현 한양대학교 교육대학원 부교수
　　한양대학교 일반대학원 아동심리치료학과 부교수

이상심리학 이정표

석기시대	천공술로 정신장애를 치료하다.
430~377 B.C.	히포크라테스가 뇌를 정신장애의 근원이라고 하다.
500~1450	중세에서는 악마론적 설명과 치료법이 사용되다.
1547	런던의 베들레헴병원이 수용소로 전환되다.
1693	매사추세츠 주 세일럼에서 마녀사냥이 최고조에 달하다.
1773	미국 최초의 정신병원이 버지니아 주 윌리엄스버그에 설립되다.
1793	Phillipe Pinel이 파리의 라비세트르병원 정신병원 환자들을 풀어 주다.
1812	Benjamin Rush가 미국 최초의 정신의학 교과서를 저술하다.
1842	Dorothea Dix가 미국 내 정신병원의 개혁을 위한 운동을 시작하다.
1865	Gregor Mendel이 유전학 이론을 발표하다.
1879	독일 교수 Wilhelm Wundt가 심리학의 실험연구를 위한 최초의 실험실을 열다.
1883	Emil Kraepelin이 신체질환과 정신질환을 비슷하게 보는 관점에서 교과서를 출판하다.
1892	미국심리학회가 설립되다.
1893	Sigmund Freud가 Josef Breuer와 함께 *On the Psychical Mechanisms of Hysterical Phenomena*라는 책의 첫 번째 장들을 출판함으로써 정신분석을 출범시키다.
1896	Lightner Witmer가 펜실베이니아대학교에 최초의 심리클리닉을 설립하다.
1897	진행성 마비가 신체적 원인인 매독과 연관됨이 밝혀졌다.
1900	Freud가 꿈의 해석을 출판하다.
1900	Morton Prince가 다중성격장애 치료에 최면을 사용하다.
1901	Ivan Pavlov가 고전적 조건형성을 보여 주다.
1905	최초의 지능검사가 출판되다.
1907	Alois Alzheimer 박사에 의해서 알츠하이머병이 확인되다.
1908	Clifford Beers의 자서전 *A Mind That Found Itself*가 발간되어 미국에서 정신위생운동이 시작되다.
1909	Freud가 미국을 방문해서(유일한 미국 방문) 클라크대학교에서 강의하다.
1913	행동주의자인 John Watson이 심리학은 의식의 연구를 그만두어야 한다고 주장하다.
1917	미국 의회가 아편의 모든 비의학적 사용 금지를 선언하다.
1921	로샤검사가 출판되다.
1923	Freud가 *The Ego and the Id*를 출판하다.
1929	EEG가 개발되다.
1935	정신장애의 대해서 심엽제술이 최초로 사용되다.
1935	Alcoholic Anonymous가 설립되다.
1937	미국에서 마리화나가 불법화되다.
1938	전기충요요법이 도마에서 도입되다.
1938	B. F. Skinner가 조작적 조건형성을 제안하다.
1939	Wechsler Bellevue 지능검사가 출판되다.
1943	LSD의 환각 효과가 발견되다.
1943	Minnesota Multiphasic Personality Inventory(MMPI)가 출판되다.
1943	Jean-Pauls Sartre의 실존적 저서 *Being and Nothingness*가 출판되다.
1949	리튬이 양극성장애에 최초로 사용되다.
1951	최초의 항정신병 약물, 클로르프로마진을 약물시험하다.
1951	Carl Rogers가 *Client-Centered Therapy*를 출판하다.
1952	미국정신의학회에서 DSM-I을 출판하다.

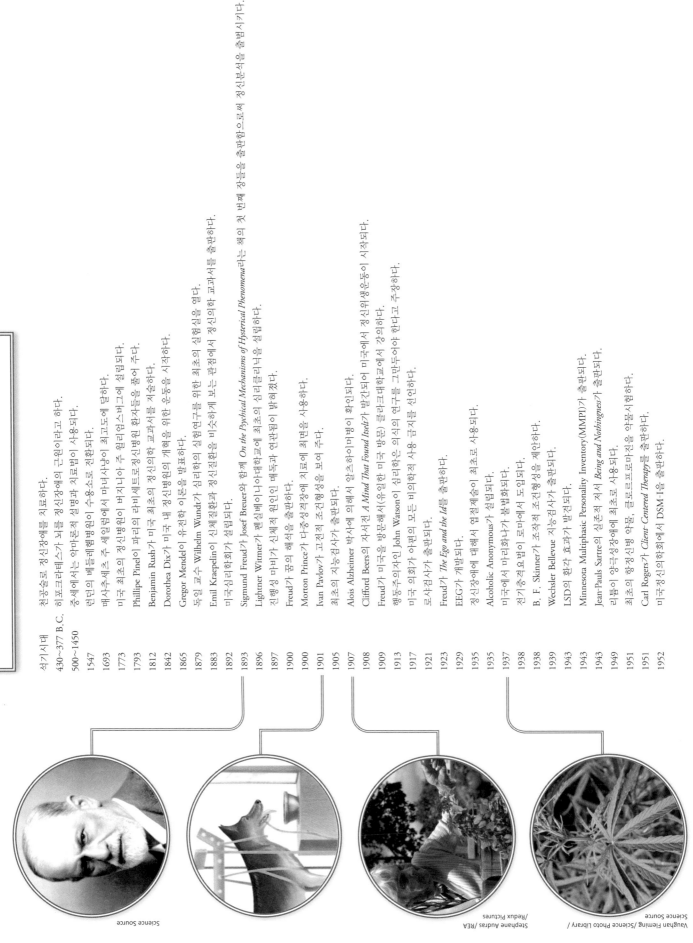

1952 Christine Jorgensen이 최초의 성전환 수술을 시행하다.
1955 로스앤젤레스 자살예방센터가 설립되다.
1956 가족체계이론과 치료가 출범하다.
1958 Joseph Wolpe가 둔감화 기법을 개발하다.
1961 Thomas Szasz가 *The Myth of Mental Illness*를 출판하다.
1962 Albert Ellis가 합리적 정서치료를 제안하다.
1963 지역사회정신보건법이 미국 내 탈원화를 촉발하다.
1963 항불안제 바리움이 미국에 도입되다.
1964 미국 공중위생국 장관(Surgeon General)이 흡연은 건강에 위험하다고 경고하다.
1965 우울증에 대해서 노르에피네프린과 세로토닌 이론이 제안되다.
1967 Aaron Beck이 우울증에 대한 인지이론과 인지치료를 발표하다.
1967 메타돈(methadone) 유지치료가 시작되다.
1970 Masters와 Johnson이 *Human Sexual Inadequacy*를 출판하고 성치료를 출범시키다.
1972 CAT 스캔이 도입되다.
1973 DSM에서 동성애가 정신장애에서 제외되다.
1973 David Rosenhan이 'On Being Sane in Insane Places' 연구를 시행하다.
1975 천연아편 엔도르핀이 사람의 뇌에서 발견되다.
1975 미국 대법원이 시설에 수용된 환자들에게 적절한 치료를 받을 권리가 있음을 선언하다.
1981 MRI가 진단도구로 처음 사용되다.
1982 존 힝클리가 레이건 대통령 암살시도에 대해서 정신이상을 이유로 무죄판결을 받다.
1987 항우울제 프로작이 미국에서 승인받다.
1988 American Psychological Society가 설립되다.
1990 미국식약청이 최초의 비전형 항정신약물인 클로자핀을 승인하다.
1994 DSM-IV가 출판되다.
1995 미국심리학회의 추진위원회가 증거 기반 치료법을 찾아내는 작업에 착수하다.
1997 최초로 PTSD 환자들을 가상현실 프로그램으로 치료하다.
1998 비아그라가 미국에서 판매되다.
1999 컬럼바인 고등학교에서의 살인광란으로 인하여 아동들의 위험성에 대한 우려가 제기되다.
2000 DSM-IV-TR이 출판되다.
2000 과학자들이 인간 게놈의 지도작성 — 인간 DNA를 구성하는 화학기호의 판독 — 을 마치다.
2001 911 테러 공격 후 매년 1,600명 정신건강 분야 종사자들이 57,000명의 희생자들의 지원에 나서다.
2002 누벡시코 주가 특별 훈련을 받은 심리학자들에게 약물 처방권을 인정하다.
2004 미국식약청이 모든 항우울제 포장용기에 그 약이 '아동의 자살사고 및 자살행동의 위험을 증가시킬 수 있음'을 기재하도록 하다.
2006 미국법원이 오리건 주의 존엄사 법을 인정함으로써 의사들이 특정 조건하에서는 불치의 환자들의 자살을 도울 수 있도록 허용하다.
2006 산후우울증을 앓고 있던 안드레아 예이츠가 자녀 다섯을 익사시킨 사건을 재심리하여 정신이상을 이유로 무죄판결이 나오다.
2011 미국심리학회가 동성 간 결혼의 합법화를 지지하는 입장을 밝히다.
2012 콜로라도 주와 워싱턴 주에서 마리화나 사용(사용목적과 관계없이)이 합법화되다.
2013 각 뇌신경세포의 활동을 상세하게 알아내기 위한 10년짜리 'BRAIN initiative' 연구를 백악관이 공지하다.
2013 DSM-5가 출판되다.
2014 적정한 의료서비스 시행령(ACA)이 발효와 함께 모든 의료보험에서 정신적 문제와 심체적 문제의 동등한 보장을 적용하도록 하다.
2015 테러 용의자들의 고도심문(enhanced interrogation)에 미국심리학회가 개입되어 있다는 것이 밝혀지면서 고도심문과 관련된 비강압적 심문에 미국심리학자가 국가 보안 관련 심문에 관여하는 것을 금하는 미국심리학회 회원 투표의 제기가 제기되다.